UNIVERSITY OF CALIFORNIA, SAN DIEGO
3 1822 03571 0276

AF572800

DICIONÁRIO CRÍTICO DE ESCRITORAS BRASILEIRAS

(1711-2001)

Escrituras Editora e Distribuidora de Livros Ltda.
Rua Maestro Callia, 123 – Vila Mariana
04012-100 São Paulo, SP – Telefax: (11) 5082-4190
e-mail: escrituras@escrituras.com.br
site: www.escrituras.com.br

Coordenação editorial
Raimundo Gadelha

Projeto Gráfico e Ilustrações
(releitura de obras de pintores diversos)
Denise Bitencourt

Editoração eletrônica
Reverson Diniz
Vera Andrade
Fernando Uematsu Suzuki

Revisão
Mônica Elaine da Costa
Nydia Lícia Ghilardi

Impressão
Salesianas

Dados Internacionais de Catalogação na Publicação (CIP)
(Câmara Brasileira do Livro, SP, Brasil)

Coelho, Nelly Novaes
Dicionário crítico de escritoras brasileiras : (1711-2001) / Nelly Novaes Coelho.
São Paulo : Escrituras Editora, 2002.

ISBN 85-7531-053-4

Bibliografia.

1. Escritoras brasileiras - Crítica e interpretação 2. Escritoras brasileiras - Dicionários I. Título.

02-3935 CDD - 869.903

Índices para catálogo sistemático:
1. Escritoras brasileiras : Dicionários críticos 869.903

Impresso no Brasil

Printed in Brazil

NELLY NOVAES COELHO

DICIONÁRIO CRÍTICO DE ESCRITORAS BRASILEIRAS

(1711-2001)

São Paulo, 2002

A Literatura é mais do que simples arte:
é um ponto de ligação entre os espíritos.

Carlos Drummond de Andrade

É no trabalho sobre a linguagem que se instaura a liberdade.
Toda verdadeira obra deve ser delatora e fundadora.

Michel Butor

Toda opção é difícil. Não se confunda a escolha
com o que vem a ter conosco.

Álvaro Guerra, Memórias

Aos generosos colaboradores da pesquisa, minha fraternal gratidão

Academia Feminina de Letras e Artes de Goiás

Alciene Ribeiro Leite (MG)

Álvaro Machado (SP)

Ângelo Caio Mendes Corrêa (SP)

Antônio Bivar (SP)

Arquivo/Fundação Casa de José Américo de Almeida (PB)

Aricy Curvello (PI)

Arthur Engrácio (AM)

Arlete Nogueira Cruz (MA)

Arlete Vilela (AL)

Assis Brasil (RJ/PI)

Célia Maira Rocha Reis (SP)

César Leal (PE)

Cyro de Mattos (BA)

Dimas Macedo (CE)

Elvo Clemente (RS)

Elizabeth Marinheiro (PB)

Fábio Rodrigues Mendes (SP)

Fundação Paraibana do Livro (PB)

Heloisa Buarque de Holanda (RJ)

Heloisa Maranhão (RJ)

Herculano Moraes (PI)

Hildeberto Barbosa Filho (PB)

Ilka Laurito (SP)

Inge Von Hertwig (SC)

Jasmin Jamil Nadaf (MT)

Joana Baraúna (SP)

Jorge Tufic (AM)

José Afrânio Moreira Duarte (MG)

José Alcides Pinto (CE)

Luciana C. Viecelli (RS)

Lurdes Sarmento (PE)

Maria Josepha Pisacco Motta (RS)

Maria de Lourdes Horta (PE)

Maria Thereza Carvalho (SP)

Marilaine P. da Silva (RS)

Martha G. O. da Luz (RS)

Miguel Jorge (GO)

Nelly M. Candeias (SP)

Nelyze Melro Salzedas (SP)

Olga Maria Castrillon (MT)

Olga Savary (RJ)

Regine Limaverde (CE)

Renato Herbert de Castro (BA)

Sandra Gomes Venturi (SP)

Sônia Barreto (SE)

Stella Leonardos (RJ)

Tânia Diniz (MG)

Zahidê Muzart (SC)

Walmor Santos (RS)

in memoriam

Georgette de Castro

Lindolf Bell

Núbia Marques

Fraterna homenagem a

Alfredo Bosi,

alto espírito de intelectual e

generoso companheiro de ideais.

SUMÁRIO

Notas explicativas

- Critério de seleção: poetas, ficcionistas, memorialistas, cronistas e dramaturgas com livro publicado (ou peça representada). Como exceção, foram incluídas escritoras dos séculos XVIII e XIX, sem livro publicado, mas que deixaram memória na crônica literária de seu tempo. E, como homenagem, incluímos também algumas figuras femininas, não-escritoras, que se distinguiram por sua notória atuação profissional, em diferentes setores.

- Em alguns verbetes, a ausência de dados quanto às datas de nascimento e possível falecimento da autora deveu-se à insuficiência de informações das fontes consultadas.

- Os asteriscos que acompanham alguns nomes de escritoras, citadas no correr dos textos, indicam que elas constam, no dicionário, com verbete próprio.

- A sigla (GB), referida ao Rio de Janeiro, indica o antigo Estado da Guanabara.

- As fontes consultadas pela pesquisa estão registradas na bibliografia fonte (exceto as que foram dadas pelas próprias autoras e pertencem a arquivo pessoal). Constam do verbete, quando se trata de uma fonte específica.

À guisa de informação

Este dicionário resulta de um minucioso levantamento da produção literária feminina brasileira, de ontem e de hoje, e foi organizado com o objetivo maior de oferecer um painel abrangente desta literatura e que pudesse servir de fonte para futuros estudos e pesquisas nesta área.

As origens deste dicionário estão nos primeiros estudos sobre literatura contemporânea iniciados na década de 1960, como colaboradora do Suplemento Literário do jornal O Estado de S. Paulo (dirigido por Décio de Almeida Prado), época em que ingressei, como docente, no curso de Letras da USP. A geração de 1960 começava a se impor, com suas múltiplas faces e com o desafio de um novo ainda informe. A esse novo literário, junta-se o desafio do novo feminino. Foi aceitando esse desafio, que nos entregamos à pesquisa trabalhando simultaneamente com escritores e escritoras do Brasil e Portugal.

Devido à crescente importância que, na segunda metade do século XX, a literatura feminina começa a assumir no contexto geral da literatura e da cultura, e também pelo desinteresse do público e da mídia em relação a ela, em 1988 surgiu-nos a idéia de elaborar um dicionário que reunisse poetas, ficcionistas, memorialistas, cronistas e dramaturgas.

O projeto foi aprovado pelo CNPq (Conselho Nacional de Desenvolvimento Científico e Tecnológico), e foi-nos concedida uma Bolsa de Auxílio à Pesquisa (1989-1991). Teve início, então, uma longa e paciente busca em dicionários, enciclopédias, antologias, anais de academias, etc., e a mais importante: a comunicação direta com escritoras de todas as regiões do País.

Para essa difícil pesquisa, foi decisiva a colaboração solidária de colegas e companheiros de todos os Estados. Sem eles este dicionário não teria sido possível.

A previsão de publicação em 1991 (conforme o projeto inicial) frustrou-se. Mil e uma circunstâncias intervieram. Contudo o que foi atraso em tempo, teve como contrapartida a ampliação do panorama visado.

O volumoso acervo recebido (milhares de livros, currículos, fortunas críticas, cartas, etc.) foi selecionado, lido, analisado e transformado em verbetes, que obedecem à seguinte estrutura:

a. Nome e número da autora

b. Informações sobre local e data de nascimento; formação escolar; profissão, início da carreira literária; circunstâncias específicas; prêmios; entidades culturais ou de classe a que pertence e outros dados pertinentes.

c. Apresentação crítica: contextualização histórico-cultural em que surge a obra, sua relação (ou não) com as correntes literárias ou idéias dominantes no momento; peculiaridades de seu estilo, etc. (Obviamente, nos casos em que tal apreciação era possível.)

d. Registro das publicações, por ordem cronológica e com especificação do gênero em causa.

Evidentemente, os verbetes variam em extensão e no detalhamento da análise, dependendo não só da natureza da obra realizada e do perfil da escritora, mas também das informações a que tivemos acesso e, acima de tudo, da nossa própria percepção das obras. Das inevitáveis omissões ou equívocos de julgamento que forem detectados, desde já pedimos a generosa compreensão das autoras.

Abrangência: 1711, ano em que nasceu em São Paulo, Teresa Margarida da Silva e Orta, autora do famoso romance **Aventuras de Diófanes** (1752), e descoberta pelos historiadores como a primeira romancista em língua portuguesa. 2001 – Ano-limite da pesquisa.

> Pode-se julgar o grau de civilização de um povo segundo a situação social que nela usufrui a mulher.
>
> *Sarmiento. Argentina, 1872.*

Não há como negar esta afirmação do grande escritor, pedagogo e político argentino. Nem esquecer que, desde a origem dos tempos, a mulher tem sido peça-chave na fundação de mundos e na organização ou equilíbrio de qualquer sistema social. É só lembrarmos da mítica Eva, seduzindo Adão com a maçã, provocando a "perda do paraíso" e a conseqüente condenação da humanidade cristã a viver "neste vale de lágrimas". Ou, mais tarde, os sucessivos "raptos das Sabinas" que ponteiam a história universal, no período de formação dos povos. Ou, ou, ou...

É nessa ordem de idéias que se ressalta a importância que a literatura escrita pelas mulheres vem assumindo desde meados do século XX. Claro que a escrita pelos homens, também. A literatura, como sabemos, é um verdadeiro sismógrafo a registrar na nascente todos os movimentos de convulsão, revolução, imobilismo, etc., que através dos tempos, têm transformado as relações homem-mundo. E como estamos vivendo em um desses momentos de apocalipse e gênese, a literatura vem-se oferecendo como um dos instrumentos mais fiéis de auscultação e registro do caos de valores em que o mundo mergulhou, pós-naufrágio da razão e do sistema patriarcal herdado, sem que nenhum outro tivesse ainda surgido, no horizonte deste nosso mágico ciberespaço, para substituí-lo.

E aqui cabe a pergunta: por que privilegiar a literatura escrita por mulheres para auscultar o caos? Claro que a causa primeira não é exclusivamente literária. (Discussões sobre diferenças de valor entre a criação literária de homens e de mulheres são absolutamente inócuas... Nessa esfera, o que distingue o valor da obra é o talento do criador ou criadora, não o seu sexo.) A resposta para essa escolha estaria, pois, numa evidência incontestável: se nesse naufrágio de valores as coisas mudaram de maneira irreversível para o homem, em relação à mulher, tais mudanças evoluíram em proporção geométrica e alteraram não só seu lugar na sociedade, mas principalmente sua consciência do próprio eu, em relação à imagem-de-mulher da Tradição e em face do mundo em transformação. Não há dúvida de que o atual interesse pela literatura escrita por mulheres está visceralmente ligado a essa metamorfose cultural-social-ética-existencial em processo, e que se vem expressando na poesia, no romance, na ficção, no teatro, no ensaio, etc.

Mas como essa metamorfose não é um fenômeno em si, mas sim, resulta de algo que vem de muito longe, a literatura feminina do passado ganhou também um novo interesse: nela está a memória dos tempos em que os valores (hoje questionados ou deteriorados) foram instaurados como ideais a serem vividos. A literatura resulta do amálgama entre o mistério que é o dom-da-criação e as circunstâncias de que falava Ortega Y Gasset: *Yo soy yo y mis circunstancias.* Daí o empenho de nossa época em redescobrir a memória do ontem, para uma maior compreensão da vivência do hoje. Conforme a síntese feita pela ensaísta Norma Telles (in **Comunicação**, apresentada no V Seminário Nacional – Mulher & Literatura. Natal-RN (1993), temos:

A memória é uma zona de penumbra e talvez, por isso, seja-nos difícil reconhecer, neste final de século XX, problemas que de muitas maneiras são ainda os que assombraram o final do século XIX. Problemas de classe, gênero e raça. Do desemprego urbano ao imperialismo, da revolução sexual à epidemia sexual. [...] Temas e metáforas do último fim do século, revestidas por quase cem anos de debates, parecem permear nossas ansiedades e nossas angústias contemporâneas. Nos anos 80 e 90 deste final do século XX, contamos e recontamos várias versões contemporâneas dos romances vitorianos, em filmes, musicais ou adaptações para televisão, que recontamos à nossa maneira moldando o nosso futuro.

O final do século XIX, século europeu por excelência, devido à sua influência em todo mundo, foi marcado por três grandes crises: crise de classe, crise de raça e crise das relações entre os sexos e a tal ponto que o romancista George Gissing definiu as últimas décadas do século passado como décadas de anarquia sexual.

Patenteia-se, neste texto, a ótica aqui defendida: a que ilumina a literatura como feixe de relações, no sentido de que ela não nasce da pura fantasia de suas autoras ou autores, mas germina de uma complexa interação entre o espírito criador do artista, o tempo em que ele vive e o húmus cultural herdado (húmus que foi engendrado, ao longo do tempo, pelas múltiplas heranças ou tradições acumuladas no espírito ou memória do povo).

Segundo essa ótica, a leitura/análise/elaboração dos verbetes aqui constantes nos aponta os diferentes momentos da evolução da consciência crítica da mulher, em relação a si mesma e ao mundo (obviamente, em conseqüência da evolução geral de seu meio social). Esquematicamente (e sem esquecer a limitação de todo e qualquer esquema que pretenda aprisionar a vida), temos:

1. Século XVIII-XIX – Período de consolidação dos ideais, certezas e valores absolutos consagrados pela sociedade tradicional/romântica (cristã/burguesa/progressista/liberal/patriarcal/sexófoba). Literatura que consagra a imagem ideal da mulher (pura, submissa, discreta...) e conseqüentemente marginaliza os desvios desse comportamento (impura, rebelde, indiscreta...). Estilo moldado pelas emoções controladas pela razão.

2. Anos de 1910/1920-século XX – Os ismos. Breve período de ruptura da literatura e das artes com o sistema tradicional. No espaço feminino, dá-se um primeiro e breve momento de reação e escândalo, pela voz de pioneiras, contra o sistema, principalmente na esfera das relações homem-mulher, e em desafio ao interdito ao sexo. Poesia erótica que se queria transgressora do cânone. (Estilo oscilante entre as normas poéticas consagradas – parnasianismo/simbolismo – e a transgressão dos primeiros ventos modernistas.)

3. Anos de 1930/1940 (Regionalismo x Urbanismo) – Momento de grande crise econômica no mundo e de urgência de repensar o sistema, delatando os erros e desequilíbrios que o alicerçavam. Momento de conscientização, no qual a mulher (sempre frustrada pela falência amorosa) oscila entre o endosso ao sistema e o questionamento aos valores repressivos por ele consagrados. (Estilo realista, que descrê da verdade das aparências e tenta retratar, de maneira objetiva, a realidade, mas deixa escapar pelos seus interstícios a verdade ali oculta.)

4. Anos de 1940/1950 – Em meio ao lento processo de conscientização, instaurado pelo romance regionalista e pelo urbano, eclodem as vozes pioneiras (Guimarães Rosa e Clarice Lispector) de uma nova revolução, que só na década de 1960 se expandiria nos rastros do Existencialismo e da Fenomenologia, como nova teoria do conhecimento. (A linguagem ou palavra, com seu poder nomeador de realidades, torna-se o objeto maior da criação literária. *O que não é nomeado não existe*, diz Lacan.) A literatura intimista/psicológica anterior se aprofunda em escavações do eu existencial ou metafísico.

5. Anos de 1950/1960 – Explosão definitiva dos antigos valores, certezas e ideologias, etc. Em meio ao caos, os criadores buscam caminhos e cada qual, à sua maneira, escava o mundo à sua volta. Surge a chamada "geração de 60" e o "novo épico": a redescoberta ou reinvenção da condição humana e sua tarefa de fundadora de mundos. Nessa linha de forças, a mulher busca sua nova imagem e seu novo lugar no mundo, através da manipulação consciente de sua palavra. (Todos os estilos são recriados, reinventados ou inventados.)

6. . Anos de 1960/1970 – Surge uma plêiade de poetas, ficcionistas, dramaturgas, ensaístas... com uma produção (tal qual a dos homens) em perfeita sintonia com os novos tempos em acelerada mutação. A nova escritora se integra na multiforme problemática do mundo atual e assume sua nova condição feminina: *Somos mutantes, mulheres em transição...* (Marina Colasanti).

7. Anos de 1970/1980 – A onda da contracultura abre picadas no cenário da literatura e das artes em geral, nos rastros do desencanto pós-euforia dos anos dourados, em que a juventude rebelde pretendia reformar o mundo com paz e amor. Faz-se ouvir, na literatura feminina, uma voz de mulher desencantada, que conquista a liberdade, mas descobre que esta não foi ainda incorporada pelo sistema... O que lhe resta é não levar o mundo a sério, é a displicência, o desbunde, a blague, o deixar-se levar pela corrente, à margem da sociedade politicamente correta... Surgem os rebeldes sem causa, as vozes marginais (o estilo desenvolto que procura chocar).

8. Limiar do século XXI – A literatura e as artes em geral se dispersam pelos mil e um caminhos abertos pelo Experimentalismo, que surge nos rastros da fragmentação do mundo antigo. Em um mundo em que se anulam as fronteiras entre o virtual e o real, a sociedade sexófoba (fundada no interdito ao sexo) é invadida pela sexofilia (o sexo liberado, banalizado, transformado em performance e que se torna o grande produto de consumo que alimenta a poderosa máquina econômica dos multimídia e do mercado... e também do crime organizado...). Escritores e escritoras sabem que da palavra de cada um depende a reinvenção e renomeação do mundo. Todos os estilos são válidos.

E la nave vá...

São Paulo, dezembro 2001.

a

01 ABGAIL SAMPAIO

Poeta, Abgail Sampaio nasceu em Paracuru (CE), em 09.12.1897, e faleceu em data ignorada. Foi nome conhecido no meio cearense das primeiras décadas do século; e seu nome figura em diversas antologias.

Publicações: **Luar da pátria** 1923, **Átomos e centelha** (em colab. com sua irmã, Maria Sampaio – 1928).

02 ABIÁ LOPES

Poeta, jornalista e trovadora, Abiá Lopes nasceu no Rio de Janeiro (RJ), em 02.11.1895, e faleceu com idade avançada, em data ignorada. Era filha do abolicionista cearense João Ferreira Filho e irmã dos escritores Oscar Lopes e Tomás Lopes. Colaborou assiduamente em jornais e revistas cariocas da primeira metade do século, usando pseudônimo, Sílvia Patrícia. Publicou um livro de poesia e deixou vários inéditos.

Publicação: **Fumaça do meu cigarro**, s/d.

03 ADA CURADO

Contista, cronista, teatróloga, romancista e poeta, Ada Ciocci Curado nasceu em Jardinópolis (SP), em 02.09.1916. Radicou-se em Goiânia.

Começou a escrever muito jovem, divulgando seus escritos pela imprensa, e em antologias. Estréia em livro em 1954, com os contos **Sonho do pracinha**, ao qual se seguiram outros, conquistando ampla aceitação do meio cultural goiano e da crítica. É membro da Academia Feminina de Letras e Artes de Goiás; da Associação Goiana de Imprensa e da União Brasileira de Escritores-GO. Recebeu láureas e prêmios literários.

Publicações: Conto – **Sonho do pracinha**, 1954; **Os figurões**, 1985; **Nêgo rei**, 1966. Romance – **Morena**, 1958, e **Paredes agressivas**, 1977. Teatro – **Sob o tormento da espera**, 1975. Poesia – **Acalanto**, 1999.

04 ADA MARIA MACHADO GUIMARÃES

Poeta, pesquisadora, professora e elemento atuante em seu meio cultural, Ada Maria Machado Guimarães nasceu em Dom Pedrito (RS), em 26.06.1952. Radicou-se em Bagé (RS). Fez curso de Magistério (1972), ingressando na carreira docente. Formou-se em Letras na Faculdade de Filosofia Ciências e Letras de Bagé.

Fez pós-graduação na PUC – Porto Alegre, obtendo o título de mestre com a dissertação A poesia de Eduardo Guimarães. Integrou o grupo de pesquisas do projeto CEFAM – Centro de formação para o magistério (ligado ao MEC – Ministério de Educação e Cultura); coordenou o projeto Ler, ato libertador, (Escola 15 de novembro). Como docente, tem ministrado cursos de língua portuguesa, literatura brasileira e literatura infantil.

Desde muito jovem revelou vocação para a literatura e se iniciou como escritora, publicando artigos e poemas na imprensa. Estreou em livro com a poesia de **Meu céu de Bagé** (1978), ao qual se seguiram outros de poesia e ensaio.

Publicações: Poesia – **Meu céu de Bagé**, 1978; **O coração na chuva**, s/d; e **Poemas das ruas**, s/d. Ensaio – **Ibsen, o viking da dramaturgia** e **O soneto na poética drummondiana**.

ADAIR FERREIRA DA COSTA 05

Poeta, professora, Adair Ferreira da Costa Mesquita Arantes nasceu em Corumbá (MS), em 06.11.1948. Formou-se em Letras pela Faculdade de Filosofia Ciências e Letras – São José do Rio Preto (SP). Estreou, como poeta em 2001, com o livro **Coração apaixonado**. Anteriormente publicara seleções de poesias de grandes poetas: **As mais belas poesias** (1997); **Caminhos para uma nova vida** (2000) e **Belíssimo mundo poético** (2000).

Publicação: Poesia – **Coração apaixonado**, 2001.

ADALCINDA CAMARÃO 06

Poeta, presença notória em seu meio cultural, Adalcinda Camarão nasceu em Marabá (PA), em 18.07.1918. Desde a adolescência, já residindo em Belém (PA), escreve e publica poesia nas revistas culturais que circulavam na capital paraense (Terra Imatura, Pará Ilustrado, Novidades e A Semana). Na década de 1940, atuou como cantora na Rádio Clube do Pará.

Foi Professora de Português na Universidade de Virginia (EUA), e na década de 1980, muda-se para Washington, para prestar serviço na Embaixada do Brasil. Em 1949, foi eleita para a Academia de Letras Paranaense, cadeira nº 17 (cujo patrono é Felipe Patroni).

Sua produção poética permanece esparsa, aguardando recolha em livro.

ADALGISA NERY 07

Poeta, romancista, contista, tradutora, conferencista e presença de grande destaque no meio cultural de seu tempo, Adalgisa Nery nasceu no Rio de Janeiro (RJ), em 20.10.1905, e faleceu em 1980. Teve um melancólico final de vida, esquecida em um asilo de velhos, depois de uma existência de raras e notáveis vivências. Aos sete anos, perde prematuramente a mãe; faz seus primeiros estudos no Colégio Santos Anjos e os prossegue como externa no colégio Basílio da Gama, tendo fama de aluna inteligente e aplicada.

Seu envolvimento com o mundo intelectual carioca tem início nos anos de 1920, após seu casamento com Ismael Nery, em 1922. De família abastada e dotado de grande curiosidade intelectual e artística, Ismael Nery era um apaixonado pelas artes da pintura, música e literatura, e em sua casa se realizavam constantes reuniões de artistas e escritores. Foi nesse ambiente que Adalgisa passou a conviver com alguns dos mais importantes nomes que se preparavam, entre nós, para a renovação da literatura cristã, que se deu na década de 1930.

Entre os nomes que, direta ou indiretamente, atraíram a autora para a literatura, estão: Anibal Machado, Álvaro Moreyra, Jorge de Lima, Murilo Mendes, Mário Pedrosa, Antônio Bento, Tristão de Athayde (Alceu Amoroso Lima) e Manuel Bandeira. Pelas circunstâncias da vida, Adalgisa Nery acompanhou de perto os acontecimentos da famosa Semana de Arte Moderna e suas repercussões fora de São Paulo; e também conheceu de perto o movimento modernista europeu. Em 1927, viaja com o marido para a Europa e aí permanece dois anos em convívio cultural com vanguardistas brasileiros (Villa-Lobos) e estrangeiros (Teran Chagall, entre outros).

Em 1934, fica viúva. Para enfrentar as dificuldades econômicas, começa a trabalhar na Caixa Econômica Federal e, mais tarde, no Conselho do Comércio Exterior. É nesse período que seu pendor para a literatura se manifesta. Escreveu o poema Eu em ti que, vivamente elogiado pelos amigos, a anima a publicar o livro **Poemas** (1937), o qual teve excelente repercussão crítica. Passa a colaborar em jornais e revistas cariocas (Dom Casmurro, O Cruzeiro e O Jornal). Em 1938, publicou a tradução de **O jardim das carícias** de Franz Toussaint; e continua escrevendo poesia e ficção.

Em 1940, casa-se com Lourival Fontes (então Diretor do Departamento de Imprensa e Propaganda – DIP, órgão recém-criado por Getúlio Vargas). Nesse mesmo ano, publica o volume de contos **Og**, e a poesia de **A mulher ausente**. Ainda em 1940, inicia uma série de viagens com o marido (o qual, durante cinco anos, desempenha várias missões diplomáticas no exterior: Canadá, Estados Unidos, México...). Essas viagens propiciaram a Adalgisa um excelente intercâmbio com diferentes países, nos quais faz conferências e participa de encontros e congressos; e prossegue escrevendo poesia e ficção.

Publicações: Poesia – **Ar do deserto**, 1943; **Cantos de angústia**, 1948; **Mundos oscilantes**, 1962; e **Erosão**, 1973. Conto – **Og**, 1940. Romance – **A imaginária**, 1959; e **Neblina,** 1972. Tradução – **O jardim das carícias**, 1938. Ficção filosófica – **As fronteiras da quarta dimensão**, 1951.

08 ADALZIRA BITTENCOURT

Poeta, romancista, contista, ensaísta e mulher de notória atuação social e cultural, em sua época, Adalzira de Albuquerque Bittencourt nasceu em Bragança Paulista (SP), em 02.11.1904. Ainda menina muda-se para a capital paulista, onde faz seus estudos. A partir de 1930, radica-se no Rio de Janeiro, onde faleceu em 1976.

Desde a infância é atraída para a poesia e tem seus primeiros poemas publicados na imprensa paulista e mineira. Estréia em livro, em 1919, com **Mal-me-quer** (prefácio de Vicente de Carvalho). Formou-se em Direito pela Faculdade do Largo de São Francisco, em 1927. Estudou Sociologia na Itália e Direito Internacional na Holanda. Realizou conferências sobre Literatura Brasileira no Brasil e no exterior (Estados Unidos, México e Buenos Aires). Na Argentina promoveu a Hora da poesia brasileira, na Associação Cultural Argentina-Brasileira Júlia Lopes de Almeida). Foi redatora do jornal internacional *La Jeunesse et la Paix du Monde*. Foi diretora do jornal Mensageiro do Lar da Criança, fundado no Rio de Janeiro, em 1951. Fundou e dirigiu o periódico O Miosótis, em São Paulo. Também no Rio de Janeiro, criou o Clube Cruz Verde (onde a juventude era incentivada a amar e respeitar a natureza); fundou uma escola para menores abandonados e a liga infantil Pró-Paz (1932). Foi membro-fundador da Academia Feminina de Letras (RJ), sendo aclamada primeira presidente. Em 1943, organizou a 1ª Exposição de livros femininos no Rio de Janeiro, e participou do 3º Congresso da Raça, promovido pela Sociedade Brasileira de Urologia.

Como membro de várias comissões governamentais durante o governo de Getúlio Vargas, participou de decisões políticas referentes a exames médicos pré-nupciais, eutanásia, esterilização involuntária e aborto.

Como escritora publicou contos, romances, novelas, muitos deles traduzidos para o espanhol ou alemão. Colaborou em jornais e revistas brasileiros, sob o pseudônimo Alba Maguary. Sua extensa obra permaneceu praticamente desconhecida, mas recentemente (década de 1990), começou a ser redescoberta por grupos de estudos feministas, nas universidades brasileiras, como o da UFGO, que em 1996 publicou **Visões do passado, previsões do futuro**, resgatando as obras de Adalzira Bittencourt e Ercília Nogueira Cobra*.

Entre as análises feitas da extensa produção de Adalzira, destacamos o romance **Sua Excelência: a presidente da república no ano 2500**, escrito em 1929. Trata-se de uma ficção utópica, como a inventada por Monteiro Lobato em 1926 (**O choque de raças ou O presidente negro – Romance americano**), mas não teve a repercussão crítica deste. O entrecho se resume numa antevisão fantástica de um Brasil perfeito, habitado por uma raça de excepcional beleza, força e dinamismo, e governado por uma mulher, Mariângela de Albuquerque, imagem da perfeição física e moral, cujo governo inteligente, honrado, probo, laborioso, estava a contento geral do povo.

Conforme ressaltam as análises, essa excessiva idealização e, no geral, as idéias expressas pela romancista seguiam a linha do Partido Republicano Feminino nas décadas de 1920 e 1930, que se apoiava predominantemente no ideário positivista/evolucionista de Auguste Comte, o qual valorizava a mulher como moralmente superior ao homem e verdadeira base da nação, como esposa e educadora dos futuros cidadãos do mundo. A certa altura, a autora define o seu conceito de feminismo: feminismo brasileiro. Não feminismo importado. Feminismo latino. É colocar a mulher no seu lugar. Ela deve saber ensinar aos filhos o caminho reto do dever, a aplicação de patrimônios, a honestidade e a justiça.

Como toda ficção utópica, a deste romanre é inverossímil, como o sugere a apresentação do livro, feita na época por Aarão Rebello: *Há exagero... mas no exagero existe uma lição. Há estímulos. Há caminhos e rumos. Há um tema social. Há idéias a seguir... É um romance passado em outro clima cultural.* Adalzira pertenceu, pois, à primeira onda do feminismo, aquele que ficou a meio caminho da tradição e da revolução, mas acabou reforçando os costumes conservadores. Entre os grandes trabalhos realizados pela autora, está o **Dicionário bibliográfico de mulheres ilustres e intelectuais do Brasil** (1969). Por seu ativo labor em todas as áreas em que atuou, recebeu inúmeros prêmios e honrarias, no Brasil e no exterior.

Publicações: Poesia – **Mal-me-quer**, 1919; **A corça e o leão**, 1929; **Alegria**, 1940; **Surgiu no céu mais uma estrela**, 1943; **De rosas tapecei teus caminhos**, 1952; e **Ofertório**, 1951. Romance – **Sua Excelência: a presidente da república no ano 2500**, 1929. Registros memorialísticos – **Trinta e sete dias em Nova York**, 1942; e **Louros e livros**, 1946. Antologia – **Coletânea de poetas paulistas** (org. Enéas de Moura), 1951. Biografia – **Surgiu no céu mais uma estrela**, 1943 e **Getúlio Vargas visto no estrangeiro**, 1952.

ADECARLICE FERREIRA 09

Poeta gaúcha, Adecarlice Ferreira Porto Alegre nasceu em Porto Alegre (RS), em 12.11.1901. Publicou os livros de poesia: **Oblata**, 1958; e **Canto de entardecer,** 1962.

ADELAIDE CARRARO 10

Romancista engajada na denúncia escandalosa dos ocultos (ou não tão ocultos) desmandos da sociedade, Adelaide Carraro nasceu em São Paulo (SP), em 30.07.1926, e faleceu em 08.01.1992. Sua vida foi marcada, desde o início, por uma série de fatalidades: com um ano de idade ficou órfã de mãe, logo depois seu pai foi assassinado, e então ela e seis irmãos foram internados por uma tia no asilo Casa da Criança e do Trabalho, onde permaneceu dez anos. Passou para o Asilo Bom Pastor, no qual, com outras seis meninas, foi apontada como chefe de uma revolta e conviveu com toda a espécie de mulheres. Tuberculosa, foi removida para um sanatório em Campos do Jordão (SP), onde ficou até os 19 anos. Tenta encontrar emprego público em São Paulo, quando Jânio Quadros era governador. Foi ludibriada por políticos inescrupulosos, envolvendo-se em escândalos amorosos nos meios governamentais. É novamente internada (Hospital do Mandaqui), aí permanecendo até 1959. Nessa época, incentivada pelo jornalista Hélio Silveira, começa a escrever. Seu primeiro livro, **Eu e o governador** (1963), foi uma bomba literária e política, abrindo caminho sensacionalista para os demais, que prosseguiram na mesma linha de denúncias abertas do avesso de uma sociedade atolada na hipocrisia e no vale-tudo.

O sensacionalismo que rodeou o livro de estréia foi diminuindo até cessar. Depois de um período de silêncio editorial, a escritora volta a publicar. A preocupação com a denúncia do lado escuro da sociedade continua, mas a intenção se alterou: a escritora procura, nessa nova fase, alertar os jovens; desviá-los da marginalidade ou dos vícios que o sistema atual alimenta e sugerir-lhes caminhos positivos de realização na vida. O problema das drogas, da promiscuidade gerada pela miséria; o contraste entre ricos e pobres; o preconceito racial, etc. são os temas básicos desses novos livros. Todos eles destinados ao público das escolas. Devido à declarada intenção edificante e doutrinária que os alicerça, esses novos livros (**Meu professor, meu herói** e a série **O estudante**...) foram adotados em colégios religiosos e leigos, nas décadas de 1980 e 1990, transformados em verdadeiros *best sellers*. De escritora maldita que escandalizava adultos, Adelaide Carraro passa a ser escritora consagrada por autoridades religiosas e pelo público jovem. De estilo realista, objetivo e passional, sua escrita é das que atingem de imediato o leitor.

Publicações: **Eu e o governador**, 1963; **A falência das elites**, 1965; **Os padres também amam**, 1967; **Comitê**, 1969; **Podridão**, 1969; **Asco**, 1970; **Submundo da sociedade**, 1971; **O castrado**, 1975; **O estudante I**, 1980; **A viúva**, 1981; **Meu professor, meu herói**, 1982; **Mãe solteira**, 1982; **Os loucos também amam**, 1984; **Sexo proibido**, 1985; **O caipira supermacho**, 1988; **O estudante II**, 1988; e **O estudante III**, 1991.

11 ADELAIDE DE CASTRO ALVES GUIMARÃES

Poeta, de família de intelectuais e poetas, Adelaide de Castro Alves Guimarães nasceu em Salvador (BA), em 23.03.1854; viveu parte de sua vida no Rio de Janeiro, onde faleceu em 21.09.1940, com a avançada idade de 86 anos. Era irmã direta do poeta Castro Alves. Casou-se com o jornalista e político baiano Augusto Alves Guimarães. Desde muito menina escrevia versos, sempre louvados em seu meio social. Já bem idosa, em 1933, publicou o livro **O imortal**. Em 1954, em comemoração ao 1º centenário de seu nascimento, as filhas reuniram suas poesias esparsas, em volume. Sua palavra poética foi influenciada pela forma parnasiana e pelo lirismo ultra-romântico que ainda perdurava no entresséculos.

Publicações: **O imortal**, 1933; e **Arpejos em surdina** (publicação póstuma 1954).

12 ADELAIDE PETTERS LESSA

Poeta, psicóloga clínica, ensaísta e professora universitária, Adelaide Petters Lessa nasceu em São Paulo (SP), em 21.02.1926.

Poeta de linhagem humanista, sua palavra poética mergulha fundo nas irredutíveis carências afetivas dos seres humanos e com eles comunga. Sua estréia em livro se dá com a coletânea **Balada**, publicado em 1949 e bem recebido pela crítica. Na linha das sondagens profundas dos seres e coisas, em busca de essência e do oculto, sua poesia valoriza a arte como verdadeira expressão do real. Segue-se **Amoressência** (1970), no qual Antônio Cândido destaca o sentimento germinal que é inseparável de um sentido cósmico, fazendo todos os temas e todas as imagens oscilarem incessantemente do infinitivamente pequeno ao infinitivamente grande da semente do Universo. Este movimento oscilatório-fecundante e dialético é a espinha do livro.

Em **Quase poética do meu próximo**, seu humanismo abre uma espécie de oásis no cotidiano de violência, frustrações e vazio em que vivemos, nestes dias de som e fúria. Palavra densa e solidária, a de Adelaide exorta cada um a crer em si mesmo, em sua própria força e grandeza interior, para vencer a batalha da vida e...

Descobrir, a sós, / que paina e mel, águias em vôo, / iridescências, quietude ígnea, / chacras e lotus insuspeitos. / beatitude, bem-querer, candura, / cantiga mansa ou balada antiga, / sempre serão divina herança tua.

Como pesquisadora e ensaísta, publicou: **Precognição**; **Paragnose do futuro** e **Videntes do Cristo**.

Publicações: **Balada**, 1949; **Amoressência**, 1970; **Augusto**, 1999; e **Quase poética do meu próximo**, 2000.

13 ADÉLIA FONSECA

Poeta e destacada presença no meio cultural de seu tempo, Adélia Josefina de Castro Fonseca nasceu em Salvador (BA), em 24.11.1827, e faleceu com a avançada idade de 93 anos, em 01.12.1920.

De tradicional família de intelectuais, recebeu desde menina esmerada educação intelectual e artística. Ainda muito jovem distinguiu-se nos saraus sociais por seus dotes espirituosos, ao participar dos torneios poéticos, como era moda na época, declamando versos seus ou de poetas famosos.

Em meados do século XIX, a sociedade baiana viveu época de excepcional convívio cultural, no qual se destacavam os poetas Francisco Moniz Barreto (famoso repentista), Domingos Borges de Barros e Gonçalves Dias, que ali passou algum tempo e chegou a conhecer Adélia Josefina, a quem chamou de Safo Cristã, dedicando-lhe elogiosos versos.

Poeta de grande fluência verbal, divulgou sua poesia pela imprensa baiana e, posteriormente, em jornais e revistas cariocas. Em 1847, escreveu um soneto que ficou famoso, devido à tragédia que o motivou (o assassinato da poeta Júlia Fetal, pelo noivo, João Estanislau da Silva Lisboa). Foi gravado no túmulo da morta e pode ser visto na Igreja da Graça (Salvador).

Em 1870, muda-se para o Rio de Janeiro, acompanhando o marido, e aí prossegue sua produção poética e a colaboração em revistas e jornais (O Domingo, dirigido pela baiana Violante A. Bivar e Valasco e outros); bem como a participação entusiasta nas reuniões litero-musicais, freqüentes nos salões em que a alta sociedade se reunia. Torna-se sogra do historiador Capistrano de Abreu e teve uma continuadora de sua arte de poeta na neta Honorina de Abreu, inspirada poetisa que se torna religiosa com o nome de Irmã Maria José do Carmelo de Santa Teresa (RJ).

Adélia Josefina deixou um alentado acervo de poemas esparsos na imprensa ou inéditos, ainda não recolhidos em livros. Só sua produção inicial foi recolhida em volume.

Publicação: **Ecos da minha alma**, 1852.

ADÉLIA MAGALHÃES 14

Poeta, contista e assistente social, a alagoana Adélia Maria do Amorim Magalhães nasceu em Anadia (AL), em 14.03.1948. Vive em Maceió onde exerce funções de assistente social. Formou-se na área de serviços sociais e educação artística. Desde muito jovem começa a escrever textos poéticos, divulgando-os em jornais, revistas, antologias (**Poetas brasileiros de hoje**, 1982, e **Nova literatura brasileira**, 1983) e cursos literários. Tem recebido inúmeros prêmios e menções honrosas.

Publicação: **Além do muro**, 1987.

ADÉLIA MARIA 15

Poeta, advogada e professora universitária, Adélia Maria Woellner nasceu em Curitiba (PR), em 20.07.1940. Formou-se em Direito (UFPR), em 1972, obtendo os primeiros lugares nos cursos e recebendo quatro medalhas de mérito. Entre 1973 e 1985, foi professora de Direito Penal (Universidade Católica do Paraná). Elemento atuante no meio cultural paranaense, é membro de inúmeras associações nacionais (Academia de Letras José de Alencar, Academia Feminina de Letras-PR; Academia de Letras Uruguaiana; Clube de poesia de Uruguaiana; Academia Internacional de Heráldica e Genealogia; Centro de Letras do Paraná; União Brasileira de Trovadores, etc.); e no exterior, da The International Academy of England-London.

Desde a década de 1960, vem-se dedicando à produção poética. Tem participado de coletâneas poéticas. Foi uma das vencedoras do I° Concurso de Poesia Helena Kolody (Secretaria de Estado da Cultura – Governo do Paraná/1989). Estreou em livro em 1963. A linha dominante de sua poesia é a da consciência da luta contínua que é inerente à condição humana, no encalço de sua realização no nível profundo do ser em si e no de suas relações essenciais com os outros, com a sociedade, a natureza e, principalmente, com a palavra.

Publicações: **Balada do amor que se foi**, 1963; **Nhanduti**, 1964; **Poesia trilógica**, 1972; e **Encontro maior e avesso meu**, 1990.

Poeta que é uma das grandes vozes femininas da Poesia brasileira, a mineira Adélia Luiza Prado Freitas nasceu em Divinópolis (MG), em 13.12.1935, cidade onde permaneceu residindo. É casada com José de Freitas, e tem cinco filhos: Eugênio, Rubem, Sara, Jordano e Ana Beatriz.

Adolescente, formou-se professora na Escola Normal Mário Casassanta. Ingressou no magistério, lecionando na Escola Estadual, para as primeiras séries; e também na Escola de Enfermagem, a disciplina educação moral e cívica. Licenciou-se em Filosofia pela Faculdade de Filosofia, Ciências e Letras de Divinópolis (MG), (atualmente, Instituto de Ensino Superior e Pesquisa) e passou a lecionar na Faculdade de Educação, as disciplinas: filosofia da educação e história da filosofia contemporânea.

Começou a escrever poesia aos quatorze anos, em circunstância dolorosa: a perda da mãe. Continuou a escrever, esporadicamente, mas sem acreditar muito no valor de sua escrita. Dedica-se com paixão aos estudos e à leitura dos grandes escritores: da Bíblia a Guimarães Rosa, incluindo Drummond, Murilo Mendes, Fernando Pessoa, Octavio Paz, Jung e outros que energizam a sua poesia. Aliás, no poema "Invenção de um modo", Adélia diz: *...tudo que invento já foi dito / nos dois livros que eu li: / as escrituras de Deus, / as escrituras de João. / Tudo é Bíblia. Tudo é Grande Sertão.*

Nesses versos, está metaforizado o nervo vital da poesia adeliana: a fusão **Bíblia/Grande Sertão** ou, em termos reais, Sagrado/Profano. Sua poesia só iria revelar-se, realmente, a partir da década de 1970, quando a poeta decide assumir-se como tal, a princípio aderindo ao movimento poético liderado, em Divinópolis, por Lázaro Barreto, e que visava lançar os novos poetas emergentes. Em parceria com o poeta escreve **Lapinha de Jesus**, incluindo o auto natalino **O clarão**, cuja direção da representação ficou a cargo de Adélia. Da mesma forma, o auto da Paixão **Três horas de trevas**, escrito também em parceria, ainda em 1970. No ano seguinte, começa a publicar poemas no tablóide literário Diadorim (encarte do jornal A Semana e dirigido por Lázaro Barreto); no Suplemento Literário do Minas Gerais e no da Tribuna da Imprensa (RJ).

Nessa época, escreve os poemas de **Bagagem**, com os quais estréia em livro, em 1976. Estréia precedida do louvor de Drummond, que lera os originais e, numa crônica de outubro de 1975, escreveu: *Adélia é lírica, bíblica, existencial [...] Adélia já viu a Poesia, ou Deus, flertando com ela. [...] Adélia é fogo de Deus em Divinópolis.* Na apresentação do livro, Olga Savary* afirma: *Há muito não aparece poesia tão vigorosa, telúrica, intensa, com tanta garra e força primitiva, tão seiva, sangue, suor e sensualidade.*

Pertencente cronologicamente à "geração de 60", mas se assumindo como poeta na década de 1970, Adélia Prado revela em sua poesia uma dupla confluência de forças: a do novo épico (valorização do poeta, ser humano e efêmero, de cuja presença a vida e o mundo dependem para se eternizarem no tempo) e a da liberação feminina, pós-moderna, da década de 1970 (a mulher que se afirma para além e acima da imagem na qual a tradição a aprisionara).

Já em **Bagagem**, sua filosofia de vida (ou sua visão de mundo) se revela em plenitude. Em "Anunciação ao poeta", Adélia expressa sua crença de que a poesia é dádiva divina, que exige do poeta a tarefa imperiosa de nomear o mundo e a vida à sua volta, fundindo a dor e a alegria que lhes são inerentes.

Ave, ávido / Ave, fome incansável e boca enorme, / come. / Da parte do Altíssimo te concedo / que não descansarás e tudo te ferirá de morte: / o lixo, a catedral e a forma das mãos. / Ave, cheio de dor.

Com sua poesia energizada de sagrado, de erotismo e da pura e simples existência cotidiana, Adélia resgata uma presença há muito banida do mundo da poesia: a do vate, o poeta iluminado que, desde a origem dos tempos, deu voz aos deuses ou ao mistério que preside à criação da vida. Neste nosso mundo progressista, luminoso e esvaziado de sentido espiritual, Adélia redescobre a poesia como uma necessidade vital: a de saciar a fome universal que resulta das carências a que a vida moderna condenou os homens. Ao poeta, voz escolhida por Deus, é entregue a tarefa de aplacar essa fome corrosiva (que é a sua, poeta, e dos outros). Tarefa que se anuncia de maneira terrível e bela: *Ave, ávido / Ave, fome incansável e boca enorme / come.*

Assumindo de frente sua condição humana e seu destino de mulher e de poeta, Adélia entra na poesia brasileira de maneira desafiante: recusa a ótica drummondiana (a que vive agonicamente o seu estar-no-mundo); resgata a esperança e a paixão pela vida. Nos rastros de Drummond, Adélia se move no espaço cotidiano, onde a vida se cumpre. Mas outra é a atmosfera que ali respira. É o que revela, desde o poema de abertura, "Com licença poética":

Quando nasci um anjo esbelto, / desses que tocam trombeta, anunciou: / vai carregar bandeira. / Cargo muito pesado pra mulher, / esta espécie envergonhada. [...] Mas o que sinto escrevo, Cumpro a sina. / Inauguro linhagens, fundo reinos [...] Vai ser coxo na vida, é maldição pra homem. / mulher é desdobrável. Eu sou.

Adélia Prado dá voz à nova mulher que se auto-afirma, desassombrada, como mulher e poeta, cuja força lhe vem de Deus.

Mercê de Deus, poder que eu tenho é de fazer poesia. Quem entender a linguagem / entende Deus, / cujo filho é o Verbo. Morre quem entender.

A palavra é disfarce de uma coisa mais grave, surda-muda, / foi inventada para ser calada.

A poesia é o *leitmotiv* de sua escrita poética, pois a palavra é fundadora de mundos, de vida; é o elo que une os homens através dos tempos. O poeta é o continuador da palavra dita antes dele.

A poesia me pega com sua roda dentada, / me força a escutar, imóvel / o seu discurso esdrúxulo. [...] Eu corro ela corre mais, / eu grito ela grita mais / sete demônios mais forte...

Poesia densa e surpreendente, a de Adélia é alimentada pelo lastro cultural herdado e assumido conscientemente em contraponto (ou corpo-a-corpo) permanente com a vida cotidiana, real, vivida em plenitude, aflição ou alegria... mas sempre aceita abertamente: a consciência do absurdo não aniquila a esperança e a poesia é fiadora de sua permanência. A poesia de Adélia introduz a esperança no universo drummondiano:

E teu destino, ó José, [...] o que te salva da vida / é a vida mesma, Ó José, / e o que sobre ela está escrito / a rogo de tua fé: / No meio do caminho tinha uma pedra. /

Tu és pedra e sobre esta pedra. / A pedra, ó José, a pedra. Resiste, ó José. [...] o reino do céu é semelhante a um homem / como você, José. (agora, ó José)

No universo de Adélia, encontram-se, afinal, o efêmero drummondiano e o eterno bíblico. Dessa fusão estará nascendo uma nova concepção de mundo que, por enquanto, só poetas pressentem.

Em poesia ou prosa, a palavra de Adélia Prado fala da força da vida, expressa a funda relação sensorial de um eu com as coisas, ou do eu com o outro, um eu que se sabe elo de uma longa cadeia, cujo início se perde na origem dos tempos bíblicos. Um eu-mulher que se sabe fruto e semente, procurando caminhos em meio ao enigma da Vida. Com diferentes eixos temáticos, seus livros se sucedem, desdobrando essa problemática-base: **O coração disparado**; **Terra de Santa Cruz**; **A faca no peito**; **Solte os cachorros**; **Cacos para um vitral**...

Publicações: Poesia – **Bagagem**, 1976; **O coração disparado**, 1977; **Terra de Santa Cruz**, 1981; **O pelicano**, 1987; **A faca no peito**, 1988; **The alphabet in the park** (EUA, 1990); **Poesia reunida**, 1991, e **El corazón disparado** (Buenos Aires, 1994). Prosa – **Solte os cachorros**, 1979; **Cacos para um vitral**, 1980; **Os componentes da banda**, 1984; **O homem da mão seca**, 1994; **O manuscrito de Felipa**, **Filandras** e **Oráculos de maio**, 2001. Teatro – **Dona doida** (textos teatralizados e interpretados por Fernanda Montenegro), 1987.

ADÉLIA VICTÓRIA FERREIRA 17

Poeta, advogada, jornalista, Adélia Victória Ferreira nasceu em São Paulo (SP). Em 1987 passou a presidir a Casa do Poeta, Lampião de Gás (SP) e dirige o mensário poético O Fanal, órgão oficial da entidade fundada pela poeta Colombina. É acadêmica titular de várias entidades culturais de São Paulo. É membro-fundadora da Academia de Letras Municipais do Brasil. Tem recebido distinções e prêmios por sua produção de trovas e jogos florais.

Publicação: **Catálise**, 1985.

18 ADELINA LYRIO

Primeira poetisa espírito-santense, Adelina Lyrio (nome literário de Adélia Tecla Correia Lyrio) nasceu no Espírito Santo (ES), em meados do séc. XIX. Foi professora; introduziu o teatro infantil nas escolas públicas e colaborou assiduamente na imprensa local. Em 29 de janeiro de 1881, estréia na antologia **Florilégio de Espírito Santo** com o poema Inspirações. Adelina Lyrio está, pois, entre as escritoras pioneiras que enfrentaram os preconceitos sociais que vedavam à mulher o direito de escrever poesia. Só em 1902, na imprensa do espírito-santense, surge outro nome de escritora, Cecília Pitanga, e, em 1904, Cadassil (Cacilda Werneck Pereira Leite). Mas o preconceito persiste: em 1917, o Dr. Félix Pacheco (em entrevista na revista Fon-Fon) afirma que a principal qualidade da mulher era o horror à poesia. E o povo preceituava: Estuda a geografia / leia alguma boa história / mas não se atire à poesia. / Porque a mulher que se faz poeta. / Põe o marido pateta. (in A mulher na história de Espírito Santo, de Maria Stella Novaes, texto mimeografado).

19 ADELINA VIEIRA

Contista, teatróloga e autora de livros infantis, Adelina Amélia Lopes Vieira nasceu em Lisboa (Portugal), em 20.09.1850. Veio com os pais para o Brasil com pouco mais de um ano de idade. Era irmã da escritora Júlia Lopes de Almeida. Viveu no Rio de Janeiro (GB) e dedicou-se durante anos não só ao ensino das crianças, mas também às discussões sobre novos métodos didáticos e à criação de textos poéticos, teatrais e infantis. Foi casada com o diretor de um grande colégio em Friburgo (RJ). Colaborou assiduamente em jornais e revistas brasileiras (entre as quais O Tempo, que defendia a política de Floriano Peixoto).

Publicou contos, poesia e dramas. Faleceu no Rio de Janeiro, em data não registrada na crônica do tempo.

Publicações: Contos – **Destinos**, 1900. Dramas – **A virgem de Murilo**, s/d; **As duas dores**, s/d, e **Expiação**, s/d. Infantis – **Contos infantis** (colab. Julia Lopes de Almeida) e **A terrina** (trad. de Ernesto Hervelly, 1909).

20 ADRIANA A. PAONE

Poeta, Adriana A. Paone nasceu em São Paulo (SP), em 10.05.1936. Desde menina é atraída pela poesia; começa a escrever poemas; liga-se a movimentos ou pessoas atuantes na produção poética da década de 1980. Estréia em livro com **Mãe gaivota** (poemas escritos entre 1973 e 1982), em que expressa uma sensível e generosa percepção da vida e uma consciência da forma poética, à espera de amadurecimento. Estudou Direito na Universidade Mackenzie-SP.

Publicação: **Mãe gaivota**, 1983.

21 AGLAÉ D´ÁVILA F. ALENCAR

Teatróloga, musicista e professora, Aglaé D´Ávila Fontes de Alencar nasceu em Lagarto (SE), em 02.11.1931. Reside na capital sergipana, onde fez seus estudos e desenvolve intensa atividade cultural. Professora especializada em educação pré-escolar, educação artística e música, fez estágio de estudos em vários estados (São Paulo, Rio de Janeiro, Bahia, Paraíba, etc.), sobre educação e teatro. Tem participado de congressos e simpósios sobre arte, educação, teatro, folclore, etc. Fundou a Escolinha de música do jardim da infância João Bolinha. Vem exercendo cargos e funções de destaque em importantes áreas da educação e da cultura. Exerceu o cargo de Secretária de Cultura do Estado; coordenadora do Programa Bolsa de Arte da UFS, do curso expressionista do Teatro da UFS e do Centro de Criatividade João Alves Filho.

Tem publicado inúmeros estudos sobre folclore: Roteiro de Aracaju (sobre manifestações folcloristas de Sergipe); Guerreiro em Sergipe (para campanha de defesa do folclore sergipano); Literatura de cordel e o relacionamento homem-mundo, em revista sergipana de folclore; Brincadeiras do folclore sergipano, etc. Escreveu ou adaptou grande número de peças teatrais que têm sido encenadas por grupos de amadores e recebido vários prêmios e distinções.

Publicações: Para crianças: **A festa no céu**; **Sapinho Filoca**; **A menina de sapatinho encarnado**; **Negrinho do pastoreio**; **História da linhazinha**; **A galinha pedrões**, etc.

Para adultos: **A estrada**; **O espantalho e o ensaio geral**.

Teatro folclórico: **A rainha Ginoveva no guerreiro de cheiros**; **Cazuza caga raiva**; **O macaco e a velha**; **O boi Ceição**; **Maria língua de trapo** (1º lugar – Dramaturgia INACEN – teatro de bonecos); **O azul briga com o encarnado** (auto nordestino de Natal); **O auto do menino do quilombo**; **Dragão cospe fogo**; **A onça e o bode na fila do BNH**; **Maria de Sinhá pariu um filho homem**, etc.

AGLAIA SOUSA 22

Musicista, poeta, contista e professora universitária, Aglaia Sousa nasceu no Rio de Janeiro (RJ), em 28.03.1943. Radicou-se em Brasília. Começou a escrever na década de 1980, participando de coletâneas de poesia e de contos (Ensaio V. SP, 1981; Conta, Professor. Brasília, 1982; Água I. SP, 1982; Contos e Poemas II. Brasília, 1991). Estreou em livro com os poemas de **Gota de barro**, em 1982. Seguem-se outros de poesia e de contos. As linhas dominantes de sua produção são: a consciência da palavra como nomeadora do real (daí o corpo-a-corpo com a linguagem...) e a consciência da feminilidade (e do erotismo) como uma ambígua, poderosa e desvalida mulher, que está à procura de si mesma ou de seu verdadeiro lugar no mundo.

Publicações: Poesia – **Gota de barro**, 1982; **Artesã**, 1989. Contos – **Vida fêmea**, 1991.

AÍDA FÉLIX DE SOUZA 23

Contista, professora e presença cultural atuante no meio goiano, Aída Félix de Souza nasceu em Jaraguá (GO) e reside em Goiânia (GO). Formou-se em Filosofia (UFGO) e fez curso de aperfeiçoamento pedagógico no INEP (RJ). Na década de 1960, começa a colaborar em revistas e jornais de Goiás e Rio de Janeiro. Estréia em livro com os contos de **É a noite** (1970). É membro de várias associações culturais (União Brasileira de Escritores – Goiás; Academia Feminina de Letras e Artes-GO; Associação Goiana de Imprensa, etc.).

Publicações: **É a noite**, 1970, e **Filão extinto**, 1981.

AIDA MARAGLIANO 24

Poeta, cronista e educadora, Aida Maragliano nasceu em Campinas (SP), em 02.09.1887. Faleceu em data ignorada. Formou-se professora e exerceu o magistério em Ribeirão Preto, dedicando-se à educação de crianças.

Publicações: Poesia – **Mágoa**, s/d, e **Sorrisos**, s/d. Prosa e poesia – **Pela instrução**, 1948.

AIDA MASCARENHAS CAMPOS 25

Poeta, advogada e empresária, Aida Mascarenhas Campos nasceu em Aracaju (SE), em 26.03.1961. É neta de Adroaldo Campos (Dudu Campos) e sobrinha de Cleómenes Campos.

Publicação: **Um caramujo no horizonte azul**, 1980.

AILA MARIA LEITE SAMPAIO 26

Poeta, Aila Maria Leite Sampaio nasceu em Abaira (CE), em 03.05.1965. Reside em Fortaleza. Em 1987, estuda Letras na Universidade Estadual do Ceará. Desde adolescente participa de movimentos literários. Em 1982 e 1983, integra o Grupo Comboio-Vida e Arte, em cuja revista publica vários poemas. Estréia em livro, em 1987, com a poesia **Desesperadamente nua**, obtendo favorável repercussão crítica no meio literário cearense. É sócia da UBE-CE, União Brasileira de Escritores do Ceará.

Publicação: **Desesperadamente nua**, 1987.

27 AILKA DANTAS CARDOSO

Poeta sergipana, nascida em Aracaju (SE). Tem publicado poemas na imprensa. Em parceria com Sônia Regina Penalva Costa, publicou o livro de poesias **Essas adolescentes** (Aracaju, s/d).

28 ALAÍDE LISBOA DE OLIVEIRA

Memorialista, educadora, professora universitária e presença de destaque no meio cultural mineiro, Alaíde Lisboa de Oliveira nasceu em Lambari (MG), em 22.04.1904. Filha do conselheiro João de Almeida Lisboa e de Maria Rita Vilhena Lisboa; é casada com o educador José Lourenço de Oliveira e tem quatro filhos: Abgail, José Carlos, Sílvio e Maria.

Na década de 1920, formou-se no Instituto de Educação de Minas Gerais e ingressou no magistério, carreira em que desenvolveu um fecundo trabalho de base, não só como professora e diretora de ensino, mas também como pedagoga e incentivadora do movimento de renovação do ensino. Dentro desse projeto-base, escreveu dezenas de livros infantis e de reflexão pedagógica, destinada aos professores.

Em 1957, realiza o doutorado na UFMG. Como professora de Didática Geral e Especial, na PUC-MG, dedicou-se especialmente à formação de novos professores, dentro dos novos métodos propostos pela pedagogia moderna.

Dentre as dezenas de prêmios e distinções recebidos por seu trabalho, destacam-se: Prêmio crítica e interpretação – UBE/1997; Medalha do Mérito Educacional – Secretaria do Estado-MG/1984; Medalha Helena Antipoff – Prefeitura Municipal de Belo Horizonte/1985.

É membro da Academia Mineira de Letras; Academia Feminina Mineira de Letras; Sindicato dos Jornalistas de Minas Gerais e de outras entidades.

Como memorialista, publica **Se bem me lembro...**, em que, em linguagem poética, registra a vida vivida, deixando com esse registro um grande exemplo de uma existência solidária com o mundo, ao qual serviu com alegria, conforme o disse Tagore, cujas palavras sua memória repete: *...dormia e sonhava que a vida era alegria. Acordei e verifiquei que a vida é servir. Servi e descobri que servir era alegria.*

Publicação: **Se bem me lembro...**, 2000.

29 ALBA GAZINARES NASCIMENTO

Ensaísta, biógrafa, professora e pedagoga, Alba Gazinares Nascimento nasceu no Rio de Janeiro (RJ), em 1893. Faleceu em 1944. Cursou Filosofia na UFRJ; dedicou-se à área de pedagogia, na busca de novos fundamentos para o ensino. Foi professora, diretora de escola e pedagoga empenhada nos debates sobre a escola nova. Na década de 1930, colaborou regularmente no Jornal do Brasil e Jornal do Comércio. Escreveu vários livros de reflexão didática e biografias.

Publicações: Ensaio didático – **Introdução à bíblia sagrada**; **Formação ética do professor e prática pedagógico social**. Biografia – **Capistrano de Abreu; o homem e sua obra**, 1931.

30 ALBA VALDEZ

Poeta, cronista, professora e defensora dos direitos da mulher, Alba Valdez (nome literário de Maria Rodrigues Peixes) nasceu na Vila de São Francisco de Uruburetama, atual Tapajé, (CE), em 12.12.1874. Faleceu em 05.02.1962.

Em 1887, com treze anos de idade, mudou-se com os pais para Fortaleza (CE), onde se radicaram. Fez seus primeiros estudos na escola pública de Isabel Teófilo Spinosa. Formou-se pela Escola Normal, em 1889, e iniciou uma carreira docente que foi longa e deixou memória na crônica da época. Com grande vocação literária, dedicou-se igualmente à literatura e ao jornalismo, colaborando em diversos jornais e revistas do Ceará e de outros estados. Por esse meio divulgou sua variada produção (contos, conferências, discursos, crônicas, biografias...).

Em 1901, publica o livro **Em sonho**, no qual reuniu parte dessa produção. Alguns dos textos desse livro foram traduzidos para o sueco, pelo Dr. Groran Bjerkman da Academia Sueca e do Instituto Nobel. O conto A carta foi transcrito no Álbum da mala da Europa e, traduzido para o francês, publicado no Le Matin/Paris.

Em 1907, lança **Dias de luz**, romance memorialista que registra lembranças de sua infância e adolescência. Atuante no meio cultural cearense, Alba Valdez fundou, em 1904, a Liga Feminista Cearense, da qual foi presidente. Participou dos grupos do Centro Literário, Iracema Literária e Boêmia Literária. Foi membro do Instituto do Ceará e da Academia Cearense de Letras.

Publicações: **Em sonho**, 1901, e **Dias de luz**, 1917. Órgãos da imprensa em que publicou: revista da Academia Cearense de Letras, revista do Ceará/1905; Panóplia/1914; Diário do Ceará/1917-1919; Correio do Ceará/1921-1922; A Tribuna/1922; A Razão/1919 e Unitário/1955 de Fortaleza. O Nordeste/1927; Jornal do Comércio/1930; Diário do Recife/1935; Íris – Porto Alegre/1920.

ALBA M. PIRES PEREIRA 31

Romancista paraibana.

Publicação: **Um grande homem**, 1956.

ALBERTINA BERTHA 32

Romancista, ensaísta e colaboradora ativa na imprensa da época, Albertina Bertha Lafayette Stockler nasceu no Rio de Janeiro (RJ), em 07.10.1880, e faleceu em 1953. Filha de importante família da época (os Lafayette Rodrigues Pereira), teve educação esmerada com uma preceptora alemã (diplomada pela Escola Normal de Berlim), com quem estudou línguas, Estética e Filosofia. Foi casada com Alexandre Stockler Pinto de Menezes, republicano histórico.

Por volta de 1898, começa a participar ativamente na imprensa (O Jornal, Jornal do Comércio, O País, O Malho, A Noite e outros) além da revista Panóplia, uma publicação literária dedicada às mulheres. Contemporânea de Olavo Bilac, foi por este introduzida na Sociedade de Homens de Letras; e segundo Adalzira Bittencourt* (in **Dicionário bibliográfico de mulheres ilustres e intelectuais do Brasil**), Albertina Bertha pertenceu a inúmeros grêmios culturais de seu tempo. Pela natureza de sua produção fica patente que se envolveu a fundo nos principais problemas que dividiram as opiniões nos primeiros anos do século XX. Principalmente no que diz respeito ao choque entre as verdades científicas propostas pelo materialismo positivista e as verdades cristãs, idealistas, que estão na base da sociedade burguesa-liberal.

Estreou em livro, em 1916, com o romance **Exaltação**. Seguem-se: **Estudos** (ensaios críticos/1920), **Voleta** (romance, 1926) e **Ela brincou com a vida** (romance, 1938).

Devido à importante iniciativa do Instituto Nacional do Livro, com o projeto Coleção Resgate (que pretende recuperar o patrimônio literário brasileiro, publicando obras esgotadas, inéditas ou raras de fundamental importância para o conhecimento da nossa cultura), foi reeditado um dos títulos da escritora, **Voleta**. Embora impregnado de todos os modismos literários fim-do-século (parnasianismo, simbolismo, esteticismo...), esse romance é altamente significativo como ponto de convergência do tradicional e do moderno. Convergência que está nas raízes da anarquia transformadora que se instaura no século XX. Romance ousadamente erótico (que mostra nas raízes o voluntarismo nietzschiano e o voluptuoso esteticismo d'annunziano, em voga no entresséculos), **Voleta** se constrói através da exaltada e sensual emotividade vivida pela personagem central, que dá título ao volume. O entrecho é simples: Voleta Andréia, mulher bela, sedutora e honesta, é casada com o socialista Pedro Andréia (que põe a política acima das frivolidades de sexo e amor); é cortejada, entre outros, por Paulo Hortêncio (um quase irmão do marido) e por Gonçalo Tuy (um amigo de infância). Apaixona-se pelo médico Roberto Annes, que também se apaixona loucamente por ela, mas entre ambos existe a honra, o dever absoluto de fidelidade conjugal, muito embora o marido voluntariamente já se tivesse afastado de seus deveres conjugais e se entregado fanaticamente à luta social.

Como diz a pesquisadora Geysa Silva, os romances da autora procuram mostrar a situação da mulher que, desfrutando de uma posição social elevada, enfrenta problemas causados pelo choque entre a educação recebida e o tipo de comportamento que lhe é exigido pelo meio social. Albertina Bertha é fortemente influenciada pelo pensamento positivista. Suas personagens encarnam vários estágios daquilo que considerava evolução humana. (Voleta, por exemplo, era linda e sensível, estava num grau superior de evolução da espécie humana. A orientação alemã em sua educação tem considerável ressonância em seus pensamentos. Suas personagens, que não obedecem ao ideal de respeito à ordem e as leis naturais de hierarquia social, são sempre punidas. É desse respeito à ordem (assumido com fanatismo por Voleta e por Roberto), em choque com a paixão dos sentidos que os devora, que resulta o paroxismo amoroso ou alucinação dos sentidos que geram a atmosfera melodramaticamente erótica do romance. Nos inúmeros diálogos ou encontros amorosos (ou semi-amorosos) de Voleta com seus adorados, a repressão prolongada do desejo erótico acaba por transformar a defesa da pureza (que o respeito à ordem exigia) em fruição masoquista de um prazer tão mais intenso quanto mais proibido. Voleta é, essencialmente, o jogo agônico-estético entre sensibilidades crispadas pelo desejo e pelo horror ao pecado, que esse desejo representa, por estar visceralmente identificado ao vício, ao pecado infernal. Erotismo que se resolve ao nível da palavra, o de Voleta é um extraordinário documento da crise de transformações que atinge as relações homem-mulher e ainda em processo em nossos tempos.

Publicações: **Exaltação**, 1916; **Estudos**, 1920; **Voleta**, 1926, **E ela brincou com a vida**, 1938; **A mulher na Guerra**, s/d.

33 ALBERTINA CASTRO BORGES

Poeta, professora e presença de grande atuação cultural e política, Albertina Castro Borges Campos Taitson nasceu em Formiga (MG), em 01.05.1919; ainda menina mudou-se para Belo Horizonte, onde faleceu, em 08.02.1984. Foi casada com Geraldo Campos Taitson e viveu muito anos no Rio de Janeiro, Niterói e Santana do Livramento (RS-fronteira com o Uruguai).

Vocação precoce para as letras, aos 10 anos de idade tem um texto premiado em concurso escolar. Ainda adolescente, começa a publicar poemas na imprensa mineira e carioca. Estudou com as freiras francesas da ordem de São Domingos e depois no colégio Afonso Arinos, em Belo Horizonte. Formada, lecionou francês e espanhol em vários colégios de Minas Gerais e Rio de Janeiro. Em 1942, ingressa no serviço público, mediante concurso prestado no Ministério da Fazenda, para o cargo de Agente Fiscal dos Tributos Federais.

Em 1948, estréia em livro com **Ao sabor do vento**, que teve boa repercussão crítica. A partir daí desenvolve ativa carreira de escritora e colaboradora em revistas e suplementos literários de Belo Horizonte, Rio de Janeiro e São Paulo; manteve durante muito tempo uma coluna feminina, O mundo é nosso, em O Diário (Belo Horizonte), e duas seções de Sátiras, O Riso de Minas e Alfinetes, na revista Careta (RJ).

Sua poesia é alimentada por uma consciência humanitária crista que almeja o bem e a justiça para todos; e vê no amor a grande realização dos seres. Por outro lado, consciente da comédia humana que é a vida, em todos os níveis, expressa na sátira o seu humanismo. Grande parte de sua produção em verso e prosa lírica ou satírica difundida na imprensa permanece inédita em livro: **Noite escura**, **Trovas**, **Tristesse** (em francês), **Fogo de palha** e **Vivos e mortos** (Menção Honrosa: Prêmio Cidade de Belo Horizonte/1970).

Publicações: **Ao sabor do vento**, 1948; **Poesia para Geraldo** (1° lugar.Prêmio Cidade de Belo Horizonte/1969).

ALBERTINA COSTA REGO ALBUQUERQUE 34

Romancista, poeta, professora, Albertina Costa d'Albuquerque nasceu em Sena Madureira (AC), em 1918. Radicou-se em Manaus (AM). Presença de destaque na sociedade amazonense do início do século XX, formou-se em Filosofia na Faculdade de Manaus; foi co-fundadora e primeira diretora do Ginásio de Maués; trabalhou no Ministério da Fazenda e dedicou-se à difusão da cultura e literatura em seu meio. Colaborava na imprensa e principalmente no Jornal das Moças, importante periódico de divulgação da produção literária feminina. Participou de obras coletivas (Antologia poética da mulher amazonense e Mil poetas brasileiros/POA). Em livro individual, publicou romance, contos e poesia.

Publicações: Poesia – **Canções dos bosques de Maués**, 1982; **A tragédia dos Andes**, 1993; e **Caminhos da poesia**, 1995. Romance histórico – **Marari, a princezinha de Manaus**, 1982 e 1996.

ALCIENE RIBEIRO LEITE 35

Cronista, jornalista, editora de texto e autora de livros infanto-juvenis, Alciene Maria Ribeiro Leite de Oliveira nasceu em Ituiutaba (MG) e reside em Belo Horizonte.

Formou-se em História. Desde a década de 1970 dedica-se ao jornalismo e à literatura. Inicia-se escritora publicando contos na imprensa mineira. Estréia em livro em 1979, com os contos de **Eu choro do palhaço** (Prêmio Galeão Coutinho-União Brasileira de Escritores). Seguem-se outros para adultos ou para a meninada, no mesmo estilo mineiro fluido e denso, aderido ao visível e concreto mas arraigado na problemática humana, gerada pelas contradições da sociedade moderna. Figura dinâmica no meio cultural mineiro, recebeu vários prêmios literários significativos (Cidade Belo Horizonte, Coleção do Pinto...). É membro de várias associações culturais, como a APEMIG – Associação Profissional dos Escritores de Minas Gerais.

Publicações: Contos – **Eu choro do palhaço**, 1979; **O João de toda hora**, 1982; **Nos beirais da memória**, 1988. Literatura infantil – **Filho de pinguço**, 1983; **O mágico de olho verde**, 1984; **Borracha nele!** (1986); **Ora, pipocas**. 1988; **Drácula tupiniquim**, 1989; **Bicho de goiaba**, 1990.

ALCINA CAROLINA LEITE 36

Poeta e combativa professora primária, Alcina Carolina Leite nasceu em Atalaia (AL), em 21.06.1854. Ao ficar órfã, vai viver com os avós em Coqueiro Seco (AL), onde faleceu em 31.08.1939, com 85 anos de idade.

Segundo a crônica, desde muito criança revelou pendor para as letras, e ainda adolescente começa a lecionar. Não se casou e dedicou-se, em verdadeiro apostolado, ao ensino das primeiras letras pelo interior alagoano. Também desde a adolescência escrevia e declamava poesia. Em 1889, publicou um livro de versos, **Campesinas**, com prefácio do poeta Martins Júnior.

Publicação: **Campesinas**, 1889.

ALCYONE ABRAHÃO 37

Ficcionista, jornalista e personalidade engajada no viver pleno e no testemunho de seu tempo (o tempo brasileiro), Alcyone Abrahão nasceu em Goiânia (GO), em 10.01.1942. Época em que, dizia a escritora, Goiânia nascia e se debatia entre poeira, violência, otimismo e má fama generalizada. Enfim, em plena síndrome do progresso. Faleceu prematuramente em 1986.

Teve uma infância introspectiva, ocupada em digerir toda agitação intelectual existente em casa: pai e mãe, ambos jornalistas, professores polêmicos, atuantes e apaixonados pela cidade, que ajudaram a nascer (in Apresentação de Brasigóis Felício ao livro **Disritmia**). Sua adolescência chega, nos anos de 1960, com as grandes influências, descobertas e afirmações, que Alcyone tenta sintetizar em sua auto-apresentação:

O movimento hippie, as filosofias importadas, transmudadas em modismos pela nossa incurável superficialidade. [...] O casamento, o blefe, a realidade. O descobrimento, através do casamento, do choque de mentalidade. [...] A importância de se sentir herdeira de uma mentalidade livre. A penetração irreversível no mundo da literatura, das artes. Monteiro Lobato, o companheiro da infância. Jorge Amado [...] Veríssimo, Adonias Filho, Bernardo Elis (quase irmão); Marx (a luta e a ajuda para entender o Capital); Maquiavel, Mário de Andrade, Dickens, Fernando Pessoa, Garcia Lorca (verdadeira paixão), Iêda Schmaltz... Depois a Faculdade de Filosofia [...]. Incursões frenéticas no mundo teatral. (Fases: rato de teatro, de cinemateca, de pinacoteca e outras ecas não muito ortodoxas.) O maravilhoso da década de 1960 que brotava no João Sebastião Bar (RJ): Paulo Cotrim [...], Lindolfo Bell, Chico Buarque de Hollanda, Torquato Neto. Todos freqüentadores anônimos do João [...]. O feminismo nunca existiu para mim: sempre fui gente, nunca senti em casa a diferença homem-mulher. Como sempre, chega até nós como um modismo, não como filosofia. Ainda há muita quilometragem pela frente para as mulheres entenderem isto. E há um alto pedágio para se pagar. (in **Disritmia**).

Esse depoimento espontâneo e arguto identifica-se com a natureza da escrita ficcional da autora: linguagem ágil e concisa, fruto da difícil arte de concentração (exigida pela reportagem ou pelo conto) e principalmente de uma consciência criativa, que passa o viver urbano e o rural pelo crivo de sua análise e dá o seu testemunho da síndrome do progresso em que o Brasil está atolado.

Raros escritores nossos tiveram (ou têm) a vivência direta da realidade especial e humana do Brasil, como um todo feito de inúmeras partes conflitantes. Por circunstâncias de vida, Alcyone Abrahão viveu numa Goiânia que surgia entre turbulências e idealismos. Em 1968 muda-se para São Paulo, cidade cosmopolita. A única verdadeiramente a sê-lo no Brasil, onde permanece até 1979, ano em que troca o tumultuado viver urbano e a participação ativa em movimentos culturais, pela calma de uma aldeia de pescadores na Bahia, onde mantém um pequeno e gostoso hotel. Nesse período (janeiro de 1976/dezembro de 1977) realiza uma viagem para descobrir o Brasil por sua conta e risco. Sem Santa Maria, Pinta e Nina. Com lenço e muito documento. Mas de livre espírito com muita observação. Foram trezentos mil quilômetros por terras brasileiras (de carro). Fora trechos percorridos de avião (Belém-Manaus), vapores (Manaus-Santarém), ubás (furos e igarapés e paranás), a pé - zonas de dunas como Paripueira, Canoa Quebrada, Trindade, Genipabu. Surrealismo em seus contrastes inconciliáveis e em plena coexistência (in ***Não coloque macaco...****).*

Em síntese, a criação literária de Alcyone Abrahão está inseminada fundamentalmente por essa multiforme vivência de mulher, um ser humano, ético e político por excelência, que diz: *Faço literatura por uma mera questão fisiológica.* Ao ler seus livros, vemos que a energia de sua escrita vem de mais fundo; tem algo de existencial.

Na década de 1960, começa suas lides de jornalismo, fazendo crítica de arte pela imprensa. Já nome conhecido, estréia em livro, em 1975, com os contos de **Chevrolet 69**, inaugurando em Goiânia a literatura urbana. Em 1976, publica o folheto de cordel **A verdadeira estória de D. Francisca Gamboa, a matriarca do Tocantins**, resultado de pesquisas, ao longo de sua jornada através do Brasil, e que vem provar que entre o sertão goiano e o nordestino há muita semelhança. Seguem-se os contos de **Disritmia** (década de 1970) e, finalmente, em 1983, **Não coloque macaco diretamente sobre o pavimento**, fascinante registro de viagem, quase surrealista, através de um Brasil não turístico e desconhecido da maioria dos brasileiros. Na apresentação, Franklin Jorge diz:

Alcyone Abrahão não se acomoda diante da vida nem teme desafios. Recria a vida, imprimindo a este ato, constante e fecundo por natureza, um sentido de solidariedade humana. Combativa por natureza, lembra aquele tipo de intelectual à Albert Camus que sem recusar o combate, recusa-se a participar das tropas regulares. Por isso quando a grita das feministas tupiniquins se faz mais acirrada, preferiu, na companhia de Anselmo Caparica, iniciar nova bandeira de reconhecimento in loco *de um Brasil pobre e autêntico que jamais será capa de Manchete porque lhe falta glamour. [...] Percorreu assim milhares de quilômetros de estrada, participando do* modus vivendi *de cada comunidade, vencendo rios e igarapés, atravessando sertões calcinados pela estiagem ou submergidos na lama das enxurradas, defrontando-se com um quadro de miséria e desamparo que nenhuma Embratur terá coragem de mostrar aos turistas, nem mesmo como curiosidade tropical.*

Publicações: **Chevrolet 69**, 1975/1977; **A verdadeira estória de D. Francisca Gamboa,** 1976; **Disritmia**, 1976; e **Não coloque macaco diretamente sobre o pavimento**, 1983.

38 ALDINA ALMEIDA

Poeta paraibana, nascida em Catolé do Rocha (PB). Reside em João Pessoa.

Publicação: **Nenúfares**, 1955.

ALEXANDRINA DOS SANTOS 39

Poeta de veia satírica, Alexandrina da Silva Couto dos Santos nasceu em Campos (RJ), em 06.04.1859, e faleceu em Campinas (SP), em 05.04.1934. Seus dados biográficos são escassos. Pelo testemunho do historiador Celso de Mello Pupo, Alexandrina foi jornalista e festejada como poetisa talentosa, em círculos restritos. Não deixou nenhum livro publicado, mas apenas um caderno manuscrito, herdado por seu sobrinho-neto, o escritor Guilherme de Figueiredo, que a considera como a primeira poetisa satírica e escatológica brasileira. O caderno com 260 páginas contém poemas transcritos de poetas românticos (Victor Hugo, Lamartine, Alexandre Herculano, Gonçalves Dias, Casimiro de Abreu e Joaquim Manuel de Macedo), provérbios, pensamentos e 72 poemas de sua própria autoria, líricos ou humorísticos.

A falta de dados biográficos de Alexandrina não permite avaliar o efeito que teriam causado os seus versos satíricos, em que critica alguns acontecimentos da sociedade da época. [...] Desse modo, não se pode avaliar o grau de exclusão dessa contraditória senhora, que embora culta, religiosa e de boa família, produziu poemas humorísticos, numa sociedade rica, com pretensões intelectuais, porém conservadora como era Campinas de seu tempo. [...] Outra complexa questão que resta elucidar seria o modelo que Alexandrina teria seguido, pois muito pouco no seu elenco de citações faz prever o rumo contestador que tomaria a sua poesia humorística. (Fonte: Ana Helena Cizotto Belline. **Escritoras Brasileiras do século XIX**. *p. 859.)*

ALEXINA MAGALHÃES PINTO 40

Figura de educadora e alto espírito intelectual, a mineira Alexina Magalhães Pinto nasceu na fazenda de Ouro Fino (município de Além Paraíba-MG), em 04.07.1870, e morreu tragicamente (colhida por um trem) em Correias (RJ), em 17.07.1921. Pertencente a família de grande prestígio e tradição cultural, em terras de São João del Rey, Alexina desde cedo demonstrou grande atração pelas leituras e pelo aprendizado de línguas. Em 1890 (com vinte anos de idade), viaja sozinha para a Europa e ali permanece durante um ano, freqüentando cursos em diversos países, que na época eram os centros culturais mais importantes da Europa (França, Itália e Espanha).

Embora a crônica do tempo não tenha registrado a natureza desses cursos, a julgar pela natureza dos trabalhos e atividades que Alexina desenvolveu entre nós, desde sua volta até sua morte, facilmente se deduz que ela teria tido contato com os pioneiros da escola ativa ou escola viva. Era essa linha de pensamento inovador que surgia no entresséculos: reação contra a escola antiga, racionalista e automatizante (baseada na memorização e no bloqueio à espontaneidade), e reivindicação de uma escola dinâmica, atenta à natureza lúdica da criança, e que propunha uma metodologia de valorização dos jogos como meio de aprendizado e de estímulo à criatividade dos educadores, levando-os a construir seu próprio conhecimento das coisas. (Lembramos que, nessa época, atuavam nos centros educativos experimentais europeus, figuras como: Froebel (1782-1852) e sua valorização pedagógica do jogo; Herbart (1776-1814) e sua "teoria do interesse"; Pestalozzi (1746-1827), que sistematizou o ensino intuitivo, e outros.)

Os registros sobre a atuação de Alexina, a partir de sua volta ao Brasil, confirmam essa hipótese de contato com tais experiências. Ingressa na carreira docente, em 1893, e a par dessa atividade, inicia a recolha de cantigas de roda, cantos populares, adivinhas, provérbios, etc., que fazem parte do jogo, do prazer da convivência, e os elabora a fim de utilizá-los como matéria escolar nos cursos primários. Nessa iniciativa, está clara a influência de uma das mais importantes diretrizes do pensamento científico do século XIX: a valorização das origens de cada povo, a busca de autenticidade nacional ou das peculiaridades que distinguem a identidade de um povo do outro. Dessa pesquisa, resultaram as coletâneas (hoje obras raras), que contribuíram para o conhecimento e novas pesquisas do folclore brasileiro.

Devido à sua atividade intelectual e grande desenvoltura pessoal (num momento em que, às mulheres, estava vedada a participação ativa na vida social e cultural), Alexina teve sérios adversários, contrários às suas pretendidas inovações. Inclusive a sociedade a recebia com reservas, devido ao seu comportamento fora das normas. Ilustra bem esse comportamento sua atitude desenvolta, ao voltar da Europa, em 1891, trazendo uma bicicleta (que surgira na Europa em 1885) e ousar passear com ela nas ruas de São João del Rey, trajando roupa adequada (calças compridas amarradas nos tornozelos). Por essa ousadia, foi agredida com ofensas e ameaças de excomunhão pelo Bispo de Mariana, o que só não aconteceu devido à interferência de parentes ilustres, junto à Igreja.

Seu falecimento trágico, colhida por um trem, quando fazia pesquisas em Correias (RJ), passou quase em silêncio na imprensa, e sua figura foi praticamente esquecida nos meios culturais. Só a partir de 1970, devido a uma reportagem,

A Mineira ruidosa, escrita por Saul Martins e publicada pela revista Veja, é que sua personalidade e importância cultural vêm sendo resgatadas.

Publicações: Literatura folclórica – **As nossas histórias**, 1907; **Os nossos brinquedos**, 1909; **Cantigas das crianças e do povo e danças populares**, 1911; **Provérbios populares, máximas e observações usuais**, 1917.

41 ALICE BARROS

Romancista gaúcha, nascida em 08.11.1920, em Cruz Alta (RS). Com o pseudônimo literário de Tiel Garcia, colaborou na imprensa gaúcha e carioca.

Publicação: **Geração imolada**, 1952.

42 ALICE BORBA GADRET

Poeta gaúcha, nasceu em Pelotas (RS), em 08.04.1914, e faleceu em Bagé (RS), em 06.11.1934. Deixou variada colaboração em jornais e revistas; e um livro de poesia e impressões de leitura, escrito em colaboração com a irmã Maria, mas só publicado após sua morte.

Publicação: **Vôos pela literatura** (1938 – póstumo).

43 ALICE CAMARGO GUARNIERI

Poeta e intelectual atuante na área de Biblioteconomia e Documentação, Alice Camargo Guarnieri nasceu em Tietê (SP), em 10.01.1915. Radicou-se na capital paulista, onde se formou pelo Instituto Caetano de Campos (1933). Iniciou-se em 1934 como professora. Prossegue estudos na área de biblioteconomia, bacharelando-se pela Escola Livre de Sociologia e Política de São Paulo (1940). Fez cursos de aperfeiçoamento e especialização na área de biblioteconomia e documentação, com estágios no exterior (Instituto de Patologia del Libro, Centro de Documentação em Paris e Lisboa, em 1969).

Entre as décadas de 1940 e 1970, ligada à USP, desenvolveu intensa atividade em congressos, seminários, mesas-redondas, conferências, cursos, etc., propondo e elaborando projetos e atuando profissionalmente. Foi bibliotecária da Escola Paulista de Medicina (1943-45); planejou e organizou a Biblioteca do Instituto de Eletrotécnica da USP, tornando-a Centro de Documentação do Assunto, e dirigindo-a como bibliotecária-chefe durante trinta anos (1945/75). Pelos relevantes serviços prestados à expansão e atualização dos conhecimentos na área, foi agraciada com dezenas de distinções e diplomas de mérito, concedidos por entidades governamentais ou universitárias.

Como poeta, iniciou-se na década de 1940, com poemas publicados na imprensa e em antologias. Estréia em livro 1947, com **Ternura**. Tem várias coletâneas de poemas ainda inéditas ("Inquietação","Momento", "Tranquilidade"-1948/55; "Roteiro de um poeta"/1960; "Diálogo da Solidão"/1967; "Viagem"/1981; "Poesia do Tempo" - 1986/1987, etc.).

Publicação: **Ternura** (1947 – 2ª edição 1981).

44 ALICE LEMES

Poeta e professora, Alice Lemes nasceu em Pindamonhangaba (SP), em 1900. Formou-se professora em 1919, pela Escola complementar de Guaratinguetá, onde exerceu o magistério. Estreou como poeta em 1948, com a coletânea **Entre uma saudade e um sonho**.

Publicação: **Entre uma saudade e um sonho**, 1948.

ALICE MENDES FARIAS 45

Poeta e romancista, Alice Mendes Farias nasceu em Artigas (Uruguai), em 14.02.1898, e se radicou em Santana do Livramento (RS). Na década de 1910 publica em jornais da região.

Publicações: Poesia – **À sombra de 70 estios**, 1969; **Onde andarão seus olhos?** e **Astronautas**. Romance – **Poeta velha.**

ALICE MORENO 46

Escritora combativa, nascida no Rio de Janeiro (RJ), em 1867 e falecida, em 1946, Alice Moreno foi personalidade marcante não só no mundo das letras, como no meio social fluminense, do último quartel do século XIX e 1ª metade do século XX. Mulher pioneira, na medida em que abriu caminho do estudo e do trabalho a outras mulheres de sua época.

Em 1888, funda o jornal O Recreio das Salas, publicação mensal, noticiosa, científica, literária, biográfica, bibliográfica e recreativa. Em 1902, funda o jornal A Folha, semanário dominical no qual escreveu: *Jornal é apenas um farrapo, um nada que, entretanto, é valiosíssimo, na medida em que divulga a idéia, que é tudo.*

Durante sua longa existência, Alice Moreno manteve-se sempre atenta a tudo que dizia respeito ao progresso, à instrução, sobretudo dos jovens. Deixou memória na crônica de seu tempo, como espírito atilado e compreensivo. Em seus recados aos pais, advertia-os de que só os bons exemplos educam; e que da intolerância dos adultos surgia a luta das gerações.

ALICE RUIZ 47

Poeta, publicitária, tradutora de poesia, letrista e fascinada peregrina pelos caminhos esotéricos, a paranaense Alice Ruiz é um dos nomes da geração da contracultura das décadas de 1960 e 1970, que se impuseram pela força e essencialidade de sua invenção poética. Nasceu em Curitiba (PR), em 22.01.1946. Aos vinte anos muda-se para o Rio de Janeiro. Na década de 1980 passa a residir em São Paulo, onde trabalha como *free lancer* na área publicitária. Em 1968 casa-se com Paulo Leminsky, vivendo ambos (como disse Alice, em entrevista) um amor completo, de corpo, alma e intelecto, por mais de 20 anos, até a morte dele, em 1988.

Falando sobre Alice – sua personalidade e talento – Ademir Assunção diz a certa altura:

Sua trajetória é única. Durante o vazio poético da década de 1970, quando a barra pesou de vez e os poetas desencontrados estavam mais preocupados em se autoproclamarem marginais, num ritual de imolação autofágica, ela atravessou a década estudando, escrevendo e engavetando. [...] Sepultados os anos negros de repressão, Alice deu à luz seu primeiro livro: ***Navalhanaliga****. (in Folha de Londrina, 1984).*

Livro de explosão (paixão, dor, humor, revolta e lucidez de construção), **Navalhanaliga** atinge o leitor desde o primeiro olhar na capa; devido à sua insólita programação visual, baseada na explosão das imagens e das palavras, libertas da frase e espalhadas nas páginas em branco. Livro, que é um grito contra as opressões sofridas pela mulher, termina com um poema visual que Alice aponta como seu manifesto feminista: bem no meio da página, uma concha, da qual saem 48 raios de frases contundentes sobre a condição da mulher, no mundo machista:

Usada e abusada. / Palpável mas oca. / Amainada para mãe. / Acusada e recusada. / caiada e mal falada. / Alienada e esquecida. Ordenada e ordenhada. / Afastada e sempre à mão. / Dá à luz e vive escondida. / Transcende em descendência / consumidora voraz é vorazmente consumida...

É nessa linha de paixão e lucidez, erotismo e ascetismo, agressividade e ternura, rigor e humor... que Alice amalgama sua matéria poética.

Falando de suas raízes culturais e opções de vida, a poeta diz: *Aprendi com o simbolismo, mas não sou simbolista. Aprendi com a poesia concreta [...] mas não sou concretista. Aprendi com os poetas japoneses (Issa, Bashô, Chiyo-mi) mas isso não me transforma numa haikaísta oriental. [...] o tropicalismo me tocou. Toda aquela questão da contracultura eu vivi intensamente e, ainda hoje, acredito e vivo de acordo com a maior parte daquelas idéias. Nunca achei que a poesia devesse estar a serviço da política, mas alimentei e ainda alimento sonhos de igualdade. Acho, com Caetano Veloso, que gente, toda a gente é para brilhar. Batalhei, teoricamente, pelo feminismo. Digo teoricamente porque nunca fui militante ativa, mas escrevi matérias sobre a condição da mulher numa época em que era assunto mal visto, pelo menos em Curitiba [...] Quanto ao engajamento político [...] no tempo daquela ditadura, a militar, existia culturalmente uma ditadura de esquerda. Só era bom. Só tinha vez junto à crítica quem falasse de miséria. Para eles eu respondi com um poema: 'Se eu fizer poesia / com tua miséria / ainda te falta o pão / pra mim, não'. Enfim, sou a soma de meu tempo (in Jornal Nicolau. 1989).*

Poesia de transgressão, de rompimento de tabus e fundamente consciente da palavra que lhe serve de matéria para se instaurar como forma, a de Alice Ruiz busca a concisão, a materialidade e a visualidade de linguagem criando o fragmento essencial. Daí, sem dúvida, sua atração pela forma ultra-sintética do haicai. Dedicou-se à tradução-recriação de haicais japoneses e, como ela mesma disse, através desse apaixonado exercício, foi-se depurando, foi adquirindo uma consciência melhor do haicai, do zen, da síntese. Em 1981, publica a primeira coletânea dessas traduções, **Dez hai-kais**. Em 1985, nova coletânea **Hai-tropikai**, em colaboração com Paulo Leminsky. Em 1990, passa a trabalhar com oficinas de haicai em vários estados (Rio Grande do Sul, Paraná, São Paulo, etc.). Da tradução passa à criação. Em 1996, publica **Desorientais**, sua primeira coletânea de haicais, densa/leve concentração de vida em comunhão com o mundo. Essa comunhão está patente também nas letras que compôs para músicas de parceiros como Arnaldo Antunes, Itamar Assumpção, José Miguel Wisnik e outros.

Entre suas muitas experiências está a criação de textos híbridos, mistura de poesia e prosa. O primeiro resultado foi **Mirasideráculo**, texto que, segundo a própria autora, lhe exigiu um ano e meio para fazer; é um trabalho de pesquisa etimológica. Todas as palavras ali têm origem mágica, e os personagens são deuses do Olimpo, planetas da Astrologia, demônios da magia. O saber mágico, oculto na origem das palavras. Depois começam a nascer uns minidiscursos, que surgiram mais rápido, quase como poesia, mas são prosa. Só que uma prosa cheia de opacidade. Sem a transparência da prosa.

Presença singular no panorama da poesia contemporânea brasileira, Alice Ruiz tem recebido inúmeros prêmios e distinções. Entre eles, dois prêmios nacionais de alta categoria: Prêmio para obra publicada-1980 (Governo do Paraná) e Prêmio Jabuti-1988 (Câmara Brasileira do Livro). Tem participado de importantes antologias, como **Poesia Jovem dos anos 70** e **Carne viva** (Antologia brasileira de poemas eróticos, org. Olga Savary*, 1984).

Publicações: Poesia – **Navalhanaliga**, 1980; **Paixão xama paixão**, 1984; **Pelos pelos**, 1984; **Hai-tropikai** (parceria com Paulo Leminsky), 1985; **Rimagens**, 1985, e **Vice-versos**, 1988; **Hai-kai na América Latina**, 1992; **Desorientais**, 1996. Tradução – **Dez hai-kais**, 1981; **Céu do outro lugar**, 1986; **Sendas da sedução** (parceria com Josely Baptista), 1988, e **Issa**, 1987. Livro infantil – **Nuvem feliz,** 1986.

48 ALICE SCHULTZ GONÇALVES

Poeta gaúcha, nascida em Porto Alegre (RS), em 11.02.1935. Publicou um livro de poesias: **Estrelas mortas** (1956).

ALICE SPÍNDOLA 49

Poeta, artista plástica e dinâmica divulgadora cultural, Alice Spíndola (nome literário de Alice Espíndola Cardoso) nasceu em Nova Ponte (MG); radicou-se em Goiânia (GO), a partir de 1951. Formou-se em Letras Anglo-germânicas pela Universidade Católica de Goiás, em 1964.

Atraída pelas artes e literatura, começa muito cedo a pintar e a escrever poesia. Na década de 1990, passa a expor suas pinturas em exposições coletivas e a participar de antologias poéticas nacionais (**Antologia Poética Nacional**, org. G. Mendonça Teles/1993; **Antologia Hélio Pinto Ferreira**/1993 e 1995, etc.) e internacionais (**Nosotros**, Brasil-Espanha, 1996; **Hermanos**, Brasil-Cuba/1997; **Jalons**. Nantes – França, 1968/2000, e **Poemas Y Relatos desde el Sur**. org. Federico Nogara. Carena Ibero-américa. Barcelona, 2001, etc.).

Estréia em livro individual, com **Fio do labirinto** (Prêmio Jorge Fernandes da UBE – Rio de Janeiro/1993 e Prêmio Auta de Souza, da Prefeitura de Macaíba – RN e UBE – Rio de Janeiro/1995). Muito bem recebido pela crítica, esse livro de estréia revela a maturidade poética da autora e a natureza de sua arte: *a da total entrega do ser a um sentimento puro, legítimo, verdadeiro: o amor* (Altimar Pimentel). Tem artigos e poemas publicados em vários jornais e revistas do País e traduzidos no exterior.

Entre os inúmeros prêmios e distinções recebidos, destacam-se: Troféu Índio Brasileiro/Centro de Cultura da Região Centro-Oeste/1996; Prêmio de Intercâmbio Cultural Alejandro José Cabassa – UBE – RJ/1997; Medalha Conceição Fagundes – UBE – RJ/1997; Personalidade cultural – UBE-RJ/1999.

Tem participado de inúmeros projetos culturais (Poesia no Tapume. GO. 1996; Dourado. Jaboatão dos Guararapes-PE. 1999, coordenado pelo poeta Guedes de Morais; Projeto Poesia em doses. Goiânia, 1999, coordenado por Leda Selma; revista Augusta nº 1. Cabo Branco-PB, 2000, direção do fundador Ascendino Leite).

É membro de inúmeras entidades culturais (União Brasileira de Escritores GO, RJ e SP; Associação Goiana de Folclore; Sindicato de Escritores – Rio de Janeiro; Grupo Poético – Salvador; Associação Goiana de Imprensa, etc.).

A poesia de Alice Spíndola foi definida por Margarida Finkel como solar. *O universo da autora é solar. Equatorial. Signo de luminosidade, de manhã mensageira, onde tudo é espera, transubstanciada poeticamente na busca do outro.*

Publicação: **Fio do labirinto**, 1996.

ALICE TIBIRIÇÁ 50

Figura de alta atuação social no Brasil da primeira metade do século XX, Alice Tibiriçá não podia deixar de estar presente neste dicionário de escritoras, pelo muito que fez pela causa feminista e por vários setores da medicina social.

Alice de Toledo Ribas Tibiriçá nasceu em Ouro Preto (MG), em 09.01.1886, viveu em São Paulo (onde se casou com João Tibiriça Neto), e depois no Rio de Janeiro, cidade em que faleceu em 08.06.1950, no auge de uma carreira de total dedicação às causas humanitárias. Na década de 1920, organizou a Sociedade de Assistência aos Lázaros e Defesa contra a Lepra. Encetou uma campanha que mobilizou o Brasil, e durante a qual se tornou notório seu invulgar domínio da palavra falada e escrita, além de sua tenacidade e entusiasmo contagiante a serviço das nobres causas que abraçou. Mobilizando eminentes médicos por todo o País, a Sociedade conseguiu promover um sistema de atendimento menos segregacionista e mais humanitário, que beneficiava não só os doentes mas também seus familiares. Por volta de 1932, a ação da Sociedade já dava frutos institucionais. Inclusive o nome da doença foi mudado para hanseníase.

No fim da década de 1930, Alice Tibiriçá passa a residir no Rio de Janeiro. Em 1940, inaugura o Instituto de Serviços Sociais. Em 1944, depois de viagens por vários estados brasileiros, onde entra em entendimento com diversas entidades voltadas para o problema da tuberculose, funda a Federação das Associações de Combate à Tuberculose, de âmbito nacional. É intensificada a vacinação BCG e instalados, em todo o País, dispensários com aparelhos de roentgenfotografia. Na mesma época, foi mediadora entre o Serviço Nacional de Doenças Mentais e lutadores idealistas para a criação da Sociedade de Amparo aos Psicopatas.

Desde a fundação da Federação Brasileira pelo Progresso, por Bertha Lutz, em 1922, Alice Tibiriçá fora simpatizante da causa feminista. Em 1931, participa como representante de São Paulo do II Congresso Internacional Feminista, promovido pela Federação. Mas é no pós-guerra de 1945, quando a organização feminina ganha uma dimensão política especial, que Alice assume a causa. No início de 1947 – em plena guerra fria – participa, como representante do Brasil, das discussões junto à Federação Democrática Internacional, sediada em Paris, em defesa dos direitos da mulher e da proteção à infância.

Nessa mesma época, em 1949, uniões de mulheres, participando ativamente da luta democrática, criavam a Federação de Mulheres do Brasil, sendo Alice Tibiriçá eleita, por unanimidade, para presidi-la. Com o entusiasmo e a generosidade de sempre, iniciou viagens para promover uma grande campanha nacional em prol das reivindicações feministas, mas a morte prematura impediu-a de prosseguir. (Fonte de consulta: M. Tibiriçá Miranda, **Alice Tibiriçá**: lutas e ideais. 1980.)

51 ALINA PAIM

Romancista, Alina Leite Paim nasceu em Estância (SE), em 10.10.1919. Ao ficar órfã, vai viver em orfanato e educandário de freiras em Salvador (BA). Aos 12 anos, manifesta vocação para a escrita literária, escrevendo para o jornalzinho do educandário. Forma-se para o magistério, que exerce durante anos, inicialmente em uma escola de bairro de Salvador. Em 1943, muda-se para o Rio de Janeiro, e vai lecionar na Ilha de Marambaia, para filhos de pescadores. Em 1945, passa a trabalhar na Rádio do Ministério de Educação e Cultura, escrevendo o programa infantil, Reino da Alegria (dirigido por Geni Marcondes), até 1956.

Estréia como romancista, em 1944, com **A estrada da liberdade**, onde transfigura em ficção sua decepcionante experiência de jovem professora, cheia de idealismo que esbarra com os obstáculos da ignorância e da pobreza extrema do meio. Bem recebido pela crítica, esse romance de estréia já mostra o pulso de ficcionista e o espírito humanitário e combativo que singulariza a autora.

Seguem-se vários romances, que denunciam, principalmente, o despotismo dos fortes sobre os fracos, o amor como caminho de realização ou de destruição dos seres humanos, a desumanidade do sistema de exploração da força-trabalho, que caracteriza a sociedade brasileira em geral, etc. De uma maneira ou de outra, todos refletem a consciência crítica e humanitária que está na base de sua criação literária, a qual lhe valeu os rótulos de feminista e de esquerdista que tantos dissabores políticos lhe acarretaram nas décadas de 1960 e 1970, quando se instaura, no Brasil, o Governo Militar. Antes, porém, desses reveses, publica vários romances-testemunhos que têm lugar significativo no acervo da literatura brasileira moderna.

Seu quinto romance, **Sol de meio-dia** conquista o 1º prêmio do concurso da ABL – Associação Brasileira do Livro, em 1960 e é prefaciado por Jorge Amado (foi traduzido para o russo, chinês, búlgaro e alemão). Em 1964, na sua **Trilogia de Catarina** (romances escritos durante seis anos) conquista o Prêmio Especial Walmap Curitiba. Trilogia romanesca essencialmente humana e dramática, cuja constante (segundo palavras da autora) é a busca do sentido da vida, a compreensão de si mesma e do que lhe acontece para melhor se integrar na vida e no convívio de seus semelhantes. Mesclando a subjetividade dolorida da personagem e sua consciência alerta para os desencontros e lutas no mundo à sua volta, a romancista põe a nu a influência do humanismo liberal e a conseqüente injustiça social que predomina nas relações humanas no mundo em que vivemos.

Na década de 1960, escreve vários livros para crianças: **O lenço encantado**, 1962; **A casa da coruja verde**, 1962; **Luzbela da cigana**, 1963 e **Flocos de algodão**, 1966. Nessa área, tem ainda vários inéditos: Grão de ouro; Fonte de mel e doçura, A árvore e a bola e O chapéu do professor.

Romancista de garra, fundamente sintonizada com as forças transformadoras do nosso tempo, Alina Paim é das que merecem lugar de destaque nas letras brasileiras.

Publicações: Romances – **A estrada da liberdade**, 1944; **Simão Dias**, 1944; **À sombra do patriarca**, 1950; **A hora próxima**, 1955; **Sol de meio-dia**, 1962. Trilogia de Catarina – **O sino e a rosa**, **A chave do mundo** e **O círculo**, 1965, e a **Correnteza**, 1979. Inédito – **A sétima vez**.

ALINE BRITO SOARES 52

Poeta, jornalista e professora, Aline Brito Soares nasceu no Rio de Janeiro (RJ). Formou-se em Letras pela Faculdade de Filosofia da Fundação Técnico-Educacional Souza Marques. Fez vários cursos de aperfeiçoamento em áreas afins (psicologia, pedagogia...). Profissionalizou-se como técnica de comunicação social, vindo a trabalhar na biblioteca do Ministério do Exército (cargo em que se aposentou).

Tem inúmeros trabalhos publicados na imprensa (jornal Letras em Marcha; revista Artilharia da AMAN; revista do Exército Brasileiro; jornais do Rio de Janeiro e São Paulo). Participou de várias antologias. Estreou em livro, em 1983, com os poemas de **Outonais**.

É membro de inúmeras associações culturais (Academia de Letras do Estado do Rio de Janeiro; Academia Brasileira de Jornalismo; ABI – Associação Brasileira de Imprensa; International Academy of Letters of England, etc.). Recebeu prêmios e distinções (Medalha D'Almeida Victor; Medalha da Biblioteca do Exército; do Clube Literário de Brasília e outras).

Publicações: Poesia – **Outonais**, 1983, e **Verão**, 1988.

ALINE FRANÇA 53

Ficcionista e elemento dinâmico no movimento de reinvenção da Literatura Negra no Brasil, Aline dos Santos França nasceu em Teodoro Sampaio (BA), em 15.02.1948. Ainda menina muda-se para Salvador onde, a partir de 1978, quando lança seu primeiro romance **Negão Dony**, passa a atuar no meio cultural baiano, nas áreas convergentes da política, literatura, negritude e cultura popular.

Em 1982, é eleita suplente de vereador (PMDB); participa de comissões julgadoras (Miss Afro-Bahia/1982; Festival de Música popular/1985). Dirige e produz espetáculos populares (Shows coisas da terra/1983 e Bahia africanismo/1984). Participa como convidada de inúmeros debates e mesas-redondas sobre a mulher e o negro na literatura afro-brasileira.

Depois da repercussão favorável da crítica ao seu romance **Negão Dony**, publica **A mulher de Aleduma**, em 1981, lançado no Encontro de Entidades Negras (Programação da SBPC-BA) e relançado pelo Bloco Afro Ilê Ailê, no ano seguinte. Recebido com entusiasmo pela crítica nacional, **A mulher de Aleduma** aparece no âmbito da literatura brasileira como índice de uma sensibilidade peculiar e altamente imaginativa, como diz Yeda Pessoa de Castro na contracapa do romance: *Desse livro emerge uma mensagem nova verdadeiramente africana, em maior beleza e significação [...] uma literatura poética do mundo mítico e uma reflexão pessoal sobre o significado dos símbolos dominantes.*

Em 1981, a revista Ophélia (Nigéria), de circulação internacional e em língua inglesa, fez uma entrevista com a escritora em Salvador, divulgando-a no nº de abril de 1982 e com isso colocando Aline França entre os precursores da literatura negra contemporânea no gênero ficção em estilo surrealista. Em 1982, participa com o texto Mensagem dos nossos ancestrais na antologia **Poetas baianos da negritude**. Em 1984, a revista alemã IKA, Zeitschrift fur Kulturaustausch, nº 25, publica a tradução alemã da resenha de **A mulher de Aleduma**, feita por Y. Pessoa de Castro e que afirma: *com esta obra, Aline França abre novos rumos na literatura contemporânea de temática afro-brasileira.*

Publicações: **Negão Dony**, 1978, e **A mulher de Aleduma**, 1981.

ALINE DE MELLO BRANDÃO 54

Poeta, médica e presença atuante no meio cultural paraense, Aline de Mello Brandão nasceu em Belém (PA), em 1947. Formou-se pela Faculdade de Medicina da UFPA; especializou-se em Neurologia e é médica-neurologista do Instituto Nacional de Assistência Médica da Previdência Social, comprometida com o trabalho de reabilitação de deficientes e de epiléticos. É professora-adjunta de Neurologia no Centro de Ciências da Saúde da UFPA.

Vocacionada para as letras, tem publicado poemas em jornais e revistas paraenses e de outros estados (O Liberal, A Província do Pará, O Diário do Pará, Suplemento Cultural Diário do Estado Pará; revista Argumento, etc.).

Estréia em livro, em 1984,com a poesia de **Cantiga geral de amor**, com o nome literário de Aline Carreira. Seguem-se: **Viola d'água**; **A saga do Sumana: uma estória amazônica** (roteiro poético de trabalho educativo em *diabetes mellitus*); e outros.

(Fonte de consulta: **Poesia do Grão-Pará**. Org. Olga Savary*, RJ, Graphia Editorial, 2001.)

Publicações: Poesia – **Cantiga geral de amor**, 1984; **Viola d'água**, 1986; **A saga do Sumana: uma estória amazônica**, 1988; e **As mãos do tempo**, 1989.

55 ÁLLEX LEILLA

Ficcionista que surge na década de 1990, na linha da literatura desenvolta, Állex Leilla (antes, Alessandra Leila) nasceu na Bahia (BA), em 1971. Estreou em 1997, com o livro de contos **Urbanos**, vencedor do Prêmio Copene para inéditos, coordenado pela Fundação Casa de Jorge Amado. Sua escrita fragmentada ou sincopada (peculiar à visão de mundo desconectada da lógica, a que hoje somos submetidos), dá voz a um eu descentrado. Ou melhor, um eu que, num mundo que perdeu seu centro absoluto e eterno (Deus), não encontra outra alternativa a não ser centrar-se em si mesmo. E a partir daí renomear o mundo à sua volta. Na leitura que faz de **Urbanos**, Ivan Junqueira toca em seu nervo principal. Diz ele:

Állex Leilla não está em busca do êxtase espiritual de nenhuma forma de ascese, e sim à procura daquilo que fragilmente se equilibre no gume das paixões da alma. Não há em nenhum desses contos o menor indício de uma desejada ou reconfortante pacificação. Longe disso, tudo neles nos remete sempre à turbulência agônica de desejos que se realizam ou se frustram, de tramas que se bifurcam e deságuam no estuário do vazio, de dédalos que caracoleiam e não levam a lugar algum, como se aí o ser, despido de todas as suas categorias, fosse continuamente confrontado consigo próprio e por si próprio tragado.

É desse mesmo húmus que se alimenta seu novo livro, **Obscuros**, quatro contos nos quais, na síntese de Suênio, *a crueza da linguagem vem embalada pelos ícones do rock, em histórias no geral vividas por jovens solitários, românticos, melancólicos e que, mesmo perseguidos por amores incompreendidos e pela dificuldade de se comunicar, vislumbram saídas. Ambíguas. Dilacerantes.*

Escritora que escreve em paixão, percorrendo caminhos por onde andaram Ana Cristina César, Caio Fernando Abreu, Renato Russo, Gide, Genet, Guinsberg e a *beat generation* das décadas de 1940 e 1950... Állex Leilla está entre os novos que têm de adubar e semear, hoje, a terra que engendrará a nova ordem no amanhã ainda longínquo...

(Fonte de consulta: entrevista dada pela autora a Suênio Campos de Lucena, publicação Iniararana nº 1 – revista de arte, crítica e literatura. Salvador, 2000, pp. 21-26.)

Publicações: **Urbanos**, 1997, e **Obscuros**, 2000.

56 ALMA CUNHA DE MIRANDA

Musicista, poeta, cantora lírica, radialista, taquígrafa e escritora de livros infantis, Alma Cunha de Miranda nasceu no Consulado do Brasil em Gênova (Itália), em 03.05.1928, de pais cariocas.

Sua atração pela música, pela literatura e artes em geral manifestou-se desde a infância. Terminado o curso secundário, dedicou-se integralmente aos estudos de música e canto lírico. Na década de 1950, profissionaliza-se como cantora lírica do Teatro Municipal do Rio de Janeiro (GB). Para atender às exigências da vida prática, trabalhou como taquígrafa em inglês, como tradutora e em variadas tarefas nas rádios, Jornal do Brasil e Nacional, bem como no Ministério da Educação, na Escola Nacional de Música e na ABI – Associação Brasileira de Imprensa.

Nas décadas de 1940 e 1950, escreveu livros infantis e publicou um livro de poemas. Pertence à Associação de Artistas Brasileiros, à União de Músicos do Brasil e à antiga Sociedade Brasileira de Imprensa, entre outras.

Publicações: Poesia – **Transições d'alma,** (s/d); e **Dona boa vontade**. Literatura Infantil – **Meus contos infantis; O jornaleiro**; **Vencedor**, e **O sabichão** (todos sem data).

ALMIRA GUARACY REBÊLO 57

Poeta mineira, Almira Guaracy Rebêlo nasceu em Passos (MG), em 16.01.1923. Está radicada em Belo Horizonte. Formou-se professora; profissionalizou-se como técnica de administração (INPS). Desde muito jovem dedicou-se à escrita poética, mas sem publicá-la.

Na década de 1990, começa a participar de antologias poéticas e concursos literários, tendo recebido várias menções honrosas (Concurso Nacional de Poesia – Academia Pan-americana de Letras; 1990; Concurso Nacional de Poesia/Casa do Poeta-Lampião de Gás/1992; Concurso de Poesia/Universidade São Francisco. São Paulo-1994, e outros). Estreou em livro, em 1994, com **Cortina rendilhada** – poesia lírica de resgate da memória, onde se fundem as emoções de que a vida é feita. Pertence às entidades: União Brasileira de Trovadores, Sociedade Amigas da Cultura e Academia Feminina Mineira de Letras.

Publicação: **Cortina rendilhada**, 1994.

ALMIRA OLIVEIRA DE SÁ 58

Poeta paraibana. Publicou o livro de poesia **Elos** (1979).

ALTAIR MIRANDA DE FREITAS 59

Poeta, Altair Gitali Miranda de Freitas nasceu em São Paulo (SP), em 04.08.1904. Muito cedo inclinou-se para a poesia. Em 1916, aos 12 anos, ganha o 1º lugar nos Jogos Florais. Colaborou regularmente em jornais e revistas de São Paulo e Rio de Janeiro. Figura na **Coletânea de poetas paulistas** (org. Eneas de Moura. SP, 1951).

Publicação: **Alma triste** (1921).

ALTAMIRA DOURADO 60

Poeta, cronista e elemento atuante no meio cultural pernambucano, Altamira Chaves de Medeiros Dourado nasceu em Natal (RN), em 22.02.1921. Desde a infância radicou-se com a família, em Olinda (PE). Formou-se em Pedagogia (Academia de Santa Gertrudes – Olinda), em Direito (Faculdade de direito-Recife) e em línguas. Desde jovem dedicou-se a escrever poesia, publicando-a em jornais e revistas recifenses. Durante algum tempo foi redatora da revista de Direito do Trabalho; é membro honorário da Academia Internacional de Ciências Humanísticas de Uruguaina (RS); é membro da UBE (União Brasileira de Escritores – Seção de PE) e dos Trovadores do Recife. Recebeu vários prêmios e distinções literárias.

Estréia em livro em 1980, com os poemas de **Alagamar**, ao qual se seguem outros de poesias e contos.

Publicações: **Alagamar**, 1980; **Uma fabulação para fantasia**, 1983; **Jaula de vidro**, 1985; **O tesouro holandês e...** (c. 1987) e **Trovadores** (antologia org. Antônio Soares. Campina Grande-PB, 1987).

61 ALVINA GAMEIRO

Poeta, pintora, musicista e professora, Alvina Fernandes Gameiro nasceu em Oeiras (PI), em 10.11.1917. Fez vários cursos universitários (ENBA – Escola Nacional da Bahia – 1914; Universidade de Columbia, Nova York-1952; National School, Los Angeles/1952, etc.); exerceu o magistério no Piauí, Maranhão e Ceará.

Nas décadas de 1940 e 1950, colaborou regularmente na imprensa, com poesia e artigos. Além da literatura, dedicou-se à pintura, música, floricultura e fruticultura. Estreou como poeta, em 1967, com o livro **Orfeão de sonhos**. Tem participado de inúmeras antologias poéticas (**Antologia de sonetos paranaenses**, o **Livro de Ajebiana**, **Planalto em poesia**, etc.) É membro da Associação Nacional de Escritores; Associação Nacional de Jornalistas e Escritores do Brasil; etc.

Publicação: **Orfeão de sonhos**, 1967.

62 ALZIRA CORRÊA GONÇALVES

Memorialista e figura de destaque da remanescente aristocracia rural pernambucana, Alzira Corrêa Gonçalves Guerra nasceu no histórico engenho Tomataúpe de Flores (PE), em 23.05.1912.

Aos oitenta anos, decide escrever suas memórias e, com elas, faz-se o registro de um mundo amável que, com o passar destes tempos demolidores, transformou-se em lembrança. O primeiro livro, **O passado que nasceu comigo**, já na apresentação revela a natureza das memórias ali recolhidas. Diz a autora:

O sonho deste livro foi realmente um grande presente divino. [...] Ele não me custou fadigas nem noites mal dormidas e sim uma fase áurea [...] mesmo porque as provocações das minhas travessias posteriores tornaram-se temas respeitáveis, sem anularem os quadros românticos e queridos vividos por mim.

A vida fundada nos ideais generosos, que alicerçaram a sociedade tradicional, é o que Alzira Guerra eternizou, com sensibilidade e alegria de viver, em seus dois livros memorialistas. Nestes, como ela disse, pretendeu ligar duas margens: Tempo e Eternidade.

Publicações: **O passado que nasceu comigo**, 1994, e **Atrás do ontem**, 1995.

63 ALZIRA COUTO LEONIDAS

Cronista, ensaísta e jornalista combativa, Alzira Couto Leonidas nasceu em São Carlos do Pinhal (SP), em 22.11.1908, e viveu em Anápolis e Santos. Foi consulesa do Brasil na Grécia durante a guerra 1939/1945, dedicando-se ao comitê pró-socorro para os povos Helenos – Cruz Vermelha. Foi condecorada pelo Governo grego.

Na década de 1940, empenhou-se em campanhas na imprensa, a favor do divórcio e contra o desquite. Traçou planos para a reeducação e emancipação da mulher. Sua maior produção permanece esparsa em jornais e revistas paulistas.

Publicações: **Bisbilhotice de um relógio** (crônica s/d) e **Mazelas dos matrimônios infelizes** (ensaios).

64 ALZIRA FREITAS TACQUES

Poeta, cronista, pesquisadora e crítica, Alzira Freitas Tacques nasceu em São Borja (RS), em 08.07.1913, e viveu em Porto Alegre (RS), onde faleceu em 10.09.1976. Descendente de uma hierarquia de militares de destaque no meio gaúcho, foi mulher de educação esmerada e presença ativa em seu meio sociocultural.

Desde a infância foi atraída para a criação poética. Aos quatorze anos, com o pseudônimo de Zizi, publica seu primeiro livro, **Plenilúnio** (1927), ao qual se segue mais de uma dezena de títulos, elogiados em crônicas brilhantes na imprensa gaúcha, que consagrou seu nome entre os maiores na história da poesia gaúcha e, quiçá, do Brasil (in **Perfis de musas, poetas e prosadores brasileiros**-PA, 1956).

Foi uma das fundadoras da Academia Literária Feminina do Rio Grande do Sul, em 1943; pertenceu ao grupo Estância da Poesia Crioula; colaborou intensamente na imprensa, participou de antologias poéticas e organizou a recolha biobibliográfica de escritores e escritoras brasileiros, em cinco volumes, num total de quase quatro mil páginas. Pertenceu à Ala feminina da Casa Juvenal Galeno (CE), à Associação Cultural Guiratinga (MT) e à Academia de Letras José de Alencar (CE).

Publicações: Poesia – **Plenilúnio**, 1927; **Sombras**, 1933; **Rubis**, 1935; **Mãos prisioneiras**, 1935; **Sob o luar das horas mortas**, 1942; **Sinfonia em rubro e negro**, 1943; **Salomé**, 1944; **Marcha dos beijos**, 1944; **Torre iluminada**, 1945; **Poemas da meia-noite** (1947 – volume que contém também poemas de Ribeiro Tacques e de Isis de Freitas Tacques) e **Rosas na manhã de sol**, 1951. Pesquisa e crítica – **Perfil de musa** (sobre a poesia de Seleneh de Medeiros), **Perfis de musas, poetas e prosadores brasileiros** (5 volumes – 1956) e **Perfis de musas, poetas e prosadores estrangeiros** (anunciado no prelo na década de 1950).

AMÁLIA CAGNOTO 65

Poeta e romancista, Amália Cagnoto nasceu em São Paulo (SP), em 03.05.1902; viveu em Porto Alegre, onde faleceu em 10.09.1951. Deixou inéditos **Toca de espumas** (poesias) e **Turbilhão** (rom.).

Publicação: **Miosótis**, 1945.

AMÁLIA MAX 66

Poeta, artista plástica e professora, Amália Max nasceu em Ponta Grossa (PR). Presença ativa no meio cultural paranaense, é autora de livros didáticos e incentivadora das atividades poéticas centralizadas na trova. Foi agraciada com dezenas de prêmios e distinções literárias. É membro da Academia Brasileira de Trovadores (Ponta Grossa) da qual é presidente, e pertence a dezenas de entidades culturais do Brasil e do exterior.

Publicou um livro de poesia, e desde a década de 1970 tem participado de dezenas de coletâneas poéticas (**Trovas sobre o mar**/1985; **Antologia de trovadores do Paraná**/1984; **Coletânea dos colares** – 1981/1982; **Nova literatura brasileira**; **Coletânea Vale do Aço**, etc.).

Publicação: **Escaninho**, s/d.

AMÁLIA DOS PASSOS FIGUEIRÔA 67

Poeta e jornalista, Amália dos Passos Figueirôa nasceu em Porto Alegre (RS), em 31.08.1845, e faleceu em 24.09.1878. Pertencia a uma família ligada às letras – era tia das poetas Revocata de Melo* e de Julieta M. Monteiro*. Seu pai era o português Manoel dos Passos Figueirôa, gramático latinista, autor de obras didáticas e jornalista, proprietário de uma tipografia em Porto Alegre e do jornal Idade de Ouro, defensor das idéias revolucionárias dos farroupilhas. Jornal no qual Amália colaborou regularmente. Desde jovem, Amália mostrou vocação para a escrita poética, começando a divulgar seus poemas na imprensa, em almanaques e revistas (Idade de Ouro; revista do Partenon Literário-RS; Almanaque das Senhoras-Lisboa, 1882). Usou de início o nome literário de Pensarosa. Com a morte do pai, passa por dificuldades econômicas e vai residir com um irmão, no Rio de Janeiro. Na corte convive com intelectuais e é reconhecida como poeta de méritos. Colabora na imprensa gaúcha e carioca, principalmente no semanário A Luz. A poeta Narcisa Amália* (autora de **Nebulosas**) chamava-a de *a poeta do céu*.

Como intelectual, teve papel atuante na sociedade do Partenon Literário, fundado em 1868, e da qual participavam cem sócios homens e apenas quatro mulheres (Amália, sua sobrinha Revocata, Luiza Azambuja e Luciana de Abreu). Todas elas se empenharam na defesa das idéias abolicionistas e dos direitos de igualdade das mulheres, em relação à educação e à cidadania. Sua vida amorosa foi marcada pelo sofrimento, devido ao rompimento de seu noivado com o poeta Carlos Ferreira, que lhe dera o apelido de Pensarosa. Vítima da tuberculose, Amália viveu afastada do convívio social.

A poesia de Amália Figueirôa representa um mergulho no que há de substancial na temática romântica: a reinvindicação da liberdade absoluta de exprimir uma visão de mundo, a partir da condição individual. Esta visão, ao mesmo tempo em que singulariza a riqueza da interioridade, assinala a inadequação do eu em relação à realidade circundante.

Importante é sublinhar que, na década de 1970, as grandes figuras do movimento romântico nacional, com exceção de José de Alencar e Castro Alves, já haviam saído de cena, ou porque tinham cessado de produzir, ou por estarem mortos. Contudo para a geração do Partenon Literário as influências da estética irradiadas do centro do País continuavam a deitar raízes, especialmente no tratamento da temática lírica voltada para a exploração dos assuntos relacionados com a infância, amor, desilusão e morte. (Rita Terezinha Schmidt. **Escritoras brasileiras do século XIX**. 1999 p. 426.)

Publicação: **Crepúsculos**, 1872.

68 AMÁLIA VERLANGIERI

Poeta, pianista, funcionária pública e presença atuante em seu meio cultural, Amália Sizínia Verlangieri nasceu em Cuiabá (MT), em 22.07.1930. Na década de 1960, passa a residir em Brasília, onde faleceu, em 29.08.1976.

Estudou no Liceu Cuiabano e fez cursos paralelos de inglês e taquigrafia. Desde cedo atraída pela literatura e artes em geral, dedica-se à música, tornando-se uma exímia pianista, presença constante nos saraus lítero-musicais da Academia Mato-grossense de Letras.

Dedica-se igualmente à poesia e, embora não tenha deixado livro publicado, sua produção poética, divulgada pela imprensa, reuniões, seminários, etc., foi de grande influência para a inovação e divulgação da literatura feminina mato-grossense. É considerada pela crítica como a pioneira da escrita literária de cunho modernista na literatura de autoria feminina na região. Durante a década de 1950, foi colaboradora assídua de vários jornais e revistas (Ganga, O Arauto de Juvenilia, Sarã, etc.).

Ingressou no serviço público por concurso, para o cargo de Oficial Administrativo do Ministério da Guerra (RJ). Mais tarde transferiu-se para o Ministério da Fazenda, onde se aposentou.

Ao mudar-se para Brasília, dedicou-se principalmente aos estudos espiritualistas.

(Fonte de consulta: Yasmin J. Nadaf, **A literatura feminina mato-grossense**. Cuiabá. UFMR, 1997.)

69 AMÁLIA VIEIRA DO NASCIMENTO

Poeta gaúcha, nascida em Porto Alegre (RS), em 22.02.1855, e falecida em 24.01.1911, Amália Vieira do Nascimento Fernandes participou, pioneiramente, do movimento literário em Porto Alegre, no entresséculos. Publicou os poemas "No dia dos meus anos" no Almanaque de Lembranças Luso Brasileiro (Lisboa, 1875) e "Cartas a Vitor Hugo" (no Almanaque de 1882). Deixou memória na crônica do tempo. Não teve livro individual publicado, mas apenas publicações esparsas na imprensa gaúcha.

70 AMALINE ISSA

Ficcionista e professora universitária, Amaline Boulus Issa Mussi nasceu no Rio de Janeiro (RJ), em 10.08.1940. Está radicada em Tubarão (SC). Formou-se em Letras pela PUC-RS/FESSC, em 1966, especializando-se em Língua Portuguesa e Literatura Brasileira. Diplomou-se em Francês (Alliance Française-Nancy/1962); licenciou-se em inglês (FESSC-ESCP/1975). Fez mestrado em Literatura Brasileira (UFSC/1980). É professora titular na UFSC, dedicando-se à docência e à pesquisa. Iniciou-se como escritora, na década de 1970, publicando contos em revistas e concorrendo em concursos literários.

Estréia em livro, em 1972, com os densos contos de **Anotações sobre um testamento**. Em linguagem metafórica, por vezes sibilina, Amaline vai tecendo suas efabulações, com matéria retirada da vida em bruto, isto é, da vivência presa ao rudimentar, ao corpo-a-corpo do homem com a terra e com suas necessidades básicas. E é nesse nível primitivo que a problemática humana é colocada e atinge profundezas que expressam a maturidade de visão. Temas controvertidos como a bipolarização sexual (homem e mulher); a interrogação existencial sobre o fim ou o sentido último da vida humana; a vida vista como luta incessante, como a pedra a ser atingida (tarefa inexorável a ser cumprida; e, principalmente, a consciência de que fazemos parte de uma longuíssima corrente, cujos primeiros elos se perdem nos milênios e nos ficam ocultos. A ignorância é inerente à condição humana, porque os caminhos de dentro não (são) revelados; os passantes incertos nunca alertados; os passantes alertados sem meios de busca...

Em 1974, seu conto "A outra imagem de Lala" é classificado em 2º lugar no Concurso Estadual de Contos – Prêmio Virgilio Várzea, em Florianópolis (SC). Em 1980, participa da antologia catarinense **21 dedos de prosa**.

Sintonizada com os nossos tempos de interrogações e mudanças estruturais profundas, a ficção de Amaline Issa é das que testemunham a hora que passa. Tem vários inéditos que aguardam publicação.

Publicação: **Anotações para um testamento**, 1972.

AMARYLLIS SCHLOENBACH 71

Poeta, jornalista, tradutora e advogada, Amaryllis Schloenbach nasceu em São Paulo (SP), em 19.05.1931. É sobrinha-neta da poeta Colombina. Formou-se em Ciências Jurídicas e Sociais (Faculdade de Direito-Mackenzie, 1972) e em Letras (Faculdade Ibero-Americana, 1982), com especialização de tradutora-intérprete de inglês. É jornalista profissional: tem trabalhado como tradutora literária, revisora, colunista, etc., em jornais, revistas e editoras paulistas.

Desde a infância começou a escrever poesia. Tem participado de inúmeras antologias poéticas (**O rei dos reis** – org. A. Fernandes, 1967; **232 poetas paulistas**, 1968; **A trova no Brasil-história e antologia** – org. A. Fernandes, 1972; **Nova antologia brasileira da árvore** – org. Maria Thereza Cavalheiro, 1974; **Brasil** – org. Laís Costa Velho, 1986/87; **Mil trovas de amor e saudade** – org. Petrus e Noel Bergamini; **100 haicaistas brasileiros** – org. Roberto Saito e outros. 1990, entre outras). Recebeu inúmeros prêmios e distinções. É membro da UBE – União Brasileira de Escritores – SP e co-fundadora da União Brasileira de Trovadores, da qual foi vice-presidente de finanças de 1976.

Em 1987, estréia em livro com uma coletânea de poemas líricos, concisos e conscientes dos desencontros do amor e da vida.

Publicações: **Pelos meandros do tempo**, 1987; **Girândola,** 1993.

AMARILDE REHWAGEN 72

Poeta, advogada e técnica em jurídicos, Amarilde Rehwagen nasceu em Divinópolis (MG), em 1924. Radicou-se em Belo Horizonte. Passou parte da infância em Anápolis (GO). Estudou em Araguari (MG), onde se formou professora e começou a lecionar. Posteriormente, volta para Belo Horizonte, onde se forma em Direito pela UFMG (1970). Durante anos exerceu o cargo de técnica judiciária do Tribunal Regional do Trabalho.

Escreve poesia desde menina, divulgando-a, a partir da década de 1960, na imprensa mineira (Estado de Minas, Folha de Minas, Diário de Minas, etc.). Como poeta, usa o nome literário de Rosa da Babilônia. Participou de inúmeros recitais de poesia. Estreou em livro com **Solar estranho**.

É membro de várias entidades culturais (Academia Feminina de Letras; União Brasileira de Trovadores; Academia Goiaense de Letras; Academia Internacional de Letras 3 Fronteiras: Brasil, Argentina e Uruguai, etc.). Tem participado de várias antologias (**Anuário de poetas do Brasil**. 1984/1985; **Trovadores**. 1987/1988; **Perólas de Minas**, etc.). Recebeu vários prêmios e distinções. É adepta da filosofia Seicho-no-Ie.

Publicações: **Solar estranho**, 1973; **Rosa da Babilônia**, 1991.

73 AMBROSINA P. MORAES ABREU

Poeta gaúcha, Ambrosina Pinto de Moraes Abreu nasceu em Passo Fundo (RS), em 1922. Está radicada em Tupanciretã (RS) e se dedica à agropecúaria. Nas décadas de 1940 e 1950, colaborou na imprensa e participou de coletâneas poéticas coletivas. Publicou livros e tem inéditos.

Publicações: **Folha de outono**, 1972; **Semeador de felicidade**; 1975 e **Tupanciretã em imagens de sombra e luz**, 1978.

74 AMÉLIA BEVILÁCQUA

Contista, romancista, cronista, ensaísta e conferencista, a piauiense Amélia Carolina de Freitas Bevilácqua nasceu em Juremenha (PI), em 06.08.1863, e faleceu no Rio de Janeiro (RJ), em 17.11.1946.

Muito criança mudou-se com a família para São Luís do Maranhão, onde seu pai exercia o cargo de Juiz de Direito. Ali iniciou sua educação, concluindo-a no Recife (PE), no colégio São Vicente de Paula, dirigido por religiosas francesas.

Em 1883, casou-se com o jurisconsulto Clóvis Bevilácqua (discípulo de Tobias Barreto e um dos mais famosos representantes da Escola do Recife e sua filosofia positivista). Por influência do marido, dedicou-se com grande paixão às letras e à escrita literária. Em 1898, textos seus começam a ser publicados na imprensa do Recife e logo depois na revista do Brasil (SP) e em jornais de Teresina e Rio de Janeiro.

Em 1902, estréia em livro com o volume de contos **Alcione**. Em 1909, passa a dirigir a revista Lírio do Recife, que divulgou escritos de várias mulheres intelectuais da sociedade pernambucana da época. Durante os dois anos em que esteve na direção da revista, publicou vários livros e desenvolveu intenso trabalho de divulgação cultural. Em 1911, fundou no Rio de Janeiro, juntamente com o marido, a revista Ciências e Letras. Durante anos desenvolveu intensa atividade cultural e literária, viajando por vários estados brasileiros e se notabilizando como conferencista. Inclusive foi colaboradora do marido em vários trabalhos de análise na área do Direito e Educação. Foi eleita para a Academia Piauiense de Letras, na cadeira de Lucídio Freitas. Ficou viúva em 1944 e morreu dois anos depois, aos oitenta e três anos de idade.

Publicações: Contos – **Alcione**, 1902. Romance – **Aspectos**, 1905, **Silhouttes**, 1906, **Através da vida**, 1906, **Angústia**, 1913, **Vesta**, 1936, **Jeanette**, s/d, e **Açucena**, 1921. Ensaio – **Instrução e educação na infância, literatura e Direito** e **Divagações sobre a consciência**, s/d. Memória – **Jornada pela vida**, s/d.

75 AMÉLIA BRANDÃO

Poeta nascida no Rio Grande (RS), em 27.10.1920, Amélia Brandão iniciou sua atividade poética publicando em jornais e revistas. É filiada ao Grêmio Literário Castro Alves e à casa do Poeta Rio grandense (POA).

Publicação: **Falando ao coraçao**, 1968.

76 AMÉLIA DE GODÓI CORREIA

Poeta e professora, Amélia de Godói Correia nasceu em Pindamonhangaba (SP), em 21.05.1872, e residiu na capital paulista, onde faleceu a 02.12.1900. Publicou poemas em revistas e jornais paulistas. Deixou um livro publicado.

Publicação: **Versos**, s/d.

77 AMÉLIA DE OLIVEIRA

Poeta romântica, Amélia Mariano de Oliveira nasceu em Palmital de Saquarema (RJ), em 14.04.1868. Viveu na cidade do Rio de Janeiro, onde faleceu, em 05.03.1945.

Passou à crônica brasileira não pela poesia que escreveu, mas pelo amor que inspirou a um dos grandes poetas brasileiros, Olavo Bilac. De família numerosa, Amélia tinha dez irmãos, todos intelectuais (poetas, jornalistas, musicistas), sendo um deles o poeta Alberto de Oliveira. A casa de seus pais em Niterói, nos últimos anos do século XIX, era ponto de encontro de literatos (Artur Azevedo, Guimarães Passos, Filinto de Almeida, José do Patrocínio, Lúcio de Mendonça, Luís Delfino, Pardal Mallet, Paula Nei, Raul Pompéia, Raimundo Correia, Valentim Magalhães e outros). O jovem Olavo Bilac, em 1883, começa a freqüentar a casa dos Oliveira e se apaixona por ela, que lhe retribuiu com igual amor. A vida boêmia de Bilac indispôs, contra ele, o irmão mais velho e mentor da família, José Maria, que, obstinadamente, opôs-se ao casamento com que ambos sonhavam.

Personagens de um autêntico drama de amor, Olavo Bilac e Amélia de Oliveira a musa da Via Láctea, morreram solteiros. A grande paixão não realizada sobreviveu a ambos, transfigurada em poesia e em cartas amorosas que, em 1957, foram doadas pela família à Academia Brasileira de Letras. Desde a morte de seu amado (ocorrida em dezembro de 1919) até janeiro de 1945, quando aos 77 anos adoece mortalmente, Amélia não deixou uma só semana de visitar o jazigo do poeta, trazendo-o sempre coberto de rosas. Após sua morte, publicou-se um volume com suas poesias prefaciadas por Elmo Elton.

Publicação: **Póstuma**, 1959.

AMÉLIA SPARANO 78

Romancista, contista, poeta, ensaísta e tradutora, Amélia Sparano nasceu em Turim (Itália), em 17.06.1912. Na infância cursou o Colégio Sacré-Coeur de Jesus, em Gênova, onde estudou pintura e freqüentou, como ouvinte, a Faculdade de Letras. Em concurso literário, nessa faculdade, conquistou o 1º lugar com uma monografia.

Casou-se com Carlos Sparano (filho do então Ministro brasileiro Luiz Sparano) e, em 1945, veio para o Brasil, radicando-se no Rio de Janeiro. A partir da década de 1960, recomeçou a escrever. Em 1963, traduziu o romance de Giovanni Arpino, **Um crime de honra**. Em 1964, foi leitora revelação (concurso do Correio da Manhã) com o conto "O dinheiro do diabo" (que mais tarde recebe medalha de ouro em concurso literário em Milão). Passa a colaborar com regularidade na imprensa, com contos, poesias e artigos sobre literatura (alguns em versão bilíngüe: português e italiano). Traduziu romances para várias editoras cariocas e paulistas, inclusive verteu para o italiano o **Romanceiro de Anita Garibaldi**, de Stella Leonardos*. Foi premiada em vários concursos literários. Em 1968, seu romance **Hora difícil** obteve 2ª classificação no prêmio José Lins do Rego, da ABL. Em 1985, publicou **Moeda corrente**, contos que tiveram muito boa repercussão crítica e de público. Escreveu a peça **Nas malhas da rede** (Prêmio Artur Azevedo, da ABL). Em 1986, seu romance **A espectadora** (ainda inédito) ganhou menção especial no Prêmio Guararapes, da UBE-RJ. Em 1993, reúne poemas escritos ao longo dos anos, no volume **Relâmpagos**. É sócia-titular do Pen Clube do Brasil. Definindo sua produção, disse: *Movida pelo desejo de participar, procuro compreender e ser compreendida. Escrevo com sinceridade, em estilo coloquial para transmitir meu amor universal às criaturas.*

Publicações: Romance – **A Hora difícil**, 1969. Poesia – **Relâmpago**, 1993. Contos – **Moeda corrente**, 1985.

AMÉLIA DE RESENDE MARTINS 79

Autora de livros didáticos, filmes pedagógicos, ensaísta, conferencista, crítica e polemista, Amélia de Rezende Martins nasceu em Campinas (SP), em 23.03.1877. Viveu grande parte de sua vida no Rio de Janeiro, onde faleceu em data ignorada. Iniciou sua atividade cultural, na década de 1910, como autora de livros didáticos fundamentados nas diretrizes da escola nova, na linha Montessóri, que começava a ser discutida no âmbito do ensino básico. Na mesma linha de interesse, organizou uma série de filmes pedagógicos para complementação das aulas expositivas.

Participou de congressos e debates a cerca de questões sociais polêmicas, seja como debatedora (IX Congresso Internacional de Cooperadores Salesianos), seja como polemista (com o opúsculo de crítica à sociedade contemporânea, **Reflexões sobre o momento**, publicado em 1919 e refutado por José Oiticica). Criou o organismo Ação Social Brasileira; promoveu a Quinzena Anchietiana (série de conferências de escritores sobre Anchieta). Foi presidente da Sociedade Pró-Arte. Colaborou em várias revistas e jornais cariocas (Cultura Artística, Intercâmbio, Educação, Jornal do Comércio, etc.).

Compôs uma história da música. Deixou vários opúsculos publicados.

Publicações: Ensaio – **Reflexões sobre o momento**, 1919; **Complemento às reflexões**, 1919; **A moda**, 1920; **A moda, o esforço individual, a boa imprensa**, 1922; **O púlpito no Brasil**, 1923; **A obra das vocações sacerdotais**, 1922; **Os problemas sociais e o feminismo** (1ª edição 1924; 2ª edição 1925); **A crise mundial**, 1931; **A mulher e a política**, 1933; e **Grandes problemas nacionais**, 1933. Didáticos – **Geografia elementar**, 1939; **O cinema educativo** e vários outros títulos para uso nas escolas e publicados entre as décadas de 1910 e 1930.

80 AMÉLIA RODRIGUES

Poeta, romancista, professora, conferencista, teatróloga e figura notória no meio cultural baiano de sua época, Amélia Augusta do Sacramento Rodrigues nasceu no Arraial da Lapa (hoje, município Amélia Rodrigues), em Santo Amaro (BA), em 26.05.1861. Viveu parte de sua vida em Salvador, onde faleceu, em 22.08.1926.

Deixou fama de grande inteligência e vocação precoce para as letras e para o magistério, no qual fez fecunda carreira. De família pobre, foi orientada desde os estudos primários pelo Cônego Alexandrino de Prado, que se empenhou em abrir caminho para o talento de sua protegida, num momento em que a educação das meninas era ainda considerada como algo pernicioso ao comportamento futuro da mulher. Foi aluna de grandes mestres da época. Sem ter freqüentado Escola Normal, foi aprovada em concurso público e iniciou-se como professora no próprio Arraial da Lapa, onde nascera. Desejosa de progredir, presta novo concurso, em Salvador, em 1883, e conquista uma cadeira na escola pública de Santo Amaro, de onde logo depois é transferida para uma escola na capital baiana, onde desenvolveu um inteligente trabalho educativo, principalmente na defesa da instrução feminina nas escolas que tradicionalmente só acolhiam meninos. Na área do ensino, percorreu um longo caminho. Esse mister levou-a, em 1891, a transferir-se para o Rio de Janeiro, onde atuou como orientadora pedagógica e como docente, durante anos. Em conseqüência desse extenuante trabalho, adoece e é obrigada a se afastar, voltando para a Bahia. Durante esse afastamento forçado, dedica-se a escrever poesia, livros didáticos, dramas e comédias que eram encenados por grupos amadores.

Como escritora, iniciou-se muito jovem, colaborando na imprensa baiana, com grande êxito de público. Estreou em livro, em 1883, com a poesia de **Filenilla**. Em 1888, inicia a publicação do romance-folhetim **O mameluco**, no jornal Eco Santamarense. No mesmo ano, adapta e leva à encenação, por grupo amador, o drama de Goethe, **Fausto**, em quatro atos. Em 1898, publicou um compêndio de educação moral e cívica, **Mestra e mãe**, que fez grande sucesso e foi comparado, pelo escritor Múcio Teixeira, ao **Coração** de Edmund de Amici (grande *best seller* italiano, entre nós, do início do século XX).

Depois de recuperada fisicamente, funda o Instituto Maria Auxiliadora que se torna famoso na Bahia do entresséculos. Extremamente dedicada à educação e às letras, empenhou-se para que a Ordem Religiosa Salesiana instalasse na Bahia o Liceu do Salvador e aí difundisse o ensino baseado na doutrina de São João Bosco, o grande educador italiano, fundador da Ordem em 1859. Em sua campanha, escreveu peças teatrais que eram representadas por jovens da sociedade baiana e a renda doada aos Salesianos. Pessoalmente, doou-lhes, em 1906, um original de poesia próprio, **Bem-me-queres**, que, publicado, foi vendido em benefício das obras já começadas.

Em 1907, liderou a fundação da Associação das Damas de Maria Auxiliadora. Em 1910, associou-se às intelectuais Maria Elisa Valente Moniz de Aragão e Maria Luiza de Souza Alves, e fundou a primeira revista feminina na Bahia, A Paladina. No artigo de apresentação do primeiro número, ela escreve:

Elas (senhoras) se agitam agora, enfim! E resolvem por-se à testa de um movimento novo, salutar, pacífico, o primeiro desta natureza que o sexo frágil e delicado ousa empreender de público entre nós de viseira erguida, sem termos medo de empecilho algum.

No mesmo ano, 1910, Amélia Rodrigues também funda a Liga das Senhoras Católicas Baianas, da qual foi a primeira presidente. Em 1912, deixa A Paladina, e funda a revista A Voz, que seria o órgão oficial da Liga e que se manteve até 1920. Em 1913, aceita a difícil incumbência de dirigir a Casa dos Expostos (mantida pela Santa Casa de Misericórdia), então em crise, devido à retirada das Irmãs de Caridade de sua direção. No Brasil, vivia-se, ainda, no entresséculos o clima anticlerical disseminado desde as leis radicais do Marquês de Pombal no séc. XVIII e que foram ratificadas durante o Império de Pedro II, dificultando substancialmente a ação educativa religiosa nos vários estados brasileiros. Daí a grande importância da atuação, em prol do ensino e da caridade, de figuras como a de Amélia Rodrigues. À frente da direção da Casa dos Expostos, com muita luta e grandes dissabores, conseguiu equilibrar a entidade e fazê-la sair da crise.

Em 1919, funda a revista Luz de Maria, onde publica contos, crônicas e artigos. Simultaneamente a essas atividades filantrópicas e culturais, continua a dedicar-se à literatura, cultivando vários gêneros e deixando um significativo acervo de originais ou publicações pela imprensa e em livros.

Como todos os que, com coragem e idealismo, se empenham em renovar velhas normas ou costumes já deteriorados, abrindo caminho para a natural evolução da vida, Amélia Rodrigues foi combatida por uns e louvada por outros. Hoje, embora esquecida, sua obra permanece como parte integrante do processo de evolução da cultura e das instituições educativas baianas, principalmente na defesa dos direitos da condição feminina. Nas comemorações feitas em homenagem ao 1º centenário de seu nascimento, em Salvador, Amélia Rodrigues foi aclamada a Gabriela Mistral brasileira.

Publicações: Poesia – **Filenilla**, 1883; **Bem-me-queres**, 1906; **Flores da bíblia,** 1923. Romance – **O mameluco**, 1888, e **Um casamento moderno**, 1924. Teatro – **Borboleta e abelha**, 1921; **Progresso feminino**, 1924; **Fausto**, **Almas sertanejas**, **No novo campo da imprensa** e **O vagabundo** (todos sem data). Tradução – **O filho do homem** (trad. do alemão, do romance da Baronesa Von Krane). Conto – **O meu arquivo** (1918; 2ª edição 1929); Teatro infantil – (3 fascículos - 1922/1924).

AMETISTA NUNES 81

Poeta participante dos movimentos artísticos reivindicadores, Ametista Nunes de Oliveira nasceu em Salvador (BA), em 19.03.1947. Formou-se em Direito pela UFBA (1975), e é advogada militante; fez mestrado na área da Educação (1986) e vários cursos de atualização (Comunicação e Arte/1971; Iniciação à Fotografia/1972; Crítica Literária/1984; etc.). Trabalhou como assessora na Secretaria de Educação de Camaçari (BA).

Ainda estudante, inicia-se como poeta, publicando poemas na imprensa baiana ou em antologias: **Poetas de direito** (1972; **Acorrentados** (1977); **Palavra de mulher** (1979); **Anuário de poetas** (1980). Em livro publicou **Meu grito** (1980).

Participou do grupo de teatro amador Cisco, em várias representações (**Morte e vida severina**, **Perspectiva**, **O inglês maquinista**, **Coração civil**, etc.). Expôs cartuns poéticos em mostras coletivas (I Salão do Poema-Cartaz/1977; I Encontro Nacional de Poetas/1979; I Encontro de Literatura Emergente/1980, etc.). Entre 1979 e 1980, leva a poesia a rádio e à televisão (Rádio Sociedade da Bahia, Rádio Excelsior, TV Arapoan, TV Aratu e TV Bandeirantes-BA).

Pertence à Federação Baiana dos Escritores e à Academia Anapolina de Letras, Ciências e Filosofia. É membro-correspondente de inúmeras associações (Academia de Letras de Uruguaiana-RS; Academia Internacional de Letras 3 Fronteiras Sudeste-RS; Clube de Poesia de Uruguaiana, Federação das Entidades Culturais Fronteiristas; etc.). Tem vários inéditos em poesia e prosa.

Publicação: **Meu grito**, 1980.

ANA AMÉLIA CARNEIRO DE MENDONÇA 82

Poeta, intelectual e presença atuante na sociedade brasileira da primeira metade do século XX, Ana Amélia de Queirós Carneiro de Mendonça nasceu no Rio de Janeiro (GB), em 17.08.1896, e faleceu em 31.03.1971. Era filha do engenheiro Joaquim de Queirós Júnior, pioneiro da indústria do ferro no Brasil.

Ainda menina começa a escrever poesia, cuja primeira recolha foi publicada em 1911, com o título **Esperança**. Comentando essa estréia, João do Rio escreve: *Ou estes versos não são desta criança ou esta criança é o Shelley tropical. Embora não se tenha revelado um Shelley, Ana Amélia Mendonça destacou-se em seu tempo pela desenvoltura de sua ação e brilho de sua inteligência e cultura.*

Dedicada aos problemas universitários, fundou no final da década de 1920 a Casa do Estudante no Brasil, da qual foi presidente vitalícia. Em 1928, foi eleita Rainha dos Estudantes do Rio de Janeiro. Nessa época foi, durante três anos, Delegada do Brasil na Comissão Interamericana de Mulheres, (Washington), criada pela União Pan-americana. Em 1935, foi nomeada Delegada oficial do Brasil, em Istambul (Turquia). Foi membro do Conselho da Associação Brasileira de Educação e também presidente (biênio 1941-1942).

Simultaneamente às atividades culturais ou diplomáticas, escreveu inúmeros livros de poesia, cuja linha dominante é uma mescla de espiritualismo lírico e materialismo evolucionista.

Publicações: **Esperanças**, 1911; **Alma**, 1922; **Ansiedade**, 1926; **A harmonia das coisas e dos seres**, 1936; **Mal de amor**, 1939; **Poemas de Ana Amélia**, 1957; e **Todomundo**, 1959.

83 ANA AURORA LISBOA

Poeta, jornalista, professora polemista e teatróloga gaúcha, Ana Aurora do Amaral Lisboa (que usou os pseudônimos de Aura Lyz e José Anselmo) nasceu em Rio Pardo (RS), em 24.09.1860, e faleceu em 22.03.1951.

Mulher de grande dinamismo e inteligência, deixou memória de participação ativa nas questões polêmicas da época (a discriminação social e política em relação à mulher, a necessidade de ensino para todos; a defesa da liberdade pessoal; a defesa da abolição dos escravos e da república como sistema de governo, etc.). Dedicou-se ao magistério; fundou o colégio Amaral Lisboa e a Sociedade Feminina Sempre-Viva. Colaborou em diversos jornais e revistas gaúchos. Incentivou o movimento teatral amador.

Publicações: Conferência – **A minha defesa**, 1895. Poesia – **Preito à liberdade**, 1900. Teatro – **A culpa dos pais**, 1902; **As vítimas do jogo**, s/d; **Pela pátria**, s/d; **Quem tudo quer**, s/d; **Não saber ler**, 1916; **Alma infantil** (versos para declamação infantil, s/d; e **Teatro de dona Aurora** (coleção de cinco peças – 1931).

84 ANA CÂNDIDA ALVIM

Poeta, contista e professora, Ana Cândida Alvim nasceu em Uruguaiana (RS), em 15.02.1850, e faleceu em 09.05.1934. Foi oradora e conferencista que deixou nome na crônica da cidade. Seus textos de poesia e contos publicados na imprensa não chegaram a ser recolhidos em livros.

85 ANA CAROLINA MEDEIROS ASSED

Poeta-menina, Ana Carolina Medeiros Assed nasceu no Rio de Janeiro (RJ), em 1976. Desde muito criança teve atração pelo jogo das palavras. Aos onze anos estréia com o livro **Espelho** – recolha de poemas centrados no cotidiano urbano, registrando situações banais vividas por uma criança, cuja consciência de mundo ultrapassa de muito o olhar crítico que seria de se esperar. Mera aceleração intelectual, devido a circunstâncias pessoais de vida? Ou uma personalidade criativa que vai além do previsível à faixa etária da autora? Só o tempo pode dizer...

Publicação: **Espelho**, 1987.

86 ANA DE CASTRO MATOS

Cronista, conferencista, professora e advogada, Ana de Castro Matos (conhecida como Anette) nasceu na década de 1920 em São Pedro do Itabapoana (ES), e ainda menina muda-se para a capital, Vitória.

Formou-se professora na Escola Normal Pedro II. Diplomou-se em Ciências Jurídicas e Sociais na Escola de Direito de Espírito Santo (hoje integrada na UFES). Estimulada pelo ambiente familiar culto, desenvolveu muito cedo sua vocação literária. Seus primeiros textos publicados datam do tempo de estudante. A partir da década de 1940 inicia intensa colaboração em jornais capixabas e de outros estados (O Diário da Manhã; Correio Literário; Manaus Magazine, entre outros).

Publicou dois livros de crônicas e tem vários inéditos. Pertence a diversas associações culturais (Associação Espírito-santense de Imprensa; Liga Afetiva Brasil-Portugal, UBE – SP; Instituto Americano de Cultura-Brasil-Argentina, etc.). Desde a juventude, participou ativamente das manifestações culturais da cidade. Pronunciou conferências em solenidades diversas. Com colegas da antiga Academia Feminina Espírito-santense de Letras, organizou a I Exposição Literária Feminina do Espírito Santo, em 1951, bem como a I Exposição Feminina de Poesia capixaba.

Publicações: **Dedo minguinho**, s/d, e **Três temas capixabas**, 1982.

ANA CECÍLIA CARVALHO 87

Contista, psicanalista e professora universitária, Ana Cecília Carvalho nasceu em Belo Horizonte (MG), em 01.06.1951.

Formou-se em Psicologia pela UFMG, em 1975. Realiza o mestrado em Psicologia, na San Diego University – California, entre 1976 e 1979, como bolsista da Fundação Fulbright, recebendo o título de Master of Art em Psicologia (1979). É professora de Psicologia na UFMG, em nível de graduação, desde 1979, e de psicanálise, em nível de pós-graduação, desde 1982. Mantém clínica particular, como psicanalista.

Na década de 1970, iniciou a divulgação de seus textos de ficção, através da imprensa (Suplementos Literários de Minas Gerais; revista Literária/UFMG; revista Inéditos, etc.) e de publicações coletivas (**Contos da terra do conto**. PA, 1976; **Histórias do amor infiel**. RJ, 1987, etc). Alguns de seus contos foram traduzidos para o alemão, espanhol, inglês e francês e divulgados em revistas ou jornais dos países correspondentes. Estréia em livro, em 1976, com a coletânea **Livro de registros**, republicados em **Trilha sonora para o capitão no sonho** (seleção de 11 contos).

Tem recebido prêmios em concursos literários (Prêmio Nacional de Literatura Cidade de Belo Horizonte, 1985, com o original ainda inédito Contos desvelados; no mesmo concurso, em 1975, com Onze contos, publicado com o título *Trilha sonora para o capitão no sonho*; 1º lugar no Concurso de Contos da Academia Municipalista de Letras de Belo Horizonte, em 1974, etc.).

Ficcionista de linhagem surrealista (ou do realismo fantástico), Ana Cecília Carvalho tem o estilo fluente/denso/tenso que singulariza a literatura mineira, cuja arte de sugerir abismo, sob superfícies aparentemente rasas, é extremamente fascinante. Oscilando entre o cotidiano mais prosaico e o fantástico mais absurdo, sua matéria ficcional se alimenta dos mistérios do espírito humano. Daí que a principal personagem de todos os contos seja a voz narradora, o eu que vivencia a situação em foco.

O crítico Danilo Gomes, analisando esses contos, chama a atenção para *o seu código lingüístico apurado, fruto da consciência da importância fundamental do fenômeno estético, que reveste um mundo, onde não falta uma considerável dose de tragicidade característica da natureza humana, na qual se entranha, por vezes, uma violência cheia de sutilezas* (in revista de Cultura Vozes nº 6, Petrópolis, 1977).

Publicações: **Livro de registros**, 1976, e **Trilha sonora para o capitão no sonho** (s/d – prêmio 1975).

88 ANA CÉSAR

Poeta e líder feminista, Ana Patrícia Vieira Rodrigues César nasceu em Camaquã (RS), em 13.11.1890. Viveu grande parte de sua vida no Rio de Janeiro, onde faleceu em 1942. Personalidade dinâmica e idealista, bateu-se em defesa da emancipação da mulher denunciando a legislação preconceituosa vigente e sua conseqüente subalternização feminina nos quadros da nação.

Fundou e presidiu, durante anos, a Legião da Mulher Brasileira, associação de finalidades cívicas e educativas. Foi vice-presidente da Escola Dramática Brasileira. Em plebiscito organizado pelo jornal A Prática (para decidir qual a primeira mulher que deveria ingressar na constituinte da década de 1930), Ana César ganhou o primeiro lugar. Colaborou na imprensa carioca (O Globo, A Noite, A Pátria) e publicou vários livros de poemas.

Publicações: Poesia – **Fragmentos**, 1931; **Folhas soltas**; **Rosas desfolhadas e Cromos.** Crônica histórica – **Farroupilha**, 1935. Ensaio – **Educação da Mulher**, s/d.

89 ANA CRISTINA CÉSAR

Poeta, pesquisadora, professora, tradutora e dinâmica ativista cultural, Ana Cristina Cruz César nasceu no Rio de Janeiro (RJ), em 03.06.1952. Foi uma forte voz da jovem geração que viveu, no Brasil, o sombrio período que antecedeu a abertura, e durante o qual a ditadura se fazia mais ameaçadora. Em 29 de outubro de 1983, a poeta busca a morte.

Excepcionalmente dotada, ingressa com dois anos de idade no Colégio Benett (atual Instituto Metodista Benett-RJ), onde realiza o curso primário e já se revela uma presença idealista e atuante. Ali funda e dirige o jornal Juventude Infantil, o primeiro de uma série de jornais ou publicações alternativas em que trabalhou, com entusiasmo, sempre em prol da difusão da cultura e da conscientização ético-espiritual dos indivíduos.

Revela-se como poeta aos quatro anos de idade, ditando poesias para a mãe. Aos seis, suas primeiras poesias são publicadas no Suplemento Literário da Tribuna da Imprensa (RJ, 14-15/novembro/1959), apresentadas por Lúcia Benedetti.

Nas décadas de 1960 e 1970, faz várias viagens ao exterior (com a família ou sob os auspícios da Internacional Christian Youth Exchange). Nesse mesmo período filia-se à Igreja Presbiteriana de Ipanema. Em 1971, ingressa na área de Letras da PUC-RJ; começa a lecionar português; torna-se monitora da cadeira de Teoria da Literatura (PUC); participa, como entrevistadora, de pesquisa socioeconômica-religiosa (org. CENPLA – Centro de Estudos Pesquisa e Planejamento) na região da Baixada Fluminense, etc.

A partir de 1975, já licenciada em Letras, intensifica suas atividades culturais, na área do jornalismo e editoração (colabora no semanário Opinião, no suplemento Livro do Jornal do Brasil; Correio Braziliense; revistas Malazartes, Almanaque, Alguma Poesia, Veja, Isto é, Leia Livros, etc.; coedita o jornal Beijo (1977), etc.).

Nesse período, dedica-se também à tradução: três ensaios de *Du sens* de A. J. Greimas (RJ, Vozes, 1975); *El tarot o la máquina de imaginar* de A. Cousté (RJ, Labor, 1976); *Hite report* de Sara Hite (RJ, Difel, 1977); poemas de Silvia Plath para antologia da poesia norte-americana na **Quingumbo** (Ed. Shawn Keys, 1980); o conto **Bliss** de K. Mansfield (revista Status-Plus. SP, 1981); poemas de Emily Dickinson (Folhetim, Folha de S.Paulo, 1982) e poemas poloneses (em co-tradução com Grazyna Drabik para a revista Religião e Sociedade nº 11/1, RJ, julho 1984 e para o livro **Polônia, o partido, a igreja, o solidariedade**, org. G. Drabik e Rubem César Fernandes-RJ, Marcos Zero, 1984).

Em 1976, sua poesia participa da antologia **26 poetas hoje**, organizada por Heloisa Buarque de Holanda. Entre 1978 e 1980 desenvolve pesquisas para um projeto da Fundação Nacional de Arte (FUNARTE): a Literatura brasileira no cinema documentário, publicado com o título de **Literatura não é documento**. Nela, Ana Cristina é movida pela interrogação: O que é literatura? Ao analisar filmes documentários acerca de autores ou obras literárias, concentra-se na busca dos possíveis limites entre realidade e ficção. Ou em que medida ambos se confundem num jogo de contraponto entre o biográfico (o real) e a ficção (invenção). É esse, sem dúvida, um dos problemas de nosso tempo: até que ponto a Arte cria o Real (como dizem os fenomenólogos)? Ou será que realmente o homem é linguagem (como diz M. Foucault)? Nesse caso, como se assegurar a verdade do texto, mesmo que este se diga biográfico?

Em depoimento dado em 1983, sobre sua diversificada obra (poesia, cartas, crítica, análises, etc.), Ana Cristina afirmou que *a intenção de seu texto é escapar à confidência, à verdade, menos porque se quer, do que pela impossibilidade de comunicar a verdade, literariamente. [...] Não vou chegar nunca à verdade de meu texto.* (**Escritos do Rio**).

Daí que seu estilo se singularize pela descentralização, pelo fingimento, pela fragmentação, verdadeiras armadilhas para o leitor. Uma das constantes em seu pensamento crítico e obra literária é o problema do feminismo, principalmente no que diz respeito às possíveis diferenças de natureza entre a fala feminina e a masculina. Em "Literatura em mulher: essa palavra de luxo", resenha feita em 1979, sobre uma antologia de Cecília Meireles e Henriqueta Lisboa, Ana Cristina discute essa questão candente nas décadas de 1970 e 1980. Mas não chega a nenhuma conclusão. Comentando certa crítica feminista, sugere: *Não seria melhor deixar o problema do feminino no texto, conforme sopre o que há de feminino na linguagem?* (**Escritos do Rio**).

Em 1979, termina o mestrado em Comunicação (UFRJ). Em 1981 é contratada pela Rede Globo de TV, como analista de texto no Departamento de Análise e Pesquisa.

Em 1982, reúne em um pequeno volume alguns libretos anteriormente publicados em edições independentes (**Cenas de abril**, **Luvas de pelica** e **Correspondência completa**) e os poemas inéditos **Aos teus pés**, que serve de título ao volume. Já pelo título, o livro nos intriga: como entendê-lo, assinado por uma escritora conhecida nos meios de comunicação, como rebelde feminista? Como entusiasta do marginal? Claro está que tudo nele é filtrado por uma ótica satírica e desagregadora das formas convencionais.

Já o poema de abertura se mostra como negação da poesia. Ou melhor, expressa-se como uma espécie de roteiro para espetáculo de teatro ou televisão. *Trilha sonora ao fundo: piano no bordel, vozes / barganhando uma informação difícil. Agora / silêncio, silêncio eletrônico...* e o texto se estende, tal qual um roteiro, montando um verdadeiro *puzzle* que, em essência, é o registro-mosaico do ciberespaço em que vivemos, sem possibilidade de fuga.

Ana Cristina César é voz já incorporada pela literatura brasileira, como testemunha de um tempo em que a contracultura invadiu todos os espaços, valorizando o instante, a velocidade, o presente absoluto, o corpo erótico, a subversão dos modelos de comportamento, a droga, o rock, o homossexualismo, etc. Nas palavras de Armando Freitas Filho:

*Ana Cristina encarnava a modernidade. [...] Seu verso, que pertence à vertente cultivada da geração que apareceu em 1970, é, hoje (1985), pedra de toque para toda poesia que se quer nova, com seus motivos e matizes estilizados que se deixam acompanhar, ao fundo, por uma busca de inusitada melodia que parece ter sido feita pela mistura de cristais, heavy metal e tafetá. (in contracapa de **Inéditos e Dispersos**, publicação póstuma).*

Publicações: **Cenas de abril**, 1979; **Correspondência completa**, 1979; **Luvas de pelica**, 1980; **Literatura não é documento**, 1980; **Aos teus pés**, 1982; **Inéditos e dispersos**, 1985, **Escritos da Inglaterra**, 1989. Póstumos – **Escritos do Rio**, 1993; **Crítica e tradução**, 1999; e **Correspondência incompleta**, 1999.

ANA ELISA GREGORI 90

Poeta, ficcionista, teatróloga, pintora e apaixonada pelas Artes, Ana Elisa de Campos Salles Lisboa Gregori nasceu em Lambari (MG), em 1931. É de ascendência paulista e mineira. Era sobrinha de Henriqueta Lisboa*. Faleceu em 1992, em desastre automobilístico, junto com seu esposo, Dr. Henrique Sérgio Gregori.

Desde muito cedo mostrou talento para o desenho, pintura e literatura. Seus primeiros escritos foram divulgados na imprensa mineira. Foi colaboradora de O Diário (Belo Horizonte). Estréia como poeta, em 1966, com **Falar de lua**. Em

1969, poemas seus são incluídos na coletânea **Novíssima poesia brasileira** (org. Walmir Ayala). Em 1974, sua peça **Barreado** recebe o Prêmio Serviço Nacional do Teatro; é publicada pela FUNARTE-MEC e, em 1981/1982, encenada no Teatro dos 4 e Teatro Carlos Gomes. Em 1983, sua peça **A casa da costureira Juliana** recebe o Prêmio Artur Azevedo (Academia Brasileira de Letras).

Como ficcionista escreve: **Os barões da Candeia** (Prêmio Clube do Livro. SP, 1978, e Prêmio Fernando Chinaglia. RJ, 1981); e **Entre a árvore e a estrela** (1985). Em poesia, publicou **Ecce homo** (Prêmio Fernando Chinaglia/1985) e **Canto de Ofélia** (1969). Como artista plástica tem exposto em várias coletivas no Brasil e no exterior. Para o público infantil, a peça **Lenda do beija-flor** (1985) e os livros: **Tico-tiquinho** (1980); **Os irmãos Felipe** (1981) e **Bom jardim** (1983).

Publicações: **Falar de lua**, 1966; **Canto de Ofélia**, 1969; **Barreado**, 1974; **Os barões da Candeia**, 1982; **Entre a árvore e a estrela**, 1985; e **Ecce homo**, 1985. Teatro – **Barreado**, 1982; **A casa da costureira Juliana** e **Esporas de prata**, s/d.

91 ANA ELISA MERCADANTE

Poeta, médica especializada em psiquiatria, Ana Elisa Mercadante nasceu em São Luís do Maranhão. Estudou humanidades no Colégio Mallet Soares (RJ) e Letras Clássicas na PUC-RJ. Formou-se em Medicina na Universidade do Brasil, dedicando-se à psicanálise infantil (Instituto de Psiquiatria). Já aposentada, volta-se para a criação literária que, pelas circunstâncias da vida, ficara em segundo plano. Estréia em livro, em 1999, com **Os ritos da noite**, com prefácio de Antônio Olinto.

Publicação: **Os ritos da noite**, 1999.

92 ANA EURÍDICE DE BARANDAS

Poeta considerada a primeira cronista do Brasil, Ana Eurídice Eufrosina de Barandas nasceu em Porto Alegre (RS), em 1806; faleceu em data ignorada. Pertencente a família de posses, recebeu boa educação. Escreveu poesia e prosa. Guilhermino César, comparando-a com Delfina Benigna da Cunha*, sua contemporânea, mas precursora em publicações, considera-a mais correta do que a poetisa cega, aberta às paixões, e a filia ao pastoralismo do século XVIII. Foi mulher de idéias avançadas para a época, defendendo a liberdade da mulher, o direito ao voto, o direito à palavra e o direito ao pensar. Tomou partido dos farroupilhas, contra os revolucionários, manifestando-se por escrito na imprensa. Divorciou-se em 1843, ficando com a guarda dos filhos. Deixou apenas um livro publicado, contendo poemas, contos, pequena novela e crônica dialogada. (Fonte de consulta: Zahidé L. Muzart. **Escritoras brasileiras do século XIX.** Florianópolis, Editora Mulheres – EDUNISC, 1999.)

Publicação: **O ramalhete ou flores escolhidas no jardim da imaginação**, 1845/reedição em 1990 (com estudo de Hilda A. Hübner Flores).

93 ANA FACÓ

Romancista cearense que está incluída no grupo romântico-realista do Ceará do entresséculos. Ana Facó nasceu em Fortaleza (CE), em 1855, e faleceu em 1922.

Foi professora e contemporânea de outras duas romancistas cearenses, também postumamente descobertas, Emília de Freitas* e Francisca Clotilde* ; e dos escritores Araripe Jr., Domingos Olímpio; João Miguel da Fonseca Lobo, Oliveira Piva e Papi Júnior. Realizou sua obra romanesca sob o pseudônimo de Nitio-Abá, publicando romances em folhetim no Jornal do Ceará, a partir de 1875. Destacam-se as novelas: **Rapto jocoso** e **Nuvens**, 1907. Ambas no velho estilo romântico, mesclado ao naturalismo que se expandia no entresséculos.

Publicações póstumas em livro: **Rapto jocoso**, 1937, e **Nuvens**, 1938.

ANA HÍGINA AGRA 94

Poeta, contista e pintora paraibana, Ana Hígina Pereira Agra nasceu em Campina Grande (PB), em 21.04.1962. Formou-se em Direito, e em Medicina. Tem colaborado na imprensa com poemas e crônicas. Participou da antologia **Cadernos literários**, 1985. Tem inédito o volume Guerra dos deuses, 1988.

Publicação: **Sóis da infância**, 1978.

ANA LEONOR 95

Poeta, cronista e secretária executiva, Ana Leonor Fontes nasceu em Corumbá (MT), em 15.11.1915. Radicou-se em Aracaju (SE), onde fez carreira como secretária do Centro de Extensão Cultural da Universidade Federal de Sergipe. Publicou assiduamente na imprensa sergipana e manteve, durante anos, uma coluna no semanário A Cruzada da militância católica.

Publicação: **Dois caminhos**, s/d.

ANA LUÍSA DE AZEVEDO CASTRO 96

Romancista, professora e mulher culta que se empenhou na defesa da educação a ser dada às meninas e moças em geral, Ana Luisa de Azevedo Castro nasceu no São Francisco do Sul (SC), em 1823, e faleceu no Rio de Janeiro (RJ), em 1869. Recente pesquisa feita por Zahidé Muzart conseguiu estabelecer com mais segurança os dados biográficos da autora e desfazer certos equívocos históricos a respeito de sua obra. Segundo esses dados, Ana Castro, já residindo no Rio de Janeiro, foi professora e diretora de colégio para moças durante anos. Foi membro da Sociedade Ensaios Literários, da qual recebeu diploma de sócia honorária em 1866.

Em 1858, com o pseudônimo de Indígena do Ipiranga, publica em A marmota o romance folhetim, de peripécias românticas, **D. Narcisa de Vilar**. No ano seguinte, o jornalista Paula Brito publica-o em livro com o mesmo pseudônimo, mantendo portanto o anonimato da autora. Segundo certos registros críticos da época, foi um romance que teve boa aceitação. Zahidé Muzart conclui: *Em **D. Narcisa de Vilar**, veremos aparecer fortemente a voz feminina da narradora. Entre os temas mais importantes, sobressaem a crítica à falta de liberdade da mulher, e seu casamento como negócio. É um romance sobre a opressão da mulher pela família e pela sociedade e sobre a escravidão dos índios pelos colonizadores. Aliados, portanto, aparecem os temas de denúncia do machismo e do racismo. A escritora escolhe os oprimidos como sua principal temática: a mulher e o índio.* (in **Escritoras brasileiras do século XIX**. Florianópolis, Editora Mulheres-EDUNISC, 1999).

Publicação: **D. Narcisa de Vilar**, 1859.

ANA LUISA BASTOS 97

Prosadora e professora, Ana Luisa Bastos nasceu em Mato Grosso (MT), em 1898, e faleceu em 1986. Foi elemento atuante em seu meio cultural, não só por sua dedicação ao ensino, mas também por sua produção literária, divulgada em periódicos de sua região. Colaborou na revista feminina Violeta (fundada em 1916), que se tornou um marco para o surgimento de escritoras em Mato Grosso. A produção de Ana Luisa, narrativas líricas e breves, era voltada para a temática romântica, em estilo leve, singelo, emotivo e natural, como a crítica a qualificou. Foi membro do Centro Mato-grossense de Letras (posteriormente transformado em Academia Mato-grossense de Letras).

ANA LUISA BUENO SIMAS 98

Poeta, declamadora e professora, Ana Luisa Bueno Simas nasceu em Livramento (RS), em 22.02.1926. Desde jovem dedicou-se à poesia, aos estudos para o magistério e à pesquisa de métodos para a educação da voz. Publicou três livros ligados a esses interesses.

Publicações: Poesia – **Apenas pára**, 1965/Prêmio da Academia Brasileira de Letras; Didática – **Eduque sua voz e sua fala**, 1970, e **Alfabetização vinculada à voz e à fala**, 1975/Prêmio da Academia Brasileira de Letras.

99 ANA LUISA TEIXEIRA

Poeta, pintora, musicista e professora, Ana Luisa Teixeira nasceu em Porto Alegre (RS), em 06.06.1916. Desde muito jovem dedicou-se à poesia e à música, escrevendo letras e compondo vários gêneros musicais (samba, bolero, modinha, etc.). Teve duas músicas gravadas em disco por Dalva de Oliveira, em 1960: o bolero **Meu céu com você** e o samba canção **Não te esquecerei**. Ingressou no magistério oficial, por concurso. É filiada à Academia Literária Feminina do Rio Grande do Sul. Tem inéditas, música e letra de **Lamento do minuano**.

Publicação: **Estrada do sonho**, 1963.

100 ANA LUIZA FONSECA

Contista, teatróloga e advogada trabalhista, Ana Luiza Fonseca nasceu em Campinas (SP) e se radicou na capital paulista. Formou-se em Direito pela PUC-SP e em Ciências Sociais pela Universidade de São Paulo. Desde muito jovem começa a escrever contos. Na década de 1970, concorre com um original ao 1º Concurso de Contos do Paraná, sendo classificada entre grandes nomes da ficção brasileira atual (Lygia Fagundes Teles*, Dalton Trevisan e Ignácio de Loyola).

Em 1974, começa a escrever peças para teatro, com excelente repercussão crítica que lhe valeu alguns prêmios: Anchieta/1974 (com a comédia **O pai e a mãe de...**), Prêmio SESC/1975 (com **Jantar de antevéspera**); Prêmio da Secretaria de Cultura de Santos/1977 (com **Alice candura, pura**, escrita em colaboração com Naum Alves de Souza e Luiz Carlos Cardoso). Publicou contos em antologias paulistas (in **Assim escrevem os paulistas**, etc.).

Em 1981, publicou um livro de contos, **Saraus em família**, cuja linha dominante é a denúncia dos imperceptíveis fracassos ou limitações impostos pela vida cotidiana reduzida à mesmice rotineira.

Publicação: **Saraus em família**, 1981.

101 ANA MARIA FERREIRA

Poeta, cronista e professora de arte cênica, Ana Maria Ferreira Dubois nasceu em Açú (RN), em 27.02.1950. Formou-se em Educação Artística, especializando-se em Arte Cênica. Em 1988, fez mestrado em Paris (França). Começou a carreira de escritora publicando poemas e contos em jornais e revistas da região.

Estreou em livro, em 1979, com o texto poético **Testemunho de um feto na vazante do Rio da Draga**. Seguem-se outros livros de poesia. Bem recebida pela crítica, que lhe acentuou a força espontânea e rude da palavra impregnada do cheiro de terra; na síntese do crítico Antônio Spinelli, *a força que brota do seu verbo é como uma porrada na cabeça, atordoante, que embaralha a capacidade de pensar. [...] o seu canto sensual, violento, mistura de esperma e sangue, de vida e morte, de sexo e dor, fala por si. E revela um mundo de* nonsense *caótico, ilógico, eterno labirinto sem portões nem saídas.*

Publicações: **Testemunho de um feto na vazante do rio da Draga**, 1979; **Fulano de tal**, 1980; e **Sabor ping-pong**, 1981.

102 ANA MARIA FREITAS

Ficcionista e jornalista, a alagoana Ana Maria Raposo de Freitas nasceu em Penedo (AL), em 13.03.1946. Por circunstâncias da vida familiar tem vivido em diferentes cidades (Arcoverde, Goiânia, Recife, Rio de Janeiro, Brasília e Chicago).

Iniciou-se profissionalmente como repórter no Rio de Janeiro. Ao mesmo tempo, estudava Jornalismo, e formada, passou a atuar em vários campos de comunicação (jornais O Jornal, O Globo, Gazeta Mercantil; TV Tupi, assessoria de imprensa na Comissão de Financiamento da Produção – autarquia do Ministério da Agricultura em Brasília, etc.).

Atraída pela escrita literária, inicia-se ficcionista, escrevendo programas para televisão e roteiros para longa-metragem. Na década de 1980, casa-se com um americano e se muda para os Estado Unidos, onde por estímulo do escritor Esdras do Nascimento, também ali residindo, escreve contos. Um deles, O fascista, é publicado na antologia **Histórias de amor infeliz** (1985). Em 1987, publica os contos e novelas de **Um tango, por favor**. Estilo enxuto (realismo *veni, vidi, vincit*) e vibrante, o de Ana Maria Freitas seria adequado ao conto, se não fosse a visão de mundo abrangente que impõe em suas tramas e pede espaços mais amplos como os do romance e da novela. Aliás, devido à predominância absoluta de uma perspectiva feminina em suas tramas, pode-se dizer que no gênero romance (que exige a concentração de perspectivas) a autora encontrará sua melhor realização. A problemática-eixo de seus escritos é o amor erótico, a batalha do relacionamento afetivo do casal, nestes tempos de rupturas, descaminhos e buscas em que, principalmente, a mulher está engajada.

Publicação: **Um tango, por favor**, 1987.

ANA MARIA MACHADO 103

Ficcionista, jornalista, ensaísta, tradutora, livreira, consagrada escritora para o público infantil e ganhadora do Prêmio Hans Christian Andersen/2000, Ana Maria Machado nasceu no Rio de Janeiro (RJ), em 24.12.1941.

Graduou-se em Letras Neolatinas, dedicando-se também à pintura. Fez pós-graduação em Lingüística, na École Pratique des Hautes Études, em Paris (sob a orientação de Roland Barthes), tendo apresentado tese sobre Guimarães Rosa: **Recado do nome**. Lecionou português na Sorbonne (1970).

Estréia como ficcionista, com o romance **Alice e Ulisses**, em 1964. Seguem-se outros, com intervalos regulares. Em 1994, com o romance **Aos quatro ventos** ganha o Prêmio Octavio de Faria/ABL. Publica traduções de textos fundamentais da literatura infantil, como Contos de Grimm, Peter Pan.

Em 1969, começa a publicar histórias para crianças, na revista Recreio (SP/Ed. Abril), tornando-se a partir daí um dos nomes principais do *boom* da Literatura Infantil, na década de 1970, início do movimento renovador dessa fundamental literatura. Muitas de suas histórias publicadas na Recreio foram traduzidas na Itália (rev. Carrosselo), Argentina e Espanha (rev. Recreio). Em 1973, passa a escrever crítica de teatro infantil, para o Jornal do Brasil, atividade mantida até 1980. Em 1974 dá um curso de Literatura Infantil na PUC.

Em 1977, publica o primeiro título de livro infantil, **Bento-que-bento-é-o-frade**, e dá início a uma produção que em 2000 já chegava a dezenas de títulos, e que lhe valeram o Prêmio Hans Christian Andersen (considerado o Nobel de Literatura Infantil). Entre as dezenas de prêmios conquistados, estão: Jabuti (Câmara Brasileira do Livro); APCA (Associação Paulista de Críticos de Arte); Prêmio Fernando Chinaglia (UBE – RJ); O Prêmio Maioridade Crefisul; Prêmio Casa de las Américas; e Prêmio Fundação Nacional do Livro Infantil e Juvenil.

Dedicou-se também à crítica teatral, ao radiojornalismo, à docência superior, à livraria para crianças e outras atividades culturais ligadas às feiras de livros internacionais.

Publicações: Romance – **Alice e Ulisses**, 1964; **Tropical sol da liberdade**; **Canteiros de saturno**; **Aos quatro ventos** e **O mar nunca transborda**. Ensaio – **Recado do nome**, 1976. Literatura infanto-juvenil (v. **Dicionário Crítico da Literatura Infantil Brasileira**, de Nelly Novaes Coelho – EDUSP, 1995).

ANA MARIA MARTINS 104

Contista e tradutora, Ana Maria Martins nasceu em São Paulo (SP). Foi casada com o escritor Luiz Martins. Iniciou sua atividade literária, na década de 1950, como tradutora de novelistas ou contistas ingleses, norte-americanos e franceses (Maurice Leblanc, Agatha Christie, Aldous Huxley, J. K. Galbraith, Ray Bradbury, etc.).

Começou a escrever atraída pela poesia, mas logo se deu conta de que não era essa a sua expressão verdadeira e passou a escrever ficção: textos curtos, cujo problema central era sempre o homem e seu estar no mundo, suas angústias, sua capacidade, suas limitações (como disse em certa entrevista).

Estréia em 1973, com os contos de **A trilogia do emparedado**, cuja boa repercussão crítica lhe valeu os prêmios: Jabuti – Revelação de Autor e Afonso Arinos – Academia Brasileira de Letras. A epígrafe de Drummond, que abre o volume, indica a natureza de sua matéria literária: *Com a chave na mão/ quer abrir a porta/ não existe porta.* (José). Tecendo as breves efabulações com fragmentos do cotidiano urbano, Ana Maria Martins mostra a vida humana emparedada, isto é, fechada a qualquer possibilidade de realização, acossada por carências, fracassos e frustrações de toda ordem, embora invisíveis na superficialidade das convenções sociais.

É essa consciência da crise de transformação, que nosso século está vivendo, o eixo problemático que dinamiza a escrita ficcional da autora. Seja na trilogia, seja nos livros que se seguem: **Sala de espera** (1978 – apresentação de Antônio Cândido) e **Katmandu** (1983 – apresentação de Nilo Scalzo), há uma mesma problemática ético-existencial que se expande. Na síntese feita por Nilo Scalzo, a obra de Ana Maria Martins procura *exprimir a verdade que se esconde sob a camada aparente das coisas* e nesse sentido *empreende a desmontagem do edifício erguido pela sociedade de consumo, que reduz o homem à condição de número, inteiramente subjugado a valores que tornam mais aguda sua alienação num mundo supostamente arquitetado sob o signo de comunicação. Sem recorrer ao tom apocalíptico, a escritora disseca, por vezes de modo quase asséptico, esse mundo em desagregação, no plano social e individual, pondo assim em evidência o drama do homem contemporâneo.*

Ficção questionadora destes tempos de destruições e gêneses, a de Ana Maria Martins é das que provocam no leitor o espanto pela descoberta de realidades que ele tem diante dos olhos, sem ver realmente...

Publicações: **A trilogia do emparedado**, 1973; **Sala de espera**, 1978; **Katmandu**, 1983; e **Retrato sem legenda**, 1995.

105 ANA MARIA MARTINS DE GODOY

Poeta, Ana Maria Martins de Godoy nasceu na Bahia (BA), em 28.05.1938. Está radicada em São Paulo, para onde veio ainda menina. Desde adolescente escreve poesia. Tem participado de concursos literários (2° lugar – I Concurso de Poesia Sérgio Milliet/1985; 1° lugar – II Festival de MPB e 1° lugar – Concurso Visconde de Cairu/1986, etc.). Estréia em livro em 1988.

Publicação: **O lixeiro – um verdadeiro papai noel**, 1988.

106 ANA MARIA PIRES

Poeta, contista, cronista e professora, Ana Maria Pires da Purificação nasceu em Feira de Santana (BA), em 08.06.1930. Desde muito jovem dedica-se à literatura, tendo participado de inúmeras antologias ou coletâneas de contos ou poesia (**Anuário de poetas do Brasil** – 1982; **Poetas brasileiros hoje** – 1985; **Escritores do Brasil** – 1986, etc.). Em 1986, publica os poemas de **Na incerteza do tempo** em colaboração com sua irmã Sônia Pires. Estréia em livro individual com os contos de **A borboleta de vidro**, 1988, nos quais registra flagrantes do cotidiano na cidade e no sertão do Nordeste. É membro de inúmeras entidades culturais (Centro Cultural Literário e Artístico de Felgueiras – Portugal; ALEC – Academia de Letras e Estudos de Corumbá, MS, Abrante de Petrópolis, Emproarte de Salvador, etc.).

Publicações: Poesia – **Na incerteza do tempo**, em colab. 1986; **A borboleta de vidro**, 1988.

107 ANA MIRANDA

Poeta, romancista, atriz, redatora *free lancer*, Ana Maria Miranda nasceu em Fortaleza (CE), em 1951; cresceu em Brasília (DF). A partir de 1969 radicou-se no Rio de Janeiro (RJ) e, em 1999, muda-se para São Paulo (SP). Enquanto esteve casada com o cineasta brasileiro Arduíno Colasanti, trabalhou como atriz em mais de duas dezenas de filmes do cinema novo brasileiro. Mas é a literatura que mais a atrai. Estreou como escritora, na área de poesia, com: **Anjos e demônios**, 1978, e **Celebrações do outono**, 1983, que passaram quase despercebidos pela crítica.

Impõe-se como romancista com **O boca do inferno** (1989), livro na linha do resgate ou reinvenção da história e que tem como matéria a cidade da Bahia do século XVII, com seus desmandos, liberalidade de costumes e a turbulência dos conflitos políticos desencadeados pela rivalidade entre facções que disputavam o poder, durante o governo do tirânico militar Antônio Souza de Menezes, o Braço de Prata. Nessa trama são envolvidas figuras que marcaram a história brasileira, como o Padre Vieira e o poeta Gregório de Matos, o Boca do Inferno. São eles os principais pontos de apoio de efabulação que envolve uma dezena de personagens fictícios ou reais, autoridades comprometidas com os poderosos, com falsos fidalgos, padres corruptos, negros escravos tentando manter vivas na memória suas raízes culturais; prostitutas líricas, donzelas mantidas em cativeiro... enfim o dia-a-dia de uma cidade dividida entre o prazer e o pecado, entre a fé e a devassidão, entre as orações e as intrigas... Romance estilisticamente maduro e sedutor, esse levantou muita polêmica, devido ao recurso da intertextualidade utilizada pela autora, o qual também é amplamente usado pela literatura contemporânea. A polêmica, sem dúvida, foi importante para a divulgação do romance, que se tornou um dos *best sellers* do momento. Foi traduzido em vários países, como França, Inglaterra, Alemanha, Itália, Estados Unidos, Argentina, Espanha, Noruega e outros. Recebeu o Prêmio Jabuti – Revelação/1990. **O boca do inferno** foi incluído entre os cem romances do século, em língua portuguesa (in Prosa & Verso. O Globo-RJ, 05.09.1998).

Em 1991, publica um novo romance de fundo histórico, **O retrato do rei**, situado no chamado ciclo do ouro, em Minas Gerais, e seus desdobramentos até meados do século XVIII, abrangendo a Guerra dos Emboabas e a expulsão dos franceses do Rio de Janeiro, entretecidos com os sonhos, insônias e recordações de uma mulher. Foi também traduzido em outros países.

Em 1993, **Sem pecado** mostra um novo caminho na arte da autora: o do mundo contemporâneo e da problemática do amor e morte, enfrentada de um ângulo insólito, visceralmente ligado ao mundo feminino. Em 1995, **A última quimera** tem como personagem central novamente uma figura histórica, o poeta Augusto do Anjos, e revive a *belle époque* carioca. Em 1996, **Desmundo** gira em torno da história de órfãs que, no século XVI, vinham de Portugal para o Brasil, para casarem-se com os colonos. Mas para além do romanesco, a força da narrativa está na recriação da linguagem da época, realizada pela autora. No mesmo ano, publica a novela **Clarice** (com Clarice Lispector como personagem). No ano seguinte, o romance **Amrik** revive a saga de imigrantes árabes, recém-chegados em São Paulo, no fim do século XIX. Em 1998, publica **Que seja em segredo**, antologia de poesias conventuais. Em 1999, estréia como contista no livro **Noturnos**. Em 2000, reúne em **Caderno de sonhos** anotações oníricas, registradas em seu diário de juventude. Paralelamente à escrita de livros, Ana Miranda tem publicado artigos, roteiros de cinema, ensaios e resenhas críticas para jornais e revistas. Trabalha também em edição de originais, pesquisa e organização de publicações. Sua obra está mencionada em diversas antologias e enciclopédias estrangeiras. Desde 1999 faz parte do júri que anualmente concede o prêmio União Latina (Itália).

Publicações: Poesia – **Anjos e demônios**, 1978; **Celebrações do outono**, 1983, e **Que seja em segredo**, 1998. Romance – **O boca do inferno**, 1989; **O retrato do rei**, 1991; **Sem pecado**, 1993; **A última quimera**, 1995; **Desmundo**, 1996; **Clarice**, 1996; e **Amrik**, 1997. Diário – **Caderno de sonhos**, 2000. Conto – **Noturnos**, 1999.

ANA NOGUEIRA BATISTA 108

Poeta, a cearense Ana Maria Nogueira Batista nasceu em Icó (CE), em 22.10.1870. Viveu no Recife e no Rio de Janeiro, onde faleceu em data ignorada. Publicou poemas e crônicas em vários jornais do Ceará, Amazonas, Rio de Janeiro e São Paulo. Em Recife foi redatora de O Lírio, 1899. Deixou publicações esparsas e um livro de poesia, **Carmes**, inédito.

ANA OLIVEIRA DOS SANTOS 109

Poeta maranhense do século XIX, que usava o pseudônimo de Papillon Bleu.

Publicação: **Acordes**, 1899.

Romancista, contista, cronista e figura notória no meio social e cultural baiano, no entresséculos, Ana Ribeiro de Góes Bittencourt nasceu no município de Itapicuru (BA), em 31.01.1843, e faleceu em Salvador (BA), em 21.12.1930.

Apesar de pertencer a uma família abastada, Ana só aprendeu a ler aos 10 anos, devido a uma dolorosa doença nos olhos, da qual ela só se curou aos 20 anos. Entretanto, apesar desse obstáculo, desde cedo mostrou enorme atração pela literatura, que começou a conhecer através das narrativas ouvidas nos longos serões do campo. Costumava memorizá-las e as contava a si mesma, nos períodos em que era obrigada ficar na escuridão de seu quarto, devido às dores nos olhos. Com pequena melhora da visão, a partir dos 10 anos começa a receber esmerada educação, com professores particulares. Estudou francês, conheceu os clássicos da literatura européia e, com um tio catedrático de medicina, estudou física, química, história natural e história universal (matérias então só permitidas aos homens).

Em 1885, casa-se com o estudante de medicina Sócrates Araújo Bittencourt, mudando-se para a capital baiana, onde o marido prosseguiu os estudos. Nesse período, sua graça e inteligência conquistaram a sociedade, principalmente devido à sua participação constante nas reuniões e torneios literários, que então eram moda nos salões elegantes e nos quais Castro Alves pontificava com sua poesia eloqüente. Nessa época escreve poesias e crônicas, publicadas na imprensa (Gazeta de Notícias, A Verdade e Almanaque de Lembranças Luso-Brasileiro).

Com o marido formado, muda-se novamente para o interior, onde residiu durante quinze anos, interrompidos por freqüentes viagens a Salvador, onde continuava a participar ativamente do movimento cultural. Em 1882, revela-se como romancista, publicando o romance **A filha de Jephte**, que foi entusiasticamente acolhido pela crítica e pelos leitores. Esse romance foi inspirado numa tragédia de Racine, que por sua vez se inspirou no episódio bíblico em que Jephte (juiz de Israel e vencedor dos amonitas), para cumprir uma promessa feita ao povo de Galaad, é obrigado a oferecer a própria filha em sacrifício a Deus. Com temas de amor e drama, passados em ambiência rural e repassados de religiosidade, seguem-se outros romances-folhetins, publicados na imprensa. Quase todos eles privilegiam as personagens femininas e a dramaticidade de suas vidas. A partir de **O anjo do perdão** (1885), a problemática da escravidão e dos ideais abolicionistas entram como tema ou pano de fundo de seus romances. Mas como era comum na época, sempre filtrados por um prisma contraditório: ótica escravocrata dos senhores de engenho, já entrando em decadência, devido às leis antiescravagistas (Lei do Ventre Livre) e à ótica humanitária de quem conhecia de perto a brutalidade e as injustiças sofridas pelos negros escravos. Dessa contradição se alimentam os demais romances: **Helena**, **Lúcia** e outros... todos eles no estilo aventuresco que os folhetins haviam posto em moda.

Em 1907, com a morte do marido, muda-se definitivamente para Salvador, onde viviam filhos e netos. A partir de 1911, passa a militar na imprensa católica, que procurava controlar as leituras das mulheres, proibindo-lhes romances que lhes incendiassem a imaginação. É nesse sentido que Ana Ribeiro escreve seus primeiros romances, com motivos bíblicos e destinados particularmente ao público feminino.

Em seus artigos na imprensa, a escritora aferra-se à tradição, à Igreja e à preservação da família. Seus artigos, divul gados em revistas mensais (A Paladina, O Mensageiro da Fé, A voz da Liga das Senhoras Católicas) assumem um tom doutrinário e quase sempre investindo contra as novas possibilidades da mulher na sociedade. No artigo O feminismo (in A Paladina), apoiada no discurso da ciência da época, afirma que a diferença entre homens e mulheres é de ordem física, natural. Somos espécies diferentes, diz ela, reforçando a seguir os costumes tradicionais: às mulheres cabem tarefas do lar, o cuidado com marido e filhos. Fora do lar, no máximo o magistério. Aceitava a igualdade entre homens e mulheres, via bíblica, todos são filhos de Deus. Rejeitava as lutas feministas, mas defendia as reivindicações de igualdade de educação para ambos os sexos.

Incentivada pela neta, Ana M. B. Cabral, pouco antes de morrer, Ana Ribeiro escreveu suas memórias, que permaneceram inéditas até 1994.

Segundo a crônica do tempo, *D. Ana de Góes Bittencourt foi, sem contestação, uma das maiores, senão a maior, escritora baiana de seu tempo. No romance, principalmente, soube elevar-se à altura de uma Júlia Lopes de Almeida. O Visconde de Taunay, Araripe Júnior e, posteriomente, A. Diniz e Gilberto Freyre reconheceram-lhe, sempre, méritos de verdadeira romancista.*

(Fontes de consulta: **Escritoras brasileiras do século XIX**, (Editora Mulheres/EDUNISC, 1999); **Baianos ilustres**, 1973; e **Suaves amazonas**, 1999).

Publicações: Romance – **A filha de Jephte**, 1882; **O anjo do perdão**, 1883; **Helena**, 1902; **Lúcia**, 1903 e **Letícia**, 1908. Contos – **Dulce e Alina**, 1901; **Sonhos de Josefina**, **A primeira injustiça**, **O gênio do bem e o gênio do mal**, s/d; **Violeta**; e **Angélica e Marieta**, s/d e **Longos serões do campo** (póstuma) 1992.

ANA SALDANHA 111

Poeta, contista e cronista gaúcha, Ana Saldanha nasceu em Rio Pardo (RS), em 26.08.1890, e faleceu em Caxias do Sul (RS), em 26.04.1932. Colaborou ocasionalmente na imprensa caxiense com textos de poesia e prosa.

Publicação: **Traços meus** (PA), 1927.

ANADIR BASTOS 112

Teatróloga e professora, Anadir do Nascimento Silva Bastos nasceu em Petrópolis (RJ), em 25.03.1905, e faleceu, em 17.02.1939. Formou-se pela Escola Normal da Guanabara. Em 1925, foi eleita para Academia Petropolitana de Letras. Escreveu inúmeras peças teatrais, incentivando o movimento de teatro amador.

Publicações: Drama – **Dupla cegueira**, 1923; **Natal do jornaleiro**, 1934; **24 horas num jardim**, 1936; **Ilusão desfeita**, s/d, e **O natal**, s/d. Teatro infantil – **Lendo sobre a vitória-régia**, s/d; **Episódio da Guerra do Chaco**, s/d, e **13 de maio**, s/d.

ANADYR MEDRADO DIAS 113

Poeta, cronista, professora e advogada, Anadyr de Miranda Medrado Dias nasceu no Rio de Janeiro (RJ). Formou-se em Letras Neolatinas (Faculdade de Filosofia Santa Úrsula) e em Direito (Universidade do Brasil). Fez doutorado em direito penal e direito público, seguidos de dois cursos de especialização para magistratura, em cuja carreira não chegou a ingressar.

Na década de 1940, começa a colaborar na imprensa (Jornal do Brasil). Torna-se diretora do jornal O lábaro; publicou uma seleção de contos, **Marco de uma jornada.** Foi monitora da Defesa Passiva Antiaérea na Guerra Mundial. É membro de várias associações culturais (Academia de Letras Uruguaiana, Clube de Poesia de Uruguaiana, Academia Internacional de Letras 3 Fronteiras; Academia Internacional de Ciências Humanas; Federação das Entidades Culturais Fronteiras, etc.)

Participou de coletâneas coletivas, como a **Escritores do Brasil** (org. Aparício Fernandes), em 1985, e a **Poesia Oficina** nº 8 (org. Francisco Igreja), em 1986. Estreou em livro, também em 1986, com uma seleção de crônicas. É membro da Academia Petropolitana Raul de Leoni e Academia Literária de São Lourenço, cuja patrono é Carlos Drummond de Andrade.

Publicação: Crônicas – **Estado d'alma**, 1986. Contos – **Marco de uma jornada**, 1944.

ANAIR WEIRICH 114

Poeta e dinâmica divulgadora da poesia, Anair Weirich nasceu em Chapecó (SC), em 02.11.1951. Vocação inata para a escrita poética, inicia-se cedo. Entretanto, sua carreira ganha impulso a partir de 1995, quando consegue patrocínio para a publicação de seus livros. Estréia com **Reavivando emoções**, ao qual se seguem **As paredes de minha infância** e outros. Em sua cruzada em prol da cultura e da literatura, realiza palestras pelos estados do Sul e participa de antologias poéticas e de jornais alternativos. Presidente da ACHE – Associação Chapecoense de Escritores (biênio 2000-2002), e membro da UBE – União Brasileira de Escritores-SC.

Sua poesia é espontânea, cheia de humanismo e de paixão pela vida.

Publicações: **Reavivando emoções**, 1995; **Poesias do cotidiano**, 1997; **As paredes de minha infância**, 2000, e **Mensagens para um dia melhor**, 2001.

115 ANÁLIA FRANCO

Escritora, professora e presença notória na sociedade paulista da primeira metade do século XX, Anália Emília Franco nasceu em São Paulo (SP), no final do século XIX.

Formou-se professora, mas abandonou o magistério para dedicar-se às crianças órfãs. Fundou inúmeros asilos, em São Paulo e no Rio de Janeiro, denominados Anália Franco. Preocupada com a educação infantil, escreveu, para as crianças, poesias, contos divertidos, diálogos e pequenas peças para serem representadas, e dramatizações escolares de textos literários conhecidos. Para orientação dos professores, escreveu livros didáticos em que procurou aplicar os princípios da escola nova.

Colaborou regularmente no Almanaque das senhoras (Lisboa) e em revistas e jornais paulistas (A família; A semana, A educação, etc.). Fundou e dirigiu O álbum das meninas e A voz maternal. Como romancista, publicou dois romances: **A filha do artista** e **A égide moderna**.

Publicações: Romance – **A filha do artista**, 1908, e **A égide moderna**, s/d. Didático – **Mãe**; leituras Infantis (volume I. – Leitura progressiva para crianças e volume II – Lições aos pequenos) e **Manual para creches**. Teatro infantil – **A escolinha**, **A feiticeira** e **A caipirinha**.

(Todos os títulos sem data devem ter sido escritos entre as décadas de 1910 e 1920.)

116 ANALICE FEITOZA DE LIMA

Poeta, declamadora e musicista, Analice Feitoza de Lima nasceu na Fazenda Cruz de São Miguel (PE), em 18.09.1938. Ainda menina muda-se com a família para São Paulo. Forma-se secretária (Curso Prático de Comércio); diploma-se em Acordeão (Conservatório Musical Mangione) e em Letras (Faculdade de Filosofia e Letras Santana).

Desde jovem começa a escrever poesia, publicando-a em jornais e revistas. Participou de vários programas radiofônicos (Rádio Cometa, Rádio Nacional São Paulo, Rádio São Paulo, etc.). Recebeu inúmeras láureas e medalhas em concursos de trovas e poesias. Publicou um livro de poemas e tem participado de antologias poéticas. É membro de diversas associações culturais (Casa do Poeta-SP; União Brasileira de Trovadores; Casa Francisca Júlia, etc).

Publicação: **Apelos do coração**, 1989.

117 ANAMARIA KOVÁCS

Poeta, contista, jornalista e professora universitária, Anamaria Kovács nasceu no Rio de Janeiro (RJ), em 23.12.1948. Formou-se em Comunicação na UFRJ (1970), onde realizou o mestrado na mesma área com a dissertação Função e significado da coluna social (1976). Fez doutorado em letras, com a tese Linguagem e montagem da coluna social (1979).

Como jornalista, trabalhou no Correio da manhã (RJ, 1968/1969); Jornal do Brasil (RJ, 1971/1974) e no Jornal de Santa Catarina (PR, 1979/1982). Em 1970, inicia-se como professora universitária na UFFL (Niterói), na área de comunicação. No final da década de 1970, muda-se para Blumenau, e passa a lecionar na URB – Universidade Regional de Blumenau.

Desde a adolescência entrega-se à criação literária, divulgando-a na imprensa, participando de concursos literários e de antologias regionais e nacionais (**Contista de Blumenau**. 1980; **A nova poesia brasileira.** 1982/83; **Escritores brasileiros**. 1985, etc.). Estréia em livro com os contos de ficção científica **Entre a terra e o infinito**.

O conjunto de sua produção de poesia e de prosa tem sido bem recebido pela crítica e pelo público. Destacando a presença de sua poesia na antologia **A nova poesia brasileira** (Shogun Arte), o poeta Lindolf Bell diz:

Uma linguagem contemporânea, extremamente ligada a uma visão social e ecológica, são algumas das coordenadas da poesia de Anamaria Kovács (que) surge como elemento de frente da nova literatura brasileira, [...] Sua visão de mundo tem mais do que musicalidade, estética, pesquisa. Vibra ali, um coração identificado com o próprio tempo. Que denuncia e se estarrece com o destino do homem.

Publicação: **Entre a terra e o infinito** (Menção honrosa – Concurso Virgílio Várzea. 1985).

ANDRADINA DE OLIVEIRA 118

Ficcionista, teatróloga, professora, jornalista, líder feminista, conferencista, biógrafa e figura atuante no meio cultural gaúcho, Andradina América de Andrade e Oliveira nasceu em Porto Alegre (RS), em 12.06.1878, e faleceu em 19.06.1935, em São Paulo (SP), onde viveu os últimos quinze anos de sua vida.

Personalidade ativa e generosa, Andradina de Oliveira foi professora empenhada na renovação educativa e desenvolveu intensa atividade pública, principalmente na defesa da cultura, dos direitos humanos e da libertação da mulher. Colaborou regularmente na imprensa e fez conferências em várias capitais do Brasil, Argentina, Uruguai e Paraguai. Fundou, em 1910, a revista feminina O escrínio, mais tarde transformada em revista ilustrada. Como escritora, estréia em livro com os contos de **Preludiando**, em 1897, ganhador da Medalha de Ouro na Exposição Nacional do Rio de Janeiro, em 1908. Em 1912, publica o romance feminista **Divórcio?**, em defesa da tese divorcista e dedicado à escritora Carmem Dolores*. Escreveu romances, peças de teatro, biografias e literatura infantil.

Publicações: Contos – **Preludiando**, 1897, e **A cruz de pérolas**, 1908; Romances – **O perdão**, 1910; **Divórcio?**, 1912; e **O abismo**, 1936. Teatro – **Antônio Conselheiro** (encenado em 1902 no Centro Artístico Furtado Coelho, em Porto Alegre); Biografias – **A mulher rio-grandense** e **Escritoras mortas**, 1907; Literatura Infantil – **Contos de natal**, 1908.

ANDREA CRISTINA RIO BRANCO 119

Poeta, novelista e militante no Movimento Negro Feminista, Andrea Cristina Rio Branco nasceu em São Paulo (SP), em 26.02.1965. Formou-se em letras. Desde adolescente começa a escrever poemas e textos de defesa de literatura da negritude. Estréia em livro com a novela **Quarto escuro**, na década de 1980. Participou ativamente do II Congresso de Escritores Negros, realizado em Petrópolis (RJ), em 1987. Poemas seus foram incluídos na antologia bilíngüe **Finally us** (EUA, 1995).

Publicação: **Quarto escuro** (s/d.).

ANDRÉIA D' AMORIM PEREIRA 120

Poeta, nascida em Campina Grande (PB), em 21.11.1963. Publicou o livro de poesias **Janelas**, 1976.

ANDRÉA FERNANDES MARTINS NUNES 121

Contista nascida em João Pessoa (PB), em 24.11.1971. Publicou o livro de contos **O diamante cor-de-rosa**, 1988.

ANÉSIA ANDRADE LOURENÇÃO 122

Romancista e estudiosa de Literatura, Anésia Andrade Lourenção nasceu em Brotas (SP), em 31.10.1905. Colaborou assiduamente em vários jornais paulistas (Folha da manhã – redatora entre 1940 e 1942; Planalto; Fon-fon; A criança de Santos e outros).

Como romancista, estreou em livro em 1947, com **Estrada de todos**. Escreveu estudos literários e sociológicos publicados no **Anuário brasileiro de literatura**.

Publicação: **Estrada de todos**, 1947.

ÂNGELA LEITE DE SOUZA 123

Poeta, contista, jornalista, redatora editorial, crítica e autora de literatura infantil, Ângela Leite de Castilho Souza nasceu em Belo Horizonte (MG), em 13.02.1948. Formou-se em Jornalismo e Comunicação Social (PUC-RJ), em 1971. Fez vários cursos de extensão e aperfeiçoamento: de cinema (com o crítico Ronaldo Brandão, em Belo Horizonte/1969); de teatro (com profissionais, no RJ/1964); de desenho (com a artista Misabel, no RJ/1968; de gravura em metal (com a artista plástica Regina Motta, em Brasília/1976-77), entre outros.

Profissionalizou-se como redatora-editora e pesquisadora, trabalhando em diversas revistas e jornais (O Globo, Veja, etc.) e projetos oficiais (SENAI-MG), como crítica cinematográfica (O Globo, 1969/1972 e 1980/1981), crítica literária (Veja, 1973/1974 e O Globo, 1980/1981), com textos diversos (Isto é, Pais e Filhos, Revista de Ciências e Tecnologia, Estado de Minas e outros, 1978/1984), e como pesquisadora e redatora de textos especiais para um documentário (Série Globo Shell Especial, TV Globo/1972).

Vários contos e poemas seus têm sido premiados em concursos literários. Sua maior produção literária é a destinada às crianças, mas a grande parte permanece inédita. Estréia em livro com **Amoras com açúcar** (1982), cuja matéria é a vivência de ontem (infância e adolescência) recuperada pela memória.

Publicações: Poesia – **Amoras com açúcar**, 1982, e **Lição das horas**, 1990. Biografia – **Lúcia Casasanta, uma janela para a vida**, 1984. Literatura infantil – **O médico mágico**, 1985.

124 ÂNGELA LOCATELLI

Poeta e cantora, Ângela Locatelli nasceu em Veneza (Itália), em 25.04.1926. Ainda menina muda-se com a família para o Brasil, e se radicam em Porto Alegre (RS). Dedicou-se ao canto lírico. Em 1966, publica um livro de poesias, **Inspiração**.

Publicação: **Inspiração**, 1966.

125 ÂNGELA MARIA DE BIASE

Poeta e advogada, Ângela Maria de Biase nasceu em Muniz Freire (ES), em 12.12.1949. Está radicada em São Paulo. É advogada, formada pela Faculdade de Direito da USP (1972).

Como poeta, participou da coletânea **Mulheres entre linhas II** (Secretaria de Estado da Cultura de São Paulo, 1986), resultante de um concurso, no qual obteve menção honrosa. Publicou um livro de poesias, em 1986.

Publicação: **Cantos do encontrar**, 1986.

126 ÂNGELA MARIA GUTIÉRREZ

Romancista, ensaísta, contista e poeta, Ângela Maria Rosas Mota Gutiérrez nasceu em Fortaleza (CE). Formada em Letras e mestre em Educação pela UFC, doutorou-se pela Universidade Federal de Minas Gerais, com a tese "Vargas Llosa e o romance possível da América Latina".

É professora de Literatura na UFC. Paralelamente à carreira acadêmica, dedica-se à criação literária. Estreou em livro, com o romance **O mundo de Flora**. Tem coletâneas de contos e poesia, inéditas.

Publicação: **O mundo de Flora**, 1990.

127 ÂNGELA MELIM

Poeta, tradutora e redatora gaúcha, Ângela de Assis Melim nasceu em Porto Alegre (RS), em 25.08.1952. Formou-se em Economia e Letras. Tem exercido as funções de tradutora e redatora, participando ativamente da imprensa literária alternativa, em Santa Catarina e Rio de Janeiro. É membro da Abrarte e da UBE-RJ.

Publicações: **O vidro**, 1974; **Das tripas coração**, 1979; **As mulheres gostam muito**, 1979; **Vale o escrito** e **Os caminhos do conhecer**, 1981; **O outro retrato**, 1982; e **Poemas**, 1987.

ÂNGELA RANGEL 128

Primeira voz feminina, registrada pelos historiadores, a se expressar na poesia brasileira, Ângela do Amaral Rangel nasceu no Rio de Janeiro (RJ), em 1725 (data que alguns estudiosos consideram inexata, e outros, como Rodolfo Garcia, omitem entre os dados biográficos da autora, registrados no *Florilégio da Poesia Brasileira* de Varnhagen). O certo é que viveu na época em que imperava o cultismo e conceptismo academicista difundidos nas reuniões festivas e laudatórias da academia. Ângela Rangel era cega de nascimento e deixou fama de talento muito louvado pelos seus pares. Foi a única mulher a participar da Academia dos Seletos onde, em 1752, foi recebida entre as mais altas figuras do estado (juízes, médicos, eclesiastas de categoria, etc.), que formavam o especial grupo dos Seletos. Fato este raríssimo de acontecer a uma mulher e não só naqueles tempos recuados do século XVIII.

Escreveu o poema "Ceguinha", sonetos e romances líricos em espanhol em louvação a pessoas gradas. O fato de alguns poemas seus terem sido incluídos na antologia **Júbilos da América** (que a Academia dos Seletos dedica ao Governador do Rio de Janeiro, Gomes Freire de Andrade, e é editada em Lisboa, em 1754), deu a Ângela Rangel a oportunidade de sobreviver na memória da Literatura brasileira. Faleceu em data ignorada.

Segundo a crítica, apesar de seu artificioso cultismo do claro-escuro, Ângela Rangel revela em seu diminuto acervo, capacidade de versificar corretamente e com alguma espontaneidade. (Peregrino Jr. Contribución de la mujer en la poesía brasileña. *Revista de Cultura Brasileña* nº 37, Madrid, Embaixada do Brasil, 1962).

ÂNGELA SARMET MOREIRA 129

Poeta, atriz amadora, autora teatral e médica pediatra, Ângela Sarmet Moreira nasceu em Campos (RJ), em 02.02.1942. Formou-se em Medicina em 1966, profissionalizando-se como pediatra. Desde jovem, escreve poesias e peças de teatro para crianças e para adultos, encenando-as com grupos amadores, dos quais tem participado também como atriz. É membro do Instituto Campista de Literatura. Publicou um livro de poesia.

Publicação: **Só sei falar amor**, 1987.

ÂNGELA SOBRAL 130

Poeta, contista, jornalista, Ângela Sobral nasceu em Itajubá (MG), em 1926.

Formou-se professora. Colaborou com poemas e crônicas em órgãos da imprensa mineira. Participou de concursos literários, recebendo menções honrosas. Publicou uma coletânea de poesias, **Ritmos líricos.**

Publicação: **Ritmos líricos**, s/d.

ÂNGELA TOGEIRO 131

Romancista, poeta, dramaturga, professora e presença atuante em nosso movimento cultural, Ângela Togeiro Ferreira nasceu em Volta Redonda (RJ) e se radicou em Minas Gerais. Formada em Administração de Recursos Humanos pela FACE/FUMEC (Belo Horizonte); fez pós-graduação em Política Econômica e Finanças. Profissionalizou-se na área de administração de empresas, asssessoria e planejamento empresarial. Professora universitária de Administração de Pessoal.

Na década de 1990, inicia sua carreira literária participando de antologias e concursos de poesia, nacionais e internacionais, sendo distinguida com vários prêmios, distinções e homenagens. Estréia em livro, em 1999, com a poesia de **Contato**

urbano, que obteve muito boa repercussão crítica. Trata-se de uma escrita poética, essencialmente sintonizada com as contradições do nosso tempo, principalmente as vividas pela mulher. Espírito atraído para múltiplos campos literários, Ângela Togeiro tem vários livros inéditos: romances, cordel, contos, crônicas, haicais, poesia e vídeo.

Pertence a inúmeras entidades culturais: APPERJ – Associação Profissional dos Poetas do Rio de Janeiro; Casa dos Poetas Rio-Grandenses; Academia de Letras e Ciências de São Lourenço; Academia Municipalista de Letras de Minas Gerais; Sociedade de Cultura Latina do Brasil e outras.

Publicação: **Contato urbano**, 1999.

132 ANGÉLICA COELHO

Poeta e romancista cearense.

Publicações: Poesia – **O orós em delírio**, 1962; **Luzes do pensamento**, 1963; **Ela e a solidão**, s/d; **Nas horas do silêncio**, 1966; **O jangadeiro**, s/d; **Fonte da saudade**, s/d; **O mundo das ilusões**, 1970; e **Saudade**, 1982. Romance – **Ritmos humanos**, 1940; **Decadência de uma geração**, 1963, e **Festival de tormentos**, 1970.

133 ANGÉLICA ROSA CÉSAR

Poeta, nasceu em Salvador (BA), em 1922, e faleceu em data ignorada.

Publicações: **A meus filhos**, 1942, e **Ensaios poéticos**, 1944.

134 ANGÉLICA TURINI FERREIRA

Poeta e professora, Angélica Turini Ferreira nasceu em Jaú (SP). Reside na capital paulista. Formou-se em Filosofia e Pedagogia, com especialização em Orientação Educacional. Fez vários cursos de atualização (Literatura infantil; Programação de Lazer; Paisagismo, etc.), ligados à orientação educacional da criança. Nessa área, publica um livro de alfabetização pedagógica, **Diana e Dudu**.

Como poeta, tem poemas incluídos em antologias e estreou em livro com **Andanças – circuito fechado**, seguido de **Cristal de lua** e **Água e fogo**, 1988, em cuja apresentação se diz:

...Atraída para a problemática do ser humano [...] Angélica surge com ***Água e fogo****, coletânea de poesia que reflete as contradições dos homens e da humanidade, [...] o mundo dividido, os últimos vestígios dos ventos selvagens, os vendavais magnéticos que varrem as praças [...] algo que evidencia o drama humano dos nossos dias.*

Pertence a várias associações culturais: Academia Paulista de História, Academia Piracicabana de Letras, Academia Brasileira de Literatura Infantil e Juvenil, Ordem Nacional dos Bandeirantes Mater, União Brasileira de Escritores e Sociedade Brasileira de Heráldica e Medalística.

Publicações: Poesia – **Andanças - circuito fechado**, s/d; **Cristal de lua**, s/d; e **Água e fogo**, 1988; e **Guardião da noite**, 1996. Didático – **Diana e Dudu**, s/d.

135 ANILDA LEÃO

Poeta, contista, jornalista, cantora lírica, atriz de teatro e cinema, Anilda Leão nasceu em Maceió (AL), em 15.07.1925. Personalidade atuante no meio cultural alagoano, Anilda Leão foi, durante anos, assessora cultural do SENEC. Tem atuado como feminista, em movimentos em prol da libertação e dos direitos da mulher, participando inclusive de congressos feministas (Rio Grande do Sul e União Soviética); trabalhou como atriz em seriados da TV Globo (**Lampião e Maria Bonita**, **Órfãs da terra**) e no curta-metragem **Memórias do cárcere**. Recebeu inúmeros troféus, distinções, e medalhas por essa variada atuação. É membro da Academia Alagoana de Letras, da Sociedade Cultural Artística e do Grupo Literário de Alagoas.

Desde jovem escrevia poesia, mas só na década de 1960 estréia em livro com **Chão de pedra** (1961). Seguem-se: **Chuvas de verão**, **Poemas marcados** e os contos de participação político-social, **Riacho seco**. Tem textos incluídos em várias coletâneas ou antologias (**Contistas alagoanas** – org. Romeu Avelar; **Contos alagoanos hoje** – org. Ricardo Ramos, **Palavra de mulher** – org. Maria de Lourdes, etc.).

Publicações: Poesia – **Chão de pedra**, 1961, **Chuvas de verão**, 1974; **Poemas marcados**, 1978. Contos – **Riacho seco**, 1988.

ANITA FERREIRA MARIA 136

Poeta, cronista, memorialista, jornalista e elemento atuante no momento cultural interiorano paulista, Anita Ferreira Maria nasceu em Avaré (SP).

Fez seus primeiros estudos no colégio Santa Marcelina em Botucatu (SP). Ainda adolescente começa a escrever poesias e a divulgá-las em concursos ou na imprensa. Pela atividade desenvolvida nesta última, obteve em 1944 uma Carteira Profissional de Jornalismo pelo Ministério do Trabalho.

Na década de 1950, intensifica suas atividades como jornalista (repórter, correspondente, nacionalista, etc.) e como escritora. Em 1954, estréia em livro com os poemas de **Ânfora dos sonhos**. Seguem-se outros de poesia ou crônicas que, compiladas nos volumes em que foram publicados, chegaram a mais de três centenas e estão arquivadas no Museu Histórico e Pedagógico Saldanha Marinho (Avaré), fundado pela escritora em 1972 e mais tarde, com seu excelente acervo, transformado na casa da cultura para o povo de Avaré.

Militou na política durante 20 anos. No governo Ademar de Barros, pertenceu ao diretório político de Avaré e chegou a ser candidata a vice-prefeita da cidade. Exerceu a função de Fiscal do Tesouro Nacional do Ministério da Fazenda, e inúmeros outros cargos sempre ligados ao progresso de Avaré. Por esse trabalho idealista, foi-lhe concedido, pelo Legislativo local, o título de Cidadã Emérita. É membro de inúmeras associações beneméritas ou culturais (Academia de Letras de Piracicaba; Instituto Histórico e Geográfico de São Paulo, etc.). Recebeu várias distinções e láureas (Comenda Couto Magalhães; Colar da Ordem Marechal Rondon; prêmios literários, etc.). Tem cerca de uma dezena de livros publicados (poesia, crônica, jogral teatral, memórias e conto). Sua obra foi objeto de dissertação de mestrado, apresentada na Universidade Católica de Curitiba, com o título "O universo poético de Anita Ferreira Maria".

Publicações: Poesia – **Ânfora dos sonhos**, 1954; **Sempre é tempo de rosas**, 1966; **Com uma rosa na mão** (Prêmio Pen Clube – 1961) e **Azul noturno** s/d. Crônicas – **Momento musical**, 1959; **Sinfonia em dó maior**, 1980; **Mansarda de boêmios**, s/d. Jogral teatral – **Avaré em dois tempos**, s/d. Conto – **O padre e as borboletas** s/d. Memórias – **Livro de Anita** (Limeira, 1976).

ANITA GONZALES 137

Poeta e contista gaúcha, Anita Ramos Gonzales nasceu em Cruz Alta (RS), em 01.08.1900. Radicou-se em Porto Alegre (RS). Presença participante do movimento sociocultural porto-alegrense, tem colaborado na imprensa e publicado livros de poesia lírica ou regional.

É membro da Academia Literária Feminina do Rio Grande do Sul e pertence à ala feminina da Casa Juvenal Galeno e à Estância da Poesia Crioula.

Publicações: Poesia – **Deslumbramento**, 1952; **Meu Rio Grande do Sul**, 1953; **A querência**, 1954; **Anita Garibaldi**, 1956; **Meu rincão**, 1958; **As árvores**, 1967; e **Minha terra**, 1972. Conto – **Andanças do Zeca Pedro**, 1960.

138 ANITA VAZ

Poeta, contista, cordelista e musicista, Anita Vaz nasceu em Governador Valadares (MG). Formou-se em técnica musical, dedicou-se à pesquisa da poesia popular. Como escritora tem produzido diferentes gêneros (contos, crônicas, romances de cordel, poesia, literatura infantil), divulgados na imprensa ou em antologias coletivas. É funcionária estadual. Recebeu vários prêmios em recitais de poesia. É membro da Academia Petropolitana de Poesia Raul de Leoni.

Publicação: **Contos da alma**, 1986.

139 ANNA ALEXANDRINA

Poeta, romancista, espírito culto e avançado para o seu tempo, Anna Alexandrina Cavalcante de Albuquerque nasceu na Zona da Mata (PE), em 1860, e faleceu no Recife em data ignorada (posterior a 1927). Começou a escrever poesia ainda adolescente. Colaborou com poemas nos jornais de Recife (O Ensaio, A Lucta e Correio da Noite); no Jornal de Aracaju (SE) e no Almanaque de Lembranças Luso-Brasileiro de Lisboa. Escreveu um romance abolicionista, **O escravo**.

Deve-se a Henrique Capitolino (**Pernambucanas ilustres**. 1879 – reedição 1980) a transcrição de trechos de cartas da autora a ele dirigidas:

Quantas vezes no silêncio de meu quarto, a sós comigo, tento sintetizar as idéias que se atropelam em meu cérebro, e torná-las sensíveis sem poder consegui-lo nunca! É que os caminhos da ciência me são defesos, minha imaginação abrasada quer devassá-los e não pode. Águia imbele a quem cortaram as asas, debalde intentas ensaiar teu vôo, jamais conseguirás te erguer. Debalde fitas teu olhar perscrutador na imensidade, desejando conhecer-lhe os segredos, debalde!

*Não será ainda neste século (XIX) que a mulher poderá se ombrear com o homem no banquete das ciências; mas surgirá enfim a aurora da redenção, e iluminada pelo clarão ridente dessa luz divina , a ciência, se precipitará com mais força no caminho do progresso. Dispa-se o homem do injusto egoísmo, erga a mulher até si, sente-se com ela à mesa do estudo, e muitos deles deverão a essa meiga aliada, que tudo cede ao que ama, o seu lugar no panteon da história. (apud Luzilá G. Ferreira. **Escritoras brasileiras do século XIX**. Florianópolis, Editora Mulheres/EDUNISC, 1999).*

Mais de um século depois dessas palavras e a maior parte das mulheres do mundo ainda não conquistou esse direito...

Publicação: **O escravo**, s/d.

140 ANNA AUTRAN

Poeta, articulista de intensa presença na imprensa de seu tempo, Anna Teófila Filgueiras Autran nasceu em Salvador (BA), em 28.12.1856, e faleceu no Rio de Janeiro (RJ), em 10.08.1933. Órfã de mãe, a partir de um ano de idade foi orientada pelo pai e pela irmã mais velha, que a incentivaram, desde a infância, a desenvolver sua vocação para a poesia e para o jornalismo. Aos 12 anos já tinha versos divulgados pela imprensa, na qual colaborou regularmente durante anos. Com quinze anos incompletos publicou o artigo A mulher e a literatura, no

Diário da Bahia, em defesa da participação intelectual da mulher na esfera pública, suscitando uma polêmica com o jornalista Belarmino Barreto, que a atacou, mas não a intimidou. Anna continuou publicando poesia pela imprensa e fazendo intercâmbio com escritoras e revistas fundadas por mulheres em outros estados. Em 1872, enviou suas primeiras colaborações para Lisboa, para o Novo almanaque de lembranças luso-brasileiro, de 1873. Nessa mesma época já escrevia para revistas cariocas e, em 1875, colaborava na revista O Myosótis do Recife.

Em 1877, publica a coletânea de poemas **Devaneios**. Desde o início de sua carreira, foi também militante política, participando, com os homens, nas lutas republicanas e pela abolição da escravatura. Assinou versos sobre a mancha brasileira, e conseguiu alforria dos escravos da família, antes de 1888. Defendeu o ideal de uma sociedade com paradigmas republicanos, justa e perfeita, visando a igualdade da mulher e a busca de harmonia entre os indivíduos. Segundo Afonso Costa (**Poeta de outro sexo**. 1930), essa militância de Anna Autran valeu-lhe o repúdio de vários grupos; seus ideais feministas resultaram em violenta e sorrateira virulência de fanatismo religioso que foi atirada aos olhos católicos, como apóstata das doutrinas em que nascera e se educara. Em uma série de artigos, no Diário de Notícias, ela se defende das acusações, e prossegue com sua atuação, colaborando também em jornais do Rio de Janeiro, para onde se muda e onde faleceu, aos 77 anos. Deixou inúmeros poemas dispersos, que aguardam pesquisa e publicação.

(Fontes de consulta: acervo na biblioteca central do Estado da Bahia e na Fundação Clemente Mariani; apud **Escritoras brasileiras do século XIX**. Florianópolis, 1999).

ANNA CREATSOULA 141

Poeta, contista, jornalista e professora, Anna Creatsoula nasceu no Cairo (Egito), em 13.03.1952. Ainda criança veio com a família para o Brasil, radicando-se no Rio de Janeiro. Formou-se em Letras (1980) e profissionalizou-se como jornalista. Foi repórter e revisora. Trabalhou como técnica de comunicação social na Bolsa de Valores do Rio de Janeiro.

Desde a década de 1980, publica regularmente – na imprensa carioca e brasiliense – contos, crônicas e poesia. É detentora de várias láureas por participação em recitais de poesia.

Publicação: **De braços abertos**, 1983.

ANNA FROTA MENDES 142

Poeta e declamadora, a cearense Anna Frota Mendes nasceu em Sobral (CE), e se radicou no Rio de Janeiro. Distinguiu-se desde jovem pelo talento de declamadora. Fez recitais no Brasil e em Portugal. É membro da ala feminina da Casa Juvenal Galeno; Associação Cearense de Imprensa; Academia de Letras e Artes do Rio de Janeiro e de outras associações culturais.

Publicações: Poesias – **Lendas e cantigas**, s/d; **Poemas e trovas que falam**, 1974; e **Rosana** (p. Infantil, 1974).

ANNA GUASQUE 143

Romancista, poeta, cronista e pintora autodidata, de descendência gaúcha, Anna Guasque nasceu em Manaus (AM), em 30.12.1926. Muito jovem, mudou-se com a família para o Rio de Janeiro, onde se radicou. Casou-se com militar aviador, fato determinante de sua vida itinerante. Já morou em vários estados brasileiros e, no exterior, em Portugal, Estados Unidos e Canadá. Em 1992 era Adida Cultural da Embaixada do Brasil em Lisboa, e desenvolvia um projeto visando aproximar mais, entre si, escritores portugueses e brasileiros, pelo recíproco conhecimento da literatura que vem sendo produzida em ambos os países.

Figura de grande participação nos meios culturais em que ingressou, Anna Guasque tem feito sucessivas conferências sobre cinema, teatro e educação, durante as muitas viagens realizadas (Inglaterra, França, Suécia, Dinamarca, Noruega, Alemanha, Vaticano, etc.). Realizou programas radiofônicos (Rádio Canadá Internacional, Montreal); criou curso de violão para crianças (como terapia infantil); editou jornais e folhetins e, entre outros misteres, também atuou em teatro como atriz amadora.

Desde a adolescência escreve poesias, crônicas e contos, divulgando-os em jornais e revistas. Participa de inúmeras antologias. Estreou em livros em 1958, com a escrita amadurecida dos contos de **Diversas adversas** (breves tramas com personagens problemáticos, presos de inquietude existencial). Seguem-se os romances: **Encontros e desencontros** (saga de uma educadora), **As últimas emudecidas** (livro feminino que retrata a vida de cinco mulheres, oprimidas pelo machismo e lutando para conquistar um espaço pessoal próprio) e **Libertas libertae**, romance fragmentado na linha pós-moderna, no qual, conforme explica a autora: *Se engendra uma trama com versos, teatro do absurdo e um pouco de mitologia através do velocino de ouro. No seu final, um glossário de indicações simbólicas orienta o leitor, na numerologia. Também a consciência do livro é um papagaio que joga com uma linguagem fragmentada, sucinta, onde o leitor recebe toda a condensação do capítulo. Os personagens se saúdam através de versos.* (entrevista concedida a Arte e palavra, Suplemento Cultural de Aracaju (SE), dez/1992).

Bem recebida pela crítica, sua variada obra conquistou inúmeras láureas, como a Medalha E. D'Almeida Vitor, pelos relevantes serviços prestados à cultura brasileira.

Publicações: Contos – **Diversas adversas**, 1958. Romances – **Encontros e desencontros**, 1987; **As últimas emudecidas**, 1989; e **Libertas libertae**, 1990.

144 ANNA MARIA DUARTE NUNES

Poeta e cronista, Anna Maria Duarte Nunes Tasso de Saxe-Coburgo e Bragança nasceu no Rio de Janeiro. De educação apurada, estudou no Colégio de Sion, formou-se em Letras Neolatinas (PUC-RJ), estudou vários idiomas (inglês, francês, italiano, espanhol e alemão), fez curso de História da Arte, e outros ligados às artes em geral. É casada com o príncipe Dom Phillipe Tasso de Saxe-Coburgo e Bragança.

Estreou como escritora, em 1981, com o livro de crônicas **Jasminicídio**, ao qual se seguem outros de crônicas, poesias e histórias infantis. Tem vários inéditos, entre os quais: o romance **Ana Florência**, as memórias **Itajubá das Minas Gerais** e o livro infantil **A menina que foi anjo**.

Entre os livros que maior interesse despertaram na crítica, está **Avesseiros**, que a autora define como *aqueles sentimentos transformados em emoções que, de uma maneira muito especial, meio mágica, conseguem fugir do nosso eu profundo, da nossa* anima *tão subjetiva e, meio moleques, espalham-se em crônicas, até em poesia, e sendo tão mais fortes que nós, torna-se impossível refreá-los.* (in folheto de lançamento do livro. RJ, 28.11.1985).

Publicações: Crônica – **Jasminicídio**, 1981, **Onde o vento faz a curva**, 1982; e **Fuga das crisálidas**, 1983. Poesia – **Avesseiros**, 1985. Conto – **Magór**, 1988. Literatura infantil – **Tanta estória pra contar**, 1987.

145 ANNAMARIA RODRIGUES

Poeta e teatróloga, Annamaria Barbosa Rodrigues nasceu em Belém (PA), em 1941. Formou-se em Letras pela UFPA, e seguiu a carreira docente, área de língua portuguesa. Vocacionada para as letras, vem colaborando regularmente na imprensa paraense e de outros estados. Como poeta, estreou em livro, em 1985, com **Lírica**. Tem vários originais inéditos, entre eles um romance, A cria de Caim, e peças infantis: A menina e a guerra das frutas, a serem encenadas pelo Teatro Experimental do Mosqueiro.

(Fonte de consulta: **Poesia do Grão-Pará** – org. Olga Savary*. RJ. Graphia Editorial, 2001.)

Publicações: **Lírica**, 1985, e **Bambu de sete nós**, s/d.

146 ANNAIS GUISARD

Romancista, Annais Guisard (nome literário de Hilda Guisard de Aguiar) nasceu em Taubaté (SP), em 06.06.1902. Publicou um romance em 1946.

Publicação: **Sununga, a pedra que chora**, 1946.

ANÔNIMA ILUSTRE 147

(século XVIII)

Poetisa hábil e culta, que foi identificada como Huma anônima e ilustre senhora da cidade de São Paulo, escreveu em 1797 um drama em versos redondilhos, "Tristes efeitos do amor" – manuscrito descoberto em Lisboa, em 1953, pelo pesquisador prof. Antônio Soares Amora (USP), que tece comentários na publicação Uma patriarca da literatura feminina (anuário da Faculdade de Filosofia Sedes Sapientiae, PUC-SP, 1953).

Esse drama em poesia pretendeu dar voz à tristeza da cidade paulista, devido à partida de Bernardo José de Lorena que acabava de deixar o governo da capitania paulista e partira para Vila Rica. Pela data do manuscrito (1797), conclui-se que essa Anônima ilustre foi contemporânea dos árcades, como Cláudio Manoel da Costa, Tomás Antônio Gonzaga e mesmo Bárbara Heliodora*. A influência da poética arcádica está evidente em seus versos, como se pode comprovar pelos fragmentos abaixo transcritos da **Antologia da poesia paulista** (org. Péricles Eugênio da Silva Ramos).

Diálogo entre Prudência e Paulicéia

Paulicéia enxuga o pranto, / Chega-te a mim, prenda clara, / A ouvir os doces conselhos / / Que pode dar a Prudência. / Esse Herói, por quem suspiras, / Essa jóia inexplicável, / Por Jove foi destinado / Para fazer venturoso / Outro povo desgraçado. / E se os decretos do céu / Nos são, Paulicéia, obscuros, / Ás abóbodas do Olimpo, / Deves tu, prudente e sábia. / Moderar os teus queixumes. / Não sou, Paulicéia amada, / Tão frouxa, que desconheça / As ajustadas razões

De teu pranto inexorável; / O céu enfim determina: / Tu, Paulicéia constante, / Abraçando seus ditames, / Deves dobrar-lhe os joelhos: / E longe de enfurecer-te, / Fazer que a voz da saudade, / Rompendo esses ares densos / Toque a celeste morada, / Que abale teu justo pranto, / As abóbodas do Olimpo.

Vai-te, fiel companheira / E fazer a mesma assistência / A meu claro benfeitor. / Tu sabes, sem que te explique, / Esta dor se lhe é sensível. / Pois, Paulicéia, constância. / Com os auxílios de Jove / Espere a sua assistência.

A perenidade da palavra poética mais uma vez se comprova com esse achado na Torre do Tombo em Lisboa: do que teria sido a vida dessa Anônima Ilustre paulistana, há duzentos anos atrás, só restou o manuscrito empoeirado que, redescoberto, fez a viagem de volta e acabou encontrando um novo porto neste dicionário e dele talvez parta para novas viagens.

ANTÍDIA COUTINHO 148

Poeta, prosadora, espírito voltado para atividades ligadas ao social e à política, Antídia Coutinho nasceu no Mato Grosso (MT), em 1904, e faleceu em 1978. Desde jovem interessada nas letras, escrevia poesia e breves escritos líricos em prosa, divulgando-os em periódicos da região e na revista A violeta (1916-1950), órgão que se transformou em marco na história da literatura feminina mato-grossense da primeira metade do século XX. Publicou também na imprensa goiana. Seus escritos foram reunidos postumamente no livro **Tristezas e amores**, cuja tônica é a melancolia resultante da ausência da pessoa amada e de uma grande solidão.

(Fonte de consulta: Yasmin J. Hadaf. **A literatura feminina mato-grossense**. UFMT, 1995.)

Publicação: **Tristezas e amores**, 1981 (póstumo).

ANTÔNIA DE CASTRO 149

Poeta e romancista, Antônia de Oliveira Castro nasceu em Belém (PA), em 13.06.1935. Adolescente, mudou-se para o Rio de Janeiro. Formou-se em Letras, em 1985, na Faculdade de Pedagogia e Letras Prof. Lourenço Filho, onde fez cursos de extensão universitária.

Desde muito jovem dedicou-se à poesia; ganhou muitos troféus como trovadora. É membro de várias associações culturais. Estréia em livro em 1988, com o romance **Almas**. Segue-se **Alguma poesia**. Emotividade e lirismo são os filtros de sua criação literária.

Publicações: Romance – **Almas**, 1988. Poesia – **Alguma poesia**, 1989.

150 ANTONIELLA DEVANIER

Poeta, contista, professora, jornalista, pesquisadora, Antoniella Carneiro Devanier Lopes nasceu em Feira de Santana (BA), em 06.12.1973. Fez seus primeiros estudos no Centro Educacional O Pequeno Príncipe (do qual sua mãe, Artemízia C. Devanier Lopes, era diretora) e no Colégio Nobre. Formou-se em Ciências da Comunicação na Universidade Federal da Bahia, onde foi bolsista da CAPES. Desde cedo atraída pela escrita poética, participou de antologias e concursos literários. Iniciando-se como editora, lançou a edição da **Antologia literária: palavras de amor** (Prêmio de Edição Bienal Internacional do Livro de São Paulo/2000). Trabalhou como repórter do Jornal da Bahia, em Salvador, em 1995. Colabora com vários jornais alternativos e tem ministrado oficinas literárias em centros universitários. É integrante da REBRA – Rede de Escritoras Brasileiras. Prepara-se para obtenção do título de Mestre em Comunicação e Semiótica na PUC-SP.

Como poeta, estréia em livro com **A revolução do orvalho**, lançado em São Paulo, na Reunião Anual de Escritoras promovida pela REBRA (novembro/2001). Poesia heterogênea, que tende para o coloquial e ainda oscila entre diferentes óticas, mas já revela uma intenção maior: a de testemunhar o seu tempo, como um instante importante entre o passado e o futuro.

Publicação: **A revolução do orvalho**, 2001.

151 ANTONIETA BORGES ALVES DOS SANTOS

Poeta, professora e jornalista, Antonieta Borges Alves dos Santos nasceu em Cruzeiro (SP), em 18.09.1906. Muda-se para a capital paulista, onde se dedica ao magistério (escolas particulares) e, a partir de 1936, ao jornalismo. É membro da Sociedade Paulista de Escritores. Em 1939, estréia em livro com a poesia de **Teclas pretas e brancas**.

Publicação: **Teclas pretas e brancas**, 1939.

152 ANTONIETA CRUZ

Poeta paraense, nascida em Cametá (PA), em 28.03.1910, Antonieta de Clairefont de Souza Cruz está radicada em Fortaleza (CE). Publicou o livro de poesias **Amarantos em novembro**, 1971.

153 ANTONIETA LISBOA SALDANHA

Poeta gaúcha, nascida em Rio Pardo (RS), em janeiro de 1893, viveu parte de sua vida no Rio de Janeiro (RJ), onde faleceu, em 02.11.1944. Publicou um livro: **Rimas sem metro** (poemas em prosa, 1918).

154 ANTONIETA SAMPAIO FONTES

Poeta e cronista, Antonieta Sampaio Fontes nasceu em Baturité (CE), em 24.02.1884. Mulher inteligente e interessada pela cultura, colaborou durante longo período no jornal Unitário (Fortaleza). Casada com Israel Pinheiro, emigrou com o marido para o Alto-Acre, onde a extração da borracha fazia grandes fortunas. Voltou anos depois para o Ceará, onde faleceu em 02.03.1961. Deixou publicado um livro de poemas, **Relíquias do coração**, reeditado postumamente por Figueiras Lima, em 1980. Deixou inéditos: Samambaia e Gotas de orvalho.

Publicação: **Relíquias do coração** (publ. póst. 1980).

APLECINA DO CARMO 155

Poeta, teatróloga, desenhista e professora, Aplecina Conrado do Carmo nasceu em São Luiz Gonzaga (RS), em 14.02.1895, e viveu grande parte de sua vida em São Paulo, onde faleceu em 1963.

Exerceu grande atividade cultural em seu meio, principalmente na área teatral. Escreveu várias peças, em parceria com seu marido, Manuel do Carmo, incentivando a formação de grupos amadores. Compunha letras para musicais populares, como Canção da guitarra, música de Marcelo Tupinambá, cantada por Ely Camargo e gravada em 1968. Publicou dois livros de poesia.

Publicações: **Cinzas... pó...**, 1921, e **Na minha torre de legenda**, 1939.

APOLONIA GASTALDI 156

Poeta, romancista, professora e redatora de coluna literária, a catarinense Apolonia Gastaldi nasceu em Morro Pelado (SC), em 09.02.1934. Professora com formação superior, lecionou em vários níveis de ensino e diferentes disciplinas (Psicologia, Sociologia, Administração do Ensino, Ciências Físicas e Biológicas, Desenho e História da Arte, etc.).

Desde adolescente escreve poesia, divulgando-a na imprensa catarinense e de outros estados ou em opúsculos (Panoramas). Seu poema "Sibilos" foi selecionado para o Prêmio Rodrigues Pacheco de Poesia e publicado em coletânea. Fez teatro amador, dirigindo grupos efêmeros que se apresentaram em Joinville, Indaial, Timbó, etc.

Mantém (1987) uma coluna literária no jornal Vale do Norte (Ibirama-SC). É associada de várias instituições culturais (Academia Anapolina de Letras, Academia Goianense de Letras, The Internacional Academy of Letters of England). Estréia em livro, em 1986, com o romance **A força do berço** (experiência vivida por uma jovem herdeira, em certa família da Provença, no início deste século).

Publicação: **A força do berço**, 1986.

ARACY DANTAS GUSMÃO 157

Poeta, declamadora e professora gaúcha, Aracy Dantas nasceu em Porto Alegre (RS), em 26.11.1886. Viveu parte de sua vida no Rio de Janeiro, onde faleceu em data ignorada. Deixou um livro de poesias publicado: **Êxtase** (1921).

ARACY MARTINS 158

Poeta, a cearense Aracy Martins estréia em livro em 1968.

Publicação: **A eterna flama**, 1968.

ARACY DA SILVA FRÓES 159

Poeta, nascida em Porto Alegre (RS), em 08.02.1907, Aracy da Silva Fróes (pseudônimo Geralci) colaborou na imprensa gaúcha, nas décadas de 1930 e 1940, e publicou um livro: **Fragmentos d'alma**, 1936.

Publicação: **Fragmentos d'alma**, 1936.

ARGELINA ALBUQUERQUE DIAS 160

Poeta e teatróloga, Argelina Pinto de Albuquerque Dias nasceu em Caxias (MA), em 22.12.1939. Reside em Teresina (PI). Formou-se professora e iniciou sua carreira docente em Bacabal (MA). Desde estudante escrevia poemas e pequenas peças para representação escolar. Em 1979 escreve e encena, por grupo amador, a peça **O enterro**, e em 1982, a peça **Trilha do sofrimento**. Em 1986, publica um livro de poesia, **Nas grades da vida**.

Publicação: **Nas grades da vida**, 1986.

161 ARGENTINA LOPES TRISTÃO

Trovadora, contista, charadista laureada, estilista e figura de destaque no movimento cultural de Vitória (ES), Argentina Lopes Tristão nasceu em Inconha (ES), em 1914. Residiu muitos anos em Vitória; mudou-se depois para Guarapari (ES), onde faleceu em 1999. Formou-se professora na Escola Normal de Manhaçu (MG), apresentando uma monografia sobre a Metodologia do Ensino do Português (1930). Estudou línguas e participou da criação e direção de jornais literários. Desde menina escreve versos e inventa histórias que ela mesma ilustra.

Iniciou a publicação de seus versos em jornais e revistas (Vida Capixaba; Alterosa-MG; Correio Literário, Campos-RJ; O Monitor Campos-RJ, etc.). Tem participado de várias publicações coletivas e de concursos de crônicas e trovas; tem vários inéditos. Recebeu prêmios e distinções em concursos de trovas charadas. É reconhecida como grande incentivadora do cultivo da trova, entre os poetas do Espírito Santo.

Pertence a várias associações culturais: Academia de Poesia Petropolitana, Academia de Letras Municipais do Brasil, União Brasileira de Escritores, Clube Valadares da Trova, Academia Anapolina de Filosofia Ciências e Letras, Academia Internacional de Letras 3 Fronteiras, Academia Uruguaiense de Letras e The International Academy of England.

Publicações: Crônica – **Cenas da vida diária**, s/d; Poesia – **A trova adivinha** (colaboração Amália Max – 1986), **Cadeia de sonhos** (colaboração vários trovadores – 1984), **Legendas de pára-choques**, 1987, e **Sonetinhos**, 1986.

162 ARIDINÉA VACCHIANO

Poeta, pintora, escultora e designer industrial, Aridinéa Martins Vacchiano nasceu no Rio de Janeiro (RJ), em 23.08.1946.

Dedicada às artes plásticas, com vários cursos de aperfeiçoamento no exterior, tem exposto suas pinturas e esculturas nos principais salões do Brasil, da Europa e dos Estados Unidos. Recebeu várias premiações. Profissionalizou-se como designer, atuando na área de marketing visual. Fascinada pela poesia desde menina, foi escrevendo através dos anos. Estréia em livro, com a poesia de **Reencontros**, em 1989, apresentada pelo poeta Walmir Ayala.

Publicação: **Reencontros**, 1989.

163 ARITA DAMASCENO PETTENÁ

Poeta, professora e presença engajada nas lides culturais e políticas, Arita Damasceno Pettená nasceu em Florianópolis (SC), em 28.06.1932. Está radicada em Campinas (SP). Fez seus primeiros estudos em Florianópolis, onde foi taquígrafa da Assembléia Legislativa de Santa Catarina (1951-1953). Formou-se em Letras Anglo-germânicas na PUC de Campinas (1969); em Pedagogia na Faculdade de Ciências e Letras Geraldo Rezende – Suzano-SP (1977) e em Estudos Sociais na mesma faculdade (1981). Realiza posteriormente diversos cursos de extensão universitária, especialização ou aperfeiçoamento, nas áreas de jornalismo, linguagem-comunicação-expressão, informação, política, segurança e desenvolvimento, etc.

Tem exercido o magistério (português e inglês) na rede estadual de ensino. Foi diretora de várias escolas de Campinas. Entre 1986 e 1988, deu assessoria técnica à coordenadoria de ensino do interior. Filiada ao PTB, em 1989 foi eleita Vereadora para a Câmara Municipal de Campinas.

Desde adolescente dedicou-se à escrita literária, publicando, em jornais e revistas, poemas, crônicas, artigos, etc. Tem cinco livros publicados e inúmeros textos poéticos apresentados em solenidades, concursos, encontros literários, congressos e outros acontecimentos culturais.

É membro de várias associações culturais: Casa de Francisca Júlia; Clube Soroptimista Internacional; Clube dos Poetas de Campinas, Academia Campineira de Letras. Recebeu prêmios e distinções diversas (Medalha Carlos Gomes – Prefeitura de Campinas/1975; Medalha Governador Pedro de Toledo – Veteranos de 1932/1976; Título de Cidadania Campineira/1971, etc.). Tem participado de inúmeras bancas de julgamento em concursos literários.

Publicações: Poesia – **Cantigas de amor sem fim** e **Poema de amor maior**; Crônica – **Gente que amei... causa que defendi**; **Nós** e **Bilhetes para o bicentenário de Campinas.**

ARLETE LUIZA RIBEIRO 164

Poeta e prosadora, Arlete Luiza Ribeiro nasceu na capital de São Paulo (SP), em 16.09.1965, e está radicada em Ribeirão Preto, interior paulista. Escreve desde adolescente poemas e crônicas, divulgados em jornais (Diário da Manhã, Folha de Subúrbio, Clarinadas Líricas, Poetiké e outros), inscritos em concursos ou publicados em coletâneas coletivas. Tem textos teatrais que foram representados por grupos amadores. Estreou em publicação individual, com um opúsculo de poesia lírico-amorosa.

Publicação: **Desejo de amar**, 1987.

ARLETE NOGUEIRA DA CRUZ 165

Romancista, poeta e ensaísta, Arlete Nogueira da Cruz nasceu em Cantanhede (MA), em 07.05.1936. É casada com o poeta maranhense Nauro Machado. Formou-se em Filosofia pela Universidade Federal do Maranhão e fez mestrado na área de Filosofia, no Rio de Janeiro, defendendo tese sobre Walter Benjamin (1988). Personalidade dinâmica, tem dirigido várias entidades culturais. Foi diretora do Teatro Artur Azevedo; participou da criação do Departamento de Cultura da Fundação Cultural do Maranhão, tendo sido sua primeira secretária. Cargo que desempenhou com grande visão, idealismo e dinamismo. Entre os vários projetos desenvolvidos, destaca-se a publicação de textos inéditos de autores maranhenses.

Desde a década de 1950, vem colaborando ativamente na imprensa e participado de movimentos literários e artísticos na capital maranhense. Estréia em livro com o romance **A parede** (1961). Segue cultivando vários gêneros: poesia, epistolografia e ensaio. Em 1969, publica os ensaios **As cartas** e, em 1972, o romance **Compasso binário**.

Pertencente à geração pós-1945, Arlete surge como poeta tardiamente, em 1973, com **Canção das horas úmidas**, *com uma poesia emblemática e lírica, sem fazer concessão ao prosaísmo e ao coloquial que já infestavam a poesia de então. Reconciliando o moderno com o tradicional, a poesia não perde a aura, o mistério, dando as costas para o vocábulo pobre com que alguns poetas querem posar de modernos. (in Assis Brasil,* ***A poesia maranhense do século XX****. 1994).*

Nessa primeira recolha de poemas confirma-se a visão de mundo que desde o início se tornou a tônica de seus escritos: o profundo sentimento do irremediável passar do tempo, a consciência de que todo viver desemboca, afinal, em mãos vazias e na solidão que só o próprio eu povoa.

No meu campo semeei-me matutina / e hoje tenho, lenta e árdua floração / da pessoa que mal posso: pobre mina / que fecunda o seu verbo e se efetua, / solitária, cantando à multidão / que em volta criar, na messe sua...

Entregando-se por inteiro às atividades públicas e aos estudos universitários, a poeta que vive em Arlete, durante anos, esteve silenciosa. Só voltou a se manifestar em livro, em 1996, com **Litania da velha**, onde sua arte poética (de raízes clássicas) surge plenamente madura.

Confirmando seu dramático sentido do passar do tempo e da irremediável destruição dos seres e coisas, nessa dolorosa e densa litania, a poeta embrenha-se pelas ruínas da célula mater da cidade de São Luís do Maranhão, as abandonadas ruínas das antigas e belas casas coloniais que testemunham a grandeza de outrora e as misérias do hoje. Simultaneamente a essa deterioração do espaço físico, a **Litania**... põe a nu o aviltamento que vai destruindo a dignidade humana de uma parte de seus habitantes, os mendigos (uma das injustas chagas de nosso tempo).

Embora fundamente arraigada nessa realidade maranhense, **Litania da velha** – poesia em tom maior – ultrapassa os limites geográficos e históricos da matéria de seu canto e dá voz à universalidade da tragédia humana. É nessa direção – do individual ao universal – que se vem aprofundando a criação literária de Arlete Nogueira Cruz, nestes muitos anos de atenta dedicação à literatura e à cultura que vem sendo forjada em nosso País.

É ainda nesse espaço da memória que se inscrevem os seus **Contos inocentes**. Segundo a apresentação, pela própria autora, estes contos são um pouco inventados e um pouco verdadeiros e foram escritos em momentos diversos (1978 e 1998), mas resultantes de uma mesma situação, o contar histórias: as do primeiro momento, contadas ao seu filho pequeno, e as do segundo, ouvidas de seu velho pai, contumaz contador de casos. Oscilando entre ludismo e dor, sonhos e decepções, vida e morte, as situações simples e banais (mas tocadas de magia) ali narradas, são das que atraem leitores dos 9 aos 90 anos.

Publicações: Romance – **A parede**, 1961 (Prêmio Júlia Lopes de Almeida/ABL), e **Compasso binário**, 1972. Poesia – **Canção das horas úmidas**, 1973, e **Litania da velha**, 1996. Ensaio – **As cartas**, 1969. **A atual poesia do Maranhão**, 1976. Conto – **Contos inocentes**, 2000. Prosa reunida – **Trabalho manual**, 1998.

166 ARRIETE VILELA

Poeta, cronista, contista, professora, pesquisadora e advogada, a alagoana Arriete Vilela Costa nasceu em Marechal Deodoro (AL), em 10.03.1949. Reside em Maceió. Muito jovem começa a escrever poesias e crônicas. Formou-se Professora na UFAL; fez mestrado em Literatura Brasileira; dedica-se à pesquisa do folclore, no Museu Théo Brandão que, na década de 1980, ela dirige durante um certo período. É professora de Literatura Brasileira e Alagoana na UFAL. Recebeu vários prêmios literários. É membro da Academia Alagoana de Letras (1996).

Sua problemática poética insere-se na convergência conflitante dos ideais de alta auto-realização e dos bloqueios que a sociedade impõe aos indivíduos.

Publicações: Poesia – **Eu, em verso e prosa**, 1971, e **O ócio dos anjos ignorados**, 1995. Crônica – **Quinze poemas de Arriete**, 1974; **Recados**, 1978; **Para além do avesso da corda**, 1974; **Pequena história de meninice**, 1981, **Remate**, 1983, e **Fantasia e avesso**, 1986; Biografia – **Carlos Moliterno**: **vida e obra**, 1985; **O poeta popular**, **José Martins dos Santos** 1985. Memória – **Dos destroços, o resgate**, 1994.

167 ARTEMÍSIA NUNES

Poeta, Artemísia Nunes (conhecida familiarmente como Tetê) nasceu em Posse (GO), em 26.01.1919.

Autodidata, espírito humanista e rico de sensibilidade, desde jovem escreve poesias divulgadas na imprensa. Sua produção poética é de natureza espontânea e popular, consciente dos desconcertos do mundo. Participou de várias antologias, como **Colheita** (org. Gabriel Nascente) e **Setembro da poesia** (org. UBE-GO). Estréia em livro com **Cantos de outono**, em 1992.

Publicação: Poesia – **Cantos de outono**, 1992.

168 ASTRID CABRAL

Poeta, ficcionista, professora e funcionária ligada às atividades culturais diplomáticas, Astrid Cabral Félix de Sousa nasceu em Manaus (AM), em 25.09.1936, onde viveu até 1955, quando ainda adolescente se muda para o Rio de Janeiro (RJ).

Presença que ocupa um espaço significativo no contexto da Literatura brasileira contemporânea, Astrid Cabral sentiu, desde menina, a atração pela escrita como funda experiência interior. Em entrevista a Franklin Jorge (RN), a escritora se refere à sua descoberta da palavra quando ainda ginasiana: ... *surpreendia-me descobrindo problemáticas inexistentes para os colegas. Nas composições escolares o que os preocupava era a correção, a obediência à gramática. Mas para mim as palavras tinham corpo e alma, eram capazes de gerar o tempo e o espaço. Lembro-me de que devíamos produzir textos a partir de gravuras e eu costumava me desincumbir da tarefa de várias maneiras: ora atendo-me ao objetivo, descrevendo-as minuciosamente, presa ao espaço delas; ora imaginando-lhes um antes e um depois, urdindo uma seqüência temporal e, sobretudo, emancipando-me do que era apresentado objetivamente.*

Aí já está antecipada a marca de sua arte ficcional ou poética: a busca do que está além das aparências visíveis ou do imediatismo das formas. Na década de 1950 começa a publicar poemas e estudos críticos na imprensa e participa de um grupo de jovens poetas amazonenses que, em Manaus, fundam o Clube da Madrugada e se engajam em uma fecunda atividade poética. Em 1955, muda-se para o Rio de Janeiro, onde continua divulgando seus escritos pela imprensa e faz Curso de Letras na Faculdade Nacional de Filosofia. Em 1959, casa-se com o poeta Afonso Félix de Sousa e mudam-se ambos para Londres. Ali faz um curso de aperfeiçoamento em língua e literatura inglesa.

No início da década de 1960, de volta ao Brasil, passa lecionar Literatura Portuguesa na Universidade de Brasília. Presta concurso para Oficial de Chancelaria do Ministério das Relações Exteriores. Entre 1970 e 1972, reside com o marido e filho em Beirute, trabalhando na Embaixada do Brasil. Novamente no Rio de Janeiro, trabalha no arquivo histórico como revisora de textos para publicações (originais em várias línguas de interesse histórico e diplomático). Em 1986, é designada para trabalhar no Consulado Geral do Brasil em Chicago (Illinois-EUA). No pólo oposto aos convencionalismos ou rituais formais, inerentes às relações diplomáticas a que está ligada profissionalmente, a sua criação literária é todo um mergulho no oculto, latente na visibilidade cotidiana.

Desde sua estréia, em 1963, com os contos de visceral comunhão com a natureza, reunidos em **Alameda**, até seu livro mais recente, a poesia telúrico-existencial de **Intramuros** (1998), a poeta se revela atenta ao antes do tempo vivido, ao dentro das formas visíveis, ao além dos gestos, ao mistério da eternidade cravada no dramático efêmero de tudo e, principalmente, à tarefa obscura-luminosa da palavra: nomear o mundo, dar forma definitiva à vida cuja verdade última lhe escapa sempre.

As palavras se contaminam /de cada um de nós. / Bebem nosso único sangue / Engravidam das vivências / de específicos destinos. [...] o que se expressa e vigora / em aparente senha comum / não cintila a sua aura / e de nós o essencial ignora. (in ***Ponto de cruz***).

Recebeu vários prêmios de importância: Prêmio Nacional de Poesia – UBE – Goiás-1981; Prêmio Olavo Bilac – Academia Brasileira de Letras/1987; Revelação Poesia de NCV – Nova Cine Vídeo – Porto Alegre/1987.

Publicações: Contos – **Alameda**, 1963; Poesia – **Ponto de cruz**, 1979; **Torna - viagem**, 1981; **Lição de Alice**, 1986; **Visgo da terra**, 1986; e **De déu em déu** (poemas reunidas), 1998. Infantil – **Zé pirulito**, 1982.

AUGUSTA CAMPOS 169

Poeta trovadora, a cearense Augusta Campos nasceu em Juazeiro do Norte (CE). Está radicada no Rio de Janeiro (RJ). É membro da Ala feminina da Casa Juvenal Galeno e de outras associações culturais.

Publicações: **Ronda**, s/d ; **Zabumba**, 1962; **Cantigas de lua nova**, s/d; **Hora presente**, 1968.

AUGUSTA DE FARO 170

Poeta e uma das primeiras mulheres em Goiás a se dedicar à Literatura, Augusta de Faro Fleury Curado nasceu em Curitiba (PR), em 08.10.1865, e viveu em Goiás (GO), onde faleceu em 11.04.1929. Educada em colégios internos de alta categoria, recebeu desde cedo educação esmerada (línguas, literatura, pintura, piano, canto, etc.). Muito criança manifestou atração pelas histórias que lhe eram contadas e mais tarde romances e poesias que lhe eram dados para ler ou ouvir nos serões familiares, como era uso na época. Ainda adolescente, entregou-se à escrita literária (poesias, contos, novelas, diário, cartas, relatos de viagens, etc.), que ia registrando em numerosos cadernos.

Estréia em livro com **Devaneios**, em 1891, quando residia em São Paulo, onde seu pai exerceu o cargo de diretor da Faculdade de Direito. Em **Devaneios** reuniu vários contos e uma novela, A lenda do brazão.

Em 1896, quando já estava casada, muda-se com o marido do Rio para Goiás, e escreve um minucioso relato da viagem, que mais tarde é publicado por sua filha Maria Paula, **Do Rio de Janeiro a Goiás**. Entre seus escritos, que aguardam publicação, estão contos, poesias e memórias: Ao cair da chuva, Aquela casa, A tarde, O gaúcho, Fantasia e outros. Reeditado depois de sua morte, o volume **Devaneios** foi acrescido de Ramalhetes de saudades, prosa memorialista que consiste em significativo depoimento sobre o cotidiano familiar nos últimos anos da monarquia brasileira.

Publicações: **Devaneios**, 1891; **Do Rio de Janeiro a Goiás**, 1988.

171 AUGUSTA FARO FLEURY DE MELO

Poeta e professora, Augusta Faro Fleury de Melo nasceu em Goiás (GO), em 04.11.1948. Formou-se em Pedagogia; fez mestrado em Teoria da Literatura (UFG). Escreve poesia desde a adolescência (tal como sua avó, Augusta de Faro*, presença de destaque entre as mulheres escritoras de Goiás). Tem divulgado seus escritos pela imprensa (O Popular; Correio das Artes, etc.), e participado de concursos literários nacionais. Seu primeiro livro, **Mora em mim uma canção menina** (1982), recebeu menção honrosa da Bolsa Hugo de Carvalho. Seguiram-se outros volumes de poesia e, em 1990, publica **O azul é do céu?** Participou de obras coletivas (**Colheitas: a voz dos inéditos**/1980; **Goiânia global**/1984; **Gente e literatura**/1990; **A nova poesia de Goiás**/1993 e outros). Em 1995, seu livro **Avessos do espelho** recebeu o Prêmio Alejandro José Cabassa/UBE-RJ.

É membro da Academia Feminina de Letras e Artes de Goiás. Diretora-proprietária do Centro Educativo Piaget. Integra o Conselho Estadual de Cultura e a Diretoria da UBE – Seção Goiás.

Publicações: Poesia – **Mora em mim uma canção menina**, 1982; **Estado de graça**, 1987; **Lua pelo corpo**, 1984; **Avessos do espelho**, 1995. Literatura infantil – **O azul é do céu?**, 1990; **O dia tem cara de folia**, 1991; **Usar a cuca é melhor que a pança**, 1991; **Alice no país de Cora Coralina**, 1993; **A dor dividida**, 1995. Contos – **Friagem**, 1999. Novela – **A dor dividida**, 1995. lenda – **Por quem chora Potira?**, 1995.

172 AURA PEREIRA LEMOS

Poeta, professora e funcionária federal, Aura das Chagas Pereira Lemos nasceu em Porto Alegre (RS), em 23.03.1899. Viveu no Rio de Janeiro (RJ), onde faleceu em 19.06.1951. Colaborou na imprensa gaúcha e carioca. Era membro da Academia Literária Feminina Rio Grande do Sul. Deixou dois livros publicados e alguns inéditos.

Publicações: Poesia – **Inês**, 1935, e **Catedral do sonho**, 1944.

173 ÁUREA CORDEIRO MENEZES

Poeta, teatróloga e professora, a religiosa Irmã Áurea Cordeiro Menezes nasceu em Curvelo (MG), em 02.01.1930. Está radicada em Goiânia. Formou-se em Pedagogia (PUC-GO) e fez pós-graduação em História na USP e Especialização em Teologia na Catholic University of América (Washington).

Atraída pela literatura e pela pesquisa, tem escrito poemas, peças teatrais, etc., divulgados em jornais ou revistas. É membro da Academia Feminina de Letras de Goiás.

Publicações: Teatro – **Vingança nas selvas**, 1958; Poesia – **Saudades de minha terra**, s/d; Tese – **O colégio Santa Clara e sua presença educacional em Goiás**, 1981.

ÁUREA MIRANDA 174

Poeta lírica e mulher de grande cultura, Áurea Miranda nasceu em Salvador (BA), em fins do século XIX. Destacou-se desde muito jovem no meio literário e social da capital baiana. Foi membro do Instituto Histórico e Geográfico da Bahia e publicou na imprensa vários textos em poesia e prosa.

Publicação: Poesia – **Fragmentos d'alma**, 1918.

ÁUREA PIRES DA GAMA 175

Poeta e professora, a fluminense Áurea Pires da Gama nasceu em Angra dos Reis (RJ), em 02.02.1876, e faleceu em 10.10.1949 no Rio de Janeiro (RJ), onde se radicara desde a adolescência. Fez seus primeiros estudos em Minas Gerais e concluiu-os no Rio de Janeiro, onde se forma professora e inicia carreira no magistério. Casou-se com o escritor Antônio Chichorro da Gama e participou com o marido da vida cultural carioca da época. Desde muito jovem escrevia poesia. Estréia em livro em 1898, com o volume de poesias **Flocos de neve** (prefaciado por Inês Sabino). Seguem-se outros: **Indiana**, **Pétalas** e **Entre o mar e a floresta**.

Publicações: Poesia – **Flocos de neve**, 1898; **Indiana**, 1902; **Pétalas**, 1908, e **Entre o mar e a floresta**, s/d.

ÁUREA SAMPAIO TOCALINO 176

Romancista e professora, Áurea Sampaio Tocalino nasceu em Santa Rita do Passo Quatro (SP), em 31.05.1910. Fez seus primeiros estudos em Ribeirão Preto e formou-se para o magistério na Escola Carlos Gomes em Campinas, onde passou a residir, depois de viver alguns anos em Viradouro, onde se efetivou como professora. Muito cedo sentiu-se atraída pela escrita literária. Estréia em livro com o romance **As desajustadas** (escrito em 1942 e só publicado em 1974), com boa recepção da crítica campineira. Tem inéditos dois romances: **Estefânia** e **Desforra**.

Publicação: **As desajustadas**, 1974.

AURÉLIA TEIXEIRA FERRER 177

Poeta e religiosa, Irmã Aurélia Teixeira Ferrer nasceu em Lavras do Mangabeira (CE), em 26.11.1905. Devido às condições da vida religiosa, residiu em diferentes estados do País. Formou-se em Teologia e Psicologia nos Estados Unidos. Militou no jornalismo, por meio do qual divulgou sua poesia espiritualista. Em 1980, publica um livro onde reúne sua produção poética.

Publicação: Poesia – **Em busca da plenitude**, 1980.

AURIVALDINA GLEISER 178

Poeta, prosadora, promotora cultural e advogada, Aurivaldina de Carvalho Padilha Gleiser nasceu em Salvador (BA), em 15.08.1943. Formou-se em Direito e exerce a profissão, dedicando-se simultaneamente ao culto das letras e à promoção de espetáculos culturais ou encontros artísticos. Tem divulgado sua produção literária na imprensa.

É membro da Federação Baiana de Escritores, do Movimento Poético Nacional e de diversas outras entidades culturais. Tem coordenado projetos especiais da Fundação Cultural do Estado da Bahia. Participou de inúmeras antologias e publicou vários livros de poesia.

Publicações: **Reencontro**, 1977; **Célula doce-e-corpo**, 1978; **Carne vil**, 1978; **Mutirão**, 1982; e **Verde azul**, 1983.

179 AURORA DUARTE ARRUDA BEHMER

Poeta, declamadora e professora, Aurora Duarte Arruda Behmer nasceu em Salto (SP), e reside na capital paulista. Fez curso de magistério; diplomou-se em inglês (Instituto Cultural Brasil-Estados Unidos) e estudou espanhol e italiano. Desde menina revelou pendores para a declamação e a escrita de poesia.

Publicações: Poesia – **Carrossel 67**, s/d, e **Branco, azul e ... rosa**, s/d.

180 AURORA DA GRAÇA ALMEIDA

Poeta, bibliotecária e professora universitária, Aurora da Graça Almeida nasceu em Rosário (MA), em 25.05.1940. Reside em São Luís. Formou-se em Letras e dedicou-se à docência e à pesquisa, como bibliotecária e professora universitária na UFMA. Foi diretora da Biblioteca Pública do Maranhão e da Biblioteca Central da UFMA.

Publicações: Poesia – **Cavalo dourado**, 1977, e **Nó de brilho**, 1981.

181 AURORA LEITE RANGEL

Novelista, poeta e professora, Aurora Leite Rangel nasceu em Pinhal (SP), em 05.01.1897. Radicou-se na capital paulista, onde faleceu em data ignorada. Participou com empenho de atividades ligadas à cultura e à literatura. Estreou em livro, em 1950, com uma novela que teve excelente repercussão.

Publicação: **Um segundo na lua**, 1950.

182 AURORA NUNES WAGNER

Poeta e cirurgiã-dentista, Aurora Nunes Wagner nasceu em Quaraí (RS), em 09.08.1899, e residiu em Porto Alegre (RS), onde faleceu em 09.06.1973. Desde muito jovem escrevia poesia, divulgando-a em jornais e revistas locais. Formada em Odontologia, dedicou-se à pesquisa e escreveu vários trabalhos científicos: Contribuição ao estudo da odontólise (1947); Odontoclasia infantil (in revista Rio Grande odontológico nº 2/1952); Influência do flúor na profilaxia da cárie dentária (in revista de odontologia. Belo Horizonte, 1953) e Fraturas dentárias na infância (in revista Rio Grande odontológico. PA, 1954).

Em poesia publicou um livro, em 1946.

Publicação: **Prelúdios**, 1946.

183 AUTA COSTA

Poeta, professora e musicista, Auta Teixeira Costa nasceu em Maceió (AL), em 12.09.1935. Tal como sua homônima, Auta de Sousa (poeta negra que viveu no Rio Grande do Norte, no entresséculos), a poeta alagoana está entre as vozes que hoje enriquecem a literatura negra brasileira. Auta Costa está radicada no Rio de Janeiro, onde se formou professora, estudou música (teoria musical e piano) e jornalismo. Formou-se em pedagogia.

Escreve poesia desde menina; publicou poemas em jornais e revistas e estréia em livro, em 1990, com **Retalhos**, poesia feita de fragmentos da vida cotidiana e perpassada de generoso humanismo. Como diz Francisco Igreja, na apresentação do livro, e lembrando a poeta rio-grandense Auta de Sousa: *Ser AUTA é ter destino de poeta. Porém a semelhança não está nos nomes. É o mesmo espiritualismo cristão, o nordeste brasileiro, até um pouco de fragilidade física, a inteligência viva e a facilidade de conversação.*

É membro da Associação Profissional dos Poetas do Estado do Rio de Janeiro – APPERJ.

Publicação: Poesia – **Retalhos**, 1990.

AUTA DE SOUSA 184

Poeta negra, de grande inteligência e sensibilidade espiritual, que deixou uma aura de grandeza na memória da poesia nordestina, Auta de Sousa nasceu em Macaíba (RN), em 12.09.1876, e faleceu em Natal (RN), em 07.02.1901.

Seus pais morreram quando era ainda muito criança e, juntamente com seus três irmãos, foi criada pela avó materna. Estava com 11 anos, quando mais uma morte a fere: a de seu irmão Irineu, ocorrida em 1887. Ano em que ela se muda com a avó e os outros irmãos para o Recife e passa a estudar no colégio de São Vicente de Paula, dirigido por religiosas francesas. Destacou-se sempre nos estudos, passando a dominar com fluência a língua francesa e chegando, inclusive, a escrever versos em francês.

Em 1890, contraiu tuberculose; deixa o colégio e volta com a família para Macaíba. Vida, desde a adolescência, ameaçada pela morte, a de Auta de Sousa expressou-se na poesia, sob o signo do sofrimento exaltante e da cristã submissão à dor e aos desígnios de Deus. De linhagem romântica, a sua poesia se fez meio de libertação (ou catarse) de angústias reprimidas e de grande amor ao próximo. A contínua peregrinação em busca de cura é acompanhada de grande interesse pelas atividades culturais e literárias de seu meio. A crônica do tempo enfatiza a grande vitalidade e inteligência com que Auta sempre participou da vida cultural. Foi membro-fundadora do Clube do Biscoito (cuja finalidade era promover reuniões em casa de associados, para uma alegre convivência através de danças, cantos, declamação de poesias, concertos de piano e outros instrumentos – reuniões essas acompanhadas de refrescos e biscoitos, como era usual na época).

Em 1894, começa a publicar poesia na revista Oásis, de Natal (RN). Nessa época, vive o grande e único amor de sua vida, dedicado ao bacharel João Leopoldo Loureiro. Amor que se frustra por oposição da família, devido à sua saúde precária. Prossegue escrevendo e publicando poemas na imprensa (A Tribuna, Oito de Setembro, revista do Rio Grande do Norte, etc.), usando por vezes os pseudônimos de Ida Salúcio ou Hilário Neves. Em 1897, reúne os poemas publicados, sob o título **Dálias**; mais tarde substituído por **Horto**. Em 1899, submetido o original à apreciação de Olavo Bilac, este escreve-lhe o prefácio. No ano seguinte, Auta muda-se para Natal e **Horto** sai publicado em livro. Um ano depois, Auta é afinal vencida pela doença e morre aos 24 anos de idade.

O reconhecimento da crítica foi, portanto, póstumo. Luís Câmara Cascudo, Nestor Vitor, Alceu de Amoroso Lima, Jackson de Figueiredo, Manuel Bandeira, Perilo Gomes... foram alguns dos que lhe reconheceram os méritos de poeta espontânea e talentosa que, embora vivendo no final do século XIX, em pleno confronto entre naturalismo e simbolismo, se conservara essencialmente ligada ao espírito do romantismo.

Publicação: **Horto**, 1900.

AYÊSKA PAULAFREITAS 185

Poeta, contista, radialista e autora de literatura infantil com atuação nos meios de comunicação, Ayêska Paulafreitas (Ayêska Oassé Luis Paulafreitas de Lacerda) nasceu no Rio de Janeiro (RJ), em 16.03.1948. Está radicada em Salvador (BA).

Formou-se em Agrimensura (Escola de Engenharia Eletrônica da Bahia/1977). Fez Especialização em Educação de Adultos e Ensino à distância (University of Britsh Columbia/1986). Profissionalizou-se como roteirista e produtora de programas culturais e rádio educativos (Rádio Educadora da Bahia, TVT Produções, Rádio Camaçari, etc.). Adaptou para crianças vários textos teatrais (**O juiz da roça** de Martins Pena; **Piquenique no front** de Arrabal; **A exceção e a regra** de Brecht, etc.). Roteirista e apresentadora dos programas Palavra de mulher, Rádio-Teatro e outros (IRDEB/Rádio Educadora). Redatora *free lancer* dos jornais Tribuna da Bahia, A Tarde, A Tarde Cultural, Notícias da Bahia, da Revista Panorama da Bahia e do Caderno de Cultura do Diário Oficial.

Filha do escritor Paulafreitas, já falecido, Ayêska iniciou-se muito cedo no exercício da escrita literária. Seus primeiros poemas e contos foram publicados na imprensa e em coletâneas, a partir da década de 1980 (in Suplemento Literário do Minas Gerais; Revista Nacional-RJ; Contos & Novelas-SC; Boi Mamão-SC; Letras Fluminenses; revista Cirandinha-PI; revista Brasília; Contemporary Brasilian prose fiction women. Colorado, EUA, 1985, etc.).

Seus trabalhos têm sido bem recebidos pela crítica e merecido inúmeros prêmios e distinções (in Concurso Permanente de Contos Boi Mamão – Fundação Catarinense de Cultura/1981); Menções Honrosas (XIV Concurso Nacional de Contos Cidade de Araquari, MG/1983 e "Série Mistério e Suspense", Abril Cultural, SP/1984), "Prêmio Monteiro Lobato" (Academia Brasileira de Letras, RJ/1987); VI Prêmio Jorge Andrade – Academia Barretense de Letras/1994; e outros.

Estréia em livro, em 1981, com os contos **Manchas roxas**, cujo domínio da palavra, breve e densa, mostra grande maturidade de visão. Situação breves, centradas no cotidiano e narradas com aparente displicência, ou melhor, em tom leve, que deixa escapar, pelos interstícios do texto, o mistério que fica em suspenso no espírito do leitor. Seguem-se os contos de **Cadeira de vime**, cuja força maior é a tensão entre o **visível** do cotidiano rotineiro e o **invisível** que se pressente ali latente e que o transfigura. Na verdade, é nessa fronteira entre o visível e o invisível pressentido que vive hoje o mundo.

É membro do Clube da Ficção (Salvador) e correspondente da Academia de Letras do Estado do Rio de Janeiro.

Publicações: Contos – **Manchas roxas**, 1981, e **Cadeira de vime**. Infantil – **Uma casa na varanda**, 1985. Ensaio – **Glauber, a conquista de um sonho**, 1995; **Mário e Maria**, 1989, e **O que o coração mandar**, 1992.

b

186 BÁRBARA DE ARAÚJO

Romancista, contista, jornalista, advogada e elemento atuante no meio intelectual mineiro, Bárbara de Araújo (nome literário de Zilah Correia de Araújo) nasceu em Campo Belo (MG), em 1916. Fez seus primeiros estudos em São João del Rey, mudando-se posteriormente para Belo Horizonte, onde residiu até seu falecimento, em 1975. Era irmã da escritora Laís Correia de Araújo*. Bacharelou-se e doutorou-se em Ciências Jurídicas, pela UFMG. Formou-se também em Ciências Econômicas e fez Curso de pós-graduação, em Paris, em Direito Tributário.

Desde jovem inclinada às letras, inicia-se como escritora publicando nas revistas cariocas A Cigarra e O Cruzeiro. Nesta última, publica o romance em folhetins **Uma flor sobre o muro** (Prêmio Othon Linch Bezerra de Melo da Academia Brasileira de Letras, 1955). Reeditado em 1963, recebeu o Prêmio Cidade de Belo Horizonte.

Com boa repercussão crítica e aceitação do público, seguem-se os romances: **Loja de ilusões** (Prêmio da ABL – 1955) e **E oferecerás a tua outra face** (Prêmio da Academia Paulista de Letras – 1969). E ainda os contos de **O bezerro de ouro** (Prêmio João Alphonsus da Secretaria de Educação de Minas Gerais).

Dona de um estilo seguro, denso e de longo fôlego, Bárbara de Araújo deixou em sua ficção uma significativa visão crítica dos valores de base, absolutos e inquestionáveis, que alicerçam a sociedade tradicional brasileira e determinam a natureza das relações de poder, afeições ou ódios, entre homem e mulher, senhor e servo, ricos e pobres, etc. Particularmente importante, nessa linha de preocupação crítica, é o seu último romance, **E oferecerás a tua outra face**, no qual temos como núcleo dramático o poder quase mítico do patriarca e um fenômeno ainda não estudado a fundo: o forte componente matriarcal que existiria camuflado sob o despótico patriarcalismo que desde sempre caracterizou, oficialmente, o velho sistema familiar brasileiro. Há, neste romance, matéria que ultrapassa seu valor literário, para se oferecer a estudos da realidade brasileira, voltados para o familiar, o social, o político e o psicológico.

Publicações: **Uma flor sobre o muro**, 1955; **Muro das lamentações**, s/d; **Loja de ilusões**, 1955; **O bezerro de ouro**, 1970, e **E oferecerás a tua outra face**, 1965; e **A flor do tempo**, 1972.

187 BÁRBARA HELIODORA

Registrada pelos documentos históricos como a segunda mulher poeta brasileira, Bárbara Heliodora Guilhermina da Silveira nasceu em 1759, em São João del Rey (antigo arraial do Rio das Mortes), em Minas Gerais, e faleceu em 1819 na freguesia de São Gonçalo de Sapucaí (MG). Era filha do Dr. José da Silva e Sousa, natural de Tomar (Portugal), um dos primeiros advogados formados que se estabeleceram na capitania de Minas Gerais e a quem se devem as gestões para a construção da famosa igreja de São Francisco de Assis em São João del Rey, onde sempre residiu. Entre seus ancestrais, está o bandeirante Amador Bueno da Veiga, comandante paulista na Guerra dos Emboabas, que aconteceu na região, onde mais tarde se instalou a Vila de São João del Rey, em 08.12.1713.

Na verdade, Bárbara Heliodora alcançou fama e perdura na memória brasileira, não pela poesia que escreveu, mas por ter sido esposa do poeta árcade Inácio José de Alvarenga Peixoto; companheira que o teria apoiado na idealização do plano da conspiração mineira, e que lhe serviu de apoio e conforto enquanto esteve na prisão. A história acabou por reconhecê-la como heroína da Inconfidência, e seu túmulo simbólico foi colocado lado a lado com o do marido, no Panteão da Inconfidência em Ouro Preto, onde permanece.

Desde muito jovem escrevia poesias que, segundo a crônica do tempo, eram tão louvadas quanto a sua beleza física (que Alvarenga Peixoto cantou em muitos versos). De sua produção literária pouco restou. Consta que muitos de seus manuscritos teriam sido apreendidos e destruídos pelos esbirros de D. Maria, a louca, quando vasculharam a sua casa, em busca de papéis do poeta inconfidente.

Mais tarde, pesquisas feitas por José Norberto de Sousa e Silva localizaram 12 sextilhas de Bárbara Heliodora, **Conselhos a meus filhos**, as quais foram incluídas no volume por ele organizado das **Obras poéticas de Inácio de Alvarenga Peixoto**. Nesses breves poemas, expressa-se a experiência amarga por que passara: *Com Deus e o Rei não brincar. /É servir e obedecer. /Amar por muito temer. /Mas temer, por muito amar. /Santo temor de ofender /A quem se deve adorar!*.

Muitas lendas surgiram em torno de seu sofrimento de esposa que perdeu o marido, coberto de infâmia e degredado para Angola, onde faleceu em 1793, deixando-a viúva, com quatro filhos e grandes problemas financeiros (pois as duas ou três minas de ouro pertencentes à família se esgotaram). A esses problemas (para os quais teve a ajuda da família) somaram-se a prematura morte de sua única filha, Maria Ephigênia, devido a uma queda de cavalo e, também, como é evidente, a situação de viúva de um homem que se revelara contra o poder da Coroa portuguesa.

A casa em que nasceu (hoje na Rua da Prata, em São João del Rey) ainda existe, em frente à praça que serve de átrio à igreja São Francisco de Assis.

Publicação: **Conselhos a meus filhos** (12 sextilhas incluídas nas **Obras poéticas de Inácio de Alvarenga Peixoto**, coligidas por Norberto de Sousa e Silva. Paris, 1865. Obra pertencente à Coleção Brasília, da Biblioteca Nacional, publicada sob os auspícios de D. Pedro II).

BÁRBARA HELIODORA CARNEIRO DE MENDONÇA 188

Crítica teatral, pesquisadora, tradutora, professora universitária, Bárbara Heliodora Carneiro de Mendonça nasceu no Rio de Janeiro (RJ), em 1923.

Graduou-se em Letras no Connecticut College/EUA, em 1943. Doutorou-se na Universidade de São Paulo. Colaborou no Suplemento Dominical/Jornal do Brasil (1958-1964), e no Suplemento Literário/O Estado de São Paulo; bem como em periódicos da Inglaterra e dos Estados Unidos.

Participou, como atriz, do movimento teatral, na década de 1950, em torno de O Tablado, verdadeiro teatro-laboratório, fundado em 1953, no Rio de Janeiro, por Maria Clara Machado.

Tem-se destacado como *expert* e tradutora do teatro shakespeariano (**Romeu e Julieta** e o estudo **A expressão dramática do homem político em Shakespeare**).

Como escritora e pesquisadora, tem participado de inúmeras importantes obras coletivas (**História da cultura brasileira**. 1976; **A era do barroco**. 1982; **Theatre companies of world**. 1986 e outras).

189 BARTYRA SOARES

Poeta, contista, a pernambucana Bartyra Soares nasceu em Catende. Radicou-se no Recife.

Desde os seis anos de idade escreve poesia. Tem uma extensa produção literária. Inicia a carreira de escritora publicando poemas e contos na imprensa e participando de antologias (**Lauréis**, 1988; **Poesia viva do Recife**, 1995; **Poésie du Brésil**/Paris, 1997; **Mormaço e sargaço**, 1998, e outras). Escreveu, em colaboração com M. do Carmo Campello de Melo, o poema dramático Oratório da paixão (encenado em vários locais da capital e do interior).

Como contista, participando de concursos literários, recebeu vários prêmios e distinções (Prêmio Edson Régis de Poesia do Pen Clube do Brasil – Seção PE/1983; II Concurso Carlos Pena Filho/1989; Prêmio Ladjane Bandeira de Poesia/1991; prêmio ULAC – Lima, Peru/1996 e 1° lugar – III Concurso de Contos – ACAPO – Coimbra, Portugal/1998). Pertence à Academia de Letras e Artes do Nordeste Brasileiro e à União Brasileira de Escritores-PE.

Estreou em livro com a poesia de **Enigma**, ao qual se seguem outros. Tem publicado textos sobre literatura folclórica.

Publicações: Poesia – **Enigma**, 1976; **Sombras consolidadas**, 1980; **No posto do tempo e da permanência e da temporalidade**, 1987; **Veredictos**, 1995; e **Estrela em trânsito**, 1997. Folclore – **Estórias encantadas da Serra da Prata**, 1979. Contos – **Primeiro quadrante**, 1985.

190 BEATRIZ ALCÂNTARA

Poeta, contista, ensaísta e professora universitária, Maria Beatriz Rosário de Alcântara nasceu em Fortaleza (CE), em 09.02.1943. Fez seus primeiros estudos em Portugal, onde viveu até os dezenove anos. Formou-se em Letras na UFCE/1968. Fez mestrado na Universidade de Brasília e estágios na França. É professora universitária e tem desenvolvido grande atividade no meio cultural cearense. Participou do grupo que fundou, em 1988, a revista feminina literária Seara, de circulação nacional. Coordenou o Centro de Estudos de Cultura Feminina (Fortaleza). Foi diretora do Theatro José de Alencar e editora da Revista de Literatura Espiral. Em 1976, recebeu o título de Personalidade do Ano, da Academia Cearense de Letras, e, em 1995, a Comenda da Ordem Alencariana do Mérito Judiciário do Trabalho. Em 1994, foi eleita para a ACL – Academia Cearense de Letras. Tem participado de várias antologias de poesias ou contos (*O livro da Ajebiana* – Fortaleza, 1979, e *Contos correntes* – Brasília, 1988). Aderiu à poesia marginal dos anos 1970. Espírito inquieto, Beatriz se entrega sempre a novas experiências poéticas. Em 1997, publica **Água da pedra**, recolha de uma densa safra poética, onde ecoam vozes universais (Fernando Pessoa, José Régio, Proust, Garret, Valéry e outros), com as quais a poeta dialoga. Completa o volume uma série de poemas traduzidos, com a colaboração do poeta Raimundo Gadelha. Em 2000, organiza (em colaboração com Lourdes Sarmento) uma seleta de poemas e ensaios contemporâneos, **Amor nos trópicos**. Em 2001, **Raízes do tempo**, poemas do cotidiano onde a vida se cumpre.

Publicações: Poesia – **Boletim de poesia** (em colab.), 1977, e **O outro lado do olhar**, 1988; **Água da pedra**, 1997; **O portal e a passagem**, 2000; e **Raízes do tempo**, 2001. Ensaio – **La revolte positive de Simone de Beauvoir**, 1977, e **Fernando Pessoa e o momento futurista de Álvaro de Campos**, 1985; **Daquém e dalém mar**, 1993, e **Academia brasílica dos esquecidos**, 1993.

BEATRIZ AMARAL 191

Poeta, romancista, musicista, advogada e promotora de justiça, Beatriz Helena Ramos Amaral nasceu em São Paulo (SP), em 27.11.1960. Formou-se em Direito (USP/1983), tendo recebido o Prêmio de melhor aluna do curso. É membro titular da Academia de Letras da FADUSP, ocupando a cadeira Graciliano Ramos. Especializou-se em Direito Penal e Criminologia. Exerce a advocacia. Ingressou no Ministério Público do Estado de São Paulo, em 1986, no cargo de promotora de justiça. Em 1990, é nomeada Promotora de Justiça Titular em São Paulo, em exercício na área criminal.

Desde adolescente, dedica-se à música e à literatura, como leitora crítica, poeta e ficcionista. Formou-se em música pela FASM (Faculdade Santa Marcelina), em 1985, especializando-se em violão erudito. Passa a integrar, como solista, grupos de música de câmara, que se têm apresentado em recitais (São Paulo, Santa Catarina, Minas Gerais, etc.).

Seus primeiros escritos poéticos foram publicados na imprensa e em antologias (**Escritores brasileiros**/1985; **International poetry yearbook**-EUA, 1985; **Antologia poética do grupo artístico e cultural Vinícius de Moraes**, 1985; **Lauréis IV**, 1989, etc.). Recebeu inúmeros prêmios e distinções literárias.

É membro da UBE – SP e da Academia Interamericana de Literatura e Jurisprudência. Foi incluída no **The world who's who of women** (Cambridge, 1988) e no **Directory of international writer** (Colorado, 1986).

Estréia em livro em 1980, com o romance **Desencontros**, no qual já se sente uma das tônicas que iria marcar o seu universo poético: a ânsia existencial de comunhão com o **outro**, mas sempre frustrada (frustração que na poesia será superada). Será na esfera da poesia que Beatriz Helena encontrará sua definitiva forma de expressão. Seu primeiro livro de poesia, **Cosmoversos**, já pelo título revela sua sintonia com a poética experimentalista e o impulso de comunhão e universalidade buscada pela poeta. Essa ânsia de totalidade se expressa em sua matéria poética pela convergência de múltiplas esferas: a da visualidade (tendência à concretização formal do pensamento); a da musicalidade (vibrações sonoras da palavra) e a do ritmo da vida (atração pela palavra montagem que funde ou acelera as vivências). Analisando esse livro inicial, Fábio Lucas define-o como cosmotextos, nos quais as tramas da metalinguagem envolvem a busca do ser, do amor e a força incontrolável do mundo interior submerso.

A produção que se segue aprofunda essas peculiaridades estilistas e temáticas. O evidente e gradativo amadurecimento do exercício poético se expressa por uma crescente tendência para a síntese das relações eu-mundo. É o que revela **Primeira lua**, coletânea de haicais (em colab. com Elza Ramos Amaral), gênero poético oriental que é, sem dúvida, um desafio para o poeta ocidental, na medida em que o seu racional é segmentado e seu modo de ver o mundo precisa ser substituído pelo modo intuitivo e global do Oriente. Desafio que Beatriz Helena enfrenta com agudez de visão e sensibilidade.

O volume **Planagem**: palavras e papiros (1983-1997) oferece uma visão de conjunto da alta arte poética da autora. Nele estão reunidos os livros acima citados e conjuntos de poemas inéditos: Poema sine praevia lege, Elipse e Bequadros e melismos. Neste último conjunto avulta a atração pela música que percorre a poesia de Beatriz Helena, e aqui se manifestando já no título (vocábulos que pertencem à linguagem musical). Sua poesia (inclusive em manuscrito) tem sido objeto de análises semióticas em congressos e seminários de literatura, ecdótica e crítica genética.

Publicações: Romance – **Desencontros**; 1980; Poesia – **Cosmoversos**, 1983; **Encadeamentos**, 1988; **Primeira lua**, 1990 e **Planagem**, 2000.

BEATRIZ BRANDÃO 192

Poeta, dramaturga, autora de romances em versos e contemporânea dos árcades brasileiros, Beatriz Francisca de Assis Brandão nasceu em Vila Rica (MG), em 29.07.1779; viveu parte de sua vida no Rio de Janeiro (RJ), onde faleceu em 05.02.1868, em pleno Romantismo.

Foi confidente de sua prima, Maria Joaquina Dorotéia de Seixas Brandão, a famosa Marília de Dirceu, noiva do poeta Tomás Antônio Gonzaga. Embora de família abastada, sua educação limitou-se aos estudos primários e a poucas noções de música. Com um velho amigo da família aprendeu francês e, apaixonando-se pela literatura, se descobriu poeta. Depois de um casamento fracassado, dedica-se inteiramente às letras, inclusive colaborando regularmente na imprensa.

Conforme as diretrizes estéticas do Arcadismo (ou Neo-Classicismo) imperante em sua época, escreveu poemas líricos, poemas laudatórios, dramas e romances em versos (no estilo do poeta suíço Gessner) e traduções de epístolas clássicas de uma ópera. Teve notariedade em sua época, chegando a colaborar nos jornais cariocas Marmota (fundado por Paula Brito em 1849 e mantido regularmente até 1861) e Guanabara (mantido por Porto Alegre, J. F. Fernandes Pinheiro). Seu nome foi proposto, por Joaquim Norberto de Souza e Silva e dois outros escritores, como membro honorário do Instituto Histórico e Geográfico Brasileiro, mas foi recusado, pois o regulamento impedia a inclusão de mulheres. Pouco antes de morrer entregou a uma amiga, para fazer chegar às mãos de S. M. Imperatriz, os papéis em que havia escrito seus últimos versos: **Cantata aos anos da Imperatriz D. Leopoldina.**

Publicações: Poesia – **Cantos da mocidade**, 1856; **As comendas** (saudação a D. Violante Ximenes de Bivar e Velasco. 1859); **Lágrimas do Brasil** (à memória da rainha de Portugal, D. Estefânia. 1860) e Poesia (in **Parnaso brasileiro** de Januário da Cunha Barbosa, 1829/1832). Romance em versos – **O caçador**, s/d, e **Lilia e Nerina**, s/d. Tradução – **Catão** (drama do italiano Metastásio); **Alexandre na Índia** (ópera) e **Cartas de Leandro e Vellasco**. Inéditos – José no Egito, Sonho de capitão, Angélica e Medoro, Semiramis reconhecida; Diana e Endimião Drama à coroação de D. Pedro I e Drama ao nascimento de D. Pedro II.

193 BEATRIZ RABELO

Poeta e artista plástica, Beatriz Farias Santos Rabelo nasceu em Santa Leopoldina (ES), em 06.12.1928. Formou-se pela Academia de Belas-Artes de Vitória. Participou, como pintora, de exposições coletivas e publicou poesia na imprensa.

Publicação: **Na encruzilhada do sonho**, 1967.

194 BEATRIZ REIS CARVALHO

Poeta e presença atuante no meio social e cultural carioca, da primeira metade do século XX, Beatriz Reis Carvalho nasceu no Rio de Janeiro (GB), em 31.08.1916. Fez carreira como funcionária da Secretaria da Fazenda da Guanabara.

Desde criança mostrou pendor para a poesia. Estreou, ainda menina, com o livro **Manhãs**, que atraiu a atenção da crítica pela precocidade da autora. Seguem-se novos livros que mereceram prêmios e distinções. Com **Eterna esperança** recebeu o Prêmio Olavo Bilac da Academia Brasileira de Letras, 1948.

Publicações: **Manhãs**, 1928; **Hora azul**, 1932; **Eterna esperança**, 1948; **Rosas vermelhas**, 1950; **Sob a luz de um novo sol**, 1950; e **Mais perto da vida**, 1955.

195 BEATRIZ-SYLVIA ROMERO PORCHAT

Romancista, tradutora juramentada e intérprete comercial, Beatriz-Sylvia Romero Porchat nasceu no Rio de Janeiro (RJ), no início do século XX. É neta de Sylvio Romero. Fez seus primeiros estudos na Europa (França, Polônia e Alemanha), ao acompanhar os pais em missão diplomática.

Formou-se em Letras na Universidade de Berlim. Nessa mesma cidade lecionou literatura brasileira no Ibero Amerikanisches Institut. Volta ao Brasil, durante a Segunda Guerra Mundial, e ingressa no Colégio Pedro II como professora de alemão, inglês e português. Em 1945, presta concurso para o cargo de tradutor público juramentado e intérprete comercial, no qual permanece durante 30 anos. Paralelamente dedica-se à tradução de obras literárias consagradas.

Em 1962 estréia como romancista, com **À espera de um amanhã**, romance-documentário que expressa a cultura intelectual e literária da autora e também os valores tradicionais que ela põe em questão. Questionamento que prossegue no romance **O sótão**. Em estilo fluente e atento às novas formulações da narrativa realista, a partir das décadas de 1930 e 1940, mas ainda imaturo na indispensável transfiguração literária da realidade enfocada.

Publicações: **À espera de um amanhã**, 1962; **O sótão**, 1971.

BEBÉTI DO AMARAL GURGEL 196

Ficcionista, jornalista, poeta e feminista, Elizabeth Mader do Amaral Gurgel nasceu em Curitiba (PR), em 1954, sob o signo de Leão. Formada em Jornalismo, tem exercido a profissão de repórter, observadora e articulista, no Brasil e no exterior, com vários textos premiados. Segundo suas palavras, morou dois anos na Inglaterra e oito na Holanda em Amsterdã. Colheu muitas tulipas e andou de tamancos. Politicamente, está envolvida com o movimento de mulheres; é proprietária da livraria Lilith, em Curitiba, única livraria feminista do Brasil.

Em 1993, estréia em livro com a ficção (?) de **A quem interessar possa**, longo monólogo (ou diálogo com o mundo?) que se inicia com a frase curta e abrupta: *Eu vou me matar*, seguida de outra que explica o título e talvez o objetivo último do livro: *Estou deixando esta carta de despedida a quem interessar possa.* (E, com certeza, é ao mundo que interessa essa carta.) No pólo oposto a essa trágica intenção, o monólogo-diálogo da persona que fala vai-se escoando em palavras esvaziadas de drama ou de emoção, e penetrado de uma ironia machadiana (Machado de Assis e Virginia Woolf perpassam o livro todo como grandes pontos de contato da autora com o mundo de ficção).

Aliás, essa ironia, que aparenta uma total indiferença aos aconteceres da vida (apesar da atmosfera erótica onipresente), no fundo sente-se que é gerada por um visceral desencanto ou por uma funda revolta contra o naufrágio dos valores que, no mundo atual, deixou os humanos à deriva ou à mercê de si mesmos e sem bússola que os norteie para novos caminhos. Um dos claros índices dessa revolta ou da denúncia desse naufrágio está na titulação em latim que abre cada breve capítulo: Ab initio, Kyrie, Asum, etc. Lidos por outra ótica, esses títulos latinos símbolos de uma alta tradição, agora degradada, podem ser vistos como a carnavalização (que dessacraliza o sagrado) de que fala o sociólogo russo Bakhtin. Seja a revolta, a indiferença, ironia ou carnavalização, a verdade é que o longo monólogo-carta revela um estado de espírito que vem ganhando espaço na literatura feminina de certa linha das décadas de 1980 e 1990: o estado de desalento ou decepção daqueles que chegam depois da luta (a que marcou a década de 1960), e já encontraram os muros derrubados. O que fazer? Diante do mundo herdado e já deteriorado em suas representações normativas; e de um mundo livre, mas sem novos e altos ideais à vista, para serem alcançados através de novas lutas?

A persona que se faz ouvir em **A quem interessar possa** encontrou o caminho da palavra:

Eu não quero dizer nada: eu escrevo. [...] Nem a angústia de ser eu tenho. Escrevo apenas para desobedecer [...] Escrevo agora com raiva, uma raiva perversa. Escrevo um texto perverso. [...] Eu escrevo porque é mais fácil articular o sentimento em forma de palavras. Não há uma sensação, apenas uma invenção. O fato é que já não tenho muita consciência de qualquer coisa que esteja fora de mim.

As citações poderiam se multiplicar e todas apontariam para um visceral desencontro entre o eu e a vida lá fora. Ou entre o eu e o outro, cujas relações se dão na pura esfera sensorial/ erótica e, portanto, efêmera... Na atual visão de mundo o eu é o novo centro. E a literatura vem nos mostrando que se faz urgente que esse novo centro encontre o seu eixo no outro, numa relação existencial profunda e não meramente epidérmica, como as que prevalecem hoje, neste mundo do espetáculo, em que nos é dado viver. Cabe à palavra (poética ou ficcional) ir iluminando os possíveis caminhos que religuem o ser ao mundo.

Publicação: **A quem interessar possa**, 1993.

BELMINDA VINAGRE 197

Poeta, cronista e ensaísta, Belminda Stela de Faria Vinagre nasceu em Cuiabá (MT), em 23.09.1929. Está radicada em João Pessoa (PB). Formou-se em Letras pela Universidade Federal da Paraíba. Colabora na imprensa nordestina escrevendo crônicas poéticas. Participou das coletâneas "O livro da Ajebiana" (Fortaleza, 1979) e "Ensaios sobre José Lins do Rego" (João Pessoa, 1988).

Publicações: **Crônicas do outono**, 1975, e **Enquanto sopra o terral**, 1987.

198 BENEDITA DELAZARI

Poeta popular, cordelista, compositora, romancista, contista e figura atuante nos movimentos de conscientização do negro em relação à sua cultura de origem, Benedita Delazari nasceu em Sales (SP), em 25.02.1949. Aos vinte anos de idade, muda-se para Ourinhos, onde cursa a Escola de Enfermagem Imaculada Conceição. Em 1977, muda-se para a capital paulista, iniciando a profissão de enfermagem e cursando Ciências Sociais.

Simultaneamente, dedica-se à criação artística: escreve poesia popular e literatura de cordel (divulgadas através de festivais, encontros ou feiras de arte). Dedica-se ao teatro infantil como assistente de produção (1978/1980). Trabalha como atriz em telenovelas (O Todo-Poderoso, TV Bandeirantes/1980); compõe músicas populares, etc. Dedica-se também ao estudo da cultura afro-brasileira, através da linguagem poética, isto é, dos cantos ou contos que vêm das origens.

Publicações: Poesias – **Debaixo do pé de sapoti**, 1982, e **Osso duro de roer**, 1983. Contos – **Filhos da miséria**, 1988; **Começo da escravidão negra** e **O quilombo dos Palmares** e **Literatura de cordel**, 1988.

199 BENILDE MOURA

Escritora, trovadora, folclorista e professora de desenho e cartografia, Benilde Moura nasceu na Paraíba (PB), em 1914, e muito jovem muda-se com a família para Mato Grosso (MT), onde se radicou.

Paralelamente ao exercício do magistério, dedicava-se à poesia ou à prosa lírica, que era publicada nos periódicos da região e na revista feminina A Violeta (1916-1950), importante órgão que marcou o verdadeiro surgimento da literatura escrita por mulheres, na região mato-grossense. Conforme a orientação dessa revista, a produção de Benilde Moura centra-se em uma temática romântica, expressa num discurso rebuscado, sentimental e ufanista. Tem cerca de 1.200 trovas escritas, a serem publicadas. De seu interesse histórico pela região, resultou a obra **A serra dos martírios** (1960), que resgata duas lendas do folclore mato-grossense, ligadas à busca do ouro no oeste brasileiro.

(Fonte de consulta: Yasmin J. Nadaf. **Literatura feminina mato-grossense**. Cuiabá, UFMT, 1970.)

200 BERENICE CALMASINI

Romancista, tradutora, Berenice Calmasini nasceu em São Paulo (SP), em 1895. Usou o nome literário de Licínia de Hasané. Publicou três romances. Faleceu em data ignorada.

Publicação: **Helena**; **Heroínas do amor** e **Alma da garota** (todos s/d.).

201 BERENICE GRIECO

Romancista, Berenice Grieco nasceu no Rio de Janeiro (RJ), em 1918. Filha do escritor e crítico literário Agripino Grieco e irmã do escritor e diplomata Donatelo Grieco. Recebeu o Prêmio Júlia Lopes de Almeida, da Academia Brasileira de Letras/1961, pelo romance **Calibã**.

Publicação: **Calibã**, 1961.

BERNARDETE CAMPOS, v. Maria Bernardete Campos C. Pinto (nº 842)

202 BERNARDETE LYRA

Contista, romancista e professora, Bernardete Lyra nasceu em Conceição da Barra (ES). Radicou-se no Rio de Janeiro. Surge como escritora, por meio de concursos literários (Concurso Nacional Ângela Rangel Von Rondow – Vitória/1970; III Concurso Nacional de Contos, Paraná/1971, Prêmio Fernando Chinaglia/1975, etc.).

É graduada em Letras (UFES) e fez mestrado em Comunicação (UFRJ). Estréia em livro em 1981. Segundo Muniz Sodré, Bernardete Lyra possui, sem dúvida alguma, o dom do conto. De suas narrativas, curtíssimas, depreende-se a paixão pelo essencial. De **Aqui começa a dança**, diz a crítica: *Esta novela é um desenvolvimento dos temas abordados nos trabalhos anteriores: o vazio da classe média e sua implícita estupidez para a reprodução da ideologia dominante e submissão feroz ao consumidor.*

Publicações: **As contas no canto**, 1981; **O jardim das delícias**, 1983; e **Coração de cristal ou a vida secreta das enceradeiras**, 1984. Novela – **Aqui começa a dança**, 1985. Romance – **A panelinha de breu**, 1992.

BERTHA LUTZ 203

Pesquisadora, naturalista, defensora da emancipação feminina, alto espírito intelectual e invulgar capacidade de ação, Bertha Maria Júlia Lutz nasceu em São Paulo (SP), em 02.08.1894, e depois de uma longa vida dedicada à defesa de seus ideais, faleceu no Rio de Janeiro (RJ), em 1976, lúcida octagenária.

Filha do eminente professor Adolfo Lutz e da enfermeira Amy Powler Lutz, Bertha Lutz desde criança viveu em atmosfera culta e teve educação privilegiada. Formou-se em Biologia, pela Faculdade de Ciências da Universidade de Paris, em 1918. Dedicada aos estudos de Botânica, de volta ao Brasil, fez concurso para secretária do Museu Nacional do Rio de Janeiro. Aprovada em primeiro lugar, foi a segunda mulher a ocupar cargo público no Brasil. Promovida a chefe de seção de História Natural e Geologia, foi aos poucos ampliando seus estudos em Zoologia, área em que desenvolveu importantes pesquisas. Entretanto esse seu lado científico foi mais ou menos ofuscado pela grande atividade que ela desenvolveu na defesa da emancipação política da mulher.

Já em meio à luta feminista (iniciada em 1918), cursa a Faculdade de Direito da Universidade do Rio de Janeiro (1933) e intensifica a luta para que se concedesse à mulher o direito de receber instrução equivalente à oferecida ao homem; de receber salário equivalente no caso de serviços iguais; de poder opinar em questões públicas, etc.

Em 1919, fundou a Liga pela Emancipação Intelectual da Mulher. No mesmo ano representou o Brasil no Conselho Feminino Internacional da Organização Internacional do Trabalho.

Em 1922, participou como delegada da Conferência Pan-americana da Mulher, em Baltimore (EUA). De volta ao Brasil, empenhou-se pela formação da Federação pelo Progresso Feminino (da qual foi a primeira presidente, com mandato de 1922 a 1942) por reeleições.

Já no Governo Vargas, foi membro da comissão que elaborou o anteprojeto da constituição de 1934, e defendeu os direitos políticos, sem os quais a emancipação civil da mulher seria impossível. Entre esses direitos estão: a igualdade de salários para casos de trabalhos iguais; licença-maternidade; proteção à mãe operária e isenção feminina do serviço militar.

Candidata da Liga Eleitoral Independente, foi eleita Deputada Federal (1936-1937). Durante seu mandato no Legislativo, voltou-se principalmente para os problemas referentes ao trabalho feminino e proteção à infância.

Participou de inúmeros congressos, conferências e encontros nacionais e internacionais que defendiam a causa da mulher. Já octagenária, participou, como delegada do Brasil da Conferência Mundial do Ano Internacional da Mulher, realizada no México, em 1975.

Deixou uma significativa produção de livros que expressam bem as linhas de pensamento e ação, seguidas durante toda sua vida.

(Fonte de consulta: Folder-calendário. 1986 – Conselho Estadual da Condição Feminina – Governo Montoro – São Paulo.)

BETE MARUN 204

Ficcionista, que tende para a narrativa curta, de suspense, Bete Marun (nome literário de Maria Elisabete Fonseca Marun) nasceu em São Paulo (SP), em 06.02.1940 (mas foi registrada em Santo André-SP, em 03.03.1940). Formou-se em

Filosofia (USP/1977). Freqüentou cursos de Direito e de língua grega, sem os concluir. Profissionalizou-se no magistério (áreas de Estudos Sociais e Filosofia). Trabalhou no Tribunal de Justiça (SP).

Desde cedo sentiu-se atraída para a literatura, como leitora e mais tarde como escritora. Nos anos 1980, participa de concursos literários, com alguns contos que foram premiados (Cabines na praia. Concurso de Contos/revista Status. 1980; O forró. – Concurso de Prefeitura de São Bernardo, 1980, etc.). Estréia em livro, em 1994, com a coletânea de contos **O olhar do macaco**, onde revela uma arte de narrar madura, isto é, dona de uma escrita que se sabe criadora do real. Como diz Edla Van Steen, na apresentação: *O que espanta o leitor deste **O olhar do macaco**, é o domínio técnico da arte de narrar./.../ Bete usa o tempo certo para falar de detalhes da vida cotidiana, do dia-a-dia de todos nós, da casa, da máquina de lavar roupa, dos vizinhos.*

É principalmente no tratamento dado ao cotidiano (ou melhor, às relações humanas no dia-a-dia) que mais realça a segurança e alcance do estilo da autora. Sintonizada com as forças atuantes na literatura contemporânea, a escrita ficcional de Bete Marun deixa escapar, pelos interstícios da vida comum e, aparentemente inofensiva, uma sensação de estranhamento, que nos leva a sentir que aquilo que está à mostra, visível e concreto, é apenas a *ponta de um iceberg*, ameaçador, perigoso. (Leia-se, por exemplo, o conto que dá título ao volume, O olhar do macaco).

Publicação: **O olhar do macaco**, 1994.

205 BETH MOREIRA LIMA

Contista, a cearense Beth Moreira Lima surge no findar dos anos 1980 com uma coletânea de contos do cotidiano. *A ficção de Beth Moreira Lima é inspirada nos pequenos/grandes dramas do ser humano.(...) Cada um de seus contos é um pequeno fio retesado, vibrando às vezes de alegria, mas quase sempre de tensão e angústia, pronto a se partir, em seu crescente retesamento, na explosão daquele breve instante, naquele surpreendente ou já esperado mas sempre emocionante desfecho.* (Ribamar Lopes, Apresentação).

Publicação: **Último ato**, 1989.

206 BETI ROZEN

Poeta, contista, memorialista, jornalista, economista, intérprete e autora de teatro e de literatura para crianças, Beti Rozencwaig (cujo nome literário é Beti Rozen) nasceu no Rio de Janeiro (RJ), em 12.04.1958. Formou-se em Economia (1980) e profissionalizou-se como jornalista e intérprete. Ao mesmo tempo dedica-se à literatura e ao teatro, não só como autora, mas também como atriz (teatro e TV). Várias de suas peças têm sido encenadas.

Recebeu vários prêmios por sua produção poética divulgada em festivais, antologias coletivas ou livros individuais. É membro do Salão de Poesia Júlia Galeno, da Academia Guanabarina de Letras e da SBAT – Sociedade Brasileira de Autores Teatrais.

Publicações: **Bolas de sabão**, 1982; **Diário de um jovem em Israel**, 1988.

207 BETTY BORGES FORTES

Advogada e poeta de grande força, que surge na literatura gaúcha em fins dos anos 1950, Betty Yelda Brognoli Borges Fortes nasceu em Laguna (SC). Desde a infância radicou-se no Rio Grande do Sul, vivendo por alguns períodos no Rio de Janeiro. Fez os estudos básicos em Porto Alegre. Doutorou-se em Direito pela Universidade de Madri (Espanha). Advogada e batalhadora pelos direitos humanos, especializou-se em Direito Marítimo e Aeronáutico.

Desde adolescente, foi grande leitora de poesia e começa a escrever poemas na imprensa. Logo mais, mantém um rodapé de crítica literária no Jornal do Dia (PA), onde divulga poetas que surgiam (Carlos Nejar, Celso Luft, Dionísio Fuertes Alvarez...) ou consagrados (Jorge de Lima etc.). Estréia em livro com os poemas de **Novela Pascal** (1958), cuja repercussão crítica aponta para o surgimento de uma autêntica voz poética, cujas novas publicações confirmaram sua essencialidade formal e grandeza humana.

Publicações: **Novela pascal**, 1958; **Orfeu**, 1961; **Tempo de Espanha**, 1969, e **Cosmódromo**, 1973.

BETTY MILAN 208

Ficcionista, ensaísta, tradutora, jornalista e médica psicanalista, Betty Milan (nome literário de Elizabeth Milan Mangin) nasceu em São Paulo (SP), em 05.08.1944. Estudou Medicina na Universidade de São Paulo, especializando-se em psiquiatria. Continuou sua formação em psicanálise em Paris no grupo de Jacques Lacan. Casou-se na França, onde passa a viver uma parte do ano. Em 1966, inicia-se como escritora publicando ensaios e artigos de crítica ou análise social em jornais e revistas especializadas. Dedicou-se ao estudo da cultura popular brasileira, com o apoio da Ford Foundation. Desse estudo resultaram as publicações: **Os bastidores do carnaval** (edição trilíngüe), 1982, e **O país da bola**, 1989. Como tradutora, publica em 1979 **Os escritos teóricos de Freud.** Entre seus livros de ensaio, estão: **O jogo do esconderijo**, 1975; **Manhas do poder**, 1979; **Isso é o país**, 1984, e o polêmico **O que é o amor**, 1983. A partir de 1993, como colaboradora do suplemento **Mais** (Folha de São Paulo), realizou uma importante série de entrevistas com escritores e intelectuais europeus (Octavio Paz, Héléne Cixous, Nathalie Sarraute, Jacques Derrida, Françoise Sagan e outros). Entrevistas essas publicadas no livro **A força da palavra** (1996). Na década de 1990, Betty Milan atuou, também, como entrevistadora de televisão e rádio na França, com figuras de destaque como Alain Veinstein, Didier Boulot, Françoise Hemendinger, Marie-Paule de Pina e outras. Em 1996, publicou no **Jornal da Tarde** (SP), uma série de crônicas sobre Paris, reunidas posteriormente em livro, **Paris não acaba nunca**.

Estréia, como ficcionista, em 1981, com a novela-novelo **Sexophuro**, na qual temos a mulher tomando a palavra para se dizer, para trazer à tona das palavras as vivências eróticas profundas, que até bem pouco lhes eram proibidas de sentir ou dizer. Trata-se de um triângulo amoroso, visto pelo ângulo da esposa, que tenta (e o consegue) ser a outra, para manter a paixão viva, entre ela e o marido em encontros, agora clandestinos. A autora constrói, aqui, um universo ficcional onde, entre o leitor e a possível mensagem, se interpõe uma teia verbal tecida por uma digressão labiríntica que evita (ou mantém em suspenso) o esclarecimento objetivo dos fatos numa clara simbiose vivência-palavra (a experiência erótica pode ser explicada?). A novidade de **Sexophuro**, a nosso ver, é a descoberta de que o interdito ao sexo (hoje tão denunciado e recusado como negativo e opressivo!) é afinal um dos principais ingredientes para manter aceso o fogo sagrado do amor.

Em 1991, Betty Milan publica **O papagaio e o doutor**, espécie de filtragem surrealista da experiência que ela teria vivido, quando foi psicanalisada por Jacques Lacan. A crítica, Annik Bianchini, por ocasião do lançamento da tradução francesa, em Paris (1997), em comentário a respeito, destaca a escrita alerta, alegre e musical vinda diretamente do país do samba, que simboliza o amor da língua materna reencontrada pela autora a partir da experiência com a língua francesa do Doutor. Assim, a alma que Seriema (personagem-narradora) vai procurar em Paris, capital do espírito, ela acaba descobrindo que estava em seu próprio país, onde o verdadeiro espírito vital sopra... Obra semificcional e semidocumental (como o diz Claudio Willer), esta representa a busca de identidade cultural, que é uma das preocupações dos brasileiros. Nela, Betty Milan consegue desnudar-se num complicado jogo de revelar ocultando (como ela diz de determinada personagem). **O papagaio e o doutor** foi também traduzido para o alemão por Mayer Clason e para o espanhol por Alicia Dujovne Ortiz.

É em **A paixão de Lia** (1994) que a vibração erótica, que percorre a matéria romanesca da autora, se expande abertamente em volúpias, gozos e fantasias. O fluxo das palavras se derrama, rompendo limites e diques, tornando impossível ao leitor discernir entre o imaginário e o vivido, entre o orgasmo real e o gozo sonhado... Nessa mesma linha, Betty escreve a peça teatral **As vozes da paixão** (interpretada pela primeira vez por Nathália Timberg).

Em 2001, com grande apoio publicitário, lança em oito capitais do Brasil o romance **O clarão**, inspirado em Carlito Maia (grande figura do cenário cultural paulista, que foi diretor de comunicação da TV Globo e era chamado o amigo dos amigos). Tenso/lúdico diálogo entre a força da vida e a expectativa da morte, **O clarão**, como romance (cuja matéria-prima é a comunhão com o amigo), nos revela em câmara lenta o momento-relâmpago da iluminação (Heidegger), em que o eu se descobre Ser, através do outro.

Betty Milan é membro do Parlamento Internacional dos Escritores – sediado em Strasburgo – e dele participa ativamente.

Publicações: Ficção – **O sexophuro**, 1981; **O papagio e o doutor**, 1991, e **A paixão de Lia**, 1994, e **O clarão**, 2001. Ensaio – **O jogo do esconderijo**, 1975; **Manhas do poder** (1979); **Isso é o país**, 1984; **O que é o amor**, 1983; **Os bastidores do carnaval**, 1988, e **O país da bola** (1989). Crônica – **Paris não acaba nunca**, 1996. Tradução – **Os escritos teóricos de Freud**, 1979; Teatro – **As vozes da paixão**; Entrevistas – **A força da palavra**, 1996.

209 BILAU PEREIRA

Poeta, ficcionista e professora, Amneres Santiago Pereira Maurício (cuja nome literário é Bilau Pereira) nasceu em João Pessoa (PB), em 27.11.1959. Formou-se em Letras pela UFPB. Muda-se para Brasília. Leciona Língua e Literatura Portuguesa. É funcionária pública de carreira. Escreveu poesia e ficção desde muito jovem, divulgando seus textos na imprensa e inscrevendo-se em concursos literários. Em 1985, conquista o Prêmio de Contos da Universidade de Brasília. Participa de antologias poéticas nacionais.

Publicação: **Pedro penseiro**, 1982.

210 BISMALDA SOARES MENDONÇA

Poeta, Bismalda Soares Mendonça Legori nasceu em Porto Alegre (RS), em 03.08.1919. Formou-se professora. Iniciou-se publicando versos em jornais e revistas. Faleceu em 1958.

Publicação: **Meu canto de saudade**, 1939.

211 BLANCA BENDER DE MENEZES

Poeta regionalista, professora e dinâmica presença cultural, Blanca Bender Carpena de Menezes nasceu em Santa Vitória do Palmar (Uruguai). Possui duas nacionalidades. Durante a adolescência, residia no Brasil e estudava em Pelotas (RS), lecionando Espanhol. Cursou Humanidades em Montevidéu.

Tem participado regularmente de festivais de poesia e de antologias poéticas ("Presença Literária"/1989). Publicou livros de poesia bilíngüe (português/espanhol). É membro da Estância da Poesia Crioula; da Casa do Poeta Latino-americano (Montevidéu); da Associação de Literatura Feminina Hispana Americana e outras congêneres. Foi premiada no Torneio Internacional de Poesia Crioula em Vacaria-RS.

Publicações: **Peoncito de patio**, 1983, e **Barro y cristal**, 1986.

212 BRANCA DO AMARAL MELO

Poeta, romancista e professora, Branca do Amaral Melo nasceu em São Paulo (SP), em 21.11.1911.

Desde a adolescência revelou pendor para as letras e artes (música e pintura). Dedicou-se ao magistério. Iniciou-se como escritora colaborando com poemas, crônicas e críticas em jornais e revistas do interior e da capital paulista. Estreou em livro já madura, com o romance **Mulher incompreendida** (1957), ao qual se seguem outros de poesia e prosa, com largos intervalos de tempo. Segundo as apreciações críticas da época (Maria de Lourdes Teixeira, Correia Júnior e outros), sua produção está na linha do lirismo crítico.

Publicações: Romance – **Mulher incompreendida**, 1957, e **Ninguém escapa ao castigo**, 1969. Poesia – **Aspiração**, 1967, e **Minhas trovas**, 1968.

BRANCA BARBOSA MAYA 213

Poeta, pintora, Branca Barbosa Maya nasceu em Porto Alegre (RS), em 1904. Cursou Escola Normal em Montenegro (RS). Dedicou-se principalmente às artes plásticas, tendo participado de exposições coletivas, com suas telas em que predomina o tema da paisagem natural. Em 1977, publicou um livro de poesias: **Sublimação**, numa linha de puro lirismo. É membro da ALFRS – Academia Literária Feminina do Rio Grande do Sul.

Publicações: **Sublimação**, 1977.

BRANCA DIAS 214

Figura lendária na crônica ou história paraibana do século XVII, Branca Dias permanece na memória dos homens, como sendo a principal vítima da Inquisição, na antiga capitânia da Paraíba. E por essa triste circunstância tem seu lugar de homenagem neste dicionário de escritoras. Na verdade há controvérsias nos registros historiográficos, que aludem à presença dos tribunais do Santo Ofício, no Nordeste Brasileiro, durante mais de um século. Registros que descrevem a *liturgia macabra desses autos-de-fé, onde apareciam irmandades dominicanas encapuçadas, cantando **Misereres**, enquanto os impenitentes eram amarrados sobre fogueiras, vestidos em **sambenitos** de baeta vermelha. Mesmo antes de 1600, o terrível dedo da Inquisição, manipulada pelos dominicanos, com a ajuda dos jesuítas, já estava apontado para as capitanias açucareiras.* (G. Joffily).

A história registra inúmeras vítimas da Inquisição, inclusive mulheres. Daí as controvérsias, pois são inúmeros os nomes femininos constantes das relações do Santo Ofício e, em muitos, o nome de Branca Dias não aparece. Inexplicavelmente apenas Branca Dias tornou-se lenda e perdurou na memória popular. Foi essa circunstância que levou o historiador Irinêo Joffily a pesquisar e a publicar, em 1897, os seguintes dados a respeito:

A legenda paraibana tem conservado o nome de Branca Dias, através das idades, como a principal vítima da Inquisição, nesta antiga capitania, nos princípios do século XVII. A tradição nos diz que era senhora de alta posição na sociedade colonial, pela ilustre família a que pertencia, pela opulência em que vivia, no seu engenho próximo à cidade da Paraíba. O que, contrastando com o seu miserando fim, resultado da perseguição que lhe moveu o terrível tribunal, influiu de tal modo na imaginação popular que o seu nome tem atravessado séculos.

E a respeito dessa circunstância, Irinêo Joffly levanta muitas questões: qual era a família de Branca Dias? Ela seguiria realmente a religião judaica? Qual engenho lhe pertencia? Mas tais perguntas ficaram sem resposta. Por outro lado o pesquisador Francisco Augusto Pereira da Costa, em fins do século XIX, publica na revista do Instituto Arqueológico de Pernambuco um artigo sobre pessoas que haviam sido presas e justiçadas, em Pernambuco, por ordem da Inquisição e, entre elas, menciona uma Branca Dias, mãe de uma das vítimas. Surge aí uma das controvérsias: Branca Dias seria paraibana ou pernambucana? Em outro escrito, Pereira da Costa dá mais dados:

Branca Dias, rica senhora de engenho de Apicucos, tendo sido denunciada ao Tribunal do Santo Ofício, por crime de judaísmo, ao lhe ser enviada a ordem de prisão, arremessou ao açude toda a baixela e demais objetos de prata que possuía. Daí veio o nome de Riacho da Prata, do riacho que ali existe. Branca Dias foi levada para Portugal e lá morreu nas fogueiras da Inquisição, de cujo auto-de-fé existe um quadro no Convento São Francisco da cidade da Paraíba.

Eis a lenda (ou a história?). O mencionado quadro já não existe no Convento São Francisco. Branca Dias teria vivido na Paraíba ou em Pernambuco? Isso é detalhe que já não importa. O que fica é a verdade da figura dessa brasileira que, no século XVII (contemporânea de Gregório de Matos e do Padre Vieira) foi vítima da intolerância religiosa, que armou o longo braço da Inquisição.

(Fonte de consulta: Geraldo Joffily. Branca Dias. Correiro das Artes. João Pessoa, 02.10.1983.)

BRANCA DE PAULA 215

Poeta, contista, fotógrafa e professora, a mineira Branca Maria de Paula nasceu em Aimorés (MG), em 1946. Está radicada em Belo Horizonte. Formou-se em Filosofia (UFMG); foi professora de filosofia, inglês e fotografia. Trabalhou como assessora na Superintendência de Planejamento e Coordenação da Imprensa Oficial (MG). Foi vice-presidente da APEMIG

(Associação Profissional dos Escritores de Minas Gerais). Fez parte da comissão de redação do Suplemento Literário do Minas Gerais.

Começou a escrever ainda menina e é atraída por múltiplas formas de criatividade. Estreou na literatura em 1978, ao ser premiada no II Concurso de Contos Eróticos revista Status. A partir daí publica regularmente na imprensa de circulação nacional. Teve contos publicados em revistas estrangeiras. Em parceria com o cineasta Paulo Augusto, escreveu o roteiro (longa-metragem) do Kosmic Blues (Embrafilmes). Participa de várias coletâneas literárias. Nos anos de 1980 começa a escrever, para crianças, livros em que funde várias técnicas (de escrita, de fotografia, montagem, etc.) e cujo resultado encanta o pequeno leitor. (**Truques coloridos**, il. por Marcelo Xavier, ganha o Prêmio Jabuti – Melhor Produção Editorial/1987). Como contista, estréia com os contos eróticos de **A mulher proibida**.

Publicações: Contos – **A mulher proibida**, 1980; **Um fio de camelo**, 1992; **Ligue-zangue**, 1992, e **Um osso duro de roer**, 1996. Biografia – **Luz del fuego; a bailarina do povo**, 1994. Infantis - **O desfecho da peça**, 1985; **Truques coloridos**, 1986; **Tamanho de formiga**, 1987, e **Um livro mágico**, 1987.

216 BRANDINA ROCHA

Poeta, cronista, jornalista e professora, Brandina Rocha Lima nasceu no Recife (PE), em 03.01.1916. Desde jovem participou ativamente do movimento cultural pernambucano, dedicando-se especialmente às questões do ensino. Especializou-se nessa área em curso feito na University of Colorado (EUA), em 1986. Comemorou jubileu de ouro nas funções de supervisora do ensino. É membro ou sócia-correspondente de várias academias culturais nacionais e estrangeiras. Tem participado de inúmeras antologias poéticas. Recebeu distinções e medalhas de mérito.

Publicações: Poesia – **Folhas na correnteza**, 1981; **Sinfonia do silêncio**, 1986; **Trova**, 1983, e **Meu canto de cisne**, 1989; Crônica – **De professor a professor**, 1982; Ensaio – **Educação e humanização**, 1967; Inédito – **Ecos de solidão**.

217 BRUNA LOMBARDI

Consagrada modelo, artista de televisão, teatro e cinema; poeta e romancista, Bruna Patrícia Romilda Maria Tereza Lombardi nasceu no Rio de Janeiro (RJ), em 01.08.1953. Apesar de seus pais terem sido ligados ao cinema, não tinha projetos de ser atriz. Sempre se sentiu atraída pela literatura e desde criança lia poesia e rabiscava versos. Formou-se no Curso Superior de Comunicação e Marketing. Começou a fazer teatro no colégio, aos doze anos. E foi trabalhando como modelo que custeou seus estudos. Desde jovem, atraída pela criação poética, colaborou com poemas em suplementos e revistas especializadas nacionais e estrangeiras (Imagen – Venezuela, Vórtice-EUA, revista Nacional de Cultura-Miami, Mabu-Peru, Revista Cultura Brasileña-Madri, Modern Poetry Studies-Nova York e Tiempo de Poesia Brasilenã-B. Aires).

Em 1970, publicou o livro de poesia **No ritmo dessa festa**, cuja orientaçao pós-moderna fica evidente no comentário feito por Chico Buarque de Holanda: *Convém separar o rosto de Bruna da poesia de Bruna. Uma coisa não tem nada a ver com a outra. [...] O rosto é o rosto, atrai, provoca, mas não dá. [...] Já a poesia de Bruna é mais que dada, é escrachada, anda descomposta, morde, fuma de tudo, é áudio, é toque, é cheiro, pertence a outro canal. A esse mesmo canal pertence o romance* ***Filmes proibidos****. Entre ambos, escreve mais dois livros de poesia:* ***Gaia*** *e* ***O perigo do dragão****.*

Nos anos 1990, passa a residir em Los Angeles (EUA), onde realiza cursos de especialização na área de Ciências Humanas. Em 1992 passa atuar como atriz-apresentadora, com o programa Gente de Expressão, onde entrevista artistas ou personalidades norte-americanas e brasileiras, e que transmitido no Brasil, alcançou enorme sucesso.

Um dos pontos altos de sua carreira como atriz de televisão foi a interpretação da personagem Diadorim, na minissérie **Grande sertão veredas**, de Guimarães Rosa, na TV Globo, nos anos 1980.

Publicações: Poesia – **No ritmo dessa festa**, 1970; **Gaia**, 1980, e **O perigo do dragão**, 1984.

C

218 CACY CORDOVIL

Contista paulista, que estreou na década de 1940, com grande sucesso de crítica, Cacy Cordovil (nome literário de Maria Casimira de Albuquerque Cordovil) nasceu em Ribeirão Preto (SP), em 17.12.1911 e faleceu na capital paulista, aos 88 anos, em 06.07.2000. Ainda criança, mudou-se com a família para o Rio de Janeiro (RJ), e ali fez os estudos básicos.

Desde cedo revelou pendor para as letras. Com quatorze anos começou a escrever para o suplemento literário do Correio da Manhã. Mais tarde, colaborou também nos Diários Associados de Assis Chateaubriand. Mudando-se para o Rio Grande do Sul, passa a escrever para o Correio do Povo (RS).

Estréia em livro, em 1931, **Raça** (com prefácio do historiador Rocha Pombo). No ano seguinte, faz concurso para o Banco do Brasil e ali faz carreira até a aposentadoria, em 1962. Escreve poemas (**Grito sem rumo**) que mantém inéditos. Em 1941, publica os contos de **Ronda de fogo**, que mereceram excelente acolhida de críticos como Álvaro Lins, Sérgio Milliet, Guilhermino César, Monteiro Lobato, entre outros. A carreira de escritora foi trocada pela de esposa e mãe. No ano seguinte ao lançamento de **Ronda de fogo**, Cacy casa-se com Benedito Arnaldo, filho do poeta Vicente de Carvalho. Sua arte silencia, muito embora não tenha sido esquecida: O conto "O homem bom" foi selecionado por Graciliano Ramos para a antologia **Contos e novelas** (1957) por ele organizada. Seu nome foi mencionado em **Obras-primas do conto brasileiro** (org. Rolmes Barbosa/Edgard Cavalheiro), entre os novíssimos, numa lista que incluía Fernando Sabino, Lygia Fagundes, Aurélio Buarque de Holanda. O conto "Uma carta" é incluído por R. Magalhães Jr. na antologia **O Conto feminino** (1959).

Após um silêncio de 57 anos, a autora decide reeditar **Ronda de fogo**. E o faz com grande sucesso de público e de crítica. Sua matéria ficcional não envelheceu. Escritos na década de 1940, quando o romance regionalista estava no apogeu (Jorge Amado, Raquel de Queiroz, Graciliano Ramos e outros), os contos de Cacy Cordovil são, na maioria, de húmus rural. Mas longe de se limitar ao registro do regional, Cacy vai amalgamando em palavras e silêncio o tosco, o rudimentar e principalmente a densidade existencial oculta nos seres que ali vivem a saga anônima e heróica da terra.

Com contos escritos pouco antes de Guimarães Rosa lançar um novo olhar nessa realidade primitiva, Cacy Cordovil já vislumbrava a dimensão oculta da paisagem, ainda intocada pela civilização, e dos homens que ali vivem ou desvivem, obedecendo às leis da natureza e à noção instintiva da honra, da dignidade. Sua linguagem contida e densa vai revelando (ou insinuando) o essencial oculto por trás das aparências. A palavra de Cacy busca a verdade dos seres, em geral silenciada. Da mesma forma, em seus contos urbanos, o que os energiza é o drama existencial oculto pela frivolidade aparente do viver. Exatamente o olhar que logo mais vai ser exigido pelo romance existencialista (que na década de 1940 já começara a ser difundido pelo Existencialismo na França, e que teria em Clarice Lispector sua grande representante).

Circunstancialmente, Cacy foi ligada a uma das grandes figuras da poesia e da música brasileira, Vinicius de Moraes. Registra a crônica familiar que Cacy, com 10 anos, foi a primeira musa de Vinicius, aos 8 anos de idade, quando foram colegas de escola. Há, inclusive, um poema manuscrito que o garoto Vinicius lhe dedicou; e que ela guardou como relíquia:

Quantas saudades eu tenho / de ti, oh flor primorosa / Que em tudo és gentil e meiga / Que em tudo és tão graciosa. // O quantas saudades [...] Se eu pudesse descrevê-las, / São de ti, são só tuas / Cacyzinha do coração.

Curiosidades da vida...

Publicações: **Raça**, 1931, e **Ronda de fogo**, 1941-1996.

CALYPSO ESCOBAR 219

Romancista, cronista e musicista, Calypso Escobar nasceu em São Paulo (SP), em 1906, e faleceu em 1985. Desde a adolescência foi atraída pelas letras e pela música. Formou-se violonista pelo Instituto Nacional de Música do Rio de Janeiro. Deu vários recitais. Nas décadas de 1940 e 1950 escreveu crônicas para jornais e revistas paulistas, usando o pseudônimo de Mãe Paulista. Foi funcionária da Caixa Econômica Federal, onde se aposentou. Assinava sua produção poética com o nome literário de Calypso Carmem. Escreveu um romance.

Publicação: **Assim falaram as bonecas**, s/d.

CÂNDIDA BOTELHO 220

Poeta, pesquisadora e autora de livros para crianças, Cândida Arruda Botelho nasceu em Avaré (SP).

Desde a adolescência dedicou-se aos estudos históricos e à escrita literária, fundada na história. A partir da década de 1970, publica os estudos: **Fazendas paulistas do ciclo do café**; **Fazenda Santo Antônio** e **Casas nobres de Portugal**. Para crianças, publicou **Cândida e o cotidiano** e **História do urso velho**.

Em livro de ficção, estreou em 1989, com **O lagarto e a rosa**, – texto em que a consciência experimentalista está presente na ausência de nomes dos personagens, estrutura narrativa fragmentada; indefinição da voz narradora. O núcleo problemático funde o ato de escrever o romance, assumido pela narradora, e a denúncia dos preconceitos e hipocrisia que envolvem as relações sexuais. Daí as metáforas lagarto e rosa. O primeiro, estereótipo animalesco do masculino; a segunda, estereótipo do feminino, aparente vítima indefesa que não quer ser defendida.

Publicação: **O lagarto e a rosa**, 1989.

CÂNDIDA FORTES BRANDÃO 221

Poeta, ficcionista, jornalista e professora, Cândida de Oliveira Fortes Brandão nasceu em Cachoeira do Sul (RS), em 1862 e faleceu no Rio de Janeiro (RJ), em 1922.

Presença de grande atuação e prestígio em seu meio cultural, Cândida Fortes Brandão formou-se professora em 1885. Lecionou durante 37 anos. Foi diretora do colégio Antônio Vicente Fontoura/Cachoeira do Sul e paralelamente marcou presença na imprensa gaúcha (Correio do Povo/1895 e 1896; Jornal do Comércio de Porto Alegre; O Comércio; Carimbo de Rio Grande; Almanaque Literário de Pelotas, etc.), colaborando regularmente com textos poéticos, crônicas e textos de reflexão.

Publicou vários livros. Esteticamente, oscilou entre parnasianismo e romantismo. Em 1916, foi homenageada por Olavo Bilac que, de passagem por Cachoeira do Sul, dedicou-lhe um soneto, em recepção no Coliseu Cachoeirense.

Publicações: Poesia – **Fantasia**, 1897; **Aniversário da pátria**, 1912, e **Cachoeira**, s/d. Contos – **Última prova**; **Joaquina**; **Cartas à minha irmã** e **Clarindinha** (todos s/d).

222 CÂNDIDA ISOLINA DE ABREU

Poeta e declamadora, Cândida Isolina de Abreu nasceu em Pelotas (RS), em 05.04.1862. Faleceu em data ignorada. Pertenceu à Sociedade Partenon Literário, o importante núcleo cultural da época. Colaborou na imprensa gaúcha (Progresso Literário; Arena Literária, Corimbo, Cruzeiro do Sul e outros). Participou de obras coletivas (**Serpentinas**, 1884 e **Almanaque literário**, 1890). Deixou vários livros publicados.

Publicações: **Tristeza** e **A virgem do bosque**, 1890; **Não creias**, 1891, e **Ser mãe**, 1895.

223 CÂNDIDA MARIA SANTIAGO GALENO

Poeta, técnica em educação, assistente social e professora, Cândida Maria Santiago Galeno, neta de Juvenal Galeno, nasceu em São Bernardo das Russas (CE), em 18.03.1918. Faleceu em Fortaleza em 1989.

Seguindo a tradição da família Galeno, Cândida Maria foi figura atuante no meio cultural cearense. Cursou a Escola de Serviço Social e Enfermagem (Fortaleza) e dedicou-se ao magistério e a obras comunitárias. Foi Secretária de Educação do Ceará e assistente social do Tribunal de Justiça, atuando junto às varas criminais.

Paralelamente dedicou-se à literatura e a atividades culturais. Sua produção poética foi publicada inicialmente na imprensa e posteriormente reunida em livro. Foi diretora da AFCJ – Ala Feminina da Casa Juvenal Galeno e da AJEB – Associação de Jornalistas e Escritoras Brasileiras. Foi sócia da UBT – União Brasileira dos Trovadores. Em 1965, fundou (com Oscar Moreira) a Editora Henriqueta Galeno/Casa Juvenal Galeno. É membro da Academia Cearense de Letras. Participou de obras coletivas como: **Trovadores cearenses**/1976; **O livro da Ajebiana**/1979 e outras. Dedicou-se também à pesquisa do nosso folclore.

Publicações: Poesia – **Naipes e trevo de quatro folhas**, s/d. Estudos folclóricos – **Humanismo telúrico no Nordeste**, 1971, e **Ritmos fúnebres no interior cearense**, 1977.

224 CARLOTA CARVALHO

Mulher culta, poliglota e professora, Carlota Carvalho nasceu em Grajaú (MA). Publicou um estudo sociopolítico do Maranhão, o qual goza de excelente reputação entre os especialistas da matéria.

Publicação: **O Sertão**, 1924.

225 CARLOTA PEREIRA DE QUEIRÓS

Presença que deixou marca no meio intelectual e político nacional da primeira metade do século XX, Carlota Pereira de Queirós nasceu em São Paulo (SP), em 13.02.1892, e faleceu, nonagenária, em 17.04.1982.

Médica, professora, militante política e defensora dos direitos da mulher, Carlota Pereira de Queirós pertencia a uma família de políticos influentes que vinham do início do Império. Formou-se professora e dedicou-se ao magistério na Escola de São Paulo, mas sua vocação leva-a para outra área de conhecimentos e ação: a medicina. Aos 28 anos, vencendo os preconceitos existentes na época, matricula-se na Faculdade de Medicina de São Paulo. Mas, desgostosa com o tratamento dado às alunas (obrigadas a permanecer isoladas de seus colegas), decide transferir-se para a Faculdade do Rio de Janeiro.

Formada em 1926, viaja para Europa, onde fez vários estágios. De volta, apresenta sua tese de doutoramento, **Estudos sobre o câncer**, que foi distinguida com o Prêmio Miguel Couto. No Rio de Janeiro e em São Paulo, desempenha diversas atividades ligadas ao ensino e à medicina.

Durante a Revolução Constitucionalista de 1932, dirigiu o Departamento de Assistência aos Feridos. Em 1933, entra na política: é eleita deputada pela Chapa Única de São Paulo Unido, na Assembléia Nacional Constituinte, tornando-se a primeira parlamentar mulher no Brasil, reeleita em 1934. Na Constituinte, dedicou-se inteiramente à defesa dos problemas referentes à saúde, ao menor, à mulher e à educação. Sua posição, porém, divergia da feminista Bertha Lutz, na medida em que esta era favorável à formação de partidos exclusivamente femininos, para melhor defesa dos problemas ligados à mulher, e Carlota era favorável à participação feminina nos partidos já existentes.

Durante o Estado Novo (Vargas), Carlota voltou a exercer a medicina, sem no entanto renunciar à luta pela redemocratização do País, chegando a atuar na clandestinidade. Em 1941, foi eleita membro Titular da Sociedade Paulista de Medicina e Cirurgia. Em 1942, membro honorário da Academia Nacional de Medicina e, em 1965, agraciada com o grau de oficial da Legião de Honra da França. Em 1960 foi uma das fundadoras da Associação das Mulheres Médicas, sendo eleita sua primeira presidente (reeleita por 3 biênios) e presidente honorária, em 1967. Foi a primeira mulher a ser eleita para a Academia Nacional de Medicina de Buenos Aires.

Carlota Pereira de Queirós é uma das presenças que honram a imagem da mulher brasileira.

(Fonte de consulta: Folder – calendário. 1986 – Conselho Estadual da Condição Feminina – Governo Montoro. São Paulo.)

CARLOTA SALES DE CAMPOS 226

Poeta e professora, Carlota Sales de Campos nasceu em Aracaju (SE), em 18.11.1884 e faleceu a 22.02.1971, na avançada idade de 87 anos.

Foi professora devotada à causa do ensino e da educação infantil. Lecionou em inúmeros povoados sergipanos (Calumby, Telha) e na cidade de Itaporanga d'Ajuda. Em 1922, muda-se para o Recife onde passa a lecionar no Colégio Americano Batista. Em 1924, transfere-se para Jaguaqua (BA), onde lecionou no colégio Brasileiro Egydio. De volta à Aracaju, prossegue sua tarefa docente.

Desde adolescente escreveu poesia. Muitas foram divulgadas pela imprensa, outras, em livro.

Publicações: **Torturejos**, 1912, e **Colméia de rosas**, 1924 (em colaboração com o irmão, Lindolfo Sales de Campos).

CARMELA PEREIRA 227

Espírito criativo, poeta, pintora primitiva e autêntica lutadora para viver com dignidade e deixar sua marca na vida, Carmela Pereira nasceu em Nova Paulista (Piracicaba-SP), em 28.04.1936. Dos 14 até os 54 anos trabalhou como doméstica em uma só casa. Durante esse tempo, fez o curso primário e vários cursos de aperfeiçoamento interior. Formou-se catequista em diversas paróquias de Piracicaba e de São Paulo.

Escreveu dezenas de livros para crianças, desenhados à mão pois não conseguiu publicá-los: A roda amarela, A galinha carijó, A gata malhada, O anjo negro, etc. Tem várias coletâneas de poesias, também inéditas: As árvores floriram, A folha caída, O menino que amava o sol, etc. Compôs várias músicas infantis.

Como pintora, participou de várias exposições coletivas e individuais (**A arte ingênua e primitiva de Carmela Pereira**/1991 e **Arte contemporânea**/1992). Como cartunista, participou no Salão de Humor de Piracicaba (anos 1991 e 1992).

Entre os serviços prestados à comunidade, registram-se: poesias divulgadas na imprensa durante a Semana do Negro pelos 100 anos de abolição; colaboração com a Rádio Alvorada; composição do hino ao negro e suas raízes; o projeto AGBARA; e outros.

Em 1992, conseguiu realizar um dos grandes sonhos de sua vida: ver publicado um livro seu: **Manual da empregada doméstica** (SP, Edições Loyola). Trata-se de um livro inusitado, destinado às empregadas domésticas: *um pequeno manual que encerra quase tudo: receitas práticas, conselhos e episódios do dia-a-dia de uma doméstica [...] baseado na experiência adquirida* (Apresentação).

É com ele que Carmela Pereira tem lugar neste dicionário de literatura. Afinal o que é ficção ou realidade na vida vivida com a intensidade e a garra com que ela tem vivido? Que este verbete lhe abra caminho para ter seus livros de poesia publicados...

Publicações: **Manual da empregada doméstica**, 1992.

228 CARMELITA FONTES

Poeta, contista, teatróloga, professora universitária e elemento atuante no meio cultural sergipano, Carmelita Pinto Fontes nasceu em Laranjeiras (SE), em 01.02.1933. Formada em Letras (Faculdade Católica de Filosofia de Sergipe, 1958). Fez pós-graduação em Língua e Literatura Francesa (Maison de France-RJ, 1960) em Língua e Literatura Espanhola (Universidade Católica do Chile, 1962), em Língua Portuguesa e Lingüística (Universidade de Lisboa, 1968/1969) e Língua Portuguesa (Universidade de Brasília, 1963). É professora titular de Língua Portuguesa e Estilística na UFSE. É presença atuante na área universitária e no âmbito político-cultural (Membro do Conselho Estadual de Cultura, Membro do Conselho Estadual de Educação, Diretora da revista da UFSE, representante no Conselho do Ensino e da Pesquisa da UFSE, etc.). Tem desenvolvido inúmeras atividades culturais.

Como escritora, tem escrito poesia (publicada na imprensa ou em livros de parceria com outras escritoras), crônicas (radiofonizadas ou publicadas na imprensa), teatro infantil (encenado ou radiofonizado), palestras e discursos (publicados em folhetos). Como promotora de cultura, fundou e organizou inúmeros núcleos de atividades literárias (Clube Literário Tobias Barreto; Concurso para filme de curta-metragem; Concursos literários; Exposições de poesia visualizada; Oficinas literárias, etc.)

É membro da Academia Sergipana de Letras e membro fundadora da Academia Sergipana de Letras dos Jovens Escritores.

Publicações: Poesia – **Baladas do inútil** (em parceria com Núbia Marques* e Giselda Moraes*), 1965; **Tempo de dezembro**, 1982, e **Verde outono** (em parceria com N. M. E. G. M. 1982). Teatro – **O lenho e a espiga**, 1961; **E uma estrela apareceu**, 1966; **As uvas**, 1966, e **Ainda não há lugar**, 1980.

229 CARMELITA SETUBAL

Poeta e romancista, Carmelita Setubal nasceu no Amazonas (Seringal Itanaan – AM). Ainda adolescente passa a residir em Limoeiro do Norte (CE), participando do movimento cultural da cidade. Começa a publicar poesias e trovas, na imprensa e em livros, na década de 1970. É membro da ala feminina da Casa Juvenal Galeno. Participou de obras coletivas (**Mulheres do Brasil**/1971).

Publicações: Poesia – **Retalhos d'alma**; **Gravetos de sonho** e **Trovas e poemas** (todos s/d) Romance – **Flor de mandacaru**, 1971.

230 CARMEM COELHO DE M. FREIRE

Novelista, professora e pesquisadora de História, nasceu na Paraíba. Publicou **A Mansão da Praça Bela Vista** (novela histórica), em 1977.

CARMEM CUNHA VIANA 231

Poeta, declamadora e professora, Carmem Cunha Viana nasceu em Taquari (RS), em 27.06.1920. Reside em Porto Alegre, onde tem atuado na área do ensino e da divulgação cultural. Iniciou-se como poeta, declamando em festividades culturais e publicando poemas na imprensa. É membro da Academia Literária do Rio Grande do Sul, da Estância Crioula e de outras entidades culturais gaúchas.

Publicação: **Vento verde**, 1965.

CARMEM DOLORES 232

Romancista, contista, cronista, crítica literária, conferencista e dinâmica jornalista, Carmem Dolores é o nome literário pelo qual ficou conhecida Emília Moncorvo Bandeira de Melo. Nascida em São Paulo (SP), em 11.03.1852, ainda criança muda-se com a família para o Rio de Janeiro (RJ), onde falece aos 59 anos de idade, a 13.08.1911.

Iniciou-se como escritora quase por acaso ou diletantismo, a partir de uma enquete literária promovida em 1895 pelo almanaque O País. Data daí sua carreira de escritora, com o nome de Carmem Dolores. Durante anos, assina coluna A Semana, no Correio da Manhã (RJ) e publica, em vários outros jornais cariocas, crônicas, contos, crítica literária, reportagens, etc. Estréia em livro em 1897, com os contos de **Gradações**. Seguem-se romances (**Um drama na roça** e **A luta**), livros de contos e crônicas.

Sempre bem acolhida pela crítica, Carmem Dolores consagrou-se como personalidade forte, corajosa e apaixonada. Segundo Brito Broca: *Espírito combativo (Carmem Dolores), defendeu o divórcio e várias reivindicações femininas. As contingências econômicas levaram-na a intensificar a produção literária e jornalística, num labor incessante, com que procurou resistir estoicamente à doença. Até pouco antes de seu falecimento manteve sua crônica semanal em O País (in* ***A vida literária no Brasil****. 1900).* Lúcia Miguel Pereira classifica-a como romancista de valor e destaca a intenção feminista de seu romance **A luta**, no qual focaliza a instabilidade social e moral das mulheres que não se resignaram à sujeição da existência familiar, nem lhe querem perder os benefícios. (in **Prosa de Ficção**. 3ª edição. 1873, p. 139).

Carmem Dolores era mãe da escritora Cecília Bandeira de Melo (conhecida como Chrysanthéme*), que foi a grande paixão do poeta Alcindo Guanabara.

Publicações: Contos – **Gradações**, 1897; **Almas complexas**, 1934, e **Lendas brasileiras**, s/d. Romance – **Um drama na roça** (Prof. Coelho Neto, 1907) e **A luta**, 1911. Crônicas – **Ao esvoaçar da idéia** (coletânea póstuma das crônicas publicadas em **O País**, durante mais de dez anos). Inéditos – Deixou numerosos escritos esparsos na imprensa e inéditos.

CARMEM LÚCIA FOSSARI 233

Teatróloga, poeta e diretora de teatro, Carmem Lúcia Fossari nasceu em Florianópolis (SC), em 16.07.1954. Formada em Letras pela UFSC, fez mestrado em Literatura Brasileira com tese sobre teatro. Nessa área vem desenvolvendo um sério trabalho de pesquisa e ação. Escreveu, encenou e dirigiu várias peças, principalmente com o grupo de pesquisa Teatro Novo, levando espetáculos com bonecos e atores para diferentes locais. Conforme notícias do jornal O Estado (Florianópolis, 12.11.1983), *O grupo pesquisa Teatro Novo, dirigido por Carmem Fossari, vem trabalhando nas praças, nas ruas, nos centros comunitários, procurando mostrar seus bonecos, seus atores, seus modos de encarar o teatro como força dinâmica, pesquisadora de problemas inerentes aos vários grupos sociais de uma comunidade. A ótica regionalista de Carmem Fossari e sua preocupação com a manutenção dos valores ilhéus, com o respeito às tradições catarinenses, fizeram com que o Teatro Novo jamais se afastasse do princípio básico de que teatrar é, principalmente, falar de coisas da nossa terra.[...] Nessa tentativa de vôo rumo a um teatro infantil mais elaborado, tenta refletir no pensamento mágico das crianças alguns sentimentos ecológicos simples. Para a preservação de nossas cidades desumanizadas, nada como misturar bonecos de formas variadas, com atores de carne e osso, na estrada aberta pelas idéias renovadoras, do Grupo Gralha Azul. Assim foi elaborado o texto* ***Vô chapéu azul na cidade Pedra Grande****, de Carmem Fossari* (Mário Alves Neto).

Dedicada também à poesia e ao conto, desde a década de 1970 Carmem Fossari publica seus textos em jornais, revistas especializadas e antologias (Caderno de Literatura, Imprensa Universitária de Santa Catarina, revista Travessia, Jornal Eco, A Prosa e o Verso do Pescador, etc.). Recebeu vários prêmios por sua produção teatral. Encenações: (premiadas) **Ei escola, cuide-se** (co-autoria grupo pesquisa Teatro Novo-UFSC, 1979), **Terra de terra** (grupo pesquisa Teatro Novo – UFSC. 1981); **Engenho engendrado** (Festivais universitários em Ponta Grossa-PR, Campina Grande e Santa Catarina, 1982) **Os segredos do mar** (GPTNUFSC, 1983); **Vô chapéu azul na cidade de Pedra Grande** (GPTNUFSC, 1983) e **Arca açoriana** (adaptação teatral do romance popular de Almiro Caldeira de Andrade/1985).

Prêmios de direção teatral: **Mesa grande** (Festival Catarinense de Teatro/1977); **Labirinto** (Mostra de Teatro Catarinense/1978); **Circo arena** (Troféu Bastidores/1979) e **Conjunto de espetáculos** (Troféu Bastidores/1980).

234 CARMEM PRUDENTE DE MORAES

Contista, cronista de viagens e personalidade de destaque por sua atuação filantrópica, Carmem Prudente (abreviação do nome Carmem Anne Dias Prudente de Moraes) nasceu em Porto Alegre (RS), em 18.10.1913. Na década de 1950 muda-se para São Paulo, onde se radica e se torna conhecida por seu intenso trabalho em prol da Associação de Combate ao Câncer. Faleceu em 1999.

Iniciou-se como escritora, em 1933, publicando os contos de **Sinos de Natal.** Seguem-se outros livros de contos ou de impressões de viagem, entre as décadas de 1930 e 1960. É membro de várias associações culturais e tem recebido inúmeros prêmios ou honrarias por trabalhos filantrópicos.

Publicações: Contos – **Sinos de natal**, 1933, e **Almas**, 1935.Crônicas de Viagem – **Do Brasil ao Japão**, 1937; **Passaporte 7.806**, 1951; **Marajás, beduínos e faraós**, 1954; **Por áres muitas vezes navegados**, 1958; **Perambulando pela Turquia e pela Grécia**, 1961, e **Fui, vi e ... gostei**, 1965.

235 CARMEM DA SILVA

Romancista, jornalista, ensaísta e presença participante da crise de transformações, em que o nosso século se atolou, Carmem da Silva nasceu no Rio Grande (RS), em 31.12.1929, e faleceu no Rio de Janeiro (RJ), em 1983. Ainda menina muda-se com a família para o Rio de Janeiro, onde completa sua formação básica. De família tradicional e abastada, teve esmerada educação formal e, ao mesmo tempo, foi sendo atingida pela ruptura com a tradição, que desorientou a sua geração (a da Segunda Guerra). Com quinze anos muda-se para o Uruguai e, seis anos depois (1950), para a Argentina, onde permaneceu até 1961, quando volta a residir no Rio de Janeiro.

Sua obra jornalística, ensaísta e ficcional (voltada predominantemente para problemas da mulher) revela que a esse jornardear geográfico correspondeu uma progressiva aprendizagem de vida, que se dá simultaneamente a uma agônica-abrasiva problematização do mundo em convulsão à sua volta. O período em que viveu em Buenos Aires foi decisivo para essa aprendizagem e conseqüente conquista da maturidade criadora. Conquista, essa, aprofundada pelas duras circunstâncias políticas que então marcavam a Argentina da década de 1950 (as sucessivas quedas e ascensões dos generais no poder, revoltas armadas, cidades que caem sob os ataques militares, mortes ou desaparecimentos de civis e militares, torturas, a Plaza Mayo – onde as mães mais tarde iriam chorar pelos filhos desaparecidos -, as sangrentas lutas pelo poder, etc.)

Jornalista engajada e de grande força na palavra, Carmem desenvolveu, com sucesso, uma intensa atividade jornalística em jornais e revistas portenhas (Leoplán, Ficción, Del Arte, Clarin, Del Mundo, Gaceta de Tucumán, etc.), durante os anos em que residiu na Argentina.

Nesse período, estréia como romancista com o escrito em espanhol **Setiembre** (1957). Com excelente repercussão crítica, esse primeiro romance valeu-lhe a Faixa de Honra, concedida pela Sociedade Argentina de Escritores. Pouco depois, escreve uma peça de engajamento político, **Prohibido pisar el césped** (**Proibido pisar na grama**) que, na noite de estréia, foi interrompida pelo vandalismo dos jovens truculentos da **Tacura** (organização de extrema direita semelhante ao nosso MAC – Movimento Anti-Comunista das décadas de 1950 e 1960), os quais distribuíram impunemente sua violência, sem que a polícia interviesse para defender os agredidos.

Voltando ao Brasil, a escritora prossegue sua atividade jornalística e combativa na imprensa carioca. Política e feminismo são os temas básicos de sua produção literária e também das suas conferências, naqueles incertos anos, nas vésperas de 1964. Torna-se colaboradora da revista Cláudia, com artigos sobre os problemas da mulher e do relacionamento entre os sexos. Artigos que foram posteriormente reunidos em dois livros de continuado sucesso, **A arte de ser mulher** e **O homem e a mulher no mundo moderno**.

Em 1964, lança o romance **Sangue sem dono**, no qual se fundem ficção e memória, ambas amassadas com o barro fecundo da paixão pela vida e da lucidez crítica que peculiarizam a personalidade da autora. Sem dúvida alguma, **Sangue sem dono** é (como disse Mariano Torres na apresentação) *um dos grandes romances da moderna literatura brasileira, [...] obra viva, poderosa, em que beleza, verdade e calor humano se entrelaçam.* Sem nenhuma voz dissonante, toda crítica feita a esse romance, dentro e fora do Brasil, foi entusiasta e apaixonada. Na Argentina (onde grande parte da efabulação se desenvolve), Oscar H. Villordo (Gaceta de Tucumán) escreveu: *O relato profundo, comovedor, é um dos de maior alento trágico que jamais li.* E em Buenos Aires, Maria Ester de Miguel declarava sentir-se na presença de "um livro arquejante, visceral, avassalador, anticonformista, anticonvencional, rebelde, agressivo".

Todos esses adjetivos estão absolutamente sintetizados com a natureza da escrita ágil, mas densa, de força contida... que tece o embaralhado da trama romanesca. Trama em que se cruzam os tempos da infância, adolescência e maturidade, formando um vertiginoso presente – ponto de convergência dos problemas mais agudos do nosso tempo –, verdadeiro buraco negro que engoliu alicerces e limites que legitimavam o mundo de ontem e deixou a humanidade à deriva. Em meio a esse caos, **Sangue sem dono** mostra o caminho da possível reconstrução. A paixão pela vida; a certeza de que há uma alta sabedoria prestes a ser conquistada pelos homens: *a que se faz na voz do coração do mundo: [...] hino terrível, agônico violento, fraterno, solidário, desesperado, triunfal, desorbitado e jubiloso. Quem o escutar terá atingido a etapa final, que é o desencadear da Divina Loucura; então poderão arrebatar o fogo do céu. [...] Quando penso na humanidade e no canto de seu coração, não posso realizar atos gratuitos.*

A par dessa ansiada comunhão com a humanidade, desvendam-se os caminhos e descaminhos trilhados por uma mulher na busca de si mesma e de sua verdade em confronto com a dos outros. Animada a princípio por uma rebeldia sem causa, sem objetivos concretos, a personagem vive as grandes experiências do amor, do sexo, da amizade e da solidão, enfrenta as asperezas do cotidiano (para as quais não estava preparada) e descobre sua vocação literária – a grande – tarefa do estar viva e se sentir parte essencial do todo... É pela palavra que se descobre integrada no mundo; ou melhor, parece que seu sangue, sendo de todos os oprimidos e mal-amados da terra, não tem dono – é o sangue de um ser livre. Carmem da Silva é dos nomes que testemunham, em alto nível literário, a crise dos nossos tempos.

Publicações: Romance – **Setiembre**, 1957; **Sangue sem dono**, 1964; **Dalva na rua mar**, 1965, e **Fuga em setembro** (trad. de **Setiembre**, 1973). Ensaio – **A arte de ser mulher**, 1966, e **O homem e a mulher no mundo moderno**, 1960; **Guia de boas maneiras**, 1965, e **A revolução sexual**, 1970. Autobiografia – **Histórias híbridas de uma senhora de respeito**, 1984.

CARMEM SILVIA CERQUEIRA CÉSAR 236

Poeta e pesquisadora de história, Carmem Silvia Cerqueira César nasceu em São Paulo (SP), em 25.02.1957. Formou-se em História pela PUC em 1979, especializando-se posteriormente nas áreas de História e Arte e fazendo cursos de extensão universitária na PUC, em museus e fundações culturais. Participou da implantação do Núcleo de Pesquisa e Documentação Histórica no Arquivo do Estado de São Paulo, onde fez pesquisa sobre Classes Sociais na primeira república. Trabalhou junto a museus (MASP, Secretaria de Estado da Cultura) e na área de Artes Plásticas (Jornal Artes e Artescultura). Formou-se em Inglês, em 1976, pela Cultura Inglesa de São Paulo (diplomas Lower Certificate in English e Certificate of Proficiency in English, concedidos pela University of Cambridge, Inglaterra). Formou-se em Italiano, pelo Instituto Cultural Ítalo-Brasileiro e é membro-correspondente da Societá Nazionale Dante Alighieri, de Roma desde 1983. Trabalha na área da Educação; estudou Psicologia e fez estágio na área clínica.

Surge como poeta, em 1974, com o Conto de Natal, incluído em **As mais belas estórias infantis**, premiadas no II Concurso Comemorativo da Semana do livro (promoção: Biblioteca Pública do Paraná, Fundepar, Curitiba).

Em 1982, publica seu primeiro livro individual, **Eu sinceramente**.

Poesia densa de vivências, domada por uma palavra consciente de seus poderes e limites. Sintonizada com essa redescoberta do eu como novo e responsável centro da vida, a voz de Carmem Silvia é das que expressam a nova mulher, em busca de si mesma e de seu novo lugar no mundo.

Buscas a liberdade, estás sempre alerta, / respiras profundamente e, num rasgo de coragem, / chegas à essência própria do ser. /Mergulhas fundo e, a cada dia, renasces. // Aceitas os desafios dessa vida incoerente de fêmea / objeto social, sexual, afetivo, ecológico. // Indecifrável, alcanças o sol, / te reabasteces de energia...

Publicações: **Eu sinceramente** (il. Gustavo Rosa, 1982); **Transparências** (capa Carlos Araújo, 1985) e **Cristais** (capa Sérgio Borges de Souza, 1988).

237 CARMEM FRANCISCA PAULA RIBEIRO

Poeta, Carmem Francisca Leal de Paula Ribeiro nasceu em Cáceres (MT), em 09.06.1950. Licenciada em Estudos Sociais, em 1981, e bacharel em Administração, em 1998. Estreou em livro com os poemas de **Vento Carmem vem tocar-me**, em 1989.

Publicações: **Vento Carmem vem tocar-me**, 1989, e **Eu trago flores pra você**, 1990.

238 CÁRMEN CINIRA

Poeta que prolonga, nas primeiras décadas do século XX, o ideário romântico, Cármem Cardoso Bordini (que adotou o nome literário de Cármen Cinira) nasceu no Rio de Janeiro (RJ), em 1902. Faleceu em 1933. De família de classe média, foi encaminhada para os estudos, mas não chegou a concluí-los, devido à falta de vocação para o magistério. Casou-se com um atleta que, vitimado pela tuberculose, vem a falecer, depois de tê-la contaminado.

A grande paixão de Cármen Cinira foi a poesia, a cuja escrita dedicou-se de corpo e alma. Humberto de Campos, que a conheceu de perto, aceitou sua arte com entusiasmo. Em vida, ela chegou a publicar dois livros, **Crisálida** e **Grinalda de violetas**; o terceiro, **Sensibilidade**, foi publicação póstuma.

Publicações: **Crisálidas**, 1928; **Grinalda de violetas**, 1929, e **Sensibilidade** (póst. 1934).

239 CARMEN FREIRE

Poeta e grande anfitriã, no Rio de Janeiro (RJ), do Segundo Império, Carmen Freire nasceu em 1855. De família de poucos recursos, aos 13 anos de idade torna-se Baronesa de Mamanguape, pelo casamento com o senador e latifundiário Barão Flávio Clementino da Silva Freire. Faleceu em 1891, quase ao mesmo tempo que o marido, após uma rápida enfermidade.

Espírito de grande versatilidade e atraída pela literatura e artes, Carmen Freire se notabilizou pelas famosas tertúlias poéticas, realizadas em seu palacete, com a presença dos literatos do tempo: Olavo Bilac, Guimarães Passos, Paulo Nei, Coelho Neto, Aluisio Azevedo, Pardal Mallet, Rodolfo Amoeda... Além de aplaudida declamadora, Carmen Freire escrevia poesia (estilo entre romântico e parnasiano) que era publicada na imprensa brasileira (Gazeta de Notícias, Norte do Brasil, Diário de Grão-Pará, Jornal da Paraíba, Jornal de Notícias, O Progressista, O Treze de Maio e outros). Tal produção poética só foi reunida em livro depois da morte da autora.

Os últimos anos de Carmen Freire foram de sofrimento. A abolição, em 1888, acarretou a ruína da família. Proclamada a República, ela aderiu ao novo regime e consegue pensão para o marido, já enfermo, e que faleceu logo depois.

Em 1897, antigos admiradores publicam seus poemas em **Visões e sombras**, onde se mostra a dor pelo esquecimento em que se vira, após a perda da fortuna. Inclusive o livro foi censurado por parte da crítica, por registrar a coroa de baronesa, símbolo nobiliárquico, sem valor na República.

Publicação: **Visões e sombras**, 1897.

CARMEN ROCHA 240

Poeta, contista, cronista, dramaturga, autora de livros infantis, diretora de teatro, professora universitária, Carmen Rocha nasceu em São Paulo (SP), em 1935. Cursou a Faculdade de Filosofia Ciências e Letras de Ribeirão Preto. (1972); a Faculdade de Educação – Piratininga. (1973), e Faculdade de Filosofia, Ciências e Letras Castro Alves-SP. (1976). Orientadora educacional, diretora de escola e professora, atuou ativamente na área educacional.

No âmbito cultural-literário, tem desenvolvido diversas atividades. Fundou e coordena o Projeto Cultural Carmen Rocha, que congrega escritores de todo o estado, no sentido de apoiar e divulgar as suas obras, no meio intelectual. É sócia da UBE – União Brasileira de Escritores; da SBAT – Sociedade Brasileira de Autores Teatrais e da Academia Santarritense de Letras. Tem colaborado na imprensa e em obras coletivas. Para as crianças, escreveu uma dezena de livros (**Arte & magias**; **A minhoca desafia a centopéia**; **O avestruz que era pálido**; **O papagaio francês**, **João não-não**; e outros). Como poeta, estreou em livro na década de 1970.

Publicações: Poesia – **Passeio alado**; **Catavento e antologia poética** (Bienal, 1994). Conto – **Vida-vida**, **jogo de viver** e **Tempo esgotado**. Teatro – **Gija-cigana e estratagema**. Didático – **Quem conta um conto, narra um conto**.

CARMEN VASCONCELOS 241

Poeta, formada em Direito e Serviço Social (UFRN), Carmen Vasconcelos nasceu em Natal (RN), em 1965. Publicou seus primeiros poemas na imprensa e em revistas literárias (O Galo-RN e Augusta-JP, dirigida por Ascendino Leite).

Estréia em livro, em 2000, com **Chuva ácida**, com apresentação do poeta Dorian Gray Caldas, que relaciona a autenticidade criadora da autora à linhagem de grandes criadores, como Emily Dickinson, Whitmann... Linhagem que, ao percorrermos seus poemas, se revela na paixão e lucidez com que a poeta se entrega à poesia, sabendo-se mais um elo da infinidável corrente de grandes vozes que a precederam, e tentaram reter a vida na rede (sempre insuficiente) da palavra poética. Dividido em quatro partes, os títulos já apontam para a problemática-eixo que energiza sua poesia: Raiz da palavra; Uma tocata do ventre; Do diário de Simetha e dos espelhos partidos; Das cantigas de abril. Na raiz de todos os poemas está a consciência de que, no poeta, está a raiz da palavra a ser dita, mas que ele, por sua vez, arraiga em algo maior que ele – no enigma da própria vida –, algo que o transcende, eterniza e justificaria sua aventura terrestre, mas permanece mistério, do qual a paixão permite, ao poeta, se aproximar:

Imensa é a paixão / e inventa todos os seus objetos / menores do que ela própria. / Miniaturas. / Homem. Juízo. Alga. Muralha. Dissídio. Semente. Cor. / Fúria. Mestre. Usina. Navio. Candura. Gelosia. Imperador. / Ofício. Piso. Crença. Projétil. Indolência. Horror. /.../ Porto. / Relva. Ave. / Amor. // Imensa é a paixão / e só um dos objetos da paixão / é maior / do que / a paixão: / o poema (não o vinho da atrofia). / Vinho da conflagração. / Rala-se a paixão para criar o poema. / Peneira-se. / Depura-se. / Do fermento ele se avulta: o poema.

Como diz Luiz Carlos Guimarães, ao definir a palavra da autora, como *poesia de impacto, que anda pela trilha do mistério e do segredo. Solar, expõe sua ataviada nudez [...] É doce como o mel e áspera como a aresta de uma pedra. Suave e cortante ao mesmo tempo.* E não por acaso, nas cantigas de Abril, a poeta, nas muitas epígrafes que as precedem, desvenda as vozes que lhe servem de húmus para cantar as perdas e também *uma esperança inútil / que em introduzir-se insiste, não sei onde.*

Poesia sintonizada com estes tempos de perdas e buscas, a de Carmen Vasconcelos parece ter vindo para ficar.

Publicação: **Chuva ácida**, 2000.

CARMI B. GOMES 242

Poeta, cronista, pedagoga e militante política, Carmi B. Gomes (nome profissional de Maria do Carmo Bolshaw Gomes) nasceu em Natal (RN), em 16.07.1945. Formou-se em Pedagogia na UFRN e especializou-se em Planejamento Educacional e Psicologia Clínica, em cujas áreas interdependentes fez curso de pós-graduação, no Rio de Janeiro. Tem vários ensaios nessa área de pesquisa, publicados em revistas especializadas. Escreve poesia desde muito cedo. Estréia em livro em 1978, com uma recolha poética já madura, **Divisão de águas**. Na década de 1980, publica dois livros de crônicas memorialistas. O segundo, **Estrela da consciência**, revela a militância política na atribulada vida brasileira da década de 1960 e assume a coragem de expor as marcas de um corpo feminino, que vivenciou as lutas de libertação do povo brasileiro. *A autora avalia a importância do engajamento político e focaliza o empenho da mulher em conciliar a postura revolucionária e as solicitações do cotidiano, que não raro a amesquinha; resgatando a sua participação na cena e na contracena da história política brasileira* (Apresentação de **Estrela**...).

É membro de várias associações culturais.

Publicações: Poesia – **Divisão de águas**, 1978; Crônica – **Amor e opressão**, 1980, e **Estrela da consciência**, 1982.

243 CARMOSINA DE SOUZA UZEL

Poeta nascida em Salvador (BA), Carmosina de Souza Uzel é registrada na crônica dos primeiros anos do séculos, como figura participante do movimento cultural baiano. Publicou poemas na imprensa e, em 1928, o livro de poesia **Os sentimentos da alma**.

244 CAROLINA DE JESUS

Memorialista e favelada, Carolina Maria de Jesus nasceu em Sacramento (RS), em 1914 e viveu na capital paulista, onde faleceu em 13.02.1977.

Do dia para a noite, sai do anonimato e da miséria em que vivia, numa favela em São Paulo, porque o caderno em que escrevia seu dia-a-dia de favelada foi por acaso descoberto por um jornalista, Audálio Dantas, e publicado em livro, em 1958, com o título **Quarto de despejo**. A mídia se empenhou em divulgá-lo através dos diversos meios de comunicação e o transformou em *best seller*. A primeira edição (10.000 exemplares) esgota-se em pouco mais que uma semana. Seguem-se outras edições com tiragens que chegam a 100 mil exemplares. Foi traduzido para 29 idiomas. Carolina de Jesus se torna objeto da especulação publicitária e vive momentos de verdadeiro estrelato, através da TV e dos jornais e revistas, transformada em símbolo da miséria e da degradação humana em que vive grande parte do povo brasileiro. Mais uma vez o capitalismo selvagem lucra com a exploração dos desvalidos.

No rastro desse sucesso, a autora sai da favela para a casa própria. Dessa mudança resulta um novo livro, **Casa de alvenaria** (1960), crônica que não desperta nenhum interesse no grande público. Carolina acabou voltando para a antiga favela, em Parelheiros (SP), onde morre por insuficiência cardíaca. Referindo-se ao caso de Carolina de Jesus, Eduardo Galeano disse: *Carolina Maria de Jesus, Cinderela do Brasil, produto de consumo mundial, saiu da favela, correu mundo, foi entrevistada e fotografada, premiada pelos críticos [...] e recebida por presidentes. Passaram-se anos. No início de 1977, numa madrugada de domingo, Carolina de Jesus morre em meio ao lixo e aos urubus. Ninguém mais lembrava da mulher que escrevera: A fome é a dinamite do corpo humano (in* **As veias abertas da América Latina***).*

Publicações: **Quarto de despejo**, 1958, e **Casa de alvenaria**, 1960.

245 CAROLINA NABUCO

Romancista, memorialista, biógrafa e mulher de grande cultura, Maria Carolina Nabuco de Araújo nasceu no Rio de Janeiro (RJ), em 09.02.1890. Faleceu em 1981. Era filha de Joaquim Nabuco, escritor e senador do império. Em conseqüência das constantes viagens que, desde menina, fazia, para acompanhar o pai em seus encargos oficiais, sua formação intelectual se realizou, praticamente toda, no exterior ou com professores particulares estrangeiros. Sua vocação de escritora revelou-se em 1929 com a publicação de **A vida de Joaquim Nabuco**, biografia de seu pai e que lhe valeu o Prêmio da Academia Brasileira de Letras. Na década de 1940, essa biografia foi traduzida para o espanhol e para o inglês.

Em 1934 (em plena ascensão do romance nordestino regionalista) escreve **A sucessora**, um romance de cunho social e psicológico, no qual se mesclam atitudes, tendências ou ideais contrastantes que expressam bem o processo de modernização no Brasil da década de 1930. Processo em que se defrontam os valores aristocratizantes da sociedade tradicional em declínio (a dos grandes proprietários de terra e suas legiões de trabalhadores-escravos) e da sociedade moderna em ascensão (a dos industriais e alto comércio, construída principalmente pelos imigrantes que passam a ser os novos ricos). Essas duas classes – a da aristocracia rural brasileira e a dos novos ricos urbanos – estão representadas no romance por Roberto (descendente de imigrantes e novo rico), casado em segundas núpcias com Mariana (descendente da aristocracia rural empobrecida).

O motivo dramático, porém, não é propriamente o choque de classes, mas o conflito psicológico da heroína consigo mesma, por se sentir inferior à primeira mulher do marido, de quem é a sucessora. Em nível literário, **A sucessora** apresenta também um contraste ou antagonismo evidente: o estilo adotado é moderno – linguagem concisa, em frases curtas, ritmo sincopado e ágil; marcante visualidade, etc. –, aspectos resultantes da evidente influência das técnicas cinematográficas e da linguagem jornalística sobre a literatura, a partir da década de 1930, principalmente através do neo-realismo norte-americano. Contrastando com o moderno do estilo, se afirmam na trama romanesca todos os preconceitos que estão na base da sociedade tradicional: o sentimento-de-classe, aristocratizante (que atribui os altos valores de espírito ou de caráter aos herdeiros dos grandes senhores de terra; e minimiza, do ponto de vista da cultura ou do refinamento espiritual, aqueles que detêm o poder do dinheiro, resultantes de atividades lucrativas: indústria ou comércio), e a imagem ideal da mulher, identificada com beleza, submissão espontânea ao homem; modéstia; pureza, etc. E, acima de tudo, sua possibilidade de auto-realização, inteiramente dependente da vontade ou da mediação do homem (pai, marido ou filho). Imagem essa que tem em Maria seu modelo perfeito, apesar dos acessórios modernos presentes.

A sucessora de Carolina Nabuco, dentro do contexto da literatura da época, expressa os primeiros esforços da mulher no sentido de questionar sua verdadeira posição na sociedade moderna. Mas o lastro ético, tradicional, pesou mais do que o pretendido enfoque moderno. (Ao contrário de Rachel de Queiroz que, em **O quinze**, publicado quatro anos antes, problematiza de maneira nova os valores objetivados por **A sucessora**).

Curiosamente, em 1938 a escritora inglesa Daphne du Maurier publica o romance **Rebeca**, cujo argumento é de tal maneira semelhante ao de **A sucessora**, que Carolina Nabuco processou judicialmente a escritora inglesa, a acusando de plágio. Álvaro Lins, em estudo comparativo dos dois romances, provou o plágio, mas na justiça nada pôde ser provado (o que acontece sempre em casos como esse...).

Conferencista festejada, biógrafa, ensaísta e romancista, Carolina Nabuco realizou uma obra que é um significativo reflexo do século passado, marcado por transformações da herança tradicional. Participou de inúmeras associações culturais e recebeu prêmios e distinções.

Publicações: Romance – **A sucessora**, 1934, e **Chama e cinzas**, 1947. Biografia – **A vida de Joaquim Nabuco**, 1929; **A vida de Virgilio Melo Franco**, 1962; **Santa Catarina de Siena**, 1957. Ensaio – **Visão dos Estados Unidos à luz de sua literatura,** 1967, e **O ladrão de guarda-chuvas**, 1967. Literatura edificante – **Catecismo historiado – doutrina cristã para primeira comunhão**, 1940.

CAROLINA RAMOS 246

Poeta, musicista, artista plástica, ensaísta e contista, Carolina Hervelha Ramos nasceu em Santos (SP), em 1929. Formou-se professora e cursou outras disciplinas, como música, literatura e enfermagem. Inicia-se como escritora na década de 1960.

Como poeta dedica-se especialmente à trova, tendo concorrido em inúmeros concursos ou festivais nacionais e no exterior (Portugal e Angola), recebendo dezenas de prêmios. Participou de antologias de poesia e de contos.

Pertence a várias associações culturais: União Brasileira de Trovadores – Seção de Santos (da qual foi presidente); Instituto Histórico e Geográfico; Academia Santista de Letras; Academia Feminina de Ciências, Letras e Artes de Santos; Associação de Artes Plásticas do Litoral Paulista; Casa Juvenal Galeno (CE); Casa do Poeta Lampião de Gás (SP), etc.

Publicações: Poesia – **Sempre**, 1968; **Cantigas feitas de sonho**, 1969; **Espanha**, 1970; **Trovas que cantam por mim**, 1989. Ensaio – **Luiz Otávio e a trova**, 1976, e **Ribeiro Couto**, 1989.

247 CAROLINA RIBEIRO

Poeta, pedagoga, professora, Carolina Ribeiro nasceu em Tatuí (SP), em 1892. Presença atuante no cenário paulista. Formou-se no Curso Normal (Itapetininga-SP); ingressou no magistério e dedicou-se à política da educação, no sentido da expansão dos núcleos de ensino no interior e na capital paulista. Dirigiu o grupo Escolar São José de Itapetininga; fundou o Grupo Escolar de São Paulo e o Instituto de Educação de São Paulo. Presidiu o conselho da Colméia e da Obra de Preservação Imaculada Conceição (Bragança-SP). Foi presidente da Liga das Senhoras Católicas.

Durante a Revolução de 1932, dirigiu o Hospital de Emergência da Cruz Vermelha Brasileira e os Serviços de Assistência às Famílias dos Combatentes. Ingressando na política, foi eleita suplente de deputado, em 1942.

É membro da Associação Brasileira de Letras. Em 1960, é eleita sócio-honorária do Instituto Histórico e Geográfico de São Paulo. Entre as muitas distinções recebidas por seu trabalho, estão as Medalhas Rio Branco, Princesa Isabel e Euclides da Cunha. Paralelamente a essas atividades e ainda ligadas a elas, escreveu inúmeros textos poéticos, crônicas, discursos e conferências os quais, na maioria, se acham esparsos. Apenas um reduzido número deles foi recolhido em livros.

Publicações: Poesia – **A história do Brasil** e **Bandeira paulista**, s/d. Hinos – **Hino da cruz vermelha brasileira**, 1932, e **Hino de despedida dos pracinhas**, s/d.

248 CAROLINA VON KOSERITZ

Tradutora e mulher de grande cultura, Carolina Von Koseritz nasceu em Porto Alegre (RS), em 17.10.1866. Era filha do barão e escritor Carlos Cristiano Adalberto Fernando Von Koseritz (naturalizado brasileiro) e teve educação aprimorada. Muito jovem, acompanhando o pai, muda-se para o Rio de Janeiro (RJ), onde faleceu, com 56 anos de idade, em 09.01.1922.

Em 1880, com 14 anos de idade, começa a publicar traduções de poemas alemães no Jornal do Comércio de Porto Alegre. Dedicou-se intensamente à tradução e divulgação dos grandes mestres da literatura universal (Goethe, Tourguenieff, Byron, Dickens e outros), através da imprensa gaúcha e carioca. Tais publicações não foram recolhidas em livro e permanecem esparsas.

249 CASIMIRA VICENTE DE CARVALHO

Contista e ensaísta, Casimira Cordovil Albuquerque Vicente de Carvalho nasceu em Ribeirão Preto (SP). Ainda menina, muda-se para o Rio de Janeiro, onde estuda Letras. Profissionaliza-se como funcionária do Banco do Brasil.

Nos anos 1930, começa a publicar artigos e contos na imprensa. Em 1932 estréia com um livro de ensaio, **Raça**. Em 1941, publica os contos de **A ronda do fogo**.

Publicações: **Raça**, 1932, e **A ronda do fogo**, 1941.

250 CASSANDRA RIOS

Romancista, poeta, cronista, contista, tradutora, revisora, jornalista, compositora, escritora *best seller*, um dos nomes que causaram mais escândalo no meio cultural-literário brasileiro das décadas de 1940 e 1950, Cassandra Rios (nome literário de Odette Rios) nasceu em São Paulo, em 1932 e é de ascendência espanhola.

Segundo sua autobiografia, **Censura ou MezzAmaro** (1977), nasceu em ambiente familiar organizado, de bom nível econômico e muito amor à sua volta. Educou-se em colégio religioso e foi bandeirante. Seu gênio tímido e contemplativo favoreceu os estudos e as leituras, que foram sempre sua ocupação preferida. Ainda menina, começou a escrever poesias que se tornaram famosas no colégio, na família e no bairro (Perdizes) em que residia. Com talento natural para a arte, desde cedo dedicou-se a esculpir pequenas figuras em madeira ou cerâmica, e interessou-se pela pintura e pela composição musical, atividades que cultivou como *hobby*.

Com dezesseis anos, envia um conto, "Tião, o engraxate", para o jornal paulista O Tempo. Foi sua estréia como escritora e desde então (fins da década de 1940) não parou de escrever e publicar. Estreou em livro, com uma coletânea de poesias (capa ilustrada por Guilherme Valpéteris) cujo título não consta de sua bibliografia. O sucesso foi imediato, teve boa divulgação crítica. A edição se esgotou em pouco tempo e vários poemas foram lidos na rádio.

Passa a colaborar mais assiduamente em jornais e revistas paulistas, chegando a manter uma coluna (Coisas de Cassandra) na revista Capricho. Em 1948, publicou seu primeiro romance, **Volúpia do pecado**, cujo sucesso de público também foi imediato. Cassandra Rios passa a ser conhecida como escritora pornográfica. Rompia os tabus da linguagem literária e obsessivamente faz do sexo o seu tema central. Combatida violentamente pela crítica e lida por um público cada vez maior, sua obra *underground* se multiplica: **Carne em delírio**; **A sarjeta**; **Nicolete ninfeta**, etc. Um deles, **A paranóica**, foi roteiro do filme Ariella, no qual Nicole Puzzi se revelou como atriz.

Das décadas de 1950 a 1990, seus romances somam-se às dezenas. Os escândalos se sucedem, provocados pela imprensa marrom, que insistia em ligar a vida particular da autora à imoralidade de seus romances. Associação que ela sempre recusou veementemente, ferida em sua vaidade de ficcionista, na sua capacidade criativa, viu-se frustrada naquilo que ela considerava mais belo e sublime, que era a insuflação do espírito capaz de dar vida a seres inexistentes, criar personagens puros frutos da imaginação (**Censura**, p. 103). Sua autobiografia mostra que não há, realmente, nenhum ponto de contato entre a vida da autora e a de suas atormentadas e lascivas personagens. Mas para a literatura a existência ou não dessa relação não tem nenhuma importância. O que conta é o universo romanesco criado. E este pode ser rotulado de imoral, obsceno ou pornográfico, não pelo aberto desafio à linguagem policiada, mas pela visível intenção de ruptura das regras ou limites impostos pela moral cristã à sociedade liberal-burguesa.

Escrevendo de maneira compulsiva (como a própria escritora afirma em sua autobiografia), Cassandra Rios cria uma terrível galeria de seres prisioneiros da animalidade sexual, na maioria dos casos, contida ou reprimida sob uma aparência serena, normal e pura. O conflito religioso entre corpo e espírito (pureza/vício; pecado/virtude; bem/mal, etc.) está agonicamente presente neste universo romanesco. Mas o que avulta é o avesso, o mal (que deveria ser extirpado), as aberrações, as taras, o patológico... uma total ausência de grandeza interior. Trata-se de homens reduzidos à animalidade sexual e totalmente conscientes disso. Daí a obscenidade inerente à matéria romanesca.

No final da década de 1970, antes da revogação do AI-5, a censura proibiu a venda de todos os títulos da autora e confiscou os estoques existentes nas editoras. Foi nessa ocasião que Cassandra escreve **Censura,** sua autobiografia, para revelar sua pessoa e pôr limites entre a obra e sua criadora. Com o fim da censura ditatorial, a proibição também cai. Os títulos de suas publicações evidenciam a natureza dos romances publicados nas décadas de 1970 e 1980, mas sem data registrada nos volumes.

Cassandra Rios, faleceu em 08 de março de 2002, – Dia Internacional da Mulher.

Publicações: **Volúpia do pecado**; **Carne em delírio**; **Nicolete ninfeta**; **A sarjeta**; **Marcella**; **Patuá, Mãe de Santo**; **O livro negro de Bonifácia** ; **As mulheres dos cabelos de metal**; **A santa vaca**; **O prazer de pecar**; **O gigolô**; **Mulher de rua**; **Gatas da noite**; **O Bruxo espanhol**, etc.

CECÍLIA BOSSI 251

Poeta, contista, pintora e pianista, Maria Cecília Bossi (Maricy) nasceu em São Paulo (SP), em 06.02.1939. Atraída pela arte, desde menina escreve poesia, dedica-se ao piano e aos estudos de música. Dona de uma alta formação musical e pianística, escolhe a carreira de concertista. Foi aluna de grandes mestres como Madalena Tagliaferro e Camargo Guarnieri. Juntamente com a música dedica-se à literatura e à pintura. Inicia-se como escritora publicando poemas e contos na imprensa e em antologias poéticas (**Multiplicantos, Poemagia, Pois é, pra quê?**). Estréia em livro em 1978, com a poesia de **Nervuras do asfalto**. Já nesse livro de estréia (muito bem recebido pela crítica), anuncia-se o húmus musical que iria alimentar a sua matéria poética, através dos inúmeros livros que se seguiram: **Ruas de sono** (1979); **Cavala marinha** (1987); **Música e palavra** (1989); **Alaúde de cristal** (1991) e outros.

Poeta de extremada sensibilidade, Cecília Bossi cria poesia centrada obsessivamente no amor, que se quer absoluto. Daí oscilar entre o amor místico e o humano. Por diferentes que sejam os temas ou óticas escolhidas por seus poemas, há um núcleo problemático dominante: o angustiante apelo ao amor humano (que desemboca na frustração e na dor) e sua visceral necessidade de um amor indestrutível, que ultrapasse os limites do humano e do tempo que tudo destrói – o amor místico ou o amor que de si mesmo se alimenta (por ter interiorizado o tu amado). Ou ainda um amor sem fronteiras ou limites que se anuncia, inclusive, ao nível da forma, pela ausência dos sinais de pontuação (que fecharia a frase numa ordem lógica, que a problemática recusa).

Poesia de perdas sucessivas, a de Cecília Bossi chega ao livro **Vozes do silêncio**, cantando a perda mais contundente: a do próprio eu. Ou melhor, a perda do próprio centro ou motor existencial, em conseqüência da morte do amor.

estar (ele) presente, foi todo o meu centro [...] seus olhos, minha luz, meu epicentro [...] Que fazer se a minha vida se acabou/ sem rumo? /.../ meu coração naufraga, cais sem porto.

Perdida dentro do próprio eu, onde introjetou o amado perdido para nunca mais, a poeta nos lembra o célebre verso camoniano: *Transforma-se o amador na coisa amada.* Transformação essa que assume uma dimensão quase metafísica, na medida em que o ser amado é vivenciado como um valor absoluto, é, como princípio e fim do próprio eu. Mas enquanto em Camões o amor é busca incessante, é paixão que dinamiza o eu, em Cecília Bossi, o amor é desejado como encontro. Daí que, malogrado, ele leve à estagnação ou vazio interior. Vazio esse só preenchido pela busca da poesia, pela auto-entrega do eu amante a uma escrita catártica:

Papiro, meu papel, em ti me inscrevo. /... Escrevo minha história, o meu poema / e ando pelo mundo tão perdida / Levo meu barco e vou como quem rema / atravessando a vida poluída.

Poeta da linhagem de uma Florbela Espanca, Cecília Bossi é das vozes autênticas da poesia brasileira, que vem buscando no Amor Absoluto, o sentido último da vida.

Publicações: **Nervuras do asfalto**, 1978; **Ruas de sono**, 1979; **Cavala marinha**, 1987, e **Música e palavra**, 1989; **Alaúde de cristal**, 1991; **Umbrais da memória**, 1993; **Rio do tempo**, 1995; **Sombras sonoras**, 1996; **Schubertiana**, 1997; **Vozes do silêncio**, 1999, e **Florais de espuma**, 1999.

252 CECÍLIA CORRÊA DE MELLO

Poeta, a gaúcha Cecília Corrêa de Mello (que se assina, também, Lia Corrêa) nasceu em Bom Jesus (RS), em 23.04.1923. Adolescente, passa a residir em Porto Alegre, onde estudou e onde se inicia como poeta, publicando na imprensa local. Em 1961, estréia em livro com a poesia de **Brumas**. Tem participado de várias antologias poéticas nacionais e estrangeiras. Profissionalizou-se no funcionalismo federal. É membro da Academia Literária Feminina do Rio Grande do Sul.

Publicações: **Brumas**, 1961; **Prece ao vento**, 1964; **Hora branca**, 1968; **Uma rosa no tempo**, 1972, e **Romanza**, 1983.

253 CECÍLIA MEIRELES

A grande voz feminina da poesia brasileira, Cecília Benevides de Carvalho Meireles nasceu no Rio de Janeiro (RJ), em 07.11.1901. Faleceu em 09.11.1964, vitimada pelo câncer. Órfã de mãe e pai, desde muito nova foi criada pela avó materna, Jacinta Garcia Benevides, nascida em São Miguel (Açores-Portugal).

Inteligência alerta, desde menina foi atraída pelos estudos e leituras. Formou-se na Escola Normal do Rio de Janeiro (1917), e ingressou no magistério. Estudou canto e violino no Conservatório Nacional de Música. Dedicou-se também ao estudo de línguas e muito cedo começou a escrever poesia. Em 1919, estreou como poeta, com o livro **Espectros**, dando início a uma carreira que levaria anos para se consolidar.

Em 1922 casa-se com o artista plástico português Fernando Correia Dias, recém-radicado no Brasil, e através de quem Cecília entrou em contato com o movimento poético em Portugal, no início do século XX (e nele, Fernando Pessoa). Tiveram três filhas, Maria Elvira, Maria Matilde e Maria Fernanda. A partir da publicação de **Nunca mais e...** (1923), Correia Dias se torna o ilustrador dos livros de Cecília. Mas a vida de casados não era fácil, conforme o registra Eliane Zaguri, em **Cecília Meireles** (Poetas Modernos do Brasil, 1973):

...as dificuldades econômicas são grandes. Os preconceitos da época /.../ tornam ainda mais penoso o encargo da subsistência para o artista plástico e a professora. /.../ Em 1929, Cecília apresenta a tese O espírito vitorioso, para a cátedra de Literatura da Escola Normal do Distrito Federal. A defesa é brilhante, mas incapaz de vencer as mentes predispostas já a oferecer o cargo a quem fosse reconhecidamente do grupo católico. Segue-se um período difícil, de perseguição mais ou menos velada, em que durante quatro anos, por ironia e desagravo de sua capacidade pedagógica, Cecília Meireles mantém uma página diária sobre Educação, no ***Diário de Notícias****.*

No início de 1934, designada pela Secretaria da Educação para dirigir um Centro Infantil a ser instalado no Pavilhão Mourisco, Cecília cria a primeira Biblioteca Infantil do Rio de Janeiro. Correia Dias, encarregado da decoração do espaço, transforma o ambiente em uma espécie de cidade encantada, adaptada para múltiplas atividades educativas e recreativas oferecidas às crianças.

Nesse mesmo ano, Cecília faz sua primeira viagem ao exterior. A convite do governo e em companhia do marido, vai a Portugal e se apresenta em várias palestras e conferências nas universidades de Lisboa e em outras entidades. Nessa viagem, viveu um episódio curioso: marcara um encontro com Fernando Pessoa, na Brasileira do Chiado, pois já conhecia sua poesia e desejava conhecê-lo pessoalmente. Esperou-o durante duas horas, mas Fernando Pessoa não apareceu. Ao voltar ao hotel, Cecília encontrou um livro do poeta, com o pedido de desculpas pelo não-comparecimento. Motivo: o horóscopo, feito pela manhã, indicava que ambos não deviam se encontrar. O livro era **Mensagem**, que acabara de ser publicado e também o único publicado em vida pelo poeta. Desse episódio, conclui-se que a primeira pessoa a ler esse livro no Brasil, foi Cecília Meireles.

No ano seguinte a essa viagem, agravam-se as crises de depressão que acometiam Correia Dias e ele se suicida. Viúva e com o encargo de três filhas, Cecília vive um período extremamente difícil. Entre os anos 1936 e 1938, Cecília desdobra-se em atividades: leciona Literatura Luso-brasileira, Técnica e Crítica Literária (Universidade do Distrito Federal); escreve regularmente crônicas e artigos sobre folclore, educação e literatura, para diversos jornais (A Manhã, Correio Paulistano, A Nação, etc.) e passa a trabalhar no DIP (Departamento de Imprensa e Propaganda), como responsável pela revista **Travel in Brazil**.

Nessa época recebe uma carta de um desconhecido, que sugere a eliminação de um dos "ll" de seu sobrenome (Meirelles), para tornar-lhe a vida mais leve. Foi o que fez Cecília, passando a grafar o sobrenome com um só "l" (Meireles). Por coicidência ou não (Yo no lo creo em las brujas, pero que las hay...), a partir daí os acontecimentos felizes se sucederam: seu livro **Viagem** (1939) ganha o Prêmio Poesia/Academia Brasileira de Letras; logo após conhece o médico Heitor Grilo, com quem se casa no ano seguinte, viajando ambos para os Estados Unidos e México. Nessa ocasião, com o patrocínio do DIP, Cecília ministra um curso de Literatura e Cultura Brasileira na Universidade do Texas-Austin. A partir desse momento, sua vida entra em equilíbrio e sua carreira de poeta ganha altitude.

Em 1951, secretaria o I Congresso Nacional de Folclore no Rio Grande do Sul. Nesse mesmo ano, viaja novamente para a Europa (França, Bélgica, Holanda e Portugal). Em 1953, como convidada do Primeiro Ministro Neruh, participa de um Simpósio na Índia, sobre a obra de Gandhi. Na ocasião recebe o título de Doutor Honoris Causa pela Universidade de Delhi. Compõe os **Poemas escritos na Índia**, sob a emoção de entrar em contato com uma cultura que, há anos, ela pesquisava nos livros e amava. Na volta, detém-se na Itália, onde escreve os **Poemas Italianos**. Em 1958, é convidada para um ciclo de conferências em Israel e vive a emoção de visitar os lugares santos, que sempre exerceram grande fascínio sobre sua sensibilidade. Aos sessenta e três anos, em plena maturidade existencial e atividade criadora, a doença tornou-a encantada (como dizia Guimarães Rosa). Repousa no Cemitério de São João Batista (Botafogo), túmulo nº 8951, quadra 14 a, lápide simples, contendo apenas seu nome e datas: 1901/1964.

Solombra (1963) foi o último livro publicado em vida por Cecília Meireles. É ele uma parte que contém o todo de seu universo poético.

Falar contigo. /.../ Dizer com claridade o que existe em segredo. / Ir falando contigo e não ver mundo ou gente. / E nem sequer te ver, mas ver eterno o instante / No mar da vida ser coral de pensamento.

Aí se entremostra, metaforicamente, a problemática filosófico-existencial que está na gênese de sua criação poética:

Falar contigo (anseio de se sentir participante do absoluto ou Mistério divino/cósmico); */ver eterno o instante* (ânsia de descobrir o verdadeiro espaço ocupado pela efêmera vida humana, dentro da eternidade cósmica que a abarca) e */No mar da vida ser coral de pensamento.* (aceitação de seu destino de poeta, cuja tarefa maior seria captar, nomear ou instaurar em palavra, a verdade/beleza/eternidade ocultas nos seres e coisas fugazes, para comunicá-las aos homens e perpetuá-las no tempo).

Em permanente diálogo com o mistério do Absoluto (Deus), com a fugacidade da vida, o inevitável da morte e a possível tarefa da poesia, Cecília Meireles é, no âmbito da literatura brasileira, uma das vozes mais autênticas da grande crise espiritual que se instaura no entresséculos (XIX/XX) e se prolonga até nossos dias, sob as mais variadas formas. De autêntico húmus religioso (no exato sentido etimológico do termo latino, re-ligio, re-ligação do homem ao cosmo ou Deus), a poesia ceciliana expressa não só a fusão das múltiplas e altas experiências formais e temáticas da poesia-século XX, mas principalmente o difícil avançar em meio à fragmentação dos valores e paradigmas, imposta pelo Modernismo.

Estreando como poeta, três anos antes da eclosão modernista no Brasil (Semana de Arte Moderna – SP, 1922), Cecília reflete em seus primeiros exercícios poéticos a confluência das duas diretrizes dominantes na época: a parnasiana esteticista (o ideal da arte pela arte) em busca da forma eternizadora da vida efêmera; e a simbolista espiritualista (de raízes decadentistas), que tenta resgatar o mistério, o além-aparências do real, que a ciência negava. Atraída por essa dupla ótica poética, Cecília, em **Espectros**, busca a forma e o tom hierático de cunho parnasiano e, ao mesmo tempo, tocada pelo enigma da vida/morte, aponta a Poesia e a História, como os gestos humanos que podem deter o tempo e eternizar o efêmero. Nessa linha, os sonetos de **Espectros** têm, como matéria, diversas figuras históricas, surpreendidas em situações idílicas ou satânicas, que as perpetuam no tempo. Mais tarde, Cecília repudia essa poesia primeira, tida como simples exercício de estreante, e considera como seu verdadeiro início os poemas de **Baladas para El-Rei** (escrito em 1921/publicado em 1925) e de **Nunca mais e**...(escrito em 1922/publicado em 1923). Ambos escritos antes de sua filiação ao grupo espiritualista do Rio de Janeiro, reunido em torno da revista Árvore Nova (seguida por Terra do sol e Festa).

Essa poesia primeira, de húmus neo-simbolista (ou decadentista), mantém forte ligação com as fontes líricas européias e portuguesas em particular (poesia medieval e poetas maiores ou menores do Decadentismo/Simbolismo português, como Antônio Nobre, Camilo Pessanha, Eugênio de Castro, etc., que tiveram grande circulação no Brasil do entre-séculoss oitocentista). Aliás, a identificação de Cecília Meireles com a tradição lírico-portuguesa é notável, em toda a sua obra, bem como com a sabedoria bíblica do **Eclesiastes** e do **Cântico dos cânticos**.

Balada para El-Rei expressa a ansiedade agônica do cristão, diante da vida concebida como limitação, obstáculo, frustração, dor ou impedimento à comunhão dos homens com a verdadeira vida. Esta é identificada com El-Rei (grande metáfora, de ecos medievais, que figura o Deus todo-poderoso e inacessível), a cuja presença só seria possível chegar-se através da fé, sonho ou morte. **Nunca mais**..., em confronto com as **Baladas**..., apresenta uma sensível alteração da problemática Deus/Tempo/Vida/Morte. No universo fechado pela morte e conseqüente frustração da vida, abre-se um caminho de possível realização humana: o caminho da ascese. O eu-poético exercita-se no sentido da ascese espiritual, através da contemplação mística. Estados contraditórios de alegria e tristeza, exaltação e desânimo, certezas e dúvidas se sucedem nos poemas, em perfeita consonância com a caminhada espiritual feita de luzes e sombras, mas sem angústias.

Depois de quatorze anos de silêncio, Cecília publica **Viagem** (1939).

Pousa sobre esses espetáculos infatigáveis /uma sonora ou silenciosa canção: / flor do espírito, desinteressada e efêmera. [...] Por ela, os homens te conhecerão:/ por ela, os tempos versáteis saberão / que o mundo ficou mais belo, ainda que inutilmente, /quando por ele andou teu coração.

Viagem marca o encontro definitivo de Cecília Meireles com sua arte maior. Definem-se as linhas mestras de sua criação poética: a indagação existencial, oscilante entre a exaltação da vida e o desalento perante o seu inegável findar; a redescoberta da condição humana, como a de seres-feitos-de-tempo (Heidegger); a revalorização do espetáculo do mundo, cuja concretude e efemeridade resultam da própria existência do existir (seqüência de nascimento/morte); e, finalmente, a intuição de que a poesia (a palavra nomeadora) é o grande meio que revela aos homens o esquema secreto da vida. São essas as linhas de força que dinamizam **Viagem**:

Eu canto porque o instante existe / e a minha vida está completa. / Não sou alegre nem sou triste: / sou poeta / Irmão das coisas fugidias. [...] Sei que canto. E a canção é tudo. / Tem sangue eterno na asa ritmada. / E um dia sei que estarei mudo: / e mais nada.

Essa funda identificação entre o seu canto e a sua vida confirma a alta temperatura criadora da poesia ceciliana, na medida em que, a grande virtude da verdadeira poesia é a de revelar o ser da existência, não como algo pensado e concluído, mas como algo vivenciado. É essa a imediata sensação que nos transmite sua poesia, plena de significados ocultos e de intensa vibração existencial.

Com os anos, os livros se sucedem regularmente: **Vaga música**, **Mar absoluto**, **Retrato natural**... **Solombra**. De livro para livro, sua linguagem metafórica vai-se desdobrando em emoções essenciais e em pura beleza. A angústia existencial é suavizada pela musicalidade poética, versos que fluem em virtuosidades sonoras de grande beleza e densidade.

Tal como disse Fernando Pessoa: *Aconteceu-me do alto do infinito / Esta vida.;* Cecília diz: *Eu vim de infinitos caminhos /.../ Desenrolei de dentro do Tempo a minha canção.*

Publicações: **Espectros**, 1919; **Nunca mais... e Poema dos poemas**, 1923; **Baladas para El-Rei**, 1925; **Viagem**, 1939; **Vaga música**, 1942; **Mar absoluto**, 1945; **Retrato natural**, 1949; **Amor em Leonoreta**, 1951; **Doze noturnos da Holanda** e **O aeronauta**, 1952; **Romanceiro da inconfidência**, 1953; **Poemas escritos na Índia**, s/d; **Pequeno oratório de Santa Clara** (apresentado em caixa de madeira pintada, em forma de oratório), 1955; **Pistóia, cemitério militar brasileiro**, 1955; **Canções**, 1956; **Romance de Santa Cecília**, 1957; **A rosa**, 1957; **Obra poética**, 1958; **Metal rosicler**, 1960; **Antologia poética**, 1963; **Solombra**, 1963; **Ou isto ou aquilo** (poesia infantil), 1964. Obra póstuma: **Crônica trovada da cidade de San Sebastian do Rio Janeiro** (no quarto centenário de sua fundação pelo capitão-mor Estácio de Sá), 1965; **Poemas italianos**, 1968; **Morena, pena de amor**, 1976; **Cânticos** (ed. fac-similar do manuscrito), 1983, e sucessivas reedições de toda sua obra e de poemas inéditos.

CECÍLIA PRADA 254

Jornalista, contista, autora teatral e ex-diplomata de carreira, Cecília Prada é paulista de Bragança. Profissional ativa no jornalismo, tem trabalhado para os mais importantes jornais e revistas do Rio de Janeiro e São Paulo (O Globo, Jornal do Brasil, O Estado de S.Paulo, A Gazeta, Isto é, Visão, etc.)

Estreou como contista em 1955, com **Ponto morto**. Como dramaturga, iniciou-se em Nova York com o grupo The Open Theater. Tem sete peças escritas, várias delas encenadas em Nova York. e no Rio de Janeiro.

Recebeu vários prêmios (Governador do Estado de São Paulo/1962; APCA/1978; Prêmio Reportagem Esso/1980, etc.). Tem participado de antologias de contos. Pertence a várias associações culturais.

Publicações: **Ponto morto**, 1955, **O caos na sala de jantar**, 1978, e **Estudos de interiores para uma arquitetura da solidão**, 2000.

CECY CONY, v. Irmã Maria Antônia (nº 583)

255 CECY VILLAS-BOAS MOURA

Poeta religiosa, Cecy Villas-Boas Moura nasceu em Porto Alegre (RS), em 02.03.1910, e faleceu em 11.06.1957. Começa a publicar sua poesia, em livro, por volta dos 40 anos.

Publicações: **Prelúdios**, 1951; **Harpejos da fé**, 1952, e **Sinfonias de amor**, 1955.

256 CELESTE MASERA

Poeta, professora e elemento ativo no meio cultural gaúcho, Celeste Maria do Amaral Masera nasceu em Porto Alegre (RS), em 17.03.1929. Formou-se em Letras e se dedicou ao magistério, área de Latim. Iniciou-se como poeta, publicando poemas na imprensa e declamando-os em reuniões sociais ou festivais. Cultivou também a trova. Estreou em livro, em 1956.

Atuante como divulgadora cultural, foi membro fundadora do Grêmio Literário Castro Alves e membro da Academia Literária Feminina do Rio Grande do Sul. Fundou também o jornal literário Voz do Sul (nº 1, setembro/1958).

Publicações: **Voz do coração**, 1956; **Tristezas**, 1957; **Nuvens que passam**, 1959; **Reticências**, 1961; **Ternura**, 1962, e **No apartamento azul**, 1968.

257 CÉLIA LAMOUNIER DE ARAÚJO

Poeta, professora e jornalista, Célia Lamounier de Araújo e Andrade nasceu em Itapecerica (MG), em 19.10.1937. Formou-se em pedagogia. Dedicou-se sucessivamente ao magistério, ao cargo de secretária, a atividades empresariais e ao funcionalismo público. Na década de 1950, começa a publicar poesia na imprensa e em antologias poéticas e participou de concursos literários. Recebeu vários prêmios e distinções, organizou e prefaciou coletâneas de poesia (**Abismos da vida, Minha voz** e **Canção da vida**).

Foi membro fundadora da Academia de Letras de Ipatinga e da Academia Itapecerica de Letras e Cultura. Pertencia à Academia Feminina Mineira de Letras e a várias outras associações culturais. Estreou em livro, em 1978.

Publicações: **Entardecer de lágrimas**, 1978, e **Sirgas e organdis**, 1986.

258 CÉLIA LUIZI

Poeta, artista plástica e figura atenta às atividades culturais e artísticas de seu meio, Célia Luizi nasceu em Presidente Prudente (SP), e ainda criança mudou-se com a família para a capital paulistana.

Fez seus primeiros estudos no Colégio Maria Word. Aos doze anos começou a escrever poesia e a se interessar pelas diferentes formas de arte. Aos dezessete anos escreve uma novela radiofônica, **São Paulo antigo**, para a Rádio São Paulo. Espírito inquieto e diletante, desenvolveu estudos em várias áreas do conhecimento. Fez cursos de Psicologia profunda (com a Profª. Helena Isabel G. Ruiz); Artes Plásticas (no Colégio Carlos de Campos), especializando-se em cerâmica e desenho de propaganda; Pintura (no Museu Lasar Segall); Física e Metafísica (com Prof. Humberto Rohden) e Piano. Desses cursos resultaram as múltiplas atividades desenvolvidas: publicação de poesia na imprensa ou declamação em reuniões litero-musicais; recitais de piano; participação em Exposições de Pintura (I Feira de Artes/Praia Grande, 1976; 9º Salão de Artes Plásticas/Associação dos Artistas Plásticos de São Paulo, 1981; 47º Salão Paulista de Belas Artes, 1984; exposição permanente na Galeria de Artes Sobreira/Guarabira-PB; V Salão Feminino de Artes Plásticas da União Nacional dos Artistas Plásticos de São Paulo, etc.). Nessas exposições, tem recebido várias láureas e distinções.

Tem participado também de movimentos literários (com o Grupo Livrespaço – Poesia – Santo André); movimentos ecológicos; movimentos em defesa dos direitos da mulher; movimentos partidários (SP), em defesa da Constituição; movimento comunitário para a promoção humana (da Igreja São João Batista do Tatuapé, iniciado em 1985), etc.

Em 1986, estréia em livro com uma coletânea de poesias lírico-ingênuas, centradas no cotidiano, emotivas e confessionais.

Publicação: **Soltas no vento**, 1986.

CÉLIA MARIA MACIEL 259

Poeta, cronista, professora gaúcha, Célia Maria Maciel nasceu em Cachoeira do Sul (RS), em 1946. Formou-se em Ciências Sociais em Bagé (RS), e em Letras e em Jornalismo em sua cidade. Dedica-se ao magistério. Trabalhou em delegacia de ensino e foi assessora de imprensa do Conselho Estatual de Educação (Porto Alegre).

Desde cedo começa a escrever poesia e crônicas, divulgando-as na imprensa. É colaboradora do Jornal do Povo (Cachoeira do Sul) e Correio do Povo (Porto Alegre). Na década de 1980, estréia em livro, com a poesia de **Passo pássaro passado**, ao qual se seguem **Mariana quatro olhos** (1985); **Campos de arroz maduro** (1995) e **Criaturas minhas** (1999). Tem participado de obras coletivas (**Poetas do Vale**/1976, 1982, 1985 e 1992; **Parque Farroupilha**/1998 e outras). Entre os vários prêmios e menções honrosas concedidas à sua produção literária, estão os da Associação Riograndense de Imprensa, 1990/1996; (Concurso Histórias de Trabalho/1997 e Concurso Talentos/Centro de Ciências Sociais e Humanas, UFSTM/1988).

A poesia ou a prosa poética de Célia Maria está centrada no cotidiano banal, em cujas frestas a poeta pressente o mistério que dá o sentido último da vida. Leia-se, por ex., esta breve estrofe:

Na festa de Berto aprendo a beber vinho. Aprendo o sabor, o mistério e a religião que existem dentro do cálice.

Publicações: **Passo pássaro passado**, 1981; **Mariana quatro olhos**, 1985; **Campos de arroz maduro**, 1995, e **Criaturas minhas**, 1999.

CÉLIA MONTE 260

Poeta e professora, Célia Monte nasceu em Salvador (BA), em 05.11.1942. Radicou-se em São Paulo. Formou-se pelo Instituto de Educação Prof. Alberto Comte. Dedica-se ao Magistério e à escrita de livros didáticos, destinados à prática docente, no ensino da leitura e da escrita.

Estréia como poeta em 1987 com **Scribo**, livro manuscrito e reproduzido em *off set*. Poesia adolescente na linha lírica confessional, em que desperta a consciência social. Seguem-se obras mais maduras, diversificadas em poesia, contos, crônicas e registro de vivências. Célia Monte dedica-se ao artesanato e expõe na Feirarte de Embu-Guaçu.

Publicação: **Scribo**, 1985; **Fructus ou alquimia**, 1991; **Chegança**, 1995; **Mimesis**, 1998, e **Reflexos**, 2000.

CÉLIA SIQUEIRA ARANTES 261

Poeta, professora e dinâmica divulgadora da cultura goiana, Célia Siqueira Arantes nasceu em Buriti Alegre (GO), em 08.12.1928. Ainda criança, muda-se com a família para Goiânia. Ao se casar, fixa residência em Anápolis, onde permanece até 1997, quando retorna com a família (filhos e netos) a residir em Goiânia. Formou-se professora (colégio Santa Clara) e em contabilidade (colégio Santo Agostinho), mas não se profissionalizou em nenhuma dessas áreas. Dedicou-se ao lar, multiplicando-se não só por filhos e netos, mas também por sementes culturais e literárias que continuam a dar frutos.

Dedicando-se ao incentivo das artes, cultura e literatura, tem atuado junto a importantes entidades culturais, como União Brasileira de Escritores – subsecção Anápolis; Conselho Municipal de Cultura; Sociedade Amigos da Biblioteca (da qual foi presidente); Casa do Artesanato de Anápolis (órgão da Goiastur). Academia Anapolina de Letras e Artes; Lyons Clube e outros. Durante anos foi presidente da Academia Anapolina de Letras e Artes, da qual foi uma das fundadoras. Entre 1993 e 1996, foi Secretária de Cultura do Município de Anápolis. É sócia da AFLAG (Academia Feminina de Letras e Artes de Goiás), membro do Instituto Histórico e Geográfico de Goiás e vice-presidente da UBE – União Brasileira de Escritores-GO.

Desde a juventude foi atraída pela escrita de poesia, publicando na imprensa local e participando de concursos literários nacionais. Estréia com o livro de poesias, **Chão livre**, em 1991. Tem poemas incluídos em várias antologias. Sua arte poética alimenta-se da vida real cotidiana, perpassada de generosa humanidade. Em 1998, publica a prosa memorialista **Fios da memória**, onde registra fragmentos de vidas, que lhe foram familiares e que participam da fundação de cidades na região goiana. Esse livro recebeu Menção Honrosa do Prêmio Alejandro J. Cabassa/UBE-RJ.

Publicações: **Chão livre**, 1991, e **Fios da memória**, 1998.

262 CELINA AZEVEDO

Poeta, teatróloga e professora, Celina Azevedo de Castro Santos nasceu em Lorena (SP), em 19.09.1892. Viveu no Rio de Janeiro (RJ), onde faleceu em 1979, aos 87 anos de idade. Era parente de José de Alencar e irmã do geógrafo Haroldo de Azevedo. Foi casada com o poeta Álvaro de Castro Lima e, em segunda núpcias, com Lycurgo de Castro Santos.

Em 1917, começa a publicar poemas na revista Fon-Fon (RJ), iniciando uma colaboração regular na imprensa. Como professora, escreveu livros didáticos e peças teatrais para crianças e para adultos, que foram encenadas nas escolas e em teatro, por grupos amadores. Poemas seus, como O garoto, foram incluídos em **Páginas Seletas** (org. Silveira Bueno, SP/1940) e em **Língua Portuguesa** (org. Anibal Bruno), de uso nas escolas. Pertenceu a várias associações culturais.

Publicações: **O garoto e um punhado de versos**, 1942, e **Cenas e comédias**, 1928.

263 CELINA BEZERRA DE MENEZES

Poeta e presença ativa no meio cultural carioca, Celina Bezerra de Menezes nasceu em Belém do Pará, em 05.06.1917, e radicou-se no Rio de Janeiro. Inicia-se como poeta, na década de 1940, no Suplemento Literário do Correio da Manhã. Em 1962 publica o livro de poemas **O mundo cresceu quando meu filho nasceu**, onde registra as emoções da maternidade e de sua visão lírica-humanitária da vida. Muito bem recebido pela crítica, esse ingênuo depoimento poético lhe valeu o Prêmio Júlia Lopes de Almeida (Academia Brasileira de Letras). Compôs textos poéticos que foram musicados (**Sonoras amazônicas**, pelo maestro José Siqueira, em 1974). Recebeu medalhas e distinções em vários concursos nacionais de poesia.

Publicação: **O mundo cresceu quando meu filho nasceu**, 1962.

264 CELINA FERREIRA

Poeta mineira, Celina Ferreira nasceu em Santana de Cataguases (MG), em 27.09.1928. Começou a publicar poesia na década de 1950.

Publicações: **Poesia de ninguém**, 1954; **Nave incorpórea**, 1955; **Invenção do mundo**, 1957; **Poesia cúmplice**, 1959; **Dois poemas**, 1966, e **Espelho convexo**, 1973.

CELINA DE HOLANDA 265

Poeta e presença atuante no meio cultural pernambucano, Celina de Holanda Cavalcante de Alburquerque nasceu na Zona da Mata (PE), tendo vivido a infância nos engenhos Ipiranga e Pantorra. Estudou no colégio das Damas Cristãs (Recife) e na Academia Santa Gertrudes (Olinda). Desde muito jovem, descobre-se poeta. Na década de 1960 começa a publicar poemas na imprensa (Diário de Pernambuco e Jornal do Comércio de Recife). Foi co-editora (com a poeta Maria do Carmo Campelo* e com Silvia Coimbra) de uma página literária semanal no Jornal do Comércio. Dedica-se a múltiplas atividades culturais, principalmente às de incentivo à produção artesanal pernambucana, tendo participado do movimento Aroeira Artesanato (campanha de valorização do artesanato).

Em 1962 sua primeira coletânea de poemas, **O espelho e a rosa**, recebeu o Prêmio Secretaria da Educação e Cultura de Pernambuco, ao qual se seguiram muitos outros prêmios e distinções concedidas à sua criação poética, toda ela intimidade de um ser e construída:

...com os elementos mais simples e prosaicos que compõem o espaço familiar: a casa, a mesa posta, a porta, a janela, a água, o sol, o espelho, a mão, a rosa, a estrada, a chuva... E, mesclado a tudo, um entranhado amor: os amigos, o povo, Deus, um tu ausente... coisas e seres que passam a existir com plenitude através do eu generoso que a eles se doa e pela Palavra Poética lhes dá realidade e contornos definitivos (in Apresentação de **A mão extrema**).

Outros títulos se sucedem, entre o intimismo existencial e a participação social ou a funda consciência-do-outro. Tem participado de várias antologias nacionais (**Palavra de mulher**/1979, **A cor da onda por dentro**/1981, **Poética olindense**/1981 e **Carne viva**/1984).

Sua produção teve sempre a melhor repercussão crítica. Olívio Montenegro, Mauro Mota, Leda Rivas, Potiguar Bastos, Giuseppe Carlos Rossi, Maria de Lourdes Hortas*, Artur Eduardo Benevides e Jaci Bezerra foram alguns dos que se têm pronunciado elogiosamente sobre sua poesia. Em Celina de Holanda: Anotações para um ensaio, Jaci Bezerra, falando de **Viagens**, diz:

*...este livro [...] mostra como essa poetisa, depois de conseguir reconstruir, ao longo do tempo, os seres e as paisagens da infância e da adolescência (como **O espelho e a rosa**), alcançou sabiamente o resplendor da idade adulta. [...]. No primeiro livro Celina de Holanda procura recuperar o tempo vivido à sombra do mundo rural. [...] já aqui, aparece, sem dúvida nenhuma, a consciência de que a infância e a adolescência são bens que lhe couberam como herança e que lhe cabe preservar. [...] Neste (**As viagens**) se evidencia a consciência de que a vida [...] está sempre a exigir a nossa participação. [...] (Neste livro de participação social) a vida é afago e faca. [...] E talvez porque o destino dos que são grandes seja de fato a busca da perfeição, Celina de Holanda não o considera perfeito. Ela nos diz, clarificada de humanidade: As madrugadas passam/ e não aprendo/ o que o silêncio me diz.. Diante disso, creio que só nos resta ficar calados...*

Publicações: **O espelho e a rosa,** 1970; **A mão extrema**, 1976; **Sobre esta cidade de rios**, 1979; **Roda d'água**, 1981; **As viagens**, 1984, e **Cadernos de poesia pernambucana** nº 2, 1986.

CELY DAL PAI DE MELLO 266

Contista, romancista e ensaísta gaúcha, Cely Carolina Dal Pai de Mello nasceu em Veranópolis (RS), em 16.10.1923. Iniciou-se como escritora publicando contos e ensaios na imprensa. Como ficcionista, estréia em livro em 1959. Dedica-se aos estudos de ufologia e das civilizações antigas, buscando alternativas para o futuro da humanidade. Pertence à Academia Literária Feminina do Rio Grande do Sul; à AJEB – Associação Jornalistas e Escritoras do Brasil; Academia Feminina de Letras do Paraná; Academia Anapolina de Filosofia e Letras de Goiás; Sociedade Metafísica Aquarius do Rio Grande do Sul e Pan-Arte – Porto Alegre.

Publicações: Romance – **Policromia serrana**, 1959; **Enfrentando o vendaval**, 1961. Poesia – **A eterna esperança**, 1962. Ensaio – **A terra tem futuro**, 1978. Prosa poética – **Tempo de vênus**, s/d.

CELY VILHENA 267

Poeta, pesquisadora e psicóloga, Cely Maria Vilhena Falabela nasceu em Conquista (MG), em 16.01.1930. Formou-se em Letras Neolatinas (FFCL de Santa Maria e UFMG, em Belo Horizonte), e em Psicologia (Fundação Mineira de

Educação e Cultura). Fez pós-graduação (FMG), especializando-se na área de Recursos Humanos da Previdência Social, na qual se profissionalizou como Psicóloga Clínica.

Na década de 1950, inicia-se como poeta, publicando poesia na imprensa e participando de concursos literários. Em 1986, com **Tempo de espera** (poemas escritos entre 1954 e 1960) recebeu Menção Especial no Prêmio Guarapés, em concurso nacional promovido pela União Brasileira de Escritores-RJ e Prefeitura de Jaboatão-PE. Em 1987, publica o romanceiro **Conquista de meus amores**, fruto poético de uma cuidadosa pesquisa histórica em sua região natal. É membro da Academia Municipalista de Letras de Minas Gerais.

Publicações: **Tempo de espera**, 1986, e **Conquista de meus amores**, 1987.

268 CERISE DA CUNHA BUENO

Poeta e romancista, Cerise da Cunha Bueno (que assinava Bárbara Norton) nasceu em São Paulo (SP), em 07.06.1918. Desde menina revelou pendor para as letras e para os estudos. Ainda adolescente começa a publicar poemas e crônicas em jornais e revistas paulistas. Em 1940, estréia em livro com a novela **Uma mulher do século XX**. Seguem-se outros de poesia.

Publicações: Novela – **Uma mulher do século XX**, 1940. Poesia – **Quando as estrelas se apagarem**, 1942; **Diante do amor e da vida**, 1943; **Argila**, s/d, e **Apassionata**, 1950.

269 CHICA DA ROCINHA

Escritora popular, a favelada Francisca de Oliveira (conhecida como Chica da Rocinha) nasceu na Paraíba (PB), em 15.07.1948. Emigrando para o Rio de Janeiro, com outros retirantes nordestinos, foi morar na favela da Rocinha. Trabalhou como lavadeira, vendedora de rua, enfrentou a violência das ruas e amargou sérias privações. Tornou-se uma lutadora na defesa dos direitos dos favelados ao trabalho e a uma vida digna. Torna-se líder do movimento comunitário da Rocinha.

Escreve um livro-depoimento sobre essa experiência, que poderia servir de modelo ou sugestão a outros grupos sociais desvalidos. Esse livro, **Uma esperança na luta**, foi editado, em 1987, por iniciativa do escritor José Louzeiro, então Presidente do Sindicato dos Escritores do Rio de Janeiro.

Publicação: **Uma esperança na luta**, 1987.

270 CHIQUINHA GONZAGA

Famosa compositora, que encantou e perturbou a sociedade carioca de sua época, a Maestrina Chiquinha Gonzaga foi incluída, por exceção, neste dicionário de escritoras, não só por ter sido uma grande criadora na área da música brasileira (área proibida às mulheres de seu tempo), mas principalmente pela grande e corajosa figura de mulher que ela ousou ser, em defesa de sua liberdade de escolha e sua verdade maior: a da arte.

Filha do Marechal José Basileu Neves Gonzaga (militante da Guerra do Paraguai e amigo íntimo do Duque de Caxias), Chiquinha Gonzaga (nome literário de Francisca Edwiges Gonzaga do Amaral) nasceu no Rio de Janeiro (RJ), em 17.10.1847 e faleceu aos 87 anos de idade, em 28.02.1935. Vivendo no tempo do segundo reinado e pertencendo a uma família de prestígio, Chiquinha Gonzaga foi educada como as sinhazinhas destinadas a serem futuras damas da corte. Estudou leitura e escrita, cálculo, latim, francês e catecismo, tendo como professor um cônego. Essa educação básica foi completada com o estudo de piano, feito com o maestro Elias A. Lobo, autor de uma ópera com libreto de José de Alencar e de dezenas de composições sacras populares como lundus, romanças e modinhas. Talvez essa convivência com o maestro tenha sido o primeiro chamado para a criação musical (e para a mescla de gêneros), sofrido pela futura compositora.

Aos 16 anos, casa-se com um jovem rico proprietário de terras, criador de gado e belo rapaz, Jacinto Ribeiro do Amaral. Não se sabe se o casamento se fez por escolha própria ou por imposição do pai, como era costume na época. A verdade é que durou pouco, devido ao tirânico ciúme do marido que, entre outras coisas, tentava proibir-lhe a música, a grande paixão de Chiquinha desde menina. Depois do nascimento do terceiro filho, decide separar-se. Abandona sua casa, levando apenas o filho mais velho. Segundo sua biógrafa, Edinha Diniz, Chiquinha procura abrigo na família, mas esta reagiu com todo o rigor que lhe competia: a expulsão, forma usual, embora dramática, do poder patriarcal para castigar a rebeldia feminina. A partir daquele momento a casa de José Basileu fechou-lhe definitivamente as portas. Para a família ela foi declarada morta e seu nome impronunciável. Seus filhos lhe estavam proibidos. Leva consigo apenas João Gualberto. (in **Chiquinha Gonzaga**. 1984, p. 67).

Desamparada, foi acolhida pelo compositor Callado (Joaquim Antonio da Silva Callado Jr.), um dos nomes mais populares e respeitados no meio musical carioca, não só pelas inovações que introduziu na música popular brasileira e pelo seu virtuosismo de flautista, como pela formação de inúmeros conjuntos musicais, profissionais, que davam alegria aos festivos saraus familiares e espetáculos teatrais (as famosas revistas ou operetas que foram a grande moda até bem entrado o século XX). Foi pelo prestígio de Callado, que Chiquinha Gonzaga deu entrada no mundo da música popular carioca. É acolhida por todos com admiração e alegria e inicia uma vida de lutas, glórias e humilhações, de amor e de solidão, de grandes dificuldades econômicas e de grandes e duradouros sucessos.

Por necessidade de sobrevivência econômica, começa a lecionar piano; tornando-se a primeira mulher no Brasil a transformar a arte do piano "de mero ornamento social em meio de trabalho e instrumento de libertação. A tarefa exigia talento, coragem e capacidade de trabalho. Isso não a assustava. Sua personalidade até então esmagada dava lugar agora a uma outra autônoma e audaciosa." (op. cit. p. 99).

Por volta de 1909 (data em que Chiquinha Gonzaga inicia sua nova vida como mulher livre e se dedica integralmente à sua arte), a música brasileira adquiria feição própria tornando-se importante instrumento para a afirmação da identidade nacional, que tentava fazer frente à sabedoria absoluta da cultura européia. Seu talento, musical e criativo, foi decisivo para a síntese que começava a ser feita entre a música popular européia, aqui implantada (valsa, polca, tango, schottisch, etc.), e a herança cultural africana que se mantinha viva no povo mestiço. Toda a caudalosa obra musical de Chiquinha Gonzaga expressa essa fusão: o maxixe (polca européia mais lundu brasileiro); o choro (forma chorosa de executar polcas, tangos, habaneras, etc.). Destacando a importância da compositora carioca nesse processo de simbiose, Mário de Andrade diz:

Vivendo no Segundo Império e nos primeiros decênios da República, Francisca Gonzaga teve contra si a fase musical muito ingrata em que compôs: fase de transição, com suas habaneras, polcas, quadrilhas, tangos e maxixes, em que as características raciais ainda lutam muito com os elementos de importação. E ainda mais do que Ernesto Nazareth, ela representa essa fase. A gente surpreende nas suas obras os elementos dessa luta como em nenhum compositor nacional. Parece que a fragilidade feminina captou com maior aceitação e também maior agudeza o sentido dos muitos caminhos em que se extraviava a nossa música de então (in ***Música, doce música****. 1976, p. 333).*

E diante dessa sugestão final, Edinha Diniz (que registra o texto acima na biografia já referida) pergunta:

Até que ponto a feminilidade aqui pode ser encarada como um fator preponderante na determinação dos rumos da música brasileira? A história da formação da música brasileira tem desprezado este fator que diz respeito diretamente à história da mulher. Na verdade, pelo fato de incorporar o aprendizado de piano à sua formação, a mulher revelou-se elemento decisivo no processo de transformação do gosto musical (in op. cit. p. 125).

(Aí temos um fenômeno cultural ainda não pesquisado e que aguarda estudiosos de várias áreas.)

Compondo para o teatro musicado (operetas, burletas, revistas, etc.), que foi a grande moda no entresséculos, Chiquinha Gonzaga encontrou um meio fácil e rápido de divulgar suas músicas, cujas partituras editadas resultaram sempre em grandes sucessos de público. Inclusive é sua a primeira música escrita especialmente para o carnaval, a famosa **Ó abre alas** (1899). Simultaneamente à paixão pela música, Chiquinha Gonzaga dedicou-se à defesa de causas que vinham abalar velhas estruturas: foi ardorosa militante em campanhas pelo abolicionismo e depois pela República. Toda a sua luta como mulher, artista profissional e cidadã foi resgatada pela exaustiva pesquisa feita por Edinha Diniz que, na apresentação inicial, sintetiza:

Sua história está inevitavelmente vinculada à história do país. Elas se cruzam num dos momentos mais expressivos da nacionalidade: aquele em que se forja uma cultura brasileira e que é momento também da mais entusiasmada e ampla participação política de que o Brasil guarda memória. E Chiquinha Gonzaga ao renunciar ao papel tradicional de esposa e mãe, terminou por exercer um papel social transformador. Ao ser reconstruída sua biografia se descobriu uma dimensão que a História oficial não registra: a história da cultura das camadas baixas da sociedade, da perspectiva do homem comum, do homem da rua, exatamente no momento histórico em que ele se faz cidadão e o urbanismo se consolida. (in op. cit. p.10).

(Fonte de consulta: DINIZ, Edinha, **Chiquinha Gonzaga – Uma história de vida**, 1984.)

271 CHRISTINA CABRAL

Cronista, ficcionista, poeta, professora, autora de literatura e teatro para crianças e elemento ativo no meio cultural cearense, a paulista Maria Christina Landhal Cabral nasceu em Bauru (SP), em 17.06.1929. Fez seus primeiros estudos em sua cidade natal e completa-os em São Vicente (SP). Desde 1976, reside no Nordeste. Morou dois anos em Natal (RN), mudando-se depois para Fortaleza (CE), onde se radicou. Formou-se em Desenho Técnico Arquitetônico no Instituto Escolástica Rosa, em Santos (1947). Fez vários cursos de aperfeiçoamento cultural (inglês, no Michigan Teaching Course; Administração, no Instituto Pedro II de Santos, etc.) Profissionalizou-se como escritora e professora (inglês, educação artística, teatro, desenho e literatura).

Iniciou-se como cronista no Correio do Ceará. Tem publicado crônicas em jornais e revistas: na Tribuna de Santos, no Jornal das Letras (RJ), e no Diário do Nordeste (Fortaleza-CE), em cujo Suplemento Infantil publicou 58 contos infantis, posteriormente premiados no Concurso BNB – Clube e incluídos na coletânea **Multicontos**.

Participou do grupo fundador da revista Seara, da qual é secretária e colaboradora. Estréia em livro, em 1984, com uma coletânea de crônicas. Escreveu várias peças infantis para serem encenadas em escolas: **O velho fantasma**, **A filha pródiga**, **Concurso na floresta**, **A lagoa secou**, **História do pescador**, etc. É membro fundadora e Presidente da União Brasileira de Escritores-CE; membro e Vice-Presidente da União Brasileira de Trovadores do Ceará; Diretora de relações públicas da ala feminina da Casa de Juvenal Galeno; membro da Academia Municipalista de Letras; Diretora da APROESCE – Associação Profissional dos Escritores Cearenses, etc. Tem um romance, poesias e contos infantis inéditos. Publicou dois livros de crônicas.

Publicações: **Comendo pipocas**, 1984, e **Piegas? Que importa?**, 1986.

272 CHRISTINA RAMALHO

Poeta, artista plástica, professora universitária, ensaísta, Christina Ramalho nasceu no Rio de Janeiro (RJ), em 01.02.1964. Formou-se na área de Letras (UFRJ); fez mestrado em Semiologia. É professora de Literatura Brasileira e Teoria Literária na Universidade Veiga de Almeida e vem desenvolvendo pesquisas na área de teoria-crítica feminista, enfocando principalmente a produção épica de autoria feminina. Tem participado de congressos nacionais e internacionais e publicado artigos em revistas especializadas.

Atraída pelas artes, dedicou-se à pintura, participando de inúmeras exposições coletivas ou individuais, e dando cursos de pintura. Desde menina escrevia histórias e poemas. Começou a publicar em 1997, em jornais e revistas culturais. Tem participado de antologias de contos e poesia (**Contos de vários cantos**; **Versos diversos**; **Caleidoscópio**...).

Estréia em livro, em 1998, com **Musa Carmesim**, poesia sintonizada com, pelo menos, três diretrizes de grande força da poesia contemporânea (ou pós-moderna?): a que enfatiza o poder criador da palavra, da literatura ou da arte em geral (descobrindo-as como o espaço-tempo absoluto, onde a vida efêmera e imperfeitamente vivida adquire presença real, perfeita e duradoura); a que redescobre ou reinventa o passado atuante no presente; e a que sonda a mulher, em busca de sua nova verdade e/ou novo lugar no mundo.

Já o título **Musa Carmesim**, mostra que o principal eixo do universo criado aqui pela autora é essa sondagem da mulher – tornada sujeito e objeto da viagem a ser encetada pela persona poética. Intenção nuclear que nos é revelada já na abertura do livro:

Viagem tripartida, entrelaçando vertentes, versos e vozes. Parte, Carmesim, em busca do que o sonho e a realidade te oferecem como caminho. Parte e leva contigo nomes e ausências, mulheres que se fizeram esquecidas na sombra e eternizadas na dor. Parte e me leva contigo. Eu, que nesta viagem, sou ponte, desvio, atalho, pedra e todo o pó da terra, espargido pela luz e pela treva.

Segue-se o poema em que a musa é invocada (tal como o faziam os poetas de antanho). E é dúplice a face dessa musa Carmesim: a face das mulheres, que o silêncio calou (*vozes que gemem / espasmos da alma / tremor do corpo / e da fome*), permanece latente sob a face da *Vênus ressuscitada, / primitiva essência da mulher que chora, / buscando carne, alma, história.*

Não por acaso, a poeta escolheu a cor carmesim para identificar sua musa. No universo dos símbolos, o vermelho é cor matricial. Desde os tempos primitivos, foi relacionada à mulher (cor do sangue, da paixão) e ligada ao princípio da vida, ao mistério vital, escondido no fundo das águas primordiais. É, pois, a caminhada de Vênus (a deusa do amor maior), arrastada atrás de si pela persona poética, que vamos seguindo nos três cantos desse poema do novo épico (aquele que assume a fraqueza do ser, como uma nova força a ser descoberta).

Parto não porque queira [...] parto porque é outono e eu sou a folha que lentamente derrama na estrada o seu fim. [...] Parto porque é dia e eu sou luz / da última estrela / Quem sabe parta porque só assim / possa renascer em mim outro ser.

Sujeito e objeto, a persona poética empreende uma caminhada pelos labirintos da arte, da literatura e da vida.

Minha viagem é por um corpo sem corpo/onde todos os corpos habitam. [...] Erupções do corpo pulsante / nas subversivas horas / de um tempo sem tempo / História da Arte.

Esse aparente paradoxo esconde uma grande verdade: somos todos habitantes do corpo-sem-corpo da arte, da poesia... A vida sempre foi revelada aos homens através de sua transmutação em arte, em palavra (poesia, canto, profecia, etc.). E nesse labiríntico caminhar, vida e arte são postas em confronto: para além da bela história, da beleza imorredoura das iluminadas telas e esculturas e poemas dos grandes mestres, a persona poética se depara com cenas de rua: *Magras mãos de meninos mandados alisam os vidros de / todos os carros / constróem medo para a cidade.*

Ou ainda:

Me falam desconhecidas faces sem faces / olhos sem brilho [...] Dançam marionetes / estas faces sem vida / trabalho trânsito banco marmita / stress enchentes doenças circunstâncias.

E desse labiríntico caminhar pelo sonho e pela dura realidade, emerge uma interrogação sem resposta: qual a verdade da vida? a que se eterniza na poesia e nas artes? ou a que é vivida na concretude do cotidiano?

É a Musa Carmesim, encarnada na persona poética, que no último canto, durante uma desnorteada viagem de táxi, nos acena com uma possível resposta: a redescoberta do ser humano se dará através da verdadeira comunhão dos seres com a vida-em-si, despojada das camadas e camadas de civilização e preconceitos. Vida inaugural que a persona poética simboliza no índio:

Corre, motorista.../ Existe estrada até o índio! / Corre, fim e começo de todas as avenidas / perseguidas avenidas do labiríntico se. [...] Quero o índio escondido / de qualquer tribo tupi / ou de qualquer outra tribo / que nem mesmo viva aqui. / Quero o rosto escondido / fitando esta epopéia particular. / Quero só e apenas um herói para amar. / Ainda que o herói, perdido ser no mundo / nem saiba o que é ser herói / nem saiba o quanto me dói / esta epopéia particular.

Com o amor, rompe-se a fortaleza de pedra estéril, em que se transformara a mulher:

A flecha do homem tocou as últimas escarpas / e jorrou sangue branco nas entranhas esquecidas / era a água brotando da pedra / não era mais rocha, era vida! // Ah, meu índio redentor / quantas vezes te chamei...

Como ensaísta, publicou um estudo sobre Narcisa Amália*.

Publicações: Poesia – **Musa Carmesim**, 1998. Ensaio – **Um espelho para Narcisa, reflexos de uma voz romântica**, 1999, e **Laço e nó**, 2000.

273 CHRYSANTHÉME

Poeta, contista, cronista, escritora de literatura infantil e figura notória na sociedade carioca do início do século XX, Chrysanthéme (nome literário de Cecília Bandeira de Melo Rebelo de Vasconcelos) – nome tirado de uma exótica personagem de Pierre Loti, nasceu em 1870, no Rio de Janeiro (RJ), onde faleceu em 1948.

Desde muito jovem, incentivada por sua mãe, a escritora Carmem Dolores* (nome literário de Emília Moncorvo Bandeira de Melo), Chrysanthéme inicia-se nas letras publicando contos e crônicas líricas em jornais e revistas do Rio de Janeiro e São Paulo (O País, A Tribuna, Gazeta de Notícias, Correio Paulistano, Correio da Manhã, Ilustração Brasileira, Vida Moderna, Mundo Literário...).

Estréia em livro na área da literatura infantil, dentro do interesse por esse gênero provocado na época pelo aparecimento da revista O Tico-Tico (1905). Nesse campo publicou **Contos para crianças** (1906) e vários contos maravilhosos, divulgados em publicações escolares que, posteriormente, são reunidos no volume **Contos azuis** (1910).

Estréia como romancista com **Flores modernas** (1921), que despertou controvertidas reações da crítica, pois se tratava de romance na linha naturalista, da nevrose fim-de-século, que tentava romper os preconceitos da sociedade tradicional. A esse segue-se uma dezena de títulos: **Vícios modernos**, **Memórias de um patife aposentado**, **A mulher dos olhos de gelo**, **Gritos femininos**, **Enervadas**, etc. Já pelos títulos, evidencia-se a linha seguida pela autora: a intenção de transgredir os bons costumes ou de exaltar os vícios e desregramentos de toda ordem.

Comentando essa produção que desafiava a inteligência oficial, Agripino Grieco, em 1933, comentava: *Depois de escrever lindas histórias para crianças, a Sra. Chrysanthéme entrou a pôr venenos borgianos (dos Bórgias) nas compotas de manga ou caju. Seus heróis dantes faziam apenas orgias domésticas com chá, a tisana elegante dos ricos; hoje atiram-se à morfina e cocaína. A Sra. Chrysanthéme descreve agora, de preferência, o mostruário de homens da avenida e suas heroínas praticam uma espécie de donjuanismo.* (in **Evolução da prosa brasileira**).

Chrysanthéme ganhou grande notoriedade social e literária, devido principalmente à sua pública relação amorosa com Alcindo Guanabara (1865-1928) – homem de letras, combativo jornalista e influente político.

Publicações: Romance – **Flores modernas**, 1921; **Enervadas**, 1922; **Gritos femininos**, 1922; **Uma paixão**, 1923; **Memórias de um patife aposentado**, 1924; **Mãe**, 1924; **Mater**, 1927; **Vícios modernos**, 1926; **O que os outros não vêem**, 1929. Ficção histórica – **História de São Paulo**, 1926; **Minha terra e sua gente**, 1929, e **A infanta Carlota Joaquina**, 1937. Literatura Infantil – **Contos para crianças**, 1906, e **Contos azuis**, 1910.

274 CIDA CHAVES

Romancista, conferencista e feminista militante, Maria Aparecida Fraga da Silva Chaves nasceu em Tibiriçá (SP), em 11.11.1936. Fez seus primeiros estudos no interior paulista (Bauru, Andradina e Araçatuba), radicou-se em Belo Horizonte (MG), a partir de 1957, onde fez vários cursos de extensão universitária, nas áreas de filosofia, arte barroca, literatura comparada, sociologia, etc. Integrando-se no meio cultural e político, tem desenvolvido um diversificado trabalho (aulas, conferências, assessoria cultural, entrevistas de personalidade políticas, etc.) É membro de inúmeras associações culturais (Academia Municipalista de Letras de Minas Gerais; Sociedade de Estudos e Atividades Filosóficas, etc.). Foi membro fundador do Conselho Estadual da Mulher do Estado de Minas Gerais. Na década de 1970, começa a publicar na imprensa mineira e prossegue com assiduidade nesse mister, escrevendo poemas, artigos, manifestos, etc. Estréia em livro, em 1974, com um romance. Escreveu também para crianças.

Publicações: Romance – **Querida eu**, 1974, e **É tempo de vento**, 1979. Infantil – **Sossô é um sopro** (Prêmio João de Barro/1977, Belo Horizonte). Ensaio – **O feminismo na obra de Alencar** (Belo Horizonte, Estado de Minas 10.11.1980).

CIDINHA FONSECA 275

Poeta e artista plástica, Maria Aparecida da Fonseca Lima nasceu em Fortaleza (CE), em 08.07.1955. Formou-se como técnica de administração e ingressou no funcionalismo público (Empresa Brasileira de Correios e Telégrafos). Desde muito jovem escreve poesia e dedica-se à pintura (aquarelas), tendo realizado algumas exposições. Participou de vários festivais de poesias, recebendo alguns prêmios. Estréia em livro, em 1981, com poemas no volume **Em silêncio**, realizado em parceria com a poeta Marisa Biasoli*.

Publicações: **Em silêncio**, 1981, e **Síntese de mim**, 1986.

CÍNTIA MOSCOVICH 276

Contista, jornalista, professora, revisora, assessora de imprensa e tradutora, Cíntia Moscovich nasceu em Porto Alegre (RS), em 1958. Pertence à geração que estréia na década de 1990 e já se firmou, no panorama da literatura brasileira contemporânea, como uma das autênticas vozes femininas que vêm testemunhando as mutações deste nosso tempo, a partir do eixo-mulher.

Graduada em Jornalismo pela Faculdade de Comunicação da PUC-RS, tem exercido atividades como assessora de imprensa. Profissionalizou-se também como tradutora (inglês, francês e espanhol). É mestre em Teoria da Literatura. Tem trabalhado em pesquisa, em oficinas de criação literária, junto com o escritor Luis Antônio de Assis Brasil.

Estréia como escritora, em 1996, com o livro de contos **O reino das cebolas**, que lhe valeu a indicação para o Prêmio Jabuti/Câmara Brasileira do Livro-SP, Categoria Conto. Autêntica escrita de mulher, que se tece com as mais simples experiências da vida, da infância à maturidade, e que só as mulheres conhecem. Experiências, aparentemente banais, sempre centradas no cotidiano comum, no qual a voz narradora vai abrindo rasgões, que mostram o oculto, o encoberto, que acaba por descobrir o eu a si mesmo. Discurso fragmentado, em que passado, presente e futuro se misturam, o de Cíntia se constrói em plena sintonia com a visão-de-mundo contemporânea. Escrita aparentemente displicente e casual, mas alicerçada numa aguda percepção da vida, cujas dores e desencontros acabam sendo superados por uma imensa e plena entrega do eu ao viver. Leia-se, por exemplo, o conto que dá título ao volume, "O reino das cebolas", e que é, afinal, uma lúcida/lúdica metáfora da mulher no mundo. Partindo do comuníssimo ato-de-cortar-cebolas, que faz chorar, mas é indispensável ao sabor da comida (isto é, da sobrevivência da humanidade), a autora chega à descoberta da plenitude interior buscada pela mulher. Na apresentação do livro, Luiz Antônio de Assis Brasil diz com justeza:

Estes textos possuem o dom de transfigurar uma história banal, num momento de perplexidade e descoberta. [...] Trilhando caminhos às vezes ásperos, às vezes instigantes, às vezes dotados de um humor oblíquo e feliz, a autora jamais se despe de sua humanidade essencial, pois sabe que o texto literário nada valerá se, a par do compromisso estético, não reforçar os laços que nos unem a todos, cúmplices nessa milenar corrida de revezamento. Estabelecendo um diálogo frutífero com a tradição cultural do Ocidente, Cíntia Moscovich mostra-nos que somos herdeiros de um riquíssimo patrimônio – fato que os estreantes, em geral, ignoram.

Confirmando a alta categoria de sua escrita de estréia, seguem-se as publicações: a novela **Duas iguais – Manual de amores e equívocos assemelhados** (Prêmios Açorianos de Literatura – Categoria Conto/1999) e os contos **Anotações durante o incêndio**, reunião de onze textos de diferentes temáticas, com predominância de problemas ligados ao judaísmo e à condição feminina. Na arguta apresentação, Moacyr Scliar enfatiza o grande domínio da autora:

quanto à difícil arte do conto e a autenticidade com que ela transforma cada narrativa em um episódio carregado de significado. As palavras estão em seu texto [...] para servir ao objetivo maior que é retratar, de forma ora pungente, ora cômica [...] a existência de uma mulher jovem em nosso meio e em nosso tempo. Isto acontece mesmo em episódios aparentemente triviais, como o de 'A Paixão e a ratoeira'. Cíntia enfrentou o seu camundongo como Clarice enfrentou a barata: buscando a verdade, por vezes absurda, por vezes aterradora, mas sempre libertadora, que se oculta atrás de um cotidiano enganadoramente banal. [...] Em 'O Homem que voltou ao frio', ao colocar em xeque a estrutura de uma convencional família judia de classe média. [...] na verdade, põe em questão até mesmo a chamada modernidade...

Entre os prêmios e distinções recebidas, estão: o 1º lugar no Concurso de Contos Guimarães Rosa (promovido pelo departamento de Línguas Ibéricas da Rádio France Internationale – Paris), ao qual concorreram mais de mil e cem escritores de língua portuguesa. Cíntia tem participado de antologias: **Nasce uma estrela** (Colégio Israelita Brasileiro – Banco Matone) e **Livro das mulheres** (org. Charles Kiefer).

Até 2000, ocupava o cargo de diretora do Instituto Estadual do Livro, da Secretaria da Cultura do Estado do Rio Grande do Sul.

Publicação: **O reino das cebolas**, 1996; **Duas iguais**, 1999, e **Anotações durante o incêndio**, 1999.

277 CIRCE MORAES PALMA

Poeta, teatróloga, declamadora e radialista, Circe Moraes Palma (que usou também o pseudônimo de Magda Costa) nasceu em Porto Alegre (RS), em 24.03.1913.

Colaborou na imprensa gaúcha e estreou em livro, em 1937, com a poesia de **Ânsias**. Escreveu e/ou adaptou inúmeras peças de teatro que foram encenadas por grupos amadores ou radiofonizadas. Na década de 1940, acompanhando a vaga das novelas radiofônicas, trabalhou na Rádio Cultura de Pelotas, adaptando romances policiais famosos ou escrevendo outros (**O inquilino do apartamento 17**; **O assassinato de Dona Heloisa**; **O crime da rua Buarque de Macedo**; **O avião sinistro**; **O detetive moribundo**, etc.)

Publicação: **Ânsias**, 1937.

278 CLAIR DE MATTOS

Romancista, contista e artista plástica carioca, Clair Carneiro de Mattos Santos nasceu em Botafogo (RJ). Fez os primeiros estudos em colégio religioso, completando-os no Externato Mello e Souza. Formou-se em Letras na Faculdade Santa Úrsula. Na Escola de Belas Artes, fez vários cursos: Formação Artística e História da Arte; Arquitetura e Desenho de Interiores; Tradução e Interpretação (inglês) em nível de pós-graduação lato sensu; e o Curso de criatividade e oficina literária (com Ivan Cavalcanti Proença). Considera-se escritora, por vocação e ofício, e pintora ceramista e escultora por lazer. O exercício da escrita e da invenção atraiu-a desde a adolescência, bem como os estudos e as demais formas de arte. Revela-se escritora, em 1981, com o romance **A volta do tempo** (menção Especial do Prêmio Fernando Chinaglia-UBE). Seguem-se outros romance e prêmios (**Helena do Borel** – Prêmio Guararapes/1986). Publicou contos em antologias (**O exercício da prosa e do verso**/1983 e **Antologia Mitavaí**/1986).

Sua matéria romanesca resulta de uma fusão de ficção e memória e com inequívoco lastro experimentalista ou parapsicológico. Em **A volta do tempo** a personagem Carolina vive um caso de incorporação inconsciente de uma pessoa morta, que volta para esclarecer um mistério de famíla. Em **O nome de Alice**, a personagem passa por um sofrido processo de fragmentação interior; põe em questão a verdade de seu próprio eu; se despedaça nos descaminhos solitários da reorganização interior, tentando descobrir quem é. E se descobre melhor e maior do que jamais imaginou. Já em **Os grãos vermelhos no vale**, ainda mesclando realidade e ficção, reconstrói a vida do Barão de Vista Alegre, fundador da Fazenda Vista Alegre e da qual a romancista é, hoje, proprietária. O romance narra, em clima ficcional, a trajetória dos barões do café no período abolicionista; a conseqüente Proclamação da República e as modificações socioeconômicas decorrentes de tais fatos. Trata-se de uma escritora atenta à dupla face do ser – aquela existente no labirinto do inconsciente e a que é moldada pelas circunstâncias concretas do cotidiano ou da história.

Publicações: **A volta do tempo**, 1981; **Helena do Borel**, 1985; **O nome de Alice**, 1987, e **Os grãos vermelhos no vale**, 1988; **Paixão na casa morta**, 1990, e **Águas de escorpião**, 1994.

279 CLARA VIOTTI FERRAZ

Poeta paulista, Clara Viotti Ferraz nasceu na capital de São Paulo (SP), em 28.08.1899. Faleceu em data ignorada. Estudou no Colégio Santa Inês. Escrevendo poesia desde adolescente, publicou-as em jornais e revistas paulistas. Freqüentava associações culturais e foi membro do Clube das Tertúlias.

Publicação: **Angélicas da alma**, 1949.

CLARE ISABELLA PAINE 280

Romancista, contista, psicanalista e professora universitária, a amazonense Clare Isabella Paine nasceu em Manaus (AM), em 10.11.1937. Ainda criança muda-se para o Rio de Janeiro, onde fez seus estudos básicos em colégio religioso. Formou-se em Psicologia na PUC-RJ e iniciou sua formação em Psicanálise na França. Trabalhou na Divisão Cultural do Itamaraty. Lecionou nas Faculdades de Psicologia e de Sociologia da PUC. Profissionaliza-se como psicanalista e professora no Colégio Freudiano (RJ).

Trabalhou como atriz em O Tablado. Iniciou-se como escritora na década de 1960, publicando contos na revista Senhor e no Suplemento Dominical do Jornal do Brasil. Estréia em livro, com o romance **Carne a carne: contactos com Deus**, em 1987. Escritura interrogante que se faz convergência de vivências ambíguas, aparentemente contraditórias, sempre oscilantes entre erotismo/misticismo; ateísmo/fé; vida/morte; paixões descontroladas ou bloqueadas... A síntese inscrita na contracapa é reveladora:

Através da infância em Manaus, da adolescência num colégio interno no Rio e de uma fase adulta semeada de surpreendentes descobertas, acompanhamos a protagonista na construção de seu próprio personagem. Como sua homônima Mrs. Dalloway *(personagem de Virginia Woolf), a Clarissa deste romance se questiona sobre os dados e o modo como se compôs a matéria de seus dias, para transformá-la na mulher que é. O sexo, a morte e a paixão pela palavra emergem permeados pela questão intrigante: o quê e quem é Deus? Para responder à sede amorosa e metafísica, entrelaçadas numa mesma angústia, Clarissa deifica o Homem e depois humaniza Deus em figuras de carne e osso. Enquanto homem, Deus é mais cativante e, também, mais ameaçador. Nesse amálgama, vivendo por ela como devastação, efetua-se um sofisticado jogo de espelhos numa obra de ficção surpreendentemente original.*

Publicação: **Carne a carne: contactos com Deus**, 1987.

CLARICE LISPECTOR 281

Consagrada como a grande presença feminina no romance brasileiro, Clarice Lispector nasceu em Tchetchelnik (Ucrânia-Rússia), em 10.12.1920 (embora em seus registros biográficos conste, erroneamente, o ano de 1925.) Faleceu no Rio de Janeiro (RJ), em 09.12.1977, vitimada pelo câncer. Era filha de Pedro Lispector e Marian Lispector. Estava com dois meses de idade quando, em fevereiro de 1921, sua família (pais e três filhas) consegue fugir à cruel perseguição dos judeus (desencadeada pós-Revolução/1917), e emigra para o Brasil. Vivem em Maceió (AL) durante cinco anos; mudam-se depois para o Recife (PE), onde Clarice passou a infância. Fez seus primeiros estudos no Grupo Escolar João Barbalho; iniciou o curso ginasial no Ginásio Pernambuco. Aos doze anos, muda-se com a família para o Rio de Janeiro, e prossegue os estudos no Colégio Sílvio Leite.

Desde a infância mostrou grande interesse pela leitura literária e pela invenção de histórias. Com oito anos, começou a escrever pequenos contos que mandava para o Diário da Tarde do Recife, mas não chegou a ver nenhum deles publicado. Aos nove anos, perdeu a mãe; e, em sua dor, mergulha cada vez mais nas leituras e na escrita ficcional. Nessa época, fascinada com o teatro, que acabara de descobrir, escreveu uma pecinha de três atos, uma história de amor, que não mostrou a ninguém e acabou perdida nas gavetas. Descobre os livros de Monteiro Lobato e sonha em viver no Sítio do Picapau Amarelo.

Terminado o ginásio, matricula-se no curso complementar de Direito, no Colégio Andrews. Descobre o romance romântico (Júlio Diniz, José de Alencar, Camilo Castelo Branco...) e, principalmente, o mundo fascinante de Dostoievski. Logo mais, amplia-se o seu horizonte de leituras: descobre Machado de Assis, Graciliano Ramos, Jorge Amado, Mário de Andrade, Raquel de Queiroz... Entre os estrangeiros, é atraída por Katherine Mansfield, de quem se torna leitora fiel.

Nessa época, para ajudar o orçamento familiar, passou a dar aulas particulares de matemática e português; e aprendeu datilografia. Por volta dos dezesseis anos, tem seu primeiro conto publicado, através de Álvaro Moreyra, no jornal literário Dom Casmurro. Em 1941, entra para a Faculdade Nacional de Direito. Passa a fazer traduções de artigos científicos para revistas e, durante um ano, trabalha como redatora na Agência Nacional (ao lado de Antônio Callado, José Condé e Lúcio Cardoso, de quem se tornou grande amiga). O horizonte de suas leituras se amplia: Joyce, Kafka, Borges, Sartre (Náusea) e a filosofia existencialista que começa a se difundir na França da década de 1940. Em 1942, Clarice trabalha como jornalista em A Noite. Nesse mesmo ano, começa a escrita de seu primeiro romance, **Perto do coração selvagem**. Mostrou-o a Lúcio Cardoso e este, entusiasmado, conseguiu que a editora do jornal (A Noite) o publicasse em 1944.

No ano anterior, Clarice casara com o colega Maury Gurgel Valente, que iniciava carreira diplomática. No momento em que o romance é lançado, Clarice já viajara acompanhando o marido. Estava em Nápoles, quando foi surpreendida com a notícia de que seu romance recebera o Prêmio Graça Aranha da Academia Brasileira de Letras. A primeira edição esgota-se logo, devido à repercussão crítica obtida. Sérgio Milliet foi a primeira voz crítica a falar desse romance de estréia. Sua longa apreciação termina com uma síntese consagradora, que reflete a emoção entusiasta da descoberta:

A obra de Clarice Lispector surge no nosso mundo literário como a mais séria tentativa de romance introspectivo. Pela primeira vez um autor nacional vai além, nesse campo quase virgem de nossa literatura, da simples aproximação; pela primeira vez um autor penetra até o fundo a complexidade psicológica da alma moderna, alcança em cheio o problema intelectual, vira no avesso, sem piedade nem concessões, uma vida eriçada de recalques. (**Diário Crítico**.*II, p.32).*

Acompanhando a carreira do marido, Clarice Lispector viveu quinze anos fora do Brasil, morando em vários lugares da Europa. Na Itália conheceu o poeta Ungaretti e o pintor De Chirico, que lhe fez o retrato. Em Nápoles, termina seu segundo romance, **O lustre** (publicado no Brasil em 1946). Mudam-se para Berna (Suíça), onde nasce seu primeiro filho, Paulo. Ali escreve os contos, "Laços de família" e "Um jantar". Seguem-se as mudanças: em 1951, Torquay (Inglaterra), onde Clarice inicia as anotações para o futuro romance **A maçã no escuro** (publ. 1961); em 1952, nos Estados Unidos, fixam-se em Washington, onde nasce o segundo filho, Pedro, e onde permanecem por oito anos. Em 1959, separou-se do marido e retorna ao Brasil. Durante os anos de afastamento, publicara os romances: **O lustre** e **A cidade sitiada**; e os contos: **Alguns contos** e **Laços de família**.

A partir daí a escritora cresce em renome. Prossegue escrevendo e conquistando públicos cada vez maiores. Seus livros são traduzidos para vários idiomas (francês, inglês, alemão, tcheco, espanhol...). Em 1964, abre um novo caminho em sua criação: escreve **O mistério do coelhinho pensante**, ganha o prêmio Calunga/Campanha Nacional da Criança e descobre-se também escritora para crianças.

Personalidade introvertida, considerada excêntrica, Clarice vivia longe das reuniões sociais. No fundo, era em defesa de sua intimidade, cuja verdade ela não sabia expressar, fora da escrita literária. Detestava dar entrevistas, embora por dever de ofício (como colaboradora do Jornal do Brasil e da revista Fatos e Fotos) tenha sido entrevistadora de dezenas de escritores e figuras de destaque no mundo intelectual e artístico. Em essência, Clarice era uma alma que viera ao mundo para amar os outros. Em depoimento dado a Renato Cordeiro Gomes, diz textualmente:

Há três coisas para as quais eu nasci e para as quais eu dou minha vida. Nasci para amar os outros, nasci para escrever, e nasci para criar meus filhos. O "amar os outros" é vasto que inclui até perdão para mim mesma, com o que sobra. As três coisas são tão importantes que minha vida é curta para tanto. Tenho que me apressar, o tempo urge. Não posso perder um minuto do tempo que faz minha vida. Amar os outros é a única salvação individual que conheço: ninguém estará perdido se der amor e às vezes receber amor em troca. (**Seleta Clarice Lispector**. *1975).*

O preço da fama que conquistara, sem pretender, foi seu voluntário isolamento em um apartamento no Leme, onde viveu até sua morte, em companhia de uma governanta, uma auxiliar doméstica e seu cachorro Ulisses. Sofria de insônia e tomava sedativo para dormir. Certa noite, em 1967, adormeceu com o cigarro acesso entre os dedos. Acordou com a cama em chamas, fundas queimaduras na mão direita e nas pernas, que exigiram enxertos e um longo tratamento para recuperação. Uma de suas alegrias, ao se referir ao acidente (quando vivera "três dias no inferno"), era lembrar que não perdera os dedos e que, embora deformados, continuavam hábeis para a datilografia de seus textos, na pequena máquina portátil que ela mantinha apoiada nos joelhos.

Em 1976, como representante do Brasil, participou do I Congresso Mundial de Bruxaria, em Bogotá (Colômbia). Nele, leu seu conto "O ovo e a galinha" que, segundo ela, ninguém entendeu...

No ano de 1977, deu-se sua morte, que chegou rápido – pouco mais de um mês após o diagnóstico de cancêr generalizado. Numa cerimônia simples, foi enterrada no Cemitério Comunal Israelita no Caju. Mas, como disse o mago Guimarães Rosa, há pessoas que não morrem, apenas ficam encantadas e continuam vivas na memória dos homens. Clarice Lispector é uma delas.

A palavra clariciana

Analisar instante por instante, perceber o núcleo de cada coisa feita de tempo e de espaço. Possuir cada momento, ligar a consciência a eles, como pequenos filamentos quase imperceptíveis mas fortes. É a vida? Mesmo assim ela me escaparia. [...]

*Sinto a forma brilhante e úmida debatendo-se dentro de mim. Mas onde está o que quero dizer? [...] eu tenho o contorno à espera da essência, é isso? (**PCS**-60)*

Primeira voz, na literatura brasileira, a expressar a agônica/desafiante *crise do conhecimento* do ser e do dizer que (nos rastros do Existencialismo) se radicalizou como uma das grandes interrogações do século XX, Clarice Lispector é vista hoje, ao lado de Guimarães Rosa, como um dos vértices mais altos da nossa moderna ficção de húmus metafísico.

É nessa linha de pensamento que se contrói a ficção clariceana, cuja *escritura*, desde **Perto do coração selvagem** até o livro póstumo, **Um sopro de vida**, se engendrou através de um tenso corpo-a-corpo com a vida, sondada até o seu cerne, para além dos limites conhecidos pela razão. A epígrafe de abertura em seu romance de estréia já aponta para essa intencionalidade maior:

Ele estava só. Estava abandonado, feliz, perto do selvagem coração da vida. (James Joyce).

Esse mergulho nas profundezas do ser (que Joyce tenta, a partir do **Retrato do artista quando jovem**. 1916) foi a grande fascinação da escritura clariceana, toda ela desenovelando-se ou se perdendo nos labirintos de uma obsessiva tentativa de ultrapassar a evidência concreta da realidade imediata dos seres, coisas e relações, para atingir-lhes o âmago onde se ocultaria a verdade última de cada um e de todos ou o segredo da vida-em-si-mesma.

*Analisar instante por instante, perceber o núcleo de cada coisa feita de tempo e de espaço. [...] Tudo que é forma de vida procuro afastar. Tento isolar-me para encontrar a vida em si mesma. (**PCS**-60)*

É o que diz a jovem Joana – a primeira de uma galeria de personagens femininas, presas da inquietude existencial que as leva a lutar obsessivamente com o possível/impossível poder da palavra, para expressar o indizível; ou melhor, para ordenar na trama da linguagem (que é, por natureza, linear) o caos multiforme das sensações ou emoções que se ocultam sob a exterioridade convencional das relações cotidianas. De livro para livro, mais e mais a palavra, como nomeadora do ser, vai ganhando espaço no universo clariciano, e chega ao auge em **Água viva**, no qual é uma pintora o eu-que-fala incessantemente:

A palavra é a minha quarta dimensão. [...] Atrás do pensamento não há palavras: é-se [...] Atrás do pensamento atinjo um estado. [...] Quero como que poder pegar com a mão a palavra. A palavra é objeto? [...] Tenho que me destituir para alcançar cerne e semente de vida. O instante é semente viva. [...] Estou atrás do que fica além do pensamento . [...] A vida é impronunciável. [...] Escrevo-te toda inteira e sinto um sabor em ser. [...] Também tenho que te escrever porque tua seara é a das palavras discursivas e não o direto de minha pintura. [...] O que escrevo é um só clímax? [...] Quero escrever-te como quem aprende. [...] Sim, quero a palavra última que também é tão primeira que já se confunde com a parte intangível do real.

Enfim, a obra realizada por Clarice Lispector revela uma longa aprendizagem existencial e criadora que testemunha a crise-das-certezas e a obsessão da busca que define o nosso tempo. E mesmo tendo vislumbrado o meio essencial de manifestação do ser e da existência autêntica, a luta da escritora não termina. Ainda em **Água viva** ela diz:

Eu queria escrever um livro. Mas onde estão as palavras? Esgotaram os significados. [...] Tenho medo de escrever. É tão perigoso. Quem tentou, sabe – perigo de mexer no que está oculto – e o mundo não está à tona, está oculto em suas raízes submersas em profundidades de mar. [...] Escrever é uma indagação. É assim?

Publicações: Romance – **Perto do coração selvagem**, 1944; **O lustre**, 1946; **A cidade sitiada**, 1949; **A maçã no escuro**, 1961; **A paixão segundo GH**, 1964; **Água viva**, 1973, e **A hora da estrela**, 1977. Conto – **Alguns contos**, 1953; **Laços de família**, 1960; **A legião estrangeira**, 1964; **Felicidade clandestina**, 1971; **A imitação da rosa**, 1973; **A via-crucis do corpo**, 1974, e **Onde estiveste de noite**, 1975. Crônica – **Visão do esplendor**, 1975. Entrevista – **De corpo inteiro**, 1975. Livros infantis – **O mistério do coelhinho pensante**, 1967; **A mulher que matou os peixes**, 1969; **A vida íntima de Laura**, 1974, e **Quase de verdade**, 1978.

Publicações Póstumas: **Para não esquecer** (crônicas), 1978; **Um sopro de vida** (pulsações), 1978 e **A bela e a fera** (contos), 1979. O número de reedições e traduções dos livros de Clarice Lispector está em constante multiplicação, assim como sua fortuna crítica, hoje atingindo cerca de uma centena de estudos e teses universitárias.

282 CLARINDA DA COSTA SIQUEIRA

Poeta gaúcha, Clarinda da Costa Siqueira nasceu no Rio Grande (RS), em 26.10.1818; viveu parte de sua vida em Pelotas (RS), onde faleceu em 27.10.1867. Ficou registrada na crônica do tempo, como mulher culta e empenhada na divulgação da literatura e da cultura. Escreveu poesia, publicada na imprensa. Fez parte dos grupos que fundaram as revistas literárias **Guaíba** e **Arcádia**. Teve um livro publicado postumamente, **Poesias**.

Publicação: **Poesias**, 1881.

283 CLAUDETE MIRANDA DIAS

Poeta, professora universitária, pesquisadora, ensaísta, cronista, Claudete Maria Miranda Dias nasceu em Raimundo Nonato (PI), em 1951. Formou-se na área de História (UFRJ), especializando-se em História do Brasil, obtendo mestrado. Doutorado em História Social. Ingressou no magistério superior e passou a lecionar na UFRJ.

Tem experiência em TV. Participou de filmes. Tem colaborado na imprensa e em revistas especializadas (Presença, Cadernos de Teresina, Espaço e Tempo). De suas pesquisas sobre movimentos populares sociopolíticos, publicou os ensaios: **Movimento popular e repressão: a Balaiada no PI** (1985) e **Balaios e bem-te-vis: a guerrilha sertaneja** (1995).

Publicação: Poesia – **Cheiro de amor**, s/d.

(Fonte de consulta: **Dicionário de mulheres**. org. Hilda A . H. Flores.)

284 CLÁUDIA COUTINHO

Ficcionista, memorialista, cronista e psicóloga, a mineira Cláudia Coutinho Bernardes nasceu em Tapiraí (MG), em 06.02.1943. Ainda menina muda-se para Belo Horizonte, onde se fixa. Formou-se em Psicologia (PUC-MG), em 1975. Profissional atuante como psicóloga e como professora, trabalhou com excepcionais (Instituto Pestalozzi, Belo Horizonte); tem participado de trabalhos de grupo, visando à orientação psicanalítica de crianças e adultos, etc.

Na década de 1980, começa a publicar crônicas, contos e poemas em jornais mineiros; e trabalhos de caráter científico no jornal Cidade Nova em Foco, de pequena circulação. Estréia em livro, em 1989, com uma coletânea de flagrantes do cotidiano, em cidade interiorana mineira. Cotidiano vivido pela menina Cláudia, quando descobria a vida, e reinventado pela mulher, que confia à palavra a eternização do efêmero que a emoção guardara.

Publicações: **Vestido de três babados**, 1989, e **A mulher dos sapatos**, 1998.

285 CLÁUDIA GIANNUBILO MARTINI

Poeta e escritora de livros infantis, Cláudia Giannubilo Martini nasceu em São Paulo (SP), em 26.06.1947.

Começa a escrever poesias e a inventar histórias desde muito jovem. Estréia em livro, como poeta, em 1976, com **Sem máscara**, prefaciado pelo poeta Salomão Jorge. Seguem-se outros. Em 1978, publica seu primeiro livro infantil, cujo sucesso abriu caminho para vários outros (**A caixa mágica de lápis de cor**. 1981; **Queco o pato selvagem**. 1982; etc.). Pertence à União Brasileira de Escritores e ao CELIJU – Centro de Estudos de Literatura Infantil e Juvenil (1973-1983).

Publicações: Poesia – **Sem máscara**, 1976; **Restos de um sonho**, (pref. João de Scatimburgo), 1977, e **Sucatas** (pref. Jorge Medauar), 1981.

CLAUDIA MONTEIRO DE CASTRO 286

Cronista, especializada em marketing, finanças e turismo, comunicadora, fotógrafa e jornalista, Claudia Monteiro de Castro nasceu no Rio de Janeiro, em 21.04.1970. Reside em São Paulo.

Formou-se em Administração de Empresas (Fundação Getúlio Vargas/SP, 1993). Profissionalizou-se na área de marketing, desenvolvendo atividades em Comércio Exterior (França, área de estratégia da Rhône-Poulenc) e junto a empresas multinacionais (Rhodia, Eli Lily e Maguary). Em 1996 e 1997, estagiou na UCLA (University of California/Los Angeles), realizando estudos no programa Creative Writing (escrita criativa), nos gêneros conto, poesia, reportagem, etc. Nesse período colaborou na seção de artes e entretenimento (principalmente música) no Daily Bruin (jornal da UCLA) e no Brazil Today (jornal da comunidade brasileira nos Estados Unidos), com textos de reportagens culturais (carnaval, cinema etc.) e noticiosas (retrospectiva anual de fatos ocorridos no Brasil). Ainda na UCLA, freqüentou o curso opcional de fotografia (preto & branco), que incluía processo de revelação e a realização de um ensaio fotográfico. No ano seguinte (1998), participou de um concurso de fotografia da Universidade de São Francisco, obtendo o segundo lugar.

No Brasil, tem colaborado em jornais (Atibaia Hoje, Nossa Mão, Alphanews) e revistas (Viagem & Turismo, Você S/A, Onde Comer, Ventura – Arte & Informação e Go Where São Paulo), com reportagens e crônicas sobre diversos assuntos (destinos turísticos, arte, gastronomia etc.). Participou da Primeira Exposição Coletiva de Fotografia, no Museu Lasar Segall (março a maio, 2001).

Estréia em livro, em 2000, com **Crônicas Californianas** – coletânea de textos que oscilam entre crônica, reportagem, relato de viagem e memória. Penetrados de um humor bem brasileiro, todos os textos resultam das experiências vivenciadas pela autora, durante sua permanência na Califórnia (Los Angeles, San Francisco, San Diego...): o *american way of life*, as excentricidades turísticas, as convidativas dicas de viagens, etc. Tudo bem temperado com os espontâneos comentários da autora, acerca de si mesma: seus medos, excentricidades, amores, neuroses, sonhos de realização e, permeando tudo, um sentimento de brasilidade, aparentemente frívolo, mas inegavelmente sério e profundo.

No ano seguinte, publica **Crônicas de amor, sexo e culinária**. No mesmo tom, entre zombaria e bom humor, bem temperado de inteligência, a persona que narra vai alternando receitas deliciosas com os três mais importantes ingredientes para uma vida saudável: amor, sexo e culinária. Na voz que fala nestas crônicas, se faz ouvir a mulher pós-tudo, das décadas de 1980 e 1990: liberada, mas ainda descentrada; cética, mas bem-humorada, aceitando o certo e o errado (hoje, como saber dos limites entre um e outro?), com a mesma bonomia. Mulher que está em busca de si mesma pelos diferentes caminhos, profissionais ou amorosos, que as circustâncias da vida vão oferecendo...

Publicação: **Crônicas californianas**, 2000, e **Crônicas de amor, sexo e culinária**, 2001.

CLAUDIA ROQUETTE-PINTO 287

Poeta, tradutora de poesia, elemento atuante no meio cultural e editorial carioca, Claudia Roquette-Pinto nasceu no Rio de Janeiro (RJ), em 1963. Formada em Tradução Literária (PUC-RJ), profissionaliza-se como editorialista, ficando à frente do jornal cultural Verve, durante cinco anos. A partir do final da década de 1990, intensificou sua atividade como tradutora de poesia. E está preparando uma antologia de mulheres latino e norte-americanas do século XX.

Descobriu-se poeta ainda muito jovem. Entrega-se à leitura e tradução de grande poetas e, ao estrear em livro, em 1991, com **Os dias gagos**, já está de posse de uma arte amadurecida, uma arte consciente de si mesma. O fluxo poético (constantemente bloqueado em seu fluir) desdobra-se em pequenos blocos de significados ambíguos, em torno de diferentes motivos ou estados de espírito (*os dias gagos / vácuo / trips / quartos crescentes / visão e tato*). Blocos independentes que, em conjunto, resultam em um verdadeiro caleidoscópio urbano, uma montagem em videoclipes. Mas a aparente dispersão desses blocos poéticos é anulada pela problemática que energiza a matéria poética: o possível/impossível lugar da poesia neste nosso mundo em crise.

Tal problemática já se anuncia no título do volume: **Os dias gagos** e também no verso-dedicatória posto na abertura: *A todos poemas ausentes corando no tempo.* Metaforicamente, a poeta aponta para o principal nervo de sua criação poética: a crise de valores que o mundo atravessa e que se manifesta, fundamentalmente, pela crise da linguagem, há muito em processo: *nuvens sem projeto [...] a luz das frases já não tem feitiço; custa o tempo de um tropeço / lapidar uma palavra...*

Liberta da ordem convencional da linguagem, a imaginação poética entrega-se ao seu próprio dinamismo, sem os freios da lógica. Daí que se torne difícil qualquer comentário ou exegese dessa poesia, sem ligá-la ao contexto cultural/existencial em que foi engendrada. Ou melhor, sem situá-la dentro da atual crise da linguagem, gerada pela crise dos valores, ainda em processo. Lembremos que a palavra – meio essencial de comunicação – entrou em descrédito no decorrer do século XX, aparentemente superada pela imagem e pela comunicação multimídia. Daí a "gagueira" dos nossos dias, metaforicamente denunciada pela poeta. Onde a palavra essencial? Como ouvi-la (se é que existe) em meio ao som e fúria de nossa aldeia global?

Na verdade a poesia (a literatura e a arte em geral) surge hoje como algo paradoxal: um fenômeno ou objeto aparentemente inútil para o viver humano (em meio ao mundo consumista e absurdo que se nos impõe, como realidade) e, ao mesmo tempo, pressentido como visceralmente essencial para a vida autêntica (como possível caminho de fuga à esterilidade da bela/horrível engrenagem do mundo atual). Não por acaso, a poesia de Claudia acolhe em suas dobras duas sombras tutelares da poesia feminina do século XX: Sylvia Plath e Ana Cristina César, autênticas vozes celebrantes dessa poesia-consciente-do-caos e que, por ele, foram imoladas.

(Sylvia) palavra sem raiz / mergulha na limpidez

Ana Cristina aflige: musa inútil [...] o fato é que / ana c. / o tempo não coube você [...] salve, e adeus, mana cristina césar: / você nos desistiu, / nós não te enterraremos

Como numa corrida de revezamento, os/as jovens poetas prosseguem levando o bastão, empenhando-se, por sua vez, em deixar a marca de seus passos numa poesia que seja testemunho destes tempos de apocalipse e gênese. Ou como a definiu Heloisa Buarque de Holanda: *Uma poesia vivida como o único e último espaço de liberdade possível para uma geração que aprendeu a amar sob o efeito da Aids, do pânico, da violência, da imagem brutal dos excluídos.* (in **Corola**)

A essa geração, pertence Claudia Roquette-Pinto. Poeta da década de 1990, ela se insere na vertente dos que buscam algo além do brilho das aparências ou da vida como performance, e se sentem vivendo como que num intervalo de um possível viver autêntico. Ou num tempo como que suspenso... num hiato... no qual os poemas estão corando no tempo, à espera de que sua gestação se cumpra. Mas enquanto isso não acontece, paradoxalmente, só resta à poeta um gesto: fazer poesia (mesmo sem raízes ou sem alvo para atingir), para alimentar a vida.

Março me deserta como se eu fosse um átrio [...] dos teus lábios caem apenas – tarde! Frases amarelas / se desisto do poema empalidecem as peras [...] porque se o poema me habita: há um céu de mil janelas.

A metaforização é clara: março é a estação (ou o tempo) da colheita, mas esta é negada à poeta (*março me deserta*). Simultaneamente, uma vez ausente o poema, *empalidecem as peras.* Sendo a "pera" um dos fortes símbolos eróticos (no livro, reforçado pelas ilustrações da capa e contracapa) facilmente se deduz a natureza erótica, atribuída aqui à força criadora que desencadeia o ato poético: *Se o poema me habita: há um céu de mil janelas.*

Como se vê, a fusão poética (poeta + poema) é vivenciada como fusão erótica (eu+outro), pois ambas levam à plenitude existencial mais intensa.

Essa é uma das forças-motrizes da poesia contemporânea, a identificação do ato poético com o ato erótico, vistos como poderosos agentes de criação ou de transformação do real. Na poesia de Claudia, essa força-motriz é onipresente. Em **Saxífraga** (1993), seu segundo livro, a crença nessa força se anuncia já no título: ao identificar a poesia com a saxífraga (espécie de flor que quebra ou fende a pedra), a poeta enfatiza o poder invisível da poesia: algo aparentemente abstrato, inefável, mas capaz de derrubar muralhas ou de criar mundos.

Poesia conscientemente intertextual (que se sabe elo de tantas e tão longínquas correntes), a de Claudia funda-se aqui no verso de William Carlos William (1883/1963): *Saxífraga é minha flor que fende / as rochas.* Não por acaso se dá essa aproximação entre a sua poesia e a desse poeta norte-americano, das primeiras décadas do século XX. Vivemos um momento de reinvenção do passado. Neste caso, embora a ótica de ontem (dos poetas imagísticos ou objetivistas, com quem William Carlos se identificava) já não coincida com as óticas de hoje (como rotulá-las?), permanece entre ambas algo comum: o viver a poesia como paixão e o atribuir à palavra poética o poder de revelar o real autêntico (para além das convenções e preceitos que o deformaram). Voltado para os contrastes da paisagem urbana e para a vida moderna crescentemente desumanizada, William Carlos incita o poeta a ir além da objetividade das imagens: *Arranque um canto desses fatos / tire-o concretamente.* Ou ainda: *Ele escuta / mas não percebe nem a menor sílaba surgindo desse rumor confuso / e o sentido de tudo lhe escapa.* (Paterson. Livro II).

Como se vê, a natureza da busca, hoje, é a mesma. Inclusive, a tentativa de eliminação de fronteiras entre as artes (que foi marcante nas vanguardas do início do século XX), volta a ser uma tônica na multifacetada estética deste limiar do século XXI. William Carlos leu poeticamente algumas telas (Brueghel) e tapeçarias (La Dame à la Licorne) famosas. Embora de modo inteiramente distinto, Claudia, em **Saxífraga** (no bloco *olho armado*), lê, em poesia, telas de Picasso, Mont, Calder, Much, Frieda Kahlo, Chagall e outros. Não uma leitura descritiva do visível fixado pelo pincel, mas a que interroga o momento de criação ali fixado para sempre. Interrogação fundada na frase de Cézanne posta em epígrafe: *Pintura é a natureza vista através de um temperamento.* Porém, ao tentarmos decifrar essa visão, o essencial permanece oculto. O essencial permanece na **Zona de sombra** (1997) que Claudia sonda em seu terceiro livro. E cuja chave ela nos dá na epígrafe de René Char: *Só podemos viver no entreaberto, / exatamente sobre a linha hermética / de partilha da sombra e da luz.* É nesse limiar ambíguo que se forja essa enigmática poesia (ou prosa) e sua sarabanda de imagens claroscuras, engendradas por uma ótica quase barroca.

O centro negro – palimpsesto de escuridão, camadas de preto confundidas [...] ao redor, ilhas de cor, elétricas, sazonadas pela imaginação dos poetas.[...] toda equação existe, toda superfície pintada só roda e translada por causa desta idéia, que não se equivoca: o centro negro [...] magma, fruto de treva, estrela de não-cor de densidade máxima! A ti resta engolfar-nos ou explodir.

Em suas múltiplas ressonâncias, labirintos, imagens e gradações, o universo poético que vem sendo engendrado por Claudia Roquette-Pinto, é dos que exigem determinadas chaves que possam abrir seus portais de enigmas. Talvez uma das principais, como já dissemos mais atrás, seja o paradoxal corpo-a-corpo com a poesia, vista por um lado como a possível ponte entre o homem e a descoberta do sentido último da vida, há muito perdido, e, por outro, como meio ambíguo, potente e impotente para expressar o ainda não-conhecido e intuído pelo poeta.

Em **Corola** (2000), essa problemática se desdobra em imagens e metáforas que se entregam quase amorosamente ao leitor, praticamente despojadas do hermetismo. Novamente, a problemática-chave se anuncia no título. Lembramos que conhecemos e fruímos a beleza da flor pela corola. É, pois, o seu exterior que nos seduz. A sua essência, o seu cerne, a sua verdadeira razão ou causa de existir como tal, nos permanece oculta (e só desvendada pelos saberes da Botânica). Da mesma forma, o nosso conhecimento do mundo, dos seres e de nós mesmos está praticamente reduzido à corola (ao que é visível). Descobrir a essência, a idéia que legitima esse visível é um dos grandes desafios do nosso tempo.

O dia inteiro perseguindo uma idéia*: / vagalumes tontos contra a teia / das especulações [...] Longe daqui, de mim / mais para dentro / desço no poço de silêncio / que em gerúndio varo madrugada [...] e é tudo de que disponho meus pés se cravem / no* rosto *desta última flor.*

É no dentro silencioso do eu, que a poeta pressente estar a idéia, o cerne do conhecimento procurado; mas, afinal, não encontrado, pois só o rosto (o exterior ou a corola) desta última flor (poesia) é desvendado.

Poesia que se assumiu como matéria-prima do poema, a de Claudia Roquette-Pinto não se reduz a elocubrações formais, metalingüísticas, mas tenta ir além da preocupação com a forma: tocar/iluminar o húmus oculto que alimentaria a vida e a legitimaria, revelando sua possível ordem, ainda oculta pelo caos.

Escrita / é sempre você quem me resgata / no limiar do iminente nada / que borbulha / em camadas de pensamentos perigosos/ e palavras, cepas resistentes à droga da vida.

Ou ainda

(Poesia) Por que você me abandona / no vértice da vertigem / quando a chuva cai (um Magritte) / sobre rosas que desistiram? [...] Palmilhar às cegas / um quarto de veludo / onde o espelho, mudo, assiste / à fuga do que reflete.

Estamos num limiar... aguardemos que a luz da poesia possa logo iluminar a nova ordem que, com certeza, está sendo engendrada no lado da sombra. Poeta que se vem destacando entre os novos, Claudia Roquette-Pinto tem inúmeros poemas incluídos em antologias nacionais (**Outras praias** – 13 poetas brasileiros emergentes. SP, 1998 e **Esses poetas**-poetas dos anos 90. RJ, 1998) e internacionais (**Nothing the sun could not explain**-20 contemporary brazilian poets. Los Angeles, 1997; **Norte y Sur de la Poesía Iberoamericana**. Madri, 1997).

Publicações: **Os dias gagos**, 1991; **Saxífraga**, 1993; **Zona de sombra**, 1997, e **Corola**, 2000.

288 CLAUDIA TAJES

Poeta, redatora publicitária, Maria Claudia Tajes nasceu em Porto Alegre (RS), em 12.05.1963. Profissionalizou-se na área do jornalismo, especializando-se em criação publicitária, trabalhando em agências de propaganda. Começou escrevendo, esporadicamente, artigos e crônicas para jornais e revistas.

Como ficcionista, estréia em livro, em 2000, com **Dez quase amores**, divertidíssimos *flashes* da vida amorosa de uma persona, Maria Ana. Mais do que personagem, trata-se de um eu feminino que fala de si e de seus encontros/desencontros amorosos, os quais, de modo irônico, acabam por se revelar ao leitor como casos exemplares das relações homem-mulher, tal como a sociedade pós-liberação feminina (ou pós-tudo) as vem engendrando. Relações amorosas descartáveis, epidérmicas, que têm o sexo como fator de união. Relações banais que, no caso da heroína de Claudia, contrastam de modo divertido/irônico (embora dramático no fundo), com suas fantasias românticas de viver um grande amor, para sempre, num casamento com numerosos filhos, netos e vira-latas pulando ao redor, como ela sonha, ao viver o seu "primeiro quase amor". E como sonhará com quase todos que se sucedem, muito embora ela saiba que tais sonhos não passam de fantasia, pois a realidade é bem outra. Daí que, uma vez frustrada a relação, ela se abate e, logo mais, parte para nova experiência.

Resumida assim, a fábula deste **Dez quase amores** pode parecer banal (e o é...); entretanto, ao ser lida, revela uma singular sedução que está longe da banalidade do relato, e que prende o leitor, da primeira à última página. Sedução essa que emana do seguro e lúdico domínio mantido pela autora sobre sua arte narrativa, sua linguagem em ritmo sincopado, cortes abruptos na ação, etc. Singularidade estilística que mostra a maturidade intelectual e criativa da escritora estreante.

Com relação à fabula, importante notar que Maria Ana, a persona criada por Claudia, pertence à geração que nasce na década de 1960, quando se deu o *boom* da contracultura e do movimento "É proibido proibir", que derrubou os últimos bastiões de defesa da tradição e seus corolários: o moralismo, o interdito ao sexo, o amor puro como o grande ideal a unir homem e mulher, através do casamento indissolúvel, etc.

Nascida nesses revolucionários anos da década de 1960, essa geração chega à adolescência nas décadas de 1970 e 1980, quando já não havia bastiões a derrubar, isto é, não havia guerras externas a enfrentar. A festa havia acabado. Restava, agora, a cada um, encontrar o seu próprio caminho, enfrentar sua guerra interior. Na verdade os tempos de paz e amor, vividos pela geração da década de 1960, foram de luta ou de confronto arriscado com os agentes da ordem tradicional, em defesa de uma causa: conquistar a liberdade total. E o conseguiram. As resistências externas foram vencidas. E quando a nova geração chegou, a partir das décadas de 1970 e 1980, viu-se a braços com essa liberação total (sexo livre, pílula anticoncepcional, falência das ideologias, etc.), mas sem saber direito o que fazer com ela. A jovem narradora tem consciência disso e o diz claramente:

Os tempos de paz e amor vão longe, menos para os estudantes de jornalismo. Nós não temos culpa de ter nascido depois do sonho acabar.

Eis o problema para as novas gerações: herdaram um sonho que já não permitia a luta, mas continuava a ser sonhado num estado de inércia ou apenas na esfera do discurso. Alguém já disse: *Onde falta o ser, sobra o discurso.* Enfim, novos caminhos precisavam (e precisam) ser abertos para a construção de um novo mundo-de-relações humanas, e a maioria não estava (ou não está?) preparada para isso. Daí a ausência de um verdadeiro compromisso com a vida, que é fator comum entre os homens que se tornam os *quase amores* de Maria Ana.

O quase que aparece já no título do livro é o grande índice do mundo em que se move a persona-narradora destes fragmentos, que vão pontuando a sua vida dos 16 aos 30 anos. Trata-se de um mundo (pós-moderno?) que gira em torno do sexo (e do consumismo) e do qual o amor está ausente (embora obstinadamente procurado pela heroína). Como ausente está também o desejo, a paixão, substituída pelo tesão. Eis algo importante que esta ficção nos leva a refletir: estaria totalmente errado o mundo-de-ontem, ao cultuar o amor, como o grande ideal de realização humana? E ao interditar o sexo, como fatal caminho para o pecado e para abjeção humana? O amor não seria realmente o grande caminho para os humanos alcançarem a plenitude existencial? O sexo não teria algo de sagrado que precisa ser resguardado da profanação e ritualizado pelo amor? Na verdade essas são interrogações que estão no ar. E até onde podemos perceber, diferentes linhas da literatura atual (principalmente a poesia) estão buscando o equilíbrio entre aqueles dois extremos, radicalizados ontem e hoje, embora de modos diversos...

Embora seja esse o quadro sociocultural-existencial, não muito animador, em que decorrem as experiências da persona-narradora, neste **Dez quase amores** o leitor não o descobre de imediato, tal a graça, a ironia e a arguta inteligência com que a autora camufla a face escura das situações, embora as denuncie a cada passo. Aparentemente usando um discurso realista (aquele que se funda na analogia entre o mundo real e o mundo representado pela palavra), a autora usa um discurso irônico. E como sabemos, a ironia denuncia o desencontro que existe entre a verdade aparente do real e a sua verdade essencial, oculta. Ou denuncia o abismo que existe entre a realidade e o imaginário. Foi devido a essa ótica irônica, que denuncia o erro através do riso, que acabamos por definir a natureza da arte narrativa de Claudia Tajes, como ficção satírica (e não conto ou novela, como pode parecer a uma primeira leitura). Não há dúvida de que a autora pertence à linhagem dos escritores satíricos – aqueles que, desde as origens da literatura e da arte, têm contemplado e denunciado os desmandos e erros dos homens, com um misto de riso e de indignação ou revolta. Como sabemos, contemporaneamente, cresce o número de escritores e escritoras que escolhem a ótica ambígua da ironia ou da sátira, para testemunhar, em suas obras, a sua visão deste nosso mundo em pleno processo de troca de pele, e no qual valores e desvalores se confundem.

É nessa ambígua fronteira, entre valores e desvalores, ironia e ingenuidade, sátira e drama, que se sucedem as insólitas e divertidas situações amorosas deste **Dez quase amores**. Dentre o leque de problemas humanos e sociais em aberto, que interagem em seu subtexto, destacamos aquele que nos parece fundamental: o da transformação da imagem da mulher e de seu novo lugar e nova tarefa no mundo atual. Para reflexão sobre essa transformação em processo, esta ficção satírica de Claudia Tages oferece uma esplêndida e divertida matéria.

Publicação: **Dez quase amores**, 2000.

CLÉA GERVASON HALFELD 289

Poeta, cronista, compositora, autora de livros infantis e professora, Cléa Gervason Halfeld nasceu em Juiz de Fora (MG), em 1921.

Formou-se no Curso Normal (1937), e dedicou-se ao ensino, ao mesmo tempo em que estudava línguas e música. Como compositora, é autora de vários hinos e cantos escolares. Como poeta e cronista, colaborou regularmente na imprensa mineira e em periódicos especializados (Lar Católico, O Lince e outros). Tem participado de obras coletivas (**Poetas**

brasileiros de hoje, 1985/1987; **A nova poesia brasileira**, 1986; **Ciranda de versos**, 1989; **Antologia da academia petropolitana de poesias Raul de Leoni**, 1989; **Poliantéia**, 1993 e outros). A partir da década de 1980, escreve uma série de livros para crianças (**Eu penso, nós pensamos, eles pensam**, 1983; **Paulinho e o passarinho**, 1985; **O jardineiro misterioso**, 1990; **A cadeira voadora**, 1991 e outros).

Como poeta estreou em livro em 1986, com **Devaneio**.

Publicações: Poesia – **Devaneio**, 1986; **Simplesmente versos**, 1995; **Pontos de vista**, 1996. Crônica – **Policromia da vida**, 1996.

290 CLÉA MARSIGLIA

Poeta e advogada, a alagoana Cléa Marsiglia nasceu em Maceió (AL), em 14.07.1939. Formou-se em Direito e se profissionalizou como advogada. Começa a escrever poesias e contos, na década de 1950, divulgando-os na imprensa alagoana e inscrevendo-os em concursos literários. Nestes, conquistou vários prêmios e distinções.

Estreou em livro em 1958, com a poesia de **Cânticos da terra**. Seguiram-se outros, de uma poesia que flui sob o signo do tempo e da memória, e de fidelidade ao imediato da vida concreta, cuja fugacidade dói por ser irredutível. Poesia lírica, de índole meditativa e reveladora de um eu poético que sonda em si próprio a imagem fugidiça do mundo. Um eu que deseja se prolongar no tempo e escapar à impotência da vida, em face da morte. É membro da Academia Alagoana de Letras.

Publicações: **Cânticos da terra**, 1958; **O deus e a terra**, 1961; **Poemas e baladas**, 1966; **Difícil reino amar**, 1967; **Quarteto do tempo**, 1968; **Cristais**, 1983; **Sussurra, astrolábio**, 1989; **Jarro de porcelana**, s/d; **Alumbramento** e **Forte San Davis**, s/d.

291 CLECI SILVEIRA

Contista, radialista, jornalista, Cleci Silveira nasceu em Porto Alegre (RS). Trabalhou no serviço de rádiodifusão educativa da Divisão de Cultura da Secretaria de Educação e Cultura, integrando a equipe produtora de texto para programas musicais, apresentados na Rádio da Universidade Federal do Rio Grande do Sul. Posteriormente exerceu atividades em vários setores da entidade até a divisão ser transformada em Departamento de Assuntos Culturais.

Durante dois anos (1988-1990) manteve uma coluna no jornal O Moinho, sobre mobiliário antigo. Na década de 1990, freqüentou a Oficina de Criação Literária do Curso de Pós-Graduação em Letras da PUC-RS, coordenada por Luiz Antônio de Assis Brasil. Participou da antologia "Contos de Oficina 13" (1994), com três contos: "O quarto", "O retorno" e "O casamento". Em 1999, seu conto "A melancolia de Valdá", recebe menção Honrosa Especial no 4º Concurso Internacional de Contos e Poesias Poeta Álvaro Pereira.

Estréia em livro, em 2001, com os contos de **No sótão dormem bonecas**, com apresentação de Luiz Antônio de Assis Brasil, na qual é enfatizada a arte segura e serena da autora, que estréia em plena maturidade existencial e intelectual e fazendo de suas densas narrativas um fascinante espaço de reflexão vital, que sem dúvida arrasta o leitor, da primeira à última linha.

Publicação: **No sótão dormem bonecas**, 2001.

292 CLEIDE VERONESI

Poeta, contista e pintora, Cleide Veronesi nasceu em São Caetano do Sul (SP), em 19.11.1949. Muda-se para a capital paulista onde fixa residência. Faleceu aos 38 anos de idade, em 31.05.1987. Formou-se como técnico de administração e fez inúmeros cursos de extensão ou aperfeiçoamento profissional. Simultaneamente, dedicou-se com paixão à atividade literária. Desde menina, escreveu poesias e contos. Iniciou-se como escritora, publicando seus textos em jornais ou revistas especializadas. Em 1980, participou da coletânea poética **Projeto da palavra** e fez parte do grupo que fundou a Cooperativa dos Escritores do ABC. Engajou-se no movimento poético e teatral, alternativo, com os grupos: Poeco-Só Poesia, Movimento Poético de São Paulo, Letra-viva (Guarulhos), Oficina Literária (SESC-Carmo) e Colégio Brasileiro de Poetas. Prefaciou livros de poetas novos (**Marionetes** de Wanderlei Berlado; **Ventre aberto** de Agnaldo L. Silva e **Livro de sonetos** de Antônio M. Pimenta. Todos em 1982).

Foi militante do grupo ecológico APEMA (SP). Colaborou na revista da Cidade (1984), em vários jornais paulistas, alternativos ou não, e em antologias (**Ensaio V** e **Amordaçados**). Escreveu em parceria com o poeta Noel Sobrinho o livro **Cenas & luzes**, no qual a própria poeta se apresenta:

Ser poeta é pôr retrato nu do nosso dentro à frente dos olhos que nem sempre atravessam o primeiro plano; e quando atravessam nos despojam da roupagem posicional de superfície para nos encontrar numa nova dimensão: a do ser humano, a do ser em si, a infinda luta pela preservação da sobrevivência, não apenas do Homem, mas também a do meio-ambiente.

Deixou inacabados um romance social, Viagem ao pôr-do-sol, e um livro de poesia, Híbrido-telúrico. Em 1985, passa a escrever a coluna literária "Cleide Veronesi comenta...", do jornal São Paulo Zona Sul. Era membro da UBE – União Brasileira de Escritores-SP. Foi agraciada com a Comenda da Ordem dos Cavaleiros da Cruz de Cristo (1985).

Publicação: **Cenas e luzes** (parceria com Noel Sobrinho, 1981).

CLÉLIA LOPES MENDONÇA 293

Poeta e jornalista paraibana, Clélia Lopes Mendonça nasceu em João Pessoa (PB). Formou-se em jornalismo, área em que se profissionalizou, como professora, redatora de vários jornais, comentarista de rádio (Tabajara e Arapuran) e assídua colaboradora da imprensa, publicando poesias e crônicas. Pertence a diversas associações culturais.

Publicações: **Devaneios**, 1952; **Caminhos de sonhos**, 1956, e **Violinos à meia luz**, s/d.

CLEONICE RAINHO 294

Poeta, ficcionista, cronista, jornalista e professora universitária, Cleonice Rainho Thomas Ribeiro nasceu em Além Paraíba, distrito de Angustura (MG), em 15.03.1919. Ainda menina muda-se para Juiz de Fora (MG), onde se fixou. Bacharelou-se em Letras Clássicas, em Juiz de Fora e licenciou-se no Rio de Janeiro pela PUC-RJ. Fez vários cursos de aperfeiçoamento, inclusive como bolsista em Portugal, durante um ano, freqüentando cursos de Letras na Universidade de Lisboa, com os eminentes professores, Jacinto do Prado Coelho e Vitorino Nemésio. Dedica-se à docência universitária, lecionando Literatura Brasileira no Instituto de Ciências Humanas e de Letras na Universidade de Juiz de Fora (UFJF/MG).

Ainda estudante, começa a escrever poesia, crônicas e contos, divulgando-os na imprensa. Em 1956, estréia em livro com a prosa confessional de **Ternura**, onde registra, de maneira espontânea, a experiência emotiva de ser mãe. Seguem-se livros de poemas, trovas e contos. Em 1973, estréia como autora de literatura infantil com **Varinha de condão** que dá início a uma série de livros destinados ao circuito escolar.

Na década de 1970, multiplica suas atividades como jornalista e escritora, publicando assiduamente na imprensa mineira e carioca, e participando de coletâneas nacionais (**A Poesia pede passagem**. 1972; **Tempo de Estrada**. 1972; **Palavra de Mulher**. 1979; **Encontro 55**. 1980, etc.). A par da produção literária, atua como promotora de cultura. Fundou e dirigiu a Associação de Cultura Luso-Brasileira (desde 1955, quando foi agraciada com a Comenda Ordem do Infante D. Henrique do Governo de Portugal). Foi membro do Conselho Estadual de Educação de Minas Gerais, onde integrou uma de suas Comissões Técnicas; orientou cursos da Campanha de Aperfeiçoamento do Ensino Secundário (CADES/MEC) e tem liderado ou estimulado vários grupos literários.

Sua variada produção literária vem tendo muito boa acolhida crítica e recebido inúmeros prêmios (Cidade de Belo Horizonte; Othon Linch Bezerra de Mello; Academia Mineira de Letras; João Alphonsus Guimarães – Secretaria do Estado da Educação de Minas Gerais; Prêmio Dr. Antonio Procópio – UFJF; Prêmio Fernando Chinaglia, UBE-RJ; Prêmio Jaboatão, UBR-PE; Prêmio Guararapes de Pernambuco e outros).

Na década de 1990, a produção de Cleonice Rainho chega a mais de uma dezena de títulos (para adultos e crianças), expressando o seu amadurecimento existencial e estilístico. De **Ternura** para **Intuições da tarde** há um crescer contínuo que vai do confessionalismo lírico (centrado na pura emoção do eu) para um gradativo encontro do outro. Esse percurso reinventa a memória da casa (identificada com a alma); do passado longínquo ao próximo; da região e da palavra que dá realidade definitiva as coisas, seres e vivências. Todo esse percurso está permeado de uma consciência-da-escrita que, em **João Mineral**, se instala prenhe de mineiridade, e em **Intuições da tarde** se adensa em força e espiritualidade. Além dos livros publicados, tem inúmeros originais de poesia e romance inéditos.

Publicações: Crônicas, Contos e Romance – **Ternura**, 1956; **O Chalé verde**, 1964; **3 KMs & picos**, 1980; **Parabéns a você**, 1982; **João Mineral**, 1983; **Uma sombra nas ruas**, 1984; **Intuições da tarde**, 1996 e **La cucaracha**, 1992. Poesia – **Sombras e sonhos**, 1956; **Andorinhas**, 1964; **Terra corpo sem nome**, 1970; **Poemas chineses**, 1997; **Linho do tempo**, 1997, e **Vôo branco**, 1979. Literatura infantil – **Varinha de condão**, 1973; **O galinho azul**, 1976; **O castelo da rainha Bá**, 1983; **Torta de maçã**, 1983; **Moranguinho e seu festival**, 1989, e **O palácio dos peixes**, 1996.

295 COLOMBINA

Poeta paulista, que foi uma das fortes presenças femininas na poesia brasileira da primeira metade do século, Colombina (nome literário de Yde Schloenbach Blumenschein) nasceu em São Paulo (SP), em 26.05.1882, e faleceu em 14.03.1963.

Mulher de grande agudez intelectual, fez parte de seus estudos na Alemanha. Dominava várias línguas (alemão, inglês, francês, espanhol e italiano). Estudou piano e canto, destacando-se em seu tempo por uma singular personalidade de poeta e de mulher. Contemporânea da carioca Gilka Machado e das hispano-americanas Gabriela Mistral, Juana de Ibarbourou e Alfonsina Storni, entre outras, Colombina se inscreve, como elas, entre as vozes femininas que, na América Latina, foram precursoras da poesia erótica, em nosso século.

Inicia-se em 1908, com os poemas (oscilantes entre parnasianismo e simbolismo) de **Vislumbres**. Silencia nos anos subseqüentes – durante os quais eclode a Primeira Grande Guerra e logo mais o Modernismo, propondo rupturas profundas com as convenções tradicionais. É nessa linha de rupturas que a poeta inicia, em 1930, um novo caminho poético. Com **Versos em lá menor** e principalmente com **Lampião de gás** (1937), ela se impõe à crítica e a um certo público leitor, embora não pudesse evitar os naturais preconceitos que existiam contra os temas tabus (paixão dos sentimentos, sexo livre...) repelidos pela sociedade. A despeito dos preconceitos, Colombina cumpre sua tarefa de poeta escrevendo mais de uma dezena de livros. Em 07.11.1948, fundou a Casa do Poeta Lampião de gás (SP) e em setembro funda Fanal, o mensário da entidade, que dirigiu até a sua morte. Em 1955, comemorou seu Jubileu de Poesia e, ainda em vida, pode receber o reconhecimento da crítica e do público, quanto ao singular valor de sua poesia precursora.

Publicações: **Vislumbres**, 1908; **Versos em lá menor**, 1930; **Lampião de gás**, 1937; **Sândalo**, 1941; **Uma cigarra cantou para você**, 1946; **Distância**, 1947; **Gratidão**, 1954; **Para você, meu amor**, 1955; **Cantares de bem-querer**, 1956; **Manto de arlequim**, 1956; **Inverno em flor**, 1959; **Cantigas ao luar**, 1960, e **Rapsódia rubra**, 1961.

(Fonte: Cavalheiro, Maria Thereza. **Colombina e sua poesia romântica e erótica**. SP, F. Scortecci, 1987.)

296 CONCEIÇÃO CUNHA

Poeta e jornalista goiana, Maria da Conceição Oliveira da Cunha é elemento atuante no meio cultural e político de Goiânia (GO).

Ex-redatora da revista dos Estados (RJ), e taquígrafa parlamentar, exerceu cargo de assessora dos secretários de Estado, do Interior e Justiça (Governo Mauro Borges), e da secretaria para assuntos extraordinários (governo Irapuan Costa Jr.). É membro da União Brasileira dos Escritores-GO e de outras entidades culturais.

Estréia como poeta com **Evocações poéticas**, em 1985. Seguem-se outros, todos editados pela gráfica da Assembléia Legislativa de Goiânia.

Publicações: **Evocações poéticas**, 1985; **Arte conjugada em tempo de poetar**, 1986; **Cânticos de mim**, 1987, e **Poematizando**, 1990.

CONCEIÇÃO PARREIRAS ABRITTA 297

Poeta, contista e professora, Maria Conceição Antunes Parreiras Abritta nasceu em Crucilândia (MG), em 19.12.1941, posteriormente radicando-se em Belo Horizonte. Formou-se para o magistério, que exerceu desde muito jovem. Fez curso de canto orfeônico e especialização em Literatura Infantil. Com vocação para letras, tem participado, desde a década de 1970, de concursos de contos e poesia; bem como de antologias literárias (**Já é tempo de saudades**, 1979; **Vereda de outono**, 1980; **Ponta de lança**, 1980, e outras). Entre as dezenas de concursos em que foi premiada, estão os de Jogos florais e Concursos de trovas de vários estados brasileiros.

Estreou em livro, em 1987, com os contos **De braços com a saudade**, cuja matéria é extraída do cotidiano, vivido em seus encontros e desencontros, que a memória preserva do esquecimento.

Pertence a inúmeras entidades culturais (União Brasileira de Trovadores; Associação Feminina do Ministério Público; Academia Anapolina de Filosofia, Ciências e Letras; Academia Municipalista de Letras de Minas Gerais, e outras)

Publicações: Conto – **De braços com a saudade**, 1987, e **Janela dos ventos**, 1999. Poesia – **Frasco de cristal**, 1991. Literatura Infantil – **O baú que contava histórias**, 1998.

CONCEIÇÃO VAZ LINO 298

Ficcionista baiana, Conceição Vaz Lino nasceu em Brejões (BA), em 21.10.1934. Ainda menina muda-se com a família para o Rio de Janeiro, onde completa seus estudos. Forma-se em Letras Clássicas (Faculdade Santa Úrsula-RJ), em 1958. Dedica-se ao magistério, como professora de Língua Portuguesa e Literatura Brasileira. Estréia como escritora, em 1986, com um romance memorialista.

Publicação: **Insólito buquê**, 1986.

CONCITA FERRAZ 299

Poeta e jornalista, Concita Ferraz (nome literário de Maria da Conceição Perdigão Ferraz) nasceu em Aracaju (SE), em 26.05.1895. Viveu parte de sua vida em São Luís do Maranhão, onde faleceu em 26.05.1915, com vinte anos de idade. Fez seus primeiros estudos em sua terra natal e prosseguiu-os em Manaus (AM) e depois no Maranhão. Desde menina escrevia poesia e era dedicada aos estudos literários. Juntamente com Eulina Murta, funda e dirige o jornal literário Folha de Rosa, de curta duração. Colaborou no Diário da Manhã (Aracaju-SE), em 1914. Teve um livro publicado, dois anos antes de sua morte.

Publicação: **Perfumes**, 1913.

CONDESSINHA 300

Poeta, cronista e farmacêutica paulista, Condessinha (nome literário de Berta Celeste Homem de Melo) nasceu em Pindamonhangaba (SP), em 21.03.1915. Formou-se pela Escola de Farmácia e Odontologia de Pindamonhangaba. Profissionlizou-se como farmacêutica.

Nas décadas de 1930 e 1940, publicou crônicas na imprensa e escreveu poesias sertanejas para programas radiofônicos de emissoras do Rio de Janeiro e São Paulo. Posteriormente vários desses poemas foram gravados em disco por

Valdomiro Lobo. Dois deles (Siá e Capelinha do Arraiá) foram grandes sucessos de público. Participou da antologia **Poetisas Pindenses**.

Publicação: **Minhas trovas**, 1948.

301 CONSUELO BELLONI

Poeta, funcionária pública e figura atuante em seu meio, a gaúcha Consuelo Belloni nasceu em Porto Alegre (RS), em 1914, e faleceu no Rio de Janeiro, em 1989. Formou-se no magistério, dedicando-se ao ensino. Cursou a Escola Superior de Educação Física. Muda-se para o Rio de Janeiro e ingressa no funcionalismo federal (agente fiscal de tributos federais na Guanabara).

Iniciou-se como escritora, escrevendo poesias e crônicas para a imprensa. Pertenceu ao Cenáculo Brasileiro de Artes; Academia Literária Feminina do Rio Grande do Sul e foi membro-fundador da Academia de Letras e Artes do Paraná. Colaborou em várias obras coletivas (**Perfis de musas, poetas e prosadores brasileiros**. 1956; **Trovadores do Brasil**; **Do Amor ao infinito**; **O livro da Ajebiana**. 1979; e outros).

Estreou em livro individual em 1966, com as trovas de **Cigarras**. Seguem-se outros, na mesma linha lírico-lúdica.

Publicações: **Cigarras**, 1966; **Gaivotas**, 1967; **Transamazônica** e **Negritude**, 1974, e **Eu me deixei sonhar**, 1981.

302 CORA BENITA

Poeta, cronista e professora paulista, Cora Benita (nome literário de Ana Benedita Pires) nasceu em Amparo (SP), em 1898. Formou-se professora na Escola Normal de São Carlos do Pinhal. Na década de 1910, inicia a carreira do magistério e se torna colaboradora da imprensa local, escrevendo poesias ou crônicas, principalmente para jornais religiosos (O Calvário dos Padres Passionistas e Ave Maria). Em 1924, estréia em livro com a poesia de **Missangas**. Escreveu também narrativas exemplares para crianças.

Publicações: **Missangas**, 1924, e **O catecismo de Joãozinho**, 1946.

303 CORA CORALINA

Poeta de grande força lírica e humanista, patrimônio da poesia goiana, Cora Coralina (nome literário de Ana Lins dos Guimarães Peixoto Bretas) nasceu em Goiás (GO), em 20.08.1889, e faleceu em Goiânia (GO), em 10.04.1985, aos noventa e cinco anos de idade.

Aos quatorze anos, descobre se poeta e escreve poemas sobre o seu cotidiano. Em 1908, juntamente com duas colegas de escola, cria o jornalzinho feminino A Rosa, principalmente dedicado à poesia. Nessa época, passa a freqüentar o Gabinete Literário Goiano, cujo diretor era Hugo de Carvalho Ramos. Em 1910, já com o nome de Cora Coralina, publica seu primeiro conto, "Tragédia na Roça", no Anuário Histórico e Geográfico do Estado de Goiás. Em 1911, conhece o advogado divorciado Cantídio Toletino Brêtas, com quem foge e passa a viver maritalmente. Fixam residência em Jaboticabal (SP), onde nascem os filhos (Paraguaçu, Enélas, Cantídio, Jacintha, Isis e Vicência). Em 1922, convidada a participar do movimento modernista, é impedida pelo marido. Em 1928, mudam-se para a capital paulista. Em 1934, torna-se vendedora de livros da José Olympio-editora que, na década de 1960, começa a editar em livro a produção poética de Cora Coralina. Nessa época, ela, já viúva, e depois de quarenta e cinco anos vivendo em São Paulo, volta para Goiânia e se assume oficialmente como poeta. (Fonte principal: Folha Ilustrada. SP ,04.07.2001.) Deixou inéditos inúmeros textos em prosa e poesia descrevendo a paisagem, eventos, costumes do Goiás antigo, que ela conheceu e registrou para permanecerem como memória. Justificava esse cuidado, dizendo: *Alguém deve rever, escrever e assinar os autos do passado antes que o tempo passe tudo a raso. Geração-ponte, eu fui. Posso contar.* Postumamente esses textos foram publicados: **Villa Boa de Goiaz** (2001).

Mulher nascida no século XIX, dotada de grande vitalidade e liberdade interior, Cora Coralina está entre as pioneiras que, anônima ou publicamente, se insurgiram contra os preconceitos de toda ordem que alicerçavam a sociedade tradicional.

Preconceitos que ainda hoje não desapareceram de todo: *Preconceitos de Classe./ Preconceitos de cor e de família./ Preconceitos econômicos/ Férreos preconceitos sociais*, como os sintetiza, a autora, no longo poema "Cora Coralina, quem é você?", no qual ela inscreve sua biografia histórica e existencial:

*Sou mulher como qualquer./ Venho do século passado/ e trago comigo todas as idades. [...] Numa ânsia de vida eu abria/ o vôo nas asas impossíveis/ do sonho.//Venho do século passado. / Pertenço a uma geração/ ponte, entre a libertação/ dos escravos e o trabalhador livre./ Entre a monarquia/ caída e a república/que se instalava.// Todo ranço do passado era /presente./ A brutalidade, a incompreensão, a ignorância, o carrancismo./ Os castigos corporais./ Nas casas. Nas escolas/ Nos quartéis e nas roças. [...] Os métodos de ensino eram/ antiquados e aprendi as letras/ em livros superados de que/ ninguém mais fala. [...] A escola da vida me suplementou/ as deficiências da escola primária/ que outras o Destino não me deu. [...] Nunca recebi estímulos familiares para ser literata./ Sempre houve na.família, senão uma/ hostilidade, pelo menos uma reserva determinada/ a essa minha tendência inata. (in **Meu livro de cordel**. 1987)*

Toda sua obra poética testemunha o que foi a luta dessa mulher diferente das demais, em seu tempo, determinada a viver de acordo com sua própria verdade e que encontrou na palavra poética o caminho da realização mais plena e definitiva.

Levada a escrever desde a adolescência, por uma força interior que desafiava os obstáculos do meio, seus escritos são marcos de vida. Há notícia de um primeiro livro publicado – **Canção da volta** (em data ignorada) – mas sua verdadeira estréia como poeta se deu em 1965, aos setenta e seis anos, quando publicou **Poemas dos becos de Goiás e Estórias mais**. Poesia forte e caudalosa, visceralmente enraizada na vida, na natureza e no tempo, chamou a atenção de alguns críticos; mas a repercussão pública só chega com o tempo. Inclusive em sua própria terra. Em 1976, a Universidade Federal de Goiás publica uma segunda edição desse livro de estréia. Na mesma ocasião, publica também **Meu livro de cordel**, no qual a poeta reinventa, ainda e sempre, a vida profundamente vivida e que a palavra poética resgatava do inevitável esquecimento, que é inerente ao efêmero cotidiano.

Definindo a arte da poeta goiana, Oswaldino Marques diz: *Para Cora Coralina existir é uma maneira de resistir, coexistir, transmititr. Sua vitalidade ela suga de um profundo enraizamento tribal e telúrico. (...) Livre, turbulenta, receptivamente rude, ergue-se das matrizes de seu belo livro* ***Poemas dos becos de Goiás****, como matriarca provida de tenazes liames carnais e espirituais com as castas de sua gente.* (in Cora Coralina, Professora de Existência. **Poemas dos becos de Goiás**. 3ª edição. 1980). Carlos Drummond, em sua coluna do **Jornal do Brasil**, definiu-a como mulher extraordinária, diamante goiano cintilando na solidão.

Suas memórias da infância e adolescência (registradas em **Vintém de cobre – meias confissões de Aninha**) não evocam nenhum paraíso perdido, mas sim a dureza, o rigor ou a severidade cruel com que os adultos tratavam as crianças. Lembranças dramáticas que são, entretanto, neutralizadas pela vivência otimista e plena da vida e a forte crença no poder de transformação latente nos seres humanos: *Recria a tua vida/ sempre e sempre/ Remove pedras e planta roseiras/ Recomeça.* Além dos contos e crônicas publicados nos Anuários da AFLAG (1980/1982), escreveu um livro para crianças, **Os meninos verdes.**

Em seus últimos anos, teve a ventura de se ver reconhecida e amada como poeta. Embora fragilizada fisicamente (mas animada por uma extraordinária energia interior) esteve presente em dezenas de encontros, seminários e festivais literários, nos quais sua voz destemida incitava os jovens a enfrentarem com paixão a braveza da vida. Ao novos poetas aconselhava a poetizarem a vida. A todos lembrou várias vezes: *O que vale na vida não é o ponto de chegada e sim, a caminhada. Caminhando e semeando, no fim terás o que colher.* Nonagenária, Cora Coralina se oferece como esperança às novas gerações: *Quem chama por mim não cansa nunca/ Quando tardo estou no caminho./ Farei leve a tua cruz.*

Em 1983, recebeu duas homenagens consagradoras, por parte da crítica e do público: o Troféu Juca Pato – Intelectual do Ano, concedido pela UBE-SP e o título de Doutora *Honoris Causa*, concedido pela Universidade Federal de Goiás. É patrona da cadeira nº 5 da Academia de Letras e Artes de Goiás.

Em 2001, as pesquisas em seu acervo-arquivo, na Associação Casa de Cora Coralina-GO, encontraram cerca de quarenta poemas manuscritos e ainda inéditos, que estão sendo organizados para publicação em livro.

Publicações: **Poemas dos becos de Goiás**, 1965; **Meu livro de cordel**, 1976; **Estórias da casa velha da ponte**, 1985, e **Os meninos verdes**, 1985; **Vintém de cobre – meias confissões de Aninha**, 1984. Memória – **Villa Boa de Goiaz** (publicação póstuma em 2001).

304 CORINA DE ABREU PESSOA

Cronista e pesquisadora, a gaúcha Corina de Abreu Pessoa nasceu em Arroio Grande (RS), em 17.04.1882. Viveu parte de sua vida no Rio de Janeiro, onde faleceu em 01.02.1968. Formou-se professora. Especializou-se em História e dedicou-se à pesquisa nessa área. Colaborou na imprensa gaúcha e carioca, publicando crônicas ou estudos históricos. Publicou dois livros em que se fundem história e ficção. Participou de diversas associações culturais e científicas.

Publicações: **Cartas de Montevidéu**, 1953, e **Conversa sobre a História do Brasil**, 1965.

305 CORINA DE VIVALDI COARACY

Jornalista, cronista, artista, dramaturga, mezzo-soprano, tradutora, Corina Alberta Henrietta Lowe de Vivaldi Coaracy nasceu em Kansas (EUA), em 1858. Filha do carioca Carlos Francisco Alberto de Vivaldi, cônsul do Brasil na América do Norte, e da americana Mary Francis Lowe de Vivaldi, Corina viveu dividida entre os dois países, mas passou a maior parte de sua vida no Brasil. Casou-se com o dramaturgo José Alves Visconti Coaracy.

Figura intelectual de grande atuação no meio cultural carioca, na fase final do II Império, Corina desempenhou várias funções: foi redatora do jornal South-American Mail; cronista de vários jornais (Ilustração do Brasil, Ilustração Popular; Gazetinha; Folha Nova; Gazeta da Tarde e outros); correspondente do New York Herald-1888/1889, etc. Traduziu romances franceses e ingleses e escreveu dramas para teatro, em colaboração com o marido. Assinava esses trabalhos com diferentes pseudônimos: Froufrou, Léo Leone, Condessa Augusta e C. Em 1892, sentindo-se enferma, voltou para Kansas, onde faleceu.

Publicações: Drama – **Moema**, 1885, e **O novo guarani**, 1889. Tradução – **A rússia vermelha** (de Victor Fissot), 1883; **O dever**, 1884; e **Vida e trabalho** (de Samuel Smiles), 1884; **A alegria causa medo** (de Mme. Girardin); e **A reabilitação** (de Montes Coboli).

306 CORINTHA CHAMA

Poeta, romancista, ensaísta e professora universitária, Corintha Maciel Chama nasceu na Fazenda Livramento (município de Corumbá), no Pantanal Matogrossense (MS), em 08.02.1936. Em 1975, passou a residir em Brasília. Formou-se em Psicologia pelo Centro Universitário de Corumbá (UFMS). Fez pós-graduação em Psicologia Superior pelo CESAPE em Brasília, onde ingressa na carreira universitária como docente e pesquisadora. Tem vários trabalhos científicos sobre psicologia, publicados em revistas especializadas.

Desde adolescente escreve poesia e ficção. Dirigiu o Grupo Cultural D. Aquino Corrêa. Tem romances inéditos. Participou de antologias poéticas e em 1964 estréia em livros com a coletânea de poesias **Canção antiga**. Pertence a várias associações culturais e científicas.

Publicação: **Canção antiga**, 1964.

307 CORINNE MARIAN

Poeta, advogada, jornalista, Corinne Marian nasceu em São Paulo (SP), em 05.10.1956. Formou-se em Direito (Universidade Mackenzie). Diplomou-se em Língua e Literatura Inglesa pela Universidade de Cambridge (através da Sociedade Brasileira de Cultura Inglesa). Fez cursos na área de redação publicitária e vários outros cursos de extensão universitária ou divulgação cultural.

Como profissional tem atuado em diferentes áreas: advocacia; jornalismo (como redatora, editora-chefe, revisora editorial) e diretora de empresa têxtil, da qual é sócia juntamente com o marido, o canadense Rony Marian.

Muito jovem começa a freqüentar cursos e oficinas literárias, procurando caminhos para o amadurecimento de seu processo poético. Foi em uma das oficinas de poesia (Laboratório da Paixão), coordenadas pela poeta Dalila Teles Veras*, em 1990, na Oficina da Palavra-Casa Mário de Andrade-SP, que encontrou o caminho do haikai. Os primeiros resultados foram recolhidos em livro, **Cores de vidro**, e, com o aval do Grupo Livrespaço Poesia, foi publicado em 1991. Nessa forma sintética do dizer poético, Corinne concretiza sua definição: *Poesia é mergulhar na essência e afogar-se em paixão.* Além de outros textos poéticos inéditos, tem vários contos infantis que aguardam publicação.

Publicação: **Cores de vidro**, 1991.

COSETTE DE ALENCAR 308

Romancista e cronista, Cosette de Alencar nasceu em Juiz de Fora (MG), na década de 1920, e faleceu em 1973.

Era colaboradora da imprensa do Rio de Janeiro e Minas Gerais. Deixou apenas um romance publicado, **Giroflê, Giroflá**, premiado pela Academia Mineira de Letras, em 1970 e publicado no ano seguinte.

Causa estranheza que só tenha esse livro divulgado, pois a segurança, leveza e densidade de sua escrita ficcional expressam uma inegável maturidade. De linhagem machadiana, a arte narrativa de Cosette é das que, aparentemente displicente e superficial, por se voltar para os fatos mais comuns do cotidiano, na verdade penetra fundo nos interstícios das realidades em foco e ali ilumina a tragicidade oculta da alma humana. Seu personagem-narrador, Sinval Vilaflor, é um burocrata desencantado que nos faz lembrar dos burocratas que perambulam, também desencantados, pelos contos ou romances russos.

Publicação: **Giroflê, Giroflá**, 1971.

CREUSA CAVALCANTI FRANÇA 309

Poeta, cronista, ensaísta, contista e elemento atuante em seu meio cultural, Creusa Cavalcanti França nasceu em Piraju (SP), em 1938. Aos 13 anos de idade, mudou-se com a família para Juiz de Fora (MG), onde se radicou. Graduou-se em Letras Clássicas (Faculdade de Filosofia e Letras de Juiz de Fora, 1953), licenciando-se em 1961. Fez vários cursos de extensão (teoria literária, museologia, psicologia aplicada e línguas francesa e inglesa). Iniciou carreira no magistério em 1953, através do Concurso de Títulos e Provas, passando a lecionar em escolas oficiais ou particulares (latim, língua portuguesa, francês, literatura brasileira e literatura portuguesa).

Começa a escrever poesia, desde muito jovem, e a colaborar assiduamente na imprensa local (Diário Mercantil; Jornal de Minas; Tribuna de Minas; Gazeta Comercial, Suplemento Literário do Minas Gerais, etc.). Escreveu inúmeras apresentações ou prefácios de livros alheios (**O mundo em prosa e verso** de Carlos Rocha; **Sabiá de dois cantos** de Aymar Mendonça Lopes; **Fragmentos de mim** de Francisco Piedade, etc.). Tem participado de várias antologias coletivas (**Encontros 55**/1980; **Poesia em Juiz de Fora**/s.d., **Retrato no Espelho**/1981, etc.), e de concursos literários regionais, nos quais obteve prêmios ou menções honrosas. É conferencista. Tem feito parte de comissões julgadoras.

É membro fundadora da Academia Juiz-Forana de Letras; sócia da Associação de Cultura Luso-Brasileira (Presidente durante dois biênios) e da Sociedade Brasileira de Geografia-RJ. Foi membro do Conselho Curador da FUNALFA (1980-1982). Pertence também à Academia Anapolitana de Filosofia, Ciências e Letras-GO e à União Brasileira de Trovadores – Seção de Juiz de Fora. Estreou em livro, em 1977, em uma coletânea de 100 trovas recolhidas.

Publicações: **Retalhos de ilusão**, 1977; **Manhã do tempo**, 1982, e **Na estréia das horas** (pref. Maria de Lourdes Hortas*/1989).

CRISTINA AMARO 310

Poeta e professora, Cristina Amaro de Medeiros nasceu em Erval do Sul (RS), em 15.03.1889. Viveu em Rio Grande (RS), onde faleceu em data ignorada. Publicou um livro de poesia e deixou um inédito, Crisântemos e eu.

Publicação: **Heliantos**, 1916.

311 CRISTINA GEBRAN

Poeta e ficcionista, Cristina Gebran Biziou nasceu em Curitiba (PA), em 28.12.1956. Estudou no Colégio Nossa Senhora do Sion (em Paris, Rio de Janeiro e Curitiba). Sua formação foi concentrada na área das artes. Fez cursos de dança clássica (com a Prof[a]. Lorna Kay. Teatro Guaíra, 1962 a 1967); artes plásticas (com Augusto Rodrigues, 1970, e Eduardo Sued/Museu de Artes Moderna, 1972); artes (com Ivan Serpa); língua inglesa (Saint Peter's School Canterbury e Universidade de Cambridge-Inglaterra); língua francesa (Aliança Francesa-Curitiba); técnica de vitral (com Sarianne Van Barthold Battersea Institute-Londres); restauração de tapetes orientais antigos (Marcuson Hall & Museum Oriental Carpets-Londres, 1976 a 1978), etc.

Simultaneamente, desenvolveu diferentes atividades: trabalhou como atriz, integrando o grupo alternativo Janelas Abertas (RJ, 1970/1973); foi revisora editorial (Editora Nova Cultura-RJ, 1970/1972; Jornal Polítuka-RJ, 1972/1973 e Tribuna da Imprensa-RJ, 1972/1973); professora de expressão corporal (Colégio Sion de Curitiba, 1974); professora municipal (RJ, 1975/1976); restauradora de tapetes orientais (Marcuson Hall, Londres, 1978); assistente de produção de filme (Life of Brian, com o grupo comediante inglês Monty Python, rodado na Tunísia, em 1978); assistente de produção de comerciais (Produção da Ashwell para televisão inglesa, 1979 a 1980); funcionária da FUNARTE/Curitiba, 1982/1984 e Assessora de Gabinete do Secretário de Estado da Cultura do Paraná, 1987.

Como escritora, estréia com **Blasphemias**, reunião de textos em poesia e prosa. Escrita densa e tensa, herética e religiosa, violenta e sedenta de ternura ... a de Cristina Gebran é, como diz Thiago de Mello no prefácio: *testemunho de vida; [...] é forma íntima de conhecimento, mas é também um caminho, onde a esperança é pânico, que ela percorre sempre de olhos escancarados, em busca de algo que o vendaval levou. Este primeiro livro de Cristina é de algum modo pungente expressão da vida de toda uma geração que foi tangida de sua própria esperança, do campo de sua livre realização humana, pelo vendaval perverso, que varreu este país durante os últimos vinte anos (1964/1984).*

Ainda em 1984, fez uma exposição de poesias montadas em *posters* e fotografias do artista Ivan Rodrigues, no Museu Guido Viaro, Curitiba. Em 1985, começa a publicação de poemas, no 2º Caderno (publicado aos domingos) do jornal Estado do Paraná.

Publicação: **Blasphemias**, 1984.

312 CRISTINA DE QUEIROZ

Jornalista, romancista e contista que se inicia na década de 1970, Cristina de Queiroz nasceu em Leme (SP), e cedo passa a residir com a família na capital paulista, onde fez seus estudos e iniciou-se profissionalmente.

Tem colaborado regularmente em revistas e jornais, e participado de antologias. Estréia em livro em 1974, com **O visitante do verão**, pelo qual recebeu o Prêmio Jabuti, 1974. Recebeu vários outros, destacando-se o prêmio Status de Contos Eróticos, 1977, promovido pela revista Status (SP).

Publicação: **O visitante do verão**, 1974.

313 CYANA LEAHY

Poeta, professora universitária e autora de livros didáticos (área de Educação e Letras), Cyana M. Leahy Dios nasceu em Salvador (BA), em 24.11.1950.

Radicada em Niterói, onde realizou seus estudos, Cyana tem atuado nas áreas culturais de literatura e música (nesta última, fez curso de aperfeiçoamento em Michigan-EUA). Desde muito jovem escreve poesia, ficção e não-ficção – textos divulgados na imprensa e em revistas especializadas. Um de seus sonhos é ganhar a vida como escritora.

Estréia em livro, em 1989, com a poesia de **Biombo**. Na apresentação, Patricia Blower sintetiza a natureza dessa poesia que já surge madura:

Cyana escreve como a mulher que já está com um pé no terceiro milênio. A poesia da mulher deste século. Sensual, sem obviedade. Forte, sem agressão. Frágil, sem subserviência. Poesia de mulher brasileira, década de 1980, que por sobre tabus em ruínas, ainda é responsável por múltipla jornada: mulher profissional e feminina, patroa e empregada, amante e esposa, mãe e amiga. Tudo isto e muito mais. É desta alquimia estafante e infinita que Cyana tira o sumo para sua poesia.

Publicação: **Biombo**, 1989.

CYBELLI WANDERLEY 314

Poeta e professora, Cybelli Wanderley nasceu em Bariri (SP), em 26.02.1929. Desde a infância reside em São Carlos (SP). Formou-se professora pelo Instituto de Educação Dr. Álvaro Guião, em 1947. No ano seguinte, inicia-se no magistério, onde permanece até 1953, quando passa ao funcionalismo público, ligado ao ensino.

Na década de 1940, começa a publicar poemas, críticas literárias ou artigos em jornais e revistas de Bariri e São Carlos. Na década de 1980, colabora em várias coletâneas poéticas (**Anuário de Poetas do Brasil**, 1985; **Sinfonia Poética**, 1987). Tem participado de concursos literários e ganho prêmios ou menções honrosas. Entre as muitas atividades culturais exercidas, estão: participação em comissões julgadoras de concursos literários; palestras; prefácios em livros alheios, etc.

Estréia em livro com os poemas de **Cadências**, em 1981 (livro cuja renda foi oferecida à APAE de São Carlos). Seguem-se outros. Pertence a várias associações culturais (União Brasileira dos Escritores-SP; Academia Anapolina de Filosofia, Ciências e Letras-GO; Clube de Poesia Uruguaiana-RS e Eldorense de Letras Casa Francisca Júlia).

Publicações: **Cadências**, 1981; **Salmo XXII**, 1983; **Mãyã**, 1986.

315 DAGMAR DESTERRO

Poeta, biógrafa, teatróloga, ensaísta, pedagoga e professora universitária de destaque no meio maranhense, Dagmar Desterro e Silva nasceu em São Luís (MA), em 1926. Formou-se em Direito e em Pedagogia. Dedicou-se à carreira universitária como docente e pesquisadora. Defende tese em 1961, sobre O fator econômico na gênese dos delitos. Foi vice-reitora da UFMA. Recebeu o título de Professora Emérita da UFMA e é membro da Academia Maranhense de Letras (cadeira nº 24).

Como poeta, estréia em livro na década de 1950. Publica também outros gêneros obtendo excelente repercussão crítica.

Publicações: Poesia – **Recordando São Luís**, 1953; **Segredos dispersos**, 1956; **O resto é solidão e espera**, 1958; **Parábola do sonho quase vida**, 1973; **Pedra viva**, 1974; **Poema para São Luís**, 1985; **Canto ao entardecer**, 1985, e **Dois tempos em compasso de espera** (inédito). Teatro – **Conflito**, 1956. Biografia – **A vida de Benedito Leite para crianças**, 1957. Conferência – **Clotilde Vaux e o positivismo**, 1957. Ensaio – **O problema educacional e a diversidade de temperamentos**, 1957, e **É a economia uma ciência política?**, 1961.

316 DAISE CASTELO BRANCO

Historiadora, pesquisadora, professora, cronista, Daise Castelo Branco Rocha de Vasconcelos nasceu em Nossa Senhora dos Remédios (PI), em 29.09.1933. Reside em Teresina. Formou-se em História e dedicou-se à pesquisa acerca da formação social da região piauiense.

Foi sócia fundadora do Instituto Genealógico, Heráldico e Histórico do Piauí. É membro da Academia de Letras do Vale do Longá; sócia da União Brasileira dos Escritores/PI e de outras entidades culturais.

Tem uma extensa produção de ensaios com a crônica de aconteceres e seres simples da terra, publicados em livro, em revistas especializadas ou em antologias (**Crônicas de sempre**, 1995).

Publicações: Crônica – **Deusa Rocha, uma verdade**; **O descuido, rumo histórico**; **Lázaro Rocha: filho/esposo**; **Crônicas para menina Daise**; **O castelo branco do peixe**; **O velho barroco** (Prêmio Fundação Cultural do PI /1993).

317 DAISE LACERDA

Poeta, contista, artista plástica, editora literária na área jornalística e promotora cultural, Daise Lacerda nasceu em Petrópolis (RJ), viveu parte da infância e adolescência em Cataguases (MG) e, em meados da década de 1970, muda-se para o Rio de Janeiro (RJ), onde se radica.

Formou-se em Letras e, desde muito jovem, inicia-se como poeta e contista, tendo vários de seus textos sido premiados em concursos literários. Pertence à geração de poetas experimentalistas que, em Minas Gerais, em 1967, fundam o movimento Poema-Processo (liderado por Wlademir Dias-Pinto) e que busca fundir palavra e formas visuais para criar o poema-objeto. Atuando ao mesmo tempo em Minas e no Rio de Janeiro, Daise Lacerda se torna um dos mais dinâmicos participantes do movimento. Além dos festivais de poesia e das exposições ou feiras, de que participa como organizadora e/ou expositora, edita suplementos literários (Totem-Cataguases, Tribuna da Imprensa-RJ, etc.) também engajados no experimentalismo poético que, na década de 1970, se expandiu pelo Brasil. Entre os eventos de maior destaque estão: a Exposição Poética-Visual, realizada em 1967, no Instituto Torquato di Tella, Bueno Aires; a Expoesia I, PUC-RJ; Expoesia-III, Nova Friburgo e Poemação, MAM-RJ, em 1974.

Em depoimento sobre a sua produção, Daise Lacerda diz: *Meu trabalho estabelece abertura entre a obra de arte (literatura em texto, poema-processo, poema-objeto, etc.), considerada por outro ângulo, como artes plásticas ou poema-físico que se desenvolvem em* happenings, *e o leitor-participante-consumidor. A proposição básica é a de uma recriação constante sobre a obra, podendo ser tanto o meu retorno (que é uma re-atuação/recriação sobre ela), quanto o ato de atuação/recriação por parte de outros espectadores sobre a obra. Aqui a participação é mais extensiva, tem maior abertura. É a função coletiva da obra de arte. (in Supl. Lit.* ***Minas Gerais****. Belo Horizonte, 26.02.1977).*

Publicações: Ainda esparsa em antologias, *posters, outdoors*, painéis, etc.

DALILA MACHADO 318

Contista, professora e pesquisadora universitária, Dalila Machado nasceu em Salvador (BA), em 19.10.1946. Formou-se em Letras, profissionalizou-se como professora e dedicou-se a pesquisas na área de Teoria da Literatura, no Instituto de Letras (UFBA) para a realização do mestrado.

Desde a década de 1970, escreve ficção, pendendo para o conto fantástico. Tem sido classificada em concursos literários (Jornal da Bahia, 1979 e revista Claudia, 1980). Em 1981, publicou a coletânea **Prima prima primavera**, cujos contos oscilam entre real e imaginário ou entre loucura e lucidez.

Publicação: **Prima prima primavera**, 1981.

DALILA TELES VERAS 319

Poeta e elemento atuante no meio cultural paulista, Dalila Isabel Agrela Teles Veras nasceu na Ilha da Madeira (Portugal), em 02.07.1946. Veio para o Brasil, com a família, em 1957, radicando-se em Santo André (SP). Profissionalizou-se como secretária e, ao mesmo tempo, dedicou-se à criação poética e atividades de incentivo à divulgação da poesia. Em 1982, estréia como poeta com **Lições de tempo**. A partir daí, poemas seus são publicados em antologias, jornais e revistas nacionais e do exterior (França, Portugal, Espanha e Estados Unidos).

Dedica-se à tradução de poesia brasileira para publicação no exterior. Colabora com a imprensa cultural alternativa em todo o País. Editora da revista de debates **Em movimento** e diretora proprietária da Alpharrábio Livraria Espaço – Cultura e Alpharrábio Edições (Santo André) que, desde 1992, promove atividades literárias e culturais em geral.

Em 1983, participa da fundação do Grupo Livrespaço de Poesia, na região do ABC paulista, grupo este que, além de promover festivais, feiras ou varais de poesia, publicou coletâneas poéticas e jornais alternativos. Dirigiu várias oficinas literárias para estudantes de 1º e 2º graus, instaladas em bibliotecas, teatros e outros espaços culturais. É membro de várias associações culturais e foi diretora da UBE – União Brasileira de Escritores (biênio 1986-1988).

Dona de uma palavra fluente e densa, que apreende com simplicidade o essencial das experiências vividas, Dalila Teles Veras tem-se destacado pelas crônicas publicadas na coluna Viaverbo (Diário do Grande ABC). Das centenas de crônicas, selecionou 50 em livro, **A vida crônica**, que se nos oferece como um longo e comovente passeio pelo dia-a-dia destes nossos tempos desumanizados e loucos, que a cronista-poeta tenta roubar da destruição fácil do tempo, transformando-os em memória.

Publicações: Poesia – **Lições de tempo**, 1982; **Inventário precoce**, 1983; **Elemento em fúria**, 1989. **Madeira: do vinho à saudade**, 1989; **Palavraparte**, 1996; Plaquete – **Forasteiros registros nordestinos**, 1990. Crônica – **A vida crônica**, 1999; **Minudências**, 2000; **À janela dos dias** (poesia quase toda) 2002.

320 DALVINA DE PAIVA TEIXEIRA

Romancista, contista, enfermeira e atenta participante do movimento cultural goiano, Dalvina de Paiva Teixeira nasceu em Uberaba (MG), em 17.07.1934. Ainda criança, transferiu-se, com a família, para Anápolis (GO). Formou-se em enfermagem e dedicou-se totalmente a essa profissão. Paralelamente dedica-se à literatura, escrevendo contos, crônicas, poesias, etc. publicadas na imprensa goiana.

Na década de 1980, publica dois romances: **Acalanto** e **Castelo de Marrocos**.

Publicações: Romances – **Acalanto**, 1980, e **Castelo de Marrocos**, 1981.

321 DARCY FRANÇA DENÓFRIO

Poeta, professora universitária, ensaísta literária e autora didática, Darcy França Denófrio nasceu na Fazenda Nova Aurora, Jataí (GO), em 21.07.1936. Estudou em colégio interno (Colégio Nossa Senhora do Bom Conselho), com irmãs agostinianas. Depois de casada, radicou-se em Goiânia.

Formou-se em Letras (UFG) e fez mestrado em Teoria da Literatura, em 1982. Exerceu o magistério em colégios goianos (1961-1976) e no ensino superior (1976-1991), nível de pós-graduação, na área de Letras e Lingüística (teoria literária e literatura brasileira), no Instituto de Ciências Humanas e Letras da UFG. Como docente, Darcy se empenha na experimentação de métodos de ensino (hoje em fase de reestruturação). Como pesquisadora e crítica literária dedica-se ao estudo da literatura goiana e à sua valorização no âmbito institucional. Conseguiu a implantação do Seminário de Literatura Goiana, na UFG, que acontece anualmente. Coordenou, no biênio 1987/1989, a série Literatura Goiana, dos **Cadernos de letras**/UFG. Foi membro fundador e colaboradora da revista Signótica – UFG e tem colaborado assiduamente para a expansão do movimento literário e cultural em Goiás, especialmente através de seu ativo trabalho de pesquisa e crítica literária, divulgado na imprensa, em revistas especializadas ou em livros.

Como autora didática, publica **Composição programada** (3 volumes.). Como pesquisadora e crítica de grande agudez de percepção, tem dado valiosa contribuição para o conhecimento e reconhecimento de grandes valores da literatura goiana. Sua tese de mestrado versou sobre a poesia de um dos mais destacados valores goianos, Gilberto Mendonça Teles, publicado com o título de **O poema do poema** (1984). A partir daí, os estudos se sucedem sobre autores goianos de hoje e de ontem (Afonso Félix Sousa, Miguel Jorge, Brasigóis Felício, Yêda Shmaltz, Leodegária de Jesus, Leo Lynce, Lygia de Moura Rassi, Carlos Fernando Magalhães...). Alguns desses estudos já foram reunidos em livros.

Desde muito jovem, Darcy França Denófrio dedicou-se à poesia, limitando-se a publicá-la na imprensa de Jataí. Só em 1980, em meio a uma dinâmica carreira de docência e pesquisa, estréia como poeta, com o livro **Vôo cego** (Prêmio estadual Cora Coralina/União Brasileira dos Escritores, 1982). Seguem-se outros: **O risco das palavras** (finalista da I Bienal Nestlé de Literatura Brasileira, 1982, ainda inédito); **Amaro mar** (Prêmio Literatura/INL – Instituto Nacional do Livro, 1987, e Prêmio Especial para Autor Goiano/I Bienal de Poesia Itanhangá, 1988) e **Ínvio lado**, 2000.

De linhagem existencial, a matéria poética de Darcy, de livro para livro, vem mostrando sua fina sintonia com certa nova ótica, pela qual a condição humana é redescoberta. Ou melhor, ótica pela qual, principalmente, a mulher procura por si mesma, depois que sua antiga imagem foi posta em questão e acabou destruída. Assim, em **Vôo cego**, em meio ao conflitante dualismo que lhe é inerente (como mulher ou como ser humano, despojado de transcendência), ela pergunta: *O que sou eu, /além de uma interrogação?*. Esta é a pergunta-chave do nosso tempo – tempos de metamorfoses, tempos interrogantes, que ultrapassam nossa limitada capacidade racional, lógica. É da palavra dos poetas que dependemos, para aprendermos a interrogar o mistério de nossa própria existência. Ou para vislumbrarmos os caminhos que talvez levem à resposta desejada. É nesse interrogar o insondável e intuir verdades, que se vem engendrando a poesia de Darcy França Denófrio. Poesia fundamente aderida à realidade cotidiana, onde a vida se cumpre, em imperfeições e lacunas, mas misteriosamente essencial e valiosa.

"Eu sou/ o que não sou/ peias amarras/ da civilização". É esse aparente paradoxo (descobrir o que sou, para além do que não sou) o principal eixo de sua poesia primeira. Em **Amaro mar**, as interrogações vão cedendo lugar a certas certezas – como a da indestrutível presença do eu no mundo. Não um eu individualista e histórico, mas um eu coletivo, atemporal, de pressentidas raízes no tempo primordial. O poema de abertura do livro, "Alga Marinha", é uma clara metaforização desse eu. Vale a pena transcrevê-lo na íntegra:

Alga marinha lançada ao mar aberto, /navego à deriva – não estou presa a nada. /Quero achar o meu caminho – o do começo – / mas me instalaram nesse arremesso/ e não conheço a maré do princípio/ que me jogou nesse permanente risco. / Alga marinha nesse amaro mar, /sem pontos cardeais, mapa-múndi /ou estrela-guia, vivo à deriva. /Não conheço meu porto (asseguro) / e um dia serei verdes cabelos /envolvendo corpos destroçados que viajaram na maré montante / e chegaram afogados de aurora / à praia maior – de todos os oceanos.

Como vemos, mesmo sabendo-se destinada à destruição (restando apenas os cabelos que nunca apodrecem), a poeta assume a vida. Lembremos que alga é um produto do mar (grande símbolo da fonte da vida) e que, por existir confundida com a água (grande reservatório da vida), simboliza uma vida sem limites, que nada pode enfraquecer, a vida elementar, o alimento primordial.

Os poemas de **Amaro mar** são energizados por essa valorização do humano, apesar de sua efemeridade e fraqueza. Postura essa que singulariza certa linha da poesia brasileira pós-1960, e que nos ocorreu chamar de novo épico. Isto é, o gesto de assumir a fraqueza humana como obscura força e o efêmero de sua duração, como obscura lei responsável pela eternidade do Universo. A voz que fala em **Amaro mar** está agudamente consciente dessa misteriosa fusão efêmero/eterno, corpo/espírito inerente ao ser humano, e pressente que é nesse efêmero e nesse corpo (que se cumprem no dia-a-dia comum), que está o caminho para atingir o eterno e o espírito. Na última parte, "Permanência das águas", a poeta nos fala dessa fusão de realidades que se dá em seu espírito:

Em mim, permanecem desde sempre as águas. /As imemórias do noturno princípio, [...] Permanecem, em mim, as águas /do ritual diário, de mãos e borrifos, /de poço e folguedos de criança nua. /Não as lustrais, mas de hissope /ou as de mistérios que não conheço, /mas as calcárias de rito que invento, /descendo pelo desfiladeiro da garganta [...] deste meu deserto de asfalto.

As águas imemoriais da origem se fundem com as do presente limitado e banal... mas ambas rituais que, pela palavra do poeta, se encontram e obscuramente se assemelham. Entre **Amaro mar** e **Ínvio lado**, medeia mais de uma década e também o gradativo deslisar da ótica existencial para a mítica, que se vai aprofundando. Deslisamento mediado pelo imaginário do poeta, a quem cabe dar voz ao ainda inominado. A ele cabe iluminar o "in/vio", o lugar sem caminho, lado de difícil acesso, lado que só poderá ser alcançado pelo imaginário (como diz Maria Zaira Turchi na lúcida apresentação).

A interrogação do início sobre quem sou? ou a busca do caminho – o do começo encontra resposta no Mito. É esse, como sabemos, um dos caminhos da pós-modernidade: o resgate do tempo primordial ou das origens, a partir do qual (ou das quais) uma nova era será engendrada, nos rastros de uma nova mulher, como a que se descobre no poema "Sob o manto da Grande Mãe":

Meu corpo ancestral/ conhece um tempo /sem a marca do pecado: /sou meu presente / e todo meu passado. / Sou Morgana das Fadas / Grã-Sacerdotiza do Lago / da linhagem de Avalon.

Num mundo como o nosso, dessacralizado, desde que a ciência lhe roubou o centro sagrado, faz-se urgente encontrarmos um novo centro, e Darcy vai buscá-lo na visão feminina do mítico **As brumas de Avalon**. Como o diz Maria Zaira: *...a poética resgata um tempo pré-cristão, quando a mulher podia dialogar com o sagrado ou até mesmo representá-lo, um tempo longínquo na história da mulher, quando ela desconhece ainda a esquiva lenda judaica / da maçã e da serpente, com a qual a doutrina judaico-cristã introduz no mundo a idéia de pecado, da culpa e do castigo, que desgraçou as descendentes de Eva.*

Mas esse resgate não é egoístico. Esse resgate da mulher mítica pré-cristã abre caminho para um outro e importante resgate: o do homem patriarcal, cujo destino de senhor e opressor foi também talhado em tempos mítico/bíblicos. No poema "Ao homem patriarcal", a poeta-mulher, associando-o à figura de Prometeu (titã condenado pelos deuses a ter seu fígado eternamente devorado por aves de rapina), o quer liberto do destino opressor:

Não quero que sejas condenado / a bicar meu fígado / nessa rocha em que me encontro.

e ainda, em "O novo homem":

Eu te pressinto novo homem: / já abdicas o trono do pater famílias/ *e atiras longe o gládio temperado / para o golpe (pelas costas) na arena. / Eu ouço o timbre de tua voz; / ela não sabe a de comando / não impõe sujeição ao outro / nem o convoca à defensiva.*

Poesia amalgamada em sabedoria de vida, domínio seguro da palavra e que se sabe elo da corrente dos tempos, a de Darcy França Denófrio, no limiar deste Terceiro Milênio, testemunha o apocalíptico/genesíaco momento de metamorfoses em que vivemos.

Publicações: Poesia – **Vôo cego**, 1980; **O risco das palavras**, 1982; **Amaro mar**, 1988 e **Ínvio lado**, 2000. Ensaio – **O poema do poema**, 1984; **Literatura contemporânea: G. Mendonça Teles/O regresso às origens**, 1987, e **A Obra poética de Afonso Félix**, 1991; **Hidrografia lírica de Goiás**, 1996, e **Lavra dos Goiáses-I**, 2000. Didático – **Composição programada**, 1970.

322 DARCY ROSA REIS

Poeta e advogada, Darcy Rosa Reis nasceu em Campestre (MG), em 11.05.1954. Está radicada em Poços de Caldas.

Publicações: **Alma em explosão**, s/d; **A razão do sol existir**, s/d.

323 DAWN JORDAN

Poeta, ensaísta, tradutora e professora, Dawn Jordan é brasileira de ascendência norte-americana. Reside em São Paulo. Estréia em livro, em 1982, com a poesia bilíngüe (inglês/português) de **Faces**, na qual ouvimos a voz agônica, apaixonada e crítica de uma geração jovem que, desnorteada ou desiludida, busca respostas para o atual caos da vida humana, despojada dos valores tradicionais e sem novos valores perenes que justifiquem a sede de viver.

Na lacônica apresentação da autora, essa busca é enfatizada: *Dawn Jordan, 28 anos de procura, levaram-na a Ouro Preto, Veneza, Bloomington, Indiana, Rio de Janeiro, Portugal, à Galícia, às Montanhas, ao Mar e às fronteiras da própria mente. Licenciatura e mestrado em Letras Neo-Latinas, e Literatura Comparada nos EUA, é professora, tradutora e ensaísta.*

Publicação: **Faces**, 1982 (grafismos de Sônia Gutiérrez).

DÉA FIGUEIREDO 324

Poeta e professora, Déa Rodrigues de Figueiredo nasceu em Socorro (SP), em 03.08.1920. Radicou-se em Porto Alegre (RS). Iniciou-se publicando poemas na imprensa, sob o pseudônimo de Marluz. Estréia em livro, em 1952. Pertence à Academia Feminina de Letras do Rio Grande do Sul.

Publicações: **Velas ao mar**, 1952; **Nem a fonte nem a rosa**, 1966; **Caminho eterno**, 1972, e **Aquarela gaúcha**, 1987.

DÉBORA NOVAES DE CASTRO 325

Poeta, artista plástica e professora, Débora Novaes de Castro nasceu em Bento de Abreu (antigo Alto Pimenta), comarca de Araçatuba (SP), em 22.05.1935. Reside na capital paulista. Fez seus primeiros estudos no Colégio Santa Maria, com Irmãs Vicentinas. Prosseguiu com o Curso Normal São Vicente de Paulo e Curso de Pedagogia. Fez pós-graduação em Jornalismo Cultural (PUC-SP). Dedica-se à pesquisa da poética do hai-kai, para a dissertação de mestrado.

Estudou línguas, especializando-se em português e inglês. Durante algum tempo exerce o magistério para crianças. Paralelamente dedicou-se às artes plásticas. Fez inúmeros cursos de aperfeiçoamento nas áreas de pintura, desenho e literatura. Tem participado de inúmeras coletivas de pintura, conquistando medalhas e menções honrosas (com destaque para a Grand Silver Medal Acquirement, Flórida-EUA). Sua produção nessa área está registrada no Annuaire de l'Art International. Art Guidé, Paris, 1989; no Catálogo Nacional Brasileiro (org. Júlio Louzada); Coleção de Postais. França, 1989, e outras.

Desde a década de 1980 escreve poesia. Tem participado de antologias e coletâneas poéticas, não só publicando poemas, mas também como coordenadora (**Canto do poeta, Espiritual de trovas e hai-kais ao sol**). Estréia em livro em 1984, com **Gotas de sol**, poesia essencialmente lírica, aderida à vivência lúdica do cotidiano. Seguem-se: **Sonho azul** e **Momentos**, em 1986, na mesma linha poético-lírica de comunhão com a natureza, os homens, o mundo – sentimento alimentado de esperança e alegria, para além dos desencontros inevitáveis da vida. Essa mesma esperança e ludismo estão presentes nos livros infantis publicados pela autora na década de 1990. A partir de **Soprar das areias** (1987), é atraída pela sintética arte do hai-kai e também da trova, formas que exigem uma fruição da realidade, que é espontânea na poesia da autora. Sua produção poética já alcança hoje uma dezena de títulos.

Pertence a inúmeras instituições plástico-literárias do Brasil e do exterior: União Brasileira dos Escritores – SP; Casa do Poeta Lampião de Gás; UBT – União Brasileira dos Trovadores-SP; Movimento Poético Nacional – SP; Grêmio Haicai Ipê-SP; APBA – Associação Paulista de Belas Artes de São Paulo; Casa do Poeta Riograndense – RS; Associação dos Artistas.

Publicações: Poesia – **Gotas de sol**, 1984; **Sonho azul**, 1986; **Momentos**, 1986; **Sinfonia do infinito**, 1988; **Soprar das areias**, 1987, e **Aljôfares**, 1989; **Sementes**, 1992; **Coletânea primavera**, 1992; **Catavento**, 1994, e **Das águas do meu telhado**, 1999.

DEBORAH BRENNAND 326

Poeta da geração pernambucana de 1965 (poetas de hoje que buscam o novo, voltando às fontes originais), Deborah Brennand nasceu em Engenho Lagoa do Ramo, município de Nazaré da Mata (PE), em 12.02.1927. Fez seus estudos no Recife. Cursou a Faculdade de Direito, mas não chegou a concluí-la. Casou-se com Francisco Brennand, um dos artistas plásticos brasileiros de maior fama internacional. Passou grande parte de sua vida no Engenho São Francisco, onde a par das atividades rurais, ligadas ao seu habitat familiar, dedica-se à poesia e ao convívio cultural com alguns daqueles que, nas décadas de 1960 e 1970, deram início ao movimento armorial, liderado por Ariano Suassuna, e que envolveu poetas, romancistas, pintores, compositores... Movimento de renovação da literatura e da arte em geral, que coincidiu (e muitas vezes se confundiu) com o surgimento da geração pernambucana de 1965, à qual pertencem, Deborah Brennand e uma plêiade de poetas que, pela obra realizada até hoje, já se integram no panorama da poesia brasileira contemporânea (Marcus Accioly, Ângelo Monteiro, Jaci Bezerra, Janice Japiassu*, Tereza Tenório Cavalcanti,* e outros).

É lida em confronto com esse contexto poético-sociocultural em mutação, que a poesia de Deborah Brennand adquire sua real dimensão. Desde seus inícios, sua poesia revela a adesão à tradição clássica, da linha órfico-mítica (fonte maior procurada pela geração pernambucana de 1965, enquanto a linha armorial, liderada por Suassuna, buscava a tradição medieval popular, presente no cordel, articulada às fontes letradas e emblemáticas dos romanceiros e da música medievais).

Chamamos de órfico-mítica a essa vaga poética que surge em 1965, pois o novo poeta se assume como um novo Orfeu. Isto é, poeta-mito dual que, por um lado (o luminoso) é o poeta que, com seu canto, dava presença mágica às realidades, e com a música de sua lira arrastava, atrás de si, os humanos, os animais, fazendo com que as árvores, plantas, pedras... desejassem segui-lo. Por outro lado (o obscuro), é o Orfeu de Eurídice morta, aquele que tenta resgatá-la do Inferno, mas falha, pois violou o interdito (a ordem de não olhar para trás) e ousou olhar o invisível (onde se oculta o enigma da vida), mas nada vê (ou o que vê, não consegue expressar em palavras).

É essa dupla face que se mostra na poesia de Deborah Brennand (bem como na de seus companheiros de geração, cada qual com sua dicção). Poesia aderida às mil formas da natureza, tal como a cantaram, desde as origens, os poetas de linhagem órfica, não só para revelar a beleza e a essencialidade das coisas e seres da Terra, mas também para tentar a re-ligação dos homens como os deuses, ou do humano com o Céu, o sagrado. A physis surge nessa poesia, com o espaço primordial, o lugar do reencontro do eu consigo mesmo, na solidão, longe do bulício da cidade e em comunhão com o que há de mais puro e autêntico (árvores, flores, água, terra, sol, ar, vento, pedras, etc).

A poesia de linhagem mítico-órfica crê que na physis se esconde o divino. É nessa ordem de idéias que, sem dúvida, podemos entender o húmus contraditório, o claro-escuro que predomina no universo poético de Deborah Brennand. De um lado, a claridade, a beleza e a grandeza vital do espaço natural (ou da casa, do domus); e, de outro, as sombras, a escuridão, a sensação de fim, de abandono, destruição ou morte, que acabam se infiltrando em tudo.

Esta flor sozinha / abre pétalas de fogo e não clareia... // Acende agora a vela do santuário / e escuta a alma no claro / falar sem lábios de seus esconderijos / de grutas, paúis, ninhos / ou de uma lua de bronze machucada / rolando ontem, em céu perdido. / Que ela, a alma, diga em altos brados / até os crimes que não sabe.

É esse amálgama de contradições, esse claro-escuro que energiza a poesia em caos, de onde o divino parece ter desertado. E sem o divino, sem a presença do sagrado em todos os seres e coisas, tudo perde sua possível transcendência, sua possível duração para além da morte. Daí que esta seja uma presença obsessiva em sua poesia, desde as primeiras horas.

Seu livro de estréia, **O punhal tingido ou O livro de horas de D. Rosa de Aragão** (1965), já pelo título indicia a matéria que o alimenta: a violência da morte e a possível salvação pelo viés do sagrado. Poesia ainda oscilante entre a fonte medieval e a clássica. No segundo livro, **Noites de sol ou as viagens do sonho** (1966), sua poesia se embrenha pelos caminhos órficos: os do poeta-criador de mundos e, ao mesmo tempo, impotente para adentrar o reino do Mistério. Ao apresentar o livro, Ariano Suassuna toca em uma de suas principais tônicas. Diz ele: "Só os grandes poetas conseguem reencontrar o estado de inocência selvagem da poesia grega. Deborah Brennand pertence à linhagem de Safo. Como sabemos, essa linhagem sáfica é marcada pelo canto voluptuoso da paixão (o que não é o caso de Deborah Brennand) e pela profunda vivência da natureza que foi eternizada em seus poemas, não pela mera descrição dos elementos naturais, mas pela emoção com que a poesia comungou com eles. É por esta comunhão, quase ritual com a natureza multiforme que, a nosso ver, a poeta pernambucana pode ser aproximada da famosa poeta da Ilha de Lesbos (século VII-VI a.C.) Por outro lado, enquanto esta cantou a paixão voluptuosa dos sentidos, Deborah canta (explícita ou implicitamente) o Amor (com A maiúsculo). Não simplesmente o amor-eu-você, mas o que se estende à humanidade. Daí talvez sua dor, pelo esmagamento anônimo de tantos seres, pela vida madrasta; a sua sensação de impotência diante do findar de tudo e sua obsessão pela Morte, sempre infiltrada na Vida".

*Mortas na varanda estão as aves / o leão de pedra esquartejado na grama. A luta: rosas por terra. / Na grade as setas do crime / e no coração branco do mármore / em sangue a luz cravada. O rachar das nuvens / sob o martelo em fogo. Aves mortas. Deixo que se matem, deixo. / Não é a primeira vez. É a eternidade/ e a lua já está tão clara! / Nada posso fazer / tenho as mãos frágeis / não sei laçar. / E, se o meu coração sangra no pasto, / por que, logo eu, vou evitar / que os touros bravios no cercado / sujando a luz da lua se matem? (**Pomar de sombras**).*

Em seu livro mais recente, **Claridade,** o claro-escuro se revela mais nitidamente: o enfrentamento entre a presença da noite destruidora que desce sobre o nosso mundo e a certeza da ressurgência do dia restaurador. Em contínuo contraste, a natureza livre (bosques, folhagens, água, rebanhos, nuvens, asas, rosas...) que explode em luz nas palavras claras dos poemas, são repentinamente escurecidas por algo que anula a claridade, que faz descer o escuro, a ruína, o silêncio, a pedra, a morte, o grito... sobre a beleza ou a força de vida latente nas coisas.

Aquele rosal / sangrando por nada / a praga dos pavões / rondando o lado do pátio [...] Todos igualmente malvados. Hoje a minha sombra à frente / vai chegar primeiro ao bosque / só de raízes mortas. / Troncos decepados...

Poesia densa, concisa e fundamente consciente de que a vida se tece de contrários, a de Deborah Brennand revela-se exemplar da visão de mundo dominante neste limiar de milênio: a de que é do amálgama dos opostos que a vida surge e se perpetua. Ainda em **Claridade**, ela diz:

Eu consegui igual ao sol / unir em círculo perfeito / o nascimento à morte. // Antes, muito antes do poente.

O poeta órfico é vidente... vê a vida acontecer muito antes dos outros, dos comuns mortais. Daí que o volume se encerre com um verso profético:

A noite é, meu bem, só a origem da claridade.

Uma nova era está sendo engendrada por todos nós. As futuras gerações a verão. A Poesia sempre foi arauto...

Publicações: **O punhal tingido ou o livro das horas de D. Rosa de Aragão**, 1965; **Noites de sol ou as viagens do sonho** (prefácio de Ariano Suassuna), 1966; **O cadeado negro**, 1971; **Pomar de sombras** (prefácio de Daniel Lima), 1995, e **Claridade**, 1996.

DELFINA BENIGNA DA CUNHA 327

Poeta que viveu no período de transição entre o crepúsculo árcade e o germinar do romantismo, Delfina Benigna da Cunha nasceu na província de São José do Norte (RS), em 17.06.1791.

Era de família de boa cepa portuguesa e muito benquista na corte de D. Pedro I. Viveu parte de sua vida no Recife (PE) e no Rio de Janeiro (RJ), onde faleceu em 13.04.1857. Ficou cega aos vinte meses de idade, devido a uma virose, mas isso não a impediu de se engajar na vida e se dedicar aos estudos e à literatura, tornando-se poeta conhecida em seu tempo. Segundo a crônica, Delfina Benigna foi a primeira mulher a editar um livro de poesia no prelo riograndense: **Poesias oferecidas às senhoras riograndenses**, publicado em 1834. (in D. Carvalho da Silva, **Vozes femininas da poesia brasileira**. SP, 1959).

Após a morte do pai, fica sem amparo econômico e é ajudada pelo Imperador. Atenta aos acontecimentos de sua época e fiel ao governo real, manifesta-se contra a Revolução Farroupilha (1835/1845) que eclode no Rio Grande do Sul. Foi por seu combate ao Movimento Farroupilha (redondilhas combativas que acusavam Bento Gonçalves, Garibaldi e seus farrapos de anarquistas), que ficou conhecida na época como Ceguinha. Devido a esse envolvimento político (e posterior vitória de Bento Gonçalves), viu-se obrigada a emigrar para o norte. Viajou por vários Estados, permanecendo alguns anos no Recife.

Em 26 de outubro de 1838, o **Diário de Pernambuco** publica a notícia de que o livro **Poesias e improvisos** da poetisa Delfina Benigna estava à venda na loja de livros da Praça da Independência n°s 37 e 38, pelo preço de 1.000 réis e que o motor da audácia com que a autora oferecia seus versos era a necessidade, pois precisava viver. Informava ainda que a poetisa era "um gênio raro na escola das musas, onde honra sua pátria e abrilhanta o sexo amável a que tão dignamente pertence".

Referindo-se à sua poesia, Guilhermino César define-a como impregnada de melancolia e tristeza. *A musa da desgraça é que a inspira. Aqui e ali não deixa, porém, de fazer poesia de ocasião: conta batizados, bodas e mortes, tudo isso com um largo dispêndio de encômios a amigos e parentes, revelando aquele oportunismo lamuriento e pegajoso dos cegos. Faltando-lhe a visão do mundo exterior, volta-se sobretudo para dentro de si mesma, para o seu desamparo de mulher bela e inválida.* (in **História da literatura do Rio Grande do Sul**. PA, 1950).

Publicações: **Poesias oferecidas às senhoras riograndenses**, 1834; **Poesias e improvisos**, 1838.

DÉLIA, v. Maria Benedita Borman (nº 841)

328 DENISE EMMER

Poeta, ficcionista, participante do mundo da música, como compositora, instrumentista e cantora, Denise Emmer Dias Gomes nasceu no Rio de Janeiro (RJ), em 18.06.1956. Filha do teatrólogo Dias Gomes e da novelista Janete Clair (ambos famosos por suas produções no teatro, cinema e televisão), Denise conviveu desde a infância com formas diversas de expressão artística.

Formou-se em Física (Faculdade de Humanidades Pedro II). Fez pós-graduação em Filosofia (UFRJ) e estudos de Astronomia. Mas o campo da arte prevaleceu em suas opções de trabalho. Estudou piano clássico e participou de um grupo de música antiga. Compôs inúmeras canções, muitas delas gravadas em trilhas de seriados da TV. Como compositora e intérprete (um de seus sucessos foi a canção em francês Aloutte, que ela mesma interpretou, na novela **Pai herói**).

Em 1972, estreou como poeta, com **Geração de estrela** (prefácio de Moacyr Félix), onde se faz ouvir uma voz ainda adolescente, mas já com um timbre musical peculiar. Quase dez anos depois, Denise reaparece, como poeta, com **Flor do milênio**, revelando um espírito sensível e inteligente, com uma dicção própria ao descobrir o amor como o universo em que a mulher se movimenta, em torno do homem amado. A par do amor, impõe a visão do mundo em transformação que é o nosso. Seguem-se outros títulos: **Canção de acender a noite** (prefácio de João de Jesus Paes Loureiro), **A equação da noite** (prefácio de Pedro Lyra) e outros, revelando o gradativo amadurecimento de uma voz que já se impôs como das mais significativas da poesia brasileira atual.

Sua matéria poética é de húmus filosófico e seus grandes temas são as relações homem-mulher; a sondagem da vida em sua essencialidade oculta; a poesia como perscrutadora e/ou reveladora do avesso das realidades aparentes; a preocupação com a linguagem como nomeadora do real. De livro para livro, a arte poética de Denise vem-se adensando. É o que mostra seu sétimo título de poesia, **Invenção para uma velha musa**, com receptividade unânime da crítica. Trata-se de um longo, mas conciso, poema, dividido em duas partes: *o ciclo do tempo* (reunindo O fim, A passagem e O recomeço) e *A velha criatura* (A sabedoria, O exílio e A eternidade). Nele se aprofunda a principal linha de interesse da autora: a vida filtrada pela ótica filosófica, a busca do ser humano, não em seu epidérmico viver, mas em seu dentro, onde sua verdade última se oculta. Analisando a sua arte, o poeta e crítico Ivan Junqueira diz: *Denise caminha para estruturas mais longas e densas, para um esquema métrico muito singular. [...] enfim, para uma expressão que a situa, sem dúvida alguma, entre os maiores nomes de sua geração. São versos de grande precisão e de extraordinária inventividade.*

Esse poder de invenção vai mostrar mais uma faceta em **O insólito festim** – romance de estréia em que Denise se firma como uma ficcionista de linhagem kafkiana/borgiana. Nas palavras de Carlos Emílio Corrêa Lima, *Denise Emmer parece uma nova Mary Shelley em seu afã de agregar monstruosidades arquetípicas...* ***O Insólito festim*** *é um desses romances mediúnicos que surgem num átimo e são escritos de um jato. Aqui, Denise Emmer chega ao nível de seus mais vastos poemas cosmogônicos, criacionais. Sua linguagem passa por nós, dançarina e hipnótica...* (Cadernos JB-RJ).

Talvez esse termo, hipnótica, seja dos mais adequados para explicar racionalmente a natureza da linguagem ficcional de Denise. Linguagem que nos prende da primeira à última página, não tanto pelo **o que** narra, mas pelo **como** o narra. Leia-se, por exemplo, o seu mais recente romance, **O violoncelo verde** (1997). Trata-se de um caso de triângulo amoroso, cujo relato se inicia de modo banal: uma jovem violoncelista casa com um físico de renome e abre mão de sua vida pessoal, artística, para dedicar-se inteiramente à submissa tarefa de esposa.

Essa situação banal deixa de o ser, devido ao modo pelo qual vai sendo narrada. Como que uma espécie de espuma de palavras, leva o leitor a pressentir que, por baixo da aparente banalidade das situações, existe algo estranho e essencial, que lhe escapa. A começar pelo nome da personagem central – Anônima – que remete claramente à situação de auto-apagamento da própria personalidade, assumido pela ex-violoncelista, esposa do físico. Aos poucos, tudo que parecia um viver normal começa a ser estranho. Em ritmo lento, mas ofegante, a narrativa vai deslizando do mundo real para o mundo virtual (em que já estamos todos sitiados). E seguindo os passos de Anônima, vamos entrando numa atmosfera kafkiana de absurdos que se sucedem. Absurdos que, afinal, são perfeitamente explicáveis, dentro do espantoso **ciberespaço**, que vem engolindo aceleradamente o nosso viver cotidiano e normal.

A partir de uma festa em homenagem ao aniversário de um grande professor no Centro de Astronomia, os acontecimentos vão-se acelerando e o leitor é jogado num espaço altamente erótico, em que o virtual e o real se confundem.

A imaginação poética de Denise funde-se com outra de suas paixões, já latente em sua poesia, a atração pela astronomia, pelo conhecimento dos corpos celestes, pela física e pelas conquistas científicas, incluindo uma das últimas grandes descobertas, o DNA, o genoma humano... Como todo esse novo e espantoso mundo se amalgama com as paixões humanas? É o que mostra **O violoncelo verde**. Domínio seguro da palavra e paixão ao manipular imaginação e conhecimento, são algumas das marcas que definem a arte poético-ficcional de Denise Emmer.

Entre os vários prêmios recebidos, estão: Prêmio Guararapes de Poesia/União Brasileira dos Escritores, 1987; Melhor Autor Jovem/União Brasileira dos Escritores, 1988; Prêmio Luiza Claudia/Pen Clube, 1990; Prêmio Poesia/Associação Paulista de Críticos de Arte, 1990; Prêmio Marti-Poesia/Casa de Cuba, 1994; Prêmio Alejandro José Cabassa/União Brasileira dos Escritores, 1995. Em maio de 1990, tornou-se membro titular do Pen Clube do Brasil.

Publicações: Poesia – **Geração de estrela**, 1972; **Flor do milênio**, 1981; **Canção de acender a noite**, 1982; **A equação da noite**, 1985; **Ponto zero**, 1987, **Inventor de enigmas**, 1989; **Invenção para uma velha musa**, 1990; **Teatro dos elementos**, 1993, e **Cantares de amor e abismo**, 1995. Romances – **O insólito festim**, 1994, e **O violoncelo verde**, 1997.

DENISE FONSECA 329

Ficcionista, historiadora, pesquisadora e figura atuante em seu meio cultural, Denise Pini Rosalem da Fonseca nasceu em Rio Claro (SP), em 1955. Arquiteta pela UFRJ, concluiu o mestrado em Latin American Studies, na University of Houston e o doutorado em História, na Universidade de São Paulo. Sua pesquisa, com ênfase em resistência social e identidades culturais, inclui Bahia, Cuba, Equador, Jamaica e Louisiana.

Como historiadora, seu objetivo essencial, ao escolher o tema da resistência cultural desses povos periféricos, é dar visibilidade aos possíveis discursos, que sejam reveladores da identidade que vive no interior de cada nação. Referindo-se a uma de suas primeiras pesquisas, no Equador, Denise diz:

Ao buscar a "equatorianidade" – filha da síntese da magia andina, da abundância tropical e da formalidade européia com acento mouro – eu estava certa de tê-la visto caminhando entre os homens e mulheres comuns das ruas, campos e selvas desta nação e que diariamente vão narrando a história que queremos conhecer.

Da pesquisa no Equador, realizada com um grupo de mulheres ligadas a diferentes órgãos culturais e ao Museo de la Ciudad, resultou um belo livro de receitas culinárias e de imagens, escrito em língua espanhola: **Secretos de Alacena** (Quito, Ecuador, Museu de la Ciudad, 1998). Nele a pesquisadora procurou captar a verdade mais profunda do povo equatoriano, não através de documentos históricos de altos feitos, mas através da memória popular e manuscrita por mulheres anônimas que, hoje, dão continuidade ao modo com que ontem suas ancestrais realizavam o mais simples e mais importante ato humano: preparar o alimento. Foi, pois, através das peculiaridades dessa comida e de seus modos de preparar, que as pesquisadoras chegaram a delinear o perfil característico do povo. Dentro desse mesmo processo, desenvolvem-se os estudos que se concretizaram nos livros: **De la cocina de... Manabi.Quito: história y vida** (1999) e **Esencia cuencana** (1999).

Cabe ressaltar que, como escritora, Denise manipulou sua escrita ficcional, segundo os novos caminhos da metaficção historiográfica – gênero pós-moderno que busca preencher, através da arte, as lacunas deixadas pela História. Nesse sentido, surge a escrita-invenção, engendrada pela massa documental, fruto de pesquisas. Com esse método foram escritos os livros: **Secretos de Alacena** (Quito, Ecuador, Museo de la Ciudad, 1998) e **Esencia cuencana** (1999) - obras de resgate de antropologia cultural.

Em 2000, escreve o romance epistolar **Zoila & Josephina**: uma correspondência histórica. No ano seguinte dava andamento a um livro de contos: Notícias de outros mundos, lendas, imagens e outros segredos das deusas nagô e Cooperação e confronto – resistência social na periferia dos engenhos de açúcar. Bahia, 1792/1835.

Entre suas inúmeras atuações culturais, destacamos: diretora de *web* da Associação de Artistas e Artesãos Latino-americanos; editora geral da revista Lactitud; membro da REBRA Rede de Escritoras Brasileiras, pela Internet, dirigida por Joyce Cavalccante*.

Publicações: **Secretos de Alacena**, 1998; **Esencia cuencana**, 1999, e **Zoila & Josephina**, 2000.

330 DENISE TEIXEIRA VIANA

Poeta e jornalista, Denise Teixeira Viana nasceu em São Gonçalo dos Campos (BA), em 07.02.1952. Está radicada no Rio de Janeiro (RJ). Formou-se em Comunicação Social (Faculdade de Comunicação e Turismo Hélio Alonso-RJ). Dedica-se ao jornalismo e ao serviço público estadual. Desde o início da década de 1980 tem participado do movimento poético de vários estados, através de concursos, antologias, festivais, publicações de poemas na imprensa e em livros. Em 1981, estréia com o livro **Ponto de bala**. Seguem-se outros que vêm merecendo menção da crítica especializada. Recebeu vários prêmios e menções em concursos de poesia falada. Entre as antologias em que publicou poemas, estão: **Cem poemas brasileiros** (SP, 1977); **Doze poetas alternativos** (RJ, 1980); **Água I** (SP, 1984), etc.

Publicações: **Ponto de bala**, 1981; **Armas e bagagens**, 1982; **Artes-manha**, 1983, e **Muito pelo contrário**, 1987.

331 DENISE TRINDADE

Atriz de teatro e cinema, poeta, cartunista de poesia e ativista cultural ligada aos movimentos de arte alternativa, Denise Trindade nasceu em Porto Alegre (RS), em 06.01.1962. Radicou-se no Rio de Janeiro.

Estréia no teatro com a peça **Os convalescentes** (1980), de Zé Vicente. Na mesma época participa da passeata de poetas pelo topless literário, assina o Manifesto da arte pornô e passa a atuar com a Gang, representando na rua, em praias, universidades e teatros, peças como: **Pelo strip-tease da arte** (1982), onde todos ficam nus. Expõe cartuns poéticos no I Festival de Mulher nas artes; colabora nas revistas Gang n°s 2 e 3; Pérolas e porcos e revista do homem. Em 1983, integra-se na Gang Maldita e depois na Gang do Prazer, que origina em 1985 a Dupla do prazer (Denise & Kairus Trindade). Em 1979, a dupla juntamente com o grupo Teatrote funda a Alcova Brasileira de Letras. Lança o movimento de poesia erótica no Brasil. Participa, com cartuns poéticos, de inúmeras coletâneas coletivas (Antologia-**Arte pornô** e o jornal AIDES – Antologia Indecorosa dos Escritores Sacanas, 1984; Urbana, 1986; Adiante, etc.).

Como atriz, atua na peça **Galileu – uma nova estrela no céu** (dir. Anselmo Vasconcellos e Marcos Paulo) no Anfiteatro do Planetário da Gávea; participa do Ciclo de Literatura Anos do Silêncio (org. Sindicato dos Artistas e Técnicos em Espetáculos de Diversões-RJ), estréia no cinema, com o filme **O mundo a seus pés** (de Carlos Frederico), no Rio Cine Festival III. Está incluída na coletânea **Poesia contemporânea** (org. Leila Mícolis); e tem inédito o livro de cartuns poéticos, A musa do prazer.

Publicações: Antologia – **Arte pornô** (org. Assis Trindade e Eduardo Kac), 1984, e dezenas de cartuns poéticos, esparsos.

332 DIANA CRISTINA DAMASCENO

Poeta, professora e crítica literária, Diana Cristina Damasceno nasceu em Belém (PA), em 21.05.1955. Está radicada no Rio de Janeiro (RJ). Licenciou-se em Letras (Faculdade Notre Dame) e especializou-se em língua e literatura francesa (Aliança Francesa). Mestrado em Literatura Brasileira.

Tem publicado poemas e crítica literária na imprensa. Estréia em livro com **Navio fantasma**.

Publicação: **Navio fantasma**, 1983.

333 DIANA DOROTHÉIA DANON

Cronista, poeta, pintora e desenhista, Diana Dorothéia Danon nasceu em São Paulo (SP), em 28.05.1928. Desde menina atraída pelo desenho, pintura e poesia, dedica-se aos estudos na área das artes plásticas e escreve poemas e crônicas. Forma-se em 1964, na Escola de Belas Artes de São Paulo. Fez inúmeros cursos de especialização ou aperfeiçoamento (história das artes, arqueologia, cultura japonesa, arte brasileira, etc.).

Desde 1959, vem participando de exposições coletivas ou individuais de pintura e desenho, conquistando inúmeros prêmios e medalhas. Especializou-se em pesquisas histórico-arquitetônicas em São Paulo, das quais resultaram livros e exposições do mais alto interesse para a memória da cidade. Entre essas pesquisas, destacam-se: **Estação Sé-Metrô** (1988-exposição), **Memória e tempo das igrejas de São Paulo** (1971 – desenhos reunidos em livro, com texto de Leonardo Arroyo e prefácio de Mário Guimarães Ferri), **São Paulo: Belle Époque** (1974 – desenhos reunidos em livro, com texto de Benedito Lima de Toledo), **O metrô de São Paulo** (1975 – pinturas reunidas em livro, com texto de Marcello Fragelli, projetista de estações metroviárias) e outras. Todas essas pesquisas foram amplamente divulgadas em exposições e pela imprensa. Entre as suas muitas produções ainda inéditas, estão pesquisas sobre: São Paulo: arquitetura e ambiente urbano 1920/1940, Manifestações no Vale do Paraíba (1974), A arquitetura dos casarões dos barões do café em Pindamonhangaba (1975), etc.

A maioria de sua produção como poeta e cronista aguarda publicação. Em livro, publicou as crônicas de **Andanças**, onde registra a experiência humana que resultou de muitas de suas pesquisas histórico-arquitetônicas.

Publicações: Crônicas – **Andanças**, 1984. Álbuns de arte – **Memória e tempo das igrejas de São Paulo**, 1971; **São Paulo – belle époque**, 1974; **O metrô de São Paulo**, 1975.

DINA MANGABEIRA 334

Contista, poeta, cronista e professora, Dina Mangabeira (nome literário de Bernarda Carvalho de Rezende) nasceu em Bocaiúva (MG), em 20.08.1923. Desde a infância residiu em Montes Claros, mudando-se, na década de 1970, para Belo Horizonte (MG), onde se radicou. Formou-se professora no Curso Normal do Colégio Imaculada Conceição (Montes Claros-MG). Lecionou durante algum tempo. Ao casar-se, deixa a profissão para dedicar-se exclusivamente ao lar. Com o tempo, cede à antiga atração pelas letras e começa a escrever crônicas, poesia e contos para publicação na imprensa. Em 1986, estréia em livro com a coletânea intitulada **No palco real da vida.**

É membro da Academia Feminina Mineira de Letras e Academia Municipalista de Letras de Minas Gerais. Recebeu menções honrosas em vários concursos literários.

Publicação: Crônica – **No palco da vida**, 1986.

DINAH DO NASCIMENTO 335

Poeta, romancista, cronista, psicóloga e autora de livros infantis, Dinah Queirós do Nascimento nasceu em São Paulo (SP), em 18.11.1928. É neta do conde Asdrubal do Nascimento, um dos pioneiros do incentivo ao desenvolvimento de São Paulo. Formou-se em Psicologia pela Faculdade de Filosofia, Ciências e Letras Sedes Sapientiae. Desde adolescente é atraída pelas letras, mas só na década de 1960 inicia-se como escritora, publicando crônicas no Suplemento de A Gazeta (1963) e na Gazeta Mercantil (1964/1965).

Estréia em livro em 1965, com os poemas intimistas de **Pedaços de vida**, com prefácio de Oliveira Neto. Seguem-se: **Sorrisos perdidos** (1966 – prefácio do Pe. Eugéne Charbonneau, teólogo e filósofo francês que residiu longo tempo em São Paulo); o romance **Vidas de ninguém** (1967) e outros. Produção literária de natureza confessional e emotiva, teve na época muito boa acolhida na imprensa. Escreveu também livros para crianças.

Publicações: Poesia – **Pedaços de vida**, 1965; **Sorrisos perdidos**, 1966; **Garimpos de sonhos**, 1967; **Baladas dos instantes**, s/d; **Cantiga e querer bem**, s/d; **Esqueceste de lembrar**, s/d; **Só pode ser você**, s/d; **No meio de nada**, s/d; **Entre as estrelas e o vento**, s/d; **Momentos eternos**, s/d; **Minha pequena hora grande**, s/d, e **Quando meu nome for saudade**, s/d. Romance – **Vidas de ninguém**, 1967. Livros infantis – **Aves de cristal**, **Pássaros de vidro** e **Asas azuis**, 1968.

Segunda mulher eleita para a Academia Brasileira de Letras. Romancista, cronista, tradutora, jornalista e figura de destaque no meio cultural brasileiro, Dinah Silveira de Queiroz nasceu em São Paulo (SP), em 09.11.1911, e faleceu, em 27.11.1982, sendo enterrada no Mausoléu da Academia Brasileira de Letras, no Rio de Janeiro.

Descendente de tradicional família paulista, de escritores e intelectuais de renome, era filha do Dr. Alarico Silveira, advogado e homem público que exerceu altos cargos, como o de Ministro do Tribunal de Contas. Foi casada em primeiras núpcias com Marcélio de Queiroz, então secretário do Presidente Washington Luis e, mais tarde, desembargador. Em segundas núpcias, casa-se com o diplomata Dário M. De Castro Alves, que foi embaixador do Brasil em Portugal. Acompanhando o marido, Dinah residia em Lisboa, quando adoeceu. Vindo a São Paulo para tratamento, aqui faleceu.

Desde adolescente foi atraída pelas letras, dedicando-se com paixão às leituras e ao exercício da escrita literária. Publica inicialmente em revistas e jornais, estreando em 1937 com o conto "Pecado", publicado no Correio Paulistano. Durante mais de dez anos manteve uma coluna de crônicas diárias no jornal carioca A Manhã, reunidas em livro (**Quadrante I** e **II**).

Estréia em livro, em 1939, com o romance **Floradas na serra**, que se transformou na época em verdadeiro *best seller*, tendo continuadas reedições e várias adaptações para o rádio e televisão. Nessa época (final da década de 1930) simultaneamente à voga do romance regionalista (que surge no início dessa década e revela Rachel de Queiroz, Jorge Amado, Lins do Rego...) ganha força o romance introspectivo, sentimental (de clara influência freudiana) que explora o mundo interior das personagens em conflito com os outros, com os preconceitos e dificuldades de convívio, impostas pelo mundo das relações humanas. Pelo espírito que o anima, esse novo romance se identifica com o romance psicológico do século XIX e devido à nova preocupação com os processos de composição que o animam, se aproxima da moderna ficção que o Modernismo do início do século XX viera propor.

É nessa dupla linha – tradicional e renovadora – que se inscreve **Floradas na serra** cuja efabulação tem, como espaço, Campos do Jordão (que na época era a região privilegiada para a cura de tuberculose). As personagens são doentes que ali procuram a cura e, conseqüentemente, vivem na fronteira da vida, devido à contínua ameaça da morte. Situação que favorece a introspecção e o surgimento de dramas interiores. Dramas nos quais, em **Floradas na serra** e em toda a ficção da autora, predomina a ressonância da vida cotidiana no espírito das personagens (em lugar da escavação do próprio eu, da vida e seus enigmas, como acontecerá mais tarde com a ficção existencialista na linha de Clarice Lispector). Esse romance inicial recebeu o Prêmio Alcântara Machado, 1940 da Academia Paulista de Letras. Foi traduzido para o espanhol, em 1942, e transposto para o cinema em 1955, estrelado por Cacilda Becker e Jardel Filho.

Seguiram-se outros sucessos: **Margarida La Rocque** (1949) – sonhos e delírios de uma mulher solitária na era dos descobrimentos, numa viagem insólita para o passado mais remoto; e a **A muralha** (1954) – uma epopéia dos bandeirantes paulistas (que a escritora tem entre seus antepassados, na figura de Carlos Pedroso da Silveira). Inicialmente publicada em O Cruzeiro (RJ) e depois em livro, foi adaptado por Ivany Ribeiro para a televisão, com um elenco de grandes atores e tendo como diretor Sérgio Brito. Em 1999, essa adaptação de **A muralha** foi transformada em minissérie pela TV Globo, com enorme sucesso.

Em 1956, Dinah escreve para o teatro uma peça bíblica, **O oitavo dia**. Em 1957, publica a coletânea de contos **As noites do morro do encanto** (Prêmio Afonso Arinos da Academia Brasileira de Letras). Interessada pela ficção científica, em 1960 publica **Eles herdarão a terra**. Em 1965, lança **Os invasores** (romance comemorativo do IV Centenário da fundação do Rio de Janeiro e que tem como tema a invasão de Jean François Du Clerc), em que substitui o tom épico dominante em **A muralha**, por um tom levemente humorístico. Em 1968, publica **Verão dos infiéis**, romance que persegue uma problemática muito própria dos nossos tempos: a ausência do guia, do pai (que todos desejam para assegurar-lhes segurança, refúgio e paz) e expressa-a através dos desnorteamentos vividos por uma família carioca em crise, cujo pai se suicida (tal como Getúlio Vargas se suicidou, deixando o povo carioca sem seu pai). Em 1966, publica **A princesa dos escravos** (biografia romanceada da Princesa Isabel). Em 1974, lança o 1º volume do **Memorial de Cristo: eu venho** (seguido em 1977, pelo 2º volume, **Eu, Jesus**), nos quais tenta confrontar a figura bíblica de Cristo com a figura histórica que foi crucificada por ameaçar o poder do Império Romano. Seguem-se: **O desfrute**, – romance publicado em Lisboa em 1981 e, no mesmo ano, no Brasil com o título de **Guida, caríssima Guida**. Todos os seus livros foram traduzidos em países da Europa, Ásia e América. Contos seus foram incluídos em inúmeras antologias nacionais e estrangeiras. Em 1954, recebeu o Prêmio Machado de Assis da Academia Brasileira de Letras, pelo conjunto da obra. Em 1980, foi eleita para a Academia Brasileira de Letras, na cadeira nº 7, cujo patrono é Castro Alves.

Publicações: Romance – **Floradas na serra**, 1939; **Margarida La Rocque,** 1949; **A muralha**, 1954; **Os invasores**, 1965; **Verão dos infiéis**, 1968; **Eu venho**, 1974; **Eu, Jesus**, 1974, e **Guida, caríssima Guida**, 1981. Contos – **A sereia Verde**, 1938; **As noites do morro do encanto**, 1957. Romance histórico – **Era uma vez uma princesa**, 1960; **A princesa dos escravos**, 1966. Ficção científica – **Eles herdarão a terra**, 1960. e **Comba malinos**, 1969 Crônicas – **Café da manhã,** 1969, e **Quadrante I e II**, s/d. Literatura Infantil – **As aventuras do homem vegetal**, 1951, e **Baía de espuma**, 1979. Teatro – **O oitavo dia**, 1956.

DINORAH PACCA 337

Poeta, cronista e professora, Dinorah Pacca nasceu no Rio de Janeiro (RJ), em 12.11.1909. Radicou-se em Goiânia, onde faleceu em 29.04.1971. Dedicou-se, durante anos, ao magistério. Atraída pelas letras, colaborou na imprensa com crônicas e poemas. Estreou em livro em 1954, com a poesia de **Jardim dos sonhos**. Foi membro da Academia de Letras de Goiás.

Publicações: **Jardim dos sonhos**, 1954; **Relicário**, 1958, e **Obras completas de Dinorah Pacca**, (publ. póst. 1973).

DINORATH DO VALLE 338

Contista, romancista, jornalista, professora e promotora cultural atuante no meio interiorano paulista, Dinorath do Valle nasceu em 10.07.1926, em Itápolis (SP), e se radicou em São José do Rio Preto (SP).

Autêntica vocação para as letras, a paulista Dinorath é exemplo das dificuldades quase intransponíveis que, via de regra, existem para um escritor (e principalmente uma escritora), de ver transformado em produto-de-mercado a arte de sua escrita. Tendo começado a escrever na década de 1940, divulgando seus textos pelo rádio, imprensa e concursos literários (inclusive conquistando prêmios de repercussão nacional), só consegue ter seu primeiro livro publicado em 1976: **O vestido amarelo** (Prêmio Governador do Estado de São Paulo, 1971). A partir daí, e ainda com longas esperas, Dinorath vem construindo uma obra de grande força de invenção estilística e de sabedoria de vida, alimentada por uma funda consciência política e crítica, de um modo-de-ser brasileiro. Valores que foram reconhecidos e receberam altas distinções como o Prêmio Casa de las Américas, concedido anualmente pelo Governo de Cuba e de âmbito internacional. Em entrevista concedida à revista Status, em 1976, Dinorath traça o seu perfil biográfico que (pela exemplaridade do que pode o verdadeiro talento e do que são as carências cotidianas e culturais a que está condenada a maioria do povo brasileiro) vale que o registremos aqui:

Eu sou a Dinorath, assim mesmo com th, só porque o tabelião quis. Nasci em Itápolis, cidade fundada pelo avô de meu pai. Apesar dessa origem pioneira, sempre vivi em São José do Rio Preto, em casa de três ou quatro cômodos, nos bairros distantes, casa com poço e um bico-de-luz. Cresci, aprendi a ler e a escrever pelo beabá. Li, estudei, li, casei, li, descasei, li, tive 3 filhos, li. Tudo junto com escrever. Escrevi sempre, publiquei minha primeira crônica aos 16 anos. Ninguém me deu dica nenhuma, li a esmo, loucamente: Flash Gordon, Eça de Queiroz, Delly, Jorge Amado, ***Vida Doméstica, Reco-Reco, Bolão*** *e* ***Azeitona****, Machado de Assis. Escrevi também a esmo, pelo rumo: poesias condoreiras, crônicas românticas com bastante reticência e palavras do dicionário. Pouco a pouco fui percebendo que a coisa não era brincadeira. Minhas crônicas pela Rádio Independência (durante 6 anos) atraíram centenas de cartas de pessoas humildes, às vezes me entendiam, em outras não. Aprumei-me, o povão estava olhando! O conteúdo passou a ser muito mais compromisso. Foi assim que descobri a América Latina. Ataquei a literatura universal, o que faltava da brasileira, preenchi os vazios, tudo ficou mais claro. Agora sei escrever quando tenho o que dizer, fica fácil, fica simples. Como puxar a água do poço. Sou caipira, sou mulher de vila, nenhuma ascensão social há de me tirar esses títulos, eu não vou deixar, já não deixei, é tarde, tenho 49 anos. Três filhos, moro sozinha, com meus livros, meus discos, minhas palavras. Vivo intensamente, faço questão. Quando digo* ***vivo****, leia* ***vivo****, com tudo o que viver contém. Ganhei uma porção de prêmios e citações: duas vezes o do Paraná, uma o Walmap, uma, o Governador do Estado de São Paulo, uma o de Goiás. Um romance e muitos contos. [...] Saí na* Planeta, *na* Ficção, *na* Claudia, *em dezenas de jornais literários. Ninguém quis me publicar em livro até o mês passado. Agora a Artenova está com um sendo composto. Foi o Odylo Costa Filho que me levou lá. [...] Sou dos "novos". Com 49 anos, sou o broto literário do Brasil.*

Por esse testemunho lúcido, crítico e corajoso, pode-se aquilatar a garra da escritora e a força de sua escrita. Visceralmente alimentada de brasilidade, humanismo, universalismo e contemporaneidade, a ficção de Dinorath do Valle expressa as mais autênticas conquistas do moderno e do pós-moderno (os jogos experimentalistas de linguagem, a ruptura do tempo-espaço linear, a redescoberta do passado nacional e denúncia dos males presentes através da glosa ou da sátira, o humor que neutraliza o trágico, o erotismo como contingência da condição humana, etc.)

Dinorath do Valle formou-se professora e lecionou, sem interrupções, até seu tempo de aposentadoria. Em 1943, inicia-se como escritora e jornalista, escrevendo crônicas diárias para a Rádio Inconfidência (onde permanece 6 anos) e para o jornal A Notícia de São José do Rio Preto. Profissionaliza-se no jornalismo em 1950.

Desde o início, sua produção literária destacou-se em concursos, recebendo os seguintes prêmios: Iº Prêmio – Concurso de Crônicas da Rádio Rio Preto, 1945; Prêmio de Crônicas no 2º e 3º Festivais de Literatura dos Povos de Língua Portuguesa, em Teresópolis, 1968 e 1969; Prêmio Golondrina – Contos no Concurso Literário do Centro Asturiano e Prensa Hispano-Brasileira de São Paulo, 1966; Iº lugar – Prêmio Autor Estreante no IIº Concurso Nacional de Curitiba, 1968, Menção Honrosa – Romance, no IVº Concurso nacional Walmap, 1970; Menção Honrosa – Contos, no IVº Jogos Florais Luso-brasileiros, da CUF, Barreiro, Portugal, 1970; Prêmio Governador do Estado de São Paulo – Contos, 1971; 2º Lugar – Concurso Nacional de Contos de Curitiba, 1972; 2º Lugar – Concurso Nacional de Literatura do Estado de Goiás-Caixa Econômica Federal de Goiás, 1975; Menção Honrosa – Iº Concurso Nacional de Contos Eróticos da revista **Status**. São Paulo, 1976; Menção Honrosa – IIº Concurso Nacional de Contos Inácio Loyola Brandão. Araraquara, 1980 e Prêmio Casa de Las Américas – Literatura Brasileira. Havana, 1982.

Publicações: Contos e novelas – **O vestido amarelo**, 1976; **Enigmalião**, 1980; Margarida no Castelo (in **Antologia dos Premiados**, 1970), Os Objetos (in **60 Contos eróticos**, 1977), João da Moita (in **Antologia dos Premiados**, 1981). Romance – **Pau Brasil** (Prêmio Casa de las Américas, 1984). Literatura Infantil – **História de Rio Preto** (ficção histórica-1969), **Totó Piruleta e o menino do povo**, 1986; **Memórias do menino do povo**, 1986.

339 DIOCOLMATE IALEME BERLEZA

Poeta gaúcha, Diocolmate Ialeme de Matos Dourado (cujo nome literário é Diocolmate Ialeme Berleza) nasceu em Porto Alegre (RS), em 23.04.1921. Iniciou-se publicando poesia em revistas e jornais. Estreou em livro em 1944. É membro da Academia Literária Feminina do Rio Grande do Sul.

Publicações: **Horas eternas**, 1944, e **Alvoradas**, 1945.

340 DIONE BARRETO

Poeta e psicóloga, Dione Gomes Barreto nasceu em Campina Grande (PB). Radicou-se no Recife (PE). Formou-se em Psicologia e profissionalizou-se na área. Iniciou-se como poeta publicando na imprensa. Tem participado de antologias. Estréia em livro em 1973, com os poemas de **Círculo vazio**. É membro de várias associações culturais.

Publicações: **Círculo vazio**, 1973, e **Feitiço do silêncio**, 1984.

341 DIONE LÚCIA GIRARDI

Poeta e professora gaúcha, Dione Lúcia Girardi nasceu em Capão da Canoa (RS). Radicou-se em Porto Alegre. Formou-se em Pedagogia e dedicou-se ao magistério. Iniciou-se publicando na imprensa de Porto Alegre. Estreou em livro em 1985.

Publicação: **Mensageiro do tempo**, 1985.

DIVA CUNHA 342

Poeta, ensaísta e professora universitária, Diva Cunha nasceu em Natal (RN), no final da década de 1940. Formou-se em Letras e segue a carreira universitária de docência e pesquisa na UFRN. Começou a escrever poemas na adolescência, conservando-os inéditos. Em 1976, participa de uma antologia de teoria da literatura (org. Silviano Santiago) com o texto "Glossário de Derrida". Como poeta, estreou em 1984, com minipoemas de grande sensualidade e densidade poética.

Publicações: Ensaio – **D. Sebastião, a metáfora de uma espera**, 1980. Poesia – **Canto de página**, 1984.

DIVA FERREIRA GOMES 343

Poeta e professora, Diva Ferreira Gomes nasceu em Ouro Preto (MG), em 09.11.1914. Radicou-se em Curitiba (PR). É professora especializada em dicção e impostação de voz. Iniciou-se como poeta publicando na imprensa. Estreou em livro em 1963, com escritos que há muito estavam aguardando oportunidade. Pertence à Academia Feminina de Letras do Paraná e a outras associações culturais.

Publicações: **Gralha azul**, 1963; **Paulopoema ou minha estrada de damasco**, 1968, e **Faça versos, criança**, 1979.

DIVA GOULART 344

Poeta, radicada em Goiás (GO), Diva Goulart nasceu em Itajubá (MG). Em 1970, publicou os poemas de **As estações**, com prefácio de Abgar Renault, que enfatiza a severa beleza de sua escrita poética e a força de suas metáforas.

Publicação: **As estações**, 1970.

DIVA KAASTRUP 345

Poeta, contista, cronista, jornalista, Diva Machado Pereira Kaastrup nasceu em Pelotas (RS), em 19.04.1915. Radicou-se em Porto Alegre, onde faleceu em 12.09.1983. Escreveu durante anos na imprensa gaúcha. Estreou em livro em 1962. Deixou inúmeros contos, crônicas e novelas radiofônicas inéditos. Embora tenha produzido textos bem além dos limites cronológicos da primeira metade do século passado, a natureza dessa escrita pertence às diretrizes dominantes nesse período inicial. Era membro da Academia Literária Feminina do Rio Grande do Sul.

Publicação: **Sol de outono**, 1962.

DIVINA MARIA CORRÊA 346

Romancista, contista, professora, pedagoga e administradora escolar, Divina Maria Corrêa nasceu em 09.02.1944 na fazenda Chapadinha, município de Lagmar (MG). Radicou-se em Brasília (DF), tornando-se presença atuante na área do ensino. Desde menina foi atraída para a escrita literária, mas conserva inéditos seus textos. Em concurso promovido pelo Sindicato dos Professores do Distrito Federal, teve premiado o conto "Filhote de Satanás". Estréia em livro, em 1984, com um romance baseado em fatos reais do cotidiano, transfigurados pela palavra literária.

Publicação: **Tição de Brasília**, 1984.

DJANIRA BERTOLOTTI 347

Poeta, musicista, jornalista, Djanira Brandina Bertolotti nasceu em Bragança Paulista (SP), em 02.04.1919. Formou-se pianista e durante algum tempo foi professora de piano. Escreve para a imprensa e torna-se jornalista profissional.

Em 1947, ingressa no serviço público, como funcionária da Assembléia Legislativa do Estado de São Paulo, cargo no qual se aposentou. Estréia em livro, em 1950, com a poesia de **Um tempo que passou**.

Publicação: **Um tempo que passou**, 1950.

348 DJANIRA PIO

Poeta, contista, professora e autora didática, Djanira Arruda Pio Soares nasceu em Santa Rita do Passa Quatro (SP), em 1935. Radicou-se na capital paulista. Na década de 1960, inicia carreira no magistério e a de escritora. Colabora na imprensa e participa de concursos literários, sendo contemplada com vários prêmios e menções; integra obras coletivas no Brasil, Portugal, França e Itália. Estréia em livro, em 1964, com a poesia de **Um canto de cigarra**. Seguem-se outros títulos de poemas e contos centrados em situações do cotidiano, vivenciados pela mulher que luta num meio adverso, e mesmo assim valoriza a vida.

Publicações: Poesia – **Um canto de cigarra**, 1964, e **Abismo**, 1970. Contos – **As imagens no tempo**, 1973; **Opções**, 1978; **Paixões e vícios** e **Seres humanos**, 1991; **O lado avesso**, 1987, e **Fragmentos**, 1998. Didáticos – **Princípios de redação** (1981-org. Alice Cunio M. Fonseca).

349 DJANIRA SILVA

Poeta, contista, jornalista, ensaísta, Djanira Silva nasceu em Pesqueira (PE). Reside no Recife. Formou-se em Direito, mas se dedicou às Letras. Começa a escrever poesia, desde a adolescência, divulgando seus textos em jornais locais. Tem participado de antologias (**XI Antologia de Poetas e Escritores do Brasil**, 1997; **Mormaço e Sargaço**, 1998; **Antologia do Conto Nordestino e Contemporâneo**, 1998, e outros).

Como ensaísta, recebeu vários prêmios (Gervasio Fioravanti e Leda Carvalho/Academia Pernambucana de Letras; Prêmio da Fundação de Cultura Cidade do Recife; Antônio de Brito Alves/Academia Pernambucana de Letras, 1998, e outros). É sócia da AIP (Associação de Imprensa Pernambucana); membro da União Brasileira dos Escritores – PE, de cuja diretoria faz parte; membro da Academia de Artes e Letras de Pernambuco e da Sociedade dos Poetas Vivos de Olinda. Tem publicado livros de poesia, ensaio e crônicas.

Publicações: Poesia – **Em ponto morto** (prefácio de Mauro Mota) e **A magia da terra**. Ensaio – **A grande saga audalina**. Crônica – **A maldição do serviço doméstico** (todos s/d.).

350 DJENANE MARTINS

Poeta e jornalista, Djenane Martins (nome literário de Beatriz Vicenza Nogueira Bandeira) nasceu no Rio de Janeiro (RJ), em 1909. Residiu alguns anos em Porto Alegre (RS), onde colaborou com poemas na revista Província de São Pedro (nº 1, 1945, e nº 4, 1946). Desde a década de 1930, colaborou regularmente na imprensa carioca. Estreou em livro em 1937, com os poemas orientais de **Ouro e sândalo**. Pertence a inúmeras associações culturais.

Publicações: **Ouro e sândalo**, 1937; **Mensagem**, 1958, e **Roteiro**, 1961.

351 DOLORES FURTADO

Poeta e professora, Maria Dolores Furtado nasceu em Ipu (CE), em 1904. Faleceu em Fortaleza (CE), em 1973. Dedicou-se ao magistério e à cultura literária. Era sócia da AFCJG – Associação Feminina Casa Juvenal Galeno e da Associação Cearense de Imprensa. Sua produção poética foi inicialmente divulgada em jornais ou revistas especializadas. Participou de obras coletivas (**Mulheres do Brasil**, 1971). Estréia em livro, com a poesia de **Cantos e preces** (1954).

Publicações: **Cantos e preces**, 1954; **Meu canteiro de violetas**, 1956; **Pétalas ao vento e barcarolas**, s/d.

DOLORES MASCARENHAS 352

Poeta e professora, Dolores Mascarenhas Canteira de Campos nasceu em Bagé (SP), em 18.05.1924. Inicia-se publicando poemas na imprensa gaúcha. Estréia em livro, em 1944. É membro de várias associações culturais.

Publicações: **Poesias**, 1944, e **Carícias**, 1954.

DORA ALENCAR VASCONCELOS 353

Poeta e diplomata, Dora Alencar Vasconcelos nasceu no Rio de Janeiro (RJ), em 1910. Desde muito jovem teve pendor para os estudos, literatura e línguas, o que a levou a optar pela carreira diplomática, na qual ingressou na década de 1930, tendo sido cônsul, sucessivamente em Montevidéu, Nova York e Paris. Em 1940, participou da Reunião de Ministros das Relações Exteriores da OEA, em Havana. Em 1951, participou do I Congresso da União Latina, cujos anais elaborou. Em 1952, secretariou a 8ª Assembléia da Comissão Interamericana das Mulheres, no Rio de Janeiro. Participou da 13ª Assembléia Geral das Nações Unidas, em Nova York. Foi secretária-tesoureira da Sociedade de Cônsules Estrangeiros e co-fundadora do Instituto de Estudos Brasileiros da Universidade de Nova York. Durante os anos em que viveu em Nova York, participou regularmente de programas de análise política, na rádio e na televisão.

Começou a escrever poesia, já na adolescência, mas só por volta dos 40 anos decidiu assumir-se como poeta. Estréia em livro em 1952, com **Palavras sem eco**, ao qual se seguem outros. Todos com boa repercussão crítica.

Publicações: **Palavras sem eco**, 1952; **Surdina do contemplado**, 1958, e **O grande caminho do branco**, 1963.

DORA FERREIRA DA SILVA 354

Poeta em tom maior, tradutora, ensaísta, professora, jornalista e presença, desde há muito, reconhecida pela crítica como uma das grandes vozes da poesia brasileira contemporânea, Dora Mariana Ferreira da Silva nasceu em Conchas (SP), em 01.07.1918. Está radicada na capital paulista. Formou-se no Instituto de Educação da Universidade de São Paulo.

Desde muito cedo, foi atraída pela leitura dos clássicos e pelo estudo de línguas (francês, latim, grego, inglês, alemão). Ainda adolescente, ensaia seus primeiros escritos de poesia e ocasionais traduções de grandes poetas. Inicialmente, divulgou seus textos de poesia, tradução ou ensaio, pela imprensa e revistas especializadas. Juntamente com seu marido, o filósofo Vicente Ferreira da Silva, e com Milton Vargas, fundou a revista de cultura Diálogo (SP, 1955/1963). Em 1964, já viúva, fundou a revista Cavalo azul.

Sempre circulando nas esferas da cultura, da poesia e do pensamento, tem participado de simpósios e congressos de filosofia ou psicologia (VIII Congresso Interamericano de Filosofia/Brasília, 1972; Congresso de Ciência e Humanismo/Bienal São Paulo, e outros).

Entre as comunicações apresentadas nesses eventos, estão: Apolodoro ou da liberdade e A psicologia analítica de C. G. Jung. Na década de 1970, passa a lecionar História e Filosofia das religiões, no Instituto de Psicologia Aion/São Paulo. Entre as pesquisas que realizava em 2000 está Teoria Geral do Feminino (em colaboração com Dalila Pereira da Costa).

Sua estréia em livro se dá como tradutora de **Elegias de Duíno,** de Rainer Maria Rilke, publicação que a consagrou de imediato como a iluminada tradutora, de grande sensibilidade e *ostinato rigore*, que sua obra posterior viria provar amplamente. À tradução de Rilke, seguem-se as de San Juan de la Cruz, Angelus Silesius

Novalis, Holderlin, Miloz, Saint-John Perse, T. S. Eliot, D. H. Lawrence, W. B. Yeats, C. G. Jung... Já pela natureza dos poetas traduzidos, pode-se avaliar a natureza do universo poético que a autora vem construindo há quarenta anos.

Como poeta, sua estréia em livro se dá em 1970, em plena maturidade intelectual e poética, com **Andanças**, reunião de poemas escritos entre 1948 e 1970. O reconhecimento da crítica foi imediato e unânime. Reconhecimento que, através dos anos, ampliou-se em uma extensa fortuna crítica, assinada por poetas e críticos como Gerardo Mello Mourão, Euryalo Cannabrava, Vilém Flusser, José Paulo Paes, Ivan Junqueira e outros do mesmo jaez.

Assumindo-se como poeta no expectante período da guerra fria (no qual forças contrárias – EUA x URSS – defrontavam-se com poderes aparentemente iguais e insuperáveis), Dora (e demais poetas que também se iniciavam) se defronta com um cenário poético em crise.

Nele se sobressaem (embora confusamente) duas tendências estéticas que se desenvolviam paralelamente: *a estética da ruptura*, da fragmentação e da contestação (que vinha dos Ismos do início do século XX) *e a estética do retorno às origens clássicas* (à literatura, arte e pensamento da Grécia apolínea, que lançara os fundamentos da cultura ocidental, milênios antes de Cristo).

É por esta última que a poeta paulista vai optar, tal como o fizeram os da "geração de 45", seus contemporâneos. Entretanto, sua opção vai mais longe do que a mera adesão a um ideal estético.

Poeta de húmus órfico e de linhagem rilkiana, Dora Ferreira da Silva dá voz *à poesia-do-mundo*, – aquela que, desde Goethe (século XVIII) e de mil formas, tem dado voz a uma interrogação basilar: a que sonda o ser humano e suas relações com o mundo, com a vida, a morte, a memória, o efêmero, o eterno, etc. Interrogações que esperam, do poeta, a possível resposta, por ser ele o ponto de ligação entre o real e o enigma da vida. É essa concepção de poesia e de poeta que alicerça o universo poético de Dora. Sua poesia é irmã daquelas que, mesmo por diferentes caminhos, se empenharam (e se empenham) em descobrir uma *nova ontologia* ou nova *teoria do ser*, a partir de uma concepção de mundo, já não *transcendente* (como a concepção cristã, centrada num Deus criador), mas *imanente* (centrada no mundo sensível, no mundo dos seres e coisas concretas, onde estaria oculto o verdadeiro conhecimento da vida, a ser alcançado pelo olhar do poeta e pela palavra da poesia).

Essa concepção do poeta e da poesia já se anuncia no poema de abertura de **Andanças**, com a chegada solitária da persona poética, que se sabe testemunha de um mundo devastado por perdas e ausências (e cujo caos lhe caberia reordenar).

Vim rolando nas águas como pedra solta / os olhos sofridos de tantas madrugadas / vim sem-sentido como um colar desfeito / as mãos partidas, frouxas, caladas / flutuando em cega sobrevivência. // (Que ausência de corpo / cinza e degredo / que ausência de alma na minha alma / fogo e segredo).

E mais adiante fala do que se faz urgente: Nascimento do poema:

É preciso que venha de longe / do vento mais antigo / ou da morte / é preciso que venha impreciso [...] o poema inecessário. [...] que com ele venha o látego da insônia / morto e preservado. // Então desperta / para o rito da forma / *lúcida / tranqüila:* / senhor do duplo reino/ *coroado / de* sóis e luas.

E os poemas se sucedem em ritos de formas que celebram no hoje a essencialidade já esquecida de um ontem inaugural: celebração que se dá no espaço mágico onde a poesia é a grande celebrante. Aquela de quem se espera a iluminação da verdade do ser no mundo.

Andarilha do limiar / ao centro te aventuras / despojada das vestes da alegria / no ouvido inscrito o canto sibilante / do vento / pela ramaria.

Do limiar (fronteira do não-saber), para o centro (onde se oculta o saber), o fluxo poético se sucede em beleza, leveza/dureza e essencialidade, lembrando-nos Heidegger, no falar sobre a urgência de se descobrir o ser, através do homem e de sua memória: *O homem é a morada do Ser. Ou o Poeta é a morada do Ser. O obscurecimento do mundo não atinge nunca a luz do Ser. Ou ainda, O poetar pensante é, na verdade, a topologia do Ser* (**A experiência do pensar**).

É de uma nova comunhão do homem com o mundo obscurecido pelo Mal, que o Ser se revelará. É através do vivenciar e pensar o mundo que a iluminação se dará. É nesse linha filosófico-poética, de raízes fenomenológicas, que se desdobra a poesia de Dora Ferreira da Silva, e se adensa de livro para livro.

No dizer de José Paulo Paes: *lírica órfica que responde ao vislumbre rilkiano do visível e do invisível como um continuum sem hiatos nem compartimentações. Poesia que pertence à linhagem daqueles cuja palavra, fiel às próprias origens da poesia (quando canto e ritual eram indistinguíveis um do outro), ronda e tempo nas fronteiras do sagrado. [...] Não como adesão a uma crença religiosa, mas por impulso interior que leva a poeta a ver, na realidade, o espaço aberto à iluminação de um conhecer, para além do espaço fechado da concretude, do sensorial. O espaço da hierofania, nomeado por Mircea Eliade para designar o ato da manifestação do sagrado.*

Uma via de ver as coisas, **Jardins**, **Retratos de origem**, **Poemas da estrangeira**... são livros que se vão sucedendo e ampliando a temática inicial, como pedra que atirada no meio do lago se multiplica em círculos e mais círculos, saindo uns dos outros. Poesia severamente bela e multiforme, sempre atenta ao Ser. Da Grécia à Bíblia; dos mitos fundadores da cultura ocidental às sua próprias origens ancestrais (dos mares da Calabria para a Conchas míticas, onde Cristo dança com toda Natureza); do vaguear por paisagens de ontem e de hoje ao peregrinar por mundos de poesia (Rilke, Holderlin, Cecília Meireles, Clarice Lispector...) irmãos do seu... a poesia de Dora se faz busca e encontro. Faz-se eco de uma plenitude sem princípio nem fim, pressentindo, não um mistério oculto para lá da existência das coisas, mas o próprio mistério de haver coisas – o enigma que as torna reais e evidentemente na força do Ser, nelas onipresente.

Dora desde sempre assumiu a poesia como destino (ou missão?). E o anunciou inúmeras vezes, como em "eis-me aqui" (**Poemas da estrangeira**):

Quem – senão tu – sabe de que fundo germinei / de que abismo ou estrela me precitei entre os que me acolhem / ou repudiam? / A princípio morava à beira de um rio / em sua margem de conchas e pedras / e as palavras não soavam tão estranhas. Mas por ordem arbitrária / afastei-me de todo o convívio e segui sem pouso fixo. / Assim o quiseste. Acendi a lâmpada apoiando-a sobre o peito / ou foste tu que me acendeste na lâmpada queimando o coração? / Assim o quiseste. [...] Curvei-me nos altares do passado e futuro / no abismo do instante conheci o eterno: a flor em seu aceno / a árvore e o céu lento / o outono – // esse o aprendizado que me foi pedido.

Sua trajetória poética tem sido assinalada com inúmeros sinais de aceitação ou consagração. Entre as distinções e prêmios recebidos, estão: dois Jabutis/Poesia (**Andanças** e **Poemas da estrangeira**) da Câmara Brasileira do Livro – SP e Prêmio Poesia/Pen Clube (**Talhamar**). Como disse Gerardo Mello Mourão, na introdução à **Poesia reunida** (1999): *Hoje são poucos os que ainda cultivam, como uma religião secreta, um mistério órfico, a mágica de criar a Beleza, o Poema que dura para sempre. Dora Ferreira da Silva tem lugar privilegiado entre esses raros...*

Publicações: Poesia – **Andanças**, 1970; **Uma via de ver as coisas**, 1973; **Menina seu mundo**, 1976; **Jardins** (esconderijos), 1979; **Talhamar**, 1982; **Retratos de origem**, 1988; **Poemas da estrangeira**, 1996, e **Poesia reunida**, 1999. Traduções – **Elegias de Duíno** de R. M. Rilke, 1972; **Memórias, sonhos, reflexões** de C. G. Jung, 1975; Poesias do século XX in **Estrutura da lírica moderna**, 1978; **A poesia mística** de San Juan de la Cruz, 1982; **Angelus Silesius** (colab. H. Lepargneur), 1986; Estreitos são os barcos de Saint-John Perse, in Diálogo nº 16, 1964; Quarta-feira de cinzas de T. S. Eliot, in Diálogo nº 7, 1957, e O barco da morte de D. H. Lawrence, in Diálogo nº 5, 1956.

DORA FIGUEIREDO LOCATELLI 355

Contista, poeta e professora, Dora Figueiredo Locatelli nasceu em Passa Quatro (MG), em 30.03.1941. Radicou-se no Rio de Janeiro. Formada em Letras na Faculdade Santa Úrsula, fez mestrado em Literatura Brasileira (UFRJ). Dedicou-se ao magistério. Escreveu poesia e contos desde adolescente e começa a publicá-los na imprensa carioca na década de 1970, concorrendo em concursos literários, ganhou vários prêmios, entre eles, o Fernando Chinaglia – UBE e menções honrosas. Participou da antologia poética **Com a boca no mundo** (prefácio de Telênia Hill). Estréia em livro individual em 1982.

Publicação: Contos – **Abre a janela, Maria**, 1982.

356 DORA MARIA

Romancista, teatróloga e presença cultural atuante, a paraibana Dora Maria Baptista pertence a uma família de intelectuais que se distinguiram como incentivadores da cultura na região nordestina (como é o caso de Pedro Baptista) e, em especial, dedicados à valorização da arte literária folclórica (como seu tio Manuel Sabino Baptista, conhecido poeta e um dos fundadores, no Ceará, da famosa Padaria Espiritual).

Depois dos estudos básicos, Dora Maria muda-se com a família para o Rio de Janeiro, onde prosseguiu os estudos e posteriormente exerce diferentes atividades de trabalho. Na década de 1950, começa a publicar romances e peças de teatro, que foram bem aceitas pela crítica. Várias peças suas foram radiofonizadas por Janete Clair, obtendo grande sucesso de audiência. Teve duas peças televisionadas pela TV Tupi (RJ). A problemática dominante de sua escrita ficcional é a consciência dolorida da condição da mulher, pressionada entre os preconceitos que a relegam à posição de objeto e seu fundo desejo de se assumir como sujeito de suas ações ou opções.

Publicações: **Confissões de uma quarentona**, 1958; **O aterro**, s/d; **Um homem e sua carga**, 1963.

357 DORA TAVARES

Poeta, contista e cronista, Dora Tavares (nome literário de Maria Auxiliadora Tavares) nasceu em Bom Sucesso (MG), em 02.01.1953. Formou-se em Letras (Faculdade de Filosofia, Ciências e Letras – Patos de Minas) e Comunicação Social (Faculdade de Filosofia, Ciências e Letras – Belo Horizonte).

Desde adolescente escreve poemas, crônicas e contos, publicados na imprensa mineira e de outros estados (Diário de Minas; Jornal de Letras, RJ; jornais O Estado e Folha do Piauí; Correio das Artes, João Pessoa; Agora, Divinopólis, etc.). Estréia em livro, em 1985, obtendo boa aceitação da crítica.

Publicação: **Resgate da palavra**, Prêmio Guararapes, 1985; **Pássaro em diagonal**, 1986.

358 DOROTHY CAMARGO GALLO

Romancista, contista, cronista, radialista, rádio-atriz, professora e tradutora juramentada, Dorothy Camargo Gallo nasceu no Rio Grande (RS), em 1924. Professora de Língua e Literatura Inglesa, diplomou-se pela Universidade de Anne Harbour (Michigan, EUA).

Dedicou-se durante alguns anos a escrever novelas radiofônicas para emissoras do Rio Grande do Sul, Rio de Janeiro e Santa Catarina. Atuou também como atriz em peças radiofônicas e em teatro. Suas viagens pelo Brasil e exterior se refletem em sua produção literária recolhida em livro ou divulgada pela imprensa. Participou de antologias de contos e de poesias (**Rodízio de contos**, 1985; **Ficções**, 1988; **O fino do conto**, 1989, e outros).

Estreou como romancista em 1969, com **Chuva na areia**. Seguem-se livros de contos, novelas e romances, muitos dos quais premiados (Prêmio Nacional de Romance – Governo do Paraná, 1991).

Publicações: Romance – **Chuva na areia**, 1969; **O amanhã de tanta espera**, 1992, e **A endiabrada**, 1999. Contos – **Intimidade**, 1982; **Outras intimidades**, 1984, e **Todas as luzes**, 1997. Novela – **A estranha amizade de Joca Machado**, 1996, e **Espere o próximo domingo**, 1998.

DULCE CARNEIRO 359

Poeta e professora, Dulce Carneiro nasceu em Xiririca (SP), em 25.12.1917. Radicou-se na capital paulista, onde faleceu, em 17.05.1982. Dedicou-se ao magistério durante trinta anos, durante os quais escreveu inúmeras poesias e cantigas infantis para as mais diversas ocasiões. Dezenas delas foram reunidas em coletâneas e publicadas em livros. Outras, divulgadas na imprensa.

Publicações: **Meu caderninho**, s/d; **Lições rimadas**, s/d; **Renovoada**, s/d e **Folhas**, s/d.

DULCE CHACON 360

Escritora e professora, Maria Dulce Chacon e Albuquerque Nascimento nasceu no Recife (PE), em 1907. Formou-se para o magistério, em 1923 e como secretária comercial, em 1926. Dedica-se ao ensino e às atividades culturais. Colaborou durante tempos na imprensa, com crônicas e artigos.

É membro de várias entidades (Academia de Artes e Letras de Pernambuco; AFCJG – Ala Feminina Casa Juvenal Galeno-CE; AJEB e outras). Em 1972, recebe Medalha de Prata/Amiga da Marinha.

Publicações: **A criança e o jogo**, s/d, e **Receitas mágicas**, s/d.

DULCE GRANJA CARNEIRO 361

Poeta, cronista, contista, fotógrafa profissional e jornalista, Dulce Granja Carneiro nasceu em Atibaia (SP), em 10.11.1929. Desde muito jovem, escreveu poemas, crônicas e contos para a imprensa. Foi co-fundadora e colaboradora do mensário Tentativa de Atibaia (1949/1951). Profissionaliza-se no jornalismo, como comentadora de modas, redatora e contato de publicidade. Participou de antologias poéticas. Estréia em livro em 1953. Fez parte do conselho diretor da Casa da Cultura de Atibaia. Pertence a várias associações culturais.

Publicação: **Além da palavra**, 1953.

DULCINÉA PARAENSE 362

Poeta, declamadora, jornalista, pianista, advogada e presença cultural atuante em seu meio social, Dulcinéa Paraense nasceu em Belém (PA), em 1918.

Estudou no Ginásio Paes de Carvalho, distinguindo-se desde cedo por sua inteligência e vocação natural para a poesia. Ainda adolescente escrevia poemas e os declamava nas reuniões sociais, tornando-se depois uma exímia declamadora. Formou-se em Direito na Faculdade do Recife, em 1938. Em 1942, transferiu-se para o Rio de Janeiro (RJ), onde se radicou. Enquanto em Belém (PA), trabalhou na redação do jornal O Estado do Pará e na revista Terra Imatura.

Como poeta, colaborou durante anos na imprensa paraense e em revistas como Guajarina, A Semana e Terra Imatura. Não chegou a publicar livro, mas poemas seus têm sido recolhidos em antologias. Herdeira do Modernismo, escrevia em versos soltos ou brancos, com muita cadência e melodia.

(Fonte de consulta: **Poesia do Grão-Pará**. org. Olga Savary*, RJ, Graphia Editorial, 2001.)

DÚNIA DE FREITAS 363

Poeta, declamadora, historiadora e professora universitária, Dúnia Anjós de Freitas nasceu em Lages (RS), em 10.01.1943. Radicou-se em Joinville (SC). Formada em História, dedicou-se à docência e à pesquisa, na Fundação Educacional da região de Joinville, onde exerceu os cargos de chefe do Departamento de Ciências Sociais, de coordenadora do Setor de Assuntos culturais e coordenadora do Laboratório de História Oral.

Desde a década de 1970, participou de atividades de estímulo à criação literária e sua expansão na comunidade. Integrou o grupo que, com o poeta Alcides Buss, em 1975, criou a revista literária O Cordão. Logo após, participou da criação do opúsculo mensal Viva a poesia (FUERJ); e também do projeto Varal Literário permanente (1986/1987). Participou de publicações coletivas (**Show das 10 em tempos de poesia**; **Folhetos poéticos** de Edições Ipê), colaborando com os poetas José Eli Francisco, Jurandir Schmit e Mila Ramos. Estréia em livro, em 1980. Pertence a várias associações culturais.

Publicações: **Rastros**, 1980, e **Abracadabra**, 1983.

364 DYRCE ARAÚJO

Poeta, professora, assessora cultural, Dyrce Araújo nasceu em Rio Branco (Acre), em 03.06.1946. Está radicada em São Paulo. Formou-se em Letras Modernas (português-inglês). Ingressou no magistério público e lecionou também em colégios particulares. Trabalha com literatura para a terceira idade (SESC/São José Campos) e é supervisora de literatura na Fundação Cultural Cassiano Ricardo, em São José dos Campos.

Iniciou-se como poeta, publicando na imprensa e participando de antologias. Estréia em livro, em 1982, com a poesia de **Quando a casa dorme**. Seguem-se outros. Publicou poemas nas antologias: **Mulheres de São José** (org. Celso Alencar), 1993, e **Nova Poesia Brasileira** (org. Olga Savary*), 1992.

Publicações: **Quando a casa dorme**, 1982; **Pecado imortal**, 1985, e **Sagrada paixão**, 1996.

e

365 EDITH ARNHOLD

Poeta que se revela na madurez dos anos, artista nata, escultora, pintora, tradutora, advogada, judia alemã naturalizada brasileira, Edith Arnhold nasceu em Dusseldorf (Alemanha), em 08.06.1930. Em 1940, em plena guerra nazista, muda-se com a família para o Brasil, radicando-se em São Paulo (SP). Formou-se em Ciências Jurídicas, pela Faculdade de Direito da Universidade de São Paulo-USP (1976). Ganhou o Prêmio Gastão Vidigal, por monografia sobre direito econômico, apresentado no fim do curso. Realizou inúmeros cursos: língua inglesa (Sociedade de Cultura Inglesa – 1949) e literatura alemã (Casa da Juventude da Congregação Israelita Paulista, 1944), História da Arte (IADÊ, 1963), teatro (Cursos de Eugênio Kusnet, 1966/1967, e de Gene Frankel, Nova York, 1966/1967), cursos de dança moder-na (com Maria Duschenes, Vera Kumpera e Yanka Ruzka em São Paulo, na década de 1940, e com Alan Wayne, em Nova York, 1966), iniciação em dança indiana (Nova York, 1967), cursos de pintura, desenho e gravura (Escola de Arte Documenta, São Paulo, 1974), cursos de filmagem em super-8 e fotografia. Formou-se em Direito pela Faculdade de Direito da Universidade de São Paulo-USP (1976). Fez pós-graduação em Direito Internacional Público (USP). Pertence à OAB – Ordem dos Advogados do Brasil. Fez várias viagens de estudo ao exterior (Alemanha, Inglaterra, França, Holanda, Bélgica, Itália, Grécia, Estados Unidos, Canadá, África do Sul...).

Muito jovem inicia-se como artista plástica, atuando em diferentes áreas: desenho, pintura, gravura e escultura. Estréia em exposição coletiva de pintura em 1949. Prossegue participando de mostras coletivas e conquistando vários prêmios.

Na área da poesia iniciou-se como tradutora de poetas alemães, franceses e ingleses. Estreou como poeta em 1981, com o livro **Terezín**, o qual, segundo depoimento da autora, foi iniciado em julho de 1979, na cidade de Praga, onde visitou a exposição de desenhos que haviam sido feitos por crianças judias detidas em Terezín (Tchecoslováquia), entre novembro de 1941 e maio de 1945, antes de serem deportadas para Auschwitz (Polônia). Diz ela: *Cada desenho trazia o nome da criança e as datas do nascimento e deportação. Na ocasião, me disseram que nenhuma sobrevivera. Durante dois anos vivi com seus nomes. Adquiriram rosto, corpo, voz, alento. [...] Agora chegou o momento de devolvê-las à comunidade dos homens.*

Poesia contida, densa, dolorosa e bela, a deste livro de estréia teve a apresentação da poeta Dora Ferreira da Silva*:

...poema de madurez, desataviado, a um só tempo acre como um grito em campo de inverno, sofrido em todos os recantos de sua sensibilidade, participando até a última gota, sorvido e enfim transfigurado, mas que força, a dessas veias femininas e dúcteis de Edith, que se doam como rios de curso tumultuado, mas nunca em exibição fácil ou artifícios estilísticos. Não. Este poema é feito de sofrimento vero e Edith a ele se doa como vítima e oficiante. Ofício de amor que celebra em melancolia o massacre dos inocentes, banhado o poema numa luz amorosa, isenta de sentimentalismo. Os algozes perpassam agourentos, mas ofuscada é sua sombra pela inocência.

A comunhão com a dor humana, revelada por sua poesia, estende-se a toda natureza destruída pelos homens, incluindo sua compaixão pelos animais sofridos. Há muito a poeta entregou-se à cruzada de proteção à natureza e aos animais abandonados nos centros urbanos. Cruzada essa que teve início oficial com a fundação da Sociedade Beneficente de Proteção aos Animais, Quintal de São Francisco, da qual foi sócia fundadora em 1982; é incansável diretora e também representante no Conselho de Proteção e Defesa dos Animais.

A poesia de seu mais recente livro, **Oppidum** (1997), vem mostrar que essa atuação filantrópica ou seu empenho pessoal, na defesa dos animais e do equilíbrio, vai muito além de um simples impulso de amor à natureza. Arraiga em algo mais profundo, revela a visceral comunhão de seu eu com o Universo. É dessa comunhão que se alimenta a metafórica e alta poesia de **Oppidum**. Na apresentação, Diva Maria Salvatore fala do húmus que nutre sua matéria poética:

Edith Arnold, com grande empatia, vem se dedicando à fauna em geral, buscando aprofundar seu entendimento relativo à relação natureza/homem, voltando o seu interesse à problemática existencial planetária, que compreende a biodiversidade, tema que aflorou nesta década de 1990, a partir da Conferência sobre o meio ambiente/ Rio, 1992.

Em lugar de planetária, diríamos cósmica. Poesia de grande maturidade existencial e domínio técnico, a de **Oppidum**, já pelo título sibilino, aponta para uma consciência de mundo que se sabe integrada ao processo da vida e, por ele, responsável. O escoar da fala poética revela que essa consciência de integração exige o testemunho da poeta para que sua experiência de vida perdure no tempo. (**Oppidum**, termo latino que evoca cidade fortificada, muralha que circundava as antigas cidades latinas, formando o núcleo do que seria depois o Império Romano.)

Testemunho que não se dá por via racional, lógica, linear, mas pela emotiva e sensorial, labiríntica, em que tempos e espaços diferentes se interpenetram, desafiando o leitor a descobrir onde pisa. Só nas releituras, a verdade poética começa a emergir da linguagem sibilina, revelando um eu poético que se sente depositário da vida, dono de uma memória-muralha, *oppidum* preservando do esquecimento tudo que se passou dentro do espaço e tempo por ele cercado e defendido. Memória de maturidade, momento de balanço para o encerramento das contas:

Extinto o fogo // despontam luzes // esconso o conto/; simulacro / parábola antiga / esconjuro-os / encerro-os // e os descerro / canto e cânon / ego e eco.

Tais versos (impressos, soltos, cada qual em uma página em branco) perdem muito de sua força expressiva, ao serem assim transcritos linearmente. Como decifrá-los? Tendo como ponto de referência a problemática acima referida (o assumir-se como memória-testemunho do vivido), a decodificação do metafórico torna-se fácil: consciente de estar chegando ao final da jornada (extinto o fogo), a poeta se dá conta do valor, beleza e essencialidade do já vivido (despontam luzes), e rejeita os escritos fictícios que teria escrito, os fatos inventados (o conto / simulacro / parábola antiga). Com veemência os recusa (esconjuro-os / encerro-os), para dar guarida à sua própria voz, espaço de ressonância do mundo vivido (canto e cânon / ego e eco).

Poesia de evidente lastro culto (fusão intencional do popular e do erudito), a de **Oppidum** funde vivências íntimas e intransferíveis com experiências do corpo a corpo com o mundo (história, cultura, conhecimento, etc.):

...cativa dos idos / sou aluvião sangue / lava serei lavra nova / sílica / ampulheta no tempo (Constelações) ...nem anjo nem profeta / face à morte (Domus).

Visão cósmica da vida, a de Edith Arnhold apreende, em sua palavra, tempos e espaços de hoje e de ontem, o das origens e do pressentido futuro, tudo fundido numa só realidade, todos os elementos indissoluvelmente unidos entre si, sem fronteiras ou limites:

...casa / matrix / gens / lendas manias lides.

...romper o silêncio / forçando a fresta do tempo / fazer florir campos de vastos sonhos / buscar os sons de antanho.

Mas esses sons são captados fragmentariamente e unidos ao acaso da memória, arbitrariamente, aparentemente sem passar pelo crivo da ordenação lógica. Como se se tratasse de um velho filme, cortado em pedaços, do quais alguns foram perdidos, de maneira que, ao ser remontado, houvesse saltos de uma imagem a outra e o espectador precisasse reconstruir em sua memória ou imaginação, o que teria acontecido entre um momento e outro. É, pois, pela leitura e releitura, que a poesia de **Oppidum** se deixa decifrar, em sua essencialidade e inteireza, como vida transfigurada em poesia. Numa linha de criação sintonizada com a contemporaneidade, reinventa o passado para abrir caminho para o amanhã.

Em 2001, publicou **Réquiem para Dona Eugênia**, no qual evoca, através de uma atmosfera de ludismo e encantamento, a memória da mãe negra que encheu de magia sua imaginação de menina, ao chegar ao Brasil. Como diz Reynaldo Damazio na apresentação:

No encontro da menina branca européia com a mulher negra brasileira, aqui retratado em sua pujante emotividade, vislumbramos o confronto de duas culturas poderosas e imensamente diversas. A garota vinha de um continente estilhaçado pela guerra e encoberto pela sombra da barbárie. Aqui deparou-se com uma civilização original, em formação, resultado da mistura criativa de muitas raças. A grandeza da figura de Eugênia, em sua integridade de espírito e sabedoria, revela-se um verdadeiro símbolo da esperança. [...] Dela extraímos a lição maior e essencial de que as etnias não são necessariamente excludentes, mas complementares, para a saúde da própria humanidade.

É realmente esta a grande lição que nos dá a lúdica e mágica poesia de Edith Arnhold.

Publicação: **Terezín**, 1981; **Oppidum**, 1997, e **Réquiem para Dona Eugênia**, 2001.

366 EDITH KORMANN

Contista, poeta, diretora teatral, pesquisadora, professora universitária e artista plástica com incursões pela pintura, desenho e tapeçaria, Edith Kormann nasceu em Brusque (SC), em 20.03.1921. Desde a infância, manifestou atração pelas artes e nessa direção desenvolve seus estudos e atividades profissionais.

Formou-se em Letras, em 1938. Inicia-se no magistério e sucessivamente desempenha cargos de diretora escolar, auxiliar de inspeção, inspetora escolar, etc. Simultaneamente, desenvolve estudos na área teatral. Forma-se em direção teatral. Faz licenciatura em arte dramática (URGS). Estuda técnica vocal (com Charlotte Kahle, na Alemanha) e técnicas dramáticas aplicadas ao ensino. Interessa-se pela cultura cinematográfica, mímica (curso com o mímico Rolf Sharre da Alemanha), expressão corporal (com Maria Fux de Buenos Aires), e outros.

Escreveu e publicou vários livros de estudos sobre teatro. Tem participado de inúmeras antologias de contos e de poesia (**Contistas de Blumenau I e II**, 1979/1980; **Nova poesia brasileira** – Shogun Arte, 1985, e outras). Tem participado e promovido festivais de teatro, seminários, encontros de artes e congressos no Brasil e exterior. Foi atriz e dirigiu espetáculos teatrais em Porto Alegre. Em 1974, fundou o Grupo Teatral Phoenix, com estudantes universitários da FURB. Com grupos teatrais de Santa Catarina, fundou a Federação Catarinense do Teatro Amador.

Foi premiada em concurso de contos, promovido pela FURB, 1978. Eleita cidadã blumenauense. Sócia da União Brasileira dos Escritores e da Associação Catarinense de Escritores. Estréia em livro individual com **Destinos**, contos centrados no cotidiano e seus desencontros. Publica também livros de ensaios e poesia.

Publicações: Contos – **Destinos**, 1986, e **Realidade? ficção?** s/d. Ensaios – **Teatro na educação artística**, 1978. Biografia – **O maestro Geyr e o período áureo do teatro Carlos Gomes**, 1985, e **Blumenau: arte, cultura e histórias de sua gente** (4 volumes.). Poesia – **Minha veia poética**, s/d.

EDITH MENDES DA GAMA ABREU 367

Poeta, jornalista, ensaísta, professora, conferencista, líder feminista e primeira mulher no Brasil a ser eleita para uma academia de letras, Edith Mendes da Gama Abreu nasceu em Feira de Santana (BA), em 13.10.1903. Viveu parte de sua vida na capital baiana, onde faleceu, em 20.01.1982, tendo sido velada no Instituto Histórico e Geográfico da Bahia, e sepultada no Cemitério do Campo Santo.

De família de militares, políticos, intelectuais e poetas (os Mendes da Costa), Edith teve desde a infância educação aprimorada nos melhores colégios e com os melhores mestres na Bahia, da primeira metade do século XX. Formou-se na Escola Normal de Salvador e completou estudos (filosofia, literatura européia e brasileira, ciências sociais e canto) no Rio de Janeiro. Com quinze anos, fez sua primeira conferência, "A mulher", antecipando futuras preocupações com a problemática feminista. Na década de 1930, tornou-se a mulher mais representativa da Bahia, ocupando diversos cargos ou funções de relevo no meio político-cultural baiano (Presidente da Federação Baiana pelo Progresso Feminino; Diretora do Departamento Cultural da Federação Brasileira pelo Progresso Feminino; Membro do Conselho de Educação e Cultura do Estado da Bahia; Presidente da Pró-Mater da Bahia, etc.).

Em defesa dos direitos da mulher, militou politicamente ao lado de Bertha Lutz* e de outras feministas, conseguindo do Governo da Bahia a aprovação de várias medidas legais que favoreciam a atuação pública das mulheres. Foi deputada federal, em 1934, pela oposição, e, em 1946, candidata a deputada estadual.

Com intensa vida literária, jornalística e política, Edith se candidata à Academia de Letras da Bahia e consegue eleger-se, tornando-se a primeira mulher acadêmica, no Brasil. (Logo depois Isabel Edwiges de Sá Pereira ingressa na Academia Pernambucana de Letras, e Júlia Galeno – de quem Edith foi amiga – é admitida na Academia Cearense de Letras.) Durante quarenta anos, Edith liderou boa parcela da academia, dedicando-se com ardor e idealismo ao seu compromisso acadêmico. E ali permaneceu como única mulher até 1981, quando é eleita acadêmica a escritora Hildegardes Viana.

Como educadora, contribuiu com seu persistente trabalho para a modernização dos métodos de ensino em todos os níveis, do básico ao superior. Em 1942, participou da fundação da Faculdade de Filosofia da Bahia, assumindo a cátedra de Didática Geral e Especial. Pelos serviços prestados à comunidade e pelo trabalho intelectual, foi reiteradamente distinguida com prêmios, condecorações e designações.

A maioria de sua obra permanece inédita, esparsa na imprensa (A Tarde, Diário de Notícias, Estado da Bahia e Imparcial na Bahia; Jornal do Brasil, Correio da Manhã e O Espelho, no Rio de Janeiro; Correio do Povo e Diário de Notícias, em Porto Alegre; Oeste Paulistano e O Paulistano, em São Paulo) ou em arquivos das entidades culturais a que pertenceu. Abarca poesia, romance, contos, geografia, discursos, ensaios, reflexões pedagógicas, etc. Como diz Edvaldo M. Boaventura: *Em toda a sua obra, que cobre quase meio século de vida baiana, pode se encontrar reflexo das idéias e o retrato das pessoas, homens e mulheres que movimentaram a vida social, política e cultural da Bahia.* (in **Papéis e personalidades de baianos**. 1985, p. 38).

Publicações: Romance – **A cigana,** 1949. Reflexões – **Problemas do coração**, 1935, e **O que a vida me tem dito**, 1979. Ensaio – **O romance**, 1958.

EDITH PIMENTEL PINTO 368

Poeta, ficcionista e professora universitária, Edith Pimentel Pinto nasceu em São Paulo (SP), em 1924, e faleceu em 1992. Fez os estudos básicos no Instituto Caetano de Campos. Formou-se em Letras neolatinas, na Faculdade de Filosofia Ciências e Letras da USP, onde fez carreira, chegando a professora titular de língua portuguesa. Entregando-se ativamente à tarefa de educadora, formou várias gerações de professores e estendeu sua atuação docente para além-fronteiras nacionais. Entre os cursos que ministrou no exterior, está o de português e literatura brasileira, na Eberhard Karls Universitat em Tubingen (Alemanha).

Começa a escrever versos e a inventar histórias ainda menina. Em 1958, publica sua primeira coletânea de poesia, **Ia** (Prêmio Fábio Prado). Seguem-se **Dimensões de agora** (Prêmio Governador do Estado de São Paulo, 1959/1960) e **Toda via** (1961/1971). Estes três títulos, mais tarde reunidos em um só volume, mostram uma palavra que busca a fluidez da música e se sabe infinitamente múltipla em possíveis significados como disse a autora: *...a palavra é credo e o sentido não está nele, mas no crente.* Esses três livros mostram a essencialidade do processo de busca em que se empenha a poeta, sabendo que sua palavra, por mais que se queira nova e livre, é um irredutível ponto de convergência de toda a cultura e vivências humanas que a precederam. Mas por outro lado, sabe que a ela, palavra, cabe ser canto, na medida exata de seu tempo.

Em 1965, Edith estréia como ficcionista com os minicontos de **Tangente e corda**. Textos fragmentados, dinamizados por um humor ácido ou trágico que resulta de uma sensibilidade crítica, atingida pela crise de transformação dos valores, em curso no mundo atual. Crise que começa pela raiz, isto é, pela palavra que nomeia e dá realidade às coisas... No elogioso artigo em que assinala a publicação do livro, Domingos Carvalho da Silva cita o conto de abertura, O Professor, espécie de síntese da problemática-base do volume. Diz ele: *O Professor é, na aparência, uma sátira: o professor fala sozinho aos alunos e não diz absolutamente nada, ou melhor, tudo o que diz é uma torrente desconexa, um alude de confusão. Sua voz é na aparência a do camelô, a do orador de circo. Mas atrás dessa aparência há um grito doloroso. Esse não-dizer não se reduz ao chamado bestialógico, expressa a altitude do desespero diante do aviltamento do valor e do sentido das palavras no túmulo do mundo atual. (in Diário de S. Paulo. 14.08.1966).*

Dedicada integralmente à carreira universitária, como docente e pesquisadora, a poeta silenciou por quinze anos, durante os quais sua palavra poética foi-se adensando, ampliando e aprofundando no sentido dado por Jean Cohen: a especificidade da fala poética é a morte e a ressurreição da linguagem.

Em 1986, Edith publica **Sinais e conhecenças** (Artes de gramática) que foi distinguido com o 1º prêmio de poesia na Bienal Nestlé de Literatura Brasileira. Mescla essencial e inextrincável de poesia e história, artes de gramática e uma funda paixão pela vida, esse livro pode ser entendido como uma possível poética da poesia contemporânea. Conforme a síntese feita na contracapa: Sinais e conhecenças *eram instruções para uso de pilotos portugueses dos séculos XV e XVI. A* gramática *é um código neutro e anônimo, que impõe um sistema ordenado da comunicação verbal. O domínio deste conjunto de regras impositivas determina as* artes de gramática. *Diante deste código está o indivíduo, aceitando-o, mas transgredindo sua fronteira aparentemente intransponível para que sua voz se afirme na luta da expressão. Nasce, assim, a poesia e aí, além da gramática, surge 'a arte da gramática da vida' que orienta a navegação por mar que não consta das cartas. Por um mar de palavras onde se aprende a* compor as imagens do homem.

Publicações: Poesia – **Ia**, 1958; **Dimensões de agora**, 1960; **Toda via**, 1971, e **Sinais e conhecenças**, 1986. Conto – **Tangente e corda**, 1965.

369 EDLA VAN STEEN

Contista, romancista, jornalista, roteirista de cinema, teatróloga, tradutora, atriz e presença atuante no meio cultural brasileiro, Edla Van Steen, descendente de alemães, belgas e holandeses, nasceu em Florianópolis (SC), em 1936. Desde a década de 1960, reside em São Paulo (SP). É casada em segunda núpcias, com o crítico teatral Sábato Magaldi.

Estudou até os quinze anos no internato Colégio Cajuru, em Curitiba (SC), onde iniciou sua carreira de radialista e jornalista, em 1954, escrevendo para rádio e jornal. Desde muito jovem, sua tendência mais forte foi para literatura, entretanto as circunstâncias da vida a envolveram com vários outros caminhos da arte. Em 1959, aos vinte e três anos, torna-se atriz do filme **Garganta do diabo** e ganha o Prêmio de Interpretação Roberto Rosselini (Itália). Escreveu roteiros cinematográficos e também peças teatrais. Foi redatora de publicidade. Em 1972, juntamente com Tereza Nazar, fundou a galeria de arte Múltipla, especializada em obras de arte em série.

Como promotora de cultura, Edla realizou entrevistas com escritores (publicadas em **Viver & escrever** I-II) e organizou as antologias **O conto de mulher brasileira**/1978 e **O papel do amor**/1978. Tem participado de inúmeras antologias de contos no Brasil e no exterior (**Erotismo no conto brasileiro**, **O papel do amor**, **O poviadana Brazylijskie**, **Brazilian literature**...).

O início de sua carreira de escritora foi marcada por um traumatizante fato: seu primeiro original (e única cópia) de contos, escritos entre 1955 e 1958, intitulado **Contos incomuns**, foi esquecido num táxi e jamais recuperado. Depois de um período de silêncio, volta a escrever e, em 1965, publica seu primeiro livro, **Cio**, coletânea de contos, onde já se anuncia a arte narrativa labiríntica e as situações ambíguas ou insólitas que vão marcar o estilo da autora, a partir do romance **Memórias do medo**, publicado nove anos depois de sua estréia com **Cio**. Estilo engendrado pela fragmentação que é a marca do mundo contemporâneo, estilo mosaico, que deve muito à experiência da autora como roteirista, familiarizada com as técnicas cinematográficas, como montagem, cortes, etc.

Ficção marcada pela contemporaneidade, a de Edla Van Steen se estrutura através do jogo entre o visível dos gestos e o oculto das emoções; entre consciente e inconsciente; entre os valores deteriorados da burguesia decadente e os novos valores fraudados pela opressão do meio, etc. Sobre esse amálgama de problemas, predominam dois que, de livro para livro, se tornam mais evidentes: o da repressão sobre a mulher e seus esforços de libertação ou autodescoberta e o da criação literária que se torna cada vez mais consciente de seus processos.

Em seu universo perambulam vidas frustradas pela solidão interior, por um cotidiano limitado, amputado de calor humano, seres perdidos em si mesmos ou arrastados em situações turvas, de um erotismo mórbido. Problemática existencial que se expressa formalmente como em um quebra-cabeças, com as personagens-dramas se encaixando aleatoriamente umas nas outras.

Os títulos se sucedem em largos intervalos de tempo e alternando os gêneros: **Antes do amanhecer** (contos, 1977); **Corações mordidos** (romance, 1983); **Madrugada** (romance, 1992) e **Cheiro de amor** (contos, 1996). É em **Corações mordidos** que o universo ficcional, criado por Edla, alcança seu grau definitivo de maturidade, ao entrelaçar, de maneira essencial, o drama existencial (ou o vazio) que aprisiona suas personagens (em busca de plenitude interior, mas irremediavelmente frustradas pelos outros) e a construção consciente da trama romanesca – verbal e estrutural – da qual depende a autenticidade dos dramas existenciais narrados. Da primeira à última linha há um duplo questionamento: o da possível identidade do eu (processos do inconsciente sondado pelo consciente), e o dos possíveis mecanismos da criação ficcional. O cerne da estrutura labiríntica do romance é a tentativa de espelhar o inconsciente de Greta, a personagem narradora que, em busca de si mesma, se desdobra em outra personagem, Tina. Desdobramentos que se revelam abertamente em muitos momentos: *Tina, Greta, Alice, Luís, Sônia, Elisa, Miriam. Em quantas individualidades pode se desdobrar um único ser?*. Ou ainda: *Enquanto abordava outros, era a si que estava apalpando no retorno à infância, na sua ótica torta.* Romances de fundo psicanalítico, os de Edla põem a nu a fragmentação interior da mulher contemporânea, em busca de sua nova imagem e novo lugar do mundo.

Obra de excelente fortuna crítica (analisada por críticos como Leo Gilson Ribeiro, Fausto Cunha, Lauro Junkes, Telenia Hill, David George, Antônio Hohlfedt, e outros), a de Edla Van Steen já ultrapassou as fronteiras nacionais e vem sendo traduzida: **A bag of stories** (antologia e tradução de David George); **Village of the ghost bells** (Corações mordidos) e **Early morning** (Madrugada), traduzidas por D. George e publicadas pela Latin American Literary Review Press, USA.

Paralelamente à criação ficcional, Edla tem se dedicado regularmente à escrita de teatro. Em 1989 escreve e vê representada a peça **Último encontro**, que recebeu três grandes consagrações: Prêmio Moliére, Prêmio Mambembe de Melhor Autor e Prêmio Revelação de Autor - APCA. Em 1996, escreve **A mão armada** em parceria com David George. Em 2000, sua peça Bolo de nozes ainda estava inédita.

Nas décadas de 1980 e 1990, traduz mais de uma dezena de peças teatrais de grande sucesso de montagem: **O encontro de Descartes com Pascal**, de Jean Claude Brisville (montada por Ítalo Rossi, 1987/1988); **Três Anas**, de Arnold Wesker; **Max**, de Manfred Karge, em colaboração com Sonya Grassmann (montagem de Walderez de Barros, 1990); **Solness**, o construto de H. Ibsen (montagem do grupo TAPA, com Paulo Autran, 1988/1989); **As parceiras** de Claude Rullier; **Senhora Julia**, de A. Strindberg (montagem de William Pereira, 1991); **Strip-tease**, de Joan Brossa, colaboração de Sylvia Waschsne, 1993; **Cala a boca e solte os dentes**, de Terence MacNally, em parceria com Sonia Nolasco, 1994; **Da manhã à meia-noite**, de Georg Kaiser, parceria com Sony Rassmann, 1993; **A última carta**, de Nicolas Martin (montagem dirigida por Gianni Ratto, 1994); **Encontro no supermercado**, de Shula Meggido (montagem de Tereza Raquel, em parceria com Bely Genauer, 1995); **O doente imaginário**, de Moliére (montagem de Moacyr Góes, com Ítalo Rossi, 1996); **A dama do mar**, de H. Ibsen (montagem de Ulysses Cruz, 1996); **Vida no teatro**, de David Mamet (montagem de Francisco Medeiros, 1996), e outras.

Recebeu vários prêmios literários (APCA – Associação Paulista de Críticos de Arte/1977, II Concurso de Contos Eróticos da revista Status). Pertence a inúmeras associações culturais.

Publicações: Contos – **Cio**, 1965; **Antes do amanhecer**, 1977; **Até sempre**, 1985; **Cheiro de amor**, 1996, e **No silêncio das nuvens**, 2001. Romance – **Memórias do medo**, 1981; **Corações mordidos**, 1983; **Madrugada**, 1992 (Prêmio Coelho Neto/Academia Brasileira de Letras). Entrevistas – **Viver & Escrever**-I (1981) e **Viver & Escrever**-II (1982). Peças teatrais – **O último encontro**, 1989, e **A mão armada**, 1996. Livros juvenis – **Criança brinca, não brinca?**, 1985; **Manto de nuvem**, 1985, e **Por acaso**, 1996. Traduções de ficção – **Aula de canto** de Katherine Mansfiel, 1984, e **O médico e o monstro**, de R. L. Stevenson, 1987.

370 EDNA CAPOCCI

Poeta, cronista, jornalista e colunista social, Edna Oliveira Capocci nasceu em Barra do Garça (MT), em 02.10.1949. Estudou em colégio interno em Diamantina (MG). Adolescente, começa a escrever poesia e crônicas. Na década de 1960 muda-se com a família para terras de garimpo, onde permanece doze anos. Em 1969, casa-se com o então padre Ernesto Capocci, grande incentivador de sua atividade literária. Formou-se em contabilidade e deixou inconcluso o curso de Direito (Universidade Federal de Goiás). Profissionaliza-se como jornalista e mantém durante anos coluna social na imprensa. Em 1972, entra para a política e é eleita vereadora pela extinta ARENA.

Estreou nas letras, através de publicações em revistas e jornais, a partir de 1975. Tem participado de concursos literários e de antologias de poesia e prosa. Foi contemplada com vários prêmios e distinções. Em 1988, publica o livro de crônicas e poesias **Arremesso**. É membro da Academia de Letras, Cultura e Artes do Centro-Oeste, e da Academia Piracicabana de Letras.

Publicação: **Arremesso**, 1988.

371 EDNA DUARTE

Poeta, contista, cronista, cantora, Edna Duarte nasceu em Mossoró (RN), e desde a adolescência está radicada em Natal (RN). Formou-se em direito e vem atuando com destaque em seu meio literário e artístico, seja como escritora, seja como cantora no coral Canto do Povo, de renome nacional. Em seu trabalho na Fundação José Augusto, empenha-se em estimular na capital potiguar as edições de livros, espetáculos teatrais ou musicais, exposições de artes plásticas, etc.

Embora distante de sua terra natal, continua ligada a ela, como sócia-fundadora da Academia de Letras de Mossoró. É também participante ativa de uma loja maçônica. Como poeta, Edna se revela em **A barca de cristal** que, segundo o crítico mineiro, José Afrânio Moreira Duarte, é poesia ímpar no Brasil, pois gira em torno do culto aos deuses egípcios Isis e Osiris, sendo um trabalho mítico e místico, ao mesmo tempo.

Não entoei o cântico / Ritual, ainda. / Fórmula do Livro dos mortos. /Os sonhos bóiam / no limbo/ as verdades surgem, como raízes/ do seio da terra/ e o meu ser real/ fortalecido/ emerge para a luz.

Poesia ligada aos mistérios da origem, esta se mostra fundamente sintonizada com estes nossos tempos de apocalipse e gênese: o novo sempre resulta de antiga semente que brota modificada do húmus...

(Fonte de consulta: J. A. Moreira Duarte, **Revista da literatura brasileira**, nº 2, SP, 1996.)

Publicação: **A barca de cristal**, 1995.

372 EDNA FARJAT

Poeta, compositora, musicoterapeuta, professora, Edna Farjat Pompa Nunes nasceu no Rio de Janeiro (RJ). Formou-se em musicoterapia, na Faculdade de Formação de Musicoterapeuta (RJ), em 1979. Fez pós-graduação em Literatura Brasileira (UFRJ, 1983).

Filha de pais músicos, desde a infância foi seduzida pela música, poesia e teatro. Quando adolescente escreveu letras para melodias clássicas. Em 1978, em concurso musical de canções, ganhou o Troféu Lyra. Poemas seus têm sido dramatizados por grupos teatrais amadores. Em 1981, estréia em livro com os poemas de **Ritmos e rimas**. É sócia do SBAT – Sociedade Brasileira de Autores Teatrais.

Publicações: Poesia – **Ritmos e rimas**, 1981, e **Finito infinitivo**, 1983. Literatura infantil – **Cidadela dos cachorros** (em colaboração com Lígia Vaz de Mello).

EDNA SAVAGET 373

Poeta, romancista, jornalista, produtora de TV e figura atuante no meio cultural carioca, Edna Savaget nasceu no Rio de Janeiro (RJ), em 19.05.1928. Formou-se em Filosofia e fez parte da primeira turma formada em Jornalismo (hoje, área de comunicação social). Desde adolescente entregou-se aos exercícios da escrita poética e de ficção. Iniciou-se como escritora publicando poemas na imprensa, revistas e antologias.

Em 1952, estréia em livro com os poemas de **Contacto**. Seguem-se livros de poesias, romances e livros infantis. Em 1958, passa a atuar como produtora e apresentadora do Programa Edna Savaget. Tem recebido vários prêmios e distinções por seus diversos trabalhos.

Publicações: Poesia – **Contacto**, 1952, e **Breviários de Salvador**, 1957. Romance – **Plenamente solidão**, 1964, e **Silêncio no studio**, 1974. Literatura infantil – **A menina e o peixinho dourado**, 1979.

EDYLA MANGABEIRA 374

Jornalista, crítica de arte, poeta, memorialista, presença cultural ativa e ligada à vida brasileira das décadas de 1930 e 1940, Edyla Mangabeira Unger nasceu em Salvador (BA), em 1920, filha do renomado político Otávio Mangabeira, acompanhou sempre seu pai em suas permanências no exterior (seja como Ministro das Relações Exteriores, seja como exilado por se opor ao governo de Getúlio Vargas, desde a Revolução de 1930).

A instrução primeira da menina Edyla foi feita em casa com professores particulares, como era costume entre as famílias abastadas nos primeiros anos do século XX. Português, aritmética, francês, inglês, alemão, piano eram as matérias básicas. A essa formação, a curiosidade intelectual e paixão pela arte, naturais em Edyla, foram acrescentando conhecimentos e experiências vividas entre exílios pela Europa e Estados Unidos, e permanências no Brasil.

Exílios nas décadas de 1930 e 1940, para seguir o pai e, depois, para procurar a filha nos anos turvos da ditadura militar no Brasil pós-1964. Sua vocação para as letras levou-a, desde menina, a escrever poesias, crônicas e diários que ficavam inéditos. Em 1937 (de volta do primeiro exílio), vivendo no Rio de Janeiro e empolgada com as lutas feministas que se expandiam por todos os grandes centros urbanos, Edyla, juntamente com quatro companheiras, também adolescentes e todas filhas de homens respeitáveis e idôneos, fundou o jornal feminino Tanagra. Conforme seu informe na apresentação do 1º número, esse título era simbólico: ligava-se àquelas frágeis estatuetas de terracota encontradas na Ilha de Creta, representando figuras femininas. Enterradas durante séculos tinham ficado incólumes. Como nós, mulheres.

Tanagra foi um gesto corajoso e idealista em defesa da libertação da mulher, mas como era de esperar ficou nos limites da sociedade que, na época, freqüentava a Confeitaria Colombo, o bar do Palace Hotel, as corridas do Jockey, o *footing* na Avenida Atlântica, a Sorveteria Americana na Cinelândia, o Cassino da Urca... Isto é, ficou entre os sorrisos da sociedade. Tanagra durou um ano, mas permanece na memória cultural brasileira como um dos marcos da luta da mulher em defesa de seus direitos humanos.

Veio outro exílio (1938, depois do golpe de estado que impôs a Ditadura do Estado Novo) e Edyla segue novamente o pai em peregrinação forçada pela Europa em guerra. Estavam na França quando esta cai em poder dos alemães. Como filha de exilado político, Edyla consegue se tornar entrevistadora de personalidades famosas e, a convite de Orlando Dantas, torna-se correspondente, em Paris, do Diário de Notícias. Colette, Sacha Guitry, Jean Cocteau foram algumas dessas celebridades. Ao se casar, ainda durante a guerra, muda-se com o marido para Nova York, onde continua como correspondente do jornal carioca e trabalha no British Information Service, como tradutora para o português das notícias do *front*.

Protagonista e testemunha da tragédia da guerra que se mistura com as várias guerras que foi obrigada a travar com o poder instituído, Edyla dá o seu depoimento no livro **Três exílios e uma guerra** (1983). Falando desse livro, Jorge Amado diz: *A beleza e a verdade desse depoimento sobre o nosso tempo nascem e se afirmam em páginas terríveis, mais terríveis ainda porque a autora não dramatiza, não busca efeitos fáceis dos momentos trágicos, da violência desatada e monstruosa. [...] A guerra que tem sido a sua vida marcou cada uma dessas páginas, elas foram escritas com sangue e dor, medo e lágrimas, com coragem, solidariedade e determinação. Também e sobretudo com amor.*

São essas as marcas da alta poesia de Edyla Mangabeira e publicada na década de 1970: **O que ficou de mim** e **Solidão visitada**. Breves e pungentes poemas que nascem durante o doloroso período em que, em verdadeira via-crúcis, procurava sua filha que, no Rio de Janeiro (onde a escritora volta a residir depois de viúva) se envolvera na revolta estudantil de 1968; foi presa pela política militar, torturada, ferida, desaparecida, dada morta e, finalmente, encontrada no exílio no Chile. Tragédia em carne viva, que permanece nos ocultos de sua palavra poética, essencial e transfiguradora.

Ao falar dessa poesia, Walmir Ayla a identifica com a linhagem poética de Cecília Meireles*, Henriqueta Lisboa* e Lila Ripoll*, três grandes nomes femininos da poesia brasileira de hoje. E mais adiante, particulariza: *(por sua poesia) perpassa um clima de névoa onde os fantasmas são forças vivas do coração, onde os mortos pairam como nuvens carregadas de energia e potencialidade. Um poética do sentir, nesta escritora, que tanto se tem dedicado à análise das artes plásticas.* (Referia-se o poeta à crítica de arte que, na década de 1960, Edyla escrevia para o jornal O Globo.)

Publicações: Poesia – **O sertão do velho Chico**, s/d; **O que ficou de mim**, 1970, e **Solidão visitada**, 1975. Memórias – **Três Exílios e uma guerra**, 1983.

375 EGLÊ MALHEIROS

Poeta, ensaísta, ficcionista, professora e autora de literatura infantil, Eglê Malheiros Miguel nasceu em Tubarão (SC), em 1928 e viveu sucessivamente em Florianópolis (SC), Porto Alegre (RS) e Rio de Janeiro (RJ). Figura combativa e atuante, Eglê Malheiros estudou Letras, formou-se em Direito (mas nunca exerceu a advocacia) e é mestre em Comunicação pela UFRJ. Professora de História por concurso, em 1964, foi posta em disponibilidade, reassumindo depois da Anistia.

Desde estudante, quando eclode a Primeira Guerra Mundial, é atraída pela participação política e pela literatura. Em Santa Catarina fez parte do Grupo Sul (1948/1958), poetas jovens que, reagindo contra a estagnação da poesia catarinense, na época se empenharam no aprofundamento das propostas modernistas. Em colaboração com seu marido (o escritor Salim Miguel) escreve argumento e roteiro do filme **O preço da ilusão**. Dedica-se também à tradução de livros em francês, inglês e alemão.

No Rio de Janeiro, participou do grupo (Fausto Cunha, Salim Miguel, Laura e Cícero Sandroni) que fundou e editou durante quatro anos a revista Ficção. Interessada pela literatura destinada às crianças, liga-se às atividades da Fundação Nacional do Livro Infantil, da qual foi secretária.

Em 1952, estréia como poeta com o livro **Manhã**. Tem publicado contos, ensaios e artigos em jornais, revistas e suplementos literários.

Publicações: Poesia – **Manhã**, 1952. Literatura infantil – **Desça menino**, 1985.

376 EGIDE SPINATO RIBEIRO

Memorialista, professora e religiosa, Egide Spinato Ribeiro nasceu em Caxias do Sul (RS), em 02.05.1893 e ali residiu durante muito tempo. Estudou em colégio religioso e desde cedo sentiu vocação para a vivência espiritualista, cujas experiências ela registrava em um diário. Dedicou-se à missão religiosa e, ao correr dos anos, escreveu uma série de textos teóricos e ascéticos que, em 1967, publicou em livro **Meu diário**.

Publicações: **Meu diário**, 1967. Ensaio – **Centenário de Cruz e Souza** (em colab.), 1962.

EICO SUZUKI 377

Ficcionista, ensaísta, autora de contos para crianças, desenhista, arquiteta e judoísta faixa-preta, Eico Suzuki nasceu em São Paulo (SP), em 28.06.1936. Formou-se em arquitetura na Universidade Mackenzie, em 1959, profissionalizando-se como arquiteta. Adolescente, exercita-se na escrita literária e no estudo da língua e cultura japonesas. Inicia a carreira de escritora publicando contos na imprensa e participando de antologias. Sua matéria literária, de húmus poético, funde a maneira-de-ser brasileira e uma sensibilidade profundamente nipônica.

Estréia em livro em 1970, com os contos de **Desafio ao imortal**. Na primeira parte reúnem-se breves tramas que vão do fantástico à ficção científica e ao conto policial. Na segunda parte, uma narrativa biográfica (da brasileira Helena Pereira da Silva Ohashi que foi casada com pintor japonês Riokai Ohashi) denota o intenso desejo de integração de dois mundos: o japonês e o brasileiro. Seguem-se: o livro infantil **Dick, o cão dinamarquês** (Prêmio Christiana Malburg. Belo Horizonte, 1968) e um livro de contos fantásticos, **A verdade final**.

No âmbito da cultura japonesa, publicou estudos como **Nô – teatro clássico japonês, Literatura japonesa**, e outros. Foi aluna de Fukaya, um dos maiores mestres de judô no Brasil, e se tornou a primeira brasileira e sul-americana faixa-preta de judô de Kôdôkan (diplomada em 1963). Publica em 1986 um ensaio sobre Kanô Jigorô (o gênio que em 1882 criou o judô de Kôdôkan). Em 1988, escreve uma biografia de seu pai, Takeshi Suzuki, personalidade ímpar em humanidade e profissionalismo, nas várias áreas em que atuou: arquitetura, ensino, esporte, pilotagem, pintura, teatro, música e literatura. Em 1994, publica uma biografia de sua mãe, Chizu Suzuki. Em sua produção literária constam dezenas de contos, crônicas e ensaios divulgados em antologias, revistas especializadas nacionais e do exterior. Tem recebido inúmeros prêmios e distinções. Pertenceu a várias associações culturais e profissionais.

Publicações: Contos – **Desafio ao imortal**, 1970. Ensaio – **Nô – teatro clássico japonês**, 1977; **Literatura japonesa**, 1979; **O pai da educação integral** e **O universo do judô**, 1986. Memórias – **Recordações de papai**, 1988; **Recordações de mamãe**, 1994, e **Meu mestre e eu – memórias de uma faixa preta**, 1994. Literatura Infantil – **Dick, o cão dinamarquês**, 1972; **A verdade final**, 1993; **Arminho, aventuras de um gato persa**, 1994, e **Os terceiros planetas**, 1995.

ELENAIDE DOS SANTOS MARTINS 378

Poeta e professora universitária, Elenaide do Santos Martins nasceu em Rui Barbosa (BA), em 15.02.1946. Passou parte da infância em Goiás (GO), onde fez seus primeiros estudos. Adolescente, muda-se para o Recife (PE), onde se formou em música sacra (Seminário Teológico Batista do Norte do Brasil). Licenciou-se em Filosofia (Universidade Católica de Pernambuco). Voltando a Goiás, fixa residência em Anápolis, onde se forma em Direito. Dedica-se à docência superior, na Faculdade de Filosofia Bernardo Sayão, lecionando filosofia, sociologia e filosofia da educação.

Desde muito jovem, dedica-se à escrita poética, espontânea e lírica. Em 1984 estréia em livro com **Canções de esperança**. Pertence a várias entidades culturais e de classe, como a Academia Anapolina de Filosofia, Ciências e Letras.

Publicação: **Canções de esperança**, 1984.

ELENICE CAMARGO GUARNIERI 379

Poeta, professora, bibliotecária e presença atuante na área educacional, Elenice Camargo Guarnieri nasceu em Tietê (SP), em 1922. Radicou-se na capital paulista. Formou-se professora pelo Instituto Caetano de Campos. Fez cursos de aperfeiçoamento no Instituto de Educação. Ingressou no magistério público; foi diretora da Escola Primária Manuel da Nóbrega. Formou-se na Escola de Biblioteconomia de São Paulo, em 1941. Foi bibliotecária na Escola Paulista de Medicina. Posteriormente elaborou um plano de organização da Biblioteca do Instituto de Eletrotécnica. Torna-se chefe de biblioteca.

Desde jovem escreveu poesia, mas só estréia em livro em 1947, com **Ternura**. Quando estudante, colaborou no jornal acadêmico O Bíceps. Participou da **Coletânea de poetas paulistas** (org. Enéias de Moura), 1951.

Publicação: **Ternura**, 1947.

380 ELEONORA DE ALENCASTRO MASSOT

Contista, poeta, cronista, teatróloga e musicista, Eleonora de Alencastro Massot nasceu em Porto Alegre (RS), em 24.03.1904. Personalidade ativa, desde muito jovem colaborou para o movimento cultural de seu meio. Publicou poemas e crônicas em jornais e revistas, sob o pseudônimo de Sônia Amar.

Em 1963, estréia com o livro **De Sônia e Eleonora**, onde reúne crônicas de sua autoria juntamente com textos de sua mãe, Maria Eduarda e de sua filha, Eleonora. Pertence a várias entidades culturais e de classe.

Publicações: Crônica – **De Sônia e Eleonora**, 1963; **Caminhos da vida ou O poder da fé** (crônicas com partituras musicais), 1964 e **Obrigado, meu Rio Grande** (Diário de viagens, 1965). Teatro – **Caminho que leva ao céu**, s/d.; **Reencontro**, 1972; **O rouxinol dos pampas**, s/d. e **Último bailado**, s/d. Romance – **Por um momento apenas**, 1982 e **Planta sem raiz**, 1983.

381 ELEONORA PASSOLO CHAOUL

Poeta, romancista e educadora, Eleonora Passolo Chaoul nasceu no Rio de Janeiro (RJ), em 1905. Dedicou-se ao ensino e à literatura, colaborando na imprensa, nas décadas de 1930 e 1950, e publicando livros, do agrado do grande público.

Publicações: Poesia – **Azuis; Alma serena e Quando o sol surge no oriente** (todos s/d). Romance – **Garota moderna**, s/d. Prosa poética – **Catecismo de Lisette**; **Cartas a ele; Sinceridade e ironia: mal divino**; **A estrada da amargura**; **Crepúsculos de rosa e cinza** (todos s/d).

382 ELEUSA FIGUEIRA CÂMARA

Contista, autora teatral e professora, Eleusa Figueira Câmara nasceu em Vitória da Conquista (BA), em 14.05.1944. Formou-se em Comunicação, na Escola de Administração da Universidade do Sudoeste da Bahia. Iniciou-se nas letras, publicando na imprensa. Estreou em livro em 1982, com os contos **Mulheres acorrentadas**. Dedicou-se às atividades teatrais. Tem vários inéditos. Pertence a diversas associações. Foi presidente da Academia Conquistense de Letras (1988).

Publicações: Conto – **Mulheres acorrentadas**, 1982. Teatro – **Cartas na mesa,** 1986.

383 ELIANE FONSECA

Poeta, ficcionista, psicóloga e ensaísta, Eliane Maria Accioly Fonseca nasceu em Minas Gerais (MG), em 10.04.1941. Está radicada em São Paulo. Formou-se em Psicologia (Faculdade São Marcos – SP) e em Geografia (Faculdade Sedes Sapientiae-SP). Concluiu mestrado com a dissertação "A palavra in-sensata: poesia e psicanálise" (PUC-SP). É doutoranda, ligada à área de comunicação e semiótica (PUC-SP. 1992). Profissionalizou-se como psicanalista que se movimenta no limiar entre as esferas da psicanálise e da poesia (ou criação poética). No dizer de Lucia Santaella,

Eliane Fonseca, ao mesmo tempo escritora, psicanalista e pesquisadora, aprendeu demasiado bem a busca de zonas de equilíbrio precário nas fronteiras movediças. Num trajeto que parte do estranhamento, suspensão do sentido habitual das coisas, e passa pela percepção expressiva, instante alquímico de revelação [...] a autora anuncia a proposta delicada e sutilíssima de que a escuta analística seja guiada pela carta de navegação dos procedimentos poéticos e oníricos (in contracapa de ***A palavra in-sensata****).*

Como ficcionista, inicia-se publicando contos ou minitextos em revistas, jornais ou suplementos literários (Mulheres Emergentes/Belo Horizonte; Livrespaço/Santo. André, etc.). Estréia em livro, em 1990, com **Histórias de ventania** – breves contos, narrados em primeira pessoa (o que liga uns textos aos outros), e que se desenvolvem na esfera do estranhamento. Isto é, naquele limiar entre o real e o maravilhoso que põe em questão a percepção convencional do mundo.

Publicações: Ficção – **Histórias de ventania**, 1990. Ensaio – **A palavra in-sensata**, 1993.

ELIANE GANEM 384

Contista, autora de literatura infanto-juvenil, jornalista e professora, Eliane Ganem nasceu no Rio de Janeiro (RJ), em 16.09.1947. Formou-se em Letras e em Jornalismo. Fez mestrado em Comunicação, com a dissertação, "A reprodução ideológica da criança na literatura infantil no Brasil". Desenvolveu atividades em belas artes, desenho, pintura, cenografia, teatro e pedagogia. Estréia como escritora para crianças em 1975, com **A fada desencantada** (coleção Jovens do Mundo todo), ao qual se seguem outros, com o mesmo bom acolhimento de público e de crítica. Em 1979, foi incluída entre os que receberam o título de Personalidade do Ano Internacional da Criança. Tem recebido inúmeros prêmios e distinções.

Para adultos, escreve, em 1989, **A medida do possível**, coletânea de contos em que se fundem *arte, vida, crescimento e fazer literário. Magicamente, Eliane elabora todas as nossas limitações, retoma todas as nossas medidas [...] brinca com as palavras, se utiliza de recursos de linguagem para provar que amadurecimento é processo, adaptação, metamorfose.* (contracapa).

Para o teatro, escreve **Faustino – um Fausto nordestino**, adaptação de um conto popular nordestino.

Publicações: Contos – **A medida do possível**, 1989. Teatro – **Faustino – um Fausto nordestino** (Prêmio INACEN – 1981). Literatura Infanto-juvenil – **A fada desencantada**, 1975; **Sigismundo do mundo amarelo**, 1975; **Uma cidade fora do mapa**, 1976; **Coisa de menino**, 1978; **O coração de Corali**, 1981; **Metade de quase nada,** 1980; **Uma idéia sem tamanho**, 1984; **O outro lado do tabuleiro**, 1985; **Um segredo guardado no bolso**, 1986; **Por um simples café**, 1987, e **A medida do possível e outras medidas**, 1988.

ELIANE DE LACERDA CORREA VANIN 385

Poeta, cronista, técnica em contabilidade, Eliane de Lacerda Correa Vanin nasceu em Volta Redonda (RJ), em 10.05.1955. Tem colaborado regularmente na imprensa. Em 1988, assina uma coluna literária no Jornal do Vale de Volta Redonda. Estréia em livro com os poemas de **Além das palavras.**

Publicação: Poesia – **Além das palavras**, s/d.

ELIANE MACIEL 386

Jovem carioca, nascida em 1965 e criada em Nilópolis, na Baixada Fluminense (RJ), (tristemente conhecida como a capital do crime), Eliane Maciel torna-se um efêmero *best seller*, em 1983, com a publicação de sua autobiografia sensacionalista **Com licença, eu vou à luta (é ilegal ser menor?)**. Livro que serviu de roteiro para o filme do mesmo nome, realizado pelo cineasta estreante Lui Farias e estrelado por Fernanda Torres e Carlos Augusto Strazzer. Livro e filme tiveram grande sucesso de público, pois lidavam com os escândalos que apaixonam o grande público: os desmandos ou rebeldias de uma menor, filha de pai militar, mãe intolerante e família católica praticante. Personalidade forte, que resvala para a libertação *underground* – o sedutor abismo que, no caos contemporâneo, tem engolido milhões de jovens. Eliane Maciel, com estilo fluente, paixão pela vida e um inegável domínio da palavra (embora ainda imatura), denuncia de maneira contundente o doloroso e, por vezes, mortal desencontro que existe entre a sociedade atual e a juventude. Seu livro fica como um corajoso depoimento deste século que está "em mudança de pele".

Publicações: **Com licença, vou à luta**, 1983, e **Corpos abertos**, 1985.

ELISA LAURA DE ALMEIDA CUNHA 387

Poeta e ativa presença em seu meio cultural, Elisa Laura de Almeida Cunha nasceu em Palmares (PE), em 1883 e faleceu em Recife, em 1910, de hemorragia pulmonar. Era filha do poeta Almeida Cunha.

Colaborou assiduamente em Jornais do Recife (O Lyrio, O Trabalho, Diário de Pernambuco) e de Palmares. Publicou vários poemas no Almanaque de Pernambuco.

Romancista e contista que surge na ficção brasileira na década de 1940, dando voz à nova indagação existencial e estética, Elisa Lispector nasceu em Sawranh, aldeia da Ucrânia (URSS), em 24.07.1911. Era irmã de Clarice Lispector*.

Criança ainda, enfrenta com a família a cruel perseguição aos judeus, desencadeada na Rússia, logo após a Revolução Comunista de 1917 (experiência traumatizante que, sem dúvida, está latente no sentimento trágico do mundo que marca sua obra). Acossada pelo ódio anti-semita dos brancos e dos vermelhos, a família Lispector perambula de aldeia em aldeia numa Ucrânia dilacerada pelas guerrilhas, sem encontrar pouso seguro. Até que em fins de 1920, conseguem emigrar para o Brasil: pai, mãe semiparalisada e três meninas, Elisa com 9 anos, Ethel de 3 anos e Clarice recém-nascida. Passam cinco duros anos em Maceió (AL), mudando-se em 1925 para o Recife (PE), onde o pai consegue, enfim, uma situação econômica estável para a família. Aí permanecem até 1937, quando se mudam para o Rio de Janeiro (RJ). (No romance memoralista **No exílio**, a autora revive essa dolorosa odisséia familiar, que já faz parte da história.)

No Recife, Elisa Lispector se forma na Escola Normal e começa a lecionar para crianças. Estuda piano, freqüentando algum tempo o conservatório musical. A leitura e a escrita ficcional a atraíram desde menina, mas sua estréia como escritora vai-se dar em plena maturidade intelectual.

No Rio de Janeiro, ingressa, por concurso, no serviço público federal. Nesse setor, passa a desempenhar importantes funções, inclusive no exterior, secretariando delegações governamentais. Ao mesmo tempo, colaborava em jornais e revistas literárias. A partir de 1947, intensifica sua produção jornalística e se dedica à construção da obra literária, que se iniciara em 1945, com a publicação dos romances **Além da fronteira** e **Ronda solitária**. A esses, seguem-se: **No exílio** (1948), **O muro de pedras** (Prêmio José Lins do Rêgo, 1963 e Prêmio Coelho Neto – Academia Brasileira de Letras, 1964), **A última porta** (1975) e **Corpo-a-corpo** (1983).

Já reconhecida pela crítica como romancista de talento, estréia como contista: **Sangue no sol** (1970), **Inventário** (1977) e **O tigre de bengala** (1985). Este último recebeu o Prêmio Pen Clube, 1986.

Entre as muitas antologias em que estão incluídos textos seus, destacam-se: **Antologia escolar de escritores brasileiros de hoje** (org. Renard Perez. RJ, 1970), **Literatura brasileira** (org. Giuseppe Carlos Rossi. Napoli, 1971) e **Apresentação da literatura brasileira** (org. Oliveira Litrento. RJ, 1974).

Pertencente à geração literária que se inicia na década de 1940, sob o influxo do bergsonismo e do existencialismo, Elisa Lispector, de livro para livro, foi-se firmando no panorama literário brasileiro como uma de suas altas vozes. Questionadora do enigma do ser (visto em sua solidão ontológica e funda aspiração de vida que, inexoravelmente, se encaminha para a morte), Elisa pertence à linhagem de escritores existencialistas (como Vergílio Ferreira, em Portugal e Clarice Lispector, no Brasil, para citarmos apenas dois grandes exemplos em língua portuguesa). Escritores que interrogam obsessivamente a ansiada e impossível comunicação eu-outro e acabam por descobrir que a solidão, a que o homem está condenado, mais do que resultado de uma ausência de verdadeiro diálogo entre as pessoas (e que poderia ser superado), é gerado por uma condição ontológica: o ser humano nasce só e é em si mesmo ou em sua solidão essencial que deve buscar apoio ou refúgio. Essa é uma das tônicas dominantes da ficção de Elisa Lispector. Marta (de **Muro de pedras**) é uma, entre muitas de suas personagens, a descobrir que é no âmago de sua personalidade (e não no mundo das relações humanas) que ela deverá procurar as respostas para suas interrogações de vida: *E de repente ela tombou na trágica realidade de que o ser é só ele, e que unicamente no aprofundamento interior se reencontra e é.*

Simultaneamente a essa descoberta luminosa e trágica (que se dá em meio a fragilidades, inseguranças e medos) suas personagens vão descobrindo a vida-em-si mesma, como o bem maior e mais difícil de ser conquistado pelo ser humano, individualmente. Analisando o itinerário espiritual de Elisa Lispector, o Prof. Pietro Ferrua (Clark College. Oregon, EUA) sintetizou:

(Para a escritora), não resta ao ser humano senão olhar no fundo de si mesmo, com coragem e aceitar-se em sua solidão, pois ele não pode ir além de si mesmo. A solidão pode ser também um estado de perfeição, difícil de atingir sem se encontrar em estado de graça. [...] O caminho metafísico da autora lembra o de Camus e o estoicismo das personagens dele, evocando o mito de Sísifo, e nos levando a imaginar Sísifo feliz, apesar da aparente inanidade de seus esforços. Quem sou eu, quem sou eu? Pergunta-se Ana, no início de A última porta, *para no final concluir simplesmente: Eu sou!, como se houvesse alcançado o puro estado de ser na sua essência. A vida não parece ter nenhuma outra justificativa do que a vida mesma. O homem não é destinado a nada de especial. Deus é uma presença rara a que os personagens preferem não fazer*

apelo. Ele também está rodeado de mistério e faz parte do enigma. [...] o essencial na vida é a busca. (in ***O dia mais longo de Thereza****. 2ª edição 1971).*

Como disse Octávio de Faria, em 1965 (na 1ª edição do romance acima citado): *Foi cuidada e pausadamente que Elisa Lispector construiu sua obra literária, firmando, ao longo de vinte anos de trabalho, o seu inconfundível vulto, já agora sem a menor dúvida na primeira linha dos nossos autores de ficção. [...] Aos seus méritos naturais de ficcionista, que são muitos e invulgares, Elisa Lispector me parece acrescentar um que poderá ser sintetizado nesta simples expressão: a sua esplêndida* coragem literária. *[...] Sua luta, sua pertinácia em se afirmar, demonstrar que tem realmente o que dizer, registrou-se independente da acolhida popular que, se não lhe foi adversa, permaneceu muito aquém do que merecia. [...] No estudo dos méritos que lhe devem ser creditados nesse terreno de qualidades paraliterárias, ainda há dois aspectos a não serem deixados de lado: o parentesco ilustre que a prende à irmã, a nossa grande e insuperável Clarice Lispector, e a invulgar riqueza do 'naipe feminino' que, desde a revelação de Rachel de Queiroz (****O quinze,*** *1930) povoa o nosso cenário literário. Como se não tomasse conhecimento de nenhum desses obstáculos, Elisa Lispector assegurou sua inconfundível posição e emergiu (de sua arte) como um dos nossos mais autênticos valores de romancista, à sombra familiar, triunfando de eventuais concorrências no 'naipe feminino', forçando o comodismo do grande público, sua obra aí está como um desafio aos indiferentes e como uma afirmação de insofismável valor individual.*

Essa apreciação crítica feita por Octávio de Faria, em 1965, confirmou-se amplamente nos livros seguintes, muito embora o sucesso junto ao público não tenha acontecido, como é absolutamente natural com os escritores contemporâneos... leva tempo para serem reconhecidos. A história está aí para confirmar esse fenômeno por mil e uma circunstâncias exteriores, ligadas ao mercado editorial ou ao jogo intelectual que se impõe, em cada época e em cada nação, e que escapa ao controle ou à vontade individual. Vencendo todas as circunstâncias adversas, a obra de Elisa Lispector incorporou-se ao acervo literário do Brasil contemporâneo, como um de seus legítimos valores.

Publicações: Romances – **Além da fronteira**, 1945; **Ronda solitária**, 1954; **No exílio**, 1948; **O muro de pedras**, 1963; **O dia mais longo de Thereza,** 1965; **A última porta**, 1975, e **Corpo-a-corpo**, 1983. Contos – **Sangue no sol,** 1970; **Inventário**, 1977, e **O tigre de bengala**, 1986.

ELISA LUCINDA 389

Poeta e atriz, Elisa Lucinda nasceu no Espírito Santo (ES), em 1957. É uma das primeiras vozes poéticas capixabas a cantar a negritude como um valor existencial. Como atriz tem dado recitais, divulgando em seus poemas a vivência da palavra, do amor com seus encontros e dissonâncias e expressando, sobretudo, a consciência dolorida e desafiante de sua condição de mulher, descendente de negros e de artistas em um país que, apesar de ser resultante de uma fusão de etnias, é machista e racista, embora seja voz corrente afirmar o contrário. Estreou em livro, em 1990, com **Aviso da lua que menstrua**. Seguem-se outros.

(Fonte de consulta: F. A. Ribeiro. **A literatura do Espírito Santo**, 1996.)

Publicações: **Aviso da lua que menstrua**, 1990; **Sócia dos sonhos**, 1994, e **O semelhante**, 1994.

ELISA MARCHINI SAYEG 390

Poeta e professora de português e inglês, Maria Elisa Marchini Sayeg nasceu em São Paulo (SP), em 13.07.1965. Fez estudos básicos no Colégio Bandeirantes (SP) e formou-se em Letras e Psicologia na USP (1989-1992). Mestrado em Filosofia da Educação (FEUSP).

Escreve poesia desde a infância e começou a publicá-las na década de 1980, em revistas como a Stultifera Navis, Linguagem Viva, etc. Estreou em livro com os poemas de **Dezembro frutos secos** (escritos entre 1982 e 1987).

Publicação: **Dezembro frutos secos**, 1988.

391 ELISA TEIXEIRA LEITE DE ABREU

Poeta e romancista, a paulista Elisa Teixeira Leite de Abreu nasceu em Silveiras (SP), em 09.04.1874. Fez os primeiros estudos em sua cidade natal. Mudando-se com a família para a capital paulista, forma-se professora pela Escola Normal Secundária de São Paulo. Seguiu a carreira do magistério público. Desde muito jovem escreveu poemas e crônicas, divulgando-as na imprensa paulista. Publicou, em livro, apenas um romance. Não há registro da data de seu falecimento.

Publicação: **A viúva Barros**, 1903.

392 ELISABETE LOPES LAUDARES

Romancista e professora, Elisabete Lopes Laudares nasceu no Rio Grande (RS), em 14.04.1902. Em meados da década de 1940, muda-se para o Rio de Janeiro (RJ), onde faleceu em 25.12.1966.

Iniciou-se como escritora publicando crônicas na imprensa, com o pseudônimo de Elisa. Estréia em livro, em 1936, com o romance **Sangue de tigre**, que se tornou um dos *best sellers* da época. Seu estilo ingênuo-lírico conquistou o grande público carioca e fez o sucesso de todos os demais romances da autora.

Publicações: **Sangue de tigre** (1936-3ª edição 1947); **O contrabandista** (1946-4ª edição 1957); **Lady Patrícia** (1946-4ª edição 1957) e **Uma canção russa**, 1957.

393 ELISABETE SOARES

Romancista, contista, assessora editorial e profissional ligada à produção cinematográfica, Elisabete Soares nasceu em Itaquaquecetuba (SP), em 1961. Está radicada na capital paulista e se iniciou como escritora na década de 1980. Seus primeiros contos foram publicados na imprensa ou em antologias de escritores paulistas. **Em revista**, 1982; **Conto, reconto**, 1983; **Revista do escritor**, 1989; **Livro de prata**, 1995, e outros.

Estreou em livro, em 1983, com o romance **Agonia e queda**, no qual espelha o mundo de desencontros, frustrações, desamor, tensão urbana e as mil pressões contraditórias que aprisionam o homem contemporâneo.

Analisando a arte da autora, o escritor Luz e Silva interpreta-a como expressão dos excessos e confusões do mundo contemporâneo. Em **Agonia e queda**, a personagem morta, que conta seu drama, simboliza toda uma geração que se vem perdendo por não conseguir viver de modo autêntico. Nos livros que se seguem (**Como fazer para aparecer** e **Os mistérios do conde Drácula**), a autora introduz em suas tramas um ingrediente subversivo, que alivia as tensões: o humor, por vezes revestido de fantástico ou fantasioso. Na apresentação do romance **Os filhos de Sekhmet**, o poeta Péricles Prade diz:

Dando a cada obra nova uma organização própria, Elisabete Soares, neste Os Filhos de Sekhmet, *outra vez provoca a curiosidade do leitor, ao fazer sua ficção adquirir um clima de fábula, espécie de alucinação onírica. Não sendo realista, utiliza-se, no entanto, de elementos coloquiais, ao lado de embasamentos culturais requintados, porém com tal descompromisso como que se camuflam seus reais objetivos. [...] Ao estabelecer sua linhagem ficcional, Elizabete escolheu colocar-se fora do tempo, lançando-se perante as dúvidas existenciais sem meios termos ou timidez. [...] Com a rejeição da impenetrabilidade do real e a consciência da impossibilidade de se construir algo de novo com o egoísmo, a ambição, os desencontros, a violência, os medos, as frustrações, a solidão etc., parte para novas vertentes além da vida e da morte.*

Publicações: Romance – **Agonia e queda**, 1983; **Os mistérios do conde Drácula**, 1986; e **Os filhos de Sekhmet**, 1988. Contos – **Como fazer para aparecer**, 1986; **Contatos não tão imediatos**, 1997, e **Memórias do Zezão**, 2000.

ELISABETH BITTENCOURT 394

Poeta bilíngüe, Elisabeth Bittencourt nasceu no Rio de Janeiro (RJ), em 1948. Filha de diplomata, fez seus estudos na Europa e nos Estados Unidos. Publica sua primeira coletânea de poemas em 1972, expressos em português, francês e inglês, línguas familiares à sua infância e adolescência. Sua veia poética é de natureza intimista.

Publicação: **Entre um encontro e uma saudade**, 1972.

ELISABETH VEIGA 395

Poeta e comentarista literária, Elisabeth Veiga nasceu no Rio de Janeiro (RJ), em 30.07.1941. Formou-se em Filosofia. Em 1971, iniciou-se como cronista ou comentarista literária, escrevendo para O Globo. Estreou em livro, em 1972, com **Gosto de fábula**.

Publicação: **Gosto de fábula**, 1972.

ELISETE SOARES 396

Poeta, professora, jornalista, Elisete Soares do Nascimento nasceu no Recife (PE). Formou-se em Direito e Administração.

Colaboradora na imprensa pernambucana, com poemas e artigos ligados à área jurídica. Fundada Brasília, ali se radica, como funcionária dos Serviços Jurídicos da União, cargo no qual se aposentou. Presidiu a Associação de Imprensa de Brasília (1982/1997). É membro das Academias de Letras de Brasília e Pernambuco. Recebeu vários prêmios e honrarias (título de Cavaleiro da Ordem do Mérito; Medalha Cultural E. D'Almeida Victor; Medalha Bispo Azevedo Coutinho, e outras).

Publicação: **Momentos diversos** (coletânea de poemas e artigos).

ELIZA BARRETO 397

Contista, tradutora e jornalista, Eliza Barreto nasceu em Santos (SP), e desde a década de 1950 está radicada no Rio de Janeiro (RJ). Em 1956, começa a publicar contos e crônicas na imprensa e a concorrer em concursos literários, sendo várias vezes premiada.

Profissionalizou-se como tradutora, trabalhando para várias editoras. Durante algum tempo, na década de 1960, trabalhou na redação do jornal Arte e Educação (RJ). Estréia em livro, em 1964, com a coletânea de contos **A redoma**. Em comentário a respeito, Moacir C. Lopes diz: *Já o título traz em si uma simbologia:* ***A redoma,*** *o circular, em cujo interior todo um universo está contido, existe, num movimento centrífugo; é a viagem circular em torno, sem princípio nem fim e sem possibilidade de fuga.* Na linha dominante do conto contemporâneo, Eliza Barreto busca sempre ultrapassar o visível para apreender o oculto ou o avesso das situações vividas pelas personagens, em seu cotidiano comum.

Publicação: **A redoma**, 1964.

ELIZABETH GONTIJO 398

Poeta, pintora, professora, Maria Elizabeth Gontijo de Brito nasceu em Belo Horizonte (MG), em 1942.

Com pendor para a criação poética e para as artes, dedica-se a estudos convergentes para essas áreas. Cursou psicologia (1973) e belas artes (1981). Fez vários cursos de atualização. Trabalha em áreas ligadas à literatura e artes plásticas. Como poeta, tem colaborado no Estado de Minas, Hoje em dia, revista da Prefeitura Belo Horizonte, e outros periódicos. Participou de várias obras coletivas (**40 poetas de ouro**, 1993; **A poesia mineira no século XX**, 1998, etc.)

Estreou em livro, em 1991, com a poesia **De cor** – breves poemas, densos de erotismo, palavra de madura espessura poética e de húmus feminino. Nessa mesma linha, seguem-se outros títulos. Alguns premiados.

Publicações: **De cor**, 1991; **De amoras e outras**, 1992, e **De um segredo**, 1999.

399 ELIZABETH MARINHEIRO

Professora universitária, ensaísta, poeta, contista e crítica literária, Elizabeth Marinheiro nasceu em Campina Grande (PB), em 1937, onde, desde a década de 1970, vem desenvolvendo uma dinâmica atividade cultural, de âmbito nacional e internacional.

Formada pela Universidade Federal da Paraíba (1958), dedicou-se à carreira universitária. Doutorou-se em Madri. Especializou-se em literatura brasileira. Em 1976, fez concurso de livre-docência, na Pontifícia Universidade Católica do Rio Grande do Sul, com uma tese sobre **A pedra do reino**, de Ariano Suassuna – **A intertextualidade das formas simples** (estudos de grande rigor analítico, no qual se combinam as teorias semiológicas de Julia Kristeva com as formas etnológicas de André Jolles, aplicadas à riqueza da arte narrativa de Ariano Suassuna). Tem uma extensa produção ensaística, publicada em jornais, revistas especializadas e anais de congressos nacionais e internacionais.

Como ficcionista, estréia em 1971 com os contos de **Iluminação de Regina**. Em 1977, **Chegança e andanças**, coletânea de textos memorialistas e poemas que a autora classifica de cronicário. Segue-se a prosa retórico-poética de **O homem se eterniza pelo que escreve** e o estudo crítico **Vozes de uma voz** (sobre a poesia de Stella Leonardos*). Muito bem recebida pela crítica, a obra de Elizabeth Marinheiro tem sido distinguida com inúmeros prêmios, moções, comendas e troféus. É membro da Academia Paraibana de Letras.

Publicações: **Iluminação de Regina**, 1971; **Chegança e andanças**, 1977; **A intertextualidade das formas simples**, 1977; **A bagaceira: uma estética da sociologia**, 1979; **O homem se eterniza pelo que escreve**, 1980; **Vozes de uma voz**, 1982; **Leituras: antes e agora**, 1988; **O ser e o fazer na ficção de José Lins do Rego**, 1990. **O ser e o fazer na ficção de Gama e Melo**, 1991.

400 ELIZABETH HAZIM

Poeta, professora universitária, Elizabeth de Andrade Lima Hazim nasceu no Recife (PE), em 18.07.1951. Graduou-se em Letras (UFPE, 1977); fez Especialização em literatura inglesa (London University, 1991); Mestre em teoria literária (UFPE, 1983) e doutora em Letras (USP, 1991) com tese sobre a gênese de **Grande sertão: veredas**. Pós-doutorado na Universidade de Roma, 1993. É professora de Literatura Brasileira na UFBA.

Pertence à geração de poetas que se iniciam na década de 1970. Tem divulgado poemas seus em jornais e revistas literárias. Colaborou na Folha de S. Paulo, na década de 1980, com análises críticas sobre literatura infantil. Tem poemas publicados em Portugal e Estados Unidos.

Publicações: **Poesia**, 1974; **Verso e reverso**, 1980; **Casa de vidro**, 1981; **Arco-íris**, 1983; **Espelho meu**, 1985, e **Martu**, 1987 (Prêmio da Fundação Rio-Arte).

401 ELIZABETH RENNÓ

Poeta, pesquisadora e ensaísta, Elisabeth Fernandes Rennó de Castro Santos nasceu em Carmo de Minas (MG), em 1930. Reside em Belo Horizonte.

Graduou-se em Letras (UFMG, 1980); especializou-se em literatura brasileira, área em que realizou mestrado (1985) com o estudo "A aventura surrealista de Lêdo Ivo: invenção e descoberta".

Na década de 1990, passa a colaborar na imprensa mineira e na de outros estados (Diário da Tarde, Palavra, Estado de Minas, revista Poesia e Crítica/Brasília, Jalons/França, e outros). Participa de obras coletivas (**A hora da graça**, 1992; **Literatura em destaque**, 1992; **Vitrine de poesia**, 1993; **Pérolas do Brasil**/edição bilíngüe, 1993; **Feira poética**, 1995; **International poetry & art**, 1997; **Mulher em prosa e verso**, 1997; **A poesia mineira no século XX**, 1998, e outros).

Em 1992, publica **Palavra e parábolas** (prefácio de José Afrânio Moreira Duarte), no qual segue uma linha bíblico-mística que revela a natureza de sua arte poética: a que busca através da palavra transcender os limites do real e vislumbrar o mistério.

Linha essa que continua latente ou patente nos poemas de **Cantata em dor maior** (com prefácio de J. A. M. Duarte e apreciação crítica de Cely Vilhena). Embora aderida à realidade cotidiana, onde a vida se concretiza, a matéria poética de Elizabeth sabe-se engendrada e dada à luz da linguagem comunicável, através da palavra. É esta que revela o poeta a si mesmo e ao mundo. Já o poema de abertura expressa claramente essa dimensão criadora da palavra:

No princípio, o verbo / palavra encarnada / Transmutação idealizada / Tradução arquetípica / origem das origens /Alfa cosmogônico / Luz que as trevas rejeitaram / Verbo desconhecido / Não recebido / Escarnecido // Até que a revelação se fez na transcendência da palavra / que busca o indivisível / Ômega infinito / na lucidez do poema.

Para além da busca do invisível essencial, esta **Cantata em dor maior** persegue também uma dimensão da poesia que vem sendo esquecida: a musicalidade dos sons. Como diz a poeta, na introdução:

A poesia, na sua origem, era a arte da música, da dança e do canto. [...] Numa escala semântica, música e poesia são complementares. Verso é música silenciosa, estética que se doa, depuração de um sofrer. Autor e leitor identificam-se nos sentires e dizeres da palavra decodificada, que, na sua multipluridade, é mito, ideologia, paixão, vida, dureza.

Como se vê, Elizabeth Rennó é poeta fundamente sintonizada com as novas forças poéticas destes tempos em metamorfose.

Publicações: Poesia – **Palavras e parábolas**, 1992, e **Cantata em dor maior**, 1997. Ensaio – **A aventura surrealista de Lêdo Ivo**, 1998; **Um esboço histórico e outros ensaios**, 1993; **Rascunho de Minas**, 1991, e **De Gil a João**, 1999.

ELMA NASCIMENTO 402

Poeta, contista e musicista, Elma Nascimento nasceu no Rio de Janeiro (RJ). Cursou Psicologia Social, Jornalismo e Editoração (1978). Funcionária do IAPI. Tem colaborado na imprensa e participado de concursos literários, obtendo prêmios ou menções honrosas. Dirigiu curso de esperanto por correspondência.

Publicação: **Trovas, trovinhas e... trovões**, 1979.

ELOÁ SILVEIRA DE SOUZA 403

Poeta, jornalista, bibliotecária e professora, Eloá Silveira de Souza nasceu em São Pedro do Sul (RS), em 1949. Formou-se em Ciências e Letras, em Cruz Alta (RS), em 1981. Fez pós-graduação em Educação em Santo Ângelo (RS), em 1982. Foi bibliotecária e professora de língua portuguesa na Faculdade de Cruz Alta (RS), 1996.

É sócia de instituições culturais de Tupanciretã, São Luiz Gonzaga e da União Gaúcha de Escritores. Colabora em jornais gaúchos (Semanário Regional; O Gaúcho, e outros). Foi chefe de redação de O Gaúcho, e proprietária de A Voz do Jari. Iniciou-se como escritora, escrevendo para a imprensa, artigos, crônicas e poesia.

Estréia em livro, em 1990, com a poesia de **Pedaço de lua**. Participa de inúmeras antologias poéticas do Rio Grande do Sul: **Poetas em alto mar**, 1992; **Mulher poeta**, 1993; **Antologia de poetas professores**, 1990, e outras.

Publicação: **Pedaço de lua**, 1990.

404 ELOÁ SIQUEIRA

Poeta e radialista, Eloá Siqueira nasceu em Quaraí (RS), em 23.11.1931. Estréia em livro em 1966, com a poesia de natureza popular, **A voz do jarau**.

Publicação: **A voz do jarau**, 1966.

405 ELOAH PUGINA

Poeta e pianista, Eloah de Andrade Oliveira Pugina (que usou também o pseudônimo de Alma Dóris) nasceu em Santana do Livramento (RS), em 06.09.1915. A crônica gaúcha registra sua presença nas atividades culturais de seu meio. Começou a publicar poesias na imprensa na década de 1930. Publicou livros de poesia e de crônicas.

Publicações: Poesia – **Aspiração**, 1940, **Última seara**, 1986. e **A primavera floresce no inverno**, 1993. Crônica – **A noite me inventa**, 1986.

406 ELOY MARIA DE OLIVEIRA FARDO

Professora universitária, poeta e elemento bastante conhecido em seu meio cultural, Eloy Maria de Oliveira Fardo nasceu em Santa Maria (RS), em 1924. Formou-se em Farmácia e em Ciências Políticas e Econômicas, dedicando-se desde logo ao ensino em diferentes níveis. Fez cursos de canto, orientação educacional e de direito. De grande versatilidade artística, foi atraída por diferentes formas de arte. Tem escrito poesia, divulgando-a em jornais ou revistas culturais; escrito e encenado peças de teatro, como **Cantata a Dom Antônio Reis** e **Estátuas vivas**... Foi professora de declamação no Conservatório Santa Cecília e no Colégio Santana. Foi presidente do Grêmio Literário Castro Alves. É telegrafista honorária. Foi diretora artística da Rádio Santamariense.

Publicações: Todos os seus escritos permanecem esparsos na imprensa.

407 ELSIE LESSA

Contista, radialista, cronista, tradutora e presença cultural que deixou marca, Elsie Pinheiro Temudo Lessa nasceu em São Paulo (SP), em 05.04.1912. Faleceu em Portugal, em 17.06.2000, onde passara a residir com seu segundo marido, Ivan Pedro Martins. Foi casada em primeiras núpcias com Orígenes Lessa.

Fez seus primeiros estudos no Grupo Escolar Campos Salles (onde a mãe lecionava) e no Liceu Paulistano (dirigido pelo pai). Formou-se pela Escola do Comércio Álvares Penteado, em 1928. Filha de pastor presbiteriano, teve uma adolescência severamente vigiada. Aprendeu piano para tocar hinos no órgão da igreja, onde às vezes (como revelou a Ruy Castro, seu biógrafo) julgava ver o fantasma de seu avô materno, João Ribeiro (1845/1890), que morreu ateu e escandalizou a sociedade de seu tempo com o romance **A carne** (1888). Aos dezesseis anos, seu sonho era ser bailarina e médica (ao mesmo tempo). Mas por necessidade econômica, fez curso de contabilidade e trabalhou como estenógrafa e datilógrafa. Aos 18 anos casou-se com Orígenes Lessa e se integrou no meio literário e jornalístico paulistano. Passa a colaborar em jornais e revistas especializadas como Paulista, Vanitas, A Cigarra e Arlequim. Em 1933, dirigiu as revistas Lar Moderno e Confidências. Durante a Primeira Guerra (1939/1945) esteve com Orígenes Lessa nos Estados Unidos, organizando programas em português para a NBC. Em 1950, viajou pela Europa, de onde mandava, para a revista O Cruzeiro, crônicas sobre o que ia observando. Posteriormente essas impressões de viagem foram reunidas em volumes. A partir de 1952, mantém uma coluna de crônicas diárias em O Globo, durante quase meio século.

Estréia em livro em 1942, com os contos de **Enfermaria de terceira**, seguindo a mesma linha humanitária adotada por Orígenes Lessa, dando voz a uma consciência dolorida e quase resignada à injustiça social que gera a miséria repetitiva e sem horizontes a que a maioria do povo está condenado.

Traduziu inúmeras peças teatrais, encenadas em São Paulo e Rio de Janeiro (**Sétimo céu**, de Austin Strong, **Quando as cegonhas se divertem**, de André Roussin, **Nossa cidade**, de Thorton Wilder, **A folha de parreira**, de Jean-Bernardo Looke) e também algumas obras literárias consagradas (**A voz dos sinos**, de Charles Dickens, **O ninho de fidalgos**, de Turguenieff, **Máximas e reflexões de Epíteto**, etc.).

Publicações: Contos – **Enfermaria de terceira**, 1942. Crônicas – **Pelos caminhos do mundo**, 1950; **Armazém da lua**, 1956; **A dama da noite**, 1963; **Canta que a vida é um dia**, 1998, e **Formoso Tejo meu** (pref. Paulo Coelho/Lisboa, 1998).

ELVIRA FOEPPEL 408

Poeta e ficcionista de singular pulso criador, a baiana Elvira Foeppel nasceu em Ilhéus (BA), em 1923. Ainda adolescente, muda-se para o Rio de Janeiro (RJ), onde se radicou. Faleceu em 1998. Inicia-se como escritora, em 1956, com o livro de poemas **Chão e poesia** (memórias curtas), no qual já revela a natureza de sua criação literária – resultante de uma densa relação entre as palavras e as sensações ou emoções. Seguem-se os contos impressionantes de **Círculo do medo**, cuja linguagem metafórica extremamente pessoal não é das que comunicam com facilidade. Exige um leitor que vá além do episódico e seja capaz de atingir o húmus existencial ali latente. É no romance **Muro frio** que se expressa mais profundamente a sintonia da escritora com a linha do Existencialismo sartriano, naquilo que ele tem de agônico ou de terrível certeza de que o homem é um ser-para-a-morte, embora tudo nele aspire à vida... Na personagem Marta, expressa-se com lucidez o doloroso processo de autodescoberta do ser e de luta da mulher contra os limites e preconceitos que a subjugam e a impedem de chegar à plena realização de si mesma.

Publicações: Poesia – **Chão e poesia**, 1956. Conto – **Círculo do medo**, 1960. Romance – **Muro frio**, 1962.

ELVIRA GAME 409

Poeta e mulher de reconhecida cultura, registrada pela crônica pernambucana, Elvira Game nasceu por volta de 1876 e faleceu em data ignorada. Mas deixou as marcas de sua existência, pois no período de 1896 a 1913, publicou assiduamente em jornais pernambucanos (A Gazetinha, Pequeno Jornal, O Proscêmio, Diário de Pernambuco, Gazeta da Tarde...).

Embora sua produção poética e cronística tenha ficado inédita, esparsa pela imprensa da época, seu lugar neste dicionário justifica-se pela influência cultural que exerceu em seu meio social.

ELVIRA PINHO 410

Combativo espírito de mulher que viveu sempre além dos limites e convenções de seu tempo, Elvira Pinho é uma das grandes presenças que marcaram a crônica cearense. Daí a homenagem de sua inclusão neste dicionário de escritoras.

Elvira Pinho nasceu em Maranguape (CE), em 12.07.1860, ainda no tempo do Império, e faleceu, octogenária, em Fortaleza, em 27.08.1946, em pleno clima da Segunda Guerra Mundial e no Governo Vargas. De grande curiosidade intelectual e artística, muito menina iniciou-se na leitura e no aprendizado de música e línguas. Prepara-se na Escola Normal para ser professora e consegue ser nomeada, em 1882, para dirigir classes primárias. Seu sucesso levou-a a ser eleita, em 1884, pelo professorado da capital cearense, como membro do Conselho de Instrução Pública. Empenhada em substituir os antigos métodos de ensino (A letra entra com sangue) por outros mais modernos, que apelavam para a inteligência e a compreensão do aluno, Elvira Pinho passou a ser um exemplo a ser seguido.

Participou da campanha abolicionista, como secretária da Sociedade das Cearenses Libertadoras, que, dentre outras atividades, promovia quermesses e leilões de prendas para alforriar escravos. Em 1913, foi nomeada diretora da Escola Normal, e, assim, quebra mais um tabu, provando que a mulher também podia exercer cargos de direção. Logo depois, devido à intervenção federal no Ceará, pediu demissão do cargo e passou a lecionar música, função que exerceu até 1919, quando se aposentou, com 37 anos de magistério.

Na seca de 1915, trabalhou intensamente pelos flagelados, conseguindo-lhes serviços em obras públicas e com particulares. Trabalho que ela própria, muitas vezes, supervisionava, como a limpeza das ruas e das escolas; o conserto de açude, conservação de estradas, etc. Entre suas inúmeras atividades, incluem-se também campanhas promovidas em benefício dos leprosos. E, também, a coragem de desafiar injustiças políticas: em 1930, participou da marcha de repúdio ao governo de Matos Peixoto, ocasião em que chegou a ser pisoteada pela cavalaria. Elvira Pinho foi a primeira mulher no Ceará a conseguir título de eleitor. Aos 83 anos, em 1946, ainda cheia de energia, participou de uma passeata pelas ruas de Fortaleza, pela baixa dos preços dos gêneros de primeira necessidade. Pequeno gesto de grande significado...

Por ocasião de sua morte, a Assembléia Nacional Constituinte, na sessão de 29.08.1946, aprovou um voto de homenagem à sua grande figura.

(Fonte de consulta: Folder-calendário/1986. Conselho Estadual da Condição Feminina Governo Montoro – São Paulo)

411 ELVIRA VIGNA

Consagrada ilustradora, desenhista, autora de livros infantis e romancista engajada com o presente em crise, Elvira Vigna Lehmann nasceu em 29.09.1947, no Rio de Janeiro (RJ), onde reside. Formou-se em Artes Plásticas (Instituto de Belas Artes/1965), diplomou-se em língua francesa (Aliança Francesa – Université de Nancy, 1975) e fez mestrado em Jornalismo (UFRJ, 1979).

Em 1968, inicia-se no jornalismo, como correspondente internacional (Correio da Manhã) e com uma coluna semanal sobre política da América Latina (Tribuna da Imprensa). Nesse campo, tem trabalhado para importantes órgãos da imprensa (O Globo, Jornal do Brasil, revistas Fairplay e Casa e Jardim...). Ainda na década de 1960, foi secretária-tradutora (Aliança Francesa e Consulado de Marrocos).

Profissional do texto e do traço, Elvira Vigna vem construindo uma obra de alta temperatura criadora, espírito lúdico e consciência política questionadora. Em 1969, inicia-se como ilustradora de livros, com **A pulga ninfomaníaca** (texto satírico de Quincas & Edu). Em 1971, estréia na área de literatura infanto-juvenil, ilustrando **A fada que tinha idéias** (texto de Fernanda Lopes de Almeida*), livro que marcou historicamente o surto de renovação da literatura para crianças (hoje conhecido como o *boom* da literatura infantil). A partir daí, consagra-se como ilustradora de sucesso junto à crítica e ao público. Em 1978, estréia como escritora, com o texto e ilustração do livro infantil **Viviam como gato e cachorro**. No mesmo ano, lança **A breve história de Asdrúbal, o terrível**, cujo sucesso fez surgir a série do monstrinho Asdrúbal. Lançada como literatura infantil (devido ao ludismo e aparente puerilidade que a caracteriza), na verdade, essa série (que não fez sucesso literário entre as crianças) tem mais significado para os adultos, que podem ler por detrás do aparentemente infantil, a contundente sátira ao poder ditatorial imperante na época, com a ditadura militar pós-1964 e que, a partir de 1978, já estava completamente deteriorada em sua força. Essa série, criada por Elvira Vigna, resulta numa inteligente e divertida sátira das forças despóticas que atuam no mundo inteiro e que, apesar de combatidas, continuam se mantendo ou se sucedendo no poder, através de mil e uma formas de opressão, das mais sutis às mais violentas.

Toda sua produção nessa área tem sido distinguida com prêmios, menções e distinções (Prêmio Melhor Projeto Gráfico/1979-APCA; Prêmio Jabuti-LIJ-Câmera Brasileira do Livro). Em 1984, participou da XI Bienal de Berna (Checoslováquia) como ilustradora de **Histórias da Moóca** (texto de Mino Carta).

Sua estréia como romancista se dá, em 1987, com **Sete anos e um dia,** alimentado pela mesma consciência política que está na raiz da produção infantil. Desenvolvendo-se entre os anos 1978 e 1985 (tempos escuros e perturbados da vida brasileira), a trama revela os caminhos cruzados de quatro personagens que enfrentam os desafios desses anos difíceis e dolorosos e expressam, para além de seus problemas pessoais, os de *toda uma geração que abrigou fantasmas e viventes, sonhou com luminosas liberdades e que, principalmente, sofreu e viveu – já que sofrendo é que se vive. E se cresce.* (v. contracapa).

Publicações: Romance – **Sete anos e um dia**, 1987. Literatura infantil – Série **Asdrúbal, o terrível** (1978/1983); **Viviam como gato e cachorro**, 1978; **Lã de umbigo**, 1979; **Problemas com o cachorro?**, 1982; **A pontinha menorzinha...**, 1983.

ELZA BATISTA ARAGÃO 412

Romancista e cronista cearense, Elza Batista Aragão estreou em livro em 1981, com o romance **Janaina**, seguido de outro de contos.

Publicações: Romance – **Janaina**, 1981. Conto – **Caminhos da humanidade**, 1983.

ELZA BEATRIZ 413

Poeta, advogada, autora de livros infantis e dinâmica presença cultural, Elza Beatriz Von Dollinger de Araújo nasceu em Belo Horizonte (MG), em 1935. Faleceu em 1992. Fez seus estudos médios no Colégio Coeur de Jesus (RJ) e no Stella Matutina (Juiz de Fora-MG). Bacharelou-se em Direito pela Universidade Federal de Minas Gerais. Exerceu a advocacia durante algum tempo, deixando-a para dedicar-se a assuntos culturais. Foi diretora do departamento de cultura da Secretaria de Cultura e Turismo de Belo Horizonte (1973/1976), assessora cultural da Fundação do Desenvolvimento da Pesquisa da UFMG e diretora do Museu Histórico Abílio Barreto (Belo Horizonte-MG).

Desde menina é atraída pela escrita literária. Ainda adolescente começa a publicar, na imprensa, artigos, crônicas e poemas. Estréia em livro, em 1973, com a poesia de **Tempo suspenso**. Seguem-se **Fio terra**, **Silêncio armado** e **Líquido e certo**. Paralelamente a essa produção poética, Elza Beatriz escreve também poesia lúdica para crianças, toda ela com durável sucesso de público e de crítica, patente nos inúmeros prêmios, menções e distinções.

Em entrevista dada ao Suplemento Literário Minas Gerais (05.05.1990), Elza Beatriz define a poesia como uma espécie de terceiro olho ou foco mágico. Diz ela:

Todos temos um olho externo que capta/vive o mundo e um interno que fixa ou revive na nossa dimensão interior. Todo o mistério da criação artística possivelmente esteja num terceiro foco, capaz de fundir esses dois olhares, além e acima do real/irreal. Mas, mesmo com este foco mágico, não passa de um olhinho reinventor, igualmente da práxis do espelho da vida, que contém em si todos os textos e todos os poemas.

Daí sem dúvida, a densidade que singulariza a sua poesia, de título para título, cada vez mais densa de interrogações sobre o enigma da condição humana. Enigma que não anula a alegria de viver. Como a autora torna evidente em sua poesia para crianças, na qual *gente-bichos-plantas, coisas convivem a linguagem única da fraternidade cósmica, enquanto no mundo adulto, cheio de chaves e muros, a linguagem humana cada vez mais monologa sua solidão.*

Publicações: Poesia – **Tempo suspenso**, 1973; **Fio terra,** 1975; **Silêncio armado**, 1978, e **Líquido e certo**, 1983. Literatura infantil – **Pare no p da poesia**, 1980; **Um dois, feijão com arroz**, 1982; **Futebol da bicharada**, 1982; **A cor da onda por dentro**, 1984; **A menina dos olhos**, 1985; **Sol com chuva**, 1987, e **Caderno de segredos**, 1989.

414 ELZA HELOISA

Poeta, contista, cronista e jornalista, Elza Heloisa Ribeiro da Luz Marcondes de Azevedo nasceu em São Bento de Sapucaí (SP). Menina ainda se muda com a família para o Rio de Janeiro (RJ), onde se forma em Educação Física e Jornalismo.

Em 1956, começa a colaborar na imprensa carioca, fazendo reportagens sobre a assistência social. Publicou poesia, contos e crônicas em jornais e revistas especializadas (Leitura, O Estado de S.Paulo, A Gazeta, Diário de S. Paulo, Jornal do Comércio, Vida Doméstica...)

Faz parte da "geração de 60", que retoma a linha lírica, mas consciente dos contrários insuperáveis da vida. Estreou em livro em 1962, com poesia de **Lírio de bronze** (Menção Honrosa do Pen Clube de São Paulo). Seguem-se: **Tempo imóvel**, **Ronda** e os contos de **Pé-de-moleque** (Prêmio Júlia Lopes de Almeida – Academia Brasileira de Letras). Pertence a inúmeras associações culturais e recebeu prêmios e distinções por sua obra.

Publicações: Poesia – **Lírio de bronze**, 1962; **Tempo imóvel**, 1964, e **Ronda**, 1968. Contos – **Pé-de-moleque**, 1965.

415 ELZA DE MORAIS SARMENTO

Poeta, cronista e autora de contos para crianças, Elza de Morais Sarmento nasceu em Osasco (SP), em 23.11.1923. De família culta, dedicou-se aos estudos, à literatura e ao jornalismo. Formou-se em diferentes áreas de conhecimento: História da Filosofia da Arte (Escola de Belas Artes-RJ) e Enfermagem (Escola Ana Neri-RJ). Paralelamente, escrevia poesia e colaborava em órgãos da imprensa paulista (A Gazeta, Diários Associados, Folhas, Diário Popular e outros). Em 1961, dirigiu a Agência Brasileira de Notícias.

Curiosamente, seus primeiros livros, **Rêves** e **Vielle magie**, são escritos em francês e publicados em Paris, mas em sua crônica não consta se teriam sido escritos na França. No Brasil, gravou em compacto **Um pouco de mim**, poemas com fundo musical.

Publicações: Poesia – **Rêves**, 1952. Contos de fada – **Vielle magie**. Gravação – **Um pouco de mim**.

416 EMI BULHÕES

Romancista, contista, cronista carioca, Emi Bulhões Carvalho Fonseca foi uma das escritoras de maior sucesso de crítica e de público, entre nós, nas década de 1940 e 1950.

Estreou em 1941 com os contos de **No silêncio da casa grande**, cujo sucesso de crítica, imediato, lhe valeu o Prêmio Afonso Arinos, da Academia Brasileira de Letras. De linhagem humanista, a arte narrativa de Emi Bulhões se mostra mais atraída para a percepção abrangente da vida humana, do que para a síntese exigida pelo conto. Daí que o romance tenha sido o gênero a que se consagrou, a partir de seu segundo título, **Mona Lisa**, que abriu caminho para outros: **O oitavo pecado** (Prêmio Academia Brasileira de Letras, 1947); **Pedras altas**; **Siá menina**... Durante anos, colaborou na imprensa carioca, principalmente em O Cruzeiro. Romancista contemporânea da Sra. Leandro Dupré*, Helena Silveira*, Dinah Silveira de Queiroz* e outras humanistas que se iniciaram durante a Segunda Guerra Mundial, Emi Bulhões tem, como um dos principais vetores de seu universo romanesco, a denúncia surda da desumanidade (ostensiva ou latente) que marca as relações humanas. Seu estilo denso, dramático e hábil em manipular o suspense, o mistério e os meios tons, é dos que agarram o leitor, da primeira à última página. Sua obra faz parte daquelas injustamente esquecidas. Inúmeros textos seus foram publicados em antologias: **O conto feminino** (org. Raimundo Magalhães); **Brazilian Women's Fiction in the 20 th Century** (Indiana University Press/1992) e outras.

Publicações: Conto – **No silêncio da casa grande**, 1941. Romance – **Mona Lisa**, 1946; **O oitavo pecado**, 1948; **Jóia**, 1948; **Pedras altas**, 1949; **Anoiteceu na charneca**, 1951; **Siá menina**, 1953, e **Desquite amigável**, 1965. Biografia – **Raiz na terra, flor no céu**, 1969. Livro infantil – **A princesa castigada**, 1966.

EMÍLIA CASTELO BRANCO DE CARVALHO (Lilizinha) 417

Romancista, contista, pesquisadora, Emília Castelo Branco de Carvalho (Lilizinha Castelo Branco) nasceu no Rio de Janeiro (RJ), em 1919. Radicou-se em Teresina (PI), onde faleceu em 1980. Era filha de Emília Leite Castelo Branco* (Lili Castelo Branco).

Pesquisadora nas áreas de museologia, fenômenos sociais e folclore do Nordeste, dirigou o Museu Histórico e Arquivo Público do Piauí, e integrou o Conselho Estadual de Cultura. Foi membro da Academia Piauiense de Letras; da AJEB – Associação de Jornalistas e Escritoras do Brasil; do Conselho Internacional de Museus, e outras entidades de classes.

Como escritora publicou contos e crônicas na imprensa e livros de ficção.

Publicações: Romance – **A sinhazinha de Karnak**; **A mendiga do amparo**; **O secretário**; **Quinze anos depois**; **O morcego azul** e **O juramento** (todos s/d).

EMÍLIA DE FREITAS 418

Romancista que foi contemporânea do grupo romântico-realista, atuante no Ceará do entresséculos, Emília de Freitas nasceu em Arati (CE), em 15.01.1855 e faleceu em Manaus (AM), em 18.10.1908. Passou a infância na Vila da União (hoje, Jaguaruana-CE), fundada por seu pai, e em 1869 muda-se com a família para Fortaleza.

Na capital cearense dedica-se aos estudos de francês, inglês e geografia. Em 1885 forma-se na Escola Normal. Nesse período colabora ativamente em jornais do Ceará, Pará e Amazonas. Em 1891, reúne a poesia publicada no volume **Canções do lar**. Em 1892, acompanhando um irmão, muda-se para Manaus. Ali casa-se com o jornalista Artúnio Vieira e faz carreira como professora no famoso Instituto Benjamin Constant.

Com **Canções do lar**, Emília de Freitas torna-se a primeira mulher escritora cearense a publicar livro de poesia e, também, romance. Como diz Afrânio Coutinho: *...a autora cearense é realmente a antecipadora na prosa de ficção de autoria feminina no Brasil. Emília de Freitas, Francisca Clotilde e Ana Facó são três nomes que a história literária, não apenas cearense, mas nordestina, pode apresentar como as primeiras mulheres que escreveram romances numa época em que o patriarcalismo urbano e rural limitava a educação da mulher ao piano, ao bordado e a algumas noções de francês, à cozinha e às novenas periódicas nos oratórios domésticos.* (in **A literatura no Brasil** – IV 1986, p. 259).

Emília de Freitas fugiu, portanto, ao padrão feminino de sua época. Sua cultura, imaginação rica e consciência crítica podem ser avaliados no romance **A rainha do ignoto**, publicado em 1899 e que lhe valeu mais uma realização pioneira: a de escrever o primeiro romance fantástico publicado no Brasil. Rotulado pela escritora de romance psicológico, ele se afasta das receitas regionalistas, naturalistas, realistas ou ultra-realistas que se cruzavam no romance nordestino da época, para se apresentar como ponto de convergência de uma funda consciência, não só da influência do espaço regional sobre o homem, como também dos tênues limites existentes entre o real e o imaginário, ou da poderosa força que tem, este último. Daí o fantástico que, a cada passo da efabulação, vai-se fundindo à realidade criando uma atmosfera densa de magia ou espesso mistério, muito próximo às novelas góticas européias.

A romancista, numa fala inicial, Ao Leitor, revela o quão consciente estava da especificidade de seu romance: *Meu livro [...] tem a feição que lhe é própria [...] Não é o conjunto das impressões recebidas nos salões, nos jardins, nos teatros e nas ruas das grandes cidades, porque foi escrito na solidão absoluta das margens do Rio Negro, entre as paredes desguarnecidas de uma escola de subúrbio; é antes* cogitação íntima de um espírito observador e concentrado, *que (dentro dos limites de sua ignorância) procurou numa coleção de fatos triviais, estudar* a alma da mulher, *sempre sensível e muitas vezes fantasiosa. Tenho a certeza de que alguns ou quase todos os que lerem este livro hão de achar sua protagonista demasiadamente extravagante. [...] O feito de Joana D'Arc é um fato que passou para o domínio da história. Mas não nos parece ele uma lenda? Hoje, com mais razão, podemos nos* apoderar do inverossímil, *pois estamos na época do Espiritismo e das sugestões hipnóticas, nas quais fundamentei o meu romance. (grifos nossos).*

Como se vê, as premissas que orientaram a romancista, em 1899, permanecem atuais e em aberto: a urgente concentração de espírito dos escritores ou pensadores em geral, para uma redescoberta do mundo que se transforma e, principalmente, da verdadeira alma da mulher que há muito está em busca de uma nova imagem de si mesma para substituir a imagem tradicional herdada, que se deteriorou. Ao mesmo tempo, sofrendo a influência do materialismo positivista que se difundia no entresséculos e a das várias tentativas de redescoberta do espírito (psicologia patológica, psicanálise freudiana, neurologia psicanalítica, psicologia experimental...), a escritora é atraída pelos inegáveis fenômenos provocados pelas forças da mente (Espiritismo e hipnose).

De efabulação bastante complexa (amalgamada por um fantástico imaginário e por elementos bem objetivos da realidade cotidiana e social), **A rainha do ignoto** tem como eixo a atração do Dr. Edmundo (jovem médico da cidade, recém-chegado à povoação cearense, Passagem das Pedras) pela belíssima e misteriosa moça encantada que, em certas noites, aparecia em um batel iluminado, descendo o rio escuro e cantando melodias francesas ao som de uma lira de marfim com cordas de ouro.

Embora cético, quanto às crendices do povo, quanto a bruxarias, superstições ou trato com o sobrenatural, Dr. Edmundo procurava o fio da realidade perdido naquele labirinto de idéias extravagantes e fantásticas. É devido a essa curiosidade intelectual e à forte atração amorosa pela moça encantada (A rainha do ignoto) que o personagem vai descobrindo o mundo belo-horrível, governado pela misteriosa mulher, habitado por belas sacerdotisas do Bem e do Mal e por seres disformes, de aparência demoníaca. Mundo esse de encantamentos e bruxaria que, de maneira misteriosa, mantinha relações profundas com a pacata vida cotidiana dos moradores da região.

A matéria literária de **A rainha do ignoto** resulta de uma complexa fusão: elementos do romance gótico (aventuras sucessivas, mirabolantes, fantásticas ou mergulhadas em mistério), elementos do romance naturalista (exigência de verdade documental, objetividade no registro dos fenômenos observados, preocupação com pormenores), elementos do romance regionalista do entresséculos (preocupação com as peculiaridades da região que serve de espaço aos acontecimentos, contrapondo seu primitivismo ou rusticidade aos requintes de beleza, luxo e riqueza do mundo encantado que nele se oculta), valores da concepção de mundo judaico-cristã que consolidou a dualidade ou ambigüidade inerente à natureza feminina: anjo/demônio, pura/impura, etc. E, finalmente, elementos do folclore nordestino que, filtrados pela consciência culta da autora, revelam o grande potencial transfigurador de sua arte.

Segundo o Barão Guilherme Studart (**Dicionário biobibliográfico cearense** volume I, Fortaleza, 1910), Emília de Freitas teria publicado também o romance **O renegado**. Mas os estudiosos do assunto não lhe encontraram rastros. Como disse O. Colares: *Emília de Freitas estava destinada a uma posição diferente de seus contemporâneos, no campo ficcional cearense, para não dizer brasileiro. Suas idéias de evidente universalidade estavam acima do convencional e dos preconceitos do seu tempo e do seu meio. [...] esse seu estranho livro é perfeitamente classificável como de legítima literatura fantástica. [...] No Brasil, foi o primeiro programado, com a feição de alentado romance, para entrar no campo da inverossimilhança, pois com igual característica, antes dele e na sua contemporaneidade, outro não houvera. (in op. cit.).*

Publicações: Poesia – **Canções do lar**, 1891. Romance – **A rainha do ignoto** (1899 – 2ª edição 1980).

419 EMÍLIA FREITAS GUIMARÃES

Poeta, contista, teatróloga e professora, Emília Freitas Guimarães nasceu em Santos (SP), em 16.07.1901. De meio familiar culto (era filha do Dr. José Freitas Guimarães, jurista e poeta, membro da Academia Brasileira de Letras), Emília teve apurada educação. Formando-se professora, dedicou-se ao magistério. Com grande pendor para as letras, desde jovem escrevia poesias e crônicas, passando a colaborar em diversas revistas e jornais literários (Flama, Brasilidade, Ave-Maria, Fon-Fon, e outras). Escreveu peças infantis representadas em escolas. Estréia em livro, em 1935, com a poesia em prosa de **Sombras que passam na vida**.

Publicações: Poesia – **Sombras que passam na vida**, 1935, e **O que o meu sonho escreveu**, 1937. Teatro infantil – **O jardim dos pequenos**, s/d.

Emília Moncorvo, v. Carmem Dolores (nº 232)

EMÍLIA LEITE CASTELO BRANCO 420

Romancista, contista, cronista, Emília Leite Castelo Branco (que adotou o nome literário de Lili Castelo Branco) nasceu em Portugal, em 11.02.1905. Aos dois anos veio com a família para o Brasil, radicando-se no Piauí (PI).

Figura atuante no meio cultural piauiense, colaborou ativamente na imprensa e publicou uma dezena de livros de ficção e memórias. Na década de 1960, torna-se membro da Academia Piauiense de Letras e do Conselho Estadual de Cultura.

Publicações: Romance – **Ermelinda**, 1961; **Os amores de Tomás**, 1968; **Os mistérios do castelo**, 1978; **Qual será o nosso fim?**, 1981; **A misteriosa passageira**, 1989; **O romance de cada um**, 1980. Memórias – **Fases do meu passado**, 1980, e **Miscelânea literária**, 1982. Biografia – **A vida romanceada de Simplício de Sousa Mendes**, 1987 e **Feliz arrependimento**, 1992.

EMILIANA DELMINDA DO AMARAL 421

Poeta, romancista e professora autodidata, a paulista Emiliana Delminda do Amaral nasceu em Silveiras (SP), em 30.06.1865. Faleceu em data ignorada. Pela falta de recursos da família, não teve instrução regular em escola. Foi alfabetizada pelo pai e se tornou autodidata. Durante anos deu aulas particulares. Seu pendor para as letras levou-a escrever poesia e a divulgá-la em saraus familiares e na imprensa. Em 1880, publicou o soneto Ninguém, em jornal de sua terra. Em 1906, reúne seus poemas em livro, **Violetas**. Prossegue publicando na imprensa paulista (A Tribuna e Flama-Santos; Clarim-Matão; Nova Era-Franca, e outros).

Em 1926, publica o romance **Segredo fatal**. Acometida por grave enfermidade nos olhos, foi obrigada a renunciar ao ensino. Publica novos livros e deixou dois inéditos: **Minúsculas** (contos) e **O despertar para a luz** (poesia).

Publicações: Poesia – **Violetas**, 1906; **Miragens**, 1911; **Crepúsculo**, 1914; **Fragmentos d'alma**, 1918; **Calvário do amor**, 1939, e **Folhas caídas**, 1947. Romance – **Segredo fatal**, 1926.

ENEIDA ALMEIDA LIMA 422

Poeta e professora paulista, Eneida Almeida Lima nasceu em São José do Rio Preto (SP), em 15.06.1912. Formou-se professora e dedicou-se à carreira do magistério. Desde muito jovem empenhou-se em atividades culturais, ligadas à literatura. Colaborou na imprensa local, publicando poemas. Dirigiu o Seminário do Grêmio Anchieta da Escola Normal de São José do Rio Preto. Estréia em livro em 1946.

Publicação: **Um sonho que se perde na distância**, 1946.

ENEIDA MORAIS 423

Dinâmica personalidade que se tornou uma das mais queridas e respeitadas no meio intelectual e político nacional, Eneida Villas Boas Costa de Morais nasceu em Belém (PA), em 24.10.1904, e faleceu no Rio de Janeiro (onde fixara residência) em 27.04.1971, depois de uma vida intensamente vivida, em luta pelos ideais em que acreditara.

Sua curiosidade intelectual manifestou-se muito cedo. Filha de Guilherme Costa, caboclo do Amazonas, que enriqueceu no grande ciclo da borracha, Eneida recebeu educação aprimorada, com Elise Platt, sua babá francesa. Aprendeu francês, conheceu os grandes clássicos da literatura infantil (La Fontaine, Perrault, Grimm, Andersen...) e da literatura universal (que era contada pela babá). Aprendeu a arte da declamação (muito admirada pela sociedade do início do século passado) e começa a escrever sonetos. Aos oito anos foi interna do Colégio Sion (Petrópolis-RJ), onde ficou até os treze anos quando, influenciada pela religiosidade do meio, decide entrar para o noviciado e receber o véu de freira. A família não concorda e a traz de volta a Belém, onde conclui o ginásio. Aos quinze anos, perde a mãe (Júlia Villas Boas) e não se dando bem com o pai, pede a maioridade, mas não a consegue.

Entrega-se a novos estudos (datilografia, estenografia) para ser profissional da imprensa – ocasião em que começa a trabalhar como secretária na direção de duas revistas. Passa a colaborar, como poeta, no jornal O Estado do Pará.

Forma-se na Faculdade de Odontologia. Casa-se. Passa a colaborar na imprensa de outros estados. Em 1925, foi ao Rio de Janeiro, onde conhece Álvaro Moreyra, na redação da revista Paratodos, onde ela colaborava, e entra em contato com o meio intelectual carioca. Em 1930, Eneida participou do movimento modernista Flamiaçu. Publica seu primeiro livro, **Terra verde**, poemas amazônicos, que teve grande repercussão crítica.

Nesse ano, separa-se do marido e muda-se para o Rio de Janeiro, onde passa a integrar um importante grupo de intelectuais (Sérgio Buarque de Holanda, Raquel de Queiroz, Murilo Mendes, Cícero Dias, Múcio Leão, Prudente de Morais Neto, e outros).

Seduzida pelas idéias socialistas e sem dinheiro, muda-se para São Paulo, para trabalhar como operária numa fábrica. Filiou-se ao Partido Comunista e, como militante, esteve onze vezes presa, durante o Estado Novo (Vargas). Mas, em momento algum, parou de escrever, fossem as crônicas diárias para jornais cariocas, fossem novelas, contos ou histórias para crianças. Solta em 1946, passou a escrever para o jornal feminista Momento Feminino e prossegue suas atividades como intelectual de esquerda. Participou do I Congresso de Escritores. Foi membro-fundador da União Brasileira de Escritores. Viajou pelo mundo todo e esteve presente no III Congresso de Escritores da União Soviética. Em 1949, fez um curso de literatura na École de France, em Paris. Em 1959, revisitou a Rússia e a China, a convite dos sindicatos dos trabalhadores locais. Grande carnavalesca, membro da Comissão Julgadora das Escolas de Samba, organizou durante anos o famoso Baile dos Pierrôs. Sobre o carnaval, deixou um estudo antológico, **A história do carnaval carioca**, que, inclusive, serviu de enredo para a escola de samba do Salgueiro. Em 1973, após sua morte, a Salgueiro homenageou-a com o samba enredo Eneida – amor e fantasia, vencedor do carnaval carioca daquele ano. Sempre exercendo intensa atividade jornalística, Eneida dedicou-se também à escrita memorialista, deixando assim o registro de sua intensa comunhão com a vida e com seus semelhantes.

Publicações: Poesia – **Terra verde**, 1930. Conto – **Quarteirão**, 1936; **Boa noite, professor**, 1965. Crônica memorialista – **Paris e outros sonhos**, 1950; **Cão da madrugada**, 1954; **Alguns personagens**, 1954; **Árdua**, 1957; **Os caminhos da terra**, 1959; **Banho de cheiro**, 1962. Ensaio – **História do carnaval carioca**, 1958; **Guia da mui amada cidade de Santa Maria de Belém do Grão-Pará**, 1960, e **Romancistas também personagens**, 1962.

424 ERCÍLIA AVELAR DE MAGALHÃES

Poeta, Ercília Avelar de Magalhães nasceu em Porto Alegre (RS), em 30.05.1894. Membro da Casa do Poeta Rio-Grandense e do Clube Castro Alves, estreou em livro aos setenta e quatro anos, com os poemas **Vibrações esparsas** (1968), que foi lançado em noite festiva no Clube Cultural Castro Alves. O segundo, **As onze chaves de ouro**, teve lançamento no Cafezinho Poético (30.05.69).

Publicações: **Vibrações esparsas**, 1968; **As onze chaves de ouro**, 1969 e **Luminares**, 1976.

425 ERCÍLIA NOGUEIRA COBRA

Romancista e ensaísta paulista, das décadas de 1920 e 1930, que deixou fama de grande rebeldia, Ercília Nogueira Cobra nasceu em Mococa (SP), em 1891. Até bem pouco, as informações acerca de sua biografia eram escassas e falhas. Com as pesquisas que vêm sendo realizadas sobre as escritoras do passado, sua figura e obra começam a ser descobertas. Seus dados biográficos (embora ainda lacunosos) foram levantados por Maria Lúcia de Barros Mott (Biografia de uma revoltada: Ercília Nogueira Cobra, mimeo.1982 e in Cadernos de Pesquisa, nº 58, SP, Fundação Carlos Chagas, 1986), através de sucessivas entrevistas com vários familiares da romancista, os quais, embora não a tivessem conhecido, guardam a memória fragmentada, que dela ficou na crônica familiar. A esses dados, somam-se as pesquisas de Susan Quinlan e Peggy Sharpe, que resultaram na descoberta e reedição dos dois livros publicados pela escritora: o ensaio **Virgindade inútil** e o romance **Virgindade anti-higiênica** (reunidos no livro **Visões do passado, previsões do futuro**. 1996).

Segundo a crônica familiar, Ercília Nogueira Cobra foi sempre uma rebelde, cujo comportamento desafiador dos costumes foi radicalmente rejeitado pela família. Era filha de Amador Brandão Nogueira Cobra, que morreu por volta de 1906, quando ela era ainda adolescente, deixando a família em situação econômica precária e obrigando-a a mudar-se para uma fazenda, herdada do avô materno, no interior de São Paulo (circunstância que teria sido tema do romance **Correio da roça**, de Júlia Lopes de Almeida*, amiga da família).

Embora não haja registro documental de possíveis relações da escritora com o movimento modernista de 1922, a natureza revolucionária e desafiadora de sua escrita é prova eloqüente de seu envolvimento com as novas idéias (acrescentando-se a circunstância de que Oswald de Andrade pertencia ao mesmo ramo familiar). Inclusive há um fato concreto a ligá-la ao esforço de renovação da década de 1920: seu primeiro livro – **Virgindade anti-higiênica...** –, publicado pela editora de Monteiro Lobato, um dos grandes revolucionários da cultura brasileira da primeira metade do século XX. E mais, essa edição foi severamente criticada pelo pensamento oficial e apreendida pela polícia, sob suspeita de difundir idéias anarquistas. (Na ocasião, o presidente Artur Bernardes – 1922/1926 –, para combater a ameaça do anarquismo no Brasil, havia estabelecido a censura de livros suspeitos de conterem material subversivo.)

Ercília teria feito várias viagens à Europa e Argentina, entre 1917 e 1934, e entrado em contato com focos culturais feministas. Em 1934, muda-se para Caxias do Sul, onde abriu uma casa de diversões, O Royal, que administrou sob o nome de Suzy. Nesse período, instaurava-se o Estado Novo getuliano e, segundo depoimento de uma parente distante da família paterna, Ercília foi várias vezes presa e interrogada cruelmente:

...Porque o DIP (sic) pegava não soltava mais; ela estava desesperada. Uma vez ela tentou se matar [...] foi interrogada durante a noite, sempre nua, sempre muito maltratada; porque o interrogatório dela todo girava sobre sexo, ninguém interrogava a opinião política dela, ninguém queria saber; só queriam saber o que pensava dos homens, os homens estavam muito machucados com a opinião dela [...] a visão que ela tinha é que ela era uma ameaça tremenda. Porque se ela levantasse as mulheres naquela época, eles tinham a impressão que iam derrubar o regime [...] ela mudou de nome e fugiu para o Paraná. (Mott, 1986,99).

Os últimos rastros de sua vida registram o ano 1964, quando teria regressado a Caxias do Sul, segundo testemunhos femininos, para trabalhar como professora de piano e segundo familiares masculinos, como pianista em um cabaré. É ignorada a data de seu falecimento.

Segundo as pesquisadoras, Ercília Nogueira Cobra vem sendo considerada pelas teóricas feministas contemporâneas, como porta-voz do movimento feminista e anarquista radical (discordante da visão tradicional e do conceito de maternidade de Adalzira Bittencourt*).

Seu livro-ensaio **Virgindade anti-higiênica. Preconceitos e convenções hypocritas** (1924), é um lúcido e contundente libelo contra a sociedade das aparências, a que cultiva o parecer em lugar do ser, e que vive pela representação das formas consagradas dos bons costumes, ocultando em seu avesso o mundo-cão da realidade. Fundamentando suas análises e conclusões em um acervo erudito de pensadores, filósofos, cientistas, romancistas e poetas (Nietzsche, Guyau, Victor Margueritte, Flaubert, Zola, Paulo Broca, textos bíblicos, etc.), a ensaísta mostra a opressão e o vilipêndio que vêm sendo exercidos contra a mulher (principalmente contra as desvalidas de fortuna) por uma sociedade machista e hipócrita. Nas sucessivas edições (2ª e 3ª), a autora refere-se à apreensão feita da primeira edição, como prova das verdades que seu estudo contém, principalmente no que se refere ao interdito do sexo, lei moral-religiosa que redunda em uma chaga social: a prostituição. Diz ela:

A tese que defendo é a seguinte: noventa por cento das mulheres que estão nos prostíbulos, ali não caíram por vício, mas por necessidade. Se os pais destas desgraçadas em vez de as obrigarem a guardar uma virgindade contrária às leis da natureza lhes tivessem dado uma profissão com a qual elas pudessem viver honestamente, elas ali não estariam. A honra da mulher não pode estar no seu sexo, parte material do corpo que não pode se submeter a leis; deve estar como a do homem no seu espírito, no seu moral, na parte honesta do seu ser, que é a consciência. [...] o meu livro foi escrito com o único fito de mostrar o quanto é errada a educação que se vem ministrando à mulher. [...] o meu livro foi escrito por piedade das escravas brancas. O meu livro foi escrito pela indignação que me sufoca quando passo por estes antros espalhados pelas cidades, onde as infelizes do meu sexo servem de pasto a concupiscência bestial do homem. [...] Peço às criaturas inteligentes que não façam coro com idiotas que dizem que o livro é imoral.

É no âmbito dessa problemática que se desenvolve o romance **Virgindade inútil** (1927), cujo entrecho se localiza na Bocolândia (Brasil) e se concentra no drama picaresco da personagem Claudia (que familiares afirmam ser autobiográfica). Trata-se de uma adolescente de quatorze anos que compensa as falhas ou deformações da educação recebida, como interna de colégio de freiras, com uma inteligência acima da média e alerta para as falsidades da realidade que a rodeava. Sem conseguir o bom casamento que o avô esperava para ela, e desiludida com a hipocrisia reinante, foge de casa e passa por duras experiências como mulher, sem amparo econômico. As circunstâncias a levam para o mundo da prostituição, e ali põe a nu a hipocrisia dos donos do poder e da fortuna, e a conseqüente via-crúcis das prostitutas.

Importante notar que a romancista estabelece uma relação direta, de causa/efeito, entre o problema da interdição/liberação do sexo para a mulher, com o equilíbrio/desequilíbrio do sistema sociopolítico-econômico falocêntrico. Ao denunciar os preconceitos que geram a marginalização da mulher (ou dos desvalidos da fortuna), a romancista mostra a sociedade dividida em três classes sociais, em forma de pirâmide: no cume, a pequena elite dos poderosos, os piratas; logo abaixo, em número maior, a dos capangas, os que não questionam o poder da classe superior e desfrutam das benesses da ordem vigente e, na base, a imensa classe dos inconscientes, a dos que pagam o pato, explorados pelas duas acima.

Em estilo derramado, emocionado ou irônico, mas sem cair no folhetinesco lacrimoso a que o tema poderia levar, esse romance da década de 1920 registra um problema ainda em aberto em nossos dias – quando a sexofobia de ontem se transformou em sexofilia, mas as relações de poder entre homens e mulheres ainda são, em geral, reguladas pelo sexo...

(Fonte de consulta: Quinlan & Sharpe. **Visões do passado, previsões do futuro: Duas modernistas esquecidas**. 1996.)

Publicações: Ensaio – **Virgindade anti-higiênica. Preconceitos e convenções hipócritas**, 1924. Romance – **Virgindade inútil. Novela de uma revoltada**, 1927.

426 ERCÍLIA POLLICE

Poeta, professora e autora de livros infantis, Ercília Ferraz Arruda Pollice nasceu em Ibitinga (SP), em 03.07.1943. Radicou-se em Bauru.

Formou-se em Letras (inglês e português), dedicando-se ao magistério e a atividades de promoção cultural entre crianças e jovens. Desde adolescente escreve poesias, divulgando-as em jornais e revistas. Estréia como escritora, em 1982, na área da literatura infantil. Em 1984, publica um livro de poemas.

Publicações: Poesia – **Ao longo do caminho**, 1984. Literatura infantil – **Conta mais, Xodó,** 1982; **Joaquim, Zuluquim, Zulu**, 1983; **Só de vez em quando**, 1984; **O desejo**, 1988.

427 ERMÍNIA SERAFIM MENDES

Poeta, cronista e professora, Ermínia Serafim Mendes nasceu em Piracicaba (SP), em 25.03.1922. Radicou-se em Jundiaí (SP). Dedicou-se ao magistério e colaborou regularmente na imprensa local, com poesias e crônicas. Participou de antologias. É membro da Academia Feminina de Letras de Jundiaí. Estreou em livro em 1975.

Publicação: Poesia – **Alpendre**, 1975.

428 ESMERALDA RIBEIRO

Poeta, contista, jornalista e ativista engajada no movimento Negro Quilombhoje, Esmeralda Ribeiro nasceu em São Paulo (SP), em 24.10.1958. Desde a década de 1980, tem participado das iniciativas e atividades do grupo Quilombhoje, seja através da escrita, seja pela presença em encontros, seminários, grupos de estudos, etc.

Colabora regularmente em Cadernos Negros (1982/2001), seja com poemas, contos ou textos de reflexão crítica. No I Encontro Nacional de Poetas e Ficcionistas Brasileiros/1987, apresentou o texto "A escritora negra e seu ato de escrever participando". Estréia em livro individual, com a novela **Malungos e milongas**, onde narra o destino banal (e injusto) de uma família negra, unida, mas que acaba em desencontros, devido às pressões preconceituosas da sociedade.

Publicação: **Malungos e milongas**, 1988, e **Gostando mais de nós mesmos** (co-autoria), 1999.

ESTELA RODRIGUES 429

Romancista, teatróloga, médica, Estela Rodrigues (pseudônimo Lídia Monserrate) nasceu no Recife (PE), em 20.09.1910. Radicou-se no Rio de Janeiro (RJ). Fez seus primeiros estudos no Recife, concluiu-os no Colégio D. Pedro II (RJ). Cursou a Faculdade Nacional de Medicina (RJ/1932). Durante dois anos exerceu, sem remuneração, as funções de chefe do Serviço de Cirurgia Policlínico de Copacabana. Em decorrência dessa prática (trabalho voluntário sem remuneração) sofreu grandes problemas econômicos. Acrescido a isso, houve a falha médica de que resultou a morte de um irmão, e seu conseqüente abandono da medicina.

Passa a colaborar na imprensa, seguindo o exemplo do pai, o jornalista Mário Rodrigues. Em 1945, começa a publicar na Gazeta de Notícias, o romance em folhetins **A mulher em confissão** (1945/1947).

No mesmo ano, publica em livro o romance **Tire a máscara, doutor!** Em 1947, escreve o romance-de-cordel **Castro Alves**, que foi publicado no nordeste e ganhou o 1º Prêmio no Concurso Centenário do Nascimento de Castro Alves.

Algum tempo depois, resolve voltar a exercer a medicina, mas nova desilusão leva-a, em 1958, a adaptar para o teatro **Tire a máscara, doutor!**, encenada por elenco amador. A peça teria passado despercebida, não fosse a reação do Conselho Regional de Medicina, que tenta cassar o diploma da doutora, e desencadeia uma grande polêmica pela imprensa, que não deu em nada.

Passa a colaborar no Suplemento Feminino do jornal Última Hora-RJ, com o romance-folhetim **Três homens no meu destino**. Dá início, na década de 1950, à escrita de uma biografia de seu pai, Mário Rodrigues.

Publicações: Romance – **Tire a máscara, doutor!**, 1945, e **E o diploma, doutor?**, 1951. Romance-de-cordel – **Castro Alves**, 1947. Teatro – **Tire a máscara, doutor!**, 1958. Romance-folhetim – **A mulher em confissão**, 1945-1947, e **Três homens no meu destino** (1958-1959).

ESTEPHÂNIA NOGUEIRA 430

Poeta, professora, tradutora, Maria Estephânia nasceu no Recife (PE). É licenciada em Letras pela Faculdade de Letras (UFPE). Especializou-se em inglês. Leciona teoria da literatura e literatura americana, na Sociedade Cultural Brasil-Estados Unidos.

Tem traduzido para o português e adaptado vários livros didáticos americanos. Escreve poesia desde a adolescência. Estreou em livro em 1977, com **Canto primeiro**, ao qual se segue **Tempo de busca**. Tem três livros inéditos aguardando editora: Meu caminho é outro, Falas de Amor e Minhas conversas com Deus.

Publicações: **Canto primeiro**, 1977, e **Tempo de busca**, 1978.

ESTHER SQUEFF 431

Poeta, cantora e violonista gaúcha, Esther Squeff da Silva nasceu em Jaguarão (RS), em 21.11.1910 e viveu no Rio Grande (RS), onde faleceu, em 23.09.1934, aos vinte e quatro anos. Deixou fama de grande beleza e cultura.

Vocação espontânea para as artes, desde menina entregou-se à poesia e à música. Publicou poemas na imprensa e a maior parte deles estava inédita por ocasião de sua morte. Em 1962, **Cinco poesias** de sua autoria foram incluídas no livro **Sol de outono**, de Diva Machado Kaastrup. Em 1983, seu viúvo, o poeta Luiz da Silva Filho, reuniu vários poemas em uma publicação póstuma, **Maktub**. É patrona da cadeira nº 25 da Academia Literária Feminina do Rio Grande do Sul.

Publicações póstumas: **Cinco poesias**, 1962, e **Maktub**, 1983.

432 EUFROSINA MIRANDA

Poeta lírica, que prolonga o romantismo na poesia baiana do entresséculos, Eufrosina Miranda nasceu em Minas do Rio das Contas (BA), em 23.07.1880, e faleceu provavelmente na década de 1930. Filha de professor Alípio Severiano Miranda, ligado à Maçonaria baiana, foi desde cedo encaminhada aos estudos. Em Salvador, cursou a Escola Normal e ingressou no magistério, exercendo-o (como o exigia a carreira) em diversas localidades do interior baiano, até transferir-se para a capital, onde logra justa fama e reconhecimento da sua profissão. (Afonso Costa, **Poetas do outro sexo**, 1930).

Mulher culta e desenvolta, deixou fama de notável declamadora, presente nos saraus elegantes e em recitais de poesia. Desde muito jovem escrevia poesia e participava do movimento cultural baiano. Participou da fundação do Ateneu Literário Moniz Barreto que, em 1910, foi transformado em Academia Baiana de Letras, – antiga célula da atual Academia de Letras da Bahia, fundada em 1917. Nesta, Eufrosina Miranda ocupou a cadeira nº 25. Nessa ocasião, já era membro do Instituto Geográfico e Histórico da Bahia, tendo participado em 1915 do V Congresso Brasileiro de Geografia, patrocinado pelo Instituto.

Publicou apenas um livro de poesias, **Eflúvios**, em 1909 (com reedição em 1911, com prefácio de Pethin de Villar). Em artigo de 1980, em homenagem ao centenário de nascimento da escritora, E. D'Almeida Vítor defende a sua inclusão no contexto literário baiano e analisa sua arte: *...identificada com a semântica do Romantismo [...], a segurança da técnica do verso, no emprego das regras da metrificação, a conter, sem comprimir, seu pensamento e sua inspiração, numa linguagem poética a um tempo eloqüente e compreensiva.* Termina dizendo: *Seria injusto não posicioná-la entre os autores baianos. Sem embargo de sua reduzida bibliografia, foi Eufrosina Miranda uma mulher inteligente e erudita, ao que não se poderá deixar de agregar sua capacidade de trabalho, demonstrada em sua múltipla atividade intelectual, – o bastante para justificar a reverência de sua lembrança no transcurso do centenário de seu nascimento. (in A Tarde. Salvador, 04.11.1980).*

Publicação: **Eflúvios**, 1909.

433 EUGÊNIA CÂMARA

Atriz, poeta, dramaturga, tradutora, Eugênia Infante da Câmara nasceu em Lisboa (Portugal), em 09.04.1837. Presença que começava a se impor no teatro português, veio ao Brasil, em 1859, para uma turnê pelos estados e acaba se fixando no Rio de Janeiro (RJ), onde faleceu em 1874. Era um momento de mudança para o teatro brasileiro: do melodramático dos dramas românticos, para a naturalidade exigida pela comédia de costumes realista. É a época, no Segundo Império, em que o jovem Machado de Assis escreveu suas primeiras peças (encenadas em salões, mas sem chegarem ao teatro) e em que ainda faziam sucesso as comédias de Martins Pena e as de Macedo de Alencar. Ao mesmo tempo, as peças romântico-realistas, vindas de Paris, continuavam a ser atração, como **A dama das camélias**, de Dumas Filho ou as peças de Eugène Scribe. Deste último, Eugênia Câmara fez algumas traduções.

Sua estréia no Brasil, em 1859, deu-se no Ginásio Dramático, a mais famosa casa de espetáculos da época. Em 1863, segue para o Recife, com a Cia. Teatral de Furtado Coelho, apresentando-se no Teatro Santa Isabel. Como era costume na época, a mocidade acadêmica, que freqüentava o teatro, dividiu-se em dois grupos, um elegendo Eugênia Câmara como a grande diva, outro elegendo Adelaide Amaral, também, atriz do espetáculo. O primeiro grupo era liderado pelo adolescente Castro Alves, o segundo, por Tobias Barreto. Castro Alves apaixona-se por Eugênia. Unem-se e vão morar num bairro do Recife.

O nome de Eugênia Câmara tornou-se conhecido no Brasil, devido a esse notório relacionamento com o poeta. Relação que durou quatro anos (1863/1867). Durante a permanência no Recife, Castro Alves escreveu a peça **Gonzaga** ou **A revolução de Minas**, que mais tarde apresentaria em São Paulo. Meses depois partem ambos para o Rio de Janeiro, com breve parada na Bahia. No Rio de Janeiro, o jovem poeta levava carta de apresentação do senador Fernandes da Cunha para José de Alencar que, por sua vez, o encaminhou, com uma elogiosa carta de apresentação, a Machado de Assis. Em 1868, o romance estava desfeito e o poeta muda-se para São Paulo para continuar seus estudos na Faculdade de Direito (e de onde voltaria para a Bahia para morrer, depois de um acidente de caça). Logo depois, Eugênia Câmara casa-se com o maestro Antônio de Assis Osternol.

Como escritora, Eugênia publicou poemas, traduziu peças e escreveu comédias, que foram encenadas no Ginásio Dramático do Rio de Janeiro.

Publicações: Poesia – **Esboços poéticos. Porto**, 1859, e **Segredos d'alma**, s/d. Traduções encenadas – **Um entre mil** e **Batalha das damas**, de Eugênie Scribe. Comédias – **Pau para toda obra**; **Lição de clarim**; **Madrasta**; **Um trempe de calças**; **Relógio conjugal**; **O braço de Ernesto**; **Trinca-ferro**; **Uma paixão de rapazes** e **Uma escada**.

EUGÊNIA FREIRE 434

Poeta e advogada, Eugênia Freire Santana nasceu em Aracaju (SE), em 28.12.1966. Formou-se em Direito na Universidade Federal de Sergipe. Desde adolescente escreve poesias e tem militância política. Quando estudante universitária foi representante discente no Conselho de Ensino e Pesquisa da UFS. Tem colaborado no Suplemento Literário **Arteliteratura**, de Aracaju. Estreou em livro em 1981.

Publicação: **Renascendo em prosa e verso**, 1981.

EUGÊNIA MENEZES 435

Ficcionista, pesquisadora, presença atuante no meio cultural recifense, Eugênia Maria Simões Cézar Menezes nasceu em Taperoá (PB), em 14.09.1939. Está radicada em Pernambuco (PE).

Desde a década de 1980, profissionalmente ligada à FUNDAJ – Fundação Joaquim Nabuco (Recife), Eugênia Menezes tem desenvolvido atividades culturais de base. Foi diretora do Núcleo de Projetos Especiais do Instituto de Recursos Humanos e Promoção Cultural da FUNDAJ; pesquisadora da Oficina de Estudos Culturais do Instituto de Assuntos Culturais da FUNDAJ; integrante do grupo de base das Edições Pirata (movimento editorial atuante no Recife e destinado a apoiar escritores emergentes, nas áreas de poesia, conto, novela e ensaio); membro do conselho editorial do jornal Cultura e Tempo (1981); Secretária da União Brasileira de Escritores-PE (1989/1990), e outros. Como escritora, inicia-se na década de 1970, publicando contos e poemas em jornais ou revistas especializadas (Jornal da Semana, Jornal Universitário, Jornal do Comércio, e outros).

Estréia em livro, em 1980, com a prosa poética de **Terra arada**, ao qual se segue **Reconstrução da lembrança**. Ambos, com excelente recepção crítica, revelam uma escrita densa, cujas raízes se fincam no profundo da terra, ou melhor, nas origens ancestrais. Escrita telúrica e híbrida, na medida em que se quer narrativa do cotidiano concreto, onde a vida se cumpre, e ao mesmo tempo se quer vidente desvendadora do além-aparências, isto é, da essencialidade oculta que, afinal, dá o sentido último à vida.

Linguagem essencialmente metafórica, a de Eugênia Menezes expressa uma visão-de-mundo, em que vida e morte estão visceralmente ligadas: uma depende da outra – é da morte da semente na terra que surge a vida da árvore. Não por acaso **Terra arada** inicia-se com o texto:

Os Sobreviventes: o encontro do menino que viaja o mundo de maneira diferente e a mulher magoada, sofrida pelos desencontros. Ambos guiados pela força poderosa da imaginação acabam comungando com a vida autêntica, que existe para além do mundo hostil.

A memória é, sem dúvida, um dos fatores que dinamizam a escritura de Eugênia Menezes. Mas longe de expressar um saudosismo imobilista, ela revela o invisível e eterno processo da vida, que se renova a partir das mortes. Entre os muitos exemplos dessa visão-de-mundo, destacamos o fragmento VI de **Reconstrução da lembrança**.

Nele, a narradora, depois de longo período de reclusão, pôde rever o seu mundo da adolescência e soube da morte trágica e prematura de uma amiga querida. *Mal sabia eu que devia incorporá-la às minhas perdas. Mas a vida vence sempre.* E o texto termina: *Eu a reencontrei anos depois na grande árvore nascida no lugar onde foi encontrada, e que tinha, como ela, a imponência de uma força da natureza.*

Publicações: Contos – **Terra arada**, 1980, e **Reconstrução da lembrança**, 1982. Ensaio – **Nordeste do Brasil: um desenvolvimento conturbado** (em colab. com Clóvis Cavalcanti, Alberto Cunha Melo e Osmil Galino), 1981.

436 EUGÊNIA SERENO

Ficcionista de alta categoria, pianista, professora e educadora sanitária, Eugênia Sereno (Benedita de Rezende Graciotti) nasceu em São Bento de Sapucaí (SP), em 13.09.1913. Residiu na capital paulista, onde faleceu em 1981. Era casada com o escritor paulista Mário Graciotti.

Formou-se pela Escola Normal de São Paulo e ingressou na carreira do magistério. Cursou também o Conservatório Dramático e Musical de São Paulo, formando-se pianista. Graduou-se pela Faculdade de Higiene da USP, como educadora sanitária, área em que fez carreira.

Desde jovem teve pendor para as letras. Começou a publicar contos e crônicas através da imprensa e de revistas especializadas (Vanitas).

Publicou um único romance, **O pássaro da escuridão**, cuja força e grandeza (de linguagem e de problemática) lhe garantiram um lugar de destaque no panorama da Literatura Brasileira do século XX. Romance de húmus rosiano, exigiu quase dez anos de trabalho à autora, que o escreveu e reescreveu dezenas de vezes, até que o universo de Mororó-Mirim se revelasse completo em sua complexidade lingüística, efabuladora e existencial.

Integrando-se na linha da ficção moderna (ou pós-moderna?) que reinventa a antiquíssima atitude narrativa dos velhos jograis medievais, **O pássaro da escuridão** representa mais um marco dentro do romance brasileiro neo-regionalista (?), anexando mais uma região à geografia literária brasileira: Mororó-Mirim, cidadezinha malina que *tem cérebros, que nunca dormem, a parturejar da maleficência das mioleiras, autênticas bestas do Apocalipse, de dez chifres e sete cabeças, cada, e capazes de desapartar casais encanecidos, que estão por beirar e celebrar bôdas de ouro, até de brilhantes. Capazes de desencaminhar donzelas enfeitadas de pureza, qual os alvos anhos imolados. Ó leitor incréu! Estarrece-vos desta feita o coração? Pois guardai-vos o pior, que muito haveis de chorar e prantear.*

Nesse fragmento temos a visão picaresca/dantesca de Mororó-Mirim e também o tônus dialogante da atitude narrativa assumida pela autora, tônus no qual ouvimos ecoar as vozes dos narradores medievais que alertavam seus ouvintes contra os pecados do mundo. Dentro da complexidade de forças e idéias que se amalgamam nesse denso universo ficcional, há uma problemática que domina: a interrogação do caos de valores em que o mundo-século XX mergulhou, mundo sem Deus, sem paradigmas, nem certezas absolutas... em que o homem, livre do pecado e amputado de transcendência, chafurda no Mal, na materialidade estéril e abjeta. Mororó-Mirim seria, assim, um reflexo pelo avesso da brilhante civilização do progresso em que vivemos.

Através da vida arrastada de um burgo modesto, musgoso e miúdo, limitado pelo horizonte fechado por montanhas; através da estagnação ambiente e dos costumes petrificados que procuram abafar os ímpetos do Adão-de-barro, a romancista metaforiza o eterno jogo da vida humana, o eterno debater-se do espírito na prisão do seu invólucro carnal, ora prisioneiro do temor do pecado, ora entregando-se a ele.

Bradai aos céus, bradai, ó brancas alminhas puras, que temeis a lesma viscosa do pecado a engordar-se nos buracos soturnos dos corações abjetos! Bradai, ó justos! Bradai , ó delicados espíritos que já não podem sobrevoar o enfuscado céu deste burgo. Este burgo deprimido, onde a coruja dá risada, o cipó dá flor e tudo pode acontecer, isto é Mororó.

E estas são algumas de suas histórias há tempo acontecidas! Ora, histórias, *direis! Cebolórios! Histórias houve sempre e de todos os tamanhos em muitos mundos e entre os quatro pontos cardeais. [...] mas estas são* histórias de Mororó, *o que é muito diferente. Fazei, pois, comigo, leitor hipotético, um retorno mental aos pretéritos dum barrancoso burguinho lá do Brasil das carrancudas espessuras.*

E assim nos leva Eugênia Sereno por estropícios de léguas...

E aí nessa cafundoca, as histórias se sucedem em um ritmo exterior dinâmico (na esfera da linguagem), porém interiormente espraiando-se em lentas ondas (na esfera da ação, do viver). Em sentido oposto à placidez das águas pantanosas: paradas na superfície e fervilhando de vida no mais profundo interior.

Mesclando o pitoresco e seivoso falar rústico brasileiro com a expressão cuidada e erudita do falar culto, a autora consegue uma fusão verbal extraordinariamente expressiva e eloqüente, porque revela o precioso manancial lingüístico que vive latente nos vários falares do Brasil. Suas personagens, transviadas dos caminhos do espírito, entregues à modorra insulsa e desagregadora do vazio circundante, naquele burgo alquebrado, a voz a falar mais alto é a da carne. Luxúria, maledicência, inveja e superstição andam de mãos dadas em Mororó-Mirim. Burgo que simboliza o vale de lágrimas para onde Adão foi atirado e onde se arrasta em pecado desde a origem dos tempos. Onde a redenção? Esperemos o novo século ou milênio...

Publicação: **O pássaro da escuridão**, 1965.

EULÁLIA MARIA RADTKE 437

Poeta de grande força, teatróloga, jornalista, compositora, cenógrafa, presença atuante em seu meio cultural, Eulália Radtke nasceu em Gaspar (SC), em 06.05.1949. Residiu em Blumenau e radicou-se em Curitiba (PR).

Ainda criança muda-se para Blumeau (SC), onde faz seus primeiros estudos. Na adolescência, começa a trabalhar na lavoura e depois como fiadeira na indústria TEKA. Na década de 1970, realiza vários cursos profissionalizantes nas áreas de relações humanas, teatro e interpretação de textos. Nessa época passa a colaborar com o projeto cultural desenvolvido em Blumenau pelo poeta catarinense Lindolf Bell, quando de volta a Santa Catarina, depois de uma longa estada em São Paulo, onde foi um dos líderes do movimento Catequese Poética Paulista, na década de 1960.

Sua colaboração com o poeta começa com a inauguração da Galeria Açu-Alu, que se torna um ponto de referência cultural na cidade. Dentro do intenso movimento de cultura que marca as décadas de 1970 e 1980, em Blumenau, Eulália Radtke atua em vários campos: teatro, jornal, gibiteca, publicidade e imprensa em geral. Escreve música e produz catálogos de exposições de artes plásticas. É nessa ocasião que se revela a poeta. Vocação inata para a poesia, Eulália, desde menina, sentiu-se atraída pela leitura, principalmente de poesia, e começa a escrever versos na areia ou em meio às brincadeiras infantis. Ainda adolescente, consegue ver publicados poemas seus na imprensa. Além da colaboração em jornais e revistas (de Santa Catarina, Rio de Janeiro, São Paulo, Minas Gerais, Brasília, Pernambuco e Paraná), participa de concursos literários e de antologias.

Em 1973, concorre ao Concurso de Poesia, Prefeitura de Itajaí-SC e conquista menção honrosa. Foi o primeiro de uma longa série de prêmios e distinções que sua produção poética vem conquistando. Dentre eles, destacamos: Menção Honrosa no II Festival de Inverno de Itajaí-SC, 1974; Prêmio Ferreira Gullar-Concurso Nacional de Poesia do Paraná, 1978; Prêmio Delfino – Fundação Catarinense de Cultura, 1979; Prêmio Quarta Noite da Poesia Paranaense-Fundação Teatro Guaíba, 1983; Prêmio Mário Quintana-Alegrete (RS), 1984; Prêmio Shogun Editora-RJ, 1985; Prêmio Concurso Nacional de Poesia pela PAZ (conjunto de sete poemas gravados em bronze e granito em exposição a céu aberto, na Praça da Paz em Cachoeira do Itapemirim-ES, 1986), e outros.

Como poeta, estréia em livro em 1980, com **Espiral** – seqüência de poemas-sínteses de uma intensa vivência existencial, voltada para o outro, como parte essencial do eu. Poesia de alta linhagem, a de Eulália chegou à forma de livro pelo estímulo de Lindolf Bell que, ao conhecer os originais escritos ao longo de anos (e guardados pela timidez da autora), descobriu neles a marca da poesia autêntica. Na apresentação, ele define essa primeira coletânea como *um poema único, que se desdobra em versos curtos, concisos, líricos. [...] que se desenvolve como uma espiral, que sobe e desce* *e dá voltas (revoltas) em torno de si mesmo. Como se a matéria de afirmação do ser fosse o objetivo mais importante e, infinitamente, inesgotável como motivação do poema.*

Realmente, um dos nervos essenciais da poesia de Eulália Radtke é essa ansiada afirmação do ser. Mas, sintonizados com estes tempos de caos, à espera de uma nova ordem, o ser que se busca em sua poesia passa pelo outro, pelo tu, sem o qual o eu não se completa. Já o poema de abertura o diz claramente, através da metáfora do vôo:

Não me julgue / um pássaro torto / Julgue o vôo / Que este pássaro / Faz / Para chegar / A ti.

Dominando a palavra com rigor, Eulália submete o fluxo multiforme das emoções e sensações à difícil síntese verbal que expresse apenas o essencial, o cerne da experiência interior, o mais fundo da consciência de ser. Bell, com a lucidez de sempre, aponta no movimento em espiral, a procura incessante de uma chave da consciência. Porque chave da consciência é a chave do ser. E pela consciência do ser, o poeta revela o seu interior, o mundo que fica no avesso da face visível do mundo.

Como sabemos, uma das palavras de ordem do pensamento contemporâneo é exigir de cada eu a conquista de seu autoconhecimento, a autoconsciência de si mesmo em relação ao outro. Ou melhor, em relação ao mundo e à sua possível função dentro dela. Com a perda do centro sagrado (a origem divina do homem, que a ciência pôs em questão a partir do século XIX), o homem contemporâneo passa a ser o novo centro. É em torno desse fenômeno que a poesia (a literatura e as artes em geral) por ele criada, vem se engendrando. É da palavra do poeta (dos criadores e dos pensadores em geral) que depende o novo conhecimento de mundo, a nova ordem que se está forjando, neste limiar do novo milênio. Metaforicamente, a poesia de Eulália expressa de mil maneiras esse saber profundo:

Descem os rios / E a solidão do / pássaro / é ponte e caminho / Nos intervalos / do homem

Ponte e caminho são as grandes chaves dessa sabedoria ancestral: poesia-ponte une o ser ao todo, poesia-caminho ilumina os verdadeiros passos a serem dados pelos homens para a realização plena de vida. E consciente do valor seminal das raízes ou do ontem para o sonho que gerará o amanhã, ela diz: *Arrancar raízes / É adormecer / A casa do sonho.* Poesia em funda comunhão com a terra, com a herança arcaica, poesia que se sabe elo de uma invisível corrente cósmica, a de Eulália Radtke se integra, essencialmente, na multiforme seara poética brasileira, pós-1960.

No livro seguinte, **O sermão das sete palavras** (Prêmio Luís Delfino de Poesia, 1985) aprofunda-se a visão-de-mundo que energiza sua poesia anterior. Dividida em três livros (O sermão das sete palavras, sete motivos para uma canção de dor e sete elegias), esta nova recolha poética revela a maturidade existencial e poética atingida pela autora. As epígrafes de abertura revelam de imediato a grande frustração de todo eu-poético, por não se sentir ouvido pelo outro, pois na verdade o ato poético só se completa pela comunhão do leitor com ele.

Na epígrafe de André Gide, lê-se: *Aprendi a julgar todos os seres / pela sua capacidade / de recepção luminosa.* Na de Cecília Meireles: *Vim cantar a canção do mundo, / mas estás de ouvidos fechados / para os meus lábios inexatos, / atento a um canto mais profundo.*

Na verdade, tanto o poeta quanto o leitor, cada qual a seu modo, precisam desenvolver essa capacidade de recepção luminosa. E todo grande poeta sempre sente que há um canto mais profundo para além do seu inexato. Os poemas se sucedem, em séries de sete (número cabalístico de mil significados simbólicos), e cuja decifração depende da leitura-de mundo preexistente no leitor. Cada qual fará a sua.

É meio dia em minha / vida, / meu sétimo vôo / e nem mesmo decifrei / os segredos dos céus. // Preciso escrever na terra / uma canção, / mas difícil é aprender / a exata solidão de Deus. / Difícil expulsar toda forma / de ser, / do nó cego que o verso / não desata.

Diz Bell: *Meio-dia na vida do ser humano, o sol a pino, equivale estar no meio de uma trajetória. Trata-se de estar num ponto divisor-de-água, na linha de um horizonte temporal, quando pode-se enxergar para frente e para trás. E olhando deste ponto, ter uma visão circular das circunstâncias que induzem e conduzem o fio do destino. O que não significa 'saber a exata solidão de Deus'. Tentativa de saber que perpassa o poema do primeiro ao último verso. [...] procurar além da palavra, da inspiração, além do poema. Questiona-se aqui uma forma de aventura: o mergulho no coração de ser e estar aqui.*

É esse o nervo que acicata e energiza a poesia contemporânea... aquela que entre a dor e o júbilo busca um novo conhecimento do homem, do mundo. E como diz Eulália, em certo momento: *Porque doloridas são as vísceras / do poeta. / Porque imenso é o ato de ser / no mundo.*

Simultaneamente à sua produção poética, participa de obras coletivas (**Contistas e cronistas catarinenses**/1979; **Poetas e poemas**/1980; **Contos eróticos**; **Livro do ano-antologia poética**-Colorado, EUA, etc.) e de diversos movimentos culturais (**Catequese poética**-Blumenau/1977, liderado por Bell; **Murais** (tapumes pintados por crianças de escolas públicas, ao lado de Paulo Leminski, Reinold Aten, Alice Ruiz, Thadeu, Sidônio Muralha e outros); Encenação de Fantasia para rei comum, na inauguração do Teatro-a-céu-aberto/Centro Municipal de Cultura de Blumenau, etc.).

Eulália Radtke é membro da Associação Profissional de Escritores de Santa Catarina.

Publicações: **Espiral**, 1980, e **O sermão das sete palavras**, 1986.

EUNICE ARRUDA 438

Poeta paulista que conquistou um espaço personalíssimo no âmbito da "geração de 60", Eunice Arruda nasceu em Santa Rita do Passa Quatro (SP), em 15.08.1939. Radicou-se na capital paulista. Formou-se como Assistente Social na PUC-SP, onde fez pós-graduação em Semiótica e Comunicação (1988). Profissionaliza-se em atividades ligadas ao serviço social, educação, literatura e cultura. Promotora cultural junto à Biblioteca Municipal Mário de Andrade e a outros órgãos oficiais, tem organizado e ministrado oficinas literárias, minicursos de poesia, palestras em escolas (Programa Escritor e público-um diálogo permanente/Secretária Municipal de Cultura, década de 1980), e outras atividades ligadas à divulgação da poesia, como exercício de vida.

Entre os projetos que coordenou, estão: Tempo de Poesia-década de 1960-1995 e Poesia 1996/1997, promovidos pela Secretaria Municipal de Cultura-SP, e pelos quais recebeu o Prêmio Mérito Cultural/União Brasileira de Escritores-RJ, 1997. Fez Parte da diretoria da União Brasileira de Escritores-SP e do Clube de Poesia-SP. Na década de 1990 torna-se membro do Grêmio Haicai Ipê – grupo empenhado no movimento poético de aclimatação do haicai no Brasil, promovido pela Aliança Cultural Brasil-Japão. Inclusive, participou (ao lado de mestres do haicai japonês: Goga e Teruko) da antologia **Haicai – A Poesia do Kigô** (1950), confirmando sua vocação poética para a síntese.

Em 1960, Eunice Arruda estreava como poeta, com **É tempo de noite**, em lançamento festivo, que a apresentava como nova voz, dentro da novíssima geração (Roberto Piva, Carlos Felipe Moisés, Lilia A. P. da Silva... editados por Massao Ohno). Era um novo tempo que começava na Europa pós-Guerra Fria (1945/1956) e no Brasil pós-getuliano, com o advento de Juscelino Kubitschek e a construção de Brasília. Formas de destruição e de criação mediam forças. Para a poesia era um tempo de interrogação e buscas, a partir de uma certeza: ao poeta cabia renomear o mundo em caos e abrir caminho para uma nova ordem, que havia de vir. Nesse contexto, como sabemos, surge a hoje chamada "geração de 60" (além dos já citados, Carlos Nejar, Mário Chamie, Álvaro de Faria, Lindolf Bell, Marcus Accioly, Neide Archanjo, Nauro Machado, Claudio Willer, Armindo Trevisan, Affonso Romano Sant'Anna e outros). Vozes e formas poéticas bem diferentes entre si, fortemente personalizadas, mas que, com o tempo, foram revelando raízes comuns e universais, que hoje são vistas como marcas geracionais: crença quase absoluta no poeta (e na poesia) como a grande força de resistência contra a destruição da vida; descoberta da palavra como criadora do real (é ela que, nomeando o ser e as coisas, os fazem existentes); redescoberta da condição humana, como a grande força do Universo (apesar de aparentemente efêmero e frágil, o homem é indestrutível: é dele que depende a continuidade da vida em ciclos de evolução que se sucedem), e a consciência do eu como parte do nós, como elos que somos da grande corrente da História e, conseqüentemente, a consciência de que toda renovação cíclica se faz por uma volta às origens.

Todos esses vetores confluem na poesia de Eunice, como marca generacional literária, que não exclui a sua originalidade, nem a de seus companheiros de geração, em todos os recantos do Brasil. Cada qual com a sua dicção própria, e em diferentes gradações estilísticas (do lírico ao épico; da síntese à frase caudalosa; da serenidade à revolta; da dor ao júbilo...), os poetas pós-1960 iluminaram caminhos, hoje percorridos e transfigurados pela poesia em geral. Em Eunice Arruda, a dama silenciosa da poesia brasileira (como a chamou Olga Savary*), do primeiro ao mais recente título, sobreleva a dicção lírico-amorosa-existencial.

Não o lirismo epidérmico do desabafo narcísico-romântico, mas aquele que emana do eu profundo em comunhão existencial com o outro. Amorosa, não na simples relação eu-você, mas na que os novos tempos exigem do amor: eu+você+mundo. Relação solidária (e não, solitária) que permitiria a cada um o viver autêntico – aquele que a poeta persegue desde as primeiras horas, escavando as palavras que devem expressar. Um viver que é busca contínua e esperança do encontro. Em **É tempo de noite** já dizia:

Viver pouco mas / viver muito / Ser todo pensamento /
Toda esperança / Toda alegria / ou angústia – mas ser // Nunca morrer / enquanto viver
*Quando escrevo / é a vida que / exercito (**Chão batido**)*
Não nos perdoem / os que nascerão / amanhã // Deixamos como herança a / busca inesperada que / fomos // neste chão // batido de passos incertos / onde cabeças se abaixam sem / resposta (Idem)

Embora sem resposta, a poeta sente que sua missão é buscar, interrogar e que, assim fazendo, os poetas estarão preparando os caminhos da plenitude tão desejada. Ainda em **Chão batido**, diz:

Embora não nos / devam perdoar // os de amanhã // Hão de / encontrar // Batido o chão e propício o teto / pelo que houve de lágrima e afeto.

Somos os que / fazem versos / e / pisam flores // Mas saberemos um / dia buscar caminhos / exatos / *que levam às* fontes // *Há uma aurora escondida em / nosso rosto.*

Aí se declara a certeza de que a tarefa do poeta é descobrir novas sendas no mundo já conhecido, e que as palavras serão os arautos dessa descoberta. Em **As pessoas e as palavras**, lemos:

buscar palavras / No vermelho / no sol no atalho / escondido / no fio da faca / buscar palavras / e cristais / sempre / nenhum repouso / no / algodão das nuvens / buscar no chão / cavar as águas / E na correnteza brilha / o pó / deste ouro // – as palavras.

De livro para livro, aprofunda-se o núcleo problemático do seu universo poético, e a sua linguagem se faz cada vez mais breve, incisiva, sintética. Aprofunda-se a consciência de seu fazer poético. Em **Os momentos** (1981), fala claramente de seu processo de criar poesia:

Encontro o / poema / no descompasso // A fina palavra / exata procuro / no som grosso / do meu passo // Depois / ei-lo / estendido / na superfície / da folha / Quieto / como um animal compreensivo / aliso o seu pêlo duro / – escrevo o poema / no escuro // E do que foi sêde / no corpo e / na garganta / secura / ele surge: // água pura (Poética I).

Dá-se uma profunda simbiose entre criadora e criatura, ambas se misturam no corpo-a-corpo da criação.

Nas horas vagas / da dor / rompe / este canto / artéria / de um poço / fundo (Poética-II).

Poesia – verdadeira artéria do obscuro outro (como dizia Otávio Paz), que dentro do seu eu descobre o poema – , exige um incessante corpo-a-corpo do poeta com a palavra. É verdade que há tréguas:

sim / há / as horas de trégua // Quando se afiam / as facas

Na verdade, a vida não dá trégua ao poeta. Em intervalos regulares, Eunice, silenciosamente, vai publicando livro após livro, sempre em luta com o poema a ser escrito. Em **Mudança de lua** (1986), diz:

Ouço seu / som / bater de asas / inseto aflito // Mas ele me recusa / não se deixa ser / por mim escrito.

Em **Gabriel** (1989), temos a onipresença da alta missão da poesia (ou da palavra), como criadora de mundo e eternizadora do humano.

Somos palavras / o mundo está sendo escrito Escrevo um livro / não virarei pó / Palavra

Em **Risco** (1998), livro maduro, que dá início ao balanço de uma já longa jornada de vida, temos o enfrentamento do grande mistério, a morte.

Cabe agora / morrer o corpo // dia a dia / ir // me desacostumando / do rosto / que eu chamava / meu.

Essa aparente e antecipada desistência da vida, longe de ser um gesto de fraqueza é, ao contrário, um índice de coragem e de autodomínio. Como Flávio Weintraub diz, na apresentação, esse sereno enfrentamento à morte, assumido pela poeta, lembra Montaigne: *Meditar sobre a morte é meditar sobre a liberdade; quem aprendeu a morrer, desaprendeu de servir.* (Essais, I, XX).

É essa liberdade interior que transparece nos poemas unidos em **Risco**, e também a confirmação da interação corpo/espírito que a poeta assumiu desde as primeiras horas, como condição *sine qua non* de sua criação poética. Neste último ela diz:

Tenho usado / tanto / este corpo // É justo / que eu o deixe / que eu o deite / Que o esqueçam.

E mais adiante: *Estou doente // Pesada dolorida / devastada / ao relento / cigarras cantam agudamente / dentro de mim / durmo / profundamente.*

Mas o que a sucessão de poemas revela é que essa doença ou devastação não provém apenas do físico. Mas principalmente da revolta com a aparente impotência da poesia diante do mundo-cão, destes nossos tempos de violência e caos. É nesse sentido que podemos entender a inversão ocorrida no poema Natal: uma outra mulher, endurecida pelo cotidiano adverso, nasce na poeta, anda sobre pedras (e não, sobre flores) e tenta afastá-la dos abismos da vida e da poesia.

Outra mulher nasceu / súbita / violenta // Em mim // Anda sobre pedras / aperta massacra o coração / nos uniformes / é conforme ao mundo [...] outra mulher nasceu / Ágil / ergue o rosto / ao sol / ao céu / sem expectativa / sempre impune [...] E com / duras mãos / me afasta dos abismos / do delírio / das notícias. Do luar // ***Não escreve poesia.***

A poesia recolhida em **Risco** resume a dor, a desumanidade e a morte que varrem o nosso dia-a-dia, neste limiar do novo milênio. Mas, aqui e ali, abrem-se frestas de esperança, como em Mensagem, outro poema sobre o Natal, mas oposto ao anterior:

É / Natal / novamente / onde estamos / onde não estamos [...] E não há como fugir / já não há onde esconder / o encontro é inevitável / Há que se aproximar então / o coração aberto / o afeto dilatado [...] e aceitar / Aceitar esta carga – condição de ser humano [...] É preciso deixar / esta água / fluir / é preciso aceitar o mistério das fontes // não podemos deixar morrer nenhum nascimento.

Uma das lições dadas pela poesia de Eunice Arruda é que, apesar dos fracassos, é preciso prosseguir. A realização humana está na resistência da caminhada. Lembra-nos o Sísifo, de Albert Camus, cuja plena realização estava no incessante carregar a pedra até o cume da montanha, e não em conseguir manter a pedra lá em cima. Como disse o poeta espanhol Antonio Machado: *No hay camino. Se hace el camino al caminar.*

Presente em antologias poéticas publicadas no Uruguai, Colômbia, França e Estados Unidos. Distinguida com o Prêmio Concurso de Poesia Pablo Neruda/Casa Latino-americana. Buenos Aires, 1974.

Publicações: **É tempo de noite**, 1960; **O chão batido**, 1963; **Outra dúvida** (Panorâmica poética luso-hispânica. Lisboa, 1963); **As coisas efêmeras,** 1964; **Invenções do desespero**, 1973; **As pessoas e as palavras**, 1976; **Os momentos**, 1981; **Mudança de lua**, 1989; **Gabriel** (escr. 1989, publ. 1990) e **Risco**, 1998.

EUNICE BUENO 439

Poeta, pesquisadora, incentivadora cultural, Eunice Bueno da Silva e Souza nasceu em Assis (SP). Está radicada em Rondônia (RO). Formou-se em Letras, especializando-se em português e francês. Fez pós-graduação em Língua Portuguesa (Universidade Federal de Rondônia).

Iniciou carreira em letras, publicando poesia e ensaios em revistas especializadas e imprensa. Estreou em livro, em 1983, com a poesia de **Garatuja**. Seguem-se vários outros títulos. Escreve também para crianças. Participa ativamente de oficinas literárias, *workshops* e seminários de produção de textos. Organizou o Projeto Literário Arte e Literatura (1992/1994/1995).

Tem em desenvolvimento uma pesquisa literária, **A prosa rondoniense**. É membro fundador da União Brasileira de Escritores-RO e da Academia de Letras de Rondônia.

(Fonte: **Poesia de Brasil** – 2, org. A. Curvelo.)

Publicações: Poesia – **Garatuja**, 1983; **Arco-íris**, 1990; **Clecs e outras inspirações**, 1989; **As conchas se abrem**, 1990. Ensaio – **Bolivar Marcelino - 10 anos de poesia**, 1996. Arte visual – **Tear arte**, 1999.

440 EURYDICE NATAL E SILVA

Poeta e figura de projeção na crônica histórico-social-cultural de Goiânia, Eurydice Natal e Silva nasceu em 23.11.1883, na velha cidade de Goiás (GO), filha primogênita do então juiz de direito, Joaquim Ocarrier Guimarães Natal, republicano intransigente, que participou das dissenções políticas que precederam a Proclamação da República (15.11.1889).

Teve educação cuidada, em sua própria casa, como a recebiam as moças de família abastada: piano, francês, literatura, declamação, canto (e posteriormente datilografia). Dedicava-se a escrever poesia, registros do cotidiano, relatos de viagem e traduções literárias.

Personalidade generosa e espírito intelectual atilado, Eurydice marcou sua presença na história da cultura goiana. A ela se deveu a iniciativa de levar um grupo de intelectuais (Guimarães Natal, Joaquim Bonifácio, Augusto Rios, Godofredo de Bulhões...) a fundarem a Academia de Letras de Goiás (09.08.1904). Foi eleita presidente e sua posse se deu no Palácio Conde dos Arcos (12.10.1904). Essa primeira academia teve vida efêmera. Foi escolhida como patrona da cadeira nº 31 da nova Academia Goiana de Letras.

Publicações: Documentário – **Notas de viagem ao Araguaia**, 1902; **Biografia de Guimarães Natal**.

441 EVA BÁN

Jornalista, poeta, contista e pintora, Eva Bán nasceu em Ijuí (RS), em 16.03.1934. Em 1950, muda-se para o Rio de Janeiro (RJ), onde iniciou a carreira de Jornalismo, com reportagens (divulgadas em Noite Ilustrada, Diário da Noite, O Cruzeiro, Lady, Manchete...) que tiveram ampla repercussão, como a da falsa mendicância, dos flagelados no Rio de Janeiro ou sobre o contrabando de tóxicos. Trabalhou em Nova York, como correspondente dos Diários Associados (1967/1969). Na ocasião, escreveu poesias em inglês, publicadas em revistas norte-americanas (Chicago Tribune's Magazine, Poet-Lore, Holliday Magazine...). Prossegue publicando durante a década de 1970 e conquista várias láureas (prêmios Stephen Bennet Narrative Poetry Contest – New York 1972; International Poetry Competition – Inglaterra, 1973; National Federation of State Poetry Societies – EUA, 1975; International Who is Poetry-Inglaterra. 1974/1975...).

Poemas seus estão incluídos em mais de uma dezena de antologias poéticas nacionais e estrangeiras (**East Coast Writers Anthology**. EUA; **Poet**. Madras (Índia), **Anthology of York Poetry Society**. Inglaterra, **From Deborah to the present**, que reúne mulheres poetas desde a Roma antiga até o nosso século; sendo que as duas únicas sul-americanas incluídas são Gabriela Mistral e Eva Bán).

Como pintora, Eva Bán começou profissionalmete em 1963. Tem participado de inúmeras exposições coletivas nacionais e estrangeiras, com boa repercussão crítica. Recebeu inúmeros prêmios. Um de seus quadros, Biafra Madonna, foi exibido durante três meses na igreja de Saint Clemens (New York)

Como poeta, estréia em livro em 1981 e só seis anos depois reúne textos inéditos e publicados esparsos, no volume **Medo e o segundo tempo**.

Publicações: Poesia – **O canto do poeta**, 1981; **Medo e o segundo tempo**, 1987.

EVA REIS 442

Trovadora, declamadora, cronista, assistente social, Eva de Souza Reis Bakô nasceu em Uberaba (MG), em 1928. Formou-se professora e dedicou-se ao magistério, ao mesmo tempo que apoiava obras sociais, em benefício de comunidades carentes. Na década de 1970 criou a Ação Social Terezinha do Menino Jesus, em Vila Eucaliptos, ali mantendo curso primário gratuito, cantina escolar, serviços de assistência, etc. Deixando o magistério, torna-se funcionária do Ministério da Saúde de Belo Horizonte, onde se aposentou, depois de anos de importantes serviços prestados à população de periferias. A essa tarefa humanitária, uniu sempre sua ação cultural. Desde cedo, escreveu poesias e crônicas divulgadas na imprensa. Era aplaudida declamadora. Tornou-se conhecida como embaixatriz da trova no Brasil.

Estréia em livro, em 1951, com as trovas de **Fiandeira**. Tem participado de obras coletivas (**I Antologia Poética**-MG, 1996). Durante anos (1951/1967) manteve programas de poesia na rádio (Rádio Inconfidência de Belo Horizonte e Rádio do Triângulo Mineiro).

Em 1980, foi eleita para a Academia Municipalista de Letras de Minas Gerais, como representante de Uberaba. Na cerimônia de posse, apresentou-se com as vestes pretas, acadêmicas, mas com os pés descalços, obedecendo a certo ritual místico.

Publicação: **Fiandeira**, 1951; **Cartas de puro amor**; **Cantares: trovas de outono**, 1998.

EVELINA GRAMINI GOMES 443

Romancista, professora e figura atuante em seu meio social e cultural, Evelina Gramini Gomes nasceu em Franca (SP), em data ignorada. Formou-se na Escola Normal Caetano de Campos, na capital paulista, e dedicou-se à carreira do magistério em sua cidade natal. Quando se afastou do ensino, consagrou-se ao serviço social, tornando-se uma das pioneiras, em Franca, no serviço de profilaxia da lepra. Durante anos, esteve à frente da Legião Brasileira de Assistência. Construiu para a criança, em Franca, o Posto de Puericultura.

Paralelamente, dedica-se à cultura e à escrita de poesia e ficção, divulgando seus textos na imprensa francana e participando de concursos literários. Em 1961, estréia em livro, com o romance **O pecado de Dionísia**, que teve boa repercussão crítica. Seguem-se outros.

Publicações: **O pecado de Dionísia**, 1961; **O destino e três mulheres**, s/d; **Os filhos mandam** e **Mara**, 1963.

444 FABIANA GUIMARÃES ROCHA

Poeta e promotora social de cultura, Fabiana Guimarães Rocha nasceu em Fortaleza (CE), em 07.05.1968. Na infância passa a residir em Mangabeira, no interior do Ceará, terra de origem de sua família (lugar que ela sente como o seu grande útero).

Fez seus estudos primários em Fortaleza, em cuja universidade freqüentou o curso de Letras, deixado incompleto, pois as circunstâncias a levam de volta à sua terra, onde passa a lidar com comércio. Em 1998 presidia uma ONG, que procura profissionalizar e criar, na população do lugar, uma consciência artístico-cultural – um dos grandes meios para alavancar o progresso social e a felicidade coletiva.

Desde a adolescência entrega-se à escrita literária, divulgando seus textos em cadernos de cultura e jornais cearenses (Diário do Nordeste, O Povo, O Pão).

Estréia em livro, em 1998, com a poesia de **Mar violeta-violeta mar**, que teve boa repercussão crítica. Em linguagem densa, sua poesia gira em torno da problemática existencial, que se impõe em nosso tempo de metamorfose. E se impõe principalmente para a mulher, que está em busca de sua nova imagem. A pergunta Quem sou eu? percorre a matéria poética de Fabiana, lançada em busca de seu eu emaranhado com o outro, com o universo multiforme a que se sente pertencer:

Tenho um rio que em mim navega [...] meu lema é a vida. [...] O que brota procuro e procuro... como pérola. / Separo o esterco da terra; / a tez dos mares, a água da espuma. / Necessito encontrar o que abre portas, [...] Achar o que atrás: a espinha a vértebra / em turvas lamas inflamo a vida...

Publicação: **Mar violeta-violeta mar**, 1998.

445 FANNY LUIZA DUPRÉ

Poeta, pianista e contabilista, Fanny Luiza Dupré nasceu em Piracicaba (SP), em 30.06.1913. Formou-se na Escola Paulista de Contabilidade. Ingressou no serviço público. Desempenhou vários cargos de direção. Empenhou-se em campanhas culturais. Colaborou regularmente com jornais do interior paulista e de outros Estados (Correio Oficial – Goiânia; Gazeta de Notícias – Fortaleza; Cidade Cataguases-MG...). Foi colaboradora também do periódico El Iris, de Montevidéu-Uruguai e da revista Acción Feminina-Santiago del Chile. Dedicou-se à música, diplomando-se como pianista. Foi membro do Instituto Cultural Uruguaio; do Departamento Cultural da Federação Pan-Americana, e outros.

Publicação: Poesia – **Pétalas ao vento**, 1949.

FARIDA ISSA 446

Ficcionista, jornalista, *marchand*, Farida Issa nasceu no Rio de Janeiro (RJ), onde, na década de 1970, desenvolve um contínuo e fecundo trabalho de divulgação cultural. Profissional da imprensa – área de Comunicação Social, é das que se entregam com paixão à tarefa de descobrir e divulgar pessoas, obras e realizações em literatura, artes plásticas, música, etc., que lhe merecem admiração. É filha da pintora Odette Boulos e irmã da escritora Amaline Issa*.

Estréia como ficcionista com os microcontos de **Os búfalos pastam entre flores**, uma série de fragmentos de vida captados pela palavra. Como diz Lygia Fagundes Telles na apresentação, *esses pequenos-grandes textos, constituídos alguns de quatro ou cinco frases apenas, têm tamanha força de sugestão, que carregam no seu bojo um mundo rico de sentido e ao qual o leitor é convidado a entrar, não como mero espectador, mas como participante.*

Movendo-se na órbita do existencialismo interrogante, entre a consciência de ser ou não-ser, a ficção minimalista de Farida desafia o leitor a também interrogar e tentar responder aos desencontros ali presentes. A vida sempre dependente de uma grande ilusão para ser luminosa; o corpo vivido em espanto e perplexidades; a sede de grandeza, sempre frustrada mas não eliminada; a palavra se sentindo impotente para nomear o essencial que lhe escapa. Microtextos que se deixam pressentir como pontas apenas, do iceberg oculto no oceano da vida – o grande enigma.

Publicação: **Os búfalos pastam entre flores**, 1972.

FÁTIMA ARAÚJO 447

Poeta, contista, cronista, pesquisadora, Maria de Fátima Gurgel Araújo nasceu em Patos (PB), em 25.04.1954. Reside em João Pessoa (PB). Formou-se em Letras e em Comunicação Social (UFPB), com especialização em Comunicação Educacional (FURNE/1983).

Por sua atuação literária e cultural, tem recebido vários prêmios e distinções (Honra ao Mérito-Gente 1977 – ASPEP; Medalha de Prata – Instituto Histórico e Geográfico Baiano/1985; Troféu IV Centenário/1985 e outros). Participou de obras coletivas e organizou coletâneas de ensaios: **Parayba: 400 anos**/1985 e **Rádio Tabajara: 50 anos**/1987.

Publicações: Contos – **Folhas do tempo**, 1982. Poesia – **Buscando as flores**, 1975. Ensaio – **História e ideologia da imprensa na Paraíba**, 1983; **História da associação paraibana da imprensa**, 1984, e **Imprensa e vida**, 1986.

FÁTIMA BOTTO 448

Poeta, romancista, empresária e advogada, Maria de Fátima Botto nasceu em Aracaju (SE), em 09.06.1956. Personalidade dinâmica, atua em várias áreas de interesse. Como escritora tem publicado artigos e poesia na imprensa. Dedica-se também a programas para televisão.

Publicações: Poesia – **Os quatro cantos do ser**, 1982. Romance – **Por todos os poros**, s/d.

FÁTIMA FERREIRA 449

Poeta, advogada e jornalista, Conceição de Fátima Felix Ferreira nasceu em Olinda (PE), em 05.12.1960. Graduou-se em Direito pela UFPE. Profissionalizou-se advogada. Vem desenvolvendo atividades de contínuo envolvimento com o meio cultural. Editou jornais alternativos (Americano – 1981/1983; O Cântaro/1984...);

dirigiu a coluna O Espaço Latino-Americano/Jornal do Comércio, divulgando poetas novos e veteranos da América do Sul; organizou exposições de Posters-Poemas, no Gabinete Português de Leitura-PE. 1984; integrou o movimento de Escritores Independentes (varais de poesia recitais de rua, palestras, exposição de poemas, etc.).

Tem participado de obras coletivas (**Novos poetas pernambucanos** – Fundação de Cultura do Recife; **Poesia circulante** – Prefeitura Municipal do Recife; **Movimento língua viva** – São Paulo, 1983, e outras).

Estréia em livro, em 1981, com a poesia de **Decomposição**, ao qual se seguem outros. Todos com ampla acolhida da crítica (in Diário de Pernambuco, Jornal do Comércio-PE; Estado de Minas; Correio Popular-SP; Tribuna de Alagoas; O Semanário e La Verdad – Argentina, etc.)

Publicações: Poesia – **Decomposição**, 1981; **Dia de festa**, 1981; **Asas de sangue** (edição em português/espanhol 1982); **Colagem dos gestos**, 1986. Dramaturgia – **O pássaro encantado** e **Dinastia dos perdidos** (inéditos).

450 FERNANDA BENEVIDES DE CARVALHO

Escritora paulistana, do signo de Touro, Fernanda Benevides de Carvalho nasceu na capital paulista, em 17.05.1970. Formou-se em Direito (USP) e ingressou no serviço público junto ao Tribunal Regional Federal (3ª região-SP).

Estréia como escritora com os contos (?) de **Pequena história marítima**, que teve excelente acolhida crítica. Na verdade, trata-se de uma prosa que surge madura, revelando um domínio da palavra que não é comum em estreantes. Tal como diz o prefaciador, Guilherme Restom: *(estes contos) São pequenas jóias, trabalho de artesã, de ourives da palavra. Estilo, a um só tempo, barroco e digressivo e uma estrutura narrativa descentrada que aproxima (sua linguagem) da melhor prosa poética de um Raduan Nassar...*

É no conto que serve de título ao volume que melhor se revela a arte da palavra em Fernanda. Aliás, não se trata rigorosamente de um conto, na acepção exata do gênero (narrativa sintética, centrada em um problema e com economia de detalhes), mas de um texto de ficção ou uma prosa poética, prolixa, que se derrama em pormenores pelos percalços de certa epopéia dos navegadores no século XVI, e seus desastres marítimos – aqui centrada em um anti-herói, Cristóvão C. Bueno (figura fictícia). E termina em um manuscrito dirigido ao Rei de Portugal, com a intenção de preservar a memória daqueles naufragados, para a glória da Coroa.

Coerente com a matéria histórica (épico-burlesca), aqui reinventada, a linguagem criada é seivosa, densa, labiríntica, pitoresca. Nas demais narrativas, situadas no espaço urbano e moderno, a linguagem – sempre labiríntica – torna-se mais leve ou mais agressiva, na medida em que são mais leves ou mais agressivas ou pícaras as situações narradas. Se procurarmos um possível ponto comum entre os vários textos (aquilo que é, afinal, o nervo vital de todo grande escritor: a sua problemática), podemos dizer, talvez, que é o lado negativo e desprezível dos indíviduos (homens e mulheres). O egoísmo, a vulgaridade, a concupiscência... Em uma palavra, a ausência de grandeza humana – aliás, uma das tristes marcas do nosso tempo em naufrágio. Aguardemos os livros futuros da autora.

Publicação: **Pequena história marítima**, 1999.

FERNANDA BENEVIDES DE VASCONCELOS 451

Poeta, jornalista, pesquisadora, Fernanda Benevides de Vasconcelos nasceu em Fortaleza (CE), em 05.03.1947. Presença ativa no meio cultural cearense, integra, como membro-fundador, o Grupo Siriará de Literatura (1985). Cursou o Centro de Estudos de Cultura Feminina, onde editou o jornalzinho Abertura, em 1976. Colabora regularmente na imprensa (O Povo, Tribuna do Ceará, Correio do Ceará...). Exerce o cargo de técnica em pesquisas históricas do Arquivo Público Estadual. É sócia da Associação dos Escritores do Ceará e da União Brasileira dos Escritores-CE. Vem publicando sua poesia em sucessivos livros, com muito boa acolhida da crítica.

Publicações: **Folhas do vento**, 1980; **Poeira da estrada**, 1984, e **Luzes do silêncio**, 1988.

FERNANDA BRITO ARAÚJO 452

Poeta, cronista, Fernanda Brito Araújo nasceu em Fortaleza (CE), em 12.01.1927. Radicada no Rio de Janeiro (RJ), colaborou em revistas e jornais cariocas. Tem atuado na política como vereadora de Nilópolis.

Publicações: **Tetracorde** (em colab. Jandira Carvalho e Estefânia Rocha Bezerra); **Poemas de finca-pé** e **Sementes**. (todos s/d.)

FERNANDA GURGEL DO AMARAL 453

Romancista, contista e pesquisadora, Fernanda Teixeira Gurgel do Amaral nasceu em Fortaleza (CE), onde vem desenvolvendo grande atividade cultural. Foi uma das fundadoras do grupo Siriará de Literatura. Na área universitária, seguiu diferentes caminhos: formou-se em Direito (UFC) e em Administração Pública (UECE). Fez pós-graduação em Filosofia da Ciência e da Linguagem (Fafifort), e em Antropologia Política e Filosófica (UFC).

De 1980 a 1994, morou em Brasília (DF), onde foi redatora dos cursos da Universidade Aberta – Ensino à distância.

Paralelamente dedica-se à escrita literária. Estréia em livro com os contos de **O menino d'água**, ao qual se segue uma produção bastante diversificada.

Publicações: Contos – **O menino d'água**, 1976. Romance – **Trivial variado**, 1984; **Três romances**; **Roluíde perde**; **O destino de Suzana** e **Fábulas de amor**, 1993. Inéditos: Teatro – **O lobo perde os pêlos não os vícios**, **O maior escândalo** e **Maldição**. Teatro infantil – **A música do Daniel** e **A casa de barro do Popota**. Romance – **Erotildes, igual às outras** e **H.V. ou Resenhista visionário**. Contos – **Olhos de Pardy** e **Diário de bordo**.

FLÁVIA SAVARY 454

Poeta, ficcionista, ilustradora, programadora visual, jornalista, Flávia Savary Jaguaribe do Nascimento nasceu no Rio de Janeiro (RJ), em 11.09.1956. É filha do polêmico cartunista Jaguar (um dos fundadores de O Pasquim) e da poeta Olga Savary,* uma das vozes de destaque na poesia brasileira atual.

Presença dinâmica no meio cultural e artístico carioca, Flávia vem desenvolvendo um trabalho fecundo e criativo, que lida com as duas formas de expressão básicas: a imagem (desenho, ilustração, pintura) e a palavra (poética ou narrativa), em obras principalmente dirigidas às crianças e adolescentes.

Formou-se em Letras (UFRJ, 1980). Desde menina foi atraída pelo desenho e pintura. Aos dezessete anos estréia como ilustradora em O Pasquim (1973), e logo mais inicia carreira como ilustradora de livros infantis, com **Sandra na terra do antes** (1979), de Fausto Wolff. Carreira que prossegue até hoje, com mais de uma dezena de títulos de escritores consagrados na área (A. M. Machado, Haroldo Maranhão, M. Lúcia Amaral, Martha A. Pannunzio, e outros). Estréia como programadora visual na área do teatro, em 1978, com a peça para crianças **A revolução dos patos** de Walter Quaglia (Teatro dos Quatro-RJ). Seguem-se as peças **No país do prequetés** de A. M. Machado (F. João Caetano-RJ); **Passageiros da estrela,** de Sérgio Frota (Teatro Villa-Lobos-RJ), e outras.

Como ilustradora, tem participado de inúmeras mostras nacionais e internacionais (Bienal de Ilustrações de Bratislava-Checoslováquia/1985; I Exposição Ibero-americana de Literatura Infantil – Caracas. Venezuela/1987; VII Feira Internacional do Livro Infantil – México/1987; XXV Feira do Livro para Criança/Bolonha – Itália/1988; I Feira Internacional de Livros/Bogotá-Colômbia/1988; Mostra de Ilustradores – Biblioteca Municipal Uberaba/1989; **Cosmologias**/ Mostra de Regina Vater com participação de vários artistas (com inclusão do conto A arca do tesouro – texto e ilustração de sua autoria, no **Book of Hope**, lançado na mostra); promoção da ArtSpace Foundation for Contemporary Arts. Texas-EUA/1999.

Paralelamente aos trabalhos com imagem, e destinados ao público infantil, Flávia vem escrevendo poemas e contos, divulgados em revistas ou periódicos e concursos literários (Concurso Quark – Contos de Ficção Científica-RJ/2000; Concurso de Poesia-Ação Cultural, 2000; Concurso Literário Açoriano de Contos e Poesias-RS/2000, Concurso Nacional de Literatura e Crônicas Paranaenses – Curitiba/1999; Concurso de Cuentos y Poesias La Rosa Blanca-Argentina/1999; Prêmio Literário Lila Ripoll – Casa de Cultura Mário Quintana – Porto Alegre/1999 e outros.

Tem participado de antologias de poesia, conto e crônica como: **Fui eu** (org. por Eunice Arruda: uma tela de Valdir Rocha, vista poeticamente por 41 poetas de vários estados brasileiros. SP/1998); Antologia **Paz e amor na literatura** RJ/1998; **Perfil de um novo milênio**/Associação Profissional de Poetas do Estado do RJ/1999-2000; Crônicas Paranaenses/Secretaria Estadual de Cultura de Curitiba/2000; III Antologia Poetismo Brasileiro/ABNL, Ed. São Paulo/ 1998, e outras.

Estreou em livro individual em 1996, com os poemas de **Oitavo ano, primeiro amor** (1º lugar para texto juvenil inédito – Prêmio Cruz e Souza-SC e União Brasileira dos Escritores-RJ). Trata-se de uma poesia lúdico-lírica que fala dos encontros e desencontros de amor e medos vividos na adolescência.

Publicações: **Oitavo ano, primeiro amor**, 1996, **Meninos, eu vi**, 1997, e **25 sinos de acordar natal**, 2001.

455 FLORA FIGUEIREDO

Poeta, cronista, tradutora, intérprete, Flora Maria Loureiro Figueiredo surge no cenário cultural paulista, na década de 1980, participando de antologias e se destacando em concursos literários (Concurso Veia Poética/1981; III Concurso Mackenzie de Poesia/1982 e I Concurso Vinicius de Morais de Poesia/1983).

Sua estréia em livro individual se deu em 1987, com **Florescência**. A este seguem-se **Calçada de verão** e **Amor a céu aberto**. Poesia aderida à essencialidade da natureza e ao cotidiano e seus desencontros, mas filtrando-os através de um fundo impulso de vida, que ilumina as inevitáveis sombras. Poesia serena, de valorização da vida, apesar de tudo...

Publicações: **Florescência**, 1987; **Calçada de verão**, 1989; **Amor a céu aberto**, 1992, e **Estações**, 1995.

456 FLORA THOMÉ

Poeta, professora universitária, Flora Egídio Thomé nasceu em Três Lagoas (MS), em 14.11.1930. Iniciou-se no magistério estadual. Cursou Letras (Universidade Estadual do Mato Grosso do Sul/1973). Realizou mestrado em Letras (Unesp-Bauru/1975). Aposentou-se do ensino secundário e passou a lecionar língua portuguesa no Centro Universitário de Três Lagoas (UFMS).

Integrou o Conselho Estadual de Cultura (1979/1981 1983/1987). É membro da Academia Sul-Mato-Grossense de Letras. Colabora regularmente na imprensa. Tem participado de obras coletivas, com sua produção poética de influxo experimentalista (Antologia dimensional de poetas três-lagoenses/1983; revista Veredas, etc.).

Estreou em livro em 1959. Entre prêmios e distinções recebidos, estão: Cartão de Prata como Professora Estadual e Intelectual do Ano/1983 e Diploma Destaque em Literatura do Rotary Clube.

Publicações: Poesia – **Cirros**, 1959; **Cantos e recantos**, 1987; **Retratos**, 1995; **Haicais**, 1998, e **Canção desnuda** (inédito). Ensaio – **Poesia e experimentalismo polivalente na literatura portuguesa** (colab. Elvira Lopes), 1974.

FLORENCE BERNARD, v. Lourdes Gonçalves (nº 748)

FRANCELINA GARCIA LEAL 457

Considerada precursora da poesia sul-mato-grossense, Francelina Garcia Leal nasceu em Santana do Parnaíba (MS), em 06.08.1848. Faleceu em Campo Grande (MS), em 29.06.1936.

Matriarca, presença forte e generosa à frente de sua fazenda Estrela, Francelina vem sendo redescoberta pelas pesquisas da historiadora Lygia de Oliveira Lima e da poeta sul-mato-grossense Raquel Naveira que, evocando sua figura e memória através da poesia por ela escrita, diz:

...Francelina guia seus sonhos de conquista pela consciência do trabalho e solidariedade. Não esquece dos momentos de gratidão e alegria depois da faina e da labuta. Sua poesia o mostra:
No mutirão reúnem vizinhos, amigos, compadres, parentes.
Terminado o trabalho, enxada, machado, foice, facão, guardados.
Dançam catira, bate-palma, bate-pé, sapateado. A observação e o amor à natureza dão o equilíbrio à Francelina: o gado, a sucuri, a onça, os animais domésticos, o céu azul e o cerrado verde, as colheitas de milho e arroz. Sua alma larga, de sabedoria rude e silenciosa, centra-se na realidade, finca raízes no chão.

É a poesia escrevendo a História... Publicação em projeto.

FRANCISCA ALVES TELES COSTA 458

Poeta, cronista e ensaísta, Francisca Alves Teles Costa nasceu em Aurora (CE), em 09.11.1942. Graduada em Letras e Direito. Fez pós-graduação em educação no Crato (CE). A maior parte de sua produção está esparsa na imprensa ou em coletâneas de poesias, crônicas e ensaios. Estréia em livro em 1982.

Publicações: Poesia – **Natal**, 1982. Ensaio – **O constante diálogo na poesia de Carlos Drummond**, 1987.

FRANCISCA CLOTILDE 459

Romancista, poeta, contista, teatróloga, professora e jornalista, a cearense Francisca Clotilde Bezerra nasceu em Tauá (CE), em 19.10.1862. Viveu grande parte de sua vida em Fortaleza (CE), e faleceu em Aracati, em 08.12.1932.

Ao lado de Emília de Freitas* e Ana Facó,* Francisca Clotilde representa o pioneirismo feminino na literatura cearense. Foram elas as primeiras mulheres a escreverem romances e divulgá-los pela imprensa, num Ceará patriarcal que limitava a educação da mulher ao piano, ao bordado e a algumas frases em francês, quando não à cozinha e às novelas periódicas, nos oratórios domésticos (in **A literatura no Brasil** – IV, 1986, – p. 259).

Mulher de cultura e de personalidade dinâmica, Francisca Clotilde colaborou ativamente na imprensa cearense, participando das discussões e das idéias da época, na linha adotada pelo grupo romântico-realista (Domingos Olímpio, Araripe Júnior, Papi Júnior, Oliveira Paiva, Ana Facó, Emília de Freitas...) que marcou o meio cultural cearense entre 1878 e 1914.

Influenciada pela convergência das idéias positivistas-materialistas e do sensualismo simbolista ou d'annunziano, que se difundiam nos meios culturais do Brasil de entresséculos, Francisca Clotilde mescla, em sua matéria literária, a preocupação com a realidade documental e a atração pela interioridade das paixões.

Segundo a moda da época, inicia-se como escritora publicando poemas e contos na imprensa (recolhidos em volumes em 1897) e escrevendo peças teatrais para representação em salões de festas ou em escolas. Preocupada também com a educação das crianças (então em questionamento pelas escolas novas que começam a surgir na Europa), escreve livros didáticos que procuravam ensinar divertindo. Foi a primeira mulher cearense a lecionar na antiga Escola

Normal do Ceará (1882), onde ela permaneceu longos anos. Em 1893, fundou e manteve, em Fortaleza, o Externato Santa Clotilde que, contrariando os costumes, era destinado a ambos os sexos. Em 1908, é transferida para Aracati, onde passou a residir. Ainda em Fortaleza, fundou, com sua filha Antonieta Clotilde, a revista Estrela (1906/1921), onde publicou inúmeros textos poéticos e peças de teatro, destinadas a serem encenadas nos saraus familiares, conforme uso da época. Sua vasta produção, esparsa em jornais e revistas, daria alguns volumes.

Em 1902, publica o romance **A divorciada**, defendendo uma tese muito audaciosa para a época e que provocou violenta polêmica entre conservadores e progressistas: a do divórcio e da liberação feminina, que começara a ser divulgada no Nordeste pela obra e atuação da escritora norte-rio-grandense Nísia Floresta*, entre os anos de 1832 e 1850. Tais idéias revolucionárias tiveram uma receptividade intelectual muito intensa em Fortaleza e, delas, Francisca Clotilde foi das mais entusiastas defensoras, seja por pronunciamento em conferências ou pela imprensa, seja por sua obra literária que suscitou sempre a condenação da sociedade conservadora.

Publicações: **Coleção de contos**, 1897. Romance – **A divorciada**, 1902. Dramas – **Fabíola,** 1902; **A filha de Herodes**, 1909; **Santa Clotilde e comédias e cançonetes**, s/d; Didático – **Lições de aritmética**, s/d. Registro de viagens – **Pelo Ceará,** s/d.

460 FRANCISCA IZIDORA GONÇALVES DA ROCHA

Poeta, tradutora, dramaturga, musicista e presença atuante no meio cultural de sua época, a pernambucana Francisca Izidora Gonçalves da Rocha nasceu em Jaboatão (PE), no final do século XIX e faleceu em Vitória de Santo Antão (PE), em 1919.

De notória atividade intelectual e literária deixou fama de notável poetisa. Traduziu inúmeros poetas (Byron e Lamartine...). Colaborou em vários jornais. Fundou e dirigiu o jornal A Victória (Recife-PE). Foi professora e sócia-correspondente da Academia Pernambucana de Letras, em cuja revista publicou o drama Elgar.

Escreveu um romance, **O sítio de Lysandro** e compôs o hino de Vitória de Santo Antão, em honra da Batalha das Tabecas.

Publicação: **O sítio de Lysandro** (s/d).

461 FRANCISCA JÚLIA

Poeta paulista que se destacou na poesia brasileira, no entresséculos, pela ortodoxia parnasiana assumida, Francisca Júlia da Silva Münster nasceu em Xiririca (atual Eldorado), em São Paulo (SP), em 31.08.1871. Ainda menina muda-se com a família para a capital paulistana onde vem a falecer, aos 49 anos de idade, em 10.11.1920, na manhã do enterro de seu marido (Filadelfo Edmundo Münster), a cuja morte ela não resistiu.

Filha do advogado Miguel da Silva e da professora Cecília Isabel da Silva, era irmã do festejado poeta Júlio César da Silva. Aos 18 anos, estreou como poeta nas páginas do Estado de S.Paulo. A partir de 1892, divulga sua poesia nos jornais paulistas Correio Paulistano e Diário Popular, e em dois periódicos cariocas: O Álbum (mantido por Artur Azevedo) e A Semana (dirigido por Valentim Magalhães). Conta-se que João Ribeiro (um dos árbitros intelectuais da época), ao ler esses poemas, não acreditou que fossem de autoria de uma mulher e atribuiu-os a uma mistificação feita por Raimundo Correia. Esclarecida a verdade, Francisca Júlia passou a ser conhecida e admirada nos meios culturais da época. Em 1895, lança seu primeiro livro, **Mármores**, prefaciado por João Ribeiro e recebido entusiasticamente em todo o País, com críticas consagradoras, como as escritas por Olavo Bilac e Araripe Júnior.

Professando a arte pela arte, a poeta paulista adotou a austeridade formal do Parnasianismo francês: a palavra justa, plástica e sonora, a impossibilidade emotiva ou o domínio rigoroso das emoções soltas (tal como declara no soneto Musa impassível). Algo raro de se encontrar nos demais parnasianos brasileiros.

Preocupada também com o estímulo à leitura e à sensibilidade das crianças na escola, escreve **O livro da infância** (1899), prefaciado por seu irmão, Júlio César da Silva. Trata-se de uma coletânea de pequenos textos narrativos, em prosa e verso, destinados às crianças que tinham feito seu curso elementar de leitura. Publicado pelo Governo do Estado de São Paulo, foi adotado por todas as escolas públicas e particulares, obtendo com isso uma grande divulgação.

Em 1903, seu novo livro de poesia, **Esfinges**, expressa uma mudança de problemática poética. Como diz Pericles Eugênio da Silva Ramos, Francisca Júlia passou para uma poesia mística e moral, descartou-se da teoria da arte pela arte e perdeu certos rebuscamentos de expressão, pois desejava ensinar ou edificar. Esse objetivo é o que perseguem tanto sua poesia didática – de que introduziu espécimes em **Esfinges**, recolhidos do **Livro da infância** – como suas poesias, finais, morais ou místicas (apud Raimundo Menezes, **Dicionário literário brasileiro**).

Em 1912, em colaboração com o irmão poeta, lança novo livro para crianças: **Alma infantil**, coletânea de breves poemas que também expressam a preocupação ética edificante ou espiritualizante que marca a última fase de sua poesia.

Em 1916, a poeta casa-se e passa a viver exclusivamente para o lar. Mas sua fama perdura: em 1917, é homenageada pelos poetas de São Paulo que oferecem um busto seu, em bronze, para a Academia Brasileira de Letras. Em 1920, outra homenagem lhe é prestada. No mesmo ano, seu marido sucumbe à turberculose. Segundo a crônica, após sua morte, a poeta vai para o quarto repousar, toma um entorpecente e não mais acordou, apesar de todos os esforços médicos para reanimá-la. Veio a falecer pela manhã, pouco antes da saída do enterro. Foi sepultada no Dia de Finados, às 12 horas, no Cemitério do Araçá (SP). Em seu túmulo, há uma majestosa estátua de sua figura, esculpida por Victor Brecheret.

Publicações: **Mármores**, 1895; **O livro das crianças**, 1899; **Esfinges**, 1903 e 1920, e **Alma infantil**, 1912.

FRANCISCA MARIA CRUZ 462

Poeta, fonoaudióloga, Francisca Maria Cruz nasceu em Guaratinguetá (SP), em 09.01.1956. Cursou Fonoaudiologia (Escola Paulista de Medicina-SP) e fez pós-graduação em Distúrbios de Comunicação (PUC-SP). Tem participado de congressos nacionais e internacionais em sua área de especialização, apresentando comunicações. Foi estagiária, como fonoaudióloga, no Hospital do Servidor Público-SP, 1978, e na Santa Casa de Misericórdia-SP, 1976.

Desde muito jovem sentiu-se atraída pela escrita literária, principalmente poesia. Estréia em livro, em 1985, com **Alguma vida**, poesia aderida a vivências do cotidiano, permeado de ilusão, desencontros, presença e ausência do amor.

Publicação: **Alguma vida**, 1985.

FRANCISCA MARQUANT GONÇALVES 463

Poeta, professora de música, Francisca Marquant Gonçalves nasceu em Porto Alegre (RS), em 1891. Faleceu em Pelotas (RS), em 1969. Desde muito jovem escrevia poesias em cadernos, algumas publicadas na imprensa. Dedica-se ao ensino da música. Como poeta, estréia em livro em 1932. Colaborou no Diário Popular, Opinião Pública e Clímax de Pelotas. Participou, postumamente, da coletânea **Poetas do Brasil**/1975. É patrona da Academia Sul – Brasileira de Letras e nome de rua (ambas em Pelotas).

Publicações: **Vibrações da alma**, 1932, e **Flores e essências** (publ. post. 1972).

FRANCISCA NEVES LOBO 464

Biógrafa, ficcionista, pedagoga e conferencista, Francisca Neves Lobo nasceu em Piracicaba (SP), em 20.06.1888. Formou-se professora, em 1905, na Escola Caetano de Campos. Ingressou no magistério, onde atuou durante vinte e cinco anos, aposentando-se como professora-adjunta do Grupo Escolar Maria José-SP. Destacou-se como conferencista e pedagoga empenhada nas reformas do ensino, tendo seus textos publicados em jornais, revistas e opúsculos.

Empenhou-se também na pesquisa de vidas que se dedicaram às causas humanitárias e culturais, escrevendo a respeito delas biografias romanceadas. Tornou-se membro atuante de várias entidades culturais: Confraternidade Balzaquiana de Montevidéu; Centro Cultural Juvenal Galeno-CE; Sociedade Homens de Letras do Brasil; Instituto de Cultura Americana de Tolosa-La Plata, Argentina e Associação Cultural de Mato Grosso.

Publicações: Pedagogia – **Lições úteis**, 1940. Biografia romanceada – **Glórias brasileiras I-II**, 1943/1944; **Vidas dos grandes músicos**, 1945; **Vultos célebres**, 1946, e **Poetas da minha terra I-II** (pref. Silveira Peixoto), 1947/1950.

465 FRANCISCA PEREIRA RODRIGUES

Presença marcante no meio cultural e político paulista, poeta, romancista, pesquisadora e urbanista, Francisca Pereira Rodrigues nasceu em Tatuí (SP), em 04.05.1896. Faleceu na capital paulista, aos 70 anos, em 09.10.1966. Formou-se na Escola Normal de Itapetininga (SP). Ingressou na magistério, mas seu dinamismo e idealismo levaram-na para outros caminhos. Verdadeira guerreira na luta contra o analfabetismo no Brasil, fundou, em 1933, a Bandeira Paulista de Alfabetização. Logo depois fundou a Sociedade Luiz Pereira Barreto.

Em 1936, organiza o I Congresso de Ensino Rural. Nesse mesmo ano, promove o I Congresso das Municipalidades Paulistas, e representou o Brasil em delegação oficial ao Uruguai e Argentina. Em sua cruzada em prol da educação do povo em geral, em 1940 viajou pelo Brasil, em observação e contatos oficiais, a serviço do Instituto Nacional de Geografia e Estatística.

Nos anos de 1940, entra para a militância política: é eleita prefeita de Tatuí (1945/1946). Posteriormente, deputada estadual. Foi vice-presidente do Centro de Debates Econômicos Casper Líbero. Em 1949, foi delegada do Brasil no Congresso Internacional de Toponímia e Antoponímia (Bélgica). Em 1954, promotora e presidente do Congresso Interamericano de Educação de Base (parte das comemorações do IV Centenário da Cidade de São Paulo).

Entre as distinções e honrarias recebidas, destacam-se: a Comenda Rio Branco/1946; Título de Educadora Emérita do Legislativo; Medalha de Honra (da Sociedade M.M.D.C). Cidadã Honorária do Uruguai, Argentina, Porto Alegre, Juiz de Fora, Ouro Preto e Salvador. Foi membro da Academia de Ciências e Letras de São Paulo; do Instituto Histórico e Geográfico de São Paulo, e outros.

Paralelamente a essa atividade de cidadã, produziu um vasto número de estudos, poemas, biografias, romance e histórias para crianças.

Publicações: Poesia – **Dança das flores**; **Primavera em meu quarto**; **Álbum de aquarelas**; **Carnaval das flores** e **Horas alegres** (todos publ. 1947). Romance – **Confidência de Suzana**, 1939; **Estudos histórico-sociais – em marcha para a civilização rural**, 1935; **Bandeira paulista de alfabetização**, 1935; **Tendências urbanistas de nossa civilização**, 1936; **Pelo caboclo do Brasil**, 1937; **O braço estrangeiro**, 1938, e **Antevisão de jesuíta**, 1939. Literatura para criança – **Trajetória luminosa** (interpr. Bíblia); **Menina de ouro** e **História e brincadeira**, 1947. Biografia – **Grandes brasileiros**, 1939.

466 FRANCISCA DA SILVEIRA QUEIROZ

Contista, cronista, memorialista, professora, Francisca da Silveira Queiroz nasceu em Sorocaba (SP), em 31.01.1896. Faleceu em 22.07.1941. Cursou Escola Normal Padre Anchieta (SP). Dedicou-se ao magistério, desde 1930, lecionando no Liceu de Sorocaba.

Em 1931, fundou o Centro de Cultura Pedagógica. Desde jovem atraída para as letras, colaborou durante anos em jornais e revistas paulistas (Folha da Manhã, O Estado de S.Paulo, Correio de Botucatu; Fon-Fon, O Cruzeiro, Cigarra, e outras). Recolheu parte de sua produção em livros. Usou os pseudônimos de Flávia e Hebe. Em sua crônica consta sua militância política, candidatando-se a vereadora de sua cidade, pelo Partido Constitucionalista, e sua colaboração para a Revolução de 1932, em São Paulo, confeccionando fardas para os expedicionários.

Publicações: Contos – **Folhas dispersas**. Memória – **Relicário**. Biografia – **Francisca Júlia** (todos s/d).

467 FRANCISCA SPINELLI DOMINGUES

Romancista, musicista e presença ligada à cultura, Francisca Spinelli Domingues (nome literário: Chiquinha S. Domingues) nasceu em Piracicaba (SP), em 24.12.1903. Era filha do escultor e musicista italiano Antônio Spinelli e cresceu em ambiente culto e de valorização à arte. Perdendo o pai, quando ainda menina, precisou trabalhar para o sustento da família. Posteriormente, com a melhora da situação financeira, voltou a estudar. Formou-se na área de música, como pianista e cantora. Deu vários concertos de piano e de canto em estações de rádio na capital paulista e na rádio de São José do Rio Preto. Participou de concertos beneficentes. Dominando várias línguas, fez inúmeras viagens à Europa, Oriente e América do Sul.

Como escritora, começou divulgando contos e crônicas na imprensa do interior e da capital paulista. Estreou em livro, em 1960, com o romance **Começou assim**... Em 1968, publica **Os desajustados**, com prefácio do deputado Nelson Carneiro. Sua obra ficcional e arte musical foram distinguidas com medalhas e diplomas de honra. Pertence a diversas agremiações culturais.

Publicações: Romance – **Começou assim**..., 1960, e **Os desajustados**, 1968.

FRANCISCA XIMENES 468

Poeta, contista, cronista, professora, orientadora educacional e pesquisadora, Francisca Maria Ximenes de Souza nasceu no Ceará, em 25.07.1949. Formou-se em Pedagogia pela UECE (Universidade Estadual do Ceará) em 1984. Fez especialização em Orientação Educacional (UECE/1985), área em que se profissionaliza. Participa de seminários universitários sobre pedagogia e educação ou sobre poesia. Em 1972, participa com poemas na III Antologia **Os novos poetas do Ceará**. Estréia em livro em 1985, com **Cântico do amanhecer**.

É sócia da UBT – União Brasileira dos Trovadores e da UBE – União Brasileira de Escritores. Membro da ala feminina da Casa Juvenal Galeno.

Publicação: **Cântico do amanhecer**, 1985.

FÚLVIA CARVALHAIS DE FREITAS 469

Poeta, cronista, contista, professora, pianista, Fúlvia Carvalhais de Freitas nasceu em Monte Santo de Minas (MG), em 19.09.1917, onde permaneceu residindo. Formou-se na Curso Normal de sua cidade e ingressou no magistério como professora da Escola Normal Oficial Américo de Paiva, onde se aposentou.

Desde jovem participa de atividades culturais em seu meio. Escreve poesias, contos e crônicas, divulgando-as na imprensa local e de outras cidades (Campinas, São Paulo, Piracicaba, Mocóca, Petrópolis, e outras). Dedica-se à música, como pianista e professora de piano. Como presidente do Grêmio Teatral Monte Santo de Minas, ensaia peças que são encenadas, em benefício de velhos e crianças carentes.

Estreou em livro, em 1971, com **Versos, ainda que seja outono**. É poesia da maturidade, de natureza lírica, enraizada no cotidiano e na memória. Tem dois volumes inéditos Almas em tumulto e Contos à luz de velas – aguardando editora.

Pertence a várias entidades culturais: Delegada da União Brasileira de Trovadores em Monte Santo de Minas; Membro da União Brasileira de Escritores-SP; Membro-correspondente da Academia de Letras de Uruguaiana (RS), da Academia de Trovadores da Fronteira Sudoeste do Rio Grande do Sul, da Academia Internacional de Letras 3 Fronteiras (Uruguaiana), do Instituto Histórico e Geográfico de Uruguaiana e outras. Por suas atividades culturais, beneficentes e literárias, tem recebido distinções e homenagens (Diploma Honra ao Mérito-Associação dos Cronistas Esportivos-Nova Iguaçu – X Torneio de Trovas; Diplomas: I Concurso Estadual de Trovas-MG; I Concurso de Trovas e Poesia/UBT – Campinas; Concurso Grinalda de Trovas – UBT, e outros.

Publicação: **Versos, ainda que seja outono**, 1971.

FÚLVIA CARVALHO LOPES 470

Poeta de linhagem existencialista e figura intelectual atuante no meio cultural paulistano, Fúlvia Carlini Rezende de Carvalho Lopes nasceu na capital paulista, em 07.11.1923. Desde criança, atraída pela leitura e pela invenção da escrita, devorava as histórias que lhe caíam nas mãos e enchia cadernos com poesia ou com registros do dia-a-dia. Cadernos posteriormente destruídos. Formou-se em Letras, dedicando-se, ao mesmo tempo, aos estudos de filosofia, ciências humanas e línguas. Essa formação, fundada nos grandes autores universais – desde os latinos da Antiguidade aos poetas, ficcionistas e pensadores da modernidade – vai transparecer mais tarde na natureza de sua poesia que só vai se revelar de corpo inteiro em plena maturidade intelectual e existencial da autora. Revelação que se dá em circunstância especial, sob o impacto da morte do esposo.

Desse impacto nascem os poemas do livro **De amor e morte** (1963), cuja pungente poesia não se fecha nas fronteiras de um individualismo estreito, mas dá voz a um eu que se sabe parte essencial da vida universal, cuja perpetuação no tempo e no espaço resulta do eterno suceder de mortes que geram vidas. Poesia sintonizada com a visão-de-mundo existencialista (Heidegger via Sartre) que se vinha impondo à literatura ocidental desde as década de 1940 e 1950, a de Fúlvia dá voz, não ao ser-para-a-morte (difundido por Sartre nos rastros de Heidegger do primeiro momento), mas ao ser-em-devir (o da última fase heideggeriana) – aquele que se descobre feito de tempo, que se sabe mutação contínua (e não, o ser condenado à morte), pois toda a vida é sempre engendrada por uma morte (tal qual a semente que morre para germinar em planta ou flor).

Sei que estou em você / e você em mim continua / pelo tempo afora / através do espaço [...] E nos filhos / de seus filhos / quando o Tempo se estiver a escoar / haverá uma criança futura / semeada de nossa semente / sorrindo o nosso sorriso /; pensando o nosso pensar.

ou ainda,

Somos / larvas penosamente incorporando as asas / na metamorfose sobrenatural / esperando pela liberdade absoluta de Ser / ou de recusar.

Há vigor e rigor nessa linguagem metafórica. Dona de seu verbo e manipulando os mais expressivos recursos da linguagem poética, Fúlvia realiza plena adequação entre pensamento e matéria verbal. A dor como um acicate, despertando-lhe a consciência para o ser-do-homem e para o estar-aí, forçando-a a perscrutar o novo tempo que a ciência – século XX descobriu: o tempo eterno, globalizante, sem fronteiras entre o ontem, o hoje e o amanhã, tempo que supera a finitude da história e mergulha na eternidade do mito. Conhecimento científico que ainda não pôde ser alcançado pelo conhecimento comum das mentes, mas que a física einsteiniana já detectou.

Ah, Tempo / tempo que Einstein provou não existir / por ser / está agudamente presente em sua / letal expansão.

Expressa-se aí o eterno choque, o plano abstrato das idéias (onde se forjam os valores que regem o mundo) e o plano concreto da vida vivida (onde se cumprem os destinos humanos). Já nesse livro de estréia, faz-se presente o inevitável embate, carências e limites, e o plano superior do pensamento e seu substrato filosófico/ideológico puro, em cuja esfera aquela vivência busca ser legitimada.

No segundo livro, **Poliedro** (1966), esse confronto eclode consciente e exigente, voltado para a sondagem da palavra poética em si. Em plena vivência do experimentalismo formal e das polêmicas por ele provocadas, a poeta intensifica sua preocupação com a plasmação de uma nova linguagem, com a indagação essencial do ser da linguagem fundido ao ser do homem. Isto é, seres cunhados por uma mesma matriz e, ambos, multiformes e mutantes, oferecendo mil possibilidades de ser, conforme a decisão ou escolha de quem os nomeia.

Às vezes / a palavra nasce madura / esculpida na solidão / das densas zonas de sombra / nas fimbrias do não-ser / então, / é Verbo / É Vida / e por viva / vive soberbamente exata / e me confunde / tão inexata eu sou.

Palavra e ser (ou não-ser) confundem-se aí em um só fenômeno, o inexplicável que é o ato criador da palavra.

Em **Saturno** (1969), aprofunda-se a indagação existencial sobre o espaço do canto, o da poesia-em-si. É o homem no tempo, é o tempo em face da eternidade, é a ânsia pela unidade perdida, cujo reencontro só se dá pela energia poderosa do amor. Problemática que permanece em aberto neste limiar do século e milênio, e para a qual cada poeta, cada criador tenta encontrar sua resposta. Por diferentes que sejam, entre elas há um denominador comum: a tarefa seminal do poeta como iluminador dos caminhos que possam levar ao ser autêntico. **O ser im/possível** (1970), desenvolve-se em torno dessa problemática – a tarefa do poeta como re-descobridor e re-nomeador do novo homem – lugar e clareira do ser, como o entende Heidegger. A epígrafe heideggeriana colocada no início, *O homem é pastor do ser*, já aponta o seu cerne. É essa a postura reclamada pelo pensamento fenomenológico e pelo existencialismo do filósofo alemão: a de ir à origem das experiências, penetrar verticalmente no existente para atingir e dizer o ser em sua dimensão oculta (reencontro com o primordial de onde tudo partiu). É essa uma das interrogações-limites que energizam a poesia moderna (ou pós-moderna?).

A obra poética de Fúlvia é das que vêm escavando fundo essas zonas ainda ocultas da condição humana, e onde estarão talvez as respostas para as grandes interrogações do homem: quem sou eu? de onde vim? por que estou aqui? Tais escavações se aprofundam em **Moenda lunária** (1978) e em **Tatuagem** (1989), num crescente amadurecimento existencial e formal. Poesia que já conquistou seu lugar nos quadros da poesia brasileira, esta se assume como mediadora entre o tempo inaugural (onde estariam as raízes da condição humana) e o presente em transformação acelerada. Ou melhor, se quer testamentária da água matriz ou de uma ordem antiga, essencial e esquecida (hoje apenas intuída) que teria o poder de transformar o caos apocalíptico, em que o mundo mergulhou, em caos genesíaco (que se identifica com o tempo de germinação de novas formas de viver, ainda em estágio informe). É essa a atual tarefa dos poetas ou artistas verdadeiramente criadores, sejam quais forem as formas que descobrirem ou inventarem para a auto-expressão.

Publicações: **De amor e morte**, 1963; **Poliedro**, 1966; **Saturno**, 1969; **O ser im/possível**, 1970; **Tempo de estrada**, 1972; **Moenda lunária**, 1978; **Tatuagem**, 1989.

FÚLVIA MORETTO 471

Poeta, ensaísta, tradutora, crítica literária, professora de língua e literatura francesa (UNESP – Araraquara), Fúlvia Maria Luiza Moretto nasceu em Porto Alegre (RS), em 06.12.1933. Tem vasta produção ensaística, na área universitária. Estréia como poeta na década de 1990.

Publicações: Poesia – **Amanhã**, 1990, e **As portas do tempo**, 1993. Ensaio – **Caminhos do decadentismo francês**, 1989, e **Letras francesas – estudos de literatura**, 1994.

g

472 GABRIELA DE ANDRADA

Poeta, tradutora, mulher culta que deixou fama de grande talento poético e temperamento enérgico e irônico, Gabriela Frederica de Andrada Dias Mesquita nasceu em Santos (SP), em 11.02.1852. Faleceu em 21.07.1922. Era filha do Conselheiro Martim Francisco Ribeiro de Andrada, deputado provincial de São Paulo, declaradamente republicano e separatista em oposição ao Imperador D. Pedro II. Proclamada a República, foi eleito membro da Assembléia Constituinte, como senador por São Paulo. Foi nesse clima de conflitos políticos e efervescência mundana, que Gabriela de Andrada viveu, daí compreender-se o temperamento vivaz e satírico que a crônica do tempo registra. Casou-se com o poeta romântico Teófilo Dias de Mesquita.

Desde muito jovem, revelou pendor para as letras. Escrevia poesias (principalmente sonetos) que eram declamadas nos saraus elegantes e publicadas em revistas da época (O Íris). Dedicou-se também à tradução de romances, divulgados em folhetins. Uma dessas traduções, **A filha do sultão** (sem registro do autor) foi publicada em livro. Sua produção poética (assinada Gabriela de Andrada) permanece esparsa. Há registro dos títulos de alguns de seus sonetos: Saudade, O mistério, Vencida, Última lágrima, etc.

Publicação: Tradução – **A filha do sultão**, s/d.

473 GARDÊNIA GARCIA

Poeta e jornalista de grande atuação na imprensa carioca, Gardênia Monteiro Lima Garcia nasceu no Rio de Janeiro (RJ), em 1952. Iniciou-se muito jovem nas lides jornalísticas. Sua estréia como poeta se deu em 1979, com **Corpo de sal**, poemas de lastro abertamente confessional e cuja densidade expressiva revela um espírito de mulher em plena maturidade intelectual e emocional. O livro com prefácio de Olga Savary* teve muito boa acolhida crítica. Ferreira Gullar escreve: *Um fato novo na poesia mais recente é a presença de poetisas que falam de seus sentimentos com uma franqueza que rompe as convenções: a mulher assume seu corpo e sua condição de sujeito no drama social e humano. Gardênia Garcia pertence a essa nova leva de escritoras e se afirma entre elas pela vitalidade e clareza de seu verbo.* (contracapa do livro).

Publicação: **Corpo de sal**, 1979.

474 GEMA BENEDIKT

Romancista residente no Rio de Janeiro, Gema Benedikt estreou na década de 1970, com o romance **O grande meio-dia** (1976). Na linha intimista, centrada nas mudanças que vêm sendo vividas pela mulher nestes nossos tempos, a trama se desenrola através de uma voz narradora aderida à personagem-eixo, Ângela. Portanto o mundo é ali desvendado sempre em função do que acontece a ela – imagem da mulher moderna vivendo na confluência de dois mundos: o de ontem, cujos valores já estão deteriorados, mas ainda vigentes, e o de hoje, no qual todos os limites e normas foram rompidos, sem que novos projetos surgissem para dar novo sentido à vida. No estudo de Ivan Cavalcanti Proença, "Deus está morto. E o homem?", é ressaltado o vazio interior em que mergulhou a sociedade de classe, contemporânea, entregue aos programas, à futilidade, à ociosidade, à mesmice dos gestos, idéias, falas...

É nesse meio que se move a personagem, dividida entre a atração do mundo das relações (principalmente a amorosa) e o questionamento existencial (o da mulher em face de si própria e em busca de novos absolutos que preencham o vazio em que a sociedade vivia). O estudo de Ivan destaca, igualmente, o domínio técnico-estilístico com que a autora constrói o romance.

No ano seguinte, é publicado **O homem de corda**, também com estudo introdutório do crítico carioca e apresentação de Bella Jozef, que ressalta o valor e a importância desse novo romance como depoimento da tragédia que se abateu sobre os judeus, na Alemanha de Hitler, nos anos de 1930 e 1940: o holocausto (termo que, em hebraico, significa oferenda queimada). Nas palavras da ensaísta:

O lirismo das primeiras páginas, a descrição da vida em uma pequena comunidade da Europa Oriental entra em tensão com as páginas subseqüentes, quando a autora narra a perseguição aos judeus e a trajetória de humilhações que culminou na chacina de 6 milhões. Mas não há apenas trevas: o caminho da salvação será encontrado pelos sobreviventes de todas as partes do mundo, através da memória e da reflexão.

Entre as vozes críticas que se pronunciaram sobre os romances de Gema Benedikt estão as de Stella Leonardos, Esdras do Nascimento, Heloneida Studart e Valdemar Cavalcanti.

Publicações: **O grande meio-dia**, 1976, e **O homem de corda**, 1977.

GENI ALVES DOS SANTOS 475

Poeta, professora, a paulista Geni Alves dos Santos nasceu em Piracicaba (SP). Em 1970 mudou-se para a capital paulista. Reside atualmente em Pilar do Sul (SP). Em São Paulo, fez o curso de Ciências e Letras (Faculdade de São Marcos). Ingressou no magistério, lecionando língua e literatura em colégio de Diadema até 1986. Atualmente leciona língua portuguesa em Pilar do Sul.

Nos anos de 1970 e 1980 participou do movimento popular de teatro, com grupos amadores e colaborou com artigos e poemas em jornais alternativos. Estreou em livro com a poesia de **Paisagem** (1984), ao qual se seguiram **Poemágicos** e **Tempo lavrado tem palavrado**.

Poesia prenhe de contemporaneidade, esta se faz palavra consciente de que o mundo se revela e a vida se cumpre conforme nomeada. Na abertura de seu terceiro livro essa consciência se assume diretamente.

Manifestar a visão de mundo através de palavras é arte extremamente perigosa; teme-se por um lado, o lugar-comum, a frase-feita, o chavão. Por outro, a inquietude frente às dores e alegrias existenciais nos intima / instiga a codificar e decodificar a vida, vezes sem conta.

Nesse intermitente lavrar vamos compondo e recompondo o viver, o vivente, o vivenciado, o que está por vir, vamos criando e recriando a natureza, sobrevivendo às intempéries, mudanças bruscas de rumos e de paixão . [...]

É na palavra, no verbo, que o mundo sobrexiste em nós.

Eis aí uma verdadeira profissão de fé, que energiza a poética da autora e a sintoniza com estes nossos tempos de mudanças e descobertas, em que os seres se vêem perdidos e buscam caminhos...

Publicações: **Paisagem**, 1984; **Poemágicos**, 1986, e **Tempo lavrado tem palavrado**, 1989.

476 GENI GUIMARÃES

Poeta, contista e professora, Geni Mariano Guimarães nasceu em São Manuel (SP), em 08.10.1947. Desde muito cedo começa a escrever poesia. Dedica-se à educação de crianças. Seus primeiros contos foram publicados nos Cadernos Negros-4 (1979). Tem participado de inúmeras antologias literárias, incluindo a **Antologia contemporânea da poesia negra brasileira**; a **Razão da chama** e **O negro escrito**. Colaborou na revista alemã IKA. Destaca-se como uma das vozes significativas na nova literatura negra no Brasil. Estreou em livro em 1979, como poeta, revelando-se depois como ficcionista de garra e memorialista.

Publicações: Poesia – **Terceiro filho**, 1979, e **Da flor o afeto**, 1981. Romance – **Leite do peito** (autobiográfico, 1988), e **A cor da ternura**, 1990.

477 GENNY NASSIF

Poeta e professora de desenho, artes e educação artística, Genny Nassif nasceu em São Paulo, em 1937. Formou-se em Desenho Geral e Pedagógico (Instituto Estadual Caetano de Campos/1963). Especializou-se em desenho e artes plásticas (Faculdade Santa Marcelina/1973) e em educação artística (na mesma faculdade/1974). Ingressou no magistério oficial, em 1961, e seguiu as naturais etapas da carreira, até o momento.

Desde menina sentiu-se atraída pela escrita de poesia e, embora sem nenhum incentivo da família, prosseguiu buscando caminhos. Foi o encontro e posterior amizade com Cassiano Ricardo e sua esposa, também poeta, Jaci Ricardo, que a auxiliaram a descobrir seu próprio caminho.

Sua estréia em livro se deu com **Choro da cidade grande**, em 1968 – fragmentos doloridos da vida urbana, onde a solidão, em meio à multidão, é como um muro que impede a vida de florescer em comunidade. Poesia presa no círculo do eu, mas de inegável densidade poética. Na mesma linha, segue-se **Blocos de gelo**, no qual a alegria de viver tenta, aqui e ali, romper o cerco.

Publicações: **Choro da cidade grande**, 1968, e **Blocos de gelo**, 1976.

478 GEORGETTE MENDONÇA

Poeta, pesquisadora, advogada, Georgette Silva de Oliveira Mendonça nasceu em Atalaia (AL), em 03.02.1918. Formada em Direito, exerce a profissão como procuradora do IAPAS. Participante do movimento cultural alagoano, tem colaborado na imprensa com textos poéticos, artigos e crônicas.

Publicações: Poesia – **Eu quero duas almas** (Prêmio Academia Alagoana de Letras/1948), e **Retalhos**, 1978. Prosa – **Seis semanas na Europa** (impressões de viagem), 1959. Biografia – **Eunice Lavenére e seu cantar** (Prêmio Academia Alagoana de Letras/1978).

479 GERDA QUEIROZ

Poeta, tradutora, cantora e pianista, Gerda Queiroz nasceu em Berlim (Alemanha), em 28.11.1925. Veio para o Brasil, sua terra de adoção, com os primeiros colonizadores de Blumenau (SC). Radicou-se no Rio de Janeiro (RJ).

Fez seus primeiros estudos em Berlim. Diplomou-se em piano e canto, tendo participado de inúmeros concertos e óperas. Desde jovem, dedicou-se também à poesia, divulgando-a pela imprensa ou em antologias. Durante muito tempo usou o pseudônimo de Friedenrich Schafer, nome de sua bisavó. No Brasil, dedicou-se também a fazer traduções de romances alemães ou franceses. Em 1982, publicou uma coletânea de suas poesias, na sintética linha de hai-kais, de grande visualidade e colorido.

Publicação: **Vermelho e azul**, 1982.

Uma das precursoras, senão a pioneira, da literatura feminina em Blumenau-colônia, no início do século XX, Gertrud Gross-Hering (filha mais nova de Hermann Hering, fundador das indústrias Hering) nasceu na Alemanha, em 1879, e com um ano de idade veio com a família para o Brasil, radicando-se em Santa Catarina (SC). Faleceu em 1968, aos 89 anos, depois de uma vida plena de realizações humanitárias e culturais, nas quais se inclui uma extensa produção literária.

Romancista brasileira de expressão alemã, poeta, contista, jornalista, teatróloga, pequisadora, Gertrud Gross-Hering foi, devido às circunstâncias do meio e da época, uma autêntica autodidata. A falta de escolas na colônia não impediu que sua formação intelectual começasse muito cedo, no próprio ambiente familiar. Aos quatro anos já estava alfabetizada, e aos seis anos escreveu sua primeira peça teatral, para diversão das crianças vizinhas. Aos dez anos pôde, afinal, ingressar na escola, mas já dominando conhecimentos básicos de todas as matérias, pois a família cultivava com carinho o saber e a cultura trazida da terra natal. Nos serões familiares, lia-se e recitava-se desde Platão a Goethe.

Atenta à vida a sua volta, principalmente às peculiaridades resultantes da terra brasileira, Gertrud foi transformando em ficção ou em poesia os sonhos, lutas, conquistas ou fracassos daqueles primeiros imigrantes, que semearam a riqueza na região catarinense. Suas primeiras publicações, em alemão ou em português, saíram no jornal "Urwldsbote" (Mensageiro do Sertão). Além de pequenos contos e crônicas, escreveu uma série de romances-folhetins de duradouro sucesso de público: **Forças unidas, A herança de Peter Grotmann, A voz do sangue, Sinos de São Silvestre** e outros. Contos seus foram também publicados em revista alemã. Sua primeira publicação em livro foi o romance **Durch Irrtum zur Wahrheit** (Do erro à verdade), em 1922. Seguem-se outros, de igual sucesso.

Segundo a pesquisadora, Valburga Huber, a literatura teuto-brasileira (da qual Gertrud Gross-Hering é uma das pioneiras) era difundida através dos almanaques chamados Kalender. No estado de Santa Catarina, a literatura blumenauense foi das que mais se destacou, com *Gertrud Gross-Hering, José e Emma Deeke e Tereza Statzer, cujas obras se caracterizavam por apresentar vários dualismos, como o amor e dever, o amor representando o passado na Alemanha e o dever, na vontade e na necessidade de construir uma vida nova na colônia. Outra dicotomia comum na obra desses escritores era a vida na selva, ou seja, na colônia, em contraposição à vida da cidade que começava a crescer. Esse confronto aparece notadamente na obra de Gertrud Gross-Hering que relata com perspicácia a história da construção das colônias, suas aventuras e viagens contrapondo-se com a vida que tinham na Alemanha. [...] A linguagem característica da literatura teuto-brasileira era simples, à altura da vida na colônia. Linguagem descritiva, contando as aventuras dos colonizadores, a construção de suas casas, igrejas, dificuldades em tempos em que o clima era desfavorável, as constantes cheias; as singularidades da fauna e da flora tropicais, etc.*

Escritora versátil, Gertrud soube construir um universo romanesco no qual a realidade se fundiu com a imaginação, em livros que permanecem como memória de seu tempo. Além das obras publicadas, deixou vários inéditos, ainda em poder de seus descendentes.

(Fontes: Valburga Huber, **O dualismo do imigrante alemão refletido na literatura** – Dissertação de mestrado/UFRJ, orientador: Afrânio Coutinho. Informações que nos foram dadas por sua neta, Inge Von Hertwig em depoimento escrito em 1987.)

Publicações: Romance-folhetim – 1922. **Duch Irrtum zur Wahrheit** (Do erro à verdade); 1954. **Der Weg der Frau Agnes Bach** (O caminho da Sra. Agnes Bach); 1950. **Der Sonnenhof** (O sítio do sol); 1957. **Ruck**; 1957. **Und Wenn der Wind daruber geht** (E quando o vento passa no que já foi); 1950. **Vereinte Kafte** (A união faz a força); s/d. **Aus Kindern Werden Leute** (E as crianças crescem); s/d. **Neue Wege** (Novos caminhos); s/d. **Und dann Kam die losung** (Então veio a solução); s/d. **Verschlungene Wege** (Caminhos entrelaçados) e outros. Contos – Em livro: **Frauenschicsale** (Destinos de mulheres). Esparsos: Elise Lingen, Ein Stiefkind der Natur (Um enteado da natureza), Mutter Wantken (Mãe Wantken); Das Kronlein (A Pequena coroa); Peter Grotmanns Erbschaft (A herança de Peter Grotmanns); Sylvester Glocken (Sinos de São Silvestre) e outros. Peça teatral – 1936. **Dei Verbannung des Marchens** (O exílio da lenda).

481 GERTRAUDE SCHULTZ STEIGLEDAER

Escritora, pesquisadora, tradutora, jornalista, professora, Gertraude Schultz Steigledaer (que também usa o nome literário de Helena de Lichterfeld) nasceu em Berlim (Alemanha), em 28.10.1921. Ainda menina vem com a família para o Brasil, radicam-se em São Paulo (SP), depois de terem residido em diferentes estados.

Estudou contabilidade, pintura e artesanato em Porto Alegre (RS). Graduou-se em Filosofia e Psicologia nas Faculdades Associadas – São Paulo, onde se especializou em teorias do comportamento humano/neuroanatomofisiologia. Colaborou durante anos em vários jornais e revistas brasileiros, com artigos e ensaios de várias naturezas. Literariamente acaba sendo atraída pela pesquisa biográfica de grandes vultos da história. Suas pesquisas na área de historiografia, levaram-na a constantes viagens a Portugal, Alemanha, chegando a Noruega e a Grécia.

Estréia em livro com a história romantizada **Alarme em Berlim** publicada em Lisboa, em 1945. Como o título já prenuncia, trata-se de um romance de guerra, que focaliza aspectos do que foi a vida no II Reich, em Berlim, no último ano da guerra. Seguem-se títulos cuja matéria-prima é retirada, pela autora, da vida real: todos eles com excelente repercussão crítica, em Portugal e no Brasil. Seu título de maior sucesso é **Imperatriz - sob um véu de lágrimas**, biografia romanceada da Imperatriz Leopoldina, esposa de D. Pedro I. Obra premiada pelo Instituto Nacional do Livro e que recebeu distinções de várias entidades culturais (Secretaria de Estado da Cultura de São Paulo; Clube dos Estados; Sociedade Brasileira de Heráldica e Medalhística).

Publicações: **Alarme em Berlim**, 1945; **À procura de uma pátria**, 1946; **O tesouro da dona de casa**, 1951, e **Imperatriz - sob um véu de lágrimas**, 1982.

482 GESSY DE PAULA

Poeta, cronista, contista e musicista, Gessy Carísio de Paula nasceu em Araguari (MG). Ligada ao movimento cultural mineiro, pertence à Academia Catalana de Letras – GO. Academia Petropolitana de Poesia – RJ; à Casa do Poeta Brasileiro-Brasília e à Casa do Poeta – SP. Tem publicado livros, em edições particulares, com a renda destinada a entidades beneficentes. Profissionalmente dedica-se à indústria e comércio de confecção de roupas. Tem poemas e contos incluídos em antologias (*Poeta se lança na praça* – MG – 1980; *A nova poesia brasileira* – Shogun Arte/1985 e 1986 e outras). Seus textos tem recebido prêmios e distinções.

Publicações: **Meu velho tronco de árvore**, 1977; **O padrinho**, 1979, **Ama-me**, 1979, e **Margarida**, 1982.

483 GILDA DE ABREU

Romancista, teatróloga, atriz, diretora de cinema e cantora lírica de grande prestígio, Gilda de Abreu nasceu em Paris (França), em 1904. Filha de médico e da cantora lírica Nícia Silva, viveu uma prestigiosa carreira de artista polifacetada. Casou-se com Vicente Celestino, cantor e ator dos mais famosos de seu tempo. Gilda faleceu em 1979.

Formou-se no Instituto Nacional de Música-RJ, em 1926. Logo a seguir, estreou como cantora de ópera, apresentando-se, no Brasil e Europa, em várias turnês. Como atriz de cinema, estreou no filme **Bonequinha de seda** (1936). Como diretora de cinema e tendo como ator seu marido, estreou com o filme **O ébrio**, um dos maiores sucessos do cinema brasileiro na primeira metade do século XX. Sua última direção foi o filme **Canção de amor** (1977), sobre a vida e carreira do marido.

Estreou como romancista, na década de 1930, com **Mestiça**, seguem-se: **Aleluia, a cigana**; **Alma de palhaço** e outros do mesmo gênero romântico. Dedicou-se a escrever sobre a vida e carreira do marido (**As canções na vida de Vicente Celestino**; **Arca de Noé** e **A vida de Vicente Celestino**).

Publicações: Romance – **Mestiça**, **Aleluia, A cigana** e **Alma de palhaço** (todos s/d); **O ébrio**, 1946; **Sorri, o mundo será teu** e **Pinguinho de gente**, 1947, e **Coração materno**, 1949.

Foi uma das primeiras vozes femininas do Brasil, a romper as barreiras do decoro público e exaltar o amor sensual, erótico. Gilka Melo Machado nasceu em 12.03.1893, no Rio de Janeiro (RJ), onde faleceu aos 87 anos de idade, em 1980. Desde a infância manifestou dotes invulgares para a arte e para a poesia em particular, dando continuidade à tradição artística familiar. Seu pai, Hortêncio da Gama Souza Melo, era poeta. Sua mãe e tias foram atrizes de teatro. Seu avô materno, o lisboeta Francisco Moniz Barreto (patrono da cadeira nº 13 da Academia de Letras da Bahia) foi militar, que lutou na Guerra Cisplatina e se tornou famoso em Salvador (BA), onde viveu a maior parte da vida, como poeta repentista, o Bocage brasileiro, como foi alcunhado pelo público.

Pelo casamento, em 1910, Gilka Machado ligou-se também a um artista, Rodolfo de Melo Machado, com quem teve dois filhos, um rapaz que morreu jovem e a filha, Eros Volúsia, que se consagrou como bailarina de fama internacional. Seu marido, Rodolfo Machado, era nome conhecido no meio cultural carioca, como poeta, jornalista e chargista de grande espírito humorístico. Poeta de orientação simbolista, ele participou da fundação da revista Rosa Cruz, que se pretendeu órgão do Simbolismo no Rio de Janeiro. Colaborou na maioria dos jornais cariocas da década de 1910 (Mundo Brasileiro, A Cidade, Brasil Centenário, Jornal do Comércio, etc.). Faleceu em 1923, deixando inédita sua produção que, organizada por Gilka, foi publicada em 1924 com o título **Divino inferno**.

Gilka Machado iniciou-se como poeta na década de 1910, período pré-modernista, que Tasso da Silveira definiu como fase do sincretismo: convergência das diretrizes parnasianas e simbolistas. Período do entresséculos, durante o qual surgiram autênticas vocações poéticas que, na impossibilidade de realizarem a síntese (ainda prematura), não chegaram a criar uma estética unificada e permaneceram como individualidades poéticas isoladas. Nessa linha de interpretação, o crítico incluiu poetas como Augusto dos Anjos, Amadeu Amaral, Cecília Meireles, Cleômenes Campos, Da Costa e Silva, Gilka Machado, Guilherme de Almeida, Hermes Fontes, Humberto Campos, José Oiticica, Murilo Araújo, Manuel Bandeira, Paulo Setúbal, Raul de Leoni, Raul de Machado e Ronald de Carvalho (cf. **Definição do modernismo brasileiro**. RJ, editora Forja, 1932).

Vivendo em um período de aparente estagnação criadora, durante a qual germinaram as sementes do Modernismo, Gilka Machado sofre o influxo formalista do parnasianismo (com sua exigência de domar a avalanche das sensações, emoções ou sentimentos nos limites rigorosos da bela e significativa forma que eternizasse o efêmero), e é também tocada não só pela espiritualidade dos simbolistas, como também pelo decadentismo dannunziano e sua exaltação da sensibilidade peculiar do poeta. Uma sensibilidade "fin de siécle", exacerbada pela descoberta de uma região do espírito (ou do inconsciente) até então inexplorada e que a palavra poética revela.

Desafiando os preconceitos, Gilka Machado ousa expressar, em poesia, a paixão dos sentidos, a volúpia do amor carnal e o dramático choque entre o corpo e a alma. Choque provocado pelo Cristianismo, ao lançar o anátema ao prazer sexual, a fruição da carne (tal como foi decidido pelo Concílio de Trento no século XVI e perdurou na tradição cristã, até o século passado, quando tem início a grande revolução feminista, ainda em curso).

Destacamos, como exemplar da dramática cisão – pura/impura – que estigmatizou a mulher, o soneto Ciúme:

*A que buscas em mim que vive em meio/ de nós e nos unindo separa,/ não sei bem aonde vai, de onde veio,/ trago-a no sangue assim como uma tara.// Dou-te a carne que sou, mas teu anseio/ fora possuí-la, a espiritual, a rara,/ essa que tem o olhar ao mundo alheio,/ essa que tão-somente astros encara.// Por que não sou como as demais mulheres?/ Sinto que me possuindo, em mim preferes / Aquela que é o meu íntimo avantesma...// E, ó meu amor, que ciúme dessa estranha,/ dessa rival que os dias me acompanha,/ para ruína gloriosa de mim mesma! (Ciúme, de **Carne e alma** s/d).*

Iniciando-se como poeta, nas primeiras décadas do século, quando mal começa na Europa e nos Estados Unidos a revolução feminista, Gilka Machado obviamente chocou a sociedade do tempo com o seu ousado desvendar de paixões ou sensações proibidas à mulher.

Daí a animosidade geral que precisou enfrentar e que, entretanto, não a pôde silenciar. Durante trinta e dois anos publicou oito livros: **Cristais partidos** (1915); **Estados d'alma** (1917); **Poesias** (reunião dos 2 primeiros – 1918); **Mulher nua** (1922); **Meu glorioso pecado** (1928); **Carne e alma** (1931); **Sublimação** (1938); **Meu rosto** (seleção de livros publicados e poemas inéditos – 1947).

Em 1916, profere uma conferência, **A revelação dos perfumes**, que provocou grande interesse e foi publicada em 1932. Teve vários poemas traduzidos para o espanhol pelo poeta boliviano Gregório Reynoldes e publicados na Bolívia, **Sonetos y poemas**. No ano seguinte, 1933, vence o concurso de poesia promovido pela revista O Malho e foi proclamada A maior poetisa do Brasil, fato porém que teve pouca repercussão na crítica e no pensamento oficial. (Lembramos, a respeito, que Cecília Meireles, sua contemporânea e companheira na revista Festa (1927), estreara em 1919 com **Espectros** e até essa data só havia publicado mais dois livros, **Nunca mais**... e **Balada para el-rei**, em 1925. O livro **Viagem**, que a consagrou com o Prêmio Academia Brasileira de Letras, só foi publicado em 1938.)

Com os anos e com o amadurecimento de sua arte, Gilka Machado foi reconhecida pela crítica oficial. Transcrevemos aqui algumas opiniões de peso crítico na década de 1930: as de Agripino Grieco e Humberto de Campos, nas quais se patenteiam os preconceitos da época.

Objetarão haver em seus poemas uma inversão de papéis, apressando-se ela em dizer aos homens, como poetisa, certas coisas que devia esperar que eles lhe dissessem primeiro. Mas isso é apenas nos domínios da arte e, em sua vida modesta e altiva, nunca ninguém a viu tomar atitudes de certas madames desabusadas – misto de sabichonas de Moliére e de bas-bleus *de 1830 que pretendem adotar as maneiras masculinas, virando alunos de saias, usando gravata e monóculo, fumando pelos botequins [...] Grande artista a senhora Gilka, com a sua deliciosa voz de contralto! É bem a láctea puberdade de uma Luiza Labbé. Nunca teve medo do amor e das palavras que exprimem o amor, nunca os preconceitos a amordaçam, nunca temeu o puritanismo dos* quakers *da estética. (A. Grieco).*

Leal com a sua musa, imaginou a ilustre carioca que poderia externar em versos, impunemente, no Brasil, como Lucie Delarque-Mardrus, Marcelline Desbordes-Valmore ou a condessa de Noialles, todo o ardor de sua mentalidade de crioula. E foi uma temeridade. Ao ler-lhe as rimas, cheirando a pecado, toda gente supôs que estas subiam dos subterrâneos de um temperamento, quando elas, na realidade, provinham do alto das nuvens de uma bizarra imaginação. Sátiros que andavam soltos acenderam subitamente as narinas, aspirando o ar, com os dentes à mostra. Ignoravam eles, na sua materialidade, que há um vale profundo entre o pensamento e o sentimento e que o reflexo do temperamento é este, e não aquele. (H. Campos).

Publicações: **Cristais partidos**, 1915; **Estados d'alma**, 1917; **Poesias**, 1918; **Mulher nua**, 1922; **Meu glorioso pecado,** 1928; **Carne e alma**, 1931; **Sublimação**, 1938; **Meu rosto**, 1947, e **Sonetos y poemas**, 1932.

485 GILZETE MARÇAL

Poeta, assistente social e militante no movimento da negritude, Gilzete Marçal nasceu em Camarana (BA), em 21.03.1962.

Está radicada em São Paulo (SP) Profissionalizou-se como nutricionista. Faz parte do grupo Preto Branco e Azul Também, que promove recitais de poemas dramatizados, em diferentes locais culturais e para grande público. Como poeta, estreou em livro em 1985 com a coletânea **Periferia**.

Publicações: **Periferia**, 1985, e **Em possível**, 1987.

486 GIOCONDA LABECA

Poeta, declamadora, professora e assistente social, Gioconda do Carmo Labeca de Castro nasceu em Campinas (SP), residiu muitos anos no Rio de Janeiro (RJ), mudando-se depois para São Paulo (SP).

Espírito inquieto, desde adolescente escreve poesia e se dedica a várias áreas de estudos (psicologia, retórica, biotipologia, legislação trabalhista, etc.). Foi professora de retórica e dicção. Estréia em livro, em 1964, com a poesia **Apassionata**, ao qual se seguiram outros títulos sempre com excelente repercussão crítica na imprensa e sucesso de público. As formas de sonetos e trova predominam em sua produção poética.

Publicações: **Apassionata**, 1964; **Cantigas**, 1965, e **Sonetos escolhidos**, 1970.

GISELDA LAPORTA NICOLELIS 487

Escritora paulista, nascida em 1938, Giselda Laporta Nicolelis é um dos mais conhecidos nomes da literatura destinada aos adolescentes e pré-adolescentes, mas que escreve com igual paixão para adultos.

Formou-se em Jornalismo pela Escola Cásper Líbero, mas acabou assumindo a carreira de escritora, seguindo uma vocação que vinha da adolescência. Inicia-se escrevendo poesia e ficção para adultos e publicando na imprensa ou revistas. Em 1973, recebe menção honrosa no Prêmio Fernando Chinaglia – Poesia.

Estréia em livro, em 1974, com o romance **A sementeira** (Prêmio Fernando Chinaglia – Ficção), no qual já se revela, embora ainda imaturo, o caminho a ser trilhado por sua criação literária: o registro realista, mas idealizado, da vida humana, tal como se cumpre no cotidiano comum, com seus sonhos, lutas, ambições, derrotas e conquistas dentro do limitado horizonte do dia-a-dia. Estilo despojado, narrando com simplicidade os dramas que, ocultamente, vão minando as vidas.

Dessa atração ou impulso para sondar e testemunhar a vida real, com suas grandezas e misérias, resulta o fato de que a maioria de seus livros para grandes e pequenos, tem, como base, pesquisas *in loco*. Por exemplo para escrever **A serra dos homens formigas** (1981) a autora viajou até o garimpo da Serra Pelada, onde se passa a trama novelesca – testemunha crítica e emocionada dessa aventura do ouro, que ficou na memória brasileira como um dos grandes exemplos da degradação humana, provocada pela ambição dos poderosos. **Macapacarana** (1981), aventura de um jovem que sai de São Paulo, ao encontro do pai, garimpeiro na longínqua Macapá, no Amazonas, também foi fundamentada no contato da autora com as peculiaridades da região amazônica. **Sonhar é possível?** (1982) retira sua matéria-prima da realidade em bruto, da vida acossada pela miséria ou carências de todo tipo, tal como a autora descobriu na convivência com os moradores de um casarão do Bexiga (velho bairro de italianos em São Paulo), antiga mansão milionária hoje transformada em cortiço. Somam-se às dezenas as publicações de Giselda para os jovens e crianças.

Para adultos, publica em 1985 **O exercício da paixão**. Romance que como o título já sugere foi escrito com paixão, com a garra de quem se entrega por inteiro a tudo que faz. Trata-se de um livro catártico, que põe em causa problemas importantíssimos, para serem conscientizados pela mulher de nossos tempos. Sua escrita expressa uma cachoeira de emoções em bruto, que parece se transformar em linguagem, sem passar pelo crivo da inteligência ordenadora. É um livro de mulher para mulheres...

Logo a seguir escreve **O direito de viver** (1987), livro-libelo que se revolta contra a onda de violência gratuita que se espalha por todo lado. São treze histórias dolorosas, de desamor, violência e morte, retiradas do noticiário diário dos jornais. As vítimas são sempre jovens, que não chegaram a viver. Em sua apresentação a autora diz.

Essas histórias não foram inventadas. São verídicas, frutos de pesquisa. Revirei arquivos de jornais e revistas, conversei com juízes, médicos, professores, estudantes e pessoas comuns do povo. Assim nasceu este livro doloroso, onde nada foi escamoteado. [...] É preciso encontrar caminhos.

Esses caminhos com certeza vão demorar muito para serem trilhados, pois já estamos no novo milênio e a violência gratuita (fruto da crescente aviltação do ser humano) só faz crescer, com o tráfico de drogas e o contrabando de armas.

A vasta produção de Giselda tem sido distinguida com vários prêmios e conquistado um vasto público.

Publicações: **A sementeira**, 1974; **O exercício da paixão**, 1985, e **O direito de viver**, 1987.

GISELDA MEDEIROS 488

Poeta, professora e presença atuante em seu meio cultural, Giselda de Medeiros Albuquerque nasceu em Acaraú (CE), em 14.07.1941. Graduou-se em Letras (UFCE), especializando-se em língua portuguesa e literatura brasileira. Dedicou-se ao magistério. Desde muito jovem entrega-se à escrita literária divulgando seus textos, circunstancialmente, na imprensa ou revistas especializadas.

Estréia em livro, em 1986, com a poesia de **Alma liberta**, com prefácio de Artur Eduardo Benevides, que enfatiza a natureza lírica desses poemas, que se entregam generosamente ao leitor. Em seu segundo título, **Transparências**, de um lirismo mais amadurecido, que se deixa tocar pela dor do mundo, a poeta inclui suas experiências como trovadora: Trovas (Líricas e Filosóficas). Tais experiências lhe valeram prêmios e distinções em concursos (IX, X e XI Jogos Florais – Fortaleza/1985; II Concurso Nacional de Trovas-Belém do Pará/1986; VII Concurso Duas Cidades – Fortaleza – Belém/1986). Participa da antologia **Trovadores cearenses**/1987. Sua mais recente publicação é **Cantos circunstanciais**, que lhe valeu excelente recepção crítica.

Giselda Medeiros pertence à União Brasileira de Escritores (CE); Ala Feminina da Casa de Juvenal Galeno e União Brasileira de Trovadores – Fortaleza.

Publicações: **Alma liberta**, 1986; **Transparências**, 1989, e **Cantos circunstanciais**, 1996.

489 GIZELDA MORAIS

Poeta, ficcionista de grande força, psicopedagoga, presença atuante no meio cultural sergipano, Gizelda Santana Morais nasceu em Campo do Brito (SE), em 30.05.1939. Atualmente reside em Maceió (AL). Graduada em Filosofia; doutorado em Psicologia em Lyon; pós-doutorado na Universidade de Paris XIII; professora universitária (em faculdades da Bahia e Sergipe), vem desenvolvendo um fecundo trabalho de intercâmbio científico e educacional, no Brasil e no exterior, em diferentes áreas de pesquisa (psicologia, sociologia, antropologia, psicopedagogia, etc.).

Em 1987, como professora-visitante, deu curso de filosofia da educação e metodologia da pesquisa, na Universidade de Nice (França). Participou de inúmeros congressos nacionais e internacionais. Vem desempenhando várias funções de assessoria junto a órgãos oficiais, ligados à educação. Parte de suas pesquisas, no âmbito universitário, tem sido publicada em revistas especializadas. Escritora de grande força, tem divulgado através da imprensa grande parte de sua produção poética. Vem-se destacando entre suas contemporâneas, como valor em ascensão.

Sua primeira publicação em livro foi em 1958, com a poesia de **Rosa do tempo**, na qual já se anuncia a visão de mundo interrogante e humanista que é a tônica de sua produção posterior. Nesse final da década de 1950, começa a escrever o romance **Jane Brasil**, só publicado em 1986. Abarcando, pois, diferentes momentos da vida da autora, no seu todo conserva a mesma atmosfera conflitante que emana de toda a sua obra. Nesta inevitavelmente ecoa a paixão, com que a autora se tem entregue à cruzada social, através da educação e da cultura a ser difundida entre todos; e também a angústia pelos muitos obstáculos que se levantam contra os esforços de realização humana. **Jane Brasil** resulta em ser uma impactante síntese de toda uma existência de lutas pelos altos ideais humanitários – a maior parte delas desenvolvida no período de repressão e violência da ditadura militar (1964/1984). Escrito em primeira pessoa, o romance oscila entre realidade e ficção. Ao escrever sobre ele, Sônia Barreto toca em sua essência mais funda:

Jane Brasil não se prende, com exclusividade, à angústia e à solidão que perpassam pela vida da autora. Não é um retrato da intimidade de um único ser. Mas é neste ser que Jane, a personagem central, aprisiona o seu eu, como atalho para dissecar a psique coletiva, fazendo-nos acreditar que a verdade nem sempre se encontra na superfície dos fatos observáveis, mas no obscuro mundo invisível, às vezes abstraído pelos experientes cientistas que viajam ancorados nas teorias sociológicas. Jane é o grito solitário que habita na garganta dos homens prisioneiros de um universo mesquinho e hipócrita, onde não há pista de vôo, mas sonhos guilhotinados por verdades convencionais que castram a solidariedade entre os homens e entre estes e a vida. [...] A sua obra é um espelho no qual está refletida a nossa imagem . Diz Jane: Só agora eu posso ver a extensão de minha hipocrisia. Não pensem que estou denunciando a fome e a miséria, elas não precisam de denúncia, estou denunciando a minha barriga cheia, meu andar de lesma e minha máscara de bondade. Não pensem, pelo amor de vocês, que eu estou mentindo. Estou dizendo a minha verdade, a nossa, e quero que acreditem em mim.

Dona de uma percepção cada vez mais funda dos meandros da alma humana, e de uma escrita cada vez mais densa de significados latentes, Gizelda segue publicando romances. Em 1990, **Ibiradió** (traduzido na França em 1999); **Preparem os agogôs** (menção honrosa – Concurso Nacional Romance do Paraná/1994); **Absolvo e condeno**, e a biografia romanceada do artista plástico Alberto Cedrón, **Feliz aventureiro**. Livro no qual o impulso de testemunhar a vida e o dom de transfigurá-la em palavras (qualidades que singularizam a arte da autora) foram altamente postos à prova. Como é referido na contracapa, trata-se da síntese de uma vida, baseada em relatos gravados, nas revelações de desenhos, pinturas e esculturas de um personagem real, artista plástico reinventado por uma artista da palavra. Alberto Cedrón e Gizelda Morais se unem nessa aventura, percorrendo países da América e da Europa, mas, sobretudo, revisitando os subterrâneos do inconsciente, na busca das motivações para a felicidade e o sofrimento, a violência e a solidariedade, a construção da arte e da desordem que, contraditoriamente, marcam a trajetória dos seres humanos.

Publicações: Poesia – **Rosa do tempo**, 1958; **Acaso** (em colab. Núbia Marques* e Carmelita Fontes*), 1975; **Baladas do inútil silêncio**, 1965, e **Verde outono** (colab. Núbia Marques), 1982; **Poemas de amor**, 1996. Romance – **Jane Brasil**, 1986; **Ibiradió**, 1990; **Preparem os agogôs**, 1996; **Absolvo e condeno**, 2000, e **Feliz aventura**, 2001. Ensaio – **João Ribeiro e a história do Brasil** (Prêmio Centenário de João Ribeiro/1960). Antologias em que participou – **Na seara do vernáculo**, 1956; **Contos e contistas sergipanos**, 1979; **Palavra de mulher**, 1979; **Aperitivo poético**, 1986.

GLAC COURA 490

Poeta, professora, consultora em programas gerenciais, Glac Maria César Coura nasceu em Diamantina (MG), em 21.11.1949. Reside em Belo Horizonte (MG). Desde criança revelou pendor para a escrita literária, mas essa primeira produção de contos, crônicas e poemas não foi publicada. Formou-se em Direito (UFMG) e em Administração de Empresa (UMA). Profissionalizou-se como professora e consultora em programas de desenvolvimento gerencial, na Fundação Dom Cabral, vinculada à PUC-MG. Dedica-se a estudos de filosofia. É membro não-analista do Instituto C. G. Jung – Seção Minas Gerais.

Estréia em livro, em 1993, com **Fragmentos**, recolha de poemas escritos entre 1982 e 1992. Poesia arraigada no cotidiano e que capta vivências filtradas por uma grande sensibilidade. Um dos poemas, "Quando eu dormi veio um anjo", foi premiado no Concurso Nacional Zumbi de Poesia e Prosa (Círculo de Estudo, Pensamento e Ação/Salvador – BA).

Publicação: **Fragmentos**, 1993.

GLADY RAGAIBE 491

Poeta, tradutora, *expert* em assuntos financeiros, Glady Ragaibe nasceu na capital paulista, em 16.01.1960. Formou-se em Letras na Faculdade Paulista de Psicologia, Ciências e Letras (1984). Fez cursos de aperfeiçoamento de língua inglesa no exterior (Londres); cursos de computação, *design* e artes em geral (Prognus do Brasil, Escola Panamericana de Arte, Desenho Artístico e Publicitário). Dedica-se a estudos da mente, na linha da filosofia oriental transcendental (Silva Mental Control). Profissionalizou-se na área de comércio exterior (atuando sucessivamente como secretária trilíngue, gerenciadora, programadora, promotora e diretora financeira).

Desde criança atraída pela literatura (o ouvir, ler e contar histórias), começa a escrever poesia quando ainda adolescente. Ao mesmo tempo em que se entrega à pintura, criando desenhos impressionistas. Dedica-se à música, formando-se pianista e descobrindo-se compositora musical. Consciente da importância da criatividade na vida de cada um, ela diz: *...a arte de viver está na criatividade em qualquer sentido que seja; a reprodutividade só como desenvolvimento ou alento, e não por comodismo. Só somos donos do que criamos. O que reproduzimos é apenas o que adquirimos.*

Sua estréia em livro se deu em 1979, com **Numa etapa do infinito**. Poesia escrita entre 1974 e 1978 (isto é, entre os 14 e os 16 anos da autora), esta surpreende pela maturidade de pensamento que expressa. Poesia densamente reflexiva, oscila entre a vivência poética e o indagar filosófico, no afã de levar o leitor a entrar na esfera do pensamento superior. Objetivo que a autora expressa já na apresentação do livro.

Por que poesia na era da imagem? Poesia porque sem ela o mundo não tem significação. Mas poesia-reflexão, de sondagem do inconsciente, do indizível e do inefável. [...] Poesia é conhecimento. No plano consciente não sabemos de onde viemos nem para onde vamos. Só sabemos onde estamos e é esta a etapa. Apenas uma entre todas, senão infinitas, pelo menos indefinidas no tempo, que em si não existe, mas nos mostra a todo momento o presente. E só o presente existe. Em nosso inconsciente oculta-se o saber que sabemos e não sabemos que sabemos.

É nessa linha de reflexões que flui a poesia de Glady, dinamizada pelas grandes interrogações deste nosso tempo em caos, ou melhor, em plena mudança de pele que exige um olhar para dentro.

O risco de sua poesia ser sufocada pela filosofia foi plenamente superado, como o mostra seu segundo livro, **O infinito entre um princípio e um fim**, publicado em 1983. O breve poema de abertura sintetiza a natureza de sua matéria poética:

Em tudo tem espaço /Há uma dimensão/ E dentro dela existe um infinito / Que para conquistá-lo, / É necessário que consigas / Atravessar o invisível.

Poesia madura, tanto do ponto de vista existencial quanto do domínio da palavra poética, a de Glady Ragaibe se engendra na esfera do enigma. Celso Bentim, na apresentação do livro, toca na essência última de sua arte:

Há certas coisas que não têm explicação lógica. Uma pessoa ver além de uma parede; sentir antes o que acontecerá depois; ver o que será, antes de ser. [...] Glady Ragaibe é um desses fenômenos que raramente acontecem. [...] Já os latinos diziam: primum vivere deinde philosophari. Eis uma divergência em Glady. Ela, no sentido filosófico, ainda não viveu, nos seus vinte anos apenas. Mas raciocina com a profundidade de um guru, com a mística de um ermitão ou eremita.

Glady-poeta pertence à linhagem espiritualista dos que procuram iluminar o invisível, onde nossa vida realmente se cumpre, mas que é ignorado pela maioria, que vive aprisionada pelas aparências. Em sua poesia ecoam vozes arcaicas, que, desde a origem dos tempos, vêm alertando os homens para buscarem a oculta essência da vida.

É o que Glady faz, em diferentes modulações de voz, como em Feliz daquele.

Feliz daquele... // Que pode ser / Além dos sentidos// Que pode enxergar / Além dos olhos // Que pode ouvir / Além dos ouvidos // Que pode farejar além do olfato // Que pode falar / Além da voz // Que pode sorrir / Além dos lábios // Que pode caminhar / Além dos passos // Que pode agarrar / Além das mãos // E que pode sentir / Além do pensamento.

Aí temos toda uma filosofia de vida, na cadência poética, que evoca a linguagem sagrada na seara poética – a filosófica-espiritualista – pouco comum na poesia brasileira, mas que já se faz ouvir cada vez com mais freqüência entre as nossas vozes poéticas. Sinal de amadurecimento? Ou fruto do amálgama de gens milenares com o nosso húmus brasílico (ainda tão novo!)?...

Publicações: **Numa etapa do infinito**, 1979, e **O infinito entre um princípio e um fim**, 1983.

492 GLÁUCIA LEMOS

Contista, romancista, poeta, jornalista, artista plástica, crítica de arte, autora de livros infantis e ensaísta, Gláucia Maria de Lemos Leal nasceu em Salvador (BA), em 09.04.1930. Bacharel em Direito (UCSAL), exerceu advocacia durante algum tempo. Fez pós-graduação em Crítica de Arte (UFBA), e diversos cursos convergentes para a arte e a literatura (desenho; modelagem; teoria e técnica literária; folclore; xilogravura e litogravura; oficina literária de literatura infantil/juvenil, etc.). Lecionou História da Arte na Fundação Teatro Deodoro.

É sócia-fundadora do Clube de Ficção e filiada à União Brasileira de Escritores – SP. Pertence à Associação Brasileira dos Críticos e à Associação Internacional de Críticos de Arte; à ABCA-AICA (RJ e UNESCO); AJEB(PR), e outras.

Ainda muito jovem, começa a escrever contos surrealistas, publicados na imprensa. Estréia em livro, em 1979, com os contos de **Era uma vez uma rosa que virou mulher**, ao qual se seguem romances que têm sido sucesso de crítica e de público. Em 1986, publica seu primeiro livro infantil, **Coração de lua cheia**, cujo sucesso imediato abriu caminho para uma dezena de outros títulos para crianças, que têm conquistado vários prêmios (Viriato Correia – Estado do Maranhão; Monteiro Lobato, e outros). Paralelamente à literatura, Gláucia mantém regular atividade em artes visuais.

Sua produção literária, apresentada em concursos, tem conquistado inúmeros prêmios e distinções literárias. Destacam-se: Prêmio da Academia Bahiana de Letras, para o romance **O riso da raposa**. Prêmio Real Recife – Secretaria de Cultura do Recife para o romance **A metade da maçã** e Prêmio Graciliano Ramos – União Brasileira de Escritores-RJ para a novela infantil **Estrela, estrela minha** e para o romance **As chamas da memória**. Colaborou com artigos sobre arte na revista internacional Fonto (Fonte), órgão em esperanto.

Espírito criador, fundamente sintonizado com nosso tempo de metamorfoses, Gláucia Lemos, em todos os gêneros em que vem criando sua obra, explora com inteligência e ludismo a magia da palavra e a urgente necessidade de se abrir caminho para um novo conhecimento do homem e do mundo. Daí explorar, como poucos, o poder da palavra para criar o real (como dizem os fenomenólogos). Para adultos ou para a meninada, seus escritos (e seus incríveis e divertidos jogos-de-palavra) resultam de um olhar crítico alerta que, embora humano e generoso, não poupa a mediocridade e a mesmice que tomou conta desta nossa sociedade cibernética, onde os valores humanos há muito naufragaram nos mares dos multimídias e do marketing.

Sua obra é das apontam para os caminhos da criação, da literatura ou da arte em geral, como preparação do terreno do novo homem e da nova mulher que devem surgir no esperado amanhã...

Publicações: Conto – **Era uma vez uma rosa que virou mulher**, 1979. Romance – **O riso da raposa**, 1989; **A metade da maçã**, 1989; **As chamas da memória**, 1990; **A morena Guiomar**, 1992. Ensaio – **Impressionismo – história e filosofia do movimento**, 1985. Infantis – **Coração de lua cheia**, 1986; **Estrela, estrela minha**, 1989; **Um elfo em minha mão**, 1986; **O cão azul**, 1999; **O mistério do galeão**, 1996, etc.

GLÍCIA RODRIGUES 493

Poeta, contista e artista plástica, Glícia Rodrigues nasceu em Fortaleza (CE). Pertenceu ao Grupo Seara de Literatura, ao Poesia Plural e ao Grupo Espiral. Produtora e técnica em educação artística da TV Ceará.

Publicações: **Boletim de poesia** (colab. Lídia Brito e Beatriz Alcântara*); **Pés descalços**; **O outro lado do olhar** (colab. Joyce Cavalccante* e outros) e **Águas de espera** (década de 1990).

GLÓRIA PÉREZ 494

Poeta, novelista de televisão, Glória Pérez nasceu no Rio de Janeiro (RJ), onde vive. Figura atuante nos meios de comunicação e participante dos movimentos alternativos de poesia, nos anos de 1970 e 1980, ao lado de Leila Míccolis*, Socorro Trindad* e outras. Participou de várias antologias e poesias, inclusive de poemas eróticos. Na televisão, tem colaborado com vários autores de novela, seja como roteirista ou como autora do texto. Em parceria com Janete Clair, escreveu **Eu prometo** (1983); com Agnaldo Silva, **Partido alto** (1984) e com Leila Míccolis, a novela **Barriga de aluguel** (1990), um dos grandes sucessos da Rede Globo.

Durante a exibição de outra novela de sucesso, **De corpo e alma** (1992), sua vida foi marcada tragicamente pela morte de sua filha, a jovem Daniela Pérez, assassinada pelo ator Guilherme de Pádua e por sua mulher Paula Tomás. Daniela e Guilherme atuavam na novela e, por motivos passionais (nunca bem esclarecidos), ele e a mulher decidem matá-la. Daniela, após sair do estúdio, foi atraída para uma emboscada e cruelmente assassinada a tesouradas. Presos, julgados e condenados, ambos ficaram pouco tempo na prisão. Beneficiados pelas amenidades das leis penais brasileiras, conseguiram liberdade condicional e estão novamente integrados na sociedade, como bons cidadãos. Só Daniela não pôde voltar à vida...

Glória Pérez, em 2001, escreveu para a TV Globo a novela **O clone**.

Publicações: **Sem pão nem circo**, 1978, e **Mercado de escravas** (em co-autoria com Leila Míccolis), s/d.

GRACIEMA NOBRE DE CAMPOS 495

Poeta, contista e musicista, Graciema Nobre de Campos nasceu em São Paulo (SP), no entresséculos (data ignorada). Publicou poesias e contos em jornais e revistas de São Paulo e Rio de Janeiro no fim do século XIX e início do século XX. Freqüentou o Conservatório Dramático e Musical de São Paulo e a Faculdade de Filosofia Letras e Ciências Humanas-USP.

Publicações: Conto – **Crepúsculos**, 1909. Poesia – **Hélio**, 1911.

496 GRAÇA BARRETO

Poeta, contista, cronista e assistente social, Graça Barreto nasceu em Engenheiro Caldas (MG). Ainda bem jovem, muda-se para Belo Horizonte, onde se radicou.

Formou-se em Serviço Social (PUC-MG), profissionalizou-se como assistente social. Sua produção literária – poesia, crônicas, contos – desde sempre se ligou à preocupação humanitária que lhe é peculiar.

Seu livro de estréia, **Do outro lado da linha** (1989), já nas palavras de apresentação, declara a natureza de sua matéria-prima:

O teor desse livro é fundamentado sobre a mais pura expressão da cruel verdade. [...] Ao escrever esse livro, impulsionada por uma enigmática força [...] estava inteiramente preocupada com a questão do preconceito e do estigma, fenômenos sociais que ainda devastam o país.

Desses preconceitos e estigmas, as crônicas e poemas aqui reunidos focalizam prioritariamente os portadores de hanseníase, cuja dura carga histórica milenar ainda hoje pesa sobre os doentes – os excluídos do convívio social. São crônicas de sofrimentos e dor, que poderiam ser amenizados se, por um lado, as informações corretas sobre o mal de Hansem (a antiga lepra) circulassem melhor e, por outro, houvesse maior solidariedade entre os seres, diante do drama que atinge seu semelhante.

A escrita literária de Graça Barreto é um corajoso indício de sua tarefa humanitária.

Publicação: **Do outro lado da linha**, 1989.

497 GRAÇA GARCEZ

Poeta, cronista e contista, Graça Garcez nasceu em Pedreiras (MA), em 01.04.1950. Tem colaborado na imprensa e publicado livros de poesia, crônicas e contos.

Publicações: Poesia – **A sombra da liberdade**, 1978, e **Holocausto de amor**, 1980. Crônicas e contos – **Fragmentos de romance**, 1981.

498 GRAÇA GRAÚNA

Poeta, professora, pesquisadora, ensaísta, indigenista, musicista, Maria das Graças Ferreira (nome literário Graça Graúna) nasceu no Rio Grande do Norte. É neta de D. Conceição Amador, uma das fundadoras da antiga vila de São José do Campestre (RN).

Formada em Letras (UFPE), ingressa no magistério superior. Defendeu tese de mestrado sobre mitos indígenas. Considera-se autodidata em música e poesia ameríndia. Tem colaborado regularmente na imprensa e em revistas do Brasil e do exterior. Desde muito jovem escreve poesia. Seus poetas de eleição: Rilke, Florbela Espanca, Oswald de Andrade, Manuel Bandeira, Joaquim Cardoso, Drummond e Garcia Lorca, entre outros. Estréia em livro, em 1999, com os poemas de **Canto mestizo** (prefácio de Leila Míccolis*)

Publicação: **Canto mestizo**, 1999.

499 GRAÇA MARTINEZ

Poeta e romancista, Graça Martinez nasceu em Bragança (Portugal), em 1955. Aos três anos de idade veio com a família para o Brasil, radicando-se em São Paulo (SP). Tem publicado poemas em jornais e revistas especializadas. Estreou em livro em 1985.

Publicações: **Quebrar algemas**, 1985, e **Despertar dos sonhos**, 1988.

GUILHERMINA DE FIGUEIREDO 500

Poeta, professora e elemento atuante no meio cultural cuiabano, Guilhermina de Figueiredo nasceu em Cuiabá (MT), em 05.06.1911. Faleceu em 04.07.1981. Foi professora da Escola Técnica Federal de Mato Grosso. Pertenceu a inúmeras entidades culturais.

Publicações: **Lampejos d'alma**, 1968, e **ABC da literatura** (trovas) s/d.

GUILHERMINA KRUG 501

Poeta, professora dedicada à escola pública, Guilhermina Krug Brinckmann nasceu em São Jerônimo (RS), em 02.11.1906. Faleceu em Porto Alegre (RS), em 30.09.1954. Sua produção poética está incluída na antologia **Letras Rio-grandenses** (org. Nelly R. Carvalho), 1935. Colaborou na Revista do Ensino de Porto Alegre.

GUILHERMINA LIMA 502

Memorialista, Maria Guilhermina Battistetti e Lima nasceu em Ribeirão Preto (SP), em 30.03.1908. Filha de imigrantes italianos, viveu a infância e adolescência em contato com a vida rural, na zona cafeeira de Ribeirão Preto, onde seu pai foi administrador e formador de fazendas.

Sempre teve pendor para a leitura e para o contar histórias em que misturava realidade e ficção. Nos anos de 1980, já viúva, instada por seus filhos e netos, começa a escrever suas memórias, para que não se perdessem as experiências vividas e tantas vezes contadas. Em frase fluente e revelando não só um espírito crítico alerta, mas também um privilegiado entusiasmo pela vida, Guilhermina Lima escreve **Lembranças**, publicado em 1994, por iniciativa de seu filho, o dramaturgo Antonio Bivar. Nessas memórias, está preservada não só a história de uma família, mas igualmente a de uma época de expansão do interior paulista, com valores e costumes de vida que o progresso posterior foi modificando.

Publicação: **Lembranças**, 1994.

GUIOMAR DE PAIVA BRANDÃO 503

Poeta, ficcionista de grande sensibilidade e destacada escritora para o difícil público infantil, Guiomar de Paiva Brandão nasceu em Caxambu (MG), em 02.06.1949. Formou-se no Instituto Superior de Ciências, Letras e Artes (Três Corações-MG). Fez curso intensivo de educação física e curso de meditação dinâmica na Academia Brasileira de Ciências Mentais (Silva Mental Control do Brasil).

Desde muito jovem começa a escrever poesia. Estréia como poeta, na década de 1960, em obra coletiva: **Jovens poetas de uma pequena cidade** (1967). Só na década de 1980 se inicia profissionalmente como poeta para grandes e pequenos.

Com a poesia de **Gira, mundo** ganha o Prêmio João de Barro de Literatura Infantil/1984, e com ele começa uma carreira de sucesso junto ao público mirim cujos títulos chegam hoje a mais de uma dezena. Sempre filtrados através de uma perspectiva original, alegre e pitoresca, impregnada de ternura humana e de alegria de viver, seus breves poemas divertem e engajam seus pequenos leitores numa relação gratificante com a palavra poética e com o cotidiano comum em que vivem.

Sua produção de poesia para jovens e adultos tem sido divulgada sob forma gráfica de belos e artísticos encartes, ilustrados por Márcio R. Salvador: **Sobre-vivência**; **Pôr-do-sol** e outros. Participou de antologias: **Antologia poética de cidades brasileiras** (1985) e **Poetas brasileiros de hoje** (1986).

Poeta de linhagem humanista, Guiomar está entre os que vêem na vida o grande desafio a vencer e a grande aventura a ser vivida como um bem precioso de recíproca doação. No pólo oposto ao egocentrismo e violência do mundo-cão, sua poesia exalta a solidariedade e a comunhão como o grande caminho para a plenitude do ser. É o que diz no poema A dimensão do sim.

Para se dizer um sim, / é preciso vontade. / Para se dizer sim um ao outro, / é necessário ousadia. // Para se dizer um sim, / é preciso convicção. / Para se dizer dois. / é necessário fidelidade /.../ Para um sim, / basta ser gente. / Mas, para se dizer sim um ao outro, / é preciso um homem e uma mulher, / que se olhando nos olhos, / diante de Deus, / jurem felicidade mútua / em resposta ao grande desafio da vida.

Publicações: Poesia – **Sobre-vivência,** 1983; **Pôr-do-sol**, 1984; **Pegadas do infinito**, 1985; **Renascer**, 1989; **Amadurecer**, 1989. Livros infantis – **Gira, mundo**, 1984; **A festa do espantalho**, 1986; **A semente meio gente**, 1987; **O regime da lua**, 1987, **Casa de vó**, 1989, e outros.

504 GUIOMAR RINALDI

Professora, escritora de livros infantis e romancista inédita, Guiomar Rocha Rinaldi nasceu na capital paulista, em 04.09.1886 e faleceu em 1970. Desde criança revelou grande interesse pelas leituras e pela invenção de histórias. Forma-se professora pela antiga Escola Complementar da Praça da República e inicia uma longa carreira de educadora, sempre empenhada em formar a personalidade global de seus alunos, de acordo com as novas diretrizes educacionais que surgiam com a escola ativa. Ao mesmo tempo em que produzia pequenos escritos escolares (breves contos, poesias para serem declamadas, cantos festivos, adaptações de romances juvenis...), escrevia contos e novelas que iam ficando na gaveta. Em 1924, envia dois contos seus para Monteiro Lobato que, aprovando-os, os publica na revista do Brasil. Isso a estimula a prosseguir escrevendo e foi, também, motivo de uma série de cartas trocadas entre ela e o escritor-editor.

Por estímulo de Lobato (que lhe reconhecia talento de escritora), escreve um romance regionalista, **O limite da sombra**, em cujo prefácio, escrito por Lourenço Filho, se lê: *O conteúdo de* O limite da sombra *é empolgante e a forma narrativa, admirável. [...] com a força de um documento vivo [...] narrativa vigorosa, quase rude por vezes, densa de sombra, tristeza e desesperança, mas com um desenvolvimento progressivo que nos ensina a ter fé, crer e saber esperar. Daí o título que plenamente se justifica, como um símbolo.*

O original enviado a Lobato, foi-lhe devolvido com uma longa carta (datada de 15.01.1927), na qual ele lhe explicava a situação de crise que a editora atravessava, devido a medidas tomadas pelo Congresso e pedia-lhe paciência, pois contava vencer os obstáculos e em 1928 retomar tudo normalmente. (O que, afinal, não aconteceu, e sobreveio a falência ruinosa que tanto o abateu.) O romance **O limite da sombra** permanece inédito, juntamente com vários outros contos e novelas, como **Meu filho**, também muito elogiado pelo criador da nossa literatura infantil.

Escritora espontânea, de linguagem fluente e simples, Guiomar Rinaldi diversificou bastante sua produção no âmbito escolar, publicando contos, poesias, livros de leitura, lições de puericultura para as mães, etc. Em 1948, concorreu ao I Concurso de Melhor Livro Infantil, promovido pela Melhoramentos, e venceu com o original **Quando os taquarais florescem**.

Publicações: Didáticos – **A minha escola**, 1928; **Os serões da fazenda** (leitura para escolas rurais); **A mamãezinha** (lições de puericultura – 1941). Literatura infanto-juvenil – **Quando os taquarais florescem**, 1950; **Valsa de amor, Evangelina**, **As seis noivas de Renato**, s/d. Biografia – **Biografia de Carlos Gomes**, s/d.

505 HAIDÊ PIGATTO

Poeta, professora, incentivadora cultural, Haidê Vieira Pigatto nasceu em Bento Gonçalves (RS). Formou-se em Letras (USP) e ingressou no magistério, lecionando inglês, francês e português. Dedica-se à prática e ao ensino de ioga.

Escreve poesia desde menina. Começa a carreira de poeta publicando na imprensa, revistas e antologias (**Poetas contemporâneos brasileiros**, 1991; **Poesia em tempo integral**, 1991; **Poeta, mostra a tua cara**, 1992; **Medida provisória** 161; **Continente sur e Poesía brasileña para el nuevo milenio**, 1999). Estreou em livro, com a poesia de **Amor. ponto final** s/d.

Publicação: **Amor. ponto final**, s/d.

506 HAYDÉE JAYME FERREIRA

Poeta, jornalista e participante do movimento goiano nas artes plásticas e análises políticas, Haydée Jayme Ferreira nasceu em Anápolis (GO), em 29.06.1926. Formou-se professora, mas não exerceu a profissão. Dedicou-se à família e à atividade jornalística, literária e artística. Divulga sua produção poética na imprensa goiana. Dedica-se ao artesanato e à pintura (exposta em exposições coletivas).

Membro do Diretório Municipal do PMDB, faz parte da Comissão Ética do Partido (década de 1980).

Publicações: Poesia – **O pirarara**, 1974, e **A doce colméia**, 1978. História – **Anápolis, sua vida e seu povo**, 1981.

507 HAYDÉE NICOLUSSI

Poeta, tradutora, jornalista, museóloga, Haydée Nicolussi nasceu em Alfredo Chaves (ES), em 14.12.1906. Radicou-se no Rio de Janeiro, onde faleceu em 17.02.1970. Especializando-se em língua inglesa, dedica-se à tradução e ao ensino de inglês no British American School. Cursou museologia no Museu Nacional de Belas Artes. Fez curso de especialização em arte na Sorbonne em Paris.

Iniciou sua carreira de escritora nos anos de 1930, colaborando na imprensa do Rio de Janeiro, São Paulo e Espírito Santo, com poemas e crônicas (assinadas com o nome literário de Deany). Teve poemas incluídos em diversas antologias brasileiras e estrangeiras (Uruguai, França). Escreveu contos infantis em livro, e estreou com a poesia de **Festa na sombra**, que teve boa acolhida crítica. A autora foi considerada pelo historiador Elmo Elton (ES) como a mais alta voz feminina da poesia espírito-santense.

Publicação: **Festa na sombra**, 1943.

HEBE MACHADO BRASIL 508

Musicista, poeta, jornalista, conferencista e autora de teatro infantil, Hebe Machado Brasil nasceu em Salvador (BA), em 05.01.1919.

Desde a infância demonstrou grande talento para a música e, em 1935, conclui o curso de pianista no Instituto de Música da Bahia, iniciando carreira de concertista. Nessa mesma época, com o pseudônimo de Carlota Xavier, passa a escrever uma coluna de crônicas ou críticas sobre música, "Ao redor da música" no Jornal da Bahia. Escreve também para o jornal A Tarde e para jornais do Rio de Janeiro.

Em 1959, é nomeada Presidente do Instituto de Música da Bahia e desenvolve, ali, um dinâmico plano de ação que moderniza o velho instituto. Promoveu festivais, concursos de piano, homenagens a personalidades do mundo musical (tais como Alberto Nepomuceno e Alexandre Levy), cursos periódicos de música erudita. Em 1962, publicou o livro **A música em 50 anos** (em comemoração ao cinqüentenário do jornal A Tarde).

Em 1967, muda-se para o Rio de Janeiro (RJ), nomeada para a Rádio Ministério da Educação e Cultura e onde desenvolve intensa programação para divulgação da música e da poesia. Em 1968, promoveu o 1º Congresso Brasileiro de Jovens Instrumentistas e funda a ABRARTE – Associação Brasileira de Arte, para incentivo aos jovens artistas.

Fixa residência em Petrópolis (RJ), e prossegue como incentivadora de arte musical, promovendo festivais de verão e de inverno, concursos nacionais de piano ou de cordas, concertos, conferências, espetáculos de balé, etc. Por essas atividades tem recebido prêmios, distinções e medalhas. Em 1974, foi eleita Personalidade Feminina da Cultura, em Petrópolis. Sua produção poética tem sido divulgada na imprensa e em plaquetes. Para as crianças escreveu a peça **O bosque da felicidade**.

Publicações: **Cartas de Sinhá Moça**, s/d; **História da música na cidade de Salvador**, s/d, e **Fróes – um notável músico baiano**, s/d.

HEBE MARY PONTES CAMPOS 509

Poeta de natureza lírico-confessional, Hebe Mary Navarro Pontes Campos nasceu em Muzambinho (MG), onde viveu até a adolescência. Mudou-se depois para Belo Horizonte, onde foi funcionária da Secretaria de Educação durante dez anos. Trabalhou em várias outras secretarias, até sua aposentadoria. De família culta (pai professor e poliglota, mãe jornalista e escritora, irmão e tios poetas...), Hebe Mary escreveu poesia desde a infância. Quando adolescente promovia apresentações de música e declamações, para socorrer mendigos ou doentes. De profundo espírito humanitário dedicou-se através dos anos a minorar os sofrimentos de cegos, leprosos, encarcerados e mendigos. Publicou três livros de poesia, em que se reflete seu humanismo e piedade cristã.

É membro da Academia Municipalista de Letras de Minas Gerais (patrono Augustos dos Anjos).

Publicações: **Canção do amor maior**, s/d, **Poemas para o menino pobre**, 1969, e **O canto do cisne**, 1978.

HECILDA CLARK 510

Poeta, jornalista, oradora, declamadora e líder feminista, Hecilda Ferreira Clark nasceu em Porto Alegre (RS), em 15.06.1903 e faleceu em data ignorada. Desde muito cedo colaborou na imprensa gaúcha, publicando poesia e crônicas. Mudando-se para o Rio de Janeiro, passa a colaborar em jornais cariocas e paulistas. Figura atuante no movimento de idéias e de cultura dos anos de 1910 e 1920, publicou livros de poesia e de ensaios sobre problemas sociais. Escreveu peças de teatro que foram representadas por grupos amadores.

Criou o Curso de Belas Artes Chiquinha Gonzaga. Tornou-se membro de várias associações culturais: Sociedade de Homens de Letras do Brasil, Academia de Letras do Uruguai, Argentina, Chile, Cuba e México. Foi diretora da revista Ilustração Paulista. Eleita para a Academia de Ciências e Letras de São Paulo, ocupa a cadeira Júlia Lopes de Almeida.

Publicações: Poesia – **Foi um sonho**, 1937; **Poemas de Ângelo**, 1938; **Toi**, s/d; **Orquídeas**, 1939; **Penumbra**, s/d; **Fragmentos d'alma**, s/d, e **Visão de uma vida**, 1969.

511 HELBA MARIA ANTUNES

Poeta, cronista e professora, Helba Maria Carpes Antunes nasceu em Cachoeira do Sul (RS), em 04.04.1933 e faleceu em Caxias do Sul (RS), em 11.01.1950. Foi professora atuante e constante colaboradora na imprensa gaúcha, onde publicou poemas e crônicas atentas à vida cotidiana. Essa produção dispersa, depois de sua morte, foi organizada pela família e publicada com o título **O eterno prenúncio.**

Publicação: **O eterno prenúncio** (1950 – edição póstuma).

512 HELENA ARMOND

Poeta, escultora, pintora, pesquisadora e presença de grande força na literatura brasileira contemporânea, Helena Armond nasceu em Muzambinho (MG), em 25.01.1941. Ainda menina mudou-se para Presidente Prudente (SP), cidade para onde seu pai, professor, havia sido transferido. Aos 17 anos casou-se e transferiu-se para São Paulo (SP). Ao romper o casamento mudou-se para Americana (SP), onde viveu alguns anos, até mudar-se definitivamente para a capital paulista.

De família de intelectuais e artistas, desde cedo conviveu com as artes e se sentiu atraída pela invenção de formas, através de desenhos e pinturas. Seus primeiros exercícios de puro ludismo infantil foram incentivados pelos pais, fator que foi importante para suas posteriores escolhas de caminhos como artista plástica. Realizou breves cursos de formação profissional, como o do IADÊ – Instituto de Arte e Decoração, onde além da pintura, se profissionalizou na produção de papel artesanal e em técnica de escultura. Fez cursos em artes plásticas com mestres como Durval Pereira e Ernestina Karman.

Desde a década de 1960, vem participando de exposições coletivas de artes plásticas e realizando exposições individuais de desenhos, pinturas e esculturas. Produção essa que formalmente se singulariza pela leveza, pelo esfumado, pela fluidez das linhas e cuja força, como criação, tem sido amplamente enfatizada pela crítica. Ernestina Karman destacou, nessa pintura inicial, a vibração metafísica e a sedução da artista pelo orientalismo:

Helena Armond delineia paisagens delicadas que também adquirem aspectos metafísicos, quando interceptadas pelos mesmos obsessivos muros pintados. Esses desenhos, pelo depuramento e pelos tons, lembram os japoneses e chineses. (apud J. C. Ponte, Uma Poesia plástica, 1983).

Sua atração pelo oculto e desejo de comunhão com a vida total leva a autora a freqüentar durante anos grupos de estudos espiritualistas ou esotéricos (sufismo, ioga e tai-chi-chu-an). Fez psicanálise durante anos com a Dra. Noemy Silveira Rudolfer (ex-discípula de Freud). Mas, conforme seu próprio depoimento, é no ato criador, em qualquer das modalidades, que tem encontrado o mais pleno significado da vida.

Vista em conjunto, sua obra (plástica ou poética) realizada até agora expressa/revela como dominante o seu caráter interrogativo/experimental. Isto é, a manipulação da matéria (palavra, pedra, textura, tela, tintas, etc.) em busca do ritmo da vida essencial, ou da oculta ordem que anularia o caos. Nas palavras de Jacob Klintowitz, *Fazer arte consiste, fundamentalmente, em inventar um novo ser. É a criação de uma forma até então inexistente.* É nesse sentido que poemas, telas e esculturas de Helena Armond se revelam como verdadeiro campo de exercício de um novo humanismo, como busca do novo homem que, ocultamente, está sendo engendrado pelos tempos-em-mutação. Uma consciência alerta não só para o ciberespaço que anulou todas as fronteiras e limites e induz à dispersão do ser, mas também para as raízes que o ligam ao mundo primevo, às origens....

Embora amante da poesia, só em plena maturidade artística Helena Armond se descobre poeta. Estréia em livro, em 1983, com **Linhas, segmentos e pontos... de vista**, poemas nos quais o turbilhão do viver, abertamente revelado pela poesia, é domado pelos limites da forma – aquela que deve impor uma ordem ao mundo desordenado das emoções e sensações. Na abertura do livro, Helena diz: *Linhas, segmentos e pontos... de vista / é uma pequena dose aleatória e desconexa / talvez o modelo do meu caráter, reflexo / do turbilhão do meu viver.*

Criadora de formas plásticas (e, portanto, agudamente empenhada no rigor formal), a poeta, também na esfera das palavras, busca conter o turbilhão das vivências, nos limites de uma ordem transmissível aos outros. Paixão e solidariedade humana são as dominantes nessa produção poética inicial. Na leitura do crítico português Joaquim Montezuma de Carvalho: *(sua poesia) é uma boca imensa, devorando quanto apanha na sua estridente sensibilidade, virada a tantos fatores que a fazem estremecer como agulha na bússola, vibrátil aos magnetismos.*

Essa vibratilidade, entretanto, não se expande livre, é retida por uma consciência ordenadora regida, consciente ou inconscientemente, por uma visão de mundo de raiz, que diríamos pitagórica – aquela que atribui ao número, ao traçado geométrico, a possível comunicação direta com as potências mais altas do espírito, e que os antigos formalizaram em números, mitos e símbolos, para transmitirem memória, saber, beleza, verdade. (Lima de Freitas. Pintar o Sete, 1992). A nosso ver, é a essa linhagem que pertence a obra de Helena Armond, com sua incessante busca da forma que possa conter e expressar o essencial informe. Os livros que se seguiram ao inicial – **Ecléticas crônicas poéticas** (1984) e **Limites, conquistas... e linhas mistas** (1985) – são novos desdobramentos do impulso básico e da crescente consciência da persona poética em relação à sua tarefa: ser solidária com a dor do mundo e dar continuidade à corrente da vida. Como diz a poeta:

Seculares são os caminhos percorridos por infinitas gerações, e somos obrigados a cumpri-los. Registrar acontecimentos nas mais variadas formas, faz o poeta, o artista plástico, o historiador, o inventador de estórias. [...] Maravilhada com as impressões, muitas vezes depressões, e muito rápidas decisões, vou tentando acertar o meu curso a outros cursos paralelos. [...] Nada é fácil, muito menos escrever forte e inteligível e ainda encarar respostas... (in **Ecléticas**...*).*

É no encalço dessas respostas que a criação armondiana vai se transformando. Da ânsia de autodoação humanitária, que a leva a comungar com os fundos e trágicos contrastes do mundo cotidiano onde a vida se cumpre, sua poesia vai deslizando para sondagens, cada vez mais profundas, do mundo oculto a que pertencemos sem saber, e no qual estaria a chave (ou chaves?) que nos falta, para decifrarmos o sentido último da vida.

Em **Velaturas** (1987), como o título sugere, esse deslizar já se manifesta no diálogo mantido entre ilustrações fugidiças, e como que veladas, e poemas breves ou brevíssimos que se pretendem frestas para a vivência do além-visível. As ilustrações aquareladas (sugerindo paisagens crepusculares, em transparências azul-cinza escuro e atravessadas horizontalmente por um corte branco) criam uma espécie de atmosfera zen, que é acentuada pela duplicação da paisagem, a real, que se vela/desvela na linha do horizonte e a refletida/duplicada na água que, abaixo da paisagem ocupa todo espaço inferior da tela. Simbolicamente: o mundo real/visível contraposto ao mundo essencial/invisível. *Adivinhar a divindade / O sobrenatural / a chama / no uno / de cada ambigüidade.*

Mas se na pintura, a visão zen é alcançada, já na poesia, a luta com a palavra ainda mantém o poema na esfera do real concreto. *Sou presa e escrava / Do jogo de enganos / Louvando o sagrado / Vivendo o profano.*

É ainda esse profano, aderido à realidade cotidiana, que vai prevalecer em seu livro seguinte, **Corredor de espera** (1988). Doloridos acontecimentos familiares levam a autora a retomar novamente a matéria humana, a vida real vivida em dor, medo e espera, entre espaços e engasgos, diante da doença irremediável ou dos destinos fraudados.

Medida cálculo totem / perfil de pedra / pose estática / fixa o olho no outro / das alturas vês o mundo torpe / recitas lições de vida [...] e te sentas sobre podridões / seguem sonhos utopias / receitas chavões crônicos / cantas a vida num diapasão distônico.

Nesse mesmo ano, publica **Ver melhor**, primeiro título de uma nova experiência poético-visual em sua obra: explorar as relações entre o visual e o verbal. Verdadeiro jogo de imagens e palavras que, em essência, arraiga na grande problemática da arte de Helena Armond, a necessidade de ver a verdade para além da aparência das coisas e seres; e não apenas olhar. Em suas próprias palavras: *Olhar é um ato mecânico, sem reflexo. Ver é receber uma impressão e pesquisá-la. Ultrapassar o estabelecido por códigos. Ver é deixar os condicionamentos e travar uma intimidade maior com tudo que perceptível. Ver é descobrir novas informações e saber que a fonte é sempre alterável e inesgotável. Ver é descobrir o* olhado.

Destinado ao público infantil/juvenil, **Ver melhor** abre caminho para a série Arte é Forma, que Helena vem mantendo há anos: **Travessuras** (1990), **Abro ou não abro** (1990), **Cá dentro** (1990), e outros, com sucessivas edições (Melhoramentos. SP). Essencialmente sintonizado com o pensamento contemporâneo, o inteligente ludismo desses livros estimula o leitor (grande ou pequeno) a aguçar seu olhar, a desenvolver a criatividade e a descobrir a superioridade do valor intrínseco dos seres e coisas sobre o seu valor extrínseco ou de pura aparência.

Em tudo que possa tente / nova interpretação / o mundo fica mais rico / em qualquer linguagem / garanto que você pode! [...] Não se ligue na proposta / de um Universo Bonito */ mais que isto é saber / de um* Universo Infinito.

Como sabemos, essa é uma das propostas básicas do experimentalismo em curso (desde meados do século XX) nas áreas da educação e ensino: levar o educando a novas interpretações do Universo. Novas porque devem resultar de seu envolvimento pessoal com a vida, com os outros, e da criação de uma linguagem própria, essencial e não meramente repetitiva. Para além do bonito (visível) há que descobrir o infinito (invisível). Às novas gerações cabe nomear o mundo em pleno processo de transformação. Os livros de Helena Armond, para a série Arte é Forma, destacam-se entre os muitos que estão semeando essa nova consciência eu-mundo.

Em 1996, com **Enigma** (em artística edição da Escrituras ed.), a criação poética de Helena Armond entra em nova fase, a da poesia que se quer sondagem do enigma da vida, a partir da comunhão com a realidade imediata e concreta em que vivemos. Poesia que se quer caminho para a possível/impossível descoberta da palavra-chave, que decifraria o sentido última dessa realidade e da vida que a anima. Tentativa que, embora frustrada (*não pense a palavra-chave / ela é planta da alma*), é a única que resta aos homens para se aproximarem do mistério. A epígrafe do mestre zen Sonotsuko Ninomiya, na abertura do livro, aponta para isso: *Embora sem voz ou sentido / céu e terra / nunca cessam de recitar sutras / que não foram escritas.* Os sutras e a poesia sibilina, escrita por Helena Armond pertencem à mesma esfera de vivências. A partir da original e intrigante capa (Gonda/Gadelha/Giacomelli), o leitor é atraído para a leitura e acaba por se emaranhar nas malhas da verdadeira teia sibilina, tecida com os fios vegetais, minerais e animais que se enovelam no Universo. Teia que exige um leitor atento, sensível e inventivo, capaz de, por sua vez, decifrar as palavras-chave que a poesia lhe propõe.

No ano seguinte, é publicada **Pedra d'ara**. Poesia inquieta e inquietante, a de Helena Armond, de livro para livro, vai buscando novos elementos que lhe sirvam de matéria-prima. Em **Enigma**, os escolhidos foram a terra, onde a nossa vida arraiga, e o ar, o sopro vital, o pensamento, a palavra – o elemento invisível que é a condição *sine qua non* para existir a vida. Em **Pedra d'ara**, como o título já anuncia, o elemento é a pedra. E a ela, a poeta liga o multimilenar processo de transformação dos elementos primordiais da natureza, pela contínua ação dos homens. Uns e outros indissoluvelmente unidos pelo infinito processo da vida.

A bela e sóbria edição artística concretiza, materialmente, essa idéia dominante na poesia. O volume (todo branco: capa e folhas) apresenta um recorte quadrado no centro (recorte que vai da capa à última folha, atravessando todo volume), no qual está inserida uma pedra quadrada de granito polido, azul escuro, colada na última capa. Disso resulta que a pedra atravessa todas as páginas que vão sendo viradas e lidas. Sua leitura se assemelha assim a um ritual, como o simbolizado pela "pedra d'ara". Pedra que desde os primórdios foi usada como mesa destinada aos sacrifícios, altar, e permanece hoje como pedra sagrada colocada no centro do altar, onde se celebra o sacrifício incruento da missa. Como sabemos, na esfera do símbolo, a pedra ocupa um lugar privilegiado. Entre a alma e a pedra existe uma estreita relação, na medida em que ambas são passíveis de fundas transmutações sob a ação de diferentes forças. Na epígrafe de abertura a poeta diz: *...com o carvão de diamantes / escrevem-se livros.* Nessas breves palavras, que fantástico e complexo processo está sintetizado! Da mesma forma, o primeiro poema: *Caverna pedra oca / homem faz fogo / projeta sua sombra seu espanto // De pedra ele se arma / Pedra d'ara.*

De página para página, a poesia vai celebrando, desde os primórdios, a aventura do homem no mundo, seu corpo-a-corpo com a matéria que ele precisa dominar e transformar, e com o espírito que o alimenta e governa. Espírito que lhe permite não só transformar a pedra bruta em pedra preciosa, mas também a si mesmo, numa contínua ascensão até o mistério a que ele pertence sem saber. *E a viagem não pára / Pedra d'ara* ou *No religare torná-la / Pedra d'ara.*

Em **Água forte** (bela e leve edição de arte, iluminada por fugidias ondas azuis aquareladas), esse alvo, o religare, continua a ser visado. Agora através da **água**. A palavra poética escorre mansa, perpassada de ecos bíblicos.

À porção seca chamou Deus Terra. / e ao ajuntamento das águas, Mares. / E viu Deus que isso era bom. (Gênese,10).

...E ...se ergueu criatura / de águas e argila crua / amalgamada sem o decantar // instrumental e sopro / e ...partitura de cantar / que transudando cada poro /água e sal de argila côta / vive tempo de jogral e solo.

Metaforicamente, **Água forte** canta em alegria a aventura humana. Ou (como diz Joaquim Montezuma de Carvalho na apresentação): *É a poesia que vem dos confins dos tempos [...] a festejar a alegria da matéria e da corporeidade diante do grande mistério: Deus.*

Em busca do elo perdido (1999), recolhe o intenso diálogo da palavra com a pedra, já aqui significando a origem, o germe a partir do qual os seres surgem. Fusão de escultora e poeta, Helena Armond se entrega à busca do elo perdido...e o vislumbra no sapo. O girino e o espermatozóide, não se assemelham? E a poeta indaga: *Na liga de terra e água, antes do sopro que acendeu e ascendeu o homem, haveria guardado um girino?.*

Quase que obsessivamente, esculpe em pedra-sabão sessenta e quatro sapos (posteriormente em exposição no Paço das Artes-SP). Uma dezena deles, fotografados e postos em diálogo com os sintéticos poemas do livro – verdadeiros hai-kais, na medida em que, em três versos, cada poema encerra uma situação essencial e completa em si mesma. Mas para além da busca do elo perdido, há outra obsessiva idéia atravessando essa poesia, a da forma a ser arrancada da matéria informe, pela ação/criação humana.

Empedrado / um sapo aguardando / ser revelado. Presa da pedra / livre da letargia / preso num livro.

Claro está que a grande forma a ser arrancada do informe é a do conhecimento do próprio ser humano, em sua plenitude e verdade. *O ser é-terno / se o deixamos ser.* Em quantos níveis de compreensão pode-se ler a poesia de Helena Armond?

Em **Falo de fogo** (volume em papel couchê, capa de pano vermelho, título chamuscado, inscrito em retângulo de pergaminho-madeira e ilustrações-feitas de papéis queimados, em contraponto com os breves e incendiados poemas), a problemática permanece. Agora interrogando o elemento fogo. Palavra poliforme, a de Helena Armond pode ser decodificada em vários níveis: desde a celebração da palavra poética, até a exaltação do erotismo.

quando / falo / de / fogo / verbo / se faz / forma
perguntas / o que é loucura sã [...] talvez a lucidez / não escondida [...] talvez constranger ao falar do fogo / consagrando falos

Em sua fala na abertura, a poeta diz:

Falo da interação do homem-matéria. Do fogo que se revela de cada espécie. Taturanas, pimentas, urtigas, fogo líquido que sai da terra e energiza a superfície. [...] Meu tempo tem sido envolvido numa cortina de fogo. Fogo do holocausto, irradiações, "fogo selvagem" deixado a queimar enquanto procura os das clonagens. Fotos do fogo na pele de uma criança queimada pela mãe com ferro elétrico. [...] Da fricção de madeiras, até hoje o homem faz fogos que ao astro rei compete... ao que parece, o sol se enfurece e... iremos às cinzas se não antes... fênix.

Obra (plástica e poética) energizada pela paixão do com-viver (da integração eu/outro, eu/mundo), do conhecer (além do visível/concreto) e do romper limites (ruptura do convencional instituído para tocar o inatingível, o enigma), a de Helena Armond é das que se vem revelando, no cenário cultural/artístico/poético brasileiro, como das mais fortes expressões das forças transformadoras, atuantes em nosso tempo. Aquelas que vêm sendo definidas como pós-modernas, e cujo nervo principal seria, como diz F. Jameson, o impulso de totalização: *No mundo do fragmento, é preciso aprender a totalizar.*

Publicações: Poesia – **Linhas, segmentos e pontos... de vistas**, 1983; **Ecléticas crônicas poéticas**, 1984; **Limites, conquistas... e linhas mistas**, 1985; **Velaturas**, 1987; **Corredor de espera**, 1988; **Enigma**, 1996; **Pedra d'ara**, 1997; **Água forte**, 1998; **Em busca do elo perdido**, 1999, e **Falo de fogo**, 2001.

513 HELENA BORBOREMA

Cronista e professora, Helena Borborema nasceu em Itabuna (BA), em 08.06.1925. Seguiu a carreira docente no Ginásio Divina Providência – área de geografia. Ligado a essa área de estudo, escreveu o livro **Terras do sul**, no qual funde o documental, a memória e a imaginação, ao traçar o panorama social e humano das gentes e da região de Tabocas, no início do século XX. Conforme Margarida Fahel, ***Terras do sul*** *reúne estórias simples, plenas de emoção e humanidade, querendo inscrever no tempo a história de uma gente, o caminho de um rio, a esperança de uma professora que crê no homem e na terra.* (apud Cyro de Mattos. 1996).

Publicação: **Terras do sul**, 1990.

514 HELENA CRESPO DUARTE

Poeta, professora, Helena Crespo Duarte nasceu em Pelotas (RS), em 22.05.1922. Pertence à Academia Literária Feminina do Rio Grande do Sul e à Estância da Poesia Crioula.

Publicação: **Retalhos d'alma**, 1964.

515 HELENA CUNHA

Romancista e poeta, Helena de Oliveira Cunha nasceu em Fortaleza (CE), em 15.02.1940. Fez curso de Letras (UFCE). Desde jovem foi atraída pela literatura e pela criação poética. Estreou como escritora em 1983, com o romance **O grito do silêncio**. Segue-se a poesia de **Fugas**. Ambos bem recebidos pela crítica. Nas palavras do poeta Artur Eduardo Benevides, *Helena Cunha tem visão romântica; tira suas histórias do real imaginário, filão inesgotável no ofício de escrever. [...] o livro está despido de erotismo e de experimentalismo, o que não é comum nos dias que passam. Mas as paixões se entrecruzam. E com isso, cria-se uma saga destinada a pessoas sensíveis, delicadas e poéticas, que abominam a violência, as agressões aos valores perenes e aos ideais humanísticos.*

Publicações: Romance – **O grito do silêncio**, 1983. Poesia – **Fugas**, 1984.

516 HELENA DE ABREU FERRAZ

Poeta, jornalista e radialista, Helena de Abreu Ferraz nasceu no Rio de Janeiro (RJ), em 26.05.1906. É filha do poeta Bastos Tigre e de Maria Olímpia Pitanga, descendente de uma das mais tradicionais famílias da Bahia. Colaborou ativamente na imprensa (Correio da Manhã, onde manteve por duas décadas a coluna Pingos & Respingos, criada pelo pai). Escreveu programas de rádio. Manteve uma seção humorística, Na boca do lobo, em O Globo-RJ, com o pseudônimo de Álvaro Armando (nomes de seus dois filhos). Tem um livro de sonetos satíricos. Em 1964, foi eleita diretora da Associação Brasileira de Imprensa, sendo a primeira mulher a exercer tal função.

Publicação: **Na berlinda**, 1947.

517 HELENA DE IRAJÁ

Poeta, contista, cronista, tradutora, Helena de Irajá Pereira nasceu em Santa Maria (RS), em 03.04.1900. Usou o pseudônimo de Glauca de Toledo. Faleceu em 1981.

Publicações: Conto – **Tricolor**, 1933. Poesia – **Cristais ao sol**, 1958. Tradução – **Óleo para as lâmpadas da chuva** (rom. de Alice T. Hobart), 1948

HELENA JOBIM 518

Romancista e poeta, Helena Isaura Brasileiro de Almeida Jobim nasceu no Rio de Janeiro (RJ), em 23.02.1931. Irmã de Tom Jobim (um dos grandes nomes da música brasileira) e figura de destaque no meio cultural carioca, Helena Jobim é dona de uma obra já integrada nos quadros da literatura brasileira contemporânea. Surge, como romancista, em 1968 com **A chave do poço do abismo**, escrito em parceria com Vânia Reis. Seguem-se outros títulos: **Clareza 5** e **Trilogia do assombro**, que recebeu o Prêmio José Lins do Rego – Academia de Letras, e que chamou decisivamente a atenção da crítica para a nova escritora. Em seu parecer sobre o romance, na ocasião, Josué Montello escreveu: *O Prêmio José Lins do Rego, conferido a Helena Jobim, levou-me a supor que esta grande escritora, esta notabilíssima romancista, andou a correr o risco das vocações silenciosas. É tal o seu domínio da expressão literária, na arte de conduzir a narrativa romanesca, que só pelo tirocínio da escrita, a portas fechadas, na luta da pena com o papel em branco, ela se terá aprimorado, para ser o que realmente é, com a sua* ***Trilogia do assombro****, 1981.*

Outros romances se seguiram e também outros prêmios: o Walmap-Paraná; o Guararapes...

Publicações: Romance – **A chave do poço do abismo**, 1968; **Clareza 5**, 1974; **Trilogia do assombro**, 1981; **O vento da encantação**, 1987. Poesia – **Os lábios brancos de medo**, 1985. Roteiro cinematográfico – **Trilogia do assombro** foi roteirizado para o filme **Fonte de saudade** de Marco Altbeg. Biografia – **Antônio Carlos Jobim, um homem iluminado**, 1997.

HELENA KOLODY 519

Poeta de densa voz, professora e presença atuante no meio cultural paranaense, Helena Kolody, de ascendência ucraniana, nasceu em Cruz Machado (PR), em 12.10.1912. A partir de 1927, mudou-se com a família para Curitiba (PR), onde se radicou. De família de imigrantes, que cultivava a leitura, como algo essencial à vida e ao convívio humano, Helena Kolody foi desde criança uma leitora voraz e poeta precoce. Escrevia versos às escondidas. Como disse em entrevista a Telma Serur (in **Nicolau**, 1985): *Eu comecei a escrever escondido. Fazia poesia como brinquedo. Eu tinha vergonha de escrever. Houve uma poesia, Lágrima, você pode imaginar que chorosa era. Foi publicada na revista infantil O Garoto, de Curitiba. Foi a primeira vez que eu tive um trabalho meu publicado.*

Atraída pelo magistério fez Curso Normal e ingressou na carreira docente, onde permaneceu até a aposentadoria. Dava aula de todas as matérias, especializando-se em Biologia Educacional, e continuamente aprofundando seus conhecimentos com livros que mandava buscar no Rio de Janeiro, São Paulo e até em Barcelona. Vocação inata para os estudos e para a criação literária, Helena Kolody é exemplo de um verdadeiro espírito de intelectual humanista. Na referida entrevista, fala de seu convívio com o grupo que freqüentava a Academia de Letras José de Alencar e também com os pintores (Alfredo Andersen, Guido Viari, Kurti Freyeslend...).

Como poeta, Helena estréia em livro, em 1941, com **Paisagem interior**, que lhe valeu o prêmio-poesia no Concurso Nacional dos Homens de Letras do Brasil. Como o título já indica, são poemas voltados para a esfera invisível da vida, onde se engendram os sonhos, as idéias e onde se pressente que se oculta o mais autêntico de cada ser, e que a palavra poética busca expressar, mas nem sempre o consegue. Como diz a poeta: *A poesia é um jogo no qual a gente perde sempre. Entretanto, a certeza dessa perda não impede os poetas de continuarem lutando com a palavra.* Desde essa estréia, que a tornou conhecida no meio paranaense, Helena Kolody publicou mais de uma dezena de livros. Embora reconhecida, consagrada e amada em seus pagos familiares, e por intelectuais além-fronteiras (Tasso da Silveira, Walmir Ayla, Andrade Meiricy...), Helena Kolody (como tantas outras grandes vozes da poesia brasileira contemporânea) não conseguiu renome nacional.

Em 1985, Paulo Leminsky, em artigo que saúda o lançamento do **Sempre palavra**, diz:

Santa Helena Kolody – padroeira da poesia em Curitiba – acaba de fazer mais um milagre. Chama-se ***Sempre palavra****; tem apenas cinqüenta páginas e uns quarenta pequenos poemas. Mas tem luz bastante para iluminar esta cidade por todo um ano. Quando em 1941, Helena publica a coletânea* ***Paisagem interior****, seu primeiro buquê de poemas, em Curitiba, Bilac ainda é um Deus, o modernismo de 22 ainda é apenas um escândalo e a poesia só é reconhecivel nos trajes de gala do soneto. Sobretudo já estava morto e enterrado o rico movimento simbolista que, presente no Brasil todo, tinha tido em Curitiba* *o seu centro mais ativo. [...] No escuro, no silêncio e na penumbra, Helena veio construindo sua poesia. [...] Algo na poesia e na vida, no produto e no processo, de Helena, lembra o gaúcho Mário Quintana, a mesma pureza, a mesma entrega, a mesma singeleza, a mesma santidade. Mas Helena é mais enxuta, mais rápida, mais haikai que o mestre de Porto Alegre. Periférica como Quintana, Helena passou esses anos todos meio intocada pelas novidades que fervilharam no eixo Rio-São Paulo, alquimista mergulhando sozinha até a essência do seu lírico, até o momento em que, como diz, "o carbono acorda diamante".*

Poeta da linhagem de uma Cecília Meireles, Helena vem se sintonizando cada vez mais agudamente com as forças atuantes neste nosso tempo de caos; e buscando a síntese ideal que só pode ser fruto de uma maturidade legitimamente conquistada. De **Sempre palavra** destacamos alguns altos momentos poéticos, que expressam a síntese alcançada pela poeta:

Chama do absoluto arde o verbo em nossa lâmpada humilde. (Chama)

Em vôo cego, / singro o nevoeiro. /Onde o radar que me guie? /Perco-me em labirintos interiores. / Que mistérios defendem / tantas portas seladas? // Quem me cifrou em enigmas? (Vôo cego)

Do longo sono secreto / na entranha escura da terra, /o carbono acorda diamante. (Gestação)

Para quem viaja ao encontro do sol, é sempre madrugada. (Sempre madrugada)

Publicações: **Paisagem interior**, 1941; **Música submersa**, 1945; **A sombra do rio**, 1951; **Trilogia**, 1959; **Poesias escolhidas**, 1957; **Poesias completas**, 1962; **Vida breve**, 1964; **20 poemas**, 1965; **Era espacial**, 1966; **Trilha sonora**, 1966; **Antologia poética**, 1967; **Tempo**, 1970; **Correnteza**, 1977; **Infinito presente**, 1980; **Sempre palavra**, 1985; **Poesia mínima**, 1986; **Viagem no espelho**, 1988; **Ontem agora**, 1991; **Reika**, 1994; **Caixinha de música**, 1996; **Luz infinita** (português e ucraniano), 1992, e **Sinfonia da vida**, 1997.

520 HELENA LORENZO FERNANDEZ

Memorialista, musicista e embaixadora de cultura no exterior, Helena Abud Lorenzo Fernandez nasceu em Aracaju (SE), em 29.01.1914. Graduada em música, dedicada aos estudos literários e humanísticos, foi uma das pioneiras, em Sergipe, na criação de escola de educação pré-escolar, onde a iniciação às artes era a tônica dominante. Durante alguns anos, manteve uma escola de música na capital sergipana. Transferiu-se para o Rio de Janeiro (RJ), onde fez estudos de aperfeiçoamento musical, com o maestro Lorenzo Fernandez, de quem se tornou esposa e grande colaboradora.

De 1965 a 1985, foi designada adida cultural em embaixadas do Brasil em Assunção-Paraguai, Buenos Aires-Argentina, Madri-Espanha e Paris-França, onde passou grande parte de sua vida. No Rio de Janeiro, manteve a Academia de Música Lorenzo Fernandez, divulgando a música desse grande maestro, seu companheiro. Durante todas as etapas de sua vida e carreira, foi escrevendo relatos de viagens, projetos de realizações, em textos que posteriormente reuniu em livro de memórias.

Publicação: Memórias – **Caminhos por onde andei**, 1986.

521 HELENA LUTÉSCIA

Poeta, pesquisadora, professora universitária, Helena Lutéscia Luna Coelho nasceu em Barbalha (CE), em 15.10.1949. Como estudante, participou da resistência à ditadura militar, o que a obrigou a mudar-se para Salvador (BA), onde concluiu os cursos de Farmácia e Bioquímica. Fez mestrado e doutoramento em Farmacologia (Faculdade de Medicina de Ribeirão Preto). Lecionou na PUC-Campinas. Transfere-se para Fortaleza (CE), onde leciona Toxicologia na Universidade Federal.

Desde criança revelou pendor para a poesia. Tem divulgado seus poemas pela imprensa e outros veículos. Dedicou-se também à literatura para crianças. Tem feito experiências em teatro amador. Estreou em livro em 1987.

Publicações: Poesia – **Do começo ao fim**, 1987. Literatura Infantil – **As aventuras do caracol Paulo**, 1987.

HELENA MAURÍCIO CRAVEIRO CARVALHO 522

Contista, pianista, jornalista, professora, Helena Maurício Craveiro Carvalho nasceu em Lins (SP), em 1928. Radicou-se em Santo André (SP), onde faleceu em 1998.

Graduada em Língua Portuguesa e Inglesa, dedicou-se ao magistério, às artes plásticas, ao piano e, esporadicamente, ao jornalismo. Escritora de orientação espiritualista, cujas narrativas procuram sempre ir além do meramente visível para tocar no mistério que governaria os homens. Estréia em livro em 1974 com um texto psicografado, **Deus castiga?** (de Cairbar Schutel). Seguem-se vários textos da mesma natureza e que foram traduzidos para o francês, inglês e espanhol. Sobre o fenômeno da clarividência, escreveu **Casos de clarividência** (1995) e **Espiritismo: medo ou preconceito?** (1996). Em 1987, escreve os contos de **Salto no escuro** (Prêmio Jabuti/1988) e, em 1997, uma coletânea de reportagens e reflexões, **O espírito em jornada terrena**. Espírito dotado de dons especiais para se relacionar com o mistério, Helena Maurício Craveiro Carvalho foi uma exigente estudiosa de filosofia e ciência humanas, procurando sempre inserir o conhecimento científico e filosófico nos fenômenos espiritualistas que vivenciava como a grande tarefa de sua vida. Tem escrito livros para crianças, também na linha espiritualista.

Publicação: **Salto no escuro**, 1987, **Casos de clarividência**, 1995, e **O espírito em jornada terrena**, 1997.

HELENA MORLEY 523

Memorialista, mineira de descendência inglesa, Helena Morley (nome literário de Alice Dayrell Garcia Brandt), nasceu em Diamantina (MG), em 1880. Cursou a Escola Normal e durante algum tempo dedicou-se ao magistério. Era neta do médico inglês John Dayrell, que veio para o Brasil contratado pela Cia. Aurífera de Morro Velho, em Diamantina. Estimulada pelo pai, pequeno mineirador, dedicou-se a registrar em um diário todos os pequenos ou grandes acontecimentos que marcavam o dia-a-dia da vila, em sua evolução urbana. Esse registro resultou em um depoimento esclarecedor sobre a sociedade mineira do entresséculos (XIX/XX) e principalmente sobre a posição da mulher em relação ao casamento, maternidade, etc. Publicado nos anos de 1940, com o título **Minha vida de menina**, tornou-se um pequeno *best seller;* e foi editado também em Portugal e traduzido para o inglês, francês e italiano, em dezenas de edições. Helena Morley é patrona da Academia Feminina Mineira de Letras. Faleceu em 1970.

(Fontes de consulta: **Dicionário de mulheres** – org. Hilda Flores e Caderno 2 – Cultura. OESP. 18.08.2002.)

HELENA PARENTE CUNHA 524

Poeta, ficcionista, tradutora, professora universitária, pesquisadora, crítica literária e ensaísta, Helena Gomes Parente Cunha nasceu em Salvador (BA), em 13.10.1930. Radicou-se no Rio de Janeiro (RJ).

Formou-se em Letras Neolatinas (UFBA/1952). Viajou para a Itália com bolsa de estudos para especialização em língua e literatura italiana. Inicia-se no magistério superior, do qual se afasta temporariamente para casar-se, em 1958, quando se muda para o Rio de Janeiro. Retorna à docência superior, em 1968, na Faculdade de Letras da UFRJ, onde segue a carreira acadêmica. Fez mestrado em Teoria Literária (1972); doutorado em Teoria Literária (1974) e em Letras Italianas (1976). Fez concursos de livre docente e professora titular. Exerceu o cargo de diretora da UFRJ e de diretora-adjunta dos cursos de pós-graduação.

Seus primeiros escritos (artigos, poemas, crítica literária, traduções) foram divulgados na imprensa (Jornal do Brasil, Suplemento Literário O Estado de S.Paulo, revista Tempo Brasileiro, revista Brasileira da Língua e Literatura, etc.). Em 1956, inicia-se como tradutora (**A educação da criança difícil,** de Dino Origlia), e em seu elenco de autores estão Pirandello, Boris Pasternak, Abraham Moles, Hans Enzensberger, e outros.

É sócia de diversas entidades culturais, como Pen Clube do Brasil, Associação dos Lusitanistas, Associação Internacional de Literatura Comparada, e outras. Textos seus estão incluídos em antologias nacionais e do exterior (Alemanha, França, Holanda, Estados Unidos, Itália).

Os poemas reunidos em seu livro de estréia, **Corpo no cerco** (1978), foram escritos no início dos anos de 1960 – época em que o experimentalismo formal se impunha como transgressão à ordem imperante e procura de uma nova maneira de ver, sentir e expressar a realidade. Poemas construídos por uma rigorosa consciência artesanal, os que se enfeixam em **Corpo no cerco** não se limitam a jogos verbais e à exploração do espaço gráfico, mas se alimentam de uma consciência interrogante que vê a vida cercada de enigmas e caminhos que desembocam em muros.

brusco súbito / em meu rumo / surge o muro / ininterrupto. (Rumo).

em rumo de para-onde / resvalam extraviados caminhos / de geografia sem memórias / mapas rasgados // gestos crispados de espantos sem / perguntas / sustam percurso // ermas palavras / hermetizadas / arrastam silêncios. (Rumo sem rumo)

Em 1965, ainda inédito, **Corpo no cerco** obtém o primeiro lugar no Concurso de Poesia da Secretaria de Educação e Cultura da Guanabara. Mas permanece na gaveta até 1978, quando foi editado e abre caminho para os demais livros da autora. Em 1980, mais dois títulos: a poesia de **Maramar** (na mesma linha experimentalista e interrogante do anterior) e os contos de **Os provisórios**, alguns deles anteriormente premiados no IX Concurso Nacional de Contos/Secretaria de Estado da Educação e da Cultura do Paraná/1978. O universo desses contos é habitado por seres provisórios – pessoas que passam pela vida sem deixar marcas de sua passagem, seres frustrados, aprisionados num cotidiano repetitivo e sem saída, e que vão sendo revelados ao leitor através de um fluxo narrativo fragmentado, mas contínuo, sem sobressaltos, num estilo monocórdico que se arrasta, tal qual as vidas provisórias ali represadas nas palavras.

Produção que se alterna entre ensaio crítico, ficção e poesia, a de Helena Parente Cunha está entre as obras-sismógrafas deste nosso tempo em caos. Obra empenhada em testemunhar a falência das verdades e valores consagrados pela civilização falocêntrica/patriarcal, e o faz a partir de seus alicerces já abalados: os da linguagem que lhes deu forma definitiva. A escrita de Helena se inscreve, pois, no âmbito da crise da linguagem-de-representação, instaurada no mundo pensante, desde o início do século XX, pela lingüística, fenomenologia, antropologia, psicologia, etc. Crise que pode ser sintetizada na polêmica frase de Foucault, *O homem é linguagem.*

Descoberto o fenômeno de que tudo que vemos como real é palavra, é discurso, automaticamente se conclui que, mudado o discurso, é também mudada a natureza ou a verdade da realidade nomeada. É no âmbito dessa nova visão de mundo que se aprofunda a interrogação existencial que assalta a mulher: Quem sou eu?. Ou na conhecida frase de Lygia Fagundes Telles: *Sempre fomos o que os homens disseram que nós éramos. Agora somos nós que vamos dizer o que somos.*

A partir de **A mulher no espelho** (1985), é essa grande interrogação que percorre a escrita de Helena, no encalço da possível/impossível identidade feminina. Busca metaforizada no espelhamento, na duplicidade do ser, ou melhor, na fragmentação aparente que ocultaria a unidade almejada.

Existir é juntar pedaços que permanecem e coexistem em dimensão una e múltipla.

É o que a autora declara na abertura de **As doze cores do vermelho** (1998), cuja estrutura fragmentada em ângulos (diferentes focos narrativos) oculta a unidade subjacente à problemática-eixo: a mulher em busca de sua própria verdade. Leia-se, por exemplo, "Viagem ao redor do divã" (in **A casa e as casas**) e essa busca se torna evidente:

Quem sou eu? /.../ Estou presa nos ferros para não cair. [...] Aos poucos me dissipo dos pedaços de escuridão que ficaram pregados no meu rosto e nos calcanhares. [...] Espero os vôos que daqui a pouco se erguerão de minhas mãos abertas. [...] Estou fechada no quarto, a porta lacrada e as janelas que não há. [...] Eu venho de muitos caminhos e caminhadas tantas e chego arcada sob a soma dos passos. Venho. Chego? [...] Onde está o meu Eu Maior? Teu dedo cheio de luz aponta para dentro do meu corpo. [...] Uma fita de luz treme no ar recomeçado. Eu sei. Eu sou. [...] Silêncio das raízes reveladas...

O texto fala por si. Consciente do presente em devir e interrogante do passado, onde os alicerces foram lançados, a obra de Helena Parente Cunha é testemunho e abertura para o futuro.

Publicações: Ficção – **Corpo no cerco**, 1978; **Os provisórios**, 1980; **Mulher no espelho**, 1985; **Cem mentiras de verdade**, 1985; **A casa e as casas**, 1996; **As doze cores do vermelho**, 1998, e **Vento ventania vendaval**, 1998. Poesia – **Maramar**, 1980, e **O outro lado do dia**, 1995. Ensaio – **Jeremias, a palavra poética**, 1979; **O lírico e o trágico em Leopardi**, 1980; **Mulheres inventadas-1**, 1996, e **Mulheres inventadas-2**, 1997. Traduzidos no exterior: **A mulher no espelho** (alemão e inglês) e **A casa e as casas** (alemão).

HELENA SILVEIRA 525

Contista, romancista, cronista, dramaturga, jornalista, radialista, Helena Silveira nasceu em São Paulo (SP), em 09.12.1911. Faleceu em 31.08.1984. Era irmã de Dinah Silveira de Queiroz* e foi casada com o poeta Jamil Almanzur Haddad.

Seus primeiros estudos foram feitos no Colégio Sion seguidos por cursos na Escola Modelo de Miss Mary Buarque e Colégio Des Oiseaux. Ainda adolescente viajou para Europa, com a irmã e uma tia, percorrendo vários países. Em Paris, freqüentou um curso de dicção, na Comédie Française. De volta ao Brasil, prossegue os estudos com professores particulares.

Nos anos de 1940, começa a escrever crônicas e contos para jornais e revistas paulistas (Folha da Manhã, e outros). Em 1943, estréia em livro, com os contos de **Humilde espera**, cujo sucesso foi imediato. Intelectuais como Rui Bloem, Tristão de Athayde (Alceu de Amoroso Lima), Ribeiro Couto, Sérgio Milliet e outros, incentivaram-na a continuar. Em 1944, passa a integrar o corpo de redatores da Folha da Manhã, substituindo o cronista social Cornélio Procópio de Carvalho, famoso na época. A partir de 1947, escreve também a crônica diária da Folha da Noite. Passa a escrever programas para a Rádio Excelsior, recebendo em 1953 o Prêmio Roquette Pinto, como a melhor redatora feminina do ano.

Nos anos de 1950, já casada, passa a escrever também para o teatro. Estréia com a peça **No fundo do poço**, com a colaboração de Jamil A. Haddad e encenada por Maria Della Costa. Por ter sido baseada em um crime passional acontecido na capital paulista e que teve grande repercussão pública, os autores acabaram processados pela famíla da vítima. Em 1952, sua nova peça, **A torre**, foi premiada pela SBAT. Na década de 1960, passa a escrever crítica para a televisão.

Seguindo a linha ficcional dominante nas décadas de 1940 e 1950, seus escritos seguiram a técnica narrativa ágil, sincopada (influenciada pelo estilo norte-americano, curto/claro/conciso) e centrados no inevitável fracasso do amor, desencontros amorosos e na hipocrisia imperante numa sociedade em que mais valia o ter do que o ser, e na qual, uma mulher liberada se sente totalmente desorientada.

Entre as inúmeras entidades culturais a que pertenceu, destaca-se a União Brasileira de Escritores-SP, da qual foi presidente, nos anos de 1960, em substituição a Mário da Silva Brito que se mudara para o Rio de Janeiro. Durante sua gestão, foi criado o prêmio O intelectual do ano, cujo nome Prêmio Juca Pato foi sugerido por Mário Donato e cujo primeiro homenageado foi Santiago Dantas. Durante anos, Helena Silveira foi uma das presenças femininas mais atuantes no cenário cultural paulista.

Publicações: Conto – **A humilde espera**, 1943; **Mulheres, freqüentemente**, 1954 (Prêmio Alcântara Machado/Academia Paulista de Letras e Prêmio Afonso Arinos-ABL). Romance – **Geografia do nada**, 1960; **Na selva de São Paulo**, 1968, e **Memória da terra assassinada**, 1970. Crônica – **Damasco e outros caminhos**, 1957; **Carneiro branco, sombra azul**, 1960. Teatro – **No fundo do poço,** 1950; **A torre**, 1952, e **Fim de semana com o anjo**, s/d.

HELEUSA LOPES COSTA 526

Poeta, contista, socióloga, advogada, professora universitária, Heleusa Lopes Costa nasceu em Pelotas (RS), em 1945. Formou-se em Ciências Jurídicas e mestrado em Sociologia.

Fez carreira docente na UFPEL. Coordenou o programa Oficina de Criação Literária, em Pelotas. Participa de várias antologias (**Contos de oficina**, 1993; **Mecopoema**, 1993) e publicou vários ensaios (**Do abandono à deliqüência**, 1983). Estreou em livro ficcional com **Senhoras e senhoritas, gatas e gatinhas**, romance de base crítico-sociológica.

Publicações: Romance – **Senhoras e senhoritas, gatas e gatinhas**, 1993, e **A superfície das águas**, 1997.

HELIÔNIA CÉRES 527

Contista, pesquisadora, professora universitária, Heliônia Céres de Melo Motta nasceu em Maceió (AL). Graduada em Letras Neolatinas (Faculdade de Filosofia/Recife). Fez especialização em Língua e Literatura Italiana (Istituto Italiano di Cultura). Ingressou na docência universitária (UFA), área de Italiano.

Paralelamente dedicou-se à pesquisa da vida e obra de alagoanos ilustres (Guimarães Passos, Tavares Bastos, Artur Ramos, Hekel Tavares, Aloysio Branco e outros), como subsídio à história da literatura alagoana. Como contista, tem um larga produção de textos, divulgados na imprensa ou em livros. Em 1997, foi agraciada com o Prêmio Mérito Cultural-Obra e Personalidade, concedido pela União Brasileira de Escritores-RJ. Com muito boa recepção da crítica, a arte narrativa de Heliônia pende para a síntese, para o recorte da vida em fragmentos, tal como o mundo hoje se nos apresenta. Sua matéria-prima é a vida vivida no cotidiano. Como ela própria o diz, na introdução de seu **Contos-1:** *os meus contos traduzem o cotidiano, a existência ordinária, suas lágrimas, vitórias ou fracassos de cada um. Gostaria que fossem vistos como os elos esparsos dessa corrente tragicômica que a Vida é.*

Fundamente tocada pelo irredutível desencontro entre o ideal e o real (e pela superficialidade que é marca do nosso século) que marca a vida humana, sua escrita reflete a consciência que se faz urgente de ser conquistada por todos, a de que somos elos da grande corrente da vida, mesmo que seu sentido último (o seu porquê) nos escape. Dessa consciência é bem ilustrativa a breve reflexão escrita por Heliônia, quando, em 26.06.1969, a Apollo II pousa na Lua e, ali pisando, Neil Armstrong diz a célebre frase: *Este é um pequeno passo para o homem, mas um grande salto para a Humanidade.* Heliônia sintetiza com agudez o estado de espírito que dominava a todos nesse momento:

O primeiro homem chegou e desceu hoje à Lua. Daqui a muitos anos isso não terá significado maior do que têm as causas já vitoriosas. Mas é necessário que se saiba que, nesse dia, a Humanidade inteira, Oriente, Ocidente, rezava para que eles descessem intactos e nos contassem a história. Era como se fosse um parente querido que se submetesse à operação decisiva e na antesala, todos aguardassem o resultado final. De repente a Humanidade funcionava, e homens, mulheres, crianças, velhos, eram aqueles homens na imensa aventura de invadir novo mundo estranho, terrivelmente distante. Esses homens tinham nome e nacionalidade, mas realmente isso não importou muito. O gênero humano é o que importou nesse terrível grave dia.

É desse espírito que se alimenta a produção literária da alagoana Heliônia Céres – espírito que precisa ser conquista de todos os homens.

Publicações: **Contos-1**, 1967; **Contos-2**, 1975; **Reflexões**, 1977; **Rosália das visões**, 1984. Pesquisa histórica – **Vida e obra de alagoanos ilustres**, 1984. Antologias – **Antologia de contistas alagoanos**, 1970; **Autores e peças teatrais de Alagoas**, 1975; **Nova literatura brasileira**-RJ, 1983.

528 HELLÊ VELLOZO

Ficcionista, cronista, professora, jornalista, Hellê Vellozo Fernandes nasceu em Curitiba (PR), em 1925.

Trabalhou como jornalista, desde a década de 1940, para diversos jornais (Diário do Paraná, Gazeta do Povo, Diário da Tarde, e outros). Nos anos de 1960, cursou Jornalismo e Letras (Universidade Federal do Paraná). Dedicou-se à docência em ambas as áreas. Foi assessora de imprensa na reitoria da UFPR. Foi secretária-executiva da Comissão Paranaense de Folclore. É membro de várias entidades culturais (Academia de Letras do Paraná; Ala Feminina da Casa Juvenal Galeno; Academia Feminina de Letras do Rio Grande do Sul). Sócia-fundadora da Associación Mundial de Mujeres Periodistas e Escritoras (México/1969). Foi fundadora, no Brasil, da Associação de Jornalistas e Escritoras Brasileiras, que presidiu em 1970/1974 e 1985/1989. Membro do IHG e Etnográfico-PR. Tem participado de congressos nacionais e internacionais.

Como escritora, iniciou-se também na imprensa, publicando contos e crônicas. Participou de obras coletivas (**O livro de Ajebiana**, 1979; **Antologia didática de escritores paranaenses**, 1970, e outras). Estréia em livro individual, com os contos de **Camafeus**. Seguem-se outros de crônicas, romances históricos e novela, sendo alguns deles premiados.

Publicações: Conto – **Camafeus**, 1950; **Incompreensão**, 1952. Novela – **A outra razão**, 1968. Crônica – **Nos campos e nos pinhais**, 1970. Romance histórico – **Os Vergueiros, pioneiros do Iguatemi**, 1966, e **Monte Alegre, cidade de papel**, 1974.

HELOISA ASSUMPÇÃO NASCIMENTO 529

Cronista, ficcionista, professora, Heloisa Assumpção Nascimento nasceu em Pelotas (RS), em 27.05.1917.

Publicações: Crônica – **História das mil ilusões**, 1937. Novela – **Furna encantada**, 1955, e **Na praça da matriz**, 1964. Romance – **Haragano**, 1967.

HELOISA DE CAMPOS BORGES 530

Poeta goiana, que estréia em 1997 com os poemas de **Quinquilharias** – título que, como o alerta Darcy França Denófrio, *ludibria qualquer leitor que busque a romântica já consagrada, ou que deixe de perfurar a superfície desta palavra para além de sua negativa.*

Poesia que flui entre ecos de grandes vozes da literatura e da filosofia (Borges, Sartre, Octavio Paz, Fernando Pessoa, Schopenhauer, Nietzche, Gilberto M. Teles...), a de Heloisa expressa bem o momento de convergências e de contrastes que marcam este início de milênio. Vivências contraditórias que não tentam anular uma à outra, mas que convergem, como no poema A dor do mundo, de lastro schopenhauriano.

A dor do mundo / tirou-me quase tudo / a força, o viço, / só me deixou, intrigantemente, / a coragem / esta coragem desmedida / de apostar na vida.

É essa a resistência que a vida espera de todos nós, neste mundo virtual e diluidor que é o nosso... Ainda no destaque feito pela analista Darcy F. Denófrio, revela-se na poeta a consciência do ser múltiplo (tal como se descobriu o homem-século XX e nós em seus rastros). O ser que se busca como centro do multiforme caos atual, e de que é exemplo o poema Histórico: *chego a me perguntar / quantas eu sou...[...] Isto é existir: / ser espelho e reflexo, / ser milhares e uma apenas / a cantar canções intermináveis.* Ou ainda, em Retrato: *Existe em mim [...] um ser diferente, / uma divisão freqüente, / uma luta quente [...] Existe em mim outras faces de mim.*

Aguardemos os novos cantos de Heloisa de Campos Borges.

Publicação: **Quinquilharias**, 1997.

HELOÍSA HELENA TRONCARELLI 531

Poeta, ficcionista, pesquisadora e professora, Heloísa Helena Troncarelli nasceu em Botucatu (SP), em 22.10.1941. Está radicada na capital paulista. Graduou-se em Letras (FFLCH-USP). Realizou diversos cursos de extensão universitária (Psicologia, Teoria Literária, Pedagogia). Fez mestrado em Letras com a pesquisa Configurações Míticas do Teatro Popular de Bernardo Santareno (FFLCH-USP/1980). Ingressou no magistério público. Foi posteriormente comissionada junto à Secretaria Estadual de Cultura do Estado de São Paulo, como redatora, pesquisadora e atividades correlatas ao magistério.

Como escritora, tem participado de obras coletivas (**Poetas de Pinheiros**/1983; **Prosa presente**/1983; **Traços e Imaginações**/1986 e outras). Tem uma vasta produção de crônicas e contos publicados na imprensa ou revistas e especializadas. Estréia em livro individual com a poesia de **Sol-solaris** – poemas centrados nos desencontros da vida cotidiana e na eterna pergunta existencial: Quem sou eu?. A primeira estrofe do poema de abertura Rosa-dos-ventos sintetiza a problemática do livro:

A angústia do ser e não ser / do eterno desencontro / dilacera esperanças / poluindo, diluindo / atmosferas de vida.

A esse, seguem-se os contos de **Luciano sempre aos domingos**, cujos temas se concentram na criança, sua percepção de mundo e formação/deformação de sua personalidade, em razão da ajuda ou da violência dos adultos sobre ela.

Tem participado de congressos de literatura e artes em geral. Participou da comissão organizadora do curso Semana de Arte Moderna de 22, sessenta anos depois (1984). Colabora como crítica literária em diversos periódicos.

Publicações: Poesia – **Sol-solaris**, 1985. Conto – **Luciano aos domingos**, 1987. (Em preparo: **A face e as faces**- contos e **Flores de abismo** – romance.)

532 HELOISA MARANHÃO

Presença de destaque em nosso meio literário e cultural. Romancista, dramaturga, poeta, tradutora, radialista, advogada, Heloisa Maranhão nasceu no Rio de Janeiro (RJ), em 1925. De família tradicional do Rio Grande do Norte, é descendente do capitão-mor Dom Jerônimo Albuquerque, o primeiro a adotar o nome Maranhão, após ter liderado, no século XVII, a expulsão dos franceses, instalados no Maranhão. Mais tarde, nas terras que lhe foram concedidas pelo rei de Portugal, fundou a cidade de Natal (RN), à beira do Rio Potengi.

Formada pela Faculdade Nacional de Direito da UNB, não seguiu carreira jurídica. Nos anos de 1950 e 1960, ingressa no setor público, como tradutora e produtora de programas da Rádio do Ministério de Educação. Participa ativamente do movimento cultural em geral. Atraída pela Arte, volta-se inicialmente para o teatro. Lecionou Literatura dramática na Escola de Teatro Martins Pena (Secretaria de Educação do Rio de Janeiro), em cujos cursos, juntamente com a atriz e professora Luiza Barreto Leite, abriu espaço para uma nova experiência de produção de texto (cortar ou rasgar linhas ou fragmentos de poesia, ficção, etc. de diferentes autores e depois juntá-los para criar novos textos teatrais). É nessa linha experimental que se inicia como dramaturga.

Em 1957, sua primeira peça **Paixão da terra** foi representada no Teatro Municipal do Rio de Janeiro. Altamente louvada pela crítica, conquista o I Prêmio do Serviço Nacional de Teatro. Publicada em livro, conquista o Prêmio Melhor Drama do ano/Pref. Municipal-RJ e Prêmio APCA – Revelação de Autor Teatral/1958. Na apreciação de Ruggero Jacobbi:

Trata-se da mais importante obra dramática produzida pela literatura brasileira nos últimos anos: uma obra que constitui verdadeira revolução do ponto de vista da forma cênica: espetáculo sumamente tentador para qualquer metteur-en-scéne. *A construção sinfônica dos diálogos e coros, a seqüência dos acontecimentos, o clima épico e popular da evolução histórica, a beleza da língua, o sentido poético geral, a espantosa intuição visual e musical-teatral da escritora, colocam a peça numa vertiginosa posição de vanguarda. (RJ, 1957).*

De que vanguarda se tratava?

Na verdade, o novo teatro brasileiro havia surgido quatorze anos antes, em 1943, com Nelson Rodrigues, cujo **Vestido de noiva** (encenado pelo grupo amador Os Comediantes, sob direção de Ziembinski, recém-chegado ao Brasil) representou uma verdadeira revolução na forma teatral. E hoje, pela problemática que o alimenta, se tornou exemplar, como denúncia da falência da sociedade do homem-do-pecado-e-da-culpa, cujos valores de base, fundados sobre o interdito ao sexo, ao desejo, foram estabelecidos na Idade Média, atravessaram os séculos e chegaram aos nossos tempos já deteriorados. É na linha dessa denúncia (ou dessa visão de mundo deteriorada) que se constrói a obra rodriguiana, cuja atmosfera trágico-grotesca é gerada por uma obsessão opressiva pelo sórdido, violento ou vulgar.

Uma das evidentes diferenças entre a forma rodriguiana e o novo experimentalismo (de que Heloisa Maranhão é modelo) está na atmosfera criada. A opressiva e dramática de Nelson Rodrigues dá lugar a um clima de festa e desafogo. Não há denúncias trágicas. Na realidade, a falência da sociedade tradicional já ocorreu (muito embora suas ruínas continuem atuantes nas áreas do poder). Já não cabem denúncias, no âmbito das idéias e valores. Urge encontrar caminhos em meio à desordem. Vivemos em plena euforia da sexofilia, da quebra dos limites e tabus que, antes separavam o bom do mau, o certo do errado, etc.

É no sentido dessa atual ruptura com a tradição, que o teatro rodriguiano pode ser visto como marco final, entre as obras que, desde o século XIX, vinham denunciando a falência ou a deterioração do sistema.

É nessa ordem de idéias que o teatro (e toda a obra) de Heloisa Maranhão expressa o atual que emerge ainda informe do caos já instaurado. Em lugar da opressão dos desejos, a expansão da libido e do prazer de viver; em lugar das individualidades aprisionadas em um eu solitário, a fusão de individualidades, visando à totalidade do ser; em lugar da história e seus períodos temporais, a fusão dos tempos... em lugar da imagem dual/maniqueísta da mulher, – a fusão dos contrastes (pura/impura, desvalida/poderosa, etc.); em lugar da palavra-representação de uma realidade preexistente, a palavra-invenção, fundadora de um novo real...

Tendo como eixo dramático um fato histórico, a conquista holandesa no Brasil, **Paixão da terra** nos dá uma fulgurante visão da história, na qual se fundem presente e passado, consciente e inconsciente, memória e esquecimento, personagens históricos e fictícios, mulheres e homens apaixonados, envolvidos em clima de sangue e morte, mas vibrante de vida. E amalgamando tudo, a nova consciência criadora que tem como fulcro o pensar/investigar/explorar os próprios mecanismos de produção do discurso teatral (poético, novelesco, etc.). Daí que a palavra deixe de ser apenas expressão de um conteúdo, para se transformar numa quase persona no plano dramático. É nessa esfera estética e ética, experimental, que se inserem as novas peças: **Negra Bá; Inês de Castro, a rainha morta; Tiradentes** e **A cobra**. E também a poesia e a ficção que a autora vem publicando nestes últimos anos. Esfera que tem como eixo o próprio processo criador, ao qual cabe desconstruir a antiga ordem do mundo e reconstruir ou reinventar uma nova ordem que se faz urgente.

É essa a pedra-base de **Castelo interior & moradas** (1974/1978), poesia que se constrói por meio da desconstrução, reinvenção ou reconstrução de textos de ontem, ou melhor, textos-fonte da literatura ocidental e, hoje, praticamente esquecidos. Mas que agora emergem pelos interstícios de novos textos e a estes, misturados, engendram um novo discurso. Complexo processo criador (intertextual ou transtextual) que **Castelo Interior**... reinventa/transforma, em um novo cantar, duas grandes formas arcaicas/inaugurais: uma que canta o amor humano, outra, o amor divino. A primeira: **Cantigas trovadorescas,** de amor e de amigo, que nasceram na Idade Média e se tornaram as primeiras fontes da poesia amorosa ocidental. A segunda, a prosa mística ou diálogo amoroso com Deus, de **Castillo interior o las moradas**, da monja espanhola do século XVI, Teresa d'Ávila. Ao escolher esse livro místico-amoroso e a cantiga trovadoresca como núcleos geratrizes de sua poesia, Heloisa Maranhão se insere na diretriz criadora que, em nossos tempos de caóticas transformações, propõe-se a conhecer o hoje, a partir do reconhecer o ontem.

Cantigas d'antanho [...] que vou amostrar / son perdidas trovas [...] castelo interior. / Moradas selvagens / fora de seu eixo / já se move a terra.

Nesses breves versos, a persona poética revela, metaforicamente, a intenção maior de seu canto: revelar nas cantigas de antanho o grande ideal do amor, consagrado pela civilização ocidental (o amor puro à amada inacessível), hoje perdido (perdidas trovas), bem como a perda da alta espiritualidade e grandeza do Amor Absoluto, do qual o grande exemplo é o vivido por Teresa d'Ávila, na prosa mística de seu "castelo interior e moradas" (a alma e seus recantos), alto ideal amoroso já hoje fora do eixo em torno do qual se move a Terra.

Atenta à grande transformação hoje em processo e alterando radicalmente a imagem dual da mulher (a pura e a impura), tal como foi consagrada pelos tempos, a poeta redescobre e funde as grandes presenças femininas do passado, que a literatura ou a história eternizaram, como modelos a serem imitados ou repudiados. Modelos de amor ou desamor, de submissão ou rebeldia, de erotismo ou ascetismo, etc: Violante, Orraca, a dama pé de cabra, Leonor, Angélica, Mariana, Dona Fea, Inês de Castro, Moragin, a rainha Isabel e outras. Todas elas confundidas entre si, mulheres que viveram pelo amor ou foram imoladas por causa dele. Suas vozes ecoam em cada página e expressam, metaforicamente, o papel basilar que a Mulher vem desempenhando no milenar processo de evolução da humanidade.

Poesia complexa que, pela singularidade do tema e heterogeneidade do discurso criado, onde se fundem o húmus arcaico e a vibratilidade erótica da atmosfera moderna (ou pós-moderna?), esta resiste a uma fácil decodificação, pelo leitor distraído ou por uma leitora ingênua. Desde o nível lingüístico, ela exige uma prévia leitura de mundo, pois sua matéria resulta do amálgama de diferentes fontes: latim, o sermovulgaris, o galaico, as falas de Teresa d'Ávila, o italiano, o valenciano, etc. – falares represados em mil linhas poéticas de antanho, que foram agora cortadas, misturadas e recriadas por estes novos e intrincados caminhos poéticos, abertos por Heloisa Maranhão.

Em 1979, Heloisa estréia como romancista com **Lucrécia** (com apresentações de Câmara Cascudo e Mário da Silva Brito). Romance intrigante, que oscila entre o ludismo e a dissolução dos valores, este se desenrola, de maneira fragmentada e absurda, através das aventuras sexuais-incestuosas de Lucrécia Bórgia, a envenenadora, e os êxtases místicos-eróticos de Santa Teresa d'Ávila (ambas, figuras históricas fundidas numa só personagem de ficção). As caóticas aventuras que se confundem no fluxo narrativo têm como pano de fundo a corrupção da Roma renascentista, sob o poder cruel dos Bórgias. Aventuras que se misturam com diálogos desencontrados, sobre os mais diferentes assuntos e com acontecimentos históricos que surgem pelo avesso, no espaço intertextual-real-fantástico onde convivem personagens reais (Papa Alexandre VI, César Bórgia, Sforza, Miguel Ângelo, Ariosto, etc.) e personagens fictícios (Catarinela, o Anãozinho, a moça pálida, etc.), e onde se superpõem fatos de ontem (Espanha de Felipe II e Roma dos Bórgias) com fatos de hoje (no Brasil da década de 1970, com sua política, greves, torturas policiais, inflação, censura, debates sobre o aborto, sobre a mulher e seus direitos, as vantagens do método Cooper ou dos banhos e massagens calmantes, o depósito de viagem, vigente até dezembro de 1979, etc.). Romance experimental, **Lucrécia** se apresenta como um espaço onde tudo se encontra subvertido: a individualidade da personagem é substituída pela fusão de personalidades; a linearidade natural do tempo se embaralha; o espaço, apesar de ser identificado topograficamente, não apresenta caracterização nítida de lugar onde; a problemática política apresentada como de ontem, superpõe-se à do aqui e agora (mostrando afinal que os jogos do poder, do sexo e da violência permanecem iguais em todos os tempos); a moral se apresenta como ausência, a partir da liberação dos instintos, que eliminam os limites entre vício e virtude. Numa linha antifreudiana, o romance mostra, através das relações incestuosas de Lucrécia Bórgia, que o complexo de Édipo (a proibição do incesto, analisado por Freud) visaria antes à repressão do desejo de poder (que ameaçaria o poder do pai), do que a conduta moral ou existencial. Matéria violenta em linguagem lúdica e aparentemente frívola, é o aspecto estilístico que singulariza **Lucrécia**. Aspecto que, no plano ideológico, se identifica com a indiferença (ou a naturalidade) com que a humanidade, hoje, convive com a violência do sexo e do poder, e também com a ausência de espiritualidae que, sem dúvida, está na raiz daquela violência. Romance instigante, que expressa bem o fenômeno de mutação cultural que o nosso mundo vem sofrendo, **Lucrécia** estaria pondo em questão a arbitrariedade dos signos culturais que nos governam.

Com **Florinda** (1982), a escritura de Heloisa – dublê de ficcionista e dramaturga – volta a desafiar o leitor. O subtítulo "Romance policial com mistério..." já aponta para a natureza lúdica e enigmática da efabulação, o mistério de um anunciado assassinato a ser cometido durante um espetáculo teatral. Manipulando com maestria o seu estilo-mosaico (a montagem simultânea de tempos e espaços distantes entre si, a colagem, os intertextos, o estilhaçamento da linguagem, etc.), Heloisa rompe, em **Florinda**, os possíveis limites entre os gêneros. Ficção, teatro, tragédia, farsa, poesia, crítica... tudo ali se funde numa escritura aparentemente cifrada que, ao longo da leitura, acaba por se revelar como o entrelaçamento de um triplo jogo: o da construção da escrita (jogo pelo qual a autora mostra o poder de sua palavra para criar realidades); o da memória das raízes (a permanência viva de um passado atuante no existir-hoje) e o das paixões humanas (amor, ódio, ciúme, inveja, vontade de poder...) que governam a vida. Triplo jogo irônico, cuja profunda seriedade é oculta pela atmosfera de farsa ali dominante.

Os romances que se seguem – **Dona Leonor Teles, A rainha de Navara**, **Adriana** e **Rosa Maria egipcíaca da Vera Cruz** – vão abrindo novos espaços no fascinante universo que vem sendo construído pela escritora. Dinamizados pela mesma problemática nuclear (a lúcida escavação do caos atual; a consciente reinvenção da história; a busca da palavra como nomeadora do real; o erotismo como a grande força da vida...), todos eles têm como personagens centrais mulheres que viveram em conflito com o meio, e cujas personalidades ambíguas dominam (ou são dominadas) pelos jogos do sexo, como instrumento de poder.

Dona Leonor Teles, terrível e ambiciosa rainha de Portugal, no século XIV, foi esposa de D. Fernando e mulher de grandes amores (hétero e homossexuais). Deixou memória de figura forte e sedutora, movida apenas pela paixão do poder. A efabulação do romance tem como motivo desencadeante a internação de uma jovem desequilibrada que julga ser Dona Leonor. História e fantasia se fundem numa trama ambígua em que a reflexão sobre a construção do romance se entrelaça com a busca do sexo como instrumento de poder.

Rainha de Navarra (1986), é um romance-espetáculo, dinamizado pela ludicidade e, como nos anteriores, propondo verdades inverossímeis que visam abalar verdades consagradas, mas altamente questionáveis (como as que se acumularam sobre a mulher desde as origens bíblicas). A personagem histórica é Margarida de Valois-Angoulême, Duquesa de Alençon (França), que se torna Rainha de Navarra. Tornou-se famosa por ter escrito (à moda do **Decameron** de Bocaccio) o **Heptameron** (século XVI), coletânea de histórias galantes, que fundem o espiritual (o culto das virtudes cavaleirescas) e o carnal (os desmandos de frades lascivos, glutões e inescrupulosos). Histórias que entraram no caudal da literatura oral, percorreram toda a Europa e foram trazidas para o Brasil, com os primeiros colonizadores, e, ainda hoje, muitas delas circulam no Nordeste, como literatura de cordel. Essa matéria histórica se transforma em romance, a partir de um ensaio de escola de samba – a ópera do povo. Nela desfila uma bela mulher, vestida de Rainha de Navarra. Quando há uma briga, ela é ferida, perde a consciência, entra em delírio e se assume como Rainha de Navarra. Ficção que explora situações de puro ludismo e divertimento palaciano e popular, esta é, ao mesmo tempo, uma alegoria de problemas que marcavam o Brasil dos anos de 1980.

Em **Adriana** (1990), a matéria é retirada do nosso presente em caos. A ótica escolhida pela autora é a de uma menina de dez anos, (uma Adriana de muitas faces), que vê/escreve o seu dia-a-dia diante do mundo-cão que a rodeia, mas de cuja violência e horror ela parece não se dar conta. O que, de imediato, toca o leitor é o chocante contraste entre as dolorosas ou trágicas situações que vão sendo narradas e o ritmo sincopado, frívolo e indiferente do discurso narrativo. Contraste que, em essência, apenas reflete, ao nível da narrativa, a indiferença diante do horror desumano que se espalha pelo mundo. O mote *Encantador. Tempo encantador. Um tempo encantador* que serve de título a todos os capítulos do romance, reforça o choque entre a violência, o drama do que é narrado e a leveza do modo de narrar. Incidentes banais do cotidiano e grandes dramas ou acontecimentos políticos ou sonhos e fantasias da menina vão sendo registrados pela escrita, num mesmo nível de importância e fragmentados, tal qual a televisão nos revela grandes acontecimentos e ofertas do mercado de consumo. **Adriana** nos oferece, pois, o testemunho frívolo/dramático da banalização do sexo, da dor, da violência, da morte, da mentira, da miséria, das crianças violentadas, da Aids, etc., que alimentam este nosso mundo-cão.

Em **Rosa Maria Egipcíaca da Vera Cruz** (1997), Heloisa volta à grande fonte da história. Agora em terras brasileiras, e tirando do esquecimento linhagens de nobres africanos que, aqui escravizados, ajudaram a fazer nossa história. Crendices e costumes d'antanho foram redescobertos/reinventados, através da ótica de Rosa Maria, bela princesa africana, trazida como escrava para o Brasil, nos tempos de colônia. Em vidas passadas, vivera no Egito, fora prostituta e, quando escrava entre nós – sedutora e inteligente – torna-se senhora de minas de ouro.

Mais uma vez a palavra, como criadora do real, torna-se o motivo desencadeante da trama romanesca. Já na abertura do livro, Rosa Maria se apresenta como personagem à autora e a obriga a escrever o romance de sua vida. A trama narrativa flui de maneira ambígua, ora registrando a fala e memória de Rosa Maria, ora deixando escapar pelos interstícios da trama a fala e memória pessoais da própria autora, Heloisa, que no final se desentende com a personagem e dá por terminada a escrita romanesca.

Escritora atenta ao seu tempo, Heloisa Maranhão pertence à linhagem dos antigos vates ou dos contadores de estórias, cuja tarefa era transmitir de geração em geração as experiências exemplares ou as verdades basilares da humanidade (constantemente mutáveis). Consciente do fantástico ciberespaço em mutação, em que hoje vivemos, Heloisa assume, por sua vez, a multimilenar tarefa.

Publicações: Poesia – **Castelo interior & moradas**, 1974/1978. Ficção – **Lucrécia**, 1979; **Florinda,** da Academia Brasileira de Letras, 1982; **Dona Leonor Telles**, 1985; A Viagem. Mysticis umbraculis – prosa dos loucos (Prêmio Afonso Arinos-ABL. Inédito); **A rainha de Navarra**, 1986; **Adriana**, 1990, e **Rosa Maria Egipcíaca da Vera Cruz**, 1997. Teatro – **Paixão da terra**, 1958; **Negra Bá**, 1970; **Inês de Castro, a rainha morta**, 1975; **Tiradentes**, 1970, e **A cobra**, 1977.

HELOISA MARINHO MEDEIROS 533

Contista, cronista, professora universitária, jornalista, Heloisa Marinho de Gusmão Medeiros nasceu em Maceió (AL), em 28.10.1943. Graduou-se em Letras, especializou-se em língua e literatura francesa, área em que passa a lecionar na UFAL. Exerceu o cargo de assessora de pró-reitoria de extensão da UFAL. Iniciou atividades profissionais na imprensa, como diretora do jornal O Farol de Maceió, em 1961. Passa a colaborar regularmente na imprensa local e de outros estados, com poemas e crônicas, que permanecem esparsos, ainda não recolhidos em livro. Membro de várias entidades culturais, entre elas a Academia Alagoana de Letras.

Publicações: Conto – **Noturno em dó maior** (Prêmio Academia Alagoana de Letras/1978). Ensaio universitário – **Le Goùt de l'exotisme chez Baudelaire**, 1972, e **A mulher na obra de Graciliano Ramos**, s/d.

HELOISA SEVERIANO RIBEIRO 534

Poeta, cineasta, Heloisa Severiano Ribeiro de Castro nasceu no Rio de Janeiro (RJ), em 03.09.1949. Presença de grande atuação no meio cultural carioca, dedicou-se às atividades ligadas ao cinema nacional. Foi diretora da Atlântica Cinematográfica. Como poeta, iniciou-se publicando na imprensa e em revistas especializadas. Estréia em livro, em 1986, com o volume **É assim que conheço você**. Bem acolhida pela crítica, mereceu de Arthur da Távola a entusiasta consagração:

Heloisa Severiano Ribeiro é uma elaboradora de liberdades. A sua primeira liberdade provém da desvinculação, no seu agir literário, de padrões ideologicamente cristalizados. Este livro traduz o reencontro com a vida de quem vivenciou a morte por inteiro, perto dos trinta anos. A poesia de Heloisa profetizou-lhe o novo ser nascente, a parte ainda intocada e indescoberta, o seu itinerário interior, a ascese, as descobertas sofridas de um viver transformado, de destruição em criação, energia, luz. Poeta que estréia livre: larva.

Publicações: **É assim que conheço você**, 1986, e **Digamos assim**, 1987.

535 HELONEIDA STUDART

Romancista, jornalista, ensaísta, forte vocação política, engajada no movimento feminista brasileiro, Maria Heloneida Studart nasceu em Fortaleza (CE), em 09.04.1925. Em 1949, muda-se para o Rio de Janeiro (RJ), onde se radicou.

Estudou as primeiras letras no colégio Imaculada Conceição (Fortaleza-CE). Sua vocação para a escrita literária manifesta-se cedo: aos quatorze anos passa a colaborar com artigos e contos na imprensa cearense. Fixando-se no Rio de Janeiro, formou-se em Educação Social e Psicologia Educacional. Profissionaliza-se, a partir de 1949, como funcionária do SESI. Passa a colaborar regularmente na imprensa carioca. Foi redatora da revista Manchete.

Sua estréia como escritora se deu em 1953, com **Naipes**, escrito em parceria com três escritoras. Em 1955, o romance **A primeira pedra** atraiu a atenção do grande público, e o seguinte, **Dize-me teu nome!**, torna-se um *best seller*, sendo premiado duplamente: Prêmio Orlando Dantas/Diário de Notícias e Prêmio Júlia Lopes de Almeida da Academia Brasileira de Letras. Seguem-se quase dez anos de silêncio literário, durante os quais a escritora entregou-se a uma intensa militância política. Torna-se uma das teóricas do emergente feminismo brasileiro, nos anos de 1960. Participa da fundação do Centro de Desenvolvimento da Mulher Brasileira. Dessa experiência, resultaram três ensaios que nos anos de 1970 se difundiram como espécie de bandeira do movimento: *Mulher, brinquedo de homem?, Mulher, objeto de cama e mesa e Mulher, a quem pertence seu corpo?*. Nos anos de 1990, entrando para a política partidária, foi eleita deputada.

Em 1964, volta à literatura, com o romance **A culpa**; seguindo-se com intervalos regulares: **Deus não paga em dólar** (1969) e a trilogia de romances políticos: **O pardal é um pássaro azul**, **O estandarte da agonia** e **O torturador em romaria**, romances nos quais estão presentes dados ou episódios reais, acontecidos durante o escuro período de repressão e tortura no Brasil pós-1964.

O núcleo problemático de sua produção romanesca (toda ela centrada na situação da mulher na sociedade de mentalidade patriarcal que é a nossa) gira em torno da denúncia de que a opressão individual (sofrida pelas mulheres e pelos excluídos) é fruto direto do sistema político-socioeconômico ainda vigente – de base patriarcal, misógina e escravocrata. As situações dramáticas, que se enredam nas tramas romanescas, giram em torno das várias formas de opressão exercidas sobre as mulheres, principalmente as do interdito ou da exploração sexual.

Nessas denúncias de opressão, a romancista enfatiza um dado que, via de regra, tem sido omitido na história dessa dominação, a ação da própria mulher como importante agente educador como responsável pela transmissão e perpetuação dos valores patriarcais em nossa cultura. No romance **O pardal é um pássaro azul**, a matriarca, Vó Menina, é a personagem-modelo da internalização, pela mulher, da mentalidade do homem opressor. Na morte do marido, ela assume os poderes ilimitados do mando sobre a vida pública e privada de todos ao seu redor. Senhora absoluta do clã, ela dizia *"Quem eu garanto, não sofre pena de lei nem perseguição de inimigo."* (op. cit. 98). Sua vontade despótica se exerce principalmente sobre as mulheres, a quem reduz à mais passiva servidão e a destinos trágicos. Daí o conflito que se instala entre ela e a neta Marina, a quem não consegue domar.

A narrativa de Heloneida Studart, marcada por contextualizações específicas do momento histórico, assinala um período importante na literatura de autoria feminina no Brasil. Foi a partir dos anos de 1970 que a ficção das mulheres passou a problematizar os modelos patriarcais de dominação. [...] Claro que isso deve ser visto como o resultado de todo um processo que vinha se desenvolvendo há longo tempo... (Claudia Castanheira, in **Desafiando o cânone**. p. 35).

Publicações: **Naipes**, 1953; **A primeira pedra**, 1955; **Dize-me o teu nome!**, 1956; **A culpa**, 1964; **O pardal é um pássaro azul**, 1975; **Deus não paga em dólar**, 1968; **O estandarte da agonia** e **O torturador em romaria**, 1978.

HENA BRASIL DE CASTRO 536

Poeta, contista, cronista, dramaturga, professora e pedagoga, Hena Brasil de Castro (que se assina, por vezes, Hena ou Dea) nasceu em Corumbá (MS), em 18.10.1952.

Licenciada em Pedagogia (Centro Universitário de Corumbá-UFMS/1971), especializa-se em Educação. Ingressa no magistério e passa a atuar nos projetos e debates que, a partir da década de 1970 e 1980, se sucedem em todos os estados, no âmbito da metodologia educacional, visando às reformas ainda em processo no ensino, neste limiar do terceiro milênio. Pertence a várias entidades culturais: Academia Corumbaense de Letras; União Brasileira de Trovadores – Corumbá; Academia Anapolina de Filosofia Ciências e Letras; Academia de Letras de Uruguaiana; Academia Internacional 3 Fronteiras; Academia Trovadores da Fronteira Sudoeste do Rio Grande do Sul. É presidente da Academia Corumbaense de Letras e da União Brasileira de Trovadores – Corumbá.

Sua produção poética ou teatral está essencialmente ligada à sua preocupação com a formação das novas gerações. Tem publicado textos em revistas ou periódicos locais, e participado de antologias (**Poetas do Brasil**-RJ/1980 – org. Aparício Fernandes; **Anuário/Coletânea de trovas brasileiras** – Recife/1981; **Escrínio**-Recife/1981 – org. Fernandes Viana; e outras).

Estreou em livro individual, em 1977, com a poesia de **Despertar de uma vida**, coletânea de poemas e trovas.

Publicações: Poesia – **Despertar de uma vida**, 1977. Peça teatral – **Crianças corumbaenses visitam o século XXV** (encenada em Corumbá e Campo Grande), 1980.

HENRIQUETA GALENO 537

Poeta, advogada e defensora da causa feminista, Henriqueta Galeno nasceu em Fortaleza (CE), em 23.02.1897 e faleceu em 10.09.1964. Era filha do poeta cearense Juvenal Galeno. Desde muito nova, foi atraída pelos estudos e pela literatura. Bacharelou-se pela Faculdade de Direito do Ceará, em 1918. Ao mesmo tempo escrevia poesia, divulgando-a em jornais e revistas. Profissionalizou-se na única área de trabalho intelectual então permitida à mulher: magistério. Lecionou no Liceu do Ceará e na Escola Normal. Foi inspetora do ensino secundário.

Em 1919, fundou a Casa Juvenal Galeno, no mesmo local em que viveu o poeta (Rua General Sampaio, 1128. Fortaleza) e que, a partir de então, passa a ser ponto de encontro de homens e mulheres intelectuais ou artistas. Em 1936, cria a Ala Feminina da Casa Juvenal Galeno, e dela faz um núcleo de congregação de mulheres que cultivam as letras e as artes. Essa ala (oficializada como de utilidade pública) passa a ser considerada a sala de visita espiritual do Ceará, onde são recebidos os intelectuais que visitam Fortaleza. Henriqueta Galeno pertenceu à Academia Cearense de Letras, ocupando a cadeira nº 23 cujo patrono é seu pai, o poeta Juvenal Galeno.

Publicações: Sua produção poética continua esparsa, sem ter sido reunida em livro. Sua produção de oratória ou de ensaio foi publicada em libretos: **Juvenal Galeno, o legítimo criador do popularismo literário**; **Júlia Lopes de Almeida**; **Maria Quitéria, a primeira mulher soldado** e **Mulheres admiráveis**, 1965.

HENRIQUETA LISBOA 538

Uma das grandes vozes da poesia brasileira, poeta culta, de natureza intimista/metafísica, e ensaísta da aguda percepção, Henriqueta Lisboa nasceu em Lambari (MG), em 15.07.1904. Residiu no Rio de Janeiro (RJ) e em Belo Horizonte (MG), onde faleceu em 10.10.1985.

Pela conjunção dos astros, o seu nascimento se dá sob o signo de câncer, signo símbolo da água original e que, segundo Jung, *se identifica com o arquétipo maternal, princípio matricial e nutriente, que vai do útero à terra maternal: profundeza, abismo, poço, gruta, caverna, vaso, abrigo que converge para o grande refúgio da humanidade que é a Grande Mãe. Signo associado à lua, símbolo planetário desse princípio matricial, do psiquismo inconsciente, da pulsão vital, ainda não domada pela razão.* (Chevalier).

Se tentarmos tocar os estratos mais profundos da poesia de Henriqueta Lisboa (escrita durante meio século de criação), descobriremos que faz sentido relacioná-la com o signo da autora, pois ao que parece, já na esfera astral, esta teve determinado o seu destino de poeta-mater (voltada para a sondagem das raízes da vida, interagindo com elas e tentando trazer à luz das palavras, o seu enigma). Essa pré-determinação foi algo que a poeta mineira/universal sempre admitiu nas várias entrevistas que deu, ao falar de sua vocação para a poesia.

De família de intelectuais, muito cedo a menina Henriqueta entrou em convívio com o mundo da cultura e da literatura. Sua ligação com a poesia manifestou-se já na infância, entregando-se a inventar versos, por puro impulso lúdico. Durante a adolescência, o que era simples divertimento foi-se transformando em algo desafiante e sério. Como disse, em certa conferência em Brasília (1978): *Não sei precisar o instante em que cessou o divertimento e principiou a gravidade do ofício. É que me surpreendo, ainda hoje, com a graça do jogo, em meio à cogitação sobre os mistérios da vida e da morte...* (in **Vivência Poética**).

Seus primeiros estudos foram feitos em Lambari. Forma-se professora no Colégio Sion (Campanha-MG). Ingressa no magistério e posteriormente assume o cargo de Inspetora Federal do Ensino Secundário. Acompanhando as mudanças exigidas pela carreira política do pai (João Almeida Lisboa, deputado estadual e federal e presidente do Conselho Administrativo de Minas Gerais). Residiu no Rio de Janeiro (RJ), onde se forma em Letras. De volta a Minas Gerais, inicia carreira no ensino superior, nas áreas de literatura hispano-americana, na Faculdade de Filosofia, Ciências e Letras Santa Maria (PUC-MG), e de literatura universal, na Escola de Biblioteconomia de Belo Horizonte.

Durante esse tempo, publica poemas em jornais e revistas do Rio de Janeiro e Minas Gerais (Diário de Minas, O Malho, Revista da Semana, A Manhã, O Jornal, e outros). Durante sua residência no Rio de Janeiro, lança, em 1925, **Fogo fátuo**, livro de estréia que, posteriormente, iria excluir de sua bibliografia, por considerá-lo muito imaturo.

Enternecimento (1929) marca sua entrada oficial na esfera da poesia, com a consagração crítica do Prêmio Poesia Olavo Bilac da Academia Brasileira de Letras, 1930. Com intervalos de anos entre um e outro título, seguem-se publicações que expressam o gradativo amadurecimento de sua arte poética. Não propriamente no sentido de uma evolução de sua problemática ou temática (de raiz metafísica/religiosa), mas no da sintonia crescente de sua arte, com as exigências da poesia moderna e pós-moderna, uma crescente condensação de linguagem engendrada, sem dúvida, pelo aprofundamento de sua problemática-chave: o eterno enigma da existência a desafiar o poeta com a *graça do jogo, em meio a cogitações sobre os mistérios da vida e da morte diante dos conflitos entre a pessoa e o mundo, principalmente diante das provações da poesia aos impactos do século.* (H. Lisboa, Poesia: minha profissão de fé – Conferência, Brasília, 1978).

Poesia emblemática do entrechoque de forças – as de permanência e de ruptura – que entraram em confronto na poesia e na arte do fim do século XIX e primeiros anos do século XX, a de Henriqueta Lisboa cresce em significação, quando situada em seu contexto estético-geracional. O contexto que, entre nós, acolheu os novos que surgem como poetas nos anos de 1910 e 1920; dando voz aos grandes problemas que tumultuavam o mundo, que a Primeira Grande Guerra viera abalar. Poetas que, em diferentes graus, se submeteram às exigências formais de um neoparnasianismo ou de um neo-simbolismo ainda atuantes, nesse início de século: Cecília Meireles (**Espectros**, 1919); Mário de Andrade (**Há uma gota de sangue**, 1919); Manuel Bandeira (**A cinza das horas**, 1917); Tasso da Silveira (**Fio d'água**, 1918) Murilo Araújo (**Carrilhões**, 1917) e outros. Importante notar que todos esses livros de estréia (mais tarde rejeitados por seus autores) refletiam fielmente as duas correntes poéticas que então se impunham como modelos: a do culto da forma (de raízes parnasianas) e a do culto da essência (de raízes simbolistas). E se essas raízes foram logo depois rejeitadas por todos eles (pois a liberdade de idéias e sensações, reivindicada pelos novos ventos modernistas, já não cabia dentro da prisão formal do soneto), a verdade é que a problemática ético-existencial que os atraíra, vai permanecer viva e se desdobrar em mil graus de intensidade (desde o niilismo humorístico até o drama existencial). Referimo-nos, evidentemente, à interrogação abissal, Quem sou eu?, que emergiu do caos espiritual pós-positivismo, a partir de meados do século XIX.

Entre as mil causas (políticas, bélicas, econômicas, científicas, sociais, etc.) que interagiram no caos apocalíptico dos primeiros anos do séc. XX, a principal talvez seja essa interrogação agônica: Quem sou eu? (pelo menos é o que a poesia nos mostra...). Interrogação que vai além do meramente pessoal ou individual e atinge a própria condição humana despojada pela ciência de sua origem divina. É através dessa ótica, que a poesia de Henriqueta Lisboa e a de sua geração (seja na linha da ruptura, seja na da permanência) pode ser tocada em suas camadas mais profundas. Lembramos, pois, que a partir do momento em que a ciência (Comte, Darwin...) provou que o homem é resultante da evolução da matéria, automaticamente destruiu a pedra-base da civilização cristã, a existência do Deus criador. Perdida sua origem divina (filho de Deus), o homem-século XX se vê transformado de alma em lama. O mundo se vê privado de razão, de luz, de transcendência. Daí que o irracionalismo, o satanismo ou o decadentismo dos que se assumem como malditos, tenha se propagado no *fin-de-siécle* europeu (Baudelaire, Rimbaud, Lautréamont, Mallarmé...) e aberto caminho para a revolução modernista.

Os ventos apocalípticos dos ismos (Cubismo, futurismo, dadaísmo) que haviam começado a soprar na Europa dos anos 1910, começam a chegar até nós, através das artes plásticas com alguns artistas pioneiros (Lasar Segall/1913 e de Anita Malfatti/1914-1918) e com algumas pálidas notícias do Futurismo de Marinetti e suas aparições espetaculares em teatros europeus. Portanto, às vésperas da Semana de Arte Moderna de 1922, mais forte do que as vibrações de modernidade que aqui chegavam, o que predominava no cenário da poesia brasileira era ainda a eloqüência formal parnasiana e a poesia crepuscular do simbolismo europeu, aqui representado pelas grandes figuras de Cruz e Souza e Alphonsus Guimaraens.

É nessa confluência de águas que Henriqueta Lisboa se apresenta como poeta, com **Fogo fátuo**, coletânea de sonetos que, no prefácio, Augusto Lima (membro da ABL) define como parnasianos: *Está legitimamente justificada a forma esculturalmente parnasiana destes versos, cuja musa se inspira nos grandes problemas da alma e do destino humano.* Resgatado do esquecimento, por José Afrânio Duarte (**Henriqueta Lisboa: poesia plena,** 1996), lemos no soneto Fogo fátuo que dá título ao livro, a problemática que ao longo de meio século vai-se desdobrar em mil variantes: o enigma da condição humana. Enigma que neste soneto se metaforiza num jogo de trevas e luz:

Noite. Deusa do mundo a treva se proclama, / ébria de escuridão que a toda parte leva. / De súbito, porém, no desejo que a inflama / Vívida labareda, a arder, do pó se eleva. / Mas boca escancarada, às tontas, sobre a chama [...] é vencedora a treva. // Fogo fátuo, a afrontar da noite o amplo reduto / morre da mesma vida em que heróico se esforça.

Em clara linguagem metafórica, a poeta contrapõe as trevas da materialidade, em que o homem se viu aprisionado, e a luz da espiritualidade (fogo fátuo), que ele se esforça por recuperar para que a vida tenha sentido. Não por acaso, Cecília Meireles, na mesma época, em seu segundo livro, **Balada para El-Rei** (1921) também canta esse vazio metafísico: *Na grande noite tristonha [...] Eu ponho o meu sonho oculto / de ave triste – que não voa / detida a ver o teu vulto de cetro, manto e coroa / E eu ponho o meu sonho oculto.*

É esse vazio metafísico (que, em Cecília, vai ser preenchido com a própria poesia transformada na matéria-prima do poema), e não um problema simplesmente formal que distancia a poesia de Henriqueta Lisboa (e de outros a ela semelhantes) dos sulcos abertos pelo Modernismo, aproximando-as de uma importante linha da poesia européia – a da poesia essencialista (à qual Murilo Mendes e Jorge de Lima também aderiram, em determinada fase). Essencialista, na medida em que busca o além das formas concretas e se quer no limiar do sagrado. Em certa entrevista, Henriqueta diz claramente: *Não ouso definir especificamente a poesia, embora tenha aventado que ela seria a coação do eterno dentro do efêmero. Sinto-a como a aura que se irradia do ser.* (in **Vivência poética**, 1979).

É dessa coação do eterno que a sua poesia se alimenta. Daí o seu grande tema, a morte, e sua fuga às exterioridades da vida, mesmo as ligadas a Deus. Não se trata, porém, de uma poesia mística, como pode parecer, pois seu objetivo último não é a fusão com Deus, mas sim a própria experiência poética, seu poder de reter, na rede das palavras, o indizível ou o inefável que fazem parte do mistério da vida e da morte.

Perscrutando esse mistério, sucedem-se os títulos, **Velário** (1936), **Prisioneira da noite** (1941), **A face lívida** (1945) e outros e outros até a década de 1980. Poesia por vezes definida como religiosa, na medida em que sua matéria-prima é o próprio verbo e seu poder de forçar as portas do mistério, transformar em palavras e perpetuar no tempo a vidência e vivência efêmera de realidades, sensações, emoções, etc. Poesia que sugere um caminho ascensional e de certo momento em diante foi tocada pela atmosfera existencialista/heideggeriana que, entre nós, se adensa na literatura pós-1960. Atmosfera que provoca a reflexão sobre o ser-em-si e o estar-no-mundo. **Em pousada do ser** (1992), são essas reflexões que energizam a poesia. Reflexão sobre o homem como pousada do ser, morada transitória, onde ele se hospeda por algum tempo e depois reenceta a caminhada. Tal como o diz a doutrina paulina: o homem é apenas um passageiro (*homo viator*), um ser transitório que busca uma pousada eterna e definitiva. Caminhada efêmera que à palavra cabe eternizar, para vencer a morte.

Os sentidos humanos já não captam / o sentido da vida // Cega surda e muda, a criatura / não mais reconhece o mundo / – esfera compacta e oca / O sentido da vida está por um fio. [...] Século de assombro – este século. / De violência e progresso. [...] Porém acima de qualquer assombro / aquele assombro vindo de antanho / para atravessar o século / de ponta a ponta – flecha escura – e ser / perene assombro dos mortais / – a morte.

Poesia amplamente consagrada pela crítica e pelo público, como das mais puras da poesia brasileira, a de Henriqueta Lisboa é possuidora de uma expressiva fortuna crítica, registrada em publicações esparsas ou recolhidas em livros: **Henriqueta Lisboa: poesia plena**, 1996, de José Afrânio Duarte; **Interpretação lírica de Henriqueta Lisboa**, 1965, e **A poesia de Emily Dickinson e Henriqueta Lisboa**, 1973, de Blanca Lobo; A Poesia de Henriqueta Lisboa in **Do barroco ao modernismo: vozes da literatura brasileira**, 1989, de Fábio Lucas; **Presença de Henriqueta**, 1992, de A. O. Carvalho/Eneida M. Souza/W. M. Miranda; **Poesia de Henriqueta**, 1984, de J. Lourenço Oliveira; **Henriqueta Lisboa – bibliografia analítico-crítica**, 1992, org. Carmelo Virgílio; e outros.

Entre os prêmios e distinções que lhe foram concedidos, ao longo dos anos, destacam-se: Prêmio Poesia da Academia Mineira de Letras, 1950. Medalha da Inconfidência de Minas Gerais, 1955, e Prêmio Poesia da Câmara Brasileira do Livro, 1952; Prêmio Machado de Assis da Academia Brasileira de Letras, 1984 (para o conjunto de obra).

Paralelamente à sua produção poética, destacou-se como leitora crítica e ensaísta de grande sensibilidade e cultura, atenta às transformações em curso em seu tempo. Seus artigos, ensaios e monografias foram divulgados em revistas especializadas (Revista do Livro-RJ, Revista Instituto e Geográfico-MG, Colóquio Letras-Lisboa, Insula – Madri, Revista do Conselho Estadual de Cultura-MG, e outras), e em livros (**Vigília poética**, **Vivência poética**...)

Como tradutora de poesia, difundiu entre nós grandes vozes da poesia universal (Dante, Gôngora, Leopardi, Jorge Guillén, Gabriela Mistral, Lope de Vega, Schiller, Rosalía de Castro, José Martí, entre outros). A maior parte de sua produção poética tem sido traduzida para diversos idiomas (espanhol, inglês, alemão, francês, latim, grego, húngaro e italiano), e incluída em antologias e dicionários nacionais e internacionais.

Autora de uma extensa obra, que ultrapassa trinta volumes de poesia, monografias, ensaios críticos, traduções, poesia para crianças e jovens... Henriqueta Lisboa foi a primeira mulher a ser eleita (1963) para a Academia Mineira de Letras, quebrando uma longa tradição. Entre as muitas entidades culturais de que foi membro participante, destacam-se: Instituto Histórico e Geográfico-MG e Comissão Mineira de Folclore – Instituto de Educação, Ciência e Cultura. As inúmeras pesquisas feitas sobre sua vida e obra confirmam-na como uma das poetas mais homenageadas do País, ao longo de uma carreira que abarcou cinqüenta anos de ininterrupta atividade literária e intelectual do mais alto nível.

Publicações: Poesia – **Fogo fátuo**, 1925; **Enternecimento**, 1929; **Velário**, 1936; **Prisioneira da noite**, 1941; **A face lívida**, 1945; **Flor da morte**, 1949; **Poemas** (Flor da morte e A face lívida), 1951; **Madrinha lua**, 1852; **Azul profundo**, 1956; **Lírica** (obra reunida), 1958; **Montanha viva, caraça**, 1959; **Além da imagem**, 1963; **Nova lírica**, 1971; **Belo Horizonte bem querer**, 1972; **O alvo humano**, 1973; **Poemas escolhidos/Chosen poems**, 1974; **Poémes choisis**, 1974; **Reverberações**, 1976; **Miradouro e outros poemas**, 1976; **Celebração dos elementos**, 1977; **Casa de pedra** (poemas escolhidos), 1979; **Pousada do ser**, 1982, e **Obras completas**, 1985. Poesia infantil – **O menino poeta**, 1942-1975. Ensaio – **Alphonsus Guimarãens**, 1954; **Convívio poético**, 1955; **Vigília poética**, 1968, e **Vivência poética**, 1979. Tradução – **Antologia poética**, 1961; **Cantos de Dante**, 1970, e **Poemas escolhidos de Gabriela Mistral**, 1969.

HERCULANA FIRMINA DE SOUZA 539

Mulher culta, que deixou nome entre as escritoras maranhenses, Herculana Firmina de Souza nasceu em Ilha Terceira nos Açores (Portugal), por volta de 1840. Adolescente, vem com a família para o Brasil e se radica em Curupu (Maranhão), onde faleceu (data ignorada). Escreveu poesias (não recolhidas em livro) e um estudo histórico publicado em 1868.

Publicação: **Resumo da história do Brasil desde o seu descobrimento até a aclamação de Sua Majestade Imperador**. 1500/1850 (São Luís, 1868).

HERMENGARDA TAKESHITA 540

Poeta, articulista, contista, romancista, memorialista, professora, Hermengarda Leme Leite Takeshita nasceu em Franca (SP), e faleceu na capital paulista em 1986.

Tocada pelos ares renovadores da década de 1920, empenhou-se num trabalho de base na área da educação, ensino e cultura. Foi professora, a partir de 1925, no Grupo Escolar Romão Puiggari, então recém-fundado no Brás e que se tornou um dos mais importantes, nos anos de 1920 e 1930, na capital paulista.

Personalidade generosa e humanista, desde jovem sente-se atraída para os estudos espiritualistas, no sentido de aprofundar o conhecimento do ser humano. Dedica-se a estudos esotéricos e trabalhos de tradução. Trabalha como revisora em editoras. Colabora com instituições culturais e beneficentes e congrega à sua volta jovens idealistas, fundando a Assembléia Juvenil da Boa Vontade, que promoveu inúmeras campanhas de grandes resultados práticos (em prol dos hansenianos, dos presidiários, etc.). Contrariando as convenções familiares, que não aceitavam a união do ocidental com o oriental, rompe com a família e se casa com Kwanichi Takeshita, samurai japonês que havia emigrado para o Brasil. A partir de seu casamento, intensificam-se suas atividades nas áreas da espiritualidade religiosa, filosófica e literária.

Estréia como escritora, em 1937, com o romance **Sacurá**, que se passa no Japão de antes da guerra e fala de um amor que vence todas as barreiras. Nesse mesmo ano, passa por uma experiência insólita: estava na varanda de sua casa na praia, quando viu um imenso objeto luminoso surgir no céu, flutuar uns momentos na sua frente, pousar sem ruído defronte à varanda, depois subir lentamente e desaparecer no horizonte. Segundo seu depoimento, somente dez anos mais tarde (1947), quando os discos voadores se tornaram notícia e objeto de atenção dos estudos das mais diferentes áreas, resolve transformar essa sua experiência extraterrestre em livro para jovens: **Estranhos visitantes**, cuja publicação só se deu em 1954. Esta novela de intenção científica foi a primeira, entre nós, escrita para o público mirim e **O homem que viu o disco voador**, de Rubens Scavone, de 1958, teria sido a primeira destinada aos adultos.

Em janeiro de 1972, desejando contribuir com sua experiência para as investigações que vêm sendo feitas pela NASA (National Aeronautics and Space Administration, Alabama, EUA), Hermengarda Takeshita lhes escreve relatando minuciosamente o fenômeno que havia visto. Em fevereiro de 1972, o cientista Ernest Stuhlinger, diretor científico do George C. Marschall, responde-lhe agradecendo: *Senhora muito prezada, a luz que a senhora viu será por nós estudada. Se o nosso amor é a ciência, também sabemos amar os olhos que Deus vos deu, visão de mais sapiência. E a NASA vos cumprimenta, a NASA vos agradece de inteiro bom coração. A NASA, senhora amiga, também sabe dos mistérios que estão além da razão.* (trad. Hilda Hilst).

Durante anos, Hermengarda colaborou nas revistas Nikkei, Anhembi, revista dos Fazendeiros, e outras. Trabalhou como revisora para as editoras Ipê, Brasiliense e Universitária. Entre suas dezenas de traduções, estão: **Eu viajei com Vasco da Gama,** de Louise A. Kente; **História das invenções,** de Van Loon; **Você e as suas superstições,** de Brewton Berry (todas para a Ed. Universitária. SP). Sua última publicação foi o romance memorialista **Um grito de liberdade** (Uma família no fim de *Belle Époque*), no qual mostra os acontecimentos de sua família, essencialmente ligados à evolução da história mundial, com suas migrações, abertura de caminhos, guerras, sonhos e dores ou alegrias...

Publicações: Romance memorialista – **Sacurá**, 1937, e **Um grito de liberdade**, 1984. Livro Juvenil – **Estranhos visitantes**, 1954, e **Joãozinho no planeta azul**, 1980.

541 HERMÍNIA GUIMARÃES GUALDI

Poeta, atriz cinematográfica e professora, Hermínia Dulcina Corrêa Guimarães Gualdi nasceu em Santa Vitória do Palmar (RS), em 01.08.1931. Usava o pseudônimo de Nina Gualdi.

Cursou o Normal e Especialização para crianças excepcionais, no Recife. Ingressou no magistério. Ao mesmo tempo dedica-se à escrita literária (publicando na imprensa e em revistas especializadas) e à experiência de atriz cinematográfica. Estréia em livro, com a poesia erótica de **Poemas da carne**.

Publicações: **Poemas da carne**, 1962, e **Canção do exílio**, 1971.

542 HILA FLÁVIA

Poeta, advogada, professora, Hila Flávia Marinho Teodoro nasceu em Pará de Minas (MG), em 17.12.1942. Bacharel em Direito (PUC-MG) e diplomada em canto coral e canto orfeônico. Atua profissionalmente como tabeliã (cartório do 6º Ofício de notas – Belo Horizonte) e professora de canto. Desde muito jovem escreve poesia, divulgando ocasionalmente na imprensa local. Estreou em livro, em 1982, com **Quintal de horta**, logo seguido por **Quebrando o círculo** (o da mulher condenada a ser sempre oprimida e infeliz). Poesia generosa, lúcida quanto às dores e misérias da vida, mas assumindo a parte luminosa do ser, principalmente a mulher, que se sente multiplicar e pertencer à eternidade através da maternidade, que nela se confunde com criação poética.

Sou grávida de poesia/ desde a primeira semente de amor.

Há de se viver assim, sentindo tudo. / Tanto a brisa do ar como o cheiro das flores. / Sofrer com as tristezas, cantar com as graças, / rir com as alegrias e chorar com as dores. [...] Eu não suspiro nem gemo. / Eu rio. / Não consigo chorar e clamar. / Eu rio. / Não consigo cultivar o desalento. / Eu amo.

É bom que alguém descubra a simplicidade de ser feliz, algo que existe dentro de cada um e não, fora... e o cante para que os outros descubram que a felicidade está em cada um, dependendo da maneira com que vê o mundo, e procure o seu lugar para atuar dentro dele.

Publicações: **Quintal de horta**, 1982, e **Quebrando o círculo**, 1984.

543 HILDA A. HÜBER FLORES

Professora universitária, pesquisadora, tradutora, ensaísta, memorialista, Hilda Agnes Hüber Flores nasceu em Venâncio Aires (RS), em 1933. Formou-se nas áreas de Serviço Social (1955) e Filosofia. Realizou mestrado em História (1977), com a dissertação Canção dos Imigrantes. Todos feitos na PUC-RS. Ligado à atividade docente, vem desenvolvendo intenso trabalho de pesquisa, concretizado em dezenas de publicações, seja em periódicos, revistas, anais, antologias coletivas ou em livros individuais. Tem textos publicados nas antologias: **Cultura sul rio grandense** (1981); **Vozes femininas** (1983), **O papel da mulher na revolução farroupilha** (1985); **Ajebianas de sul a norte** (1988); **Anais** do III Seminário Nacional Mulher & Literatura (1989); **50 anos de literatura: perfil das patronas** (1993) e Corimbo x Educação (in **RS – Educação e sua história**, 1998).

Como pesquisadora, direcionou sua atividade basicamente para duas temáticas: a imigração alemã (como neta de emigrantes alemães que é) e o estudo do papel desempenhado pela mulher, na evolução histórica. Nesta área, completando um extenso trabalho de recolha de biografias de mulheres pioneiras, contextualizadas, estende sua pesquisa às biobibliografias de escritoras contemporâneas, enfeixando todas elas no volume **Dicionário de mulheres** (1999), que se torna uma excelente fonte de consulta. Ainda nessa linha de redescoberta da produção literária feminina, realizou um estudo crítico e bibliográfico para a reedição do volume **O ramalhete** (1845), de Ana Eurídice de Barandas*, tida como a primeira cronista brasileira a denunciar os preconceitos sociais que pesavam sobre a mulher, em sua época.

Presidiu a ALFRS (Academia Literária Feminina do RS) e o Círculo de Pesquisas Literárias. Seu diversificado trabalho tem recebido várias distinções (Medalha Irmão Afonso/PUC-RS; Prêmio Ensaio Governo do Estado do Rio Grande do Sul e outros).

Publicações: Tradução – **Memórias de um emigrante boêmio**, 1983; **O doutor Maragato**, 1994; **Santa Clara: o combate federalista**, 1995; **Memórias de Brummer**, 1997, e outras. Ensaio – **Tristeza e Pe. Reus**, 1979; **Canção dos imigrantes**, 1983; **Sociedade, preconceitos e conquistas**, 1989; **Alemães na guerra dos farrapos**, 1995, e outros. Memória histórica – **Ramalhete de Ana de Barandas** (estudo crítico da 1ª edição 1845), 1990, e **Dicionário de mulheres**, 1999.

HILDA HILST 544

Poeta, dramaturga e ficcionista (tríplice e rara conjugação de forças criadoras), a paulista Hilda Hilst, que já celebrou meio século de carreira (1950/2000), desde há muito consagrou-se como uma das grandes vozes da literatura brasileira contemporânea. Nasceu em Jaú (SP), em 21.04.1930, filha do fazendeiro, poeta, jornalista e ensaísta Apolônio de Almeida Prado Hilst e de Bedecilda Vaz Cardoso. Logo após seu nascimento, seus pais se separam e ela muda-se com a mãe para Santos (SP). Seu pai, sofrendo de esquizofrenia, é internado em um sanatório em Campinas (SP), e até o final da vida (1966) passaria longos períodos em casas de tratamento para doentes mentais.

Aos sete anos, passa a estudar como interna no Colégio Santa Marcelina, na capital paulista. Ali permanece oito anos. Falando desse período, ela recorda:

Quando eu tinha oito anos, minha maior vontade era ser santa. Eu estudava em colégio de freiras, rezava demais, vivia na capela. Sabia de cor a vida das santas. Eu ouvia a história daquela Santa Margarida que bebia a água dos leprosos e ficava impressionadíssima. Vomitava todas as vezes que as freiras falavam disso. Elas diziam: Não é para vomitar!. Eu queria ser santa. (in Cadernos de Literatura/Inst. Moreira Salles. SP, 1999).

Com dezesseis anos ingressa no curso clássico da Escola Mackenzie. Em 1948, entra para a Faculdade de Direito do Largo São Francisco. Forma-se em 1950, mas não segue a carreira jurídica. Nesse ano, estréia como poeta, com o volume **Presságios**. No ano seguinte, lança **Balada de Alzira**. A poeta ensaiava os primeiros passos no mundo da criação poética.

Pertencente à alta sociedade paulistana, considerada uma das mulheres mais bonitas de sua geração e despertando grandes paixões, entrega-se a uma vida social intensa que se estenderia até os anos de 1960. Faz várias viagens à Europa e aos Estados Unidos, e vive grandes e efêmeras paixões. Em 1963, muda radicalmente de vida: abandona o prazeroso convívio social para se dedicar integralmente à criação literária. Decisão que, segundo ela, se devia à leitura da **Carta a El Greco,** do grego Nikos Kazantsakis, que defendia a tese de que é necessário o isolamento do mundo, para tornar possível o real conhecimento do ser humano.

Passa a viver em uma das propriedades de sua mãe, a Fazenda São José, e em 1966, muda-se para a Casa do Sol, que construíra em terras suas, próximas a Campinas. Casa-se com o escultor Dante Casarini, do qual se divorciaria em 1980. Fixou-se definitivamente na Casa do Sol, onde vive em companhia de dezenas de cães, de uma governanta e de eventuais hóspedes amigos.

Até o momento dessa mudança, Hilda Hilst já havia publicado vários livros de poesia. Um deles (**Sete cantos do poeta para o anjo**) consagrado com o Prêmio Pen Clube-SP/1962). É no novo retiro que inicia sua produção teatral. Em 1967, escreve **A possessa** e **O rato no muro**, às quais se seguem peças escritas até 1969: **O visitante**, **Auto da barca de Camiri**, **O novo sistema**, **As aves da noite**, **O verdugo** (Prêmio Anchieta/1969) e **A morte do patriarca**. Posteriormente, algumas foram encenadas por grupos de teatro experimental (Grupo da Escola de Arte Dramática; Grupo Experimental Mauá-Gema, ambos sob a direção de Terezinha Aguiar; Grupo de Teatro Núcleo/Universidade Estadual de Campinas, direção de Nitis Jacon Moreira; Grupo Oficina, direção de Rofran Fernandes; Grupo Teatro Ruth Escobar, direção de Antonio do Valle, etc.).

Ainda em 1967, reúne sua produção poética no volume **Poesia** (1959/1967), publicação que representa uma espécie de linha divisória em sua criação, que a partir daí entra por novos caminhos. Um deles é o da ficção experimental, iniciada com **Fluxo-floema,** de 1970. Ano em que, baseada nos experimentos do sueco Friedrich Juergenson (relatados no livro **Telefone para o além**), inicia uma série de experiências para contato com vozes de pessoas mortas, em gravações através de ondas radiofônicas. Experiências que tiveram larga repercussão na mídia e se prolongaram por uma década. Delas também participaram vários amigos. Entre essas experiências com o sobrenatural ou o mistério, está a visão de discos voadores que teriam sobrevoado a Casa do Sol.

Em 1982, passando por uma crise econômica, entra para o Programa do Artista Residente da UNICAMP. Entre 1992 e 1995, escreve crônicas semanais para o Correio Popular de Campinas, mais tarde reunidas no livro **Cascos & Carícias**.

Escritora da linhagem dos fundadores – aqueles que lançam os alicerces de novas rotas – Hilda Hilst (tal como Guimarães Rosa, Clarice Lispector, João Cabral, e outros fundadores) vem construindo uma obra, cuja matéria-prima é retirada deste nosso mundo em caos, descentrado (desde que perdeu seu centro sagrado), mundo em acelerado processo de mutação e incapaz de responder às interrogações-limite da condição humana: Quem somos? O que fazemos aqui? Para onde vamos, após a morte?, etc. É nessa esfera de vivências, paixões, dores, êxtases, erotismo que oscila entre o sagrado e o demoníaco, ânsia de pureza e transcendência ou atração pelo sórdido e vulgar... que se contrói o universo hilstiano. E por diversas que tenham sido as respostas vislumbradas por sua *persona poética*, neste meio século de busca, todas arraigam no amor, sentimento abissal, através do qual o homem (em agonia ou júbilo) se sente religado ao mundo. Ou melhor, ao mistério profundo da vida.

Ainda em desamor, tempo de amor será. / Seu tempo e contratempo. / Nascendo espesso como um arvoredo / e como tudo que nasce, morrendo / à medida que o tempo nos desgasta. / Amor, o que renasce. (***Do amor***)

Como toda grande poesia, a de Hilda Hilst expressa em seu suceder as metamorfoses do nosso tempo. E assume a tarefa nomeadora que lhe cabe: a da palavra demiúrgica que cria o Real.

O caminho de dentro / É um grande espaço-tempo [...] Mensageiro das ilhas, / Teus pés de pássaro, a mim é que procuram se caminhas. [...] Inaugurar ares / Para que o teu corpo se conheça / sobre mim, mas é áspera / Minha boca móvel de poesia, / Áspera minha noite. (***Trajetória poética do Ser***)

Desde as primeiras horas (década de 1950), o mistério da poesia e do amor foram os pólos imantados que a atraíram. Mas o interrogar tal mistério vai-se alterando ou se ampliando, à medida que a poeta verticaliza e aprofunda a sondagem da palavra. Do interrogar lírico, voltado para o mundo, seus poemas vão-se concentrando no eu, no ser-que-interroga. Há uma diferença essencial entre o primeiro e o último interrogar, a que vai do eu que se vê em distância e a de um eu que se assume por dentro, força ou luz que irrompe. Em seus inícios, presa do tumulto do amor e da poesia, a poeta pergunta:

É meu este poema ou é de outra? / Sou eu esta mulher que anda comigo / e renova a minha fala e ao meu ouvido / Se não fala de amor, logo se cala? // Sou eu que a mim mesma me persigo?

Com o tempo, a mulher-poeta se assume em plenitude, como aquela que está no princípio, sempre e sempre, e encara com desassombro a última grande aventura da vida, a que virá com a morte:

Me cobrirão de estopa / Junco, palha. / Farão de minhas canções / Um oco, anônima mortalha / E eu continuarei buscando / O frêmito da palavra. / E continuarei / Ainda que os teus passos / De cobalto / Estrôncio / Patas / Devam me preceder. / Em alguma parte / Monte, serrado, vastidão / E nada. / Eu estarei ali / Com minha canção de sal. (***Da morte: odes mínimas***)

Vislumbrando, afinal, o eu obscuro/luminoso que é ela própria, mulher-poeta, sente que a resposta para os demais enigmas da vida virá a partir da resposta que esse eu radical lhe der, desde que atento ao mundo em que lhe coube viver e reconstruir. Mas até essa autodescoberta, o caminho foi longo... **Roteiro do silêncio** (1959); **Ode fragmentária** (1961); **Sete cantos do poeta para o anjo** (1962); **Trajetória poética do Ser** (1966)... De título para título vai-se aprofundando na poética hilstiana a função mediadora (ou demiúrgica) da poesia, religando o homem prisioneiro da civilização tecnicista aos impulsos primitivos/naturais do ser, e despertando nele a consciência terrestre, que tem nas raízes o misticismo existencial de Rilke e o avassalante sentimento-de-mundo do grego Nikos Kazantsakis. A poesia de Hilda ilumina-se contra o pano de fundo da tortuosa/luminosa/efêmera vida terrena, que é pressentida como partícipe de algo incomensurável e eterno. Inicia-se uma nova experiência existencial, que cabe à poesia nomear, a busca de Deus nas coisas terrestres.

Lenta será minha voz e sua longa canção / Lentamente se adensam as águas / Porque um todo de terra em mim se alarga [...] A face do meu Deus iluminou-se / E sendo Um só, é múltiplo Seu rosto. (**Trajetória poética do Ser**)

A multiplicidade na unidade é um dos vetores da busca em que se empenha esta poesia. Fecundadas por essa agônica procura do conhecimento desse novo homem e esse novo Deus, as palavras do poeta se impregnam de enigmas.

Estou no centro escuro de todas as coisas / Mas a visão é larga / Como um grito que se abrisse e abrangesse o mar. [...] Nosso Deus era um Todo inalterável, mundo / E mesmo assim mantido. Nosso pranto / Continuamente sem ouvido / Porque não é missão da divindade / Testemunhar o pranto e o regozijo. / O que esperais de Deus? / Ele espera dos homens que O mantenham vivo.

Nos rastros dessa paradoxal inversão (proposta por Kazantsakis) – a afirmação de que Deus precisa dos homens para manter-se vivo – é que se vem desdobrando a poesia de Hilda Hilst. A experiência poética deixa-se penetrar cada vez mais fundo pela experiência existencial-metafísica ou espiritualista.

Curioso notar, porém, que no limiar dessa nova experiência, sua poesia permaneceu sete anos em silêncio (1967/1974), durante os quais nascem a dramaturga e a ficcionista, ambas em busca de uma nova linguagem. Nesse período, dá-se uma extraordinária transformação no ato criador hilstiano. É como se tivessem rompido as comportas de um dique e as águas se precipitassem livres em toda sua força selvagem. Entregando-se à invenção febril de uma linguagem metafórica (ou alegórica), satírica e contundente, aprofunda-se a sondagem do eu em face do outro ou do mistério cósmico/divino que o desafia. Agora a busca do autoconhecimento cava mais fundo. Rompe as exterioridades da vida cotidiana/concreta, para investigar o fundo do poço, o eu desconhecido que, no oculto de cada um, espera ser descoberto. Nessa produção teatral ou ficcional, a *persona poética* rompe o círculo mágico do eu e desafia o enigma (existência, morte, Deus, sexualidade, finitude, eternidade...).

A essa esfera, pertencem suas peças teatrais (**A possessa**, **O verdugo**...), seguidas pela insólita ficção de **Fluxo-floema** (1970) e **Qadós** (1973). Matéria densa de significados e linguagem forte, por vezes solene, por vezes lúdica, mas sempre emaranhada em obscuridades ou ambigüidades, a de sua ficção, para ser decifrada em sua essencialidade, exige ser iluminada pelas linhas-de-força que ligam a autora às suas afinidades eletivas. Se em sua alta poesia vibram vozes de amados poetas (Holderlin, Rilke, John Donne, Eliot, René Char, Jorge de Lima...), na ficção, pelo menos três forças criadoras precisam ser lembradas: a de certos inventores, no início e meados do século XX, que questionaram a linguagem do romance e contribuíram para a destruição da ilusão romanesca; a que comunga com o humanismo de Kasantzakis, e a da filosofia religiosa arcaica, na linha neoplatônica de um Plotino (citado por várias personagens) e na linha ocultista da cabala (pressentida em inúmeros índices das tramas narrativas). Dentro de uma das mais fecundas diretrizes pós-modernas (intertextualidade ou transtextualidade), Hilda Hilst faz convergir em seu texto discursos de mestres que a precederam e assim se torna mais um elo da infindável corrente ou teia verbal, na qual a vida vem sendo represada.

Entre os inventores (que aparecem implícita ou explicitamente em sua escritura) estão: Joyce, Beckett, Kafka, Ionesco, Celine, Artaud, Bataille... Autores para iniciados, todos eles (apesar das fundas diferenças entre si) constróem um discurso difícil, que resiste a uma fácil decodificação lógica, pois expressam experiências existenciais, ainda informes. Como as que se expressam na ficção hilstiana, entre elas, a busca de Deus, em **Qadós**:

...esse que entrou na Casa do Grande Obscuro e cumpriu seus rituais, banhou-se de cadáveres, evocou seus medos, seus triunfos, Qadós mulher violentada, Qadós apontando o fuzil, Qadós ele mesmo mil mãos espalmadas contra a parede, Qadós ministro e juiz de si mesmo, vinte e um problemas indecifráveis...

O retorno à poesia se dá em 1974 com **Júbilo, memória, Noviciado da paixão**. Todos os temas antes cantados voltam aqui com maior intensidade. O erotismo, vivenciado no alto sentido filosófico do termo – a experiência de comunhão plena eu-outro –, passa a ser o nervo central do canto feminino. A mulher se redescobre como algo essencial, como princípio, expansão e duração do homem no tempo, através da experiência erótica que, partindo do corpo, atinge as raízes metafísicas do ser e o faz sentir-se participante da totalidade.

Toma-me. A tua boca de linho sobre a minha boca / Austera. Toma-me Agora, Antes */Antes que a carnadura se desfaça em sangue. [...] Tempo do corpo este tempo, da fome / Do de dentro. Corpo se conhecendo, lento, / Um sol de diamante alimentando o ventre, / o leite da tua carne, a minha / Fugidia. /* E sobre nós este tempo futuro urdindo / Urdindo a grande teia. *Sobre nós a vida / A vida se derramando. Cíclica. Escorrendo. / Te descobres vivo sob um jogo novo. (destaques nossos)*

Como uma sacerdotisa a cumprir um ritual, a mulher exorta o homem à união, segura da verdade essencial da experiência amorosa. Da primeira à última página, **Júbilo, memória...** é um chamamento erótico, na mais alta significação do termo. Nele, amor e morte se fundem, dando continuidade à vida. Fusão transcendente que é o motivo nuclear de **Da morte: odes mínimas** (1980), tenso diálogo da persona poética com a morte (com a qual se confunde o mistério de Deus).

Te batizar de novo. / Te nomear num trançado de teias / E ao invés de Morte / Te chamar Insana / Fulva / Feixe de flautas / Calha / Candeia / Palma, por que não?

Ou ainda

*Ah, negra cavalinha / Flanco de acácias / Dobra-te para a montaria / Porque me sei pesada / De perguntas, negras favas / Entupindo-me a boca / E no bojo um todo adverso / Uns adversos de nojo: / Que rumos? Calmarias? / Me levas pra qual desgosto? / Há luz? Há um deus que me espia? / Vou vê-lo agora montada alma / Sobre as tuas patas? Teu rosto? (**Da morte: odes mínimas**)*

Para além de sua beleza e magia poética, essas *odes mínimas* expressam a intuição de estarmos próximos do tempos (um século ou mais?) em que o sentido da sacralidade será recuperado. Até lá nos restam as centelhas dessa luz encoberta, que a poesia interroga e transmuta em palavra. Essas interrogações percorrem também a ficção publicada nesse mesmo ano: **Tu não te moves de ti**.

Nessa esfera de vivências em que se misturam o erótico, o sagrado, o profano, a agonia existencial, o absoluto e o relativo, o obsessivo corpo-a-corpo com a palavra nomeadora... são escritos os livros de poesia ou ficção que se sucedem até 1990. Entre os quais, os pontos-cume talvez sejam **A obscena Senhora D** (1982) e **Amavisse** (1989), livros nos quais sua arte atinge novas alturas.

Com o último, conforme o título latino (ter amado) o sugere, Hilda Hilst declara se despedir da grande arte. Em consciente reação ao fato de não ser lida, nem entendida pelo leitor em geral (o que não acontece com a crítica que há muito já a consagrou), decide mudar de rota: da busca do sublime para o cultivo do obsceno. Em 1990 lança **O caderno rosa de Lory Lamby**, o primeiro da trilogia pornográfica, completada com **Contos d'escarnio/Textos grotescos** e **Cartas de um sedutor**. Apesar da vulgaridade intencional com que descontrói toda a possível grandeza humana, nessa trilogia (como na poesia pornográfica dos livros **Alcoólicas** e **Bufólicas**) ainda se faz presente a sua grande arte. À qual ela volta em 1992, com os poemas **Do desejo**, seguido de **Cantares do sem nome e de partidas** (1995) e da seleção **Do amor**, com que quis marcar o seu meio século de criação, e seu novo caminho, o silêncio, em seu recolhimento na Casa do Sol. Seu gênio permitirá que essa decisão se cumpra?

Poeta da estirpe dos visionários e dos incendiados pela paixão do viver, do amar e do saber, Hilda Hilst é um dos arautos do novo, em meio ao caos destes tempos de mutação.

De ares e asa não percebo nada. / Mas atravesso abismos e um vazio de avesso / Pra tocar a luz do teu começo. [...] Em minhas muitas vidas hei de te perseguir. / Em minhas sucessivas mortes hei de chamar este teu sem nome / Ainda que por fadiga ou plenitude, destruas o poeta / Destruindo o Homem.

Publicações: Poesia – **Presságios**, 1950; **Balada de Alzira**, 1951; **Balada do festival**, 1955; **Roteiro do silêncio**, 1959; **Trovas de muito amor para um amado senhor**, 1959; **Ode fragmentária**, 1961; **Sete cantos do poeta para o anjo**, 1962; **Poesia** (reunida), 1967; **Júbilo, memória, noviciado da paixão**, 1974; **Poesia** (reunida), 1980; **Da morte. Odes mínimas**, 1980, e edição bilíngüe, francês-português, 1998; **Cantares de perda e predileção**, 1980; **Poemas malditos, gozosos e devotos**, 1984; **Sobre a tua grande face,** 1986; **Amavisse**, 1989; **Alcoólicas**, 1990; **Bufólicas**, 1992; **Do Desejo**, 1992; **Cantares do sem nome e de partidas**, 1995, e **Do amor**, 1999. Ficção – **Fluxo-floema**, 1970; **Qadós**, 1973; **Ficções**, 1977; **Tu não te moves de ti**, 1980; **A obscena Senhora D**, 1982; **Com meus olhos de cão**, 1986; **O caderno rosa de Lory Lamby**, 1990; **Contos d'escárnio/Textos grotescos**, 1990; **Cartas de um sedutor**, 1991; **Rútilo nada**, 1993, e **Estar sendo ter sido**, 1997. Teatro – **Teatro reunido-I** (A empresa/A possessa, O rato no muro, O visitante e auto da barca de Camiri), 2000; **Teatro Reunido-II** (As aves da noite, O novo sistema, O verdugo e A morte do patriarca), a publicar. Crônica – **Cascos & Carícias**, 1998.

Romancista, pesquisadora e professora universitária, Hilda Gomes Dutra Magalhães nasceu em Silvânia (GO), em 09.04.1961. Reside em Mato Grosso (MT). Foi atraída pelas letras, desde menina. Em concurso literário promovido pelo Instituto Auxiliadora, onde fazia estudos primários, um conto seu obteve o 1º prêmio.

Licenciada em Letras (UFGO), exerce o magistério na área de língua e literatura (Instituto Araguaia, Colégio Santa Clara, Colégio Marista e Lyceu de Goiânia). Realizou o mestrado em Teoria Literária (UFGO). No final dos anos de 1980, passa a lecionar teoria literária no CESMA (Centro de Ensino Superior do México Araguaia), campus avançado da Fundação Universidade Federal do Mato Grosso, em Barra do Garças. Em 1992, termina o doutorado na UFRJ. Em 1998 inicia o pós-doutorado, em Paris, na Sorbonne Nouvelle e École des-Hautes Études. Nesse período, na França, participou como co-fundadora e coordenadora do Groupe de Réflexions sur la Litérature de la Fin du Siécle, por escritores brasileiros, franceses, espanhóis e italianos, com o objetivo de refletir sobre a estética da passagem de nosso século. O grupo divulga seus trabalhos no site **Interart** (jul./1999 a dez./2000), e um ano depois de fundado, expôs seus trabalhos nas dependências da Sorbonne Nouvelle/Université de Paris II (13 a 17.12.2000).

Estréia como romancista com **Estranhos na noite** (Prêmio Bolsa de Publicações Hugo de Carvalho Ramos/1986). Romance que se insere na área do experimental, este não é dos que se oferecem abertamente ao leitor. Como toda escritura experimental, a de Hilda exige um novo leitor, que participe do jogo narrativo e construa o que falta. A trama labiríntica se tece através de uma voz narradora (a de um homem que se sabe no limiar da morte), que tenta encontrar respostas para sua tragédia. Tentativa que se concentra na escrita e na redescoberta do passado. Trata-se da luta com as palavras, para que a experiência existencial dolorosa e indizível seja nomeada e se torne realidade comunicável. Daí a frase fragmentada, o livre jogo de associações, o fluxo de consciência, o constante resvalar do real para o onírico, o apagamento dos limites entre a realidade vivida e a imaginação, a fantasia.

Este livro saiu da insônia, graças ao antibiótico que tomei, à minha infelicidade, ao meu desepero e à sede que não me deixa dormir.

Nessa primeira frase está a síntese do romance: a narração de uma vida tragicamente frustrada (pela Aids?) que tenta compreender a razão, o por quê? Como diz o prefaciador, José Fernandes, a arte da estreante Hilda Magalhães "nasceu madura". Dona não só das mais modernas técnicas da ficção contemporânea (como o analisa, Darcy F. d'Onófrio), mas também de um conhecimento da alma humana que raramente se encontra nos jovens.

A esse romance, segue-se **Herança** (Prêmio Bolsa de Publicações José Décio Filho/1990), um grande megatexto, onde se misturam contos, crônicas, poemas, intertextos... que no pólo oposto ao seu romance de estréia, adota um entremear de textos que parecem filtrados pela ótica da carnavalização. Aliás o Carnaval é o eixo em torno do qual se organiza. Em certo momento, a narradora o diz claramente:

E eu, Pandora, dos rarefeitos espaços livres da poesia, na perfeição dos compassos, pandoro neste vale de linhas e lágrimas, de tamborins e reco-recos e me faço rainha e anfitriã. É necessário mais uma vez darmo-nos as mãos. Na tela do vídeo, convido: que é preciso sem sustos dançar, cantar o canto, festejar a festa. (p. 31).

Dividido em blocos, festivos aconteceres vão-se sucedendo, amalgamando presente e passado, o romance (ou rapsódia?) vai sendo tecido em prosa. No X bloco, Narrativa á la Andrade, é a forma poética que domina, e vai arrastando em sua corrente as presenças de Mário, Oswaldo, Caymmi, Vandré, lendas, Moby Dick e outros, numa grande onda de vida. A de Hilda Magalhães é realmente uma grande arte, como diz Roberto B. da Silva e Sá, no final de seu estudo introdutório:

Hilda G. D. Magalhães surge no cenário da Literatura Brasileira com um texto que precisa ser conhecido pelo maior número possível de leitores interessados por uma boa obra literária. Afinal um grande meta-texto, este, não pode permanecer restrito a poucos privilegiados.

Como pesquisadora, tem escrito inúmeros ensaios crítico-literários que permanecem inéditos em livro. Tem em preparação três livros nas categorias conto e romance.

Publicações: Romance – **Estranhos na noite**, 1986, e **Herança**, 1990. Ensaio – **Os princípios da crítica dinâmica**, 1989, e **Valeur et historicité particuliére de l'oeuvre littéraire**, 2000. Crônica – **Último verão em Paris**, 2000 (coletânea de textos divulgados no site INTERART, 1999/2000).

546 HILDA MENDONÇA

Contista, poeta, pesquisadora, educadora, a mineira Hilda Mendonça da Silva nasceu em Alpinópolis (MG), em 29.04.1939. Formada em Letras pela Faculdade de Filosofia de Passos (MG), ingressa no magistério, onde faz carreira. Em 1976, muda-se para Brasília, para lecionar na Fundação Educacional do Distrito Federal Torna-se figura atuante no meio cultural de Taguatinga, participando de eventos como semanas e feiras de arte, ruas de lazer, palestras literárias, e outros.

Desde menina começou a escrever histórias, que circulavam entre as colegas do colégio. Inicia sua carreira de escritora publicando na imprensa local. Participa de obras coletivas (**Conta professor**, 1982; **Balaio poético**, 1982; **Fala, satélite**, 1986, **A nova brasileira**, 1986, e outras). De suas pesquisas sobre folclore, resultaram várias publicações individuais ou em parceria.

Por seus trabalhos, tem recebido várias distinções e honrarias (Prêmio SINPROF-DF/1982; PRÊMIO SEC-DF/LIT. INFANTIL, 1986; Fundação Cultural do DF/LIT. Infantil, 1992; Títulos de Cidadã Taguatinguense/1988 e Mulher de Destaque/1993-Bibl.-Taguatinguense. Foi membro-fundadora da Associação de Arte e Cultura de Taguatinga e da Academia Taguatinguense de Letras. É membro correspondente da Academia Uruguaiana de Letras do Rio Grande do Sul; da Academia Petropolitana de Poesia Raul de Leoni, e outras.

Sua estréia em livro se deu com **Redemoinho do tempo**, contos numa linha transparente de memória transfigurada pela ficção. Retira sua matéria dos miúdos aconteceres do dia-a-dia, seja vivido pela criança, seja pelos adultos. Na mesma linha seguem-se outros títulos, inclusive em versões em inglês e em francês. Como poeta, participa da coletânea **Diamante para amantes** (1988), com poemas de linha intimista, de funda valorização do amor, como completude eu/outro.

Publicações: Contos – **Redemoinho do tempo**, 1987, e **Exercício de viver**, 1993. Pesquisa folclórica – **Brasília, cidade e povo**, 1978; **Do saber ao fazer** (parc. Ivonete Barros), 1990; **Diamantes para amantes**, s/d. Versões: **Whirlwind of time**; **A Very Sad Christmas e Tu t'appelles Femme**. (A publicar: **Teu nome é mulher** (conto); **O bailado da alma nua** (poesia) e **Ceia de natal** (novela).

547 HILDÉTE JEZLER FAVILLA

Poeta lírica, Hildéte Jezler Favilla nasceu em Salvador (BA), em 13.12.1912. Desde menina foi atraída para a literatura e começa a escrever poemas, inicialmente publicados na imprensa e depois em livros. Ainda adolescente muda-se para o Rio de Janeiro (RJ), onde produz toda sua obra. Sua linha poética mescla o lirismo amoroso, toques de sensualidade e preocupação nacionalista. Nos anos de 1950, escreve **Sol distante**, prosa ritmada, que permanece inédita. É membro do Pen Clube do Brasil.

Publicações: **Dor suave**, 1929; **Sarabanda iluminada**, 1930; **Guizo de ouro**, 1936; **Ouro do Brasil**, 1939, e **Areia da praia**, 1945.

548 HILDEGARDES VIANA

Cronista, folclorista, musicista, pesquisadora e professora universitária, Hildegardes Cantolano Viana nasceu em Salvador (BA), em 31.03.1919. Filha do poeta e folclorista Antônio Viana, herdou a paixão pelas tradições culturais do povo.

Bacharel em Direito (UFBA/1938), dedica-se também aos estudos musicais na Escola de Música da Bahia (BA/1941). Cursou Etnologia em Portugal. Formou-se professora de dança folclórica e folclore musical na Escola de Música e Arte Cênicas (UFBa). Foi membro-fundadora da Comissão Baiana de Folclore, em 1948, juntamente com seu pai. Foi presidente dessa comissão e do Instituto Geográfico e Histórico da Bahia. Organizou o Museu da Associação Baiana de Imprensa, o qual dirigiu. Durante anos manteve uma coluna semanal no jornal A Tarde, em Salvador, enfocando temas folclóricos ou tradicionais. Tem colaborado em jornais e revistas de outros estados. Fez vários estágios de estudos na Europa, com bolsas de estudos. Tem vários livros publicados sobre cultura popular.

Publicações: **Festas de santos e santo festejado**, 1960; **A Bahia já foi assim**, 1973; **Folclore brasileiro**, 1981; **Jorge Amado: portador do folclore** (ensaio), 1980.

HILMA RANAURO 549

Poeta, cronista, ensaísta, jornalista, Hilma Pereira Ranauro nasceu em Mendes (RJ), em 1945. Radicou-se na capital carioca.

Graduada em Língua Portuguesa e Lingüística. Mestre em Língua (PUC-RJ) e doutorada pela UFFL. Ingressou no magistério e por concurso é nomeada para a Universidade Federal Fluminense, onde segue carreira universitária. Iniciou-se como escritora publicando poemas na imprensa. Tem participado de antologias e de concursos literários, sendo agraciada com prêmios e distinções. Estréia em livro em 1985 com a poesia de **Descompasso** (selecionado pela UBE/RJ como dos melhores da safra de 1985 e contemplado com o Prêmio Guararapes – UBE/1986).

O poema-título, "Descompasso", teve notável repercussão, sendo selecionado para a Antologia do I Concurso de Poesia Vinicius de Moraes (1984), e incluído na Agenda Vozes/1985. Impresso como miniposter, foi distribuído no Encontro da Mulher Trabalhadora/1987. Traduzido para o inglês, foi incluído em **Collages & Bricollages**/ The Journal of International-Pennsylvania/1988, publicado na revista CGT Mulher e incluído na Coleção português falado e escrito – Livro Técnico – como texto gerador/estimulador da criação literária de iniciantes. Nessa linha de preocupação, Hilma tem coordenado o Projeto Oficinas Literárias (1991/1992), promovido pela Rioarte (Secretaria Municipal de Cultura/RJ). Entre suas atividades, inclui-se a colaboração regular na imprensa com artigos, contos, crônicas, ensaios e poesias.

Em 1992, lança **Um murro no espelho baço**, poesia que se engendra através da busca difícil e essencial do eu espelhado no outro – espelhamento que lhe daria existência autêntica e definitiva. Problemática fundamental da poesia contemporânea, aqui se expressa a mulher em busca de si mesma, nestes tempos de metamorfoses estruturais, que a palavra poética está empenhada em escavar fundo. Pelo fato de o seu poema de estréia, "Descompasso", sintetizar essa busca ou essa problemática em aberto, aqui o reproduzimos:

Me querem mãe / e me querem fêmea, / me querem líder / e me fazem submissa, / me fazem omissa / e me cobram participação, / me impedem de ir / e me cobram a busca, / me enclausuram nas prendas do lar / e me cobram conscientização, / me tolhem os movimentos / e me querem ágil, / me castram os desejos / e me querem em cio, / me inibem o canto / e me querem música, / me apertam o cinto / e me cobram liberalidade. / Me impõem modelos / gestos / atitudes / e comportamentos. / E me querem única. / Me castram / podam / falam / e decidem por mim. / E me querem plena... (1985).

Publicações: Poesia – **Descompasso**, 1985, e **Um murro no espelho baço**, 1992. Ensaio – **O falar do Rio de Janeiro**, 1988.

HONORATA CARNEIRO 550

Poeta piauiense que publicou um livro de poemas, no Rio de Janeiro em 1875, **Redenção** (em seis cantos) e recebeu prêmio. Honorata Minelvina Carneiro deixou notícia na crônica de sua terra, no entresséculos (XIX-XX). Suas datas de nascimento e falecimento são ignoradas.

Publicação: **Redenção**, 1875.

HONORINA BITTENCOURT DE FIGUEIRÔA 551

Poeta, jornalista, dramaturga, professora, Honorina Bittencourt de Figueirôa (usou o nome literário de Norah Figueirôa) nasceu em Livramento (RS), em 26.01.1896. Faleceu no Rio de Janeiro (RJ) em 1986.

Era filha do jornalista Alfredo Bittencourt e seguiu a carreira do pai. Iniciou-se em A Tarde, mas colaborou ativamente em vários outros periódicos (Kodak, A Federação, O Republicano, A Vida Capichaba/Vitória; Ilustração Pelotense; Pheniz/RJ, e outros). Casou-se com o poeta rio-grandense Waldemar de Figueiredo e é mãe da poetisa Ísis de Figueirôa*.

Publicações: Poesia – **As labaredas de ouro** (ou **A tragédia do café**), RJ, 1931 (tiragem de 200 exemplares, rubricados pela autora); **No átrio azul** e **A hora flava** (teatro em versos alexandrinos); **Poemas de toda vida**, 1980.

552 IARA DAMIANA

Poeta, professora, Iara Damiana Campos Alves nasceu em Itabuna (BA), em 28.12.1946. Licenciada em Letras, ingressou no magistério. Sua produção poética inicial foi publicada na imprensa. Estreou em livro em 1986, com a poesia de **Retrato**.

Publicação: **Retrato**, 1986.

553 IARA MARIA FERNANDES PEREIRA

Poeta, cronista, psicopedagoga e professora, Iara Maria Fernandes Pereira nasceu em General Câmara (RS), em 1958. Em 1960, sua família muda-se para Porto Alegre (RS), onde ela hoje reside. Formou-se em Letras na PUC-RS. Pós-graduou-se em Literatura Brasileira pela FAPA-RS, e em Psicopedagogia. Leciona na Escola Estadual Leopoldo Tiebohl; clinica em seu consultório psicopedagógico e participa da Oficina Literária do escritor Laury Maciel.

Escreve poesia desde muito jovem, mas só a partir de 1992, começa a participar de concursos literários e de antologias poéticas. Tem publicado crônicas poéticas na imprensa. Falando de sua escrita, Iara diz que foi através da literatura que encontrou o meio mais simples de expressar a vida, a partir do que a sensibiliza. Os conflitos da alma humana são apontados como sendo sua fonte de inspiração. Estréia em livro, em 1993, com a poesia de **Estações do amor**. É sócia de várias entidades culturais.

Publicação: **Estações do amor**, 1993.

554 IARA VIERA

Poeta, professora, Iara Viera nasceu em Aracaju (SE), em 09.04.1949. Formou-se em Letras. É professora universitária. Seus primeiros poemas foram divulgados na imprensa e em coletâneas poéticas nacionais (**Ensaio V**, **Veia poética** e **Painel da literatura marginal**, São Paulo). Estreou em livro em 1977, com uma poesia na linha lírica existencial.

Publicações: **Ruínas**, 1977; **Interiores**, 1982, e **Esses tempos**, 1994.

555 IBRANTINA CARDONA

Poeta e mulher de grande cultura, Ibrantina de Oliveira Cardona nasceu em Nova Friburgo (RJ), em 11.10.1868. Ao casar com o jornalista Francisco Cardona, natural de Campinas (SP), fixou residência na capital paulista. Seus últimos anos foram vividos em São José do Rio Pardo (SP), onde faleceu em 23.12.1956.

Divulgou sua produção poética em periódicos e revistas de vários estados, sempre com excelente acolhida crítica. Presciliana Duarte de Almeida dedica-lhe poemas, citando-a como poetisa fluminense. Plínio Salgado, em artigo de 07.05.1922, A poesia de São Paulo, cita-a elogiosamente: *Como falamos de exceções, registremos uma: Ibrantina Cardona. É a melhor das poetisas paulistas vivas. E seu* ***Heptacórdio*** *coloca-a acima de todas as suas coestaduanas.* (in **Ilustração brasileira**. dez./1922). Deixou vários inéditos e alguns livros editados.

Publicações: **Heptacórdio**, 1922; **Primaveras de amor**; **Asas rubras**; **Cleópatra** (todos s/d.) e **Cosmos**, 1951.

IDA FINAMORE 556

Poeta, jornalista, professora, Ida Verveloet Finamore nasceu em Santa Teresa (ES), em 10.08.1902. Começou muito jovem a escrever e publicar poesia em periódicos ou revistas especializadas. Colaborou também com artigos em jornais locais. Seu primeiro livro é de 1945.

Publicações: **Páginas soltas**, 1945, e **O meu mundo**, 1981.

IDA LAURA 557

Poeta de grande força, roteirista de cinema, teatróloga, jornalista, crítica de cinema e teatro, médica psiquiatra, Ida Laura Ricardo Salles nasceu em São Paulo (SP), em 22.09.1928.

Formou-se pela Faculdade de Medicina-USP (1958), especializando-se em Psiquiatria, mas atraída pela poesia e pelas artes em geral, decide-se pela profissionalização nesse campo. Estréia como poeta em 1957, com **A mãe e o irrevogável**. Nesses anos de 1950 e 1960, integrada no movimento teatral que eclodia em São Paulo, escreve várias peças: **Curupira de branco**, **Leda e a garça**; **Hamlet em Brasília** (Prêmio José Anchieta/CET. 1963); **Uma estória no teatro** (teatro juvenil) e outras.

Paralelamente atraída pela arte cinematográfica, compõe roteiros para cinema experimental (**Lobisomem**, 1960; **Aquela que vem das águas**, etc.). Dedica-se também à crítica teatral e à de cinema, divulgando-a na imprensa. Sempre sintonizada com as forças culturais mais atuantes em cada momento, Ida Laura iniciou, em 1985, uma nova fase experimental, com publicações artesanais (tiragens de 50 exemplares). Poesia em contraponto com técnicas da informática (**Relatório de atividades informáticas**, 1985, e **Programas XX-XXI**, 1996), e poesia com técnicas de videoclipe (**Poema fractal**, 1990).

Para além dessa importante contribuição ao experimentalismo com as multilinguagens nas artes e literatura, Ida Laura se destaca como poeta, fundamente sintonizada com este nosso tempo de mutações. À sua estréia, em 1957, seguem-se os livros: **Poema cíclico** (1962); **Antecipação** (1963); **Nova idade** (1969) e **Caos e renascimento** (1980).

Poesia essencialmente metafórica, a da paulista Ida Laura pertence à linhagem dos poetas e ficcionistas que, a partir do pós-guerra de 1945, vêm interrogando as possíveis e ainda obscuras dimensões do novo homem e dos novos tempos que se pressentem em gestação, no oculto das realidades. No limiar deste novo ciclo de sua história, o homem pressente que há uma unidade cósmica que o abarca e que o induz a um novo humanismo, o da intuição de que o eu começa no outro; ou de que o homem participaria de uma divindade ou energia cósmica oculta. Seria um deus vindo da matéria. Daí a nova confiança no poder transformador da ação humana, apesar de sua aparente impotência... Como a poeta diz em **Nova idade**:

Onde deus / se sua essência / vai além do ar / do vácuo / ninguém jamais viu / o rosto / daquele que / cria visões terrificantes / visões do céu / a Terra / que deus habita / onde sua força /acumulada / em séculos / de repente explode / na atormentada / na obscura fórmula do Homem.

Aí ouvimos a voz daqueles que, em lugar de dar as costas ao mistério, à metafísica, o enfrentam, o perscrutam e procuram apreendê-lo não mais fora do homem, porém dentro dele, como uma força acumulada em séculos que de repente explode na atormentada, na obscura fórmula do homem. Tal como no mundo à nossa volta, na poesia de Ida Laura a destruição e a criação avançam juntas... Seus livros, lidos em seqüência cronológica, mostram as várias faces de um processo histórico-estético em pleno devir. Contudo, embora válidos, cada um por si (como peças autônomas que são...), só adquirem plena significação quando inseridos no contexto poético a que pertencem.

É o que sucede com **Nova idade** (um dos mais expressivos dessa problemática existencial): a epopéia espacial do homem, cuja compreensão se amplia enormemente quando relacionada ao **Poema cíclico**, onde temos a visão apocalíptica de nosso mundo destruído pela bomba atômica.

O verbo / dito / caos / pouco a pouco / se dissolve / *no começo do começo / um agrupamento / inicia / uma nuvem / uma nebulosa / uma galáxia / o mundo.*

Dentro do processo de renovação cíclica que o mundo vem sofrendo através dos milênios, mais uma vez a palavra criadora faz emergir do caos um novo mundo, faz com que a ordem suceda à mais absoluta desordem. É essa a revelação essencial dos poemas de Ida Laura.

Como? Em que sentido esse fenômeno é visualizado pela poeta? De que destruição, de que caos fala a sua poesia? Qual a nova ordem que vislumbra? Quais as dimensões dessa palavra? Muito difícil defini-la com brevidade, pois ela apresenta uma enorme multiplicidade de problemas: suas opções estéticas e relações com a vanguarda; seus processos de metaforização ou transfiguração da realidade; sua função de arauto de um novo modo de ver o mundo ou de estar nele; a natureza de seu sistema de símbolos; seu universalismo e brasilidade; sua problemática essencial que se identifica com as linhas de força destes tempos de mutações.

Em sua multiforme problemática, destaca-se um dos imperativos do poeta contemporâneo: a reflexão sobre o processo criador ou sobre a natureza da poesia-hoje. Na década de 1960, Ida Laura publica um manifesto teórico, no qual retoma a palavra total defendida por Mallarmé (século XIX) e propõe o totalismo poético, processo de criação que se desenvolve através da variação pluridimensional dos temas, tendo como centro a figura do Homem, observando-o através de sua gênese, de sua ação e sua finalidade última. [...] A mesma visão global deve ser aplicada à parte formal do poema. O poema-em-bloco é feito antes de tudo, e somente, de palavras. Estas ajuntam-se em blocos, constituindo universos completos, relacionados entre si e admitindo infinita capacidade de ligações. Um poema nunca está completamente terminado, prendendo-se aos anteriores ou aos que virão depois. Concomitantemente, em si, representa uma unidade.

Essa noção de poesia global corresponde à noção do ser humano como parte integrante/responsável pelo todo cósmico a que ele pertence. Noção que a pós-modernidade defende. Mas como todas as poéticas contemporâneas, a de Ida Laura é uma poética-em-processo.

Note-se que, nesses anos de 1960, quando escreve o manifesto teórico, ela recusa frontalmente a visualidade tão procurada pelos vanguardistas dos anos de 1950 e 1960, e ressalta o poder de comunicação da poesia, fundada exclusivamente na palavra, independentemente de sua disposição no espaço em branco da página ou de sua forma gráfica. Diz ela:

O poema é para ser lido, falado, gravado e não para ser visto. A divisão em espaços é apenas recurso didático, decorrência da palavra, e jamais funciona como elemento-chave, podendo ser, se necessário, dispensada.

Mas as transformações não cessam no ciberespaço que avança sobre o mundo civilizado, e nos anos 1980 e 1990 a poética-em-processo de Ida Laura vai absorver a visualidade, a velocidade das multilinguagens da informática, como vimos anteriormente em suas experiências gráficas. Inclusive, em 1984, escreve **Proposta**, poema experimental que dialoga com a pintura clássica. Em essência, é o desdobramento da problemática-chave de sua criação que exige o desdobramento de seu experimentalismo formal.

Dentre os múltiplos caminhos percorridos por sua poesia, destaca-se o que leva à interrogação sobre a mulher, sua possível nova imagem e sua tarefa no mundo em caos, ou sua autodescoberta, etc. A função criadora atribuída à palavra na esfera da poesia é atribuída à mulher, na esfera da vida. Consciente dessa dupla função criadora, Ida Laura funde esses dois elementos primordiais e desdobra a figura da mulher em duas faces: a da mulher-poeta (criadora da poesia, da arte) e a da mulher-princípio gerador (Eros, criadora de vida). Em **Poema cíclico**, há uma voz de mulher que nos fala, identificando-se como a consciência privilegiada que subsiste em meio à destruição:

vi-me só / rosto e corpo / sobre o resto do que fora um ser humano [...] sobrevivo / milharal espedaçado *[...] subsisto onde o motivo / ainda era ser-eu / o resto tornou-se / campo / destruído / sem limites / sob a lua verde.*

Lembremos que o milho está simbolicamente ligado à morte que gera a vida. (Segundo lenda indígena, o milho nasceu na terra onde fora enterrado um valoroso guerreiro, e dele teria nascido o milho que resolveu o problema da fome que ameaçava a tribo.) Nesse sentido, ao identificar a mulher-poeta com o milharal, simbolicamente ela é identificada com a vida que sobrevive à (ou surge da) morte. Ela é a mãe que dará origem a outras vidas.

A esfera da poesia e a esfera da existência mesclam-se no cíclico processo da destruição e criação, tendo como eixo geratriz a mulher. Mas não só. A espantosa transformação das relações eu-mundo, provocada pelo avanço científico e tecnológico, também se faz presente na poesia de Ida Laura, simbolizada pelo astronauta:

Um diálogo / estabelece-se / entre a Terra / e o cosmo / magnífico / terrífico / céu / deus / demônio / profeta em seu carro de fogo / o astronauta / fala / e sua voz / se transforma / em palavras novas.

Em **Nova idade**, a figura do astronauta surge como símbolo da maior das conquistas técnico-científicas da história da humanidade: a ultrapassagem das fronteiras do espaço e do tempo. Como os antigos navegadores singraram os mares e se transformaram nos descobridores de novos mundos, o astronauta é conduzido de encontro à sua própria condição pelas naves: barcas espaciais, barcas celestes. Poesia profundamente arraigada no ato presente vivido como ato futuro que no presente se realiza, a de Ida Laura depõe sobre o eu-mundo pós-Gagarin – o primeiro homem a dar uma volta completa em torno da terra, no foguete Vostok I, em 12.04.1961, e com isso inaugurando as viagens humanas na Era espacial (iniciada em 1957, com Sputinik I, o primeiro satélite posto em órbita pelos soviéticos) e descobrindo que a terra é azul.

Esta clareza que me envolve / Terra / este dia-sol que me rodeia / Terra / Este lugar onde acontecerá / o encontro */ dos extraterrenos / Terra / Terra / azul / terra / frutos cósmicos / águas claras lunares / mares silenciosos / se perdem / à distância / longe / aos poucos /* ao clarear de mim / percebo / Terra.

Ida Laura fixa em poesia esse momento inaugural, no qual o homem, liberto das barreiras da Terra, quebrados os liames que o fixavam ao solo, engolido pela escuridão do vácuo ou imerso no dia-sol, é afastado do que fora até então sua condição natural de terrestre, redescobre a Terra e gradativamente conquista uma nova consciência de si e do Universo.

E la nave vá...

Publicações: Poesia – **A mãe e o irrevogável**, 1957; **Poema cíclico**, 1962; **Antecipação**, 1963; **Nova idade**, 1969; **Caos e renascimento**, 1980; **Proposta**, 1984. Teatro – **Curupira de branco** e **Leda e a garça**, 1959; **Hamlet em Brasília**, 1964; **Uma estória no teatro**, 1966. Roteiro cinematográfico – **Lobisomem**, 1960; **Aquela que vem das águas**, 1965; **Senhora das águas. Senhor dos raios**, 1972; **Noturno**, 1984. (Edição artesanal, com 50 exemplares, composta pelo cineasta Juan Bajon e por ele encadernada; com desenhos visualizados por Percival Rosato. Seu lançamento se deu em 10.02.1984, no Pantheon. Rua 13 de maio, 53, São Paulo. Ao mesmo tempo foram lançadas três Antologias do Movimento Zero Hora, coordenadas por Nery Gomide.) Projeto experimental – **Relatório de atividades informáticas**, 1985; **Poema fractal**, 1990; **Programas XX-XXI**, 1996.

IDELMA RIBEIRO DE FARIA 558

Poeta maior, contista, tradutora, professora, analista bromatologista, Idelma Ribeiro de Faria (nome civil: Idelma Ribeiro Marques) nasceu em Rio Claro (SP), em 17.03.1914. Radicada na capital paulista, onde faleceu em 14.09.2001.

Formou-se em Farmácia/USP. Realizou cursos de línguas (Cultura Inglesa, Aliança Francesa e União Cultural Brasil-Estados Unidos) e de extensão universitária – aréa de Bromatologia –, ingressando como analista no Instituto Adolfo Lutz (onde se aposentou). Fez curso de Jornalismo e atuou profissionalmente nessa área durante dois anos, junto a importantes órgãos da imprensa paulista (Estado de S.Paulo, Diário de São Paulo e outros).

Inicia-se como poeta nos anos de 1940, publicando em suplementos literários e revistas culturais. Estréia em livro em 1941 com uma peça infantil, **Aquarela teatral**. Em 1949, publica a poesia de **Alma nua** e inicia uma fecunda carreira de meio século de produção e conquistou lugar de destaque, nos quadros da poesia brasileira do século XX. Surgindo no imediato pós-guerra de 1945, Idelma está entre os que deram voz ao desnorteamento que se apossou do mundo pensante, diante das ruínas do que fora um mundo brilhante, fundado em certezas e agora afundado em dúvidas e perplexidades. (Vivia-se o período da Guerra Fria em que as duas grandes potências – EUA e URSS; donas da Bomba –, ameaçavam-se com iguais poderes de destruição do planeta.)

A poesia entrava numa espécie de compasso de espera, entre perdas e indefinidas esperanças. *Sinto-me perdida / em estranho labirinto / de interrogações // De onde de quando de que mundo / de que vida / já de todo esquema / vêm estas sensações de reviver? /.../ Teria sido realidade / o paraíso perdido em outra era? /.../ Meu cérebro se cansa / minha razão não responde / Onde?*. Uma vez que a razão falhava, impotente para explicar o desmoronamento do mundo à sua volta, restava aos poetas o seu próprio mundo, o das emoções, sensações, intuições. É nessa esfera intimista e incerta que **Alma nua** se manifesta, mas já pressentindo que o caminho para o outro precisava ser encontrado para que o eu se encontrasse. É o que diz em Ciclo:

Saio à procura / de meu destino. / Percorro o mundo / supra-realista. / Desço a abismos / indevassáveis. / Mergulho cega / num mar de lendas. // Meu corpo o deixo / às mãos do tempo. [...] Quero o equilíbrio / para meu passo. / Onde a distância / chega a seu término? [...] Procuro a essência / de meu destino / mas me disperso / em treva e espuma. [...] Retorno ao corpo, / herança fria / que me reveste. / E me acomodo / – insatifeita – / no conformismo / de que existo.

Realmente, a vida prosseguia, mas os tempos não eram propícios à fala, à criação. Nesse momento, a euforia das rupturas e experimentalismos do modernismo da década de 1920 já passara, perdera a força. O engajamento humanitário e político que dinamizara a grande literatura regionalista dos anos de 1930 e 1940 se diluíra no apocalipse da guerra. E no pós-Hiroshima/Nagasaki (início da década de 1950) surge uma poesia que, para além de cantar a morte e o amor castrado, tende a cantar o silêncio em face de uma realidade incompreensível e ameaçadora. É o que transparece em **Meridiano do silêncio** (1955), em cujo poema de abertura, Elegia, se diz:

Estranhos tempos estes / em que os pombos trazem / a plumagem branca / estigmatizada. / Estranhos tempos estes / em que as nuvens geram / flores de aço e fogo. [...] Estranhos tempos estes / em que pesa a herança / do agravo e do assombro...

E logo a seguir, apresenta o homem desse tempo de assombros:

Ecce Homo: Cortaram-lhe os nervos / secaram-lhe as veias. // Passivo ele sofre / passivo ele ama. / O gesto se prende / ao corpo de autômato. / Ignora os cordéis / Passivo trabalha. /.../ Cegaram-lhe os olhos. / Mas não lhe ofuscaram / a luz emergente.

Em meio aos destroços dos valores e à passividade geral, algo permanece latente: a luz emergente do espírito humano, a incerta luz da qual o poeta se sente portador e emissário, oferecendo-se em holocausto, pela humanidade: *No altar dos holocaustos / violentarei minhas veias. // Ofertarei sangue e vinho / ao deus impúrio e sedento.*

Foi essa a missão atribuida ao poeta, pela chamada "geração de 45", à qual Idelma pertence: a de se doar à poesia e fazer de sua palavra um instrumento de resgate da harmonia do mundo e dos homens. Como diz Idelma em Gênese: *A palavra partiu-se, / a palavra perdeu-se. / E o homem fez o mundo / à sua semelhança [...] Treva e luz se fundiram. / O homem se cobriu com o próprio erro.*

Em essência, era esse erro humano (gerado pela morte de Deus) que os poetas procuraram sanar, através da palavra reinventada em rigor e sobriedade formal. A consciência da forma se impõe *pari passu* com a essencialidade do dizer. Uma forma que pudesse conter em seus limites o tumulto caótico das emoções. Há que reconquistar a serenidade perdida.

Mas, evidentemente, os caminhos seguidos pelos poetas não foram iguais. Uns, de linhagem clássica, escapam do caos à sua volta, por um retorno às origens da poesia (a da Grécia matriz), onde germinaram, não só os valores básicos do pensamento ocidental, mas também as formas através das quais eles se expressaram, em serenidade e beleza. Outros, de linhagem humanista, também se sabendo herdeiros desse passado inaugural, voltam-se para a condição humana, procurando conter, nos limites severos da forma, a comunhão fraternal do poeta com as dores do mundo. É nesta linhagem humanista, que se insere a persona poética de Idelma Ribeiro de Faria. Daí que seus temas dominantes sejam aqueles inerentes à condição humana: o amor (valor maior, mas sempre frustrado); a morte (sempre presente, ora como dor da ausência, ora como limiar de uma nova aventura); o tempo heraclitiano (aquele que passa incessante, irremediavelmente, só detido pela memória da poesia ou da arte em geral) e, acima de todos, a vida (o bem maior). É pela palavra do poeta que a realidade ou o ser se revela e se sente integrado na vida. É o que diz Idelma em **Acalanto para a menina morta** (1964):

O gesto a palavra / de manso trabalham. // Como se inventasses / – mas sem pensamentos – / vais compondo seres. [...] o som te amarra à espera / a luz te prende à forma [...] Calma e sem apelos / absorta e sem nexo / crias o teu mundo.

Seja voltada para o mundo, seja aderida às pequenas coisas do cotidiano, sua poesia flui sempre calma e densa de ecos interiores, onde o outro é presença/ausência constante. Com o correr dos anos, sua poesia se mostra cada vez mais consciente de si mesma e cada vez mais interrogativa diante do enigma da vida. Em **Quarteto** (1988), a persona poética se interroga:

O que me toca e inquieta? / Sombra lúcida e sem rosto que me espreita? / Seres inertes que súbito irradiam vida? / Este silêncio sem contorno? // O que me assombra? / A constelação de elos que se buscam? / Emoções em mim geradas / Vivendo a própria essência além de mim? //Ou o rastilho do tempo: / vida é morte... vida é morte... vida é morte... / corroendo-me as raízes?

Quem jamais pôde responder a tais interrogações? Entretanto, continua-se a interrogar. Não por acaso, Idelma-tradutora sentiu-se atraída por Eliot, Emily Dickinson e pelo poeta negro haitiano René Depestre. Todos eles, de linhagem humanista, de mil outras formas, interrogaram o enigma da vida e buscaram respostas. Nessa difícil tarefa de tradução, se confirma o alto grau da sensibilidade poética da autora. Lembremos que traduzir poesia é mais do que interpretar: é um eu se dissolvendo na matéria poética do outro (inclusive para ouvir os seus silêncios) e dela emergindo para uma nova nomeação. Em outras palavras, é o que nos diz Idelma na abertura do livro **Poemas** de Eliot: *Na tradução dos poemas /.../ não tive como fator de incentivo apenas o interesse literário em si mesmo, mas ainda e antes de tudo um irresistível anseio de aproximação, de compreensão, de integração. Moveu-nos, por assim dizer, um impulso de amor.*

Aí temos, nomeado pela poeta, o impulso que dinamiza o seu universo: escrever ou traduzir poesia é um ato de amor, de comunhão com o outro, um ato de fraternidade humana. Impulso manifestado não apenas através da poesia, mas também da prosa. Em 1984, publica **Você não conhece Jeanete**, coletânea de contos breves, centrados em situações-limite que, machadianamente, põem a nu a ausência de fronteira entre o real e o imaginado; entre a verdade e a mentira; entre a aparência e a essência... dualidades inerentes à condição humana e que a autora explora com a singeleza e a essencialidade dos mestres. Arguta percepção do lado turvo da mente e também da indissociabilidade das duas faces antagônicas – a pura e a impura –, com que a tradição estigmatizou a imagem da mulher. Em lúcida leitura desses contos, Fábio Lucas sintetiza: *Idelma Ribeiro de Faria deixa transparecer, no território submerso de suas narrativas, uma densa camada de sondagem psicológica. Prefere explorar, quase sempre, o lado turvo da mente, o apelo da morte e do auto-extermínio, as relações conjugais estigmatizadas.*

Sempre sintonizada com o presente à sua volta, Idelma também participa do *boom* da literatura infantil da década de 1980 e escreve o lúdico **O rabo do Trovão** (insólita situação de um cão perseguindo o próprio rabo), que muito tem divertido o pequeno leitor e lhe passado a idéia de que as aparências enganam.

Em seu excelente acervo crítico, que vem desde seus inícios nos anos de 1940, destacam-se os nomes de Francisco Pati, Sérgio Milliet, Antônio D'Elia, Carlos Burlamaqui Kopke, Fábio Lucas, Domingos Carvalho da Silva, Temístocles Linhares, Olney Borges Pinto de Souza, Haydée M. Jofre Barroso, Sylvia Patrícia, Dante Alighieri Vita e outros.

Poemas seus participam de várias antologias: **Coletânea de poetas paulistas**/1951; **Vozes da poesia feminina brasileira**/1959; **Antologia poética da geração de 45**/1966; e estão interpretados em diversos livros de crítica (**Diário crítico** de Sérgio Milliet; **Diálogos sobre a poesia brasileira** de T. Linhares; **Enciclopédia da literatura brasileira**, etc.). Entre os prêmios concedidos à sua extensa obra, destacam-se: 3º prêmio – Concurso de Contos do Jornal de Notícias/1949; 1º prêmio – Concurso Feminino de Contos do Correio Paulistano/1953; 3º prêmio – Concurso Nacional de Contos do Paraná/1978; Prêmio-Tradução/APCA – Associação Paulista de Críticos de Arte/1981, para T. S. Eliot, **Poemas** e Prêmio Poesia/Pen Clube, 1988, para **Quarteto**.

Foi eleita, em agosto de 2001, para a Academia Paulista de Letras (cadeira nº 9, cujo patrono é Hélio Abranches Viotti), mas não chegou a tomar posse, pois faleceu um mês antes da data prevista.

Publicações: Poesia – **Alma nua**, 1949; **Meridiano do silêncio**, 1955; **Acalanto para a menina morta**, 1964; **Sonetos**, 1970; **Presença do Enigma**, 1972; **Quarteto**, 1988; **Haicais**, 1995; **Uma abelha ao sol**, 1995, e **Emoção e memória** (Obra reunida), 1999. Conto – **Você não conhece Jeanete**, 1984. Tradução – **T. S. Eliot, Poemas**, 1980, e **Emily Dickinson**, 1986. Ensaio – **Seleção** (Eliot, E. Dickinson, R. Depestre), 1991. Livros infantis – **Aquarela teatral**, 1941, e **O rabo do Trovão**, 1984.

559 ÊDA ESTERGILDA

Poeta, advogada, jornalista, compositora e elemento atuante no meio cultural cearense, Iêda Estergilda nasceu em Fortaleza (CE), em 26.05.1943. Residiu em Brasília (DF) nos anos de 1960 e 1970, mudando-se para São Paulo (SP), em 1974.

Formou-se em Direito (UFCE). Participou vivamente do movimento cultural universitário, de festivais de música, leituras públicas de poesia e publicação de poemas na imprensa. Fez parte dos jograis poéticos que excursionavam pelo interior do Estado, nos anos de 1960. Como compositora faz parceria musical com vários compositores cearenses. Em Brasília, fez jornalismo e se profissionalizou. Passou a colaborar em suplementos culturais, como o do Correio Braziliense e Jornal de Brasília, e também em jornais cearenses, como O Povo, Unitário e Tribuna do Ceará, e nos alternativos, como O Saco e O Pão.

Estreou em livro, em 1970, com a poesia de **Mais um livro de poemas**. Segundo o crítico Pedro Lyra, Iêda pertence à geração SIN, segundo momento do Modernismo no Ceará, ao lado de Marly Vasconcelos*, Linhares Filho, Horácio Dídimo, Roberto Pontes e o próprio Lyra. Sua poesia se desenvolve em três linhas: a lírico-discursiva, a experimental e a política. Em seu segundo livro, **Grãos/Poemas de lembrar a infância** (1984), já se mostra uma poeta dominando o seu ofício, dona da sua palavra e de seus temas, com a sensibilidade voltada agora mais para o cotidiano de sua terra, o existencial e o social.

Radicada em São Paulo, continua suas atividades de jornalista e escritora, ligando-se à área editorial, como Assessora da área de livros didáticos e escrevendo crônicas para o Jornal da Tarde.

(Fonte: Brasil, Assis. **A poesia cearense no século XX**. 1996.)

Publicações: **Mais um livro de poemas**, 1970, e **Grãos/Poemas de lembrar a infância**, 1984.

560 IEDA INDA

Ficcionista e arquiteta, Ieda Inda nasceu em Santa Maria (RS), em 1942. Forma-se em Arquitetura e ingressa na profissão. Interessa-se pelas experiências em cinema novo. Como escritora, inicia-se publicando contos na imprensa e participando de coletâneas (**Os melhores contos brasileiros**, 1974). Estréia em livro com as ficções de **O arquiteto ou O encantamento da sexta-feira santa** (1973), cuja problemática se insere em uma das linhas mais impositivas da literatura contemporânea, a que denuncia a crise do mundo burguês, ou melhor, o desencontro existente entre a verdade ou os anseios mais fundos do eu e o sistema-convencional-de-relações que a sociedade impõe como verdade coletiva. Uma verdade que nivela tudo e todos a um mimetismo esterelizante e banalizador. Um mimetismo que gera o tédio, disfarçado pela agitação constante do cotidiano civilizado, onde o verdadeiro encontro do eu com o outro se torna impossível.

Engendrada por esses desencontros, suas narrativas fluem através de uma voz central, a de um eu que se entrega a um infindável monólogo, no qual o fio do relato é constantemente interrompido por digressões, que só fazem intensificar o distanciamento entre o eu e o mundo, e também a sede de beleza, de paixão e de comunhão... continuamente frustradas.

É em torno dessa problemática que giram as tramas labirínticas de **O cavalo persa**, **O peão da rainha vermelha**, **As amazonas segundo tio Hermann** e **Baguala: romance de rédeas e rendas**. Dominando a palavra com segurança e leveza, Ieda Inda seduz o leitor e o mantém preso da primeira à última linha de suas tramas fragmentadas e ambíguas. Se, por um lado, suas tramas estão impregnadas de peculiaridades da vida gaúcha, por outro, o tratamento dado as torna universais. Em **As amazonas...** o relato oscila entre realidade e fantasia (ou entre história e mito), tendo como eixo da trama um manuscrito que esclareceria o mistério das Amazonas, mulheres míticas que um dia teriam governado determinada região da terra. Comentando esse livro, Carlos Jorge Appel enfatiza sua intenção crítica:

...a visão de mundo entranhada nessa história aparentemente banal revela o conflito básico de nossa civilização pretensamente racionalista, onde o homem é levado cada vez mais a se afastar de sua essência humana, daquilo que o caracteriza como ser humano. Ieda aponta o momento de crise e o paradoxo do homem civilizado, cada vez mais programado e computadorizado, descaracterizando seu tempo e sua vida numa banalidade aterradora.

Essa banalidade está presente também em **Baguala**, romance em que se fundem rédeas e rendas, homens e mulheres retirados da matéria histórica (intrigas e choques nas fronteira Brasil – Argentina) e transformados em matéria ficcional (efervescência de paixões, amores, invejas e ódios, ocultas sob o tédio cotidiano). Fusão essa que cria uma atmosfera meio mágica. Como diz a apresentação:

***Baguala** é novela-fronteira: que limita com o folhetim e a novela rosa, as canções argentinas e os versos de Dario, atravessa a linguagem híbrida dos uruguaianenses e encontra o espanhol de Corrientes e Salta. Fronteira entre o feminino e o masculino, alternativas de amor e ódio, liberdade e opressão.*

Publicações: **O arquiteto ou O encantamento da sexta-feira santa**, 1973; **O cavalo persa**, 1979; **As amazonas segundo tio Hermann**, 1981; **Baguala: romance de rédeas e rendas**, 1982; **Peão da rainha vermelha**, 1989.

ILDEFONSA LAURA CÉSAR 561

Poeta reconhecida como a primeira mulher intelectual baiana, Ildefonsa Laura César nasceu em Salvador (BA), em 1774 e faleceu em 1873, aos 99 anos de idade. Dedicada aos estudos de literatura, filosofia e línguas, Ildefonsa foi professora e se preocupou especialmente com a orientação moral e intelectual dos jovens. Escreveu poesia e, em 1844, publicou o livro **Ensaios poéticos** (apontado como o primeiro livro publicado por uma mulher na Bahia).

Muito bem recebida pela imprensa baiana (jornais: O Comércio e O Mosaico) e pelos louvores de figuras representativas, como o poeta Francisco Moniz Barreto, o latinista Guilherme Camacan e o Dr. João Barbosa (pai de Rui Barbosa), essa publicação valeu à autora uma inegável notoriedade em seu tempo. Escreveu também livros de reflexão didática que tiveram excelente repercussão. Sua poesia expressa os rastros de um arcadismo já sem força criadora, que coincide com as primeiras manifestações do Romantismo. Tal como os pastores que se fazem ouvir na poesia arcádica, a poetisa baiana faz das pastoras o símbolo do ideal de vida simples e feliz, em contraste com a dor do viver de quem tem consciência dos contrastes da vida e da impossibilidade de felicidade plena. Em seus versos, diz:

Quanto invejo da pastora / O viver simples e bom! / Mas a mim negou o fado, / Não quis que tivesse esse dom. / Aquela no verde prado / Seu rebanho vê pastar; /A natureza contempla, / que deixa seus bens gozar.

Em essência, esse ideal de vida simples, natural, em contraste com o mundo culto e civilizado que avançava e se impunha à sociedade, é o mesmo que encontramos na obra dos árcades mineiros ou lusitanos que no pré-romantismo ainda se impunham como modelo de poesia. Deixou vários inéditos e três livros publicados (todos dedicados à sua irmã, D. Angélica Roza Cézar).

Publicações: **Ensaios poéticos**, 1844. (Registra uma relação dos subscritores que contribuíram para a sua impressão.), **Lição a meus filhos**, 1854;

562 ILKA BRUNHILDE LAURITO

Poeta, professora, pesquisadora, nasceu na capital paulista em 10.07.1925. Graduada em Letras (FFLCH/USP), área de Literatura Neolatina, ingressou no magistério oficial, onde seguiu carreira. Fez pós-graduação na USP, em Literatura Brasileira. Criou um departamento infantil, na Cinemateca Brasileira e o dirigou por dois anos, ao fim dos quais estagiou na Inglaterra, estudando o cinema educativo. Fez parte do grupo de pesquisas dirigido por Paulo Emílio Sales Gomes. Pertence a inúmeras entidades culturais (União Brasileira de Escritores-SP, Associação de Escritores de São Paulo, etc.). Participou na década de 1960 do movimento poético, Poetas na Praça, juntamente com Neide Archanjo, Eunice Arruda, Orildes Fontela e outros.

Publicações: **Caminho**, 1948; **A noiva do horizonte**, 1953; **Autobiografia de mãos dadas**, 1958; **Janela de apartamento**, 1968; **Sal do lírico**, 1978; **Genetrix**, 1982, e **Guia do poeta observador do cometa Halley** (Plaqueta, 1985).

563 ILKA FREITAS MAIA

Poeta, jornalista, Ilka Freitas de Almeida Maia nasceu na capital paulista, em 27.04.1907. Iniciou-se na literatura, com dezesseis anos, publicando o livro de poemas **Alvorada**. Torna-se redatora de revista **A cigarra**, ao lado de Gelásio e Luíz Correia de Melo. Sua poesia está incluída em várias antologias, entre elas, **Coletânea de poetas paulistas** (org. Enéias de Moura.RJ, 1951).

Publicações: **Alvorada**, 1923; **Areia viva**, 1948; **Areia na alma**, 1951, e **Planta de pedra**, 1953.

564 ILSA LIMA MONTEIRO

Contista, romancista, com especial vocação para a literatura destinada aos jovens, Ilsa Lima Monteiro Santos nasceu em Itaqui (RS), em 27.02.1924. Ainda menina mudou-se com a família para Porto Alegre (RS), onde está radicada.

Desde a infância revelou-se uma leitora voraz. Como disse em entrevista à Patrícia Bins. *Comecei a ler ficção aos doze anos. Foi* ***O tronco do ipê,*** *de José de Alencar, o primeiro romance que li e me fascinou. Não parei mais. Creio que foi por entrar num outro mundo, por conhecer outras gentes, por me identificar com aquelas meninas. Daí em diante fui lendo o que me caía nas mãos, mas na maioria das vezes às escondidas, pondo capas falsas nos livros que me eram proibidos. O primeiro a ganhar capa falsa foi* ***Iracema****, não sei por que em casa achavam que ele era 'muito forte' para mim. Imagine-se quando, aí pelos catorze anos, descobri Érico Veríssimo. Eram todos camuflados e escondidos nos mais estranhos lugares. Onde eu os conseguia, não sei dizer. (Supl. Lit. nº 1.059, 31.01.1987).*

Importante este espontâneo depoimento, na medida em que ele revela um modo de ser e viver que era natural nas crianças e jovens até o pós-guerra de 1945, quando gradativamente a *imagem* substituiu a *palavra* no imaginário coletivo. Da mesma forma, mudou o papel a ser exercido pela mulher na sociedade atual. A escritora gaúcha seguiu a norma então vigente:

(Até os anos de 1940 e 1950) o normal era a mulher ser apenas dona-de-casa, poucas eram as que fugiam dessa regra. Eu retiraria esse apenas. Ser esposa, dona-de-casa não é pouco. Educar os filhos, ajudar na formação de suas personalidades, cuidar de seus corpos e de suas mentes, relacionar-se com a família, ser uma ponte entre todos os seus membros, não é fácil.

(Que o digam as mulheres que, neste início do terceiro milênio, cumprem a dupla e difícil tarefa de esposa e mãe e de profissional competente, como a nova sociedade lhes exige.)

Foi na década de 1980, em plena maturidade existencial/intelectual, que Ilsa Lima Monteiro se inicia como escritora, publicando seus primeiros contos destinados a crianças e adolescentes, na imprensa (Folha de Manhã, Correio do Povo, Suplemento Literário Minas Gerais, Suplemento Mulher/Folha da Tarde e outros). Concorrendo ao Concurso Jubileu de Prata da Fundação Educacional de Alegrete-RS/1979, seu conto A morte do escritor obtém o 2º lugar. Nessa época, freqüentou um seminário de criação literária, na UFRS, tendo ocasião de discutir o trabalho de criação com ficcionistas e poetas do porte de Moacyr Scliar, Armindo Trevisan, Flávio Moreira da Costa e outros.

Estréia em livro, em 1981, com os contos de **A hora coincidente**, assinando-se apenas Ilsa Monteiro. Com o aval crítico de Lígia Morrone Averbuck (então Secretária de Cultura da Prefeitura Municipal de Porto Alegre) e o seguro domínio da escrita literária, essa estréia desde logo consagrou a escritora como um nome de força na produção literária gaúcha. Em **A hora coincidente**, já se revela a unidade orgânica que será sempre a marca da matéria ficcional da autora, seja escrevendo para adultos, seja para adolescentes.

Com o à vontade de quem domina a fundo o seu instrumental, Ilsa assume nesse livro praticamente todas as atitudes narrativas possíveis. Desde a perspectiva mais comum, a de 3ª. Pessoa, narradora onisciente (Azul de verdade), até a mais recente postura (vinda do *nouveau roman*) de um eu-que-fala ininterruptamente, dirigindo-se a um tu, a uma 2ª. pessoa que permanece sempre silenciosa (Volta). Além desses dois tipos de focos narrativos, aparecem outros, como: o de 3ª. pessoa aderido à personagem (Sim e não, talvez) e o múltiplo ou polifônico, de que fala Bakhtin (A Chuva de cada um).

Essa multiplicidade de ângulos-de-visão revela a intenção experimentalista da autora. Mas tendo havido ou não essa intenção deliberada, a verdade é que, em nenhum dos textos, a técnica sobressai ou se superpõe ao interesse da efabulação. Nesta, a escritora consegue manter a ambigüidade, o mistério ou o enigma que desafiam o leitor, quase sempre deixando na sombra ou apenas surgerindo o motivo-chave da situação ali narrada.

Com regularidade, seguem-se novos títulos: os romances **Endereço comum** e **Boletim cor-de-rosa** (1º lugar Concurso Nacional do Clube do Livro/1986); contos incluídos em antologias (**Rodízio de contos**/1985; **Ficções**/1987; **Conte Porto Alegre**/1988) e contos premiados: O brilho da maçã (2º lugar Concurso Felipe d'Oliveira/Prefeitura Municipal de Santa Maria – RS, 1982); A velha e seu cachorro (1º lugar Festival Artístico Cultural da Legião Brasileira de Assistência/1982) e Três nomes de uma mesma rua, uma casa e o tempo (Prêmio especial Leopold Boeck/Concurso Kronika de Contos-RS, 1988).

É com o romance juvenil **Abram a porta pro papai**, que Ilsa Lima Monteiro vai se consagrar como escritora vocacionada para falar aos jovens. Em original, esse humaníssimo romance conquistou o 1º lugar no Concurso Nacional João de Barro/Prefeitura Municipal de Belo Horizonte, 1987. Foi publicado pela primeira vez em Portugal (Lisboa, Editora Caminho, 1991). A partir de 1993, vem sendo publicado também no Brasil (São Paulo, FTD). Também em 1987, escreve **Tempo de descobertas** (Col. Passalivre. SP, Ed. Nacional). E novos romances juvenis se sucedem: **Quem fica com Felipe?**, **A outra margem do rio**, **Donos das ruas**...

Inseridos no universo adulto (no qual estão em jogo a multiplicidade do real ou a polivalência do viver humano; a problemática do tempo, desdobrado pela memória, etc.), seus romances juvenis giram sempre em torno do difícil aprendizado de viver: o enfrentado por um menino com deficiência física e que vê sua vida desequilibrada devido à separação dos pais; o problema dos que perdem a mãe ou pais e, rejeitados por todos, caem na marginalidade; e o drama dos meninos que devido a carências de toda ordem se tornam meninos de rua, sujeitos às mais degradantes experiências. Na expressão de quaisquer dessas situações, Ilsa consegue uma difícil fusão: a de uma aguda consciência da tragédia humana (em geral silenciosa e oculta dos demais) e a de uma linguagem fluente, objetiva e envolvente, despojada de sentimentalismo, mas suficientemente poética para sugerir as emoções represadas.

Publicações: Conto – **A hora coincidente**, 1981. Romance – **Endereço comum**, 1982; **Boletim cor-de-rosa**, 1987. Romance juvenil – **Abram a porta pro papai**, 1987; **Tempo de descobertas**, 1987; **Quem fica com Felipe?**, 1994, e **Donos das ruas**, 1999.

INA MACIEL 565

Poeta, cronista, Ina Amaral da Silva Maciel nasceu em Alegrete (RS), em 29.08.1920. Estreou em livro com **Procura**, coletânea de contos e crônicas.

Publicação: **Procura**, 1968.

566 INAURA CARNEIRO LEÃO

Poeta, pesquisadora, médica psiquiatra e psicanalista, personalidade de destaque em seu meio cultural, Inaura Vaz Carneiro Leão nasceu no Recife (PE), em 02.02.1924. Sua formação escolar/intelectual foi influenciada pela profissão de seu pai (Adolpho G. Carneiro Leão – Fiscal do Consumo Federal), na medida em que as contínuas mudanças, devido às suas transferências de cidades e estados, a levaram a estudar em diferentes estabelecimentos de ensino e a viver diferentes experiências de convívio humano. Fez seus primeiros estudos no Recife, concluindo-os em Belém do Pará e no Liceu do Ceará. Ainda em Fortaleza, forma-se professora pela Escola Normal Justiniano de Serpa. Com a mudança para Curitiba, fez vestibular para Medicina na Universidade do Paraná, e aí estuda até o 4º ano (1944). Em 1945, transfere-se para a Faculdade de Medicina da Universidade do Brasil-RJ, visando à especialização em Psiquiatria (concluída em 1946). Realizou vários cursos de especialização em Psiquiatria e Psicanálise. Ingressou, por concurso, no Serviço Nacional de Doenças Mentais (atual DISAN), em 1947, como psiquiatra. Prossegue suas atividades de pesquisa e realiza vários trabalhos científicos. Participa da fundação da Sociedade Psicanalítica do Rio de Janeiro e da Sociedade Brasileira de Psicanálise/RJ, da qual se torna membro efetivo e analista didata. Entre os inúmeros cargos administrativos exercidos, estão os de secretária do COPAL – Conselho Coordenador das Organizações Psicanalíticas da América Latina (atual FEPAL), e Vice-Presidente da Associação Internacional de Psicanálise (1987/1989). Tem realizado intercâmbios científicos com o Uruguai, Colômbia, Peru, México e Porto Alegre. Seus trabalhos científicos, desde os tempos de estudante, têm merecido destaques e citações.

Paralelamente a essa atividade profissional científica, dedicou-se desde muito jovem à escrita de poesia, publicando esporadicamente seus poemas na imprensa ou revistas de vários estados. Estréia em livro com os poemas de **Sonhos e realidades**, em 1941, época em que ingressara na Faculdade de Medicina. Bem recebido pela crítica, esse livro lhe valeu a eleição como membro da Academia de Letras José de Alencar/Curitiba e da Confraternidad Universal Balzaciana-Montevidéu. Em 1990, publica novo título, **Mergulho no azul**, que teve muito boa acolhida crítica (Olga Savary, Stella Leonardos, Lurdes Sarmento, Lúcia Aizim, Roberto Bittencourt Martins, entre outros). Poesia humanista, a de Inaura pertence à linhagem daqueles que, comungando com a grande aventura do homem, buscam o próprio eu em suas relações com o outro, num visceral impulso de doação e solidariedade humana. Em um de seus breves poemas, está o alerta aos distraídos:

Planta em cada caminho / que percorreres uma árvore / E não penses nunca / no fruto e na sombra / que em breve darão // Muitos são os viajores / que jamais se lembraram / de lançar em terra fértil / uma semente sequer / E eles precisarão / de frutos e de sombra / nos dias que hão de vir.

Publicações: **Sonhos e realidades**, 1941; **Mergulho no azul**, 1990, e **Inventário dos sonhos**, 1993.

567 INDÁ SOARES CASANOVA

Poeta, cronista e redatora literária, Indá Soares Casanova nasceu em Anchieta (ES), em 23.05.1890. Ainda criança muda-se para Vitória (ES), onde fez seus estudos, formando-se professora. Radicou-se em São Paulo (SP).

Estudante, adolescente e idealista, nos anos de 1920, começa a escrever crônicas e artigos de crítica literária para jornais de Vitória e do Rio de Janeiro (Correio da Manhã). Nos saraus literários, em voga na época, declamava poemas em espanhol e francês. Dos brasileiros, dizia Bilac, Vicente de Carvalho, Olegário Mariano, Guilherme de Almeida... Nessa mesma época participa da efervescência feminista, que começa no meio cultural de Vitória (por influência das reivindicações de Bertha Lutz*), e escreve, sob pseudônimo, inúmeros artigos em defesa do voto feminino e defendendo os direitos da mulher por um novo lugar na sociedade.

Em 1948, começa a trabalhar como redatora no setor de publicações do SESI – Serviço Social da Indústria. Aí organizou e publicou cerca de 40 títulos de obras informativas, escritas por médicos, engenheiros, advogados, etc., para atender às demandas assistenciais.

Mulher culta, desde a adolescência foi leitora da literatura européia, principalmente a francesa, cuja influência vai aparecer em seu primeiro livro publicado, **Diálogos da ausência**, prosa lírica escrita em português e francês, logo após uma viagem à Europa, em 1961. Em 1962, escreve uma série de poemas intimistas, em francês, e os reúne sob o título **Sur la route du temps** (publicado em 1985). Em 1979, lança novo livro de contos e poesias, **Dois contos e alguns**

vinténs. Referindo-se a sua escrita literária, a autora diz não se sentir filiada a nenhuma corrente poética, escrevendo simplesmente, ou melhor, transmitindo ao papel sua emoção diante do momento vivido, sem pensar em técnica ou trabalho artesanal. Considera sua poesia uma expressão de emoções, estados d'alma que tomaram formas antes de se diluírem no Cosmo.

Publicações: **Diálogos da ausência**, 1961; **Sur la route du temps**, 1985, e **Dois contos e alguns vinténs**, 1979.

INDÍGENA DO BRASIL, v. Ana Luísa de Azevedo Castro (nº 96)

INÊS CAVALCANTI 568

Poeta, Inês Cavalcanti nasceu no Rio de Janeiro (RJ), em 1960. Nasceu como segunda filha numa família de oito rebentos. Estudou dança e teatro, sem conseguir realizar-se. Aos vinte e dois anos deixou o país por razões afetivas, tornou-se mãe de dois filhos e vive em Paris, onde conheceu 'la détresse extrême', mas foi salva. Vai em busca da sublimação. Fazem parte de seus temas certos objetos fugazes tradicionalmente cantados pelos poetas. A irrupção da poesia nela se faz a partir de perdas em geral dolorosas. Seu objetivo é provocar o surgimento de uma beleza que inebrie e fira o leitor. Usa o ritmo e as assonâncias. Quer ser lida, e se entrega a Deus.

Autêntica vocação de poeta que a dor fez emergir, Inês Cavalcanti estréia em livro em 1998, com **Poemas parantônio e não só**. Dividida em quatro partes (Poemas da estrada; Poemas para Antônio; Outros poemas da estrada e L'herbe amére/poemas franceses), esta breve recolha vem revelar uma arte poética de linhagem camoniana, a que canta o amor, como valor quase absoluto e que, uma vez frustrado, mergulha o amante em angústia e solidão. Impregnada dos antigos cantares de amor, a poesia de Inês Cavalcanti flui com naturalidade em ambas as línguas: portuguesa e francesa. Poemas de paixão e dor, neles ecoam também grandes vozes de ontem que transfiguram o amor e a dor em beleza.

Publicação: **Poemas parantônio e não só**, 1998.

INÊS MAFRA 569

Ficcionista, poeta, cronista, ensaísta, Inês Mafra nasceu em Brusque (SC), em 03.10.1956. Está radicada em Florianópolis (SC). Formou-se em Letras (UFSC) e fez mestrado em Literatura Brasileira. Ainda estudante, escreve contos e poemas, publicados em revistas e coletânea (**Os contos da FURB**/1979; **Outros catarinenses escrevem assim**/1979; **Antologia do varal literário**/1983, entre outros). Nos anos de 1970, participou do movimento alternativo ou independente, que aconteceu em Brusque, envolvendo as várias manifestações de arte e literatura. São dessa época os jornais Cogumelo Atômico e Visor, dos quais foi editora.

Tem participado de concursos literários, obtendo vários destaques (contos premiados em concursos promovidos pela FURB – Fundação Educacional da Região de Blumenau/1975 e 1978; Centro Acadêmico Livre de Letras da UFSC/1987; Prêmio Nacional de Poesia Luis Delfino/1989 e outros).

Estreou em livro com as narrativas de **Dança de cabeça**, ficção centrada no cotidiano e seus desencontros entre o sonho e a realidade decepcionante. Nessa mesma esfera, se constróem os poemas de **Cristal**, nos quais a força da vida e a consciência da palavra superam em muito as frustrações inevitáveis do viver.

Publicações: Ficção – **Dança de cabeça**, 1981. Poesia – **Cristal**, 1993.

INÊS SABINO 570

Poeta, romancista, contista, memorialista e pesquisadora, Inês Sabino Pinho Maia nasceu em Salvador (BA), em 31.12.1853. Viveu parte de sua vida em Pernambuco (PE) e no Rio de Janeiro (RJ), onde faleceu em 31.09.1911.

Desde a infância teve educação aprimorada, indo concluir seus estudos de literatura européia, história, latim, francês e inglês na Inglaterra. Na volta, fixa residência em Recife (PE). Revelou-se poeta, ainda adolescente, recebendo entusiástico apoio da família para engajar-se nesse caminho de produção. Traduziu poemas de grandes poetas clássicos, mas não chegou a reuni-los em livros. Era assídua freqüentadora do Gabinete Português de Leitura (RJ). Colaborou regularmente na imprensa de Pernambuco, Alagoas, Rio de Janeiro e São Paulo. Publicou livros de diferentes gêneros: poesia, romance histórico, contos infantis, memórias e pesquisa histórico-literária. Neste último gênero, produziu o mais importante de seus trabalhos: **Mulheres ilustres do Brasil**, onde reúne as biobibliografias de uma centena de mulheres que se destacaram na cultura brasileira. No prefácio, escreveu: *Eu quero ressuscitar no presente as mulheres do passado, que jazem obscuras, devendo elas encher-nos de desvanecimento, por ver que bem raramente na humanidade se encontra tanta aptidão cívica presa aos fastos da história. Faço, outrossim, salientar as que mais sobressaíram nas letras, a fim de que se conheça que houve alguém que amou a arte e viveu pelo talento, tirando-as, como às outras, da barbária do esquecimento, por fazê-las surgir como merecem, à tona da celebridade.*

A vida se repete. Com ligeiras diferenças de intenções, nossa pesquisa (que resulta da colaboração de colegas e do que a cultura acumulou em livro) persegue o mesmo fim: tirar do esquecimento o que as mulheres do passado ajudaram a construir; e registrar o que as do presente estão fazendo para que a vida e a cultura se cumpram em seu tempo certo.

Publicações: Poesia – **Rosas pálidas**, 1886; **Impressões**, 1887, e **Lapidações**, 1891. Romance histórico – **Lutas do coração** (pref. Valentim Magalhães. s/d) e **Alma de artista** (s/d.) Memórias – **Através de meus dias**, s/d. Didático – **Literatura brasileira** (manual para escolas superiores, s/d.) Pesquisa - **Mulheres ilustres do Brasil**, 1899. (Ed. fac-similar – Florianópolis, Editora das mulheres, 1996) Infantil – **Noites brasileiras**, s/d.

571 IONE ARRUDA

Poeta, cronista, professora e presença atuante no meio cultural cearense, Ione Arruda Gomes nasceu em Sobral (CE), em 28.07.1922, e está radicada em Fortaleza (CE). Graduou-se professora no Colégio Imaculada Conceição, e realizou cursos de extensão universitária, no Instituto de Antropologia da Universidade do Ceará, em 1964. Tem cursos de piano, desenho e pintura, tendo participado, com suas telas, de várias coletivas de pintura.

Exerceu cargos de professora municipal e estadual, e de funcionária federal na Diretoria Estadual do Ministério da Agricultura. Tem participado de inúmeros congressos culturais (II Congresso de Escritores Cearenses – 1974; Simpósio de Estudos de Língua Portuguesa/1976; Jornada Cultural sobre José de Alencar/1977; V Encontro de Professores Universitários Brasileiros de Língua Portuguesa/1977; e outros). Pertence a várias entidades culturais: Ala Feminina da Casa de Juvenal Galeno; Associação Cearense da Imprensa; AJEB – Associação de Jornalistas e Escritoras do Brasil; União Brasileira de Trovadores-CE, Academia de Letras Municipais-CE e Academia Columinjubense de Letras e Artes-CE. Como Ajebiana, participou várias vezes da Assembléia Geral Nacional.

Desde jovem escreve poesia, artigos e ensaios resultantes de pesquisa, divulgando-os pela imprensa ou em livros. Figura em inúmeras antologias e em obras de consulta: **Dicionário de escritores cearenses de Raimundo Girão**; **Anuário do Ceará de Dorian Sampaio**, e outras.

Publicações: **Poça d'água**, 1981; **Esplêndida Europa**, 1987; **Imagens indeléveis**, 1991, e **Madre Maria José de Jesus – uma poeta de Deus**, 1993.

572 IONE STAMATO

Poeta, professora, Ione Stamato nasceu na capital paulista, em 1915. Fez seus primeiros estudos no Colégio Coração de Jesus. Cursou a Escola Normal Caetano de Campos. Ingressou no magistério, exercendo por anos o cargo de inspetora federal do ensino. Como poeta, colaborou nas mais importantes revistas do país. A partir dos anos de 1940 passou a residir no Rio de Janeiro (RJ). Estreou em livro em 1938.

Publicações: **Sinfonia da dor**, 1938; **Por que falta uma estrela no céu**, 1939; **A imagem afogada**, 1942. Tem poemas incluídos na **Coletânea poetas paulistas** (org. Enéias de Moura), 1951.

IRACEMA MACEDO 573

Poeta, pesquisadora, professora, Iracema Macedo nasceu em Natal (RN), em 1970. Formou-se em Filosofia pela UFRN; fez mestrado na Universidade Federal da Paraíba, com a dissertação Idealismo e *amor fati* na estética de Nietzsche. Em 2001 preparava-se para defender tese de doutorado na Unicamp, na área de Filosofia.

Muito jovem foi atraída para a escrita poética. Estréia como poeta em obra coletiva (parceria com Eli Celso e André Vesne), com **Vale feliz** (1991). Seguem-se **Gravuras** (1995) e **Ceia das cinzas** (1998). Com essas publicações conquistou três importantes prêmios do Rio Grande do Norte: Othoniel Menezes/1992; Myriam Coeli/1992 e a Auta de Souza/1994. Seu primeiro livro individual foi **Lance de dardos** (de clara alusão mallarmaica, onde reuniu inéditos e poemas anteriormente publicados em coletâneas); **Vale feliz** (1991); **A casa** (1995) e **Brincantes do reisado**(1998).

Poesia que finca raízes na crise da cultura de nosso tempo, a de Iracema Macedo se nutre da experiência cotidiana (com seus contrastes de dores e alegrias, sombras e luzes), e da comunhão com as vozes que ontem transformaram a angustiada vida em poesia. Esta é a energia que em seus poemas une o hoje ao ontem, energia em que erotismo e ânsia de plenitude se fundem, como fatalidade. Na apresentação do livro, Nonato Gurgel se refere à estetização da existência e a alegria poderosa patente em sua poesia que, nos rastros de Nietzsche, entende que O Jogo do amor fati (amor da fatalidade) não é outro senão aprender a ver o belo na necessidade das coisas e, uma vez que os dados estão lançados, de nada vale o ressentimento ou o remorso. Muito mais forte que o ressentimento é o amor que faz de qualquer resultado dos dados uma possibilidade de vida mais bela e mais criadora. Como a poeta diz no poema que dá título ao volume, **Lance de dardos**: *Aprendi com os dardos / uma especie de vida iluminada / e sutileza para arremessos / estratégias de ataque / fugas / um modo impecável de me abrigar da chuva / E aprendi também uma crueldade / e uma coragem toda feita de começos.*

Publicação: **Lance de dardos**, 2000.

IRACEMA GUIMARÃES VILELA 574

Romancista, cronista, dramaturga e bibliógrafa, Iracema Guimarães Vilela nasceu no Rio de Janeiro (RJ), em data ignorada e faleceu em 1941. Era filha do poeta Luís Guimarães e irmã do poeta Luís Guimarães Júnior. Entre 1916 e 1936, colaborou regularmente na imprensa carioca, usando o nome literário de Abel Jurúa.

Estreou em livro, em 1918, com o romance **Nhô-Nhô Resende**. Seguiram-se outros de contos e de comédias que foram encenados por grupos amadores. Escreveu também a biografia de seu pai.

Publicações: Romance – **Nhô-Nhô Resende**, 1918; **Asas partidas**, 1928, e **A senhora condessa**, 1939. Contos – **Uma aventura** (Prêmio da Academia Brasileira de Letras/1926) e **A veranista**, 1927. Comédia – **A hora do chá**, 1933. Biografia – **Luís Guimarães**, 1934.

IRACEMA SALDANHA PONCE 575

Poeta, Iracema Saldanha Ponce nasceu em Quaraí (RS), em 05.07.1904. Faleceu em 13.09.1938. Colaborou regularmente nos jornais locais (O Cidadão, 1934-1938). Deixou sua produção poética esparsa. Posteriormente foi recolhida por seu marido e editada em livro, com prefácio de Átila Casses.

Publicação: **Últimas baladas**, 1942 (post.).

IRENE FERREIRA DE SOUZA PINTO 576

Poeta, cronista e romancista, Irene Ferreira de Souza Pinto nasceu em Amparo (SP), em 08.04.1887. Radicou-se no Rio de Janeiro (RJ), onde faleceu em 21.05.1944, depois de longa enfermidade.

Estudou no Colégio Sion (SP), e desde cedo manifestou vocação para a criação literária. Escreveu regularmente contos e poesia, colaborando na imprensa paulista, principalmente na revista Feminina. Criou a seção Crônicas Sociais, no Correio Paulistano. Estreou em livro, em 1917. Tem poemas incluídos na **Coletânea poetas paulistas** (org. Enéias Moura), 1951.

Publicações: Poesia – **Primeiros vôos**, 1917; **Gorgeios**, 1919. Romance – **Rosa Maria-Diário sentimental de uma jovem romântica**, 1921.

577 IRENE DE MELONEVES

Poeta, romancista, professora, Irene de Meloneves nasceu em Belo Horizonte (MG), em 1933. Colaborou regularmente na imprensa mineira, com artigos e poemas. Participou de vários concursos literários e foi agraciada com prêmios e distinções de entidades culturais (Associação Uruguaiense de Escritores e Editores; Cidade de Belo Horizonte, da Academia Mineira de Letras/1967). Estreou em livro em 1967.

Publicações: Poesia – **Parábola**, 1967; **Pálio azul**, 1979. Romance – **A aparição de Lia**, 1972.

578 IRENE SANTA HELENA

Poeta, professora, Irene Ruperti Santa Helena nasceu em Porto Alegre (RS), em 10.10.1908. Faleceu em São Leopoldo (RS), em 31.03.1946. Deixou um livro publicado.

Publicação: **Quando as rosas se desfolham**, 1942.

579 IRENE TAVARES DE SÁ

Romancista, ensaísta, educadora, Irene Tavares de Sá nasceu em Paris (França). Educou-se no Recife (PE) e radicou-se no Rio de Janeiro (RJ). Formou-se em Letras e ingressou no magistério. Como escritora colaborou na imprensa com textos ensaísticos de diversa natureza (sobre educação, cinema e televisão). Sua produção na área da ficção tem sido considerada bastante significativa. Alceu Amoroso Lima foi seu grande prefaciador. Iniciou sua carreira de ficcionista com o romance **Eu e Camila**, que lhe valeu o Prêmio Coelho Neto, da Academia Brasileira de Letras. Escreveu também vários livros para os jovens.

Publicações: Romance – **Eu e Camila**, 1941; **A ponte de ouro**, 1942; **Caminhos no horizonte**, 1944; **Além da vidraça**, 1947; **Coração de mulher**, 1952; **Um amor aos vinte anos**, 1956; **Passos na areia**, 1958; **A clarabóia**, 1967, e **A condição da mulher**, 1968; **Aos 15 anos**, 1977; **Verdes os astros**, 1985 e **Fazenda da estrela**, 1988. Ensaios – **Eva e seus autores**, 1963; **Juventude em crise ou sociedade em crise**, 1971; **Cinema e educação**, 1976; **Caminhos da paz no cinema e na TV** (colab. A.C. de Matos), 1986.

580 ÍRIA MARIA SURYA

Ficcionista, professora, psicanalista e pesquisadora, Íria Maria Surya (nome literário de Irene Dau Pelloni) nasceu em Franca (SP), em 30.12.1941. Radicou-se na capital paulista. Formou-se em História e Ciências Sociais, na Faculdade Sedes Sapientiae/PUC-SP. Especializou-se em língua inglesa (com estágios nos Estados Unidos, Inglaterra e Escócia) e em História Antiga, Medieval e Moderna/Contemporânea. Ingressou no magistério em 1963 (Colégio Madre Cabrini e Colégio Sion). Participou da fundação do Externato Pequeno Príncipe, onde atuou como diretora pedagógica e administrativa (1965-1975). Fundou o Centro de estudos de línguas estrangeiras Páramo – Órgão de Interação Cultural (1972), criando um método de ensino que foi adotado pela Escola Pink and Blue – Campinas/1977. Participou da fundação e administração da galeria de arte Páramo, promovendo exposições e lançamentos de artistas plásticos. Atraída pelos estudos esotéricos, fez curso no Instituto Narayana-SP, 1975, de Zen Budismo, de Ratha Yoga e Raja Yoga (1972 e 1979). Especializa-se em Raja Yoga (cursos na Inglaterra/1979 e Índia/1980). Fez várias viagens culturais ao exterior (cursos e pesquisas na Itália, França, Grécia, África, Oriente Médio, etc., entre 1969 e 1985). Participou do Grupo de Estudo de Psicanálise e é membro da Escola de Psicanálise de São Paulo.

Em 1985, assume-se como escritora, com a ficção de **Sklábos**, verdadeira torrente de vivências, questionamentos, sensações e emoções que fundem o orgânico e o espiritual, energizados de erotismo. Sintonizada com a fragmentação que se tornou a marca da literatura contemporânea, a escritura de **Sklábos** flui desordenadamente, rompendo limites convencionais. Impossível definir-lhe o gênero: diário? autobiografia? poesia? romance? Em resenha sobre o livro, Samira Chalub o define como:

...gênero bricoleur, um recorte de diferentes discursos na forma de prosa, por onde perpassam sinais de poesia. Uma narrativa de intenções poéticas, que carrega heranças de outros discursos: o do espírito religado, no sentido religioso místico de concepção oriental; o do corpo observado pelas certezas biológicas; o da sociologia que assenta premissas nas relações coletivas; o psicanalítico; o da música popular ou de memórias poéticas; o da mitologia e o do discurso que persegue a gênese da palavra, a sua etimologia.

Essa síntese expressa bem a complexidade de **Sklábos** e sua sintonia com os ventos pós-modernos.

Publicação: **Sklábos**, 1988.

IRIS CARVALHO 581

Poeta, contista, advogada, Iris Carvalho de Mendonça nasceu em Belo Horizonte (MG), em 13.10.1924. Radicou-se no Rio de Janeiro (RJ). Formada em Filosofia e Direito. Fez mestrado e doutorado em Direito Público. É presença atuante no seu meio profissional e cultural. É membro da Academia Juiz-forana de Letras, ocupante da cadeira cujo patrono é Menelick de Carvalho, seu pai.

Desde jovem escreve poesias. Estréia em livro em 1966, com **Horário de verão.** Recebeu várias distinções por trabalhos, inclusive medalhas de Honra ao Mérito Universitário. Em seu Auto-Perfil (abril/1988), descreve-se como *irmã de seus amigos; ambição do vil metal e desprezo por possuí-lo; sempre a mesma na ventura da esperança; o tempo como instância psíquica; cabelos que relutam em ficar brancos; consciência do que deixou de ser; sensação de que a vida passa sem se extinguir; muito medo de amar; nenhum medo de morrer [...] invulgar destemor de se entregar à luta existencial, desconhecendo limitações; bravura de ser IRIS, autenticamente IRIS, simplesmente IRIS.*

Publicações: Poesia – **Plenitude azul**, 1969; **Universo-verso**, 1988. Contos – **Horário de verão**, 1966, e **Boquinha de Pitanga**, 1977.

IRIS FIGUEIRÔA 582

Poeta, ensaísta, pesquisadora, assistente social e notável declamadora, Iris Lourdes Figueirôa Costa nasceu em Porto Alegre (RS), em 1924, em família ligada às letras. É filha do escritor Waldemar Figueiredo e da poeta Honorina Bittencourt Figueiroa e sobrinha das poetas Revocata de Melo* e Julieta de M. Monteiro*.

Formou-se em Jornalismo (UFRJ/1972) e Nutrologia. Ingressa no funcionalismo público como assistente social do Instituto de Serviço Social da Prefeitura do Distrito Federal. Trabalhou no Instituto de Serviço Social da Guanabara e na Rádio MEC, onde criou o programa Poesia Brasileira ontem e hoje. Desde a adolescência escreve poesia, divulgando-a na imprensa e posteriormente publicada em livro. Participou de várias antologias (I Promoção de poesia na Guanabara; I Torneio niteroiense de poesia improvisada, etc.). Ligados ao seu trabalho, escreveu inúmeros textos informativos (Manual de nutrologia; Serviço social do menor; Serviço social escolar; Serviço social familiar, etc.).

Publicações: Poesia – **Lira cristã** (escr. entre os 11 e 15 anos); **Alvorescer**; **Eclosão**; **Evangelho para meu filho**, 1971, e **Minha mãe**, 1989. Pesquisa – **Manual de nutrologia** (com 200 ilustr.). Monografia – **Seviço social escolar** e **Serviço social familiar**.

IRMÃ MARIA ANTÔNIA 583

Memorialista, Irmã Maria Antônia (no século, Cecy Cony) nasceu em Santa Vitória do Palmar (RS), em 04.04.1900. Pertenceu à Ordem Franciscana. Faleceu em São Leopoldo, em 1939. Deixou um livro de memórias, publicado postumamente: **Devo narrar minha vida** (1949), considerado pela crítica como um importante testemunho de vida, como responsabilidade de cada um para o equilíbrio do todo.

Publicação: **Devo narrar minha vida** (post. 1949).

584 ISA MAGALHÃES

Contista, professora, Leonisa Maria Magalhães de Sousa (Isa Magalhães) nasceu em São Paulo (SP), em 27.05.1959. Radicou-se no Ceará (CE). Graduada em História, ingressou no magistério. Especializou-se nos estudos de história do município. Tem colaborado regularmente na imprensa cearense e participado de concursos literários, sendo agraciada com prêmios e distinções (1º lugar no concurso de contos do Jornal O Povo). Publicou um livro de contos, em 1987.

Publicação: **Psiu, o síndico pode estar ouvindo**, 1987.

585 ISA SILVEIRA LEAL

Romancista, jornalista, tradutora, radialista, conferencista e consagrada escritora de literatura para jovens – *best seller* dos anos de 1960 – Isa Silveira Leal nasceu em Santos (SP), em 1910. Radicou-se na capital paulista, onde faleceu em 1988 aos 78 anos. Era filha do escritor regionalista Valdomiro Silveira, irmã do teatrólogo Miroel Silveira e prima das escritoras Dinah* e Helena Silveira de Queiróz*.

Formou-se em Letras e muito cedo começou a escrever para a imprensa. Conhecedora de vários idiomas, trabalhou como tradutora de romances (John dos Passos, Haroldo Laski, G. Duhamel...) para várias editoras. Nos anos de 1940, em colaboração com seu irmão Miroel, dedica-se à tradução de peças de teatro (Shakespeare, Mirabeau, Gide, Thomas Rourki...). Em 1945, escreve ou adapta peças para rádio-teatro, em colaboração com o marido, o escritor Alberto Leal (então redator-chefe da Rádio Tupi). Em 1948, com o falecimento do marido assume o cargo de redatora-chefe das rádios Tupi e Difusora, multiplicando sua atividade na imprensa, no rádio e em traduções. Em 1952, passa a redatora da Folha de S.Paulo, onde cria e mantém diferentes seções culturais. Em 1954, em colaboração com Helena Silveira, dirige o Suplemento Feminino da Folha de S.Paulo. Em 1956, organiza um programa cultural para a recém-criada TV Record. Sua intensa atividade nos vários meios de comunicação foi reconhecida em várias premiações.

Sua estréia como romancista se deu, em 1956, com **A rainha do rádio** (60º volume da Coleção Rosa/Ed. Saraiva. São Paulo). Tal como os demais volumes da coleção, esse resulta ser uma versão modernizada do gênero romanesco à la M. Delly, que, desde os anos de 1930 e 1940, via França, se tornara o *best seller* para as meninas-moças da época. Em **A rainha do rádio**, a modernização do gênero róseo se fez em termos de ajustamento da matéria romanesca aos valores modernos. Na época, o grande alvo para o sucesso pessoal era o rádio. Assim a heroína é uma jovem, que o acaso transforma em cantora de rádio e, com isso, cria-se o conflito: carreira ou casamento? De acordo com a tradição, vence o amor/casamento. Nessa mesma linha, Isa escreve **O único amor de Ana Maria** (1961) e **O amor é campeão** (1962).

Publicados no momento em que no Brasil iniciava a virada dos anos de 1960, quando os valores ético-familiares tradicionais começam a ser abalados, ou melhor, questionados por minorias jovens e rebeldes (embora ainda controlados pelas famílias), esses romances "róseos" (juntamente com outras obras exemplares: novelas de rádio, folhetins, revistas...) teriam desempenhado a tarefa de reforçar os valores tradicionais ameaçados, atuando como retardadores do processo em marcha (Inclusive dando tempo para o necessário amadurecimento das novas atitudes... hoje em plena explosão.).

Em 1958, Isa cria Glorinha, a personagem que seria o símbolo dessa juventude que, inconsciente, estava vivendo no limiar entre dois tempos: o de ontem e o do amanhã. O romance **Glorinha** torna-se o grande *best seller* entre as adolescentes da época e uma longa série o segue: **Glorinha e o mar** (1962), **Glorinha bandeirante** (1964), etc.

Vivia-se então o desnorteante período do pós-guerra, com a crescente reação dos novos contra os valores tradicionais e a conseqüente reação da sociedade, tentando deter a ruptura dos valores herdados e que lhe cabia defender; sistema cuja pedra-base é (ou era?) a mulher, rainha do lar, mãe e garantia da honra e autoridade do marido ao qual deve ser submissa.

Ao mesmo tempo, a época era de esperança e de dinamismo realizador, fomentados pelo governo de Juscelino Kubitschek, iniciado em 1956. A produção nacional de literatura para jovens era escassa entre nós, daí também o sucesso da série Glorinha. A essa série seguem-se novos títulos integrando a coleção Jovens do mundo todo (Brasiliense-SP), para a qual Isa escreveu até às vésperas de sua morte.

Publicações: Romances – **A rainha do rádio**, 1956; **O único amor de Ana Maria**, 1961, e **O amor é campeão**, 1962. **Série Glorinha: Glorinha e o mar**, 1962; **Glorinha bandeirante**, 1964; **Glorinha e a quermesse**, 1965; **Glorinha radioamadora**, 1970, e **Glorinha e a sereia**, 1971. Tradução – **Bolivar, o cavaleiro da glória**, 1942; **A corte de Luís XIV. Memórias de uma cortesã**, 1944; **Confissões à meia-noite**, 1946; **Dias e noites**, 1947; e outras.

ISABEL ARRAIS BANDEIRA 586

Poeta, professora e psicóloga, Isabel Arrais Bandeira nasceu em Assaré (CE), em 26.01.1922. Reside em Fortaleza e, nos anos de 1970 e 1980, domicilia-se em Brasília (DF). Formou-se professora na Escola Normal do Ceará e ingressou no magistério. Formou-se em Psicologia e Parapsicologia com o professor indiano Robin (Brasília, 1982). Dedicou-se a estudos esotéricos.

Desde jovem inclinou-se para a escrita literária, divulgando seus textos em publicações na imprensa. Estreou em livro, em 1984, com a prosa/poesia de **Momentos de mensagens**. Seguem-se: **O sonho e o tempo**; **Vida realidade fantasia** e **Cochicho**. Estilo lírico, ligado ao cotidiano e do qual a autora se quer testemunha.

É membro de várias entidades culturais, como: Casa do Poeta Brasileiro-Brasília; Associação da Mulher Profissional e de Negócios do Brasil-Brasília; Associação Imprensa de Brasília; Ala Feminina da Casa Juvenal Galeno, entre outras.

Publicações: **Momentos de mensagens**, 1984; **O sonho e o tempo**, 1985; **Vida realidade e fantasia**, 1987, e **Cochicho**, 1987.

ISABEL CRISTINA GRIBOSKI 587

Poeta e funcionária pública, Isabel Cristina Gama Soares Griboski nasceu em Porto Alegre (RS), em 1962. Reside em Gravataí (RS), onde ingressou no funcionalismo municipal. É sócia-fundadora e secretária da Associação Literária de Gravataí.

Começa a publicar poesia na década de 1990, participando de antologias (**Escritores de Gravataí**/1994; **Escritores de Gravataí em prosa e Verso**/1996 e **O Gravatá**, 1997) e de concursos literários (premiada no I Concurso Literário Paulo Fink & Neto Saldanha/1997).

Estréia em livro em 1996, com os poemas de **Utopia**, seguido por novos títulos.

Publicações: Poesia – **Utopia**, 1996; **Prisão em mim**, 1997, e **Marcas**, 1998.

ISABEL DIAS NEVES 588

Poeta goiana, de palavra telúrica e sensibilidade fundamente humanista, Isabel Dias Neves (Belinha, para os amigos) estréia em livro, **Fardo florido,** em 1995, já em plena maturidade existencial e intelectual. A epígrafe de Cora Coralina posta na abertura já aponta a linhagem deste seu canto-terra: *Vive dentro de mim / a mulher roceira: enxerto de terra.* É nessa funda ligação com a terra e com todos que nela trabalham, ou dela vivem, ou nela desvivem, que está a maior força da palavra de Isabel. Falando dessa arte, Yêda Schmaltz diz no texto introdutório:

O que faz a grandeza deste livro [...] é a ligação com a terra; e também o que torna sua autora, a mais autêntica representante dos cantores do Cerrado e uma das poucas (senão a primeira) poetisas do Tocantins, o seu Norte tão amado de onde veio, trazendo no coração essa bússola que aponta ininterrupta, para as suas raízes mais profundas.

Da humana leitura abrangente desse universo épico-lírico, o que ressalta é a funda ligação da mulher com a terra:

A mulher que fia / é plantada no seu chão e alada; [...] A mulher que planta / é ligada a todo canto e espanto [...] A mulher que dura / mói o seu tempo e o vento, [...] A mulher que fia, / a mulher que planta / e a mulher que dura / é a que transforma / o suor diário / em nova partida.

Publicação: **Fardo florido**, 1995.

589 ISABEL GONDIM

Poeta, educadora, dramaturga, ensaísta e autora de livros didáticos, Isabel Urbana Carneiro de Albuquerque Gondim nasceu em Papari (hoje, município Nísia Floresta-RN), em 05.07.1839. Faleceu em Natal (RN), em 10.06.1933. Segundo a crônica da época, era dotada de grande inteligência e pendor para os estudos e para a literatura. Não se casou, dedicando-se inteiramente à educação e ao ensino, preocupada principalmente com a formação das mulheres. Escreveu vários livros didáticos, destinados às primeiras letras e fases subseqüentes, e que foram adotados em escolas públicas até bem entrado o século XX. Visando à formação da mulher, escreveu **Reflexões às minhas alunas** para educação nas escolas primárias do sexo feminino (1873). De cunho moralista, tal como a época o exigia, essas reflexões analisam os vários momentos da vida feminina: os da menina escolar, da moça em sua puberdade, da moça em sua juventude ou nubilidade, da mulher casada e da mulher mãe.

Para o teatro, escreve o drama em cinco atos **O sacrifício do amor**, cujo objeto didático ou exemplar é declarado pela autora, na abertura: *Esbocei o seguinte drama, sem dúvida imperfeito, cujo principal assunto fora esse alistamento para a desastrosa Guerra do Paraguai. Queria apresentar ao público exemplo das virtudes que mais convém moldar nas famílias, encarecer-lhes o valor e para elas atrair os corações.*

Foi a primeira mulher eleita sócia efetiva do Instituto Histórico e Geográfico do Rio Grande do Norte e do Instituto Arqueológico Pernambucano. Sua casa foi durante anos ponto de encontro de intelectuais, que ali se reuniam em animados saraus. É patrona da Cadeira nº 8 da Academia Norte-rio-grandense de Letras. Colaborou em jornais de sua região, publicando poemas que posteriormente foram reunidos no livro **A lyra singela** (1933). Destacou-se, pela repercussão de público que teve, o longo poema **O Brasil**, de tendência romântica e ufanista, de louvor às belezas da pátria. Deixou vários inéditos (Noções históricas do RN; Resumo da História do Brasil, Elementos de educação para uso nas escolas primárias de ambos os sexos e Curso de caligrafia.

(Fonte de Consulta: **A Literatura do RN.** Org. C. L. Duarte e Diva Maria Macedo. Natal, 2001.)

Publicações: Poesia – **A lyra singela** (1870-1890), 1933; **O Brasil**, 1903; **O preceptor**, 1933. Ensaio – **Reflexões às minhas alunas**, 1873, e **Sedição de 1817 na capitania**, 1907. Teatro – **O sacrifício do amor**, 1909.

590 ISABEL DE ORLEANS E BRAGANÇA

Cronista, memorialista, Isabel de Orleans e Bragança, Condessa de Paris, nasceu na cidade de Eu, no Baixo Sena (Castelo dos Príncipes de Orleans e Bragança, em Paris), em 13.08.1911. Descendente do Imperador D. Pedro II, foi registrada em Paris na Embaixada do Brasil, tendo dupla nacionalidade. Tem colaborado em revistas e jornais franceses, principalmente na revista Point de vue. Publicou um livro de contos, **De todo coração** (1983). Escreve um livro de memórias e tem vários livros de contos, inéditos.

Publicação: **De todo coração**, 1983.

591 ISABEL DE SERPA E PAIVA

Poeta, educadora e uma das pioneiras no empenho para a renovação do ensino, Isabel Vieira de Serpa e Paiva nasceu na capital paulista, em 12.12.1891. Estudou as primeiras letras com sua mãe, diretora da escola mantida pelo Marquês de Três Rios. Cursou o Grupo Escolar de Santa Efigênia. Fez o curso de Suficiência Eduardo Vautier. Estudou na escola Normal da Praça (futura Caetano de Campos). Em 1911 ingressou no magistério, passando por vários estabelecimentos de ensino (Grupo Escolar Cel. Almeida, Mogi das Cruzes; Grupo Osvaldo Cruz e Maria José, na capital paulista; Escola Modelo Caetano de Campos e Grupo Escolar do Arouche). Aposentou-se aos 32 anos de serviço.

Iniciou sua produção literária, ainda muito jovem, sendo desde logo bem acolhida por intelectuais do tempo. João Breno e Valdomiro Silveira foram os primeiros a lhe dar espaço na imprensa para a publicação de sua poesia. Colaborou regularmente nas mais importantes revistas da época (Vida Moderna de Artur Reis Teixeira; Cri-Cri de Breno Silveira e Álbum Imperial de Couto Magalhães).

Estreou em livro, em 1913, com a poesia de **Berços e ninhos**, musicada pelo maestro João Julião; livro adotado pela diretoria da Instrução Pública do Estado. Prefácio de Arnaldo Barreto e ilustrado por Moacir. Seguem-se outros com igual sucesso no âmbito das escolas e da sociedade culta. Empenhada na reforma de ensino que então já se impunha, apresentou às autoridades o projeto Globalização no Ensino: Plano de Organização Nacional do Ensino Primário (1940). Escreveu inúmeras histórias infantis.

Publicações: Poesia – **Berços e ninhos**, 1913; **Alma de meu país** (pref. Silveira Bueno – 5a. ed.,RJ, pref. Álvaro Guerra, Silveira Bueno, Máximo Santos, Sud Mennuci e Orlando Fonseca); **Poesias cívicas e escolares**, 1941; **Gorgeios e canções** (musicado pelo Maestro Russo), s/d; **Dias de festa** (idem); **Pingos d'água**, s/d. Romance – **Vidro trincado** (finalista do Prêmio Fábio Prado/1947).

ISABEL VILHENA 592

Poeta, professora com larga atuação no magistério, Maria Isabel Gonçalves Vilhena nasceu no Piauí (PI). Colaborou na imprensa local. Publicou um livro de poesias: **Seara humilde**, 1944. É membro da Academia Piauiense de Letras.

Publicação: **Seara humilde**, 1944.

ISAURA CAMILA BORGES E CASTRO 593

Poeta e cronista, Isaura Camila Borges e Castro nasceu em Mirandela (Portugal), e há anos está radicada no Brasil, fixando residência em São Paulo (SP).

Iniciou-se como escritora, escrevendo poemas e crônicas ou breves contos, divulgando-os em publicações circunstanciais. Estreou em livro em 1999 com duas coletâneas onde reúne textos escritos ao longo do tempo, os poemas de **Buquê da vida** e as crônicas de **Momentos da vida que eu conto**. Estilo essencialmente lírico e enraizado nas vivências do cotidiano. É membro da União Brasileira de Escritores-SP.

Publicações: **Buquê da vida**, 1999, e **Momentos da vida que eu conto**, 1999.

ISAURA FERNANDES 594

Poeta e amante das letras, Isaura Fernandes nasceu em São Paulo, em tempo de guerra, segundo ela diz no texto biográfico Minha infância. Formou-se em Letras e fez pós-graduação em Comunicação e Semiótica (PUC-SP). Estréia como poeta, em 1998, com o livro **Ariadne e poeticidade**, o qual resulta de um sonho construído durante anos. Ainda em suas palavras: *Desde que me conheço por gente fui uma sonhadora: tudo o que via, ouvia ou sentia, virava poesia. Muita coisa se perdeu no tempo, porém tudo o que me calou fundo jamais esqueci. Assim, procurei eternizar a realidade desses momentos, escrevendo.*

Tais circunstâncias explicam, de certa forma, a complexidade da matéria amalgamada nesse volume de estréia. Referindo-se a essa abrangência, Caio Porfírio Carneiro diz no prefácio:

Partindo da unção, empatia e interação da sua visão e cultura universitária com o seu mundo e que se projeta além da janela, Isaura Fernandes produziu uma obra espelhada em múltiplas faces, que vai do doutrinário ao poético, do filosófico à denúncia frontal e imediata, da reminiscência à narrativa elíptica de um instante vivido ou flagrado.

Poesia, prosa, reflexões sobre o ser, a vida, o mundo, o enigma da existência, ecos de vozes de ontem e de hoje, fragmentos de memória... tudo se amalgama em palavras, para se afirmar como o testemunho de uma vida vivida em plenitude e que a autora quer compartilhar com seu fiel leitor. É membro da REBRA – Rede de Escritoras Brasileiras. (dir. Joyce Cavalccante*).

Publicação: **Ariadne e a poeticidade**, 1998.

595 ISIS BAIÃO

Contista, teatróloga, roteirista, jornalista, Isis Maria Pereira de Azevedo Baião nasceu em Belo Horizonte (MG). Criou-se no Piauí (PI) e radicou-se no Rio de Janeiro (RJ).

Presença atuante no meio cultural carioca, foi assessora de Imprensa e Planejamento Cultural; colaboradora assídua na imprensa; roteirista de programas de Televisão e Cinema; autora de várias peças de teatro, encenadas por vários grupos profissionais e amadores. Seu estilo pende para a sátira, mostrando a vida como uma comédia. Escreveu contos infantis. Para o cinema, realizou curtas e longas-metragens. Pertence a várias entidades culturais.

Publicações: Teatro – **Instituto Naque de quedas e rolamentos** (Prêmio Melhor Espetáculo/1978); **Maria Manchete, navalhada e ketchup** (tragicomédia) s/d; **A via-crúcis de cada dia** (poemas dramáticos); **Clube de leque** (tragicomédia); **A véspera da luta** (colab. Maria Lúcia Vidal); **As chupetas do Senhor Refém** (tragicomédia musical); **Cabaré da crise** (espetáculo de Café Concreto); **Casa de penhoras** (tragicomédia); **As bruxas estão soltas** (sátira); **Doces fragmentos da loucura** (todos s/d). Cinema – **Um drink para Tetéia** (argumento de Beyla Genauer e dir. Adélia Sampaio); **Trajetória** (longa-metragem, em colab. Anne Duquesnois); **Antonela** (longa-mentragem), 1987. Conto – **Tresloucado gesto** (três peças transformadas em contos), 1983. Infantil – **A família invenção**, 1987.

596 ISIS FIGUEIREDO

Poeta, professora, cronista, tradutora, Isis Flora Figueiredo nasceu em Porto Alegre (RS), em 1940. Formou-se em Letras; fez pós-graduação em Literatura Brasileira, sobre a obra de Mário Quintana. Estreou em livro, em 1971, com a poesia de **Florescência**.

Publicações: **Florescência**, 1971; **Calçada de verão**, 1989; **Amor a céu aberto**, 1992.

597 ISIS DE FREITAS JACQUES

Poeta e professora, Isis de Freitas Jacques nasceu em Porto Alegre (RS), em 09.08.1936. Colaborou em vários jornais do Rio Grande do Sul e Ceará. Publicou poemas seus em livro de autoria de sua mãe, Alzira Freitas Jacques.

Publicação: Lírios do meu jardim, in **Poemas da meia-noite** de Alzira Freitas Jacques.

598 ÍTALA SILVA DE OLIVEIRA

Poeta, médica, professora, pianista, Ítala Silva de Oliveira nasceu em Aracaju (SE), em 18.10.1897. Estudou no Atheneu Sergipense (1914). Cursou a Escola Normal. Ingressou no magistério, ministrando as disciplinas de Física,

Química e História Natural. Matriculou-se em 1921, na Faculdade de Medicina da Bahia, concluindo o curso em 1926. Doutourou-se com a tese Da Sexualidade e da Educação Sexual.

Colaborou regularmente na imprensa local (principalmente no Correio da Manhã) com poemas, crônicas e textos de reflexão sobre temas polêmicos, como A mulher e o voto (in O País, 12.05.1917) ou Casamento civil, Contra o analfabetismo, Pelo feminismo, etc. Sua poesia, que permanece esparsa, está na linha do lirismo parnasiano.

IVANIRA PRADO 599

Poeta, professora, Ivanira Bohn Prado nasceu na capital paulista, em 03.02.1921. Radicou-se em Rio Claro (SP). Formou-se professora e ingressou no magistério. Assumiu o cargo de inspetora federal de ensino. Desenvolveu inúmeras atividades extracurriculares, no estímulo à criatividade estudantil. Como poeta, tem colaborado na imprensa rio-clarense. Estreou em livro em 1986.

Publicação: **Inventário**, 1986.

IVANICE THEREZA MANTOVANI 600

Poeta, pintora, Ivanice Thereza Mantovani nasceu em Caxias do Sul (RS). Graduada em Administração e Artes Plásticas, dedica-se a ambas as áreas. Tem publicado poemas na imprensa e participado de exposições coletivas de pintura. Detentora de prêmios e distinções. Pertence a várias instituições culturais.

Publicação: Poesia – **Gota azul**, s/d.

IVANY RIBEIRO 601

Novelista, poeta, dramaturga, violonista, radialista, Ivany Ribeiro (pseud. de Cleyde Alves Ferreira) nasceu em São Vicente (SP), em 1916. Radicou-se na capital paulista. Formou-se na Faculdade de Filosofia, Ciências e Letras-USP, em 1939. Estudou dramaturgia, especializando-se em rádio-teatro. Foi uma das pioneiras na introdução das novelas em capítulos na rádio, e também dos programas infantis, com declamação de poesia e canto por crianças convidadas. Iniciou a carreira de radialista-novelista, no final da década de 1930, na Rádio Educadora Paulista. Escreveu dezenas de novelas de rádio, todas com absoluto sucesso de audiência. Nos anos de 1950, com o advento da televisão, passa a adaptar romances e a escrever novelas para a TV Tupi-RJ. **Os eternos apaixonados**/1959; **Corações em conflito**/1963; **Mulheres de areia**/1973; **O profeta**/1977; **O espantalho**/1977, entre outras. Uma de suas adaptações de maior sucesso foi **A muralha**, romance de Dinah Silveira de Queiroz, e que foi dirigida por Sérgio Brito. Em 1999, foi transformada em minissérie pela TV Globo. Algumas de suas novelas e poesias foram publicadas em livro.

Publicações: Romances radiofonizados – **Matilde é o amor**; **A experiência do Dr. Norton**; **Boneca de pano**; **O crime do Dr. Stevens**; **Maria Madalena**; **Maria Valewska**; **Aquarelas**; **As minas de prata**; **Deusa vencida**; **Fantoches**; **Terceiro pecado** e **A muralha**.

IVETE TANUS 602

Poeta, professora universitária, socióloga e pedagoga, paulista de ascendência libanesa, Ivete Tanus nasceu em Taquaritinga (SP), em 1936. Radicou-se na capital paulista, onde faleceu em 1986. Formou-se em Pedagogia pela Faculdade de Filosofia Ciências e Letras de São Bento-SP, e em Direito pela Universidade Mackenzie. Fez curso de especialização nas áreas de Orientação Educacional e Introdução à Psicologia Profunda/PUC-SP. Ingressou no magistério superior como Professora Titular de Sociologia Educacional/Faculdade Filosofia Metodista-SP e da Faculdade Filosofia de São José dos Campos. Pertenceu a várias entidades culturais.

Desde muito jovem descobriu-se poeta. Iniciou-se publicando poemas na imprensa e revistas culturais. Estreou em livro, em 1960, com **A violeta e o espelho**, poesia lírica de lastro existencialista. Seguem-se: **A irmã escolhida** e

Canto de amor e morte para um rei (pref. Cassiano Ricardo). Ambos com muito boa repercussão crítica. Poesia de tendência mística ou espiritualista, a de Ivete é das que se sentem elo na corrente da vida, e estão sempre em busca do ser essencial, oculto pelo mistério da existência. Vários de seus poemas foram traduzidos em francês, espanhol e inglês, incluídos em antologias.

Publicações: **A violeta e o espelho**, 1960; **A irmã escolhida**, 1961; **Canto de amor e morte para um rei**, 1963; **Eu do teu ser**, 1964, e **O poeta e a origem**, 1966.

603 IVONE BOHRER

Poeta, cronista, teóloga, jornalista, Ivone Bohrer nasceu em Porto Alegre (RS), em 18.08.1939. Formou-se em Teologia e fez curso de extensão em Parapsicologia. Dedica-se a estudos nessas áreas e tem publicado na imprensa ou revistas especializadas o resultado de seus estudos. Desde jovem escreve poesia e crônicas. Participou de várias antologias. Tem publicado em jornais e revistas no Brasil e no exterior. Recebeu vários prêmios em concursos literários, entre eles, o Simões Lopes Neto, da Prefeitura Municipal – Fundação Cultural de Pelotas-RS.

É representante e correspondente das revistas Bahia Literária e Arte Quintal, de Belo Horizonte. Diretora do Instituto Cultural Português. Estreou com livro de poesia, em 1985.

Publicações: **Tempo de calmaria**, 1985, **Reflexões na janela**, 1986, e **Blue gardênia** (inédito).

604 IVONE COSTA

Poeta, Ivone Costa nasceu no Rio Grande (RS), em 23.12.1930. Estreou em livro, em 1962.

Publicação: **Vida leve, vida breve**, 1962.

605 IVONE PEREIRA

Poeta, Ivone Arguimbau Pereira nasceu em Livramento (RS), em 08.11.1945. Publicou um livro de poesia, bilíngüe (português/inglês), **Céu interior**.

Publicação: **Céu interior**, 1969.

j

606 JACI GOMIDE RICARDO

Poeta, folclorista e declamadora, Jaci Gomide Ricardo nasceu em São Paulo (SP), em 1909. Em 1929 casou-se com o poeta Cassiano Ricardo (1895/1974). Participou da renovação modernista no sentido do resgate das raízes regionais, na música e na poesia. Escreveu versos caipiras que declamava nas reuniões festivas. Publicou dois livros. Já falecida.

Publicações: **Bobagens pra mecê** e **Flô de pena** (ambos s/d).

607 JACINTA PASSOS

Poeta e jornalista, Jacinta Passos nasceu em Cruz das Almas (BA), em 30.11.1914. Já falecida. Estudou na Escola Normal da Bahia, em Salvador, onde fez carreira de professora. Atraída pelas letras, colaborou ativamente em jornais e revistas da Bahia, São Paulo e Rio de Janeiro. Durante a Primeira Guerra Mundial (1934/1945) exerceu grande atividade jornalística no jornal Estado da Bahia. Seus poemas, esparsos na imprensa ou reunidos em livros, oscilam entre os temas do amor e da consciência política.

Publicações: **Momentos de poesia**, 1942; **Nossos poemas**, 1942; **Canção de partida** (capa de Lasar Segall), 1945; **A coluna** (1953/1957).

608 JACIREMA DA CUNHA TAHIM

Poeta e professora universitária, Jacirema da Cunha Tahim nasceu em Natal (RN). Muda-se para Salvador (BA), onde fez curso de Letras. Inicia-se no magistério, na área de língua portuguesa e literatura francesa. A partir de 1975, volta a residir em Natal, passando a lecionar Lingüística e Teoria da Literatura (UFRN).

Publicação: **Poema**, 1977.

609 JACY RAMÍREZ VICTORINO

Poeta, professora e pedagoga, Jacy Ramírez Victorino nasceu em Porto Alegre (RS). Reside em Uruguaiana. Formou-se em Letras na Faculdade de Filosofia Ciências e Letras/Fundação Universidade de Bagé, concluindo licenciatura plena do mesmo curso. Em nível de pós-graduação, diploma-se em Ciências da Educação. Profissionaliza-se como professora e pesquisadora dos novos caminhos da educação.

Inicia-se, como escritora, publicando na imprensa artigos sobre educação, filosofia e assuntos culturais, em jornais do interior. Estréia em livro, em 1990, com a poesia de **Transparências**. Participa de antologias poéticas.

Publicação: **Transparências**, 1990.

JACQUELINE DARWICH 610

Poeta e médica, Jacqueline Darwich nasceu em Belém (PA), em 1964. Formou-se pela Faculdade de Medicina e Cirurgia do Pará. É membro da Associação de Escritores do Brasil, suplente da diretoria, coordenadora do Pará e da Associação de Escritores Paraenses. Como poeta, estréia em livro, nos anos de 1980, com **Imagens**.

(Fonte de Consulta: **Poesia do Grão-Pará** (org. Olga Savary*), Rio Janeiro, Graphia Editorial, 2001.)

JANAINA AZEVEDO 611

Jovem contista, professora e atualmente (1999) graduanda em Direito (UEPB), Janaina de Castro Azevedo Silva nasceu em Areia (PB), em 1973. Pertence, pois, à nova geração que surge nos anos de 1990.

Professora desde os dezesseis anos, estréia em livro com os contos de **Marias**, vencedor do concurso Novos Autores Paraibanos, mantido há cinco anos pela Universidade Federal da Paraíba. Ficção que se quer oscilante entre o sagrado e o profano (intenção que se declara já nas epígrafes tiradas de Adélia Prado, Eclesiastes, Gênesis, etc.), a de Janaina se tece com uma palavra densa, que através de situações do cotidiano comum, vai criando uma atmosfera de mistério ou misteriosa expectativa que desfaz os limites concretos do espaço convencional e conhecido. Como disse Hildeberto Barbosa Filho, no Prefácio, *Janaina parece fazer um pacto estético e existencial com a carne da palavra; convoca os mais vândalos vocábulos, em vã profanação, para exumar-lhes do corpo a seiva do sagrado, num escrita em que erotismo e liturgia se consagram numa esplêndida e surpreendente unidade estética.*

Centrada na problemática da mulher, nestes tempos de metamorfoses profundas, a escrita de Janaina está energizada pelas forças mais atuantes no pensamento atual: a que busca respostas novas para as interrogações de sempre: quem sou eu?, onde os limites entre a carne e o espírito?, onde as fronteiras entre o sagrado e o profano ou entre o homem e Deus?, e outras que dessas se desdobram. A julgar por esse livro de estréia, há uma nova escritora brasileira surgindo.

Publicação: **Marias**, 1999.

JANDYRA S. CARVALHO DE OLIVEIRA 612

Poeta, trovadora, musicista, jornalista, presença altamente atuante em seu meio cultural, Jandyra Sounis Carvalho de Oliveira nasceu em Curitiba (PR), em 1912. Faleceu em 13.05.2002. Comemorou seus 90 anos com o lançamento de seu livro **Vibrações dos seres**, no qual se ilumina, mais do que nunca, a espiritualidade e funda comunhão com o Universo, que sempre marcaram sua criação poética.

Passou a infância e adolescência no Rio de Janeiro, onde estudou desde as primeiras letras. Fez curso de Humanidades no Instituto Lafayette, formou-se pianista no Instituto Nacional de Música, com o Professor Custódio Góes. De volta a Curitiba, desenvolve intensa atividade como jornalista e promotora de cultura. Iniciou a Página Literária dos periódicos paranaenses, Gazeta do Povo e Diário Popular, e pela qual foi responsável durante anos.

Foi uma das fundadoras da Academia Paulista de Música, do Centro Paranaense Feminino de Cultura e da Associação de Musicoterapia/PR, entidade pioneira no Brasil, e onde criou a revista de Musicoterapia, a primeira na América Latina. Durante dez anos, dirigiu o Movimento da Juventude Musical Brasileira em São Paulo, onde residiu durante cinqüenta e cinco anos.

É membro do Instituto Histórico Geográfico e Etnográfico Paranaense e da União Brasileira de Trovadores. Foi presidente da Associação de Mulheres Periodistas e Escritoras do Brasil (AMMPE).

Sua estréia em livro se deu com a poesia de **A vida é um fragmento**, onde já se faz presente sua visão unitária do Universo, pela qual todas as formas de vida fazem parte da enigmática energia ou consciência cósmica, que constitui o mundo, e que é chamada Deus. Seguem-se outros títulos. Em 1976, publica **Nada** e recebe o título de Personalidade Escritora do Ano. Seu poema "Missa em trovas" foi levado pelos poetas acadêmicos em ofício na Capela da Secretaria Cultural do Estado, oficiada pelo Bispo Auxiliar do Paraná.

Sua vocação para as artes e pela alta cultura tem continuidade em suas filhas e nos netos: Jocy de Oliveira (destacada compositora e pianista, cuja carreira tem-se desenvolvido na Europa e Estados Unidos); Josely de Oliveira (artista plástica, residente em Nova York); Emiliano Saxe (*expert* em Comunicação, radicado em Los Angeles) e Eleazar de Carvalho Filho (economista, em 2001 nomeado Presidente do BNDES – Banco Nacional de Desenvolvimento).

Publicações: **A vida é um fragmento**, s/d; **O nasa**, 1976; **Policromia**, **Mistérios do som**, **Poemetos**, **Vibrações dos seres**, 2001, e **Vibração dos sons** (no prelo).

613 JANE ARDUINO PERTICARETI

Poeta, tradutora, intérprete, professora, Jane Arduino Perticareti nasceu em São Paulo (SP), em 17.04.1935. Formou-se em Letras (português, inglês, espanhol) e especialização em tradução, pela Faculdade Ibero-Americana de Letras e Ciências Humanas. Profissionalmente tem exercido o magistério e se dedicado a traduções. Desde a adolescência, escreve poesia. Estréia em livro, nos anos de 1960, com **O tanque de Betesda** – belíssimo volume, no qual os poemas dialogam com gravuras de vários mestres da pintura (A . Durer, Corregio, Giotto, Leonardo da Vinci, Boticelli e outros). Dentre as manifestações críticas com que o livro foi acolhido, destacamos a de Péricles da Silva Pinheiro (Diário de São Paulo, 04.08.63):

O tanque de Betesda não é um livro de intenção religiosa, é um livro, sim, de piedade religiosa, no sentido não apenas de integração do sentimento cristão, mas também, literariamente, de assimilação e de transfiguração das mais raras reservas de inspiração lírica e poética do cristianismo. Jane Arduino Perticareti, num livro de estréia, conseguiu, a meu ver, irmanar-se com as melhores poetisas de São Paulo.

Poesia atenta à palavra como fundadora de mundo, a de Jane procura suas raízes no húmus cultural arcaico e que, em nosso tempo, deve revivificar as formas já deterioradas da nossa civilização em metamorfose.

Publicações: **O tanque de Betesda**, 1963; **Tritão e Nereida**, 1973, e **Os cânticos de Débora**, 1993.

614 JANE KÁTIA MENDONÇA

Poeta, jornalista e professora universitária, Jane Kátia Mendonça nasceu em Ilhéus (BA), em 10.09.1955.

Atua em duas áreas de cultura: jornalismo e docência superior. Leciona literatura na Universidade Estadual de Santa Cruz (BA), onde coordena o Centro de Estudos Portugueses Hélio Simões. É coordenadora editorial da Ilhéus Revista. Em 1982, obteve o primeiro lugar no Concurso Regional de Poesia – Florisvaldo Mattos, com o De corpo presente. Entre 1990 e 1996, estagiou em Paris para fazer especialização em jornalismo e mestrado em literatura Comparada.

Publicação: **Viagem no escuro e outras brincadeiras**, s/d.

JANE LESSA 615

Poeta, Glória Jane Lessa Feitosa (nome literário: Jane Lessa) nasceu em Santa Rita (PB), em 18.06.1956. Estréia em livro, na década de 1970, com **Soluços do primeiro canto**.

Publicação: **Soluços do primeiro canto**, 1975.

JANE TUTIKIAN 616

Ficcionista, professora universitária, ensaísta e crítica literária, Jane Tutikian nasceu em Porto Alegre (RS), em 1952. Formou-se em Letras, ingressou no magistério superior, seguiu carreira universitária, obtendo mestrado em Literatura Brasileira e doutorado em Literatura Comparada, na UFRGS, onde leciona.

Nos anos de 1970 começa a colaborar regularmente na imprensa gaúcha (Correio do Povo, Folha da Tarde, Zero Hora, Jornal do Comércio, O Continente, revista Letras de Hoje, Blau e outras). Tem participado de concursos literários, obtendo menções e prêmios (Prêmio Apesul Revelação Literária/1978; Concurso de Contos.SP/1981; Rodízio de Contos/1985; Continente Sul – Sur/IEL, 1996). Tem contos publicados em antologias (**Conto e cidade**/1997; **Vinhedos das vontades**/1997; **Antologia Crítica do conto gaúcho**/1998).

Estreou em livro em 1981, com os contos de **Batalha naval**, com prefácio de Flávio Loureiro Chaves e apresentação de Mário Silva Brito que sintetiza a arte da autora, como engendrada *pelo dom especial de transfigurar o cotidiano elevando-o a uma realidade nova, mágica e envolvente. Com a alquimia das palavras cria breves contos estuantes de momentos palpáveis ou às vezes fugidios.*

Arte consciente de que é da alquimia das palavras que surge o real ou se concretiza a experiência vivida e que se quer transmitir ao outro. Jane Tutikian insere-se na linha dos ficcionistas que buscam a verdade nas *zonas nebulosas da consciência, onde se misturam o real e o imaginário, o vivido e o suposto [...] onde as coisas acontecem na simbiose do bem e do mal, da fantasia e da realidade acima de todo maniqueísmo* (F. L. Chaves).

Em 1984, publica a novela para adolescentes **A cor do azul** (Prêmio Jabuti e da Fundação Nacional de Literatura Infantil-Juvenil). Seguem-se: **Pessoas** (Prêmio Érico Veríssimo/Câmara de Vereadores POA/1987) e **Um time muito especial** (Prêmio Tibucuera/Prefeitura Municipal POA/1994).

Publicações: **Batalha naval**, 1981; **A cor do azul**, 1984; **Pessoas**, 1987; **Geração traída**, 1990, e **Um time muito especial**, 1993.

JANE VIEIRA 617

Poeta, cantora, Jane de Sousa Vieira nasceu em Propriá (SE), em 30.08.1947. Formou-se em Economia, na UFS. Ingressou no serviço público. Como cantora popular, tem participado de Festivais de música e de poesia falada que se têm realizado em Aracaju. Estreou em livro, com a poesia de **Iluminância**.

Publicação: **Iluminância**, 1983.

JANETE BADARÓ 618

Poeta, advogada, professora, jornalista, Janete Mendonça Badaró nasceu em Ilhéus (BA), em 16.07.1935. Levada pelas circunstâncias da vida, saindo de Ilhéus, residiu no Rio de Janeiro (RJ), São Paulo (SP), e Salvador (BA), dedicando-se também a diversificadas atividades artísticas e literárias, para além das profissionais: advocacia e magistério. Formou-se em Direito (Universidade Santa Cruz/1974), licenciou-se em Letras (português e inglês), na mesma universidade (1975), e em Didática da Linguagem no curso de formação de professores para o Ensino Normal (CFPEN).

Desde cedo atraída pela literatura, dedica-se à colaboração na imprensa baiana (Diário da Tarde, Jornal da manhã, Jornal do Cacau e outros). Foi redatora-chefe do Ilhéus Jornal, passando depois a diretora. Exerceu vários cargos de confiança em organismos públicos. Dedica-se também à música, ao canto.

Como poeta, estréia em livro, em 1980, com **Momentos**, poesia-testemunho de um mundo fechado à plenitude existencial. Em 1984, em **Máscaras em procissão**, tendo como motivo central a tradicional procissão que se realiza anualmente em São Jorge dos Ilhéus, a poeta vai fazendo desfilar as máscaras atrás das quais cada qual esconde sua falência ou seus sonhos ou sua hipocrisia: Máscaras desbravadoras, Máscaras subjugadas, Máscaras tenazes, Máscaras letárgicas, Máscara ingênua, Máscara cósmica, etc. Na introdução ao livro, Andonias Filho diz:

A motivação para o poema, na variação das máscaras, aparentemente vem do lado de fora. A praia, a cidade, a árvore, a ilha. No outro extremo, porém, ao mesmo tempo que revela a linguagem enxuta e o artesanato realizado – que responde pela dimensão plástica do verso –, Janete Badaró extrai da condição humana a problemática de sua poesia.

Publicações: **Momentos**, 1980, e **Máscaras em procissão**, 1984.

619 JANETE CLAIR

Consagrada escritora de novelas para rádio e televisão, Janete Emmer Dias Gomes nasceu em Conquista (MG), em 25.04.1927, radicou-se no Rio de Janeiro (RJ), onde faleceu em 16.11.1983. Foi casada com o também consagrado novelista e dramaturgo Dias Gomes, membro da Academia Brasileira de Letras, eleito em 1991.

Iniciou sua carreira escrevendo radionovelas para a Rádio Nacional em fins dos anos de 1940. Destacam-se os sucessos: **Uma escada para o céu**; **Perdão, meu filho**; **Um estranho na terra de ninguém** e **A sultana do grande lago**.

Nos anos de 1950, escreveu para a revista Manchete o romance folhetim **Nenê Bonet**, que, em 1980, adaptado por Eduardo Borsato, é publicado em livro. Trama dramática, que se desenvolve na década de 1920, num clima de amores impossíveis, intrigas, mistérios, ódios, traições e suspenses, **Nenê Bonet**, como diz Álvaro Pacheco, é uma verdadeira saga feminista. A figura controvertida da personagem-título testemunha a luta que desde o início do século vem sendo enfrentada pela mulher, na conquista de sua libertação do machismo autoritário. **Nenê Bonet** tem como cenário o Rio de Janeiro da época: o ritmo febril do maxixe, a dança proibida, as confeitarias repletas, os bordéis de luxo no melhor estilo parisiense *belle époque*.

Em 1970, inicia uma longa e bem-sucedida produção de telenovelas para a TV Globo (RJ), e conquistou uma das maiores audiências no Brasil, América Latina e Portugal. Entre seus sucessos destacam-se: **Rosa rebelde**, **Irmãos coragem**; **Véu-de-noiva**; **Selva de pedra**; **Bravo**; **Pai herói** e **Sétimo sentido**.

Publicação: **Nenê Bonet**, 1980.

620 JÂNIA CORDEIRO

Poeta que se quer voz-denúncia da injustiça social e da dor-do-mundo, a carioca Jânia Cordeiro surge nos anos de 1980, com o livro de poemas-protesto **Coração selvagem**. Publicação alternativa (a do mimeógrafo), que faz parte do projeto "Passa na praça que a poesia te abraça", desenvolvida pela Banca Nacional de Literatura Independente. Projeto que divulgou cerca de 150 títulos de autoras de todo o Brasil, vendidos nas praças ou em eventos sociais e culturais, em geral pelos próprios autores. **Coração selvagem** oferece uma poesia indignada com os desencontros e as misérias do povo sofrido; poesia espontânea, prenhe de ternura humana, esperança e a certeza de que o Poeta é um iluminador de caminhos.

Poetas sábios / sofridos / fanáticos / lúcidos / delirantes / anônimos / presentes / ausentes / famosos / desconhecidos / sobreviventes. / A todos os poetas que conseguem transportar a poesia para qualquer canto do universo [...] Sejam bem-vindos!!! Porque onde houver um POETA / estará brilhando uma estrela.

Publicação: **Coração selvagem**, 1984.

JANICE JAPIASSU 621

Poeta e presença atuante no meio cultural recifense, Janice Silva Japiassu nasceu no Monteiro (PE). Radicou-se no Recife (PE) e faz parte da "geração de 65", nome dado por Tadeu Rocha ao grupo de poetas que surge na segunda metade dos anos de 1960, nos suplementos literários do Diário de Pernambuco e Jornal do Comércio. Suplementos estes que contribuíram para a revelação de jovens escritores e poetas nordestinos – desde Ariano Suassuna em 1946, até os jovens da "geração de 65" –, inclusive divulgando o Movimento Armorial, liderado por Suassuna e que se expande nesses anos - 1960/70.

Janice Japiassu insere-se nessa linha armorial (busca de uma poética nova alimentada de cultura popular nordestina e energizada pelo conhecimento culto das artes: poesia, música, teatro, artes plásticas, etc.). Outra publicação importante para a divulgação dos poetas e do Movimento Armorial foi a revista Estudos Universitários/UFPE, publicada a partir de 1966.

É nessa revista que Janice Japiassu estréia, em 1968, com **Romances** (resgate das origens da poesia). Ainda em 1968, a poeta publica **Canto amargo** e, em 1970, **Sete cadernos de amor e de guerra**, ambos com prefácios de Ariano Suassuna. Em **As veredas da alegria** (1979), confirma-se a natureza de sua poesia: a que se quer de linhagem clássica (greco-romana) e impregnada do espírito mágico-poético do romanceiro medieval. É poesia que se quer herdeira e continuadora, como é dito no poema de abertura: Legado.

Não deixarei tresmalhadas / As cabras do meu rebanho / Pastora de muitas mágoas / Herdei as ervas amargas / Das andanças do meu amo. / Não deixarei carruagens / Nem porteiras guarnecidas / Parti pra nona viagem / Não me busquem por vitórias / Nem pelas guerras perdidas. // Não me chamem por discursos / Das vozes mais poderosas / Corro atrás da aurora viva / Do raio do amor sagrado / Do povo do meio-dia / Do reino desencantado.

Publicações: **Romances**, 1968; **Canto amargo**, 1968; **Sete cadernos de amor e de guerra**, 1970, e **As veredas da alegria**, 1979.

JANICE MARIA DA SILVEIRA 622

Memorialista, ficcionista e advogada, Janice Maria da Silveira nasceu em Campo Grande (MS), em 20.10.1949. Após seu casamento, em 1968, mudou-se para Curitiba (PR), onde reside atualmente (2001).

Formou-se em Direito e passou a exercer a função de Diretora da Secretaria Judiciária do TRT/9ª Região, quando passou a sofrer de uma estranha doença neurológica, que a deixou impossibilitada de andar, escrever e articular claramente as palavras. Foi aposentada por invalidez. Reagindo à doença, começa a treinar sua escrita e acaba por manter uma espécie de diário, o qual foi publicado em 2000, com o título **É assim** (texto autobiográfico em prosa e verso). Seguem-se outros publicados e vários contos, minicontos e crônicas, ainda não reunidos em livro. Segundo a autora, espera que venha a ser conhecida "como uma escritora deficiente e não como uma pessoa deficiente que escreveu sua história."

Publicações: **É assim**, 2000; **Em versos**, 2000, e **Na periferia da vida**, 2001.

JENI BORBA 623

Contista, cronista, conferencista, pintora e romancista, Jeni Pimentel de Borba nasceu em Serra Negra (SP), em 06.05.1906. Figura extremamente atuante no cenário cultural paulista da primeira metade do século XX, destacou-se como jornalista, não só colaborando regularmente na imprensa, mas também por suas inúmeras iniciativas culturais, como a fundação da revista Walquíria, a promoção de recitais de canto, exposições de pintura, etc. Estréia em livro, com os contos **Mendiga de amor**, em 1935. A esse, seguem-se romances.

Publicações: Contos – **Mendiga de amor**, 1935. Romance – **40 Graus à sombra,** 1940; **Mormaço**, 1941; **Brasa**, 1942, e **Paixão de homens**, 1943 (este último foi traduzido para o espanhol).

624 JENNY MARIA GOBBI

Poeta e jornalista, Jenny Maria Gobbi nasceu em Bento Gonçalves (RS), em 18.10. 1923. Desde jovem escreve poemas e artigos para jornais e revistas da zona serrana. Foi colaboradora assídua do jornal de Erexim, A Voz da Serra. Como poeta, estreou em livro, com **Luzes da estrada**, em 1948. É membro da Academia Literária Feminina de Letras.

Publicação: **Luzes da estrada**, 1948.

625 JOANA BARAÚNA

Poeta e artista plástica, Joana Baraúna da Silva nasceu em Santa Rita (PB), em 20.09.1937. Perdendo os pais ainda menina, muda-se com os irmãos para São Paulo (SP). Formou-se em Educação Artística e Artes Plásticas pela Faculdade Mozarteum-SP. Fez vários cursos de aperfeiçoamento, de difusão cultural e de extensão universitária pela FFLCH – Universidade de São Paulo. Fez estágio didático na Faculdade de Educação-USP e cursou a Aliança Francesa. Fez parte do coral de Música Sacra (Igreja Santa Ifigênia), dirigido pelo maestro paraguaio Hermane Gimenez, e que foi gravado em LP, por ocasião da vinda do Papa João Paulo II ao Brasil, em 1979.

Ingressou no serviço público, na década de 1980. Está lotada na Pinacoteca do Estado de São Paulo. Nessa época se inicia como artista plástica, criando a Arte Datilográfica (imagens construídas em pequena máquina de escrever, e que vão surgindo ao sabor da imaginação da artista, rivalizando com o trabalho do computador). Passa depois ao desenho a *crayon*, lápis de cor, etc., e para pinturas a óleo ou lápis de cera, aquarelas, colagem, etc. Desde 1987 tem participado de inúmeras exposições coletivas (II Perfil da Literatura Negra/Mostra Internacional-SP; I Mostra Cultural de Artes – Departamento de Museus e Arquivos/Secretaria Estadual Cultura-SP; Fotografe São Paulo/Idem; A Mulher no século XX – Biblioteca Municipal Genésio de Almeida Moura-SP; Exposição Beneficente de Artes Plásticas/Lar da Tia Maria-SP; III Perfil da Literatura Negra Mostra Internacional-SP; Museu Adoniram Barbosa; II Salão Feminino de Artes Plásticas-SP e outras). Entre as várias exposições individuais, estão as realizadas na Biblioteca Municipal Mário de Andrade; Parque Avenida/Galeria de Arte; Escola Millenium; Espaço Cultural Paulista; Casa de Portugal; Espaço Cultural Atrio República, e outras.

Como poeta, iniciou-se em 1983, publicando poemas em coletâneas, jornais e revistas. Estreou em livro, em 1999, com **Homenagem às crianças**, seguido de **O poder de ser mãe**. Organizou antologias poéticas com a colaboração de dezenas de novos poetas: **Explosão do pensamento criador** (1998) e **Sinfonia das cores** (1995). Sua linha de criação é lírica e emotiva. É associada a várias entidades culturais.

Publicações: **Homenagem às crianças**, 1999; **O poder de ser mãe**, 1999.

626 JOAQUINA MENEZES

Poeta romântica e de linhagem nobre, Joaquina Navarro da Cunha Menezes de Lacerda nasceu na Bahia (BA), em 1842. Faleceu em data ignorada. Deixou memória, na crônica da época, de mulher altiva e determinada. Desde jovem escrevia poesias, na linha romântica exaltada de Byron, que eram declamadas nos saraus elegantes. Casou-se tardiamente, mas ficou logo viúva. Tal como sua contemporânea, a gaúcha Rita Barém de Melo*, Joaquina fez versos de conotação política, como o poema em que protesta contra o assassinato do Imperador Maximiliano pelos mexicanos: *Não devia da Europa ilustre príncipe / Vir a um país avesso à monarquia / Bárbaros governar.* Na última estrofe, depois de descrever a execução do Imperador, incita os austriacos à vingança.

Seus poemas inéditos ou publicados na imprensa da época não foram editados em livro.

(Fonte de Consulta: D. Carvalho da Silva, **Vozes femininas da poesia brasileira**, 1959.)

627 JOSEFINA ÁLVARES DE AZEVEDO

Jornalista, poeta, biógrafa, dramaturga, presença intelectual de destaque no Rio de Janeiro da segunda metade do século XIX, Josefina Álvares de Azevedo (irmã do poeta romântico Álvares de Azevedo) é uma das precursoras do movimento feminista no Brasil. Seus dados biográficos são falhos. Algumas fontes afirmam que ela era pernambucana e nasceu em 1851; outras, que nasceu no Rio de Janeiro (RJ), em data ignorada. O certo é que viveu no Rio de Janeiro e também em São Paulo e, através da imprensa, participou de intensa campanha pela emancipação civil da mulher, durante as duas últimas décadas do século XIX.

Mulher culta, professora e *leitora voraz de livros e periódicos estrangeiros, manteve correspondência com destacadas personalidades dos Estados Unidos, fato que a teria influenciado, entre outras coisas, a se engajar no combate ao regime escravocrata e na defesa dos direitos da mulher.* (June Hahner, 1981).

Em 1888, funda em São Paulo o jornal literário A Família, 1888/1897, dedicado à educação da mãe de família. No ano seguinte, transfere-o para a Corte, onde alcançaria maior irradiação. Franqueado à colaboração de todas as senhoras, A Família teve como colaboradoras algumas das mais importantes escritoras da época: Anália Franco*, Zalina Rolim*, Maria Amélia de Queiroz*, Maria Ramos* e outras. A partir do segundo ano de existência, A Família se declara abertamente empenhada na libertação feminina. No editorial do nº 37 (09.11.1889), Josefina diz:

Eu represento simplesmente uma convicção e um esforço, nada mais. [...] As novas doutrinas impõem-se acima de tudo pela força misteriosa da imprensa. A imprensa fulmina o erro, também desperta consciências adormecidas. Porque ela é como o raio que fende a rocha e perfura o chão. E há efetivamente um grande erro a fulminar. A consciência universal dorme sobre uma grande iniqüidade secular – a escravidão da mulher. (apud M. T. C. Bernardes, 1988).

Eram de sua autoria os artigos de fundo político e polêmicos, contestando a predominância ditatorial da autoridade masculina dentro da família e na constituição da sociedade. Mostra-se favorável ao divórcio e contra a perversa autoridade paterna que impunha casamento à filha, sem consulta à afeição. Enfatizava a importância da educação a ser dada às jovens, pois, como dizia, *Mulher instruída é mulher emancipada.* Fato altamente positivo, na medida em que ia além da mera felicidade pessoal, intervindo inclusive no processo da nação.

A partir da Proclamação da República (1889), Josefina passa a reivindicar o direito feminino ao voto, considerando-o conquista fundamental, pois dele dependia a possível melhoria das condições da sociedade. No final do século, Josefina faz uma série de conferências pelo Nordeste, difundindo as novas idéias feministas. Em abril de 1890, publica em A Família, em folhetim, a comédia **O voto feminino**, que foi representada pela primeira vez, em maio de 1890, no Teatro Recreio Dramático, em homenagem aos representantes do Congresso Nacional. A maior parte de sua produção jornalística ou literária ficou esparsa na imprensa: só alguns textos foram reunidos em livro.

A partir de 1897, desconhece-se qualquer referência à sua vida ou obra.

Publicações: **Retalhos**, 1890; **Os companheiros do sol**, 1890; **A mulher moderna**: **trabalhos de propaganda**, 1891; **Galeria ilustre** (biografia Mulheres), 1897, e **O voto feminino**, in **A mulher moderna**, 1893.

JOSEFINA SARMENTO BARBOSA 628

Romancista e cronista, Josefina Sarmento Barbosa nasceu em São Paulo (SP). Era sócia-correspondente do Centro de Ciências, Letras e Artes-Campinas. Colaborava na imprensa paulista com crônicas e artigos. Em 1921, publicou o livro de crônicas **No caminho da luz**, prefaciado por Monteiro Lobato. Em 1939, publica o romance **Pérola falsa**.

Publicações: **No caminho da luz**, 1921, e **Pérola falsa**, 1939.

JOSEFINA DA SILVA CARVALHO 629

Poeta, trovadora, cronista, musicista, professora, Josefina da Silva Carvalho nasceu em Campinas (SP), em 26.05.1919. Formou-se professora e ingressou no magistério, em 1953, na Escola Técnica Industrial Coronel Da Costa/Piracicabana, onde permaneceu até a aposentadoria. Paralelamente, formou-se em canto, piano e teoria musical pela Faculdade de Educação Musical/PUC – Campinas e Conservatório Carlos Gomes – Campinas. Desde muito jovem desenvolveu atividades artísticas e literárias, participando de programas de rádio, organizando coletâneas de poesias, participando de dezenas de antologias, compondo obras musicais de caráter didático (cantos orfeônicos para uso nas escolas), etc. Fundou e dirigiu o jornal mensal Antena da UBE – Campinas, do qual foi diretora durante vários anos. Nos anos de 1980, é eleita presidente da União Brasileira dos Trovadores – Campinas. Tem vários livros publicados, em prosa e poesia. Sua linha principal de pensamento é a humanista de natureza religiosa ou pedagógica. Sua produção tem sido distinguida com diplomas, troféus e menções honrosas. Pertence a várias academias de letras, entre elas a Academia Uruguaiana de Letras.

Publicações: Trovas – **O cantar do coração**, 1979, e **Arco-Íris de versos**, 1980. Prosa de reflexão – **Botões se abrindo** (Adolescência), 1979; **Folhas caleidoscópicas**, 1980, e **Nas mãos de Deus**, 1986.

630 JOSETTE LASSANCE

Poeta, contista, cronista, Josette Lassance Maya nasceu em Belém (PA), em 1962. Formou-se em História e Educação Artística (Artes Plásticas) pela UFPA. Ingressou na carreira docente, como professora de História. Colabora com poemas, contos e crônicas na imprensa paraense e tem participado de concursos literários de vários estados (Rio de Janeiro, Paraíba, Paraná, Rio Grande do Sul), conquistando destaque com menções honrosas.

Em 1981, conquistou o primeiro lugar no Concurso literário Chuva de Arte Amazônica (Belém).

(Fonte de consulta: **Poesia do Grão-Pará** org. Olga Savary*, Rio de Janeiro, Graphia Editorial, 2001.)

Publicações: **Vida de bruxa**, 1992; **Os gatos nus passeiam sobre os telhados sujos**, 1994, e **Galeria dos maus**, 1999.

631 JOSIRA SALLES

Poeta, musicista, desenhista e professora, Josira Sampaio Salles nasceu no Rio de Janeiro (RJ), em 28.09.1931. Formou-se em Letras (línguas portuguesa e francesa). Ingressou no magistério. É coordenadora do Ensino da Língua Francesa (Rede Oficial do Distrito Federal). Tem-se dedicado a várias atividades culturais, nas áreas da música e da pintura. Recebeu a comenda Chevalier des Ordres des Arts et Lettres do Ministério de Cultura da França. Estreou em livro, como poeta, em 1985, com **Cantigas**.

Publicações: **Cantigas**, 1985, e **A espera**, 1986.

632 JOVELINA MORATELI

Poeta, cronista, jornalista, professora e técnica de documentação, Jovelina Morateli nasceu em Barra Bonita (SP), em 17.02.1935. Formou-se professora e ingressou no magistério, nas áreas de desenho e trabalhos manuais. Assume o cargo de Técnico de Documentação junto à Biblioteca Central/UNESP – Rio Claro, cidade onde reside. Desde os anos de 1970, colabora na imprensa (Diário do Rio Claro), como repórter e cronista. É membro da Associação Paulista da Imprensa – API. Tem publicado artigos e crônicas em diversos órgãos da imprensa (de Itajubá, Piracicaba, São Pedro). É membro da Academia Piracicabana de Letras, da UBE-SP; Academia Paulistana de Letras e Ordem Nacional dos Bandeirantes Mater-SP.

Como poeta, estréia em livro, em 1986, com **Ciranda luar na varanda**. Seguem-se outros de poesia e memórias. Tem vários inéditos aguardando publicação. Entre prêmios recebidos por seus trabalhos, estão: Comenda/Ordem dos Cavaleiros Templários; Troféu Robalo de Ouro Brasil/Secretaria Estado Cultura Santos; Troféu Imprensa/Presidente Prudente, e outros.

Publicações: Poesia – **Ciranda luar na varanda**, 1986. Memórias – **Templo e fé**, 1987, e **Cântaro de barro**, 1985.

633 JOYCE CAVALCCANTE

Romancista, contista, jornalista, publicitária e conferencista, Joyce Cavalccante nasceu em Fortaleza (CE), em 12.03.1949, transferindo-se para São Paulo (SP), em 1978.

Inicia-se como escritora, em 1976, publicando o conto A Relação na revista O Saco (CE) – um dos importantes órgãos da imprensa alternativa que, na década de 1970, fizeram parte da resistência à repressão política da época, e do qual foi uma das fundadoras. Foi esse o início de uma carreira jornalística bem-sucedida, que prossegue atuante até o momento. Em 1978, estréia como romancista com o livro **De dentro para fora**, que despertou interesse da crítica, pela corajosa denúncia que faz com relação aos preconceitos da sociedade burguesa contra as mulheres. Em 1979, juntamente com 23 escritores cearenses, funda o grupo literário Siriará. Muda-se para São Paulo, onde amplia sua atuação na imprensa e nos meios culturais. Nos anos 1980-1985, foi diretora do Sindicato dos Escritores do Estado de São Paulo. Em 1982, passa a integrar a diretoria da UBE–União Brasileira de Escritores-SP, aí permanecendo em vários mandatos (1982 a 1990). Em 1983, participa do encontro de escritores brasileiros e americanos (juntamente com Lygia Fagundes Telles, Ignácio Loyola Brandão e Ivã Ângelo) no Center Interamerican Relations (NovaYork). Posteriormente ministrou palestras e cursos sobre a História da Literatura Feminina no Brasil, em universidades, no Brasil e no exterior. (1975: Université de Bordeaux; 1988: Université de Paris-III – Sorbonne, Université de Paris – IV; Univ. Provence; Univ. d'Aix-Marseille; 1989: University of Amherst-EUA; 1994:University of Arizona, Tucson-EUA; 1992/1993/1994: Université de Bologna-Itália). Em 1984, sua obra é incluída no currículo de Literatura Portuguesa e Brasileira da University of Boulder/Colorado-EUA. Em 1985, recebe dessa universidade o diploma de International Writer. Certificate of Excelence. Em 1999, seu romance **Inimigas íntimas** é estudado pelos alunos de literatura brasileira na Universidade de Albuquerque do Novo México-EUA.

Tem participado, como convidada, de congressos, colóquios e eventos culturais nacionais e internacionais (I Seminário de Legislação Cultural-SP, 1984; Salão do Livro – Paris, 1998; I Encontro Internacional de Escritoras – Rosario, Argentina, 1998; II Encontro Internacional de Escritoras – Rosario, Argentina, 2000).

Em 1999, é eleita membro do Conselho Diretor da RELAR – Rede de Escritoras Latino-Americanas – Lima, Peru. Nesse mesmo ano, funda em São Paulo a REBRA – Rede de Escritoras Brasileiras, associada à organização mundial Women's World Organization for Culture, Literature and Development – associações que reúnem escritoras de várias nações, tendo como objetivo o aprimoramento da sociedade humana, através da comunicação solidária e do compromisso público com a literatura e a justiça social.

Em 1980, lança seu segundo romance, **Costela de Eva**, confirmando a ótica feminista do seu romance de estréia. Seguem-se: a prosa poético-erótica de **Livre & objeto** (1981); serigrafias e poemas de **Retalhos místicos** (1982 – colaboração de Élvio Becheronni – edição bilíngüe); os contos de **O discurso da mulher absurda** (1985) e o romance **Inimigas íntimas** (Prêmio APCA/1993).

Neste último, há uma nítida mudança de ótica. Embora ele seja atravessado de ponta a ponta pela problemática da mulher, numa sociedade machista, o que predomina é o interesse romanesco, é a seqüência dos fatos. **Inimigas íntimas** se desenvolve na fronteira entre realidade e ficção. Narra a saga de dois coronéis do Nordeste, suas esposas e amantes; suas lutas políticas e eleitoreiras; seu dia-a-dia rotineiro. Situado em Sobral, no norte do Ceará, e num tempo em que o coronelismo entrava em processo de transformação (no final da era getuliana), o romance se desenvolve através de uma trama narrativa que, embora trate de paixões pessoais, se projeta como exemplo da realidade da nação atingida pelo suicídio de um presidente, pela mudança dos eixos do poder, com o surgimento de Brasília e as transformações provocadas; o desenvolvimentismo, etc. É a própria dinâmica da história brasileira, nos anos de 1950 e 1970, que sentimos presente influindo na vida de homens e mulheres às voltas com suas egoísticas paixões.

Para além do interesse romanesco, o que atinge o leitor atento é a tragicidade do repetitivo. Como disse Caio Porfírio Carneiro, *o mais trágico (é constatar) a alienação de um povo desvalido, sempre à espera de um milagre, e as tramóias e negociatas desvairadas, que trazem em si uma denúncia apavorante: o tempo passou e o Brasil, em termos de moralidade e ética, não permaneceu estagnado, piorou.* (in Vendaval e brisa. **Linguagem viva** SP, novembro/1993).

E quanto às mulheres que, em última análise, são as raízes e o oculto motor deste mundo? Fascinante tema para as discussões feministas, inclusive porque a grande denúncia do romance é a da completa adesão ou submissão das mulheres ao sistema machista, todas elas disputando entre si a preferência do homem a quem pertenciam e com quem tinham filhos. Com este romance, Joyce Cavalccante dá início ao projeto de uma tetralogia, **O Coração dos outros não é terra que se pise**, na qual pretende acompanhar o desdobramento histórico-político do Brasil, desde 1954 (suicídio de Getúlio Vargas), até o governo pós-Fernando Henrique. Esse primeiro volume, localizado no Ceará, abrange o período 1954/1975. O segundo **O cão chupando manga**, se passa em São Paulo e abrange o período da Ditadura até a morte de Tancredo Neves (1985). O terceiro, **Brazucas** está sendo escrito. Localiza-se no exterior e prossegue com os acontecimentos pós-morte de Tancredo, Governo Sarney. O quarto e último, **O livro do perdão**, aguarda o tempo e os acontecimentos...

É contra esse pano de fundo histórico-político que se desenvolve o emaranhado dos dramas e comédias, paixões, ódios, ambições... que formam o húmus humano das narrativas. Húmus que tem como fonte as quatro mulheres "inimigas íntimas", desdobradas nas vidas dos quatro filhos de cada uma delas, como se o relato bíblico das Doze Tribos de Israel, descendentes de Jacó, se repetisse... "E la nave vá..."

Publicações: Romance – **De dentro para fora**, 1978; **Costela de Eva**, 1980, e **Inimigas íntimas**, 1993, e **O cão chupando manga**, 2001. Conto – **O discurso da mulher absurda**, 1985. Prosa poética – **Livre & objeto**, 1981; **Retalhos místicos**, 1982.

634 JUAREZITA FERNANDES CABRAL

Poeta, cronista e elemento participante do movimento cultural recifense, Juarezita Fernandes Cabral (que usa o nome literário de Taiz Fernandes) nasceu em Campina Grande (PB), em 04.05.1928. Radicou-se no Recife (PE).

Profissionalizou-se na área do comércio. Colabora regularmente na imprensa pernambucana e de outros estados, com poemas, crônicas e artigos. Tem participado dos movimentos alternativos, difundidos pelas publicações: Fandango, Pro-texto, Ulalume, Poesia-Mulher, Revista Cultura e Tempo e Tempo/Mulher. Estreou em livro nos anos de 1970, com os poemas de **Nem os frutos maduros**. Tem participado de congressos literários.

Publicações: **Nem os frutos maduros** e **Forças da terra** (ambos da década de 1970).

635 JUDITH ALVES DE SANTANA

Poeta e pesquisadora de história, Judith Alves de Santana nasceu em Piripiri (PI), em 1924. Estreou em livro, em 1969, com **Salmos do meu destino**.

Publicação: **Salmos do meu destino**, 1969.

636 JUDITH AMORIM DE MORAIS

Poeta, médica e ensaísta, Judith Amorim de Morais nasceu em Patos (PB), em 13.05.1927. Radicou-se em Salvador (BA), onde se formou em Medicina, em 1963. Estreou em livro, em 1987, com **Poemas de uma existência**.

Publicação: **Poemas de uma existência** e **Caminhada**, 1987.

637 JUDITH GROSSMANN

Romancista, contista, professora universitária, pesquisadora, crítica literária e ensaísta, Judith Grossmann nasceu em Campos (RJ), em 01.07.1931. Mudou se para a capital carioca nos anos de 1950, e nos anos de 1970 fixa residência em Salvador (BA). Seja por sua carreira intelectual, seja por sua produção literária, tem-se destacado como uma das fortes presenças femininas da Literatura Brasileira Contemporânea. Presença de linhagem clariciana (ou machadiana?).

Formou-se em Letras Anglo-Germânicas (Faculdade Nacional de Filosofia Universidade do Brasil-RJ), tendo o privilégio de ter como professores personalidades como Alceu Amoroso Lima, Jorge de Lima, Aíla Gomes de Oliveira entre outros intelectuais de porte. Bolsista da Fulbright, realizou o mestrado na Universidade de Chicago-EUA, em 1964. Durante esse estágio entra em contato com a nova crítica americana e participa da nova experiência: a Oficina literária, espaço aberto para a criação de texto, posta ao alcance de todos, como uma forma de enriquecimento interior e/ou descoberta de vocações literárias.

De volta ao Brasil, ingressa na carreira universitária, como docente da UFBA. Em 1968, introduz o projeto Oficina de Criação na disciplina Dramaturgia do curso de Teatro da Escola de Música e Artes Cênicas, visando à elaboração de textos dramáticos e a descoberta de novos dramaturgos. Em 1974, presta concurso para Professora Titular, no Instituto de Letras – UFBA, na área de Teoria da Literatura. Disciplina que vinha de ser introduzida nos currículos universitários. Para o concurso, defende a tese de doutorado, "Obra estruturada; modelo e antimodelo na literatura contemporânea". Introduz na área de letras o projeto Oficinas de Criação Literária, com o objetivo de criar um espaço que possibilitasse aos aspirantes a escritor vivenciarem o seu processo de criação, a partir de uma experiência de grupo. (Com a reforma universitária, esse espaço experimental passou a integrar o currículo dos cursos de letras, como disciplina optativa e dos demais cursos como disciplina eletiva.) Em 1994, é homenageada com o título de Professora Emérita da UFBA.

Segundo seus vários depoimentos, seu encantamento pela leitura e pela literatura começou cedo. Foi alfabetizada pela mãe, aos três anos de idade, *numa cartilha chamada Cartilha das Mães. Era uma capa verde, o tipo era preto, da Livraria Francisco Alves. /.../ Eu me lembro de tudo. /.../ o jardim da infância, o colégio primário, a cidade, as coisas se ampliavam por si mesmas. Colégios. Sempre o colégio para mim era um mundo, a escola não representava nenhum tipo de castigo, era espécie de célula, tão importante quanto a célula familiar. (Ver. Estudos... nº 15, UFBA, 93 p. 48).*

Torna-se uma leitora voraz e decide que seria escritora. Falando sobre essa sua precoce decisão, explica: *Eu não compreendia essa coisa de ser autora, escritora, como uma profissão. Era uma coisa sagrada, assim, como ser sacerdotisa do templo, vestal...* (Ibidem, p. 51).

Passaram-se os anos e o ideal de infância se concretizou: Judith Grosmann tornou-se uma das sacerdotisas ou alquimistas da Palavra, ao criar uma escritura que se quer uma espécie de ritual de iluminação ou desvendamento dos mundos invisíveis, em que estamos todos mergulhados, sem percebermos. Iniciou-se como ficcionista e ensaísta em 1958, colaborando no Suplemento Dominical/Jornal do Brasil-RJ (na época, dirigido por Reinaldo Jardim). Com essa colaboração, divulga textos sobre o experimentalismo que se impunha à nova literatura em processo. Nessa ocasião estréia como ficcionista, com o conto Coação, incluído em 1963 na Antologia do **Novo conto brasileiro** (2 vs. RJ, Júpiter), org. Esdras Nascimento.

Estréia em livro, em 1959, com a poesia de **Linhagem de rocinante**, trinta e cinco poemas, onde já estão presentes algumas linhas de força de seu pensamento: o da reinvenção contínua da palavra inaugural (da qual a poeta se sabe herdeira), e o da busca obstinada do conhecimento da vida e das coisas, através da palavra, que as constrói e lhes dá realidade definitiva. Na leitura feita por Tânia Franco Carvalhal (in **Estudos lingüísticos e literários** nº 15, UFBA/1993), destaca-se nesse sentido a escolha do Rocinante, como linhagem que leva ao rocinar, verbo que designa a operação complementar de doma, de controle e de obediência ao freio, não externo, mas interior. Metáfora que aponta para uma singularidade da poeta: a da busca obstinada de domar a realidade ou o conhecimento com a palavra. Busca que atravessa toda sua obra. A partir dos anos de 1960, passa a colaborar nos mais destacados suplementos literários e revistas de cultura, nacionais. (Cadernos brasileiros-RJ; SL – Minas Gerais; A Tarde cultural – Salvador; SL; Jornal do Comércio-RJ; Ficção-RJ; Letra Viva – Salvador e outros). Essa extensa colaboração resultou das pesquisas por ela desenvolvidas sobre problemas de teoria e crítica literárias e sobre autores e obras de destaque na literatura brasileira do presente (Drummond, Cecília Meireles, Manuel Bandeira, Jorge de Lima, Herberto Sales, Clarice Lispector, Guimarães Rosa...) e do passado (Junqueira Freire, Machado de Assis, Castro Alves...).

Estréia em livro, como contista, em 1970, com **O meio da pedra: nonas estórias genéticas**, obtendo imediata consagração crítica, como algo insólito em nossa literatura. Essa feliz estréia abriu caminho para uma produção que, neste limiar de século, chega a quase uma dezena de livros publicados ou inéditos, e textos incluídos em inúmeras antologias (**O conto da mulher brasileira**-SP, 78; **O papel do amor**-SP, 79; **O prazer é todo meu**-RJ, 84; **Histórias de amor infeliz**-RJ, 85; **Tigerin und Leopard** – Zurique, 88...). À estréia, seguem-se os contos de **A noite estrelada: estórias de interim** (Prêmio Brasília – Ficção/1976); de **Outros trópicos** (1980); **Cantos delituosos: romance** (Prêmio APCA – Ficção/1985) e **Meu amigo Marcel Proust: romance** (1995). Permanecem inéditos (1999): Clarior romance e Crimes do cotidiano: romance (ambos depositados no Museu da Literatura/Casa de Rui Barbosa – RJ, em 23.09.1992). Com apoio de Bolsa Vitae de Artes/1993, escreveu As Aventuras de Cândida Luz, romance ainda inédito, que narra as aventuras de uma jovem, Cândida Luz, nascida no Brasil e criada no exterior, que retorna em busca de suas origens, de sua identidade, e se defronta com a diversidade das culturas e literaturas das duas Américas e da Europa que aqui se fundem, criando novas identidades. Sempre o problema do eu em relação ao outro, que está no cerne do universo criado por Judith Grossmann.

Personalidade tocada pela crise do conhecimento (do ser e do dizer) que abalou os alicerces da tradição herdada, Judith Grossmann está entre as vozes que tentam re-nomear o mundo. E, como sabemos, o homem é o novo centro a partir do qual essa renomeação far-se-á. Portanto, o eu (o ser de cada um de nós, envolvidos nesta aventura terrestre) é o eixo vital do processo ainda em curso. Nesse sentido, pode-se dizer que a fascinação da autora pelo outro (por aquele que poderá revelar o eu a si mesmo) é o fulcro da problemática que dinamiza a sua arte e a levou, desde sempre, a adotar a metaliteratura (ou a intertextualidade, a absorção do texto do outro pelo seu próprio texto) como a estrutura narrativa ideal. Em depoimento recente, ela diz claramente:

(No início) eu queria ser crítica, entrar em contato com o outro [...] Precisamos do outro para que possamos nos ver. [...] a obra era essa moeda (de transação). A obra de um escritor é uma dádiva, porque abre portas... aquele universo íntimo. [...] o crítico é que vai acabar de engendrar a obra. [...] é ele quem vai dar a última palavra. (Ibidem p. 62).

Em essência, a sua obra (tanto a de análise crítica quanto a ficcional) vem sendo engendrada pela Judith-persona, que se quis leitora-comungante dos Mestres que, na esfera da literatura, vêm iluminando "por dentro" os seres e o mundo. Leitora-comungante, que se assume com plena consciência de sua escolha:

Eu escrevo como herdeira [...] herdei uma língua, eu herdei uma pátria, conquistada a duras penas. Eu herdei uma literatura. Eu escrevo dentro de um sistema de referências. Herdei a literatura inglesa, norte-americana, brasileira. Eu escrevo literatura como herdeira. Eu misturo línguas, autores. Eu sucateio a literatura. Essa que é a verdade. [...] Tenho sempre que estar num sistema de referências, porque isolada não existo. *(Ibidem p. 65).*

Essa afirmação é uma das chaves para a compreensão da ótica pós-moderna, que Judith Grossmann, consciente ou inconscientemente, escolheu como o ponto, a partir do qual vê o mundo, a vida e as relações eu-outro. Difíceis relações, por enquanto marcadas pela busca e pelo desencontro. Desencontro não só afetivo e social, mas existencial, que mina a harmonia e a ordem interior dos seres, e, no âmbito da linguagem, se manifesta também pela desarmonia, pela quebra da linearidade lógica das frases, pelas inversões ou deslocamentos sintáticos, pela intencional ambigüidade das palavras.

Dominando com maestria as infindáveis e labirínticas falas de suas personas poéticas, a arte de Judith Grossmann resulta de uma verdadeira alquimia verbal que funde o puro prazer de lidar com a palavra, com um arguto pensar crítico-filosófico-místico (JG é de ascendência eslava/judaica) e com uma amorosa comunhão com o outro (identificado com as grandes vozes da literatura). Essa alquimia verbal visa envolver o leitor na aventura da escrita, que o desafia a decifrá-la. Como diz a romancista ao escrever um Pequeno guia para o leitor de **Cantos delituosos: romance**, este resultou de *uma escolha literária, como qualquer outra, possivelmente a mais dificultosa, mas também, possivelmente, a mais compensadora, tanto para o autor quanto para o leitor. Trata-se de, através da representação da experiência profunda de um determinado sujeito – a personagem (Amarílis) –, tentar provocar no leitor uma experiência profunda de si mesmo. Ambiciona-se recriar esta experiência, que reúne autor, personagem e leitor. /.../ É uma história difícil de ser contada, feita de névoas e neblinas, até que possa sua protagonista, pelo amor ou pela morte, atingir a claridade. Seu material resiste ser trazido à superfície.*

Em síntese, a ficção de Judith Grossmann, como a interpreta a ensaísta Antonia Herrera, arrasta o leitor em uma viagem mágica:

Trata-se da viagem de Amarílis, que acompanhamos pelo enredo, da viagem do autor na criação do seu texto, e numa guinada de referencial, da viagem de todos nós e de cada um na nossa condição humana. [...] Estamos em viagem pelo reino das palavras, do imaginário, o qual dispõe de toda dimensão de espaço e de tempo para fazer voar livre o pensamento [...] miragem num deserto, móvel que alimenta a produção incessante da literatura, para se aproximar da verdade e da essência da vida. A arte é essa possibilidade de dar partida a uma viagem, sem estação, que vale por si mesma, enquanto périplo, e não enquanto ponto de saída e ponto de chegada – que traça um sutil rastro, qual o vôo de um pássaro. (Ibidem p. 31).

É para essa viagem que Judith Grossmann nos convoca ao se escolher como herdeira da literatura que a precedeu no tempo, e assim se assumir como elo da imensa teia que há muito vem sendo tecida e eternizando no tempo a efêmera aventura terrestre. Todos seus livros estão empapados dessa multiforme consciência pós-moderna (ou arcaica?), de que o mundo é linguagem e que a palavra poética é fundadora, é ponto de convergência e transformação/irradiação da vida autêntica (real ou sonhada, não importa!).

Publicações: Poesia – **Linhagem de rocinante**, 1959. Contos – **O meio da pedra: nonas estórias genéticas**, 1970; **A noite estrelada: estórias do interim**, 1977; Romances – **Cantos delituosos: romance**, 1985, e **Meu amigo Marcel Proust: romance**, 1995. Ensaio – **Temas de teoria de literatura**, 1982.

JUDITH JABUR DE MOURA 638

Romancista, poeta, técnica de contabilidade, Judith Jabur de Moura, descendente de libaneses, nasceu em Vitória da Conquista (BA), em 28.10.1945. Está radicada em Itapetininga (BA). Formou-se em Ciências Técnicas, profissionalizou-se em contabilidade, passando depois à área do jornalismo, colaborando na imprensa e respondendo pela página "Dicas, manias e charme" do jornal Dimensão (Itapetininga).

Desde muito jovem sentiu-se atraída pela literatura, como leitora e como aprendiz de escritora, escrevendo, publicando esparsamente, ou rasgando seus primeiros textos. Estréia em livro, em 1991, com o romance **Diálogo silencioso**, em cuja página de abertura se apresenta como autora: *Diálogo silencioso / é vocação / verdade, crescimento, realização, é saber que posso prosseguir.* A epígrafe de Saint-Exupéry, registrada a seguir, confirma sua auto-apresentação: *Se trais a tua vocação, é a ti que desfiguras, mas sabe que tua verdade crescerá lentamente, pois é árvore que brota e não descoberta de uma fórmula.*

Romance escrito com o coração, este tem como matéria a própria existência humana, com seus anseios de realização, de amor e constantes perdas ou desencontros. **Diálogo silencioso** se oferece ao leitor como um gesto humanitário de solidariedade humana. No prefácio, Mansour Challita ressalta esse especto humanitário de sua escrita e define a autora como *a romancista do homem comum.* A autora tem um romance aguardando publicação, Suando medo, e três livros de poemas.

Publicação: **Diálogo silencioso**, 1991.

JUDITH MÁES GONZÁLES 639

Poeta e professora, Judith Máes Gonzáles nasceu no Rio de Janeiro (RJ). Formou-se em Letras Clássicas (UERJ) e ingressou no magistério, como professora de língua portuguesa. Estréia em livro, em 1997, com **Véspera**, cujo tema central é o amor, a fruição erótica e os desencontros inevitáveis.

Publicação: **Véspera**, 1997.

JUDITH RIBEIRO 640

Poeta e romancista, Judith Ribeiro de Oliveira nasceu em São Paulo (SP), em 1903 e faleceu em 1955. Estudou idiomas, música, piano e violino. Como poeta, estreou em livro, em 1935, com **Estrada luminosa**. Seguem-se outras publicações de estudos críticos e romances.

Publicações: Poesia – **Estrada luminosa**, 1935; **Tamoios**, 1936; **Alma**, 1938; **Veneno**, 1938; **Europa e fim de jornada** (post.). Romance – **Flores de luxo**, 1937. Crítica – **O sapo e a serpente**, s/d.

JUJU CAMPBELL PENNA 641

Poeta, ensaísta, tradutora de poesia, cronista e contista, Juju Campbell Penna nasceu no Rio de Janeiro (RJ), em 25.06.1934. Iniciou-se como escritora na década de 1970, colaborando com poemas, artigos e traduções de poetas (Allen Guinsberg, Sylvia Plath, Robert Greely e outros) no Suplemento Literário – Tribuna da Imprensa. Em 1972, estréia em livro com **O gato**. Seguem-se: **Amaramigos** (prefácio de Olga Savary*) e **Poemas descomunicados**. Participa de várias antologias (**Voces femininas de la poesía brasileña**. org. Adovaldo Sampaio/1979; **Com a boca no mundo**/1986, etc.). Em 1984, publica **Um guarda-sol aberto para o mergulho**, coletânea de crônicas, poemas e contos. Tem colaborado regularmente na imprensa cultural (Jornal de Letras, Folha do Sindicato dos Escritores, Jornal de Cultura, revista AIO, revista Brasileira de Língua e Literatura e outras).

Na apresentação de seu **Amaramigos**, Olga Savary define a autora como alguém que *com os pés na terra, olha para o alto: é sua guerra, sua dualidade, o comprometimento. E é entre o conceitual e o lírico que Juju se move muito à vontade. [...] Estes poemas das minorias oprimidas (as da mulher, da negra e da judaica) se constituem em documento humano de valor social, com vistas para o futuro, que é para onde se lançam como uma flecha obstinada.*

Publicações: **O gato**, 1972; **Amaramigos**, 1973; **Poemas descomunicados**, 1978; e **Um guarda-sol aberto para o mergulho**, 1984.

642 JÚLIA BLANCO GIGLIOTTI

Poeta, mestra leiga e figura atuante na nascente Olímpia (SP), terra que acolheu sua família, ao emigrarem da Espanha, Júlia Blanco Gigliotti nasceu na Aldea de lo Bispo (Catalunha) em 31.01.1906. Conforme seus dados biográficos, *cresceu e mourejou na sua cidade de adoção, sendo ativa participante de tudo o que se fazia e intentava fazer. [...] Com voz privilegiada, participou do habitual 'Coro' da Igreja Matriz e era a 'Verônica' da procissões do Senhor Morto, na sexta-feira da Paixão. Foi mestra leiga durante um largo período. [...] Revelou-se poeta depois dos sessenta anos, alegrando a alma da cidade e de sua gente por um período razoável em que seus versos enfeitaram as páginas dos jornais, os programas radiofônicos e a sensibilidade dos jovens e de todos os olimpienses. Eleita 'Poetisa do Ano', o pequenino laurel se transformou em seu grande orgulho.* (Apresentação do livro póstumo **Poemas olimpienses**, organizado por seu filho Dr. Alcy Gigliotti.)

Poeta espontânea que transformou suas vivências cotidianas em poesia, Júlia Blanco Gigliotti, que adotou o nome literário de Jublangi, faleceu em 22.04.1982, depois de uma prolongada doença.

Publicação: **Poemas olimpienses**, 1982 (post.)

643 JÚLIA CORREIA DA SILVA FREIRE

Poeta e figura atuante em seu meio cultural, Júlia Correia da Silva Freire nasceu no Rio de Janeiro (GB), em 27.07.1902. Fez vários cursos de línguas e de conhecimentos culturais, participou de congressos e debates, foi colaboradora de diversas revistas literárias. Estreou como poeta, em 1938, com **Hora azul**. Por sua participação nos eventos de auxílio às carências no período da Segunda Guerra, recebeu o título honorífico Esforço de Guerra.

Publicação: **Hora azul**, 1938.

644 JÚLIA CORTINES

Poeta consagrada como a mais alta expressão feminina do parnasianismo, depois de Francisca Júlia*, Júlia Cortines Laxe nasceu em Rio Bonito (RJ), em 12.12.1868, e faleceu aos 80 anos de idade, em 19.03.1948.

De família culta e abastada, desde a infância foi iniciada nos estudos de literatura e línguas, revelando grande talento para a criação literária. Fez várias viagens à Europa e escreveu acerca de suas impressões, no jornal O País (RJ). Em 1894 (um ano após o aparecimento da poesia simbolista de Cruz e Souza), publica a coletânea de poemas **Versos** (com prefácio encomiástico de Lúcio Mendonça). Segundo Darcy Damasceno, esse livro *abre o desfile dos epígonos parnasianos. [...]. Surpreendente pela nota pessoal, pela autenticidade de motivos; imbuído de indisfarçável pessimismo e trescalante de influências germânicas, o livro merece ser contemplado como ponto de referência no estudo dos poetas jovens de então.*

*Transcorrido um decênio (ainda coincidentemente, ao mesmo tempo em que aparecem os últimos sonetos de Cruz e Souza-1905), a poetisa publica **Vibrações**, onde traços dominantes no livro anterior iriam acentuar-se. Cristalização da dor, impulso confessional, apuramento de recursos técnicos e expressivos garantiram a **Vibrações** posição singular em* meio à *proliferação de opúsculos em verso. Certa filosofia de vida, resultante do malogro de experiências afetivas, traduzia-se, neste segundo momento, por um seco negativismo* (in Sincretismo e Transição/ Neoparnasianismo de Darcy Damasceno, **A literatura no Brasil**, 1986).

Publicações: **Versos**, 1894; **Vibrações**, 1905; e **Antologia brasileira**, 1932.

JÚLIA DA COSTA 645

Poeta, novelista e exímia pianista, Júlia Maria da Costa nasceu em Paranaguá (PR), em 10.07.1844. Em 1870, mudou-se para São Francisco do Sul (SC) onde faleceu, em 12.07.1911. Usou o nome literário de Americana.

Colaborou regularmente em jornais e revistas paranaenses ou catarinenses, com poesia, divulgações líricas em prosa e novelas-em-folhetim. A crônica literária da época inclui Júlia da Costa na falange dos românticos paranaenses: Fernando Amaro, José Morais, Antônio Camargo e outros. Registra também sua vida conjugal humilhante, devido às infidelidades do marido (comendador Francisco da Costa Pereira), e um amor oculto pelo poeta e musicista catarinense Benjamin Carvalho de Oliveira. Segundo Domingos Carvalho da Silva (**Vozes femininas**), sua arte poética oscila entre o romantismo arrebatado de Gonçalves Magalhães (poeta-marco do Romantismo brasileiro, com **Suspiros poéticos e saudades**) e a temática fúnebre de Soares de Passos (poeta português ultra-romântico), autor do famoso poema "Noivado no Sepulcro", cujos ecos se fazem ouvir na poesia da brasileira: *Ouve-me ainda! Do sepulcro à noite / surgem fantasmas soluçando prantos! / o bronze geme pungitiva nota... / Eu, da araponga quero ouvir os cantos.*

(Fonte de consulta: **Poesia Júlia da Costa** org. Zahidé L. Muzart. Curitiba, 2001.)

Publicações: **Flores dispersas**, 1ª série/1867 e 2ª série/1868; **Bouquet de violetas**, 1868; e **Flores dispersas** (publ. post. 1913).

JÚLIA GALENO 646

Poeta e presença ativa no meio cultural de sua época, Júlia Galeno nasceu em Fortaleza (CE), em 1899, e faleceu no Rio de Janeiro (RJ), em 1978. Era filha do festejado poeta cearense Juvenal Galeno. Viveu durante anos em Salvador (BA), onde se casou com o Comendador F. Santana. Ao ficar viúva, muda-se para o Rio de Janeiro e se casa com Leo Voos.

Desde a infância revelou pendor para os estudos e para a poesia. Tal como sua irmã, Henriqueta Galeno*, afirma-se como poeta e como incentivadora da cultura literária. No Rio de Janeiro, funda e dirige o Salão de Poesia da Associação Cultural UNITER. Foi membro da Sociedade Feminina Cintilas e da Sociedade de Homens de Letras no Brasil. Foi delegada da Academia Cearense de Letras, junto à Federação das Academias de Letras do Brasil. Secundou a iniciativa da irmã (que fundara em Fortaleza, em 1919, a Casa Juvenal Galeno, em homenagem ao pai), e manteve em sua residência em Ipanema, a Academia Juvenal Galeno.

Publicação: **Crepúsculo iluminado** (pref. de Edith de Gama Abreu*-1969).

JÚLIA LEMOS 647

Poeta, atuante na área de Comunicação Social e ligada ao teatro, Júlia Cristina de Araújo Lemos nasceu em Caruaru (PE), em 21.06.1954. Iniciou-se como poeta publicando em antologias e na imprensa. Ingressou no serviço público. Estreou em livro em 1981, com os poemas de **Carmem Antonia Miglichio enlouqueceu**.

Publicação: **Carmem Antonia Miglichio enlouqueceu**, 1981.

648 JÚLIA LOPES DE ALMEIDA

Romancista, contista, cronista, teatróloga, Júlia Valentina da Silveira Lopes de Almeida nasceu no Rio de Janeiro (RJ), em 24.09.1862. Faleceu em 30.05.1934, aos setenta e dois anos, deixando uma extensa obra constituída de romances, contos, artigos, narrativas para crianças e crônicas. Era filha do médico e professor Dr. Valentim José da Silveira Lopes, Visconde de São Valentim, e de D. Adelina Pereira Lopes. Viveu parte de sua infância e adolescência em Campinas (SP). Desde menina demonstrou grande atração pelas letras. Adolescente, começa a escrever poesias, mas às escondidas, pois não era de bom tom uma jovem séria dedicar-se à escrita literária. Entretanto seu pai, ao descobrir sua vocação, estimulou-a a prosseguir. Aos dezenove anos começa a colaborar na imprensa (Gazeta de Campinas), com comentários sobre espetáculos de teatro. Passou a escrever para vários órgãos da imprensa paulista e carioca (A Semana, Jornal do Comércio, Ilustração Brasileira, revista dos Novos...), por vezes assinando como Julinto ou Ecila Worms.

Desfrutou de grande notoriedade em seu tempo, destacando-se entre as raras vozes femininas que se faziam ouvir fora dos limites do lar. Foi contemporânea de Francisca Júlia*, Júlia Cortines*, Zalina Rolim* e outras que, no entresséculos (XIX/XX), começaram a conquistar espaço na imprensa e a fundar jornais especialmente destinados às mulheres (O Sexo Feminino, 1875; A Família, 1888; A Mensageira, 1897, etc.). Neles, entre comentários sobre moda, culinária e amenidades, inseriam-se reflexões sobre arte, literatura e cultura ou artigos que já contestavam (embora timidamente) os preconceitos contra a mulher, principalmente no que dizia respeito à deficiente educação escolar que era oferecida às meninas.

Estréia em livro, em 1887, com os contos de **Traços e iluminuras**, cujo sucesso de público e de crítica foi imediato. No ano anterior, iniciara sua produção destinada às crianças, publicando **Contos infantis**, em colaboração com sua irmã, Adelina A. Lopes Vieira.

Nessa época, casa-se com Filinto de Almeida, jovem poeta português, também jornalista e um dos diretores da revista carioca A Semana, da qual era colaboradora. Sempre teve, do marido, apoio e incentivo para seguir a carreira literária. Em 1891, inicia-se como romancista com **A família Medeiros** (publ. em folhetins na Gazeta de Notícias-RJ e em livro em 1919). Seguem-se vários outros títulos: **A viúva Simões** (1897); **Memórias de Marta** (1899), **A falência** (1901), alternados com peças de teatro que eram representadas, em geral, por grupos amadores em saraus sociais. Atenta à condição da mulher na sociedade, em 1906, publica **O livro das donas e donzelas**, onde registra reflexões que poderiam ter sido feitas hoje. Em transcrições feitas por Ignácio Loyola Brandão (Mulher brasileira, ontem e hoje OESP–Caderno 2. 04.01.2001), lemos comentários que vale a pena transcrever aqui:

Se uma mulher triunfa da má vontade dos homens e das leis, dos preconceitos do meio e da raça, em todas as vezes que for chamada ao seu posto de trabalho, adquirido com tanta dor, tanta esperança e tanto susto, deve ufanar-se de apresentar-se como mulher. [...] (há) uma esquisitice muito comum entre senhoras intelectuais, envergarem paletó, colete e colarinho de homem, ao apresentarem-se em público, procurando confundir-se no aspecto físico, com os homens, como se não lhes bastassem as aproximações igualitárias de espírito.

Ou ainda:

O europeu tem a respeito da mulher brasileira uma noção falsíssima. Para ele nós nascemos para o amor e a idolatria dos homens, sendo para tudo o mais o protótipo da nulidade. [...] Apesar da antipatia dos homens pela mulher intelectual, que agride e ridiculariza, a brasileira de hoje procura enriquecer a sua inteligência, freqüentando cursos que lhe ilustrem o espírito e lhe proporcionem um escudo para a vida, tão sujeita a mutabilidade...

Isso foi dito no início do século XX... Até que ponto as coisas mudaram neste início do século XXI? Mas foi nos romances que Júlia Lopes de Almeida dá seu melhor testemunho como analista de seu tempo.

Entre os de maior repercussão entre os leitores (e com várias reedições) está **Correio da roça** (RJ, Francisco Alves/Paris, Aillaud Alves & Cia. 1913). Em linguagem simples e em forma epistolar (que dá maior verossimilhança ao enredo), é feita a apologia da vida útil e produtiva do campo em relação à vida fútil da cidade. Tema que, no início do século XX, passa a preocupar as autoridades e aos escritores, devido ao êxodo dos trabalhadores rurais para as zonas urbanas. O Rio de Janeiro, nesse início de governo republicano, passava por fundas mudanças, como o avanço da urbanização de que Paris era o grande modelo a seguir: substituição da iluminação a gás, nas ruas, por luz elétrica; alargamento das ruelas para abertura de avenidas; surgimento de novos pontos de encontros sociais, como a Confeitaria Colombo, com sua arquitetura *art noveau* parisiense; a Rua do Ouvidor transformada em centro do alto comércio, por onde desfilavam mulheres e homens, exibindo as últimas e sofisticadas modas francesas, etc.

Correio da roça testemunha essa passagem de um sistema social rudimentar para outro, sofisticado e moderno, e, acima de tudo, alerta para o perigo do êxodo do campo para a cidade. Isto é, o perigo do gradativo desaparecimento das fontes naturais que alimentavam o mercado e a vida urbana. Por meio de cartas trocadas entre duas amigas e filhas, a romancista analisa com simplicidade (e evidente didatismo) as várias facetas da economia da época, os valores e desvalores ligados à mulher, o papel desta na família e na sociedade, o amor, etc.

Em **A Silveirinha**, a romancista vai enfocar a vida urbana, vivida pelas famílias abastadas que formavam a sociedade carioca. Romance-folhetim, é publicado no Jornal do Comércio (abril/maio, 1913), e posteriormente em livro. Segundo o gênero folhetinesco, as situações vão sendo narradas em estilo breve, de fácil leitura. Como diz Sylvia Paixão, na recente reedição de **A Silveirinha** (SC, Ed. Mulheres, 1997), trata-se de *uma literatura sem sobressaltos, que responde às expectativas do leitor médio, estabelecendo com ele um pacto onde a função recreativa domina. [...] É o prazer puro e simples da aventura narrada, de maneira a conduzir o leitor com o mínimo de desvios possíveis na seqüência dos fatos.*

O tema central do romance é a luta da jovem Silveirinha para converter o marido ateu. A religião é vista como o elemento fundamental na ordem familiar e social. É em torno dessa idéia que giram os demais sucessos do romance, denunciando as hipocrisias geradas, seja pelo fanatismo religioso, seja pela ambição de ascensão social e conquista de poder.

Em qualquer dos gêneros adotados, toda a extensa obra deixada por Júlia Lopes de Almeida se revela hoje como testemunho fiel de uma importante época de transição da vida brasileira (e que em Paris foi chamada de *Belle Époque*).

Publicações: Conto – **Traços e iluminuras**, 1887; **Ânsia eterna**, 1903/1938; **A isca**, 1922; **Pássaro tonto**, 1934. Romance – **A família Medeiros**, 1891/1919; **A viúva Simões**, 1897; **Memórias de Marta**, 1899; **A intrusa**, 1908; **Cruel amor**, 1911; **Correio da roça**, 1913/1987; **A Silveirinha**, 1914/1997; **A casa verde** (colab. Filinto de Almeida), 1898-99. Teatro – **A herança**, 1909; **Eles e elas**, 1910; **Quem não perdoa**, **Doido de amor** e **Nos jardins de Saúl**, 1917. Textos de reflexão – **Livro das noivas**, 1896; **Livro das donas e donzelas**, 1906; **Jornadas no meu país**, 1920; **Jardim florido**, 1922; e **Oração a Santa Dorotéia**, 1923. Infantis – **Contos infantis**, 1886; **Histórias de nossa terra**, 1907; e **Era uma vez**, 1917.

JÚLIA LUIZ RUETE 649

Romancista, violinista, cantora lírica e pintora, Júlia Luiz Ruete nasceu em Araras (SP), em 22.02.1901. Radicou-se em Campinas, onde faleceu em 14.10.1986, com oitenta e cinco anos, deixando nove filhos, trinta e cinco netos e oito bisnetos.

Muito jovem inicia carreira artística multifacetada, com muito boa repercussão crítica. Como pintora, participou de exposições coletivas; musicista, deu concertos e participou de festivais musicais; e como escritora, publicou quatro romances. Por essa produção recebeu medalhas de ouro, prata e bronze, além de várias láureas e distinções.

Publicações: **A espera**; **O imigrante**; **O missionário** e **O naufrágio** (romances publicados em São Paulo nos anos de 1940 e 1950, mas sem datas registradas).

JULIANA GONGOLO 650

Poeta negra, conferencista, jornalista, a angolana Juliana Gongolo nasceu em Malange (Angola) na época da Revolução Angolana. Na década de 1970, depois de ter perdido os pais e finda a revolução, emigra para o Brasil, fixando-se em São Paulo, onde estuda, sempre empenhada em participar dos movimentos negros em prol da cultura.

Desde adolescente escreve prosa e poesia. Passa a colaborar na imprensa paulista, da capital e interior. Ingressa no serviço público, como radiologista do Hospital Municipal. Desenvolve intensa atividade cultural, fazendo conferências sobre arte e costumes africanos. Estréia em livro, em 1980, com a prosa memorialista **Juliana sem censura**. Ainda nesse ano traduziu o disco LP Canções e Folclore de Angola de Luiz Negami, divulgado na Rádio Eldorado. Participa da antologia **Pois é praquê?**. É membro da UBE-SP, da Casa do Poeta e da Academia Internacional de Letras e Artes.

Publicações: Prosa – **Juliana sem censura**, 1980. Poesia – **Ao encontro da felicidade**, 1984, e **A cólera dos famintos**, 1985.

651 JULIANA LOBO DE GODÓI

Poeta adolescente que se inicia nos anos 1980, Juliana Lobo de Godói nasceu em Goiânia (GO), em 07.10.1968. Estréia em 1985, com um livro de poemas, em cuja apresentação Nelly de Almeida diz: *Os versos de **Sonhar é preciso**, teceu-os uma menina de quinze anos. Não foram escritos, foram tecidos, sim. Ela se debruçou na fragilidade cronológica, buscou sabedoria na maturidade do tempo sem fim. [...] nasceu, sem dúvida, uma inspirada poeta.*

Publicação: **Sonhar é preciso**, 1985.

652 JULIETA FAHEINA CHAVES

Poeta, prosadora, professora, Julieta Faheina Chaves nasceu em Limoeiro do Norte (CE), em 1918. Formou-se para o magistério e dedicou-se ao ensino. Fez vários cursos de aperfeiçoamento e extensão universitária (dicção, teoria e técnica do conto e outros). Dedicada às letras, iniciou-se como escritora publicando na imprensa. Participou de obras coletivas (**Mulheres do Brasil**/1971, **Trovadores cearenses**/1976; **Anuário dos poetas do Brasil**/1976, e outras). Pertence a várias entidades culturais (Associação Cearense de Imprensa; Ala Feminina da Casa Juvenal Galeno; União Brasileira de Trovadores e outras).

Estreou em livro individual, em 1970, com **Rosas do meu sonhar**, coletânea de textos em prosa e poesia.

Publicações: **Rosas do meu sonhar**, 1970, e **Sonata de Trovas**, 1976.

653 JULIETA DE GODÓY LADEIRA

Romancista, contista, publicitária, redatora e editora, Julieta de Godóy Ladeira nasceu na capital paulista, em 1932 e faleceu, em 1997. Formou-se na Escola Superior de Propaganda e se profissionalizou como publicitária de grande prestígio. Foi chefe de relações na Agência de J. Walter Thompson; Chefe de criação e subgerente de propaganda da Colgate-Palmolive; Acount Executive na Multi-Propaganda; criação e planejamento, associada à Prefan-Publicidade.

Sua inclinação para as letras surge bem cedo, estimulada pela convivência desde menina com as obras dos grandes clássicos da literatura. Incentivada pelo pai, muito cedo começa a escrever. Aos dezoito anos viaja para a Europa, onde realiza cursos ligados às letras. Residiu um ano em Belo Horizonte (MG) e dois no Rio de Janeiro (RJ). De volta a São Paulo, na década de 1950, começa a publicar seus contos em suplementos literários e enviá-los a concursos literários. Conquista vários prêmios (IV Concurso Feminino de Contos/Correio Paulistano e Concurso Edgar Cavalheiro/Última Hora). Simultaneamente com suas atividades de publicitária, dedica-se à escrita literária.

Estréia em livro, em 1962, com os contos **Passe as férias em Nassau**, cuja repercussão crítica lhe valeu o Prêmio Jabuti/1962 (Câmara Brasileira do Livro). A partir daí, sua tarefa de escritora se desenvolveu em ritmo lento, mas contínuo. Em 1971, publica o romance **Entre lobo e cão**, que se tornou um marco em sua produção ficcional e um título de destaque na literatura feminina brasileira. Entrando com segurança na área do romance, a autora domina com maestria o tempo da ficção, onde se mesclam, em nova dimensão, passado/presente/futuro, transfigurados pelo *desfilar daquele enorme novelo que cresce no interior de cada um para no primeiro instante de solidão escapar, imaginação e memória confundindo-se nesse esforço, trançando perfis irreconhecíveis....*

Alicerçado em um alto espírito humanista, esse romance oferece o depoimento sereno de uma mulher que (entre o findar de uma frustrante experiência e o obscuro pressentir de algo que surgiria) faz o inventário do vivido. E põe a nu o caótico painel individual/coletivo de um tempo em que se perdeu o sentido da totalidade e o homem viu ruírem as soluções universais que explicavam a aventura humana. Em sua densa textura estilística, em que se conjugam experiência de vida e vontade de estilo, **Entre lobo e cão** é uma clara tentativa de reordenação do caos.

Embora escrito por uma paulista, alimentado pelo húmus da terra bandeirante e erigindo-se em verdadeiro réquiem de uma elite paulista (a da aristocratismo quatrocentão moldado pela *belle époque*), esse romance não pode ser limitado pelo rótulo de romance paulista. Agudamente consciente do entrelaçamento das vidas e das coisas no frenético mundo contemporâneo, ele ultrapassa a multifacetada matéria de que é composta a área paulista (região-motriz para onde converge e de onde irradia a maior parte da força que impulsiona a nação), e testemunha o nacional. Enfim, **Entre lobo e cão** expressa uma consciência crítica que, em surdina, depõe pela hora presente...

As publicações seguintes confirmam a garra de ficcionista da autora: os contos de **Dia de matar o patrão**, **Era sempre feriado nacional** e **La paz existe?** Este último escrito em colaboração com o marido, o escritor Osman Lins, com quem casara em 1964, iniciando uma fase de sua vida que a escritora chamou de *primavera sagrada*. Época que durou quatorze anos, sendo interrompida com a morte do escritor, em 1978, vitimado pelo câncer.

Nos anos de 1980, Julieta passou a escrever para os jovens, conquistando plenamente seu novo público, com **Lobo-do-mar no supermercado**/1987, **Até mais verde**/1989, **O Galo que perdeu o canto**/1990 e outros. Após a morte de Osman Lins, organizou artigos e entrevistas que haviam sido publicados na imprensa e publicou-os em volume, **Evangelho na taba**.

Foi membro de inúmeras entidades culturais, como a União Brasileira de Escritores, em São Paulo.

Publicações: Contos – **Passe as férias em Nassau**, 1962; **Dia de matar o patrão**, 1978; **Era sempre feriado nacional**, 1984. Romance – **Entre lobo e cão**, 1971. Relato de viagem – **La paz existe?** (colaboração de O. Lins), 1978.

JULIETA GUERINI 654

Poeta e professora, Julieta Bárbara Guerini nasceu em Piracicaba (SP), onde se formou em Ciências e Letras. Escreveu poemas desde muito jovem. Estréia em livro em 1939, com **Dia garimpo**, com prefácio de Raul Bopp – poesia na linha regionalista.

Publicação: **Dia garimpo**, 1939.

JULIETA DE MELO MONTEIRO 655

Poeta, contista, dramaturga, jornalista, Julieta de Melo Monteiro nasceu em Porto Alegre (RS), em 1863 e faleceu em Rio Grande (RS), em 1928. Era neta do gramático português Manoel do Passos Figueiroa, sobrinha da poeta Amália dos Passos Figueiroa* e irmã de Revocata Heloisa de Melo*, com quem fundou o semanário **Corimbo** (1883/1943) – o jornal feminino de mais longa duração no Brasil.

Figura atuante em seu meio cultural, colaborou em vários jornais, revistas e almanaques (Almanaque Lit. e Estatístico do Rio Grande do Sul; Interrogação; Almanaque Popular Brasileiro, 1897; Tribuna do Povo; Kosmos-Montevideu; Almanack de Senhoras – Lisboa; La Fronde – Paris e outras). Como professora, deu aulas particulares. Fundou e dirigiu a revista **Violeta** (1878/79). Escreveu dramas, contos, poesia e textos em prosa muitos dos quais em colaboração com a irmã Revocata.

Publicações: Poesia – **Prelúdios**, 1881; **Oscilantes**, 1891; **Tabernáculo**, s/d; **Terra sáfara**, 1928 (publ. póst. prefácio de Revocata). Drama – **Coração de mãe**, 1893; **Noivado no céu**, 1899; **O segredo de Marcial**, s/d. Contos – **Alma e coração**, 1898, e **Berilos**, 1911.

656 JULIETA URBANO DE SANT'ANNA

Poeta, pianista e professora de música, Julieta Urbano de Sant'Anna nasceu em Porto Alegre (RS), em 12.11.1890. Desde jovem escreveu poesias, mas sua vocação maior sempre foi a música. Estréia em livro, em 1959, com a recolha de poemas **Tapera da saudade**, escritos ao longo dos anos. É membro da Academia Literária Feminina de Letras do Rio Grande do Sul.

Publicação: **Tapera da saudade**, 1959.

657 JULITA SCARANO

Poeta, contista, historiadora, ensaísta, Julita Maria Leonor Scarano nasceu em Matão (SP). Reside na capital paulista. Formou-se em História e dedicou-se à carreira universitária. É doutora em História e fez concurso de Livre docente (UFSC). Teve grande atividade docente, participando de Comissões Julgadoras de teses, de Congressos no Brasil e no exterior, etc. Como pesquisadora e ensaísta, tem publicado regularmente ensaios e artigos na imprensa, revistas especializadas, anais, etc.

Como poeta, estreou em livro em 1956, com **Pássaro marinho**, ao qual se seguem novos títulos de contos, história e poesia. É membro de várias associações culturais no Brasil e no exterior.

Publicações: Poesia – **Pássaro marinho**, 1956, e **Lira nas mãos do vento**, s/d. Conto – **O espelho e a janela**, 1963, e **Saímos a rever estrelas**, 1986. Ensaio – **Devoção e escravidão**, 1976; **Capitanias de mar e serra**, 1978, e **Caminhos do Brasil**, 1978.

658 JUREMA BARRETO DE SOUZA

Poeta, cronista, jornalista, professora, editora e presença atuante em seu meio cultural, Jurema Barreto de Souza nasceu em Santo André, no ABC paulista (SP), em 1957. Formou-se em Letras; ingressa no magistério dedicando-se especialmente à formação de crianças em seu primeiros estágios de estudo. Nesse sentido, tem participado do Projeto/Poeta/Leitor nas Escolas, com o Grupo Livrespaço de Poesia, grupo formado em 1983, em torno da revista Livrespaço, com jovens poetas (Jurema, Dalila Teles Veras, Claudio Feldman, J. Marinho e outros); e que vem dinamizando o movimento cultural em Santo André, com Semanas Livrespaço, exposições, publicações, etc. Em 1982, Jurema funda A Cigarra – revista literária – que tem colaboradores de todo o Brasil e vem sendo mantida devido ao idealismo e obstinação de sua fundadora e grupo que, desde sempre, aderiu ao projeto (J. Marinho, João Silva Sampaio, Zhô Bertholini e outros).

Como escritora, Jurema iniciou-se publicando poemas e contos na imprensa e em antologias. Estréia em livro, em 1982, em conjunto com José Marinho (ambos ainda estudantes de Letras), com **Papoulas & Amnésias** – poesia de ímpeto juvenil, engajada na denúncia da dor-do-mundo, da injustiça e da ausência de amor: vazio que a paixão da Poesia preenche.

No Concurso Jovens Escritores do ABC, obteve os prêmios: Poesia/1980 e Contos/1981. Em 1987, publica **Dalilas siamesas** – poesia energizada de erotismo, a grande força existencial assumida como caminho para alcançar a plenitude do ser

Publicações: **Papoulas & Amnésias**, 1982, e **Dalilas siamesas**, 1987.

659 JUREMA FINAMOUR

Romancista, jornalista engajada politicamente, poeta, Jurema Finamour nasceu no Rio de Janeiro, nos anos de 1920. Desde muito jovem, atraída pelo debate de idéias políticas, ingressa no jornalismo como articulista e repórter, tornando-se uma figura notória nessa área, como uma das vozes do socialismo brasileiro.

Estréia em livro, em 1938, com os poemas de **Madrugada da boêmia**. Durante a Segunda Guerra (1939/1945) viaja, como repórter, para os países da cortina de ferro e escreve importantes reportagens que depois foram publicadas em livro (Ed. Brasiliense): **URSS: 4 semanas na União Soviética** (pref. Jorge Amado) e **Coréia sem paz** (pref. Lourival Fontes).

Em 1961, publica o romance **Precisa-se de uma rosa**, cujo motivo central é o poder desumanizante da vida em cidade grande e revelando o drama coletivo que está nas raízes do progresso socioeconômico.

Nesse mesmo ano, a escritora viaja para Cuba, onde permanece cinqüenta dias, visitando a Havana pós-Revolução Cubana (vitoriosa em 1959). De volta ao Brasil, transforma esse material (acrescido de episódios da luta em Sierra Maestra e derrota de Batista por Fidel Castro) no romance **Vais bem, Fidel**, com prefácio de Leonel Brizola. Na apresentação do romance, Nelson Werneck Sodré refere-se à importância das reportagens escritas anteriormente pela autora e o nível literário de sua escrita. Diz ele:

Observadora atenta, ela sabe distinguir, na informação, o essencial e o característico da massa de elementos quantitativos, desvendando assim os aspectos profundos dos problemas com que se defronta. [...] Nos dois últimos, a reportagem se fixou mais no contato com as criaturas do que no registro dos acontecimentos, e os povos visitados aparecem, na sua diversidade, com os traços particulares de cada um, através do quais é possível distinguir o seu espírito e as marcas que os acontecimentos vão deixando em cada pessoa.

Referindo-se ao **Vais bem, Fidel,** o historiador diz:

Jurema Finamour tratou (o material recolhido em Cuba) com a sua experiência enriquecida de maneira diferente: representou a vida do povo cubano através da vida de pessoas diversas, vivendo em ambientes diversos e acompanhando o processo revolucionário, ao mesmo tempo em que dele participavam. As figuras de uma rua de Havana Velha, como as de Havana nova, como de Havana de leste, permitem à autora situar a vivência humana fundida ao processo de avanço da revolução castrista, que transforma as pessoas e que assinala uma mudança qualitativa que provém de baixo, das camadas populares, integradas na transformação em andamento. A capacidade para fixar um fenômeno tão complexo como o da transformação de que é teatro, Cuba, permite a Jurema realizar a excelente radiografia que é Vais bem, Fidel, um grande e humano depoimento sobre a revolução na América Latina.

A partir de meados da década de 1960, desconhecem-se notícias sobre sua vida e obra.

Publicações: Reportagens – **URSS: 4 Semanas na União Soviética**, 1953; **Atravessando as fronteiras da URSS**, 1954; **China sem muralhas**, 1956, e **Coréia sem paz**, 1958. Romance – **Precisa-se de uma rosa**, 1961, e **Vais bem, Fidel**, 1962. Poesia – **Madrugada da boêmia**, 1938.

JUSSARA NEVES REZENDE 660

Poeta, professora, pesquisadora e ensaísta, Jussara Neves Rezende nasceu em Machado (Sul de Minas Gerais-MG), em 26.04.1964. Cursou Letras pela Faculdade de Filosofia, Ciências e Letras de Machado, onde ingressou como professora, área de Literatura Portuguesa e Literatura Brasileira. Especializou-se na área de Estudos Comparados de Literaturas de Língua Portuguesa (FFLCH–Universidade de São Paulo), obtendo o título de Mestre, em 2001.

Simultaneamente aos trabalhos de pesquisa acadêmica, tem publicado poemas, contos e textos de crítica literária, na imprensa e revistas especializadas. Estréia em livro, com os poemas de **Minas de mim**.

Publicação: **Minas de mim**, 2000.

661 KARMINHA GIOVANNETTI

Poeta, professora, iniciada em estudos de filosofia, astrologia e caminhos de espiritualidade, Karminha Giovannetti nasceu em Rio Claro (SP), em 31.08.1952.

Formou-se em Filosofia e História. Ingressou no magistério, lecionando essas matérias durante dez anos. Atraída por conhecimentos e experiências espirituais, esotéricas, fez estudos na área de astrologia e iniciou-se nas práticas de *yoga*, zen-budismo e cristianismo.

Desde sempre atraída para a escrita poética ou literária em geral, só na maturidade decide assumir-se como poeta, publicando em 1998 o volume **Trigos azuis**. Já pela dedicatória, pressente-se a natureza de sua poética: *A todos que fazem da beleza a busca essencial.* Poesia energizada pela busca essencial, esta é engendrada por um olhar que tenta ultrapassar as aparências do real-em-caos em que vivemos, e detectar a harmonia, a beleza que surgirá nos rastros da mutação em processo. Sua poesia fala melhor do que qualquer tentativa de interpretação:

O dourado-maçã do sol / enternece e distrai as cinzas névoas do tempo / e, aos poucos, conquista seu espaço / com a densidade pressentida / do Grande Sol / Reino de Silêncio Profundo! / Como tanger Teus mundos? (Sol-flor)

Passo sobre as profundezas enternecida / luz lusco-fusco indefinida / Amplo caminho que se estende como um vôo / Livros ardem em estantes profundas / Sabem criar o momento do Movimento? [...] Atrás dos muros, [...] um caminho ascendente / e uma chama interna que transforma / e transmuta a sabedoria / em silêncio eloqüente. ("Silêncio")

Publicação: **Trigos azuis**, 1998.

662 KAREN SÍLVIA DEBÉRTOLIS

Jovem poeta paranaenese, Karen Sílvia Debértolis nasceu na cidade de Cambé (PR), em 19.05.1969.

Desde menina sentiu-se atraída pelos estudos, pela literatura e pela escrita poética, estimulada pelo ambiente familiar. Ainda no colégio, participou de painéis de poesia e publicou poemas na imprensa local. Participou do IX e do X Mural de Poemas de Londrina. Tem poemas publicados em coletâneas poéticas. Vários poemas seus foram premiados em concursos locais. É membro da União Brasileira de Escritores-PR e do Clube do Jovem Escritor.

Estreou em livro com **Momentos livres** (1986). Ainda imatura, como visão-de-mundo, sua escrita possui uma vibração nas palavras que indicia o pulso de poeta à espera do amadurecimento que o tempo e a experiência devem trazer.

Publicações: **Momentos livres**, 1986, e a plaqueta **A escassez das horas**, 1986.

KÁTIA BENTO 663

Poeta da geração de 1968 e divulgadora da arte postal, Maria Auxiliadora Kátia Bento, de descendência mineira, nasceu em Castelo (ES), em 08.09.1941. Reside no Rio de Janeiro (RJ).

Desde a adolescência entrega-se à criação poética. Estréia em livro em 1968 e inicia uma fecunda carreira como poeta, que de livro para livro vai aprofundando seu corpo-a-corpo com a palavra em busca das respostas para a aventura humana, neste mundo-em-transformação. Daí a preocupação metalingüística se fundir, em sua poesia, com a problemática existencial. Fez parte do grupo Adversos, que se entregou à catequese poética, promovendo a mostra direta de poemas aos participantes, em diversas cidades. Foi co-fundadora da **Poesioje.**

Participou de inúmeras coletâneas (**Poesioje**. RJ, 1969; **A Poesia pede passagem** SP, 1972; **Las voces solidarias–poesía brasileña contemporânea**. Buenos Aires, 1978; **Em Revista 5** SP, 1978, etc.) Além de livros de poesia e plaquetas poéticas, escreveu livros para crianças. É detentora de vários prêmios e menções honrosas.

Publicações: Poesia – **O azul das montanhas**, 1968; **Principalmente, etc.** 1972; **Romanceiro de Amuia**, 1980; e **Contrafala**, 1980. Infantil – **Bebeto babélico**, 1973; **Bichuim**, 1981, e **O jogo da velha**, 1981.

KÁTIA CRISTINA LEAL BORGES 664

Poeta e secretária comercial, Kátia Cristina Leal Borges nasceu em Anápolis (GO), em 03.03.1962. Formou-se secretária, em 1979, profissionalizando-se na área do comércio. Ao mesmo tempo, escreve poesias, contos, crônicas, divulgando-os na imprensa, antologias e concursos.

Estréia em livro, com a coletânea de poemas **Falando de mim**.

Publicação: **Falando de mim**, 1988.

KURI 665

Poeta, psicóloga e ensaísta, Kuri (nome literário de Maria Beatriz Farias de Souza) nasceu no Rio de Janeiro (RJ), em 04.09.1948. Formou-se em Psicologia (Universidade Gama Filho/1973) e em Comunicação Social (PUC-RJ. 1979). Essa formação intelectual já indicia a natureza humanística de sua criação poética – toda ela perpassada de funda comunhão com os excluídos de toda espécie.

Começa a escrever poesia aos treze anos. Estréia em livro, com a coletânea **Lugar nenhum** (1968), cuja densidade poética é adubada pela consciência do caos desumanizador em que a humanidade está atolada. Sua estréia se deu de maneira auspiciosa, com o aval de Vinicius de Moraes. De livro para livro, sua arte poética vai-se adensando, não só no domínio da linguagem (tendendo à difícil síntese da palavra), mas também no aprofundamento de sua problemática: o naufrágio ético-existencial do homem, nesta nossa bela/horrível civilização do consumismo e da desumanização gradativa do ser humano. Tem poemas em várias antologias poéticas. Sua obra já é dona de uma respeitável fortuna crítica.

Publicações: Poesia – **Lugar nenhum**, 1968; **Poemancipação**, 1970; **O Negócio da pia**, 1972; e **Gueto**, 1981. Ensaio – **Compêndio de psicologia**, 1975.

666 LACY RIBEIRO

Poeta, contista e romancista, Lacy Ribeiro nasceu no Espírito Santo (ES), em 1948. Estreou como poeta, em 1978, com o livro **Primeiro passo**. Como contista, publicou em 1986 o **Contos de réis**, seguido por **Avenida República**, e **Diário na madrugada**. Em 1989, o original de seu romance **Rocks e baladas de Marcos Furtado** é premiado no Concurso Literário/Departamento Estadual de Cultura-ES. Em 1990, seu **Contos bastardos** foi também premiado. E o livro para crianças **Grades suspensas** recebeu o prêmio de Literatura Infantil da APCA.

(Fonte de consulta. Ribeiro, F. Aurélio, **A literatura do Espírito Santo**. 1996.)

Publicações: Poesia – **Primeiro passo**, 1978. Conto – **Contos de réis**, 1986; **Avenida República**, 1987; **Diário na madrugada**, 1990 e **Grades suspensas** (inf.), 1994. Romance – **Rocks e baladas de Marcos Furtado**, 1991.

667 LACYR SCHETTINO

Poeta, psicóloga, ensaísta e professora universitária, Lacyr Annunziata Schettino nasceu na cidade Mãe da Espanha (MG). Formou-se em Letras e em Canto (PUC-MG), e ingressou, posteriormente, na carreira do magistério lecionando teoria e história da música em conservatórios de Barra Mansa-RJ e Sete Lagoas-MG. Intelectual ativa, foi secretária da Academia Municipalista de Letras-MG/1966; Diretora-fundadora do Esperanto – Grupo em Barra Mansa/1950 e exerceu outros cargos de importância cultural. Como poeta, começou divulgando seus escritos na imprensa, em datas comemorativas. Participando de concursos literários, recebeu vários prêmios, destacando-se o Prêmio de Poesia Olavo Bilac (RJ/1956) e o Prêmio Poesia Feminina/A Gazeta. São Paulo/1954. É membro da Academia Mineira de Letras, do Instituto Histórico e Geográfico e da Academia Municipalista de Letras. Estreou em livro, em 1949, com a poesia de **Quando as sombras se espalham**. Escreveu livros para crianças. Toda sua produção tem tido excelente recepção crítica.

Publicações: **Quando as sombras se espalham**, 1949; **Rumor de asas**, 1950; **O espelho da morta**, 1954; **Santa Teresa de Jesus**, 1958, e **Verdamazônia**, 1974. Teatro – **A parábola do semeador**, s/d, e **Naquele tempo**. Ensaio – **Descobrindo o Brasil em Os Lusíadas**, 1983; **Lendas da cidade de Tiradentes**, 1981.

668 LAILA NAVARRETE

Cronista, poeta e jornalista militante, Laila Navarrete nasceu em Anápolis (GO), onde residiu até os anos de 1980, quando se muda para Goiânia.

Muito cedo, começou a escrever poemas, crônicas e contos – tendência literária que a levou a se profissionalizar no jornalismo social, destacando-se como cronista. Estréia em livro com a poesia de **Espelho fosco** (prefácio de Ursulino Tavares

Leão), que teve boa repercussão crítica. Seu Jubileu de Prata (25 anos de jornalismo social – 1958/1983) foi comemorado na Folha de Goiás.

Publicação: **Espelho fosco**, 1974.

LAIS CORRÊA DE ARAÚJO 669

Poeta, cronista, jornalista, professora, crítica literária, Laís Corrêa de Araújo nasceu em Campo Belo (MG), em 03.03.1929. Está radicada em Belo Horizonte. É casada com o poeta Affonso Ávila.

Formou-se em Línguas Neolatinas e Filosofia pela Faculdade de Filosofia (UFMG). Foi consultora da Assessoria Técnico-Consultiva do Estado-MG; superintendente da Biblioteca Pública Estadual Luís de Bessa (1983/1987); redatora do Suplemento Literário Minas Gerais (anos de 1960 e 1970); membro do Conselho da Aliança Francesa-Belo Horizonte; manteve, durante os anos de 1960, a coluna Roda Gigante no SLMG.

Inicia-se como poeta, na década de 1950, quando a poesia via-se num impasse: ainda presa a esquemas formais de alta tradição (o soneto, etc.), já alterados pelos ventos modernistas dos anos de 1920 (verso livre, desconstrução do convencional, etc.), sem, entretanto, ter um eixo problemático dinamizador, que engendrasse uma nova visão-de-mundo. (É o momento em que surgem pioneiros do novo, como Guimarães Rosa, João Cabral, Clarice...). No geral, a produção dos anos de 1950 (a do pós-guerra ou guerra fria) dá voz a uma poesia lírico-nostálgica, de perdas, perplexidades e solidão. Poesia metafórica, centrada no cotidiano aprisionador, sem frestas para a vida plena.

Era uma vez um rei e uma rainha / que moravam no sonho da menina / e em diálogo puro abandonavam / fadas, viagem, claridade e cantos. // Nos cabelos trançados em desvelo / navegavam esboços de poemas. / Um sorriso aguardava aquele reino / que vago e morno o céu prenunciava. // Aí inventado mundo de roseiras / aí desejados magos coloridos, / tempos compostos de fantasmas frágeis! // Tão longe os sabe esta menina / que, desperta, procura uma esperança / onde pousar os braços sem destino.

O texto fala por si. Nesse soneto de **O Signo e outros poemas** (1955), Laís expressa metaforicamente aquela espécie de suspensão das forças criadoras, que logo mais seria rompida com as primeiras manifestações vanguardistas, que abriram caminho para a nova onda criadora dos anos de 1960: o Plano Piloto da Poesia Concreta (1956); a Instauração Práxis (1959/62) e Tendência, do grupo mineiro (Affonso Ávila, Rui Mourão e Fábio Lucas), ao qual Laís pertenceu desde as primeiras horas. A oficialização desta nova onda criadora se dá, em Belo Horizonte, com a Semana Nacional de Poesia de Vanguarda (1963).

O novo eixo dinamizador da criação poética era a palavra, deslocada das estruturas convencionais da linguagem e transformada em objeto de uma intensa sondagem de suas potencialidades, ao ser projetada no espaço do papel e visualizada como signo pictórico, e não mais conceitual. Eixo verbal, movido por um novo gesto épico. Sob o influxo dessas novas forças, Laís escreve **Cantochão** (Prêmio Cidade Belo Horizonte/1965), poesia densa que se revela como ponto de convergência das duas grandes forças que se impõem, simultaneamente, à poesia, a partir dos anos de 1960: a consciência da palavra como nomeadora ou gênese do real ("O que não é nomeado não existe." , Lacan); e o resgate do ontem, do inagural, por meio da redescoberta do homem (eterno, apesar de efêmero), como a irredutível presença, da qual a vida depende para existir no tempo, mas cujo valor e direitos vêm sendo milenarmente ignorados pelos poderosos.

O título Cantochão já aponta para a multiplicidade de significados que se emaranham na matéria poética: canto monocórdico, a una voce (a da mulher-poeta que se assume como voz coletiva); canto litúrgico, portanto indicando o sagrado da palavra poética; canto preso ao chão, isto é, ao ser humano comum – base ou fundamento da História, da vida, que sem ele não existiriam. Portanto, o sagrado e o profano se revelam aqui como forças constituintes e contraditórias de cada um de nós, humanos.

Eu só, a pé, e pequena / enfrento o desafio. / Eu nós, lenta voz, a letra / crio. // Copio. Cio do homem / pela guerra e pelo amor, / o pão e a erva sem / côr. [...] Não me demito: e crio / nas ancas do corpo o dia, / revendo aquilo que já [...] No afã de cão escavando / as minhas unhas se quebram, / os ramos em que me apoio / vergam. // Mas resisto. E o que legislo / é uma folha rasgada. / Crio (ou copio?) sobre a / água. ("Mandato")

Poesia que explora a palavra, com rigor, paixão e revolta, **Cantochão** se quer denuncia da degradação a que os homens vêm sendo submetidos pela ambição dos poderosos. Dessa intenção, nos fala claramente a epígrafe que abre o volume:

Feito primeiro pastor e em seguida profeta, dirijo-me tanto contra as vacas gordas como contra os próceres. (Inscrição na estátua do Profeta Amós, do Aleijadinho, em Congonhas do Campo.)

Os livros que se seguem (com longos intervalos de tempo entre eles) se desenvolvem no mesmo âmbito problemático e com a mesma consciência de experimentalismo formal. **Palavras atos e omissões**, ainda inédito, recebe o Prêmio Emílio Moura/1981 e é incluído na série International Poetry/University of Colorado (ed. Teresinka Pereira). O corpo-a-corpo com a palavra e com as injustiças e desmandos do mundo são a tônica da forte poesia de **Decurso de prazo**:

Gosto das palavras / infecto e nauseabundo / – palavras que sibilam / em rude contraponto / a avaria do mundo. ("Vocabulário")

Traço / me estilhaço / e a fundo / toco o casco [...]

Neste punho a vara / sulco e astro. ("Retrato")

Publicações: **Caderno de poesia**, 1951; **O signo e outros poemas**, 1955; **Cantochão**, 1967; **Decurso de prazo**, 1985, **Pé de página**, 1995, e **Clips** (il. Niura Machado Bellavinha), 2000. Ensaio – **Murilo Mendes**, 1972.

670 LARA DE LEMOS

Poeta em tom maior, jornalista, advogada, cronista e professora universitária, Lara de Lemos nasceu em Porto Alegre (RS), em 22.07.1925. Formou-se em História e Geografia (PUC-RS) e, posteriormente, em Jornalismo, área em que ingressa como profissional, ainda muito jovem, atuando como articulista, entrevistadora, repórter e cronista em jornais de Porto Alegre (Correio do Povo e Última Hora). Fez curso de especialização de Língua Inglesa e Literatura Contemporânea na Universidade Metodista do Texas – Dallas/EUA. Ingressa na carreira do magistério em Canoas (RS); assumiu durante algum tempo o cargo de Inspetora Federal de Ensino.

Nos anos de 1950, inicia-se como poeta, publicando seus poemas, ocasionalmente, na imprensa ou em revistas literárias. Em 1955, publica sua primeira coletânea de poemas na revista Província de São Pedro nº 20. Dois anos depois estréia em livro com **Poço das águas vivas**, cujo original, ainda inédito, recebe o Prêmio Estadual Sagol – Poesia inédita.

Lara e seus companheiros de geração (os que se iniciaram nos anos de 1950, ainda nos rastros da "geração de 45"), chegavam à poesia num momento de suspensão das energias criadoras (o qual correspondeu ao período da Guerra Fria, pós-Hiroshima, quando o mundo estava suspenso, perplexo, diante da concreta ameaça de extinção do Universo). É por meio dessa ótica (a de um tempo avesso à poesia) que se nos torna mais claro o fato de que, nesse período, a própria poesia se tenha tornado o grande tema da criação poética. Era o próprio fazer poético (a possível ação transformadora do homem, mediante a palavra) que se via questionado: cantar o quê? Num mundo pós-guerra, apocalíptico, cujos possíveis caminhos de ação transformadora estavam bloqueados, que fazer, senão entrar pelo único caminho que permanecia aberto: o da poesia?

Daí a essencialidade do título do livro de estréia: **Poço das águas vivas**. Decodificando: "poço" – espaço fechado em que a água permanece imóvel; e "águas vivas" – o movimento vital, existencial, criador, que a poeta sente vibrar em si, mas sem espaço para se expandir, a não ser o da palavra, o da poesia. É isso que o poema de abertura anuncia (e não por acaso intitulado Poema):

Para isso vim.../ Não, não foi para isso que cheguei. // Vim para dar-te o pássaro, inédito de vôos, / que há em mim. [...] Vim para ver-te como queria que fosses / – tão indizível em mim. Tão indizível! /.../ Para isso vim e perdi-me.

Esse diálogo com o poema aponta, desde logo, para o que vai ser o nervo de sua produção poética: o do corpo-a-corpo com a palavra para apreender a vida em sua essencialidade, continuamente frustrada. Entre 1957 e 1962, escreve os poemas de **Canto breve**, aprofundando esse interrogar da poesia primeira, agora atravessada pela consciência do contínuo fluir do tempo. Problemática das mais caras aos poetas de todos os tempos e que aqui tem, na abertura, a multimilenar visão de Heráclito: "Tudo flui; não nos banhamos nunca duas / vezes no mesmo rio".

Da poesia, Lara passa a uma escrita de circunstância: participa com quatro breve contos (Um ser delicado, Em meio da noite, Viagem e Dona Eufrásia) da antologia **Nove do sul** (1962), a qual se tornou o marco de um movimento literário que revelou novos escritores, como Josué Guimarães, Moacyr Scliar e Tânia Faillace*, entre outros. No ano seguinte, Lara publica uma coletânea de crônicas, **Histórias sem amanhã**.

Entre 1963 e 1968, são escritos os poemas de **Aura amara** (cujo original, ainda inédito, recebeu o Prêmio Jorge de Lima/INL para obra inédita). Em 1965, durante a elaboração desse livro, a poeta muda-se para o Rio de Janeiro, passando a trabalhar na Assessoria de Inspeção do Departamento de Assuntos Universitários (DAU), Ministério da Fundação e Cultura. No Rio, conclui o curso de Direito, que havia iniciado em Porto Alegre, e ingressa no ensino superior – área de Economia Política – na Faculdade Cândido Mendes. Em 1968, publica o **Aura amara**, poemas densos de reflexão, que se fazem convergência de grandes vozes de antanho que, falando da aventura do homem no tempo, se tornaram húmus dos novos poemas. Desde o título, Aura amara e dos versos do jogral Arnault Daniel, postos na abertura, tudo nessa nova coletânea nos fala do destino claro/escuro do homem. Diz Arnault: *Aura amara / branqueia os bosques / carcome a cor / da esperada folhagem.* Nessa mesma linha de visão, há uma "aura amara" que "carcome" a vida do homem, como o diz a poeta:

Foi forjado no mal / no bem, ou quem sabe / no sal, o teu destino. // o que vives não queres / nem te é dado viver / o que tu queres. // A memória é caminho / ou, talvez, um castigo / ido, tido. // O futuro um deserto / imenso, grave, / certo. ("Do Homem")

No fluxo poético de **Aura amara**, misturam-se preocupações de várias naturezas: estética, ética, existencial, política... (O AI-5 acabara de ser decretado.)

Ah, pensar o mundo / com aurora e vastos / oceanos – rumo cego / de céus desconhecidos. / O espanto levando barcos / aos quatro cantos / amplos / do mundo. [...] Eis que as auroras / foram dispensadas. / Só de noites se fala. / Só de noites. / Há noite no Vietname / noite na América / noite no Cairo / no bar, nas ruas / onde as bombas / são flores cotidianas. [...] o morto é um guerrilheiro / ou um soldado. [...] Um homem. / Não um cacto sem flor / não uma pedra imóvel / ou fruto apodrecido. / um HOMEM / que todos deserdamos / de seu canto.

Nesse mesmo período, em 1968, Lara volta-se para o exercício experimental, para a reinvenção ou interrogação da própria poesia, a partir da forma. Liga-se a um grupo de poetas (Wladimir Dias-Pino, Moacy Cirne, Nei Leandro de Castro e Álvaro de Sá), empenhados em um novo experimentalismo, o do Poema-Processo. Nessa linha experimental, Lara cria poemas visuais e participa das exposições, EXPOESIA, realizada em 1968, na PUC-RJ e no MAM (Museu de Arte Moderna). Durante cinco anos (1968/1973), Lara elabora uma pequena série de poemas de grande concisão temática e rigor formal, que expressam, de maneira dorida/contida, a inquietude comum aos poetas contemporâneos: a da ansiada, mas impossível comunicação, não só entre os homens, mas entre estes e Deus. De clara linhagem ceciliana, no **Para um rei surdo** (1973) sentimos ecoar as **Baladas para El-Rey** (1921) de Cecília Meireles, dirigidas também para um El-Rey (Deus) que não ouve, pois a única via de acesso a Ele seria a morte. A vida é vista, portanto, como impedimento, bloqueio à ansiada comunhão homem-Deus. Tal como a vê também Salvatore Quasimodo, cujos versos Lara escolheu como abertura de sua obra:

Contro di te alzano um muro / um silenzio, pietra e calce pietra e odio. (Contra ti ergue-se um muro / um silêncio, pedra e cal pedra e ódio.)

Essa mesma desolada e impotente constatação ecoa no poema "Para um rei surdo", que dá título ao volume:

Sem enredo, rédeas / respirando seu susto / foi jogado no circo / entre leões astutos [...] No caos do sarcasmo / (ou sarcófago) o homem / é apenas seu pânico / seu pranto mecânico [...] Como narrar ao rei / surdo, a verdade / do que ocorre / no mundo?

Em 1974, Lara faz seu primeiro balanço poético: publica **Amálgama**, reunindo num só volume toda sua produção até então. Sete anos depois reaparece com novo livro, **Adaga lavrada** (1981). Dividido em três partes (Sete cantos do exílio, Anticanto e Adaga lavrada), este volume abarca poemas de medos e perdas (ecos dos últimos anos de Governo Militar entre nós), e poemas de resistência e novas buscas. As duas primeiras partes estão povoadas de vozes que deixaram marcas de dor na poesia: *Ma nel cuore nessuna crose manca* (Ungaretti); *No centro um tribunal. Eu me recordo / que havia em meio à trilha um tribunal.* (Jorge de Lima). Ou nas palavras de Lara: *A rota é insegura. /Abandonei lenho / bússola. / Guio-me pelo medo.* (Périplo). A terceira se abre com o antilírico João Cabral, aquele que arrancou poesia das pedras: *Com mão certa, pouca e extrema / Sem perfumar sua flor, / sem poetizar seu poema.* Já o título, Adaga lavrada, indicia o caminho paradoxal a ser percorrido: o da palavra transfigurada que, para além da dor, perdas e morte revela a essencialidade da vida. É o que diz Lara em Hard poem: *Minero a palavra / tudo é escavado. / No escuro espaço / pedras e detritos [...] Minero a palavra / com vago cansaço / de quem nunca verá / o verbo exa (us) to.*

Ou ainda em Do Poema: *Construir em areia movediça / – eis a tarefa.*

É essa a tarefa que Lara de Lemos vem cumprindo na vida e na seara literária brasileira, ao se entregar com paixão ao ofício de apreender a vida na rede das palavras e transformar o efêmero em perene. **PalavrAvara** que se sabe elo de uma longa corrente, cujo início se perde na origem dos tempos.

Palavra é hidra / palavra é arma / depende da forma / com que é armada [...] No cofre da fala / a palavra é árdua / corta o que sobra / palavrAvara.

Águas da memória e **Dividendos do tempo** são novos elos dessa poesia que se quer (ou se sabe) afluente de antigos rios e continuadora de novas correntes que se dirigem para o mar absoluto, que Cecília e tantos outros sonharam alcançar.

Publicações: Poesia – **Poço das águas vivas**, 1957; **Canto breve**, 1962; **Aura amara**, 1968; **Para um rei surdo**, 1973; **Amálgama**, 1974; **Adaga lavrada**, 1981; **PalavrAvara**, 1986; **Haikais**, 1989; **Águas da memória**, 1990, e **Dividendos do tempo**, 1995. Crônicas – **Histórias sem amanhã**, 1963. Em Antologias – **Nove do sul**, 1962, **Poetas do modernismo**, 1972; **Palavra de mulher**, 1979; **Carne viva**, 1984; **Poetas da terra**, 1986, e **Antologia da poesia contemporânea brasileira**/Lisboa, 1986.

671 LAURA AMÉLIA DAMOUS

Poeta dos anos de 1980 e presença atuante no meio cultural maranhense, Laura Amélia Damous nasceu em Turiaçu (MA) e radicou-se em São Luís. Foi diretora do teatro Arthur Azevedo e secretária de Cultura do Estado do Maranhão.

Publicações: **Brevíssima canção do amor constante**, 1985, e **Acorde de tempo**, 1987.

LAURA AUSTREGÉSILO 672

Poeta, Laura Austregésilo nasceu no Rio de Janeiro (RJ), em 04.11.1902. É irmã de Austregésilo de Athayde, presidente da Academia Brasileira de Letras (1959-1993).

Publicações: **Os tambores do perdão**, 1978; **De porém em porém**, 1979, e **A indestrutível matéria**, 1981.

LAURA BRANDÃO 673

Poeta que surge no início do século XX, professora e ardorosa defensora dos direitos humanos e, em especial, os da mulher, Laura da Fonseca e Silva Brandão nasceu no Rio de Janeiro (RJ), em 1890. Foi exilada em 1931, com o marido e filhas, para a União Soviética, onde prosseguiu sua luta em defesa de seus ideais e onde faleceu, em 1942.

Era filha de Domingos Leopoldina da Fonseca e Silva, homem erudito, de grande caráter, pedagogo dedicado à educação do povo e que dominava várias línguas; figura pública que lutou pelo abolicionismo e, nos anos de 1910, torna-se militante ativo da ala esquerda do movimento republicano. Foi esse o modelo de ser humano que Laura seguiu. Apaixonada pelos estudos e principalmente pela literatura, muito jovem se forma professora e ingressa no magistério, empenhando-se em transmitir aos alunos o amor pela língua materna, pela cultura e pelas idéias de igualdade social e racial.

Ainda criança começa a inventar versos que o pai anotava. Em 1909 e 1910, saíram publicados na imprensa seus primeiros poemas. Entusiasmada com as idéias reformistas da Escola Nova, cujas notícias começavam a chegar no Brasil, tentou alterar os métodos de ensino vigentes, o que a indispôs com os diretores de escola. Demitida, passou a dar aulas particulares, o que a levou, em 1912, a residir, por uma temporada, na França, com uma família brasileira como preceptora. Em 1913, já no Rio de Janeiro, publica novos poemas na imprensa, Relógio (revista Fon-Fon) e Homem (Correio da Manhã), no qual já aparece o tema que seria eixo de sua produção poética: o amor ao ser humano, a defesa da dignidade humana e a revolta diante das injustiças dos poderosos contra os fracos. Freqüentando os meios cultos da época, destacou-se como grande declamadora da poesia de Olavo Bilac (com quem se correspondeu), de Castro Alves, Cruz e Souza, Camões...

Estréia em livro, em 1915, com **Poesias**, na linha lírica ainda dominante, mas já com vibrações humanitárias que iriam se aprofundar nos livros seguintes: **Imaginação** (1916), **Meia dúzia de fábulas** (1917) e **Serenidade** (1918). Nesse período de atividades sociais e culturais, Laura conhece Tarsila do Amaral, que desenha a lápis *crayon* o seu retrato, datado de 1919. Conforme leitura crítica feita por María Lhanos Más, sabemos que *...as duas últimas coletâneas (foram) influenciadas pela revolução russa de 1917, e caracterizam-se por fortes críticas sociais. Laura estava procurando seu lugar nos tumultuosos acontecimentos que envolveram a juventude progressista que tinha acesso às informações sobre os objetivos da revolução popular na Rússia. No poema 'Heroína' (1916), procurou exprimir seu ideal de mulher enérgica, herdeira das tradições de Clara Camarão e Anita Garibaldi. Nas 'Fábulas' (1917) descreve, de maneira transparente, personagens conhecidas da sociedade brasileira, pondo a descoberto sua hipocrisia e os preconceitos sociais, particularmente quanto à 'questão feminina'. As 'Fábulas' foram um escândalo, principalmente por terem sido escritas por uma mulher. [...] A jovem poetisa ficou assim afastada da literatura oficial e impedida de publicar suas obras.*

Assim, a publicação de **Serenidade** (1918) passou em silêncio, coincidindo com o início das greves operárias que aconteceram em 1918 e 1919, no Rio de Janeiro e em São Paulo. Laura esteve ao lado dos grevistas. Nessa ocasião, conhece Otávio Brandão, recém-chegado de Maceió. Jovem cientista, homem de letras, poeta e espírito politizado, Otávio Brandão entrega-se à militância na defesa dos explorados. Laura empolga-se com a leitura dos escritos de Lenine. Ideais comuns os levam ao amor e ao casamento, em 1921. A residência de ambos torna-se centro de encontros e debates sobre as alternativas da democracia no Brasil. O grupo de amigos à volta do casal colaborava no jornal Classe Operária, editado por Brandão. A República Velha chegava ao fim. Em 1922, Laura apóia os movimentos revolucionários no Rio de Janeiro (os dezoito do Forte de Copacabana) e participa da organização do PCB (Partido Comunista Brasileiro), do qual Brandão foi um dos fundadores; e também o primeiro vereador eleito pelo partido, na capital federal. Em 1928, Laura deu apoio à formação do Comitê das Trabalhadoras Brasileiras. Por volta de 1929, Brandão é perseguido pela polícia e passa a viver na clandestinidade. Em outubro de 1929, durante um discurso aos grevistas de uma fábrica de tecidos no Rio de Janeiro, Laura foi presa, mas solta pouco tempo depois.

Em 1931, as autoridades brasileiras deportaram Brandão e família (Laura e três filhas) para o exílio na União Soviética. Integram-se no duro sistema de vida comunista e adaptam-se ao terrível inverno russo. Otávio Brandão torna-se funcionário da Komintern (Internacional Comunista) e Laura trabalha na Rádio Moscou, como locutora e redatora de programas transmitidos em português e francês. Em 1941, sofreriam mais um exílio: com o avanço dos nazistas sobre Moscou, as famílias dos funcionários da Komintern foram deslocadas para a cidade de Ufá, a retaguarda mais longínqüa do local de luta. Laura Brandão, que já vinha sendo devastada por um câncer, não resiste à longa viagem através de regiões geladas. Foi sepultada em Ufá, em 30 de janeiro de 1942.

Terminada a guerra, Brandão é anistiado e volta ao Brasil, falecendo em 1980. Em 1965, os restos mortais de Laura Brandão foram transladados para o cemitério Novodevitch de Moscou. Seu filho Sérgio, formado em História e Arqueologia-Universidade de Moscou, permanece na Rússia, e se torna um dos melhores arqueólogos soviéticos, ocupando o cargo de superintendente das escavações no centro histórico da capital russa. Satva, a filha mais velha de Laura, trabalha na Rádio Moscou, tal como a mãe, como locutora das transmissões para o Brasil.

(Fonte: Entrevista feita por María Lhanos Más com Satva, em Moscou, e publicada no suplemento A União Soviética em Foco. Ano 8, nº 92, agosto. 1990, pp. 30-35, com o título "Recordando Laura Brandão no seu centenário". Acompanham o texto inúmeras fotografias das várias fases da vida de Laura.)

Publicações: **Poesias**, 1915; **Imaginação**, 1916; **Meia dúzia de fábulas**, 1917, e **Serenidade**, 1918.

674 LAURA ROSA

Poeta, contista, conferencista e professora, Laura Rosa nasceu em São Luís (MA), em 01.10.1884 e faleceu em Caxias (MA), em 14.11.1976. Exerceu o magistério durante anos. Colaborou assiduamente na imprensa maranhense. Foi membro da Academia Maranhense de Letras (cadeira nº 26). Era eloqüente conferencista. Deixou inéditas as poesias de "Castelo no ar" e a recolha Conferências. Publicou um livro de contos.

Publicação: **Promessas**, s/d.

675 LAURA SANTOS

Poeta, professora, educadora sanitária, enfermeira durante a Segunda Guerra Mundial, Laura Santos nasceu em Curitiba (PR), em 1919 e faleceu em 1981. Começou a escrever poesia aos treze anos, revelou desde cedo excepcional vocação para os estudos. Formou-se professora, ingressou no magistério, passando depois a educadora sanitária. Colaborou durante anos na Gazeta do Povo e no Diário da Tarde de Curitiba. Foi sócia-fundadora da Academia de Letras José de Alencar.

Estreou em livro, em 1937, com o estudo **História da evolução da aviação** (premiada em concurso literário). Como poeta, publicou, em 1953, duas coletâneas: **Sangue tropical** (Prêmio Academia José de Alencar) e **Poemas da noite**.

Publicações: **Sangue tropical**, 1953; **Poemas da noite**, 1953, e **Desejo**, 1954.

676 LAURITA FONSECA DOS SANTOS

Poeta e técnica de laboratório, Laurita Alves Fonseca dos Santos nasceu no Rio Novo do Sul (ES), em 11.01.1932.

Publicação: **Versos e saudades**, 1976.

677 LAUSIMAR LAUS

Poeta, ficcionista, jornalista, professora, teatróloga, cronista e ensaísta, Lausimar Laus Conti nasceu em Itajaí (SC), em 16.04.1916. Residiu em Florianópolis (SC) e no Rio de Janeiro (RJ), onde faleceu em 03.10.1979.

Formou-se em Letras Clássicas (Instituto Santa Úrsula-RJ); concluiu mestrado em Literatura Brasileira (Faculdade Letras-UFRJ) e doutorado em Estudos Hispânicos Contemporâneos (Universidade de Madri). Fez cursos de especialização nas áreas de Informação e Documentação Espanhola (Escola Oficial de Jornalismo – Madri); e de Direito Espanhol e Hispano-americano (Instituto de Cultura Hispânica – Madri).

Profissionalizou-se como jornalista, ligada a diversos jornais (Jornal do Brasil, Diário de Notícias, Diário Carioca, etc.). Foi cronista da revista O Cruzeiro, durante vários anos; foi redatora da revista Manchete durante quinze anos e sua correspondente na Europa, durante a Segunda Guerra. Ingressou no Ensino Superior, como professora de literatura alemã, na Universidade Federal Fluminense.

Personalidade dinâmica e intelectual, participou de diversas missões culturais no exterior, a convite dos governos (Alemanha, Portugal, América do Norte, Argentina...). Foi secretária do ministro Nereu Ramos, ministério de justiça e negócios interiores, durante toda sua permanência nesse ministério. Pertenceu a inúmeras entidades culturais e de classe (Associação Brasileira de Imprensa, Pen Clube do Brasil, Sindicato dos Escritores, Sindicato dos Jornalistas Profissionais e outros).

Começou a escrever literatura ainda muito jovem, divulgando seus textos na imprensa. Seus primeiros livros publicados foram destinados às crianças. Nos anos de 1950 estréia como poeta com o livro **Confidências**. Em 1958, publica o livro de contos **Fel da terra**. Seguem-se dezenas de títulos de traduções, ensaios, romances, crônicas de viagens, conferências, etc. Reconhecida pela crítica, foram inúmeras as distinções, prêmios e homenagens que recebeu por sua obra: Personalidade do ano em Literatura/1975; Diploma do Mérito da Câmara Municipal de São Carlos/1960, etc.

Publicações: Poesia – **Confidências**, s/d. Ficção – **Fel da terra**, 1958; **Tempo permitido**, 1970; **O Guarda-roupa alemão**, 1975; **Ofélia dos navios**, 1983. Livro infantil – **Histórias do mundo azul**, s/d; **Aventuras de Zé Coloço**, s/d; **O sonho de Candoquinha**, 1955; **Brincando no Olimpo**, 1953. Tradução – **Projeto para uma revolução em Nova Iorque** de Robbe-Grillet; **Boy** de Christine de Rivoyre; **As cobaias** de Ludvuk Voculik. Crônicas de viagem – **Europa sem complexos**, 1965. Ensaios – **O romance regionalista brasileiro**, 1953; **O mistério do homem na obra de Drummond**, 1978, e **A presença cultural da Alemanha no Brasil**, s/d.

LAVÍNIA SOARES 678

Teatróloga, cronista e crítica teatral, Lavínia Soares (nome literário de Maria Inês Barros de Almeida) nasceu em Porto Alegre (RS), em 06.10.1925. Radicou-se no Rio de Janeiro (RJ). Formou-se em Letras (Universidade de Santa Úrsula-RJ), fez cursos de especialização na área de dramaturgia e dedicou-se à pesquisa e escrita de teatro. Trabalhou como técnica em assuntos culturais – Ministério da Educação e Cultura. Dedicou-se ao ensino de literatura dramática no Conservatório Nacional de Teatro-RJ. Foi durante anos redatora e entrevistadora da Rádio MEC. Foi co-fundadora do Círculo Independente de Críticos Teatrais. É membro da SBAT. Como crítica teatral, escreveu para diversos órgãos da imprensa gaúcha e carioca (Corimbo-RS, Jornal de Letras-RJ, Jornal do Brasil-RJ e outros).

Estréia como autora teatral em 1949, com uma série de comédias em parceria com seu marido, Alfredo Souto de Almeida (**Não venhas de borzeguins ao leito** e **Cenas de bastidores**), peça incluída no programa de teatro, transmitido pela Rádio Ministério da Educação e Cultura-RJ (de 1949 a 1959). Estréia em teatro com a peça **Da mesma argila** (Teatro Duse-RJ, 1953), seguida de **O diabo cospe vermelho** (premiada em 1955 com o Prêmio Fábio Prado-SP e encenada pelo Teatro do Sul-PA, em 1956). Outras se seguiram sendo encenadas em teatro e televisão ou rádio: **Exposição 1935** (RJ, 1957); **A história do herói** (TV Tupi-RJ, 1961), transformada em roteiro cinematográfico; **História de um crâpula**, em 1965, por Jece Valadão; **Aonde vais, Isabel?** (Teatro Jovem/RJ, 1963); **Crônica de uma rainha** (TV Tupi-RJ, 1964).

Publicações: Teatro – **O diabo cospe vermelho**, 1956; **Da mesma argila**, 1953; **A história de um herói**, 1961 (novela de TV adaptada para o cinema com o título **A história de um crápula**, 1965, dirigida por Jesse Valadão); **Aonde vais, Isabel**, 1963; **Crônicas de uma rainha** (novela da TV Tupi); 1964, **Não me venhas de borzeguins ao leito** e **Cenas de bastidores** (comédias para radioteatro-MEC, 1949/1959). Crônica – **Conversa cri-cri**, 1970. Ensaio – **Companhia Tônia, Celi, Autran**, 1987; **Teatro Cacilda Becker**, 1986, e **Teatro e relações concretas**, s/d.

679 LAZINHA LUIZ CARLOS

Romancista, cronista e memorialista, Lazinha Luiz Carlos de Caldas Brito nasceu no Rio de Janeiro (RJ). Pertence à geração de mulheres que se iniciaram na década de 1940. Estréia como romancista, em 1943, com o romance histórico **Um dia voltaremos** (epopéia de uma bandeira paulista que se embrenhou pelo sertão até o Rio das Mortes, em busca de ouro). A partir de seu segundo título, **A Terra vai ficando longe** (1946), sua temática dominante é a frustração amorosa, o desencontro entre os seres, a nostalgia da solidão interior. Na época, teve boa acolhida de crítica e de público. Escreveu roteiros de viagens e memórias.

Publicações: Romance – **Um dia voltaremos**, 1943; **A Terra vai ficando longe**, 1946; **Asas sem vôo**, 1951; **Órfãos de pais vivos**, 1952. Roteiros de viagem – **A terra santa e o santo sepulcro**, 1969, e **Vamos almoçar na Ásia?**, 1984. Memorialismo – **A confeitaria Colombo**, s/d.

680 LEDA GURGEL PIRES

Poeta, contista, pedagoga e professora universitária, Leda Gurgel Pires nasceu no Rio de Janeiro (RJ), em 07.01.1939. Está radicada em Brasília (DF).

Formou-se em Pedagogia e fez mestrado em Educação e Administração Escolar. Em função de suas atividades como educadora, sua produção literária tem certa ligação com os problemas do ensino e da orientação educacional. É professora do Centro de Ensino Unificado de Brasília, nas áreas de História da Educação e Administração Escolar. Sua produção de poesia e conto tem sido publicada na imprensa ou em obras coletivas, valendo-lhe várias distinções e prêmios, como o da Fundação Educacional do Distrito Federal.

Publicação: Poesia – **Catarse**, 1985.

681 LEDA MARIA MARTINS

Poeta negra, professora universitária, pesquisadora da cultura afro-brasileira, *expert* em montagens teatrais, como criadora/diretora/ produtora, Leda Maria Martins nasceu no Rio de janeiro (RJ), em 25.06.1955. Ainda menina muda-se com a família para Minas Gerais (MG). Está radicada em Belo Horizonte. Formou-se em Letras pela UMFG/1977, onde segue a carreira docente e a acadêmica. Dedicando-se à literatura e cultura afro, realizou mestrado na University of Indiana-EUA e doutorado (área de Estudos Comparados) na UFMG, centrando-se no Teatro Negro. Nesse campo, atua como criadora, diretora e produtora de montagens teatrais que têm como matéria a herança afro, presente no folclore brasileiro.

Nessa linha de resgate, escreve o livro **Afrografias da memória**, fruto de pesquisa realizada nos anos de 1990 sobre o Reinado do Rosário no Jatobá, um dos mais antigos cultos afro-brasileiros e que permanece vivo nos Congados de Minas Gerais, graças à Irmandade de Nossa Senhora do Rosário. O desafio dessa pesquisa foi grande: transformar a linguagem oral e ritualística, em que se expressa uma antiga sabedoria secreta e sagrada, em linguagem atual, escrita e acessível a todos, iniciados ou não. Ou, como é dito na apresentação do livro: *transformar em letra aquilo que é da ordem do corpo, das pulsações e da voz: histórias do Congado do Reinado no Jatobá.* E a autora pôde fazê-lo de maneira plena, como intelectual de porte que é, sem dúvida auxiliada pela vivência e memória pessoais, uma vez que, na infância, ela própria foi durante dez anos princesa conga dessa congregação.

Valendo-se de rigoroso instrumental teórico, para balizar a escrita e a montagem do complexo material pesquisado, a autora foi às fontes vivas da memória (a dos velhos congadeiros ou dos reis e rainhas congas que guardam o saber e os segredos das origens e histórias do Congado) e às fontes documentais (arquivos oficiais e particulares, museus, bibliografias, etc.). De ambas, foi colhendo dados que, como pedra jogada na superfície da água, vão abrindo círculos e mais círculos de conhecimento e iluminando um espaço da realidade brasileira ainda desconhecida da maioria do povo. (Sem dúvida, a formação da identidade brasileira vai depender das nossas raízes... É preciso que elas sejam redescobertas.) O livro foi, pois, sendo construído com grafias da oralitura, transcriações das incrições ágrafas que os congadeiros, em seus rituais, souberam preservar. Com essa pesquisa, a autora faz emergir do esquecimento (ou desconhecimento?) uma parte essencial do Brasil. Como diz J. Guinsburg na contracapa:

As vias pelas quais o negro foi imprimindo o seu ethos *na vida cultural brasileira não são, sem dúvida [...] as que cruzavam os espaços sociais onde se celebravam os grandes fastos da cultura luso-ocidental. [...] Nem os retratos oficiais, nem os rapsodos de plantão [...] guardaram registro dos roteiros pelos quais este ouro da expressão e da vivência do povo afro, garimpado na escravidão e na alienação, transitou dos minas, por exemplo, para as minas. Discriminado, marginalizado, ficou obliterado no anonimato das senzalas, dos quilombos e dos reinados do Rosário. E é justamente aí que Leda Martins foi buscá-lo para trazer à luz, em* ***Afrografias da memória****, seu trans-seminante e transdeslumbrante legado que, indeclinável, continua pulsante nas formas mais intrínsecas do feitio deste Brasil de tantos Brasis.*

Do universo de valores resgatados nesse livro, pela autora, destacamos principalmente o atribuído à palavra ancestral, ou melhor, à palavra proferida ritualisticamente e seu poder de atuação/transformação sobre aquele que a ouve e a acolhe dentro de si. (Um poder transformador que, nestes nossos tempos de caos, se faz urgente redescobrirmos para renomearmos o mundo.) Diz a autora:

Nos circuitos de linguagem dos Congados, a palavra adquire uma ressonância singular, investindo e inscrevendo o sujeito que a manifesta ou a quem se dirige em um ciclo de expressão e de poder. No circuito da tradição, que guarda a palavra ancestral, e no da transmissão, que a reatualiza e movimenta no presente, a palavra é sopro, hálito, dicção, acontecimento e performance*, índice de sabedoria. Esse saber torna-se acontecimento, não porque se cristalizou nos arquivos da memória, mas, principalmente, por ser reeditado na* performance *do cantador/narrador e na resposta coletiva.*

Não seria essa a *performance* buscada pela poesia contemporânea, em geral? Em essência, é nos rastros da ausência dessa palavra essencial e criadora que se desdobra a poesia da autora. Sua estréia em livro se deu com a poesia de **Cantigas de amares**, seguida por **Os dias anônimos**, dezesseis anos depois, durante os quais predominaram as atividades da universitária e ensaísta (colaboração nas revistas Estudos Germânicos – UFMG e Com-textos/Universidade de Ouro Preto, onde leciona, participação em congressos, etc.)

Sua poesia é tecida, em densidade e intensidade, pelos interstícios da palavra, que se sabe ecoando no vazio de um mundo trepidante de luzes e movimento. Um mundo fragmentado, descentrado, no qual o poeta se busca como o novo centro, a partir do qual as coisas se reordenarão em nova ordem.

Por um momento na vitrine / a rua morre. / Morre o vendedor / o caixa / o varredor / o anúncio luminoso. / Escapas tu. / Comprador de esperanças tu / mercado de sonhos / flautista feito Hemelin / encantado. / Por um momento no espelho / na vitrine / um par de olhos espantados / move-se inquieto / e procura seu centro.

Procura difícil, num mundo de velocidade e exterioridades, esvaziado de humanidade e que exige da poeta o *mudo olhar / onde se dilui / na inoperância da ternura / minha desumana cidadania urbana.* Poesia repassada por uma sede de comunhão com o outro, de verdade vital, de religação com o eterno, a de Leda Maria se identifica com a de seus companheiros de geração e fala claramente da frustração do poeta por não ser ouvido. *Quando se ignoram / o verso / a aura da cor / a expressão movente / e o silêncio sonoro / tu, escrevente, dormes / em trevas.* (Escriba)

Entretanto, apesar de não ouvida, a poesia permanece como o elo a ligar a vida abortada do presente à essencialidade de um tempo e um espaço inaugural.

Nem sempre / os subúrbios da noite / foram assim tão vastos. [...] Nem sempre nem sempre / os signos da dor / figuraram só brumas [...] Os resíduos do verbo / encenam os tempos da memória / tessitura imaginária de estranho e familiar desejo. [...] Toda história é sempre / sua invenção/ qualquer memória é sempre / um hiato no vazio.

Poesia, busca e memória... energias fecundantes que, no invisível, estão engendrando a nova ordem que há de vir...

Publicações: Poesia – **Cantigas de amares**, 1983, e **Os dias anônimos**, 1999. Ensaio – **O moderno teatro de corpo-santo**, 1990, e **Afrografias da memória**, 1997.

LEDA MIRANDA HUHNE 682

Poeta, ensaísta, professora universitária, conferencista, Leda Miranda Huhne nasceu em Natal (RN), em 13.04.1934. Está radicada no Rio de Janeiro (RJ). Formou-se em Filosofia, fez mestrado em Filosofia da Educação. Ingressa na carreira universitária como professora de Estética e Metodologia Científica (Universidade Santa Úrsula). Desenvolvendo uma grande atividade como pesquisadora, educadora, tem divulgado seus escritos em revistas especializadas e participado de obras coletivas. Pertence a várias instituições culturais e de classe (Sindicato dos Escritores do Rio de Janeiro; Sociedade de Estudos e Atividades Filosóficas e outras).

Estréia em livro, como poeta, em 1981, com **Em memória de um poeta anônimo**, que teve boa recepção crítica. Seguem-se novos títulos de uma poesia de grande concisão verbal, e essencialmente sintonizada com as exigências da criação literária contemporânea: a da palavra consciente de si mesma, como construtora do real. Sua problemática desdobra-se em duas vertentes: a lírica e a política. Isso na medida em que é o ser humano em si mesmo e o ser social – as duas faces do humano – que lhe atraem a atenção. Em entrevista dada em 1985 ao **Jornal de Cultura** (Órgão do Fórum Intersindical dos Escritores-RJ), respondendo à pergunta sobre quem seria o poeta?, nestes tempos de crimes impunes e insepultos, ela diz: *o poeta é aquele que espelha para o ser humano aquilo que ele originalmente é; aquilo que o homem é na sua totalidade: um ser sensível, um ser racional, um ser social. O poeta na obra de criação concilia lógica, emoção e mundo. No seu fazer aparentemente ingênuo, aparentemente lúdico, ele denuncia a diretriz desumana da razão calculante. Razão que transformou a natureza e o homem-mundo em números e se acha hoje a serviço do lucro. Razão que usa múltiplas justificativas – Deus, Estado, Ordem, Ciência – para esconder o jogo do poder.*

É dessa natureza a obra que vem sendo construída por Leda Miranda Huhne, em todos os campos em que ela atua.

Publicações: Poesia – **Em memória de um poeta anônimo**, 1981; **A cor da terra**, 1982; **Ludus**, 1983, e **Fim de um juízo**, 1983. Ensaio – **O sentido hermenêutico da poesia** (tese de mestrado).

683 LÊDA SELMA

Poeta, contista e cronista, Lêda Selma de Alencar nasceu em Urandi (BA), em 15.08.1948. Está radicada em Goiânia (GO). Personalidade de grande sensibilidade e vocação inata para a criação literária, toda sua produção está permeada de sua entrega generosa à vida, à poesia, ao amor, ao mundo à sua volta. Leitora voraz e fascinada pela beleza da poesia, da música, do canto, declara abertamente as suas paixões: Vinicius de Moraes, Cecília Meireles, Fernando Pessoa, Mário Quintana, Chico Buarque, Milton Nascimento... e seus mestres Pablo Neruda, García Márquez...

Inicia-se como escritora, colaborando com crônicas, contos e poemas na imprensa local. Fundou o jornal estudantil Juventude Agostiniana do qual foi redatora e revisora. Dirigiu a Divisão de Assistência ao Estudante e a Unidade de Atividades Estudantis (ambas da Secretaria Estadual de Educação-GO), desenvolvendo trabalho de cunho sociocultural, tais como concursos literários, eventos poéticos, jornadas artísticas, etc.

Como membro da Comissão Permanente de Controle do Tabagismo (Secretaria de Saúde do Estado de Goiás), promoveu campanhas de conscientização dos jovens (como a que lançou o *slogan*, Por amor não fume). Como agente cultural coordenou concursos literários (de estórias-em-quadrinhos e de poesia), participando das comissões julgadoras. Foi redatora da Secretaria Estadual de Cultura.

Estréia em livro com **Das sendas à travessia** (1986), de aberta inspiração roseana, e cuja matéria poética vai do lirismo realista ao erotismo existencial, num fluir de emoções/sensações que o rigor formal vai domando e revelando, na autora, o pleno domínio das conquistas técnico-formais da poética moderna (ou pós-moderna?).

Em 1988, lança **A dor da gente**, na mesma linha apaixonada, humanista e agudamente crítica. Na introdução, a poeta se desvenda, sem metáforas, como a provar a legitimidade ou a autenticidade de sua palavra poética, sua escrita-do-corpo. Diz ela: *Sou movida a sonho, fantasia e amor (o que não significa alienação). E se me falta um deles, murcho e me desintegro. /.../ Terapeutizada, tenho um ego carente e frágil, ainda. É pela terapia andei por caminhos desconhecidos e me busquei em distantes esconderijos. E em meio a armaduras e escaramuças, descobri-me sob máscaras que me protegiam de mim e dos outros.* Poesia que se dá, generosa, e que se desdobra em títulos, em intervalos regulares de tempo: **Fuligens do sonho** (1990) e **Migrações das horas** (1991). Neste mesmo ano, publica o corajoso depoimento-denúncia **Erro médico**. Nele a poeta traz a público o drama de que foi vítima, quando, devido a um corte acidental num dedo da mão esquerda, submete-se a uma pequena cirurgia e, devido a um "erro" do anestesista, acaba ficando com o braço esquerdo irremediavelmente paralisado... Seu depoimento, ao qual se juntam os de outras vítimas de "erros" médicos que ficam impunes, é um libelo acusatório contra a indiferença humana (ou incompetência?) com que, via de regra, os doentes são tratados nos hospitais públicos... Lida por meio dessa dramática circunstância biográfica, a poesia de Lêda Selma cresce em emoção e autenticidade. É-nos impossível, a partir da leitura de **Erro médico**, desligar poesia e vida, na leitura de seus poemas. Muito embora saibamos que a autencidade da vivência existencial não implica a autencidade da criação poética; ou, ainda, saibamos, com Pessoa, que *o poeta é um fingidor / que chega a fingir que é dor / a dor que deveras sente*. Na verdade, a ligação que aqui fazemos é circunstancial. A produção poética de Lêda Selma vale por si e já conta com uma bem fundada fortuna crítica. Presença atuante em seu meio, pertence a várias entidades culturais (União Brasileira de Escritores-GO; Associação Goiana de Imprensa e outras). É autora e executora de um projeto de grande alcance socioeducativo-cultural: "Poesia em doses", que tem como objetivo substituir o vandalismo dos pichadores de muros de Goiânia, por poemas de autores goianos. Também inovador é o seu projeto de usar o Placar Eletrônico (Estádio Serra Dourada), nos intervalos das partidas de futebol, para divulgar poesia.

Publicações: Poesia – **Das sendas à travessia**, 1986; **A dor da gente**, 1988; **Fuligens do sonho**, 1990, e **Migrações das horas**, 1991. Ensaio-depoimento – **Erro médico**, 1991. Conto – **Nem te conto!** 2001. Crônica – **Pois é, filho...**

LEILA CORDEIRO 684

Poeta, jornalista atuante na TV, Leila de Araújo Pereira Cordeiro nasceu no Rio de Janeiro (RJ). É casada com o jornalista Eliakim Araújo, com o qual trabalha.

Estréia como poeta com o livro **De mala e vida na mão**, cujo lançamento teve repercussão "global".

Publicação: **De mala e vida na mão**, 1995.

LEILA ECHAIME 685

Poeta em tom maior, Leila Echaime nasceu em São Paulo (SP), em 14.08.1935. Desde muito jovem, atraída pela literatura, pelo teatro e pelas artes em geral, começa a escrever poesia, para si mesma (e para amigos), sem divulgá-las. Sentindo na arte teatral um dos grandes meios de expressão do humano, passa a freqüentar a Escola de Arte Dramática de São Paulo, sob a direção de Alfredo Mesquita, e ali se forma, mas não segue carreira.

Em 1981, publica sua primeira coletânea de poemas (escritos entre 1969 e 1981), **Flauta silente** (il. Darcy Penteado). Palavra forte e seivosa, a poesia de Leila dá voz a uma mulher que frui, em plenitude, sua presença no mundo, a partir da descoberta de si mesma, para além dos limites convencionais.

Liberta – Estar além de mim / liberta / além dos meus contornos [...] e num vôo infinito de flecha / alada, / sobrevoar o mundo.

Aí transparece a nova percepção eu/outro ou eu/mundo, que é uma das conquistas do pensamento do nosso tempo: a percepção da essencial complementariedade do ser, que se descobre parte vital de um todo, que o abrange, mas que depende dele para existir. É dessa percepção de complementariedade eu-mundo que nasce a verdadeira liberdade e plenitude interior, como se vê no poema "Eu":

Há em mim algo que há. [...] é vôo / um porto / um grito: / – sou eu / é algo que se agiganta / um instante além da hora / uma semente na terra / uma selva que chora.

Ou ainda, em "Para fazer nascer":

Estou ampla como lago. / Alguém se amplia comigo. / Cinturas do meu corpo viajam pelo espaço. / Sou mulher de mil ventres. / Santa de vários altares. / Carrego outras cidades. / Transporto grutas, demonstro teoremas. [...] Uma diáspora de lutas engrenadas. / Meu Deus! / Sou outro planeta. / Outros tecidos. / Um haver sido / e um ter que voltar a ser:/ sou outra pessoa.

Transparece aí a experiência da maternidade, da multiplicação do próprio ser. Mas, no conjunto de sua obra, esse poema torna-se índice de um fazer nascer que ultrapassa a mera circunstância pessoal, para adquirir uma dimensão quase cósmica. Uma das grandes fontes que vitalizam a poesia de Leila, de energia, é o Erotismo, no mais alto significado do termo: o de força criadora de vida (tal qual a do deus mitológico Eros, que surge depois do Caos e, juntamente com a

Terra, está na raiz da geração de todos os seres do Universo). Desde as primeiras horas, sua poesia expressa essa autoconsciência: a de ser criadora, como poeta e como mulher. Leia-se "Aleluia":

Abro meu templo / mornos pássaros me invadem / lateja-me um canto de sol / festejo / sou a alegria de uma gruta / iluminada / e a paz de um corpo habitado / – entôo minha flauta.

As metáforas são transparentes: mulher e poeta se sentem habitadas pelo Amor e pela Poesia; e num espaço de experiências em que o sagrado e o profano se fundem. Nesse sentido, a vibração erótica que percorre a poesia de Leila expressa a autodoação quase mística, que resulta na absorção do ser amado ou na fusão eu-outro. Leia-se "Resposta":

Ecoar teus passos / estar inscrita na polpa / da tua vida // ser teu lema / teu leme / tua unção // ser o regaço / da tua fadiga / o porto do teu naufrágio / e o minuto supremo / do teu momento: / é minha plenitude / o meu Deus / a minha paz.

Eis a fusão ideal entre amado e amante, que o Erotismo, em sua mais elevada expressão, permite. Fusão que se vai aprofundando de livro para livro, e cada vez mais adentrando no espaço do sagrado, o grande espaço da comunhão essencial dos homens com o mistério que o ultrapassa. Em seu segundo livro, **Aveávida**, a poesia preenche esse espaço sagrado. É a ela que o eu se entrega, ave ávida ao comungar com a vida plena de contrastes.

E tudo isto fala / canta e grita / a morte forte / a dor doída / o corpo louco / a palavra aflita / a ave ávida / a mulher ferida / e tudo isto é canto / é pranto / e fala porque grita [...]e tudo isto é sangue / e tudo isto range / e arde / porque é vida.

A Poesia se transforma na grande manifestação do ser. O eu e a poesia se confundem, na medida em que o nosso tempo vem redescobrindo que a palavra é fundadora do Real e que o eu é aquele a quem a palavra pertence. Daí a identificação da poeta com a poesia:

Lavrada, lascada / Laureada, tangida / Em mim o supremo / o reino e a vida. / Poesia, Poesia / Teu corpo meu corpo / Tua luz minha linha. / Teus remos / Tua voz minha trilha [...] Teu seio meu seio / Teu ventre minha ilha. De dor de sofrimento / Te chamo Palavra-Unguento. [...] De amargura e brandura / Te chamo Palavra-Pura /.../ De corpo e de lume / Te chamo Palavra-Gume.

Poesia de linhagem rilkeana, a de Leila entrega à palavra poética o poder de expressar o anjo, o mistério indevassável do ser. Palavra essa que só atinge sua mais alta expressão quando engendrada pelo Amor, única experiência capaz de levar o humano para além de seus limites. Tal qual o ar que, invisível, alimenta a vida, no Universo. Os livros que se seguem, **Pequenos cantos do fraterno** e **Longe de mim**, falam da ausência do amor. O primeiro, em tom dorido-amoroso de celebração, fala do irmão morto. No segundo, como é dito na apresentação (de Antonia Almeida Cunha), a persona poética *oferece ao leitor a via-sacra do amor, na procura do bem-amado. A paixão alimenta o desejo do encontro e uma força irresistível impulsiona a peregrina, a caminheira do amor, transformando em angústia o amor que lhe aprisiona a alma.*

Finalmente, em **Poemas do encantado**, a persona poética alcança o amor maior: o da fusão com Deus, o Encantado. A epígrafe de Jorge de Lima já aponta para essa fusão: *Nunca fui senão uma coisa híbrida / Metade céu, metade terra, / com a luz de Mira-Celi dentro das duas óbitas.* E o poema I declara abertamente essa descoberta ou adesão do eu ao mistério sagrado:

No meio íntimo de mim, / No mais profundo / Do meu ser, / És e estás / Plexo, / Sentimento, / Vastidão. / A me fazer de um crer em mim, / E de um sentir toda a beleza, / Que faz vibrar o coração.

Ou ainda

E te chamarei de / Branco. / Vasto. / Lírico. / E saberei estares comigo / Nas buscas, nas perdas, nos passos / E nos caminhos.

Na interpretação de Juvenal Neto, *(Leila Echaime) abre sua veia poética como quem abre um templo, sangrando, aos jorros, a fusão dos elementos visuais, tácteis e sonoros da natureza, pois é como se cada abertura de sua porta poética fosse uma transfusão de pássaros e cantos; grutas e luzes, fundindo-se ante a natureza num só tecido que é o desejo inconsciente de integração cósmica que norteia, expressamente ou não, todo espírito sadio. [...]* Poemas do Encantado *não encerra e, sim, inicia um novo ciclo de trabalhos de uma autora zelosa, empenhada em dar de si o máximo que a sua arte-ofício possa deslindar.* (in **O silêncio da flauta**, 1983).

Publicações: **Flauta silente**, 1981; **Aveávida**, 1983; **Poesia-poesia**, 1986; **Pequenos cantos do fraterno**, 1996; **Longe de mim**, 1997, e **Poemas do encantado**, 1998.

LEILA MÍCCOLIS 686

Poeta e agitadora cultural, que surge com a "geração contracultura dos anos de 1960", Leila Míccolis nasceu no Rio de Janeiro (RJ), em 01.01.1947. Espírito dinâmico, ousado e irreverente, engajou-se nas mais diversas áreas de criação e atuação, desde o exercício de advocacia até a participação na rebeldia de movimentos *undergrounds*, passando pela produção de seriados ou novelas para TV, adaptação de romances para cinema, simultaneamente a uma intensa atividade na esfera da poesia, seja como poeta, seja como crítica, editora ou organizadora de antologias poéticas exclusivamente de mulheres.

No balanço que faz (in **Do poder ao poder**, 1987) dos vários fios trançados pelos movimentos alternativos, marginais, etc., nos anos de 1960 e 1980, Leila inicia seu depoimento, se auto-retratando com coragem e lucidez:

Tenho prazer em escrever. Deixei de advogar, há anos, porque queria a literatura em tempo integral, duplo expediente, sem férias e com direito a horas extras. Uma loucura lúcida e lúdica: não vai ser feliz sem papel e caneta por perto. Vai daí, tenho dez livros publicados, alguns inéditos, antologias muitas, inclusive no estrangeiro, escrevo para a TV, teatro, cinema, fotonovela, além de ensaios, monografias, slogans *publicitários, concursos (vários prêmios); colaboro para montes de jornais, viajo pelo país fazendo palestras, mas a poesia é a minha menina dos olhos, seja parnasiana, concreta, Bilacquiana, Oswaldina, da "geração de 45", dos modernistas de 22, dos pornôs de 80, poema práxis, processo, piada, erótico, epopéico; poesia em geral, seja qual for, e muito em especial a independente. A contracultural. A marginal. (in op. cit. p. 8)*

Melhor síntese não poderia haver para caracterizar o ritmo vital de ruptura radical com o *establishement* (o Sistema) que predominou entre nós, nos anos de 1960, nos rastros dos movimentos internacionais de contracultura (*hippies, Gay Power, Women's Lib...*) e, no Brasil, agravados a partir de 1964, com a instauração do Governo Militar e, principalmente, a partir de 1968, com o Ato Institucional-5. Gradativamente tocada por esse caótico ritmo de rupturas e desafios, Leila vem construindo uma obra multiforme e exemplar deste nosso tempo de apocalipse e sexofilia.

Estréia como poeta em 1965, com **Gaveta da solidão**, poesia irreverente e sarcástica, centrada no cotidiano comum e filtrada pela ótica feminista, que desmistifica a imagem-de-mulher consagrada, como rainha do lar, pelo sistema falocêntrico, vindo dos tempos medievais e, em sua essência, ainda vigente.

O homem se divide em: / cabeça, bolso e membro. / A cabeça serve para pensar em mulheres. / o bolso para pagá-las. / O membro para fodê-las. / Mais alguma pergunta? ("Ciências físicas e contábeis")

Nessa linha crítica, conscientemente prosaica, agressiva e despudorada, seguem-se novos livros de poesia (**Trovas que a vida rimou**, **Impróprio para menores de 18 amores,** etc.); artigos, manifestos, cartazes-*posters*, antologias, ensaios e ativa colaboração em novelas ou seriados para televisão.

No lançamento de **Sangue cenográfico** (30 anos de poesia: 1965/1997), Jurema Barreto e Souza* faz uma excelente síntese da arte e presença de Leila Míccolis em nosso meio cultural. Diz ela:

Através de sua ousada atividade poética, nestes 30 anos, foram abertos novos caminhos para a palavra sem peias, derrubando mitos e preconceitos, pondo à mostra temas considerados tabus. Dizendo o que muitos e muitas gostariam de dizer e não se permitiam, Leila expõe nua e crua a alma humana e suas mazelas. Agitadora cultural, tem mantido acesa a chama e criado um grande intercâmbio com uma legião de poetas e leitores, através de jornais, como Blocos *e mais recentemente pela Internet (www.plugue.com.br.blocos) (in* A Cigarra*).*

Como pesquisadora e ensaísta, Leila Míccolis elaborou um dos panoramas histórico-críticos mais completos dos movimentos culturais (alternativos ou não) que, entre nós, se entrelaçam nos anos de 1960 e 1980: **Do poder ao poder** –

as alternativas na poesia e no jornalismo a partir de 1960. Período de difícil compilação, por ser fenômeno vivo – acontecendo e espalhado por todo o País – a autora pôde realizá-lo porque ela própria o vivenciou em verdade, e o analisou criticamente. Da mesma maneira, a sua convivência quase existencial com a música criada/cantada por sua geração lhe permitiu escrever a poesia de **MPB: Muita poesia brasileira**, breves poemas que têm, cada qual como mote, fragmentos de letras de dezenas de grandes compositores e letristas do repertório musical brasileiro (Noel Rosa, Paulinho da Viola, Gilberto Gil, Chico Buarque, Dolores Duran, Caetano Veloso, Joyce, Pixinguinha e outros). No estilo direto, entre lírico e agressivo, que é peculiar à poética de Leila Míccolis, *esses breves (ou brevíssimos) poemas se relacionam quase amorosamente com as letras-mote, criando entre eles uma espécie de círculo mágico, em que se unem de mãos dadas poetas feito letristas e letristas feito poetas*, como diz José Tinhorão, no prefácio, onde analisa as relações entre poetas cultos e música popular no Brasil, desde Gregório de Matos (século XVII).

Em comentário sobre o livro, Socorro Trindad* destaca a corrente amorosa/erótica que percorre todos os poemas:

Nele Leila canta o amor. Nessa nova concepção de amor, inclui todas as espécies de amores – amor de homem, de mulher, de amigo, amor na literatura, na luta, na vida, no prazer de viver, no próprio amor e, por fim, o amor de povo. Todo esse sentido de mundo é externado poeticamente, porém de forma inquietante, o que é reconhecível na maioria dos artistas da "geração de 70".

Inquietude que Socorro Trindad interpreta com a frase-síntese de Étienne de Senancour (século XIX): *Não amo o que se prepara, se aproxima, acontece e se acaba. Quero um amor, um sonho, uma esperança, enfim algo ou alguém que esteja sempre diante de mim, além de mim, maior do que a minha própria expectativa.*

Publicações: Poesia – **Gaveta da solidão**, 1965; **Trovas que a vida rimou**, 1967; **Impróprio para menores de 18 amores** (colab. Franklin Jorge), 1976; **Silêncio relativo**, 1977; **Respeitável público**, 1980; **Maus antecedentes**, 1981; **MPB: Muita poesia brasileira**, 1982; **Em perfeito mau estado**, 1987; **De 4** (colab. O. Gaia, M. Aquino e Glória Perez), 1990; **Só se for a dois** (colab. Urhacy Faustino), 1990; **O bom filho a casa torra**, 1992, e **Sangue cenográfico**, 1997. Ensaio – **Vida e obra de um glorioso pintor brasileiro**, 1962; **Jacarés e lobisomens** (colab. Herbert Daniel), 1983; **Do poder ao poder**, 1987, e **Do hum ao om**, 1988. Obras para TV – **Pais problemas** (seriado "Caso Verdade"/TV Globo, 1983) **Mania de querer** (novela com Silvam Paezzo/TV Manchete, 1987); **Rainha da vida** (minissérie com Florinda Bolkan e Marina Cicogna/TV Manchete, 1987); **Olho por olho** (novela com Wilson Aguiar Filho, Geraldo Carneiro e José Louzeiro/TV Manchete, 1988); **Kananga do Japão** (novela com Wilson Aguiar Filho/TV Manchete, 1989) e **Barriga de aluguel** (novela com Glória Perez/TV Globo, 1990. Obra para cinema – **Cassiaña** (adapt. do romance de Paulo Jacob. Prêmio Nacional Walmap, 1969). Obra para teatro – **Os filhos de Cinderela** (sátira de costumes), 1992; **Se o seu casamento vai mal...** 1993. Organização de antologias – **Mulheres da vida**, 1978, e **Saciedade dos poetas vivos** (em colab. Urhacy Faustino), 1992. Participação em antologias – **Abertura poética** (org. Walmir Ayala & César de Araújo/1975); **25 poetas hoje** (org. Heloisa Buarque de Holanda/1976); **Brasileiras** (org. Maryvonne Lapouge & Clelia Pisa/1977); **Voces femeninas de la poesia brasileña** (org. Adovaldo Fernandes/1979); **A book of women Poetas from antiquity to now** (Nova York, 1980); **Novíssimo poesia brasileira** (org. Gramiro de Matos & Manuel de Seabra/Lisboa, 1982); **Antologia Prêmio Torquato Neto** (Ensaio/1985); **Queres que eu te conte um conto**? (org. Vicente de Pércia/1985); **20 anos de resistência – as alternativas da cultura no regime militar** (ensaio, org. Maria Amélia Mello/1986).

687 LEILAH SOLON RIBEIRO

Poeta, compositora, pintora, professora e elemento atuante em seu meio cultural, Leilah Solon Ribeiro nasceu em Barra do Piraí (RJ), em 15.05.1924. Radicou-se em Engenheiro Paulo de Frontin (RJ). De ilustre família de intelectuais do Vale do Paraíba, muito cedo demonstrou grande vocação para os estudos e para a criação literária e artística. Formou-se pela Escola Normal Nossa Senhora Medianeira/Barra do Piraí, ingressando por concurso na carreira do magistério, onde desenvolveu intensa atividade, como educadora, diretora, técnica de educação e administradora escolar. Nos anos de 1960, participou ativamente da reestruturação do ensino de 1º e 2º graus, em Paulo de Frontin, implantou o Curso Supletivo e o Curso Jardim de Infância, coordenou a criação da Biblioteca Jornalista Corinto de Souza, da Associação de Pais e Mestres e do Centro Cívico Olavo Bilac. Empenhou-se em obras sociais como a Irmandade dos Pobres que mantém o Hospital Nelson Salles-Paulo Frontin. É membro da Academia de Ciências, Letras e Artes – Paulo de Frontin e do Instituto Internacional de Poesia.

Em 1942, iniciou-se como escritora, colaborando na imprensa de Barra do Piraí, Paulo de Frontin e Vassouras, com artigos, crônicas e poesia. Dedica-se à pintura, como *hobby*. Participou de diversos recitais de poesia e recebeu medalha no I Encontro de Poesia do Vale do Paraíba. Como compositora, tem repertório de cerca de quarenta músicas (hinos, cantigas, marchas, sambas), na maior parte inéditas, isto é, não publicadas. É de sua autoria o Hino da Cidade Paulo de Frontin. Tem apenas um livro de poesias publicado, **Cheiro bom de terra**.

Publicação: **Cheiro bom de terra**, 1991.

LELIA ROMERO 688

Poeta em tom maior, professora, *expert* em relações públicas, desenhista e criadora de jóias, incansável caminhante pelas sete partidas do mundo, Lelia Romero nasceu em São Paulo (SP), em 31.08.1957. Formou-se em Ciências Sociais, com bacharelado e licenciatura em Geografia, pela PUC-SP. A partir da década de 1980, profissionalizou-se na área de gerenciamento de recursos humanos, trabalhando para diferentes empresas (Viajes Marsans International, Gehl Tour Ag. Viagens; ML Consultoria Internacional; Ar Design; FISPAL – Feira Internacional de Alimentação; Maison de la France-Departamento Oficial de Turismo, etc.). Trabalhou também junto ao Consulado da Costa do Marfim-SP.

Espírito ávido de comunhão com o mundo, com a vida, Lelia começa a escrever na adolescência e, como diz, seguindo um impulso de busca de um caminho pessoal, *entalhe no qual se reconhecesse, nas ravinas, curvas e aclives impregnados do singular, do mundo, pegadas impressas de versos e histórias que apontam para o céu e para o centro.*

Iniciou-se como escritora, colaborando em revistas e na imprensa, com textos circunstanciais. Tem escrito artigos sobre turismo e ecoturismo nas revistas Marie Claire (Portugal); Panorama (Brasil) e jornais (O Estado do Paraná, etc.). Começou a escrever poesia também por impulso ou necessidade de transformar suas vivências em verbo. Impulso que define como algo

Insistente como a luz de um farol, no meio do mar, folhas brancas pedindo escrita, frases, jogos de palavras, palavras, poemas (que) explodiam sem recato nem súplica, mas como simples e concreto pousar. Havia que transcrevê-las antes que evaporassem.

Decidiu-se a publicar sua poesia em livro, ao se dar conta de que *o pensamento mais fecundo do escrever adquire completude quando o outro participa.* Em 1993, estréia em livro com **Poemas para navegar**; poesia densa de paixão pela vida, de visceral auto-entrega ao outro, em busca da completude ou da comunhão plena. Sete anos depois, publica **Andaluza**, no qual sua palavra densa, como que emerge do húmus ancestral e ganha uma espessura épico-mítica. A poeta volta às origens andalusas, sonda fundo suas raízes familiares, tão longínquas no espaço e no tempo, mas tornadas presentes pela magia poética. Redescobre (ou reinventa?) a herança ancestral que, como diz a poeta, não se limita apenas à família, mas também *é animal/, flora, Linhagem. E além dos ancestrais próximos, sonhei outras Leilas dentro de uma rede viva de diversos seres e dinâmicas, aparentemente caótica mas coerente, rede que é teia de aranha, artéria pulmonar, taba, bacia amazônica, Via-Láctea.*

Nessas palavras inscritas na Abertura do livro, a poeta expõe a natureza avassaladora de sua poesia: a do ser em busca da Unidade com o Todo, do qual ele foi separado. É essa uma das fortes diretrizes do pensamento e da literatura deste nosso tempo fragmentado, em que se apagaram os limites entre realidade e ficção, e o homem se vê solto e perdido no cyberespaço das realidades virtuais. A busca das origens (resgatadas ou reinventadas) é, pois, um dos caminhos a serem trilhados pelo homem para o rencontro da Unidade perdida. Daí que seja essa uma das palavras-de-ordem destes tempos pós-modernos. Busca que é o nervo vital da poesia de Lelia Romero. Ainda na Abertura, ela diz:

Quando a escrita se manifesta através de mim, um fio de luz profunda emerge da terra. Busco algo nessa matéria subterrânea e o que me dá passagem através dela é o poema, entro e saio desse universo por levar o germe do poema e por expressá-lo ao voltar. [...] O poema me faz mãe. Durante a gestação deste trabalho, ao pensar o fio ancestral, se estabeleceu naturalmente uma homenagem *ao reino vegetal, ao reino animal, a todos os seres nativos do planeta, sejam kariri-xoco, navajo, bérbere, celta, tibetano, maori, yoruba, inuit, basco, mongol, curdo, guarani, águia, leão, alecrim, ipê, baobá, carvalho, golfinho, girafa, coral, iguana, onça, vitória-régia, lobo e tantos outros semelhanntes que dignificam a vocação da Terra.*

A citação, propositadamente longa, aponta para a essencialidade da criação poética de Lelia Romero e sua sintonia com um dos mais vivos anseios do homem neste limiar de século e de milênio: a de poder responder à questão fulcral da condição humana: Quem sou eu? Qual minha tarefa ou lugar neste mundo? Estas perguntas estão implícitas ou explícitas na poesia de Lelia, desde seus **Poemas para navegar**. E nelas, talvez como intuídas respostas, está a onipresença da mulher, ora como a grande força do Amor ou da Paixão, ora como a Grande Mãe.

Sou uma velha tartaruga / contemplo o mundo através do olhar de pedra [...] Sou coruja, observo e introjeto / na escuridão definida / o vôo é certeiro mas a noite não, / Sou javali e caço / tenho a morte emprenhada [...] Sou rocha celta no muro musgo [...] o mundo já viu de tudo / e a alma calidoscópica / é novelo embaraçado. / O olho humano é assim / por isso não sou nada de novo / Sou uma mulher [...] Lâminas úmidas de lua animal / berço antecedente / Feras que me emboscam na madrugada / o que querem de mim? Sou uma mulher / o que querem de mim? [...] Mulher não tem medo de labirinto.

Aguardemos que o novo milênio traga as novas respostas...

Publicações: **Poemas para navegar**, 1993, e **Andaluza**, 2000.

689 LÉLIA ALMEIDA

Romancista, cronista, ensaísta e professora universitária, Lélia Couto Almeida nasceu em Santa Maria (RS), em 1962. Formou-se em Língua e Literatura Portuguesa e Espanhola (PUC-RS/1984), mestrado em Literatura Brasileira (UFRS/1992) e doutorado em Literatura Latino-Americana (Argentina/1997). Seguiu carreira universitária, sendo atualmente (1999) professora de Letras na UNISC (Universidade de Santa Cruz do Sul-RS).

Inicia carreira de escritora nos anos de 1980, com o romance **Antônia**, ao qual se seguem romances e crônicas: **Senhora Sant'ana**, **50 ml de Cabochard** (crônicas sobre mulher e literatura); **A sombra e a chama** (crônicas sobre as mulheres de **O Tempo e o vento**); **As mulheres de Bangkok** e **Querido Arthur**.

Sua arte expressa não só um seguro domínio da narrativa, mas também uma madura sabedoria de vida. Pleno domínio da palavra, linguagem fluente e densa, sempre dizendo mais do que aparenta dizer. Suas tramas romanescas (ou as situações fixadas por sua ótica de cronista) amalgamam ternura humana, funda consciência dos desencontros da vida, lúcida consciência da palavra como construtora do real ou eternizadora do efêmero; e a certeza de que a possível plenitude da vida comum só é conseguida com a sustentação de um projeto de vida, simples, mas fundado na certeza de que viver vale a pena.

Publicações: Romance – **Antônia**, 1987; **Senhora Sant'ana**, 1995, e **Querido Arthur**, 1999. Crônica – **50ml de Cabochard**, 1995; **A sombra e a chama**, 1996, e **As mulheres de Bangkok**, 1997.

690 LÉLIA COELHO FROTA

Poeta em tom maior, etnógrafa, museóloga, pesquisadora e crítica de arte, Lélia Coelho Frota nasceu no Rio de Janeiro (RJ),em 11.07.1937. Iniciou seus estudos no Colégio Jacobina e concluiu-os, em nível superior, na área de Museologia (Museu Histórico Nacional/1964). Fez especialização em Antropologia Cultural (Instituto Estudos Avançados/Fundação Getúlio Vargas). Como bolsista do serviço de cooperação técnica do ministério das relações exteriores da França, estagiou no Museu das Artes e Tradições Populares de Paris, passando a pertencer à Societé d'Ethnologie Française. Ainda em nível de pós-graduação, estagiou no Centro de Antropologia Cultural de Lisboa, como bolsista da Fundação Calouste Gulbenkian. Profissionalmente, exerceu as funções de Consultora Técnica da Fundação Nacional Pró-Memória e do Instituto do Patrimônio Histórico e Artístico Nacional – MEC. Dirigiu o Instituto Nacional do Folclore da Funarte (biênio 1982/1984). É membro do Pen Clube, da Associação Brasileira de Críticos de Arte e da Associação Brasileira de Antropologia. Dedica-se à crítica de artes visuais e folclóricas, atividade da qual resultaram estudos de grande sensibilidade e agudez analítica sobre obras e autores de nossa cultura popular: Vitalino, Ataíde e outros.

Ainda adolescente, começa a escrever poesia que, reunida em livro, é publicada em 1956: **Quinze poemas**. Desde logo foi saudada pela crítica como uma das vozes promissoras da novíssima geração, a que surgia em meados dos anos de 1950 (Mário Faustino, Marly de Oliveira, Walmir Ayala, Claudio Murilo, Fernando Mendes Viana...), abrindo brechas no rigor formal e na alta dicção cultuada pela "geração de 45".

Poesia de adolescente (Lélia estava com 17 anos), essa de estréia – misto de leveza e densidade –, já se expressa muito confiante em si mesma e, ao mesmo tempo, temerosa e zombeteira em relação à sua própria audácia ou pretensão. Essa duplicidade – autoconfiança e temor – já se revela no poema de abertura, "Balada da cínica senhorita de Malacachita", na qual a poeta brinca com as palavras, sonoridades e situações, apresentando-se como a cínica senhorita que chegou de visita ao rei que não sei; e que, presa de contradições, ousa querer o istmo da paixão que sabe/ ser paixão perdida. Nutrida de húmus drummondiano (humor gerado por uma visão dramática do mundo), a da Lélia tem, porém, seu chão próprio:

Conheceis, conheceis vós, / sutis garis, amáveis menestréis, / esta cínica senhorita / sem signo e sem índole / sem estrela aparente / sem cidra no armário / sem água na pia / esta cínica senhorita / de mão vazia / (cínica cínica) [...] aquela que agora / mergulha no cais / cínica senhorita / de Malacachita / que a onda ora gira.

Metaforicamente, a poeta anuncia sua chegada ao porto da poesia que a agita, e que acaba por mostrar que é a aventura humana, em seu todo, que a atrai: é o épico (o gesto durando no tempo) e não o lírico (o breve gesto de um instante) que predomina em sua matéria poética. Daí que os poemas longos (a ação épica exige duração) sejam também os dominantes em sua arte poética. Note-se, porém, que se trata de um novo épico (aquele que começa a surgir nesse final da década de 1950 e vai dinamizar a poesia da "geração de 60"). Não o herói invencível de ontem, mas o anti-herói, o homem cotidiano, fraco e efêmero, mas indestrutível; e cuja força oculta precisa ser descoberta por todos, porque, afinal, é dele que a vida depende para continuar existindo. Ou melhor, é da palavra do homem. É da poesia que ele cria, que a vida depende para durar e se transformar, ao longo do tempo. E mais, esse olhar épico vê o universo humano como um todo. Nesse sentido, note-se que todos os elementos que compõem o universo poético de Lélia se interligam. Nada subsiste isolado: *Equívoco e alado / o nítido* fragmento */ hesita no ar / se esvai na* onda. É a estrofe breve que abre o longo "Outro poema": o fragmento é absorvido pela onda (e como sabemos a onda é o todo feito de gotas... estas, isoladas, nada valem). Todo esse longo poema se desdobra em torno do fazer poético. É a poesia que revela a unidade oculta, que mantém o universo.

Dois anos depois da estréia, seu novo livro, **Alados idílios**, ganha o Prêmio – IV Concurso de Poesia/A Gazeta.SP, 1958. A mesma leveza e densidade marcam os novos poemas que, pelos interstícios de sua voz nova, deixam passar ecos de grandes vozes que vieram antes (cantigas de amor e de amigo, romances peninsulares, cantigas populares, ecos cecilianos, drummondianos...) e que com ela se fundiram. A sondagem da aventura humana, pela palavra poética, aprofunda-se de livro para livro: **Caprichoso desacerto**, **Menino deitado em alfa**, **Brio**... Com esse gradativo aprofundamento, nota-se que a forma poética vai-se tornando mais breve. Os longos poemas vão cedendo lugar aos mais breves, reduzindo-se, por vezes, a simples dísticos. **Brio**, publicado no findar do século e no início deste milênio, fixa-se em breves, brevíssimos instantes, em que o olhar se detém num detalhe de passagem, num gesto parado no ar... É como se a aventura humana, dos gestos épicos, já fosse impossível. A poeta pergunta:

Onde estão a música, o baile? / (Reaprender o amor da vida em Braille) /Pensamento, sofrimento. [...] Inebriante brio. Amor com brio. / Nesta curva. Nesta curta. Neste curta. / Poder andar com as pernas / passos firmes, leves, despedidos, / Viver cada minuto assim, / levando o copo na mão / sem derramar uma gota de água mineral.

Neste mundo em caos, ameaçador, é urgente o brio, a dignidade a ser assumida e preservada... A aventura humana, para reencontrar a verdade da vida, precisa redescobrir o Mito, voltar às origens. É o que nos dizem certos poemas finais: Ariadne, Perséfone... e os recolhidos em Veneza de vista e ouvido. A criação poética de Lélia Coelho Frota é das que enriquecem a Poesia Brasileira Contemporânea e testemunham o nosso tempo.

Dentre os prêmios recebidos por sua poesia ou pelos estudos sobre folclore, ou artes visuais, destacam-se: Prêmio Jabuti – Poesia/Câmara Brasileira do Livro e Prêmio Olavo Bilac/Academia Brasileira de Letras.

Publicações: Poesia – **Quinze poemas**, 1956; **Alados idílios**, 1958; **Romance de Dom Beltrão**, 1960; **Capricho desacerto**, 1965; **Poesia lembrada**, 1971; **Menino deitado em alfa**, 1978; **Poemas venezianos**, 1984, e **Brio**, 1996. Estudos – **Mitopoética de 9 artistas brasileiros**, 1975; **Ataíde**, 1982; **Vitalino**, 1986, e **Guignard, arte e vida**, 1997. Antologia – Participou de **Carne viva-antologia erótica**, org. Olga Savary*, 1984.

691 LÉLIA RITA

Poeta, jornalista e professora, Lélia Rita Euterpes de Figueiredo Ribeiro nasceu em Campo Grande (MS), em 22.11.1935. Fez seus primeiros estudos no Colégio Nossa Senhora Auxiliadora (Campo Grande/1954). Formou-se em Letras (Faculdade D. Aquino de Filosofia e Letras) e em Direito (Faculdades Unidas Católicas de Campo Grande). Dedica-se ao ensino superior. É membro da Academia Sul-Matogrossense de Letras. Foi diretora-geral do Departamento de Cultura de Mato Grosso do Sul. Entre as distinções recebidas por atuação cultural, destaca-se a Medalha Dr. Arlindo de Andrade-Câmara Municipal do Estado.

Desde jovem dedica-se à escrita literária, publicando na imprensa artigos, poesia, ensaios, entrevistas. Estréia em livro, em 1977, com a poesia de **Amor em todos os quadrantes**.

Publicação: **Amor em todos os quadrantes**, 1977.

692 LENA CASTELLO BRANCO F. COSTA

Contista, memorialista, pesquisadora, teatróloga, ensaísta e professora universitária, Lena Castello Branco Ferreira Costa nasceu em Parnaíba (PI), em 24.01.1931. Residiu temporariamente no Rio de Janeiro (RJ) e em São Paulo (SP), radicando-se em Goiânia (GO). Formou-se em Geografia e História (Faculdade Católica de Filosofia Ciências e Letras-GO). Fez doutorado na área de História Social-USP. Realizou o Curso Superior de Guerra (Escola Superior de Guerra-RJ). Ingressou no magistério superior como Professora Titular do Departamento de Ciências Humanas – UFG. Foi comissionada como Assessora do Secretário do Patrimônio Histórico e Artístico Nacional e coordenadora do Grupo de Trabalho responsável pela restauração e revitalização da cidade histórica Alcântara (MA). Foi diretora do Instituto de Ciências Humanas e Letras (1969/1973) e do Instituto Nacional de Estudos e Pesquisas Educacionais/Ministério de Educação (1983/1985). É membro do Instituto Histórico Geográfico-GO; da Academia de Artes e Letras-GO e da Academia Feminina de Letras e Artes-GO. Por sua atuação cultural, recebeu o título de Doutor *Honoris Causa* da Universidade Metodista de Piracicaba-SP e a Medalha do Mérito do Sesquicentenário da Independência/ Governo de Goiás/1972.

Iniciou-se como escritora, colaborando na imprensa goiana, com crônicas diárias (1954/1960) e contos. Publicou inúmeros ensaios sobre educação e história social, em revistas especializadas de Goiânia e Brasília. Escreveu duas peças de teatro, representadas por grupos de teatro universitário: **Tempo de amar** e **Magistrália**.

Como pesquisadora de história publicou vários estudos: Viagem fluvial do Tietê ao Amazonas, Feudalismo e capanguismo, As elites imaturas e outros. Na linha do memorialismo romanceado, escreveu **Arraial e coronel**, no qual reúne a história da fundação do antigo arraial de Meia Ponte (atual Pirenópolis), e a de uma figura em extinção – o coronel – que desempenhou importante papel na formação e desenvolvimento da sociedade brasileira.

Publicações: Teatro – **Tempo de amar**, s/d, e **Magistrália**, s/d. Memória histórica – **Uma família na história**, 1967, e **Arraial e coronel**, 1979. Ensaio – **Educação, escola e trabalho**, 1984.

LENA OMMUNDSEN PESSOA 693

Romancista, contista, ensaísta, tradutora, professora, Lena Ommundsen Pessoa nasceu em Fortaleza (CE) e é de origem norueguesa. Estudou nos Colégios Santa Isabel (Fortaleza-CE) e Sagrada Família (Recife-PE). Formou-se em Letras pela Universidade Federal do Ceará. Dedicou-se à docência de literatura francesa e à tradução, profissionalizando-se como tradutora pública e intérprete comercial de língua francesa da Junta Comercial do Ceará. Residiu mais de onze anos na França, realizando mestrado e doutorado na Université de Lille III.

Como ensaísta publicou: **As Influências literárias de Honoré Balzac**; **O homem e o escritor**; **O teatro do absurdo e o tragicômico em "Le Roi se meurt"** de Ionesco. Como romancista publicou: **Desafios** e **Deus criou o homem e o diabo, a mulher**. Como contista, publicou **Sou igual a todos**. É membro do grupo Literário Espiral.

(Fonte de consulta: **Contos cearenses**. Org. Joyce Cavalccante*. SP, Ed. Maltese, 1996.)

Publicações: Romance – **Desafios**, s/d, e **Deus criou o homem**... s/d. Conto – **Sou igual a todos**, s/d.

LENILDE DE FREITAS 694

Poeta, professora universitária, Lenilde de Lima de Freitas nasceu em Campina Grande (PB), em 22.08.1939. Descendente de família pernambucana, radicou-se no Recife (PE), onde inicia sua formação cultural. Licenciou-se em Letras (UFPE); fez cursos de Biblioteconomia e Documentação (Escola de Sociologia e Política-SP). Em 1976, em estágio de estudos na University of Vanderbilt, realizou os cursos: The Judgement of Poetry e Poetry Writting (ministrados por Donald Davie e Mark Jarman).

Iniciou-se como poeta, nos anos de 1970, em suplementos literários do Recife (Jornal do Comércio e Diário de Pernambuco). Durante algum tempo dedicou-se ao ensino da Literatura Brasileira na Faculdade de Filosofia – Recife, onde participou da criação e divulgação da revista Lumen. Nesse período, foi vencedora do prêmio All Nations Poetry Contest (IV Concurso Internacional de Poesia) promovido pela School of University Transfer Studies-Illinois, EUA. Entre os demais prêmios e distinções atribuídos à sua produção poética, estão: Emílio Moura (Belo Horizonte/1978); Augusto dos Anjos (João Pessoa/1979); Jorge de Lima (Alagoas/1980) e Prêmio Passárgada de Poesia (São Paulo/1987). Tem participado de antologias poéticas (**Palavra de mulher**/1979; **Presença poética do Recife**/1987, etc.)

Personalidade poética que surge discretamente, em publicações esparsas, Lenilde de Freitas vem-se firmando como uma das vozes mais fortes e expressivas da poesia feminina brasileira contemporânea. Seu livro de estréia, **Desvios**, em 1987, já revela um seguro domínio da palavra poética e o consciente questionamento sobre a nova mulher e seu novo lugar no mundo em transformação. Nesse livro inicial, já se faz ouvir um eu em tensa relação consigo mesmo e com o mundo, tentando redescobrir a vida em seu sentido último, para além da fragmentação do presente. Em seu segundo título, **Esboço de Eva**, essa problemática se aprofunda. Já o título revela o novo intento da mulher – século XX: redesenhar uma nova Eva. A palavra se empenha na sondagem da mulher, desde seu viver rotineiro – preso ao cotidiano banal, até as áreas mais rarefeitas ou densas de seu ser, submerso no inconsciente ou perdido em um passado longínquo, apenas pressentido.

Em **Esboço de Eva**, a palavra poética surge em contraponto à voz bíblica que vem das origens da condição humana e tenta descobrir a oculta/ambígua verdade de Eva, para além daquela que a tradição cristã consagrou.

Fêmea sou e o meu olhar / já fitou o paraíso / que será este Lugar, / – Nada em que piso. [...] Feita de barro que sou, / habitam em mim seres famintos, / pronta pra queda estou:/ Deslizo em seus labirintos.

Entregando-se à redescoberta do corpo – interditado pela moral cristã – e agora assumido como a maior força de realização do ser, a poesia de Lenilde se alimenta do húmus mítico, que lhe permite transcender o meramento individual ou pessoal, para dar voz à condição feminina. Nesse sentido, a poeta pernambucana está entre as mais altas vozes que testemunham a nova mulher, – aquela que está emergindo do caos civilizacional, em que o nosso século mergulhou. Aquela que, consciente de que é uma das forças geradoras e condutoras da humanidade, se assume em seus contrastes de fragilidade e poder e, principalmente, em seus anseios de plenitude e beleza.

No livro seguinte, **Cercanias** (1991), a vibração erótica, que energiza sua poesia primeira, vai cedendo lugar a um singular poder de evocação, a um adensamento do tempo interior, a uma solitária comunhão, como que existencial, com a natureza, com o mundo à sua volta.

Na intimidade mais horizontal / das vísceras da vida,/ sinto os objetos que se foram [...] tudo o que já não é visível / mas que eu vejo. (Objetos)

Longe do balbucio do mundo, / o pulsar do sangue no silêncio / sela meu delírio aberto ao vento. (Adequação).

Poesia de solidão, povoada por uma funda experiência de vida, a de Lenilde, de livro para livro, mais se volta para si mesma e, paradoxalmente, mais se universaliza.

Nas gretas grisalhas do tempo / padece intermitente este amor / silencioso hospedeiro de mim, / que estrelas não apagam seus pavios? / Que alquimia transmuda assim a vida / e faz de nós / concha de nós mesmos invertida?

A problemática feminina dos anos de 1960 e 1970 se adensa, se aprofunda e se confunde com a grande problemática humana, neste limiar do terceiro milênio: Quem somos nós? Interrogação abissal que Lenilde desdobra em **Espaço neutro** (1991) e **Tributo** (1994).

Publicações: **Desvios**, 1987; **Esboço de Eva**, 1989; **Cercanias**, 1991; **Espaço neutro** (Prêmio Poesia/V Bienal Nestlé), 1991, e **Tributo**, 1994.

695 LENITA MIRANDA

Romancista, jornalista, poeta, musicista e escritora para crianças, Lenita Miranda de Figueiredo nasceu na capital paulista. Dedicou-se a diferentes áreas de estudos: preparação para o magistério (Instituto de Educação Caetano de Campos), música (aperfeiçoamento em cravo, piano e composição), jornalismo, relações públicas e problemas de direito social. Estagiou nos Estados Unidos aperfeiçoando-se em música e em relações públicas.

Ingressa no magistério primário no interior de São Paulo, mas decide-se pelo jornalismo. Entra para o jornal Folha de S.Paulo, onde realiza uma notável carreira. Dirige durante anos a Folha Feminina; em 1963, assume o cargo de editora da Folhinha de S.Paulo (suplemento infantil recém-criado), como Tia Lenita, a querida contadora de histórias, que cativou a criançada durante anos. Manteve-se nesse cargo até 1975, quando o suplemento passa a ter outra orientação.

Como escritora, começa nos anos de 1960, publicando artigos, contos e poemas na imprensa. Estréia como romancista, em 1961, com **Deus aposentado** (Prêmio Jabuti/1961). No estilo conciso e rápido, criado pelo romance moderno, influenciado pela técnica cinematográfica e jornalística, esse romance focaliza os desencontros humanos e dramas interiores, que o naufrágio dos valores de sustentação da sociedade vai provocando numa juventude desarvorada e ávida de prazer. Em **O sexo começa às sete** (1970), o momento é o da Ditadura Militar que se instaura no Brasil, em 1964, e o eixo romanesco é ainda o desnorteamento dessa juventude liberada sexualmente, mas despojada do eterno e perdida entre os acenos do prazer efêmero ou do engajamento político e quase suicida.

Publicações: Romance – **Deus aposentado**, 1961, e **O sexo começa às sete**, 1970. Poesia – **Meia-noite especial**, 1968. Livro infantil – **História de Tia Lenita**, s/d.

696 LENITA PITTA

Teatróloga, cronista, crítica literária, professora, produtora e diretora de teatro, Lenita Pitta (nome literário de Marilene Ferreira de Melo Pitta) nasceu em Itabuna (BA), em 11.07.1949. Formou-se em Letras (UFBA) e especializou-se nas áreas de Educação e Teatro, atuando profissionalmente como professora, coordenadora de oficinas de arte, projetos educativos, criação, direção e produção de espetáculos teatrais, etc. Elemento dinâmico em seu meio cultural, colabora regularmente na imprensa com crônicas e crítica literária.

Produção teatral: Criação, direção e produção de: **Nas garras do mundo gigante**; **Talvez essa história eu conheça**; **Coisas da terra**; **A borboleta Ploc**; **Descaminhos da família**; **Natal de espuma**; **Curupaco-paco-festa**; **Francisco, o arauto do grande rei**; **História de fé e coragem**. Direção e produção de: **O reizinho mandão** e **Os saltimbancos**.

LENITA DE SÁ 697

Poeta e teatróloga, Lenita de Sá nasceu em São Luís (MA), em 15.12.1961. Muito jovem, estréia como poeta com **Reflexos** (prefaciado por Josué Montello). Em 1982, escreve uma peça de teatro, **Ana do Maranhão**, que recebe o prêmio Arthur Azevedo da UFMA e o Prêmio Brasília de Teatro (Fundação Cultural do Distrito Federal). Unindo visão poética e pesquisa histórica, desenvolve a ação dramática em torno da figura de Ana Joaquina Pereira (Ana Jansen ou Nhá Jança), matriarca que marcou a história maranhense do início do século XIX e se ombreia com outras importantes figuras femininas, como Bárbara de Alencar (heroína do Ceará) ou Dona Joaquina do Pompéu (a Dona Beija de Minas Gerais), mulheres de coragem e carisma, que enfrentaram a sociedade do seu tempo e influíram nos rumos da história local. Escreveu várias peças teatrais (**Catarina Mina** – Prêmio Viriato Correia – UFMA; **O acordo**; **Baraço** e **A filha do pai Francisco**).

Publicações: Poesia – **Reflexos**, 1979. Teatro – **Ana do Maranhão**, 1982.

LENY GOMES TURATTI 698

Poeta, contista, escritora de literatura infantil, musicista e contabilista, Leny Gomes Turatti nasceu em Tombos (MG), em 1925. Radicou-se em Juiz de Fora (MG). Formou-se em Sociologia (Faculdade Filosofia de Juiz de Fora), em relações Públicas (Faculdade de Ciências-Belo Horizonte) e especializou-se na área de música, como violinista e posteriormente como coordenadora da Orquestra Euclides de Brito. Profissionalizou-se como contabilista, cargo no qual se aposentou. Fez parte da Diretoria da Associação de Cultura Luso-Brasileira-Juiz de Fora e da Academia de Letras-Juiz de Fora. É membro da Academia de Letras de Ipatinga.

Desde muito jovem escreveu poesia, divulgando-a na imprensa (Tribuna de Minas, Correio da Mata, SLMG, Povo – Fortaleza, Sinal Verde – Curitiba, etc.). Tem poesias traduzidas em inglês, espanhol e esperanto. Participa de várias antologias nacionais e internacionais (**Poetry International**-EUA/1983; **Hervest** – Colorado; **Poesia mulher**-RS/1986; **Cantam os poetas**-JF/1987; **Antologia da Academia Brasileira de Letras**-RJ/1989; **Mercopoema**-RS/1995; **Enlace de poetas**-RJ/1997, etc.).

Estreou em livro em 1975, com a poesia de **Esparsas da terra**. Seguem-se outros títulos de contos e livros infantis.

Publicações: Poesia – **Esparsas da terra**, 1975; **As aspas, não**, 1985; **Noites vadias**, 1986, e **No bailar de hoje**, 1997. Conto – **Contos do faz-de-conta**, Lisboa, 1986. Livros infantis – **Bebê, o coelhinho esperto**; **Rick e Rafa na pescaria** e **Pipoca, o papagaio fujão**.

LENY SANTOS 699

Poeta, cronista, jornalista, Leny Santos nasceu em Domingos Martins (ES). Radicou-se em São Paulo (SP), onde faleceu em 10.09.1986. Dotada de grande sensibilidade para a escrita literária e dona de sólida cultura, tornou-se colaboradora de vários jornais do Espírito Santo e demais estados, principalmente de São Paulo, onde viveu grande parte de sua vida. Deixou extensa produção de poesias, artigos, crônicas, etc., espalhada na imprensa e ainda não recolhida em livro.

Deixou dois livros publicados: **Cacos** e **Saveiro da ilha dos cisnes**, ambos de crônicas. Fundou em São Paulo a Casa do Capixaba. Era membro da União Brasileira de Escritores-SP.

Publicações: Crônica – **Cacos**, 1956, e **Saveiro da ilha dos cisnes**, 1974.

700 LEODEGÁRIA DE JESUS

Poeta, professora e figura de destaque no meio goiano da época, Leodegária de Jesus nasceu em Caldas Novas (GO), em 08.08.1889. Faleceu em 1978. Formou-se no Ginásio Santana de Goiás, tornando-se professora de português, latim e literatura. Deixou memória de grande talento e erudição, tendo formado várias gerações de jovens.

Com Cora Coralina*, Rosa Godinho e Alice Santana, fundou o semanário A Rosa, em Goiás. Em 1921, fundou e dirigiu o Colégio São José em Uberlândia.

Notabilizou-se na época como sensível poeta, cuja poesia era publicada na imprensa goiana e mineira, notadamente em A Rosa e O Lar (jornais de Goiás – 1926 a 1932) e revista Vera Cruz (Belo Horizonte). Em 1906, estréia em livro, com a poesia de **Coroa de lyrios** (publ. Typografia Livro Azul – Campinas). Em 1928, publica **Orchideas**. Sobre este último, transcrevemos (em ortografia atualizada e como curiosidade) a crítica escrita por Lellis Vieira, em jornal de São Paulo, quatro anos depois da Semana de Arte Moderna.

*Leodegária de Jesus está no número dos que não afundaram na borrasca do modernismo tonto e anárquico, pretendendo reformar o que é intangível nos seus fundamentos clássicos imutáveis. A Autora deste livro (**Orchideas**) conserva toda a beleza das harmonias poéticas, alça seus vôos de sonhos para o azul das mais lindas concepções e diafaniza o verso com a espiritualidade do verdadeiro poeta. Não é uma fazedora de frases nem de ritmos bárbaros. É uma deliciosa cantora que embala pela sonoridade da voz e faz sonhar pela estrofe. (S. Paulo, 1928).*

Publicações: **Coroa de Lyrios**, 1906, e **Orchideas**, 1928.

701 LEOLINDA DALTRO

Presença das mais destacadas, entre as pioneiras que, no século XIX, lutaram pela abertura de espaço, na sociedade, para a igualdade de direitos das mulheres em relação aos homens, Leolinda Daltro nasceu no Rio de Janeiro (RJ), nos tempos finais do Império D. Pedro II (em alguns registros consta o ano de 1868). Faleceu em 1935, num acidente de automóvel, cuja notícia na imprensa a define como precursora do movimento feminista no Brasil (in revista Ilustração Brasileira, RJ. Junho/1935). Apesar de ter deixado fundas marcas na sociedade de seu tempo, seus dados biográficos completos não foram registrados em nenhuma obra de consulta. Ficaram apenas referências esparsas. Contudo, por meio dessas referências, já se pode avaliar a extensão e o alcance da atuação social dessa figura pioneira.

Professora empenhada em renovar o ensino, de acordo com as novas idéias da educação, após a Proclamação da República (1889), dedicou-se com tenacidade a defender a cultura literária e intelectual em geral, a ser dada à mulher, desde os primeiros anos da escola. Foi diretora fundadora da Escola de Ciências, Artes e Profissões Orsina da Fonseca(RJ). Organizou a primeira Escola de Enfermagem, que marca o início da Cruz Vermelha no Brasil. Foi membro-fundadora de um Clube de Tiro Feminino. Na área política, teve papel de destaque na luta pela conquista do voto das mulheres no Brasil. Seguindo o exemplo da Dra. Myrthes de Campos, Leolinda requereu seu alistamento para votar, usando como argumento a constitucionalidade do voto, mas como a sua antecessora, teve o pedido rejeitado. Fundou então, em 1910, o Partido Republicano Feminino, com o objetivo de que o debate sobre o sufrágio fosse levado ao Congresso.

Em 1902, fundou o jornal A Verdade, tribuna aberta às mulheres. Foi colaboradora do jornal Corimbo, Rio Grande (RS). Criou o escotismo feminino e instalou uma escola de esgrima para a mulher. Em 1917, durante a Primeira Grande Guerra, mobilizou um batalhão feminino com fardamento rústico e empunhando fuzis; suas integrantes faziam exercícios de treinamento no Campo de Santana no Rio de Janeiro.

Atraída pelo problema do indígena, nos anos de 1920, Leolinda embrenhou-se pelo interior de Goiás, sem receber nenhum recurso ou garantias oficiais, e durante cinco anos conviveu com dezessete tribos indígenas, estudando-lhes os costumes, ensinando-os a ler e a trabalhar inteligentemente. Essa árdua missão está descrita em seu livro **Da catequese dos índios do Brasil**; onde, inclusive, ela denuncia o projeto de extermínio dos indígenas proposto pelo então diretor do Museu de São Paulo.

Candidatou-se para deputada da Constituinte de 1934, proposta por Getúlio Vargas, mas não foi eleita. O santinho de sua campanha eleitoral estampa o seu retrato – uma velhinha vestida de negro e com chapéu. (Quantos anos teria?

Cinqüenta, sessenta? Não mais do que isso...) Na verdade é dessas lutas anônimas, em perseguição de um ideal, que o mundo depende para avançar, evoluir...

(Principal fonte de consulta: Conselho Estadual da Condição Feminina/Governo Montoro-Folder-Calendário São Paulo, 1986.)

Publicações: **Da catequese dos índios do Brasil**, s/d.

LEONETE DE OLIVEIRA 702

Poeta, bibliotecária e professora, Leonete de Oliveira nasceu em São Luís (MA), em 17.07.1888 e faleceu no Rio de Janeiro (RJ), em data ignorada. Publicou na imprensa maranhense e carioca. Deixou três livros de poesia publicados.

Publicações: **Flocos**, 1910; **Folhas de outono**, 1959; e **Miragens**, s/d.

LEONICE VIDOTTO 703

Poeta, psicóloga, artista plástica, escritora para crianças, Leonice Pesci Vidotto nasceu em Marília (SP), em 1938. Formou-se em Inglês, Chefia e Liderança, Parapsicologia e desenvolve atividades na área das artes e em movimentos filantrópicos. Como pintora, tem participado de exposições coletivas em São Paulo, Bolívia e Peru, tendo recebido quatro medalhas de ouro. É Doctor *Honoris Causa* em Literatura pela World Academy of Arts and Culture (EUA/China). É membro da Academia Goianense de Estudos Literários e Lingüísticos de Anápolis-GO e Academia Interamericana de Literatura e Jurisprudência.

Desde jovem colabora na imprensa, com artigos, poemas e crônicas. Estréia em livro, em 1990, com a poesia de **Relva azul**. Dedica-se à reflexão filosófica, textos reunidos em **Quando amamos**. Para o público infanto-juvenil, escreveu: **A menina que não queria ser gente** (1993) e **O recado das três palavras** (1995).

Publicações: **Amar é isso** (folheto), 1971; **Relva azul**, 1990; **Quando amamos**, 1992.

LEONÍDIA VASCONCELLOS CORRÊA 704

Poeta, contista, radialista e professora, Leonídia Vasconcellos Corrêa nasceu em Pelotas (RS), em 03.02.1902. Faleceu em Curitiba (PR), em 1952. Colaborou em jornais e revistas gaúchas e paranaenses, com crônicas e poesias. Em Curitiba lecionou na Escola Técnica do Paraná e dirigiu o programa radiofônico infantil Tia Nicota. Foi chefe dos escoteiros e desenvolveu atividade política e social. Publicou dois livros de contos e poesias.

Publicações: **Enquanto as estrelas brilham no céu**, 1953, e **Pétalas na correnteza**, 1954.

LEONILDA HILGENBERG JUSTUS 705

Poeta, jornalista e presença atuante no meio cultural ponta-grossense, Leonilda Hilgenberg Justus nasceu em Ponta Grossa (PR), em 19.05.1923.

Descobre-se poeta em idade madura. Começa a divulgação de seus poemas em antologias e na imprensa. Colaborou, durante anos no Diário de Campos e nele criou a coluna Hipocrene, que passa depois a ser publicada no Jornal da Manhã. Estréia em livro, em 1981, com **Versos para você**, poesia lírica espontânea, atenta ao aqui-e-agora cotidiano e aos desencontros da vida, sempre superados pela alegria de viver e pela esperança. Seguem-se os livros: **Se me amasses**; **Chamas erradias**; **Naquelas horas...** e outros. Sua arte poética tende para a forma popular da quadra (ou quartetos) em versos redondilhos (7 sílabas), com predominância do esquema rítmico ABAB. Estrutura formal peculiar à poesia ou ao canto espontâneo dos cantadores populares. Daí o cultivo do haicai a que a autora passa a se dedicar, a partir da coletânea **Naquelas horas**... É em **Lampejos** que a poeta alcança o pleno domínio desse difícil poetar (que equivale a conter, em 17 sílabas, uma situação ou vivência essencial). Como, por exemplo, *Homem pelo espaço / em Vôos de acrobacia, / passaro de esquis!* ou *Máscaras passando / pelo Carnaval desta vida, / merecem aplausos?*.

Com uma substancial produção poética, Leonilda está presente em dezenas de antologias nacionais e internacionais: **Antologia de prosadores e poetas ponta-grossenses**/1995; **Brasil trovador**. RJ/1986; **Nova poesia brasileira**. RJ/Shogum Arte. 1985; **Mulher poesia hoje**. Vitória/1986; **Andanças poéticas**, Petrópolis/1986; **Enciclopédia da literatura brasileira contemporânea**. Brasília/1993; **A saciedade dos poetas vivos**. R. Janeiro/Blocos, 1993; **Antologia de verso do movimento poético em São Paulo**. SP/1994, etc. Entre as do exterior estão: **World poetry**. Univiversidade Nacional da Coréia do Sul/1987; **International poetry**. International Writers Association. EUA/1987; **Directory of international writers and artists**. Universidade Colorado/1986 e outras.

É membro de dezenas de entidades culturais no País e no exterior, mantendo ativo relacionamento com todas elas. Foi membro-fundadora do Centro Cultural Professor Faris Michaele, em 1987, do qual foi a primeira presidente, sendo reeleita várias vezes para o cargo. Dentre essas entidades estão: Academia de Letras José de Alencar – Curitiba; Academia Petropolitana de Poesia Raul Leoni – Petrópolis; Academia Goianense de Letras – Goiânia, Academia Internacional de Heráldica e Genealogia-RS; International Academy of Letter of England – London; International Writers and Artists Association-EUA e outras.

Todo esse incessante labor tem valido à autora dezenas de distinções, menções honrosas, medalhas e prêmios, dos quais se destacam: Medalha de Ouro – Jogo Florais de Campinas/1986; Medalha de Ouro – Concursos APOTIJUC-ES/1986; medalha de Bronze – concurso de Trovas Gralha Azul – UBT, Curitiba, 1992 e outros. Recebeu ainda vários títulos de mérito: Cidadã Benemérita de Ponta Grossa (Câmara Municipal de Ponta Grossa); Embaixatriz da Poesia do Brasil.94 (Correio de Poesia-João Pessoa); Mérito Cultural Ribas Silveira (Câmara Municipal de Ponta Grossa).

Publicações: **Versos para você**, 1981; **Se me amasses**, 1983; **Chamas erradias**, 1985; **Naquelas horas**..., 1986; **Ponte terra infinito**, 1988; **Hipocrene**, 1992; **Abstratos concretos**, 1994; **Lampejos**, 1996, e **Castália**, 1997.

706 LEONOR LEZAN

Poeta, técnica de educação, escritora para crianças, professora, Leonor Lezan nasceu em Mafra (SC), em 23.11.1915. Estudou em Curitiba, onde se formou pela Escola Normal. Ingressou na carreira do magistério. Assume o cargo de Técnica de Educação e, posteriormente, de Supervisora do Ensino do MEC.

Iniciou-se como escritora, na área da poesia e de contos infantis. Estréia em livro com **O vendedor de bolas coloridas**, em 1964. Em 1967, publica a poesia de **Matriz de primavera**.

Publicações: Poesia – **Matriz de primavera**, 1967. Livro infantil – **O vendedor de bolas coloridas**, 1964.

707 LEONOR PEREIRA

Poeta, professora, Leonor Pereira nasceu na cidade de Guiomar (ES), em 13.12.1915. Estudou as primeiras letras em Mimosa do Sul (ES). Formou-se professora no Colégio Nossa Senhora Auxiliadora (Vitória-ES). Ingressou no magistério por concurso e fez carreira lecionando português em vários colégios do Espírito Santo. Depois de aposentada, muda-se para o Rio de Janeiro e continua lecionando (Colégio Imaculada Conceição, Moderna Associação Brasileira de Estudos, Colégio Brasília...). É membro da Academia Feminina de Letras (ES) e sócia-correspondente da Academia Campista de Letras.

Desde o início de sua carreira docente, foi colaboradora constante de jornais e revistas capixabas e cariocas. A maior parte de sua produção literária (poesias, crônicas e contos) está esparsa. Nos anos 1940, Leonor Pereira estréia em livro, com a coletânea poética **Versos de amor**. Seguem-se nos anos de 1950 e 1960 mais duas coletâneas, **Solidão** e **Sem rumo**. Poesia espontânea, gerada pela vivência do cotidiano em comunhão com a natureza.

Publicações: **Versos de amor**, s/d; **Solidão**, s/d, e **Sem rumo**, s/d.

LEONOR POSADA 708

Poeta, dramaturga, professora, jornalista, Leonor Posada nasceu em Cantagalo (RJ), em 03.02.1893. Faleceu em 1960. Formou-se pela antiga Escola Normal do Rio de Janeiro (GB); ingressou no magistério, onde fez uma longa carreira como educadora e diretora de escolas, inclusive da Escola Municipal (RJ). Destacou-se como ativista cultural. Pertence à Sociedade de Homens de Letras do Brasil, à Associação Brasileira da Imprensa e à Sociedade Cultural Feminina.

Como escritora, iniciou-se na década de 1940, colaborando na imprensa com poesia e crônicas. Em decorrência de sua ligação com o ensino e a educação, a maior parte de sua produção literária (peças teatrais e poesia) se destinou ao público infanto-juvenil. De sua produção poética foram publicadas duas coletâneas: **Plumas e espinhos** e **Serenidade**.

Publicações: Poesia – **Plumas e espinhos**, s/d, e **Serenidade**, 1955. Didática – **Cartinha de Artur José**, **O livro de Nilda** e **Leituras cívicas** (anos de 1940 e 1950). Literatura infantil – **Canções infantis**, **A vingança do polichinelo**, **Uma duas argolinhas** e **Quando o céu se enche de balões** (anos de 1950 e 1960).

LEONOR SCLIAR-CABRAL 709

Poeta em tom maior, advogada, professora universitária, pesquisadora e presença atuante no movimento cultural do Brasil e exterior, Leonor Scliar-Cabral nasceu em Porto Alegre (RS), em 20.05.1929. Formou-se em Direito pela UFRS/1963. Licenciou-se em Letras pela PUC-RS/1968. Doutorou-se em Lingüística pela USP/1977. Ingressou na carreira acadêmica na UFSC, onde é professora titular, por concurso.

Como pesquisadora, envolveu-se nos movimentos renovadores que marcaram os anos de 1970 e 1990, principalmente nas áreas de línguas, lingüística, ensino e informática. Durante alguns anos, integrou o grupo docente da Escola Paulista de Medicina, atuando nas áreas de fonoaudiologia (cursos de graduação) e de distúrbios da comunicação (nível pós-graduação). Especializando-se em lingüística e psicolingüística, tem publicado inúmeros artigos e ensaios em revistas especializadas ou em livros.

Em 1993/1994, participou do Grupo de Trabalho da FAE/MEC, para a formulação da política nacional dos materiais didáticos. Fez parte, com G. Secco, do projeto CHULDES (na ocasião, o maior banco de dados no mundo, na área da linguagem), contribuindo para a informatização dos primeiros dados para aquisição da linguagem em português. Coordenou os projetos: Narratividade em crianças e processos de leitura no INEP/UFSC; e deu cursos de capacitação docente para o magistério ligado à pré-escola.

Ligada às pesquisas que, nessa área interdisciplinar, vêm sendo realizadas no exterior, tem ocupado cargos decisórios importantes. Em julho/1991 (no Congresso realizado em Toronto) foi eleita Presidente da Sociedade Internacional de Psicolingüística Aplicada ISAPL – International Society for Applied Psycholinguistics); e reeleita em junho/1994 (Congresso realizado em Bolonha – Cesena). É membro do Comitê da IASCIL (International Association for the Studies of Child); do Comitê de Linguagem do IALP (Internacional Association of Longopedics and Phoniatrics) e do Conselho Editorial do Jornal of International Psycholinguistics. Fundadora e membro do conselho editorial da revista Letras de Hoje. Detentora do prêmio Esso de Literatura, em 1967.

Como poeta, estreou em livro, em 1987, com **Sonetos**. Mas sua arte poética maior seria alcançada num primeiro momento, com **Romances e canções sefarditas** (1990) e num segundo momento com **Memórias de Sefarad** (1994), tradução/recriação do acervo lírico judeu-espanhol que, vindo do século XV, e por meio das memórias de sucessivas gerações sefarditas, chega ao nosso tempo. Em peregrinação pelas judierias de Girona, Toledo, Sevilha, Córdoba e Granada, a poeta vivenciou as antigas moradas sefarditas e se impregnou da atmosfera de outrora. Em viagem a Tessalônica e Istambul, seguiu as pegadas deixadas pela diáspora de 1942, que espalhou os sefarditas pelo mundo todo.

É em **Memórias de Sefarad** que a poeta condensa, em alta temperatura poética, todo o acervo lírico colhido em suas peregrinações e trabalhado em anos de pesquisa. Em belíssima edição (ilustração do artista plástico Rodrigo Haro), na qual a essencialidade das palavras dialoga com a substancialidade das imagens, esta obra resgata a riqueza da língua judaica que se desenvolveu na Península Ibérica.

Uma sinopse histórica acompanha o volume, alertando o leitor para a importância documental desta recolha poética, para além de sua beleza e emoção. A começar pelo título, **Sefarad** (e variantes, sefardim ou sefardita) é o nome hebraico da

Península Ibérica, onde os judeus desenvolveram uma língua própria, o judeu-espanhol, e uma rica cultura que, a partir do século XI, se torna a mais importante da comunidade judaica no mundo. Em 1542, expulsos da Espanha pelos reis católicos, os judeus emigraram para Portugal, Navarra, Itália, Tuniz... e desses pontos esprairam-se para Amsterdã, Londres, Hamburgo, Viena e Paris. Um grande contingente dirigiu-se para Bulgária, Constantinopla, Marrocos, Jerusalém. No século XVII, começam a emigrar para as Américas. Chegam ao Brasil, no Recife, onde em 1634 foram fundadas duas sinagogas e, em 1642, chega o primeiro líder espiritual, Rabi Isaac, Aboab da Fonseca. Acuradas pesquisas mostram que a presença dos judeus sefarditas é marcante na cultura brasileira, principalmente a partir do século XIX quando, dirigido pelo Barão Hirsch, um enorme contingente de famílias sefarditas (vindas da Grécia, Turquia, Síria, Líbano e Palestina) emigraram para o Rio de Janeiro, Minas Gerais e São Paulo.

Celebrante dessa memória ancestral, é pelos veios dessa cultura, transfigurada em canções e romances, que Leonor vai arrancando a poesia destas **Memórias de Sefarad**, engendradas em torno da temática essencial da lírica judaica: o exílio e a promissão.

Tua casa foi saqueada, as vigas arrastadas. / No dia mais sagrado, arrancam-te os cabelos. / Mas não tua palavra. Aqui chora Menahem: / – Qual foi o meu pecado? Escuta meu apelo! // Sangraram-me as feridas, indo até as raízes. / Foi este o meu delito, impor a voz primeva? [...] Eu busco as raízes, há muito esquecidas / gravadas neste livro, ouvido no deserto! // Raízes eu deixei...

Sem dúvida, é de raízes que toda vida se alimenta. Raízes que, se não forem regadas ou alimentadas pelo Amor (seja de que natureza for...) acabam por secar. É o que está implícito na poesia do seu livro **De senectute erótica** (1998). Em edição bilíngüe (português e versão francesa por Marie-Héléne C. Torres), esta nova recolha poética é energizada por um tema até bem pouco quase ausente na literatura feminina: o do erotismo na mulher madura, a que vive no limiar entre a juventude e a velhice. Tema-tabu da sociedade tradicional/cristã, que estigmatizava o desejo na mulher, como grande pecado, em todas as idades. Dividido em duas partes (Espera e Encontro), na primeira, fala a mulher solitária, privada de amor, prisioneira do já vivido e da mesmice cotidiana, secando por dentro: *Cinzas de um fogo morto, / lavas à noite extintas, dispersas pela névoa / das frias madrugadas / do meu isolamento / a contemplar o nada.*

Na segunda, o Encontro, a redescoberta do corpo vivo, como na adolescência, toda tumulto, auto-entrega e prazer.

Faz de conta que eu sou adolescente / e estou me entregando sobre a grama. / leito nupcial, / colchão de folhas. // Faz de conta que os anos não passaram / e a vulva tem aroma de jasmins [...] Faz de conta que és tu quem me revela / meu corpo até então adormecido. [...] Estava distraída e ouvi tua voz, / de naus perdidas, âncora jogada, / cravada em minha carne / com o sulco do desejo. // Ó meu doce argonauta, meu epodo, / revolve o meu chão, rasga-me as entranhas [...] Que as lavas se misturem às melenas / no destino desse remoinho / em que sorvo teu corpo / desmanchado no meu.

É no sentido dessa fusão existencial (que ultrapassa de muito o meramente carnal) que nos referimos à junção raízes/amor. É essa a natureza da fruição erótica cantada em **De senectude erótica**, exercício de paixão que arraiga nas raízes do corpo, ali no limiar do desconhecido espaço, onde se oculta o mistério do ser. É nesse limiar, também, que se engendra a poesia dos místicos de todos os tempos...

Publicações: **Sonetos**, 1987; **Romances e canções sefarditas**, 1990, e **Memórias de Sefarad**, 1994. Ensaios – **Em busca da poesia**, 1967; **Problemas da epistemologia em lingüística**, s/d; **Introdução à lingüística**, 1973; **Gramática transformacional**, 1974; **Aspectos do modernismo brasileiro** (c/ Tânia Carvalhal e outros), 1979; **As idéias lingüísticas de Mário de Andrade**, 1986; **O método contextual dinâmico aplicado em Fernando Pessoa**, 1989.

710 LEONOR TELLES

Contista, poeta, jornalista, tradutora, Leonor Telles nasceu no Recife (PE), em 1922. Radicou-se no Rio de Janeiro. Cursou Jornalismo. Formou-se em Biblioteconomia na Biblioteca Nacional do Rio de Janeiro. Fez Especialização na Universidade de Cambridge, EUA.

Como escritora, estréia em livro em 1945 com a coletânea de contos **Porteira velha**, onde já está presente a matéria-prima com que construiu o seu mundo ficcional: a vida dos humildes, os sonhos, carências e frustrações do ser humano, a solidariedade humana, etc. Situações comuns do dia-a-dia expressas no estilo objetivo-realista do contador-de-histórias, de comunicação imediata com o leitor. Nessa mesma linha, seguem-se: **Diário de viagem**, **Deslumbramento** e **A casa dentro do sonho**. Todos eles com boa repercussão na crítica nacional e de Portugal.

Publicações: Contos – **Porteira velha**, 1945; **Deslumbramento**, 1968, e **A casa dentro do sonho**, 1972. Relato – **Diário de viagem**, 1949.

LEONOR XAVIER 711

Memorialista, jornalista e ensaísta, Leonor Xavier nasceu em Lisboa (Portugal), em 1943. No momento de caos que se sucedeu à Revolução de 25 de abril de 1974, em Portugal, mudou-se com a família para o Brasil. Residiu quatro anos em São Paulo (SP), depois fixou-se no Rio de Janeiro (RJ).

Formou-se em Filologia Românica pela Faculdade de Letras da Universidade de Lisboa. No Brasil, trabalhou como redatora em vários jornais. Nos anos de 1970 e 1980 trabalha como jornalista-correspondente do semanário português **Tempo**. Colabora na revista Espaço-T-Magazine de Lisboa. Em 1980, publica o livro **Atmosferas**, uma escrita-fusão de fatos vividos, sensações, emoções e reflexões de uma alma portuguesa que descobre o Brasil e nele se redescobre como confluência de um passado e de um presente, amalgamados que se abrem para a aventura do futuro.

Publicação: **Atmosferas**, 1980.

LEONTINA LICÍNIO CARDOSO 712

Poeta, romancista e biógrafa, Leontina Licínio Cardoso nasceu em Lavras do Sul (RS), em 25.04.1890. Residiu grande parte de sua vida no Rio de Janeiro (RJ). Faleceu em 1970. Colaborou com poesias e crônicas, na imprensa gaúcha e carioca. Estréia em livro em 1935, com **Almas**. Dedica-se a pesquisar as memórias da família e, em 1952, publica a biografia de seu irmão Licínio Cardoso (1889/1931), arquiteto, grande *expert* em Arte e um dos notáveis do Rio de Janeiro da primeira metade do século XX.

Publicações: Poesia – **Alma**, 1935. Biografia – **Licínio Cardoso: seu pensamento, sua vida e sua obra**, 1952; Romance – **A soberana**, 1956.

LETÍCIA DE FIGUEIREDO 713

Poeta, musicista, cantora, concertista, Letícia de Figueiredo nasceu no Rio de Janeiro (RJ), em 1908. Dotada de raro talento para a música, desde muito jovem dedicou-se aos estudos de piano, composição musical e canto. Diplomou-se em piano, canto e teoria musical no Conservatório Brasileiro de Música. Especializou-se em composição e harmonia. Criou cerca de uma centena de composições musicais, com letras de Cecília Meireles, Olegário Mariano, Jorge de Lima, Menotti del Picchia e outros, bem como com letras de sua autoria. Ao mesmo tempo escrevia poesia que, circunstancialmente, publicava em revistas literárias.

Na década de 1930, inicia carreira de concertista, apresentando-se em turnês por países da América do Sul e Europa. Dedicou-se posteriormente à atividade de logopedista, tendo trabalhado a voz de inúmeros profissionais liberais (que dependem da fala, da eloqüência) ou artistas de renome (como Chico Anísio, Lupe Gigliotti, etc.). Foi diretora artística da Associação Artística Mathilde Bailly e supervisora do setor de arte e convívio do Instituto Brasil-Estados Unidos. Em 1948, foi agraciada, pela Prefeitura do Rio de Janeiro, com a Medalha de Ouro por serviços prestados à Arte. Em 1990, publica uma coletânea de poesias, escritas ao longo de anos: **Percursos**, poesias que falam de suas vivências.

Publicação: **Percursos**, 1990.

LEYDA RÉGIS 714

Romancista, oradora, professora, contabilista, Leyda Régis nasceu em Aracaju (SE), em 23.03.1904. Personalidade de grande desenvoltura, ocupou vários cargos na área da educação e ensino. Em 1930, foi nomeada por concurso como professora da Escola de Artífice. Ganhou fama como oradora de grande erudição. Em 1969, publica o romance **Retorno**. Segue-se uma biografia, **Bebê Fontes**, e uma coletânea de **Discursos esparsos**.

Publicações: Romance – **Retorno**, 1969. Biografia – **Bebê Fontes**, s/d. Oratória – **Discursos esparsos**, s/d.

715 LEYLA DA SILVEIRA LOBO

Poeta, Leyla da Silveira Lobo nasceu no Rio de Janeiro (RJ), em 07.01.1940. Publicou, em 1977, a poesia de **Ontem... ainda**. Em 1981, **Lágrimas de agora**. Seu livro inédito, "Na beira da praia" recebeu menção honrosa do Prêmio Fernando Chinaglia/UBE-RJ, 1977.

Publicações: **Ontem... ainda**, 1977, e **Lágrimas de agora**, 1981.

716 LIA CAMPOS FERREIRA

Poeta, cronista, memorialista, pintora e escritora de literatura para crianças, Lia Souza Campos de Siqueira Ferreira nasceu em São Paulo (SP), em 1919, descendente de tradicional família paulista. Formou-se em Letras, tendo feito parte de seus estudos nos EUA (Baltimore) e parte em São Paulo. Ingressa na carreira de professora, nos anos de 1940, na mesma época em que se inicia como escritora, colaborando na imprensa. Durante um ano assina a coluna de crítica literária Coquetel Literário, no Correio Internacional-RJ. Fundou o jornal A Papelota do Departamento Cultural da Liga das Senhoras Católicas, da qual foi diretora e secretária. Seu *hobby* é a pintura, tendo participado de exposições coletivas e sido distinguida com menções honrosas.

Estréia em livro em 1948, com **A poesia bateu à minha porta**, usando o nome literário de Théa Igoki. Atuante no movimento sociocultural paulistano e carioca, liga-se a várias entidades: Ordem dos Cavaleiros de São Sebastião e Guilherme (1950), Associação dos Cavaleiros de São Paulo (1960); Pen Clube de São Paulo, e UBE-SP. Em 1968, participa da antologia **232 poetas paulistas**. Nos anos de 1970, inicia uma nova fase em sua carreira: volta-se para a literatura infantil. Continua a colaboração com contos e artigos em jornais e revistas. Participa do movimento trovador e torna-se membro da UBT–União Brasileira de Trovadores. Em 1982, publica a biografia romanceada de seu pai, Dr. Ernesto Souza Campos (1882/1970), notável figura de intelectual, cuja vida está fundamentalmente ligada não só a São Paulo, mas também ao Brasil (foi Catedrático da Faculdade de Medicina-USP; Ministro da Educação e Saúde (1946) e Embaixador especial do Brasil em vários países da América do Sul). Em 1990, publica **Poema da vida** (memórias) e em 1994, **No balanço da rede**, história romanceada de Mato Grosso do Sul, dentro do Projeto Brasil (Totalidade Editora), série que pretende mostrar com fidelidade a realidade e a alma do povo brasileiro, em seus variados aspectos.

Publicações: Poesia – **A poesia bateu à minha porta**, 1948. Biografia – **A vida e obra de Ernesto Souza Campos**, 1982. Memória – **Poema da vida**, 1990. História – **No balanço da rede**, 1994. Livro infantil – **A amiguinha do sol**, 1977; **Contorninho de gente**, 1978; **Tota e Tusca**, 1979 e outros.

717 LIA CORREIA DUTRA

Poeta, ficcionista, ensaísta, tradutora, Lia Correia Dutra nasceu no Rio de Janeiro (RJ), em 1908. Iniciou-se profissionalmente como jornalista, colaborando na imprensa e em revistas literárias (Leitura). Estreou como poeta, em 1931, com **Luz e sombra**, que recebeu o Prêmio Poesia-ABL. Prossegue escrevendo como crítica literária e pesquisadora. Dessa atividade resulta o ensaio sobre a obra de José Lins do Rego. Em 1941, lança o livro de contos **Navio sem porto** (Prêmio Humberto de Campos-ABL). Dedica-se à atividade de tradutora, colaborando com Paulo Ronai na tradução da **Comédia humana** de Balzac. Em 1969, o seu **Memórias de um saudosista** recebe um dos prêmios Walmap para literatura. Há contos seus incluídos em várias antologias nacionais e estrangeiras.

Publicações: Poesia – **Luz e sombra**, 1931. Conto – **Navio sem porto**, 1941. Memória – **Memórias de um saudosista**, 1969.

LIA MONTEIRO 718

Poeta, ficcionista, professora, Lia Monteiro nasceu em Vitória da Conquista (BA), em 14.03.1952. Aos quinze anos, descobriu sua vocação de escritora e desde então não parou de criar e de escrever. No final dos anos de 1960, mudou-se para São Paulo (SP), ligando-se ao movimento de renovação musical que, então, acontecia por meio dos Festivais da TV Record (ocasião em que foram lançados os grandes nomes da música popular brasileira: Chico Buarque de Holanda, Caetano Veloso, Gilberto Gil, Edu Lobo, Elis Regina, Maria Bethânia...). Integrada nesse movimento, fez letras de música e participou da boemia jovem paulista.

No início dos anos de 1970, muda-se para o Rio de Janeiro. Estudou na Faculdade de Letras-UFRJ. No período entre 1973 e 1976, estagiou na Alemanha (Faculdade de Tubingen), estudando Teoria da Literatura. Terminando o curso de Letras, ingressa no magistério. Sua estréia como romancista se dá em 1981, com o romance **De fogo e sangue**, uma saga anti-heróica de nosso tempo, que retrata os duros e violentos tempos do Governo Militar do Brasil (1964/1979). Romance-testemunho de mulher que se descobre, por intermédio da dura aprendizagem dos tempos de escuridão, este se inscreve entre os que depõem sobre o período político pós-1964, ou mais exatamente, sobre o sombrio período de vigência do AI-5 (Ato institucional que endureceu a censura no Brasil: 1968/1978). Embora a personagem-eixo seja uma mulher que depõe sobre sua experiência pessoal e intransferível, a problemática de **De fogo e sangue** abrange toda uma coletividade atingida pelo tempo de exceção, que envolveu igualmente a vida íntima do indivíduo e seu espaço profissional ou social.

Narrativa fragmentada, dividida em duas partes (uma que se volta para a invenção literária, outra para os fatos históricos), a deste romance se tece numa escritura densa que, dominando a estrutura arbitrária dos fatos que se atropelam sem lógica aparente, revela não só a maturidade crítica e intelectual da escritora, mas também o domínio artesanal da palavra literária. Domínio que se nota na interdependência orgânica que existe entre a estrutura-mosaico que sustenta a narrativa (e que tem muito de montagem cinematográfica) e a matéria viva ali amalgamada em bruto com os pedaços de vida que a memória vai recuperando do passado distante ou imediato. É este um romance que já faz parte da literatura brasileira–século XX. Nas palavras de Heloisa Buarque de Holanda: *O texto de Lia traz um interesse a mais: dentre os diversos balanços que hoje circulam na praça sobre esses tempos de sufoco pós-64,* De fogo e sangue *mostra a pespectiva da mulher, voz que pouco se faz presente nessa safra de memória recente de nossa história. A percepção feminina da força da repressão política batendo na formação familiar, na intimidade doméstica, no colégio, no amor, na sexualidade. O quadro político não explicitado diretamente, mas que compõe e determina um estranhamento no trânsito afetivo. A história do Brasil sentida de dentro das relações concretas do dia-a-dia. [...] A consciência de que a História é maior que o relato.*

Publicação: **De fogo e sangue**, 1981.

LIANE DOS SANTOS 719

Poeta, jornalista, Liane dos Santos nasceu em Itajaí (SC), em 24.07.1953. Desde os anos 1960 e 1970 atuou como repórter e redatora em jornais e revistas de Porto Alegre e de outros estados. Participou do International Writing Program (Iowa/EUA), em 1978. Está radicada no Rio de Janeiro (RJ).

Publicações: Poesia – **Primeiro ato**, 1977; **Verão**, 1980, e **Luz da noite**, 1985.

LÍDIA BESOUCHET 720

Romancista, ensaísta, historiadora, pesquisadora e biógrafa, Lídia Besouchet de Freitas nasceu em Porto Alegre (RS), em 23.05.1908. De descendência nordestina, criou-se em São João del Rey (MG); estudou em Vitória (ES). Cursou a Escola Normal no Rio de Janeiro e ingressou na carreira docente. Dedica-se ao estudo do folclore, com vistas à formação do espírito brasileiro das crianças. Em 1931, publica **Folclore na escola**. Prossegue estudos no Curso Superior de Cultura Patológica.

Espírito idealista e personalidade dinâmica, na década de 1930 envolve-se em atividades políticas de oposição (ligadas ao advento da era getuliana) e é exilada (com o esposo, Newton Freitas) para a Argentina, onde trabalhou no Escritório Comercial do Brasil em Buenos Aires, em 1937. Ali desenvolve importante trabalho de divulgação da história e da literatura brasileira. Colaborou em **La Prensa** (B. Aires) e publicou vários livros: **Diez escritores del Brasil** (1939); **Mauá y su tiempo** (1940); **Desarrollo industrial del Brasil** (1942); **Condición de mujer** (1944) e outros, que posteriormente foram traduzidos no Brasil. Estréia como romancista com **El Mestizo** (1945). De volta, trabalhou no Instituto Brasileiro de Biblioteconomia e Documentação-RJ. Prossegue com a pesquisa histórica e com a criação literária. Em 1986, dentro do movimento de criação da nova literatura infantil, escreve **Aventuras do Tio Macário**, novela de aventuras que privilegia a fantasia, a liberdade individual, como os mais preciosos bens do ser humano.

Publicações: Romance – **O mestiço**, 1947; **Condição de mulher**, 1947; e **Canção do exílio**, 1961. Ensaio biográfico – **O pensamento vivo de Mauá**, 1944; **José Maria da Silva Paranhos**, 1944; **Rio Branco e o Segundo Reinado**, 1944; **Exílio e morte do imperador**, 1975. Novela infantil – **Aventuras do tio Macário**, 1986.

721 LÍDIA MOSCHETTI

Romancista, contista, poeta, pintora e atuante presença cultural, Lídia Giannomi Moschetti nasceu em Florença (Itália), em 14.09.1893 (outras fontes registram-na como nascida em Fuzecchio, em 14.09.1888). Em 1907 veio com a família para o Brasil, instalando-se inicialmente em São Paulo (SP), onde, adolescente, fez cursos de desenho, pintura, música, canto e línguas. Nos anos de 1920, casa-se com o engenheiro industrial Luís Moschetti e muda-se para Porto Alegre (RS), onde se radicou e desenvolveu intensa atividade cultural. Articulou a fundação da Academia Literária do Rio Grande do Sul (com Aura Pereira Lemos*, Alzira Freitas Tacques*, Aurora Nunes Wagner, Aracy Fróis e Beatriz Regina), em 1943. Engajada na promoção da Assistência social, atuou diretamente para a fundação de educandários para menores abandonados ou para a formação profissional de menores, asilos para velhos, almoços para mendigos, sopa escolar para alunos carentes, Instituto Santa Luiza para cegos (com Irmãs da Ordem de São Francisco), a Casa pela Mãe e pela Criança, creches, etc. Foi membro de importantes entidades culturais no Brasil e no exterior. Somam-se às dezenas as distinções, prêmios, diplomas e honrarias que recebeu durante sua longa vida de trabalho contínuo. Por essa dedicação idealista, recebeu o título de Cidadã Brasileira. Pertence à Fraternidade Universal Balzaquiana-Montevidéu, à Sociedade de Homens de Letras do Brasil, à Universidade Heráldica de Roma e outras.

Como escritora iniciou-se muito jovem, escrevendo poemas, contos e crônicas, divulgados na imprensa. Estreou em livro com o romance **A sobrinha do cardeal** (1940). Seguem-se outros romances, livros de poesia, ensaios e pesquisa que revelam uma consciência generosa, crítica e alerta para os desequilíbrios sociais e a conseqüente impossibilidade de realização individual para a maioria.

Publicações: Romance – **A sobrinha do cardeal**, 1940; **A vida é um ponto de ?** 1941; **Um baile e uma vida**, 1944; **No altar da caridade**, 1946; **A morte das Ilustrações**, 1948; e **Santa Maria da Boca do Monte**, 1950. Poesia – **Poesias escolhidas**, 1969, e **Pensamentos soltos**, 1972. Ensaio – **O problema de delinqüência infantil e sua recuperação**, 1955. Pesquisa – **Catálogo da grande exposição do "livro americano"** (com endereços dos autores), 1948.

722 LÍDIA SANTOS

Contista, professora universitária, pesquisadora e ensaísta, Lídia do Valle Santos nasceu no Rio de Janeiro (RJ), em 01.09.1948. Formou-se em Letras e inicia a carreira universitária, como professora de Literatura Hispano-Americana, no Instituto de Letras da Universidade Federal Fluminense. Realiza o mestrado na Faculdade de Letras-UFRJ/1983; e o doutorado na Faculdade de Letras-USP/1993. Para a obtenção de tais títulos, desenvolveu pesquisas na área interdisciplinar: relações entre a cultura erudita e popular, nos romances dos anos de 1970 e 1980 da América Latina. Recebeu apoio da CAPES (Comissão de Aperfeiçoamento do Pessoal do Ensino Superior), com Bolsa vinculada ao Programa Institucional de Capacitação de Docentes (PICD), no período 1987/1991. A referida pesquisa foi complementada com a Bolsa para Hispanistas Estrangeiros (Ministério das Relações Exteriores do Governo da Espanha), realizada em 1992, na Universidade Autônoma de Barcelona.

Desde cedo, vocacionada para a escrita de ficção, a partir dos anos de 1970, começou a publicar contos na imprensa, revistas, antologias e participou de concursos literários. Participou também das oficinas literárias coordenadas por Nélida Piñon na UFRJ e, posteriormente, coordenou diversas oficinas: Trabalho de criação literária realizado com detentos da Penitenciária Lemos de Brito-RJ; Oficina de Ficção na OLAC (Oficina Literária Afrânio Coutinho) RJ–1985/1987; Oficina literária na Universidade Federal de Mato Grosso – Cuiába–1986 e outras.

Estréia em livro com os contos de **Flauta e cavaquinho**, anteriormente publicados na imprensa ou premiados em concursos (Prêmio Cora Coralina-GO–1986; Prêmio Servidor das Letras-RJ–1992 e outros).

Na área de Literatura Hispano-Americana, traduziu textos de escritores espanhóis para a antologia **Fundadores da modernidade** (org. Irlemar Chiampi-USP–1991) e para outras coletâneas. Escreveu ensaios sobre Severo Sarduy, Alejo Carpentier, Ricardo Piglia...(Suplemento Cultural/OESP–1989/1990). Como técnica em ativação cultural, participou da equipe de Ativação Cultural da Secretaria de Estado de Cultura/Rj–1981/1988. Participou de Encontros com Escritores e coordenou muitos deles.

Publicações: **Flauta e cavaquinho**, 1989, e **Os ossos da esperança**, 1994.

LIEGE MARLA DA ROSA 723

Poeta, cronista, Liege Marla da Rosa nasceu em Canoas (RS), em 1960. Desde muito jovem escreve poemas e crônicas, divulgando-as na imprensa. Estréia em livro, em 1993, com a poesia de **Linguagem dos ventos**.

Publicação: **Linguagem dos ventos**, 1993.

LÍGIA JUNQUEIRA CAIUBI 724

Romancista e tradutora, Lígia Junqueira Caiubi nasceu em Conquista (MG), em 24.07.1906. Radicou-se na capital paulista. Estréia como escritora, traduzindo romances franceses e ingleses. Nos anos de 1940, inicia-se como romancista com **Revoada incerta**. Seguem-se outros, sem grande repercussão crítica, mas do agrado do grande público.

Publicações: **Revoada incerta**; **Fronteiras de vidro**; **Cinza e vinho** e **Mea culpa** (todos s/d).

LÍGIA KOETZ STEIGLEDER 725

Poeta, romancista, cronista, contista e advogada, Lígia Koetz Steigleder nasceu em São Pedro do Sul (RS), em 20.02.1933.

Inicia-se como escritora nos anos de 1980, inscrevendo-se em concursos literários e conquistando vários prêmios (Habitasul–Correio do Povo/1981; III Concurso Nacional de Poesia de Brasília/1982; Ano Nacional do Idoso – LBA/1982; Plano Editorial/1983-SMEC – Prefeitura Municipal de Porto Alegre, com o romance **Calcinado outono**; III Concurso Raimundo Correa – Poesia/1983 e Concurso de Crônicas – Academia Feminina do Rio Grande do Sul/1984). Tem variada produção de crônicas e textos poéticos em jornais ou suplementos literários gaúchos.

Publicação: **Calcinado outono**, 1983.

LÍGIA KRUEL RIBEIRO 726

Poeta e funcionária federal, Lígia Kruel Ribeiro nasceu em Santa Maria (RS), em 06.01.1913. Residiu no Rio de Janeiro (RJ), onde faleceu em 14.02.1957.

Desde os anos de 1930, foi colaboradora constante de jornais rio-grandenses e cariocas. Sua produção poética esparsa foi em parte publicada em livro, em 1957, e, posteriormente ampliada, foi reeditada por Pedro Vilas Boas, em 1964.

Publicação: **Distância e lágrimas**, 1957 (publ. póst. 1964).

LÍGIA LOPES DA SILVA 727

Poeta, cronista, professora, Lígia Simões Lopes da Silva nasceu em Pelotas (RS), em 21.09.1922. Colaborou com poemas e crônicas na imprensa gaúcha e mato-grossense. Estréia em livro em 1963, com a poesia de **Sonata patética**.

Publicação: **Sonata patética**, 1963.

728 LÍGIA PONTES

Poeta, jornalista e cronista paulista, Lígia Pontes se diz nascida com a arte. Seus primeiros escritos foram publicados na imprensa (Folha do ABC) nos anos de 1970. Trabalhou como redatora e repórter em vários jornais do interior paulista (Tribuna do Povo-Dracena). Participou dos movimentos de poesia e teatro dos novíssimos, dos anos de 1980. Integrante do Grupo Poeco Só Poesia, publicou poemas nas antologias **Ensaios** III, IV e V. Estreou em livro, em 1987, com a poesia de **Vidragem**.

Publicação: **Vidragem**, 1987.

729 LIGIA SABOYA

Poeta, romancista, jornalista, empresária, Ligia Suely da Costa Saboya nasceu no Rio de Janeiro (RJ). Formou-se em Jornalismo, nos anos de 1960, na primeira turma graduada na Universidade Católica do Rio de Janeiro. Atraída pela poesia, escreve poemas que publica em jornais literários e antologias. Em sociedade com Maria Helena Nóvoa*, sua colega de turma na Universidade, funda uma empresa imobiliária de sucesso.

Como romancista, estréia em 1982, com o romance **Teorema do espelho**, escrito em parceria com Maria Helena e que recebeu um dos prêmios da I Bienal Nestlé de Literatura Brasileira. Ao ser publicado, o título original é ampliado: **A noiva do super-homem** (Teorema do espelho) e a apresentação enfatiza o envolvimento pessoal e sintonizado das duas autoras:

...são amigas há mais de vinte anos. Têm afinidades, é lógico. As duas gostam mais do avesso do que do direito. Mais de caminhar do que de chegar. Enquanto Maria Helena estudava religião, mitologia e astrologia, Lígia aprendia alemão, fazia poesia e era publicada em antologia. Um dia-a-dia diverso mas rimado; por isso montaram juntas uma empresa imobiliária. E como a sociedade deu certo, resolveram fazer uma sociedade literária. Só poderia ter saído o que saiu: um teorema.

Por meio de um enredo aparentemente banal, **A noiva do super-homem** problematiza uma das perguntas-limite de nosso tempo-de-caos: Quem sou eu?. Uma vez que a ciência pôs em questão (ou anulou) a idéia de um Deus criador e, conseqüentemente, responsabilizou o homem por seu próprio destino, em sua aventura terrestre, o eu perdeu seu centro sagrado (o ponto de apoio absoluto que dava o sentido da vida). E, descentrado, o homem busca um novo centro, a partir dele mesmo. É esse, como sabemos, o nervo vital da literatura–século XX e que prossegue neste século XXI, que apenas começa.

É no âmbito dessa problemática que agem e reagem as duas personas poéticas que falam neste romance e se buscam mutuamente, uma querendo encontrar na outra a resposta: Tu és isto!, que apaziguaria a interrogação ainda em aberto: Quem sou eu?. Não por acaso, a teoria do espelho (freudiana/lacaniana) foi escolhida pelas autoras como ponto de apoio para essa busca. O que parece hoje indiscutível é que o eu se descobre em plenitude por meio do outro... Mas como fazê-lo? É no encalço dessa autodescoberta que, no romance, se vai desenovelando a trama que envolve Powla, a amiga (sem nome), os respectivos maridos Lauro, Dino (o suicida), os amantes, etc. Sua leitura é das que exigem mergulhos no texto, para além do explicitado pelas palavras.

Publicação: **A noiva do super-homem** (Teorema do Espelho), 1983.

730 LILA RIPOLL

Poeta, professora, mulher de letras e ativista política, Lila Ripoll Guedes nasceu em Quaraí (RS), em 12.08.1916. Vitimada pelo câncer, faleceu em Porto Alegre (RS), em 07.02.1967. Estudou as primeiras letras em Quaraí, *terra de noites brancas, lendas mágicas [...] muito contrabando e violência política.* Completa sua educação em Porto Alegre, onde em 1927 se forma professora e pianista, com intenções de se tornar concertista. Mas seu destino levou-a para outros caminhos.

Em 1930, publica seus primeiros versos na Revista Universitária, e ingressa no magistério como professora de música. Extremamente dinâmica, passa a liderar o núcleo de professores progressistas da escola. Em 1934, o assassinato de seu primo e irmão de criação, Waldemar Ripoll (a mando do General Flores da Cunha a quem ele combatia), levou Lila à militância política. Admiradora de Luís Carlos Prestes, participa da Frente Intelectual do Partido Comunista e começa sua militância no Sindicato dos Metalúrgicos. Ali dirige o Departamento Cultural, dá aulas de música e literatura; encena peças de teatro e funda o Coral dos Metalúrgicos.

Em 1938, estréia em livro com a poesia **De mãos postas**, de inspiração mística, o que contrasta com a ideologia marxista a que ela aderira. A repercussão crítica do livro foi imediata. Múcio Leão do Jornal do Brasil-RJ (um dos mais importantes jornais brasileiros na época) consagra-a como "a grande voz poética da mulher gaúcha". A produção que se segue através dos anos confirma essa primeira manifestação da crítica: Lila Ripoll acaba se firmando como uma das vozes mais destacadas da "geração de 30" sul-rio-grandense (Reynaldo Moura, Mário Quitana, Dyonélio Machado, Athos Damasceno, Manoelito Ornellas...). Poesia que reflete os contrastes ou as indecisões, inseguranças e euforias que marcam os anos de 1930 e 1940 (primeiro período da era getuliana), a de Lila Ripoll (apesar do engajamento político, apaixonado, da autora) é de natureza introspectiva, revelando um eu sofrido, preso em sua solidão interior.

Sou triste de nascença e sem remédio [...] Sou triste de nascença. É mal sem cura. / A vida não desfez meu nascimento. / Sou a menina triste e sem ventura / que em agosto nasceu, com chuva e vento. [...] As brasas não aquecem quase nada. / Há um ambiente mortal de desconforto. / Nenhum ruído. Nem passos na calçada. / Tudo imóvel, Parado. Tudo morto! [...] Eu prisioneira sou. Não posso dar / mais sol ao meu destino. Estou perdida / no mistério da vida, sem beleza, / na tortura de ser, na correnteza, / um galho sem vontade que se vai....

Essa ótica de solidão interiorizada e de total impotência existencial é a que predomina em seu segundo título, **Céu vazio** (Prêmio Olavo Bilac-ABL/1941). Os seguintes serão perpassados por uma consciência humanista, voltada para o sofrimento do outro, mas ainda de natureza lírica, fundamente tocada pela presença da morte ou pela irremediável efemeridade das coisas.

Em 1944, casa-se com Alfredo Luiz Guedes e, no ano seguinte, com a legalização do Partido Comunista (após a queda do Estado Novo), ambos se entregam à militância política, na defesa dos direitos e promoção do operariado. São dessa época os poemas publicados na revista Província de São Pedro (importante revista literária do Sul): e os livros **Por quê?** e **Novos poemas**, no qual evoca o fuzilamento de líderes de uma passeata operária na cidade de Livramento. Foi-lhe concedido por esse livro o Prêmio Pablo da Paz/1951 do Conselho Mundial da Paz/Praga.

O ano de 1951 foi-lhe particularmente ativo: participa do comitê editorial da revista Horizonte (órgão do Núcleo Intelectual do Partido); se une ao grupo Partidários da Paz (ramificação brasileira do Conselho Mundial da Paz) e como presidente da UBE-RS, organiza o 4° Congresso Brasileiro de Escritores em Porto Alegre, com a presença de nomes como os de Graciliano Ramos, Moacyr Félix, Bernardo Ellis, Eglé Malheiros, Salim Miguel e outros. Sua atividade política prosseguiu intensa até os anos de 1960. Em 1958 estréia como dramaturga com a peça **Um colar de vidro** (representada no Teatro São Pedro), na qual ironiza de maneira amarga e mordaz a sociedade burguesa moderna, atolada na banalidade e alienação dos grandes problemas humanos. A seguir, montou a peça **Orfeu da Conceição** de Vinícius de Morais.

Depois da divulgação do Relatório Secreto de Kruchev (que no XX Congresso Comunista em Paris, em 1956, revelou ao mundo a desumana ditadura de Stalin), grande parte dos companheiros de Lila deixou o PC; ela, porém, continuou fiel à ortodoxia marxista. Em 1964, nos primeiros dias do golpe militar, é presa, mas foi solta logo depois, devido ao avanço do câncer que a vitimara. Dias antes de seu falecimento, em 1967, é lançada a **Antologia poética**, org. Walmir Ayala.

Apesar do silêncio que baixou sobre sua obra, após sua morte, a voz de Lila Ripoll continua viva em sua poesia. Apesar de ter se sentido sempre emparedada, *cercada de paredes altas [...] Paredes. Por todos os lados*, como lembra Ir. Elvo Clemente (PUC-RS), ela se despediu da vida com um grito, que as varasse:

Não. Não irei sem grito! / Abram as portas adormecidas, / levantem as cortinas, / abaixem as vozes / e as máscaras / que vou sair inteira / Eu mesma, Solitária. / Definida.

E Elvo Clemente termina: *O grito de Lila Ripoll, de coração descoberto, está presente e continuará a ecoar na consciência e no coração rio-grandense.*

(Fonte: Bordini, Maria da Glória. **Lila Ripoll**. Porto Alegre, Instituto Estadual do Livro, 1987.)

Publicações: **De mãos postas**, 1938; **Céu vazio**, 1941; **Por quê?**, 1947; **Novos poemas**, 1951; **Primeiro de maio**, 1954; **Poemas e canções**, 1957; **O coração descoberto**, 1961; **Águas móveis**, 1965; **Poesias**, 1967, e **Antologia poética**, 1967.

LILI CASTELO BRANCO, v. Emília Leite Castelo Branco (nº 420)

731 LÍLIA MAGALHÃES RABIÇO

Poeta, ficcionista, professora universitária, pesquisadora, especialista em Mitologia, Lília Magalhães Rabiço nasceu em São Gonçalo (RJ), em 30.05.1931. Formou-se em Letras Clássicas, na UFRJ; ingressou na carreira do magistério secundário. Interrompeu-a para assumir o cargo de Assessora no Serviço Público Federal. Nos anos de 1970, volta à docência, em nível superior (na UFRJ), e à pesquisa, especializando-se em Língua e Literatura Grega. Ou, mais especificamente, em Mitologia grega, na linha aberta por Jung: a do inconsciente coletivo, que transparece nos arquétipos que nos governam, sem que o percebamos.

Seguindo sua vocação para a criação literária (e, sem dúvida, sintonizada com os ventos pós-modernos, que começavam a soprar, apontando para a urgência de redescobrirmos as origens desta nossa civilização em declínio), Lília vai transformando o material mitológico de suas pesquisas em poesia e ficção. Estréia em livro, em 1974, com a poesia de **Iluminados arquétipos**, no qual são evocadas as figuras míticas que estão na origem da nossa cultura ocidental: Zeus, Minerva, Édipo, Vênus, Prometeu...

Seguem-se novos títulos, em prosa poética (ou ficção?): **Transparente obscuridade dos mitos**; **Caronte e suas viagens** e **Psicanálise dos mitos**. Todos com excelente recepção crítica e transformados em objetos de teses universitárias. Referindo-se ao último título, Marco Lucchesi o define como *um regresso* ad uterum, *experiência da ansiada origem que aí é vivenciada de forma trágica e bela. (Poesia) que resulta de uma* Gaya Scienza *onde o Supremo Acaso paira sobre a vida, devolvendo lhe o caráter trágico.*

Publicações: **Iluminados arquétipos**, 1974; **Transparente obscuridade dos mitos**, 1977; **Caronte e suas viagens**, 1981, e **Psicanálise dos mitos**, 1989.

732 LÍLIA ORNELLAS

Poeta e professora, Lília Figueiredo Pinto de Ornellas nasceu em Tupanciretã (RS), em 17.10.1936. Formou-se em História Natural (UFRS/1959). Era filha de Manoelito de Ornellas, escritor, jornalista, intelectual e político de destaque no Rio Grande do Sul, na primeira metade do século XX.

Lília iniciou-se como poeta, publicando poemas em jornais e revistas sul-rio-grandenses. Estréia em livro em 1957, com **A fuga das horas**.

Publicação: **A fuga das horas**, 1957.

LÍLIA A. PEREIRA DA SILVA 733

Poeta, ficcionista, ensaísta, tradutora, teatróloga, psicóloga, pianista, artista plástica e escritora para crianças, Lília Aparecida Pereira da Silva nasceu em Itapira (SP), em 05.02.1926. Personalidade dinâmica, com invejável capacidade de produção e divulgação de seu trabalho, em âmbito nacional e internacional, Lília A. Pereira da Silva é presença marcante no meio cultural paulista. Sua extensa obra (que já alcança cerca de uma centena de títulos) é dona de uma excelente fortuna crítica, manifestada tanto no Brasil como no exterior, onde vários de seus títulos foram traduzidos.

Fez seus primeiros estudos em Itapira. Mudou-se para a capital paulista, e formou-se em Direito, Psicologia e Jornalismo na Universidade de São Paulo e na Escola Paulistana de Ciências e Letras. Doutorou-se em Letras, em 1977, na World University of New York (filiada à Universidade de Danzig/Polônia). No mesmo ano recebeu o título de doutora *Honoris Causa*, em Ciências Humanas, da University Lincoln – Arizona.EUA. Fez inúmeros cursos de especialização na Europa (Psicologia Junguiana/University of Nova York, 1985; Psicologia Freudiana/Idem, 1985; Sociologia/The Northern Pontificial Academy, Suécia, 1988 e outros).

Como psicanalista, foi assistente do psiquiatra Dr. Ranieri Galdi (1979/1986). Escreveu inúmeros artigos sobre psicologia e psicanálise, publicados na imprensa e em revistas especializadas.

Como artista plástica, participou de centenas de exposições coletivas ou individuais, no Brasil e no exterior. Representou o Brasil em exposição de artes plásticas no México-DF. Em 1989, publicou um livro de ilustrações a *crayon*, **Carnaval Brasil**, uma seqüência de mais de duzentos desenhos registrando movimentos carnavalescos típicos. Praticamente todos os seus livros publicados têm ilustrações suas.

Iniciou-se como escritora, publicando poemas e crônicas em periódicos e revistas. Estréia em livro, em 1958, com a poesia **Lenço materno**. Seguem-se novos títulos de poesia, romances, contos, teatro, ensaios e histórias infantis. Tem vários livros de poesia traduzidos no Exterior: **Altar de las cicatrices** (Barcelona, 1973); **Riflessi** (Roma, 1968); **Fleurs de Lilia** (Paris, 1971); **Credo incroyable** (Paris, 1978). Possui ainda poemas traduzidos na Rússia, Bélgica, EUA, Estônia e Argentina, incluídos em antologias poéticas. Em 1998, Lília reúne em um volume, **The angel's surprise**, algumas dezenas de poemas seus, traduzidos. Como tradutora, tem-se dedicado a divulgar poetas das mais diversas regiões do globo: Indonésia, Japão, Itália, Índia, Alemanha, etc. Essas traduções foram publicadas em quatro volumes: **500 poesias sem fronteiras**.

É membro de inúmeras entidades culturais e de classe: UBE-SP; API–Associação Paulista de Imprensa; Associação Paulista de Belas Artes; OAB–Ordem dos Advogados do Brasil; International Arts Guild/Montecarlo; Societé Academique des Arts Liberaux – Paris; Sindicato dos Psicólogos-SP; Sociedade Brasileira de Autores Teatrais e outras.

Entre as distinções e homenagens que têm sido prestadas por sua diversificada obra, destacam-se: o seu busto em bronze, esculpido por Menotti Del Picchia e pertencente ao acervo do Museu Comendador Virgolino de Oliveira/Itapira; e o Prêmio Lília A. Pereira da Silva, para Poesia e Desenho, instituído, em 1995, pela Prefeitura Municipal/Câmara Municipal/Departamento de Cultura Esporte Turismo de Itapira, e que se realiza anualmente.

Publicações: Poesia – **Lenço materno**, 1958; **Poemas à luz do abajur**, 1959; **Os 7 véus nas marés**, 1960; **Reflexos**, 1960; **Estrela descalça**, 1960; **Totens: não Deus**, 1961; **Relógio de raízes**, 1964; **Altar das cicatrizes**, 1966; **Visita do pássaro**, 1967; **Gênese Iô**, 1970; **Menino de orvalho**, 1973; **No cristal do abismo**, 1989; **Pólen dos faunos**, 1991; **33 anos de poesia** (2 vs.), 1991; **Elipses do anjo**, 1993; **Mínimos conceitos**, 1994; **Impacto**, 1996; **Europeanas**, 1997; **Álbum de mim nua**, 1997; **Hai kais**, 2000; **Saia de cigana entre galáxias**, 2001. Romance – **Pamela**, 1959; **Almas de barro**, 1959; **A pantera**, 1965, e **Diálogo de pássaros mortos**, 1977. Contos – **Monstros e gênios**, 1965. Pensamentos – **Síntese lírica**, 1967; **Magia do anoitecer**, 1967; **Simbiose**, 1990, e **Fenômenos**, 1996. Teatro – **O juiz morto**, 1968, e **Um judeu na minha cama**, 1975. Traduções – **500 poesias sem fronteiras** (4 vs.), 1997/2000. Diário – **Diário de um robô lírico**, 1999.

734 LÍLIA ROSA DO NASCIMENTO

Poeta, romancista, folclorista, professora de arte e artista plástica, Lília Rosa do Nascimento nasceu em Porto Alegre (RS), em 1931. Atraída para diferentes setores de arte, tem-se dedicado profissionalmente, como professora e criadora, às artes visuais, principalmente ligadas ao folclore. Como poeta, começa nos anos de 1980, publicando em jornais, revistas ou antologias nacionais e do exterior: **Vozes do Sul**, 1983; **Casa do Poeta**; **International Poetry**-Colorado.EUA, 1984; **Contemporary Brazilian Prose Fiction by Women** – Colorado.EUA, 1985; **Literatura Brasileira**-Shogun.RJ, 1985; **Harmonia** – Federação Baiana de Escritores, 1986, e outros.

Estreou em livro, em 1984, com a poesia de **Uma janela para o mundo** (1º Prêmio Romance/AUEE–Uruguaiana). Segue-se o livro de contos **O gato de jade**. Tem vários contos e poemas premiados em concursos literários, que permanecem inéditos.

Publicações: **Uma janela para o sonho**, 1984, e **O gato de jade**, 1986.

735 LILIAN MAIAL

Poeta e médica, Lilian Maial Tavares nasceu no Rio de Janeiro (RJ), em 04.02.1958. Formou-se em Medicina pela Universidade Federal do Rio de Janeiro, em 1981, especializando-se em gastroenterologia. Desde cedo atraída pela escrita poética, só na maturidade intelectual inicia-se como poeta, com o livro **Enfim, renasci!**, lançado em novembro de 2001, na Feira Anual de Escritoras, em São Paulo, promovida pela REBRA (Rede de Escritoras Brasileiras), da qual é sócia. É colaboradora de sites nacionais e internacionais (revista eletrônica Cá estamos nós – Portugal; Movimento Internacional Poetrix, etc.).

Publicação: **Enfim, renasci!**, 2001.

736 LILIAN ZIEGER

Poeta, pedagoga e supervisora escolar, Lilian Zieger nasceu em Porto Alegre (RS), em 1958. Formou-se na área da Educação, especializando-se em pesquisa pedagógica. Exerce o cargo de supervisora escolar. Desde a adolescência, escreve poesia, divulgando-a pela imprensa. Estréia em livro, em 1987, com a poesia de **Asas da imaginação**. Segue-se **Gota d'água**.

Publicações: **Asas da imaginação**, 1987, e **Gota d'água**, 1989.

LILIZINHA CARVALHO, v. Emília Castelo Branco de Carvalho (nº 417)

737 LINA KOSLOWSKY SILVA

Poeta, professora e memorialista, Lina Koslowsky Silva nasceu em São Borja (RS), em 05.06.1950. Estreou em livro, em 1970, com a poesia de **Formas**. Seguem-se: **Sala de piano** e o livro de memória histórica **Majestic Hotel: memórias de um monumento**.

Publicações: Poesia – **Formas**, 1970, e **Sala de piano**, 1978. Memória – **Majestic Hotel: memórias de um monumento**, 1992.

738 LINA PERAZZINI

Poeta, artista plástica e elemento cultural atuante, Lina Perazzini (nome literário de Michelina Perazzini) nasceu na Lituânia, em 09.11.1927. Veio para o Brasil ainda criança, radicando-se em São Paulo (SP).

Como artista plástica, tem participado de coletivas de pintura. Desde jovem escreve poesias, publicadas em jornais e revistas paulistas. Tem poemas incluídos em várias antologias poéticas. Foi colaboradora de várias emissoras de rádio. Fez parte do Coral São João Batista. É membro de entidades culturais: Núcleo Brasileiro de Poesias; Movimento Poético de São Paulo; Academia Brasileira de Comunicações; Casa do Poeta Lampião de Gás; Nosso Cantinho; União Brasileira de Escritores; etc. Estréia em livro, em 1985.

Publicação: **Se o meu coração falasse**, 1985.

LINA TÂMEGA DEL PELOSO 739

Poeta, professora, pesquisadora, Lina Tâmega Peixoto del Peloso nasceu em Cataguases (MG), em 05.06.1931, onde fez seus primeiros estudos. Ainda estudante, participa do Concurso Intercolegial de Conto e Poesia (promovido pela União Colegial de Minas Gerais) e tem seus textos premiados. Logo a seguir, funda com um grupo de colegas a revista literária Meia-Pataca, editada em Cataguases (1948/1949). Nela publicou sua primeira produção poética. Já pelo título dado à revista, Meia-Pataca, a poeta se liga a uma tradição familiar e poética: seu tio, o poeta Francisco Inácio Peixoto (1909/1986), nome emblemático do Modernismo mineiro, foi parceiro de Guilhermino César (1908/1993), no livro de estréia de ambos, **Meia-pataca** (1928), e também um dos fundadores da revista Verde, em Cataguases, órgão aglutinador do grupo modernista mineiro.

Nos anos de 1950, no Rio de Janeiro, Lina freqüenta o curso de Letras Clássicas na PUC, terminando-o em 1955. Nesse período, estréia em livro com **Algum dia** (1952), matéria poética de uma densidade como que suspensa, à espera do momento de expansão.

É inútil prosseguir com a poesia / quando se tem dedos apenas para as teclas. / Minha poesia é pra mais tarde, / quando o tempo se abrir como as asas de um anjo.

Palavras proféticas, fundamente sintonizadas com o momento de estagnação criadora que pesava sobre o mundo do pós-guerra de 1945, o período da Guerra Fria (1945-1956), quando o mundo viveu suspenso entre as duas grandes forças antagônicas (EUA-URSS) que, com a Bomba, poderia destruir todo o Universo, tal como acontecera em 1945 com Hiroshima e Nagazaki. Foi esse, o tempo da "geração de 45", que, impossibilitado de cantar o seu momento real, canta a própria poesia, busca o seu objeto, no próprio ato de criação, expectativa de descobrir o novo Real que haveria de vir. No poema de abertura, "Tristeza à beira da vida", a poeta fala metaforicamente dessa busca aflita:

Deixei o choro que escorria nos dedos / numa poça não longe do mar / e pus os olhos, aflitos e extáticos, / no infinito. / Depois, circundei, ansiosa, as águas, / que caminho não há em superfície tão lisa / a não ser o que traçam os sonhos e as gaivotas. / Mas enamorei de ti. [...] Fui em tua busca, e vês, dei volta ao mundo. / Agora te espero, ainda úmida, / que a aurora já não me cabe. [...] De súbito, irrompes de uma onda morta / numa silenciosa vela branca / tremendo dentro da lua. [...] E enquanto caminhas do lado de lá, do outro lado do mundo / e procuras o sossego e um rosto de mais idade, / vou-me anoitecendo.

As metáforas da busca e do não-encontro são transparentes. Na verdade, o tempo de abertura para as novas forças criadoras (excetuando-se os precursores como João Cabral, Guimarães Rosa, Clarice Lispector...) só se daria na passagem da década de 1950 para os anos de 1960, via Poesia Concreta e Poesia Práxis que abririam caminho para as múltiplas veredas descobertas pela "geração de 60". Depois desse livro de estréia, Lina-poeta silenciou. Só quinze anos depois reapareceria com novo livro, **Entretempo**. Nesse entretempo, viveu mudanças: em 1958 se transfere para Brasília, acompanhando o marido, arquiteto, que desde o início participou da construção da nova capital federal. Em 1960, Lina integra-se ao grupo de professores encarregados de, ali, implantar o ensino oficial.

Em 1969, como bolsista da Fundação Calouste Gulbenkian, realiza pesquisas, em Lisboa, sobre as raízes do lirismo peninsular. Desses estudos resultou uma série de artigos sobre Cecília Meireles, divulgados na revista Colóquio – Letras (Lisboa, Gulbenkian). Em 1970, participa da fundação da revista Solombra (ed. pela Supervisão de Português/Governo do Distrito Federal). Foi professora de Língua Portuguesa e Teoria Literária da Universidade de Brasília, durante os quatro primeiros anos de fundação; interrompe a atividade docente, para voltar a retomá-la nos anos 1973/1976. Em 1978, volta a Portugal (convidada pelo Instituto de Cultura Brasileira da Universidade de Lisboa), para proferir palestra sobre a Literatura Brasileira e, especialmente, sobre Marques Rebelo. Trabalhou, durante os anos de 1980, na Fundação Nacional de Arte-Brasília.

Em 1983, publica **Entretempo**, matéria poética energizada pelas novas forças criadoras que começam a atuar na poesia, a partir dos anos de 1960. Dessas forças, pelo menos duas se destacam nesses poemas: a consciência do eu, como elo essencial da grande corrente da vida e novo centro do mundo; e a consciência do poder nomeador da palavra para criar um novo Real. É o que está dito, metaforicamente, no breve poema de abertura, "Recado":

A súbita pergunta / ilumina a memória mítica. / Escrevo para refazer / e renovar / em mim / o flanco aberto e exposto / da palavra / que se deita junto a outra.

De poema para poema, mais se aprofunda e se expõe a problemática-chave do nosso tempo: Quem sou eu? Qual minha tarefa no mundo?. Leiam-se os poemas, A Ilha, Da Palavra, Oráculo, Aclaramento, Entretempo e outros.

Publicações: **Alguma poesia**, 1952, e **Entretempo**, 1983.

740 LINDA MASCARENHAS

Teatróloga, atriz, diretora, produtora teatral e professora de línguas, Linda Mascarenhas (nome literário de Laurinda Vieira Mascarenhas) nasceu em Maceió (AL), em 14.05.1895. Consagrada como a Grande Dama do Teatro Alagoano, sua fascinação pelo palco começou muito cedo, e todo seu interesse, estudos e atividades estiveram sempre dirigidos para a área teatral. Foi ela a primeira mulher em Alagoas a desafiar os preconceitos da época e subir num palco. Nos anos de 1930, teve a audácia de formar um grupo amador e com ele apresentar inúmeras peças em teatros ou clubes de Maceió. Em 13.05.1932, fundou a Federação Alagoana pelo Progresso Feminino, com a adesão de várias mulheres progressistas. Foi sua primeira presidente e permaneceu no cargo durante anos. Foi membro do Grêmio Literário Alagoano, entidade literária que, desde sua fundação, nos anos de 1940, mantém em seu quadro 25 mulheres escritoras.

Em 1944, fundou oficialmente o 1º Grupo Teatral de Alagoas: o TAM – Teatro de Amadores de Maceió. Escreveu dezenas de artigos, crônicas e poemas em periódicos locais. Em seu repertório de peças representadas, e/ou dirigidas, constam 68 títulos. Autora de inúmeras peças, não chegou a publicá-las em livro. Entre elas, destacam-se: **O Herdeiro de Naban**, **o Mistério do Príncipe** e **Conflitos íntimos** (esta, assinada com o nome literário de Olga Luciani). Em 1985, em comemoração aos seus 50 anos de labor teatral, foi publicado um livro de depoimentos em sua homenagem, organizado por Joaquim Alves: **Certas paixões–Linda: 50 anos de refletores** (Maceió, Segara, 1985).

741 LÍVIA PAULINI

Poeta, romancista, tradutora, artista plástica, ensaísta, e cidadã honorária de Belo Horizonte, Lívia Paulini nasceu em Budapeste (Hungria), em 08.08.1918. Veio para o Brasil nos anos de 1950, acompanhando o marido, Ernest Paulini, engenheiro químico, especialista em doenças tropicais, contratado pelo Ministério da Saúde (RJ); posteriormente assume o cargo de vice-diretor da Faculdade de Engenharia da UFMG. Ambos naturalizaram-se brasileiros.

Lívia Paulini formou-se em Pedagogia e Psicologia pela Escola Superior de Goy (Hungria, 1941). Profissionalizou-se na área administrativa da Educação. No pós-guerra de 1945, foi Diretora da Creche – Escolar, internato mantido pela UNRRA – United Nations Refugees Relief Administration, Alemanha – 1945/1947. Freqüentou a Academia de Belas Artes de Budapeste, fez cursos de especialização nas áreas de Línguas e Literaturas em inglês e alemão (Budapeste, 1941/1944), de Desenho e Pintura (1942) e em Letras (Ciclo de Estudos Latino – Americanos/Belo Horizonte-UFMG, 1968). Como artista plástica, participou de 32 exposições nacionais e internacionais, individuais e coletivas. Tem inúmeros trabalhos premiados em Washington (1975), Munique (1976), Bluffton-EUA (1997), etc.

No Brasil, tornou-se logo conhecida como artista plástica de alta categoria, por meio das exposições individuais realizadas no Rio de Janeiro (1952/1956), em Belo Horizonte (1957/1969) e São Paulo (1963). Dedica-se à ilustração de livros nacionais e internacionais. Seu nome está incluído em dezenas de dicionários e bibliografias nacionais e internacionais, com destaque para o **Dicionário de artes plásticas no Brasil** (1969) de Roberto Pontual, e **Directory of international writers and artists/EUA,** (1994) org. por Teresinka Pereira.

Nos anos de 1980, inicia-se como escritora, publicando o romance histórico-biográfico **Ancoradouro**, volume de 641 pp., cuja elaboração consumiu seis anos de trabalho contínuo, para que a autora conseguisse represar, no fluxo das palavras, a dura e absurda experiência da guerra, em que ela, amigos e familiares foram arrastados. Como diz Lacyr Schettino, no Prefácio:

***Ancoradouro**, sem ser denúncia nem tese – limitando-se quase que apenas [...] ao relato de cada dia sobre a vida de um grupo de estudantes fora de seu país – reflete com minucioso dom de observação, a angústia, a espera de um amanhã incerto, as pequenas alegrias e as dores irremediáveis, de que se vão tecendo as mais finas tramas de uma civilização em agonia, cuja palavra de ordem é "sobreviver".*

Narrativa fluente e envolvente, que oscila entre realidade e ficção, a de **Ancoradouro**, segundo Ernest Paulini,

...de certa forma espelha a história da Europa Central, há cem anos sofrendo constantes transformações. E a família de Lívia é apenas um exemplo disso. Estamos presenciando em nossa época, uma das maiores migrações da vida humana e esse livro reflete os deslocamentos sociais dos últimos cem anos. (in Entrevista à imprensa, no lançamento do livro)

A epígrafe de Henrique Lisboa, na abertura do romance, sintetiza poeticamente toda uma odisséia humana, vivida na Europa e que encontra no Brasil seu término feliz: *Ancoradouro / Depois do mar / de ondas revoltas / em terra de ouro / achar o pouso.*

Seu segundo romance, **Monólito**, publicado quinze anos após **Ancoradouro**, mostra que a vida jamais é pouso duradouro. Uma trama labiríntica desenrola-se em torno de um estranho/sádico caso de amor, o qual acaba por se transformar em um misto de intriga policial e de sondagem dos subterrâneos da alma humana, quando prisioneira de um ego desmesuradamente narcísico. O evidente contraste entre o significado do insólito título, **Monólito** (pedra enorme, compacta e inteiriça), e a fragmentação da escrita e da trama, nos leva a buscar sua possível justificativa num além do romance. Isto é, na visão-de-mundo da autora, pressentida nos interstícios da escrita: as paixões humanas são a matéria primordial, una e eterna, de que se alimentam as infinitas formas do viver, desde que o mundo é mundo.

Paralelamente à escrita romanesca, Lívia tem-se dedicado a pesquisas sobre a poesia brasileira, principalmente a mineira, sobre a imigração húngara no Brasil e sobre a literatura húngara, praticamente desconhecida dos brasileiros. Dessas pesquisas, já resultaram conferências, palestras, prefácios em livros de poesia, vários ensaios em processo de publicação e textos incluídos em antologias. Como tradutora, verteu para inglês e húngaro poemas brasileiros reunindo-os em coletâneas trilíngües: **Pérolas de Minas**, 1986, e **Pérolas do Brasil**, 1993. Como pesquisadora, em 1977, foi bolsista da Fundação Rockefeller para estágio no Centro de Estudos Bellagio (Itália). Intelectual atuante, pertence a várias entidades culturais e de classe. É presidente Emérita da AFEMIL–Academia Feminina Mineira de Letras; foi Conselheira da Casa do Escritor (São Roque-SP); Diretora da International Writers Association/EUA–Brasil; Coordenadora da Sociedade Amigas da Cultura – Belo Horizonte; Membro fundadora da Arcádia de Minas Gerais, etc. Sua obra vem tendo ampla aceitação da crítica e merecido distinções, como Medalha da Inconfidência/Governo de Minas Gerais, 1989; Mérito Cultural-UBE, 1993; Medalha Clara Ramos-UBE, 1998, e outras. Em reconhecimento ao seu trabalho cultural, a Câmara Municipal concedeu-lhe o título de cidadã honorária de Belo Horizonte (19.03.2001).

Publicações: Romance – **Ancoradouro**, 1980, e **Monólito**, 1995. Tradução – **Pérolas de Minas**, 1986, e **Pérolas do Brasil**, 1993. Ensaio – **Os ipês ainda florescem** (sobre a vida e obra de Augusto Lima Jr.), 1982; **A literatura húngara**, 1983; **Henriqueta Lisboa: uma poetisa mineira e sua mensagem universal**, 1984; **Visão dos ideais na academia feminina de letras**, 1994; **À beira das trevas**, 1995; **Tengerentúl elvetett mag** (em húngaro, sobre a imigração húngara no Brasil), 1995; **O silêncio da poesia**, 1995; **Jubileu sem júbilo** (50° aniversário da destruição de Hiroshima), 1996; **Globalização – Utopia do século XXI**, 1998, e **Terra, pátria e vigília na literatura húngara**, 1999.

742 LÍZIA PESSIN ADAM

Contista e jornalista, a gaúcha Lízia Pessin Adam nasceu em Novo Hamburgo (RS), e como escritora surge nos anos de 1980. Graduou-se em Jornalismo na PUC-RS. Trabalha no Instituto Cultural Norte-Americano. Em 1983, obteve o Prêmio Habitasul/Revelação Literária e, em 1986, menção honrosa no Concurso de Literatura da Petrobras.

Estréia em livro, em 1989, com os contos de **Afonso e eu**, na linha da literatura escatológica ou de impacto, e que teve ampla aceitação da crítica.

Seus textos me espantam, me aterrorrizam e como um filme de David Cronemberg ou certas histórias de Stephen King também me fascinam. Gosto da sua linguagem seca, da sua pontuação exata, da maneira como, pouco a pouco, vai lançando os dados cada vez mais terríveis na narrativa, até compor painéis horripilantes. (Caio Fernando Abreu)

Com precisão e paciência, Lízia como que excuta, diante de nossos olhos, a autópsia das sexualidades interditas, da hipocrisia da sociedade burguesa, do comodismo e indiferença da classe média. (Charles Kieffer).

Em 1999, **A república dos excluídos** prossegue com os *flashs* de vidas excluídas no mundo-cão que nos rodeia: o da inevitável degradação humana, provocada pelo "homem, lobo do próprio homem". O discurso objetivo, sintético (sempre confessional e quase jornalístico) desliza pela superfície das realidades em foco, em tom displicente ou indiferente, que torna mais contundente o drama humano ali patente ou latente. O universo ficcional escolhido por Lízia é o trágico, isto é, o sem-saída. Suas personagens ainda não encontraram a luz no fim do túnel sugerida pelos novos ventos que já sopram no pensamento e na literatura neste limiar do novo século: o eu como o novo centro do mundo, fazendo da fraqueza a sua força e do efêmero a eternidade da humanidade.

Publicações: **Afonso e eu**, 1989, e **A república dos excluídos**, 1999.

743 LOLA DE OLIVEIRA

Poeta, romancista, memorialista e ativista cultural, Lola de Oliveira nasceu em Porto Alegre (RS), em 14.10.1889; viveu muitos anos no Rio de Janeiro (RJ), onde faleceu em 19.04.1965.

Filha da escritora e líder feminista Andradina de Oliveira*, Lola de Oliveira também desenvolveu várias atividades na área da cultura e da literatura. Desde a adolescência colaborou na imprensa de Porto Alegre, Rio de Janeiro e São Paulo, publicando crônicas, poemas, contos ou artigos. Estréia em livro em 1918, com uma biografia romanceada de sua mãe. Em 1924, reúne em **Esmeraldas** poemas dispersos na imprensa. Seu primeiro romance, **A renúncia**, é de 1935. Escreveu também literatura infantil.

Participou de campanhas e debates em defesa dos direitos da mulher. Secretariou a revista feminista Escrínio (fundada por sua mãe), na qual colaborou assiduamente. Foi membro da Academia Literária Feminina do Rio Grande do Sul, sendo eleita patrona da cadeira nº 22.

Publicações: Memórias – **Minha mãe**, 1918, e **Minhas viagens no norte do Brasil**, 1940. Poesia – **Ametistas**, 1922; **Esmeraldas**, 1924; **Versos de meu exílio**, 1934; **Safiras**, 1936; **Saudades do Pampa**, 1936; **Estrela da tarde**, s/d; **Cartas de amor**, 1958; **Ao cair da tarde**, 1959; **Cartas para Portugal**, 1960, e **O infante**, 1963. Romance – **Alma branca**, 1930; **A renúncia**, 1935 e **As três irmãs**, 1936. Crônica – **Gente alegre**, 1928. Literatura infantil – **Travessuras de Andradina**, 1949.

744 LORETTA EMIRI

Poeta e indigenista, Loretta Emiri nasceu em Narni (Itália), em 08.08.1947. Em 1977, desencantada com o mundo civilizado à sua volta, deixa a Itália e emigra para o Brasil, fixando-se em Roraima (RR). Ali passa a conviver com os índios Yanomami, nas regiões do Catrimâni, Ajarani e Demini. Entre eles desenvolveu trabalhos de assistência sanitária e de educação, por meio do projeto Educação, através do projeto Educação Global – Plano de Conscientização, do qual fazia parte a alfabetização de adultos na língua materna. Tal projeto visava levar às comunidades indígenas conhecimentos que as preparassem para a autodefesa contra o impacto do mundo dos civilizados. Desse trabalho resultou o livro de poesia **Mulher entre três culturas**, que justifica a presença de Loretta Emiri neste dicionário.

A sua formação cultural se deu em uma Itália pós-guerra, em que o caos se confundia com os esforços de construção de uma nova ordem. Formou-se em Administração, na área do ensino. Segundo seu próprio depoimento, ela escrevia poemas desde a adolescência, mas acabou por destruí-los, *pressionada pela ocidental e materialista sociedade, que consegue me convecer que, realmente, só os fracos, os ridículos, escrevem versos: para não ser ridícula e para provar eficiência, queimei os meus. [...] Ainda na Itália, um padre me chamou de 'passionária'. Ele queria me ridicularizar e conseguiu: morri de vergonha, pois na ocidental e racional sociedade as paixões não passam de fraquezas. Feita engrenagem da ocidental e pesada máquina, durante escuros anos fui usada, amolada, achatada, esmagada, enquanto no âmago a insatisfação crescia. Até que a resistência interior aflorou, espocou e tornou-se rebeldia.*

Essa rebeldia leva-a, já adulta, a abandonar tudo que fora seu mundo até então; deixa a Itália e escolhe o mundo indígena para viver. Falando de seu engajamento na questão indigenista, ela esclarece:

A trágica situação vivencial que os Yanomami enfrentam, devido à invasão de seu território por parte das frentes de expansão da sociedade dita civilizada, e as peculiaridades socioculturais desse povo, marcaram-me profundamente. Por acreditar que a divulgação da problemática, cultura e valores Yanomami seria uma forma de apoiar esse povo em sua luta pela sobrevivência física e cultural, passei a, sistematicamente, pesquisar, escrever e publicar matéria a respeito.

Dessas pesquisas resultaram inúmeros artigos, fotos, ensaios, etc., divulgados pela imprensa e outros meios de comunicação. Destacando-se a publicação, em 1987, do **Dicionário yãnomamé-português**, pela Comissão Pró-Índio de Roraima. Em 1989, organiza com vários autores o livro **A conquista da escrita – Encontros de educação indígena** (SP, Ed. Iluminuras). Nele, escreve o capítulo "Yanomami", registro minucioso de dez anos de práticas educacionais desenvolvidas junto a 15 povos indígenas do Brasil, e de reflexão séria e sofrida sobre essas práticas.

Desde os anos 1980, poemas seus têm sido incluídos em obras coletivas: **Poetas brasileiros de hoje** (Shogum, 1986); **Antologia de poesias** (Edicon, 1988) e **Saciedade de poetas vivos** (Blocos ed., 1993). Em 1992, publica os "etnopoemas" de **Mulheres entre três culturas** (Ítalo-brasileira educada pelos Yanomami), no qual se torna evidente o sentido último da ação cultural, que a indigenista tem desenvolvido junto aos índios. O poema de abertura, "Escrever" sintetiza o ideal de vida visado:

Escrever era antes pensar, / depois aprofundar, / em seguida afirmar. / Escrever era dizer definitivamente, para sempre. / Escrevendo afirmava idéias. / Escrevendo afirmava verdades. // E conheci os Yanomami, / sua vida, / suas verdades orais transmitidas. / Minhas verdades agora não são mais definitivas. / Meu escrever agora não é mais alcançar metas. / Meu escrever agora é traçar Trilhas. / Traço trilhas na mata da vida.

O texto fala por si.

Em setembro de 1989, Loretta Emiri, vencendo todos os entraves burocráticos, naturaliza-se brasileira, como ela mesmo disse, *para poder afirmar que é latino-americana, por opção, para rejeitar a sociedade ocidental capitalista, para assentar raízes profundas e adquirir, assim, a liberdade de ser radical em seu novo país.* Em 2000, é nomeada Assessora para Assuntos Indígenas da Secretaria de Estado da Educação, Cultura e Desportos de Roraima.

(Fontes de consulta: Apresentação do livro **Mulher entre três culturas** e arquivo de correspondência pessoal.)

Publicações: **Dicionário yãnomamé-português**, 1987; **Mulher entre três culturas** (textos em português e italiano), 1992, e **Yanomami para brasileiro ver**, 1994.

LOURDES BACELAR 745

Poeta e prosadora, Maria de Lourdes Bacelar Pflieger nasceu em Salvador (BA), em 28.08.1917. Desde cedo dedicou-se à literatura, colaborando regularmente na imprensa baiana, com poemas em prosa.

Publicações: **Festa**, 1935; **Na sombra do silêncio**, 1944; **Enquanto ruge a tormenta**, 1948; e **Madalena Isa**, 1955.

746 LOURDES CALDERARO

Poeta, tradutora, professora, Lourdes Calderaro nasceu em Paraibuna (SP), em 17.02.1951. Formou-se em Letras. Tem publicado poemas e artigos em periódicos ou revistas. Participou da antologia **Poetas da cidade de São Paulo** nº 3. Estréia em livro em **Sebe**.

Publicação: **Sebe**, 1986.

747 LOURDES CORDEIRO

Poeta e presença atuante na área educacional do Nordeste, Maria de Lourdes Galvão Cordeiro de Miranda nasceu em Prata (PB), onde, ainda menina, escreve seu primeiro poema "Balada". Adolescente muda-se para o Recife (PE). Formou-se em Biblioteconomia e Filosofia (Universidade Federal de Pernambuco) e fez vários cursos de especialização no exterior (Universidades da California, New Mexico, Jamaica, Wiscosin, Michigan, etc.)

Nos anos de 1960 e 1970, integra o quadro técnico da SUDENE (setor planejamento educacional). Trabalhou no arquivo Público Estadual (Recife), onde participou da organização das comemorações do Tricentenário da Restauração Pernambucana. Por serviços prestados foi distinguida com várias láureas (medalha de prata do Congresso de História, comemorativo do Tricentenário e Medalha Guararapes do Governo de Pernambuco).

Como poeta, iniciou-se publicando na imprensa e participando de concursos de poesia. Conquista o 1º lugar (Medalha de Ouro) no concurso de Poesia Mística (RS), em 1970. Estréia em livro em 1972.

Publicação: **E houve esta manhã**, 1972.

748 LOURDES GONÇALVES

Romancista, contista, jornalista, publicitária e relações públicas, Lourdes Gonçalves nasceu em Itajubá (MG), em 05.12.1925. Devido a determinadas circunstâncias, assina sua obra ficcional como Florence Bernard, e sua produção de literatura infanto-juvenil, como Lurdes Gonçalves. Residiu alguns anos em São Paulo (SP) e radicou-se no Rio de Janeiro (RJ), onde se firmou como dinâmica profissional, atuando em vários setores dos meios de comunicação ou em cargos administrativos oficiais.

Em São Paulo, foi correspondente do Correio da Manhã (RJ), assinando a coluna semanal São Paulo em 7 Dias. Foi redatora de grandes agências de Publicidade (McCann-Erickson, J. W. Thompson, Standard), entre 1960 e 1964. No Rio de Janeiro, entre 1966 e 1970, foi assessora do ministro da agricultura. Em 1971, representou os Diários Associados no Congresso Internacional de Mulheres Jornalistas e Escritoras, realizado em Washington.

Iniciou-se como escritora, aos dezoito anos, publicando contos, crônicas e reportagens, em jornais ou revistas do País. Na revista A Cigarra, manteve durante anos uma coluna Consultório Sentimental (assinada como Maria de Lourdes). Na revista PN (Publicidade e Negócios), assinava a seção A Mulher na publicidade e nos negócios. Entre 1974 e 1976, editou no Rio de Janeiro o suplemento Diálogo do Jornal da Bahia (Salvador). Sua estréia em livro se dá em 1944, com o romance histórico **Edméia**, cuja trama decorre entre o fim do Império de D. Pedro II e o início da República.

Seu segundo romance, **O grande pecado** (1947), engajado na denúncia da hipocrisia social, gira em torno do problema da prostituição, um dos temas-tabu na época. Foi um dos romances de maior sucesso de público e de crítica nos anos de 1940 e 1950 (tiragem de 20.000 exemplares em duas edições, esgotada em seis meses), e que consagrou o nome de Florence Bernard como a nova romancista brasileira. Esse nome literário foi adotado por Lourdes devido à oposição feita pela família ao uso de seu verdadeiro nome como autora desse livro de escândalo. Foi assim, por acaso, que nasceu Florence Bernard. Devido ao enorme sucesso do romance, esse nome literário foi definitivamente adotado pela autora. Seguem-se os romances: **A inimiga** (1948), de natureza intimista, sobre o desajuste conjugal; **Diabo 55** (1949), sobre os problemas de um educandário de meninos de rua; e **As ex-esposas** (1952), sobre o problema da mulher desquitada no Brasil. Após a publicação deste último título, a romancista Florence Bernard entra num longo período de silêncio (1952/1977). Ou melhor, desapareceu, para dar lugar, vinte e cinco anos depois, à contadora-de-histórias, Lurdes

Gonçalves (um erro gráfico, suprimindo o "o" de Lourdes, deu lugar ao novo nome literário). Durante esse interregno, a escritora dedicou-se inteiramente à profissão de jornalista e publicitária, por questões econômicas.

Em 1977, é publicado **Calunga**, comovente/terno romance de aprendizagem, protagonizado por um amoroso cachorro, o Calunga. Com esse livro, Lurdes Gonçalves ganha o Prêmio Jabuti – Revelação de Autor/1977 (concedido pela Câmara Brasileira do Livro). A ele seguem-se outros, de igual sucesso de público e de crítica: **O espantalho** (1979); **Bozo, o elefante de asas** (1980); **Alex rumo ao sol** (1981); **Apenas João** (1984)... Livros que se inscrevem no grande movimento renovador da literaura para crianças e jovens, que eclode no Brasil nos anos de 1970.

Publicações: Romance – **Edméia**, 1944; **O grande pecado**, 1947; **A inimiga**, 1948; **Diabo 55**, 1949; **As ex-esposas**, 1952. Literatura Infantil – **Calunga**, 1977; **O espantalho**, 1979; **Bozo, o elefante de asas**, 1980; **Alex rumo ao sol**, 1981; **Céu de lona**, 1982; **Apenas João**, 1984.

LOURDES PEDREIRA DE FREITAS 749

Contista, tradutora e jornalista, Lourdes Pedreira de Freitas nasceu no Rio de Janeiro (RJ), em 31.03.1912. Nos anos de 1930 inicia-se como jornalista, colaborando com contos, artigos de fundo e crônicas e traduções de poesia francesa, em suplementos dos jornais Correio da Manhã e Jornal do Brasil; e revistas de larga circulação, como Fon-Fon, Carioca e Vida Doméstica. Em 1942, estréia em livro com os contos **Fala o coração**. Vinte anos depois, publica um pequeno volume de versos em francês, **Mes petits vers**.

Publicações: **Fala o coração**, 1942, e **Mes petits vers**, 1961.

LOURDES SARMENTO 750

Poeta, jornalista, pesquisadora, Lourdes Maria Mendonça Sarmento nasceu no Recife (PE). Faz parte da "geração de 65". Presença atuante no meio jornalístico do Brasil e do exterior, tem desempenhado cargos de destaque: Diretora Cultural da Associação da Imprensa (1974/1979); Diretora de Imprensa da UBE-PE; correspondente de imprensa em Washington (EUA); Lima (Peru) e México. Faz parte de inúmeras entidades culturais e de classe (Academia de Letras e Artes do Nordeste Brasileiro; Academia de Letras e Artes Pernambucana; Academia de Poesia de Petrópolis e outras).

Entre os prêmios e distinções recebidos por seus trabalhos, estão: Diploma do Sesquicentenário de José de Alencar/Pref. Fortaleza; título Destaque em Literatura/Recife; Personalidade Cultural/UBE–RJ, 1992; Medalha Caio Prado/UBE–RJ; Personalidade Cultural Internacional /UBE–RJ, 1997, e outros).

Participa de várias antologias: **Palavra de mulher** (org. M. L. Hortas), 1979; **Carne viva** (org. Olga Savary*), 1984; **Andanças poéticas** (RJ) **Mormaço & sargaços** (PE), 1998, e outras. Organizou a antologia de poetas brasileiros, **Poésie du Brásil** (Paris, 1997). Tem publicado livros de poesia, crônicas e ensaios.

Publicações: Poesia – **Poemas do despertar**, 1965, e **Explosão das manhãs**, 1973; **Tatuagens da solidão**, s/d, e **Vingt-cinq Poémes de Passion** (Paris, 1994). Ensaio – **Pequena história de telefonia em Pernambuco**, 1980; **Primórdios da comunicação**, s/d; **Drogas, um grande problema da humanidade** (trad. ingl. EUA, 1971). Crônica – **Janela**, 1980.

LOURDES DE SOUZA INDELICATO 751

Poeta, artista plástica e tecelã de tapeçaria, Maria de Lourdes de Souza Indelicato nasceu em Campina Grande (PB), em 22.06.1919 e, em 1955, muda-se com o marido para São Paulo (SP), onde se radica. Seu pai José Luiz de Souza se notabilizou pelo espírito inventivo na fabricação de maquinário agrícola e armas; tendo sido agraciado com a grande medalha de ouro na Exposição Internacional de Armas, promovida no Rio de Janeiro em 1922, pelo Ministério da Guerra.

Dotada também de grande espírito criativo, Lourdes desenvolve várias formas de arte: escultura, tapeçaria em tear manual, iluminuras, pintura e poesia. A partir de 1967, faz de sua arte uma séria pesquisa do folclore brasileiro fixando sua natureza ingênua e sincrética. Participou de inúmeras exposições de pintura no Brasil e no exterior, tais como: "O Brasil visto pelos pintores populares" (Museu de Arte de São Paulo); I Triennale Mondiale d'Art Figuratif (Lyon-França), onde ganhou medalha de bronze; e Deuxiéme Bienal Mondiale des Metiers d'Art (Lyon), recebendo menção honrosa. Em Detroit (EUA) teve uma de suas peças leiloadas no museu de Detroit Institut of Arts. No Brasil, vários museus têm obras suas (Museu do Folclore de São Paulo, Museu de Arte de São Paulo (MASP) e Museu de Arte de Taubaté.

Estréia na poesia, tardiamente, com o livro **Rendilhado dos caminhos**, registro lírico-reflexivo de realidades vividas.

Publicação: **Rendilhado dos caminhos**, 1983.

752 LOURDES TEODORO

Poeta, contista, professora universitária, pesquisadora e uma das vozes brasileiras que se destacam na Literatura Negra, Maria de Lourdes Teodoro nasceu em Formosa, antiga Vila dos Couros (GO), em 04.06.1946.

Transferiu-se para Brasília (DF), em 1958, em plena época de construção da nova capital federal. Formou-se em Letras na recém-fundada Universidade de Brasília. Ainda estudante, começa a publicar contos e poesias na imprensa brasiliense, paulista e carioca. Inicia a carreira acadêmica como professora de Língua e Literatura Francesa no CEUB. Escolhe como tema de pesquisa, para realizar o doutorado, "A Identidade do Homem Colonizado", através das obras de Mário de Andrade e do martiniquenho Aimé Césaire. Nos anos de 1980, em estágio de estudos na Universidade da Sorbonne (Paris), na área de literatura comparada, conclui a pesquisa e recebe o título de doutora em Letras. Durante esse estágio, colaborou com artigos e poemas nas revistas Le Soleil éclaté e Presence Africaine, ambas em Paris. Nesta última, publica em 1983 um panorama histórico-crítico da literatura negra no Brasil. Em 1988, poemas seus foram incluídos na antologia alemã Schwarze Poesie Afrobrasilianische Dichhtung.

Como poeta, estreou em livro, em 1978, com **Água marinha ou Tempo sem palavras**. Poesia sintonizada com seu tempo de contrastes – descrenças e esperanças –, esta expressa uma funda confiança no homem que, apesar de sua fraqueza, medos e efemeridade, resiste... permanece. Em seu poema de abertura diz:

A geração do medo desfila e quer pensar / quer dizer, contar, lembrar / só a história planta a consciência / no opaco momento. / bordadeira desesperada, a geração do medo / cata retalhos tinge peças / e tenta construir / mostra sua face e distribui o antigo desabafo / como ficou difícil ser / mas foi sempre difícil ser em vão.

Apesar dessa dificuldade, o que predomina no livro é a certeza da realização sonhada, como é afirmado em "A Transparência da Esper". **Água marinha** está sendo traduzido para o frances, por Philippe Leclercq, ex-professor da UFBA, para ser publicado em edição bilíngüe. Poemas seus foram incluídos na antologia bilíngüe (português/inglês) **Finally us/finalmente nós** (Colorado-EUA, 1995), organizada pela americana Carolyn Richardson Durhan e pela brasileira Miriam Alves*.

Publicação: **Água marinha ou Tempo sem palavras**, 1978.

753 LÚCIA ADÃES

Poeta espiritualista, Lúcia Adães Motta Junquilho nasceu em Salvador (BA), em 23.07.1941.

Formou-se em Teologia na Faculdade de Teologia de São Paulo (FATECOM). Inicia-se como poeta colaborando quase diariamente em jornais e revistas baianos, na imprensa espírita e maçônica. Participa ativamente dos movimentos culturais em Salvador e outras cidades (Camaçari, Candeias, Feira de Santana...); tem-se apresentado em recitais de poesia, como admirada intérprete de poemas seus e de outros poetas.

É membro da UBT–União Brasileira de Trovadores – Salvador; da ACAL–Academia Castro Alves de Letras; Academia Petropolitana de Poesia Raul de Leoni; Academia de Letras de Uruguaiana; Academia Internacional de Letras 3 Fronteiras; The International Poetry Yearbook/1985 (org. Teresinka Pereira), e outras.

Estreou em livro, em 1982, com a coletânea poética **Em nome do amor**. Seguem-se outros na mesma linha espiritualista, de valorização do sagrado, da vida e da comunhão homem-Deus-natureza. Sua produção poética tem recebido várias distinções e menções honrosas, e está incluída em inúmeras antologias nacionais e internacionais: **A nova poesia brasileira** (Shogun Arte, 1983); **Trovadores do Brasil** (Shougun, 1984); **A Bahia e seus poetas** (Salv. 1984); **Anuário de poetas do Brasil** (RJ-org. A. Fernandes, 1984-86); **Mulher poesia hoje**-III (Vitória ES-org. Gino Frei, 1986) e outras.

Publicações: **Em nome do amor**, 1982; **Buscando a paz**, 1982; **Lições do amor**, 1983.

LÚCIA AIZIM 754

Poeta em tom maior e memorialista de linhagem existencialista, Lúcia Aizim nasceu na Rússia, em 04.07.1915. Veio para o Brasil, ainda criança, com a família que, como tantas outras, fugia do caos deixado pela guerra dos anos 1914/1918. Radicaram-se no Rio de Janeiro (RJ). Adolescente, forma-se na área de comércio (Academia de Comércio Cândido Mendes) e trabalha algum tempo como correspondente, em uma companhia internacional de seguros. Entre esse tempo adolescente e o seu surgimento como poeta medeia um longo período de tempo, durante o qual o espaço familiar (esposa, mãe, irmã, filha...) predominou sobre os demais.

Em seu *curriculum vitae*, o ano de 1960 aparece como o início de uma nova fase: como bolsista, realiza um curso sobre Civilização Francesa, na Sorbonne, em Paris. Em 1964/1965, freqüenta curso de Letras da Faculdade Nacional de Letras/RJ; seguem-se cursos – laboratórios de literatura, na mesma faculdade, entre eles o de Criação Literária dado por Nélida Piñon*. E outros, na PUC, com Affonso Romano Santanna e Silviano Santiago. Foram anos de gestação de uma poesia que, só nos anos de 1970, iria se revelar.

Em 1974, Lúcia Aizim publica **Alma pastora das coisas**, recolha de poemas sintonizados com uma das mais importantes correntes de pensamento que se impusera abertamente, a partir dos anos de 1960 e 1970: a que valoriza a palavra, ou melhor, a poesia, como reveladora do mais autêntico do eu ou de suas vivências indizíveis. No poema de abertura já se expressa essa busca da poesia como novo caminho do viver autêntico:

Por quebrados caminhos / venho ao teu encontro. / Destruí os sete dragões / que guardavam tua casa. / Estou diante de ti ainda / em pânico. Em pânico / diante do mundo. // Nada vim anunciar. / Nada vim denunciar. [...] Meu material é alma / com ele é difícil fazer acender / o lume das usinas. [...] A mim anda-me a alma / a fugir pelos dedos. / Ponho-a a teu serviço. (Poesia)

As metáforas são claras: o tempo de buscas e medos, de assumir abertamente a Poesia, já fora vencido (*Destruí os sete dragões que guardavam tua casa*). A poeta se sabe no limiar do espaço oculto das verdades e teme pelo possível poder de sua palavra (*Estou diante de ti ainda / em pânico. Em Pânico / diante do mundo*). O título dado a esse volume de estréia, **Alma pastora das coisas**, lembra de imediato a expressão de Heidegger: "O homem é o pastor do Ser", na medida em que o ser humano, preso em seu viver concreto e efêmero, é aquele que pode vislumbrar o Ser, (de que ele é parte), em sua dimensão essencial e eterna. Inserindo-se, pois, na linha do pensamento heideggeriano, a autora assume a Poesia como o grande meio revelador daquilo que se oculta no além das aparências e que daria o sentido último de tudo. Como sabemos, para Heidegger, o homem é "o lugar, a clareira do ser", pois só por meio do seu pensar, refletir, sondar o seu estar-no-mundo, é que a verdade oculta do Ser pode se revelar. E é à Poesia (palavra em seu mais alto grau de percepção-expressão) que o filósofo alemão atribui o poder de revelação (o momento da iluminação). É essa a idéia que percorre esta primeira poesia de Lúcia Aizim, ao se assumir como a voz reveladora da vida vivida. Decisão que traz angústia, devido à enormidade da tarefa.

Só em mim o coração pulsa de ancestral angústia. / Só minha, a voz trêmula de temor. / Só a mim o abismo. / Só eu-ser-falho e obscuro / tentando o luminoso instante / na transparência perfeita / da humana imperfeição. (Poema em linha quebrada)

É dessa busca pelo luminoso instante da revelação do Ser, que os existencialistas se alimentam. Entretanto esse instante da iluminação, de que fala Heidegger, é algo raro, difícil de ser atingido... Daí, nessa poesia primeira (e nas demais que se seguem), a frustração, a dor, os horizontes fechados, a visão do homem, como o ser-para-a-morte (da primeira fase de Heidegger): um ser que anseia pela vida, mas está desde sempre condenado à morte. Daí a angústia e as interrogações sem resposta que permeiam a poesia:

Oh, alma que vagueias / atrás da face. Onde vagueias? / Esta flauta que soa / Vem ao país do deserto? / Vem do tempo dos tempos? / Ou dos tempos de agora? [...] É tempo de aguardar. (Pastoral)

Esse tempo de aguardar se desdobra em experiências na área da literatura para crianças (**A casa às avessas** e outras) e se prolonga nos livros de poesia que se sucedem: **Errância**, **Exercício efêmero** e **Cantos e baladas**. Neles a interrogação existencial, por vezes, cede lugar a vivências de puro lirismo, perturbadas aqui e ali pela consciência da inutilidade de tudo. De perene e valioso, só resta a Poesia. Só ela revelará o sentido último da vida e dará permanência ao efêmero. Em **Exercício efêmero**, se diz:

Com estes poucos e insustentáveis / elementos poéticos / e mais um chão que foge / sob os pés, ausente [...] Não a terra, / dura raiz ancestral. / Não o espesso corpo de um rio. / Mas, fumo, ar e solidão. / As únicas coisas que eu possuía. / Com eles construí minha poesia.

Serão anos de tentativas para reter o chão que foge, para agarrar-se à dura raiz ancestral e mergulhar no espesso corpo do rio da vida. Anos de corpo-a-corpo com a palavra, até que se desse o luminoso instante da revelação do Ser. Essa iluminação se dá na prosa poética de **Saga** (Prêmio Clarice Lispector, 1997). Denso, doloroso e apaixonado percurso de uma mulher, pelos meandros de toda uma vida de sonhos frustrados, aceitação e silêncios, **Saga**, supostamente narrando a história de uma família de emigrantes, acaba por se revelar uma narrativa mítica, ao projetar o plano pessoal/particular no plano universal da aventura humana. Essa intenção última da autora se manifesta já nos nomes dados às personagens: Isolda (a céltica princesa dos sonhos e sortilégios) é a narradora; Lilith (a mítica Mãe Terrível, que vem do obscuro ventre da Terra) é a mãe; e Eritrou (o senhor absoluto, caçador mítico, perseguidor de ninfas) é o esposo.

Engendrada no espaço conflituoso, formado por esse triângulo de forças, a escritura de **Saga** constantemente se volta sobre si mesma; se interroga, consciente de seu próprio poder nomeador e, ao mesmo tempo, de sua impotência ou limitação para trazer à luz o emaranhado enigma da vida. Daí, evidentemente, o emaranhado da narrativa que se contrói com fragmentos, com pedaços de vida, arrancados aqui e ali, da corrente do tempo, sem obedecer à sucessão cronológica dos fatos.

Mas, para além da viva atração romanesca de **Saga**, o que mais importa aqui é ressaltar a "iluminação" a que a narradora teve acesso. Em **Saga**, já não fala o ser-para-a-morte (da primeira fase heideggeriana) que se fazia ouvir na poesia, mas o ser-feito-de-tempo (da segunda fase heideggeriana e a que predomina, em geral, na literatura contemporânea). Não mais o ser absurdo (vida condenada à morte), mas o ser-em-processo que se sabe parte essencial do cosmo e cuja verdadeira natureza é o contínuo vir-a-ser, o devir, Ser que se descobre como ponto de confluência entre o Relativo e o Absoluto, entre o efêmero e o eterno: o eu que se descobre como elo essencial da corrente da vida; continuador do legado recebido do passado. Em um de seus momentos de iluminação, a narradora de **Saga** diz:

Então senti que eu não era apenas esta pulsação que o meu coração repetia. Mas quem sabe, herança de pastores, profetas, aventureiros, mentirosos, santos, bandidos, sábios, loucos e pérfidos, um povo deslocando-se sempre. [...] Tempo de um passado de geração sobre geração em mim pesava. [...] A minha origem era uma lâmpada acesa no tempo. Embora não soubesse que uso fazer dela. Eu me sentia parte desta herança. (p. 131)

Saga nos mostra que essa herança, transformada pela palavra poética da herdeira, já está integrada no processo do tempo. Fundamente sintonizada com as novas forças atuantes nestes nossos dias de caos e gênese, Lúcia Aizim, em **Saga**, nos traz à lembrança certas palavras de Vergílio Ferreira (romancista português e um dos grandes existencialistas contemporâneos):

Toda verdade para a vida (aquela que importa) não é uma soma de raciocínios, *como o relógio é uma soma de roldanas: é uma presença absoluta,* uma presença no sangue.

A verdade alcançada pela poeta, em **Saga**, resultou, sem dúvida, de uma presença no sangue...

Publicações: Poesia – **Alma pastora das coisas**, 1974; **Errância**, 1978; **Exercício efêmero**, 1982; **Cantos e baladas**, 1985; **Poesia**, 1992; e **Cânticos**, 2001. Ficção memorialista – **Saga**, 1997. Literatura infantil – **A casa às avessas**, 1978; **Joaninha**, 1979; e **A menina e o pássaro Moriá**, 1984. Prêmios Literários – Prêmio Fernando Chinaglia, 1976; Prêmio Crefisul, 1981; Prêmio Olavo Bilac-ABL, 1983; Prêmio Literário Instituto Nacional do Livro, 1984; Prêmio Guararapes – Governo de Pernambuco, 1986; Prêmio Odorico Mendes-ABL, 1992; e Prêmio Alejandro José Cabassa-UBE, 1994.

LÚCIA AMARAL RIBEIRO 755

Ficcionista e cronista de linhagem espiritualista, *expert* em ciências econômicas e consultora na área de administração de empresas, Lúcia Amaral de Oliveira Ribeiro nasceu em São Paulo (SP), em 08.12.1957.

Formou-se e profissionalizou-se na área de Economia e Administração (Fundação Getúlio Vargas, 1980); com especialização feita na França (École Supérieure des Scieces Économiques et Commerciales). Suas atividades profissionais se desenvolvem na esfera de convergência da economia e criatividade. Trabalhou no Banco de Boston (1988/1992) e City Bank (1986/1987) nas áreas do mercado financeiro e do comércio exterior. Em 1997, tornou-se consultora para aplicação de programas de planejamento, desenvolvimento e criatividade de grupos de trabalho em empresas (por meio de jogos estratégicos, simuladores de gestão de negócios). Tem participado de seminários ou convenções, no exterior (Boston, Paris, Lisboa), apresentando comunicações acerca de finanças corporativas, prospecção de mercado, etc.

Como escritora iniciou-se nessa mesma linha de interesse publicando artigos de análise sobre ecologia, reengenharia e marketing, em revistas especializadas. Simultaneamente às atividades na área da Economia, atua junto a entidades ou organizações ligadas à espiritualidade. Em 1999, torna-se membro da Comissão Editorial da Associação de Amigos do Caminho de Santiago – Brasil. Seu primeiro livro publicado liga-se a um dos ideais dessa associação: realizar o livro-coletivo. Resultado de uma peregrinação feita em 1999, Lúcia escreve **Santiago de Compostela e outros caminhos** (Histórias de uma peregrina), onde a autora registra a experiência da caminhada, em grupo, pelos 800 km do caminho de Santiago e pela história milenar a ele ligada. Na contracapa, Ernesto Arosio (diretor da Ed. Mundo e Missão) sintetiza o ponto vital do livro:

O ser humano, criatura-peregrina em sua essência, sempre esteve em busca de respostas às exigências do sagrado que leva na alma e percebe fora de si. As peregrinações, com o deslocamento de multidões ou de pessoas sozinhas, sempre tiveram um objetivo comum: a transformação interior a partir de um movimento externo simbólico e significativo.

Publicação: **Santiago de Compostela e outros caminhos**, 2000.

LÚCIA BENEDETTI 756

Romancista, contista, teatróloga, professora, Lúcia Matias Benedetti Magalhães nasceu em Mococa (SP), em 1914. Está radicada no Rio de Janeiro (RJ).

Desde estudante, começa a escrever contos, crônicas, reportagens imaginárias para o jornalzinho da escola e para a revista O Ensaio. Em 1932, cursa a Faculdade de Direito de Niterói e ingressa no magistério, lecionando no curso ginasial. Colabora na imprensa carioca, com contos, crônicas, etc. No jornal A Noite, mantinha uma coluna, Diário de uma professorinha, onde ia registrando incidentes e experiências vividas com as crianças a quem lecionava. Em 1936, casa-se com Raimundo Magalhães Jr., então secretário do jornal. Em 1940, viajam ambos para os Estados Unidos, como correspondentes do jornal, em plena Segunda Guerra. Nesse período, além dos artigos que mandava para os jornais brasileiros, Lúcia escreve um romance e, em colaboração com o marido, também o seu primeiro título para crianças, **Chico Vira Bicho e outras histórias**, publicado no ano seguinte à sua estréia como romancista, com **Entrada de serviço** (1942). Em sua contínua produção, alternam-se as duas linhas, a destinada aos adultos e a outra, para crianças. Em ambas, alcançou sucesso.

Em 1948, entra por uma nova área de criação: teatro infantil. Na virada dos anos de 1940 para os de 1950, começa uma grande preocupação com o incentivo ao movimento teatral, inclusive com a necessidade de criação de um teatro para crianças. Engajam-se nesse movimento Maria Clara Machado*, Stella Leonardos*, Maria Lúcia Amaral* e outros que se empenharam em criar não só textos, mas toda uma engrenagem que engloba autores, diretores, obra e público. É, pois, dentro desse clima de valorização do texto para crianças, que Lúcia Benedetti escreve e leva à encenação várias peças infantis, posteriormente publicadas em livro.

Ao sucesso de seu romance de estréia, seguem-se novos títulos com idêntica repercussão na crítica e no público: **Noturno sem leito**, **Vesperal com chuva** e outros. Escreveu também peças para o teatro adulto: **Figura de Pedro** (teatro em verso), **O banquete e a farsa**, **Amores de celeste**, em colaboração com Dinah Silveira de Queiroz.

Entre os vários prêmios e distinções recebidos por sua obra, estão: Prêmio Afonso Arinos-ABL, 1950 (dado a **Vesperal com chuva**); Prêmio de Teatro Infantil – Prefeitura do Distrito Federal/1954); Prêmio Artur de Azevedo-ABL, 1948, etc. A maioria de seus livros foi traduzida para o inglês, francês, espanhol e italiano. Várias de sua peças infantis foram representadas na Argentina e Portugal.

Publicações: Romance – **Entrada de serviço**, 1942; **Noturno sem leito**, 1947; **Três soldados**, 1955; **Chão estrangeiro**, 1956. Contos – **Vesperal com chuva**, 1950; **Nove histórias reunidas**, 1956; **O inferno de Rosauro tal como se deu**, 1960. Teatro – **Figura de Pedro**, 1960. Teatro infantil – **O casaco encantado**, 1948; **Simbita e o dragão**, 1950; **Joazinho que anda para trás**, 1954, etc.

757 LÚCIA FLEURY

Escultora, desenhista, artista plástica e poeta de grande sensibilidade, Lúcia Helena Fleury de Oliveira nasceu em São Paulo (SP), em 02.09.1933.

Formou-se em Biblioteconomia (Instituto Sedes Sapientiae-SP). Na década de 1960, iniciou-se como escultora, diversificando sua criação, na área das artes plásticas, com pinturas e desenhos. Tem participado de importantes exposições coletivas e realizado diversas mostras individuais. Entre as exposições de destaque em que vem participando, estão: IX (1967) e XIV (1977) Bienais Internacionais de São Paulo; Panoramas da Arte Atual Brasileira (Museu de Arte Moderna); os 50 anos de Escultura no Espaço Urbano-RJ; Escultura Lúdica (MASP); Os 100 Anos de Escultura do Brasil (MASP); Exposição Internacional An Exhibition of Watercolours realizada em São Paulo/1994, e que reuniu artistas plásticos e escultores de todo mundo. Sua variada obra tem sido objeto de pesquisa e teses, arquivadas ou publicadas pelo IDART. Suas esculturas, em grande parte, estão espalhadas em espaços públicos e particulares na capital paulista, como museus, galerias, jardins, residências, etc. A leveza das linhas e movimentos dados à matéria da pedra, metal, etc., respondem pela beleza das obras.

Estreou em livro, como poeta, em 1984, com **passoespaço**, desenvolvendo um projeto experimental que articula diferentes linguagens: a da palavra, da escultura, fotografia, desenho e montagem gráfica. Em **Gritos murmúrios louvações** (1987) a poesia de Lúcia é atraída pela interrogação existencial. Visceralmente sintonizada com o nosso tempo em metamorfose, sua poesia flui de uma ligação essencial da palavra, com o que é intuído como a própria fonte de vida: o eu poético.

Imaginação minha / fêmea doida / selvagem e terna / rosa dos ventos / de amor enlouquecida. / Livre como o ato de criar / experimenta / todos céus / assume todos os infernos / e me salva; / da impotência imensa / que é não ser.

O fulcro essencial de sua poesia é a busca do ser, por meio da imaginação criadora, ou melhor, mediante o ato de criação, dado fundamental para o definitivo encontro do Eu com o seu próprio ser e com o Outro. Espírito atento às mutações de seu espaço/tempo e visceralmente fascinada pelas origens e metamorfoses da caminhada humana, Lúcia escultora, pintora e poeta, sonda o além das aparências e interroga os grandes enigmas da vida.

Por que débil / é a luz da margem / e sombria / a correnteza que me arrasta? / Giro torvelinho de dúvida / atravesso vagas de desespero / contudo, guardo ainda / no centro da testa / o selo da esperança. / Emersos deste rio / sôfregos e suplicantes / tatearemos / palmo a palmo / nossa busca.

Essa busca está essencialmente ligada à possível/impossível realização plena do Eu, e embora semelhante à que predominou em grande parte da poesia deste século, a busca sem esperança, esta que se expressa em **Gritos murmúrios**

louvações nada tem em comum com a poesia da não-realização ou da angústia existencial. Re-ligada que está à perenidade da vida, por meio da apaixonada fruição humana, e à possível plenitude existencial. O júbilo de viver.

O epicentro / em ti, Senhor, / é indeslocável. [...] e grávida de vida / e de esperança / e de alegria / vou gritando.

Visceralmente ligada à vibração vital que, de distintos modos (satírico, parodístico, épico...) vem dinamizando a criação literária dos anos de 1970 e 1980, a poesia de Lúcia Fleury é das que se revelam como um verdadeiro ritual de acesso à beleza ou à fruição intensa da vida. Como que desafiando a realidade ameaçadora/apocalíptica que, no dia-a-dia, se impõe em todo o mundo com violência crescente, uma certa linha da poesia (e da ficção) vem conquistando a confiança e a esperança na condição humana. A angústia existencial vem sendo substituída por uma alegria de viver profunda, que emerge das raízes do ser em integração amorosa com Deus e com o Outro.

É essa a natureza da poesia que Lúcia Fleury vem criando desde o início dos anos de 1980, quando estréia com **Passoespaço**. Nesse belo/denso volume de estréia, já se expressa a redescoberta da essencialidade e perenidade do humano, que é uma das marcas da criação contemporânea. Em "Intuição", lemos:

Geométricas linhas / Perfazem desenhos / Gestos arcaicos / Arquetípicos / Vindos do fundo dos tempos. [...] Nas linhas geométricas / Estão os símbolos do universo, / Que os homens refazem / Sem saber ser este, / o gesto primitivo / do seu deus.

Aí está a integração essencial (homem/Deus; relativo/Absoluto; contingente/Eterno...), que alicerça a plenitude do viver e, na qual, a poeta encontra o ponto exato, em que sua palavra coincide com o mistério da existência. Empapada de um grave, maduro e jubiloso sentido de mundo, a poesia de Lúcia Fleury é das que expressam em tom maior a metamorfose hoje em curso em nosso mundo. E principalmente a metamorfose, em lento amadurecimento, que se processa no âmbito do feminino. A mulher se re-descobre como ser humano, elemento fundamental do eterno movimento da vida. Um Eu que só se realiza plenamente em inter-ação com o Outro, por meio do Amor, da ação criativa, do impulso fecundo de autodoação à vida, ao sentir, ao fazer...

Meu caminho não existe por si só. / Existe o caminho "dosoutros". O meu não / O "dosoutros" não me serve. [...] Meu caminho não existe. / Existem meus pés / e sua vontade, / a cada hora. / Inauguro a cada dia / O suficiente do caminhar / E transponho a trilha inexistente / Como os limites do meu passo.

De tantos atos precisei / para chegar/ aonde / supostamente estou. / Contudo não cheguei sozinha.

Tal como disse o poeta espanhol Antonio Machado, Lúcia sabe que *caminante / no existe camino / él se hace al caminar.*

Publicações: **Passoespaço**, 1984, e **Gritos murmúrios louvações**, 1987.

LÚCIA FONSECA 758

Poeta de funda sensibilidade e pesquisadora na área de ciências naturais, Lúcia Garcia da Fonseca (em solteira Lúcia Brasileiro Madeira) nasceu no Rio de Janeiro (RJ), em 10.09.1940.

Dedicou-se aos estudos superiores, depois de casada, formando-se em História Natural. Como pesquisadora, especializou-se na área da Genética, em diferentes instituições: Genética de População (Faculdade de Ciências – Curitiba); Citogenética (Instituto de Biofísica-UFRJ), etc., tendo publicado trabalhos em co-autoria. Trabalhou na FINEP (Financiadora de Estudos e Projetos), como analista de projetos na área de ciências biológicas. Freqüentou durante alguns anos cursos sobre a evolução do pensamento ocidental (filosofia, artes, ciências) e se interessa pela filosofia oriental, em especial, Zen.

Descobriu-se poeta nos anos de 1970, estimulada por Helena Jobim e Carlos Drummond de Andrade. Começou publicando poemas em suplementtos literários, como o de Minas Gerais, Jornal de Santa Catarina e O Popular de Goiânia. Estreou em livro, em 1980, com **Invenções do silêncio**. "A vida só é possível reiventada." Este verso de Cecília Meireles, posto na abertura do livro, sintetiza a problemática que dinamiza a poesia de Lúcia Fonseca e é também a dominante na poesia contemporânea em geral: a consciência de que é a Palavra que dá realidade ao Real.

Como disse Lacan: "O que não é nomeado não existe". E como estamos num momento de transição entre o mundo conhecido, seguro e consagrado de ontem e o mundo em gestação de hoje, é à palavra (principalmente a da Poesia) que compete trazer à tona da consciência as "verdades" que permanecem ocultas por detrás da aparência da coisas, dos seres, dos aconteceres. Daí o título do livro, **Invenções do Silêncio**, i.é, "nomeação" daquilo que ainda não foi dito e que permanece "em silêncio".

Por entre os olhos e os óculos / Vejo passar do silêncio / vento quieto e rarefeito / carregando peixes densos.

Nestes versos iniciais, a poeta revela metaforicamente o nervo de sua criação poética: desvendar o oculto da vida, aquilo que os olhos fracos vêem pouco e que óculos permitiriam ver melhor. Algo fugidio que a poesia metaforiza nos peixes densos (milenar símbolo da vida). "Diorama", título da primeira parte do livro, serve de seta indicadora para o leitor: diorama é um espetáculo de ilusão ótica que, por efeito de jogos de iluminação sobre quadros pintados, altera sua visão original. É por meio dessa perspectiva que os poemas de **Invenções do silêncio** vão mostrando o corpo-a-corpo da palavra com as realidades a serem nomeadas e também o seu contínuo frustrar-se por lhe ser impossível apreender a dinâmica do Real ou da Vida, na rede estática do verbo. É dessa luta pela expressão que nos fala o poema "Apontamentos para o desenho de uma Lagartixa":

Quis desenhar-te a bico de pena / mas era preciso tanto / para dizer-te inteira: / arquiteta de vigas, / amante de largos vãos, / inventora das trajetórias súbitas, [...] Quis desenhar-te a bico de pena, / mas como dizer-te líquida e exata, nervosa e fria?

O poema é longo. Nele, o que pode parecer circunstancial, mera fantasia, resulta na verdade da grande interrogação existencial do momento: O que é a vida? Quem somos nós?. Dessas interrogações basilares, alimenta-se toda a produção poética da autora (e também sua atuação profissional, de investigadora dos mistérios da natureza viva). Sua poesia está entre as que, em sabedoria e autenticidade, estão testemunhando este nosso tempo de buscas e metamorfoses.

Publicações: **Invenções do silêncio**, 1980; **Rede fluvial** (Prêmio Emílio Moura), 1983; e **Cadernos de geografia**, 1985.

759 LÚCIA GUEDES

Romancista, cronista, poeta e psicóloga, Lúcia Maria Guedes Freire nasceu em Belo Horizonte (MG), em 18.09.1940. Está radicada em Juiz de Fora. Formou-se em Psicologia e lecionou durante algum tempo. Ingressou no serviço público na Universidade Federal de Minas Gerais. Colaborou com artigos de crítica no Suplemento Literário do Diário Mercantil (Juiz de Fora) e no SLMG (Belo Horizonte). Participou da revista Encontros 55 (1980) e de várias antologias.

Estréia em livro, em 1982, com o romance **Almas nuas** (Prêmio Cidade de Belo Horizonte/1981). Seguem-se outros livros: romances, contos, poesia e literatura para crianças. Sua produção tem recebido distinções: Medalha de Prata/2° Festival de Poesia – Juiz de Fora, 1974); menção honrosa. Prêmio Fernando Chinaglia-UBE (RJ, 1979); Prêmio José Olympio (RJ, 1980) e Prêmio Nacional de Romance. Jorge Amado/80 anos. É membro da Academia de Letras São João del Rey.

Publicações: Romance – **Almas nuas**, 1982; **Os cães gemem de noite**, s/d, e **Diário submerso**, 1992. Conto – **Sinfonia às hortências**, s/d; **Canção dos pássaros mortos**, s/d; **Clamor no limbo**, s/d. Literatura Infantil – **O potro do meu coração** e **Milagre de Deus**, s/d.

760 LÚCIA GUIOMAR

Poeta, médica psiquiatra e professora de ciências, Lúcia Guiomar Teixeira Calazans nasceu em Maceió (AL), em 31.07.1943. Formou-se em Medicina na UFAL (1966); especializou-se em Psiquiatria na Associação Médica Brasileira e Associação Brasileira de Psiquiatria. Fez vários cursos de extensão universitária em diferentes áreas médicas. Como estagiária, trabalhou no Serviço Municipal de Pronto-Socorro, na Clínica Psiquiátrica do Hospital das Clínicas/UFAL; no Núcleo de Combate ao Câncer/Santa Casa de Misericórdia, e em outros. Como profissional tem trabalhado em vários hospitais de Alagoas e São Paulo. Como pesquisadora tem freqüentado inúmeros congressos e seminários médicos em Alagoas, Pernambuco, Bahia, Rio de Janeiro.

Desde muito jovem, interessou-se por poesia e pela cultura regional. Publicou poemas na imprensa e em antologias poéticas. Estréia em livro em 1972 com a coletânea **Poemeu**: poesia forte, engendrada em funda comunhão de amor com a terra e com os excluídos da vida plena, esta fala também de um eu que encara a vida de frente.

As pessoas estão vagando perdidas / em uma imensidão de ferro este ser / inodoro / já não compõe / me decompõe / cortaram-me as cordas e o canto / eu / insípida / insólida / insana nada vai mudar meu passo lento / que espeta o espanto [...] em couraças de couro / vaquejei as ruínas de meu corpo [...] o vasto verbo me compôs a rima / estou descalça / sem saltos sem santas botinas [...] mais uma vez só no campo de campina / empinando-me acima do meu pranto.

Dez anos depois, publica **Araterra**. Nesses anos, coordenou o I Festival de Verão de Marechal Deodoro, montou e dirigiu o espetáculo Poesia e Expressão Cultural e A Ilha (no Stand I e II). Coordenou projetos culturais do Museu Théo Brandão de Antologias e Folclore e na Fundação Teotônio Vilela.

Publicações: Poesia – **Poemeu**, 1972 e **Araterra**, 1982. Cordel – **Os bons demônios**, 1981.

LÚCIA HELENA PEREIRA 761

Poeta, articulista, elemento atuante na área cultural e político-administrativa de Natal, Lúcia Helena Pereira nasceu em Ceará Mirim (RN) em 1945. Formou-se em História (UFRN/1974). Ingressou no serviço público, onde fez carreira. Desde 1996 integra o Conselho Municipal dos Direitos da Mulher e das Minorias – Natal. Colaboradora na imprensa do RN, onde tem publicado artigos, crônicas e poesia. Como poeta está presente em várias antologias (**Coletânea Literária da AJEB**-RN/1993; **Ajebianas no vôo da palavra**/1993; **Antologia**-RS/1996 etc.). Publicou em livro **Pássaro azul de asas cor-de-rosa**.

Publicação: **Pássaro azul de asas cor-de-rosa**, 1983.

LÚCIA MIGUEL PEREIRA 762

Romancista, biógrafa, historiadora de literatura, intelectual de destaque no cenário cultural brasileiro dos anos de 1930 e 1950, Lúcia Vera Miguel Pereira nasceu em Barbacena (MG), em 12.12.1903. Viveu no Rio de Janeiro (RJ), e faleceu, juntamente com o marido (o jurista e historiador Otávio Tarquínio de Sousa), num acidente de aviação, em 22.12.1959.

Iniciou sua carreira literária em 1937, colaborando no Boletim de Ariel, revista literária dirigida por Agripino Grieco e Gastão Cruls e na qual figuravam os melhores nomes da intelectualidade brasileira no momento. Colaborava com artigos sobre literatura e logo depois passou a escrever crítica literária na Gazeta do Notícias (período 1934/1935). Entre os inúmeros órgãos de imprensa em que colaborou, estão: O Jornal, A Lanterna Verde, revista do Brasil, Correio da Manhã.

Estréia como romancista, em 1933, com **Maria Luísa**, ao qual se seguem **Em surdina**, **Amanhecer** e **Cabra-cega**, que não chegaram a ser grande sucesso de crítica e de público. Sua grande obra realizou-se na área da biografia e de história. Em 1936, publicou o mais importante ensaio crítico e biográfico de Machado de Assis (até hoje reeditado). Em 1954, a **Biografia de Gonçalves Dias**. Em 1950, publica a **História da literatura brasileira: prosa de ficção** (1870/1920). Como tradutora: **A vida trágica de Van Gogh** de Irving Stone; **Maria Madalena** de R. L. Bruckberger; etc. Escreveu também para crianças: **A fada menina**, **A floresta mágica**, **Maria e seus bonecos**, etc.

Publicações: Romance – **Maria Luísa**, 1933; **Em surdina**, 1933; **Amanhecer**, 1938; e **Cabra-cega**, 1954. Biografia e crítica – **Machado de Assis**, 1936, e **Biografia de Gonçalves Dias**, 1954. Historiografia – **História da literatura brasileira: prosa de ficção**, 1950. Literatura infantil – **A fada menina**, 1939; **A floresta mágica**, 1943; **Maria e seus bonecos**, 1943, e **A ilha do rio verde**, 1943.

763 LÚCIA PEIXOTO

Poeta, arquiteta, professora universitária e musicista, Lúcia Peixoto nasceu em Jaraguá (GO), em 22.02.1942. Formou-se em Arquitetura e especializou-se como Técnica de Planejamento Urbano. Ingressou no ensino superior como docente do Departamento de Arquitetura da Universidade Católica de Goiás.

Iniciou-se como poeta, publicando poemas na imprensa goiana. Em 1977, sua coletânea **Verso e vida**, em original, recebe o Prêmio Fernando Chinaglia/UBE-RJ. É publicada em livro em 1981. Interessada igualmente por composição musical, em 1983 lança o disco "De verde e luz", com letra e música de sua autoria. Sua produção poética e musical tem sido bem recebida pela crítica e pelo público.

Publicação: Poesia – **Verso e vida**, 1981. Letras e música – **De verde e luz**, 1983.

764 LÚCIA PIMENTEL GÓES

Ficcionista, musicista, professora universitária, pesquisadora, ensaísta, coordenadora de produção editorial e presença atuante no âmbito da Cultura ligada à Educação e Ensino por meio da Literatura, Maria Lúcia Pimentel de Sampaio Góes nasceu em Amparo (SP), em 22.12.1934. Ainda menina muda-se para a capital paulista, onde fez seus primeiros estudos.

Formou-se concertista em piano pelo Conservatório Dramático e Musical de São Paulo. Realizou cursos de alta interpretação pianística com mestres como José Kliass e Arnaldo Estrela. Formou-se em Ciências Jurídicas pela Faculdade de Direito-USP, tendo exercido a advocacia durante algum tempo. É membro da Ordem dos Advogados.

Inicia-se como escritora de histórias infantis, nos anos de 1960, divulgando-as em jornais, revistas ou suplementos especializados. Estréia em livro em 1969, dando início a uma carreira de sucesso entre os pequenos leitores e junto à crítica. Sua extensa produção literária para crianças chega a uma centena de títulos, com traduções no exterior e várias reedições, cujas tiragens já ultrapassaram quatro milhões de exemplares. Recebeu o Prêmio Especial de Literatura Infantil – APCA (Associação Paulista de Críticos de Arte).

Foi membro-fundadora do CELIJU (Centro de Estudos de Literatura Infanto-juvenil–1972/1988); é membro honorário da Academia Brasileira de Literatura Infantil e da Academia Amparense de Letras. É associada à UBE – União Brasileira de Escritores-SP. Desde 1978 tem integrado a Coordenação da área de literatura e educação das bienais internacionais do livro, realizadas pela Câmara Brasileira do Livro-SP. Nesse âmbito, tem participado, como convidada, de inúmeros eventos nacionais e internacionais, seja como coordenadora do evento, seja como apresentadora de comunicação, ou participando dos debates. Tem atuado na coordenação dos seminários de Literatura Infanto-juvenil e seminários Luso-afro-brasileiros nas Bienais Internacionais do Livro (Câmara Brasileira do Livro-SP). Entre os principais congressos internacionais de literatura de que participou estão: Congresso de LIJ/Buenos Aires – Argentina, 1980-82; Feira Internacional do Livro-Bolonha, Itália, 1989; Feira Internacional do Livro/Frankfurt, Alemanha, 1994; II Congresso Português de Literatura Brasileira/Porto, Portugal, 1997; 27º Congresso Internacional do IBBY – International Board on Book for Young People/Cartagena, Colômbia, 2000; Iº Congresso Internacional de LIJ de Trás-os-Montes-Vila Rica, Portugal, 2001. Prosseguindo os estudos universitários, em 1979 obtém o título de Mestre, na área de Literatura Portuguesa, com a dissertação "A Prosa experimentalista de Artur Portela". Em 1987, estagiou em Portugal como bolsista da Fundação Calouste Gulbenkian, para concluir pesquisas de sua tese de doutorado, "Em busca da matriz. A Literatura Infantil e Juvenil Portuguesa: suas peculiaridades e evolução" (publicada em 1998). Em 1987, ingressou na carreira docente, na FFLCH-USP, área de Literatura Infantil, atualmente anexada à área de Estudos Comparados de Literaturas em Língua Portuguesa. Fez concurso para livre docente em 1994 e para professora titular, em 1999.

A tese **Em busca da matriz** foi o marco inicial de um amplo projeto de pesquisa que a autora vem desenvolvendo em seu próprio trabalho e na orientação de pesquisas em nível de graduação e pós-graduação: as pesquisas de resgate de nossas raízes luso-afro-indígenas, que podem contribuir para uma nova consciência de nossa identidade como povo. Nessa linha de projetos, por ocasião das comemorações dos 500 anos do Descobrimento do Brasil, escreve o libreto de ópera **Poranduba**, musicado pelo maestro Edmundo Villani-Côrtes; roteiro de Peter O'Sagae e interpretação de cantores e cantoras do Teatro Municipal de São Paulo. Libreto publicado em livro em 1998, com ilustrações de Glair Arruda. Na apresentação do livro, a autora esclarece:

Poranduba livro-libreto *através de um novo resgate antropológico coloca em cena as culturas brasileiras, compondo um "Teatro de Linguagens": música orquestral, dança, balé, artes cênicas, recitativo, coreografia, mímica, teatro de fantoches, vídeo e outras.[...] o* ***libreto*** *tem como meta principal integrar sensações, associar percepções, sobretudo relacionadas à música e ao teatro, a fim de produzir novos significados. [...] A base desta arte em particular é a tríplice raiz cultural brasileira: Brasil, Portugal e África. [...] Participem dançando na noite, em volta da fogueira, o Ritual do Fogo. Então, magníficos sonhos acontecerão... Meu desejo é que vocês e muitos outros leitores possam ver, ouvir, cantar, dançar, comover-se nos Teatros do Brasil, de Portugal e de quantos acolherem a Ópera-Rumor Poranduba, nesse limiar do século XXI. (1998).*

Nessa linha das multilinguagens, está o programa radiofônico **Sonhamundo**, que manteve durante dois anos, com Peter O'Sagae, na Rádio USP; e seu livro de poesia **Sopro alento**, que resultou de um encontro de linguagens: a poética e a fotográfica (de Antônio Chelini, professor de Língua e Literatura Latina-USP). Ambas se desenovelando a partir do princípio da vida, do movimento de respiração universal, inerente a todas as formas orgânicas de vida. *Mas antes do sopro: Tudo silêncio, tudo imobilizado. De repente, a magia primeira, o ponto de luz estremece, nasce o primeiro sopro / o primeiro Alento... e a aventura da vida tem início.*

Prosseguindo dentro dessa preocupação com o início, com as origens que, resgatadas, poderão talvez iluminar melhor o que hoje vivemos, Lúcia Góes empenha-se também na busca da nova mulher, por meio dos caminhos já percorridos pelo feminino. Fruto de uma longa pesquisa, feita por intermédio de uma ótica poética-ficcional, em 1998, publica **Elas**, uma poética saga de mulheres, históricas ou anônimas, que de diferentes maneiras marcaram suas épocas: *A primeira* (Eva); *Mulheres palavra* (Sherazade); *Rainha-sedução* (Cleópatra); *Rainha da paz* (Maria); *A que muito amou* (Maria Madalena); *A devassa* (Messalina); *Donzela guerreira* (Joana D'Arc); *A doutora da Igreja* (Sta. Teresa de Jesus); *Escrava mística* (Rosa Egipcíaca); *A ré* (Maria Antonieta); *A singular escritora* (George Sand); *A atriz* (Sara Bernhardt); *A cientista-gênio* (Maria Curie); *Mulher-dança* (Isadora Duncan); *A gardênia* (Billie Holiday); *Peregrina da caridade* (Irmã Dulce); *Filha de Oxum* (Mãe Menininha do Gantois); *Mãe brasileira; Mulher de fibra; Todas as vidas e Das conchas vieiras.* (**Elas**-Prêmio APCA, 1998). Na apresentação, a síntese do livro:

Amor, coragem, luxúria, crueldade, paixão, paciência, heroísmo, sabedoria: de quantos ingredientes mais são feitas as vidas das mulheres – ***Elas*** *– que trazem em si o germe da vida e enfrentam, tantas vezes sozinhas, a dor e a morte? [...] Como as faces de um prisma, as pequenas histórias de* ***Elas*** *se somam, se tangenciam e vão compondo, ao longo do livro, a imagem final. Imagem prismática, sempre mutável, incompleta, cujas lacunas cada leitor saberá preencher com seu conhecimento do universo feminino.*

Publicações: Poesia – **Sopro alento**, 1998. Libreto ópera – **Poranduba**, 1998. Saga – **Elas**, 1998.

LÚCIA RIBEIRO DA SILVA 765

Poeta da "geração de 60", Lúcia Ribeiro da Silva nasceu em Ribeirão Preto (SP), em 1940. Reside na capital paulista.

Estréia, em 1963, com os breves poemas de **Os outros**, cujo título já aponta para a problemática nuclear: o desencontro entre o eu e o mundo em que lhe cumpre viver. Geração de muitas faces e muitos caminhos, que fez explodir o sistema herdado, "geração de 60" foi a que viveu o fim da Guerra Fria (1945/1956), o *boom* da contracultura, a diáspora dos *hippies*, a recusa aos preceitos e preconceitos que fundamentavam (ou fundamentam?) a sociedade. Foi a geração que reagiu à opressão dos outros.

Outros apanharam as palavras / e as moldaram com força, apertando / e as curvaram como barras de ferro / para que ficassem tinindo / como artificial ficassem ; moderno-ficassem-alarme / metálico / mecânico // Por isso nasceram os gritos.

Na ausência desse encontro existencial, o eu dispersa-se, busca a si mesmo, mas não se encontra, perdeu os referenciais. É essa busca solitária que expõe em seu segundo livro, **Jogo fixo** (1966), cujo título também aponta para seu eixo dramático: contrariando a natureza do jogo, que é mobilidade, desafio à ação, descoberta. Agora o jogo da vida está fixo, imobilizado, limitado a uma repetição de gestos mimetizados.

Não estou em ponto algum / Entre a vida e o meu eu / Existe um espaço marcado / de tudo que Deus me deu // Nele vives; nele vivo / O mais, é a identidade / que me deram: uma mentira / com ares de realidade. / Poeta sou. Poeta é espaço. [...]

Mas quando conto meus passos / mas quando apalpo os braços / E nos espelhos me fito, / Vejo que não há ninguém. [...] Uma fábula repetida, / Fica semelhante à vida / Mas perde a graça que tem.

Poesia-testemunha de um momento em que o homem, consciente do caos instaurado no mundo, sente-se impelido a recomeçar, mas se vê impedido pelos outros (os que dominam pelo poder do caos, transformado em lei). A comunhão erótica é um dos caminhos que a poeta tenta para o desejado encontro com a vida autêntica.

Aguda é a minha fome / Beija-me além da carne / Deita minhas mãos de brando / sobre mim. / Punhal é a fome / só gume e realeza / e um consumido devorar-se / Agora, dá-me a espera, / a perfeita. Dá-me, dá-me.

Mas será em **Estar para ser** (1973) que se dará esse encontro com o eu autêntico, o eu que se assume poeta, o fundador de mundos, pela Palavra. Como sempre, o título do livro anuncia a problemática: a poeta se quer consciente de seu eu heideggeriano, empenhado em assumir seu estar-aí, e a partir dele renomear a vida, o mundo. A epígrafe de Heidegger (*Viemos tarde para os deuses, cedo para o ser.*) é a seta orientadora que a poeta dá ao leitor. O denso fluir poético se funde com os elementos primordiais do Universo (água, fogo, ar, terra) e tenta renomear os caminhos percorridos pelo homem (ou a percorrer), sempre desafiado pela morte e assaltado pelos desejos. Mas sabemos que é dele que o mundo, a vida, dependem para existir. Neste seu último livro, Lúcia se assume como poeta de linhagem existencialista. Daí a busca incessante a que se entrega com a poesia; no encalço do Ser que a sondagem do seu Estar-aí poderá revelar. Terá cessado a busca? Ou a gaveta guarda inéditos?

Publicações: **Os outros**, 1963; **Jogo fixo**, 1996; e **Estar para ser**, 1973.

766 LÚCIA ROSAS

Caso insólito em nossa literatura, Lúcia Rosas surge, em 2000, como autora póstuma, com o livro **Textos impuros**, produzido/publicado pela poeta Vera Casa Nova* em colaboração com o projetista gráfico Marcelo Kraizer. Segundo informações na contracapa, Lúcia Rosas nasceu no Rio de Janeiro (RJ), em 1923, filha de uma costureira e de um tipógrafo, dono de uma modesta gráfica. Morou sempre na mesma casa, na zona norte do Rio de Janeiro (Jacarepaguá, praça Seca). Morreu na década de 1980, sem deixar descendentes. Do testemunho de sua irmã mais velha (único membro restante da família), sabe-se que Lúcia Rosas, desde muito nova, gostava de passar as tardes na gráfica do pai, brincando com carimbos, clichês, provas de impressão, etc., que depois levava para casa e rearranjava na forma de livros e revistas, como via fazerem na gráfica. Mas nunca se preocupou em publicá-los, nem mostrá-los a alguém que pudesse se interessar por isso. Era uma leitora voraz de tudo que lhe caía nas mãos. Toda essa lúdica e ignorada produção, desde a morte da autora, ficou esquecida em caixotes cheirando a mofo, no porão da velha casa assombrada. Até que as circunstâncias a levaram ao conhecimento de Vera e de Marcelo. Na apresentação de **Textos impuros**, explicam:

...Só agora conseguimos organizar alguns desses papéis restantes de LR, (eles farão) com que o leitor aquilate a importância dos subterrâneos, porões ou sótãos, onde a arte, reduzida à dimensão do tempo, consegue sobreviver. Chamamos também a atenção para a existência de artistas que não aparecem ao público e morrem sem deixar obra para ser devorada pelos olhos e pela escuta de leitores ávidos de novidades e conhecimento. Aguardem a segunda caixa a ser aberta em breve. Sem suspenses e sem fantasmas.

Confiando na veracidade das informações, mergulhamos no livro, para conhecer o legado da autora Lúcia Rosas (pessoa real, e não personagem fictícia criada pelos autores); e a primeira impressão é de espanto e desnorteamento, diante da matéria desconexa ali registrada. A começar da apresentação escrita por Marcelo Dolabela: A FALHA A FOLHA A FILHA DA POETAGRAFIA:

1. a obra inédita de um autor [publicado postumamente] é sempre uma obra sem corpo, é sempre um sorriso do gato [de alice] sem gato [& sem alice]. Já desdiria a lolita carrollina.

E a apresentação se desdobra em enigmas como esses; e que só no decorrer das leituras e releituras do livro nos levam a perceber que a seta orientadora, para não nos perdermos nesse labirinto de *nonsense*, é nos guiarmos pelo princípio de desordem que, seja no mundo do maravilhoso arcaico, seja no cyberespaço em que vivemos hoje, oculta uma nova ordem a ser descoberta. É atrás dela, que os poetas e artistas contemporâneos se lançam...

Matéria-prima desconexa, a destes **Textos impuros** resulta de um complexo processo de texto-colagem, texto-descolagem, texto-bricolagem, reinauguração da escrita, repalimpsestagem da imagem, pelo qual os limites da autoria foram anulados. O que seria realmente de Lúcia? O que, de Vera? O que, de Marcelo? A nós, leitores, impossível descobrir. Estamos percorrendo o universo sonhado por Rimbaud, no século XIX (embora despojado da carga metafísica rimbaudiana): o total desregramento dos sentidos pela superposição de sensações, impressões, imagens. Nosso tempo foi além da vertigem desconstrutora de Rimbaud (que buscava o desconhecido por meio do novo), porque descobrimos a dança-dos-signos no espaço globalizado. É essa dança que Vera e Marcelo realizaram com os fragmentos deixados pela, até então, desconhecida autora: fragmentos de poemas, carimbos, fotos borradas, pedaços de lições de francês, questionários escolares, ilustrações superpostas, etc. Enfim, uma visão-de-mundo descentralizada, desconexa, caótica, que corresponde à realidade do nosso tempo, quando vista para além da ordem oficial que os Poderes (visíveis e invisíveis) propagam por meio dos multimídias. Para além do desconexo, os fragmentos de poemas revelam que Lúcia Rosas tinha olhar e alma de poeta e de artista... apenas deve lhe ter faltado o olhar do outro que a estimularia a se empenhar no projeto, que daria unidade e corpo à sua criação poética e plástica. Só uma poeta sentiria e expressaria tão sinteticamente as frustradas relações eu-outro, como ela o fez:

Na / casa os pais habitavam / habitarão / No tempo e no espaço / habitam em mim / destroem a carne e o / VERBO / só então me ocorre / o / oco. (p. 10)

Em que espelho / manchastes a minha face? / A mancha da tua cor / delira meus sentidos / famintos e arregalados. / A arte, amigo, é teu / desprezo pelo mundo / Deixaste a mancha no / espelho? / Apaga com teu corpo as inscrições do teu crime. / Assassina com palavras / e gestos a humana / condição e deixas sem / enterrar os corpos poéticos. (p. 25)

Maçã mordida / comida / digerida / o papel amarrotado // O roxo do teu cabelo / o lilás de tua boca / lilith / fruta da terra / e não da tua costela / é / Fauno fêmea: / mais uma (S) / esfinge (S) / a te devorar. (p. 50)

(Claro está que, aqui transcritas, estas palavras perdem a força que têm, inscritas no espaço visual das páginas do livro.)

Publicação: **Textos impuros** (RJ, Ed. 7 Letras, 2000).

LÚCIA SANTOS 767

Poeta maranhense, da geração que surge na década de 1980, Lúcia Maria Coelho Santos nasceu em Arari (MA), em 18.11.1964. Reside em São Luís (MA).

Cursou Filosofia na UFMA. Começou a escrever poesia em 1984, participando de concursos e publicando na imprensa. Sintonizada com a atmosfera multimídia dos anos de 1980 e 1990, une a escrita poética com a poesia falada, cantada, ilustrada e teatralizada.

Em 1986, ganhou o Prêmio Poesia da Fundação Bandeira Tribuzzi-MA. Em 1991, seu poema "Clara manhã" foi classificado no VII Festival Maranhense de Poesia Falada-UFMA. Estréia em livro em 1992, com **Quase azul quanto blue**, poesia desenvolta, centrada no cotidiano comum, dando voz à mulher liberada, mas que ainda não sabe quem é, realmente, e o que fazer com sua liberdade:

Entre antiquada e moderna / entre agressiva e terna / entre nublada e acesa / entre hippie e burguesa / fico com a minha certeza / de não saber o que sou.

Poesia que canta para espantar o medo do escuro, em um poema-colagem (escrito com letras recortadas de impressos), se diz:

Meia culpa / Destituído de arma / que não seja / a vã palavra / o poeta expia seu Karma.

Em 1993 participou do 3º Festival Carrefour (SP), com a música "Papo de ostra" (em parceria com o compositor maranhense Zeca Baleiro), defendida pela cantora paulista Vange Milliet. No mesmo ano, seu poema "Parceria" foi um dos premiados no I Concurso Internacional de Poesia e Ilustração Mulheres Emergentes (Belo Horizonte), e cujo tema era

A Sensualidade nas Artes. Tem participado regularmente de concursos, seminários, cursos, sobre criação poética, projetos de videopoemas (TV Maranhão) e outras experiências culturais.

Publicação: **Quase azul quanto blue**, 1992.

768 LUCIANA DE ABREU

Primeira mulher a subir numa tribuna para publicamente defender os direitos femininos, Luciana Teixeira de Abreu, embora não tenha sido poeta nem ficcionista, tem merecido lugar neste dicionário de escritoras, pelo muito que fez pelas mulheres de seu tempo. Intelectual de alta dignidade e valor, educadora e conferencista brilhante, a gaúcha Luciana Teixeira de Abreu nasceu em Porto Alegre (RS), em 11.06.1847, e aí faleceu em 16.06.1880. Ao nascer de pais desconhecidos, foi enjeitada e posta na roda de expostos da Santa Casa de Misericórdia. Adotada pela família Gaspar Ferreira, revelou-se desde a infância atraída para os estudos e por meio deles *desenvolveu sua capacidade intelectual até atingir culminâncias que poucas mulheres de sua época conseguiram alcançar, mesmo em centros mais adiantados, com maiores recursos e estímulos...* (in "Luciana de Abreu: Pioneirismo e atualidade", discurso da escritora Maria Josepha Pisacco Motta, na Academia Literária do Rio Grande do Sul, 24.09.1976).

Em 1869, já casada e mãe de uma menina, foi a primeira aluna a inscrever-se na recém-criada Escola Normal de Porto Alegre, onde se forma em 1873, ocasião na qual, em discurso inflamado, defende o direito da mulher à educação e à emancipação econômica:

Temos sido caluniadas, dizendo-se que somos incapazes dos grandes cometimentos: que de inteligência fraca, de perspicácia mesquinha e que não devemos passar de seres caseiros, de meros instrumentos de prazer e das conveniências do homem. [...] Temos sido condenadas à ignorância, privadas dos direitos de cidadãos e reduzidas a escravas do capricho político de legisladores egoístas. [...] Quererão de nós os grandes cometimentos, as empresas arrojadas, quando se incumbem de pensar por nós e vedam-nos todos os meios, quer materiais, quer políticos ou morais? [...] o que venho reclamar é, de parceria com a educação, a instrução superior a ambos os sexos; e liberdade de esclarecer-nos, de exercer as profissões a que nossas aptidões nos levarem.

Palavras ditas há mais de um século atrás... quantas mulheres, neste limiar do terceiro milênio, poderiam repeti-las?

Luciana de Abreu dedicou-se com denodo ao magistério e fundou sua própria escola. Pioneira na defesa dos direitos da mulher, proferiu inúmeras conferências, principalmente no Partenon Literário (PA), as quais tiveram repercussões positivas e negativas na sociedade, pois tocavam em temas-tabu para a época. Em plena monarquia, em 1873, Luciana manifesta-se, em rumorosa conferência, a favor do direito do voto que as norte-americanas haviam conquistado em 1866 (em Wyoming, EUA) e também a favor da emancipação da mulher, a partir da alteração das leis que a subordinam ao homem. Defendeu também a abolição da escravatura. Pelo que havia de revolucionário em suas reivindicações, e em sua independência de idéias e comportamento, é de se compreender que os registros históricos de sua época silenciem o seu nome, enquanto mencionam os dos homens, como o nota Maria Josepha no opúsculo acima citado: *ao tratar de ideais republicanos, embora se mencione os fundadores do Partenon Literário, como Apolinário Porto Alegre, que em 1868, em verdadeira ação pioneira, pregava a república pela imprensa da capital, não é mencionado o nome de Luciana de Abreu, em nenhuma oportunidade, como agente de uma ação tão revolucionária quanto essa.* E Maria Josepha conclui: *Luciana de Abreu foi uma grande e invulgar pioneira e seu pensamento continua atual nos dias de hoje (1980).*

Publicações: **Preleções** (coletânea de inéditos e esparsos, org. Dante Laytano), 1949. "Educação das mães de família" (in Revista do Partenon Literário, nº 12, PA, 1873) e "Discurso na 7ª sessão-aniversário do Partenon" (in op. cit, nº 04, 1875).

769 LUCILA NOGUEIRA

Poeta em tom maior, advogada, professora universitária, líder feminista, promotora de Justiça, tradutora, ensaísta, personalidade multifacetada, Lucila Nogueira Rodrigues nasceu no Rio de Janeiro (RJ), em 30.03.1950 (signo de Áries e, no horóscopo chinês, tigre de metal). Ainda criança mudou-se com a família para o Recife (PE), onde está radicada.

Ainda menina começa a escrever poesia e a se interessar pelas artes e pela política de reivindicações. Desde o colégio, presidiu grêmios culturais, promovendo concursos literários, escrevendo e dirigindo peças de teatro, colaborando com contos e crônicas em jornais estudantis e participando, durante todo seu período de estudos, da política estudantil. Personalidade dinâmica, aberta para a cultura, para a poesia e artes em geral, dedicou-se ao estudo da música (piano, acordeão e violão); à apreciação crítica das artes plásticas (ensaios críticos sobre pintores pernambucanos, Van Gogh, etc); à análise de grandes autores universais (Shakespeare, Dostoievski, Fernando Pessoa...), divulgando-os na imprensa pernambucana. Como tradutora, publicou poemas de grandes poetas como Emily Dickson, Miguel Hernandez, Paul Eluard e outros. Em 1985, ano do centenário do nascimento de Fernando Pessoa, o seu ensaio "A Lenda de Fernando Pessoa" obteve o Prêmio Gabinete Português de Leitura.

Formou-se em Direito (UFPE); faz pós-graduação em Direito e Letras realizando o mestrado na área da Teoria da Literatura. Aprovada em concurso para Promotora de Justiça, tem desempenhado vários cargos ligados à profissão. Em 1985-1986 torna-se membro da Comissão de Direitos Humanos da Ordem dos Advogados-PE. Líder feminista convicta e atuante, participou de atos públicos, publicou artigos e elaborou uma "cartilha" sobre os vários tipos de violência exercida sobre a mulher. É membro da Academia Pernambucana de Letras, da União Brasileira de Escritores-PE, da ALED – Associação Latino-Americana de Estudiosos do Discurso (Argentina) e da ANNPOLL – Associação Nacional de Pós-Graduação e Pesquisa em Letras e Lingüística. Coordena (1998) o PROLEDE–Projeto de Leitura à distância (UFPE).

Como poeta, estréia em livro, em 1979, com **Almenara**, cuja densidade poética e paixão autêntica foi desde logo reconhecida pela crítica e lhe valeu o Prêmio Manuel Bandeira – Governo do Estado de Pernambuco. O título desse livro de estréia, Almenara, é uma espécie de prenúncio do que seria o desdobrar-se futuro da obra da autora. Em seu sentido original, "almenara" indicava um fogo, uma luz que era acendida nas atalaias ou torres de antigas cidades; seja para avisar o povo da chegada de invasores inimigos, piratas ou assaltantes, seja para enviar mensagens de uma região para outra, tais como a morte ou a deposição de um rei, etc. Permanentemente acesa, a almenara era um farol em terra, guiando caminhantes na noite ou a defesa luminosa de um burgo em tempo de perigo. É esse o sentido maior que a poesia de Lucila Nogueira vem assumindo, de título para título: um fogacho desafiando, denunciando o caos desumanizador em que o mundo mergulhou. A lucidez de Mário da Silva Brito descobriu-lhe essa missão, logo à sua estréia.

(Em Almenara) Lucila Nogueira usa o verbo como facho de luz em torreão preso à terra e ao destino humano. Através dele se ilumina a si mesma, descobrindo-se enquanto ser, e com ele aclara a tudo e a todos, como a propor um alerta geral. [...] canta o amor, compromete-se com o social e chega a atingir o plano metafísico, empenhada em cobrir as muitas dimensões que a compõem como indivíduo a um tempo solitário e solidário.

Os títulos que seguem (**Peito aberto**, **Quasar**, **A dama de alicante** e outros) aprofundam a atração da poeta pelo passado inaugural, misto de história e mito que se vem impondo como objeto de busca do pensamento pós-moderno. Nas palavras de César Leal (in posfácio de **Quasar**),

Lucila Nogueira é uma das vozes líricas mais puras da nossa poesia pós-moderna. Suas criações refletem uma força somente alcançada pelos que atingiram a excelência intelectual e técnica, característica essencial ao poeta que amadureceu todas as suas potencialidades de criação e expressão.
*O próprio título dado ao seu último livro – **Quasar** – é testemunho de que a autora não perdeu sua relação com o cosmo. 'Quasares' são 'objetos enigmáticos', fonte de energia irradiante centenas ou milhares de vezes mais poderosa do que a radiação das estrelas de nossa galáxia [...] mas se encontram a uma distância tão grande do nosso sistema solar, que o seu ponto de localização fica nas fronteiras do universo.*

É nessa fronteira virtual que se engendra a poesia de **Quasar**, numa antevisão do mundo pós-Apocalipse (aquele que restará após a bomba de nêutron, inventada em 1977, e capaz de destruir a vida, preservando os bens criados pela nossa babélica civilização tecnicista).

E então seremos pedra solitária./ O sangue esgotará suas estradas e bloco de concreto, persistente, será memória e tumba atomizada. [...] E então seremos mortos sem ferida e então seremos pó sedimentado e então teremos paz-inutilmente pois sobre a terra enfim seremos nada.

Mas a poeta sobrevive ao apocalipse e busca caminhos para a reinvenção da vida. Redescobre suas raízes galegas (vindas do avô galego de Padrón, Santiago de Compostela). Nos rastros dessas raízes, mergulha no passado mítico ibérico, que ficou esquecido no húmus da nossa civilização. Em 1996, **Ainadamar** dá início à Tetralogia Ibérica, que abarca os poemas galegos de **Amaya susabila**, os versos portugueses de **A lenda do portão de ferro** e **Ilaiana – Enigmas de elche**. Poesia densa, ritualística, carregada de imemoriais heranças, a sua leitura e decifração exige um leitor atento e apaixonado, e que se pressinta – como a poeta – um elo vital na corrente da existência. Na apresentação de **Ilaiana**, Maria Teresa Leal chega a uma síntese arguta:

Esta escritura – geográfica, histórica, cultural, mítica – tem como um de seus referentes o Mar Mediterrâneo. [...] Surcado por todos os povos da antiguidade, povoado de deuses e heróis, seres de mito e lenda, este mar é percorrido, evocado e invocado pela voz poética para ir mais fundo, para mergulhar nele como se fosse o arcano cambiante do seu subconsciente. Ali vai buscar-se, na epifania dessa realidade simbólica devorada pela História, mas não pelo Tempo: "Perséfone eu fui, depois Deméter / duas fases de um ser em redenção / fui a mãe, fui a filha e fui a neta / buscando a identidade original".

Publicações: **Almenara**, 1979; **Peito aberto**, 1983; **Quasar**, 1987; **A dama de alicante**, 1990; **Livro do desencanto**, 1991; **Amaya Susabila**, **Zinganares**, 1998. Tetralogia Ibérica: **Ainadamar** (Gravames de Granada), 1996; **Ilaiana** (Enigmas de Elche), 1997; **Imilce** (poema para quatro vozes), 2000; e **A lenda do portão de ferro** (a sair). Ensaio – **Ideologia e forma literária em Carlos Drummond**, 1990.

770 LUCÍLIA CÂNDIDA SOBRINHO

Poeta, trovadora, cronista, ensaísta e intelectual atuante no meio acadêmico mineiro, Lucília Cândida Sobrinho nasceu em Cordisburgo (MG). Desde criança reside em Belo Horizonte.

Inicia-se como escritora publicando poemas, crônicas, artigos e ensaios em periódicos, revistas e obras coletivas. Estréia em livro, em 1980, com a poesia de **Nas asas do tempo**, poesia lírica que se quer testemunha espontânea da vida concreta do dia-a-dia. Seguem-se, na mesma linha: **Corpo e alma**, **Verso e reverso** (Prêmio no I Concurso Nacional de Obras Publicadas – Academia de Ciências e Letras/São Lourenço-MG. 1990); **Marcas do tempo** (poemas, contos e crônicas); **Se minha saudade falasse** (poemas, trovas, haicais) e outros.

Tem-se dedicado ao estudo do Simbolismo. Pertence a inúmeras entidades culturais (Academia Cordisburguense de Letras Guimarães Rosa, como membro-fundadora e Presidente – 1984/1991; Academia Feminina Mineira de Letras; Academia. Neolatina e Americana de Artes-RJ; União Brasileira de Trovadores – Belo Horizonte e outras). Por sua atuação literária e cultural, tem recebido distinções e destaque (Concurso Internacional de Poesia/Academia Internacional de Letras-RJ, 1987; II Concurso Nacional de Poesia – Revista Brasília, 1990; Concurso Internacional de Trovas Clube Português.SP; Cartão de Prata Poetisa do Ano Academia Cordisburguense de Letras-MG, 1989; Medalha Santos Dumont – Governo Estado de Minas Gerais, 1994, e outras).

Publicações: Poesia – **Nas asas do tempo**, 1984; **Corpo e alma**, 1986; **Verso e reverso**, 1990; **Marcas do tempo**, 1994; e **Se minha saudade falasse**, 1997. Ensaio – **Aspectos do movimento simbolista na literatura brasileira**, 1993.

771 LUCINDA NOGUEIRA PERSONA

Poeta, cronista, pesquisadora e professora universitária, Lucinda Nogueira Persona nasceu em Arapongas (PR), em 11.03.1947. Em 1965, muda-se com a família para Cuiabá (MT). Graduada em Biologia (UFMT), segue a carreira universitária. Fez pós-graduação em Política Educacional e Legislação do Ensino, e mestrado em Histologia e Embriologia na UFRJ. Assume o cargo de Professora Adjunta na UFMT, onde se aposenta em 1994. Paralelamente, dedica-se à produção literária, publicando em jornais locais. Colabora regularmente no Diário de Cuiabá e em A Gazeta, como cronista atenta aos encontros e desencontros no cotidiano. Como poeta, recebeu o Prêmio Fundação Cultural de Mato Grosso/1988, por seu livro **Antese** (inédito). Como cronista, foi contemplada com o Prêmio Fundação de Cultura e Turismo de Mato Grosso/1993.

Estréia em livro com a poesia de **Por imenso gosto**, poemas breves, de frases diretas, concisas, como que fotografando a realidade objetiva do dia-a-dia, onde o eu está aprisionado. O poema de abertura pode ser lido como uma metáfora da visão-de-mundo dominante: a do ser preso num real sem frestas para algo que exista fora dele.

Estou num retrato/três por quatro [...]. Permanente silêncio / do qual não escapo / aplanada imobilidade / onde aos poucos me gasto / no minguado espaço / de uma janela / de sala nenhuma / olhando o infinito / (até depois de mim).

É só lembrarmos que o retrato 3x4 é o das carteiras de identidade, e a superficialidade, em que o eu poético se vê, fica evidente. Da mesma forma a relação do eu com o mundo, faz-se por meio de uma "janela" (que só permite o contemplar); e, além disso, é de "sala nenhuma". Poesia do auto-isolamento e da incomunicação, é a que nos oferece a poeta.

Publicação: **Por imenso gosto**, 1995.

LUCINHA DOS SANTOS 772

Poeta maranhense, radicada no Rio de Janeiro (RJ).

Publicações: **Folhas soltas**, 1967, e **Diário** (inéd.)

LUCY ASSUMPÇÃO 773

Poeta, contista e cronista, Lucy Assumpção nasceu em Joinville (SC), em 17.07.1917.

Começou publicando seus escritos na imprensa e em revistas especializadas catarinenses e cariocas, bem como em antologias coletivas. Estreou em livro em 1979, com **Estágios**, poesia lírica, consciente da transitoriedade da vida. Na mesma linha seguem-se: **Embates**, **Canto de plantonista** e **O que foi antes**. Poemas seus estão incluídos nas antologias **Contistas e cronistas catarinenses**, 1979; **Presença da poesia em Santa Catarina**, 1979, e outras. Publicou também um livro infantil, **Coração verde**, 1979. Tem poemas musicados pelo Maestro José Siqueira.

Publicações: Poesia – **Estágios**, 1979; **Embates**, 1981; **Canto de plantonista**, 1983; e **O que foi antes**, 1984.

LUCY TEIXEIRA 774

Poeta, teatróloga, pintora e diplomata, Lucy de Jesus Teixeira nasceu em Caxias (MA), em 11.07.1922. Fez seus primeiros estudos em São Luís. Formou-se em Direito pela Universidade Federal de Minas Gerais. Sempre interessada em literatura e artes em geral, entra em contato com os novos escritores mineiros, Otto Lara Rezende, Murilo Rubião, Fernando Sabino. De volta a São Luís, na década de 1940, torna-se secretária do Tribunal de Justiça do Maranhão. Como jornalista e escritora teve participação destacada na imprensa e em seu meio literário/artístico. Escreve poesia e contos. Inicia-se como pintora. Organiza, com Ferreira Gullar, o Congresso Súbito de Poesia, do qual resultou a formação do "Grupo Ilha, do qual fizeram parte, Tribuzi e José Sarney, sempre na procura inquieta de novos rumos [...] e repúdio ao sentimento fácil em poesia" (in Assis Brasil. 1994)

Nos anos de 1950, muda para o Rio de Janeiro. Dedica-se às artes plásticas, participando de exposições coletivas. Inicia carreira diplomática, como Adido Cultural em Bruxelas (Bélgica), posteriormente em Gênova (Itália). Dedica-se à pintura, fazendo exposições em vários países da Europa, obtendo sucesso de crítica. Aposenta-se (1990) pelo Ministério das Relações Exteriores. Residiu em Roma até 2001, quando volta ao Brasil.

Como poeta, estréia em livro com **Elegia fundamental**, em 1962. Escreve uma peça de teatro: **Quem beija o leão?**. Volta à poesia, em 1978, com **Primeiro palimpsesto**; ao qual se segue, em 1999, a prosa pós-moderna dos contos, **No tempo dos alamares e outros sortilégios** e do romance **Um destino provisório**, livros que tiveram boa recepção crítica (Antônio Cândido, Ferreira Gullar, Liane Castrillon, Lino Moreira). Recebeu vários prêmios de poesia e contos. Lucy Teixeira é membro da Academia Maranhense de Letras.

Publicações: Poesia – **Elegia fundamental**, 1962, e **Primeiro palimpsesto**, 1978. Teatro – **Quem beija o leão?**, s/d. Ficção – **No tempo dos alamares e outros sortilégios**, 1999 e **Um destino provisório**, 2001.

775 LUÍSA AMÉLIA BRANDÃO

Poeta, consagrada como a "princesa da poesia romântica", Luísa Amélia de Queirós Nunes Brandão nasceu em Piracuruca (PI), em 1838. Viveu grande parte de sua vida em Parnaíba (PI), onde faleceu em 1898. Marcou presença na crônica da época, como mulher culta e talentosa, cuja poesia era louvada nos saraus e na imprensa piauiense. Foi a primeira mulher no Piauí a se consagrar como poeta. Estréia em livro, em 1875, com **Flores incultas**. É Patrona da Academia Piauiense de Letras.

Publicações: **Flores incultas**, 1875, e **Georgina ou Os efeitos do amor**, 1893.

776 LUÍSA DE CAMARGO PENTEADO

Romancista, Luísa de Camargo Penteado nasceu em Campinas (SP), em 1884. Era de família abastada e teve esmerada educação. Freqüentou o Colégio Patrocínio em Itu (SP), onde fez o Curso de Humanidade. Escreveu o romance **Alice**, em folhetins e posteriormente publicado em livro.

Publicação: **Alice**, 1904.

777 LUIZA CAVALCANTI GUIMARÃES

Poeta lírica, Luiza Cavalcanti Guimarães nasceu em Pelotas (RS), em 03.08.1869, e aí faleceu em 05.03.1891. Foi professora e grande incentivadora da cultura. Desde jovem escrevia poemas, contos e crônicas, publicadas na imprensa local ou da capital gaúcha. Estreou em livro, em 1886, com **Alvoradas**. Publicou um pequeno livro de crônicas, **A formatura**. Foi casada com o poeta Mathias Guimarães.

Publicação: **Alvoradas**, 1886, e **A formatura**, 1890.

778 LUIZA LOBO

Ficcionista, ensaísta, tradutora, crítica literária, professora universitária, Luiza Leite Bruno Lobo nasceu no Rio de Janeiro (RJ), em 17.01.1948. Formou-se em Filosofia no Instituto de Filosofia e Ciências Sociais – UFRJ/1970, licenciou-se em Didática Inglesa/Santa Úrsula – PUC, 1967. Fez mestrado em Letras/PUC-RJ, 1976. Doutorado em Literatura Comparada na University of South Carolina – EUA/1978. Pós-doutoramento em Literatura Comparada/New York University, 1985.

Nos anos de 1970, inicia sua carreira como ensaísta, crítica e tradutora publicando em revistas especializadas e na imprensa (O Globo, Revista Brasileira de Língua e Literatura, Perspectivas, Letras Hoje/RS e outras). Entre artigos e ensaios publicados no exterior, está Women writers in Brazil today (**World Literature Today**. Oklahoma, 1971).

Em 1968, inicia-se como contista, publicando em revistas e antologias: "De como me transformei em repasto de morcegos malvados" (revista Tintim-RJ, nº4); "Triste fim de urubu" (revista Tintim-RJ, nº 8); "O Casal sem cabeça" (revista Tintim-RJ, nº 12). Prossegue publicando na revista José-RJ, Jornal de Ipanema; Jornal Psi, etc. Nesse período traduziu Virginia Woolf, Edgar Allan Poe , William Golding e Jane Austen. Em 1971, participou com poemas da Ex-Poesia I PUC-RJ. Em 1976, publicou na revista Colóquio – Letras/nº 29, Lisboa-Fundação Gulbenkian, o poema "Devassa (do) poeta" – Montagem dos Autos da Inconfidência Mineira com a figura de Cláudio Manoel da Costa. Eventualmente tem divulgado textos poéticos.

Estréia em livro, em 1976, com a arte-fábulas de **Por trás dos muros**. Na mesma linha de estranhamento ou fantástico de seus contos (?) divulgados na imprensa, estas artes-fábulas oscilam entre a lógica e o absurdo, o lúdico e o trágico, filtrando a trágica aventura humana através de uma ótica deformadora. Daí que em suas tramas tudo "é" e "não é", ao mesmo tempo. Perfeitamente sintonizada com estes tempos virtuais que destruíram as antigas certezas, Luiza Lobo está entre os que tentam reordenar (ou interrogar?) os fragmentos soltos. Como é dito na abertura mallarmaica do volume: *Os dados são os mesmos, nós é que os reinventamos ou pensamos reinventá-los, ao lançá-los (e se nem mesmo os lançamos!).*

Desde esse início, impõe-se a contradição que permeia os breves (ou brevíssimos) textos do volume. Em prosa ágil, nervosa, insólita, constantemente voltando-se para si mesma (num questionar ora metalingüístico, ora intertextual, com Sousândrade, Cortázar, etc.), estas "fábulas" denunciam o agônico confronto homem/máquina e o temor deste homem-inventor-da-máquina, de estar sendo "o aprendiz de feiticeiro" da antiga fábula. Daí a desarticulção da linguagem, primeiro índice da desarticulação do mundo.

AVE Ó MÁQUINA

Deus, dai-me a inconscientífica sensabedoria para compreender a máquina. A sensaprenhez de penetrar as mãos suadas nas suas suavez angryengenhagens metárquicas. [...] A máquina continua fazendo plo-ploc. Deambiente, desentende o mundo. Finalmente flutua, deseduca total-mente caduca desatualizada a voz: gragos e troienos, grogos e troiunos, grigos e troionos. Desentende-se, vê e grita: explica, extroverte, diverte e fala.

Faz-se urgente uma nova linguagem, um novo olhar, um novo ritmo, novos mitos... Mas por enquanto, nessa busca, o homem está sem bússola. O único centro (ou diretriz) é o seu próprio eu e sua palavra nomeadora. Com diferentes eixos narrativos, mas girando nessa mesma esfera problemática, constroem-se os livros que se seguem: **Vôo livre** (1982); **Maçã mordida** (1992); **Sexameron** (1997) e **Estranha aparição** (2000). Neste último, há um mergulho maior nos conflitos de relacionamento homem-mulher, nas experiências do dia-a-dia, inclusive da política brasileira recente... mas ainda, aqui e ali, persistindo a confusão dos limites entre o real e o fantástico ou o estranhamento. E sempre o mesmo domínio da linguagem, saborosa ou cáustica, ágil, crítica, ora derramada em ritmo acelerado, ora contida, mas sempre lúcida e criticamente consciente do aparente sem-sentido da vida, da "comédia humana que nos é dada viver".

A obra de Luiza Lobo é das que já conquistaram seu lugar na Literatura Brasileira contemporânea e em sua esfera ensaística. Entre os prêmios e distinções que já lhe foram atribuídos, estão: 1º Prêmio do Concurso de Ensaios/Instituto de Estudos Portugueses Padre Magne/PUC-RJ. 1974; menção honrosa Fernando Chinaglia-UBE. 1974, atribuída a **Por trás dos muros**; e Prêmio Tradução – Agenor Soares de Moura – Pen Clube do Brasil, atribuído a **O Deus escorpião** de William Golding, 1974.

Publicações: Ficção – **Por trás dos muros**, 1976; **Vôo livre**, 1982; **Maçã mordida**, 1992; **Sexameron**, 1997; e **Estranha aparição**, 2000. Ensaio – **Tradição e ruptura: "O guesa" de Sousândrade**, 1979; **Épica e modernidade em Sousândrade**, 1986; **Teorias poéticas do romantismo**, 1987; **Crítica sem juízo**, 1992; e **O haicai e a crise da metafísica**, 1992.

LUIZA MENDES FURIA 779

Poeta e jornalista, Maria Luiza Mendes Furia nasceu em Caçapava (SP), em 21.11.1961. Aos 18 anos mudou-se para a capital paulista, onde se formou em jornalismo pela Faculdade de Comunicação Cásper Líbero.

Ainda menina, começa a escrever poesia, que é publicada em jornais de sua cidade natal. Em 1975, participa da **Antologia dos poetas caçapavenses** (ed. Prefeitura de Caçapava). Estréia em livro, em 1978, com **Madrugada e outros poemas**. Tem poemas incluídos em coletâneas poéticas (**Nova poesia**, da revista Escrita, **Ensaio III e IV**, do Grupo Poeco-SP, 1980), e vários outros publicados em suplementos literários (de O Estado de S.Paulo; Cultura e Arte de O Comércio do Porto, Portugal, e na Orion – revista de poesia do Mundo de Língua Portuguesa). Tem vários poemas premiados em concursos literários (Nova Poesia/1982 e Prismas; obteve o 2º prêmio no Concurso Nacional de Literatura. Belo Horizonte, 1990). Em 1983, profissionaliza-se no jornalismo literário. (Leia Livros; O Estado de S.Paulo, etc.). Em 1999, publica **Inventário da solidão**, poemas escritos nos anos de 1980 e 1990, cuja matéria poética é amalgamada por uma funda consciência da palavra, e energizada de erotismo (funda fusão eu outro, eu-universo).

Publicação: **Madrugada e outros poemas**, 1978, e **Inventário da solidão**, 1999.

780 LUIZA THEREZA D'HOLLANDA

Poeta e artista plástica, a maranhense Luiza Thereza Carvalho D'Holanda nasceu em São Luís (MA), em 05.12.1928. Acompanhando o pai (que era fiscal de consumo), passou a infância mudando de morada: viveu em Icatu, no interior maranhense, mudando depois para Rosário, Viana e Alcântara, até se radicar em Fortaleza (CE). Fez seus primeiros estudos no Colégio de Santa Teresa, em São Luís (MA), e concluiu o secundário no Colégio Sagrado Coração em Fortaleza (CE). Terminando os estudos, trabalhou em empresa de seguros e no comércio. Quanto à arte, sua vocação foi desde cedo o desenho e a pintura, aos quais se dedicou.

Descobriu-se poeta, já na maturidade. E, segundo seu depoimento, tornou-se poeta da dor que descobriu na vida dos hansenianos. Divulgou sua primeira poesia em periódicos e revistas cearenses e maranhenses. Estréia em livro, em 1985, com **Folhas de outono**, poesia lírica, espontânea e humanitária, que se quer mão estendida ao seu semelhante. Na mesma linha, publica, em 1992, **Os meus círios de prata**.

Publicações: **Folhas de outono**, 1985, e **Os meus círios de prata**, 1992.

781 LUPE COTRIM GARAUDE

Poeta de linhagem existencialista, professora universitária e intelectual arguta, Lupe Cotrim Garaude (nome literário de Maria José Cotrim Garaude Gianotti) nasceu em São Paulo (SP), em 16.03.1933. Em plena paixão pela vida e pela poesia, morre em Campos do Jordão (SP), em 18.02.1970, vitimada pelo câncer.

Fez seus primeiros estudos no Colégio Benett no Rio de Janeiro, para onde se mudara, acompanhando a mãe. Em 1950, volta a residir em São Paulo; forma-se em Cultura Geral e Biblioteconomia (Sedes Sapientiae/1952). Desde menina atraída pela poesia, dedica-se a leitura dos grandes poetas e romancistas e escreve poemas. Entrega-se também ao estudo de línguas e à sua formação intelectual e estética.

Em 1956, estréia em livro com **Monólogos do afeto**, ao qual se seguem, com intervalos regulares: **Raiz comum** (1959), **Entre a flor e o tempo** (1961) e outros até 1970, ano de sua morte.

Em 1961, produz e apresenta na TV Cultura o programa A Semana passada a limpo que, com breves interrupções, é mantido até 1963. Neste ano, inicia o curso de Filosofia na Universidade de São Paulo. Casa-se em segundas núpcias com o filósofo e professor José Arthur Gianotti. Em 1968, inicia a docência superior, como professora de Estética na recém-criada Escola de Comunicações Culturais-USP. Em 1969, seu último livro **Poemas ao outro**, no original, recebe o Prêmio Governador do Estado de São Paulo. A publicação sai em abril de 1970, quando já havia falecido.

Sua estréia como poeta, em 1956 (ano meio mágico, quando se deram fatos que mostraram claramente o fim do antigo e o começo de um mundo novo ainda informe), revela um espírito criador já maduro, em funda sintonia com uma das linhas-de-força mais atuantes nesse período pós-guerra: a do pensamento fenomenológico-existencialista heideggeriano, aquele que atribui ao eu a responsabilidade de renomear o mundo, a partir da consciência de que o outro é parte substancial de seu próprio eu e não algo estranho e isolado, como o pensamento cartesiano julgava. Em um de seus livros, duas epígrafes revelam claramente essa adesão. Uma de Heidegger:

Os outros não designam a totalidade daqueles que eu não sou, daqueles dos quais me distingo; ao contrário, os outros são aqueles dos quais – mais das vezes – não é possível cada qual se distinguir a si mesmo, e entre os quais cada um também se encontra.

Outra de Merleau-Ponty:

O outro – não aquele que contesta minha vida, mas quem a forma; – não como um outro universo, do qual eu estaria alienado, mas como valiosa variante de uma vida, que nunca foi apenas minha.

Lida através dessa ótica, entende-se que o Amor que energiza sua poesia é de natureza existencial, e não meramente afetiva. Desde seus inícios, ela expressa a intuição dessa complementaridade eu/outro, invisível aos olhos. Leia-se o poema de abertura de seu primeiro livro, **Monólogos do afeto**:

Serão mesmo tão sós estes meus braços? / Na função de ser prolongamento / quanto ainda se ligam aos ombros, / pertencendo à minha unidade? [...] Sentir-se-ão completos porque suas são as mãos? / Por que seus o tato e as consistências? / Por que irmãos dos olhos no decifrar o mundo? [...] Sentir-se-ão por isso menos sós? ("Elegia dos braços")

No universo poético construído por Lupe, em pouco mais de uma dezena de anos, convergem as grandes interrogações do nosso tempo: Quem sou eu? Quem é o outro? neste mundo-limiar, entre o ontem (que deixou de ser bússola para os viajantes) e o amanhã (sem novo porto à vista para ser alcançado). Em meio ao caos, cabe a cada um se auto-construir, num constante corpo-a-corpo com a vida. Diz Lupe:

Não sou uma vitória ou uma derrota, / mas me conquisto sempre cada dia, / procurando essa forma mais remota / do que em mim nos instantes se perdia. [...] E enquanto espero o mundo na Poesia / enfim suprir, / eu luto e mais persigo / esta idéia de mim, que não consigo.

É da palavra fundadora do poeta, que surgirá o novo mundo, o novo ser. Paradoxalmente, o eu se torna o centro daquilo que ele próprio busca, ou o ponto de apoio de si mesmo. É o que a poeta diz em "Raiz comum":

Esse equilíbrio incerto, em que vario, / fechada num consciente paradoxo, / esse saber instável e ortodoxo, / e a angústia de ser porto *e ser* navio. *[...] Se quero ver o meu conhecimento / capturado em instantes, não a esmo, / precisarei de ser, a tudo atento, / um* objeto *e* sujeito *de mim mesmo.*

Poeta lucidamente consciente de seu tempo e da tarefa semeadora do poeta, Lupe, já enferma, escreve seus últimos poemas (**Poemas ao outro**), dirigindo-se ao "João", símbolo do homem comum (irmão do José drummondiano). O tempo era o da Ditadura militar, e o da crescente consciência da injustiça social que está na base da Sociedade. A poeta talvez identificasse o pressentido findar de sua vida com as vidas dos Joões, frustradas, irremediavelmente, pelo Sistema perverso que governa o mundo. Daí a solidariedade eu/outro, manifesta em seu poema:

Não sei, João, / se és ou serias / meu irmão. / Mas por certo / rima segura / dos meus versos. [...] Todo silêncio / é uma linguagem branca / entremeando o espaço. [...] Todo silêncio é outro. / Nele lateja a véspera / de uma invisível boca. [...] Por que te faço poemas? Tão poucos lêem estes versos / e deles ninguém desperta. / Este lavrar dia-a-dia / o que em ti nos desconversa? [...] Duvidas de quem assim / comenta o mundo na escrita / e quer dar a qualquer frase o incisivo de um corpo / e o invólucro de um fim. [...] o que é nosso, João? / entre o teu e o meu / o que separa em posse / a nossa solidão? / Não sei. / Vês o mundo, João, como quem não sabe / ou enxerga em vão. / É um ver qualquer, o teu, sem detalhe ou magia, / e devo a teu olhar / o segredo ondulado / onde o mundo principia. [...] Antes de tudo / somos testemunhas [...] Além da enxada, João, / esse é nosso trabalho [...] Andaremos João. / Com teu carvão / e meu poema / há de lavrar-se / o avesso do que canta / e emudece na pessoa.

Publicações: **Monólogos do afeto**, 1956; **Raiz comum**, 1959; **Entre a flor e o tempo**, 1961; **Cânticos da terra**, 1963; **O poeta e o mundo**, 1963; **Inventos**, 1967; **Poemas ao outro** (post.), 1970; e **Obra consentida** (Poesia completa-póstuma), 1972.

LUTY THEREZINHA BOSSLE 782

Poeta, advogada e professora, Luty Therezinha Bossle nasceu em Vacaria (RS), em 13.11.1929. Estréia como poeta, em 1962, com **Rua do poente**, em lançamento que teve a apresentação de Lila Ripoll*.

Publicação: **Rua do poente**, 1962.

LUZ DEL FUEGO 783

Eu sou a Luz do Sol a iluminar a escuridão. (frase escrita por Luz del Fuego com um estilete numa pedra da Ilha do Sol).

Embora não tenha sido escritora, na comum acepção do termo, a bailarina Luz del Fuego, como símbolo escandaloso da mulher liberta dos preconceitos morais e sociais, tem direito a um lugar neste dicionário feminino, pelo muito que sua luta feminista se identifica com a natureza das rumorosas ou silenciosas e anônimas lutas que as mulheres vêm mantendo desde o início do século passado, na defesa de seus direitos, como seres humanos, em uma sociedade visceralmente machista e preconceituosa.

Luz del Fuego nasceu em Cachoeiro do Itapemirim (ES), em 23.02.1917, como Dora Vivacqua, pertencente a uma família de classe e tradição patriarcal (um de seus muitos irmãos era o Senador Atílio Vivacqua, hoje nome de município no Espírito Santo), contra cujos severos costumes ela se rebelou desde menina. Estudou como interna no Colégio Nossa Senhora do Carmo em Vitória (ES), para receber uma "formação moral e cultural igual a de qualquer donzela de sua época". Mas a menina não se adaptou ao regime autoritário do colégio. Rebelou-se e a família mandou-a estudar, também como interna, no Colégio Imaculada Conceição no Rio de Janeiro. Ali, com a cumplicidade do vigia, conseguia burlar o restritivo horário do colégio e escapar à noite para conhecer a vida noturna carioca. Apesar de muito cerceada pela família, com sua teimosia conseguiu a liberdade pretendida e passou a viver sozinha no Rio de Janeiro. É nessa época (anos de 1930) que ela se sente atraída pela vida artística: freqüenta a Academia de Dança de Eros Volúsia (filha de Gilka Machado*) e descobre as **cobras** (por intermédio de um cientista alemão que trabalhava no Instituto Butantã em São Paulo e que se tornou seu amigo). A partir daí começa a vencer seu temor às cobras e a dominá-las, incorporando-as definitivamente às suas performances de danças.

Em 1932, aos 21 anos, rompe definitivamente com a família, ao iniciar sua carreira artística, em um circo, apresentando-se com um estranho bailado com cobras e com o nome artístico de Luz Divina. Ela vivia então um período de grande atração pelo misticismo que, afinal, durou pouco. Algum tempo depois, um encontro casual com Carmem Miranda (no Clube de Teatro em Copacabana), a qual chegara de uma turnê pela Argentina, mudou o rumo de sua carreira. Segundo Albano Nunes Leal – seu amigo e empresário durante algum tempo – o nome do batom usado por Carmem Miranda – Luz del Fuego – deu-lhe a idéia de sugerir à amiga que o adotasse como nome artístico, pois além de dar a impressão de ela não ser brasileira (o que certamente aumentaria sua importância como artista e atrairia mais o público), a desvincularia de vez da família Vivacqua que tanto a perseguia e rejeitava.

Foi, pois, como Luz del Fuego que ela ingressou no teatro, estrelando a revista **Mulher de todo mundo** de Juan Daniel (pai de Daniel Filho, um dos grandes diretores da TV brasileira dos anos de 1980 e 1990).

A partir daí sua carreira – de excêntrica e sensual bailarina nua, acompanhada de cobras – foi uma sucessão de vitórias, fracassos, escândalos, processos e conquistas, sempre muito rumorosos e de grande repercussão pública. Tinha largo trânsito entre políticos de grande influência, envolvendo-se com homens ilustres e poderosos, despertando grandes paixões e sempre muito bem aquinhoada pela fortuna. Segundo a crítica, nunca foi grande bailarina, mas seduzia fortemente pelo carisma sensual de sua figura de mulher; sua sensualidade que se alternava com a doçura quase infantil de sua fala e de seu convívio, quando não estava em luta contra qualquer tipo de opressão ou força que pretendesse vencê-la.

Para além de sua obsessiva intenção de chocar a sociedade, com seus desmandos escandalosos e exibicionistas, Luz del Fuego afirmava continuamente que tinha uma filosofia de vida naturalista: defendia a comunhão dos homens com a natureza livre para combater a hipocrisia dos costumes sociais, que tinham desumanizado a humanidade. Daí sua defesa do nudismo (que ela praticava ostensivamente, não só em seus bailados, mas na vida cotidiana); seus esforços para fundar o Partido Naturalista Brasileiro (o PNB, que recebeu muitas adesões e apoio político, mas foi vetado por influência do Senador Vivacqua, irmão de Luz), cujo objetivo era tornar popular o Naturalismo e pregar uma volta à natureza que faria as pessoas valorizarem seus próprios corpos.

Aceitando a idéia, o Governo Federal lhe cedeu, por um período de 30 anos, a Ilha do Sol (entre a Ilha de Paquetá e o Espírito Santo), para que aí fosse instalado o Clube Naturalista Brasileiro (filiado a organizações internacionais do gênero). O projeto se tornou uma realidade, atraindo grande número de adeptos: até o fatídico dia 19.07.1967, quando um fanático religioso e desequilibrado, assassinou-a barbaramente (costurou pedras em sua barriga e atirou-a ao mar).

Após sua morte, a jornalista Marília de Abreu tentou reunir todos os escritos (diários, cartas, anotações, romances, etc.) publicados ou inéditos. Recolha esta que passou por várias mãos (na busca de uma editora para publicação) e acabou se perdendo. Restaram apenas algumas cartas e dois romances inéditos. No livro **Luz del Fuego** (RJ, Codecri, 1987), escrito por Aguinaldo Silva e Joaquim Carvalho, no qual se tenta resgatar a face positiva dessa excêntrica personalidade, lê-se:

...neste final de século, já é possível dizer, sem causar espanto, que a última leva de prisioneiros políticos a ser anistiada é a dos que foram acusados dos chamados "crimes de costumes", uma categoria na qual Dora Vivacqua, Luz Del Fuego, essa mulher de muita raça e extrema coragem, se enquadrou, de modo perfeitamente lúcido e consciente, a vida inteira. Círculo, ilha, prisão: é dessa maneira que vale a pena lembrá-la - como uma guerrilheira contra a moral e os bons costumes. Se é verdade que em sua luta pessoal ela foi vencida, humilhada, esmagada, é verdade também que, enquanto símbolo, permanece de pé. O fato de ser mulher torna sua luta ainda mais significativa - sabemos que era difícil sê-lo e o quanto ainda é. (1982).

Publicações: Todos seus escritos permanecem inéditos e, talvez, destruídos.

LUZILÁ GONÇALVES FERREIRA 784

Poeta, ficcionista, ensaísta, conferencista e professora, Luzilá Gonçalves Ferreira nasceu em Guaranhuns (PE), em 1938. Reside no Recife (PE). Graduou-se em Letras especializando-se em teoria da literatura. Fez doutorado em Paris, com uma tese sobre a Literatura Feminina no século XIX. Ingressou no magistério superior, na área de Literatura Brasileira, na Faculdade de Filosofia do Recife. Ministrou cursos no Centro de Estudos Brasileiros – Buenos Aires, mantido pela Embaixada do Brasil na Argentina. Durante seu período de estudos na França, escreveu crônicas sobre a canção francesa para a Radio Diffusion Française em programas para o Brasil. É detentora de vários prêmios literários e distinções. Tem extensa publicação (poesia, contos e ensaios) na imprensa. Estreou em livro com os poemas de **O espaço do teu rosto** (1981). Tem feito conferências em vários Estados (Recife, São Paulo, Curitiba, Rio de Janeiro). Em 1988, recebeu o Prêmio – Romance Bienal Nestlé, pelo original **Muito além do corpo**.

Publicações: Romance – **O espaço do teu rosto**, 1981; **Muito além do corpo**, 1988; e **Os rios turvos**, 1993 (Prêmio Joaquim Nabuco-ABL). Ensaio – **O tempo sem remédio na farmácia**, 1982; **A fala roubada:** cem anos de imprensa feminina em Pernambuco, 1991. **Cinzas no jardim**: **Lou Salomé**, 1982.

LUZINETE DE LEMOS 785

Poeta, jornalista e professora, Luzinete de Lemos (nome literário de Luisa de Lemos) nasceu em Larvas da Mangabeira (CE), em 14.11.1955. Iniciou-se divulgando sua produção poética em periódicos ou revistas e em antologias poéticas. Estreou em livro, em 1984, com a coletânea **Raízes**.

Publicação: **Raízes**, 1985.

LYA LUFT 786

Romancista e poeta de linhagem rilkiana, tradutora, professora universitária, cronista, a gaúcha Lya Luft, de descendência alemã, nasceu em Santa Cruz do Sul (RS), em 15.09.1938. Foi casada com o lingüista e professor Celso Pedro Luft (1921-1995). Reside em Porto Alegre. Nos anos de 1980 viveu algum tempo no Rio de Janeiro (RJ).

Formou-se na PUC-RS em Pedagogia (1960) e em Letras Anglo-Germânicas (1962). Ingressou na carreira acadêmica como professora de Lingüística (Faculdade Porto-Alegrense de Educação, Ciências e Letras – 1970/1982). Fez mestrado em duas áreas: Lingüística (PUC-RS/1975) e Literatura Brasileira (UFRS/1978. Desde a década de 1960, atuou na imprensa gaúcha e de outros estados, como cronista (Correio do Povo – 1964/1980; Folha da Tarde; Veja; Isto é; Manchete; OESP; Jornal do Brasil, etc.). Profissionalizou-se como tradutora de grandes romancistas e poetas ingleses e alemães (Virginia Woolf, Thoman Mann, Rilke, Gunther Grass, Bertold Brecht, Botho Strauss, entre outros).

Estréia em livro em 1962, com a poesia de **Canções do limiar** (premiada no original em Concurso de Poesia/IEL-RS). Neste primeiro livro, em palavras densas, embora ainda tateantes, já se entremostra o "nervo" que iria energizar toda a sua criação poética ou ficcional: a consciência de existirmos num "limiar", entre o visível e o invisível, entre o sonho e a realidade, entre o desejo e a frustração, entre a vida e a morte.

Só dez anos depois, a poeta volta a publicar: **Flauta doce**, recolha de poemas escritos entre 1965 e 1969, nos quais a consciência de "limiar" persiste e a poesia é buscada quase agonicamente como algo vital ao qual o eu do poeta se agarra, para dar realidade concreta ao tumulto interior de seu viver e comunicá-lo a outro.

Tento / fazer do poema algo além duma geometria / é preciso que a vida estremeça / no poema / que nele ressoe o seco desespero / da solidão / e fulgure a vertigem branca / do amor / a alegria de escutar os navios / da noite / (a vida a vertigem de mãos dadas na noite). // Tento / abrir com palavras um sulco / onde flua e reflua o mel e o fel.

Corriam os anos de 1960, época em que se aprofunda a cisão entre os homens e o possível sentido último da vida. Época que viu o fim definitivo de todas as ideologias e paradigmas. O eu se viu à mercê de si mesmo, como novo centro em um mundo descentrado, e levado a fazer de sua fraqueza a força de que precisava para viver, agir, se realizar. Daí a expansão dos formalismos e estruturalismos, nos anos de 1970: a forma-em-si (concreta, limitada e mensurável) era a bóia-salva-vida do naufrágio dos valores. O texto-em-si, em sua concretude formal, passa a se impor como o valor a ser sondado, descoberto. Mas Lya Luft recusa essa "bóia" e tenta fazer do poema algo além duma geometria, *é preciso que a vida estremeça no poema*. Consciente do poder criador da palavra e sintonizada com as grandes vozes da inquietude existencial (entre as quais se destaca Rilke), assume-se como elo, ponte, mediadora, entre o visível da vida comum, em seu cotidiano mais banal, e o invisível de sua verdade última.

É no romance que essa problemática vai se manifestar claramente. **As parceiras**, publicado em 1980, dá início a uma série de romances que podem ser definidos como um dramático inventário das perdas, que o ser humano (principalmente as mulheres) vai sofrendo, do nascimento à morte. Perdas de afeto, de ternura, de amor, as piores que os seres podem sofrer, porque são as que fazem secar, neles, as fontes da vida. A trilogia **As parceiras**, **A asa esquerda do anjo** e **Reunião de família** – densos romances, expressos em linguagem contida, concisa e aparentemente indiferente ao que é narrado – nos oferece uma dorida radiografia do universo familiar, patriarcal, cristão-burguês, na qual se denuncia o desencontro profundo entre o que é vivido nas exterioridades das relações humanas, e aquilo que se oculta nas almas.

Nesse sentido, a escritura de Lya Luft se identifica com uma das modalidades mais férteis da ficção moderna: a que registra as relações humanas, presas à aparência inofensiva e rotineira do cotidiano, para depois ir rompendo sua superfície tranqüila e, lá no fundo oculto, tocar as paixões ou pulsações secretas que revelam a duplicidade da vida vivida e/ou a mutilação interior dos seres que a vivem.

Suas figuras femininas são presas de uma inquietante ambigüidade. Todas elas, como que prisioneiras em um universo asfixiante, estão em busca de si mesmas ou condenadas ao mais absoluto desamparo interior. A ficcionista faz-se voz dos universos fechados que, entretanto, se repetem interminavelmente, como num terrível jogo de espelhos. Como sensível sismógrafo, ela vai registrando sinais dos surdos movimentos que se agitam no ambíguo submundo emocional, oculto sob aparências absolutamente normais e comuns, de seres condenados pela rotina cotidiana a se repetirem eternamente, de maneira estéril.

É nessa teia que se movem suas dramáticas personagens: Anelise (**As parceiras**) que acaba por descobrir a si mesma, em meio a preconceitos, disfarces, morbidez, loucura, erotismo e tragédias que explodem à vista de todo mundo (como a do Zico estuprado nas dunas) ou se ocultam em silêncio (como a da vó Catarina); Gisela (**A asa esquerda do anjo**) dividida entre duas culturas, dois países e oprimida pelo medo de jamais vir a pertencer a nada ou a ninguém; Alice (**Reunião de família**) e seu duplo no espelho; a mulher-em-crise (**Exílio**), marcada pelo suicídio da mãe; e outras e outras, são criaturas em busca da própria verdade, que lhes foge. Essa busca é um dos temas obsessivos no universo luftiano. Na poesia de **Mulher no palco**, essa busca é claramente expressa:

Eu no espelho: / atentas, nós duas, / rostos que excedem nossa imagem, / estendemos a mão, espalmo os dedos nesse pó / de gelo. [...] Labirinto de espelhos, reflexos de reflexos, / eu e ela continuamos sós.

Ou ainda

Anêmona, bela dama, / riso do demônio, / palavra implacável soprada entre os amantes / quando fazem seu fruto: / tendo por amante o meu espelho, / aguardo que venhas. / (Há de nascer de mim alguém que saiba tudo.)

Essa busca, de mil outras formas, se desdobra pelos romances e poemas que se sucedem: **O quarto fechado**, **A sentinela**, **O rio do meio**, entre outros. Obra que já se impôs como escritura de alta temperatura poética, a de Lya Luft já está incrita na Literatura Brasileira como um dos lúcidos testemunhos do nosso tempo.

Entre os vários prêmios recebidos, destacam-se: Prêmio Alfonsina Storni/Conc. Toda América Latina/Fund.Gevre/B.Aires, 1978; Prêmio Ficção/APCA, 1996; Prêmio Crônica/1978.

Publicações: Poesia – **Canções do limiar**, 1962; **Flauta doce**, 1972; **Mulher no palco**, 1984; e **O lado fatal**, 1990. Romance – **As parceiras**, 1980; **A asa esquerda do anjo**, 1981; **Reunião de família**, 1982; **O quarto fechado**, 1984; **Exílio**, 1987; **A sentinela**, 1994; **O rio do meio**, 1996; **Secreta mirada** (prosa/poesia), 1997; **O ponto cego**, 1999; **Histórias do tempo**, 2000. Crônica – **Matéria do cotidiano**, 1978.

LYDIA MOMBELLI DA FONSECA 787

Romancista, poeta, contista, tradutora, Lydia Mombelli da Fonseca nasceu em Guaporé (RS), em 09.05.1912.

Filiada à Academia Literária Feminina do Rio Grande do Sul; Academia Sul-brasileira de Letras; Academia Caxiense de Letras; Embaixada Feminina de Intercâmbio Cultural na América e Associação de Jornalistas e Escritoras do Brasil.

Como escritora dedicada à literatura para crianças, tem uma vasta produção de livros, amplamente acolhida nas escolas de Porto Alegre. Essa produção e a destinada aos adultos tem sido distinguida com vários prêmios (Concurso Literário Atenéia – Contos/1955; Idem-Poesia/1955; Concurso de Trovas da UBT/1971; Prêmio Érico Veríssimo/1982 e outros.

Publicações: Romance – **As pedras do caminho**, 1950; **O velho casarão**, 1958. Conto – **Do outro lado**, 1968. Poesia – **Taça vazia**, 1952; **Mundo à parte**, 1972. Crônica – **Canção dos humildes**, 1952; **A árvore azul**, 1966. Teatro – **Uma partida de xadrez**, 1967. Literatura Infantil – Cerca de uma dezena de títulos. Ensaio – **Tapera**, 1987, e **Não me toque**, 1990.

LYGIA FAGUNDES TELLES 788

Escritora de linhagem humanista, e já há muito consagrada como a Primeira Dama da Literatura Brasileira, Lygia Fagundes Telles é uma das grandes presenças da Literatura Feminina no Brasil. Nascida em São Paulo (SP), sob o signo de Áries, em 19.04.1923, passou a infância peregrinando com a família pelo interior paulista, acompanhando o pai, Dr. Durval de Azevedo Fagundes, promotor de carreira. Sertãozinho, Assis, Areias, Descavaldo, Apiaí... cidades em que fez seus primeiros estudos e onde viveu uma infância livre, de "pés descalços", da qual lhe ficou a memória de "muito verde e de frutos colhidos antes de amadurecerem e guardados na gaveta"; e também de descoberta dos mistérios e medos da vida. Como disse em certa entrevista:

Nessa infância conheci Deus. Nela conheci o diabo e a ambos temia nas noites das histórias de assombração contadas pela Maricota. Nunca pude esquecer essa pajem, cuja imaginação abriu aos meus olhos todo um reino fantasmagórico que me atraía e aterrorizava com a mesma violência. Nosso assunto eram as almas-penadas que vinham gemendo e jogando pedrinhas no telhado. Foram essas almas as minhas primeiras personagens, de mistura com jovens pálidas que vomitavam sangue enquanto dormiam com gelo escondido no peito, desde que o amado não lhes correspondia a tamanho amor. (in Lygia Fagundes – Seleta. *RJ, J. Olympio, 1978)*

Nessa infância estariam as raízes de sua fascinação/compaixão pelo lado oculto, dramático ou trágico dos destinos humanos, que são a matéria-prima de sua arte narrativa. Quanto a "raízes", talvez sua confessada atração pelo desconhecido e pela aventura, pela busca, também se prenda a um longínquo ancestral, o navegador português, Capitão João Álvares Fagundes que, no século XVI, participou das grandes navegações, tendo seu nome ligado à descoberta da Terra Nova...

Nos anos de 1930, fixando-se novamente na capital paulista, passa a estudar no Instituto de Educação Caetano de Campos, formando-se em 1939. No ano seguinte, ingressa na Escola Superior de Educação Física. Em 1941, inicia o

Curso de Direito na Faculdade do Largo São Francisco, formando-se em 1946. Casa-se com o jurista Goffredo da Silva Telles Jr., de quem havia sido aluna em Direito Internacional. Em 1954, nasce seu único filho, Goffredo Neto. Nos anos de 1960, separa-se e passa a trabalhar como procuradora do Instituto de Previdência do Estado de São Paulo. Casa-se com Paulo Emílio Salles Gomes, professor universitário na USP, *expert* em cinematografia, crítico de cinema, romancista e fundador da Cinemateca Brasileira, da qual foi diretor até sua morte prematura, em 1977.

Atraída desde cedo pela escrita literária, Lygia, ainda adolescente, publica os contos de **Porões e sobrados** (1938) que, mais tarde, excluiria de sua bibliografia. Sua estréia oficial se dá com os contos de **Praia viva**, em 1944, ano em que Clarice Lispector estréia com **Perto do coração selvagem** – duas vozes femininas bem diferentes entre si, mas identificadas pela tarefa que assumiram, como escritoras e intelectuais: testemunhar a condição humana, neste nosso mundo em crise de transformação. Os tempos eram de prosaico desencanto, diante de uma guerra apocalíptica que parecia não ter fim. Com a deterioração de todas as ideologias, restava aos poetas, aos ficcionistas, voltarem-se para dentro de si mesmos, em busca de respostas para a barreira da incomunicação, que isolara cada qual em seu oculto drama.

Os breves contos de **Praia viva** flagram miúdos ou insignificantes aconteceres do cotidiano, no estilo direto, curto, claro, conciso, que se impunha à prosa narrativa dos anos de 1940 e 1950, sob a grande influência do romance norte-americano, por sua vez influenciado pela linguagem jornalística e pelas técnicas cinematográficas. Ainda oscilantes entre a ótica intimista (Praia viva, Delírio); a ótica crítico-regionalista (Além da estrada larga) e a ideológico-participante (Comício, Paredes de vidro), estes contos já são alimentados pela problemática que se mostrará nuclear na obra da autora: o desencontro entre o eu e o mundo, entre a aparência do real e sua verdade oculta; a hipocrisia social; o drama da rejeição que engendra seres acossados pelo medo e pela solidão sem saída...

Em contraste com o "peso" dessa problemática, a "leveza" é a marca dominante de sua escrita narrativa. Mestre na arte do suspense, Lygia é dona de um estilo *suigeneris*, misto de sutileza e força,escrita que mais sugere do que mostra. Daí a sedução com que aos poucos vai envolvendo o leitor, em uma certa atmosfera. Talvez esse seja um dos fatores mais significativos na construção de suas tramas: a atmosfera que emana dos seres e objetos ou que os submerge, deixando escapar pelos interstícios da narrativa a crueldade, a inveja, o ciúme, a solidão corrosiva... que se ocultam nas almas. Desse poder de criar atmosfera, decorre, sem dúvida, a presença do mistério, da lenta metamorfose de seres ou coisas e o fantástico que aqui e ali se inserem, inexplicavelmente, em seu universo, e se inscrevem para sempre na memória do leitor. (Por exemplo o conto "A caçada" ou "Tigrela" ou as metamorfoses do Gato Rahul em **Horas nuas**, e tantos outros.)

Com maior ou menor força, essas peculiaridades estilísticas já aparecem nos contos de 1949, incluídos em **O cacto vermelho** (O menino, A confissão de Leontina, A recompensa, Os mortos...). Mas é em seu primeiro romance, **Ciranda de pedra** (1954), que, a partir de Virgínia, personagem-nuclear, se definem as constantes temáticas de sua arte narrativa: uma funda consciência da solidão inerente ao ser humano, em um mundo que lhe é indiferente ou hostil; um inegável fascínio pelo lado turvo das criaturas (presas do medo ou da loucura, da inveja, maldade...) e também a certeza de que as palavras são impotentes ou insuficientes para expressar o essencial das vivências humanas. Daí a contínua e paradoxal luta do escritor com as palavras, único material de que ele dispõe para construção de seu universo ficcional e, ao mesmo tempo, material insuficiente para construí-lo em plenitude.

O título **Ciranda de pedra** sintetiza, simbolicamente, o nervo vital dessa problemática: a petrificação das relações humanas. Tal como os "anões de pedra" de mãos dadas na ciranda imóvel no jardim, o relacionamento autêntico entre as personagens também está imobilizado pelo muro invisível que cada qual ergue ao seu redor.

Imobilidade que a tessitura do romance anula, ao embaralhar em sua trama uma multiplicidade de fios dramáticos (loucura, alienação, adultério, lesbianismo, trauma pela rejeição dos pais, impotência masculina, etc.) trançados com ironia, leveza e um certo ludismo que os torna mais contundentes. O estilo coloquial curto, claro e conciso dos primeiros tempos cede a uma estrutura narrativa predominantemente dialogante, interrompida a cada momento por monólogos interiores, que disputam, com a onisciência da voz narradora, a revelação do que se oculta sob as aparências.

Virgínia, personagem problemática, em torno da qual se desenrola a trama, vai-se prolongar, no universo romanesco de Lygia, em várias outras sedutoras personagens, embora vivendo distintas circunstâncias de vida. É o caso de Raíza de **Verão no aquário** (1963), também vivendo o mesmo desajustamento familiar, a mesma insegurança afetiva, e também se revelando vítima do processo degenerativo de uma sociedade em crise. Neste romance, enriquece-se o processo narrativo. Apura-se a visualidade ou a concretude com que a romancista apreende na escritura as realidades abstratas, como o sonho, o silêncio, as palavras, etc.

Até o silêncio era quente, *um silêncio de* boca aberta e narinas dilatadas, *aninhando-se nos cantos de sombra ou debaixo dos móveis como um* animal encalorado.

Ou ainda:

...havia em suas palavras qualquer coisa de frágil. O que havia de tão frágil assim em suas palavras? Um pouco mais que eu as apertasse e se quebrariam como as bolas do pequenino pinheiro que tia Graciema armara na sala.

Poder-se-ia imaginar algo mais abstrato do que o silêncio, ou as palavras? É dessa sutil aprèensão dos seres e coisas, que decorre a atmosfera envolvente desse universo. Atmosfera para a qual concorre o rico e complexo processo narrativo, entretecido com toda uma sugestiva gama de símbolos, simples na aparência, mas misteriosos e complexos em seu mecanismo profundo. É dentro desse mecanismo que vão sendo reveladas suas dramáticas personagens: Raíza, Marfa, André... criaturas marcadas pela agônica busca do sentido último da vida.

Busca que marca também **As meninas** (1973): Lorena (a aristocrata); Lia (a revolucionária) e Ana Clara (a prostituta de classe), jovens que compõem o núcleo do caleidoscópio humano que, nesse romance, reflete o caos existencial em que o século XX mergulhou. Embora energizado pelas mesmas coordenadas que, desde sempre, marcaram o mundo de ficção de Lygia, este romance apresenta uma inequívoca mudança no perfil feminino: desapareceu o medo de a mulher se mostrar tal qual é, em sua verdade maior, mesmo que esta choque o *status quo*. Romance que é um dos pontos altos da obra da autora, **As meninas** amalgama os problemas mais candentes do nosso tempo: a decadência das elites; a minimização do indivíduo no contexto da sociedade de consumo-e-lucro; as carências de comunicação humana, em plena era da Informação e da Comunicação de massa; a expansão da vulgaridade através dos multimídia; a adesão desenfreada e suicida ao sexo, álcool e droga que, em última análise, é gerada no vazio existencial, difícil de suportar...

Escritora em contínuo processo de depuração estilística e temática, Lygia domina com igual maestria a arte do conto e do romance. Em dezenas de edições e reedições, sucedem-se os livros de contos: **Antes do baile verde** (1970); **Seminário dos ratos** (1977); **Filhos pródigos** (1978)... Seguem-se os fragmentos de **Disciplina do amor** (1980), os contos fantásticos de **Mistérios** (1981) e o seu grande romance, **Horas nuas** (1989), onde se aprofundam certos caminhos estilísticos abertos em **Disciplina do amor**. Sintonizado com a atual subversão das normas do romance, **Horas nuas** é construído sob o signo da ironia e da total fratura entre a lógica comum e a vida realmente vivida. Nele a seqüência temporal é totalmente desarticulada; os tempos (ontem, hoje, amanhã) se misturam em um *continuum* caótico, sem princípio nem fim. Circular. Eterno. Repetitivo. A narrativa flui de diferentes visões ou focos narrativos que se alternam. Muito mais do que desvendar a tragédia interior dos seres, por meio dos jogos de "ser e parecer" a que a sociedade obriga, neste romance o que está em jogo é a falência da Razão ordenadora (ou lógica tradicional), como possível mediadora entre o homem e seu conhecimento da "verdade", não só do mundo em que nele vive, mas principalmente do significado maior da vida ou do Mistério que rodeia a condição humana.

Daí que **Horas nuas** não tenha nenhuma "verdade" a transmitir. Como neste mundo louco, tudo está em processo ou julgamento, também aqui tudo é posto em questão: amor, casamento, família, vocação, carreira profissional, sucesso, etc. Rosa (uma artista em decadência), Gregório, Ananta, Diogo, Cordélia, Dionísia, o gato Rahul... são as figuras que se movimentam nesse universo romanesco, onde coexistem, dialeticamente, a coragem do desnudamento interior; a vibração de Deus no vazio que os homens cavaram ao redor si mesmos, ao romperem com o Sagrado; a clarividência de um gato; a crítica ao "lixo" que se tornou "luxo" ou moda, neste nosso "reino da vulgaridade"; a metamorfose do humano em animal; o despudor da liberdade permissiva que, em nossos tempos, sucedeu à coersão do passado; a funda nostalgia de Beleza ou Grandeza; a presença intensa da loucura, do insólito e do acaso como instrumentos do Destino, etc. **Horas nuas** parece constituir um limite, um ponto de chegada da problemática que vem dinamizando a obra de Lygia Fagundes Telles. Suas linhas de forças se fundem na enorme crise que abala o mundo atual, uma crise que, em sua essência, põe em causa as próprias bases de uma cultura milenária: a judaico-cristã. Dentre essas linhas impõem-se com mais evidência a certeza de que o homem é um ser que se define e realiza mediante a relação com o outro (daí a importância vital do Amor); e a constatação da impotência do homem diante da falência da Razão disciplinadora (que estratificou as formas tradicionais do viver) e sua substituição pelo Acaso, pelo Absurdo. Até quando?... Entretanto, para além desse mundo em ruínas, sente-se uma espécie de presença oblíqua de Deus atravessando o romance, da primeira à última página.

Escritora cuja obra há muito ultrapassou as fronteiras nacionais, sendo traduzida no exterior com significativo sucesso, Lygia Fagundes Telles vem sendo, nos quadros da Literatura Brasileira Contemporânea, uma das mais lúcidas, agônicas, apaixonadas e apaixonantes escritoras deste nosso mundo em crise. Foi eleita para a Academia Paulista de Letras, em 1982. E se tornou a terceira mulher eleita para a Academia Brasileira de Letras (vaga de Pedro Calmon); em 1985.

Entre suas obras adaptadas para a TV Globo, destacam-se: Caso Especial – **O jardim selvagem** (1978); Novela – **Ciranda de pedra** (1981); Série Retratos de mulher, com o conto "O moço do saxofone", adaptado pela própria escritora com o título "Era uma vez Valdete" (1993). Em 1996, **As meninas** foi roteiro do filme do mesmo nome, dirigido por Emiliano Ribeiro. Em 1990, seu filho Goffredo Neto realiza um documentário sobre sua vida e obra, **Narrarte**.

Entre as dezenas de prêmios recebidos, destacam-se: Prêmio Afonso Arinos-ABL.1949; Prêmio Instituto Nacional do Livro/1958; Prêmio Boa Leitura/1964; Prêmio Jabuti – Câmara Brasileira do Livro/1965; Prêmio Semaine Internationale de la Femme-Cannes, 1969; Prêmio Guimarães Rosa – FUNDEPAR.1971/ Prêmio Coelho Neto-ABL, 1973; Prêmio Ficção-APCA-Associação Paulista dos Críticos de Arte. 1973; Prêmio Jabuti – CBL.1973; Prêmio Pen Clube do Brasil.1977; Grande Prêmio da Crítica – APCA.2000. O dossiê completo de sua vida e obra compõe o nº 5/1998 da Série Cadernos de Literatura Brasileira, por meio dos quais o Instituto Moreira Salles-SP vem organizando a memória dos escritores brasileiros do nosso tempo.

Publicações: Contos: **Praia viva**, 1944; **O cacto vermelho**, 1949; **Histórias do desencontro**, 1958; **Histórias escolhidas**, 1964; **O jardim selvagem**, 1965; **Antes do baile verde**, 1970; **Seminário dos ratos**, 1977; **Filhos pródigos**, 1978; **Mistérios**, 1981; **A estrutura da bolha de sabão**, 1991; **A noite escura e mais eu**, 1995. Romances: **Ciranda de pedra**, 1954; **Verão no aquário**, 1963; **As meninas**, 1973; **Horas nuas**, 1989. Fragmentos: **A disciplina do amor**, 1980, e **Invenção e memória**, 2000. Todos com sucessivas reedições.

789 LYGIA LOPES DOS SANTOS

Poeta, contista e crítica literária, Lygia Lopes dos Santos da França Pereira nasceu no Paraná (PR), em 17.08.1934. Formou-se em Letras. Ingressou no magistério. Fundou e dirigiu o Jardim de Infância Branca de Neve (Curitiba). Foi chefe do Setor de Turismo da cidade de Curitiba. Coordenou diversos cursos da Fundação Cultural de Curitiba (1973-1976). Tem colaborado regularmente na imprensa paranaense com poesia, contos, crônicas e crítica literária. Nos anos de 1970, publicou em livro os contos de **Dança do caos**.

Publicação: **Dança do caos**, s/d.

790 LYGIA DE MOURA RASSI

Poeta em tom maior, musicista, ensaísta, pesquisadora e presença atuante no meio cultural goiano, Lygia de Moura Rassi nasceu no Rio de Janeiro (RJ), em 12.08.1933. Está radicada em Goiânia (GO).

Tem licenciatura plena em Música, com bacharelado em piano (UFGO). Seu domínio da arte musical se manifesta na vibração rítmica e no jogo de sonoridades que singularizam a sua arte poética. Espírito atento à cultura, vista como fundamento ou alicerce da formação do indivíduo, Lygia desde jovem se dedicou às leituras e pesquisas do passado histórico, onde se perdem as raízes culturais da humanidade. Sua estréia em livro reflete essa preocupação: **A prosódia**: suas conotações histórico-didáticas (1978), ensaio que registra as transformações sofridas pela acentuação das palavras, desde os gregos e latinos, até os tempos modernos. Pesquisa que incide sobre tópicos de reflexão, importantes para compositores e cantores e todos aqueles interessados no fenômeno musical.

Desde a adolescência, Lygia escreve poesia e, não por acaso, seu primeiro livro publicado foi **Vozes no tempo** (1983), no qual a comunhão com o ontem é a sua matéria-prima. Seguem-se: **Encontros em cantos**, **Revertere** e **Momentos plurais**. Em todos, a matéria poética flui, impregnada da Aventura Terrestre, na qual a condição humana está engajada, desde que o mundo é mundo, mesmo sem saber por que... Obedecendo a esse húmus inaugural, sua matéria verbal é indissociável da música que, desde as origens, se manifestou pelo canto de Orfeu, acompanhado de sua lira. Note-se, ainda, que a essencialidade da poesia de Lygia, para além da alta categoria de sua invenção formal, está na vibração de religiosidade que a percorre e na presença da Mulher, a quem ela dá a palavra. Ora presa ao aqui-e-agora, ora ligada ao mito, a Mulher se revela aqui como o eixo em torno do qual a vida se cumpre.

Mulher-fibra / valente / acerta o passo / manera teu espaço / e vai caminhar. [...] Já foste Maria / ou Amélia / e hoje... [...] Foste longe demais / e em teus anseios / rompeste o nódulo / de um tépido cordão umbilical. / Já sem freios / arfante e trôpega / não suportas nem / o peso do próprio corpo / na reta de chegada. [...] Volta às origens / e retoma / passo a passo / a direção da nave / e em dirigível espacial / sob leis cósmicas / imperecíveis / assume o livre arbítrio [...] Dispara a nave / desbrava o cosmo / preenche teu espaço. Mulher / dois mil / mulher-descoberta / nem Eva.../ nem Glória / Espalha teus louros / na selva de pedra / e assume / na cruz do binômio / Vitória-Maria / e bem mais, Mulher.

Sensibilidade atenta ao mundo que a cerca, sua palavra poética nomeia muito mais do que o real aparenta, pois atinge o Espírito que o ultrapassa.

Entre as distinções e prêmios atribuídos à sua produção poética, destacam-se: Menção Honrosa/Concurso José Décio Filho/1983 e Concurso Hugo de Carvalho Ramos de 1984 e 1985; Prêmio Joaquim Gomes dos Santos – Academia Petropolitana de Letras/1988.

Depois de mais de dez anos de silêncio (1987/2000), Lygia publica **Dos cedros às palmeiras**. Volumoso registro genealógico de três famílias (Rassi, Daker e Nabut) que, originárias da cidade de Cheikh-Taba/Líbano, no entresséculos (XIX/XX), emigraram para o Brasil e aqui se integraram como milhares de outras. Brasileira que, pelo casamento com o médico Luís Rassi (ex-aluno de seu pai, Pedro Moura, na Faculdade de Medicina-RJ), torna-se membro de uma família árabe, Lygia (visceralmente atraída pelas "raízes") assume consigo mesma a enorme e difícil tarefa de reconstituir a árvore genealógica dessa linhagem árabe. Tal tarefa que lhe exigiu anos de pesquisas em documentos, viagens ao Exterior e pelo Brasil, e entrevistas sem conta, concretizou-se afinal neste importante documentário que começa no longínquo século XVI e chega até os dias de hoje. Sua leitura faz lembrar a das **Mil e uma noites**, tal a sedução das histórias das linhagens que a Sherezade carioca-goiana vai desfiando. **Dos cedros às palmeiras**, um livro precioso, como registro genealógico, que só o amor guiado pela inteligência poderia ter realizado. Os breves versos que abrem o volume sintetizam a visão de mundo da autora:

Dos cedros / às palmeiras // Fomos... cálidas fontes / fertilizando mediterrâneos cedros. // Somos... / somos do passado / vertentes de atlânticas / palmeiras. // Seremos... tão-somente / sementes.

Filiada a várias entidades culturais, Lygia de Moura Rassi foi eleita, em julho/2000, membro titular da Academia Nacional de Música da UFRJ.

Publicações: Poesia – **Vozes no tempo**, 1983; **Encontros em cantos**, 1985; **Revertere**, 1987; e **Momentos plurais**, 1990. Pesquisa – **Prosódia** (Suas conotações histórico-didáticas), 1978; **Do cedro às palmeiras**, 2000; e **Re-cantos** (edição bilíngüe – português/espanhol),s 2001.

LYGIA VIANA BARBOSA 791

Teatróloga e bibliotecária, Lygia Viana Barbosa nasceu em Porto Alegre (RS), em 09.11.1926. Foi uma das fundadoras da Associação dos Bibliotecários Rio-grandenses. Paralelamente ao seu dinâmico trabalho como bibliotecária, produziu peças teatrais e dirigiu espetáculos com grupos amadores. Tais peças ficaram inéditas.

Publicação: **Bibliografia das obras de biblioteconomia e referência**, 1958.

LYS DORISON 792

Poeta, prosadora e pintora, Lys Dorison (nome literário de Elsa Elizabeth Blumenschein Cannone) nasceu em São Paulo (SP), em 10.11.1911, onde faleceu (por morte voluntária), em 21.10.1951, pouco tempo depois de se tornar viúva de Felíce Cannone. Era filha da poeta Colombina*. Jovem culta, que dominava vários idiomas, Lys Dorison desde a adolescência entregou-se aos estudos e à criação artística: poesia e pintura. A maior parte dessa produção permaneceu inédita até sua morte.

Publicações: **Jornada sentimental**, 1931; Inédito: **Versos de muito amor**.

M. L. RUETTE, v. Maria de Lourdes Ruette (nº 933)

793 MADALENA ANTUNES

Mulher culta, pertencente a família abastada e de poetas; considerada a primeira autora de livro de memórias, no Nordeste, Madalena Antunes Pereira nasceu no Engenho Oiteiro em Ceará-Mirim (RN), em 25.05.1880. Faleceu em Natal (RN), em 11.06.1959, aos setenta e nove anos, após longa enfermidade.

Estudou no Colégio São José, no Recife (PE), onde tradicionalmente estudavam as moças ricas da região. Com vocação para as letras, colaborou na imprensa. Em 1912, publica no jornal Ceará-Mirim uma série de cartas, supostamente trocadas entre duas amigas, que se assinavam Coralina Floresta e Hortência. Com essa imaginada correspondência, a autora aderia a um gênero literário muito em voga no Romantismo e que perdurou por muito tempo no interesse dos leitores, pois embora as situações fossem inventadas, davam impressão de serem reais, fator que aumentava a emoção da leitura.

Durante alguns anos, manteve, em sua cidade, um salão literário, onde se realizavam animados saraus, freqüentados pelos intelectuais da época. A certa altura de sua vida, inicia a escrita de suas memórias, para *erigir um princípio de eternidade dentro dos momentos perecíveis que caem como ídolos mortos*, palavras que se diz na introdução do livro. (Antônio Olinto).

A publicação desses escritos, em livro, só se deu em 1958, ano anterior ao de sua morte. Conforme é dito na antologia **Literatura do Rio Grande do Norte**, **Oiteiro–memórias de uma sinhá moça**, é um dos raros livros da literatura potiguar que trata de um tempo aristocrático, de senhores de engenho e escravos, o qual floresceu nos vales verdes sustentados pela cana-de-açúcar. Por meio das descrições, é possível, por exemplo, recuperarem se as condições e dificuldades próprias da vida naquela época, como a aventura de uma viagem a Recife, que demorava dias e envolvia diversos meios de transporte, do lombo dos cavalos ao navio.

Fonte de consulta: **Literatura do Rio Grande do Norte** (org. Constância Lima Duarte & Diva Cunha P. Macedo) Natal, 2001.

Publicação: **Oiteiro–memórias de uma sinhá moça**, 1958.

794 MADELLON

Poeta, ficcionista, cronista, professora ligada às áreas de pedagogia, psicologia, filosofia e sociologia da educação (FAE-UFFMG), Madellon (Maria Dalva Junqueira Guimarães) nasceu em Monte Alegre (MG), em 1937.

Desde a adolescência dedicada aos estudos, à produção literária e a atividades culturais, fez carreira na área da Educação, como professora, coordenadora pedagógica e orientadora educacional, atuando em diferentes cidades de Minas Gerais e Goiânia, até fixar residência em Brasília.

Figura atuante no meio cultural, começou a carreira de escritora nos anos de 1990, publicando na imprensa e em dezenas de antologias de poesia e contos (**Ibirapitanga**. DF. 1994; **International poetry**. org. Teresinka Pereira, EUA. 1995; **Magazin cultural latinoamericanoxicóatil**. Áustria, 1995; **The golden of life. International library of poetry**, EUA, 1995; **Escrevendo mulheres**. RJ, 1995; **Brasília: vida em poesia**. DF, 1996; **Mulher em prosa e verso**. MG, 1997; **Grandes talentos**. RJ, 1998; **A literatura brasiliense**. DF, 1999; e outras).

Como escritora de literatura para crianças, tem uma diversificada produção (peças infantis, poesia, contos), largamente aceita pelo leitor e pela crítica. Estréia como romancista, em 1999, com **Baú de memórias** (Prêmio Cora Coralina). Tem vários inéditos.

Pertence a inúmeras associações de classe: Sindicato de Escritores de Goiânia e Rio de Janeiro; Associação de Escritores do Estado do Amazonas; IWA (International Writers and Artistas Association). EUA; e outras. Membro-correspondente da Academia Irajaense de Letras (RJ) e Academia Tabatinguense de Letras (DF). Grande parte de sua produção tem sido distinguida com prêmios, menções honrosas e distinções, no Brasil e no exterior.

Publicações: Poesia – **Ecos que o vento semeia**, 1994; **Carícias e toques**, 1994; e **Girassóis de amianto**, 2000. Romance – **Baú de memórias**, 1999. Literatura Infantil – **As aventuras de Efigênia** e as **Áreas de Byanca**, 1995; **Classificados romanescos**, 1996; **Pitoco**, 1996; **Noites de vagalumes**, 1996; **O maior presente: a magia do toque** (Prêmio Fundação Cassiano Ricardo), 1996. Inéditos – **Mar (A)** (rom.); **Labaredas pelos corpos** (c.); **Moeda**; **Sagaracontos**; **Navegança**; **Incêndio de girassóis** (Poesia), etc.

MAGALI DE SOUZA BARUKI 795

Poeta, trovadora, professora, Magali de Souza Baruki nasceu em Corumbá (MS), em 25.09.1931. Usa por vezes o nome literário de "Lizaki". Formou-se em Pedagogia pelo Centro Pedagógico de Corumbá/1971. Fez mestrado em Educação/1982; Ingressou no magistério superior no Centro Universitário de Corumbá. Realizou uma longa e dinâmica carreira docente, tendo sido professora, diretora e orientadora educacional e administrativa de importantes órgãos escolares de Corumbá. É membro da Academia Corumbaense de Letras e da União Brasileira de Trovadores-MS.

Iniciou-se como poeta, publicando na imprensa e em revistas culturais ou coletânea coletivas. Estreou em livro, em 1977, com as trovas de **Embora sendo formiga**... Seguiram-se: **Ciranda da vida** e **Trovas**. Está incluída na **Enciclopédia de literatura brasileira**; **A poesia de Mato Grosso do Sul** (org. Otávio Gonçalves) e **Corumbá: notas & mensagens** (org. Renato Báez).

Publicações: **Embora sendo formiga, cigarra queria ser**..., 1977; **Ciranda da vida**, 1978; e **Trovas**, 1978.

MAGDA LÚCIA RODRIGUES 796

Poeta, advogada e procuradora federal, Magda Lúcia Rodrigues nasceu em Alvinópolis (MG), em 26.11.1943. Fez seus primeiros estudos em sua terra natal, formando-se para o magistério e como técnica de contabilidade. Em Belo Horizonte (MG), onde se radicou, formou-se em Direito pela PUC-MG, profissionalizando-se como advogada e posteriormente como procuradora federal. Realizou vários cursos de extensão universitária.

Vocacionada para as letras, colaborou em diversos órgãos da imprensa nacional e conquistou prêmios em concursos de poesia. Tem participado de inúmeras antologias poéticas (**Anuário dos poetas do Brasil**; **Panorama da literatura Alvinopolense**; **Mil poetas do Brasil**; **Práxis**; **Painel brasileiro de novos talentos** e outras). Seu nome consta em inúmeros dicionários ou enciclopédias de literatura.

Como poeta, estreou em livro, em 1976, com a coletânea de poemas **Magducha's** ao qual se seguem, a largos intervalos: **Narciso & outros poemas** e **Além do espelho**. Poesia que se quer testemunho ou transfiguração da vida vivida em verdade, a de Magda procura espelhar estes tempos de crise e transformações.

Entre as várias entidades culturais a que pertence, destacam-se: Academia municipalista de Letras de MG; Academia de Letras de Uruguaiana; Academia Internacional de Heráldica e Genealogia; Academia Internacional de Ciências Humanísticas; Academia Anapolina de Filosofia, Ciências e Letras; Academy of Letter of England.

Publicações: **Magducha's**, 1976; **Narciso & outros poemas**, 1997; e **Além do espelho**, 2000.

797 MAGNA CELI

Poeta, ensaísta, professora universitária, pesquisadora, folclorista, Magna Celi Meira de Souza nasceu em Esperança (PB), em 14.03.1942. Formou-se em Letras na UFPB, em 1965. Fez bacharelado em Filosofia, em 1983, mestrado em Literatura com a tese "Uma análise sobre o tempo nos contos de Anibal Machado" (1979).

Estréia como poeta, em 1983, com o livro **Caminhos ou descaminhos**, ao qual se seguem **Sangue e luz** e **Passeios no varal**. Arraigada no cotidiano, onde a vida se cumpre, e altamente consciente do poder nomeador da palavra, a poesia de Magna Celi abre espaço para a presença e voz da mulher dos anos de 1980. Aquela que se viu "liberada" pela revolução sexual, pelo acesso à cultura e ao profissionalismo, mas desencantada percebe que o Sistema não se alterou: nele ainda não há lugar para a nova mulher. Daí o "fio da navalha" sobre o qual ela caminha, entre os ideais e as circunstâncias adversas, entre a aspiração de grandeza e os obstáculos da vulgaridade. Mas, para além de seu desencanto, a esperança persiste: a poesia de Magna Celi é uma prova dessa persistência inerente à mulher.

Como escritora militante, colabora assiduamente em revistas, jornais e cadernos especializados em literatura, com artigos e ensaios. Dedica-se à pesquisa da literatura popular em verso (pesquisas integradas no programas de Pesquisa em Literatura Popular da UFPB). É professora da UFPB, nas disciplinas de Literatura Brasileira e Literatura Portuguesa. Tem um estudo para publicação: "O misticismo e o fanatismo na Literatura de Cordel".

Publicações: Poesia – **Caminhos ou descaminhos**, 1983; **Sangue e luz**, 1986; e **Passeios no varal**, 1990.

798 MAIO MIRANDA

Romancista, contista, tradutora, pianista, ceramista, produtora e diretora de programas de TV, Maio Miranda (Alice Meca Miranda) nasceu em São Paulo (SP), em 28.01.1921.

Personalidade dinâmica, fez inúmeros cursos (línguas, pedagogia, literatura, música...). Formou-se concertista pelo Conservatório Dramático e Musical Carlos Gomes, em 1944. Dedicou-se a atividades culturais como concertos, festivais musicais, exposições de pintura em porcelana e cerâmica, etc. Conquistou várias menções honrosas e distinções.

Na década de 1930, inicia-se como escritora, publicando contos e poemas na imprensa paulista, com o pseudônimo de Helsi Maio. Estréia em livro em 1948, com o romance **O calor de sídera**, ao qual se seguem outros, todos com boa repercussão da crítica (Agripino Grieco, Menotti del Picchia, Maria de Lourdes Teixeira...).

Interessada também em ciências ocultas, escreveu manuais de astrologia e quiromancia (com o pseudônimo de Bel-Adar). Nos anos de 1950, na TV Tupi, dirigiu programas culturais.

Publicações: Romance – **O calor de sídera**, 1948; **Memórias de um casaco vermelho**, 1963; e **A manhã sem madrugada,** 1966. Manuais – **Manual de astrologia**, 1949, e **Guia prático de astrologia**, 1966.

MAJOY 799

Poeta, cronista e figura dinâmica da sociedade carioca, Majoy (nome literário de Sylvia de Arruda Botelho Betencourt) nasceu no final do século XIX (1896), na Fazenda do Pinhal (tombada pelo Governo do Estado de São Paulo em 18.12.1981). Ainda menina muda-se para o Rio de Janeiro (RJ), onde passa a residir no Largo do Boticário, reduto de caras tradições para os cariocas. Desde adolescente escreveu poemas e crônicas publicadas circunstancialmente em jornais e revistas. Durante a Segunda Guerra Mundial (1939/1945), foi correspondente de guerra e a primeira mulher a receber o Prêmio Maria Moors Cabot de jornalismo.

Estréia em livro, tardiamente, com uma coletânea de poesias infantis, dedicadas a sua bisneta, Ana Carolina. São flagrantes de festas tradicionais, brincadeiras e estórias/histórias do início do século, guardadas na memória e reinventadas em poesia alegre.

Publicação: **O livro de Ana Carolina**, 1985.

MALU RIBEIRO 800

Poeta, advogada, espiritualista, Malu Ribeiro (Maria Luisa Ribeiro Neves) nasceu em Goiânia (GO), em 18.06.1955. Formou-se em Direito e Psicologia pela Universidade Católica de Goiás, e em Letras pela Universidade Federal de Goiás. Fez parte de um grupo de teatro, para se exercitar na arte da representação. Desde menina sentiu-se vocacionada para a poesia. Iniciou-se publicando na imprensa goiana. Estreou em livro com **O tempo responde**. Escreveu contos infantis, Ciranda de Fábulas, publicados na imprensa. Tem inúmeros poemas incluídos em antologias, e vem participando de vários projetos literários.

(Fonte: **Poesia de Brasil**–2, org. Aricy Curvello.)

Publicações: **O tempo responde**, s/d, e **Além do alambrado**, s/d.

MALLUH PRAXEDES 801

Contista, poeta, jornalista, pesquisadora, produtora de *shows* musicais e de discos, coordenadora de eventos culturais, Malluh Praxedes (nome literário de Maria Lúcia Praxedes Leite) nasceu em Pará de Minas (MG), em 25.06.1953. De família de jornalistas, poetas e músicos, desde 1980 vem-se dedicando à divulgação destas artes. Formada em Publicidade (Instituto Newton Paiva/1976) e Jornalismo (FAFI-Belo Horizonte/1983), colaborou no jornal Estado de Minas (1980/1987) e no Diário de Minas, assinando colunas sobre cultura.

Estréia como poeta, em 1980, com o livro **Nascência**, ao qual se seguem: **Nua manhã de uma mulher** e **No verão desta primavera**. Revela-se como contista, a partir de 1988, com a coletânea **Setilha**. Sua matéria-prima é o universo feminino, pós anos rebeldes, isto é, o universo cotidiano, comandado pela fantasia publicitária, pelo *glamour* dos astros e estrelas de cinema e de TV e por onde perambulam mocinhas ou mulheres, totalmente alienadas, à espera da "hora da estrela"... Anos de 1980, época em que a mulher já conquistou a libertação (principalmente sexual); já não precisa lutar para derrubar tabus, pois as "portas já estão abertas", mas a maioria ainda não sabe o que fazer com a liberdade conquistada. Daí a alienação ou o desencanto.

Entre os prêmios recebidos por sua produção, destacam-se: o Prêmio Alfonsina Storni/1984. Fiesta de la poesia latino americana/Fundação Givré. Buenos Aires, e Prêmio Governador Valadares/1986. Tem participado ativamente de congressos, seminários, colóquios nacionais e internacionais. Como produtora musical, tem participado de gravações como Aquarelas – A Música de Ary Barroso (com Nivaldo Ornelas e outros) e CD Arredores (com Nivaldo Ornelas), que recebeu o Prêmio Sharp/99 de Melhor Disco de Música Instrumental.

Atividades e Publicações: Poesia – **Nascência**, 1980; **Nua manhã de uma mulher**, 1983; **No verão desta primavera**, 1985; **Se assim sou** (edição em português/espanhol), 2000. Contos – **Setilha**, 1988; **A menstruação da ascensorista**, 1994; **Viu, querida?**, 1997; **Posso interromper o beijo?**, 1998; e **Mulheres na linha** (edição português/inglês) 2000. Produção cultural – Projeto Sertec/Cultural, 1997/1998; Violas & Violões, 1989; Salve o compositor popular, 1989/1990; Projeto instrumental, 1990; O Compositor & A Cantoria, 1991; Convite instrumental, 1992; Minha voz, meu instrumento, 1993; Tríade instrumental, 1994; Os Arranjadores, 1995/1996; Os Instrumentistas 2000 e outros. Exposição – Trabalhos em colagem: O Caso da casa (no Minas Shopping); O Músico & A Casa (na Adega Ouro Preto); Música na parede (na Cervejaria Brasil/99); BH Shopping/2000; Cozinha de Minas/2001.

802 MARA ILZA ESPÍRITO SANTO

Poeta, jornalista, professora, Mara Ilza Espírito Santo Porto nasceu em Alagoas (AL). Formou-se em Letras. Ingressou no jornalismo e vem atuando no meio literário e cultural. É fundadora do Grupo Literário Alagoano. Representou a mulher alagoana na CPI do Senado, defendendo os direitos da mulher nordestina.

É membro do Conselho Estadual de Cultura. Estreou em livro, em 1979, com **Poemas da vida**. Tem-se dedicado à pesquisa e a escrever biografias de figuras ilustres.

Publicações: Poesia – **Poemas da vida**; **Memórias de uma colegial**, 1979. Contos – **Contos do vale de Jacarecica**, 1979. Biografia – **Félix Lima Jr., Historiador**, s/d.

803 MARA PAULINA ARRUDA

Contista, poeta, professora e artista plástica, Mara Paulina Arruda nasceu em Lages (SC), em 17.09.1960. Formou-se em Educação Artística na UNOESC. Ingressa no magistério como professora de Arte. Desde menina sentiu-se atraída pela escrita literária, e enchia cadernos com poesias e histórias. Em 1992, estréia como poeta em antologia poética, publicada em Chapecó, por um grupo de jovens escritores que, por meios alternativos, procuram vencer o impossível acesso aos meios editoriais oficiais, a fim de se fazerem ouvir. Mara prossegue com publicações ocasionais de seus textos em revistas e jornais alternativos do Rio de Janeiro, Chapecó, Porto Alegre, etc. Em 1998, publica na revista Augustus (do Centro Universitário Augusto Motta) um texto sobre educação, Não somos neo-bobos, no qual se ouve a voz dolorida e revoltada de uma juventude que tem ânsia de crescer culturalmente, realizar-se em plenitude, intervir no mundo para melhorá-lo, mas encontra portas fechadas e limitações de toda espécie.

Personalidade generosa e lucidamente crítica, Mara Paulina começa a se fazer ouvir entre as anônimas vozes que falam pela mulher de hoje, "liberada" dos antigos "interditos", mas cada vez mais sobrecarregada de tarefas e escravizada pelas suas responsabilidades: a de mãe (de que não abrem mão) e a de profissional, lutando contra as limitações econômicas de seu meio e consciente de sua tarefa de intervenção no mundo. É dessa problemática que se alimentam os poucos textos até agora publicados pela autora e dos quais destacamos: "Mulher, quê te quero?" (comunicação enviada em 1998 para um Seminário de Mulheres, realizado na Espanha); "As várias qualidades da matéria" (a ser publicado pela UFSC); o conto "A Mulher da casa amarela que Raul não descreveu" (registro entre surrealista e realista da alienante vida moderna nos centros urbanos) e os minicontos **Laços do diário**, nos quais se fazem ouvir diferentes vozes, mas todas elas sufocadas pela asfixiante rotina cotidiana ou naufragando no vício, que surge nos rastros da desintegração familiar que o mundo pós-moderno está engendrando.

Como artista plástica, em junho/2000, faz uma Exposição no Centro Comercial Chapecó, de pinturas apoiadas sobre retalhos de *blue jeans* e que, à maneira simbólica da "pop-art", vão delineando no espaço as grandes forças invisíveis que governam o mundo.

Publicação: **Laços do diário**, 2000.

MÁRCIA CARRANO 804

Poeta e professora mineira, Márcia Carrano (nome literário de Márcia de Castro Azevedo) iniciou-se colaborando no Suplemento Literário do Minas Gerais, nos anos de 1960, e nos jornais alternativos dos anos de 1970, Totem, Eco-Um (Várzea Grande-MT), etc. Formada em Letras, ingressou no magistério como professora de português no Colégio Estadual de Cataguases.

Estréia em livro, em 1977, com **Zero/versus**, na linha sintética (frases fragmentadas) que procura captar um cotidiano em caos, por meio de uma consciência dividida entre as palavras de ordem das vanguardas já em fase de esgotamento.

"Puresia" a poesia / eu quero / sem processo / sem concreto / sem ismo / sem futuro / sem passado. // a poesia / eu quero / pura / calma / sem compasso. // a poesia / que brota / tranqüila / logo que penetro / no meu nada.

Publicação: **Zero/versus**, 1977.

MÁRCIA DENSER 805

Ficcionista, jornalista, promotora de cultura, Márcia Denser nasceu em São Paulo (SP), em 23.05.1949. Formou-se em Comunicação pela Universidade Mackenzie. Muito cedo começou a escrever, dedicando-se à crítica de livros e à publicação de contos seus em jornais e revistas especializadas. Foi editora e colunista da revista Nova (1977/1979). Desde os anos de 1990, coordena a Equipe Técnica de Literatura da Divisão de Pesquisas/Centro Cultural São Paulo.

Estreou em livro, em 1976, com os contos eróticos de **Tango fantasma**, cuja matéria oscila entre a vulgaridade conscientemente assumida e o erotismo. Nesses breves contos, faz-se ouvir a voz da mulher liberada dos anos de 1960 e 1970, a qual, já desencantada com os rumos frustrantes dessa "liberação", se sente perdida entre os apelos do prazer e as dúvidas, contradições e conflitos que a assaltam. Apresentando o livro, a própria autora escreve:

*(**Tango fantasma**) revela uma mulher cuja libertação sexual puramente anatômica precipita-a nos labirintos de si mesma, fazendo-a vagar por regiões desconhecidas, tropeçar em suas próprias armadilhas, reencontrando velhos demônios, os mesmos luminosos deuses domésticos com os quais convive sem se dar conta.*

No livro seguinte, **O animal dos motéis** (1981), essa "metamorfose feminina" (ainda hoje em processo) continua a ser o nervo vital de sua escrita. No Auto-Retrato que abre o volume, a autora sintetiza o cerne do problema em causa:

As mulheres da minha geração perambulam pelo castelo-em-ruínas do casamento. E se possuem a chave da liberdade *conferida pela pílula, nada podem fazer com ela. Deram-nos a chave, mas* esqueceram de construir a porta.

Como vemos, a escritora toca no âmago do difícil processo de libertação que vem sendo enfrentado pela Mulher pós-moderna: a inevitável inadequação entre a "liberdade" conquistada e a estrutura tradicional ainda vigente no Sistema Social. Enfrentar e denunciar esse conflito, foi o caminho escolhido por Márcia Denser. A força de sua escrita se revela desde o livro de estréia, que se inclui entre nossos raros livros eróticos "femininos" que, optando pela "linguagem do corpo", não descambam para o sensacionalismo fácil, para a pornografia ou para o cinismo.

Como sentir-me Madalena, a adúltera da Bíblia, / puta mais temida do universo? / É possuir o elemento amoral e gratuito? [...] É ter a marca de Caim? / E quem é Caim? / É estar inocente, pois perpetuada aos pés / De um Cristo-homem? / É possuir o estigma dos cabelos / Sobre lágrimas? / Ou debaixo delas, perpetuamente, / Estar fingindo? / Hein?

Inscrevendo-se nessa linha interrogativa e reinvindicatória (mais feminina do que feminista), a ficção de Márcia Denser atende a um dos reclamos mais polêmicos da literatura atual: como problematizar a linguagem e torná-la apta a concretizar as novas e insólitas experiências do humano? E em se tratando de literatura erótica feita por mulher, ela revela a busca de uma linguagem própria, "feminina", que substitua o discurso "masculino" herdado...

Escritora da "geração de 70" (a que encontrando as barreiras abaladas pela base, colheu as decepções das revoluções abortadas), a paulistana Márcia Denser pertence à onda da contracultura, da vulgaridade como agressão, da sátira demolidora de mitos, do erotismo transformado em produto de consumo, da "droga" transformada em indústria do crime, da violência da linguagem e de outras violências... É nessa pauta que os seus textos revelam o seu real valor, como elemento integrante da luta que a Mulher vem mantendo para se libertar dos preconceitos seculares (ou milenares?) que a vêm subjugando.

É nesse espaço conflituoso e fundamental para o surgimento de uma nova ordem no mundo, que se sucedem os livros: **Diana, a caçadora**, **Exercícios para o pecado**, **A ponte das estrelas**... Este último afasta-se da linha anterior. Trata-se de um romance que se passa no espaço maravilhoso dos contos-de-fada. Ou como se diz em sua apresentação: *(**A ponte das estrela**) é uma fascinante rede de muitos fios e intrigas, príncipes lendários e bandidos intergaláticos, magos alquimistas e condessas vigaristas, mestres lapidadores e computadores, burocratas multinacionais e piratas canibais, ex-caudilhos e naves espaciais, demônios de gelo e lordes gagás, Alta Magia & Tecnologia...*

Amálgama de uma delirante imaginação e uma profusa memória de leituras, este romance, por enquanto, permanece como um "desvio" no universo criado pela autora. Entre suas atividades como promotora cultural, está a organização de importantes antologias de contos eróticos, com a colaboração de grandes vozes femininas de nossa literatura: **O prazer é todo meu** (1984) e **Muito prazer** (1982). Contos seus estão incluídos em antologias de porte, como as recentes: **13 maneiras de amar** (Nova Alexandria) e **Os cem melhores contos do século** (org. Ítalo Moriconi/Nova Alexandria).

Publicações: **Tango fantasma**, 1976; **O animal dos motéis**, 1981; **Diana, a caçadora**, 1986; **Exercícios para o pecado**, 1984; **A ponte das estrelas**, 1990; e **Toda prosa**, 2001.

806 MÁRCIA KUPSTAS

Romancista, professora, jornalista, destacada escritora para a juventude, Márcia Kupstas, de descendência russa e lituana, nasceu em São Paulo (SP), em 13.09.1957. Formou-se em Letras pela FFLCH-USP/1982; especializou-se em técnica e metodologia de redação. Ainda estudante, trabalha na correção de redação no Colégio Objetivo.

Em 1977, inicia carreira de professora, na área de Língua e Literatura, em vários colégios da capital paulista. Entre 1982 e 1986, lecionou técnicas e metodologia de redação literária (Colégio Bandeirantes). Desde adolescente, começou a escrever textos de ficção e a publicá-los em suplementos literários e revistas. Manteve por dois anos (1987/1989) a seção Histórias da Turma/revista Capricho. Colaborou em revistas alternativas (Veredas, Balde Branco, Big Man Internacional, Primeiro Toque, Clube dos Homens) e para o jornal Leia.

Com especial dom de se comunicar com a meninada e com os jovens, estréia em livro, em 1986, com o romance juvenil **Crescer é perigoso**. Romance de aprendizagem, sintonizado com os questionamentos do mundo atual, este se apresenta sob a forma de diário, escrito por um adolescente dos anos de 1980, neto de japoneses, um "sansei". Sua trama envolve os conflitos ou anseios naturais dessa fase da vida, quando tudo tende aos extremos, aos radicalismos. A insegurança afetiva em relação ao sexo oposto, as dúvidas em relação a si mesmo, a rejeição da própria aparência física, o despertar do amor, a compulsão do sexo, os impulsos de liberação em relação às normas ou preconceitos familiares, as contraditórias tentativas de auto-afirmação e, principalmente, a busca de compreensão ou de autoconhecimento, por meio da palavra escrita. A linguagem é, sem dúvida, a grande personagem desse romance-diário, que se mostra sintonizado com uma das mais importantes exigências da literatura contemporânea: a conscientização sobre o poder da palavra como reveladora ou nomeadora do Real... Em um tempo como o nosso, o Real precisa ser redescoberto e renomeado. Essa é uma das idéias-força da obra que vem sendo construída por Márcia Kupstas. Seja falando para os jovens, seja para os adultos, sua palavra se propõe sempre como mediadora entre o leitor e o prazer (da leitura, do viver) que leva à reflexão sobre o que existe para além das aparências.

Lidando com o jogo entre real e sobrenatural, realidade e ficção, banalidade do cotidiano ou mistérios da alma humana e, inclusive, explorando a magia do ciberespaço em que vivemos, a escrita novelesca de Márcia Kupstas é das que dão testemunho de seu tempo e mantém encantados os seus leitores de qualquer idade.

Publicações: Literatura juvenil (mais de 40 títulos) – **Crescer é perigoso** (Prêmio Mercedes Benz), 1986; **A maldição do silêncio**, 1987; **Seqüestrado!**, 1988; **Um guerreiro da paixão**, 1988; **Mata vermelha**, 1988; **O fantasma do shopping ópera**, 2001; **9 cois @ s e-mail que eu odeio em você**, 2001. Literatura adulta – **Casos de sedução** (contos eróticos), 1987, e **Demônio do computador**, 1997.

MÁRCIA PELTIER 807

Poeta, jornalista, apresentadora de TV, *expert* em artes plásticas, Márcia Peltier de Queiroz nasceu no Rio de Janeiro (RJ), em 19.11.1954. Desde a adolescência dedica-se ao balé. Casando-se com diplomata, viveu em Nova York e Londres e se aprofundou no estudo da língua inglesa (diplomas de Proficiency English, Arels e Royal Society Arts) e de antigüidades, no Victoria and Albert Museum. Morou algum tempo em Paris. De volta ao Brasil, abriu uma galeria de arte; torna-se professora de balé clássico e danças modernas. Descobre-se poeta e, em 1986, publica seu primeiro livro, **Poética (mente): vida e sobrevida de um poeta** (poesia marcada pela dor da perda de uma filha). Essa poesia inicial é apenas expressão da dor sem limites da perda sofrida. Seu verdadeiro domínio da poesia se revela no segundo livro, **As garras do mel**, publicado anos depois. Em 1991 lança **As ilhas de Betacam**, estranho nome que corresponde a uma sala, em que é feita a edição de programas da televisão (onde Márcia trabalha). Há um narrador, nomeado como náufrago, que vai testemunhar sua convivência com Betacam. Seu oponente é uma sigla, J.V.C., que se imagina uma máquina responsável por tudo dentro da sala. Como diz Jurema Bartane em sua resenha, *"Márcia vai tirar lirismo das pedras. Ou melhor, das antenas, planos, audioteipes, pontos de cortes, contraplanos, monitores, etc. A sensação de isolamento, daí as 'ilhas', percorre o livro inteiro. E a poeta irrompe feito âncora entre dígitos frios: "O mais espantoso em Betacam / É a solidão da natureza / Ilhas com apenas uma palmeira eletrônica / tão longe umas das outras / que não se consegue colocar uma rede!"*

Nessa época, foi contratada pela TV Educativa, para apresentar o programa "Sem Censura". No mesmo ano (1986), na TV Manchete, passa a comandar o programa "Homens e livros". Um ano depois, apresenta o telejornal da Rede Globo "Hoje". Em 2001 liga-se à TV Bandeirantes. Escreveu um conto juvenil, **Uma aventura ecológica**, fábula elaborada em torno da ameaçadora poluição dos rios.

Publicações: **Poética (mente): vida e sobrevida de um poeta**, 1986, **As garras do mel**, 1989; **Os povos da floresta** e **As ilhas de Betacam**, 1991.

MÁRCIA DE QUEIROZ 808

Poeta, cronista e uma das pioneiras no Brasil dos anos de 1920, a enfrentar o preconceito contra a mulher escritora, Márcia de Queiroz (nome literário de Enoi Simão Nogueira da Cruz) nasceu em Cantanhede (MA), em 1908. Era filha de Paulo Antônio Simão, libanês, e Celina Rodrigues Simão, de família portuguesa, antiga habitante daquele município à beira do Rio Itapicuru. Desde menina revelou vocação para as letras e interesse pela cultura em geral. Estudou como interna no Colégio Santa Tereza em São Luís. Voltando para sua cidade, continua estudando sozinha e começa a colaborar em jornais de São Luís, com poemas, crônicas e artigos. Entusiasta da arte e da literatura, costumava divertir-se com os amigos e familiares, organizando espetáculos teatrais em sua casa. Em 1934, casou-se com Raimundo Nogueira da Cruz, com quem teve seis filhos, entre eles a poeta Arlete Nogueira da Cruz,* que herdou a vocação da mãe. Em 1948, a família mudou-se para São Luís, onde Márcia de Queiroz continua a colaborar na imprensa (A Tribuna, Jornal do povo, etc.). Foi mulher de grande consciência política e que em diversas ocasiões participou de manifestações públicas, contra desmandos ou injustiças dos governantes.

Em 1957, sua poesia recebeu menção honrosa no concurso Prêmio Cidade de São Luís, cujo primeiro lugar coube a Nauro Machado (seu genro), revelando-o como poeta, já hoje consagrado como uma das grandes presenças da Poesia Brasileira do século XX. Márcia de Queiroz faleceu em 1969, deixando inédita toda sua produção. Em 1983, sua filha Arlete publica **Poemas**, uma seleção da poesia escrita entre 1920 e 1960. Para além da forma poética dominada pelo rigor do metro e da rima, ressalta nesses poemas a força e o humanismo de um espírito de mulher, profundamente participante da vida, em todos os sentidos, como poeta, mãe, cidadã e ser humano. Como disse José Chagas:

Márcia de Queiroz é também testemunha de quem teve a coragem de enfrentar um curioso preconceito da época, porque começou a escrever na década de 1920, quando ainda (e principalmente na província) se pensava que literatura era coisa exclusiva do sexo masculino. Ela irrompeu contra isso, em prosa e verso, pois também foi cronista do cotidiano e seu nome figurou em diversos jornais de São Luís.

Publicação: **Poemas**, 1920/1960.

809 MARGARIDA AMÉRICO DOS REIS

Poeta e crítica de arte. Nasceu em Londres (Inglaterra). Está radicada em São Paulo (SP).

Publicações: **Pássaro da madrugada**, 1978, e **Aquarelas de Celina Limaverde**, 1984.

810 MARGARIDA BOTAFOGO

Poeta, Margarida Botafogo de Lourenzo-Fernandez nasceu no Rio de Janeiro (RJ), em 19.08.1931. Passou a infância em Minas Gerais (MG), época em que começou a escrever poesia, ligada ao universo da criança que era. A poesia e a leitura literária acompanharam-na sempre. Sua estréia como poeta foi já em idade madura, pois dedicou-se à família, desde seu casamento com diplomata, o que a levou a viver no exterior, durante anos. Estreou em livro com **Treze poemas do dia e da noite**, em 1986, por meio do qual obteve grande sucesso de crítica, principalmente porque já surgia consagrado com prefácio do poeta José Paulo Moreira da Fonseca e quarta capa de Carlos Drummond de Andrade.

Publicação: **Treze poemas do dia e da noite**, 1986.

811 MARGARIDA FINKEL

Poeta de rara sensibilidade e inteligência, além de tradutora, Margarida Finkel, de ascendência russa, nasceu no Rio de Janeiro (RJ), em 19.11.1929. Graduou-se em Biblioteconomia na Biblioteca Nacional; exerceu funções na Secretaria de Educação e Cultura do antigo Distrito Federal e na biblioteca do Serviço Nacional de Teatro.

É membro da Diretoria da UBE-RJ e da Sociedade Eça de Queiroz. É sócia-correspondente da Academia de Letras e Artes do Nordeste. Em 1993, recebeu Diploma de Personalidade Cultural do Ano/UBE-RJ. Entre os prêmios recebidos, destacam-se: Prêmio Alejandro G. Cabassa/1997 e Medalha Olegário Mariano-UBE/1999.

Sua vocação para a escrita poética manifestou-se muito cedo, não só por meio de seus poemas, mas também da tradução de grandes poetas. Estréia em livro, em 1946, com **Meu amanhecer**, coletânea prefaciada por Olegário Mariano, "o príncipe dos poetas brasileiros" que, a par de lhe reconhecer o dom inato da poesia e, em seus versos, um "lirismo muitas vezes sulcado pelas rugas de uma filosofia que só os velhos poetas conseguem", aconselha-a a ter "à cabeceira alguns poetas do passado *[...]* que chegaram à perfeição". A jovem poeta só volta a publicar novo livro 23 anos depois: **Entre gaivota e nuvem** (álbum de arte com xilogravuras de Moacyr de Figueiredo). Durante esse tempo publicou traduções desafiadoras, como **China lendas e mitos**, realizada em colaboração com Sun Chia Ching e Mário Sproviero, professores de Língua e Literatura Chinesa da USP. Traduz também: O barco e A lenda da origem do livro Tao Te King, poemas de Bertold Brecht. Em colaboração com Olga Savary*, traduz, do inglês, Poetas holandeses (Han G. Koekstra, J. Bernlef, Robert Ankr, *et alii*). Participou de várias antologias poéticas: **Te quero verde** (1982); **Carne viva** (1984); **Mitavaí** (1986); **Poésie du Brésil** (português/francês 1997).

Mas só a partir dos anos de 1980 seus livros de poesia surgem com intervalos regulares: **No tear dos ventos** (1980- belíssima edição com aquarela de Rauol Dufy); **Ausências claras** (1983); **Rede em mar de espelhos** (1988) e **Do incansável amor, cantarei** (2000), no qual reúne toda sua poesia anterior. Poesia densa de humanidade e leve pelo vibrar musical das palavras, a de Margarida Finkel é dona de uma sólida fortuna crítica (Léo Gilson Ribeiro, Fábio Lucas, Oswaldino Marques, Stella Leonardos, Angélica Soares e outros). De seu **No tear dos ventos**, destacamos um fragmento que encerra a filosofia de vida que percorre sua matéria poética:

Porque conheço de efêmero / busco além / da obscura linha / não resposta / mas a resignação / para desconhecendo / a verdade / aceitar a hora.

Ou ainda:

Quero a lucidez / da hora / o conhecimento / da dor e do amor / inteiro / sem ângulos e sombras / e que se abra infinito / sobre meu espírito / a compreensão do momento.

Publicações: **Meu amanhecer**, 1946; **Entre gaivota e nuvem**, 1969; **No tear dos ventos**, 1980; **Ausências claras**, 1983; **Rede em mar de espelhos**, 1988, e **Do incansável amor, cantarei**, 2000.

MARGARIDA DE MESQUITA 812

Ficcionista e cronista, Margarida de Mesquita nasceu em Palmares (PE), em 02.07.1929. Nos anos de 1960, passa a residir em Maceió (AL). Iniciou-se como escritora, publicando crônica na imprensa pernambucana e goiana. Estreou como romancista, com **Eu vivi duas vidas**, que teve boa repercussão crítica. Presença atuante no movimento cultural, foi distinguida com vários prêmios e medalhas, destacando-se a Medalha Jorge de Lima, concedida pelo Governo de Alagoas, em 1977, por serviços prestados à cultura. Recebeu o título de Cidadã Honorária.

Publicações: **Eu vivi duas vidas**, 1959; **É você Anete ou Ana Maria?** 1961; **Vidas sobre quatro redes** (Prêmio Academia de Letras de Alagoas), 1962; **Tristeza de ser mulher**, 1966; **Tempo vai... Tempo vem...**, 1971; **A verdade de cada um**, 1980; e **Na janela do tempo**, s/d.

MARGARIDA PATRIOTA 813

Ficcionista, professora universitária, tradutora, poliglota, pesquisadora, Margarida de Aguiar Patriota nasceu no Rio de Janeiro (RJ), em 1948. Com oito anos muda-se com a família, acompanhando o pai que era diplomata. Vive sucessivamente em San Francisco (EUA), América Central e Canadá, onde realizou doutorado em Literatura Francesa. Quando criança seu pendor artístico era para a pintura. Depois surge a atração pela literatura. Estréia em livro com os contos de **Nuas** (Prêmio Clarice Lispector – Universidade de Uberlândia). Seguem-se os contos: **Dalil** e **Últimos vínculos** (Prêmio Edgar Allan Poe da UnB/1984); e os romances: **Pai lua do madrigal** (Prêmio INL/1988); **Mafalda Amaz'Ona** e **Brasília, pobre herdeira de Washington Square**. Para os jovens, escreveu vários livros de sucesso: **Sai da frente que aí vem gente** (1989); **Nas tranças da emoção** (1990); **A equipe do olho aberto** (1994–Prêmio de Literatura e Prêmio Adolfo Aizen da UBE-RJ); **Olhando a terra, arregalado: contos de índio brasileiro** (1994); **Tem encanto no quintal** (1996); **Sobre os rios que vão** (1997) e **Meu pai vive de arte** (2000).

É professora de teoria da literatura na Universidade de Brasília, desde 1976. Colabora regularmente em jornais e revistas culturais. Como ensaísta tem publicado inúmeros estudos. Mantém há anos o programa Autores e Livros, na Rádio Senado, entrevistando personalidades do mundo dos livros. É membro da Academia Brasiliense de Letras.

Publicações: Contos – **Nuas**, 1986; **Dalil**, 1986; e **Últimos vínculos**, 1984. Romance – **Pai lua do madrigal**, 1988; **Mafalda Amaz'Ona**, 1991; e **Brasília, pobre herdeira de Washington Square**, 1995. Ensaio – **Romance de vanguarda: Alain Robbe-Grillet**, 1980; **Vanguarda, do conceito ao texto**, 1984; e **Para compreender Raimundo Correia**, 1995.

MARGARIDA REIMÃO 814

Poeta, contista, administradora de empresa, Margarida Reimão nasceu em Jaguaripe (BA), em 04.09.1951. Radicou-se em Salvador (BA), onde se formou em Biologia pela UFBA. Cursou Administração de Empresa, área em que se profissionalizou. Entre os vários cursos de extensão universitária realizados, estão: economia, história antiga e marketing na empresa (na CEPRODEN).

Estreou em livro, como poeta, em 1982, com **Barco à deriva**, ao qual se seguem outros.

Publicações: Poesia – **Barco à deriva**, 1982; **Canto ao vento**, 1983; e **Cartas a um desconhecido**, 1987. Conto – **O conto que eu não contei**, 1984.

815 MARGARIDA SABÓIA DE CARVALHO

Cronista e contista, Margarida Sabóia de Carvalho nasceu em 23.09.1905 em Fortaleza (CE), filha do Deputado Federal professor Eduardo Tomé de Sabóia e Francisca Viriato de Sabóia, ambos de velhas famílias de Sobral (CE). Formou-se professora, na Escola Normal de Fortaleza, mas não chegou a exercer o magistério. Casou-se em 1927, com o poeta e jornalista Jáder de Carvalho. Dedicou-se às leituras e à escrita de textos de meditação. Em 1947, começa a colaborar com crônicas, contos e artigos no Diário do Povo, do qual seu marido era diretor. Colaborou também na Tribuna da Imprensa. Temperamento arredio, publicou apenas dois livros, **A vida em contos** e **O coração do tempo**. Faleceu em 09.06.1975, vítima de atropelamento de automóvel.

Publicações: Crônica – **O coração do tempo**, 1964, e **A vida em contos**, s/d.

816 MARGOT LÔBO VALENTE

Ficcionista, médica e pesquisadora, Margot Lôbo Valente (nome literário de Margarida Maria F. M. Lôbo Valente) nasceu em Salvador (BA), em 09.10.1932. Formou-se em Medicina pela Universidade Federal da Bahia em 1956, dedicando-se inteiramente à carreira de médica, fazendo estágio em vários hospitais; realizando cursos de atualização ou especialização. Trabalhou no INAMPS, onde se aposentou em 1991.

Desde menina atraída pelas artes e pela literatura, estudou piano, formando-se em música, em 1953, pela UCSAL. Fez pós-graduação em Literatura (UNEB/1993). Nos anos de 1980, inicia carreira de escritora para crianças, com os livros: **Spectra, o planeta misterioso** (1981); **Leyly, a menina que veio de longe** (1986) e **Outro reino, outras fadas** (1988). Tem várias outras histórias inéditas e várias peças teatrais aguardando montagem teatral. Como romancista, estréia em livro com **Um certo senhor tristeza**, ficção que oscila entre o memorialismo e a invenção, assumindo-se como testemunha dos anseios e frustrações da vida real.

Publicação: **Um certo senhor tristeza**, 1996.

817 MARIA ABADIA SILVA

Poeta goiana, Maria Abadia Silva nasceu em 1949. Revelou-se poeta ao conquistar a Bolsa Hugo de Carvalho Ramos –1980 (UBE-GO), com os poemas de **Espaços**. Estreante que surge já madura, consciente do corpo-a-corpo com a palavra que a criação exige. Poesia que fala de um eu em busca de seu próprio espaço de vida. Poesia que dá voz a uma geração feminina que chega depois da rebeldia adolescente dos "anos dourados", quando já fora conquistada a liberdade de ser, mas não conseguia encontrar espaço para agir, realizar-se, mudar o mundo... a não ser no espaço interior, onde a poesia se engendra:

"Sol interior" Eu nunca sonhei com essas grades de seda / nem essas cortinas tapando o sol, / nem sabia que esse ritmo vicia / e essa sensatez apenas me consome. // Moro aqui / mas aqui não vivo – habito. // Só o pensamento é meu, / escrever sou eu, / é o sol que entra em mim, / é o espaço em que me abrigo, / é a liberdade que eu persigo.

É esse o tom geral da poesia feminina dos anos de 1980, a da geração que chega depois da luta dos anos de 1960 e descobre que todas as barreiras foram derrubadas, mas que todas as conquistas de liberdade não passavam de aparências: o Sistema continuava igual. Em seu segundo livro, **Cabeça cauda** (1987), esse desencanto e desajuste entre a nova consciência conquistada pela mulher e os espaços fechados para sua plena realização, energizam os minipoemas que dialogam com miniaquarelas (de Siron Franco). *Todo dia / a mesma tensão / a retensão / a corda se esticando / no ar / em vão.* No prefácio, Claudio Willer enfatiza a essencialidade dessa tensão, ao engendrar o movimento entre *pares opostos, entidades antitéticas que, coexistindo no poema, produzem imagens luminosas de rara beleza.* Recurso que resulta em uma verdadeira "poética do contraste": à tona das palavras a nova consciência feminina, a de um eu contrastante, fusão de passado e de um futuro ainda longínquo.

O que sou é isso que passa / na liturgia de hábitos / e tanto se repete / que se mistura / às mudanças que faço.

Entre essas mudanças, está a desejada auto-integração na acelerada mudança do mundo belo/horrível criado pela técnica:

Sejamos radioativos / saídas astrológicas prenunciam / o antigeral canto da multidão / atingiremos o mesmo estágio do vírus / o inimigo se deitará na mesma cama / e também o amigo / tudo obscuro / mesmo no muro / será visível.

Mas no "fim do túnel" persiste uma luz. No imponderável do seu eu profundo permanece a esperança e o livro se encerra, abrindo uma fresta para algo que há de vir.

Estendo toda manhã / meu varal de estrelas / saio.

Alguma alavanca de sangue / corta a minha carne / e me levanta.

Maria Abadia Silva é poeta que já conquistou seu lugar em meio às diferentes vozes femininas que, no século XX, enriqueceram a poesia brasileira.

Publicações: **Espaços**, 1980, e **Cabeça cauda**, 1987.

MARIA ABIGAIL FERREIRA 818

Poeta, a paraibana Maria Abigail Ferreira nasceu em Araruna (PB), em 18.06.1929. Estreou em livro em 1983, com **Retalhos d'alma**.

Publicação: **Retalhos d'alma**, 1983.

MARIA ADAIL PHILIDORY DE FARIA 819

Poeta, cronista, jornalista e escritora de livros infantis, a paulista Maria Adail Philidory de Faria nasceu em Ipauçu (SP), em 26.02.1898, filha de Simon François Philidory e Georgina Junqueira, de tradicional família paulista. Formou-se na Escola Normal Caetano de Campos. Casou-se e passou a residir no Rio de Janeiro (RJ), onde iniciou regular colaboração no Correio da Manhã, passando depois a escrever para diversos jornais brasileiros.

Estréia em livro, com a história infantil **Viagem maravilhosa**, em 1946. Com os poemas de **Orvalho dourado**, inicia uma série de livros de poesia e de crônicas, que tiveram grande aceitação entre o grande público.

Publicações: Poesia – **Orvalho dourado**, 1950; **Aves implumes**, 1953; **Mansos pombos: canção da velhice**, 1954; **Escrínio de esmeraldas e rubis**, 1957; **Farol apagado**, 1957; **Grinalda de miosótis**, 1957; **Rosas de outono**, 1958; **Ternura: canção de órfão**, 1958; **Clarins da alvorada** (12 volumes Poesia) s/d. Crônica – **Caminho florido**, s/d.

MARIA ADELAIDE AMARAL 820

Notável dramaturga e ficcionista, Maria Adelaide Amaral nasceu no Porto (Portugal), em 1942. Desde 1954, vindo para o Brasil, radica-se em São Paulo (SP). Nos anos de 1960, lança-se como dramaturga, tendo suas peças repercutido com continuado sucesso no movimento teatral. Sua produção está entre aquelas que buscam a nova linguagem dramática em tramas e gestos capazes de expressar a nova ótica da qual as mulheres estão vendo a si mesmas, aos outros e, principalmente, em relação ao tempo social e político em mudança. Maria Adelaide forma, com

Consuelo de Castro, Leilah Assumpção, Hilda Hilst e outras, o grupo de dramaturgas que expressam o mundo feminino em revolução, principalmente no que se refere às relações homem-mulher. Entre suas peças de sucesso destacam-se: **A resistência**; **Bodas de papel**; **Ossos do ofício**; **Chiquinha Gonzaga**; **De braços abertos** e **Cemitério sem cruzes**.

Como romancista, publicou **Luísa, quase uma história de amor**, cuja trama mescla encontros e desencontros de amor, dentro do clima de repressão política e de medos, que perdurou no Brasil, durante os anos do Governo Militar.

Como adaptadora de romances, destaca-se a magnífica encenação teatral de **Dom Casmurro** de Machado de Assis, na qual a dramaturga optou por tornar evidente a traição de Capitu a Bentinho, circunstância que o romance machadiano não esclarece, até a última linha do livro.

Entre as homenagens e prêmios recebidos, destaca-se o Prêmio Moliére que lhe foi concedido por duas vezes.

Publicação: Romance – **Luísa, quase uma história de amor**, 1986.

821 MARIA ALDALÉIA DE AQUINO LEITÃO

Poeta, graduada em Letras, Maria Aldaléia de Aquino Leitão nasceu em Araçoiaba (CE), em 20.09.1940. Formou-se na Faculdade de Letras de Fortaleza, mas não seguiu a carreira docente. É bancária. Estréia em livro com a poesia de **Retalhos**.

Publicação: **Retalhos**, 1982.

822 MARIA ALICE BARROSO

Romancista de grande força, intelectual atuante em áreas oficiais ligadas à educação e cultura, *expert* em editoração e marketing, jornalista, Maria Alice Barroso nasceu em Miracema (RJ), em 06.11.1926. Formou-se pela Faculdade de Biblioteconomia-FEFIEG/1955. Fez cursos de aperfeiçoamento nas áreas de biblioteca infantil, bibliografia brasileira e línguas. Durante um breve período (1947/1950) foi professora de francês e inglês. Em 1951, ingressa no serviço público, no Ministério do Trabalho (cargo de redatora). Segue carreira ascendente como bibliotecária (Biblioteca de Copacabana – 1956/1966); assume o cargo de diretora da Discoteca Pública do Estado da Guanabara (1968/1970) e, posteriormente, diretora do INL – Instituto Nacional do Livro/1970. Entre os inúmeros cargos exercidos, destacam-se: Conselheira do Conselho Federal de Cultura (1972/1974 e 1981/1987); Diretora da EXPED. Expansão Editorial Ltda./1974; assessora de relações comunitárias na AGGS – Indústrias Gráficas/1977/1978; Diretora geral da Biblioteca Nacional/1984; Membro da Comissão Especial da Sala de Leitura/FAE-Fundação de Assistência ao Estudante/1984; Membro do Editorial Board-Library Times International/1986; Vice-Presidente da FNLIJ – Fundação Nacional do Livro Infantil e Juvenil/1987... Em cargos oficiais, tem representado o Brasil em inúmeros eventos culturais no Brasil e no exterior (Estados Unidos, Alemanha, Peru, Colômbia, França, etc.). Entre os prêmios, títulos e distinções concedidas à sua atuação e obra literária, destacam-se: Prêmios Walmap/1967; Medalha Sílvio Romero/1970; Cavaleiro de Ordem do Mérito Educativo/1972; Oficial da Ordem do Rio Branco/1972...

Desde jovem, revelou-se uma leitora voraz e precocemente atraída pela literatura. Seus primeiros contos e poemas foram publicados na imprensa. Corriam os anos da Guerra Fria (1945/1956), confuso momento de confluência das águas, de um "ontem" deteriorado e de um "amanhã" apenas intuído. O momento literário era de imprecisas expectativas. O grande romance regionalista dos anos de 1930 e 1940 já se esgotara. Nos novos horizontes misturavam-se as propostas do existencialismo sartriano; as do Nouveau Roman francês e a do regionalismo telúrico-mágico latino-americano (Juan Rulfo, Alejo Carpentier, Vargas Llosa, Cortázar, García Marquez, Guimarães Rosa), que começava a sua ascensão no âmbito do romance ocidental.

Espírito criador, sensível e atento aos ventos de seu tempo, Maria Alice Barroso estréia em 1955 com **Os posseiros** (cujo título original era "Parada de Deus"). Célula inicial do universo romanesco que a autora criaria através dos anos, nele a ótica regionalista já se mostra alterada por um novo narrador, aquele que descobre que de sua visão e palavra surgirá a verdade dos fatos e dos seres. Repercutindo favoravelmente na crítica é, por mediação de Jorge Amado, traduzido para o russo e publicado na União Soviética, em tiragem de 600 mil exemplares.

Em **História de um casamento** (1960), a narrativa se desloca do enfoque regionalista para o urbano. No rastro do experimentalismo do "novo romance", este gira em torno de um fato banal na sociedade tradicional/patriarcal: um casamento imposto à filha submissa, por um pai despótico. O que o revela como "novo romance" é, por um lado, o olhar crítico que o alicerça e, por outro, a desconstrução narrativa através do foco-de-visão múltipla (cada personagem com uma "verdade" diferente do mesmo fato). A matéria romanesca estrutura-se em trinta breves capítulos, cujos títulos indicam quem é que narra: a Amiga, o Pai e o Noivo. Cada qual vê por um ângulo a figura da noiva, a M. A., única personagem que não se manifesta diretamente e que ficamos conhecendo apenas por intermédio das demais: jovem tímida, terna, bela, dócil, dotada de sensibilidade artística, mas totalmente dominada pela autoridade do pai e frustrada em sua verdade interior. Fundem-se, nesse romance, a denúncia da opressão social-familiar exercida sobre a mulher e a experimentação da forma que os novos tempos exigem. Experimentação que prossegue em **Um simples afeto recíproco** (1962), no qual a autora se manifesta na própria trama narrativa, questionando as personagens.

É em **Um nome para matar** (Prêmio Walmap/1967) que o seu universo romanesco se define totalmente: o espaço, onde se desenrolam os acontecimentos, oscila entre real e imaginário (tal como a Yoknapatawpha de Faulkner e a Macondo de García Marquez). Trata-se de Parada de Deus, cidade imaginária criada pela autora, mas que, como palimpsesto, guarda nas camadas mais profundas o real de onde surgiu; e que Antônio Olinto desvenda na apresentação do livro:

*Maria Alice Barroso reconstrói, com **Um nome para matar**, um pedaço do Brasil e contribui para o que costumo chamar de povoamento da geografia literária do país. O interior fluminense, na região que vai de Santo Antônio de Pádua a Miracema e se aproxima da fronteira com Minas Gerais, é região ficcional.*

É nesse espaço real/imaginário que arraigam as histórias, os casos de amor, desejos, tradições, violências e mortes que a crônica da região guarda. Romance descentrado, onde se desvenda um mundo elementar a braços com paixões açuladas por orgulhos, amores, ódios e tabus, **Um nome para matar** inicia a saga dos habitantes da Parada de Deus, reduto onde se fincara há mais de um século o despotismo dos Moura Alves. Universo violento, cujo lastro histórico a ficção transpõe para o nível do mito.

A seriedade e dramaticidade das relações humanas nas regiões de Parada de Deus vão ceder ao quase picaresco em **Quem matou Pacífico?** (1969), trama policialesca, narrada em primeira pessoa por um piloto meio aloprado que havia sido contratado pelo Aeroclube de Parada de Deus e se vê envolvido em um misterioso assassinato. Obedecendo a todas as regras do gênero policial, a narrativa mantém o leitor em suspenso do segredo do crime e, pelos interstícios da trama, com muito bom humor, vai mostrando o fundo ridículo da comédia humana. Essa comédia volta a ser reinventada pela romancista em **Um dia vamos rir disso tudo** (1976), onde se faz ouvir a voz da mulher liberada dos anos de 1960, quando a juventude se julgava capaz de mudar os rumos do mundo, mas com a idade vai descobrir que nada afinal mudara. Ficção na linha pós-moderna, a que se alimenta da verdade ou da memória, mas se apresenta ao leitor como invenção ou mentira.

O globo da morte (1981) também se desenrola por meio de uma trama policialesca: um misterioso assassinato é cometido em um circo mambembe no vilarejo Divino das Flores, próximo a Parada de Deus. O fio novelesco é conduzido pelas memórias do velho Zepino que, involuntariamente, acaba descobrindo o segredo do crime. Há toda uma labiríntica trama de paixões, manipulada por um atilado experimentalismo lingüístico e estrutural. O ciclo de Parada de Deus prossegue em **A saga do cavalo indomado** (1988), no qual a romancista resgata as origens do lugarejo, tendo como eixo da efabulação a figura impressionante de seu fundador, o despótico patriarca Chico das Lavras. Ponto alto da arte romanesca de Maria Alice Barroso, esse romance foi finalista do Prêmio Jabuti – Romance/1989 e do Prêmio Pedro Nava – Museu de Literatura Mário de Andrade/1989.

Publicações: **Os posseiros**, 1955; **Estamos sós**, 1957; **História de um casamento**, 1960; **Um simples afeto recíproco**, 1962; **Um nome para matar**, 1967; **Quem matou Pacífico?**, 1969; **Um dia vamos rir disso tudo**, 1976; **O globo da morte**, 1981; e **A saga do cavalo indomado**, 1988.

823 MARIA ALICE ESTRELLA

Poeta, declamadora, advogada, atriz, Maria Alice de Carvalho Estrella nasceu em Porto Alegre (RS), em 1950. Reside em São Lourenço do Sul (RS). Formou-se em Direito e estudou dança clássica e língua inglesa. Apreciadora de artes e literatura, participou sempre de iniciativas culturais. Profissionalizou-se como advogada; lecionou balé e Língua Portuguesa. Foi sócia-fundadora da Associação dos Amigos da Casa de Cultura de São Lourenço; sócia do Centro Literário de Pelotas; da Academia Sul Brasileira de Letras e da Academia Literária Feminina do Rio Grande do Sul. Foi Patrona da Feira do Livro de São Lourenço do Sul/1992. É funcionária da Prefeitura Municipal/Secretaria de Cultura, Desporto e Turismo.

Iniciou-se como escritora, participando de antologias de contos e poesia e de concursos literários. Foi contemplada com dezenas de prêmios e distinções, no Brasil e EUA. Colaborou em jornais do Rio Grande do Sul (Correio da Lagoa, O Lourenciano; Tribuna Popular; RGS Letras; Tal & Qual e outros); e do Rio de Janeiro (**Letras fluminenses** e **Folha fluminense**). Participou de antologias como: **Poetas em alto mar**/POA, 1992; **Mulher poeta**/1993; **Mercopoema**/1993 (bilíngüe); **Presença literária**/1993-94; **Os mais belos escritos de amor**/POA, 1994, e outras.

Estréia em livro, em 1989, com a poesia de **Por entre as pedras**.

Publicação: **Por entre as pedras**, 1989.

824 MARIA ALICE N. S. LEUZINGER

Poeta, ficcionista e ensaísta, Maria Alice do Nascimento e Silva Leuzinger nasceu em Friburgo (RJ), em 23.11.1911. Formou-se em Letras pela Universidade de Nancy. Estréia, como poeta, com **Cidade sorriso**, em 1969; seguido por **Ronda alegre**. Na mesma época, estréia como escritora de livros infantis, que fizeram sucesso entre a criançada: **Diário de Marcos Vinicius** (1969); **História de bichos** (1977); **A cobra e o sapo** (1979); produção que nos anos de 1980 chega a uma dezena de títulos. Como ensaísta, publica **Conflito de gerações** (1970). É membro honorária da Academia Brasileira de Literatura Infantil.

Publicações: Poesia – **Cidade sorriso** e **Ronda alegre**, 1969. Conto – **O papagaio vermelho** e **O galo e o sol**, 1970. Ensaio – **Conflito de gerações**, 1970.

825 MARIA ALMEIDA DE CARVALHO

Poeta, biógrafa, professora, historiadora, a paulista Maria Almeida Procópio de Carvalho nasceu em Santos (SP), em 13.08.1885. Fez seus primeiros estudos em sua cidade natal, mudando-se em seguida para a capital paulista, onde se formou na Escola Caetano de Campos. Dedicou-se ao magistério e à pesquisa histórica, especializando-se em genealogia. Esporadicamente escreveu poemas, divulgando-os em jornais e revistas. Pertence ao Instituto Histórico e Geográfico de São Paulo, em cuja revista publicou um de seus estudos genealógicos: A Família Andrade. Seus inúmeros ensaios e estudos permanecem esparsos em revistas especializadas.

826 MARIA AMÁLIA PINHEIRO

Poeta maranhense.

Publicações: **Gotas de orvalho**, 1949, e **Canção para longe**, 1982.

827 MARIA AMÉLIA ARRUDA BOTELHO

Pintora, miniaturista de grande arte, escultora, memorialista, ficcionista, pesquisadora e descendente de uma das grandes famílias fundadoras do São Paulo antigo – os Arruda Botelho –, Maria Amélia Arruda Botelho de Souza

Aranha nasceu no Solar da Botelha (São Carlos do Pinhal-SP), em 01.07.1917. Desde criança demonstrando funda atração pelas artes – no sentido de descobrir e expressar a beleza ou força de vida existente nas realidades à sua volta –, dedicou-se com paixão aos estudos culturais e ao aprendizado artístico. Seus primeiros mestres de pintura foram os italianos Antônio Rocco e Gaetano de Gennaro. Seu mestre na arte das iluminuras foi o português Lucas Teixeira. Estudou a teoria das cores com Habuba Farah Ricetti, e Teoria da Comunicação, no Paço das Artes, com Maria Aparecida Corrêa.

Enraizada em profundo sentido de brasilidade, a vasta produção de pintura, miniatura e escultura de Maria Amélia se oferece hoje como um dos importantes documentos-arte da realidade brasileira, apreendida em seu período de formação. Retratos a pastel fixam presenças fidalgas, que fizeram parte do nosso processo de formação (D. Maria I, rainha de Portugal; D. Carlota Joaquina, D. Maria Leopoldina, D. Amélia, Princesa Isabel) e, em sua maioria, figuras de belas e sedutoras mulheres indígenas ou negras, que foram as grandes e anônimas amantes e geradoras de vida no Brasil Colônia. Telas que participaram de dezenas de exposições, foram em boa hora reproduzidas em dois livros de grande beleza gráfica: **Histórias de amor afro-brasileiras** (Ed. Fontana, 1980) e **Lendas de amor do folclore indígena** (ed. Martins, 1964). Ambos, fruto de acurada pesquisa de documentos e da tradição oral, reúnem lendas e histórias, fatos, figuras, grandezas e misérias que se amalgamam em nossa existência como povo.

E, se nessa memória folclórica, Maria Amélia dá prioridade às mulheres (a Grande Mãe), já em suas memórias de família, dá prioridade aos homens (o Pai), aos "fundadores" de linhagem, cuja importância e grandeza veio do papel que desempenharam na grande odisséia que foi (ou é?) a construção de São Paulo e seu turbulento progresso.

Fruto de árdua e incansável pesquisa (como a autora explica na introdução), **Sombras que renascem** (Memórias de família – Costumes de uma época – 1862/1883), preservam do esquecimento total a saga de uma família de pioneiros, que participaram da construção do Brasil, e cujas raízes se perdem no século XV, com Gonçalo Vaz Botelho que, a mando de D. Pedro, rei de Portugal, em 1444, desembarca no arquipélago dos Açores, para comandar o povoamento da Ilha de São Miguel. É no século XVII que alguns de seus descedentes se tornam os primeiros Arruda Botelho a chegarem ao Brasil: Diogo Botelho (1630. 8º Governador Geral, que submeteu os índios Aimorés e colonizou parte do Ceará e Maranhão); Sebastião de Arruda Botelho (1650. Vem da Ilha de São Miguel para São Paulo); e seu bisneto, Carlos Bartolomeu de Arruda Botelho (1786 – compra a sesmaria do Pinhal, nos sertões de Araraquara, – primeiro núcleo das terras da família e que, no século XIX, contríbuiram para a expansão das riquezas brasileiras).

Entrando pelo século XX, a escritora lembra rasgos da vida de seu bisavô: Antônio Carlos Botelho, Conde do Pinhal, "Grande do Império", chefe do Partido Liberal (respeitado pelo Imperador D. Pedro), e grande defensor de medidas indispensáveis ao progresso da Província de São Paulo – "aquela que se julga, e com razão, a primeira do Império, na senda do progresso material", como ele o afirma em 1875, ao apresentar à Assembléia "o projeto de levantamento de cartas geográficas, topográficas, itinerárias, geológicas e agrícolas da região, para o desenvolvimento da viação férrea e da navegação" (op. cit. 267).

Relembra, em seguida, a atuação de seu avô: Senador Dr. Carlos Botelho, formado em Medicina, em 1880, na França, e que se notabilizou entre nós como médico e grande cirurgião; fundador em São Paulo do primeiro hospital clínico e cirúrgico particular (Casa de Saúde Dr. Botelho, no Brás, R. do Gasômetro). Exerceu também vários cargos de importância para o progresso do estado paulista. Foi vereador, senador, co-fundador da policlínica de São Paulo e da Sociedade de Medicina e Cirurgia de São Paulo; sócio-fundador do Instituto Histórico e Geográfico de São Paulo; introdutor da cultura de arroz por irrigação; iniciador da seleção do gado de raça caracu e de dezenas de outras iniciativas, desenvolvidas depois que se aposentou como médico.

Na lembrança da dinâmica vida de seu pai, Antônio Carlos de Arruda Botelho, a autora enfatiza o idealismo com que ele se entregou ao fomento do progresso agrícola, seja como lavrador em Ribeirão Preto, Dourado, São Carlos e Catanduva, seja como defensor de leis que dessem apoio à lavoura. Como engenheiro agrônomo (com cursos de especialização na Inglaterra e Estados Unidos), introduziu novas técnicas de agricultura que tiveram grande alcance. Foi membro da Fraternidade Agrícola Americana Alpha-Zeta; sócio-fundador da American Agricultura Association; fundador do Jornal Voz da Lavoura, órgão de defesa dos lavradores excluídos da Lei de Recrutamento Econômico. Paralelamente a essas atividades de base, foi genealogista, cultor das artes e da história. Foi fundador e presidente perpétuo da Fundação Genealógica Brasileira.

Segundo a autora, ela deve a ele o amor às raízes, às linhagens de fundadores, amor que a levou à desafiante tarefa de pesquisar e ordenar os fragmentos de vida que constituem a matéria de **Sombras que renascem**. Em frase fluente, segura e expressiva, fundindo história e imaginação criadora (à parte de rigorosa documentação), esse livro não é apenas um simples memorial familiar, mas resulta em ser um testemunho histórico que as novas gerações (tão indiferentes ao sentimento de brasilidade!) muito teriam de aprender e também a se descobrirem como responsáveis pela construção de seu tempo...

De seu longo currículo de atividades, destacam-se: Sócia emérita do Instituto Histórico e Geográfico de São Paulo (de cuja Diretoria fez parte durante doze anos); Co-fundadora do Instituto Histórico e Geográfico da Bertioga – Santos; Fundadora da Pinacoteca de São Carlos; Sócia Benfeitora da Associação Paulista de Belas Artes, etc.

Entre as inúmeras honrarias recebidas, estão: Medalha Imperatriz Leopoldina (IHGSP); Medalha de Damião, o Apóstolo dos leprosos (ABAR); Dama da Graça Magistral da Soberana Ordem de Malta; Colar D.Pedro I (IHGSP – Em comemoração do translado dos restos mortais do Primeiro Imperador do Brasil, de Portugal para São Paulo) e outras.

Publicações: Folclore – **Lendas de amor do folclore indígena**, 1964, e **Histórias de amor afro-brasileiras**, 1980. Memórias – **Sombras que renascem**, 1980.

828 MARIA AMÉLIA DE MELLO

Poeta, contista, jornalista, *expert* em editoração, professora, incentivadora de projetos culturais, Maria Amélia de Mello nasceu no Rio de Janeiro (RJ), em 1952. Formou-se em Comunicação Social (PUC-RJ). Dedica-se em seguida ao ensino de Jornalismo, e passa a atuar na grande imprensa: jornais (Jornais do Brasil, O Globo, Tribuna da Imprensa, etc.) e revistas (Escrita, Ficção, Isto é, Vozes...). Durante sete anos editou o Suplemento da Tribuna da Imprensa. Em O Dia, editou o Caderno D sobre Literatura Brasileira. Como *expert* em editoração, trabalhou também em grandes editoras (José Olympio, Max Limonad, Record, etc.), desenvolvendo importantes projetos editorais.

Em 1969 e 1970, como bolsista do American Fields, morou na Califórnia, que era então a Meca da contracultura e da geração *flower power*. Adolescente que era, sentiu toda a vibração dos movimentos contestatórios, os quais a levaram a mergulhar nessa onda de desafios. Ao voltar ao Brasil, participou do movimento da contracultura, seja como poeta, seja como coordenadora de eventos. Fundou e dirigiu o Centro de Cultura Alternativa, destinado a preservar a memória e documentação da produção alternativa dos anos de 1970 e 1980. Organizou um arquivo contendo as principais publicações dessa fase *underground* brasileira – Pasquim, Em Tempo, Opinião, Bondinho, Versus e Vapor, entre outras – e montou um catálogo com um histórico de cada uma delas. "Trata-se de um precioso documento jornalístico, político e literário de toda uma época", define Leila Miccólis, escritora e novelista que trabalhou durante dois anos com Maria Amélia no Centro de Cultura. Ainda no CCA, produziu um belíssimo LP com as principais canções de Torquato Neto, hoje uma raridade disputada pelos admiradores do tropicalismo.

Em 1988, muda seus vínculos com a editora José Olympio, na qual trabalhava, e funda a microempresa Quatro Ventos Produções Artísticas, que passa a produzir projetos editoriais que envolvem diferentes matérias (traduções de Dylan Thomas e de Adolfo Bioy Casares; grande entrevista com Julio Cortazar; uma autobiografia da Primeira-ministra do Paquistão, Benazir Bhutto, entre outros).

Estreou como poeta com o livro **Compasso de espera** (1973), mimeografado e distribuído de mão em mão. Participou de antologias de Poesia alternativa; criou o poema-cartaz Manhã, etc. Em 1980, ganhou o Prêmio Jornalismo da APCA (Associação Paulista de Críticos de Arte). Em 1984, publica o livro de contos **Às oito em ponto** (Prêmio Afonso Arinos-ABL). Sua obra literária, jornalística ou cultural em geral está essencialmente ligada à sua postura política de atenta participação no processo social. A matéria-prima de sua poesia e ficção é sempre o ser humano comum, irrealizado, perdido no cotidiano corrosivo das megalópolis, prisioneiro da incomunicabilidade que fecha cada um em seu próprio e oculto drama.

Publicações: Poesia – **Compasso de espera**, 1973. Conto – **Às oito em ponto**, 1984.

MARIA AMÉLIA TRINDADE 829

Poeta e relações públicas, Maria Amélia Trindade nasceu no Rio de Janeiro (RJ), em 08.08.1953. Radicou-se em Goiânia (GO), onde se profissionalizou como secretária executiva e relações públicas. Dedica-se à poesia. Estreou em livro, em 1979, com **Minha hora, meu gemido**.

Publicações: **Minha hora, meu gemido**, 1979; **Cárceres das pedras**, 1983; e **Elegia à natureza** (Prêmio Secretaria de Cultura do Estado de Goiás/1985).

MARIA ANGÉLICA MENESES VALADÃO 830

Poeta, advogada, Maria Angélica Meneses Valadão nasceu em Aracaju (SE), em 13.12.1945. Formou-se advogada e se profissionalizou como Procuradora do Estado, por concurso público. Colaborou durante anos em jornais de Sergipe. Em 1987, é comissionada como Subprocuradora do Estado. Estréia como poeta com **Caminhos**.

Publicação: **Caminhos**, 1982.

MARIA ANTONIETA D'ALCKMIN 831

Teatróloga e contista, Maria Antonieta d'Alckmin de Andrade nasceu em Piracicaba (SP), em 01.06.1919. Fez seus primeiros estudos em sua cidade natal. Radicando-se em São Paulo, concluiu os estudos secundários em 1943. Estava cursando a Escola de Sociologia e Política, quando se apaixonou por Oswaldo de Andrade, um dos epígonos do Modernismo Paulista de 1922, e abandona os estudos, para casar-se. Escreveu várias peças de teatro, representadas por grupos amadores. Publicou contos em revistas literárias. Em 1963, já residindo na Guanabara (RJ), suicida-se.

(Fonte: Luís Correa de Melo. **Dicionário de autores paulistas**.)

Publicações: **Contos e peças para teatro**, s/d.

MARIA ANTONIETA DE CASTRO 832

Teatróloga, ficcionista, educadora sanitária, professora, Maria Antonieta de Castro nasceu em Itapetininga (SP), em 11.06.1892. Fez seus primeiros estudos na cidade natal, mudando-se depois para a capital paulista, onde se forma na Escola Caetano de Campos, em 1910. Posteriormente, forma-se pelo Instituto de Higiene, como educadora sanitária. Ingressou no magistério em 1911; ocupou diferentes cargos e comissões na carreira docente e na de higienista. Participou de vários congressos nacionais de Educação, realizados no Rio de Janeiro, São Paulo e Belo Horizonte. Tomou parte ativa em congressos de Psicologia, Neurologia, Psiquiatria, Endocrinologia e na cruzada Pró-Infância. Foi fundadora das Escolas das Mãezinhas, cujo programa básico era formar as jovens para serem mães conscientes de sua tarefa maternal. Aderindo às novas propostas da Escola Nova que, a partir dos anos de 1920, começava a descobrir a educação e o ensino como ponto de convergência de várias áreas do conhecimento, Maria Antonieta de Castro foi uma das pioneiras no estímulo à renovação do ensino no Brasil.

Como escritora, deixou uma abundante obra, onde se destacam livros infantis e educacionais, tais como: **Hábitos de higiene** (1926); **Em torno do ensino da puericultura** (1927); **Nutrição escolar, correção, educação, assistência** (1927); **Alcoolismo na infância** (1928); **O esporte e a mulher** (1928); **Antropologia pedagógica** (1931) e **Educação sanitarista escolar** (1942). Por essa obra, foi distinguida por muitas homenagens e prêmios. Deixou inúmeros inéditos em textos teatrais e contos. Faleceu em data ignorada.

Publicação: **O papagaio louro** (Prêmio A Tarde da Criança/1927).

833 MARIA ANTONIETA TATAGIBA

Poeta, professora e personalidade de destaque no meio sociocultural do Espírito Santo, no entresséculos, Maria Antonieta de Castro Siqueira Tatagiba nasceu em São Paulo de Itabapoama (hoje Mimosa do Sul-ES), em 17.09.1895, e faleceu em Campos (RJ), em 13.03.1928.

Foi a primeira mulher espírito-santense a publicar livro de poesia (**Frauta agreste**, 1927). Com grande pendor para as letras, estudou em Campos e posteriormente, já professora primária em sua terra natal, faz o curso de humanidades no Ginásio do Espírito Santo (hoje Colégio Estadual), terminando-o em 1916.

É patrona da Cadeira nº 32 da Academia Espírito-santense de Letras. Morreu prematuramente aos 33 anos, depois de prolongada moléstia.

Publicação: **Frauta agreste**, 1927.

834 MARIA APARECIDA POURCHAT

Poeta, biógrafa, ensaísta, conferencista, professora, Maria Aparecida Pourchat Campos nasceu em São Paulo (SP), em 08.09.1918. Formou-se na Faculdade de Farmácia e Odontologia da USP. Freqüentou também o Curso de Filosofia e Letras na Faculdade Sedes Sapientiae. Ingressa na carreira acadêmica e torna-se assistente da disciplina de química toxicológica e bromotológica na USP, cargo que exerce até 1947, quando conquista o título de Professora Catedrática. Escreveu poesia e ensaios, divulgando-os na imprensa. Faleceu em data ignorada.

Publicação: **Poesias completas** (publ. póst. 1946).

MARIA AUGUSTA BERALDO LEITE MOTA, v. Mariinha Mota (nº 997)

835 MARIA AUGUSTA LEONARDO

Poeta, musicista, compositora e jornalista, Maria Augusta Leonardo nasceu em Taubaté (SP), em 25.03.1890. Desde muito jovem demonstrou grande inclinação para as artes e poesia. Dedicou-se particularmente aos estudos de música, tornando-se pianista e compositora de hinos e cânticos sacros. Dirigiu, como organista, a Schola Cantorum da Congregação Mariana da Catedral de Taubaté. Muito jovem começa a colaborar na imprensa local e para outros jornais paulistas, colaborando também na revista O Malho (RJ). Participou de várias antologias poéticas (como **Poetas do norte de São Paulo**, org. Inocêncio Candelário). Falecida em data ignorada. Seus poemas foram reunidos em livro após sua morte.

Publicação: **Turíbulo** (publ. póst. 1962).

836 MARIA AUGUSTA DA SILVA GUIMARÃES

Poeta, pintora e musicista, Maria Augusta da Silva Guimarães nasceu em Nazaré (BA), em 1851. Morou em Salvador (BA), onde faleceu em 1873. Mulher de grande cultura, conhecia vários idiomas e deixou fama de ser grande pianista. Escreveu poesia, desde muito jovem, e deixou a coletânea de poemas inéditos que foram publicados posteriormente, acrescentados de uma biografia da autora, escrita por seu primo, Eduardo Carigé.

Publicação: **Lyra dos vinte anos**, 1986.

837 MARIA AUXILIADORA MOREIRA DUARTE

Contista, romancista, professora, *expert* em Administração e figura atuante em seu meio cultural, Maria Auxiliadora Moreira Duarte nasceu em Alvinópolis (MG), em 1932. É irmã do acadêmico José Afrânio Moreira Duarte. Fez os primeiros estudos em sua terra natal. Formou-se em Sociologia e Administração pela Faculdade de Ciências Econômicas-UFMG, onde posteriormente ingressa como docente da matéria Administração Pessoal. Residiu algum tempo no Rio de Janeiro, trabalhando como Técnica de Administração na CONCISA, época em que realizou o mestrado de Administração na Fundação Getúlio Vargas. Voltando a Belo Horizonte, profissionalizou-se como Técnica de Administração.

Desde a adolescência sentiu-se atraída pelas Letras e muito cedo começou a publicar contos e poemas na imprensa mineira (jornais: Minas Gerais, Destaque, Jornais de Minas; revista Mosaico...). Posteriormente, colaborou na imprensa de São Paulo (Destaque Artes e Revista do Clube do Livro); de Goiânia (O Popular); Juiz de Fora (Diário Mercantil); Blumenau (Jornal de Santa Catarina); João Pessoa (Correio das Artes) e outros. Tem obtido prêmios literários e participado de diversas antologias de contos (**Estudos 44**, 1975; **A presença do conto**/SP, 1979; **Flor de vidro**/Belo Horizonte, 1991; e outras). Vários contos foram traduzidos para o inglês, italiano e espanhol, publicados em revistas dos Estados Unidos, Itália e Uruguai. Tem escrito para crianças: **A bruxinha colorida** (1986); **A floresta poluída** (1986) e **O elefante fofoqueiro** (1986), sendo alguns deles adaptados para teatro.

Estréia em livro individual com os contos de **O mar e o vento** (1980). Em sua apresentação, Elias José enfatiza a força verbal com que a escritora cria a atmosfera em que se desenvolvem suas tramas; e a sensibilidade com que capta as ocultas paixões de suas personagens. E principalmente a fusão da realidade comum com o fantástico, que dela pode emergir de repente. Em 1993, publica o romance **Uma voz que se cala**, que recebeu menção honrosa do prêmio Alejandro José Cabassa/UBE-RJ. Em sua apresentação, Benedito Luz e Silva ressalta o domínio técnico com que a autora estrutura sua trama romanesca, a partir da morte de uma cantora de fama que, em vida, fora apenas "uma peça da engrenagem em que se chocam as grandezas e as fraquezas humanas"; e, acima de tudo, o irredutível mecanismo social que liga o individual ao coletivo.

A autora é membro de várias entidades culturais: AFEMIL – Academia Feminina Mineira de Letras; Academia Municipalista de Letras de Minas Gerais; Casa do Escritor-SP; UBE-MG; Associação Profissional dos Escritores – Minas Gerais e outras.

Publicações: Conto – **O mar e o vento**, 1980. Romance – **Uma voz que se cala**, 1993.

MARIA BAPTISTA 838

Novelista, dramaturga, bailarina, atriz de teatro e cinema, a mato-grossense Maria Baptista (nome literário de Izabel – Bel Baptista) nasceu em Corumbá (MS), em 05.11.1963. Ainda adolescente, muda-se com a família para o Rio de Janeiro, onde inicia uma fecunda e multiforme carreira de artista. Revela-se atriz de teatro, com a peça O despertar da primavera (dirigida por Paulo Reis e encenada por Maria Padilha, Zezé Polessa e Miguel Falabela). Já trabalhou com importantes diretores teatrais (Hamilton Vaz Pereira, Amir Haddad, Aderbal Freire Filho, Louise Cardoso, Ronald German, Carlos Wilson e outros). No cinema, participou de várias curtas-metragens (Histórias de borboletas/direção de Flávio Cukner; As belas de Biling/direção de Osvaldo Candeias e outras.) Como bailarina de Flamenco, fez parte do Balet La Cumbre (Espanha), convidada pelo diretor Cristóban Reyes. Como autora de teatro escreve, em co-autoria com Bia Nunes e Fernando Bertichevsky, a peça Um dia no Rancho Alegre, representada pelo Grupo Alô Pantanal, indicada para o Mambembão.

Nos anos de 1990, da polifacetada artista Bel Baptista, emerge a novelista Maria Baptista, trazendo à superfície das palavras o húmus das raízes imemoriais, mesclado às vivências urbanas. Com a força da natureza, que fermenta ou explode na região amazônica do Pantanal, a escritura novelesca de Maria Baptista se enovela labirinticamente, em infindáveis aconteceres que compõem a aventura humana, seja no espaço primitivo da natureza livre, seja no espaço urbano, disciplinado por normas e convenções. Dessa escrita multiforme e fragmentada, resultou a trilogia" Marias do pantanal": *As estrelas não dormem*, Santa Blanca: uma casa no fundo do rio e Em nome do amor. Até o momento (2001) apenas o primeiro título foi publicado: **As estrelas não dormem** ou Histórias para Maria dormir. Comentando-o, Tereza Salgado o define como "antes de tudo, uma viagem inusitada pelo universo feminino". Sem dúvida, a mulher é o nervo vital da narrativa. É dentro de um "universo feminino", entre mítico e histórico, que a escritura novelesca vai desvendando a aventura humana, centrada em uma figura de mulher – Maria. Presença que, em essência, é uma espécie de alegoria da Mulher – origem e continuidade da Humanidade – e cuja poderosa força erótica vem sendo, desde a origem dos tempos, tratada pelos homens de modo polar e contraditório: ora adorada como algo sublime, quase sagrado, ora aviltada como algo inferior ou desprezível. Com essa trilogia, a autora insere-se em uma das linhas mais significativas da literatura atual: a que funde realidade e imaginação, verdade e ficção, no sentido de reinventar o passado, que perdura no presente, a fim de que desse amálgama se engendre o amanhã longínquo, mas já pressentido...

Publicação: **As estrelas não dormem**, 1995.

839 MARIA BARTYRA S. SILVA

Poeta, contista e professora, Maria Bartyra Soares da Silva nasceu em Catende (PE). Iniciou-se publicando contos e poemas na imprensa e concorrendo em concursos literários, por meio dos quais obteve vários prêmios e menções honrosas. É membro da Academia de Letras e Artes do Nordeste Brasileiro. Publicou vários livros de poesia.

Publicações: **Enigma**, 1976; **Sombras consolidadas**, 1980; e **Rosto do tempo**, 1987.

MARIA BEATRIZ FARIAS DE SOUZA, v. Kuri (nº 665)

840 MARIA BELMONT REINDOLF

Poeta, Maria Belmont Reindolf nasceu em Porto Alegre (RS), em 18.10.1915. Usou o nome literário de Maria Soledade. Foi funcionária federal. É membro da Academia Literária Feminina do Rio Grande do Sul.

Publicação: **Do cardo à flor**, 1961.

841 MARIA BENEDITA DE BORMANN

Romancista, novelista, jornalista, pintora, pianista e cantora, Maria Benedita Câmara de Bormann (nome literário: Délia) nasceu em Porto Alegre (RS), em 25.11.1853, e viveu no Rio de Janeiro (RJ), onde faleceu em 23.07.1895.

Foi casada com o Marechal José Bernardino de Bormann. Segundo a crônica, era mulher culta e se iniciou como escritora aos quatorze anos, escrevendo crônicas para jornais cariocas (O Sorriso, O País, O Cruzeiro e Gazeta da Tarde). De cronista passou a romancista, escrevendo romances-folhetins ultra-românticos, segundo a moda literária da época. A partir de 1883, publica romances que fixam a vida social fluminense em aspectos e conflitos sempre em torno da figura feminina e dos preconceitos que tolhem sua liberdade.

Publicações: Folhetim - **Uma vítima**; **Madalena**; **Os beijos do frade**; **A espera**; **O sorriso**; **A estátua de neve**; **Duas irmãs** (todos de 1883 e 1884). Romance – **Aurélia**, 1883; **Lésbia**, 1890; **Angélica**, 1894; **My lady**, 1895; e **Celeste**, 1895.

842 MARIA BERNARDETE CAMPOS C. PINTO

Poeta, professora, Maria Bernardete Campos Coelho Pinto nasceu em Virginópolis (MG), em 11.11.1933. Desde muito jovem exerceu grande ação sobre a cultura e a política de seu meio. Foi fundadora do Centro Cultural D. Sophia Maria; militou na política local, sendo eleita vice-prefeita, depois de ter sido vereadora. Como poeta começou publicando em jornais e revistas. Participou de várias antologias poéticas. Estreou em livro, em 1981, com **Retalhos de vida**. Tem sido distinguida com prêmios e menções honrosas. É membro da Academia de Letras de Juiz de Fora.

Publicações: **Retalhos de vida**, 1981; **Sombras e fagulhas**, 1984; **Mundo Submerso**, 1988 e **Infância**, 1995.

843 MARIA BRAGA HORTA

Poeta, professora e espírito atento à cultura, Maria Braga Horta nasceu em Bom Jesus da Cachoeira Alegre (MG), na fazenda Boa Esperança, em 17.02.1913. Em 1924, a família se transfere para Manhumirim (MG), onde faz seus primeiros estudos e começa a escrever versos. Em 1929, matricula-se no Curso Normal em Manhumirim; passa a ser conhecida, entre as colegas, como a "poetisa". Por circunstâncias familiares, interrompe o curso. Suas primeiras composições são publicadas no jornal O Manhumirim e, posteriormente, em jornais e revistas do Espírito Santo, Minas Gerais, Rio de Janeiro e Paraíba.

Casa-se em 1934 com Anderson Braga Horta; nascem os filhos; volta a estudar e termina o Curso Normal, ingressando na carreira do magistério, juntamente com o marido. Devido à carreira de ambos, acompanhados dos filhos, encetam uma longa peregrinação por dezenas de cidades do interior de Minas Gerais, Goiás e Rio de Janeiro. Finalmente, em Brasília a família se radicou. As tarefas diárias de esposa, professora e mãe de cinco filhos impediram-na de dar mais espaço à poeta que, entretanto, não parou de escrever poesia e divulgá-la na imprensa ou participar de antologias, concursos literários, etc., até sua morte em 1980.

A necessária recolha de seus poemas, em livro, foi feita postumamente por seu filho poeta, Anderson Braga Horta Filho, em 1996, no volume **Caminhos de estrelas**. Começando a escrever nos anos de 1920 e 1930, sua poesia revela a influência da arte poética parnasiana (principalmente quanto à forma fixa do soneto) que predominou entre nós, bem além da fronteira historicamente estabelecida entre passado e presente pela Semana de Arte Moderna de 1922, em São Paulo. A matéria-prima de sua poesia é o espaço cotidiano, onde a vida se cumpre, entre grandezas e misérias. E, a par de sua comunhão com os clássicos da poesia, nela transparece a consciente valorização da palavra poética, como eternizadora do efêmero inerente aos humanos. Leia-se "Legado" (dedicado a Carlos Drummond, após a publicação de "No meio do caminho") e essa crença se revela claramente.

Que lembrança melhor deixar para os seus / o poeta, senão os seus versos, seu tudo? / pois que deixa uma herança inspirada por Deus / e que a todos pertence em total conteúdo.

Nem é dado ao poeta, em seu último adeus, / deixar mais que o seu verso imortal e desnudo... / que este mundo atual não premia os orfeus / com palácios, brasões, nem medalhas e escudo.

Mas do verso que vibra e que escorre da pena / na infinita expressão que somente um poeta / poderá traduzir em linguagem terrena / ficarão para sempre a lembrança e o carinho / de quem soube polir com primores de esteta, / uma pedra que havia em meio do caminho... (Lajinha, 18.04.1956)

Publicação: **Caminho de estrelas**, 1996 (publ. póst.).

MARIA BRONZEADO MACHADO 844

Poeta paraibana, Maria Bronzeado Machado nasceu em Remígio (PB), em 17.12.1916. Estreou em livro em 1980, com **Flores do caminho**.

Publicação: **Flores do caminho**, 1980.

MARIA CAMILA D. P. FERNANDES 845

Romancista, poeta, cronista e radialista, Maria Camila Dezanne Pacheco Fernandes nasceu em Jaú (SP), em 18.12.1910. Passou a infância no Rio de Janeiro (RJ), mudando-se para a capital paulista em 1925. Desenvolve intensa atividade cultural, atuando na rádio e fazendo conferências em prol de crianças abandonadas.

Fundou em Santos, em 1942, o Instituto Damas do Rotary, dedicado a ações filantrópicas. Pertence à Confraternité Balzacienne de Montevidéu e à Sociedade Paulista dos Escritores. Estreou em livro, em 1941, com a poesia de **Folhas do coração** (prefácio de Afonso Schimidt). Escreveu vários romances.

Publicações: Poesia – **Folhas do coração**, 1941. Romance – **Punhado de emoções**, 1945; **Sacrifício de mãe**, 1945, e **Sinhá moça**, 1950 (adaptada para novela da TV Globo; em 1986).

846 MARIA DE CAMPOS LOMBA BERTONI

Ficcionista, professora, Maria de Campos Lomba Bertoni nasceu no Rio de Janeiro (RJ). Formou-se em Geografia e em Educação Física. Especializou-se em cosmografia. Elemento atuante no cenário cultural, manteve programas nas rádios Educadora e Central. Colaborou regularmente na imprensa carioca e paulista, com artigos, crônicas e contos. É membro da Academia Campineira de Letras e Artes e de outras associações culturais. Estreou como escritora com o romance **Fogo de outono**, em 1961. Seguem-se outros, com boa recepção crítica.

Publicações: **Fogo de outono**, 1961; **Sangue ruim**, 1968; e **Sempre às terças**, s/d.

847 MARIA CÂNDIDA GOMES

Poeta, Maria Cândida Gomes (pseudônimo Flor-em-tina) nasceu em Alegrete (RS), em 06.04.1890.

Publicações: **Horto de mágoas**, 1930, e **Flores agrestes**, 1925.

848 MARIA DO CARMO B. CAMPELLO DE MELO

Poeta, ensaísta, jornalista e professora com intensa atividade docente, Maria do Carmo Barreto Campello de Melo nasceu no Recife, em 21.06.1924. Formou-se em Comunicação Social; é redatora do serviço público (SUDENE – Gabinete do Superintendente) e vem-se destacando como dinâmica figura da intelectualidade pernambucana.

Inicia-se como poeta, ainda na adolescência, mas estréia em livro em idade madura, com **Música do silêncio I** (1968). Nele estão os dois primeiros "momentos" ("Os símbolos" e "Os sobreviventes") de uma trilogia poética, que seria concluída em 1972, com **Música da solidão III** ("Tempo reinventado"). Seguem-se: **Verdevida** (reunião de toda a obra publicada); **Ser em trânsito**, **Miradouro** e outros.

Persona poética dividida pela dramática consciência da duplicidade inerente ao homem cristão, Maria do Carmo é das vozes que vêm testemunhando em poesia a tragicidade cristã: a da condição humana, cuja verdadeira realização de vida se baseia numa promessa de ressureição. A que (com o supremo exemplo de Cristo) exige a crucificação da carne ou a morte, depois de a vida ser imolada neste "vale de lágrimas", que a oração Salve-Rainha afirma ser o destino dos homens. Embora empapada dessa trágica dualidade do ser humano, a sua poesia é impulsionada pela esperança, pela obstinada resistência de um Eu que se constrói como um muro, tentando preservar a sua unidade por meio da síntese poético-existencial (vida+poesia=vivência plena).

Todos os dias me construo / como um muro / a cada novo instante me edifico [...] Todos os dias me construo / como um muro / me incorporo e me acrescento / penosamente me completo / e Sou.

Para além da diversidade aparente dos vários momentos de seu livro **Verdevida – tempo simultâneo**, transparece a unidade fundamental de sua matéria poética. Unidade que arraiga em dupla conjunção de forças: a da existência e a da palavra nomeadora. Como a definiu o poeta Ângelo Monteiro, *em Maria do Carmo, a preocupação pela poética vem aliada à procupação pelo fundamento de toda a poética: a própria existencialidade, que a anima e a justifica, da qual se nutre e vive a palavra.*

Entre as distinções e prêmios ganhos por sua poesia, destaca-se a Medalha de Mérito/Academia de Letras e Artes de Pernambuco.

Publicações: **Música de silêncio I**, 1968; **Música de silêncio II**, 1971; **Música de silêncio III**, 1972; **Verdevida**, 1976; **Ser em trânsito**, 1979; **Miradouro**, 1982; **Partitura sem som**, 1985; e **Adeus e borboletas**, 1985.

MARIA DO CARMO D'ANDRADE 849

Poeta e professora, Maria do Carmo Sena d'Andrade nasceu na vila de Silveiras, interior de São Paulo (SP), em 12.09.1859. Faleceu no Espírito Santo (ES), em 1915. Era irmã da poeta Emiliana Delminda Amaral* e casada com o musicista Manoel Martins Ferreira d'Andrade. Deixou memória de fina vocação de poeta, que era reprovada pelo marido, como "veleidade". Publicou em 1880 a coletânea **O canto do cisne**.

Publicação: **O canto do cisne**, 1880.

MARIA DO CARMO GASPAR DE OLIVEIRA 850

Poeta, contista, jornalista, relações públicas, Maria do Carmo Gaspar de Oliveira Scarton nasceu em São Matheus (ES), em 1930. Está radicada no Rio de Janeiro, desde a década de 1960. Formou-se em Comunicação Social na UFF/1976 e em Relações Públicas/Faculdade de Comunicação e Turismo Hélio Alonso-RJ, 1980. Figura dinâmica, colabora na imprensa e participa de eventos culturais no Brasil e no exterior.

Como poeta, inicia-se publicando em antologias (**Anuário de poetas brasileiros**/1980; **Concerto a 4 mãos**/1981; **Mutirão de poesias**/1983; **Poetas brasileiros hoje**/1984; **Ensaios e contos**/1984; **International poetry**/Colorado, EUA, 1987/1992; **V** e **VI Antologia de poesia contemporânea**/Lisboa, 1989/1990; **World poetry**/Coréia, 1989/1991, 1993/1994; **International poets**/Madras, 1991, e dezenas de outras). Estréia em livro em 1979, com os poemas de **Catarses** (reed. 1983). Seguem-se outros: **Caleidoscópio**, **Anacronicamente**... Poesia de linhagem lírica e solidária com as dores do mundo e, ao mesmo tempo, fruidora da alegria de viver, atenta às pequenas coisas do cotidiano, que dão felicidade.

Em 1987, sob o pseudônimo de Airam Omar, publica **O fim do mundo ou fim do século**, livro-repto contra as mazelas deste nosso mundo cão. Montagem de notícias e manchetes sensacionalistas de jornais, nele a autora denuncia os vícios, a violência e o comportamento corrupto das "elites" sociais e políticas. Feminista, mas defensora de uma ordem tradicional, reage contra o machismo patriarcalista e rejeita, com veemência, as liberalidades sexuais, como o homossexualismo e o lesbianismo.

Também em 1987, após a trágica morte de seu filho em um acidente de automóvel, publica o livro-memória **Bosco**, no qual registra a alegria da vida, desde o nascimento do filho, até a dor profunda de seu desaparecimento. Foi traduzido para o japonês pelo poeta Takashi Arima, professor da Universidade de Kioto, em 1995.

Sua obra tem sido agraciada com inúmeros prêmios e distinções (Prêmio Pedro Nava/UBE-RJ, 1992; Medalha 20 th Century Award for Achievement–International Biographical Centre – Cambridge, England; Diploma Poeta do Milênio 2000/Krinivas – Índia; e outros).

Publicações: Poesia – **Catarses**, 1979; **Caleidoscópio**, 1982; **Anacronicamente**, 1986. Ensaio – **Eclosões de comunicação: fim do mundo ou fim do século**, 1987. Memórias – **Bosco**, 1987.

MARIA DO CARMO VOLPI DE FREITAS 851

Poeta, contista, advogada, professora, Maria do Carmo Volpi de Freitas nasceu em São José Nepomuceno (MG), em 1915. Radicou-se em Juiz de Fora (MG). Formou-se em Direito, cursou Jornalismo Literário, Sociologia da Literatura e outras disciplinas humanísticas. Dotada de uma capacidade extraordinária de ação e movida por um grande idealismo, atuou quase simultaneamente em diferentes áreas de cultura. Foi membro-fundadora da Faculdade de Direito de Juiz de Fora, em sua segunda fase; fundou duas Orquestras na Sociedade Filarmônica de Juiz de Fora, da qual foi Secretária. Membro da Academia de Letras de Juiz de Fora; titulada Benfeitora da Faculdade de Direito da UNJF, em 1984; recebeu a Insignia da Inconfidência/1986 e a Comenda Henrique Guilherme Fernando Halfeld/1991.

Como escritora, publicou regularmente artigos, crônicas e poesia nos suplementos literários mineiros e antologias.

Publicações: Poesia – **No remanso das horas**, 1983. Conto – **Um advogado na berlinda**, 1983; **Um meritíssimo em apuros**, 1984; e **Um dr. promotor entra em ação**, 1986. Ensaio – **Quatro vidas I-II**, 1985/1986; **Três nomes ilustres**, 1991; e **História do bairro São Mateus**, 1998. Livro infantil – **Os animais, nossos amiguinhos**, 1987.

Poeta em tom maior, professora universitária, advogada, defensora pública, intelectual de linhagem humanista, Maria Elisa Carpi nasceu em Guaporé (RS), à beira do Rio Taquari, em 27.05.1939. Aí fez os primeiros estudos e viveu uma infância de fundo contato com a natureza e com o meio familiar e comunitário. Contato esse que ela aponta, hoje, como experiência marcante para a formação de sua visão de mundo. Adolescente, mudou-se para Porto Alegre, onde estudou como interna no Colégio Bom Conselho. Em 1962, formou-se em Direito pela UFRS. Logo depois de formada, casa-se com Carlos Nejar (colega de curso, que uniu a carreira jurídica com a de poeta, hoje Membro da Academia Brasileira de Letras). Tiveram quatro filhos (Carla, Rodrigo, Fabrício e Miguel, todos hoje com carreiras ligadas ao direito ou à poesia). O casamento foi desfeito nos anos de 1980.

Vocação precoce para a poesia, Maria Carpi começou a escrever muito cedo, mas relutava em divulgar seus poemas. Em primeiro plano, estava a tarefa de mãe e de profissional atenta às exigências e deveres de seu trabalho. Durante cerca de quinze anos, acumulou os cargos de professora e de advogada. Entre outras disciplinas, lecionou Linguagem Jurídica na PUC-RS. Fez vários cursos de especialização e por duas vezes iniciou e interrompeu estudos de Filosofia. Em 1978, assumiu o cargo de Assistente judiciário da Procuradoria Geral do Estado-RS, passando mais tarde a integrar a Comissão Permanente de Estudos de Prevenção e Redução da Violência contra menores (FUNABEM-RS, atual FCBIA), área em que vinha atuando, desde 1983, por meio de estudos e debates em congressos, seminários grupos de estudos, etc. Por concurso público, em 1991, foi nomeada Coordenadora da Defensoria Pública para a infância e juventude, em nível estadual, para desenvolver projeto integrado no plano do governo estadual (1991/1995). No campo jurídico, tem batalhado pela implantação do Estatuto da Criança e do Adolescente e pelo acesso dos pobres à Justiça, mediante a Defensoria Pública.

Em 1990 nasce a poeta. Depois de destruir sua poesia de juventude e com mais de uma dezena de livros de poemas inéditos, Maria Carpi escolhe um deles para publicar: **Nos gerais da dor**. Teve repercussão crítica imediata: conquistou o Prêmio Revelação – Poesia/1990 da APCA – Associação Paulista de Críticos de Arte. Poesia que surge madura, límpida e segura na construção da palavra, seus ritmos, nuances e sonoridades. De linhagem rosiana (como o título já o indica), esta poesia se oferece como uma verdadeira metafísica da dor.

A Alegria não desce / nem antes nem depois / da Dor, como as calmarias / que antecedem e sucedem / as tempestades. A Alegria / é da Dor, o centro. (Poema 47)

Tal como Guimarães Rosa, a poeta gaúcha pressente no oculto da dor ou dos "desconformes" da vida, vibrar a força da verdadeira alegria a ser descoberta pelos homens.

Saberá a Tristeza carregar / A alegria e servi-la e / retribuir-lhe a seiva que / a prestimosa apura, dia a / dia, daquela outra, ferida? (Poema 6)

Interrogação, em que sentimos vibrar a voz rosiana que em **Sagarana** diz:

O correr da vida embrulha tudo [...] O que Deus quer é ver a gente aprendendo a ser capaz de ficar alegre a mais no meio da alegria e mais alegre ainda no meio da tristeza.

A intuição dessa alegria a ser descoberta "nas profundas" do ser e mesmo no cerne da dor, é uma das forças motrizes da ficção rosiana e, sem dúvida, uma das intuições mais importantes do pensamento contemporâneo, empenhado em redescobrir a condição humana ou as relações homem-Deus. Obscuramente o avesso das coisas começa a ser intuído ou perscrutado... Nessa direção Guimarães Rosa abre veredas no mundo primitivo do Sertão e nele vai aprofundando as mais altas indagações existenciais ou metafísicas... No avesso do homem se intui Deus. No âmago da dor, se intui a alegria. É esse o húmus que fecunda a poesia de Maria Carpi e a revela como expressão do espírito contemporâneo, em certa linha que tenta redescobrir o corpóreo ou a materialidade, como caminho para a descoberta da essência ou do princípio misterioso da vida. Não é outra coisa que nos diz o Poema 7:

O corpo padece-nos / na cápsula da Dor, / quanto mais Corpo. / *Que eu não abra um / marisco,* sem abrir / o mar. *Que eu não / capte um inseto,* sem / captar o vento. *Que / não alcance tua / boca, tangível, sem / arrojar-me contigo / dorido,* ao inacessível.

É esse "inacessível" (corpo oculto no corpo) o grande alvo perseguido pela poesia de Maria Carpi, tal como a filosofia existencialista o propôs, no início do século XX, e que, entre nós, nos idos de 1940, se manifestou na voz pioneira de Clarice Lispector.

Analisar instante por instante, perceber o núcleo de cada coisa *feita de tempo e de espaço. Possuir cada momento, ligar a consciência a eles, como pequenos filamentos quase imperceptíveis mas fortes. É a vida? Mesmo assim ela me escaparia. (Perto do coração selvagem. 1944)*

Nestes nossos tempos de apocalípses e gêneses, esse é o grande desafio lançado aos poetas, ficcionistas e espíritos criadores em geral: redescobrir a essencialidade, o sentido último da vida ou da condição humana. Como muito antes, no limiar do Renascimento (que no século XVI dá início a uma Nova Ordem no mundo), Dante também asssumiu e deixou para a humanidade a grande herança de **A divina comédia**, expressão luminosa do que foi para uma alma de crente e de poeta, o humanismo cristão do século XIII, alicerce de nossa civilização, agora em metamorfose. Esse humanismo basilar (agora sintonizado com as forças-diretrizes deste limiar de milênio) transparece na poesia de Maria Carpi, por meio de índices que sua poesia oferece, como, por exemplo, o uso formal da "terza rima", consagrada por Dante.

Da nossa vida, em meio da jornada,
Achei-me numa selva tenebrosa,
Tendo perdido a verdadeira estrada.

É esse o momento que o mundo atravessa: "nel mezzo del camin", tentando redescobrir o humanismo e os caminhos que reatem a comunhão do humano com o sagrado. A poeta gaúcha está entre as grandes vozes que vêm assumindo essa alta tarefa. É o que nos diz, metaforicamente, já em seu livro primeiro:

Eu acolho o vazio / como um vagido. / Eu acolho o silêncio. Como um gemido. / Eu acolho a luz / como um cego de nascença.

Decodificando: o "vazio" é sentido, não como fim, mas como um limiar de nascimento ("vagido" de criança que nasce); o "silêncio" não como ausência, mas como o momento do nascer (o "gemido" do parto) e a "luz", não como iluminação, mas como algo ainda invisível (vista por "um cego de nascença").

É em busca dessa "luz" pressentida, que se desenovela sua poesia. "Luz" que só o Conhecimento acende, como a persona poética nos diz reiteradamente em seu segundo livro, **Desiderium desideravi** (O Desejo de Desejar-te):

Voei sem saber se eram reais / as asas que me levavam. Mas // em verdade, fui carregada / para além de meu nascimento / à desconhecida Árvore [...] Minha Árvore eu a vi passar. [...] A Árvore me provou e disse: / ainda não estás madura. / Ainda não te nasceram os olhos.

Nesses versos sibilinos, inscritos na abertura do livro, manifesta-se metaforicamente a problemática maior que energiza o universo poético que Maria Carpi vem construindo, em beleza e força. Problemática que se desdobra em múltiplas faces, no rastro das grandes interrogações que, em todos os momentos de crise civilizacional, voltam a assaltar os homens: Quem sou eu? Qual o meu lugar no mundo? Qual a tarefa que me cumpre realizar? Para onde vou depois da morte? Interrogações-limite que convergem para o grande problema de nosso tempo-em-mutação: o da busca de um novo conhecimento do ser-em-si e de seu estar-no-mundo, que nos cabe conquistar e que, um dia (ainda longínquo!) preencherá os vazios deixados pelo antigo conhecimento, já esgotado em sua seiva primeira... mas ainda vigente entre nós.

No universo de Maria Carpi, o desejo de tocar esse novo conhecimento se manifesta por meio de uma das mais altas metáforas do Conhecimento, da Sabedoria: a árvore, símbolo-mito que vem das origens do tempo, ora representando a vida cósmica (em suas mil formas de geração e regeneração), ora a Sabedoria, que desde os tempos bíblicos foi negada aos homens, punidos com a "queda", por tentarem alcançá-la. É no encalço dessa Sabedoria (oculta num além da Razão ou dos limites humanos) que se desdobra a sua poesia, numa verdadeira viagem iniciática. Viagem que não visa chegar a um "porto" ou à "resposta final", mas que tem em si mesma o objetivo último – a vida engajada no exercício de viver em dinâmica relação eu-outro ou eu-mundo. Relação permeada de júbilo, paixão, sabedoria e fraternidade.

Mas à partida, a persona poética se sabe "imatura" e ainda não preparada para "ver" além do "olhar" ("ainda não te nasceram os olhos"). Consciente de sua "imaturidade", ela assume lucidamente sua tarefa de busca, com desassombro análogo ao do Sísifo de Camus, cuja profunda auto-realização foi descoberta na ação de levar a pedra ao cume da montanha (tarefa do homo viator), e não em conseguir mantê-la ali (tarefa do homo faber), conforme a condenação dos deuses. Daí a poeta dizer: *Mais visível do que a Árvore / é a sua anunciação. Tu ainda / não te revelas e eu tenho / de viver antes da presença, / a fruição de tua vinda.*

É essa "fruição" expectante da "vinda" (a única que nos cabe por enquanto), que energiza a sua busca ou "viagem iniciática", cujos caminhos inexistentes a persona poética vai criando; lembrando-nos a sabedoria do poeta Antônio Machado, ao dizer: *Caminhante / não há caminho. / Este se faz ao caminhar.* Esse "caminhar" multiforme vai-nos sendo revelado de livro para livro: **Vidência & acaso** (1992); **Os cantares da semente** (1996); **O caderno das águas** (1998); **A migalha e a fome** (2000)... e, sem dúvida, prossegue nos inéditos: Palavra tombada; O Desvario do pólen; As ervas e os sonhos; Da morte, amor valia; As sombras da vinha; O lugar do corpo e A força de não ter força... já anunciados.

Poeta de linhagem existencialista, Maria Carpi acolhe em seu universo o novo homem em gestação, o ser-em-devir, tal como o pensamento iluminador de Heidegger o definiu, em seu segundo momento de busca e reflexões: não mais o ser-para-a-morte do primeiro momento (o "ser absurdo" da angústia existencial, tal como Sartre o assumiu e o difundiu nos anos de 1940 e 1950, e que perpassa a obra inicial de Clarice), mas o ser-feito-de-tempo (que é assumido entre nós por Guimarães Rosa e pelas diferentes vozes a partir da "geração de 60", Carlos Nejar, Mário Chamie, Neide Archanjo, Yêda Schmaltz, Álvaro Alves de Faria, Lindolf Bell, Marcus Accioly, Hilda Hilst da última fase e outros...).

Há, pois, uma nova consciência do humano a ser conquistada nestes nossos tumultuados tempos de desnorteamentos, perdas e violências: a do Eu, como pertença essencial do Todo que, por sua vez, depende dele para perdurar e transformar-se continuamente; e do qual, ao mesmo tempo, o Eu depende para sua evolução contínua em novas dimensões de consciência e de vida. A grosso modo, é esse núcleo temático de **Vidência & acaso**: o contínuo embate entre o visível (o "acaso" que aparentemente dirige a vida humana) e o invisível (a "vidência", o olhar interrogante que, em momentos de iluminação, vê a verdade oculta pelas aparências).

Da vulnerabilidade do Criador, / nasce a criatura. Do sangramento. // Com a criação, O Criador desce, / mortal, aos ínferos da Vidência. // O criador desfalece na criatura. / Essa, no entanto, é sua testemunha // e contra todos os acasos, anuncia: / Os olhos levantam das cinzas.

Criador e criatura, partícipes de um mesmo fenômeno: a vida. Não mais transcendência, mas imanência, será talvez uma das respostas ao Quem sou eu?. É essa visceral interação Eu-Todo que sentimos dinamizando o universo poético de Maria Carpi, e que nele se manifesta também no Júbilo e Paixão com que a persona poética comunga com a terra-mãe e com os "acasos" de que a vida é feita – os "acasos" das sementes, das mortes que engendram vidas, dos desejos, dos nascimentos, da dores que engendram a Alegria, das fomes do corpo e da alma, das abundâncias, dos trabalhos e dos dias... tudo obscuramente atravessado pelo Desejo de Saber/Ser e pelo Amor – fiéis companheiros, onipresentes na incansável "viagem iniciática" à qual a persona poética se entregou, desde os idos de 1990, quando dá à luz sua poesia prenhe de vida e de humanidade.

Publicações: **Nos gerais da dor**, 1990; **Desiderium desideravi**, 1991; **Vidência & acaso**, 1992; **Os cantares da semente**, 1996; **O caderno das águas**, 1998; e **A migalha e a fome**, 2000.

853 MARIA DE CARVALHO

Poeta, Maria de Carvalho nasceu em São Paulo (SP). Pertence à Sociedade Paulista de Escritores. Estreou em livro, em 1950, com **Poemas da noite amarga**, recebendo o 3º lugar no Concurso de Poesia-Prêmio Ademar de Barros.

Publicação: **Poemas da noite amarga**, 1950.

854 MARIA CARVALHO DE CAMPOS

Poeta e cronista, Maria Carvalho de Campos nasceu em Ubatuba (SP), em 20.02.1880; residiu parte de sua vida na capital paulista, onde faleceu em 02.02.1927. Formou-se professora em sua cidade natal. Ao mudar-se para São Paulo (já casada e com três filhos) matricula-se no Conservatório Dramático e Musical, formando-se pianista. Nessa época, por volta de 1910, inicia colaboração regular de poesia e crônicas na revista carioca O Malho e no jornal Correio da Semana. Usou os pseudônimos de Bartira Tibiriçá, Dolores Só e Clara Santos. Estréia em livro, com o opúsculo poético **Gisela e o mouro**.

Publicação: **Gisela e o mouro**, 1915.

MARIA CATHARINA COELHO DA SILVEIRA 855

Poeta, romancista, contista (ainda praticamente inédita), Maria Catharina Coelho da Silveira nasceu em Vila Velha (ES), em 1926. Radicou-se em Porto Alegre (RS). Escreve desde muito jovem, mas sem oportunidade de publicar seus textos: romances, contos, poesias, novelas e histórias infantis. Autodidata, pinta telas a óleo e é exímia bordadeira. Participou da antologia poética **Mulher poeta**, na qual, falando de si, diz: *Sou autodidata em tudo que faço. Gosto de mim.* Como se vê, Maria Catharina é alguém que "está de bem com a a vida"... o que não é pouco.

Estréia em livro (por iniciativa de seus filhos), com a poesia de **Caminhando**.

Publicação: **Caminhando**, s/d.

MARIA CECÍLIA CALDEIRA 856

Romancista e professora universitária, Maria Cecília Caldeira nasceu na capital paulista, em 24.06.1939. Formou-se em Pedagogia e ingressou no magistério. Fez pós-graduação em Madri (Espanha); cursou Psicopedagogia em Salamanca e Língua e Literatura em Lisboa. Como escritora, iniciou-se colaborando na imprensa (Suplemento Literário OESP e em O Século de Lisboa). Estréia em livro em 1964, com o romance **Sem tempo no espaço**, que teve boa repercussão crítica, valendo-lhe o Prêmio Júlia Lopes de Almeida-ABL. Tem participado de antologias nacionais e do exterior (Alemanha, **Antologia de cientistas brasileiros**/1968).

Publicações: **Sem tempo no espaço**, 1964, e **Corrente de um elo só**, 1968.

MARIA CECÍLIA SOARES GOUVÊA 857

Poeta, Maria Cecília Soares Gouvêa nasceu no Rio de Janeiro (RJ), em 10.10.1942. Estreou em livro, em 1985, com **Carrego a vida sozinha**, que teve boa repercussão crítica. O crítico José Paulo Moreira da Fonseca ressalta a maturidade com que a autora tratou o "espanto diante da vida", a despeito de sua juventude. Poesia que *está na linha da elegia, que conta com nomes de um Catulo, um Racine, um Vinicius entre nós. Poesia que requer uma temperatura altamente lírica a fim de ingressar na órbita do universal.*

Publicação: **Carrego a vida sozinha**, 1985.

MARIA CÉLIA BOURROUL 858

Poeta paulista, Maria Célia Bourroul estreou nos anos de 1990 com a poesia de **Cais do oposto**, poemas que dão voz a uma mulher que se sente plena, mas ainda não se conhece: a mulher "pós-anos dourados", liberta das peias de outrora, mas sem encontrar caminhos de realização profunda.

Sou um símbolo estrábico / Inconseqüente, poeta andaluz / Louca e intempestiva, / a consumir frágeis memórias / nos verbos, / pronomes, substantivos... // Deixe-me conduzi-lo / na garupa de minha bicicleta / para um recanto mágico / onde possamos tomar sorvete / de chocolate / segredando obscenidades permissíveis (Fragmentos)

Publicação: **Cais do oposto**, 1998.

859 MARIA CIBEIRA PERPÉTUO

Romancista e professora, Maria Cibeira Perpétuo nasceu em Porto Alegre (RS), em 31.05.1910. Inicia-se como escritora, publicando crônicas e artigos na imprensa gaúcha. Estréia em livro com o romance **E... continuamos a viver**, 1960.

Publicações: **E... continuamos a viver**, 1960; **Vento norte**, 1961; e **Entre o 1° e o 10°**, 1963.

860 MARIA CLARA DA CUNHA

Poeta, contista, jornalista, artista plástica e conferencista, Maria Clara Vilhena da Cunha nasceu em Pelotas (RS), em 1866. Radicou-se em Minas Gerais (MG), onde faleceu em 1911. Mulher culta, dedicou-se a atividades literárias e culturais. Fundou e dirigiu a revista Colibri-MG. Colaborou na imprensa de São Paulo e Rio de Janeiro, mantendo a coluna Cartas do Rio, e escrevendo também para o jornal Corimbo-RS.

Em 1890, publica o livro de poesias **Pirilampos** (no qual inclui poemas de Presciliana Duarte de Almeida*, **Rumorejos**). Seguem-se: **Painéis** (contos), crônicas de viagem e conferências.

Publicações: Poesia – **Pirilampos**, 1890. Contos – **Painéis**, 1902. Crônicas de viagem – **América e Europa**, s/d. Conferência – **A alegria e o bom humor**, s/d.

861 MARIA CLARA MACHADO

Teatróloga, atriz e diretora, professora e figura atuante na área do teatro popular e para crianças, Maria Clara Machado nasceu em Belo Horizonte (MG), em 1921. Era filha do escritor Anibal Machado. Ainda menina muda-se para o Rio de Janeiro (RJ), onde fez seus primeiros estudos, continuando-os em Paris e Estados Unidos. Desde cedo é atraída pelos espetáculos teatrais, principalmente os populares. Também muito cedo empenha-se em inventá-los e pô-los em prática, como brincadeira de que os familiares e amigos participavam. Nos anos de 1940, tenta as primeiras experiências com teatro para criança, recriando antigas formas de espetáculos populares, animadas por bonecos (os "mamulengos" do Nordeste). Dessa experiência surge o Teatro de Bonecos; em seguida, Farsantes (Rádio Bandeirantes) e depois os espetáculos no Tablado, teatro fundado por ela em 1953, juntamente com Martim Gonçalves. A época era de estagnação na área da criação artística ou literária. O novo teatro estava ainda em gestação. Entre 1950 e 1953, estudou em Paris e Londres, com bolsas do governo francês e da UNESCO. De volta ao Brasil, funda O Tablado, cujo sucesso foi imediato, pois se tratava de algo absolutamente original, numa verdadeira reinvenção da tradição teatral popular.

Entre 1953 e 1978, as peças de Maria Clara foram praticamente as dominantes no Teatro Infantil brasileiro: **Pluft, o fantasminha**, **A bruxinha que era boa**, **O rapto das cebolinhas** e dezenas de outras deram início a um novo teatro infantil. Baseado na longa tradição teatral da Comédia dell'Arte fundada em ação rápida, diálogos curtos, poucas personagens em cena, exploração dos quiprocós ou do absurdo, utilização do humor ou do escárnio e do grotesco (com utilização de máscaras e vestimentas excêntricas, grandes correrias, pancadarias, sustos, desmaios... recursos que prendem os espectadores, envolvendo-os na ação, por meio de uma inteligente e contagiante comicidade). Nos anos de 1960, começa a escrever literatura para as crianças: **O cavalinho azul**, as séries Clarinha, Lila e Sibila e outras. Maria Clara faleceu em 30 de abril de 2001.

Publicações/representações: **Pluft, o fantasminha**; **A volta do camaleão Alface**; **O rapto das cebolinhas**; **A bruxinha que era boa** e mais dezenas de peças ou livros, criados ao longo de anos (1950/1980) de labor contínuo.

862 MARIA CLEMÊNCIA DA SILVEIRA SAMPAIO

Poeta baiana, Maria Clemência da Silveira Sampaio é citada na crônica da poesia brasileira do passado, como tendo nascido em fins do século XVIII, e publicado um folheto de poesias de dezesseis páginas, em 1823.

Publicação essa que a coloca como primeira poeta baiana a publicar livro de poesia, lugar ocupado até há pouco por Delfina Benigna da Cunha*, cujo livro **Poesias oferecidas às senhoras brasileiras** foi publicado em 1838. Em **Vozes femininas**, Domingos Carvalho da Silva refuta a pretendida primazia de pioneira de Maria Clemência, por se tratar de um vago folheto, sem título.

MARIA DA CONCEIÇÃO ELÓI 863

Poeta, cronista, contista, professora e presença atuante em seu meio cultural, Maria da Conceição Elói nasceu em Divinópolis (MG), em 04.05.1924. Formou-se na Escola Normal Dr. Mário Casassanta e ingressou na carreira do magistério. Fez inúmeros cursos de atualização nas áreas de literaturas, língua francesa e cultura geral. Foi professora e diretora de vários estabelecimentos oficiais de ensino. Tem participado de comissões julgadoras de concursos literários. Foi co-fundadora do jornal Paróquia presente (Paróquia da Santíssima Trindade) e da revista da Casa da Amizade das Senhoras dos Rotarianos de Divinópolis.

Desde a adolescência, sentiu-se vocacionada para a escrita literária e se iniciou colaborando em jornais mineiros (A Semana, Diário do Oeste, Folha Acadêmica, Sesi-Notícias, etc.). Tem participado de antologias (Mar, todas as águas te procuram/1962; Anuário de Poetas do Brasil/1978; Coletânea Prosa e Verso/1985 e outras); e de concursos literários, nos quais conquistou prêmios e distinções (Menções Honrosas; V e VI Concurso de Contos/Academia Municipalista de Minas Gerais; VI e VII Concurso de Poesias/Cidade de Araguari; Medalha de Ouro/Conc. Literário – 21º aniversário da FFSA; Medalha de Prata/Concurso Nacional de Poesia/Revista Brasília. 1984; e outros).

Estréia em livro, em 1967, com **Luz ausente**, poesia afetiva, que se quer expressão da amizade e comunhão com seus semelhantes. Segue-se **Arcas, arcazes e baús**, poesia-testemunha afetuosa da terra mineira, suas casas, igrejas, personagens anônimas ou históricas de ontem e de hoje, rastros deixados pelo tempo. Em **Poemas da América**, registra lembranças de uma viagem por terras estrangeiras e momentos felizes da infância.

Pertence a inúmeras associações culturais: Academia Feminina Mineira de Letras; Academia Divinopolitana de Letras; Sociedade Amigas da Cultura; Academia Anapolina de Filosofia, Ciências e Letras; Instituto Histórico e Geográfico de Uruguaiana e outras.

Publicações: **Luz ausente**, 1967; **Arcas, arcazes e baús**, 1978; e **Poemas da América**, 1992.

MARIA DA CONCEIÇÃO NEVES ABOUD 864

Romancista, Maria da Conceição Neves Aboud nasceu em São Luís (MA), em 1925. Nos anos de 1950, publicou três romances. É membro da Academia Maranhense de Letras (cadeira nº 20).

Publicações: **A ciranda da vida**, 1951; **Grades e azulejos**, 1951, e **Rio vivo**, 1956.

MARIA DA CONCEIÇÃO PARANHOS 865

Poeta, teatróloga, contista, professora universitária, pesquisadora, ensaísta, Maria da Conceição Paranhos nasceu em Salvador (BA), em 08.06.1944. Formou-se em Letras Anglo-germânicas pela PUC-RJ e pela Faculdade de Filosofia e Letras-UFBA. Fez mestrado em Teoria da Literatura na UFBA (1979) e doutorado em Literatura Comparada na Universidade da Califórnia – Los Angeles (UCLA/1983). Ingressou no magistério superior, nível de graduação e de pós-graduação, no Instituto de Letras-UFBA, áreas de literatura brasileira e língua portuguesa.

Paralelamente, dedica-se à escrita literária, publicando poemas, contos e crônicas em jornais e revistas especializadas e participando de antologias coletivas (**Poemas em festa da Bahia**). Estreou em livro com a poesia de **Chão circular** (1970) que recebeu Prêmio Arthur Salles. Seguem-se novos títulos. Para o teatro, escreve: Qualquer um dos sete pecados da cidade e Colônia penal (Prêmio Martins Gonçalves). Traduziu a peça de Arthur Schnitzler, **Ciranda**. Como ensaísta, publicou **O Mundo ficcionalizado de Adonias Filho** (Prêmio Cidade de Belo Horizonte/1989): representação épica da forma dramática. Segundo o crítico Cyro de Mattos, ao comentar a sua arte do conto, é por meio de *uma linguagem aparentemente fácil que seus contos, relatos e sonhos descem fundo no difícil gesto do viver, revelando nas análises,* *auscultações e mergulhos agudos, momentos de um certo ser humano, com o seu respiradouro ilimitado que magoa, feito de contradições, desastres e abandonos. Complexidades de um fenômeno a que se chama vida, no exercício diário de sentimentos e paixões.* (in **O conto em vinte baianos**, 2000:193).

Publicações: Poesia – **Chão circular**, 1970; **ABC re-obtido**, 1974; **Os eternos tormentos**, 1986; e **As esporas do tempo**, 1996. Conto – **Doutor Augusto partiu**, 1995.

866 MARIA DA CONCEIÇÃO REIS

Poeta, professora, Maria da Conceição Ouro Reis nasceu em Aracaju (SE), em 13.04.1929. Formou-se em Língua e Literatura. Ingressou no magistério superior como professora de língua e literatura italiana. Inicia-se como poeta, colaborando na imprensa de Sergipe e Bahia. Estréia em livro com **A lagoa do fauno**. Tem vários inéditos. Como pesquisadora elabora um Projeto de Laboratório de Criação Literária, publicado em 1980.

Publicação: **A lagoa do fauno**, 1976.

867 MARIA DA CONCEIÇÃO SILVA ROMERO

Contista, cronista e presença cultural atuante, Maria da Conceição Silva Romero nasceu em São Luís Gonzaga (RS), em 24.07.1911. Professora e estimuladora de atividades culturais e esportivas, colaborou durante anos, com contos e crônicas, na imprensa regional. Foi diretora da revista Província (órgão do Grêmio Esportivo do Banco Província). Nos anos de 1950, colaborou assiduamente na revista Paisagem Pampiana. Sua produção literária permanece esparsa na imprensa; não chegou a ser recolhida em livro.

868 MARIA CONSUELO CUNHA CAMPOS

Poeta, contista, professora universitária, pesquisadora, a mato-grossense Maria Consuelo Cunha Campos nasceu em Porto Quebrado (MS), em 1947. Radicou-se no Rio de Janeiro (RJ), onde se formou em Letras pela PUC-RJ e conquistou os títulos de mestre e doutora em Letras. Ingressou na docência superior na UERJ, onde fundou o Centro Interdisciplinar de Estudos de Gênero, em 1993. Como poeta, iniciou colaborando na imprensa e em concursos literários, tendo conquistado vários prêmios e distinções, como o Prêmio Poesia/UBE-RJ e Prêmio Conto/Fernando Chinaglia. Tem colaborado regularmente no SLMG; Jornal do Brasil, Revista Brasileira de Língua e Literatura do Rio de Janeiro, Letras de Hoje/PUC-RS; Recherches Littéraires – Canadá e outros órgãos.

Estreou em livro com a poesia de **Mineiridade** (Prêmio da Fundação Cultural de Brasília), em 1980.

Publicações: Poesia – **Mineiridade**, 1980, e **Inácio de Loyola**, 1986. Ensaio – **Palavra da crítica**, 1990; **Poesia brasileira contemporânea**, 1992; **Sobre o conto brasileiro**, 1977.

869 MARIA COSTA LAGE

Poeta, trovadora, professora, jornalista, Maria da Costa Lage nasceu em Farros (MG). Segue carreira acadêmica, na área de comunicação e expressão, na Universidade Católica de Minas Gerais. Fez cursos de especialização em Lingüística e Língua Portuguesa, Literatura luso-brasileira e Teoria Literária, em 1969. É membro efetivo da Academia Municipalista de Letras de Minas Gerais e da Academia de Trovas.

Estreou como poeta, com o livro **O espelho do farol**, em 1968. Seguem-se outras publicações em antologias e imprensa especializada. Entre os prêmios e distinções recebidas, estão: Medalha da Ordem do Mérito de Segurança do Trabalho/Ministério do Trabalho – 1965; Menção Honrosa–Concurso Nacional de Poesia/Prefeitura Municipal de São Paulo/1968; **Menção honrosa Concurso**/IBAM, Rio/1961.

Publicações: **O espelho do farol**, 1968, e **Filigranas** (antologia de trovas), 1974.

MARIA CRISTINA DE AZEVEDO MARQUES 870

Poeta, considerada "a última romântica nas letras provinciais", Maria Cristina Alves de Oliveira Azevedo Marques nasceu em São Luís (MA), em 1845, e faleceu em 1899.

Publicação: **Amor e desventuras**, 1899.

MARIA CRISTINA CAVALCANTI DE ALBUQUERQUE 871

Romancista, memorialista, médica psiquiatra e professora universitária, Maria Cristina Cavalcanti de Albuquerque nasceu em Pernambuco (PE), em 1943. Formada em Medicina, fez pós-graduação na Universidade Estadual de Michigan (EUA). Dedicada à docência e à pesquisa, na UFPE, especializou-se em neuropsiquiatria. Responde por uma significativa produção científica, publicada em revistas especializadas do Brasil e do exterior. Foi presidente e vice-presidente da Sociedade de Neurologia, Psiquiatria e Higiene Mental do Brasil. É membro do Conselho Editorial da revista da Associação Brasileira de Psiquiatria e da Associação Psiquiátrica da Améria Latina (ABD – APAL).

Atraída desde menina pela crônica familiar dos antigos, com sua labiríntica teia de uniões, rivalidades, amores e ódios e muitas lutas, foi levada a pesquisar velhos livros, escrituras, registros de batizados e de óbitos, livros de genealogia, documentos ligados à árvore genealógica dos Albuquerque e dos Cavalcanti, desde seus patriarcas fundadores, no Pernambuco do século XVI: o fidalgo português Jerônimo de Albuquerque e o nobre florentino Felipe Cavalcanti. Desse interesse pela história, desenvolvido e aprofundado através de anos, nasceu a ficção e o fascinante romance **O Magnificat: memórias diacrônicas de Dona Isabel Cavalcanti**, no qual o sabor arcaico se funde com uma visão de mundo contemporânea. Publicado em 1990, foi considerado pela crítica como o melhor romance de autor pernambucano do ano.

Nele se traça um amplo painel da vida íntima e das muitas lutas de uma das grandes famílias pernambucanas, que estão nas raízes do atual estado pernambucano e que se envolveram com os grandes acontecimentos, que marcaram sua fundação (Guerra contra os holandeses, Guerra dos Mascates, povoamento do interior do Nordeste...). Todos esses "grandes acontecimentos" fluem no romance através de uma ótica feminina, sucessivamente assumida pelas grandes matriarcas da família, desde uma Dona Beatriz de Albuquerque (irmã de Jerônimo de Albuquerque e Capitoa-Mor daqueles terras) até Gertrudes Bezerra Cavalcanti de Albuquerque, passando pelas grandes figuras de Catarina de Albuquerque, Isabel Cavalcanti de Albuquerque, Leonarda, Maria e Ana de Nazaré. Transcendendo os limites de personagens históricas, todas elas, transfiguradas pela escrita romanesca da autora, avultam como grandes presenças femininas, atuando no fluir do tempo e da vida, desde a origem dos nossos tempos históricos. O que avulta na romanesca trama é a força ou a sedutora presença da Mulher, na figura das grandes matriarcas pernambucanas que, aparentemente limitadas às coisas pequenas do cotidiano, na verdade atuaram no verdadeiro cerne da história. **Magnificat** se inscreve em uma das diretrizes mais fecundas do romance contemporâneo: a que busca o resgate/reinvenção do passado, para melhor compreensão do presente.

Publicação: Romance – **O Magnificat: memórias diacrônicas de Dona Isabel Cavalcanti**, 1990.

MARIA DALVA JUNQUEIRA GUIMARÃES, v. Madellon (nº 794)

MARIA DIMPINA DUARTE 872

Escritora, professora, jornalista, promotora cultural, Maria Dimpina Duarte nasceu em Mato Grosso (MT), em 1891, e faleceu em 1966. Notabilizou-se em seu meio, não só por sua dedicação ao ensino, mas também por seu incentivo às atividades literárias, culturais e sociais em geral. Durante um longo período, foi diretora da revista feminina A Violeta (1913/1930), na qual publicou uma vasta colaboração, em ficção, poesia ou análises voltadas para o progresso da região e para problemas do universo feminino. Principalmente defendendo o direito das mulheres à educação. Sua poesia lírico-amorosa voltava-se para temas do cotidiano. Em 1955, reúne em **Folhas soltas** toda essa produção dispersa.

Publicação: **Folhas soltas**, 1955.

873 MARIA DINORAH DO PRADO

Poeta, ficcionista, professora, orientadora educacional, conferencista, jornalista, supervisora de promoções culturais, Maria Dinorah Luz do Prado nasceu em Porto Alegre (RS), em 13.05.1925. Passou a infância e adolescência na Colônia de São Pedro, em Torres e em Gravataí. De volta a Porto Alegre, forma-se em Letras (Faculdade Porto-Alegrense de Ciências e Letras). Fez curso de música e didática de matemática moderna. Realiza mestrado com tese "A Literatura infantil de Érico Veríssimo". Ingressando na carreira do magistério, torna-se uma das mais importantes especialistas em Educação no Rio Grande do Sul. Criou e desenvolveu o projeto O livro na sala de aula, que passa a ser adotado por todas as escolas, incentivando a formação da personalidade da criança, por meio da leitura e da descoberta do mundo da literatura.

Sua vocação para poesia manifestou-se muito cedo. Estréia em livro, em 1944, com **Alvorecer**, seguido anos depois por **No tempo e na vida**, **Seara de luz** e outros. Tem participado de antologias poéticas, como **Tempo de estrada** (poemas sobre a Transamazônica/1972), **Vida na morte** (1973), **Poesia brasileira hoje** (1979), **Contos e poesia** (1979), **O canto dos poetas** (1980) e outras. Em 1958, começa uma intensa colaboração na imprensa gaúcha, principalmente na área da literatura infantil (Correio do Povo, Jornal do Comércio, Diário de Notícias...). A partir dos anos de 1970, passa a colaborar em jornais e revistas de São Paulo, Minas Gerais e Rio de Janeiro. Tem participado ativamente de congressos nacionais e internacionais, feiras de livros, seminários ou encontros sobre o livro ou a literatura infantil.

Poeta de grande sensibilidade, humanismo e incansável corpo-a-corpo com a palavra, Maria Dinorah multiplicou seu idealismo e solidariedade humana por quase uma centena de livros de poesia, destinada às crianças, adolescentes e adultos. Pertencente à "geração de 45" (portanto formada culturalmente pelos valores anteriores à "explosão" dos anos de 1960, é, reconhecidamente, uma escritora que acompanhou a evolução dos tempos, sem descaracterizar sua maneira de ver e de sentir o mundo. Seu tema nuclear é a incansável busca do eu pelo seu autoconhecimento, em relação ao outro e ao mundo em que lhe cabe viver. Suas milhentas personagens (bichos, coisas, fenômenos climáticos, elementos da natureza, gente de todos os feitios, etc.) sempre simbolizam a luta por um ideal, pela concretização de um sonho. A grande lição, dada pela extensa obra poética de Maria Dinorah, é que a vida é um longo aprendizado e que vale a pena empenhar-se nele...

Entre os muitos prêmios que recebeu, destacam-se: Menção Honrosa – Concurso Nacional de Literatura Infantil-Instituto Nacional do Livro/1988; Prêmio João de Barro – Belo Horizonte/1986 – Concurso Nestlé de Literatura Infantil/1988; Prêmio Jorge de Lima/1991; Concurso de Literatura Infantil – Instituto Piaget – CIERT.Lisboa/1992 e outros. Entre as centenas de livros publicados, destacamos alguns.

Publicações: **Alvorecer**, 1944; **No tempo e na vida**, 1952; **Seara de luz**, 1962; **Hora nua**, 1980; **Solidão e mel**, 1983; **Barco de sucata**, 1986; **A coragem de crescer**, 1987; **O ontem do amanhã**, 1988; **A coragem de sonhar**, 1990; e **Pra falar de amor**, 1992.

874 MARIA DOROTHÉIA DE SEIXAS

Musa de Tomás Antônio Gonzaga, Maria Dorothéia Joaquina de Seixas (cantada sob o nome literário de Marília de Dirceu) nasceu na mineira Vila Rica (hoje Ouro Preto-MG), em 08.11.1767, e faleceu em 1851.

Não escreveu nenhum livro, mas se imortalizou na poesia brasileira e portuguesa por ter sido a musa inspiradora de um dos grandes poetas luso-brasileiros. (Lembramos que Tomás Antônio Gonzaga está presente em ambas as literaturas: do Brasil e de Portugal.) Condenado ao degredo, Dirceu (Tomas Antônio Gonzaga) parte sozinho, pois Marília (Maria Dorothéia) recusou-se a acompanhá-lo, recusa que lhe valeu profundas censuras de muitos dos que esperavam que, em nome do amor, ela partisse com seus dezoito anos adolescentes para viver no degredo com os cansados quarenta e tantos anos de idade de Dirceu...

Embora não seja escritora, como diz Múcio Leão: *Marília é um capítulo da história literária do Brasil, pois está ligada a um dos livros supremos de nossa poesia,* ***Marília de Dirceu***.

MARIA ELIZABETE LIMA MOTA 875

Vocação inata para a poesia, e cumprindo o destino de "favelada", que se define como "poeta de sargeta", Maria Elizabete Lima nasceu em Araci (BA), em 1949. É filha de policial militar, já aposentado, e que, segundo ela, "foi usado" pela Polícia, história que ela está transformando em romance, A filha do militar, a ser publicado um dia.

Em entrevista à revista Mulherio, Maria Elizabete conta sua vida de "menina de colégio de freira católica, que foi estuprada e expulsa de casa pelo preconceito da cidade baiana de Araci, do pai e das amigas". Tinha quinze anos . Vendo-se na rua, muda-se para São Paulo, com uma amiga. Emprega-se como doméstica, mas logo se envolve com a marginalidade e entra no círculo da droga e prostituição, explorada por "cafetões". Passa a morar no Mineirão, na baixada do Glicério, o maior cortiço da capital paulista (hoje já extinto), "em mocós, pensões loucas e na rua". Foi esse o motivo de suas várias internações. Como diz: *Esse negócio de Hospital Psiquiátrico vai acabar na minha vida. Não sou débil mental. Quando fico sem casa, eu piro, mas despiro sozinha quando encontro de novo a esperança de morar. Minha cura é a moradia.*

Para amenizar o sofrimento da miséria e do desconhecido, escreve, escreve... poesia, diário. Sua vida difícil degringolou de vez, quando casou com o caminhoneiro Pedro Pereira de Carvalho, com quem teve três filhas e por quem foi abandonada. Durante sua moradia no Mineirão, conheceu uma voluntária da OAF (Organização do Auxílio Fraterno), Mara do Amaral, que a ajudou a editar suas poesias, num livreto mimeografado, **Poesia da sargeta** (1983). Tendo conhecimento de seu caso, a Editora Paulinas auxiliou-a a escrever e publicar seu segundo livro, **Ave vagueira** (1986). No ano seguinte, seu novo livro, **Declaro que estou em tormento**, foi lançado pela Ed. Espaço e Tempo e distribuído pela Vozes. Segundo a autora, sua poesia é puro "xerox da vida", mas tem esperança de um dia poder viver da venda de seus livros. Mas até aquele momento (final dos anos de 1980), disse que ainda não havia acontecido. Na verdade teve seus "cinco minutos de fama": deu uma série de entrevistas na televisão; ganhou uma dentadura nova; vários passeios com as filhas e... algumas internações no manicômio. Com relação às reportagens na imprensa, reclama: *Dizem que eu sou prostituta. Que história é essa? Sou uma mulher direita, religiosa, já fui casada. [...] Sou uma mulher que pastou. No começo cheguei a me prostituir com um revólver na cabeça, fui forçada. Sou uma pessoa aberta, conto minha história. Tem uma poesia que fiz: "Sou a prostituta, / sou o menor abandonado. / Sou todas e todos / que todos deixaram de amar!*

Sonha poder, um dia, voltar para sua terra, Araci: *Vivo um pouco aqui e um pouco lá; não fisicamente, mas na minha cabeça.* Outro de seus sonhos, fora o de conseguir moradia fixa, é conseguir uma máquina de escrever e encontrar uma editora que a ajude a terminar e publicar seus projetos: um romance sobre sua dura experiência nos hospitais psiquiátricos e outro sobre a Favela do Carandiru (próxima ao Shopping Center Norte, na Zona Norte de São Paulo), onde ela passou a morar.

(Fonte de consulta: Revista Mulherio. SP, setembro/1987 p. 11.)

Publicações: **Poeta da sargeta**, 1983; **Ave vagueira**, 1986; e **Declaro que estou em tormento**, 1987.

MARIA ESTER BUARQUE DA COSTA BARROS 876

Poeta, musicista, professora, Maria Ester Buarque da Costa Barros nasceu em São Miguel dos Campos (AL), em 28.02.1888. Faleceu em 1956. Estudou no Colégio Santos Anjos do Rio de Janeiro (GB); diplomou-se pianista pelo Conservatório Nacional de Música; estudou línguas. Deu concertos de piano e lecionou língua e literatura francesa no Instituto de Educação em Maceió (AL). Publicou um livro de poesia em 1949, **Páginas icásticas**.

Publicação: **Páginas icásticas**, 1949.

MARIA ESTER MACIEL 877

Poeta, professora, Maria Ester Maciel de Oliveira nasceu em Patos (MG), em 01.02.1963. Radicou-se em Belo Horizonte (MG), onde se formou em Letras pela UFMG. Estreou em livro, com a poesia de **Dos haveres do corpo**, em 1984. Poesia energizada pela força erótica, que revela ao eu o seu próprio ser, por meio dos encontros e desencontros com o outro. E acima de tudo, fala da mulher que se descobre como abismo, poder e mistério.

Publicação: **Dos haveres do corpo**, 1984.

878 MARIA EUGÊNIA CELSO

Poeta, jornalista, pesquisadora, conferencista e declamadora, Maria Eugênia Celso Carneiro de Mendonça nasceu em São João del Rey (MG), em 19.04.1889 (ou 1890?). Radicou-se no Rio de Janeiro (RJ), onde faleceu em 06.09.1963. Era filha do Conde Afonso Celso (poeta, escritor, jornalista e um dos intelectuais de renome de sua época) e neta do Visconde de Ouro Preto (um dos grandes estadistas da monarquia de D. Pedro II). Vítima da paralisia infantil, passou a infância percorrendo hospitais e médicos do Brasil e Europa, a fim de superar a doença. No livro **Minha filha**, Afonso Celso relata o sofrimento dessa peregrinação, e com o mesmo motivo escreveu o soneto Anjo Enfermo, que foi incluído em várias antologias poéticas. Mas esse sofrimento nunca a abateu. Com grande força de vontade superou as limitações físicas e dedicou-se com empenho aos estudos, ao culto da literatura, à criação poética e às atividades culturais em geral.

Muito jovem, começou sua carreira literária colaborando na imprensa do País e do exterior (A Época, Diário Carioca, Correio da Manhã, O Malho, Para Todos, Revista do Brasil, O Cruzeiro, Boletim de Ariel, Revue de l'Amerique Latine, Revue de Géneve e outras). Exerceu elevadas funções no Ministério da Educação e Cultura. Interessou-se pela literatura destinada às crianças, tendo escrito o ensaio "A Poesia na educação da criança" e a peça teatral, versificada, "Ruflo de asas", além de muitos poemas infantis.

Estreou em livro, em 1920, com a poesia de **Em pleno sonho**, que teve imediato sucesso junto à crítica. Seguiram-se: **Fantasias**, **Jeunesse**, livros de contos e traduções de romances franceses. Membro de várias instituições culturais, auxiliou, com seu apoio ou trabalho, inúmeras entidades assistenciais. Foi sócia-fundadora do Pen Clube do Brasil e da Cruz Vermelha e a primeira voz feminina a ser convidada para participar de uma série de conferências, no Instituto Histórico e Geográfico Brasileiro (RJ, 30.05.1928). Representou o Brasil em inúmeros Congressos Internacionais Feministas.

Publicações: Poesia – **Em pleno sonho**, 1920; **Fantasias**, 1925; **Fantasias e matutadas**, 1931; **Alma vária**, 1937; e **Jeunesse**, 1938. Contos – **De relance**, 1924; **Desdobramento**, 1926; **O diário de Ana Lúcia**, 1941. Teatro em verso – **Ruflo de asas**, 1931. Tradução – **A eterna presença** (de André Dumas), 1924; **O rosário** (de Florence Barcley), 1926; **Novos contos de fadas** (de Condessa de Ségur), 1927; e **Oração da enfermeira** (autor desconhecido), 1944.

879 MARIA EUGÊNIA FROTA

Poeta, professora, Maria Eugênia Frota nasceu em Sobral (CE), em 1934. Pertence à UBT – União Brasileira de Trovadores e à Academia de Letras e Artes do Rio de Janeiro, onde reside. Colaborou na imprensa carioca. Em 1974 publica a coletânea de versos **Poesias, lendas e cantigas**. Dedicou-se especialmente às trovas.

Publicações: **Poesia, lendas e cantigas**, 1974; **Trovas que falam**, 1976.

880 MARIA EUGÊNIA MONTENEGRO

Poeta, contista, memorialista e elemento atuante em seu meio social, Maria Eugênia Maceira Montenegro nasceu em Lavras (MG), em 07.10.1915. Desde os anos de 1930 radicou-se em Natal (RN). Estudou em Lavras, formando-se professora, mas não ingressou no magistério. Casou-se, em 1938, com Nelson Montenegro, engenheiro agrícola, e muda-se para Natal. Durante anos residiu numa fazenda em Ipanguassu, onde se dedicou à literatura como forma de preencher a solidão e as saudades de sua terra. Colaborou, com contos e poemas, em diversos jornais do Rio Grande do Norte, Minas Gerais e Pernambuco (Diário de Natal, A Gazeta de Minas, A Tribuna de Lavras, Jornal da Poesia-Recife, Diário de Pernambuco e outros do Açu). Estréia em livro, em 1962, com suas memórias da infância à adolescência, **Saudade, teu nome é menina: memórias de uma menina feia**. Segundo seu verbete na antologia **Literatura do Rio Grande do Norte**, nesse refazer de itinerário, *a autora descreve com graça os hábitos, os tipos e costumes da vida do interior de Minas. O passado é idealizado nessas lembranças, como uma época em que todos eram honestos e dignos. Os momentos mais poéticos dissolvem-se no conjunto de imagens clicherizadas. Reveste-se, também, na maior parte do texto, de estereótipos de um feminino puro, cheio de bons sentimentos e intenções. Livro que se filia ao gênero de memórias femininas, o qual tem seu ponto alto na literatura brasileira, com* ***Minha vida de menina****, de Helena Morley.*

Além de memórias, Maria Eugênia escreveu poesia, contos infantis e histórias regionais. Entre as atividades desenvolvidas em sua região, destacam-se as de prefeita de Ipanguassu; diretora de colégio em Açu e membro de entidades culturais: Academia Norte-rio-grandense de Letras e Academia Lavranse de Letras.

(Fonte de consulta: **Literatura do Rio Grande do Norte** (org. Constância Lima Duarte & Diva M. Cunha P. de Macedo) Natal, 2001.)

Publicações: Memórias – **Saudade, teu nome é menina** (pref. Câmara Cascudo), 1962; Lavras – **Terra de lembranças**, 1968. Prosa regionalista – **Alfar, a que está só**, 1967; **Lembranças e tradições do Açu**, 1978; e **Lourenço, o sertanejo**, 1996. Conto – **Todas as Marias**, 1996. Literatura infantil – **Andorinha sagrada de Vila Flor**, s/d, e **Porque América ficou lelé da cuca**, s/d. Poesia – **Azul solitária** (pref. Nei Leandro de Castro), 1967.

MARIA EUNICE MULLER KAUTZMANN 881

Poeta, ficcionista e professora, a gaúcha Maria Eunice Muller Kautzmann nasceu em Taquara (RS), em 07.09.1924. Colaborou em jornais e revistas, participando de antologias e de concursos literários. Recebeu várias medalhas e láureas.

Publicações: **Espirais**, 1969; **Cavaquinho**, 1973; **Água**, 1978; **Ontem e hoje** (2 volumes de prosa narrativa – 1979/1982).

MARIA EUNICE TAVARES 882

Poeta, contista, jornalista, prosadora, conferencista, Maria Eunice Utinguassú Tavares nasceu em Porto Alegre (RS), em 1919. Faleceu em Montevidéu em 1954. Estudou no Rio de Janeiro e no Uruguai, formando-se em Contabilidade e Mecanografia. Foi secretária do Consulado Brasileiro de Salto, Uruguai, e na Embaixada do Brasil em Montevidéu. Colaborou regularmente na imprensa brasileira e uruguaiana, com ensaios e poemas. Dirigiu o jornal Mensaje (Montevidéu); foi redatadora do El Imperial. Traduziu poetas brasileiros para o espanhol, publicando-os em antologias.

Estreou em livro em 1941, com **Ecos de la ciudad**, prosa social que registra o cenário cultural da cidade de Salto. Em 1942, publica **Gênesis**, poesia tendendo ao filosófico. Seguem-se os poemas de **Três poemas de el otro cielo**; **El eco enamorado**. Pertenceu à Associação de Escritores e Artistas Americanos de Havana e à Academia Humberto de Campos de Curitiba e é patrona da Academia Feminina de Letras do Rio Grande do Sul.

Publicações: **Ecos de la ciudad**, 1941; **Gênesis**, 1942; **Três poemas de el otro cielo**, 1957 e **El eco enamorado**, s/d. Ensaio – **Yo, la mayor historia de la menor palabra**, s/d

MARIA FERNANDA MARTINS 883

Poeta, contista, cronista, professora, Maria Fernanda Martins nasceu no Rio de Janeiro (RJ), em 15.02.1922. Formou-se professora e seguiu carreira no magistério. Colaborou na imprensa com poesia, contos e crônicas. Empenhou-se no movimento de renovação do ensino. Estreou em livro, em 1944, com a poesia de **Névoas**. Em 1952, publica uma coletânea de contos e crônicas, **Para além do horizonte**.

Publicações: **Névoas**, 1944, e **Para além do horizonte**, 1952.

MARIA FIRMINA DOS REIS 884

Poeta, romancista, professora, compositora e folclorista, Maria Firmina dos Reis nasceu em São Luís do Maranhão (MA), em 11.10.1825, e faleceu em Guimarães, em 11.11.1917.

Foi mulher de destaque na sociedade maranhense do tempo. Publicou poesias, contos, artigos e romances-em-folhetim na imprensa. Está incluída no **Parnaso maranhense** (1861). Exerceu o magistério em Guimarães, onde foi diretora-proprietária de um colégio misto. Deixou fama de folclorista, de compositora e de primeira romancista genuinamente brasileira...

Publicações: Romance – **Úrsula**, 1858, e **Gupeva**, 1861/1865. Poesia – **Contos à beira-mar**, 1871.

885 MARIA GEMA MARTINS

Poeta, redatora, Maria Gema Martins nasceu em Santo Antônio do Platina (PR), em 19.01.1952. Radicou-se em São Paulo (SP), onde se graduou em Administração de Empresas. É redatora da Prefeitura Municipal de São Paulo. Iniciou-se como poeta, colaborando na imprensa e participando de antologias poéticas. Estréia em livro em 1986, com **Luzes**. Tem participado de oficinas literárias.

Publicação: **Luzes**, 1986.

886 MARIA GENNY BAPTISTA

Poeta, declamadora, cantora, musicista, compositora, autêntica vocação para a criação poética e artística em geral, Maria Genny Baptista é das presenças que têm enriquecido a produção poética e musical da negritude brasileira. Nasceu em Uberaba (MG), em 17.07.1921. Passou a infância em Bebedouro (SP) e mudou-se para Campinas (SP), onde se radicou. Autodidata. Na infância não teve oportunidade de estudar, para além do primeiro ano primário, pois teve de trabalhar. Apenas alfabetizada, procurou sempre livros para ler e aos onze anos começou a escrever versos. "Sonhos que hão de reviver" foi seu primeiro poema. Ao mesmo tempo inventa melodias para cantar seus versos. Sempre ajudada pelas pessoas para quem trabalhava e que lhe recolheciam os dons, continua a ler tudo que lhe caía nas mãos, a escrever versos, a compor músicas, a declamar e a cantar, enquanto ganhava a vida como faxineira e depois "cozinheira de forno e fogão".

Aos vinte anos, deu os primeiros passos na carreira literária, em caminhos que lhe foram abertos por vários incentivadores. Em 1960, apresenta-se como declamadora e cantora no I Salão dos Amigos das Belas Artes, instalado no Teatro Municipal de Campinas, ao lado de vários artistas, entre eles o pintor Mário de Oliveira. Em 1961, um poema seu é publicado em O Diário de Ribeirão Preto por intermédio do jornalista e poeta Antônio Arnaldo Albergaria. Em 1967, é convidada para participar do Clube dos Poetas de Campinas. A partir de então, dedica-se ao aperfeiçoamento de sua diversificada criação. Faz vários cursos de aperfeiçoamento, no CCLA – Centro de Ciências Letras e Artes (Filosofia Estética da Arte/1966; Literatura Brasileira/1966; Comunicação/1968; Introdução à Arte Contemporânea/1979 e outros). Tem participado de inúmeras antologias poéticas (**I Antologia da Poesia Campineira**/1971; **Mosaicos**/1984; **Antologia Poética de Cidades Brasileiras**/1985; **Salvados do incêndio**, 1986 e outras).

Entre as várias exposições de arte, de que participou, destacam-se as da Pequena Galeria de Arte – CCLA/1974; Grupo Hoje – Galeria de Arte SENAC/1977; Varal de Poesias – Museu Campos Salles/1987, etc. Em shows musicais, apresenta-se como declamadora e cantora. Em 1984, torna-se membro da UBT (União Brasileira de Trovadores-Campinas).

Em 1990, estréia em livro com a poesia de **Estrela da infância eterna** (com apoio do Lions Clube de Campinas). Poemas seus vêm sendo publicados em jornais e revistas de várias cidades e estados (Campinas, Rio Preto, Oswaldo Cruz, Belém do Pará, etc.). No exterior (Senegal, Peru, Alemanha, Portugal, Suécia, Estados Unidos) suas poesias têm sido levadas e publicadas por amigos e admiradores. Seu poema "Alvorada", escrito em homenagem a Carlos Gomes, por ocasião do centenário de morte (1996), está incorporado ao acervo do Museu de Carlos Gomes no CCLA/Campinas. Como cantora, participa do Coral da Basílica do Carmo em Campinas.

Publicação: **Estrela da infância eterna**, 1990.

887 MARIA DA GLÓRIA ARAÚJO

Poeta, cronista, contista, musicista, artista plástica, Maria da Glória de Almeida Araújo nasceu no Rio de Janeiro (RJ). Elemento atuante no meio cultural, está ligada a várias entidades, como a Academia Petropolitana de Poesia Raul de Leoni; Clube de Artistas; Clube de Poesia de Petrópolis e outras.

Formada em Letras, Artes Plásticas, História da Arte e Música, vem desenvolvendo atividades nessas diversas áreas. Entre os setenta prêmios e distinções recebidas por labor, destacam-de: Placa de Prata (Academia de Poesia Petropolitana/1998) e Medalha Cultural (Faculdade Augusto Mota-RJ). Divulgou sua produção literária na imprensa e em antologias de poesia, contos e crônicas. Estreou em livro individual em 1985, com a coletânea de versos **Minhas emoções**.

Publicações: **Minhas emoções**, 1985; **Fragmento de cristal**, 1990; **Meu amigo, meu irmão**, 1991; **Sinfonia dos guarda-chuvas**, 1991; e **Um motorista imprudente**, 1997.

MARIA DA GLÓRIA BARBOSA 888

Memorialista, Maria da Glória Barbosa nasceu no Rio de Janeiro (RJ), nos anos de 1920. Descendente de emigrantes italianos. Atenta às mudanças de costumes, principalmente no que diz respeito à mulher, escreve, em **Vozes e imagens perdidas**, suas reminiscências da vida em família, seus afetos, carências, conquistas e perdas que caracterizaram as relações da mulher com a sociedade, nos moldes tradicionais. Prosa espontânea, "escrita com o coração", deixa registrado o seu testemunho de mulher.

Publicação: **Vozes e imagens perdidas**, 1985.

MARIA GORETTI 889

Poeta paulista, professora, Maria Goretti Mello de Castro Dantas iniciou-se com o livro **Egos**, em 1972. Poesia que revela funda consciência da palavra como testemunho da vida e se divide em um leque de interrogações e problemas.

Publicação: **Egos**, 1972.

MARIA DA GRAÇA DE MELLO ROCHA 890

Poeta, ensaísta e professora universitária, Maria da Graça de Mello Rocha nasceu em Grajaú (MA), em 16.07.1939. Formou-se em Pedagogia (UFMA); fez mestrado em Educação e Administração de Sistemas Educacionais (PUC-RS). Dedicou-se à docência e à pesquisa.

Publicações: Poesia – **Ontem sem Deus**, 1978. Ensaio – **Educador e educando nas escaladas da história**, 1980.

MARIA GUIOMAR ROSINI TAVARES 891

Poeta mineira, Maria Guiomar Tavares nasceu em Sabará (MG). Tem trabalhos poéticos publicados em jornais e revistas. Estreou em livro em 1976, com **Exaltação a Sabará**. Participa de grupos literários. Membro da Academia Feminina Mineira de Letras. Dedica-se à escrita de biografias e à música.

Publicações: **Exaltação a Sabará**, 1976; **Deus natureza gente**, s/d.

MARIA HELENA CARDOSO 892

Ficcionista memorialista e professora, Maria Helena Cardoso nasceu em Diamantina (MG), em 24.05.1903. Faleceu no Rio de Janeiro (RJ), em 1994. Passou a infância em Curvelo (MG), onde fez os primeiros estudos, prosseguindo-os em Belo Horizonte, onde se formou na Escola de Farmácia. Em 1923, muda-se com a família para o Rio de Janeiro, onde se radicam. Trabalhou no Hospital Samaritano e posteriormente no Grupo Atlântica de Seguros, onde se aposentou (1967).

Estreou como memorialista com **Por onde andou meu coração**, registro proustiano de uma longa vida intensa e fraternalmente vivida: coisas da infância, as primeiras descobertas, os livros, a paixão pela música, os grandes afetos, o mundo familiar povoado de mulheres místicas e heróicas e de homens aventureiros; nascimentos e mortes; as cidades se recompondo pelas palavras: Pirapora, Diamantina, Curvelo, Belo Horizonte – Minas Gerias dos anos 1910 e 1920... Tais memórias foram escritas, como afirma a autora, para que não desaparecesse no tempo todo um mundo de experiências de vida; e que a morte levara. Entretanto, com esse resgate do vivido, revelou-se a escritora. Esse romance de estréia foi sucesso de crítica e de público. Seu segundo romance, **Vida vida**, surgiria seis anos depois, ainda no rastros da memória, agora prendendo na rede das palavras a vida dolorida do irmão morto – Lúcio Cardoso, o sensível e atormentado escritor que é uma das presenças iluminadas da Literatura Brasileira. Wilson Martins dedicou-lhe um artigo consagrador:

*...com **Vida vida**, Maria Helena Cardoso não apenas entra, mas se instala em nossa literatura memorialística. [...] Com ele, a autora passou da narrativa episódica, estritamente pessoal, para o plano da vida, enquanto drama e destino. [...] Não é realmente por se tratar de Lúcio Cardoso, que o livro irradia tão poderosa atração, é por se tratar de uma parábola "Cheia de ruído e furor e sem sentido nenhum". Trata-se do artista fulminado pela maldição dos deuses. [...] e a história do homem impotente, lutando com o destino; as tiranias do amor e o mal-entendido que é a vida. (Supl. Lit. OESP. 04.08.1974).*

Publicações: **Por onde andou meu coração**, 1967, e **Vida vida**, 1973.

893 MARIA HELENA CHEIN

Poeta, contista, professora universitária, ensaísta, Maria Helena Chein nasceu em Goiânia (GO), em 1942. Faz parte da "geração de 60" goiana (com Miguel Jorge, Heleno Godoi, Yêda Schmaltz e outros). Formou-se em 1966 pela Universidade Federal de Goiás, em Pedagogia e Orientação Educacional. Foi coordenadora de assuntos culturais da Rádio Universitária da mesma universidade, onde iniciou carreira acadêmica. Em 1972, formou-se em Letras pela Universidade Católica de Goiás.

Iniciou-se como escritora, colaborando na imprensa goiana e carioca (O Popular, O 4º Poder, rev. Ficção e outras). Tem participado de antologias (**Antologia do grupo de escritores novos**/1966; **Antologia do conto goiano**/1969; **Crítica sistemática**; **Voces femeninas de la poesía brasileña**/1978; **Dimensões da literatura goiana**/1992; **Poemas do grupo de escritores novos**/1994 e outras).

Sua revelação, como ficcionista, se deu em 1974, com o prêmio Bolsa de Publicações Hugo de Carvalho Ramos (prefeitura Municipal de Goiânia) para os contos de **Do olhar e do querer**, publicado com estudo introdutório de Nelly Alves de Almeida. Sintonizados com o experimentalismo da palavra e a desencantada visão de mundo pós-moderno, esses pungentes contos de estréia se constroem com fragmentos do cotidiano, juntados como que ao acaso, revelando a deterioração das relações humanas em um mundo gradativamente desumanizado que é o nosso. O consciente domínio da palavra e do ritmo narrativo captura na rede verbal o difuso drama dos marginalizados, que nada importam para o Sistema belo/horrível do progresso consumista. Em **Joana e os três pecados**, adensa-se a linguagem narrativa e o olhar crítico da autora converge para a problemática feminina: a mulher, por meio de diferentes personagens, acossada pelos preconceitos, limitações, opressões, encontros e desencontros. Nessa mesma linha, estão **As moças do sobrado verde** (1987). Depois de dez anos de silêncio, Maria Helena volta como poeta: **Todos os ventos** nos faz ouvir uma voz de mulher insubmissa e apaixonada que, atenta às exigências do corpo (ou da energia erótica), tenta expressar o mistério que vai além da carne e faz durar o efêmero prazer. Na apresentação, Darcy Denófrio* aponta para o núcleo dessa poesia:

***Todos os ventos** é um livro de amor. [...] Houve um tempo em que um livro de amor não alcançava a carne. [...] Chegou um tempo em que a poesia amorosa pode acoplar corpo e alma, erotismo e delicadeza. [...] Uma linguagem ritualística, com visíveis marcas da liturgia cristiano-católica ou com ressonâncias bíblicas e conotações delicadamente eróticas, marca o texto poético.*

Nas palavras de Moema de Castro:

Maria Helena joga dialeticamente com os dois mundos: o da aparência, o da tradição, o do cotidiano versus *o do mundo interior, o do instante, o do inabitual. No esboço deste "momento mágico" de reação, a poesia delineia o mundo interior da mulher, sua sensibilidade, sua capacidade de amar e sofrer.*

A obra ficcional e a poética de Maria Helena Chein é mais um dos testemunhos da mulher, nestes tempos de mutação, em busca da autêntica comunhão homem-mulher, que entrou em crise no século XX.

Publicações: Conto – **Do olhar e do querer**, 1974, **Joana e os três pecados**, 1983 e **As moças do sobrado verde**, 1987. Poesia – **Todos os ventos**, 1997.

MARIA HELENA FRANCA DAS NEVES 894

Teatróloga, contista, atriz e jornalista, Maria Helena Franca das Neves nasceu em Salvador (BA), em 10.07.1946. Formou-se em Filosofia. Dedicou-se a escrever teatro para crianças, na linha popular ou folclórica. Tem tido peças premiadas. Entre as de maior sucesso de representação, estão: Bom Jesus da Lapa; Esperança e Cruz das Almas (1986).

Publicação: **Campos de trigo**, 1980 (Contos – 1º Prêmio-Concurso Angra dos Reis).

MARIA HELENA GUINLE 895

Poeta e figura de destaque da elite brasileira, Maria Helena Guinle nasceu no Rio de Janeiro (RJ), em 1959. Estréia em livro com a poesia de **O sono do anjo**, com prefácio do poeta Walmir Ayala que enfatiza a força da palavra que singulariza essa nova poesia. Destaca ainda a vibração "revolucionária" dos poemas da terceira parte, "O Pacote da ilusão", nos quais se *"fere fundo, com ironia mordaz,* o apartheid *sociológico em que vivem nossas minorias, sobretudo a negra, a que a autora mais se vincula por laços emocionais"*. E conclui: *"Mulher da alta sociedade, acostumada à feérie dos salões de plutocracia, ela nos expõe sua intimidade, na qual abdica de toda luminária de adereço, em busca do fogo interior que a impele para indagações sobre as bases filosóficas de sua existência física e espiritual. E o faz com invulgar propriedade, através de uma dicção poética plena da onisciência da vida e do sentido tanatológico do tempo, sobretudo na segunda parte, em que nos desnuda sua 'Alma boêmia'.*

Publicação: **O sono do anjo**, 1987.

MARIA HELENA KHUNER 896

Teatróloga, ensaísta, tradutora, orientadora pedagógica, Maria Helena de Oliveira Khuner nasceu em Juiz de Fora (MG), em 24.01.1939. Formou-se em Letras (1955), e em Orientação Educacional (1963). A partir de suas atividades como tradutora e resenhista de literatura, foi-se concentrando no campo do teatro. Seu primeiro livro, **Teatro em tempo de síntese**, a levou a concentrar sua criatividade na área teatral. Tem onze livros publicados e dezenas de livros traduzidos em quatro idiomas. Faz parte da Comissão Estadual de Teatro (CET) do Conselho Estadual de Cultura da Guanabara. Integra a equipe de especialistas do Departamento de Cultura do Estado e tem realizado pesquisas sobre o Teatro de Revista, sob patrocínio da FUNARTE. Tem ocupado diferentes cargos administrativos ligados ao teatro. É membro da Associação Carioca de Críticas Teatrais e de várias outras entidades culturais. Pelo seu vultoso trabalho tem recebido inúmeros prêmios e distinções (Prêmio Serviço Nacional de Teatro/1967).

Publicações: Ensaios – **Teatro em tempo de síntese**, 1971; **Foto de crepúsculo**, 1971; **Opções de esquerda**, 1972; **Teatro popular, uma experiência**, 1974; **O desafio atual da mulher**, 1977; **O teatro de revista e a questão da cultura nacional e popular**, 1979; **Comunicação teatral**, 1983, e dezenas de outros. Teatro – **Anchieta**, 1972; **A menina que buscava o sol**, 1975; **Represa**, 1980; **Com o suor de nosso rosto**, 1985. Literatura juvenil – **O que se mostra e o que se esconde**, 1986; **Será uma vez**, 1986; **É**, 1989, e outros.

897 MARIA HELENA NERY GARCEZ

Poeta, ensaísta, tradutora e professora universitária, Maria Helena Nery Garcez nasceu em São Paulo (SP), em 08.04.1943. Formou-se em Letras pela FFLCH da Universidade de São Paulo (1964), onde seguiu carreira acadêmica. Realizou mestrado (1968) com tese sobre romance de Michel Butor; doutorado – tese sobre romance português contemporâneo; Livre-Docência – tese sobre poesia de Fernando Pessoa; é Professora Titular.

Desde jovem escreve poesia, mas só na maturidade estréia em livro com **Conta gotas**, publicado em 1987. Poesia engendrada pela consciência de um findar de era, impregnada da herança de grandezas e belezas deixadas pelos "iluminados" de ontem (Camões, Fernando Pessoa, Baudelaire, trágicos gregos e outros). Herança que se mistura com a mediocridade e alienação dos tempos modernos, pragmáticos, desumanizantes. Poesia de ausências, solidão e mortes, que o tom leve, aparentemente despreocupado, quase lúdico das palavras tenta neutralizar ou ocultar. *Que cortejo é este que avança com sanfonas pela estrada? / De morte é, / certamente, embora toque e dance.* Ou *A vida em camadas. / Ouço a descarga da vizinha. / A recíproca é verdadeira. [...] Nem sei a cara de meu locador. Apenas a da monolítica imobiliária.* Ou cantando *São Paulo, comoção de minha vida*, por onde se esgueira Mário de Andrade. São Paulo explorado. *Sepulcros caiados / gritando grafites! [...] Há algo de muito podre no reino das Multimarcas... / Ó a grita dos grafites, / grita que aos céus se alevanta! [...] Onde é que se esconderam as armas e os barões assinalados?* Mas a realidade se impõe: *São Paulo é a porção da minha herança e o meu cálice.* E para além desse findar em processo, a esperança no renascer de tudo: *O Advento não se restringe aos templos. / Circunscreve / Nele estamos, nos movemos e somos /depois da Epifania pode algum tempo ser comum?.*

Nos livros seguintes, na poesia de **Telhado de vidro** e na prosa poética de **Em trânsito**, essa problemática se multiplica em tons e nuances múltiplos, ora intensificando a concisão, ora se expandindo em labirínticas veredas, ora de reflexões filosóficas, ora em lúdicas divagações.

Publicações: Poesia – **Conta gotas**, 1987; **Telhado de vidro**, 1988; e **Em trânsito**, 1997. Ensaio – **A ficção portuguesa contemporânea**, 1979; **Alberto Caeiro, descobridor da natureza**, 1985; **Trilhas em Fernando Pessoa e Mário de Sá-Carneiro**, 1988; **O tabuleiro antigo**, 1990. Tradução – **Os problemas da estética de Luigi Pareyson**, 1984.

898 MARIA HELENA NÓVOA

Romancista, jornalista, empresária, Maria Helena Nóvoa Soares Carneiro nasceu no Rio de Janeiro (RJ). Formou-se em Jornalismo nos anos de 1960, na primeira turma graduada pela Universidade Católica-RJ. Estudiosa atraída por leituras sobre religião, mitologia e astrologia, mas no dia-a-dia atenta às coisas práticas da vida, funda com Lígia Saboya, sua colega de turma e amiga, uma empresa imobiliária de sucesso.

Como romancista, estréia em 1982, com o romance **Teorema do espelho**, escrito em parceria com Lígia Saboya*, e que recebeu um dos prêmios da I Bienal Nestlé de Literatura Brasileira/1982. Ao ser publicado, o título original é ampliado: **A noiva do super homem (Teorema do espelho)**, e a apresentação enfatiza o envolvimento pessoal e sintonizado das duas autoras:

> *...são amigas há mais de vinte anos. Têm afinidades, é lógico. As duas gostam mais do avesso do que do direito. Mais de caminhar do que de chegar. Enquanto Maria Helena estudava religião, mitologia e astrologia, Lígia aprendia alemão, fazia poesia e era publicada em antologia. Um dia-a-dia diverso mas rimado; por isso montaram juntas uma empresa imobiliária. E como a sociedade deu certo, resolveram fazer uma sociedade literária. Só poderia ter saído o que saiu: um teorema.*

Por meio de um enredo aparentemente banal, as reflexões/diálogos/monólogos de duas amigas "unha e carne" – mas personalidades diametralmente opostas –, **A noiva do super-homem** problematiza uma das perguntas-limite de nosso tempo-de-caos: Quem sou eu?. Uma vez que a ciência pôs em questão (ou anulou) a idéia de Deus criador e, conseqüentemente, responsabilizou o homem por seu próprio destino, em sua aventura terrestre, o "eu" perdeu seu centro sagrado (o ponto de apoio absoluto que dava o sentido último da vida). E, descentrado, o homem busca um **novo centro**, a partir dele mesmo. É esse, como sabemos, o nervo vital da literatura – século XX e que prossegue neste século XXI que apenas começa.

É no âmbito dessa problemática que agem e reagem as duas personas poéticas que falam neste romance e se buscam mutuamente, uma querendo encontrar na outra a resposta: "Tu és isto!", que apaziguaria a interrogação ainda em aberto: "Quem sou eu?". Não por acaso, a "teoria do espelho" (freudiana/lacaniana) foi escolhida pelas autoras como ponto de apoio para essa busca. O que parece hoje indiscutível é que o "eu" se descobre em plenitude por meio do outro... Mas como fazê-lo? É no encalço dessa autodescoberta que, no romance, vai-se desenovelando a trama que envolve Powla, a amiga (sem nome), os respectivos maridos Lauro, Dino (o suicida), os amantes, etc. Sua leitura é das que exigem "mergulhos" no texto, para além do explicitado pelas palavras.

O talento de ficcionista de Maria Helena Nóvoa se confirma plenamente em seu segundo romance, **O abismal – o nome do rosto** (Prêmio Bienal Nestlé de Literatura Brasileira/1986). O seu fulcro temático é ainda a interrogação do mistério que envolve a existência humana. Seu título "Abismal" foi tirado de um dos hexagramas do I Ching, o antigo **Livro das mutações** dos chineses.

A trama se tece em torno do grande tema que serve de lastro ao romance latino-americano de um García Márquez, um Juan Rulfo: o da busca do pai, do lugar da origem, daquilo que legitimaria a existência do "eu", a sua presença no mundo e talvez pudesse responder à grande interrogação existencial: Quem sou eu? Aqui, porém, a busca do pai apenas encobre a busca maior: a da Mãe que sempre existiu como enigma. Libertad, uma mulher que se sabe no limiar da morte, acometida de um câncer –, é a personagem que decide voltar à aldeia onde foi concebida (de onde sua mãe saíra antes dela nascer) e onde viveria o pai desconhecido, cujo nome a mãe jamais lhe revelara. Essa busca do nome extrapola os limites meramente pessoais da personagem, para abranger a problemática universal.

O que é um nome, isto que nos distingue de qualquer outra pessoa, esta composição de um nome só nosso, um da mãe e um do pai. Nossa genealogia e nosso lugar nesta genealogia. O nosso nome é o que mostra quem somos nós nesta enorme cadeia de sobrenomes, com suas virtudes, sua mediocridade ou suas taras, físicas e morais. Esta cadeia que nos envaidece ou nos envergonha, que nos leva através do tempo, recuando, até o instante mágico em que, em alguma água parada, possivelmente da África, a primeira célula se reproduziu e a vida começou. Até qualquer um de nós foi cadeia sem interrupção. [...] Penso sobre isso muitas vezes e seu desígnio primordial me escapa.

É no encalço de descobrir esse "desígnio primordial" que a persona narrativa se entrega à "viagem" de volta ao seu lugar de origem, simbolicamente chamado Arena. Aliás, toda a efabulação romanesca, verdadeira arena onde se fundem as mais diversas paixões (políticas, filosóficas, eróticas) com as vivências mais comuns, vulgares e rotineiras, expressa-se em linguagem simbólica, que cabe ao leitor decodificar, para alcançar-lhe o significado latente. Dominando com segurança a linguagem fragmentada que singulariza estes nossos tempos em mutação, a autora cria, com sua palavra densa/tensa, uma trama de sucessos intrigantes, que leva o leitor em suspenso da primeira à última linha. Quanto à busca de uma resposta definitiva para o mistério do destino ou da existência humana, fica patente que o que resta aos humanos é a interrogação permanente, cada vez mais funda; a intuição de pertencermos ao universo mítico que vem da origem dos tempos e, acima de tudo, que somos um elo de uma determinada linhagem, que nos cabe continuar. É nesse sentido que Libertad se descobre, depois de ter lutado com o enigma da própria mãe e ter encontrado o nome do pai.

Não foram os fados que me trouxeram até aqui (Arena). Foram os meus próprios passos, assim que decifrei o enigma da esfinge. Quando pude entender que o ser, apenas o humano ser, é a resposta a todos os enigmas. [...] Por isso, ainda posso olhar para Arena; que já pode ser destruída porque não precisa mais existir. Foi criada e povoada com os personagens do nosso enredo para que nela um dia nos encontrássemos tu e eu: somos apenas a Mãe e a Filha se encontrando; e o mundo inteiro cabe em nós duas.

E na despedida final, Dolores, a mãe, diz:

E foi para me encontrar nesta estrada que você veio. E foi para que você me encontrasse que caminhei até aqui. Agora a abençôo porque em nós o mito se cumpriu. [...] Eu sabia que você nasceria em Arena. Nasceria quando compreendesse que não é filha de Deus e nem mesmo minha filha – mas apenas filha de si mesma. E porque não precisa mais dele, agora você já pode conhecer seu pai.

Publicações: **A noiva do super-homem,** 1983, e **Abismal**, 1986.

899 MARIA HELENA DE PAIVA RAMOS

Contista e jornalista, Maria Helena de Paiva Ramos nasceu em São Paulo (SP), em 1934. Pofissionalizou-se como jornalista. Dentre os prêmios recebidos destaca-se o Prêmio de Jornalismo Pelourinho, com a reportagem Um museu a céu aberto, publicado na revista Visão/1983. Estreou em livro, com os contos de **Isto é definitivo**.

Publicações: **Isto é definitivo**, 1980, e **Como viver só**, 1982.

900 MARIA HELENA DA SILVA RAMALHO

Poeta, assistente social, professora, Maria Helena da Silva Ramalho nasceu em Água Quente (BA), em 15.05.1956. Radicada em São Paulo (SP). Formou-se em Ciências Sociais pela FMU. Ingressa no magistério. Posteriormente entra para o funcionalismo público na Secretaria da Saúde, em São Paulo. Estréia em livro, em 1986, com os poemas de **Renasce uma luz**.

Publicação: **Renasce uma luz**, 1986.

901 MARIA HELENA WEBER

Poeta, teatróloga, professora e musicista, Maria Helena Weber nasceu em Caxias do Sul (RS), em 09.05.1951. Formou-se em Comunicação, Relações Públicas e Publicidade: ingressa no ensino superior na área de Comunicação Social, na UFRS. Vocacionada para a música e para o teatro, nos anos de 1980 dedica-se a escrever peças teatrais, levá-las à encenação e a compor shows musicais com textos e músicas de sua autoria. Publicou livros de poesia em co-autoria com Silva e Humberto Vieira, e outros individuais. Pela publicação de **Caixa de poesia, artes gráficas e plásticas**, recebeu o Prêmio FUNARTE/RJ, 1982.

Publicações: Poesia – **Ambula, a caixa** (em co-autoria), 1980; **Caixa de poesia, artes plásticas e gráficas**, 1982. Peças encenadas (anos 1984/87): **A posse de homens e de terras**; **Sapé tiaraju**; **A forma Brasil**; **Ultrapassagem**; **Fuga em mim maior** e outras.

902 MARIA HILDA XAVIER DE OLIVEIRA

Romancista, ensaísta, professora, Maria Hilda Xavier de Oliveira nasceu em Granja (CE), em 20.09.1920. Radicada no Rio de Janeiro (RJ). Formou-se em Letras na UFRJ, onde segue a carreira docente. Estréia como romancista, em 1971, com **Os sete tempos**. Seguem-se: **Os distraídos** e **O longo curso do minuto**.

Publicações: Romance – **Os sete tempos**, 1971; **Os distraídos**, 1975; e **O longo curso do minuto**, 1982. Ensaio – **A estrutura dos processos descritivos**, s/d.

MARIA INÊS BARROS DE ALMEIDA, v. Lavínia Soares (nº 678)

903 MARIA INÊS GALVÃO

Ficcionista, poeta, jornalista, Maria Inês Galvão nasceu no Rio de Janeiro (RJ). Signo: áries. Formou-se em Jornalismo na PUC-RJ. Trabalhou como *free lancer* na grande imprensa do Rio de Janeiro e São Paulo (Jornal do Brasil, Estado de São Paulo, revista Pais & Filhos, Globo e outros). A vocação para a criação literária manifestou-se muito cedo, em pequenos escritos em verso e prosa. Estréia em livro em 1985, com a prosa poética de **Porão de cristal**, com apresentação de Maria Alice Barroso.

Publicação: **Porão de cristal**, 1985.

MARIA IONE MACEDO 904

Poeta, nascida em Itapetininga (BA), Maria Ione (Marvione) Macedo, filha de Donaciano Macedo e Iracy Antunes Macedo, é presença cultural atuante em seu meio. Foi secretária de Cultura, Esporte e Lazer de seu município. É membro da Academia Literária e Linguística de Anápolis-GO e da Academia Conquistense de Letras.

Foi co-fundadora da Academia Brasileira de Estudos e Pesquisas Literárias do Distrito Federal.

Como poeta, iniciou-se publicando em antologias (**Antologia poética nacional** e **Antologia dos poetas de Itapetininga**). Em livro, estreou com a coletânea **Recado**.

Publicações: **Recado**, 1974; **Andanças**, 1994.

MARIA ISABEL FERREIRA 905

Poeta, Maria Isabel Ferreira nasceu no Rio de Janeiro (RJ), em 02.07.1913. Autodidata. Começou a trabalhar com treze anos, como telefonista. Ingressou no serviço público como servente de escola. Sua dedicação aos estudos a levaram ao cargo de bibliotecária. Sua vocação para as letras revelou-se desde cedo, em escritos publicados em jornais escolares. Aos trinta anos publica seu primeiro livro **Dardo de vidro**, 1942, recebendo de imediato a melhor acolhida da crítica, que apontou em sua poesia forte ligação com as grandes fontes poéticas, como Tagore e Cecília Meireles. Publicou em seguida: **Rosa leve**; **Visão de paz** e **O sol e o nada**. Poesia de reflexão sobre a condição humana e de fundo acento religioso, a de Maria Isabel foi assinalada por Carlos Drummond, Aluizio Medeiros, Fran Martins... como nome destinado a ocupar "um lugar de destaque na nova poesia brasileira". Mas a partir dos anos de 1960, a poeta silenciou.

Publicações: **Dardo de vidro**, 1942; **Rosa leve**, 1944; **Visão de paz**, 1948; e **O sol e o nada**, 1961.

MARIA ISABEL GONÇALVES VILHENA 906

Poeta, cronista, professora, pedagoga, Maria Isabel Gonçalves Vilhena nasceu em Teresina (PI), em 1896. Faleceu em 1988. Ingressou no magistério no Colégio Diocesano; foi diretora e professora da Escola Normal Antônio Freire. Membro da Academia Piauiense de Letras. Como poeta e cronista, colaborou na imprensa local e está incluída na antologia **A poesia piauiense no século XX**/ 1995.

Publicações: **Seara humilde**, s/d; **Nada**, s/d.

MARIA ITAPICURU COELHO DANTAS 907

Contista, professora, presença atuante em seu meio social, Maria Itapicuru Coelho Dantas nasceu em Vila Rica do Bom Jesus (BA), em 1900. De família tradicional baiana, desde cedo destacou-se pela inteligência e dedicação aos estudos. Mudando-se para o Rio de Janeiro (RJ), ali formou-se professora, ingressou no magistério; foi diretora de escolas e professora catedrática do Instituto de Educação do Rio de Janeiro. Colaborou na grande imprensa (Jornal do Brasil, O Globo, Diário de Notícias, Correio da Manhã, revistas Fon-Fon e Brasil Feminino...). Estréia como contista, nos anos de 1940, com o livro **Nus** (Prêmio da Academia Brasileira de Letras). Membro da Academia de Letras da Bahia; do Instituto Histórico e Geográfico/Alagoas; da União de Educadores e outras entidades. Recebeu o título de Cidadã Carioca.

Publicações: Contos – **Nus** e **Adão e Eva** (ambos s/d) Ensaio – **O nacionalismo de Castro Alves**, 1948, e **A força nacionalizadora do Estado Novo**, s/d.

MARIA JACINTHA 908

Dramaturga, tradutora, professora, crítica, contista, roteirista e diretora teatral, Maria Jacintha Trovão da Costa Campos nasceu em Cantagalo (RJ), em 25.09.1906. Faleceu em Niterói (RJ), em 20.12.1994. Foi presença altamente atuante no meio teatral carioca, na primeira metade do século XX, mas que não teve o reconhecimento que sua obra merece. Lacuna que as atuais pesquisas de literatura feminina vêm preenchendo.

Formou-se professora e ingressou na carreira docente, lecionando língua portuguesa. Posteriormente deu cursos de história do teatro e de análise e crítica da obra dramática, na Escola de Teatro Martins Pena (RJ). Desde muito jovem, atraída pelo teatro, dedicou-se a escrever pequenas peças para representação por grupos amadores, e à tradução de obras clássicas de teatro (Girardoux, Anouilh, Paul Claudel, Sartre e outros). Estréia oficialmente, como dramaturga, em 1937, com a encenação da peça **O gosto da vida**. Segundo a crítica da época, a peça apresentava "grande audácia intelectual" e revelava na autora "esplêndidas qualidades" para o exercício desse difícil gênero. Entretanto, censurada por ser considerada atentatória à moral e aos bons costumes, a peça foi retirada de cartaz. A dramaturga ousava falar de amor em liberdade; dissolução dos elos da família, licenciosidade amorosa, etc. Tal escândalo não impediu que a peça recebesse o Prêmio Teatro-ABL, 1938.

Na década de 1940, escreveu inúmeros roteiros teatrais e peças para o rádio-teatro, entre elas o grande sucesso de "Uma estória para uma canção". Em colaboração com a grande atriz Dulcina de Moraes e seu marido Odilon Azevedo, Maria Jacintha fundou o Teatro de Arte do Rio de Janeiro. Durante anos foi diretora do Teatro do Estudante do Brasil, e sob sua direção estrearam talentos como Cacilda Becker e o cenógrafo Osvaldo Mota.

Durante anos colaborou na imprensa carioca e paulista, com artigos e críticas sobre teatro. Fundou e dirigiu a revista Esfera (RJ), onde manteve uma coluna de crítica teatral. Deixou uma extensa e variada produção quase toda inédita, mas já ao alcance dos pesquisadores, pois em 1999 seu acervo foi doado por sua herdeira, Jacintha Sauerbraunn de Melo, ao Arquivo-Museu de Literatura Brasileira da Fundação Casa de Rui Barbosa-RJ e está sendo organizado para a publicação no Inventário do Arquivo de Maria Jacintha, sob a coordenação de Eliane Vasconcellos.

Em 1959, sua obra recebeu a Medalha Machado de Assis-ABL.

Peças publicadas ou encenadas: **O gosto da vida**, 1937; **Conflito**, 1939; **A doutora Magda**, 1938; **Convite à vida**, 1944; **Já é manhã no mar**, 1947; **Um não sei quê nasce não sei onde**, 1968; **Intermezzo da imortal esperança**, 1973. Inéditas: Uma estrada que sobe; A vida lá fora; Legenda para os mortos e outras.

909 MARIA JOSÉ ARANHA DE REZENDE

Poeta, cronista e professora, Maria José Aranha de Rezende nasceu em Santos (SP), em 02.10.1919. Começou a escrever na adolescência, colaborando na imprensa local, com poemas e crônicas. Estreou em livro em 1949, com **Rosa desfolhada**, com prefácio de Edgard de Cerqueira Falcão. Usou os nomes literários de: Augusta Carolina e Maria Celeste. Membro da Academia Santista de Letras.

Publicação: **Rosa desfolhada**, 1949.

910 MARIA JOSÉ BASTOS RIBEIRO

Escritora maranhense, radicada no Rio de Janeiro (RJ), Maria José Bastos Ribeiro publicou dois livros de crônicas memorialistas.

Publicações: **Sombras que eu vi**, 1944, e **O Maranhão de outrora**, 1947.

911 MARIA JOSÉ BULHÕES MALDONADO

Poeta, jornalista e intelectual atuante, Maria José Maldonado Domingos de Oliveira nasceu em Estremoz (Portugal). Residiu em Moçambique, antes de mudar-se para o Brasil. Radicou-se no Rio de Janeiro (RJ). Colaborou regularmente em jornais de Moçambique, Portugal e Brasil. Como poeta, estréia em livro, em 1967, com **Cântico à vida**, publicado em Portugal. Seguem-se **Teia do tempo**, publicado em Moçambique, e **Dias habitados**, no Rio de Janeiro. Pertence à Academia Internacional de Letras e à Academia Nacional de Artes e Letras do Rio de Janeiro.

Publicações: **Cântico à vida**, 1967; **Teia do tempo**, 1972; e **Dias habitados**, 1985.

Poeta, tradutora, atriz, diretora teatral, pianista, cantora de Câmara, declamadora, professora de música e teatro, poliglota, compositora, pesquisadora, crítica teatral, promotora cultural, musa e mestra, Maria José de Carvalho nasceu em São Paulo (SP), em 27.06.1919 (data do nascimento de Guimarães Rosa, como ela costumava lembrar). Faleceu em 1995, depois de uma vida turbilhonante de múltiplas atividades, como criadora, em diferentes áreas da literatura, teatro e artes em geral. Intelectual versátil, eclética, de espírito e formação humanística, interessou-se (sem dilentantismo e com rigor profissional) por todos os ramos do saber e da criação artística.

Formou-se pianista no Conservatório Dramático e Musical de São Paulo (1939). Estudou violino, canto, expressão corporal e dança em cursos particulares. Nos anos de 1930 e 1940 deu vários concertos de piano no conservatório, na Rádio Paulista e em salões de artes. Foi bolsista do Seminário de Música da Universidade da Bahia (1953) e da Academia de Arte Dramática Sílvio D'Amico em Roma (1961). Quando menina fez parte do coral infantil, regido por Villa Lobos, e apresentações no Teatro Municipal. Durante dezoito anos, integrou o Coral Paulistano desse teatro, selecionada em concurso, como voz de contralto. Foi a idealizadora e membro fundador do Movimento Ars Nova (1953), para divulgação da música medieval, renascentista e contemporânea. Nele atuou como diretora, pesquisadora e cantora. Também integrou o Madrigal da Orquestra de Câmara de São Paulo, participando das representações, no Senegal e na Itália, de música religiosa barroca. Compôs músicas para vários espetáculos teatrais. Lecionou música na Escola de Arte Dramática e na Escola de Comunicação e Arte-USP. Nos anos de 1970 e 1980, dedica-se à pesquisa de música nacional e internacional, gênero cabaret e café concerto, composta entre 1900 e 1950. Como intérprete desse gênero musical (cantando em seis línguas), apresentou-se, nos anos de 1980, em São Paulo, Paraguai e Estados Unidos, a convite da Brazilian-American Cultural Institute, Center of Inter-American Relations e Meridian House.

Na área do teatro, integrou o Grupo Universitário de Teatro, dirigido por Décio de Almeida Prado, dentro do movimento de renovação do teatro paulista, interpretando peças de Gil Vicente, Martins Pena e outros dramaturgos do passado e do presente. A partir daí, participou do movimento teatral como atriz, diretora, professora de arte dramática, julgadora em concursos, etc. Foi membro da Comissão Estadual de Teatro (SP) desde sua fundação em 1957 até 1967. Criou um método especial para o ensino da dicção e técnica vocal, aplicando-o durante dez anos na Escola de Arte dramática-USP. Entre os alunos que se tornaram artistas famosos, estão: Raul Cortez, Aracy Balabanian, Ney Latorraca, Gianfrancesco Guarnieri, Glória Menezes, Milton Gonçalves... Em sua residência – a Domus Domitila – realizou durante anos atividades culturais permanentes (cursos, palestras, debates, leituras de peças, concertos musicais, etc.).

Na área de letras, desde muito cedo iniciou-se como leitora voraz, poeta e declamadora. Adolescente, torna-se colaboradora de jornais e revistas de São Paulo (Cavalo azul, Diálogo, Colégio...). Formou-se em História pela Faculdade de Ciências e Letras-USP. Entrega-se com paixão à tradução de grandes poetas e romancistas da literatura ocidental, e profissionaliza-se como tradutora de livros em várias línguas (latim, espanhol, italiano, alemão, francês e inglês). Entre as muitas dezenas de traduções publicadas, estão autores como Molière, Cícero, Homero, Saint-John Perse, Paul Valéry, Edgar Allan Poe, Quevedo, Eliot, Ungaretti, Leopold Senghor... Traduziu obras de poesia, história, psicologia, ficção e antropologia.

Como poeta, estreou em livro, em 1950, com **Poemas da noite amarga** (Prêmio Secretaria de Cultura do Estado de São Paulo). Seguem-se **Aurum et Niger** e **Neomenia**, poesia hierática, ritualística, na qual as palavras e sua musicalidade celebram os elementos que se amalgamam no universo humano e perpetuam a vida. **Lunarium**, escrita em latim, segue a mesma linha de grandeza e esplendor, inerente às palavras que, em poesia, sobrevivem à destruição do tempo. **Mar do sul**, poema de abertura do grande poema épico, iniciado em 1966, mas que não chegou a ser concluído. Poema dedicado às nossas origens: "homens e mares de Portugal", *a todos aqueles / idos perdidos / bons e maus / de quem descendo // venho de marinheiros / poetas / aventureiros / lavradores / menestréis / traficantes e negreiros.* Voltada para o resgate das nossas raízes, escreve o cordel **Romance de Lampião** (ilustrações de Aldemir Martins); e celebrando o Erotismo, como suprema plenitude existencial, escreve a poesia erótica de **Os celebrantes**, livro-arte com gravuras de Darcy Penteado. Entre suas centenas de livros publicados, registramos:

Publicações: Poesia – **Poemas da noite amarga**, 1950; **Aurum et Niger**, 1966; **Neomenia**, 1968; **Lunarium**, 1970; **Mar do sul**, 1984; **Romance de Lampião**, 1986; e **Os celebrantes**, 1988. Tradução – **As canções de Bilitis** de Pierre Louys; **Cantos** de Leopardi; **Poema do canto jondo** de García Lorca; **As mamas de Tirésias** de Apollinaire; **Maffio Maffii** de Cícero; **Leviatã** de Julien Green...

MARIA JOSÉ DUPRÉ

Romancista *best seller* dos anos de 1940, conhecida pelo grande público como Madame Dupré, a paulista Maria José Fleury Monteiro Dupré nasceu em Botucatu (SP), em 1905. Faleceu em 1987, na capital paulista. Descendente de tradicional família de fazendeiros, fez os primeiros estudos na cidade natal no Colégio dos Anjos, hoje Instituto Santa Marcelina. Mudando-se para a capital paulista, formou-se na Escola Normal Caetano de Campos. Ingressou no magistério, mas logo em seguida casou-se com o Eng. Leandro Dupré e interrompeu a carreira.

Sua vocação para os estudos e criação literária manifesta-se, em 1939, com o conto "Meninos tristes", publicado no suplemento em rotogravura de O Estado de São Paulo, assinando com o nome literário de Mary Joseph. Em 1941, estréia como romancista com **O romance de Teresa Bernard**, assinando-se Sra. Leandro Dupré. Sucesso absoluto de crítica e de público. Contemporânea de Erico Veríssimo, Lins do Rego, Vianna Moog, etc., Maria José estréia na década de 1940, época que se revelou extremamente propícia para as mulheres escritoras no Brasil. Nesses anos estrearam diferentes gerações de escritoras, já hoje consagradas: Dinah Silveira de Queiroz*, Helena Silveira*, Lygia Fagundes Telles*, Clarice Lispector*, Elisa Lispector*, Stella Leonardos* e outras... Seu maior êxito foi o romance **Éramos seis** (Prêmio Raul Pompéia-ABL/1944), traduzido para o sueco, francês, inglês, espanhol e adaptado para novela de Televisão TV Tupi-SP, 1997 e TV Globo-RJ nos anos de 1980). Foi roteiro para um filme argentino. A esse romance seguem-se outros: **Luz e sombra**, **Gina**, **Os Rodriguez**, **D. Lola**, **Casa do ódio**...

Romance na linha consagrada pela tradição romântico-realista, de intenção documental-exemplar: a das grandes narrativas romanescas, centradas numa personagem (ou várias) que, por sua vez, se revela espelho da Sociedade a que pertence. A problemática central desse romance é a rede de valores consagrados que dirigem as relações sociais; e no centro destas, sempre o casal – o problema do amor/casamento –, visceralmente dependente da condição social dos enamorados. A obra romanesca de M. J. Dupré é exemplar da permanência, no século XX, dos valores consagrados, no século XIX, pela sociedade romântico-burguesa-liberal-crista, a que se tornou alvo dos ataques dos "Ismos" dos anos de 1910 e 1920. Entre esses valores, o mais importante é o casamento, visto como caminho de ascensão social do indivíduo, como "ponte" entre a classe pobre e a rica, entre o plebeismo e a aristrocracia, etc. De natureza lírico-moralista, esse romance tradicional perdura no gosto "oficial" da sociedade em geral, até meados do século XX, quando o olhar do escritor vai-se deslocando da rede social, à qual as personagens lutam para se adequar e nela se auto-realizar, para a consciência interrogante da personagem, em relação a essa rede, na qual se sabia presa. Para confronto entre esses dois modos de ver o mundo, vale a pena confrontar as protagonistas de dois romances escritos na mesma época: a Dora de **Os Rodriguez** (1946) de Maria José Dupré, e a Joana de **Perto do coração selvagem** (1944) de Clarice Lispector, pioneira entre nós do novo romance.

Verdadeira contadora de histórias, Maria José Dupré escreveu, ao mesmo tempo, para adultos e crianças. Manipulando uma linguagem fluente, coloquial, que corre fácil no fluir dos acontecimentos, suas narrativas infanto-juvenis conquistaram um largo público entusiasmado. **Aventuras de Vera, Lúcia, Pingo e Pipoca** (1943); **A ilha perdida** (1944); **A montanha encantada** (1949); **O cachorrinho Samba** (1949) – livro que inicia uma série que continua sendo reeditada. Do ponto de vista estilístico e estrutural, todos eles obedecem às mesmas invariantes: crianças em férias numa fazenda (tema predileto das crianças nos anos de 1930 e 1940, por contraste com o meio urbano em que viviam), vivendo aventuras em que entram mistérios, perigos, etc.

Dona de um estilo fluente e rico, Maria José Dupré faz parte das últimas vozes que, entre nós, testemunharam esse fim do mundo tradicional, às vésperas do caos que a partir dos anos de 1960 se instalou definitivamente (ou pelo menos até este limiar do século XXI). Como escritora e intelectual de prestígio, Maria José Dupré participou ativamente do movimento cultural e beneficente paulista. Foi diretora da Sociedade Paulista de Escritores; vice-presidente da Gota de Leite e da Creche Baronesa de Limeira. Entre os prêmios e distinções recebidas por sua obra, destaca-se a Medalha Imperatriz Leopoldina. Seu romance **Os Rodriguez** foi dedicado aos descendentes da família real brasileira: Príncipe D. Pedro de Orleans e Princesa Dona Esperanza.

Publicações: **O romance de Tereza Bernard**, 1941; **Éramos seis**, 1943; **Luz e sombra**, 1944; **Gina**, 1945; **Os Rodriguez**, 1946; **Dona Lola**, 1949; **Casa do ódio**, 1951; **Vila soledade**; **Angélica** e **Os caminhos**, 1969.

MARIA JOSÉ FAGUNDES DE SOUSA 914

Contista, Maria José Fagundes de Sousa nasceu em São Paulo (SP), em 01.01.1913. Na década de 1930 ingressou no serviço público. Colaborou regularmente na imprensa paulista (A Gazeta) e Rio de Janeiro (Correio da manhã). Estreou em livro, em 1939, com os contos de **Coisas da vida.**

Publicação: **Coisas da vida**, 1939.

MARIA JOSÉ GIGLIO 915

Poeta, cuja palavra essencial já está incorporada no acervo da Poesia Brasileira do século XX, Maria José Giglio, de descendência italiana, nasceu em Mococa (SP), em 05.05.1933, e ainda criança mudou com a família para a capital paulista.

Desde cedo atraída pelos estudos e pela cultura em geral, freqüentou sucessivos cursos (línguas estrangeiras, literatura espanhola; Pré-História Universal com o Prof. Paulo Duarte; filosofia religiosa; escritura-a-pincel dos ideogramas chineses, etc.). Completou tais cursos com pesquisas de arqueologia, percorrendo o Peru e a Bolívia em busca de dados sobre as culturas pré-hispânicas.

Ainda adolescente começa a escrever poesia. Em 1958, descoberta e incentivada pela poeta Colombina* (fundadora da Casa do Poeta-SP) publica seu primeiro livro, **Versos a um polichinelo**, que conquistou de imediato expressivo acolhimento da crítica especializada. Seguem-se: **Uma luz ao longe** (1960), **Poemas ao amado sem nome** (1962) e **Labirinto** (1964 – 1º vol. de uma trilogia). Este último foi a abertura definitiva para o seu caminhar em poesia: ultrapassa as fronteiras paulistas, e no Rio de Janeiro figura entre as melhores publicações do ano. De vários países americanos e europeus lhe chegam convites para intercâmbio cultural. Mercedes La Valle verteu seus poemas para o italiano, o que lhe valeu a "Palma de Ouro" da Academia Internacional de Ciências, Letras e Artes de Nápoles.

Simultaneamente à criação poética, durante os anos de 1960, Maria José Giglio desenvolve intensa atividade cultural (inaugura, em 1966, a Tod-Arte Galeria, administrando-a durante dois anos, juntamente com a Galeria da KLM; criou salões de pintura para artistas nacionais e estrangeiros; mantém uma coluna de crônicas na revista Casa e Jardim e nos jornais paulistanos Shopping-City News; traduz, do francês, os principais livros do filósofo alemão Karl Jaspers, etc.). É membro da Casa do Poeta, Casa do Intelectual, União Brasileira de Escritores, Academia di Pontzen (Nápoles) e membro-fundadora da Academia de Letras do Vale do Paraíba (que ocupa a Casa de Monteiro Lobato, em Taubaté). Funda em São Roque (SP) a Casa do Escritor.

Dando seqüência à trilogia iniciada com **O labirinto**, publica: **Poema total** (escrito em 1965/publicado em 1971) e **Salmos abstratos** (1974). Poesia de lastro existencialista, toda ela é ânsia de conhecimento do que existe para além das aparências; é mergulho nas zonas abissais do ser, em busca de realidades ainda não tocadas. Daí a mutabilidade contínua de sua matéria poética que, de livro para livro, mais se adensa e se concentra na aventura essencial de um espírito atento às mutações profundas do mundo contemporâneo. Aventura que se desdobra em novos títulos e vai abrindo novos círculos de busca, no encalço do Homem em sua totalidade. Poesia atraída pelo mistério da condição humana, a de Maria José Gíglio tenta reinventar as origens, eternizar na palavra o instante fugidio e o fluir contínuo do tempo. Poesia de alta temperatura poética-existencial.

Tem participado de inúmeras antologias poéticas, no Brasil e no exterior (Itália, Argentina, EUA, Hungria e França). Sua fortuna crítica inclui sua obra entre as de alta categoria nos quadros da literatura brasileira. Entre as distinções e homenagens que lhe têm sido feitas, destacam-se: Certificado de Honra ao Mérito concedido pelo Círculo de Estudos Pensamento e Ação – Salvador (pelos seus 40 anos de vida literária); Comenda do Mérito Costa e Silva/UBE – Piauí e Diploma de Personalidade Cultural/UBE-RJ.

Publicações: **Versos a um polichinelo**, 1958; **Luz ao longe**, 1960; **Poemas ao amado sem nome**, 1962. Trilogia – **O labirinto** (1964 – ilustrações de Tide Helmeister); **Poema total** (1971 – ilustrações de J. Suzuki) e **Salmos abstratos** (1974 – ilustrações de Sérgio Macedo). Trilogia: **Elementares** (1979 – ilustrações de J. Suzuki); **Não** (1968 – ilustrações de Luz e Silva) e **Pãdemônio** (inédito) **Sonetos de oitavo dia** (1967 – ilustrações de Mário Campelo), **5 elegias I sonata** (1972 – ilustrações de Ferenk Kiss), **3 motivos + 1** (1976 – ilustrações de Ideogramas chineses); **A Ilha**, 1992; **Crípticos in/decentes**, 1993; **Thanatos**, 1995; e **Para violino solo**, 2001.

916 MARIA JOSÉ LIMEIRA

Ficcionista, Maria José Limeira nasceu em João Pessoa (PB), em 30.08.1941. Colaborou na imprensa paraibana e alcançou certo sucesso de público, com seus contos e novelas publicados a partir de 1964.

Publicações: Conto – **Margem**, 1964; **Aldeia virgem, além**, 1965; **As portas da cidade ameaçada**, 1980; e **O lado escuro do espelho**, 1985. Novela – **Olho no vidro**, 1975, e **Luva no grito**, 1985.

917 MARIA JOSÉ DE QUEIROZ

Ficcionista, poeta, ensaísta, intelectual de grande erudição. Professora universitária, pesquisadora, Maria José de Queiroz nasceu em Belo Horizonte (MG), em 25.05.1936. Formou-se em Letras Neolatinas (UFMG/1955); realizou doutorado em 1960. Ingressando na carreira acadêmica, faz concurso de livre-docente, na área da literatura hispano-americana e para professora-catedrática na mesma universidade, em 1962, onde leciona até 1986. Como professora convidada dá cursos na Indiana University-EUA/1967; Université de Paris – 1968/1971; Deutsch-Brasilianische Gesellschaft – Bonn – 1979/1980 e outras.

Participa de congressos e viagens culturais, proferindo conferências em eventos internacionais (Feira Internacional do Livro/Frankfurt; Goethe Institut/Bonn e outros). Como ensaísta, colabora em revistas especializadas do Brasil e exterior (Kriterion, Revista da UFMG e Phasis – Minas Gerais; Cultura-Brasília; Colóquio Letras-Lisboa; Bulletin Hispanique-Bordeaux; Revista Ibero-americana e Hispanic Historical Review-EUA; Deutsch Brasilianische Hefte-Bonn e outras). Na imprensa brasileira colaborou em jornais do Rio de Janeiro e Minas Gerais (Jornal de Letras-RJ; SLMG-Belo Horizonte; Estado de Minas – Belo Horizonte).

Em 1973, é nomeada diretora do Departamento de Cultura de Belo Horizonte e, em uma gestão de oito meses, desenvolveu inúmeros projetos de incentivo à literatura e às artes em geral (conferências, debates, concertos, balé, corais, serestas, exposição de pintura, noites de autógrafos em praça pública, etc.). Em 1974, realiza novos estágios no exterior, inclusive na Biblioteca Nacional de Paris, onde conclui a pesquisa sobre literatura de viagens, que havia iniciado em 1971. Como poeta, estréia em livro em 1971, com **Exercício de levitação**; seguem-se: **Exercício de gravitação**, **Exercício de fiandeira** e **Resgate do real: amor e morte** (todos publicados em Coimbra – Portugal, com boa repercussão na crítica brasileira e portuguesa). Em 1973, estréia como romancista, com **Como me contaram... Fábulas e histórias**, na linha pós-moderna, de reinvenção da memória mítica dos gerais. Seguem-se outros títulos, que constituem uma obra romanesca (limítrofe com o ensino), que se insere com destaque no âmbito do novo romance brasileiro pós-1960 – romances engendrados pela consciência interrogante que se impõe ao escritor contemporâneo, ao enfrentar o caos, no qual se fundem os valores herdados/deteriorados e as novas idéias e vivências ainda em gestação. A autora é dona de um estilo sedutor – amálgama de um conhecimento multiforme, que envereda por várias áreas do saber (história, literatura de ontem e de hoje, política, ciências, lingüística, psicologia, etc.). Conhecimento que não se impõe como erudição aleatória, mas como "um saber de experiência feito", um saber já absorvido pela sensibilidade humanística de uma personalidade privilegiada. Com um tato, que poderíamos definir como "feminino", M. J. Queiroz, com suavidade e ludismo, vai prendendo na teia das palavras os mais complexos problemas da condição humana. Vai testemunhando o mundo em metamorfose, por meio do largo espectro de suas fragmentadas/coesas tramas romanescas. Embora girando em torno de diferentes eixos dramáticos ou situações, todos eles têm como matéria-prima a condição humana e sua luta para a auto-realização. **Ano novo, vida nova**, **Invenção a duas vozes**, **Homem de sete partidas**, **Joaquina, filha de Joaquim José** e outros, todos se alimentam da mesma problemática nuclear: as relações homem-mulher, fora e dentro do casamento; o ambíguo processo de redescoberta da condição feminina; o contínuo confronto entre o real e o imaginário, entre pragmatismo e idealismo; o possível/impossível conhecimento do eu em relação ao outro; o poder ou a impotência da palavra para expressar com autenticidade as vivências profundas dos seres; a denúncia das "máscaras" que são exigidas a cada um para que o convívio social seja possível; o espaço essencial que o imaginário (literatura, arte, religião, etc.) ocupa no espírito humano e forja suas verdades ou mentiras, etc.

Dentre seus títulos, destacamos o romance **Invenção a duas vozes** (1978), que pode ser tido como uma súmula do universo romanesco criado pela autora. É evidente sua ligação com a famosa peça de Sartre, **Huis clos** ("porta fechada", em trad. brasileira. **Entre quatro paredes**). O núcleo dramático é o mesmo: uma situação de enclausuramento das personagens em um pequeno espaço, obrigadas a uma convivência atritante e à conseqüente queda das "máscaras" sociais, que ocultam a verdade última de cada indivíduo. Na peça de Sartre, trata-se de três personagens "culpadas" (uma lésbica, uma infanticida e suicida e um desertor covarde) que, mortas, se vêem presas numa sala do Inferno. No romance da mineira, o mesmo aprisionamento é vivido por um casal maduro, que pretendia passar, em paz e a sós, os quatro dias do carnaval, na ampla mansão em que residiam, sem a presença de filhos, netos ou criados. Projeto que foi frustrado logo no início, por um bando de ladrões que os trancou no banheiro e depois do roubo foi embora. Aprisionados no pequeno espaço da sala de banho, na mansão isolada de vizinhos e sem qualquer possibilidade de abrirem a porta fechada, só lhes restava esperar que na quarta-feira de cinzas os criados chegassem. Durante quatro noites e três dias, marido e mulher, por meio de ambíguos ou crispados diálogos e monólogos, vão fazendo seus "balanços de vida" e descobrindo o abismo interior que, desde sempre, os separara. Embora com tramas e objetivos bem diferentes, ambos os textos, o de Sartre e o de Maria José, são permeados pela mesma visão de mundo: "o carrasco de cada eu é o outro" ou "o inferno são os outros". Ou, como diz a epígrafe de Lacan posta na abertura do romance, *Aquilo que é o fundamento da vida – as relações de homens e mulheres e que chamamos – coletividade, não vai bem. Não vai nada bem. [...] e passamos grande parte de nossa atividade dizendo isso.*

O tema do cerceamento da liberdade ou do aprisionamento do indivíduo é um dos temas constantes da obra da autora. Ainda na linha limítrofe entre ensaio e ficção, publica **A literatura encarcerada** (1981), no qual analisa uma dezena de livros de ficção e de poesia, escritos pelos autores, quando prisioneiros em algum lugar. Entre esses livros, estão: **The enormous room** de Cummings (escrito pelo poeta americano quando confinado em campo de concentração na França, durante a Primeira Grande Guerra) e **Recordações da casa dos mortos** de Dostoievski (escrito durante o período em que, condenado à morte, esteve preso na Sibéria).

Atenta aos processos pelos quais a vida se realiza, publica em 1988 um curioso estudo: **A comida e a cozinha** (Iniciação à arte de comer), com apresentação de Guilherme de Figueiredo. Destacando o comer como um verdadeiro ritual de manutenção da existência, a autora vai iluminando as dimensões históricas, míticas e antropológicas de suas análises.

Entre os prêmios e distinções atribuídas à sua obra, destacam-se: Prêmio Sílvio Romero-ABL/1963; Prêmio Othon L. Bezerra de Mello-ABL/1963; Prêmio Pandiá Calógeras-SEC-MG/1963; Assis Chateaubriand-ABL/1975 e Pen Clube do Brasil – Ficção/1979. É membro da Academia Mineira de Letras; Académie du Monde Latin-Paris; Pen Clube do Brasil e outras.

Publicações: **Exercício de levitação**, 1971; **Exercício de gravitação**, 1972; **Exercício de fiandeira**, 1974; **Resgate do real: amor e morte**, 1978; e **Para que serve um arco-íris?**, 1982. Ficção – **Como me contaram...** 1973; **Ano novo, vida nova**, 1978; **Invenção a duas vozes**, 1978; **Homem de sete partidas**, 1980; **Joaquina, filha de Joaquim José**, 1987; **Sobre os rios que vão**, 1991; e **Amor cruel, amor vingador**, 1998. Ensaio – **A poesia de Juana de Ibarbourou**, 1961; **Do indianismo ao indigenismo nas letras hispano-americanas**, 1962; **César Vallejo: ser e existência**, 1971; **Presença da literatura hispano-americana**, 1981; **A literatura encarcerada**, 1981; **A comida e a cozinha**, 1988; e **A literatura alucinada: do êxtase das drogas à vertigem da loucura**, 1990. Literatura juvenil – **Operação Strangelov** (A Ecologia e o domínio do mundo), 1984.

MARIA JOSEFA BARRETO P. PINTO 918

Poeta, professora, ativista cultural e política, conhecida como a primeira jornalista do Rio Grande do Sul, Maria Josefa Barreto Pereira Pinto nasceu em Rio Pardo (RS), em 1897. Faleceu em Porto Alegre (RS), em 1937. Filha de Ana Mathildes da Silveira, que a enjeitou, foi criada pelo casal Teodózio Rodrigues de Carvalho e Josefina Joaquina da Conceição, que lhe deram educação esmerada. Nos registros históricos, seu nome costuma ser confundido com o de sua contemporânea, homônima, Maria Josefa da Fontoura (1775), que teve relevante atuação política durante a Revolução Farroupilha. Maria Josefa Barreto foi casada com Inácio Barreto P. Pinto, funcionário da primeira cadeia pública de Porto Alegre. Abandonada pelo marido e responsável pelo sustento de seus filhos, abriu uma escola mista; passou a escrever artigos e poemas para a imprensa e também redigia requerimentos para o Fórum. Fundou e dirigiu o jornal-panfleto "Belona irado contra os sectários de Momo", que circulou entre novembro/1833 e janeiro/1834; e foi um dos quarenta jornais que circularam no advento e no período farroupilha. Segundo a crônica, embora não tenham restado exemplares do Belona, há depoimentos de que o semanário "lançava farpas" aos rebeldes que preparavam a longa guerra civil.

De sua produção poética, resta a memória do soneto "Aos 55 anos do Sr. D. João VI", publicado no **Almanack**. Colaborou também na antologia **Idade de ouro**/POA (org. Manoel dos Passos Figueiredo).

(Fonte de Consulta: **Dicionário de mulheres** – org. Hilda Agnes Hubner Flores* – 1999).

919 MARIA JULIETA DRUMMOND DE ANDRADE

Ficcionista, cronista, tradutora, Maria Julieta Drummond de Andrade nasceu em Belo Horizonte (MG), em 1928. Faleceu no Rio de Janeiro (RJ), em 1987. Filha única do poeta Carlos Drummond de Andrade, que faleceu pouco tempo após sua morte. Residiu no Rio de Janeiro até 1949, quando se casa com um intelectual argentino e se muda para Buenos Aires, onde se dedicou a divulgar a língua portuguesa e a literatura brasileira, dando cursos no Centro de Estudos Brasileiros, do qual foi presidente (1976). Realizou seminários, palestras, programas radiofônicos e televisivos, divulgando autores brasileiros e hispânicos. Colaborou em jornais e revistas no Brasil e Argentina. Em 1983, volta a residir no Rio. Como escritora, estreara em livro, com dezessete anos, publicando a novela **A busca**. Nos anos de 1980 retoma sua tarefa literária e jornalística. Torna-se membro do Conselho Federal de Cultura a partir de 1985. Reúne em livro as crônicas **Um buquê de alcachofras** e **O valor da vida**. Em 1985, publica um texto memorialista, **Diário de uma garota**. Dedica-se a escrever para crianças: **Loló e o computador** (1986) e **Gatos e pombos** (1987 – post.)

Publicações: Novela – **A busca**, 1946. Crônica – **Um buquê de alcachofras**, 1980, e **O valor da vida**, 1982. Memória – **Diário de uma garota**, 1985.

920 MARIA LACERDA DE MOURA

Feminista, pioneira nas lutas pelos direitos da mulher, Maria Lacerda de Moura nasceu em Manhuassú (MG), em 1887. Viveu em Barbacena e, na década de 1920, muda-se para São Paulo (SP). Rebelde, não se conforma com os padrões educacionais vigentes na época e escreve artigos de análise e denúncia. Dirigiu, entre 1918 e 1924, a Federação Internacional Feminina, com finalidades cívicas e educacionais. Entre 1928 e 1935, escreveu o maior número de textos, quando residia em Guararema, na Chácara D. Maria Lacerda. Divulgadora das idéias pacifistas e antifacistas, foi levada ao ostracismo, devido ao seu anticlericalismo e desmistificação do conformismo imposto às crianças pela Igreja. Em 1938, retirou-se para o Rio de Janeiro, em busca de paz e isolamento. Passa a dedicar-se ao estudo das "relações entre a ciência e o ocultismo" (v. **A outra face do feminismo de Maria Lacerda de Moura** por Miriam L. M. Leite). Faleceu aos 58 anos no Rio de Janeiro (RJ), em 1945.

Publicações: **Em torno da educação**, 1918; **A mulher é uma degenerada?**, 1924; **Religião do amor e da beleza**, 1926; **Han Ryner e o amor plural**, 1928; **Civilização, tronco de escravos**, 1931; **Amai e... não vos multipliqueis**, 1933; **Clero e fascismo: horda de embrutecedores**, 1933; **Ferrer, clero romano e educação laica**, s/d.

921 MARIA LAURA PEREIRA DA SILVA COUY

Poeta, cronista, professora, contista, Maria Pereira da Silva Couy nasceu em Teófilo Otoni (MG), em 05.11.1941. Exerceu o magistério até a aposentadoria. Membro da Academia Municipalista de Letras de Minas Gerais, e sócia-fundadora do Clube do Livro – Teófilo Otoni. Colaborou na imprensa. Estreou em livro, em 1981, com os contos e crônicas de **A sereia de sal e sol** e a poesia de **Vivência**. Em 1945, publicou livros infantis: **A bruxinha Anabel** e o **Circo alegria**. Tem vários inéditos aguardando publicação.

Publicações: **A sereia de sal e sol**, 1981; **Vivência**, 1981; e **Ampulheta**, 2001.

922 MARIA LÓCIO DE BARROS

Poeta matogrossense, nascida em Glória de Dourados (MS), em 19.05.1955. Reside em Cáceres (MT).

Publicação: **Sonhos se realizam**, 1999.

923 MARIA DE LOURDES ABREU DE OLIVEIRA

Romancista, contista, professora universitária, pesquisadora, Maria de Lourdes Abreu de Oliveira nasceu em Maria de Fé (MG), em 1934. Residiu em Juiz de Fora (MG) e Rio de Janeiro (RJ). Formou-se em Letras Clássicas na UFJF.

Ingressou no magistério superior, área de Literatura Portuguesa no Curso de Letras da UFJF. Em 1979, realiza o mestrado na UFRJ, área de Teoria Literária, com a dissertação "Pessoa sob persona – olhar e olhando em **O Delfim** de Cardoso Pires" (Prêmio Cidade de Belo Horizonte).

Em 1958, inicia-se como escritora, colaborando com contos e crônicas em revistas (Alterosa, Luminar Spargere, Vida Doméstica...) e jornais (Estado de Minas, Diário Mercantil...). Participou de concursos literários, tendo vários trabalhos premiados.

Estréia em livro, em 1966, com os contos **A porta-estandarte**. Em 1968, seu romance **Antigamente no portão** recebe o Prêmio Bloch de Romance, cuja comissão julgadora era integrada por Adonias Filho, Eduardo Portella e Franklin de Oliveira, em cujo parecer é destacada *a boa arquitetura que arma o romance – drama da família em crise –, sua linguagem segura, porque direta, enxuta, precisa [...] e o poder de tornar viva a condição humana pelo sofrimento.*

Seguem-se **Corpo estranho** e **De olhos fechados** (Prêmio Petrobras de Literatura/1986). Dona de um estilo seguro, a autora insere-se na linha do realismo crítico, dominante na ficção contemporânea, assumindo-se como a "consciência interrogante" de um narrador que se quer registro direto e conciso da vida humana, condicionada pela rotina de um cotidiano estreito, com suas grandezas e misérias, encontros e desencontros entre os sonhos e sua possível/impossível realização. Suas personagens respiram a atmosfera de desencanto que, nos anos de 1970 e 1980, via de regra sucedeu à rebeldia eufórica e revolucionária dos anos de 1960.

Publicações: Conto – **A porta-estandarte**, 1966. Romance – **Antigamente no portão**, 1969; **Corpo estranho**, 83; **De olhos fechados**, 1987.

MARIA DE LOURDES ALBA 924

Poeta e jornalista, nascida em São Paulo (SP), em 24.07.1957, Maria de Lourdes Martinez Alba de Almeida Borges estreou em livro com **Ao redor das horas**, em 1999. Em prefácio de Caio Porfírio Carneiro, é enfatizado o lirismo interrogante com que a autora se relaciona com o tempo e os encontros/desencontros do amor. Formada em Jornalismo pela FIAM, fez pós-graduação em Teoria da Comunicação, na Faculdade Cásper Líbero. Profissionalizou-se no serviço bancário (Caixa Econômica Federal) desde 1982.

Publicação: **Ao redor das horas**, 1999.

MARIA DE LOURDES DE BARROS LEITÃO 925

Poeta, pesquisadora em Química, Maria de Lourdes de Barros Leitão nasceu em Jaú (SP), em 23.05.1908. Ainda menina muda-se para a capital paulista, onde se forma na Faculdade de Farmácia-USP. Dedica-se à pesquisa na área de química, publicando os resultados em ensaios, divulgados em revistas especializadas. Estreou em livro em 1932 com a poesia de **Figuras de relevo**. Seguem-se outros.

Publicações: Poesia – **Figuras em relevo**, 1932; **Figura brava**, 1948; e **No dia do pecado**, 1956. Ensaio – **Sobre o doseamento do acetilsalicílico**, 1942.

MARIA DE LOURDES BRANDÃO 926

Poeta, contista, cronista, jornalista, Maria de Lourdes Brandão nasceu em Braga (Portugal), em 1932. Mudando-se com a família para o Brasil, radicou-se em São Paulo (SP). Tem cidadania portuguesa e brasileira. Fez estudos básicos no Liceu Nacional Sá de Miranda, Lisboa. Formou-se em Jornalismo na PUC-SP. Estagiou nos Estados Unidos. Dedica-se ativamente ao movimento cultural, nas áreas de jornalismo e literatura. Foi diretora da revista lusófona Nós; colabora na imprensa brasileira e portuguesa (Comércio do Porto, Matosinhos hoje, Notícias de Maria de Portugal e outros). Em 1995, foi distinguida com o título de Melhor Jornalista do Ano, pela International Writers Association-EUA. É membro da Academia Nacional de Letras e Artes; Academia Luso-brasileira e Sociedade de Língua Portuguesa.

Como poeta e contista tem participado de inúmeras antologias (**Antologia Del'Sechi**/1996; **Eros e psique**/1997; **Amor em prosa e verso**/1998; **Antologia de contos**...). Estréia em livro individual em 1994, com a poesia de **Vivências**.

Publicações: Poesia – **Vivências**, 1994, e **O suspiro do tempo**. 1997. Crônica – **Presença de Portugal**, 1969. Entrevista – **O adeus de Salazar aos portugueses**, 1983.

927 MARIA DE LOURDES DIAS REIS

Poeta, cronista, crítica literária, jornalista, folclorista, professora universitária, Maria de Lourdes Costa Dias Reis nasceu em Belo Horizonte (MG), em 24.10.1945. Formou-se em História pela UFMG e em Jornalismo pela PUC-MG. Fez pós-graduação em História do Brasil na FAFI – Belo Horizonte e mestrado em História Ibero-americana na PUC-RS. Segue carreira acadêmica na Faculdade de Filosofia de Belo Horizonte, onde leciona História. É coordenadora de Estudos Sociais do Colégio Tiradentes – Belo Horizonte.

Inicia-se como escritora, colaborando na imprensa e participando com êxito de concursos literários (Prêmio Conc. do Unicentro Newton Paiva/1986; Prêmio – Poesia Academia Feminina Letras-MG, Medalha Alferes Tiradentes da Polícia Militar). Manteve, durante largo tempo, uma coluna de crítica literária Tempo de livro no Diário da Tarde – Belo Horizonte.

Estreou em livro, em 1985, com a poesia de **Repassagem**, ao qual se segue **Minhas Gerais** e alguns livros para crianças (**Quem-quem**, 1986, **Circo mambembe**, 1992, e outros).

Publicações: **Repassagem**, 1985, e **Minhas Gerais**, 1987.

928 MARIA DE LOURDES COIMBRA

Ficcionista, crítica de arte, cronista, Maria de Lourdes Mendes de Almeida Coimbra nasceu em Petrópolis (RJ), em 1930. Formou-se em Filosofia pela PUC-RJ/1952. Colabora na imprensa com contos, crônicas e crítica de arte (Correio da Manhã, SLMG, revista Civilização Brasileira, revista Tempo).

Estreou em livro em 1973 com **Os cinco sentidos**, minicontos, em estilo conciso e direto no registro das situações – estilo entre amargo, displicente e irônico, que marca certa linha da literatura dos anos de 1970 e 1980, época pós-rebeldia dos anos de 1960 – momento em que todos os interditos tradicionais já tinham sido derrubados, a liberdade feminina conquistada, mas no Sistema, as verdadeiras portas continuavam fechadas e as conquistas femininas se tornaram produtos de marketing. E mais, todas as ideologias haviam fracassado. Sem altos ideais a serem alcançados, para que lutar? Aos escritores que se querem testemunhas de seu tempo, resta registrar o que vêem, por meio de uma ótica crítica e desencantada, disfarçando o desencanto com o filtro da ironia e do sarcasmo...

É contra esse cenário que os contos de Maria de Lourdes Coimbra adquirem sua verdadeira dimensão. Consciente da metamorfose em processo na linguagem narrativa moderna (experiências formais vanguardistas, pesquisa inovadora, subversão dos gêneros e dos temas), a autora domina com segurança sua tecitura verbal, amalgamando nela fragmentos de outros textos, outras leituras e reinventando o já dito. Leiam-se Poema festivo (clarão); Lanterna mágica ou mágica da palavras, Branca de Neve e os sete anos, etc. Subjacente ao humor ou ludismo aparente das narrativas, sente-se o amargor, o sarcasmo, o inconformismo do olhar crítico da autora.

Em seu segundo livro, **Tremor de mão** (publicado nove anos após o primeiro) é ainda a comédia humana (centrada nas relações homem-mulher), vista em seu cotidiano de performances, fraudes e fantasias ou absurdos, que atrai o olhar da narradora: uma visão de mundo algo fora de foco, como imagem tremida que, afinal, mais do que mostrar a realidade em foco, procura interrogá-la para desvendar-lhe os avessos ocultos.

Publicações: **Os cincos sentidos**, 1973, e **Tremor de mão**, 1982.

Poeta, ficcionista em tom maior, presença atuante em seu meio cultural, Maria de Lourdes Mateus Hortas nasceu em São Vicente da Beira (Portugal), em 04.12.1940. Aos dez anos, acompanhando a família, emigra para o Brasil, passando a residir no Recife (PE), onde está radicada. Em 1986, pede cidadania brasileira, mas sua obra mostra que o húmus lusitano permanece vivo, fundido ao brasílico.

Formou-se em Direito pela UFPE/1964. Em 1965, como bolsista da Fundação Calouste Gulbenkian freqüentou um curso de Língua e Civilização Portuguesa/Faculdade de Letras de Lisboa; realizando também, nesse período, uma pesquisa sobre a poesia portuguesa contemporânea, da qual resultou a coletânea **Poetas Portugueses Contemporâneos** que só vinte anos depois (1985) conseguiu publicação no Brasil. Em 1977, forma-se em Letras pela Faculdade de Filosofia do Recife.

Iniciou-se na escrita literária, ainda adolescente: em 1956 redige crônicas para a Rádio Clube de Pernambuco. Nos anos de 1960, passa a colaborar em jornais (Diário de Pernambuco) e revistas especializadas, como Itinerário e Observador de Portugal. Sua poesia surge de um lento processo de amadurecimento: em 1963, participa, com o original "Aromas da infância", do Concurso de Manuscritos – Secretariado Nacional de Informação de Portugal, e ganha o primeiro lugar. O livro é publicado em 1965. Poesia sonora e densa, cujas raízes se perdem na grande tradição da poesia lírica ibérica, mas energizada pela força dos trópicos. Essa fusão luso-brasileiro vai permanecer como marca de sua criação poética. Como disse Aricy Curvello: *Os trópicos estão por demais presentes em seus poemas. MLH tem sido, entre nós, um desses poucos trilhos de ligação entre a poesia dos dois principais mundos do idioma português. Sua poesia embebeu-se das vozes de suas duas pátrias, o que enriqueceu o lastro de sua linguagem.*(in "Com um braço em cada hemisfério". Letras de hoje.PA. PUC-RS, v. 22, n. 1, p. 90, 1987).

Durante quinze anos, a poeta silenciou, período em que o Brasil viveu sob governos militares e Portugal sofreu a dura agonia do salazarismo, que só termina com a Revolução dos Cravos (25.04.1974). Em 1979, MLH publica dois importantes títulos: **Fio de lã**, seu segundo livro, e **Palavra de mulher**, substancial antologia que reúne uma plêiade de grandes vozes da atual poesia feminina no Brasil, tais como: Adélia Prado*, Celina de Holanda*, Eunice Arruda*, Hilda Hilst*, Lara de Lemos*, Stella Leonardos*, Neide Archanjo*, Olga Savary* e outras.

Em seu **Fio de lã**, reencontramos ecos de dolorosas experiências de ausências, nostalgia das origens, dor pelo poder despótico que caíra sobre as duas nações. A poeta lembra que, em criança, ao embarcar no Tejo, para o Brasil, tinha um xailinho para frio, e que os mares desmancharam em novelo, mas a ponta inicial daquele fio de lã...

...ficou por certo amarrada / do outro lado [...] Aquele fio azulado / que reteve o meu cantar / longe, longe / do outro lado.

Mas há algo mais nesse simples fio de lã, que lhe lembra a pátria sob domínio:

Sou a que, ao meio-dia / em praça desolada / obliquamente despeja sua sombra / para sentir-se acompanhada.

Fundamente tocada pela crescente desumanização dos Poderes que comandam o mundo, ela afirma a força-resistência de suas Palavras-sangue:

Enlouqueci de vez / quando acordei / com o vosso cantochão de lúcidos [...] Não adianta sobre mim / estar passando esse tropel de apocalipse. / Degolar, esmagar, queimar, explodir. [...] De resto / as palavras substituíram meu sangue nas veias. / E no meu horto / agonizo / suando palavras / por todos os poros.

Seguem-se os livros: **Giestas** e **Flauta e gesto**, que confirmam sua plena maturidade poética e existencial. Em 1985, assinalando seus vinte anos de poesia, reúne em **Relógio d'água** poemas escolhidos em seus vários livros, compondo assim um significativo mural de sua arte em tom maior, que continua se desdobrando em novos livros: **Outro corpo** (Prêmio Mauro Mota/Fundação de Arte-PE. 1988); **Recado de Eva** (publ. Braga, 1990) e **A dança das heras** (1995). Simultaneamente a essa produção poética, envolveu-se em sucessivas atividades culturais. Em 1980, ingressa no movimento alternativo das Edições Pirata, no Recife, e passa a ter uma destacada atuação cultural em Pernambuco. Em 1981, como representante do Nordeste, participa do IV Congresso Interamericano de Escritoras, realizado no México. Em 1982, participa do I Festival das Mulheres nas Artes, promovido pela revista Nova, em São Paulo. Nesse mesmo ano, passa a integrar o Conselho Editorial do jornal Cultura & Tempo (Recife) e recebe o diploma de Personalidade Cultural, conferida pela UBE-RJ. Em 1984, torna-se membro da Academia Juiz-Forana de Letras e integra o Conselho Editorial da revista

Pirata Edições. Em 1990, sua raízes lusitanas e seu transplante para o Brasil demandam espaço em sua criação, e MLH escreve a saga dos emigrantes, **Adeus aldeia**, ficção memorialista que, como diz Núbia Marques* na apresentação:

...antes e acima de tudo, é um livro com importância documental e histórica [...] ao retratar a vida dos que, por várias razões, se lançam para fora do universo de sua aldeia, indo viver em outras plagas, estas páginas resgatam a saudade nas suas implicações existenciais – memórias que no exílio, se exacerbam e crescem de significação.

Cinco anos depois, na mesma linha ficcional memorialista, publica **Diário das chuvas** (escrito anteriormente e que, em original, conquistara o Prêmio Fernando Chinaglia/UBE-RJ, 1982).

Publicações: Poesia – **Aromas da infância**, 1965; **Fio de lã**, 1979; **Giestas**, 1980; **Flauta e corpo**, 1983; **Relógio d'água**, 1985; **Outro corpo**, 1989; **Recado de Eva**, 1990; **A dança das heras**, 1995. Ficção – **Adeus aldeia**, 1990, e **Diário das chuvas**, 1995.

930 MARIA DE LOURDES MACEDO

Poeta, declamadora, pianista e violinista, Maria de Lourdes Macedo nasceu em São Paulo (SP), em 08.03.1909. Criança precoce, distinguiu-se nos estudos e desde muito cedo revela-se poeta. Acometida de gradual perda de visão, é levada a exercitar a memória, que era tida por todos como prodigiosa. Estréia em livro, com a coletânea de poesias **Dilúculo** (prefácio de Moacir Chagas). Poesia de linhagem simbolista e hierática. Seguem-se: **No jardim de Érato** (pref. Guilherme de Almeida); **Ascensão** (pref. Correia Jr.), **Meu mundo interior** e outros.

Membro de várias entidades culturais. Em 1942 foi eleita para a Academia de Letras de São Paulo, em cadeira cujo patrono é Alberto de Oliveira.

Publicações: **Dilúculo**, 1927; **No jardim de Érato**, 1941; **Sombras amigas**, 1945; **Ascensão**, 1948; **Meu mundo interior**, 1951; **Reflexos do coração**, 1955; **Caminhos perdidos**, 1963; e **Versos para você**, 1967.

931 MARIA DE LOURDES DE PAULA MARTINS

Tradutora, jornalista, professora e latinista, Maria de Lourdes de Paula Martins nasceu em Ribeirão Preto (SP), em 01.12.1912. Formou-se em Letras Clássicas, em uma das primeiras turmas da Faculdade de Filosofia Ciências e Letras-USP. Foi professora de latim no Colégio Universitário e, a partir de 1944, torna-se assistente da disciplina Etnografia e Língua tupi-guarani, na Universidade de São Paulo. Especializou-se em língua e literatura latina, tornando-se tradutora de numerosos poemas em latim clássico (Virgilio, Ovídio...), publicados em revistas especializadas. Dedicou-se ao estudo e tradução da obra de José de Anchieta (século XVI), poesias e teatro escritos em tupi e em latim. Sua tese de doutoramento centrou-se no teatro escrito em tupi, por Anchieta, como um dos meios usados para a catequização dos índios. Por esse estudo recebeu o prêmio Manuel Otaviano – Câmara Municipal de Ribeirão Preto. Colaborou durante anos no Boletim Bibliográfico-USP; revista do Arquivo Municipal-SP e Boletim da FFCHL-USP. Publicou suas traduções de poesia em latim e tupi. Trabalhou no Museu Paulista.

Publicações: **Poesias tupis** (século XVI, atribuídas a Anchieta), 1945, e **Poesia de José de Anchieta** (transcrição, tradução e comentários), 1954.

932 MARIA DE LOURDES RAMALHO

Poeta e teatróloga, Maria de Lourdes Nunes Ramalho nasceu no Jardim do Seridó (RN), em 1925. É membro da Academia de Letras de Campina Grande (PB).

Publicações: Poesia – **Flor de cactus**, 1972. Teatro – **Teatro nordestino**, 1981; **As velhas**; **A feira**, **A eleição**; **Fogo fátuo**; **O mal amado**; **Guiomar sem rir nem chorar**; **Fiel espelho meu** e **O psicanalista**.

MARIA DE LOURDES RUETTE 933

Romancista, professora e diretora escolar, Maria de Loudes Ribeiro Porto Ruette nasceu em Viradouro (SP), em 26.05.1930. Dedicou-se à escrita literária desde a adolescência, mas só em 1983 estréia em livro com o romance, **Esqueci de viver.**

Publicação: **Esqueci de viver**, 1983.

MARIA DE LOURDES TEIXEIRA 934

Romancista, contista, ensaísta, tradutora, memorialista, conferencista, Maria de Lourdes Resende Teixeira nasceu em São Pedro (SP), em 25.03.1907. Foi casada com o escritor José Geraldo Vieira. Faleceu em 1987. Formou-se pela Escola Normal Caetano de Campos/1922. Muito jovem começa a publicar artigos e contos na imprensa interiorana. Na capital paulista torna-se colaboradora constante de vários órgãos de imprensa paulista (Papel e Tinta, Letras e Artes, Folha de S.Paulo...). Trabalhou na redação das Folhas (Folhas da Manhã, Folha da Noite) e das revistas Paratodos e América, onde mantinha uma coluna de crítica literária. Durante longa permanência em Paris, foi correspondente de O Estado de S.Paulo e da Folha de S.Paulo. Dedicou-se durante anos à tradução de escritores franceses (Paul Valéry, Colette, Simone de Beauvoir, Françoise Sagan...). Destacou-se como ensaísta de grande acuidade.

Como romancista, estreou em 1951, com **O banco de três lugares** (Prêmio Júlia Lopes de Almeida-ABL). Contemporânea de Dinah Silveira de Queiroz, Helena Silveira, Carolina Nabuco e outras que surgiram nos anos de 1940 e 1950, Maria de Lourdes pertence à mesma linhagem humanística, dominante na época: a das escritoras e escritores, empenhados em testemunhar, criticamente, as relações já deterioradas entre a Sociedade e o Indivíduo. Ou melhor, denunciar o poder coercitivo dos valores, conceitos e preconceitos consagrados pelo sistema familiar e social sobre a vida dos indivíduos (principalmente a das mulheres). Já nesse romance de estréia, a problemática central é o drama gerado pela desarticulação entre os indivíduos e as normas ou valores tradicionais que, desde o início do século XX, entraram em crise no mundo. O drama de Milena, personagem-narradora (filha que desde a infância vive em solidão, em colégio interno, devido à separação dos pais), bem como o de seus pais, é provocado pelo desajuste entre a verdade interior de cada um e o comportamento que lhes é exigido pelo meio a que pertencem.

O alvo principal do romance é tornar evidente ou denunciar o desencontro entre as verdades "antigas" e as que os novos tempos propõem como "novas"... e não, propriamente, desnudar a psicologia ou o drama profundo da personagem. (Essa preocupação com o drama individual viria logo depois, com o novo romance, engendrado pela "consciência interrogante" já presente, pioneiramente, em Clarice Lispector.) Lidos em conjunto, os romances de Maria de Lourdes oferecem um significativo painel da alta sociedade paulista, do início do século XX, alcançada pela dupla crise de valores que se expande a partir do entresséculos: a crise político-econômica (que abala pela base o mundo aparentemente estável, erguido sobre a cultura e o comércio do café) e a crise moral-existencial (provocada pelo positivismo ateu que pôs em questão a existência de Deus e com ele a base moral da civilização cristã: o céu e o inferno após a morte). Crise essa que começa por desarticular a família tradicional de base cristã, patriarcal, monogâmica. Em seu romance de estréia, essa crise é vivida por uma menina, que sofre o drama do lar desfeito. Em **Raiz amarga**, o eixo dramático está na epopéia do café e nas conseqüências humanas da transformação econômica. Em **Rua Augusta**, temos o confronto entre a mentalidade tradicional, tida como certa pela sociedade, e a nova visão de mundo, desnorteada e falível, tida como errada. Em **A virgem noturna** denunciam-se os preconceitos morais que atingem dramaticamente a mulher, e não o homem. Em **O pátio das donzelas**, seguimos os destinos de cinco mulheres, vivendo numa antiga mansão paulistana, agora arruinada e asfixiada entre os arranha-céus. Vindas de diferentes regiões do estado, são mulheres que vivem o drama da transição entre o mundo impositivo e fechado de ontem e o aberto e caótico de hoje, mas ainda aprisionadas por uma cultura de raízes aristocráticas, classista, preconceituosa, permeada de tabus e interditos.

Em 1969, Maria de Lourdes Teixeira foi eleita Membro da Academia Paulista de Letras. Em 1987, publica seu último livro, **A carruagem alada**, no qual inscreve suas memórias e deixa seu próprio testemunho dessa época de transição, caos e grandes sonhos, que começou nas primeiras décadas do século XX e, mesmo agora, no limiar do século XXI, não se prevê quando terminará.

Publicações: Romances – **O banco de três lugares**, 1951; **Raiz amarga**, 1960; **Rua Augusta**, 1962; **A virgem noturna**, 1965; **O pátio das donzelas**, 1969; **A ilha da Salamandra**, 1976; **Conto criador de centauros**, 1964. Ensaio – **Alfeu e Aretusa**, 1950; **As apaixonadas de Goethe**, 1950; **Esfinge de papel**, 1966; **O pássaro tempo**, 1968. Memórias – **A carruagem alada**, 1987.

935 MARIA LÚCIA AMARAL

Teatróloga, jornalista, cronista e escritora dedicada à literatura para crianças, com raízes no folclore, Maria Lúcia Cintra do Amaral nasceu em Olinda (PE), em 1926. Desde cedo dividiu-se entre diferentes tarefas, que se completavam: inspetora de ensino, jornalista, criadora de textos para teatro infantil, cantora especializada em música folclórica, técnica em assuntos educacionais, organizadora de congressos, seminários, etc.

Em 1948, no Recife, inicia-se no jornalismo (Folha da Manhã) e nele prossegue atuante até os anos de 1990. Criou várias páginas infantis em jornais de Pernambuco e do Rio de Janeiro. Em 1951, fixa residência no Rio de Janeiro. Nos anos de 1960, empenha-se na divulgação do teatro para crianças, levando à cena, em praças e subúrbios cariocas, peças suas, como Vestido de Estrela Flor (1960); Genoveva (1961) e outras. Todas representadas por alunos da Fundação Brasileira de Teatro e, posteriormente, publicadas em livros. Em 1967, realiza o diafilme O Grilo que se tornou rei (Instituto Nacional do Livro-MEC), baseado em seu conto João Balalão. Em 1971, publica um livro de ensaios **Criança é criança**.

Recebeu vários prêmios como jornalista (Prêmio Figueiredo Pimentel-INL, Prêmio Crefisul). Por reportagens publicadas em O Globo, Diário de Notícias-RJ e Jornal do Comércio – Recife.

Publicações: Cerca de 34 títulos de Teatro e Literatura Infantil e de ensaios, todos eles com matéria folclórica do nordeste: **Caranguejo bola**, 1945; **Estrelas de ouro**, 1949; **Cadeira de piolho**, 1971; **O robô e o índio**, 1988; etc.

936 MARIA LÚCIA CHIAPPETTA

Poeta da "geração de 65" pernambucana, Maria Lúcia Lauria Chiappetta é de ascendência italiana e raízes nordestinas. Elemento participante do movimento cultural do Recife, revela-se como poeta em 1967, na **Antologia poética do Recife**. No prefácio, Joaquim Cardoso refere-se aos seus poemas, de modo elogioso: *Chiappetta escreve versos, sempre confrontando os dois princípios: o Yang e o Yin, como Ângela Aymerich, Carmem Conde ou, mais recentemente, a portuguesa Natércia Freire e a Galega Luz Pozo Graza.* Participando de antologias ou de concursos literários, conquistou vários prêmios e distinções (Menção Honrosa/Concurso Literário Cidade do Recife/1973; 1º lugar – Concurso Eugênio Coimbra Júnior – Pref. do Recife/1978; 2º lugar-Concurso Nacional de Poesia Augusto Motta-RJ, 1980).

Dedica-se à crítica literária e à escrita de prefácios para livros de poesia. Estréia em livro, em 1978, com **Destinos em dragões**, com amplo reconhecimento da crítica. É filiada à União Brasileira de Escritores-PE.

(Fonte de consulta: **Antologia de poetas nordestinos**. org. Benito Araújo, Recife, 2000.)

Publicações: **Destino em dragões**, 1978, e **Corcéis da espreitada noite**, 1980.

MARIA LÚCIA DAHL 937

Romancista-memorialista, atriz ocasional de teatro, cinema ou novela de televisão, figura atuante da "geração rebelde" que viveu a primeira "arrebentação" dos costumes que, entre nós, começou a virada dos anos de 1950 e 1960, a carioca Maria Lúcia Dahl marcou presença na literatura brasileira contemporânea com **Quem não ouve o seu papai, um dia balança e cai** (1983). Romance satírico-trágico que se passa no agitado clima cultural e político dos anos de 1960 – em plena ditadura militar – este põe a nu, de maneira aparentemente lúdica e descompromissada, o choque ou desencontro entre as verdades profundas dos indivíduos e as aparências forjadas pelas performances sociais.

O título do livro (tirado de um *best seller* infantil do século XIX) já nos alerta para a natureza da crítica ali feita, crítica que vai às raízes do sistema social que herdamos, já em processo de deterioração e metamorfose, no início do século XX. Argutamente, a autora parte do livro infantil, que fora instrumento básico da Educação Tradicional, desde o século XIX: era por meio da leitura literária exemplar, que as mentes infantis iam sendo formadas, para serem os futuros cidadãos, mero repetidores do que as antigas gerações haviam construído. É de se notar, nessa ordem de idéias, que o romance se desenvolve mediante o contínuo diálogo entre textos e ilustrações reproduzidas de antigos *best sellers* infantis (Juca e Chico e João Felpudo) e a tragicomédia humana ali narrada. Diálogo que gira em torno de um grande eixo: a obediência, virtude que era básica e irredutível dentro da visão de mundo tradicional e que, dentro da nova visão (ainda caótica), foi substituída pela rebeldia (que um dia, talvez, engendre a nova ordem que o mundo aguarda).

Na apresentação do romance, Heloisa Buarque de Hollanda sintetiza os dados essenciais, relativos à personalidade da autora e à importância de seu romance, dentro do contexto sócio-político – cultural a que pertence:

Um dos traços mais atraentes da literatura desses últimos tempos foi sua teimosia em aperfeiçoar-se nas artes do "drible" do silêncio, a que foi submetida a produção cultural pós-68. Foi mais ou menos assim que nossa história política recente, através de formas as mais suspeitas, foi sendo sorrateira e pontualmente relatada em entrelinhas, alusões, alegorias. [...] Nesta pista, surge ***Quem não ouve o seu papai, um dia balança e cai****, como uma peça que certamente faltava à reconstituição dos nossos "negros verdes anos": um perfil exemplar da participação feminina na já antológica geração Paissandu. Não seria exagero dizer que Maria Lúcia pode, por consenso, ser considerada, nesse sentido, uma autêntica "mulher de época", digna de ser objeto de estudo dos mais aplicados "brazilianists". Senão, vejamos.*

Nos anos 50, enfant de Sion, *dividida entre os fantasmas de "Juca e Chico" e a fascinação por James Dean e o Marlon Brando de "Street-car named Desire". Livro predileto: "Bonjour tristesse" de Françoise Sagan. Música: "Don't be cruel", Elvis Presley. Nos anos 60, casa-se* comme il faut, *com um jovem e revolucionário cineasta de vanguarda e participa de alguns dos principais filmes do Cinema Novo como "Menino de engenho", "O Bravo guerreiro" e "Macunaíma". Diga-se de passagem que o histórico ano de 64 foi encontrar Maria Lúcia nada mais nada menos do que trabalhando na peça "Se correr o bicho pega, se ficar o bicho come" de Vianinha. [...] Eis que sobrevem 1968 de AI-5 em punho. Maria Lúcia que, nessa época, agitava, belíssima e descasada, as reuniões do grupo Opinião, com Flávio Rangel e as falanges do ME, seqüestra, num carro conversível, o super-herói do momento: um líder estudantil engajado na luta armada. Aparelhos, guaridas, codinomes, euforia, pânico e um segundo casamento com direito a exílio na França e às "fantásticas revelações" dos tempos do LSD.*

Em 1974, nas trilhas do "milagre" nossa autora promove uma "lenta, gradual e segura" volta ao Brasil, que começa nos platinados estúdios da TV Globo, passando pelo moderno e provocador cinema de Calmon, onde estrela os espertíssimos "Gente fina é outra coisa" e "O bom marido", e que termina, agora, com mais um pontual feito de época: o testemunho de próprio punho em forma de livro. Como se vê, Maria Lúcia Dahl parece, de fato e de direito, autorizada a relatar quando, como e por que "quem não ouve o seu papai, um dia balança e cai...."

Publicação: **Quem não ouve o seu papai...**, 1983.

MARIA LÚCIA DAL FARRA 938

Poeta, ensaísta, musicista, pesquisadora e professora universitária, Maria Lúcia Dal Farra nasceu em Botucatu (SP), em 14.10.1944, signo de libra com ascendente em escorpião e sol em peixes. De família de músicos, preparou-se inicialmente para a carreira musical. Formou-se em piano e canto orfeônico; fez curso de virtuosismo com o maestro Souza Lima; estudou canto lírico com o maestro Miguel Archerons (então diretor do Coral Paulistano – Teatro Municipal de São Paulo).

Em 1968, gravou pela CBD um LP com Pedro Campos de Paula (grande violinista já falecido), cantando músicas populares brasileiras, de Hekel Tavares a Dolores Duran. Na mesma época formou-se em Letras e a literatura acabou predominando, levando-a a realizar mestrado e doutorado na Universidade de São Paulo, onde ingressou na docência superior, área de Literatura Portuguesa. Desses estudos resultaram os livros: **O narrador ensimesmado** (estudo do foco narrativo no romance de Vergílio Ferreira) e **A alquimia da linguagem** (sobre a obra poética de Herberto Helder, um dos grandes poetas portugueses atuais).

Sua carreira acadêmica prossegue na UNICAMP, como professora de Teoria da Literatura e Literatura Portuguesa, integrante da equipe fundadora do Departamento de Teoria Literária e do Instituto de Estudos da Linguagem. Realizou pós-doutorado em Paris (1979/1981) na École Pratique des Hautes Études, sob a supervisão de Henri Meschonnic e Jean-Pierre Laurent, desenvolvendo uma pesquisa em literatura comparada, "Poesia e esoterismo". Torna-se livre docente na UNICAMP. Realiza um segundo pós-doutorado, em 1985, em Portugal, sob a orientação de Antônio José Saraiva, desenvolvendo uma análise de reconstituição dos projetos poéticos contidos no primeiro manuscrito da poetisa portuguesa Florbela Espanca. Estudo que lhe possibilitou, em 1992, conquistar o título de Professora Titular da Universidade Federal do Sergipe, estado no qual passara a residir desde 1986, ao se casar com Francisco J. C. Santos. Sua produção acadêmica abrange cerca de duas centenas de textos publicados em livros, anais, revistas especializadas. Foi pró-reitora de pós-graduação e pesquisa da UFSE. Aposentada, prossegue em intensa atividade, como pesquisadora do CNPq e, como professora convidada, dando cursos e palestras em universidades do Brasil e exterior.

Ao falar sobre sua própria poesia (entrevista dada ao O Galo. Natal. RN, nº 6, julho/2000), a autora aponta em seus poemas certas afinidades ou confluências:

...os poemas de memória do Drummond subjazem à terceira parte do ***Livro de auras*** *e os poemas de cunho nordestino ostentam um lastro cabralino. Minha linhagem certamente se esboça a partir de Jorge de Lima, de Murilo, de Cecília, de Bandeira, isso para falar dos mais próximos no tempo. [...] as referências ancestrais de minha poesia sejam, talvez, mais européias que americanas. Os portugueses estão nela de certeza (Pessoa está, por exclusão), assim como, suponho, transpareça em algum lugar a minha sintonia com Rilke, com Bachelard, com Francis Ponge (que adoro), Lorca (paixão).*

Publicações: Poesia – **Livro de auras**, 1994 e **Livro de possuídos**, 2002. Ensaio – **O narrador ensimesmado**, 1978; **A alquimia da linguagem**, 1986; **Florbela Espanca. Trocando olhares**, 1994; **Florbela Espanca**, 1995; **Poemas de Florbela Espanca**, 1996 e **Prosa de Florbela Espanca**, 2002.

939 MARIA LÚCIA FÉLIX

Poeta, professora, tradutora, Maria Lúcia Félix nasceu no Rio de Janeiro (RJ), em 14.07.1950. De família goiana, ainda menina volta com a família para Goiás (GO), onde reside. Ainda estudante, começou a escrever poesia; aos doze anos concorre em um concurso literário e ganha o primeiro prêmio, com os poemas de **Rosa no vento**. Na adolescência, desinteressa-se pela escrita poética; escreve de quando em quando, mas sem nenhuma intenção de publicação, puro desabafo emocional. Estuda em colégio interno no Rio de Janeiro; passa um ano nos Estados Unidos com bolsa de estudos. Casa-se com o físico Ricardo Bufáiçal; residem no Rio durante três anos, voltando depois para Goiânia, onde nascem seus três filhos. Sempre escrevendo, mas sem intenção de publicação. Passa nova temporada de três anos longe de Goiânia – na Inglaterra, acompanhando o marido que ali realizou o doutorado. Nesse período, freqüentou um curso de Literatura Inglesa na Universidade de Sheffield. De volta à terra goiana, organiza os textos e publica seu segundo livro, **A vida dividida** (Menção honrosa da Bolsa de publicações Hugo de Carvalho Ramos). Poeta fundamente consciente da irredutível ambigüidade da palavra, única matéria com a qual podem ser expressas, em poesia, as experiências mais autênticas e ocultas do ser, mas, ao mesmo tempo, sabe que jamais essa palavra poderá captar/expressar, em plenitude, aquilo que é vivenciado em emoção, paixão, dor... no âmago de cada um. A mulher que se expressa nessa poesia, não se quer "doce amada", em "vida breve e louca", mas sim " brava guerreira/que leva a vida nos dentes", e que estes tempos de caos nos pede. Aquela a quem o companheiro grita: *ó mulher, / ó companheira, / carrega comigo esse fardo.* E a caminhada será acompanhada de "clarões". Como profissional dá aulas de inglês, faz traduções e revisão de textos literários.

Publicações: **Rosa no vento**, 1964, e **A vida dividida**, 1993.

MARIA LÚCIA FERNANDES MARTINS 940

Romancista, jornalista, Maria Lúcia Fernandes Martins nasceu no Rio de Janeiro, em 1926. Reside em Fortaleza (CE). É casada com o escritor Fran Martins. Iniciou-se colaborando na imprensa cearense e participando de concursos literários e antologias coletivas. Atuou no rádio, escrevendo e dirigindo peças rádio-teatro infantil; trabalho que recebeu o Prêmio Roquette-Pinto. Pertence à Associação Cearense de Escritores e à Associação Cearense de Imprensa. Colabora na revista Clã e em jornais de Fortaleza. Estreou em livro, em 1946, com o romance **Janelas entreabertas** (Prêmio Eça de Queiroz). Seguem-se: **Destinos cruzados** (Prêmio Prefeitura Municipal de Fortaleza); **Por causa do sol** (menção honrosa da UFCE) e outros.

Publicações: **Janelas entreabertas**, 1946; **Destinos cruzados**; **A lua não se esconde?**; **Por causa do sol**; e **Nada de novo sob o sol** (todos s/d).

MARIA LÚCIA LÓPEZ 941

Poeta, terapeuta, pesquisadora, a pernambucana Maria Lúcia López nasceu em Catende (PE); estudou no Recife e se radicou em São Paulo (SP). Iniciou-se como poeta participando de antologias nacionais (**Mormaço e sargaço**, 1998, e **Antologia de poetas nordestinos**, 2000) e estrangeiras (Belgrado, França, Itália e Japão). Como terapeuta, segue a linha holística, que vem predominando na psicanálise mais avançada.

Publicações: **Acendedora de estrelas**; **Fada-fera**; **Seara poética** e **Outros cantos, outros sóis**.

MARIA LÚCIA MEDEIROS 942

Contista, professora universitária, Maria Lúcia Medeiros nasceu em Bragança (Portugal), em 1942. Aos doze anos transfere-se para o Brasil, com a família, fixando-se em Belém (PA), onde reside. Formou-se em Letras pela UFPA, onde ingressa na carreira docente. É consultora da Fundação Curro Velho-Casa da Linguagem. Iniciou-se como escritora, publicando contos na imprensa e em antologias (v. **Ritos de passagem da nossa infância e adolescência**. org. Fanny Abramovich.1984). Estreou em livro individual em 1988 com os contos de **Zeus ou a menina e os óculos**, com prefácio de Benedito Nunes que se *confessa enfeitiçado com essas ficções poéticas, gênese de um universo imaginário, onde se ouve sons inaudíveis e se escuta o silêncio, onde se passa dos livros de histórias para a vida ou vice-versa, sendo que a melhor ficção é a que é capaz de abrir-nos para outras existências – poder da autêntica literatura.*

(Fonte de consulta: **Poesia do Grão-Pará**. org. Olga Savary*. RJ, Graphia editorial, 2001 p. 482.)

Publicações: **Zeus ou a menina e os óculos**, 1988; **Velas por quem?**, 1990; **Quarto de hora**, 1994; e **Horizonte silencioso**, 2000.

MARIA LÚCIA PINHEIRO 943

Contista, pedagoga, professora, Maria Lúcia Pinheiro nasceu em Ibitinga (SP). Formou-se no Curso Normal, ingressando no magistério. Especializou-se em educação pré-primária e administração escolar. Fez pós-graduação em Pedagogia (Supervisão e Currículo). Tem desempenhado vários cargos na área da educação e publicado dezenas de trabalhos sobre problemas ligados a essa importante área. Inclusive é autora de várias séries de livros didáticos para as primeiras séries. É membro da UBE-SP. Desde 1969, reside na capital paulista. Em 1985, estreou como contista com **13 contos suburbanos**, narrativas de natureza memorialista, perpassada de ficção, e que a autora oferece aos leitores *enfeixadas num buquê de imagens, que deixam vislumbrar necessidades, afeições, limitações, alegrias, sonhos, medos, esperanças e frustrações de nossa gente. Pessoas simples, vivendo seus pungentes dramas na ribalta da fascinante capital que atrai a todos, brasileiros e estrangeiros, pelas possibilidades de fortuna e sucesso.*

Publicação: **13 contos suburbanos**, 1985.

944 MARIA LÚCIA PINHEIRO SAMPAIO

Poeta, contista, ensaísta, professora universitária, Maria Lúcia Pinheiro Sampaio nasceu em Bernardino de Campos (SP), em 12.12.1942. Radicou-se em Assis (SP). Formou-se em Letras pela Faculdade de Ciências e Letras de Assis (1961/1964); doutorou-se pela USP, com tese sobre a poesia de João Cabral de Melo Neto. Ingressou na docência superior, na UNESP – Assis, área de Teoria da Literatura. Pesquisadora e orientadora de teses, trabalha na confluência da poesia e da crítica psicanalítica, seguindo o método pós-estruturalista, e utilizando a psicanálise, a lingüística, mitologia e simbologia. Nessas áreas, tem vários ensaios publicados.

Inicia-se como poeta, publicando em antologias, em 1981 (**Novantologia**). Em livro individual, estréia em 1983, com **Espaço de liberdade**. Seguem-se: **Palavra em chamas**; **Navegante do infinito** e **Território mágico**. Falando sobre sua poesia, Abguar Bastos diz:

São simplesmente palavras iluminadas pelo seu talento, pelas mensagens que, de cada poema, podem ser extraídas. Disposição de luta para alcançar adiante o que se perdeu ontem; contra a opressão e o sofrimento que os poderosos impõem aos mais fracos. Ânsia de liberdade, de vôos, de asas brancas.

Em 1991, estréia na ficção com os contos de **Profecia de Cassandra**, narrativas que falam da ditadura e opressão dos anos 1960 e 1970, da solidão do ser humano e de sua impotência diante da vida. Segue-se **O deus de duas cabeças**, narrativas que giram em torno do problema do Bem e do Mal. Segundo a apresentação, trata-se de *uma obra marcada pela Cabala que ilumina o livro . O narrador dos contos é um personagem misterioso, o viajante do espaço, que relata, depois de sua morte, as suas experiências na Terra. Os mitos gregos como Eros, Afrodite, Dioniso, são revividos nos contos que misturam realidade, sonho e fantasia, na alquimia das palavras.* É socia da UBE-SP e do Clube de Poesia.

Publicações: Poesia – **Espaço de liberdade**, 1983; **Palavra em chamas**, 1985; **Navegante do infinito**, 1986; e **Território mágico**, 1990. Ensaio – **Processos retóricos na obra de João Cabral**, 1980; **Vivência lírica**, 1983; **História antológica da poesia brasileira moderna e contemporânea**, 1988; **A interdição do desejo. Leitura psicanalítica de Dom Casmurro**, 1989; e **História da poesia modernista**, 1991.

945 MARIA LÚCIA SILVEIRA RANGEL

Romancista, memorialista, ensaísta e professora universitária, Maria Lúcia Silveira Rangel nasceu em Pirajuí (SP), em 04.07.1927. Reside na capital paulista. Formou-se em Letras Clássicas. Ingressou na docência superior, área de Língua e Literatura Latina, nas Faculdades Metropolitanas Unidas. Fez pós-graduação, em Literatura Latina, na Universidade de São Paulo; obteve o doutorado com uma monografia sobre o poeta latino Propércio, trabalho que foi premiado no I Concurso Estímulo de Poesia, Conto e Monografia – Diretório Acadêmico Tiradentes – Faculdade Rio-pretense/1983. É sócia da UBE-SP e membro da Academia Piracicabana de Letras.

Estréia como ficcionista memorialista em 1984, com o romance **O tempo e a terra**, breve saga de família de emigrantes italianos em suas lutas de integração na terra paulista, nos anos de 1930 e 1940. O segundo título, **A vida em tom menor**, também de natureza memorialista, com fusão de realidade e invenção, dá a palavra a mulheres de diferentes idades e condições, para relatarem suas experiências de alegrias ou decepções, na luta cotidiana que a vida exige.

Publicações: **O tempo e a terra**, 1984, e **A vida em tom menor**, 1987.

946 MARIA LÚCIA SIMÕES

Ficcionista, advogada, psicanalista, Maria Lúcia Simões nasceu em São Gotardo (MG), em 1944. Formou-se em Direito pela UFMG/1966 e em Psicanálise, pela Sociedade psicanalítica de Minas Gerais.

Iniciou-se como escritora, participando de concursos literários, com originais que foram distinguidos com prêmios ou menções honrosas (Primeiro Prêmio – Concurso de Poesia – Academia de Letras do Pará; Medalha da Inconfidência Mineira; Placa de Prata Mulheres de Minas...). Estreou em livro, em 1989, com a ficção poética de **Contos contidos**

(Prêmio Fundação Nacional do Livro/RJ). Segue-se **Doze canções secretas**. Sua escrita funde a objetividade da prosa e a subjetividade da poesia; busca a concisão, a concentração da palavra, para alcançar o máximo de expressão. Fixa flagrantes da vida, contendo-os em verdadeiras células poéticas, que se aproximam da concisão do haicai. Como em Noturno:

O violino, com o fino anzol da música, fisgou a lua no fundo do rio, e a manteve suspensa por alguns compassos. Na primeira pausa, a lua, sobre a água, derramou-se em prata.

Publicações: **Contos contidos**, 1989, e **Doze canções secretas**, 1997.

MARIA LUISA DE MORAIS CORDEIRO 947

Romancista, contista e teatróloga, Maria Luisa de Morais Cordeiro nasceu em São Paulo (SP), em 02.04.1915. Formou-se no Externato São José, quando começa a escrever seus primeiros contos e crônicas. Ingressa no funcionalismo público, onde se aposentou. Nos anos de 1930 inicia a publicação de seus textos em jornais ou revistas. Escreve também comédias que foram representadas por grupos amadores. Em 1943, seu primeiro romance, **Um olhar para a vida**, ainda em original, ganha o Prêmio Alcântara Machado-ABL. Seguem-se outros títulos que tiveram boa aceitação de crítica e público. Dedicou-se à tradução de romances estrangeiros.

Publicações: **Um olhar para a vida**, 1945; **Onde o sol começa**, 1946; e **Quando morre o outono**, 1949.

MARIA LUISA DE OURO PRETO 948

Cronista, jornalista, Maria Luisa de Ouro Preto nasceu no Rio de Janeiro (GB), em 02.03.1922. Usava também o nome literário de Maluh Ouro Preto. É filha do escritor Afonso Celso de Ouro Preto e de Maria Luísa San Juan de Ouro Preto, influentes presenças no meio social carioca da época. Colaborou regularmente na imprensa carioca. Em 1949, publica o volume **Crônicas de Paris**, recebendo o Prêmio Carlos de Laet-ABL. É membro de várias entidades culturais.

Publicações: **Crônicas de Paris**, 1949; e **Siri na noite sem lua**, s/d.

MARIA LUIZA LOBO 949

Contista, cronista e pedagoga, Maria Luiza Lobo nasceu em São Luís (MA), no início deste século, e faleceu no Rio de Janeiro (RJ), em data ignorada. Publicou assiduamente na imprensa maranhense e carioca. Deixou publicado um livro de contos e crônicas.

Publicação: **Traços na areia**, s/d.

MARIA LUIZA MENDES FURIA, v. Luiza Mendes Furia (nº 779)

MARIA DA LUZ 950

Poeta, prosadora e professora, Maria da Luz Alves Araújo nasceu em Catalão (GO), em 28.05.1948. Reside em Goiânia (GO). Formou-se em Letras Modernas, pela Faculdade de Filosofia Bernardo Sayão, de Anápolis. Profissionalizou-se como professora. Desde muito jovem atraída pelas letras, escreveu poesias que, posteriormente, foram reunidas em livro, **Castelo destruído**. Nos anos de 1980, muda-se para Goiânia, onde passa a lecionar no SENAI. Em 1996, estréia como ficcionista com o romance **Império dos desejos**, cuja trama envolve três lésbicas e a paixão de um homem por uma delas.

Publicações: **Castelo destruído**, 1974, e **Império dos desejos**, 1996.

951 MARIA LYSIA CORRÊA DE ARAÚJO

Contista, cronista, jornalista, atriz de teatro, escritora para crianças e intelectual de destaque, Maria Lysia Corrêa de Araújo nasceu em Campo Belo (MG), de tradicional família mineira. Residiu em diversas cidades e estados: São João del Rey, São Paulo, Rio de Janeiro, Recife. Freqüentou vários cursos superiores, deixando-os incompletos (Língua Anglo-germânico – Faculdade Filosofia; Língua alemã – Instituto Goethe; Língua Inglesa – Cultura Inglesa...). Formou-se em arte teatral na Escola de Arte Dramática de São Paulo, obtendo o prêmio de melhor interpretação, numa peça de Ionesco. Começou a carreira teatral em Belo Horizonte, com Carlos Kroeber, João Ceschiatti e outros, representando peças da alta dramaturgia (**As cadeiras**; **Um bonde chamado desejo**; **Todo anjo é terrível**; **Pequenos burgueses**, **Tartufo**...). Atuou em teatros de São Paulo (Oficina, Arena, Maria Della Costa...) e do Rio de Janeiro (Opinião, Tônia Carrero...). Atuou também em teatro infantil (**A bruxinha que era boa**, **Casaco encantado**...).

Como escritora, inicia-se participando de antologias de contos e colaborando na grande imprensa (revista O Cruzeiro e A Cigarra-RJ; OESP e Correio Paulistano-SP; Diário de Minas, SLMG – Belo Horizonte...). Manteve durante anos uma seção de crônicas na revista Alterosa-MG. Estreou em livro, em 1974, com os contos de **Em silêncio**. Inclusive escreveu contos para crianças, todos premiados (Fernando Chinaglia/UBE-RJ; Adelino Magalhães/Secretaria de Educação-RJ). Como jornalista, publicou no Correio Paulistano-SP uma série de entrevistas com gente de teatro. Definindo sua obra, Danilo Gomes sintetiza:

Escritora representativa de Minas, do ambiente mineiro, do pathos de que está impregnado o passado de Minas, Maria Lysia Corrêa de Araújo é universal pela alta qualidade estética de sua prosa.

Publicações: **Em silêncio**, 1978, e **Em tempo**, 1985.

952 MARIA MONTEIRO PANERAI

Teatróloga, poeta, cronista, produtora cultural, roteirista, desenhista, Maria Monteiro Panerai nasceu em Santa Maria (RS), em 1925. Formou-se em artes plásticas na Escola de Belas Artes-POA/1967. Foi desenhista no DAER-POA. Desde muito cedo inclinou-se para as letras, passando a colaborar na imprensa gaúcha (Diário do Nordeste – Caxias do Sul; A Razão – Santa Maria. Diário de Notícias-POA). A partir dos anos de 1960, profissionalizou-se como teatróloga nas áreas de rádio e televisão. Escreveu dezenas de peças e novelas para radioteatro (Rádio Farroupilha e TV Gaúcha), tendo vários delas recebido distinções e prêmios. Entre seus maiores sucessos de público, destacam-se Ana Luísa era um problema (radioteatro/1964) e À esquerda descendo a ponte (telenovela/1964). Como poeta, participa de inúmeras antologias. Estréia em livro, com ensaio e memórias, **Quarto escuro** (1978). Segue-se **Guardados** (coletânea de crônicas e poesias, destaque do Ano – Casa do Poeta de POA/1988).

Publicações: Poesia – **Guardados**, 1987, **Sem ponto nem vírgula**, 1996, e **Ai, menina**, 1997. Ensaio – **Quarto escuro**, 1978.

953 MARIA NAZARÉ PRADO

Biógrafa, memorialista e presença de destaque no meio cultural paulistano da primeira metade do século, Maria Nazaré Prado nasceu na capital de São Paulo (SP), no antigo solar dos Prados, na Rua de São Bento, em 03.07.1875. Faleceu no Rio de Janeiro (RJ), em 08.06.1949, depois de uma vida de intensa atividade social e cultural. Foi educada na Europa. Casou-se com o Secretário de Embaixada, Pacheco e Silva, de quem se separou após alguns anos. Teve uma ligação de cerca de dezesseis anos com o escritor Graça Aranha, de quem foi a "Sílfide" e com quem manteve durante anos uma constante correspondência. Passava longas temporadas em Paris, "cidade-luz" que, na época, era a Meca dos famosos e aquinhoados pela fortuna. Participou do movimento modernista, em 1922, tendo patrocinado a Fundação Graça Aranha, instituindo prêmios literários e fazendo conferências.

Como escritora, estreou em livro com a biografia de seu pai: **Antônio Prado no império na república**, publicada em 1929, com prefácio de Graça Aranha. Conservam-se inéditos os originais de Cartas de amor (dirigidas a Graça Aranha) e Diário íntimo.

Publicações: **Antônio Prado no império e na república**, 1929, e Depoimento em **O meu próprio romance** de Graça Aranha, 1931.

MARIA NELLY LAGES JARDIM 954

Poeta, psicóloga, professora, pesquisadora, conferencista, cronista de viagens, Maria Nelly Lages Jardim nasceu em Itinga-Araçuai (MG). Radicou-se em Belo Horizonte. Fez os primeiros estudos em sua cidade natal. Formou-se no Curso Normal e ingressou no magistério em 1946, lecionando até 1967, quando presta concurso para o INPS. Formou-se psicóloga pela Fundação Mineira de Educação e Cultura – FUMEC. Especializou-se em testes Roschach, e fez vários cursos especiais (Teoria Psicanalítica das neuroses; Psicanálise e avaliação infantil; Gestalt Terapia e outros). Profissionaliza-se no setor público como psicóloga do INPS – Instituto de Previdência Social (aposentada em 1989).

Desde jovem sentiu-se inclinada para as letras, mas só na maturidade se assume como poeta. Estréia em livro em 1987, com a poesia de **Por que mares navega o meu vento?**, ao qual se seguem: **Cristais de sonhos**; **Na relva do tempo** e outros. Dedicada à pesquisa histórica, empenha-se na reconstituição da História do Jequitinhonha, publicada em 1998. De suas viagens ao exterior, resultaram dois relatos memorialistas. Entre suas conferências, destaca-se a "Ode a Portugal – História dos Reis de Portugal", pronunciada no Congresso Ibero-Americano, realizado na Academia Mineira de Letras – Universidade Livre/1995. É membro de várias entidades culturais (Academia Feminina Mineira de Letras AFEMIL; Arcádia de Minas Gerais; Academia Paulistana de História; Ordem Nacional Promater dos Bandeirantes e Instituto Histórico e Geográfico de Minas Gerais).

Publicações: Poesia – **Cristais de sonhos**, 1992; **Varanda, flores e estrelas**, 1999; **Tarde**, 1999; e **Na relva do tempo**, 1999. Memorialismo – **Memórias de uma viagem – Espanha e Marrocos**, 1999; e **Egito: pirâmides – esfinge**, 1999. História – **História do Jequitinhonha**, 1998.

MARIA NICÒLAS 955

Poeta, novelista, professora, pintora, teatróloga, biógrafa e historiadora, considerada uma espécie de patrimônio cultural do Paraná, Maria Nicolas nasceu em Curitiba (PR), em 10.09.1899 e faleceu, aos 88 anos de idade, em 03.06.1988.

Formou-se em Pedagogia, e muito cedo ingressou na carreira do magistério. Começou a escrever, ainda adolescente, produzindo peças para serem representadas no teatro Guayra, do qual seu pai era diretor. Torna-se colaboradora na imprensa (Diário da Tarde, O Dia, Gazeta da Palmeira, Folha de São José dos Pinhais, Voz do Paraná...). Foi bibliotecária da Assembléia Legislativa do Paraná e em 1988, pouco antes de sua morte, a Secretaria de Cultura inaugurou a Biblioteca Maria Nicolas, instalada no Solar do Barão, com mais de 1.500 volumes, por ela organizados.

Nos anos de 1940, dedica-se à literatura, publicando os romances: **E as rosas morreram**, **Tornamos a viver** e outros. Publicou também inúmeros ensaios que permanecem esparsos em jornais e revistas. A partir dos anos de 1950, começou a escrever biografias dos deputados paranaenses, publicadas em seis volumes, **O Paraná na câmara dos deputados**. Essa obra foi atualizada em 1984, sob a supervisão da autora que, apesar de sua avançada idade, realizou a revisão completa dos textos, publicados com o título de **130 anos da vida parlamentar paranaense** (1854/1984).

Entre os inúmeros títulos, distinções e prêmios recebidos, destacam-se: Títulos de Professor do Ano/Academia Paranaense de Letras e Centro Feminino de Cultura; Medalha de Ouro – VII Jogos Florais de Curitiba; Medalha de Prata-Concurso Trovas; Título Vulto Emérito. Dedicou-se também à pintura; participou de várias exposições coletivas e realizou algumas exposições individuais. Era membro de inúmeras entidades culturais (Academia Feminina de Letras do Paraná; Academia de Letras José de Alencar; Centro Paranaense Feminino de Cultura...).

Publicações: Romance – **E as rosas morreram**; **Tornamos a viver**; **Amor que redime**; **Inverno florido**; **Almas das ruas**.

MARIA ORILDES SALES FREITAS 956

Cronista, professora, pesquisadora, Maria Orildes Sales Freitas nasceu em Acaraú (CE), em 05.03.1934. Formou-se professora na Escola Normal de Acaraú. Ingressou no magistério e fez vários cursos de extensão universitária, especializando-se em problemas ligados ao uso de tóxicos e em técnicas modernas de educação. Fez carreira como funcionária pública na secretaria de administração, ocupando vários cargos de confiança junto ao governo Virgílio Távora.

Colaboradora da imprensa, publicou crônicas durante um certo período, reunindo-as em 1986, no livro **Janela da saudade**. Pertence a várias entidades culturais, como Ala Feminina da Casa de Juvenal Galeno; União Brasileira de Trovadores de Fortaleza; Associação Cearense de Imprensa e Associação de Jornalistas e Escritoras do Brasil.

Publicações: Crônica – **Janela da saudade**, 1986. Ensaios – **No repúdio ao mundo dos tóxicos** e **Aspectos psicopedagógicos – a conquista do homem**, 1973.

957 MARIA PAGANO BOTANA

Poeta, cronista, professora, jornalista, Maria Pagano Botana (Baronesa de Santa Inês) nasceu em Pederneiras (SP), em 05.05.1910. Iniciou-se como escritora, colaborando na imprensa de São Paulo e Rio de Janeiro. Usou o nome literário de Marion.

Estreou em livro, em 1945, com as crônicas e reflexões de **Do sonho à realidade**, ao qual se seguiram outros de poesia, contos, etc.

Publicações: Crônica – **Do sonho à realidade**, 1945. Pensamentos – **Canteiro humilde**, 1948. Poesia – **Amor, fonte de vida**, 1950. Biografia romanceada – **Luzes e imagens**, 1972.

958 MARIA DA PAIXÃO

Poeta, atriz, cantora e modelo, Maria da Paixão nasceu em Bocaiúva (MG), em 03.04.1953. Dotada de grande versatilidade, profissionalizou-se como artista.

Iniciou-se como poeta, em 1984, publicando poemas nos **Cadernos negros** – 7. Tem participado de várias antologias de poesia negra (**AXÉ – antologia contemporânea da poesia negra no Brasil**). Está presente em **O negro escrito**, organizado por Oswaldo de Camargo, onde se traça a história dos escritores negros no Brasil, seguida por uma antologia temática. Participou também da antologia realizada nos Estados Unidos, **Finally us**, organizada por Carolyn R. Durham e Miriam Alves.

Publicações: Poemas in **Cadernos Negros** e em **AXÉ – antologia contemporânea da poesia negra no Brasil** e **Finally us (Finalmente nós)**, 1994.

959 MARIA DA PAZ RIBEIRO DANTAS

Poeta, ensaísta, tradutora e crítica literária, Maria da Paz Ribeiro Dantas nasceu na cidade de Esperança (PB), em 25.01.1946. Reside no Recife. Formou-se em Letras pela UFPE, no Recife. Iniciou-se como escritora, publicando artigos de crítica e poemas na imprensa do Recife. Escreve poesia desde a adolescência, divulgando-a em revistas. Entre 1968 e 1972 escreveu resenhas críticas para a seção Livros da revista Vozes. Tem participado de antologias poéticas (**Palavra de mulher**, 1979; **Cor da onda por dentro**, 1981). Estreou em livro, em 1979, com **Sol de fresta** (Menção Especial – Prêmio Fernando Chinaglia/UBE-RJ). Segue-se **Ilusão em pedra**, 1981.

Publicações: Poesia – **Sol de fresta**, 1979, e **Ilusão em pedra**, 1981. Ensaio – **O mito e a ciência na poesia de Joaquim Cardoso** (Prêmio Jordão Emerenciano/1980).

960 MARIA PAIS DE BARROS

Memorialista e figura de destaque intelectual no meio social paulistano do entresséculos, Maria Pais de Barros nasceu na capital paulista, em 09.07.1851. Faleceu em 11.09.1952, com 101 anos de idade. Era filha do Brigadeiro Luís Antônio de Souza Barros. Desde criança demonstrou grande vocação e aptidão para o estudo, recebendo a educação adequada às mulheres de classe: domínio das línguas (alemão, inglês e francês); piano, literatura, história e bordado. Desde jovem dedicou-se a obras assistenciais.

Foi criadora do Hospital Samaritano; Diretora da Maternidade São Paulo (Rua Frei Caneca) e membro-fundadora da primeira Sociedade Tênis Clube Paulista. Mantinha correspondência com grandes homens de pensamento da França e Inglaterra. Em 1932, lançou uma **História do Brasil**, com prefácio de Monteiro Lobato. Nos últimos anos de sua vida, dedicou-se a escrever suas memórias, publicadas em 1944.

Publicações: **História do Brasil**, 1932, e **No tempo de dantes**, 1944.

MARIA PEREIRA LIMA CANTO 961

Memorialista, poeta e folclorista, Maria Pereira Lima Canto nasceu em São João da Boa Vista (SP), em 05.07.1929. Residiu em Piracicaba (SP), e radicou-se na capital paulista. Formou-se na Escola Profissional Agrícola de Espírito Santo do Pinhal (SP). Desde jovem dedicou-se às letras, escrevendo poesia, contos e crônicas, publicadas em jornais e revistas paulistas. Dedicou-se à arte da fotografia (sendo premiada como fotógrafa amadora no concurso Nossa vida, nossas lutas – Conselho Estadual da Condição Feminina de São Paulo/março, 1984). Amadora de pintura, obteve boa classificação no concurso Pinte com Volpi-Paulistur – Empresa Paulista de Turismo/Prefeitura de São Paulo. Participou de vários congressos e seminários de literatura e folclore. Trabalhou durante anos como revisora do Diário Oficial do Estado de São Paulo. É membro da Academia Piracicabana de Letras. Em 1985, publicou **Lembro-me ainda**, livro de reminiscências de sua infância e adolescência e resgate dos elementos folclóricos do interior paulista. Participou do Movimento de Trovadores e foi homenageada com o título de Dama de Honra da Ordem Brasileira dos Poetas da Literatura de Cordel.

Publicação: **Lembro-me ainda**, 1985 (registrado no Programa Pró-Memória/Biblioteca Nacional. Nº 36463).

MARIA PIRES 962

Memorialista, ensaísta, teatróloga, advogada e professora, Maria Pires dos Santos nasceu em Montes Claros (MG). Formou-se em Direito e em Letras; fez pós-graduação em Filosofia da Educação e segue a carreira docente nas áreas de Português, Psicologia Educacional e Problemas de Estudos Brasileiros. Ingressou no serviço público, como funcionária da SEC-MG. É co-fundadora da Academia Monte-clarense de Letras; membro da Academia Municipalista de Letras-MG e de outras entidades culturais. Além da significativa produção na imprensa, tem participado de várias antologias poéticas (**Antologia dos escritores de Montes Claros**, 1978; **Momento poético**, 1978 e outras). Tem-se empenhado em movimentos em defesa de direitos humanos e da natureza. Escreveu teatro para crianças, **Os hospedeiros de Belém**; ensaios filosóficos e uma obra memorialista, **Tio Plínio e os outros** – fusão de gêneros (prosa, poesia, teatro) que registram as relações humanitárias da personalidade do Tio Plínio com as gentes e terras de Montes Claros. Toda a produção da autora é permeada de idéias humanitárias e de funda consciência da solidariedade que deveria existir entre os seres.

Publicações: Teatro – **Os hospedeiros de Belém**, 1983. Memória – **Tio Plínio e os outros**, 1976. Ensaio – **Liberdade, amor, responsabilidade**, 1972.

MARIA PONCE DE ARRUDA MULLER 963

Cronista, poeta, pesquisadora e membro da Academia Mato-grossense de Letras, Maria Ponce de Arruda Muller nasceu em Mato Grosso, em 1898. Figura atuante em seu meio cultural, destacou-se por sua colaboração assídua nos periódicos de sua região e principalmente na revista feminina Violeta (1916/1950), importante órgão de divulgação da produção literária das mulheres mato-grossenses, na primeira metade do século XX.

Seus escritos literários em prosa e poesia permanecem inéditos em livro, esparsos na imprensa onde foram publicados. Como pesquisadora dos primórdios da história das famílias de Mato Grosso, escreveu dois estudos: **A família Arruda** (esboço genealógico dos ascendentes e descendentes de João Pedro de Arruda), publicado em 1972, e **Cuiabá ao longo de 100 anos** (crônicas sobre fatos históricos e sociais de Mato Grosso), publicado em 1994, quando a escritora completava 96 anos de idade.

Publicações: **A família Arruda**, 1972, e **Cuiabá ao longo de 100 anos**, 1994.

964 MARIA RAMOS

Memorialista, poeta e jornalista, Maria Senhoria Ramos nasceu em Cruz Alta (RS), em 07.10.1910. Radicou-se no Rio de Janeiro (RJ). É de ascendência paulista e sul-rio-grandense. Era prima de Érico Veríssimo. Dedicou-se ao estudo do folclore gaúcho, publicando na imprensa ou em revista culturais, artigos ou ensaios a respeito. Como poeta, estréia em livro, em 1956, com **Sol, ainda**. Segue-se **Colômbia de perto**, registro de impressões de viagem. De suas pesquisas sobre folclore e mescladas com suas experiências pessoais, resultaram dois livros, **O gaúcho e suas tradições** e **Banhado em flor**, grande sucesso de crítica, veiculada na grande imprensa, assinada por nomes de destaque na época: Menoti del Picchia, Péricles da Silva Pinheiro, Augusto Meyer, Sarita Campos, Iris Carvalho de Mendonça e outros.

Publicações: Poesia – **Sol, ainda**, 1956. Folclore e memória – **O gaúcho e suas tradições**, 1958, e **Banhado em flor**, 1963. Livro de viagem – **Colômbia de perto**, 1962.

965 MARIA REGINA MOURA

Poeta, compositora, professora e advogada, Maria Regina Moura da Silva nasceu em Niterói (RJ), em 20.10.1945. Desde menina foi atraída pela criação poética e começou a publicar seus poemas em jornais estudantis e antologias (**Pliegos de la poesía latinoamericana**, 1976; Água I, 1982). Formou-se em Direito (UFFL), em 1971. Compôs inúmeras canções (algumas das quais, premiadas). Em 1970, estréia com uma coletânea de versos, **Istmo**. Participou do movimento poético Poesia na praça e divulgou poemas em edições alternativas. Para as crianças escreveu a peça O dia em que o papagaio falou (1985). Toda sua produção tem tido franco sucesso de crítica e de público.

Publicações: **Istmo**, 1970; **Fardo mágico**, 1975; **Arcabouço**, 1981; **Exercício de um modo**, 1987.

966 MARIA RITA KEHL

Poeta, ensaísta, crítica literária, jornalista, psicanalista e feminista, Maria Rita Kehl nasceu em Campinas (SP), em 1951. Formou-se em Psicologia pela USP/1985. Atuou como jornalista *free lancer*, entre 1974/1982 (Folha de S.Paulo, revista Veja e Isto é); foi editora de cultura dos jornais Movimento e Em Tempo; participou da editoração das revista Teoria e Debate, Mulherio. Como ensaísta, escreveu em parceria: **Anos 70 televisão**/1979; **Os sentidos da paixão** e outros.

Como poeta, estréia em 1979, com **Imprevisão do tempo**. Seguem-se: **O amor é uma droga pesada** e **O tempo do desejo**; poesia que gira em torno da condição da mulher em nosso tempo, da palavra como expressão do oculto, do erotismo como vivência existencial.

Publicações: Poesia – **Imprevisão do tempo**, 1979; **O amor é uma droga pesada**, 1983; e **O tempo do desejo**, 1987. Ensaio – (Participação em) **Os sentidos da paixão**, 1987; **O olhar**, 1988; **O desejo**, 1990; **Rede imaginária**, 1991; **Ética**, 1992. Sua autoria: **Sexo e poder: sauna, angústia e lanchonete**, 1979; **Sexologia: é possível funcionar bem, vendo mal?**, 1989, e **Deslocamentos do feminino**, 1998.

MARIA RODRIGUES PEIXES, v. Alba Valdez (nº 30)

967 MARIA ROSA MOREIRA LIMA

Poeta, jornalista, professora, Maria Rosa Caldas Moreira Lima nasceu no Recife (PE), em 1907. Formou-se pela Escola Normal Pinto Jr. Em 1927, ingressou no magistério, onde desenvolveu dinâmica carreira. Dedicou-se à pesquisa histórica, tendo escrito um estudo sobre a Marquesa de Santos. Colaborou regularmente na imprensa pernambucana e mineira com poemas e artigos. Pertence a diversas entidades culturais, como a Casa do Poeta-SP.

Publicações: Poesia – **Louvor a Minas Gerais**, 1966. Pensamento – **Breviário de beijos**, 1967. História – **Domitila de Castro, a Marquesa de Santos**, 1968.

MARIA DO ROSÁRIO FLEURY 968

Cronista, poeta, memorialista, romancista, Maria do Rosário Fleury (nome literário: Rosarita Fleury) nasceu em Goiás (GO), em 27.10.1913. Faleceu em 1993. De família tradicional do estado, distinguiu-se por sua cultura e atividade intelectual e literária. Foi secretária do Instituto de Educação de Goiás. Formou-se em Filosofia e Música. Foi membro-fundadora da Academia Feminina de Letras e Artes de Goiânia, e a presidiu durante 23 anos. Foi sócia do Instituto Histórico e Geográfico-GO e da UBE-GO. Colaborou regularmente na imprensa (O Popular, Diário da Manhã, revista Oeste e Alterosa – Belo Horizonte e outras).

Estreou em livro, em 1935, com a poesia de **Retalhos**. Dedicou-se principalmente à pesquisa memorialista e escreve biografias de importantes vultos brasileiros (Santos Dumont, Leodegária de Jesus e outros). Como romancista, publicou **Elos da mesma corrente** e **Sombras em marcha**. Foi a primeira goiana a receber láurea da Academia Brasileira de Letras.

Publicações: Poesia – **Retalhos**, 1935. Romance – **Elos da mesma corrente**, 1958, e **Sombras em marcha**, 1983. Biografias – **Leodegária de Jesus**, 1973; **Alberto Santos Dumont**, 1974; **Euridice Natal e Silva**, 1979.

MARIA DO ROSÁRIO SETTE 969

Poeta, cronista, advogada, técnica de contabilidade, Maria do Rosário Sette de Lima (nome literário Rosário Sette) nasceu em Caxias (MA), em 22.08.1936. Formou-se como técnica de contabilidade na Escola Técnica de Comércio Santa Tereza em São Luís (MA). Muda-se para o Recife (PE), onde se forma pela Faculdade de Direito em 1960. Tem formação artística: Curso Integral de Desenho e Pintura Jacques Weyne no Recife, onde está radicada.

Iniciou-se como escritora, publicando crônicas, poemas e contos na imprensa. Estreou em livro, em 1983, com a poesia de **Metais e miragens**. Segue-se um livro de crônicas, **O quarto copo**. Recebeu menções honrosas por suas publicações ou participações em concursos. Pertence à UBE-PE e à UBT – União Brasileira de Trovadores-PE.

Publicações: Poesia – **Metais e miragens**, 1983. Crônica – **O quarto copo**, 1985

MARIA DO ROSÁRIO TAVARES DE LIMA 970

Folclorista, professora e pesquisadora, Maria do Rosário de Souza Tavares de Lima nasceu em Caçapava (SP). É membro da Associação Brasileira do Folclore; proprietária do Museu de Folclore Rossine Tavares de Lima (situado no Parque Ibirapuera-SP); membro da UBE-SP; professora de Folclore na Escola Municipal de Música-SP. Colaboradora do D. O. Leitura (Suplemento Lit. Imprensa Oficial-SP) e do Boletim Catarinense de Folclore – Florianópolis (SC). Em 1991, participou do Congresso Internacional de Folclore, em Lisboa – Portugal, apresentando a Comunicação "Mitos que fizeram história: O Sebastianismo na História do Brasil".

Publicação: **Lobisomem: assombração e realidade**, 1983 (pesquisa realizada na zona bragantina-SP).

MARIA DO ROSÁRIO TELES 971

Poeta, professora, pesquisadora, tradutora e revisora editorial, Maria do Rosário de Morais Teles nasceu na cidade de Goiás (GO), em 29.12.1933. Reside no Rio de Janeiro (RJ). Formou-se em Letras Neolatinas – Faculdade de Letras da Universidade Católica de Goiás. Ingressou no serviço público no Ministério da Saúde e foi comissionada como bibliotecária no Centro de Estudos Brasileiros. Foi professora de Língua Portuguesa no Instituto Cultural Uruguaio-Brasileiro em Montevidéu (1966/1970). Foi bolsista do Instituto de Cultura e Língua Portuguesa, em Portugal, no período de 1984 a 1986. Fez cursos de verão na Université de Haute Bretagne – França. Trabalha como tradutora e revisora de várias editoras do Rio de Janeiro.

Em 1982, publica o livro de poemas **Cristal do tempo** (Menção Honrosa da UBE-RJ).

(Fonte de consulta: **Dicionário biobibliográfico de escritores contemporâneos do estado do Rio de Janeiro**. RJ, Sindicato dos Escritores, 1997.)

Publicações: **Cristal do tempo**, 1982, e **Livro de poemas**, 1996.

972 MARIA ROSICLER RABELO DIAS

Poeta, Maria Rosicler Rabelo Dias nasceu em Itabaiana (PB), em 06.09.1921. Estreou em livro com a poesia de **Relíquias de mãe**, s/d. Em 1983, **Encantos da vida**.

Publicações: **Relíquias de mãe**, s/d, e **Encantos da vida**, 1983.

973 MARIA SAMPAIO

Poeta, professora, Maria Sampaio nasceu em Paracuru (CE), em 07.01.1888. Colaborou regularmente na imprensa cearense e nas revistas O Malho, Fon-Fon e Vida Doméstica do Rio de Janeiro. Em co-autoria com sua irmã Abigail Sampaio, publicou o livro de poesias **Átomos e centelhas**. Faleceu em data ignorada.

Publicação: **Átomos e centelhas**, s/d.

974 MARIA S. COSTA GEHERE

Poeta, professora e bibliotecária, Maria Santos Costa Gehere nasceu em Mato Grosso (MT), em 1918. Elemento atuante no meio mato-grossense, para além do magistério, profissionalizou-se como bibliotecária pública. Dedicou-se à produção literária, publicando principalmente em O Estado de Mato Grosso e na revista feminina **A violeta** (1913/1950), órgão importante para o surgimento da produção literária da mulher mato-grossense, na primeira metade do século XX. *A tônica de seus escritos é o mais radical lirismo amoroso, dela emanando seu sentimento triste, sua sensibilidade aflorada e sua paixão.* (in **Catálogo sobre a literatura feminina em MT**, 2001)

Está radicada em Brasília (DF), e continua escrevendo poesia, com vista a uma futura publicação.

975 MARIA DO SOCORRO S. RAMOS

Poeta, professora, memorialista e musicista descendente de tradicional família do Piauí, Maria do Socorro Santana Ramos nasceu em Regeneração (PI), em 20.04.1925. Ingressou no magistério, muito jovem, e desenvolveu ativa carreira. Como poeta, estréia em livro, em 1978, com **Meus sonhos, meus amores**. Em 1987 publica **Terra de Bruenque**, registro de memórias de sua terra e sua gente. Alguns de seus poemas foram musicados por ela própria, compositora responsável pela letra de hinos de algumas cidades.

Publicações: **Meus sonhos, meus amores**, 1978, e **Terra de Bruenque**, 1987.

976 MARIA STELLA DE FARIA

Contista carioca, Maria Stella de Faria nasceu no Rio de Janeiro (RJ), em 06.05.1932. Publicou **As lágrimas das coisas**, série de narrativas, que mereceu atenção da crítica e que conquistou o Prêmio Guararapes da UBE-RJ.

Publicação: **As lágrimas das coisas**, 1987.

MARIA STELLA NOVAES 977

Poeta, memorialista, historiadora, pesquisadora interdisciplinar e professora universitária, Maria Stella Novaes nasceu no Rio de Janeiro (RJ), em 1894, radicando-se em Vitória (ES), onde faleceu em 1990, depois de uma vida integralmente entregue ao incentivo da cultura em seu estado. Tornou-se professora catedrática de História Natural, em 1925, dedicou-se, além da docência, aos estudos sobre pedagogia, folclore, botânica e história. Deixou várias obras publicadas e muitos inéditos. Publicou em 1977 um livro de poemas, **Saudades**, e um romance, **Sol de Itapemirim**, ambos memorialistas ou autobiográficos. Pertenceu ao Instituto Histórico e Geográfico do Espírito Santo e ao Instituto Histórico de Niterói.

Publicações: Poesia – **Saudades**, 1977. Romance – **Sol de Itapemirim**, 1977.

MARIA SYLVIA DE VASCONCELOS CÂMARA 978

Poeta, professora e presença atuante em seu meio social, Maria Sylvia de Vasconcelos Câmara nasceu em Mossoró (RN), em 06.03.1908. Faleceu em 02.05.1987, aos setenta e nove anos, provocando grande tristeza em toda a cidade, que tem cultuado sua memória.

Formou-se professora na primeira turma da Escola Normal de Mossoró, e muito jovem ingressou no magistério. Espírito culto e idealista, dedicou-se ativamente à formação das novas gerações, dando especial ênfase ao conhecimento das letras e das idéias. Defendeu sempre os direitos femininos, no âmbito social, principalmente quanto ao acesso aos estudos, como meio de plena realização individual e social. Em 1977, essa atuação foi destacada pelo historiador Dr. João Batista Cascudo, que lhe atribuiu o lugar de uma figura histórica nessa longa luta da mulher pelos direitos femininos, em todas as áreas da sociedade. Ela costuma ser lembrada como uma das primeiras mulheres do Rio Grande do Norte a possuir título de eleitora, e a ter votado já na eleição de 15.04.1928.

Desde menina sentiu-se atraída pelas letras e começou a escrever versos. Ao longo dos anos, escreveu dezenas de poemas que publicava em jornais (O festeiro do Nordeste e o Correio festivo de Mossoró; O potengi de Natal; O Nordeste e A Jandaia de Fortaleza, entre outros), revistas e antologias (**Panorama da poesia Norte-rio-grandense**/org. Rômulo Chaves Wanderley – Natal; **Poetas do Norte e Nordeste do Brasil**/org. Osvaldo de Souza – Vale RJ; **Ponta de lança na praça**/org. Joaquim José Borges, Uberaba, MG; **Anuário de Poetas Brasileiros** org. Aparício Fernandes, RJ, etc.)

Nos anos de 1960, o pesquisador Raimundo Soares de Brito sugeriu-lhe a recolha dessa poesia espalhada pelos arquivos implacáveis da imprensa e antologias, para publicação em livro. Idéia que a poeta relutou em aceitar, mas que acabou por realizar no volume **Tempo de romance e outros tempos**, lançado em 1983, por ocasião das comemorações do Centenário da Abolição dos Escravos em Mossoró (acontecida cinco anos antes da Abolição Nacional, assinada pela Princesa Isabel, em 1888). A pedido do prefeito, escreveu a letra do hino em comemoração a esse centenário.

Poesia lírica, humanitária, atenta à realidade comum do dia-a-dia e aos altos ideais, a de Maria Sylvia é exemplar da tão necessária solidariedade humana, sempre atenta ao outro. Poeta lírica e lúcida, na apresentação do volume ela se mostra bem consciente da natureza e limites de sua criação poética, que não chega a atingir os altos vôos, o que só os gênios alcançam. É o que ela nos diz claramente e sem falsa modéstia:

É arcaica, é antiquada, a minha poesia; não a poesia em si, que é eterna e pode se expressar em prosa e verso, mas a forma, que vem da remota antiguidade e vai se transformando no decorrer dos séculos. Para mim, modernizá-la, não faria o milagre da transmutação, qual se fora requintada fórmula de alquimia. O que tem valor no que foi escrito, é o talento que alcançou a idéia e a imagem esvoaçante e deu significado e beleza às palavras. Se eu não disponho dessa magia, não valeria a pena mudar-lhe a forma.

É com essa sabedoria dos que sabem discernir o essencial daquilo que é meramente circunstancial, que a poeta escreveu seus poemas, sempre envolvidos com o outro, na grandeza e na pequenez, nas alegrias e nas dores. Após sua morte, por iniciativa de amigos, foram reunidos no livro **Maria Sylvia, a poetisa da saudade**, depoimentos, homenagens e poemas, que recuperam e preservam a sua memória, como A Musa Mossoroense.

Publicação: **Tempo de romance e outros tempos**, 1983.

979 MARIA TEREZA ABREU DA COSTA

Cronista, professora, Maria Tereza Abreu da Costa nasceu em São Paulo (SP), em 14.11.1865. Faleceu em 05.04.1944, aos 79 anos de idade. Formou-se professora e dedicou-se à arte culinária, passando a lecionar essa arte na Escola Normal de São Paulo, em 1911. Colaborou na imprensa com crônicas que tinham um grande público leitor. Em 1915, publicou o livro **Noções de arte culinária**, livro que teve (ou ainda tem?) dezenas de reedições, tendo se tornado um dos *best sellers* femininos, na primeira metade do século XX, e conhecido vulgarmente como o Livro da Maria Tereza. Sucesso só superado pelo livro **A alegria de cozinhar**, de Helena S. Sangirardi, que também teve (ou tem?) dezenas de reedições, a partir dos anos de 1940.

Publicação: **Noções de arte culinária**, 1915.

980 MARIA THEREZA CAVALHEIRO

Poeta, contista, jornalista, advogada, radialista, pesquisadora e tradutora, Maria Thereza Cavalheiro nasceu em São Paulo (SP), em 25.01.1929. É sobrinha-neta da poeta Colombina*. Formou-se em Ciências Jurídicas e Sociais (Mackenzie/1972). É jornalista profissional, desde 1961, atuando nos principais jornais paulistas (A Gazeta, Diário Popular, Folha da Manhã, e outros).

Desde muito cedo dedica-se à escrita literária, participando de coletâneas ou de concursos, com poemas, contos, ensaios, etc. Entre as coletâneas de que participou, estão: **Antologia brasileira da árvore** (de sua organização em 1960), **Portugal Atlântico-Brasil** (org. Amâncio Marques. 1965), **Trovadores do Brasil** (org. A. Fernandes. 1968), **Pândia e Pandu** – Tesouro das mil melhores quadrinhas brasileiras. 1968), **Pássaros canoros na trova** (org. Clodoaldo de Abreu F°. 1986) e outras.

Elemento atuante na área do jornalismo ligado à literatura e às artes em geral, Maria Thereza Cavalheiro tem liderado inúmeras iniciativas culturais e conquistado dezenas de prêmios, votos de louvor, medalhas e distinções em reconhecimento de seu trabalho. Estréia em livro, em 1963, com **Poema da cidade azul** (Sinfonia de Brasília), que teve bom acolhimento da crítica. Seguem-se outros. Sua poesia (em estilo conciso e lírico que tende à brevidade da trova, da síntese poética) tem sido musicada por vários maestros e gravada em disco (por Francisco Egydio e Kátia Castelas). Tem sido também reproduzida por diferentes meios alternativos (opúsculos, marcadores) e em diferentes jornais de São Paulo e do Paraná.

Pertence a diversas agremiações culturais (UBE – União Brasileira de Escritores-SP); é membro-fundadora da Seção Municipal de São Paulo da União Brasileira de Trovas (da qual foi presidente de 1969 a 1976). Escreveu várias biografias (Colombina, Guilherme de Almeida, Adelmar Tavares, Abguar Bastos e Malba Tahan) que foram premiadas em concursos.

Publicações: Poesia – **Poema da cidade azul**, 1963; **Amor de primavera**, 1973; **Estrelas e vagalumes**, 1988; **Relâmpagos**, 1990; e **Encontros e desencontros**, 1992. Biografia – **Colombina e sua poesia romântica e erótica**, 1987. Didática – **Segredo do bom trovar** (1989 e 1990).

981 MARIA THEREZA GALVÃO BUENO

Poeta, teatróloga e cronista, Maria Thereza Galvão Bueno nasceu no Rio de Janeiro (RJ), em 24.10.1927. Radicou-se em São Paulo (SP). Formou-se em Letras pela University Harvard-EUA. Colaborou durante dez anos nas Páginas Literária e Feminina da Gazeta-SP, produção reunida no livro **Genetrix** (1960). Estreou em livro, em 1948, com a poesia de **Tríptico** (poemas em português, inglês e francês). Em 1958, com **Máscara de sol**, inicia a Trilogia do Sol, cujas segunda e terceira partes saem em 1966 e 1973. Esta última, **As moradas do sol** (pref. Paulo Bonfim), recebeu Menção Honrosa do Prêmio Governador do Estado – Conselho Estadual de Cultura. A segunda, **A flor, o pássaro e o vento** (pref. Judas Isgorogota), recebeu menção honrosa da Academia Paulista de Letras. Para crianças, escreveu três peças, reunidas no livro **Ciranda das mãos amigas**, representadas por grupos amadores.

Publicações: **Tríptico**, 1948; **Trilogia do sol: Máscara do sol**, 1958; **A flor, o pássaro e o vento**, 1966; e **As moradas do sol**, 1982; **As rosas do meu silêncio**, 1985; **Sonetos ao poeta-irmão Paulo Bonfim**, 1989; e **Ciranda das mãos amigas**, s/d.

MARIA THEREZA NORONHA 982

Poeta e memorialista, Maria Thereza Belisário Noronha nasceu em Juiz de Fora (MG). Formou-se em Direito pela UFJF, mas não seguiu carreira. Sua vocação para a poesia manifestou-se na infância, por influência de seu pai, grande apreciador dos mestres da poesia de ontem (Guerra Junqueira, Antero de Quental, Casimiro de Abreu.). Mas só na maturidade estréia como poeta, publicando, em 1990, **A face na água**, poesia que aflora das lembranças da infância perdida, num jogo lúdico de palavras, que se adensam em seu segundo livro, **Pedra de limar**, amalgamando as memórias, matéria-prima predileta da autora. Em 1991, freqüenta a Oficina Literária Ivan Proença, e sua natural sensibilidade para a tecitura poética se aprofunda. **A face dissonante** revela esse apuramento da forma: estruturas poéticas, ontem consagradas, são reinventadas por sua arte, procurando prender na rede das palavras não só as memórias afetivas, mas as que permanecem nos interstícios da poesia do passado.

A partir dos anos de 1990, tem participado de antologias (**Ecologia uma visão crítica**, 1992; **Testemunho III**, 1994) e concursos literários (I Concurso de Poesia – Linguagem viva, 1993; Concursos de crônicas – Academia Juiz-forana de Letras, 1994), com vários textos distinguidos com menções honrosas. Faz parte do Grupo Edições de Minas e é membro do Conselho Editorial da Oficina do Livro Editora.

Publicações: **A face na água**, 1990; **Pedra de limar**, 1993; e **A face dissonante**, 1995.

MARIA THEREZA PAES DE BARROS 983

Romancista, cronista, professora, escritora para crianças, jornalista, Maria Thereza Paes de Barros nasceu em Quari (RS), em 01.10.1935. Radicou-se no Rio de Janeiro (RJ). Formou-se no Curso Normal, mas não se dedicou ao magistério. Ingressou em uma empresa privada, como secretária. Em 1977, forma-se em Jornalismo pelas Faculdades Integradas Estágio de Sá, dedicando-se a partir daí ao jornalismo empresarial.

Iniciou-se como escritora, publicando artigos e crônicas na imprensa. Em 1985, estréia em livro, com o romance **Destinos cruzados**, e também com o livro infantil **O sonho de uma abelhinha**. É nesta área que tem sua maior produção (**Os roedores travessos**, 1986; **A aventura da maleta azul**, 1988 e outros). Para adultos, publica ainda: **Caminhos por onde andei** (crônicas de viagem) e **Amor de outono**.

Publicações: Romance – **Destinos cruzados**, 1985, e **Amor de outono**, 1988. Crônica – **Caminhos por onde andei**, 1986.

MARIA WANDERLEY MENESES 984

Teatróloga, contista, pesquisadora do regional, roteirista de televisão, Maria Wanderley Meneses nasceu em Águas Belas (PE). Formou-se no Curso Normal Pinto Júnior – Recife. Radicou-se no Rio de Janeiro (RJ). Desde os anos de 1940 colaborou regularmente na imprensa e escreveu peças de teatro que, inicialmente, foram representadas por grupos amadores e posteriormente passaram a ser encenadas por diversas companhias de teatro e em televisão. Tem escrito contos de matéria regional, resultante de suas pesquisas nessa área. Como os de **Os pecados de Maria Quitéria** (Prêmio Afonso Arinos-ABL). Entre suas peças publicadas, está: **Madalena e Salomé** (Prêmio Artur Azevedo-ABL).

Publicações: Teatro – **Madalena e Salomé**, 1948 ; **Luz e sombra**; **Valete de ouro**; **Mulher sem rosto** e **Uma carta na mesa** (s/d). Conto – **Os pecados de Maria Quitéria**, 1951.

985 MARIALZIRA PERESTRELLO

Poeta, psicanalista, a carioca Marialzira Perestrello, como ela própria disse, em certa entrevista, *nasceu no deserto de Ipanema, quando ali havia poucas calçadas, ainda um imenso areal.* Surge em livro, em 1972, com **Há um quadrado de céu que não viram** (com leves ilustrações de Augusto Rodrigues). Os poemas não são datados, mas ressumam à maturidade existencial, à comunhão visceral com o outro ausente/presente: dor que é vivida como uma espécie de funda alegria. Essa mesma vibração existencial se expande em **Nosso canto a nosso jeito** (1975), poesia de encontros e de perdas, mas sempre de comunhão com gentes e terras daqui e d'além, ausentes/presentes: *nosso canto ou Andalucia, Castelo de Braga, Fronteira de Espanha, rastro de raízes longínquas e de poemas alheios (Verlaine, Drummond, Ruben Vela, A. F. Schmidt...), em línguas que se misturam (português, espanhol, francês).* Em **Ruas caladas**, a poeta reúne versos novos e "versos guardados", agora datados (de 1959 a 1977). Em todos eles, o mesmo Ver, sentir e amar de que fala Alphonsus Guimaraens Filho, na apresentação. Em todos eles, apesar de cantarem motivos diferentes, a mesma adesão à vida em suas perdas e ganhos, a mesma comunhão com o humano, seja na vida cotidiana concreta (inclusive a das grandes cidades e seu tumulto), seja na que se eternizou no mundo da arte e da poesia. Para além da dor, da solidão, da morte, permanece a vida... É a lição que nos dá a poesia de Marialzira.

Publicações: **Há um quadrado de céu que não viram**, 1972; **Nosso canto a nosso jeito**, 1975; e **Ruas caladas**, 1978.

986 MARIANA AUGUSTA FLEURY CURADO

Contista, biógrafa, memorialista, cronista, Mariana Augusta Fleury Curado nasceu em Goiás (GO), ex-capital, em 02.12.1897. Faleceu em Goiânia, em 12.12.1986. Pertenceu à tradicional família goiana. Fez seus primeiros estudos no Colégio Santana de Goiás e no Colégio Nossa Senhora do Amparo – Niterói. Freqüentou inúmeros cursos para aprimoramento cultural. Dedicou-se ao estudo de música e piano, tornando-se professora nessa área. Em 1918, começou a colaborar em jornais e revistas goianos, com contos, crônicas, artigos sobre assistência social, pesquisas sobre fatos e história de Goiás, memórias, biografias de vultos importantes na história de Goiás. Publicou em: Voz do Povo, Cidade de Goiás, Folha de Goiás, Cinco de Março, revista Oeste, revista Fon-Fon, Jornal das Moças e Noel do Rio de Janeiro. Em O Popular, manteve durante anos a coluna social Do meu cantinho (com nome literário de Dorita).

Exerceu inúmeros cargos de confiança em entidades culturais ou assistenciais (Diretora da UBE-GO; Presidente da Comissão Estadual da Legião Brasileira de Assistência (LBA); Membro da Comissão Pró-Igreja Provisória de Goiânia; Membro da Comissão Pró-Construção da Catedral de Goiânia; Membro da Academia Feminina de Letras e Artes do Goiás-AFLAG e outros).

Como escritora publicou livros de biografia e genealogia, e de crônicas ou contos: **Vida** (1969); **Do meu cantinho** (1984) e outros.

Publicações: Crônicas – **Vida**, 1969; **Rua do Carmo**, 1981; e **Do meu cantinho**, 1984. Biografia – **Dr. Sebastião Fleury Curado** (centenário do nascimento/1964); **Dr. Ewerton Fleury Curado** (in memoriam/1965); **Agnelo Arlington Fleury Curado** (pai do Ensino Farmacêutico) **Fleurys e Curados. 2 volumes**. (Genealogia/1979).

987 MARIANA COELHO

Poeta, professora, feminista, pesquisadora, atuante em seu meio cultural, Mariana Coelho nasceu na Vila de Sabrosa-Distrito de Vila Real (Portugal), em 1872. Veio para o Brasil, acompanhando a família, em 1892, radicando-se em Curitiba (PR), onde faleceu em 1957. Dedicou-se com paixão ao magistério, inclusive como Diretora do Colégio Santos Dumont, por onde passaram várias gerações. Dirigiu também a Escola Feminina República Argentina, mantida pelo governo paranaense. Lutou sempre pelo direito das mulheres receberem o mesmo grau de educação que os homens; e também remuneração compatível no trabalho, em se tratando de cargos iguais. Colaborou ativamente na imprensa brasileira e portuguesa, na defesa de seus ideais (Jornal da Manhã e A Voz Pública do Porto; Diário do Comércio/1892; A República, O Cenáculo, Gazeta do Povo/1896; A Pena, O Sapo, O Beijo – 1899/1900; Breviário, Diário da Tarde, Folha Rósea, O Olho da rua, Fanal, A Bomba/1913; Comércio do Paraná, Almanach do Peitoral Paranaense/1914; Senhorita/1920; Prata da Casa, A Sempre-Viva e o Estado do Paraná, todos de Curitiba; Corimbo de Rio Grande do Sul; O Comércio de Villa Real do Portugal/1887; revista Renascença de SP).

Sua maior produção esteve sempre ligada às suas atividades de educadora e militante intelectual feminista; mas escreveu contos e poemas na imprensa que, em parte, foram recolhidos em livro. Seus primeiros poemas foram publicados no Comércio de Vila Real, em 1887. Por sua atuação, recebeu o Prêmio da Federação Brasileira pelo Progresso Feminino.

Publicações: Estudos de história e sociologia – **O Paraná mental**, 1908; **A evolução do feminismo**, 1933; **Um brado de revolta contra a morte violenta**, 1935. Contos e poemas – **Linguagem**, 1937, e **Cambiante**, 1940.

MARIANA IANELLI 988

Poeta, jornalista, Mariana Ianelli nasceu em São Paulo (SP), em 17.10.1979. É neta de Arcangelo Ianelli (1992) um dos grandes artistas plásticos brasileiros. Formou-se em Jornalismo pela PUC-SP. Desde adolescente, estimulada pela mãe, envolveu-se com poesia, em leituras e escritos, em cuja rede de palavras tenta ir prendendo a vida vivida. É o que se depreende dos dizeres de abertura em seu livro de estréia, **Trajetória de antes**, poemas ali recolhidos como frutos de toda voz, da urgência e do calor da vida, de *sua pouca experiência genuína e uma outra imaginada, presa à raia da verossimilhança: a memória da casa, do amor imperfeito que seqüestrou uma vez os meus dias ou assim inventei; as transparências do homem e o seu obscuro, retratos do externo e a fotografia interior das gentes, sua infância e sua morte; essa memória sortida de fatos e virtualidades foi escrita e vasculhada com método, com sentimento, numa vigilância tensa e delicada de quem pede a vez de cantar.*

Por essa abertura, já se sente que se trata de uma poesia que nasceu madura. Poesia densa, entre amorosa, nostálgica e corrosiva, engendrada por uma mulher lúcida e acidamente consciente dos desencontros entre o eu e o outro, em um mundo decepcionante, minado pelo sentimento de perda.

Para além da presença imediata do eu pessoal/individualizado, que fala a partir de sua própria experiência genuína ou imaginada, ecoa na voz da persona poética a da mulher pós-1960, a das jovens que iniciam suas jornadas nos anos de 1970 e 1980, quando a paixão das lutas, rebeldes ao sistema, já não tinha razão de ser. Todos os tabus já haviam sido derrubados. Preconceitos e normas já ignorados, mas os caminhos para a plena realização existencial continuaram fechados. Daí a nostalgia do ontem (quando tudo era ainda sonho e luta); a evocação da trajetória de antes que percorre essa poesia, onde se ouve uma voz que se sente órfã, sem proteção da Grande Mãe, a segurança antiga, vinda das leis, limites, tabus, paradigmas, agora questionados e deteriorados, mas que no antes serviam de proteção.

Mariana surge como uma das vozes significativas dessa nova geração de mulheres, que se descobrem de repente amputadas da segurança ou refúgio da Grande Mãe – o grande arquétipo do próprio Feminino – e, ao mesmo tempo, parte essencial dessa obscura força de vida, que cabe a cada uma assumir em si mesma e exercê-la no mundo dos homens. Mas onde os caminhos? Como se tornar fonte e foz do próprio eu, neste mundo em caos? É o que a poeta deve ter-se perguntado ao escrever seu segundo livro, **Duas chagas**, o qual ela diz ter resultado de um pacto necessário com a dor. É essa dor do mundo que sentimos energizar o húmus dessa poesia, caminho escolhido pela mulher-poeta para testemunhar/fecundar o mundo-em-crise, depois de ter sido por ele fecundada. Tentar assumir-se como a Grande Mãe (ora protetora, ora terrível)e auto-realizar-se existencialmente, cumprindo essa difícil tarefa de mulher-poeta, eis a nova escolha. Não por acaso, a poeta escolheu, para epígrafe de seu livro, certos versos de T. S. Eliot: *Assim, eis-me aqui na metade do caminho. [...] É sempre um novo começar, e uma diversa espécie de fracasso. [...] E assim cada aventura / É / um novo começo, uma rápida incursão ao inarticulado [...] Para nós,* há somente tentativa.

Isso foi dito no início do século XX pelo poeta inglês, mas continua válido para os poetas deste limiar do século XXI. E a jovem poeta Mariana Ianelli sabe disso...

Publicações: **Trajetória de antes**, 1999; e **Duas chagas**, 2001.

MARIANA LUZ 989

Poeta, teatróloga e professora, Mariana Luz nasceu em Itaperucu (MA), em 10.12.1879, e faleceu em 14.09.1960.

Exerceu o magistério durante anos. Escreveu poesias publicadas em jornais maranhenses e deixou inéditas várias peças de teatro que na época foram encenadas por grupos amadores (Miss Banana; Por causa do ouro; Quem tudo quer tudo perde e Sombras no Cocal). Foi membro da Academia maranhense de Letras (cadeira nº 23). Deixou um livro de poesias publicado.

Publicação: **Murmúrios**, 1960.

990 MARIANA MOTTA

Poeta e romancista, Mariana Motta Lichtenfels nasceu na capital paulista, em 02.07.1907. Era filha do professor Candido Motta e de Clara Amarante Motta. Destacou-se na sociedade paulista por seu talento de poeta, declamadora e romancista. Começou a publicar seus livros nos anos de 1930. Estreou com o romance **Martírio**. Seguem-se **Devaneio** e outros.

Publicações: Romance – **Martírio**. Poesia – **Devaneio**, **Flor de lotus** e **Segredo** (todos s/d).

991 MARIANA SANTORO

Poeta e figura atenta à cultura literária, Stella Mariana Aieta Santoro nasceu na Ilha do Governador (RJ), em 10.12.1939. Fez inúmeros cursos independentes (Decoração, Parapsicologia, Jardinagem, etc.), especializando-se a partir de 1982, em literatura (Literatura Brasileira, Literatura e Cinema, Curso de Ficção, etc.). Escreve poesia desde a infância e está incluída na antologia **Novos poetas brasileiros** (Shogum Arte, 1985). Organizou a antologia **Com a boca no mundo**, reunindo 26 escritoras.

Publicações (coletivas): **Novos poetas brasileiros**, 1985, e **Com a boca no mundo**, 1986.

992 MARIANA SOARES

Cronista e ensaísta, Mariana Soares nasceu em João Pessoa (PB), em 1948. Cursou Pedagogia no Colégio Nossa Senhora de Lourdes. Fez várias viagens de estudos à Europa. Desde criança entregou-se a leituras e à invenção de contos de fadas. Publicou regularmente na imprensa, crônicas que posteriormente reuniu em livro: **Crônicas ao entardecer**. Durante longo período manteve uma coluna A palavra e o instante no seminário O momento. É membro de várias entidades culturais, como Academia Feminina de Cultura e a Academia Paraibana de Poesia. Licenciou-se em Letras e elaborou tese sobre José Lins do Rego, como conclusão do mestrado.

Publicações: Crônica – **Crônicas ao entardecer** e **Encantos e desencantos** (ambos s/d).

993 MARIÂNGELA MATARAZZO P. GOMIDE

Poeta e historiadora, Mariângela Matarazzo Peixoto Gomide nasceu em Sorocaba (SP), em 08.11.1886. Faleceu em data ignorada. Foi esposa do grande político paulista Mário Peixoto Gomide e deixou memória de mulher de grande cultura. Esporadicamente escrevia versos. Dedicou-se à pesquisa histórica, tendo publicado nos anos de 1930 o estudo **Do velho ao novo continente através da história**.

Publicação: **Do velho ao novo continente através da história**, s/d.

994 MARIAZINHA CONGÍLIO

Jornalista, cronista e poeta, Mariazinha Congílio (nome literário de Maria Aparecida Silva Congílio) nasceu em Planalto (SP). Viveu em Jundiaí e nos anos de 1980 mudou-se para a capital paulista. Formou-se em Direito e Pedagogia, Letras e Orientação Educacional. Profissionalizou-se em jornalismo e tem atuado junto a associações culturais, das quais é membro (União Brasileira de Escritores-SP, Clube dos Poetas – Jundiaí; Academia Jundiense de Letras; Academia Piracicabana de Letras; Academia Feminina de Letras, etc.). É membro de entidades internacionais como: Accademia del Mediterraneo (Roma); Comunitá Europea dei Giornalisti e Unidas (Sociedade Luzo Brasileira). Membro-fundadora da Ordem Nacional dos Escritores (1982), da qual foi presidente. Recebeu várias comendas e distinções.

Como poeta, iniciou-se participando de coletâneas coletivas (**Poetas da cidade**, 1970; **Nossas poesias**, 1974; **Poesia del Brasile oggi** I-II-III, etc.). Sua produção em livro é bastante extensa, abrangendo crônicas e poesias.

Publicações: Crônicas – **Conversa de passarinho**, 1960; **Retalhos de rua**, 1963; **Bem-te-vi na janela**, 1964; **Moço de recado**, 1966; **Não pare na pista**, 1967; **Branco e preto**, 1968, **Anche questo é Brasile**, 1970; **Nem a favor nem contra**, 1971; **Siracusa, a cidade azul**, 1972; **Vamos mudar de assunto**, 1974; **Amanhã será hoje**, 1981. Poesia – **Raízes do futuro**, 1982, e **Geografia do amor**, 1983.

MARIETA COSTA 995

Poeta, professora, conferencista e pedagoga, Marieta Menna Barreto Costa Amador nasceu em Porto Alegre (RS), em 10.01.1902. Faleceu em 08.03.1972. Formou-se no Curso Normal e ingressou no magistério público onde fez destacada carreira. Pedagoga, preocupada com a renovação do ensino, nos primeiros anos do século XX, escreveu várias obras didáticas (**Bons companheiros**/1944; **Curso de português**/1968, etc.). Destacou-se como conferencista e como ativa colaboradora na imprensa. Estreou em livro, em 1927, com a poesia de **Deserdados**, ao qual se seguem outros, na mesma linha tradicional do primeiro (influência do parnasianismo e simbolismo). Era membro da Academia Sul-Rio-grandense de Letras.

Publicações: **Deserdados**, 1927; **A missão da beleza**, 1933; **Indefinível**, 1938; e **Poemas de ontem e de hoje**, 1950.

MARIETTA TELLES MACHADO 996

Ficcionista, cronista, professora, escritora para crianças, bibliotecária, pesquisadora, ensaísta e figura de destaque no meio cultural goiano, Marietta Telles Machado nasceu em Hidrolândia (GO), em 25.09.1934. Radicou-se em Goiânia, mas faleceu no local onde nasceu, em 18.02.1987, vítima de um colapso cardíaco. Na ocasião, exercia o cargo de Assessora Especial da Cultura/Secretaria Municipal da Cultura de Goiás.

Formou-se em Direito e em Letras pela UFG; fez inúmeros cursos de especialização, e de pós-graduação nas áreas de Biblioteconomia e Documentação; com estágios em diversas universidades (Salvador-BA, UFRJ, Universidade de Medellin-Colômbia; Universidade Madrid e Universidade Paris). Como bibliotecária, assumiu inúmeros cargos públicos, tendo como meta a fundação ou organização de bibliotecas especializadas (Faculdade de Direito – Goiás; Faculdade de Medicina; SENAC e outras). Liderou um movimento para fundação de associações de classe e pela criação do Curso de Biblioteconomia-UFG, onde trabalhou.

Na década de 1960, participa do GEN (Grupo de Escritores Novos), que mudou os rumos da literatura goiana, em contato com os movimentos de renovação literária que se expandiam por todo o País. Inicia-se como escritora colaborando na imprensa. Estréia em livro em 1968 com as crônicas de **Girassóis em transe**. Nesse mesmo ano, inicia-se também como escritora para crianças, publicando minicontos em **O popular** e escrevendo peças infantis, encenadas por grupos amadores. Em 1976, publica seu primeiro livro infantil, **Encontro com Romãozinho**, pequenas fábulas de sabor folclórico, reinventadas a partir de pesquisas da literatura popular goiana, realizadas pela autora. Escrevendo ao mesmo tempo para adultos e crianças, Marietta publicou dezenas de livros com total sucesso de crítica e de público. Entre os infantis, destacam-se: **O Congresso**

das Bruxas/1978 e **Os Frutos dourados do Pequizeiro**/1985. Entre os contos para adultos, estão: **As doze voltas da noite** e **Narrativas do quotidiano** (Prêmio Bolsa de Publicação Hugo de Carvalho Ramos/1977).

Dona de um estilo enxuto, contido, aderido à concretude dos gestos e formas do cotidiano banal, Marietta traz à tona das palavras o oculto, a deterioração interior dos seres, a degradação moral que a miséria engendra. Olhar atento aos desequilíbrios sociais e às mudanças aceleradas do nosso mundo em transição, a autora goiana deixou seu testemunho, inclusive, da difícil passagem dos valores rurais e provincianos para os urbanos e sofisticados, que está ainda em curso em vastas regiões do nosso país. Por sua obra, recebeu vários prêmios e distinções. Era membro da União Brasileira de Escritores – Goiás, Centro de Valorização da Mulher e da Associação de Bibliotecários do Distrito Federal.

Publicações: **Girassóis em transe**, 1968; **As doze voltas da noite**, 1970; e **Narrativas do quotidiano**, 1978.

MARIGÊ QUIRINO MARCHINI, v. Marina Stella Quirino Marchini (nº 1012)

997 MARIINHA MOTA

Poeta, trovadora, cronista, professora e figura intelectual de destaque em seu meio cultural, Mariinha Mota (nome literário de Maria Augusta Beraldo Leite Mota) nasceu em Piquete (SP), em 18.02.1930. Formou-se professora pela Escola Normal de Piquete; licenciou se em Letras e Pedagogia pela Faculdade Salesiana de Filosofia e Letras/Lorena; realizou vários cursos de especialização (Filosofia e História da Arte e Literatura Helênica; Compreensão de Cinema, Jornalismo contemporâneo e outros). Foi membro-fundadora da Rede Feminina de Combate ao Câncer – Piquete.

Iniciou-se como escritora, colaborando com crônicas, poemas e contos na imprensa de sua cidade. Desde os anos de 1980, tem participado de dezenas de antologias ou coletâneas coletivas (**Trovadores do vale**/org. Francisco Fortes, **Em busca da poesia pérola**; org. Fernandes Vianna; **Coleta de contos e poesia**/org. José Oliveira; **Anuários de poetas do Brasil**/org. Aparício Fernandes; **The international poetry yearbook**/org. Teresinka Pereira, etc.). Estreou em livro, nos anos de 1960, com os sonetos de **Ascese**. Seguem-se **Ascetério**, **Acendalhas** (p. infantil), **Vida afora** (trovas) e outros. Vários de seus poemas foram traduzidos para o francês, inglês, espanhol e grego. Nos anos de 1980, passa a assinar colunas de crítica literária sobre autores nacionais e internacionais em jornais do País e do exterior.

Entre vários encargos culturais desempenhados, estão: Delegada da UBT – Piquete, da Académie Europeenne des Artes – Bélgica, da Societé des Poétes et Écrivains Regionalistes – França e outras. Entre as dezenas de distinções e honrarias recebidas, destacam-se: Título de Comendadora da Graça Magistral da Ordem Principesca e Militar da Legião-Dourada da Catalônia/1984; Diploma de Honra ao Mérito – IHG – Uruguaiana/1964; Troféu Honra ao Trovador/1978; 1º Prêmio no Concurso Internacional Raymond Bath-Bélgica, 1981; Medalha de Prata – 13º Concurso Internacional, Académie Internationale Lutéce – Paris, 1981, etc. Pertence a inúmeras entidades culturais: Academia de Letras do Vale do Paraíba; Academia de Letras de Brasília; Academia Petropolitana de Letras; União Brasileira de Trovadores; Academia Internacional de Heráldica e Genealogia-RS; Casa do Poeta – Lampião de Gás-SP e outras.

Publicações: Poesia – **Ascese**; **Ascetério**; **Acendalhas**; **Vida afora**; **Per viam vitae**. Crítica literária – **Res non verba** (todos s/d.).

MARILDA B. FERREIRA 998

Poeta e enfermeira, Marilda B. Ferreira nasceu em São Lourenço do Sul (RS). Reside em Porto Alegre (RS), desde 1970. Estréia em livro com **Mágoas de mulher**.

Publicação: **Mágoas de mulher**, 1995.

MARILDA VASCONCELOS DE OLIVEIRA 999

Poeta, ensaísta e professora, Marilda Vasconcelos de Oliveira nasceu em Recife (PE). Formou-se em Ciências Sociais pela Universidade Católica de Pernambuco (1979). Fez cursos de especialização. Foi professora de Sociologia Geral na Faculdade de Filosofia do Recife.

Seu aparecimento como escritora resultou de prêmios obtidos em concursos: em 1974, menção honrosa, – com a monografia **Um pernambucano universal** (sobre Joaquim Nabuco), e em 1986, 1º prêmio – Concurso Manuel Bandeira (UBE). Em 1987, menção honrosa – Prêmio Othon Bezerra de Mello (Academia Pernambucana de Letras) com a poesia de Óleo sobre tela, ainda inédito (1990).

Publicação: **A mão e o fuso**, 1988.

MARILENA SILVA 1000

Poeta paulista, Marilena Silva publicou em 1977 o livro **Nenhuma alma é um computador**, onde se faz ouvir uma voz de mulher consciente de seu novo lugar no mundo e em busca dos novos elos que devem unir o eu ao outro, em um tempo de transformações e de um progresso desumanizante. Muito bem recebido pela crítica, fazia prever que uma nova poeta surgira...

Publicação: **Nenhuma alma é um computador**, 1977.

MARILENE FELINTO 1001

Romancista, cronista e tradutora, Marilene Felinto nasceu em Recife (PE), em 1958. Em 1970, muda-se com a família para São Paulo. Começa a escrever em meados dos anos de 1970 e estréia em livro, em 1982, com o romance premiado **As mulheres de Tijucopapo**, que teve muito boa crítica. Em 1983, publica a biografia romanceada **Graciliano Ramos: outros heróis e esse Graciliano**, e o romance **O lago encantado de Grongozo**, cuja epígrafe já aponta para a natureza questionadora e agressiva de sua matéria: *Um livro precisa do leitor, mais que o leitor imagina. Talvez o livro seja a mais solitária das existências. Este que se constrói num caminho de aparente excessivo egoísmo, precisa do leitor que acredite na raiva como a possibilidade amorosa, e que tenha paciência de atravessar com ele esse caminho cheio de perdas.*

Sobre esse romance, Afrânio M. Cattani diz: *Marilene [...] é revelação poderosa na prosa de ficção de hoje no Brasil. Desconcertante o tema de* ***O lago encantado de Grongozo*** *não é um só, são vários interligadíssimos [...], numa linguagem próxima da oral, em frases curtas (na maioria das vezes os períodos não ultrapassam uma linha) registrando o que a personagem diz, pensa ou o que mal formula. E o faz com a precisão de um atirador de elite, disparando palavras mortíferas, rancorosas, mas de uma quase intratável ternura: as palavras carbúnculo em que Mário de Andrade via a possibilidade e o princípio e um carinho diariamente* (in Leia, set. 87). Assinou, em 1987, contrato com editora francesa para a tradução de seu romance na França.

Em entrevista concedida a Ângela Pimenta, Marilene diz: *Não gosto de ninguém que tenha aparecido depois da década de 70. Acho que os anos 80, em que aconteceu o* boom *editorial, privilegiaram um tipo de autor, Fernando Gabeira, que não é escritor. Eles venderam e ainda vendem muito, mas o que fazem não é literatura. Apóiam-se numa fórmula que deu certo no mercado e não acrescentaram mais nada.*
Dizem que o Concretismo ainda é a coisa mais importante depois do modernismo. Não penso assim. Não acredito na literatura como um projeto, uma coisa predeterminada, previsível. (Guimarães Rosa) inovou tremendamente sem precisar

dizer que estava fazendo vanguarda. Acho que fazer literatura é conseguir reescrever o mundo a partir do próprio mundo. (in Leia, set. 1987).

Tradutora profissional, já traduziu grandes nomes da literatura britânica e norte-americana (Joseph Conrad, Bernard Shaw, Thomas Hardy, D. H. Lawrence, Virginia Woolf, Eliot, etc.). Toda sua produção é perpassada por uma agressividade que oscila entre a raiva e o sentido de impotência diante das circunstâncias da vida.

Publicações: **As mulheres de Tijucopapo**, 1982; **O lago encantado de Grongozo**, 1987; **Pos-card**, 1991; e **Jornalisticamente incorreto**, 2001.

1002 MARÍLIA ARNAUD

Poeta, socióloga, analista judiciária, Marília Arnaud nasceu em Campina Grande (PB). Formou-se em Ciências Jurídicas e Sociais pela UFPB. Ingressou no serviço público como Analista Judiciária do TRT – 13ª Região. Iniciou-se como escritora, nos anos de 1980, colaborando na imprensa (Jornal de Borborema, Correio das Artes, etc.). Manteve durante algum tempo uma coluna semanal no Caderno de Cultura de O Momento. Participou de concursos literários, tendo recebido várias distinções e prêmios. Em 1987, estréia em livro com **Sentimento marginal**, reunião de textos anteriormente publicados na imprensa. Em 1993, vencendo o I Concurso Literário – Subsecretaria de Cultura do Estado, publica **A menina de cipango** (Prêmio José Vieira de Melo) com prefácio de Hildeberto Barbosa Filho. Seu terceiro livro, **Os campos noturnos do coração**, vencedor do Prêmio Novos Autores Paraibanos-UFPB – Ed. Universitária, é publicado em 1997, com prefácio de Raquel de Queiroz. Na apresentação de Hildeberto Barbosa Filho ao seu primeiro livro, temos a síntese da problemática dominante da arte narrativa da autora, visceralmente ligada às contradições da vida cotidiana: *...existe algo, talvez de mais sutil, a conotar o texto de Marília Arnaud. Penso naquele sentimento de perda, a sensação da crise, a percepção do absurdo (Camus, Cortázar, Clarice) a dimensionar suas narrativas, no corpo da tradição trágica, muito embora não deixe de se notar, nas entrelinhas do discurso (e este dado me parece quase extraordinário!) uma adesão natural e, às vezes, afetiva para com a fatalidade da vida.*

Publicações: **Sentimento marginal**, 1987; **A menina de Cipango**, 1993 e **Os campos noturnos do coração**, 1997.

1003 MARÍLIA BEATRIZ

Poeta, professora, bacharel em Direito, Marília Beatriz nasceu em Cuiabá (MT), em 03.09.1947. Formou-se em Direito-UFMT, onde é professora. Colabora regularmente nos jornais de sua região. Estreou em livro com a poesia de **O mágico e o olho que vê**, em 1983.

Publicação: **O mágico e o olho que vê**, 1983

1004 MARÍLIA S. P. PENA E COSTA

Romancista e cronista, Marília São Paulo Pena e Costa nasceu no Rio de Janeiro (RJ), em 12.03.1928. Estreou nos anos 1940, com o romance **Hotel Edelweiss**.

Publicações: Romance – **Hotel Edelweiss**. Crônica – **Eu e o plural** (todos s/d.).

1005 MARILITA POZZOLI

Poeta, declamadora de notável renome, Marilita Pozzoli nasceu em Campina Grande (PB), radicou-se em São Paulo (SP), onde faleceu. Desde menina dedicou-se à declamação, tendo percorrido inúmeros estados brasileiros, dando espetáculos, sempre com grande sucesso. Durante algum tempo fez teatro juntamente com seu marido. Começou publicando poesia em jornais e revistas, estreando em livro, com a coletânea **Sonhos ao alcance da mão**. Entre as associações culturais a que pertencia, estão: Ala Feminina da Casa Juvenal Galeno; a UBE-SP e a AJEB.

Publicações: Poesia – **Sonhos ao alcance da mão**; **Aleluia no agreste**; **Oceano cativo** e **Galera das almas** (todos s/d); **Enquanto espero as rosas**, 1969, e **Atire a primeira flor**, 1976.

MARILU DUARTE 1006

Poeta, professora, teatróloga e incentivadora de projetos culturais, Marilu Duarte nasceu no Rio Grande do Sul (RS), em 1947. Reside em Jaguarão (RS). Formou-se em Ciências Sociais e em História. Ingressou no magistério, e desenvolveu intensa atividade na área da Educação. Fundou um grupo de teatro estudantil, o qual dirigiu e para o qual escreveu peças de teatro. Participou da fundação da Casa de Cultura de Jaguarão, foi diretora e idealizadora de projetos; ali fundou a biblioteca e organizou cursos de aperfeiçoamento cultural e artístico.

Preside a Casa do Poeta Brasileiro – Jaguarão e é representante do Projeto Cultural SUR em Jaguarão. Faz parte do Conselho de Veneráveis da Casa Brasileira de Cultura de Pelotas-RS – do Centro Literário Pelotense e da Academia de Letras e Ciências de São Lourenço-MG. É membro da Academia Internacional de Ciências, Letras, Artes e Filosofia-RJ e da Associação dos Poetas Profissionais do Estado do Rio de Janeiro. Recebeu inúmeros prêmios e distinções culturais.

Desde muito jovem, escrevia poemas, crônicas, artigos, divulgados na imprensa rio-grandense. Há vinte e cinco anos é colunista do jornal A Folha de Jaguarão e há doze anos, do Diário Popular de Pelotas. Tem várias publicações em livro: teatro, poesia, reflexões, etc.

(Fonte: **Poesia de Brasil** – 2, 2000. org. A. Curvello.)

Publicações: Teatro – **Conte, crie e invente** e **Brincando de faz-de-conta**. Poesia – **Eu, você e o universo** (em português e espanhol) e **Sem você não sou ninguém**. Ensaio – **Minha terra minha gente**; **Tudo por amor** e **Amor sem fronteiras** (todos s/d.).

MARILU LINS FLYGARE 1007

Escritora carioca, Marilu Lins Flygare vem colaborando na imprensa com poesias e crônicas. Publicou um livro de crônicas, **O parto do eu**.

Publicação: **O parto do eu**, 1988.

MARINA BRUNA 1008

Poeta, trovadora, a paulista Marina Bruna, vocação espontânea para a poesia, estréia em livro com a poesia-em-trovas **Transparências**, em 1989, com entusiasta apresentação do poeta Mário Graciotti. Poesia aderida ao cotidiano, com suas grandezas e misérias, esta pertence à linha humanística, cujo maior objetivo é testemunhar o seu tempo. É membro da Casa do Poeta – Lampião de Gás-SP.

Publicação: **Transparências**, 1989.

MARINA CABRAL CAMARGO 1009

Poeta, professora, técnica em administração escolar, Marina Cabral Almeida Camargo nasceu em Campinas (SP), em 12.10.1924. Formou-se no curso Normal – Instituto de Educação Carlos Gomes; ingressou no magistério. Licenciou-se em administração escolar, ocupando vários cargos nessa área. Iniciou-se na escrita literária, ainda menina, publicando crônicas no Diário do Povo, onde seu pai era jornalista. Venceu inúmeros concursos literários de contos, crônicas e poemas. Estreou em livro com o romance **Café com leite**, em 1986. Dedicou-se principalmente a escrever para crianças (**Eu-criança**, **A turminha do Beira-Rio** e outros).

Publicação: **Café com leite**, 1986.

1010 MARINA DE CAMPOS LOMBA BERTONI

Romancista, cronista, radialista, professora, Marina de Campos Lomba Bertoni nasceu no Rio de Janeiro (RJ). Radicou-se em Campinas (SP). Formou-se no Curso Normal e ingressou no magistério, lecionando várias disciplinas (geografia, cosmografia, educação física). Iniciou-se como escritora, colaborando na imprensa paulista. Durante vinte anos (anos 1950 e 1960), manteve uma coluna semanal no Diário do Povo e programas literários nas rádios Educadora Paulista e Central. É sócia da UBE-SP e membro da Academia Campineira de Letras e Artes.

Estreou em livro, em 1961, com o romance **Fogo de outono**, dentro da linha dominante na primeira metade do século XX: a de depoimento-denúncia dos preconceitos sociais que provocam os desencontros amorosos ou impedem a plena realização dos seres. Problemática centrada nas frustradas relações homem-mulher. Tem anunciados dois romances prontos para publicação: Sangue ruim e Sempre às terças.

Publicação: **Fogo de outono**, 1961.

1011 MARINA COLASANTI

Ficcionista, jornalista, cronista, tradutora, ensaísta, ilustradora, roteirista e apresentadora de TV, Marina Colasanti nasceu em Asmara (Etiópia), em 1937. Viveu alguns anos na África, passou os anos de guerra na Itália e, em 1948, veio com a família para o Brasil. Radicou-se no Rio de Janeiro (RJ). Casada com o poeta Affonso Romano de Sant'Anna; tem duas filhas, Fabiana e Alessandra.

Artista nata e dona de grande versatilidade criativa, Marina tem desenvolvido atividades em diversas áreas. Estudou na Faculdade de Belas Artes (RJ), dedicou-se à gravura em metal, presidiu a Associação dos Amigos da Escola de Artes Visuais; tornou-se membro do Conselho Nacional dos Direitos da Mulher e vem atuando profissionalmente em vários campos de comunicação.

Empenhada em "radiografar" as lutas ou relações conflituosas da mulher na sociedade atual (sem nunca radicalizar), seus escritos (realistas, mas sempre otimistas) mostram os novos espaços que estão sendo conquistados pelo "segundo sexo". Segundo suas palavras, chegou à grande imprensa pelas mãos de Millôr Fernandes, que a levou ao Jornal do Brasil:

Minha nova carreira [...] começou como manda a praxe, repórter, destacada pelo Caderno B para entrevistar um cachorro Lulu da Pomerânia, vencedor de concurso. Foi minha primeira e última entrevista, o Lulu valendo-me a imediata promoção a redator. Desde então tenho trabalhado com a constância e violência que o país exige das profissões ditas intelectuais. (in ***Eu sozinha****, 1968)*

Essa constância e trabalho contínuo marcaram sua respeitável carreira de jornalista. Por volta de 1970, começa a publicar em uma coluna, aos domingos, no **Jornal do Brasil**, uma série de crônicas-ficção, que mais tarde foram publicadas em livro (**Nada na manga**). Como editora, produtora ou colaboradora, faz-se presente em revistas de qualidade, como: **Pif-Paf**, **Fatos & Fotos**, **Jóia**, **Fairplay**, **Casa e Jardim**.

Em 1975, associa-se à equipe da revista Nova, que se torna um dos mais prestigiosos órgãos da imprensa destinada às mulheres. Traduziu inúmeros livros de grandes autores para edições brasileiras, entre eles: **A romana** e **Vidas vazias** de Alberto Moravia e **Gog** de Papini. Também em 1975, assume-se como ficcionista, com a publicação de **Zoológico**, coletânea de minitextos na linha do *nonsense*. Define-se claramente a linha de criação da autora: a do imaginário que se expande entre o fantástico e o maravilhoso, mas sempre filtrado por um agudo olhar crítico. Seguem-se novos livros de contos e ensaios: **A morada do ser** (1978); **A nova mulher** (1980) e outros. Entre esses outros, destacamos **Uma idéia toda azul** (1979), que abre um novo veio de criação na obra de Marina Colasanti. Trata-se agora do maravilhoso feérico, isto é, contos de fadas que, no mercado editorial, foram destinados ao público infantil, mas que na verdade seduzem leitores dos 9 aos 90 anos. O sucesso desse livro foi imediato e abriu caminho para os muitos que se seguiram: **Doze reis e a moça no labirinto do vento** (1982); **Uma estrada junto ao rio** (1985); **Será que tem asa?** (1989); **A mão na massa** (1990); **Longe como o meu querer** (1997); **Ana Z. aonde vai você?** (1993) e outros.

Para além de seu possível significado metafórico, cada um deles vale pelo inusitado e sedutor da história ali contada, sempre na esfera mágica de um mundo bem diferente do nosso, isto é, mundo do era uma vez, que escapa às leis da lógica comum. No título de estréia, **Uma idéia toda azul**, a autora aborda diretamente a diferença que o marcava:

Este é um livro de contos de fadas, com cisnes, unicórnios, princesas. E antes que alguém se espante com a temática, num mundo de avançada tecnologia espacial, acho importante esclarecer que meu interesse e minha busca se voltam para aquela coisa intemporal chamada inconsciente. Não há para as emoções, idade ou história. Nem eu, ao tentar escrevê-las, quis me dirigir a pessoas deste ou daquele tamanho. Preocupei-me apenas em erguer estas construções simbólicas, certa de que o material com que lidava era imemorial, e encontraria em outros ressonância. [...] Muda a realidade externa. Mas a nossa realidade interior, feita de medos e fantasias, se mantém inalterada. E é com esta que as fadas dialogam, interagindo simbolicamente em qualquer idade e em todos os tempos.

E é porque há uma dimensão interior inalterável no ser humano que, a cada fim de ciclo civilizacional (como o que estamos vivendo), os homens retornam às origens míticas, ao "imemorial", ou como diz Jung, ao "inconsciente coletivo". É esse apelo das origens que estamos vivendo atualmente, neste limiar de novo século, novo milênio. A civilização que herdamos (tão rica e fecunda que engendrou um novo homem, o qual não cabe nos limites antigos e ainda não sabe aonde chegará...) está esgotada... Uma nova cultura está em gestação e um dos sintomas é essa redescoberta do "imemorial" em que a literatura atual está empenhada.

A criação literária de Marina Colasanti inscreve-se nessa linha de busca... nesse profundo repensar o ser humano, tentando ultrapassar os limites em que a razão ou a lógica comum o fecharam.

Há, em nós, um vasto território desconhecido a descobrir: o Inconsciente. E com ele o grande desafio à Palavra: expressá-lo, nomeá-lo existente para todos.

É nessa linha de desbravamento que se desenvolve toda a obra de Marina Colasanti, muito embora a matéria literária possa parecer diferente, de livro para livro. Seja sondando a experiência amorosa (**E por falar em amor**), seja enveredando pelos labirintos do "feminino" e das imagens criadas à sua volta (**A nova mulher**, **Mulher daqui pra frente**) ou convivendo, no fundo da alma, com fadas, reis, mágicas tecelãs, estranhamentos... (**Uma idéia toda azul**, **Longe como o meu querer**...), Marina está sempre tentando tocar/iluminar o invisível, o incognoscível, aquilo que, afinal, nos revelaria o sentido último da vida, oculto nas dobras do cotidiano que nos cumpre viver.

Publicações: Crônica memorialista – **Eu sozinha**, 1968; **Nada na manga**, 1973; **E por falar em amor**, 1984; **Estávamos em Moscou** (em agosto de 1991), 1991. Conto – **Zoológico**, 1975; **A morada do ser**, 1978; **Contos do amor rasgado**, 1986; e **O verde brilha no fundo do poço**, 1986. Ensaio – **A nova mulher**, 1980, e **Mulher daqui pra frente**, 1981. Ficção do maravilhoso – **Uma idéia toda azul**, 1979; **Doze reis e a moça no labirinto do vento**, 1982; **Uma estrada junto ao rio**, 1985; **A mão na massa**, 1990; **Entre a espada e a rosa**, 1992; **O homem que não parava de crescer**, 1995; **Ana Z. aonde vai você?**, 1993; **Longe como o meu querer**, 1997. Livro infantil – **A menina arco-íris**, 1984; **O lobo e o carneiro no sonho da menina**, 1985; **Um amigo para sempre**, 1988; **Ofélia, a ovelha**, 1988; **Será que tem asas?**, 1989; **Cada bicho seu capricho**, 1992; **O menino que achou uma estrela**, 1988; e **Penélope manda lembranças**, 2001. Poesia – **Gargantas abertas**, 1998.

MARINA STELLA QUIRINO MARCHINI 1012

Poeta e professora paulista, Marina Stella Quirino Marchini (ou Marina Quirino dos Santos) nasceu em Ribeirão Preto (SP), em 27.04.1899. Estudou em Campinas e posteriormente fixou residência em São Paulo. Desde muito jovem, escrevia poesia, publicando-a em jornais ou revistas paulistas, sob diversos pseudônimos, como era costume na época (Beatriz D'Alceia, Stella de Araújo e Marina Stella). Estréia em livro, em 1927, com **Vozes do coração**. De clara influência ora parnasiana, ora simbolista, sua poesia valoriza o sonho e os altos ideais inatingíveis. Na mesma linha, estavam os livros seguintes.

Publicações: Poesia – **Vozes do coração**, 1927; **Sursum corda**, 1944; e **Lira largada ao vento**, 1985.

1013 MARINA TRICÂNICO

Poeta, jornalista, advogada, ensaísta, escritora para crianças e especialista em Direito Administrativo, Marina Tricânico nasceu em Piracicaba (SP), em 1907; radicou-se na capital paulista, onde faleceu em 1989. Formou-se pela Faculdade de Direito-USP, especializou-se em Direito Administrativo, foi procuradora do Estado e membro de inúmeras entidades de classe: Sociedade Brasileira de Criminologia e Ciências Penitenciárias, Centro Acadêmico XI de Agosto; Associação Paulista de Imprensa, Ordem dos Advogados do Brasil, União Brasileira de Escritores-SP e Casa do Intelectual de São Paulo, da qual foi membro-fundadora e diretora.

Atraída pelas letras, dedicou-se ao jornalismo literário. Colaborou no Jornal de Piracicaba e Gazeta de Piracicaba. Foi redatora da revista Universal, onde criou a Página de Eva; e na revista Trânsito, onde manteve uma seção feminina. Durante anos foi colaboradora das revistas Vida Doméstica, Fon-Fon, O Malho, Vânitas, Viver e Excelsior. Estreou em livro, em 1932, com as crônicas de **Madrigal**. Em 1939, passa a escrever para crianças: **Zé Sabino do gorro encarnado, A cidade dos brinquedos**, cujo entrecho, em 1952, serviu de libreto para um bailado infantil, dirigido por Maria Olenewa, envolvendo 80 bailarinos. Tal espetáculo (Teatro Santana) valeu à autora o Prêmio APCA – Melhor Libreto/1952.

Volta à poesia, em 1946, com **Mãe preta** (1º Prêmio – Academia de Letras da Faculdade de Direito-SP). Seguem-se, em 1966, **Receita para o amor** e **Trovas Marina**, todos na mesma linha lírico-pessoal. Compôs o Hino da Polícia Feminina (já oficializado). De seus estudos sobre Direito Administrativo, resultou a tese **Autarquias** (que fez parte da 1ª Exposição Internacional do Livro, promovida pelo Instituto Superior de Ciências Administrativas da Universidade Del Plata/1960).

Publicações: Crônica – **Madrigal**, 1932. Poesia – **Mãe preta**, 1946; **Receita para o amor**, 1966; **Trovas Marina**, 1970; **Taça da noite**, 1982; e **Arco-íris de estrela**, 1985. Livro infantil – **Zé Sabino...**, 1939; **A cidade dos brinquedos**, 1941; **A viagem ao reino de ouro**, 1948; e outros. Ensaio – **Autarquias**, 1958.

1014 MARISA ALVERGA

Poeta, contista, professora universitária, Marisa Alverga nasceu em Guarabira (PB), em 17.10.1937. Formou-se em Letras na UFPB, onde ingressou como docente e segue carreira acadêmica. É editora do órgão alternativo A Toca do (meu) Poeta e do jornal Piemonte. Foi Secretária de Cultura de Guarabira.

Publicações: Poesia – **Sinfonia do adeus**, 1983. Conto – **Por culpa do destino**, 1986.

1015 MARISA BIASOLI

Poeta, técnica em administração de empresa, Marisa Rodrigues Mendes Biasoli nasceu em Fortaleza (CE), em 01.07.1956. Formou-se em Administração de Empresas e nessa área se profissionalizou. Colaborou na imprensa cearense e de João Pessoa (PB), durante muito tempo. Estreou como poeta, em 1981, com o livro **Em silêncio** (edição em parceria com Cidinha Fonseca). É tida pela crítica como uma das melhores vozes da geração de poetas que surgiu nos anos de 1980.

Publicações: **Em silêncio**, 1981, e **Noite adentro**, 1983.

1016 MARISA BUELONI

Poeta, jornalista e professora, Marisa Fillet Bueloni nasceu em Piracicaba (SP), em 21.07.1950. Formou-se em Pedagogia e Orientação Educacional; ingressou na carreira do magistério. Como poeta, tem colaborado na imprensa, e participado de concursos literários e de antologias poéticas. Durante longo tempo manteve uma coluna literária, Poesia e Prosa, em O Diário – Piracicaba.

Publicações: **Alguma ternura**, 1979, e **De tarde o amor**, 1986.

MARISA RAJA GABAGLIA 1017

Cronista, jornalista, romancista, Marisa Raja Gabaglia nasceu no Rio de Janeiro (RJ), onde reside. De grande atividade na imprensa, tornou-se conhecida como instigante cronista da vida cotidiana, em sua realidade pungente. Publicou contos e crônicas que, posteriormente, foram reunidas em livros. Estreou como romancista, com **Os nós**, em 1985, muito bem recebido pela crítica, e definido como uma espécie de crônica do tempo presente, da vida como ela é, um tanto à maneira de Nelson Rodrigues. Trata-se de uma ficção caótica, na linha de seu jornalismo dolorido, trágico e satírico. Seu grande tema é o amor sem solução.

Publicações: Contos – **Casos de amor**, 1975; **O pirol brasileiro**, 1980; **Aleluia**, 1979; e **Meu amor bandido**, 1982. Crônica – **Milho pra galinha Mariquinha**, 1971; **Os grilos de Amâncio Pinto**, 1973; **Meu dia-a-dia**, 1976. Romance – **Os nós**, 1985.

MARIZA REGINA DE SOUSA 1018

Poeta, Mariza Regina de Sousa nasceu em Guarapuava (PR), em 27.10.1950. Radicou-se no Rio de Janeiro (RJ).

Publicação: **Trajetória**, 1985.

MARIZIA CÉZAR CARTOLARI 1019

Poeta, musicista, professora, Marizia Cézar Cartolari nasceu em Gália (SP). Formou-se em Pedagogia, ingressou no magistério, mas não prosseguiu carreira. Profissionalizou-se como bancária. Como poeta, iniciou-se participando de antologias poéticas, concursos literários e oficinas literárias. Seus trabalhos têm recebido distinções e menções honrosas. Estreou em livro individual, em 1987, com **Poemas de amor à vida**.

Dedica-se igualmente à música, como compositora, desde 1982, participando de movimentos literários e musicais promovidos por diversas entidades culturais de São Paulo: SENAC – Movimento Língua Viva; Museu de Literatura – Centro de Estudos Mário de Andrade e outras).

Publicação: **Poemas de amor à vida**, 1987.

MARIZE CASTRO 1020

Poeta em tom maior, *expert* em Comunicação, jornalista, editora e uma das fortes vozes femininas da poesia brasileira contemporânea, Marize Lima de Castro nasceu em Natal (RN), em 28.12.1962. Formou-se em Comunicação Social pela Universidade Federal do Rio Grande do Norte, onde exerce a profissão de jornalista. Durante o biênio 1988/1990, foi editora do jornal cultural O Galo (da Fundação José Augusto); manteve com regularidade sua circulação nas principais cidades do País, reunindo em suas páginas o que de melhor e mais significativo havia nas letras rio-grandese e nacionais. Prossegue até o momento (2001) em atividades editoriais, de alto nível de produção, e de que é prova a revista Odisséia (do Centro de Ciências Humanas, Letras e Artes-UFRN).

Como poeta, revelou-se em livro, em 1984, com a publicação de **Marrons crespos marfins**, que surpreendeu crítica e público pela força e originalidade de sua palavra. Com ele conquistou o Prêmio de Poesia – Fundação José Augusto. Em artigo (Caderno 2-OESP, 21.09.1986) sobre esse livro de estréia, o poeta e crítico Moacir Amâncio diz:

Vindo nas águas de Ana Cristina, a poeta potiguar demonstra no entanto autonomia suficiente para criar a linguagem de uma vivência comum a muitas outras mulheres. Isto é, a conquista da identidade como saída única para a sobrevivência. Algo comum e até monótono na literatura praticada por homens, e que assume aspectos novos e terríveis na poesia de Marize, Ana Cristina César, Orides Fontela, Adélia Prado.

Poeta que se inicia nos anos de 1980 e 1990, nos rastros da "contracultura" (que se expandia na literatura e nas artes), Marize Castro, tal como as poetas referidas pelo crítico, denuncia frontalmente a inutilidade das lutas pela conquista dos direitos de igualdade em que as mulheres se engajaram, pois tudo o que haviam conquistado não atingia os preconceitos de raiz, que as submetiam visceralmente à superioridade e poder dos homens. As gerações de 1980/1990 desistem das lutas pelos direitos, mas se apossam deles, voltando-se para si mesmas, em busca da própria identidade, para além da imagem em que a sociedade as aprisionara. É o que manifesta Marize ao longo de seus poemas:

Na tentativa de voar / com asas / com cera / coladas // à deriva / das minhas ciladas / me contento / com a dádiva / de ser / minha própria / ameaça. ("À deriva")

Ou ainda, em suas invectivas ao homem:

Devolva-me a cólera, a lanterna mágica, / que transportei comigo enquanto te amei. / Devolva-me a morte, a doença, a saúde, / o caos, o cais, as âncorars, os segredos, / teus ataques que me deixaram forte / teus gozos me atingiram a alma / me fizeram odiar o amor. / Devolva-me a fantasia, as árvores sólidas / plantadas à margem de um delicado homem / que caminhava certo para a sabedoria dos pássaros. / Devolva-me o néctar, o túmulo dos milagres, / a liberdade dos escândalos, os bosques, a lei da botânica, / a letargia da não-paixão, / o doce repouso nas águas da noite.

Sua poesia (Prêmio Othoniel Menezes/1988) vem sendo publicada em vários jornais e revistas culturais nacionais e do exterior (Exu-BA; Nicolau-PR; revista do Escritor Brasileiro-DF; The American Voice e International Poetry Review-EUA, vertidos para o inglês pelo professor e crítico literário Steven White). Em 1993, publica **Rito**, que confirma sua força inicial e a busca de um tom universal para sua poesia. No seguinte, **Poço.festim.mosaico** (título-síntese da problemática ali patente), sua linguagem, oscilante entre prosa e poesia, nutre-se dos principais mitos e musas da literatura ocidental, tal como os ventos da pós-modernidade o vem exigindo...

(Principal fonte de consulta: **Literatura do Rio Grande do Norte** – org. Constância Lima Duarte & Diva M. Cunha P. Macêdo Natal, 2001.).

Publicações: **Marrons crespos marfins**, 1984; **Rito**, 1993; e **Poço.festim.mosaico**, 1996.

1021 MARLENE ANDRADE MARTINS

Poeta, contista, cronista, Marlene Andrade Martins nasceu em Belo Horizonte (MG). Desde os anos de 1960, devido a problemas políticos, por ter-se envolvido em movimentos estudantis, na época, passou a viver nos Estados Unidos. Não chegou a formar-se em Letras Neolatinas, no Brasil, mas prosseguiu seus estudos no exterior. Tem publicado textos poéticos, de contos e crônicas em jornais ou revistas especializadas. Entre suas áreas de estudos, incluem-se o teatro e a literatura africana. Estreou em livro, em 1992, com a poesia de **O sentido comum das coisas**. Segue-se **Sonhos de vitrines**, poesia sintonizada com o momento de conscientização, em que está vivendo a mulher, em face de um mundo que vem alterando as próprias estruturas do "ser feminino". Marlene reside nos Estados Unidos e passa três meses por ano no Brasil.

Publicações: **O sentido comum das coisas**, 1992, e **Sonhos de vitrines**, 1993.

1022 MARLENE BILENKY

Poeta, professora universitária, pesquisadora e ensaísta, Marlene Bilenky nasceu no Cairo (Egito), em 28.05.1953. Veio ainda menina para o Brasil, radicando-se em São Paulo (SP). Formou-se em Lingüística e Literatura Brasileira, ingressando na docência superior. Realizou o mestrado com um estudo sobre Lúcia Miguel Pereira*. Iniciou-se como poeta, participando de antologias poéticas e publicando em jornais e revistas especializadas. Estréia em livro, em 1980, com a poesia **Pernas abertas no tempo**, seguida de **Gelosia**. Em sua poesia, se faz ouvir uma voz feminina displicente, irônica e desencantada, que singulariza a mulher do pós-1960; depois de ter conquistado a liberdade, não sabe o que fazer com ela, porque a sociedade não abriu os caminhos. O que resta é a blague, o sarcasmo, para esconder o medo, o desencanto, numa linha que se aproxima das veredas da "contracultura" dos anos de 1970 e 1980.

Publicações: **Pernas abertas no tempo**, 1980, e **Gelosia**, s/d.

MARLENE FELTRIN 1023

Poeta, contista, cronista, ensaísta, pedagoga e advogada, Marlene Rozina Feltrin nasceu em Palmeira das Missões (RS), em 1937. Formou-se em Direito e Pedagogia. Realizou pós-graduação em Teoria Geral do Estado e Epistemologia Jurídica – Florianópolis. Ingressou na carreira do magistério. Foi vereadora em Farroupilha (RS), onde reside. Dirigiu a Federação das Mulheres Gaúchas, coordenou o Centro Social Urbano. É membro da Academia de Letras Municipais do Brasil-RS; da Associação das Jornalistas e Escritoras do Brasil (AJEB) e outras.

Como escritora, iniciou-se publicando na imprensa especializada e participando de antologias. Estreou em livro individual, em 1987, com a coletânea de contos, crônicas e poemas **Pedra moura**. Seguem-se novos títulos, da mesma natureza. Publicou inúmeros ensaios (Estudos de Ecologia, 1991). Foi Secretária Municipal de Educação e Cultura-Municipal da Farroupilha.

Publicações: **Pedra moura**, 1987; **Folharadas**, 1988; **Ecos do passado**, 1989.

MARLENE HENRIQUE 1024

Poeta, cronista, professora, assistente social e dinâmica agente cultural, Marlene Henrique (Francisca Marlene Henrique de Araújo) nasceu na cidade de Barro (CE), em 1939. Formou-se em Ciências Sociais pela Universidade Federal do Amazonas (1979). Mudando-se para Brasília (DF), desenvolveu várias atividades: lecionou na Fundação Educacional de Brasília, foi assistente social no desenvolvimento da comunidade de Guará, participou da direção da secretaria do serviço médico do senado federal, dirigiu o agrupamento de destinação de terras na região amazônica no INCRA. Atualmente (1999) participa da diretoria do Sindicato dos Escritores do Distrito Federal e coordena o Projeto Cultural SUR-DF. Entre as distinções recebidas está o Título de Pioneira da cidade de Guará, por haver participado da fundação da cidade, em 1998. Recebeu também o Título de Cidadã Honorária de Brasília.

Escreveu poemas, artigos, crônicas, desde jovem, mas só começou a publicar nos anos de 1990. Estréia em livro, em 1997, com a poesia de **Nas dobras do corpo**. Participa da antologia **Espejos de la palavra** (Habana, 1999).

(Fonte: **Poesia de Brasil** – 2, 2000 org. A. Curvello.)

Publicação: **Nas dobras do corpo**, 1997.

MARLENE MARCON RIBEIRO 1025

Poeta paranaense, Marlene Marcon Ribeiro nasceu em Curitiba (PR). Formou-se em Letras pela Universidade Federal do Paraná. Mudou-se para Brasília (DF), onde é professora universitária.

Publicação: **Verão maduro**, 1975.

MARLENE MOREIRA 1026

Poeta, ficcionista, atriz, Marlene Moreira nasceu em Perdigão (MG), em 1955. Formou-se em curso Técnico de Contabilidade – Divinópolis, onde reside. Iniciou-se como poeta, publicando na imprensa e em revistas especializadas. Tem participado de concursos literários e obtido destaque. Vocacionada para o teatro, tem atuado como atriz, com sucesso. Recebeu o Prêmio Theatro de Melhor Atriz. Como poeta, a Placa de Prata/Jornal Agora – Divinópolis. Estréia em livro, em 1991, com a ficção de **Além**. Seguem-se livros de poesia, **O perfume de Janis Joplin** e **Cinco da tarde**, onde se faz ouvir a voz feminina dos anos pós-1960, isto é, pós-liberação total dos tabus, e busca de caminhos para as novas relações entre mulher/homem, ou melhor, mulher/mundo.

Publicações: Ficção – **Além**, 1991. Poesia – **O perfume de Janis Joplin**, 1994, e **Cinco da tarde**, 1996.

1027 MARLY DE OLIVEIRA

Poeta de destaque na geração que se inicia nos anos de 1950, Marly de Oliveira nasceu em Cachoeiro de Itapemirim (ES), em 1935. Radica-se no Rio de Janeiro (RJ), onde se forma em Letras. Realiza estágios de estudos na Europa.

Estréia como poeta em 1958, com **Cerco da primavera**. Poesia metafórica, de tendência filosófica, de indagação existencial. Dedicou-se também ao ensaio crítico sobre teorias poéticas. Foi casada, em segundas núpcias, com João Cabral de Melo Neto.

Publicações: **Explicação de Narciso**, 1960; **A suave pantera**, 1962; **A vida natural/o sangue na veia**, 1967; **Contato**, 1975; **Invocação de Orfeu**, 1980; **Aliança**, 1980; **A força da paixão & A incerteza das coisas**, 1982; Retrato – **Vertigem e viagem a Portugal**, 1986; **O banquete**, 1988; **Obra poética reunida**, 1989; e **O deserto jardim**, 1990.

1028 MARLY PERECIN

Historiadora e romancista paulista, Marly Therezinha Germano Perecin, descendente de antigas famílias de Piracicaba, Itu e Jundiaí, nasceu em 06.11.1936.

Professora e pesquisadora, tem escrito e publicado monografias históricas, como **O instituto Baronesa de Resende de Piracicaba** e **A síntese urbana** (1822/1930), em que analisa o processo urbanizador de São Paulo, no período entre a Independência e o início da era getuliana, ambas publicadas pelo IHGSP, do qual é sócia-correspondente. Ao elaborar sua tese de mestrado, empreende um novo projeto de escrita: fusão dos fatos históricos com a imaginação inventiva. Escreve o romance histórico **Candeias em espelho d'água**, no qual, tendo como eixo dramas humanos, mostra, pelos interstícios dos fatos históricos, a dura luta de homens e mulheres no imenso interior paulista, para construírem suas vidas, ao mesmo tempo em que construíam o Brasil. A trama se passa no período de lutas que antecederam e sucederam a Independência do Brasil, proclamada por D. Pedro I, em 1822. Ação centrada no Vale Médio do Rio Tietê e em terras banhadas pelo Rio Piracicaba. Trama que a par das grandes personagens históricas desse conturbado período, revela a grandeza ou a miséria de um punhado de seres anônimos (poderosos ou desvalidos), cuja vida foi verdadeiramente épica, na defesa de seus ideais, ou tragicamente esmagada pelos ódios ou pelos poderes despóticos.

A intenção de valorizar os miúdos fatos ou personagens que ficam escondidos nas dobras da história, entremostra-se já no título: Candeias – pequenos lampiões usados no tempo do Império (portanto, uma luz fosca); refletem-se em "espelho d'água", superfície das águas dos rios, por onde a vida passou.

Publicação: **Candeias em espelho d'água**, 1990.

1029 MARLY VASCONCELOS

Poeta, advogada, professora universitária e elemento atuante no meio cultural cearense, Marly Vasconcelos nasceu em Fortaleza (CE), em 1943. Formou-se em Direito pela Universidade Federal do Ceará, e em Letras pelo Centro de Humanidades da mesma universidade. Ingressou no ensino superior, dando cursos de literatura brasileira e literatura infantil. Iniciou-se como poeta, publicando em vários órgãos de movimentos jovens do Ceará (Nação Cariri, O Saco, Siriará, Revista Seara.). Tem participado de obras coletivas e atuado como jurada em concursos literários.

Estreou em livro, em 1973, com a poesia de **Água insone**. Segundo a crítica cearense (Pedro Lyra e Dimas Macedo), a poesia de Marly Vasconcelos inscreve-se no âmbito do Grupo SIN e no dos novíssimos poetas cearenses, com seu segundo título, **Cãtygua provençal** (1985). Em 1993, publicou o romance **Coração de areia**.

(Fonte: Brasil, Assis. **A poesia cearense no século XX**. 1996.)

Publicações: Poesia – **Água insone**, 1973, e **Cãtygua provençal**, 1985. Romance – **Coração de areia**, 1993.

MARTA ANDRÉ 1030

Poeta, contista, socióloga e presença atuante no movimento de difusão da Literatura Negra, Marta Monteiro André nasceu em Juiz de Fora (MG), em 15.10.1947. Formou-se em Ciências Sociais e dedica-se à pesquisa e à assistência social. É membro da Associação da Cultura luso-brasileira e correspondente do jornal de Juiz de Fora, Os Poetas. Poemas e contos seus estão incluídos em antologias do Rio de Janeiro, São Paulo e Salvador (**Momento literário**, **Cantam os poetas**, **Perfume da raça**, **A paz mora nos corações dos poetas** e outras). Em 1987, ganhou Menção Honrosa no 1º Concurso de Contos – revista Brasileira. Participou da antologia bilíngüe **Finally us... Finalmente nós** (org. Carolyn Durham e Miriam Alves), publicada nos Estados Unidos, em 1995.

Publicação: **Falar dos cidadãos**, 1996.

MARTA GONÇALVES 1031

Poeta, cronista, administradora de empresas e elemento atuante em seu meio cultural, Marta Gonçalves nasceu em Juiz de Fora (MG), em 1940. É filha de Julieta Gonçalves e Carlos Augusto Gonçalves, industrial e renomado pintor mineiro. Desde a adolescência escreve poesia.

Nos anos de 1980, passa a colaborar na imprensa mineira e em revistas e jornais portugueses. Profissionalizou-se na área de administração industrial, mas mantém, ao mesmo tempo, ativo convívio cultural. Pertence ao Grupo Literário da Associação de Cultura luso-brasileira – Juiz de Fora, onde iniciou sua carreira de poeta, ao lado de Ymah Théres*, Cleonice Rainho* e outras. Em 1993, integra-se ao projeto Grupo Edições de Minas, que divulga a poesia mineira atual, por meio dos opúsculos poéticos Alegoria.

Estréia em livro em 1979, com **Pássaros da insônia**, poesia madura, fundamente sintonizada com os tempos pós-tudo, que nos é dado viver e, dentro do qual, mesmo sentindo-nos enclausurados e impotentes, precisamos nos assumir, como uma força-de-resistência ao caos. É o que nos diz Marta Gonçalves já no poema de abertura: Pão na fornalha:

Os homens gritam ao interior / e ramificam o pavor de jogar / na boca do dia como o pão / quente saindo das fornalhas / suas diretrizes. Já não somos / os mesmos. Tece o bicho-da-seda / o seu lavrar ostensivo. / Fizeram do homem casulo...

Alegoricamente, seu poema equaciona a grande interrogação do homem pós-moderno: o que fazer em meio ao caos crescente? Onde estão as diretrizes da nova ação, para forjar o novo pão (elemento vital), se já não somos os mesmos? e ainda não sabemos quem somos? Interrogações ainda sem resposta, mas geradas por uma certeza: é do homem que ela virá. O processo da vida não pára, falta-nos descobrir suas novas "veredas" para nos integrarmos nelas e ajudarmos a reordenação do mundo: *Tece o bicho-da-seda / o seu lavrar ostensivo. [...] Fizeram do homem casulo.* É do homem-lagarta (que nós somos), que surgirá o homem-borboleta (que deveremos ser num certo amanhã). Quando?

É por meio dessa ótica ainda fosca e ambígua, que a poesia de Marta vai-se desdobrando em fragmentos deste nosso mundo-cão (o do cotidiano banal, flagrantes dolorosos ou belos de vida ou de morte, recantos da natureza, o refúgio das moradas, o amor escasso, ausências, vazios, medos, sonhos...), aprisionados pela palavra poética. Ligada a uma das primeiras demandas do pensamento pós-moderno, a poeta mineira entra em corpo-a-corpo com a poesia, pois sabe que, para além do medo e da desordem, é à palavra nova que caberá nomear o mundo. O poema final é explícito:

Vamos conduzir ao mundo / o vôo / da árvore perdida. // Jogaremos a palavra / em todas as estações / esperando / recriar áureos pontos [...] O pássaro dará rosas ao homem. /Vejam o verde no tempo.

Resgatando antiqüíssimos símbolos (vôo, árvore, palavra, estações, branco, pássaro, verde...), a poeta confere à poesia a força-de-resistência à desordem, para dela extrair uma nova ordem.

É nessa linha poética/ética/histórica/existencial que se engendram os sucessivos livros de Marta: **Cavalos verdes**, **Trigais do tempo**; **Exercício de descoberta**; **Canto provisório** e outros. Poesia que se sabe elo de uma infindável corrente, e que se faz memória ou ponto de convergência do ontem claro/escuro (ainda próximo, mas parecendo tão longínquo) e do hoje luminoso/sombrio, esta se faz eco de uma voz que, embora se sabendo provisória, prossegue o canto, pois sabe que ele perdurará, como a vida.

Vestirei a pele de Deus ao entardecer [...] Criarei novas luas / o amor voltará com asas de pássaros. ("Recriação")

Publicações: **Pássaros da insônia**, 1979; **No vidro da aurora**, 1982; **Haicais**, 1990; **Cavalos verdes**, 1991; **Trigais do tempo**, 1991; **Exercício de descoberta**, 1992; **Canto provisório**, 1992; **Primeira palavra**, 1994; e **Paisagem imaginada**, 1997. Livro infantil – **Luisinho** e **O boca-de-forno**, 1984, e **O piolhinho mágico**, 1990.

1032 MARTHA ANTIERO

Romancista, ensaísta, professora, Martha Maria Hermida Antiero nasceu no Rio de Janeiro (RJ), em 28.06.1927. Morou a maior parte da vida em Cambuquira (MG), onde faleceu em 19.01.1985. Formou-se em Letras-UFRJ, em 1968, em Jornalismo em 1970, e em Psicopedagogia. Fez curso de arte dramática (com Paschoal Carlos Magno); estudou piano e canto lírico com o maestro Murilo de Carvalho. Mas acabou optando pela carreira do magistério, nela ingressando, por concurso, no Ginásio Municipal Clóvis Salgado de Cambuquira e posteriormente no Colégio Estadual – Belo Horizonte.

Colaborou regularmente na imprensa (Diário de Minas, Jornal de Minas) e foi um dos membros-fundadores do jornal A Fonte – Cambuquira. Foi membro da Academia de Letras do Estado do Rio de Janeiro da UBE-SP e da Academia Municipal de Letras de Minas Gerais. Estreou em livro, em 1976, com o romance **A rede**, em plena maturidade intelectual/existencial. Trata-se de um romance de aprendizagem, que se passa em um internato de meninas e que enriquece o acervo de testemunho feminino acerca da situação da mulher no difícil período de transição, entre o mundo antigo, patriarcal, normativo e o do presente, em pleno processo de reordenação. Trata-se, pois, de romance de húmus memorialista, fundido à ficção, que, em estilo realista e fluente, nos traça um fiel retrato da sociedade no século XX. O novo romance, **O desafio aos limites**, também de cunho memorialista, é, como diz a autora, *uma tentativa de reconstituir os costumes de uma cidade do interior, as reações (ou irreações) do povo. Vivo há muito tempo numa cidadezinha e me agrada estar sempre atenta aos seus aspectos políticos, sociais, religiosos, econômicos, ao que se passa na comunidade. [...] Na verdade, meus personagens nada mais são do que resultado da fusão de vários tipos que moram aqui ou em qualquer cidade pequena. Fórmulas humanas cujos ingredientes são trabalhados numa composição completamente desvinculada de pessoas conhecidas.* (entrevista a José Afrânio Moreira Duarte. **Palavra puxa palavra**, 1982 p. 134).

Publicações: Romance – **A rede**, 1976, e **O desafio aos limites**, 1977. Ensaio – **Do classicismo ao romantismo**, 1969.

1033 MARTHA CARVALHO ROCHA

Poeta carioca que, nos anos de 1970 e 1980, publicou dois livros de poesia: **Cantochão** e **Exercício findo**. Neles se faz ouvir a voz da mulher liberada pós 1960..., na linha de uma Adélia Prado*, cujo lema é posto em epígrafe no primeiro livro: *Mulher é desdobrável / Eu sou.* Com tendência à síntese, ao poema breve, que se quer cortante, a arte da poeta carioca mostra uma consciência alerta para o mundo em transição e no qual a mulher é peça-chave.

Publicações: **Cantochão**, 1977, e **Exercício findo**, 1980.

1034 MARTHA FAERMANN

Ficcionista-memorialista e elemento atuante no meio social gaúcho, Martha Faermann (nome literário de Máxima Pargendler Faermann) nasceu em Quatro Irmãos (RS), em 20.05.1922.

Desde adolescente desenvolveu grande aptidão para atividades empresariais e culturais. Fez inúmeras viagens para o exterior (Europa, Ásia, América do Sul, do Norte, África e Canadá). Liderou a fundação de entidades socioculturais como: Conselho de Mães (Mutterat) do Colégio Israelita Brasileiro (PA, 1956/1962); Movimento Gaúcho pelo menor (PA, 1967); Movimento de Difusão de Estudos e Tradições Brasil – Israel (PA, 1969/1984); EFICA – Embaixa Feminina de Intercâmbio Cultural (PA, 1970/ 1985) e Grupo Pola – Ben Guyion (PA, 1968/1974).

Como escritora, especializou-se no registro de suas experiências de leitora ou vivenciadora de grandes textos literários. Dessas experiências publicou o 1º volume em 1987.

Publicação: **Vivências – Diário de leituras**, 1987.

MARTHA DE HOLLANDA 1035

Poeta, professora, pioneira feminista, Martha de Hollanda nasceu em Vitória de Santo Antão (PE), em 20.03.1903. Faleceu no Recife (PE), em 24.06.1950. Formou-se pela Escola Normal, ingressou no magistério, logo depois abandonado, devido ao seu casamento com o poeta José Teixeira de Albuquerque. Mulher de grande inteligência e cultura, estimulou o convívio intelectual, em seu meio. Sua residência tornou-se ponto de encontro de escritores e intelectuais, em animados saraus. De temperamento rebelde e libertário, suscitou muitos choques com a sociedade. Foi uma das pioneiras do movimento feminista no Brasil, ao organizar a Cruzada Feminista de Pernambuco. Foi a primeira mulher pernambucana a conquistar título de eleitora.

Desde jovem escrevia poesia, que divulgava na imprensa ou declamava nos saraus. Estreou em livro, em 1930, com a poesia de **Delírio do nada**, entusiasticamente recebido por grandes críticos da época (Coelho Neto, Alberto de Oliveira, João Ribeiro, Júlio Pires, Oscar Brandão.). Escreveu ainda Escândalo, coletânea considerada ousada demais e que não foi publicada.

Publicação: **Delírio do nada**, 1930.

MARTHA MEDEIROS 1036

Poeta, publicitária, cronista, Martha Medeiros nasceu em Porto Alegre (RS), em 20.08.1961. Formou-se em Publicidade e Propaganda na PUC-RS/1982. Foi diretora e redatora de criação em diversas agências de publicidade e colunista do jornal Zero Hora-POA. Colabora em O Pioneiro – Caxias do Sul.

Estreou em livro em 1985, com a poesia de **Strip-tease**, incluída na coleção Cantadas literárias (Brasiliense), que tornou conhecida toda uma nova leva de autores da linha da "contracultura", pós-1960 (Chacal, Ana Cristina César, Paulo Leminski, Alice Ruiz e Marcelo Rubens Paiva). Seguem-se novos títulos de poesia e de crônicas, e em todos eles faz-se ouvir a nova mulher consciente da deterioração de valores, nestes tempos de transição e de busca da verdadeira identidade feminina. *levo pouca coisa na bolsa / e levo sustos / quando me olho no espelho Uma mulher é uma só / mas são tantas não faço o jogo da sedução / o que sai de mim / está em mim / não faço o jogo / mas sei as regras / e o resto são fetiches / deboches / beijos em clima de* happy end */ repentes*

Tempo de desencontro entre os ideais e a vida, expresso com displicência, rancor, bom humor ou sarcasmo... Em comentário ao seu livro mais recente, **Cartas extraviadas**, o poeta Fabrício Carpinejar (in Rascunho. Curitiba, junho/2001) sintetiza:

...os desencontros da paixão e a consciência estremada dos defeitos e virtudes compõem uma atmosfera de desconstrução de identidade. A poeta capta instantes líricos em meio ao banal, desafiando o imaginário coletivo, aquela obsessão dominante na mulher de "vingar a vida", herdar projetos da sociedade e corresponder à altura. Ter no marido o fetiche do amante, equilibrar aventuras e sucesso profissional, conciliar filhos e renda preta, recorrer ao consumo quando se está consumindo, desafiar convenções e formalidades. Sua matéria-prima é fotografar os acertos e os ritos da relação a dois... o pessimismo serve como sinal aditivo de inteligência e inconformismo, uma atitude de vigília intelectual perante os hábitos, censurando progressivamente a estabilidade da rotina.

Publicações: Poesia – **Strip-tease**, 1985; **Meia-noite em quadro**, 1987; **Persona non grata**, 1991; **De cara lavada**, 1995; e **Cartas extraviadas**, 2001. Crônica – **Geração brivolt**, 1995; **Topless**, 1997; e **Poesia reunida**, 1999.

MARVIONE MACEDO, v. Maria Ione Macedo (nº 904)

1037 MARY CAVALCANTI D'ALBUQUERQUE

Poeta, trovadora, professora, Mary Cavalcanti D'Albuquerque nasceu no Recife (PE), em 18.11.1926. Participou de várias antologias de poetas e trovadores. Pertence a várias entidades culturais. Laureada por inúmeros trabalhos, publicados na imprensa ou concorrendo a concursos literários.

Publicações: **Segredos**, 1983, e **Trovas**, 1982.

1038 MARY ANN LEITÃO

Poeta, contista, professora de dicção e declamadora, Mary Ann Leitão Karam nasceu em Fortaleza (CE). Iniciou-se como escritora colaborando na imprensa. Foi pioneira, em Fortaleza, na arte de impostação da voz, e declamadora de talento. Estreou em livro, em 1980, com **Eu sou a minha voz**, que teve várias reedições. Seguem-se, no mesmo gênero, **A voz da criança** (Prêmio Heloneida Studart/1982) e **Você sabe falar em público?** (1983). Como contista, participou de várias antologias e publicou o livro **UFA!** (menção honrosa do Prêmio Estado do Ceará/1985). Como poeta, publicou **Lua cadente**, também premiado. Em 1985, fundou em Fortaleza o Grupo de Literatura Seara. Foi também sócia-fundadora da UBE – União Brasileira de Escritores-CE. Recebeu, entre outras distinções, o diploma de Mérito Cultural da Academia Cearense de Letras e Medalha Boticário Ferreira/1995.

(Fonte de consulta: **Contos cearenses** org. Joyce Cavalccante SP, Maltese, 1996.)

Publicações: Conto – **UFA!**, 1985. Poesia – **Lua cadente**, 1986, **Eu sou a minha voz**, 1980.

1039 MARY APOCALIPSE

Contista, dramaturga, tradutora, jornalista, biógrafa, Mary de Morais Apocalipse Rosa nasceu em Ouro Fino (MG), em 1922. Formou-se secretária pela Escola de Comércio; e em Letras pela FFLCH e Educação pela ASMEC (Associação Sul-Mineira de Educação e Cultura). Fez cursos de inglês no Yázigi e Cultura Anglo-Americana. Profissionalizou-se como jornalista, tendo residido alguns anos em São Paulo, onde também exerceu cargo público. Por seu desempenho jornalístico, recebeu Menção Honrosa no Concurso A Mulher na reportagem – Sindicato de Jornalistas Profissionais do Estado de São Paulo. É membro da UBE-SP, da SBAT – Sociedade Brasileira de Autores Teatrais-RJ e da Academia Piracicabana de Letras (em cadeira cujo patrono é seu irmão, poeta Ruy Apocalipse).

Iniciou-se como escritora publicando contos na imprensa e em revistas, e participando de antologias literárias e de concursos de contos, tendo recebido várias distinções e menções honrosas. Colaborou (anos de 1980 e 1990) ativamente em vários jornais (Jornal Monte Sião – Piracicaba; Jornal Literário – Tribuna de Piracicaba; Jornal de Ouro Fino (diretora); Correio Popular – Campinas e outros). Nos anos de 1940 e 1950, dedica-se à tradução de romances franceses e ingleses, para a Editora Clube do Livro-SP: **A princesa de Cléves** de Madame de La Fayette; **Viagem ao centro da África**, **A ilha desconhecida** e **O império dos quatro mares** de Júlio Verne; **Os três irmãos** de Guy de Maupassant, **A praia selvagem** de R. L. Stevenson; **A terra dos lobos** de Jack London e outros. Como pesquisadora, publicou uma antologia ilustrada do folclore brasileiro, **Minas Gerais**, **Espírito Santo e Rio de Janeiro** (1962), e uma **Biografia de Gonçalves Dias** (1965). Nos anos de 1960, dedicou-se também à dramaturgia teatral: escreveu e encenou, em Ouro Fino, as peças: Rosas para mamãe (1966); Minta para mim! (1966) e Joãozinho coração de rola (1966). Tem um *script*, Eu quero que vocês me matem!, aprovado e arquivado na Casa de Criação Janete Clair, para futuro aproveitamento.

Estreou em livro, como contista, em 1948, com **Maria pé de violão**, ao qual se seguiram **A bailarina suicida** e **As árvores se abraçam**. Escrita fragmentada e perpassada de grande sensibilidade e desencanto, esta se mostra "sintonizada" com certa consciência-de-mundo, que marca a literatura feminina do pós-1945 e período da Guerra Fria (1945/1956): uma lúcida/dolorida consciência da mulher "rainha-do-lar" que, ao começar a envelhecer, de repente se dá conta de que a vida vivida (marido, filhos, pais...) nunca passou de disfarces, de aparências de afeto, de comunhão. Reduzida à solidão mais completa, que é a da falta de amor, a personagem rememora sua vida e procura entender o diagnóstico médico, esgotamento. É essa descoberta a problemática geratriz de **As árvores se abraçam**. Livro estruturado em contos (narrativas curtas centradas em um só tema ou situação), mas por uma leitura de conjunto, ele se revela como romance. E isso porque cada fragmento (conto ou capítulo?), narrado por uma personagem diferente, gira em torno de um só tema e acaba por compor um painel familiar em deterioração (mãe neurotizada, pai alcoólatra, filha fracassada devido a uma educação opressiva, filho solitário, devido à falência de seus ideais, etc.).

Escritora de grande sensibilidade, inteligência e pleno domínio da linguagem narrativa, Mary Apocalipse dá, com sua obra, mais um significativo depoimento sobre determinado momento do longo processo de metamorfose que a mulher (ou, talvez, a condição humana?) vem sofrendo, desde o início do século XX e que, sem dúvida, se prolongará neste século XXI que começa.

Publicações: Conto – **Maria pé de violão**, 1948; **A bailarina suicida**, 1952, e **As árvores se abraçam**, 1965.

MARY GALENO 1040

Cronista, jornalista, tradutora e intérprete, repórter de guerra, Mary Galeno nasceu em Salvador (BA), filha do Comendador F. Sant'Anna e da poeta Júlia Galeno*. Fez seus primeiros estudos em Salvador, continuando-os na Alemanha, dedicando-se principalmente ao piano e à declamação. Retornando ao Brasil, em 1931, terminou seus estudos no Colégio Sion do Rio de Janeiro (RJ). Em 1938, casou-se com um diplomata alemão e, um ano depois, com a filha recém-nascida, acompanha o marido para a Alemanha. Anos depois, muda-se para Portugal, para onde o marido fora transferido. Estava em férias na Alemanha, quando seu marido morre de um ataque cardíaco. Impedida de sair da Alemanha já em guerra, pois a lei alemã não permitia que sua filha saísse do país, começa a trabalhar na Rádio Alemã de Berlim, como tradutora e intérprete. Ingressa no jornalismo internacional; foi repórter de guerra na frente oriental e na ocidental, escrevendo crônicas e reportagens para vários jornais. Colaborou com crônicas, durante longo tempo, na revista Vozes da Europa, as quais foram transcritas em quatorze jornais estrangeiros. Retornou ao Brasil, em 1947, e passou a trabalhar em A Gazeta de São Paulo. Em 1948, publicou um livro memorialístico: **Minha vida dentro da guerra**. É membro da Ala Feminina da Casa Juvenal Galeno e da AJEB.

Publicação: **Minha vida dentro da guerra**, 1948.

MARY GONDIM 1041

Poeta, pintora, museóloga e *expert* em artes plásticas, Mary Gondim (nome literário de Maria Cândida Gondim Coutinho) nasceu em Olinda (PE), em 24.02.1928. Formou-se em Direito e Administração de Empresas. Mas sua vocação para as artes manifestou-se desde cedo. Dedicou-se à pintura, tornando-se nacionalmente conhecida como artista plástica de superior talento, cujos trabalhos estão em museus ou em coleções particulares, no Brasil e no exterior. Tem recebido inúmeras láureas e prêmios que lhe confirmam o valor. Foi diretora do Museu de Arte Contemporânea de Pernambuco, onde realizou relevante trabalho. Participou de movimentos culturais, como o da Cooperativa de Arte da Ribeira.

Como poeta, começou a escrever nos anos de 1970, mas só em 1994 reúne seus poemas em livro, **Tempo revivido**. Poesia de maturidade, esta enfrenta, serena e densa, o pressentido ocaso e procura prender nas palavras o já vivido, os caminhos percorridos, a consciência do tempo que foge, "tempo avaro", *Ó tempo pressentido... / Tocas nas faces, / qual asas de borboleta, em sutil esvoaçar [...] Regras imutáveis / não permitem ao cansado / viandante, / retroceder em seus passos / e contestar o breve espaço / concedido.*

Mas a atmosfera dominante não é o inexorável findar, e sim o da vida incessante. *Ouso consagrar o fugaz / momento / que empresta à vida / plenitude e paz.* Ou ainda *Escutemos a canção / do princípio do mundo / ao acordar dos instintos / Êxtase e plenitude / de todas as coisas / na alegria de viver e amar [...] É o ser, é a terra / no clímax de existirem / irmanadas na solidão / entoando o canto de fé / de viver e amar.*

Os poetas, os artistas sabem que suas criações em palavras, cores, sons, formas... eternizam o aparente efêmero da vida, para além da morte.

Publicação: **Tempo revivido**, 1994.

1042 MARYSE WEYNE CUNHA

Poeta, trovadora, compositora, cronista, pesquisadora, Maryse Weyne Cunha nasceu em Fortaleza (CE), em 1922. De meio familiar culto, desde cedo dedicou-se a estudos e atividades culturais. Colaborou regularmente na imprensa cearense (Correio do Ceará, O Povo, etc.) com crônicas, trovas e artigos. Tem participado de inúmeras obras coletivas (**O livro de ajebiana**/1979; **Ajebianas do Paraná e do Brasil**/1981; **Pedaços do meu passado**/1981; **Revista do Instituto genealógico do Cariri**/1981; **Carro de boi**/1986 e outras). Em livro individual, publicou **Contemporização**, coletânea de textos de pesquisas e crônicas.

Publicações: **Contemporização**, 1982, e **Baú de muafos**, 1997.

1043 MASLOWA GOMES VENTURI

Romancista e tradutora, Maslowa Gomes Venturi, de descendência gaúcha, nasceu em São Paulo (SP), em 12.02.1915. Vinda de família de poetas (era filha de Yaynha Pereira Gomes* e sobrinha de Aplecina Conrado do Carmo*), desde cedo demonstrou atração pelas letras. Iniciou-se como escritora, dedicando-se à tradução de romances estrangeiros de grande público. Como romancista, estréia em 1950, com **Vozes sem eco**, o primeiro de uma série que a tornou uma das escritoras de sucesso, entre nós, em meados do século XX. Radicada em São Paulo, é da realidade paulista que extrai matéria para suas tramas romanescas, na linha de estilo e problemática seguida por outras escritoras da época: Mme. Dupré, Maria de Lourdes Teixeira, Carolina Nabuco...

Seu livro de estréia – de escrita ainda imatura – segue a linha realista predominante nos romances dos anos de 1940 e 1950: narrativa centrada na vida cotidiana comum, atravessada por encontros e desencontros amorosos, carência econômica, preconceitos morais e classistas, que alicerçavam (ou alicerçam?) a sociedade pequeno burguesa tradicional. O interesse central é o casal, a família. Nesse modelo, Maslowa introduz um novo elemento: a política. **Vozes sem eco** tem como cenário a capital paulista, pós-golpe getulista, com o Estado Novo, e as tentativas de contragolpe que acabaram por se desfazer no ar. Assim o caso amoroso central (e um possível triângulo amoroso) tem como acréscimo as secretas e ingênuas atividades políticas do "noivo" e do presumível "amante". Problemática que se apresenta mais madura em **Portão fechado** (1953), no qual se fundem realidade histórica e ficção, ao narrar um dos mais significativos movimentos da vida política paulista, pós-revolução de 1930, que levou Getúlio Vargas ao poder. Em **Terra de Deus** (1957), a romancista movimenta planos mais amplos: focaliza uma revolução camponesa fracassada no interior paulista. E ao mesmo tempo vai desfilando dramas humanos ligados à posse da terra, no campo, e às relações homem-mulher, que desafiam o interdito do sexo e o adultério...

Em **Trilha perdida** (1971), a trama romanesca tem, como matéria política, lances da Guerra do Paraguai, que se misturam com a história amorosa de Pedro e Leonor; e com problemas da terra baiana, uma vez que o protagonista, Pedro Alves, vive o inevitável choque entre sua educação (formou-se médico) e a herança que lhe coube, de senhor de engenho e de escravos. Apresentando o livro, Jorge Amado escreveu: ***Trilha Perdida** participa, ao mesmo tempo, do romance de costume – admirável romance de costumes –, e até do romance histórico. [...] Assim a novelística da autora paulista ganha dimensão maior, tendo ela enfrentado com sucesso uma arquitetura vasta e complexa em sua criação romanesca.*

Publicações: **Vozes sem eco**, 1950; **Portão fechado**, 1953; **Terra de Deus**, 1957; **Trilha perdida**, 1971; e **Passos na noite**, 1971.

MATHILDE DE CARVALHO DIAS 1044

Memorialista, fazendeira na região do Sul de Minas, Mathilde de Carvalho Dias nasceu na Fazenda de São José (Municipal de Carmo do Rio Claro-MG), em 15.03.1888. Ao casar-se, em 1906, com Lindolpho Pio da Silva Dias, passa a residir na Fazenda Recreio, da família do marido, propriedade que, com os anos, torna-se sua. Ao completar oitenta anos, cumpre a promessa feita aos filhos, de recordar e narrar a história de sua vida, iniciada com a abolição da escravatura no Brasil e que assistiu à conquista da Lua pelo homem.

Narradas minuciosamente à sua filha Regina Soares Brandão, as memórias de D. Mathilde, publicadas em livro (1972), passaram a integrar o acervo do Memorialismo feminino brasileiro. **Amor e trabalho** (Recordações de uma fazendeira do Sul de Minas) é, pois, mais um importante testemunho do que eram os costumes antigamente; as idéias, sonhos, lutas de realização (e nelas a tarefa-base desempenhada pela mulher), num Brasil que, desde há muito, tenta conquistar um lugar digno entre as demais nações. Na apresentação, Otto Lara Resende escreve: *Na época da massificação, quando todos nós somos diariamente passados no liquidificador para desmontar a aventura pessoal em favor do anônimo e da multidão, uma forma exaltante de humanismo há de ser a narrativa pessoal da própria vida. Mais do que nunca é preciso escrever memórias. O gênero continua a exalar um perfume que enriquece a cultura e ajuda, no caso do Brasil, a definir o nosso perfil nacional.*

Publicação: **Amor e trabalho** (1888/1968), 1972.

MATHILDE MAIER 1045

Memorialista, emigrante alemã, radicada em Rolândia (PR), Mathilde Maier nasceu em Trier, no Baixo-Reno, em 1895. Passou a infância e adolescência entre Trier e Frankfurt. Em 1938, quando começava a grande escalada do apocalíptico Hitler, Mathilde e o marido, o advogado Hermann Maier, conseguiram escapar da perseguição nazista aos judeus e emigraram para o Brasil. Aqui refizeram suas vidas formando uma fazenda de café em Rolândia – Paraná.

Aos oitenta e três anos, já viúva, Mathilde Maier publica suas memórias, **Os jardins de minha vida**, cuja versão do alemão foi feita por Roswitha Kempf. Essa recolha de memórias, que teria tudo para ser sombria ou dolorosa, amarga (devido às duras circunstâncias que o mundo impôs à autora) é, ao contrário, "iluminada", ensolarada, cheia de cores e belezas que encantam o leitor. Beleza e leveza criadas pela funda comunhão da autora com a natureza, com os "jardins", que seu olhar sensível foi descobrindo ao longo da vida. O título, **Os jardins de minha vida**, não poderia ser mais adequado, pois as recordações nele recolhidas são, passo a passo, pontuadas por jardins. Já a primeira frase do livro o mostra: *O primeiro jardim de minha infância estava numa pequena cidade do Baixo-Reno, ali onde a terra é plena e onde um grande céu se estende sobre a vasta paisagem, e o pôr-do-sol é tão dourado como Rembrandt o pintou. Nesta cidadezinha, meu pai era professor. Feliz a criança que pode brincar num jardim.*

Com extraordinária capacidade de reter nas palavras os encantos descobertos na natureza livre, a autora vai-nos descrevendo, em rico cromatismo, as singularidades de cada jardim com o qual sua alma comungou, desde os da infância e adolescência em Trier e Frankfurt – anos de formação no seio de uma família judia arraigada nas tradições culturais germânicas – ou os Müchen, no tempo da Universidade (durante a Guerra Mundial de 1914, quando, na Alemanha, as mulheres começaram a ter acesso aos estudos universitários), até os jardins do Brasil, passando pelos da Holanda, Inglaterra e outros países da Europa. A essa integração dinâmica com a natureza, se deve, sem dúvida, a serenidade de espírito e fortaleza interior, com que a autora sempre enfrentou (e venceu) todos os reveses. A grande lição de vida, que Mathilde Maier nos dá com suas memórias, é essa essencial e urgente religação homem-natureza.

Publicação: **Os jardins de minha vida**, 1972.

1046 MAURA LOPES CANÇADO

Ficcionista-memorialista e jornalista, Maura Lopes Cançado nasceu em São Gonçalo do Abaeté (MG), em 27.01.1930. Radicou-se no Rio de Janeiro (RJ), onde faleceu em 1997. Nos anos de 1950, trabalhou no Suplemento Literário do Jornal do Brasil, no qual publicou alguns contos. Há escassas informações objetivas sobre sua pessoa e vida, ambas nimbadas de tragédia. Vagas referências sobre sua personalidade impetuosa, inteligência e estranhezas. Maura, espécie de mito, oscilante entre a lucidez e a loucura, autora do romance **O hospício é Deus** (1965), romance-depoimento contundente e doloroso da vida dos que ultrapassam os limites da racionalidade e passam pela trágica experiência de uma vida violentada pelos processos brutalizantes dos tratamentos psiquiátricos. Na mesma linha escreveu os contos de **O sofredor do ver** (1968).

Entre as poucas e vagas informações, estão referências às suas seguidas internações na Casa de Saúde Doutor Eiras, onde num acesso de loucura teria matado uma das internas; e em conseqüência foi transferida para o Hospital Penal da Penitenciária Lemos de Brito. Em que circunstâncias teria morrido? Faltam-nos fontes. Pela lucidez revelada em suas ficções memorialistas, cabe indagar: quais os limites existentes entre razão e desrazão, em que parece ter vivido a escritora? Em artigo-ficção-memória escrito sobre Maura, por Nelson de Oliveira, encontramos algo mais sobre sua pretensa vida:

1959. As janelas do Suplemento Literário do Jornal do Brasil não têm grades. As grades quem as põe é Maura Lopes Cançado. Maura aponta um lápis, datilografa duas linhas, se enfurece com Reynaldo Jardim, com Ferreira Gullar, com Assis Brasil, com Carlos Heitor Cony. [...] Maura, a desconstruída – intervalo entre a sanidade e a loucura. As janelas do Hospital do Engenho de Dentro, no Rio de Janeiro, têm grades. Mas avessa a grades, quem as remove é Maura Lopes Cançado, sempre que deseja fugir para o mar. [...] O hospício é árido e atentamente acordado. Em cada canto, olhos cor-de-rosa e frios espiam sem piscar. Quer nos poros da praia, quer nos do quadrado branco, Maura marcha. Maura marcha completando o pátio. [...] Invado o quadrado de Maura em busca das coordenadas de seu universo às avessas. De seu universo elevado ao cubo, ao quadrado, feito de jaulas justapostas. Passear por Maura Lopes Cançado é o mesmo que passear pela instalação de um artista em chamas: instalação e artista sendo a mesma pessoa, o mesmo incêndio. (in Reconstituindo a fúria. ***Rascunho****, Curitiba, abril 2001)*

A personalidade e obra de Maura Lopes Cançado estão à espera de serem revisitadas e resgatadas para a memória do tempo.

Publicações: **O hospício é Deus**, 1965; **e O sofredor do ver**, 1968.

1047 MAURA DE SENNA PEREIRA

Poeta de linhagem humanista, jornalista, cronista, professora, conferencista e presença de destaque no meio cultural catarinense, Maura de Senna Pereira nasceu na Ilha de Santa Catarina (SC), em 10.03.1904. Faleceu no Rio de Janeiro (RJ), aos oitenta e oito anos, em 21.01.1992. Foi casada, em segundas núpcias, com o poeta e filósofo Almeida Cousin.

Desde a adolescência, entregou-se aos estudos e à escrita poética, buscando caminhos próprios entre um parnasianismo que findava e o modernismo que se difundia por todo o Brasil nos anos de 1920 e 1930. Formou-se pela Escola Normal catarinense. Colabora ativamente na imprensa. Estréia em livro, em 1932, com **Cântaro de ternura**, com capa do artista plástico português Correia Dias, marido de Cecília Meireles. Em 1933, transfere-se para Porto Alegre, onde intensifica sua militância como jornalista, repórter e conferencista. Segue publicando poesia, sempre atraindo o interesse das mais altas vozes da crítica. Entre as muitas homenagens e prêmios que recebeu, destaca-se a Medalha Anita Garibaldi – Governo de Santa Catarina – Esperidião Amin. Em 1994, Pedro Bertolino publica **Viagens com Maura**, onde registra todo o percurso biográfico da escritora, bem como seu envolvimento com a cultura e a política de sua época.

Publicações: Poesia – **Cântaro de ternura**, 1932; **Poemas do meio-dia**, 1949; **Círculo sexto**, 1959; **País de Rosamor**, 1962; **A Dríade e os dardos**, 1978; **Despoemas**, 1980; **Cantiga de amiga**, 1981; **Poemas-estórias**, 1984; **Poemas de amor**, 1985; e **Busco a palavra**, 1985. (Às vésperas de sua morte, destruiu o original inédito, Andarilha da noite, que fora dedicado ao esposo, Almeida Cousin, falecido pouco antes dela.) Ensaio – **Nós e o mundo**, 1976, e **Verbo solto**, 1982.

Poeta em tom maior, jornalista, pesquisadora, ensaísta, Maza Palermo (Maria Mazarelo de Palermo Silva) nasceu em Rio Doce (MG); de descendência calabresa pelo lado materno e mineiro, pelo paterno. Tem viajado pelas "sete partidas do mundo" e está radicada (2001) em Belo Horizonte. Formou-se professora em Ponte Nova. Fez Jornalismo na FFCL – Belo Horizonte. Profissionalizou-se como repórter, trabalhando para a grande imprensa (Diário de Minas, Jornal de Minas, Imprensa Oficial, Assessoria de Imprensa no Palácio das Artes, sucursal mineira do Jornal do Brasil e outros). Trabalhou como Assessora de Imprensa da rede Number One.

Realizou mestrado em Paris, na área de Problemas Sociais, no Centre de Perfeccionnement et Cadres de la Presse. Suas pesquisas incluíram entrevistas com prostitutas, bêbados, anarquistas e presidiários, isto é, com o lixo humano que alimenta a fornalha da nossa bela/horrível civilização do progresso material e da degradação humana. Ainda em Paris, Maza fez curso de extensão, Hautes Études de l'Amérique Latine, na Université de Paris, Sorbonne IV. Mais tarde estagiou nos Estados Unidos, onde conheceu de perto o convívio promíscuo das grandezas e misérias da vida nova-iorquina.

Viagens e poesia se fundem na palavra-amante que singulariza a voz de Maza Palermo. Seu livro de estréia, **Cala calabria**, foi como que talhado no chão pedregoso da terra calabresa, onde a vida é sempre uma conquista árdua, "onde a fome de viver morde a própria vida" e "onde morrer é uma vergonha". Comungando com suas origens, a poeta busca prender em sua palavra a força de resistência à morte e à aniquilação que, desde sempre, marcou o seu povo.

Tento com mãos ásperas de mineiro / mãos de ferro / Te esculpir um canto / como o malho de ferro na bigorna.

Definindo essa força poética, Orlando Bianchini diz, na apresentação do livro: *A poesia de Maza não busca ouvidos delicados. Nasceu de um ritmo áspero e bruto, de imagens rudes, agressivas. É uma poesia de pedra, um lirismo de faca que corta fundo no olho da alma. Por isso sua força, sua magia selvagem.* Força e magia que, pela palavra, se torna mais um gesto de resistência e de esperança, entre todos os outros que, através dos séculos, têm mantido viva a terra e seu povo:

Mas um dia virá / Um dos nossos virá / Plantará novas vinhas e colherá uvas. / Eu estou aqui, guardião da esperança / Pastor de uma cabra no fim da vida. / Eu estarei aqui esperando o dia / que alguém recomece a herança das pedras.

Poesia fundamente ligada às raízes do ser, a de Maza está sintonizada com uma das intuições deste nosso tempo de metamorfoses: a de que cada um de nós é continuidade de um invisível processo ou um elo da infindável e misteriosa corrente da vida. Daí a poeta se assumir como herdeira, não só de uma família, mas de um povo:

Senhora mia madre, o que me destes de herança? / O hábito negro o rosário / A colher de pau e o silêncio. // Senhor mio padre, o que trago neste sangue? / O orgulho da Sicília / E o sangue da Calábria. [...] A voz eterna: La vita, carcamano / o resto não vale nada.

E nessa herança, é a mulher que avulta, poderosa, severa, rude, indestrutível, fonte e foz da vida.

As casas são de pedra / As mulheres são de pedra / E os homens são forjados sob as saias negras. [...] É uma mulher de muitos rostos / Que porta a vida como um cetro.

E a poeta com elas se identifica, inclusive no amor, vivido como um rito sagrado, celebrado na carne e no espírito.

Joguei sobre a máquina de escrever meu chale negro / o mantello niuru / Sou como minha mãe, minha avó e minha bisavó / O meu pão será sempre maior que o meu verso / Como Elza, Cecília, Caterina / capas do silêncio ancestral e muitos berros / Capaz de cozer a pasta do homem /o – meu homem – exatamente como elas / Porque o amor é palavra da carne.

Em um tempo como o nosso, de realidades virtuais, de fingidas performances ou de esterelizante sexofilia, faz-se urgente a redescoberta do espírito que energiza a carne e, sem o qual, o amor é puro jogo alienante. Esse assumir a vida, em paixão e desassombro, aprofunda-se em seu segundo livro, **Cavalla**, cuja densa matéria foi arrancada, peia poeta, de sua experiência de vida em Nova York, cuja face escura e desumana (oculta sob o brilho da grandeza e do poder), ela expõe por meio de um olhar satírico. Lido hoje (após o fatídico 11.09.2001, no qual viu-se desaparecerem as Torres do World Trade Center e, com elas, milhares de vidas), essa poesia confirma a antevisão de Hernâni Donato, na apresentação do livro, ao chamar Maza: poeta-profeta. Publicado em 1993, **Cavalla** se abre com o contundente poema "New York New York" (verdadeiro avesso do hino de exaltação New York cantado por Frank Sinatra).

New York New York / Com seu sórdido metrô: setecentos quilômetros de medo / Todas as raças desfilam pelos vagões riscados de vermelhos / Você pode ser o próximo / Para chegar nos antros de subúrbio / Numa água-furtada em Manhattan; num pulgueiro qualquer das três ilhas. /Lá vão os homens que pastam em New York / Por um punhado de dólares cantando o mesmo estribilho / New York New York...

E os poemas se sucedem por uma centena de páginas, duros, lúcidos e proféticos, pondo a nu a degradação humana que está por detrás da grandiosa civilização, que se tornou o grande modelo a ser imitado pelo mundo inteiro. Como diz Hernani Donato:

*Maza, poeta, profeta, mulher: emotividade calabresa condimentada com ternura mineira, odeia o que ama e esse odiento amor sonoriza e acera o seu clamar, inclui pungência e solidariedade, remorso e cumplicidade, desafio e mágoa nas páginas com que devassa o ser e o viver americano do final do milênio. Isso é **Cavalla** [...] Nestas páginas, Maza, a **Cavalla**, não é somente Maza de Palermo. É Maza do mundo. Maza do sofrido mas sempre esperançoso coração humano.*

Hoje sabemos que não só Maza de Palermo soube ver e denunciar o avesso. Osama Bin Laden também o viu.

Em **Porca miséria**, seu mais recente livro, reafirma-se a força poética de sua palavra, em cujo húmus se sente toda uma cultura assimilada e amalgamada com o caldo de uma ternura humana, que sabe também usar o chicote para denunciar e punir os desmandos dos humanos. Quem bem ama, castiga.

Publicações: **Cala calabria**, 1985; **Cavalla**, 1993; e **Porca miséria**, 1997.

1049 MÉCIA RODRIGUES

Poeta paulistana, Mécia Rodrigues publica **O aberto e o grito**, poema que registra a indefinição dos limites, que marca o olhar contemporâneo e a impossibilidade da fala ordenada, uma vez que o sentido do mundo desapareceu no caos. Ao poeta só resta o aberto (sem limites) e o grito (a fala inarticulada).

Publicação: **O aberto e o grito**, 1980.

1050 MERCÊS MARIA MOREIRA

Poeta, contista, cronista, ensaísta, Mercês Maria Moreira Lopes nasceu em Paraopeba (MG), em 08.01.1930. Reside em Belo Horizonte (MG). Formou-se professora pela Escola Nossa Senhora Piedade – Belo Horizonte e ingressou no magistério oficial, onde fez carreira. Iniciou-se como poeta em 1951, com **Guirlanda de magnólias**, na linha lírica-humanista segundo os cânones consagrados. Seguem-se **Enternecidamente** (Prêmio Carmem Cinira); **Além da saudade** e outros de ensaio e de literatura para crianças. Tem recebido inúmeras distinções e prêmios (Prêmios Cláudio Manuel da Costa/1969; Prêmio Letras e Artes – Secretaria Estadual da Educação/1962; Othon Lynch Bezerra de Mello-Academia Mineira de Letras/1969 e outros). Recebeu distinções como: Medalha de Honra da Inconfidência/1982 e Título de Cidada Honorária de Belo Horizonte/1980). É membro da Academia Municipalista de Letras de Minas Gerais; da Academia Feminina de Letras e da Academia Mineira de Trovas.

Publicações: Poesia – **Guirlanda de magnólias**, 1951; **Enternecidamente**, 1955; **Além da saudade**, 1964; **Cantigas de neve**, 1968. Ensaio – **Augusto de Lima**, 1958. Livro Infantil – **Bam-ba-la-lão**, 1962.

1051 MERCEDES CAVALCANTI

Contista, artista plástica, professora universitária e ensaísta (Maria) Mercedes (Ribeiro Pessoa) Cavalcanti nasceu em João Pessoa (PB), em 17.07.1959. Formou-se em Letras pela UFPB e em Direito na UNIÊ. Realizou mestrado em Literatura Brasileira na PUC-RJ. Em curso na Université de Grenoble – França, obteve o DEA – Littérature Comparée-Études de l'Imaginaire. Faz doutorado de Literatura Brasileira na UFPB. Na carreira docente, tem atuado em diferentes áreas (Língua Inglesa, Arte, Literatura Brasileira e Língua Portuguesa). É docente do Centro de Ciências Humanas, Letras e Artes – Departamento de Letras Estrangeiras Modernas-Área Língua Espanhola).

Vocação inata para as letras e artes, desde menina começou a escrever histórias, desenhar e pintar. Mas só nos anos 1970 e 1980 começa a divulgar seus contos em concursos, na imprensa ou em revistas. Como pintora, tem participado de exposições coletivas de artes plásticas, inclusive no exterior. Fez exposições individuais, com boa aceitação crítica. Sua pintura é criada principalmente com técnica de óleo sobre tela, em estilo figurativista, de tendência expressionista, tendo como tema central o corpo humano. Dedica-se também à ilustração de capas de livros. Sua arte está incluída na obra II Arte Atual Paraibana (JP, FUNESC, 1990), com verbete e reprodução de uma tela em policromia.

Como contista, em 1981, participa da coletânea **A presença do conto paraibano**. Estréia em livro individual, em 1994, com **O ouro dos dragões** – breves *flashs* da vida cotidiana, repetitiva e absurda em sua mesmice. Linguagem narrativa fragmentada, como fragmentada e sem sentido é a imagem-de-mundo que a nossa época oferece, através dos multimídia que nos governam. No livro seguinte, o romance **O vinho de Caná**, a ótica é outra: uma espécie de aventura borgiana (a de transformar o irreal em real), na qual a autora revela a sua descoberta de um hipotético manuscrito redigido por uma mulher, Habbah, entre os anos 30 e 33 d.C. Nele se completam os testemunhos dos apóstolos, São Mateus, São Marcos, São Lucas e São João. Numa linha atual de pensamento, a de humanizar Cristo para além do que a Tradição registra, este romance propõe uma visão feminina do Cristo.

Entre os prêmios e distinções atribuídos à sua produção literária e ensaística, destacam-se: 1º lugar – concurso A obra poética de Augusto dos Anjos (FUNCEP-UFPB, 1977); 3º lugar – concurso de Ficção e Poesia – Jurandy Moura-SEC, 1981; Menção Honrosa – I Concurso Literário do Estado da Paraíba-SEC, 1993.

Publicações: **O ouro dos dragões**, 1994, e **O vinho de Caná**, 2000.

MERCEDES DANTAS 1052

Contista, professora, jornalista, ensaísta, Mercedes Dantas Itapicuru Coelho nasceu em Vila Rica do Bom Jesus (BA), em 20.07.1900. Falecimento ignorado. De família tradicional baiana, era filha de José Dantas Itapicuru Coelho, fazendeiro e chefe político de prestígio. Adolescente, muda-se para o Rio de Janeiro, onde prossegue os estudos e se forma professora, ingressando no magistério, por concurso, no Instituto de Educação do Rio de Janeiro (GB). Nos anos de 1930, começa a colaborar regularmente na imprensa carioca (Jornal do Brasil, O Globo, Correio da Manhã, Brasil Feminino, Nação Brasileira, revista de Cultura Política, Fon-Fon e outros). Foi uma das primeiras mulheres a participar da Diretoria da Associação Brasileira de Imprensa. Foi membro da Academia de Letras da Bahia; do IHG – Alagoas; da União de Educadores e de outras entidades culturais. Recebeu o título de Cidadã Carioca.

Estreou em livro, em 1925, com os contos de **Nus** (Prêmio Academia Brasileira de Letras). Segue-se **Adão e Eva**, em 1928. Dedica-se à pesquisa literária e à observação do movimento político de sua época.

Publicações: Contos – **Nus**, 1925, e **Adão e Eva**, 1928. Ensaio – **O nacionalismo de Castro Alves**, 1940, e **A força nacionalizadora do Estado Novo**, 1942.

MERCEDES SILVEIRA 1053

Poeta, professora e figura atuante na imprensa, como cronista e jornalista, Mercedes Silveira nasceu no Amazonas (AM), em 13.08.1917. Formou-se professora e ingressou no magistério, onde fez carreira. Militou na grande imprensa de vários estados (Jornal do Brasil, Correio da Manhã, A Noite Ilustrada, Correio do Acre, Brasil Feminino, revista Vamos Ler e outras). Pertence à Academia Juvenal Galeno, Sociedade dos Homens de Letras do Brasil, Sindicato dos Jornalistas Profissionais e várias outras associações profissionais. Participou do I Congresso de Arte no Rio Grande do Sul, em 1938.

Como poeta, estreou em livro, em 1940, com **Minha canção**.

Publicações: **Minha canção**, 1940, e **Sombra e luz**, 1946.

1054 MERY WEISS

Dramaturga, jornalista e escritora de literatura para crianças, Mery Weiss nasceu em Rio Pardo (RS), em 1937. Radicou-se em Porto Alegre (RS). Formou-se em Comunicação e Relações Públicas pela PUC-RS. Fez especialização em Jornalismo. Começa sua produção literária colaborando no Correio do Povo-POA, em 1971, com divertidas histórias infantis. Profissionaliza-se como jornalista, realizando importantes reportagens. Em 1972, estréia em livro com **Será uma vez depois do ano 2000**, aventura de ficção científica para adultos e jovens. Dois anos depois, publica **Os meninos da nave faz-de-conta** (Prêmio IEL/RS-Literatura Infantil/1974). É o primeiro de uma longa produção para crianças e jovens, que se tornaram *best sellers*. Entre as peças de teatro escritas e encenadas, destaca-se Estrelinha Azul (1970).

Publicações: Ficção científica – **Será uma vez depois do ano 2000**, 1972. Livro infantil – **Os meninos da nave faz-de-conta**, 1974; **O menino e a canção do vento**, 1976; **A menina e a fantasia**, 1982; e dezenas de outros.

1055 MIÊTTA SANTIAGO

Poeta, advogada, romancista, ensaísta, pintora, espiritualista, líder feminista, intelectual atuante, Miêtta Santiago (nome literário de Maria Ernestina Carneiro Manso Pereira) nasceu em Varginha (Sul de Minas-MG), em 17.07.1903. Faleceu no Rio de Janeiro, em 1995, com a avançada idade de noventa e dois anos e em plena lucidez.

Desde a infância, revelou notáveis dotes de inteligência e sensibilidade, que a levaram precocemente à criação poética e aos estudos. Aos onze anos, muda-se para Belo Horizonte, onde ingressa na Escola Normal. Ao se formar, recusa a carreira do magistério (como era costume para as moças da época) e prossegue os estudos na Faculdade de Direito-UFMG, onde se forma em 1929, e inicia a carreira jurídica. Nesse período universitário, conviveu com muitos dos que seriam mais tarde os grandes poetas do Modernismo brasileiro (Carlos Drummond de Andrade, Murilo Mendes, Oswald de Andrade, Cecília Meireles.); descobre a poesia como sua verdadeira atmosfera e a pintura como um sedutor *hobby* que a acompanhará sempre. Ao mesmo tempo, assume-se como advogada empenhada na defesa dos direitos humanos. Foi das primeiras mulheres a advogarem no Brasil, o que na época causou espanto e suspeição em muitos.

No final dos anos de 1920, participou da redação do documento que solicitava a instituição dos direitos políticos da mulher, que é encaminhado pela Federação Brasileira pelo Progresso Feminino ao Presidente do Senado Federal. Esse documento, assinado por duas mil mulheres, chamava a atenção do Senado "para a mulher brasileira que trabalha anonyma, eficaz, modesta e paciente, em todos os ramos da actividade". E argumentava que "votar não é um privilégio, uma recompensa que se dê aos cidadãos altamente especializados para exerceram essa função. É obrigação de todos". A luta pelo voto foi vencida e Miêtta Santiago torna-se a primeira mulher eleitora de Minas Gerais. Líder do pensamento feminino em Minas, foi membro-fundadora da Liga das Eleitoras Mineiras e da Associação das Normalistas; dirigiu a Liga Mineira Pró-Temperança e a Organização da Higiene e Saúde. Foi convidada por Bertha Lutz para a presidência da Liga Mineira pelo Congresso Feminino, em Minas. Participou de debates e campanhas contra o alcoolismo. Nos anos de 1930, casando-se com o Dr. João Manso, médico e professor universitário, passam a residir em São Paulo, onde permanecem alguns anos, antes de se radicarem no Rio de Janeiro. Sempre voltada para os estudos e para a conquista do conhecimento, ao longo dos anos, realiza vários cursos de extensão universitária (Relações humanas, Psicologia Geral, Higiene mental, Hipnologia, com Dr. Karl Weissman/1958 e outros).

Como poeta, Miêtta estréia em livro em meados dos anos de 1920, com os poemas de **Gosto de alma** que, de imediato, chamou a atenção da crítica e do público, pelo desassombro das idéias e relevância dada ao amor que envolvia corpo e espírito. Uma nova imagem de mulher surgia na literatura da época. Nova imagem que reaparece em **Namorada de Deus**, livro entusiasticamente elogiado por Carlos Drummond, que se referia à autora como a única poeta politizada neste País. Logo depois, publica o romance **Maria Ausência**, com prefácio de Oswald de Andrade, no qual diz *Todas as revoltas que uma mulher inteligente é capaz de pensar no Brasil estão no seu livro. Ele é um libelo sufocante. A armadura da sociedade colonial prolongada através de costumes... Você traz para nossas letras, a verticalidade.*

Miêtta foi, pois, uma das pioneiras entre nós a lutar pelo reconhecimento do valor e dos direitos da mulher; e a denunciar os preconceitos que a oprimiam e impediam (ou impedem?) de plena auto-realização. Na mesma linha de conscientização e denúncia, está a poesia de **Taça de Hebe**. Após essa publicação, a poeta silencia por longo período, durante o qual se empenhou em suas lides jurídicas, na observação atenta ao movimento cultural e político e ocasionais incursões nas áreas da poesia (recebe Menção Especial em Concurso de Poesia – Secretaria Geral da Educação e Cultura/RJ. 1960) e da pintura (participa da exposição de pintura do I Encontro de Arte Mística e Extra-sensorial/RJ, 1960). Como pintora, receberia Medalha de Ouro da ABD – Associação Brasileira de Desenho-RJ, 1985. Entre os projetos que realizou nesse período, destacamos o texto apresentado no I Congresso Brasileiro de Propaganda (outubro/1957). Subsídio para a consecução de um Código de Ética Publicitária. Texto extremamente arguto em sua análise sobre a Publicidade, vista não só como ciência e como arte, mas também como fenômeno político e sociológico, que age sobre as mentes, de modo subliminar e as dirige para os objetos visados. Daí a consciência ética que deve orientar os publicitários. (Neste limiar do nosso século, com a desenfreada e perversa publicidade visando ao consumo alienado, principal motor do progresso, algum deles daria ouvidos à análise da escritora?)

Em 1981, Miêtta volta a publicar. Pela natureza dos dois livros lançados, pode-se deduzir que esse período de silêncio editorial correspondeu a um fecundo período de reflexão, de adentramento espiritual ou de mergulho na consciência-do-eu, confirmando a intuição manifestada em seus primeiros livros de que a conciência individual é parte integrante da consciência cósmica. Os livros são: **As sete poesias**, reunião de poemas de exaltante paixão pela Vida em sua dimensão cósmica (da qual o eu é partícula), e **Uma consciência unitária para a humanidade**, reunião de ensaios centrados na nova concepção filosófica que, com o advento da Física Quântica (e o novo conhecimento da matéria em seus níveis subatômicos), passa de materialista para espiritualista. Em síntese, podemos dizer que ambos os livros se completam: uma mesma concepção-de-mundo (absolutamente insólita e aparentemente absurda para a concepção materialista vigente) neles se expressa em duas linguagens: na da poesia e na da ciência filosófica.

Com excepcional acuidade de percepção/intuição e rigoroso/lúdico/apaixonado domínio da palavra poética, Miêtta Santiago desdobra em sete partes o fulcro problemático da nova concepção de mundo: Carne arbitrária, Poesia em amor, Poesia em mim, Poesia em si, Poeminas futurescência e Transpoesia. O volume, cuidadosamente diagramado, propõe, visualmente, um diálogo entre o texto e as ilustrações (a bico-de-pena, desenhadas por Gerson Conforto e Holmes Neves) de lastro esotérico ou cabalístico, que abrem cada uma das partes. A decifração desse "diálogo" exigiria evidentemente um acurado trabalho de exegese, que está fora dos limites deste verbete. O que se oferece de imediato à leitura é a desconstrução da concepção de mundo cristã-patriarcal: sexófoba (alicerçada no interdito ao sexo), maniqueísta (Bem e Mal, Deus e o Diabo, realidades contraditórias e conflitantes) e moralista, fundada na transcendência (prêmio ou castigo depois da morte: o céu, o inferno ou o purgatório). Lembremos que, para o mundo pensante, uma vez anulada pelo avanço da ciência, essa idéia do Deus cristão criador do universo e do homem, a transcendência perdeu também a sua razão de ser. (Como disse Dostoievski diante dessa perda: "Se Deus não existe, tudo é permitido.") Outras vias de explicação do homem e da vida no universo vêm sendo procuradas, em todas as áreas do conhecimento, da literatura e da arte em geral. Uma delas, a via científico-esotérica (na qual se fundem, ciência e fé), foi a escolhida por Miêtta. Como se trata de uma nova concepção de mundo ainda em gestação, apenas duas linguagens podem por enquanto expressá-las: a da poesia e a do ensaio filosófico, usadas pela autora. A linguagem lógico-analítica pode apenas registrar tópicos destacados dessa complexa rede verbal de poesia e pensamento.

De **Uma consciência unitária para a humanidade**:

...uma Revolução do espírito vem se iniciando, mercê da unânime conscientização polêmica da Cultura no Combate ao Tempo Morto que ameaça a VIDA. Esta revolução de caráter filosófico e psicossociológico tem invadido psicanaliticamente todas as áreas do contexto cultural histórico.

Essa "revolução do espírito", segundo a "Teoria Unitária" aceita pela autora, fundamenta-se em uma "concepção unitária" da Vida, definida como "Consciência energética-inteligente do Cosmo" e que se opõe à "concepção divisionária" vigente em nossa civilização, pela qual o Indivíduo perdeu a noção de sua participação essencial no Cosmo. Depois de estudar as causas profundas que, desde a Pré-História, provocaram o divisionismo que rege a nossa civilização, a autora destaca a urgência de cada Indivíduo conquistar a Consciência de si como participante de uma Consciência Cósmica. Tal consciência estimulará a Criatividade individual que é parte integrante da Criatividade Cósmica. Nesse sentido, destaca o fenômeno que a partir de meados do século XX vêm transformando as antigas estruturas: a "Tecnologia Cibernética", instrumento que veio em auxílio da Revolução do Espírito, em sua luta contra o Tempo/Espaço Divisionários. Em suas palavras: *A rede eletrônica que envolve o planeta, instantânea e ubiquamente, elevou a comunicação entre povos e indivíduos, à categoria de uma Nova Ética, pelo efeito pedagógico filosófico, de ordem Unitária, gerado pelo dinâmico intercâmbio cultural por ela instrumentalizado. [...] A comunicação Eletrônica é, pois, um veículo ético-sociológico de Transculturação, que é capaz de provocar uma interação cultural de ação revolucionária. [...] O Individuum sentir-se-á, revolucionariamente, partícipe co-responsável pela Humanidade e pelo destino do Planeta. [...] Vida é a Consciência energética e inteligente do Cosmo. [...] O Homem é parte integrante do Cosmo, do qual participa em unidade estrutural e funcionalidade bio-energética, por meio da vida.*

É essa nova concepção de vida, ainda em gestação (já disseminada também em meios científicos), que energiza a poesia de Miêtta, na qual a "carne" e o "espírito" se fundem em força e beleza como manifestações do fenômeno maior do Cosmo: a Vida.

Em minha carne arbitrária / idéias geram paixões / no ventre da solidão, / copulando vida e morte / no corpo da multidão. / Crucificada na ação / crio na carne-que-pensa, / vivo na carne-da-morte, / morro na carne-presença.../ O mistério é o meu covil.../ Sou eterna e não nascida, / Anjo e não gado civil.../ Sou carne-tempo vivida / no pão da carne-diária.../ de minha carne arbitrária.

Em minha carne arbitrária / oram monjas medievais, / mensagens não foram lidas, / pássaros bebem punhais, / Jeanne D'Arc arde despida, / fuzilaram missionárias, / lázaros são coroados, / sou dura rosa calcária, / Judas em mim se enforcou, / sou Procissão-de-Humilhados.../ Nas faces que o tempo usou / meu nome vem de outras vidas, / nati-morto, condenado às galés hereditárias.../ de minha carne arbitrária.

(Fonte de consulta: Livros e cartas pessoais da autora; entrevistas dadas à imprensa; depoimento do senador Alfredo Campos – Diário do Congresso Nacional, maio/1985; projetos e documentos vários que nos foram entregues pela própria escritora, em 26.11.1987.)

Publicações: Poesia – **Gosto de alma**; **Namorada de Deus**; **Taça de Hebe** (s/d) e **As sete poesias**, 1981. Romance – **Maria Ausência**, s/d. Ensaio – **Uma consciência unitária para a humanidade**, 1981.

1056 MILA RAMOS

Poeta, cronista, professora, roteirista e produtora de programas de rádio e TV, Mila Ramos (nome literário de Zelândia Ramos dos Anjos) nasceu em Tijucas (SC), em 05.07.1932. Fixou residência em Joinville (SC). Formou-se em Letras pela FURJ (Fundação Universidade da Região de Joinville). Ingressou no magistério, lecionando Língua Portuguesa e Lingüística, como professora titular no Conjunto Educacional Celso Ramos e da FURJ.

Inicia-se como escritora, nos anos de 1970 e 1980, colaborando na imprensa e participando de antologias (**Show das Dez – Em tempo de poesia** I-II-III/1983/1984/1987; **Sete sumos**/1984; **Pé de vento**/1985; **Seis ecos lógicos**/1987...). Profissionalizou-se na área de comunicação, como produtora de textos comerciais para rádio e TV e programas de rádio. No programa diário Show das Dez – Rádio Cultura Joinville, difundiu suas poesias e crônicas. Com o poema "Benzedura" ganhou o 1º lugar no Concurso Nacional de Poesia Sertaneja (incluído na Antologia Sertaneja.1985).

Estréia em livro, como poeta, em 1985, com **Pé de vento**, fazendo ouvir a voz descontraída da mulher liberada, consciente de si e de sua tarefa no mundo, participante do cotidiano, onde a vida se cumpre; e encarando com bonomia e bom humor os encontros e desencontros da vida, do amor, dos sonhos. Seguem-se os títulos: **Na grande noite dos girassóis**, **Em surdina** e **Terra nossa de cada dia**, todos com boa repercussão crítica.

Publicações: **Pé de vento**, 1985; **Na grande noite dos girassóis**, 1987; **Em surdina**, 1989; e **Terra nossa de cada dia**, 1989.

1057 MIRIAM ALVES

Poeta, dramaturga, ensaísta e militante no movimento negro feminista, Miriam Alves nasceu em São Paulo (SP), em 06.11.1952. Desde a adolescência engajou-se na defesa da literatura da negritude, escrevendo textos de manifesto, poemas, contos, artigos, etc. É colaboradora ativa da revista Cadernos Negros, da Axé e de outras do gênero. Dedica-se ao serviço social. Tem participado de congressos, seminários e colóquios no Brasil e no exterior.

Em co-autoria com Arnaldo Xavier e Cuti (Luis Silva), escreveu o drama **Terramar**. Foi uma das organizadoras da antologia feminina bilíngüe **Finally us... Finalmente nós** (EUA, 1995), com a americana Carolyn Richardson. Participou também da organização de outras coleções: **Criação crioula, nu elefante branco**; **Mulheres entre linhas II**; **A razão em chama**; **O negro escrito,** etc.

Publicações: Poesia – **Momentos de busca**, 1984, e **Estrelas no dedo**, 1985. Ensaio – **Reflexões sobre a literatura afro-brasileira**, s/d.

MIRIAN PAGLIA COSTA 1058

Poeta, jornalista, tradutora (pianista que optou pela literatura), Mirian Paglia Costa nasceu em Londrina (PR), em 1947. Formou-se em Música e em Direito na Faculdade de Londrina. No início dos anos de 1970, muda-se para a capital paulista. Profissionaliza-se no Jornalismo, trabalhando na redação de vários jornais e revistas (Folha da Tarde/1974; Suplemento Lit. OESP/1971; Visão – 1974/1983; Veja – 1984/1986); agências de publicidade; e editora da Cultura Editores Associados, desde 1988 até o momento (2001).

Escreve poesia desde a adolescência, divulgando-a em jornais e revistas. Em 1969, ganhou o 1º Prêmio de Poesia-Festival Universitário de Londrina. Nos anos de 1970, continua a escrever e a guardar seus versos na gaveta. Estréia em livro, em 1981, com a coletânea **Colar de maravilhas** (Prêmio APCA – Revelação de Autor). Nele se faz ouvir a mulher liberada pós-1960, que, em tom entre displicente, lúdico e nostálgico, passa em revista os pequenos/grandes aconteceres da vida vivida na infância e adolescência, quando ainda a ilusão iluminava o cotidiano banal e o tornava essencial. No mesmo ano, lança a plaquette "Sete eus/Siete yos", publicação bilíngüe (trad. espanhol pela poeta peruana Mani Tabacinik), poesia alimentada pela mesma consciência de mundo anterior.

Depois de um largo período de silêncio poético, publica **Notícias do lugar comum**. Como o título já o mostra, trata-se de uma poesia aderida ao cotidiano comum, onde a vida se cumpre. É ainda a memória do ontem, feliz e ingênuo, que está nas raízes dessa nova poesia. Mas esse ontem não se impõe em primeiro plano, este é tomado por flagrantes da fervilhante capital paulista, que a poeta escolheu para viver. Como diz: *Nesta selva sonhei o unicórnio / aqui sofro e festejo / meu tempo de mulher / minha vigília / cidade que escolhi / meu labirinto.*

Poesia de grande sensibilidade, umedecida pelo caldo da ternura humana e contida por um rigoroso domínio da palavra exata, a de Mirian Paglia Costa é mais um testemunho feminino a depor sobre este nosso tempo-intervalar, prensado entre as grandes ilusões de ontem e as grandes interrogações e ameaças do hoje.

Publicações: Antologias – **Carne viva**, 1984; **Antologia da nova poesia brasileira**, 1992; e **Pequena antologia**, 1996. Poesia – **Colar de maravilhas**, 1981, e **Notícias do lugar comum**, 1998.

MIZAR KLAUTAU BONNA 1059

Poeta, pesquisadora, folclorista, jornalista e incentivadora de cultura, Mizar Klautau Bonna nasceu em Belém (PA), em 21.08.1936. Presença atuante no meio social paraense, desde muito jovem começou a escrever poesia, crônicas e artigos na imprensa de Belém (A Província do Pará, Voz de Nazaré, O Liberal Diário do Pará).

É associada da UBT (União Brasileira de Trovadores); sócia-fundadora da AJEB-PA (Associação de Jornalistas e Escritores do Pará) e membro da APE (Associação de Escritores do Pará). Tem participado de antologias poéticas e de concursos literários, recebendo menções honrosas e distinções. Estudiosa dos costumes, rituais, artes, etc., herdados da Tradição, Mizar estreou em livro, em 1986, com **Círio – painel de vida**, exaustiva pesquisa das origens, significação religiosa e histórica do culto a Nossa Senhora de Nazaré e da romaria no Dia do Círio, quando um verdadeiro oceano de gente inunda as ruas, acompanhando a imagem de Nossa Senhora de Nazaré do Círio. Combinando a linguagem em prosa com fragmentos poéticos, os textos de Mizar são, ao mesmo tempo, documento e poesia. Nessa mesma linha, publica **Meu Rio-Baía**. Seus trabalhos foram distinguidos com a Láurea Pedro Vaz Caminha (Instituto Histórico Pero Vaz Caminha/1988) e Cruz Mérito Cultural (Clube Literário Brasília/1989).

Publicações: **Círio – painel de vida**, 1986, e **Meu Rio-Baía**, 1991.

1060 MOEMA CARDOSO

Poeta, cronista, musicista, assessora editorial, Moema dos Santos Cardoso nasceu em Araçatuba (SP), em 01.04.1948. Está radicada na capital paulista. Iniciou curso de Direito, mas deixou-o incompleto. Profissionalizou-se em Administração de Empresas como assistente de gerência. Atraída, desde a adolescência, pela música e poesia, tem-se dedicado a ambas. Em 1969, classificou-se no III Festival da MPB da Paraíba (PB). Nos anos de 1970 e 1980, iniciou-se como poeta, publicando na imprensa ou em antologias (**Ensaio** V/1981; **A cadeira furta cor**. Contos/1982; **Antologia poética Vinicius de Moraes**/1983 e outras). Ligou-se a grupos alternativos, como Grupo Poeco – Só e Poesia e Movimento Língua Viva de Literatura Alternativa. Fundou a Littera Assessoria Editorial, com o objetivo de publicar bons autores, sem oportunidade de entrar no grande mercado editorial.

Estréia em livro, em 1981, com **Auto-prisma**, uma voz sensível em busca de seu lugar no mundo cotidiano, indiferente e conflitante. Segue-se **Pão-de-beijo**, onde se expressa uma consciência de poeta que almeja integrar em sua palavra a grandeza da Alta Poesia, a que eterniza o efêmero. Daí o vocabulário rico de nuances cultas... Já no insólito título – palavra composta de vocábulos conflitantes – a poeta metaforiza a grande carência humana: a Fome, que precisa do "pão" para a sobrevivência física; e o "beijo" para alcançar a plena harmonia do ser. Apresentando o livro, Péricles Prade escreve: *O livro calcado em três expressões distintas, mas interligadas (Fome, Pão e Beijo) não se entremostra na oportunidade da primeira leitura: é sorvido aos poucos, em suas filigranas e nuanças, como fonte originada em água pura corrente e primordial. No plano da criação, o leitor mais afeiçoado à linguagem poética reconhece, de imediato, que a autora não está em suspenso, hesitante e angustiada, como nas primeiras produções. A expressão agora é hígida e descarnada, revelando na contenção o domínio de quem já sabe lidar com o ofício. Em Moema Cardoso o telúrico é cósmico e a ecologia é amorosa.*

Publicações: **Auto-prisma**, 1981; **Sete lumes** (opúsculo), 1981; **Pão-de-beijo**, 1982; e **Cerimonial do templo brasileiro**, 1983.

1061 MÔNICA RACY MASSIH

Poeta, advogada, Mônica Racy Massih nasceu em São Paulo (SP), em 14.12.1960. Formou-se em Direito pela PUC-SP; pós-graduação em Administração de Empresas pela FAAP. Profissionalizou-se como empresária.

Iniciou-se como poeta participando de antologias (**Literatura brasileira**/1987; **Poetas brasileiros de hoje**/1989 e outras). Participou também de eventos e debates defendendo as relações da mulher com o meio político. Estreou em livro, em 1987, com **Estalos de lucidez**.

Publicação: **Estalos de lucidez**, 1987.

1062 MÔNICA SERRA SILVEIRA

Poeta, romancista, contista, jornalista, Mônica Serra Silveira nasceu em Fortaleza (CE), em 10.07.1960. Formou-se em Letras, pela UFCE. Colaborou na imprensa, onde publicou seus primeiros textos. Atuando nos meios de comunicação, exerceu a função de chefe de reportagem da TV-CE. Estreou em livro, em 1987, com os contos de **Eu conto**. Seguem-se: o romance **A rainha da ambição** e a poesia de **A janela**. Todos com boa repercussão crítica em seu meio.

Publicações: Conto – **Eu conto**, 1985; Romance – **A rainha da ambição**, 1987. Poesia – **A janela**, 1988.

1063 MYRIAM BRINDEIRO

Poeta, socióloga, pesquisadora, Myriam Brindeiro de Moraes Vasconcelos nasceu no Recife (PE), em 26.06.1937. Formou-se em Ciências Sociais; dedicou-se à pesquisa na área socioeducacional. Como poeta, estréia em livro, em 1979, com **Clave provisória**.

Publicações: **Clave provisória**, 1979; **Coceira no ouvido**, 1982; e **Cisco no olho**, 1983.

Romancista de grande força, jornalista, tradutora, contista, Myriam Campello nasceu no Rio de Janeiro (RJ), em 1940. Formada em Jornalismo, exerceu a função de redatora e tradutora em editora. Começou a escrever muito cedo. Em 1965, divulga seus primeiros contos em jornais e revistas cariocas (Jornal do Comércio, Cadernos Brasileiros, Correio da Manhã, Jornal do Escritor, etc.). Participou de várias antologias do conto feminino (**O conto da mulher brasileira**, 1978; **Muito prazer**, 1982; **O prazer é todo meu**, 1984; **Os cem melhores contos do século**, 2000). Tem ainda inúmeros contos traduzidos no exterior (trad. polonês, inglês, alemão, francês).

Como escritora, participou do programa da fundação americana MacDowell Colony – New Hampshire (1982 e 1985). Coordenou o Laboratório de Criação Literária do Galpão (Museu de Arte Moderna), em 1992.

Seu primeiro romance, **Cerimônia da noite**, em original, recebeu o Prêmio Fernando Chinaglia/1972. Prosa densa que se energiza de poesia, a deste romance inaugural já revela o húmus do maravilhoso que vai alimentar toda sua criação futura. Mesmo quando aparentemente pareça estar aderida ao cotidiano real-concreto comum. Aliada à ânsia de ultrapassar limites, de alcançar a plenitude existencial (sempre a partir do corpo, mas buscada para além dele), impõe-se a volúpia da palavra, a escritura densa, rendilhada, ambígua. Linguagem insólita que, embora decifrada em seu significado literal, esconde um fundo cabalístico que pede "iniciados" para sua verdadeira decodificação.

Desdobrando-se em torno de um fulcro amoroso, a narrativa vai enovelando experiências de estranhas personagens, cujos nomes são signos do Zodíaco: Virgem, Capricórnio, Sagitário... amadas ou amantes, todas elas perdidas nos labirintos do amor desmedido, quase absoluto que, embora selvagem, parece buscar a dimensão do sagrado. Nessa busca, fundem-se pelo menos duas das grandes angústias (ou buscas) do poeta em nossos tempos de caos: a da sede de autêntica comunhão eu-outro (sempre frustrada, desencontrada ou efêmera) e a da luta pela palavra nomeadora (a que deve dizer o indizível, que revele o novo ser humano em gestação).

Seu segundo romance, **Sortilegiu**, constrói-se no mesmo território mágico. Embora a fábula seja outra, em essência temos a mesma problemática motriz: a ânsia de sondar, detectar, no fundo misterioso da vida dos seres, a possível plenitude existencial que, talvez, em tempos remotos, míticos, tenha sido possível e que os arcanos da memória tenham guardado. A fábula consiste na história de Ísola, suas viagens, sua atração por Jorálemon, o paraíso perfeito; sua união com o Rei; suas relações com Petra ou com as outras mulheres; sua decisão de abandonar o Rei, deixar Jorálemon e enfrentar a luta que a esperava em Remoto. Escritura metafórica, essa pode ser entendida como uma elegoria do eterno esforço do ser humano, em busca de sua identidade e de se sentir participante da verdadeira essência da vida (ou do mundo), por meio do outro. Aliás, nessa aventura humana, muito mais do que o esforço "masculino", esse romance se volta para o esforço "feminino", o impulso (em geral silencioso) que leva a mulher destes tempos de metamorfoses, a se debruçar sobre si mesma e sobre o mundo à sua volta, em busca de sua verdadeira dimensão existencial, seja em relação ao outro, seja em função das velhas e novas tarefas que a solicitam na sociedade.

Em **São Sebastião blues**, a fábula e a linguagem mudam, mas não a problemática. A trama gira em torno de um grande prêmio literário e vai desvendando a rede de interesses, desejos, ambições, paixões, hipocrisias, que formam a sociedade. A linguagem é direta, afirmativa, mas compacta, sempre sugerindo algo além da objetividade aparente. Acima de tudo é um romance sobre a Paixão, possível ou impossível, mas inevitável.

Nos contos de **Sons e outros frutos**, com a mesma força da palavra e arguto olhar crítico, Myriam Campello vai desvendando as muitas faces da comédia humana energizada de erotismo. Em O Olho (Prêmio União Latina – Concurso Guimarães Rosa/1997), num falar solto, descontraído, quase lúdico, o eu-narrador vai pondo a nu sua relação incestuosa com a irmã, narração envolta numa atmosfera de voyeurismo/exibicionismo, altamente erotizada. Em A Mulher de ouro, acompanhamos o desejo de uma mulher por outra; em Loba, a enigmática relação mãe-filha; em Theo, um triângulo amoroso entre dois amigos e a mulher ideal, etc. Em todos, o mesmo domínio do jogo verbal, da arte de narrar e a mesma visão do humano com suas carências e ânsia de comunhão sempre frustrada.

Publicações: **Cerimônia da noite**, 1973; **Sortilegiu**, 1981; **São Sebastião blues**, 1993; e **Sons e outros frutos**, 1998.

1065 MYRIAM COELI

Poeta, professora universitária, jornalista, Myriam Coeli de Araújo Dantas da Silveira nasceu em Manaus (AM), em 19.11.1926. Estava com poucos meses, quando a família mudou-se para São José de Mipibu (RN), onde passou a infância e fez os primeiros estudos. Já adolescente muda-se para Natal (RN), onde se radicou e ali faleceu, em 21.02.1982, aos cinqüenta e seis anos, após longa enfermidade.

Formou-se em Letras Neolatinas pela Faculdade de Filosofia da Universidade do Recife (PE). Como bolsista do Instituto de Cultura Hispânica, residiu na Espanha, diplomando-se na Escola Oficial de Jornalismo de Madri. Retorna a Natal, dedicando-se à docência superior, nas disciplinas língua latina, Português, Francês, Espanhol, Italiano, Literatura Portuguesa e História da Imprensa.

No âmbito do Jornalismo, desenvolveu intensa atividade, junto aos principais periódicos da cidade (A República, Tribuna do Norte, Diário do Natal). É lembrada no meio jornalístico potiguar como a primeira mulher, no Rio Grande do Norte, a dar plantão num jornal. O conjunto de sua produção nessa área chega a mais de mil artigos, entre crônicas, poemas e reportagens (acervo ainda não recolhido em livro até o momento, 2001).

Como poeta, estréia em livro, em 1961, com **Imagem virtual** (parceria com o marido, o escritor Celso da Silveira). Seguem-se: **Vivência sobre vivência**, **Cantigas de amigo** e **Inventário**. Este último foi lançado em 1981, pouco antes de sua morte, e recebeu o Prêmio Fundação José Augusto. Seu último livro, Catarse, nesse mesmo ano, recebeu o Prêmio Othoniel Menezes, mas permanece inédito (2001). Poesia que revela o lastro de conhecimento e cultura, incorporado pela autora, essa se faz convergência de uma das principais problemáticas dos anos de 1960 e 1980: a consciência da palavra como nomeadora do real (a que cabe ao poeta inventar) e a interrogação existencial: Quem sou eu?, em face do ontem, do passado herdado. Em Ode à palavra, essa problemática está claramente expressa:

...a ela servindo estou / e lhe ofereço o disfarce da ordem e da compreensão. / Através dela me armo e soletro caminhos incertos / com seus ardis tão certos. / Mas, animal, dela sou presa / e me resumo na proeza / de lhe dar formas libertas / – pois meu ofício é dar à palavra, invenção. // Palavra é abismo, é infinito / É lirismo e é blasfêmia. [...] Queda no duro asfalto. / Cristo que se crucifica nos quatro infinitos cardeais. [...] Com ela eu faço a humilde doação / e o mundo faz sentido e aceitação...

(Fonte de consulta: **Literatura do Rio Grande do Norte** – org. Constância Lima Duarte & Diva M. Cunha P. Macêdo. Natal, 2001.)

Publicações: **Imagem virtual**, 1961; **Vivência sobre vivência**, 1980; **Cantigas de amigo**, 1980; **Inventário**, 1981; e **Da boca do lixo à construção servil: o livro do povo** (obra póstuma), 1992.

1066 MYRIAM FRAGA

Poeta de força maior e presença intelectual de destaque no meio cultural baiano, Myriam de Castro Lima Fraga nasceu em Salvador (BA), em 09.11.1937. Fez seus primeiros estudos na Escola Modelo, prosseguindo-os no Instituto Feminino da Bahia e Colégio Santíssimo Sacramento. Desde cedo mostrou tendência para a poesia, como leitora e criadora. Iniciou-se como poeta, publicando assiduamente em revistas e suplementos culturais. No início dos anos de 1960, época de grande efervescência cultural, fez parte do grupo que em Salvador fundou Edições Macunaíma, destinada a publicar livros de arte. É nela que faz sua estréia, em 1964, com os poemas de **Marinhas**, "plaquette" ilustrada com gravuras de Calazans Neto (em tiragem limitada de cem exemplares, fora do mercado). Essa parceria com o artista Calazans (um dos fundadores da revista MAPA e também da Ed. Macunaíma) iria perdurar através de anos, nos sucessivos livros-arte publicados pela poeta até hoje (2001), sempre pela mesma editora e com o mesmo grande artista, cujas enigmáticas gravuras ou xilogravuras dialogam com o húmus secreto da poesia.

Poeta da "geração de 60", a que surge no pós-Guerra Fria (1945/1956) e, por caminhos diferentes (os da ruptura ou da re-ligação), se entrega à redescoberta do homem, dilacerado pela civilização do progresso, Myriam opta pelo retorno às raízes. Diante do mundo-em-caos (pós-Hiroshima), no qual o homem se sentiu (ou sente?) perdido, certa linha de poetas se volta para o tempo primordial. Ou melhor, para o ponto de partida da civilização, hoje em processo de transformações profundas. Myriam começa por procurar esse tempo inaugural, na natureza livre: **Marinhas**,

Sesmarias, **A ilha**... Nessa poesia inicial, já se mostra metaforicamente a ânsia do poeta em se sentir parte da natureza, em descobrir-se como um ser/estar na terra, cujo enigma ainda não foi desvendado.

A ilha é um aconchego / um redondo limite [...] Toda ilha tem um ponto / Que a fixa ao abismo. [...] balançar / Na água primordial / de onde viemos [...] Toda ilha é um homem / devorado por dentro. / [...] Há um mistério a cumprir / nesta suja existência / de conchas e corais / que se dissolvem em lama [...] Viver é um naufrágio / sempre repetido [...] As volutas de búzio / capturam o infinito. / E o horizonte é um círculo / que rápido se fecha.

Aí temos, metaforizada, a concepção imanentista da vida: o homem pertencente à terra, não como algo agressivo, mas aconchegante, presa por um ponto ao abismo, o Mistério da vida (que a religião define como Deus transcendente). É esse mistério que o nosso tempo tenta descobrir, como algo imanente ao ser humano, à terra, ao cosmo... (a uma espécie de Consciência cósmica), e não transcendente (como foi definido, no início da nossa civilização, pelo Cristianismo).

Os livros vão se sucedendo (**O hino dos Adynata**; **O risco na pele**; **A cidade**, **Abaeté**...), e a tessitura poética se aprofundando na consciência de si mesma e de sua tarefa no mundo. Tessitura interrogante do ser, e que, em busca de Resposta, oscila entre a integração do ser na natureza, na terra... e a imersão na origem mítica. É na maturidade poética, com **As purificações ou o sinal de Talião**, que a poeta opta pelo caminho do mito das origens, e o diz claramente na apresentação:

Este livro é filho da Necessidade. Escrevê-lo foi construir no silêncio uma parábola sem limite. Persegui este projeto a princípio nebuloso, com a Tenacidade e a Dúvida ao meu encalço. A ele retornei, várias vezes, para abandoná-lo em seguida e, finalmente, lançá-lo ao mar da própria sorte, manuscrito encerrado numa garrafa.

A idéia primeira era fazer um poema a partir daquilo que reconheço em mim, como uma herança de séculos, resíduo de experiências vividas por remotas ancestralidades. Começo a perceber que cada indivíduo é o repositório de vivências antiquíssimas e, ao mesmo tempo, um espelho a refletir o futuro. [...] Recordar para conhecer e ao conhecer salvar-se. Regressar no tempo através da Poesia, que é conhecimento, mas é também purificação e ascese pois "talvez o regressar nos devolva o previsto, o vácuo inicial, a grande mãe, o abismo". [...] Este livro é um roteiro de viagem.

Uma viagem iniciática, eis o que nos mostra o universo poético que Myriam Fraga vem construindo em Beleza e Grandeza, nestes mais de trinta anos de criação. Nessa viagem de descobertas do oculto, ela penetra também no espaço mítico do indígena brasileiro e reinventa em poesia a cosmogonia que está em nossas raízes brasílicas. **A lenda do pássaro que roubou o fogo** é um dos pontos altos da obra poética de Myriam (talvez competindo com **Os deuses lares**), belíssimo livro-disco com enigmáticas gravuras de Calazans e musicado por Carlos Pita. Na apresentação Jorge Amado escreve.

...não posso calar o entusiasmo e a alegria que me proporcionou a leitura dos poemas inspirados em antiga lenda indígena sobre a conquista do fogo. [...] Já tive ocasião de saudar Myriam Fraga anteriormente como uma das vozes mais altas e mais puras da poesia brasileira contemporânea. Volto a fazê-lo hoje quando ela retorna a seu público revelando esplêndida maturidade. [...] Para vencer o "escuro vazio do sem nome", Myriam Fraga canta a luz, o parto do dia, o dia. Há neles um fulgor de manhã e de infinito.

Poesia em tom maior, a de Myriam participa de inúmeras antologias do Brasil e do exterior (**Cinco poetas**, 1966; **Antologia da moderna poesia baiana**, 1967; **25 Poetas da Bahia**, 1968; **Sete cantares de amigos**, 1975; **Serial**, 1978; **Em carne viva**, 1984; **Poetas contemporâneos**, 1985; **Simulations selected translations**, 1993; **Sincretismo. A poesia da geração 60**, 1995, e outras).

De sua intensa atividade cultural, destacam-se: membro da Academia de Letras da Bahia e da Associação Baiana de Imprensa; diretora-executiva da Fundação Casa de Jorge Amado; colunista no jornal A Tarde de Salvador; participante de projetos editoriais de relevo, etc.

Publicações: **Marinas**, 1964; **Sesmarias** (Prêmio Artur Sales), 1969; **A ilha,** 1975; **O hino dos Adynata**, 1977; **O risco na pele**, 1979; **A cidade**, 1979; **Abaeté**, 1980; **As purificações ou o sinal de Talião**, 1981; **A lenda do pássaro que roubou o fogo**, 1983; **Six poemas** (trad. Richard O' Connell), 1985; **Os deuses lares**, 1992; **Die stadt**, 1994; **Femina** (Prêmio COPENE de Cultura e Arte), 1996. Prosa – **Flor do sertão** (sobre Castro Alves), 1994.

1067 MYRIAM GURGEL MAIA

Escritora e professora universitária paraibana, Myriam Gurgel Maia dedicou-se à pesquisa do anedotário popular brasileiro, buscando redescobrir a nossa identidade cultural. A primeira recolha, **Boca no trombone**, foi publicada em 1990. Na apresentação, o Coordenador do Centro de Comunicação da UFPB e professor de folclore, Dr. José Nilton da Silva, escreve: **Boca no trombone** *é o caminho aberto para o leitor conhecer a dinâmica da sabedoria popular e projetá-la na era cósmica. Parabenizamos a Myriam pela coragem de fazer pesquisa e escrever a linguagem popular tão discriminada por muitos setores que fazem a cultura erudita. [...] O povo não pode viver sem o seu folclore; é através dele que o homem conhece sua identidade, perpetuando-se infinitamente. É o folclore rico e transmissor do nosso saber popular, abrangendo todas as classes sociais e viajando por um universo sem fim.*

A segunda coletânea, **Pega pá capá** (1993), é apresentada por Luiz Augusto Crispim, como o *Decamerão à brasileira* e destaca *o privilegiado senso de humor* da autora e a importância de seu trabalho para preservar *este admirável acervo da manifestação criadora do povo, um patrimônio que ela vem recolhendo entre lances de arqueologia e de paciência beneditina.*

O lema da autora é: *Ri e o mundo rirá contigo; chora e chorarás sozinho. O Riso é próprio do homem, nenhum bruto ri!.*

Publicações: **Boca no trombone**, 1990, e **Pega pá capá**, 1993.

1068 MYRTHES DE CAMPOS

Nome de destaque entre as vozes e ações femininas, que se empenharam, pioneiramente, na reivindicação dos direitos iguais – homens e mulheres – no âmbito da lei, Myrthes de Campos se notabilizou como grande advogada, a cujas lutas e vitórias a mulher brasileira deve muito. Daí o seu justo lugar como homenagem neste dicionário de escritoras.

Contemporânea de Leolinda Daltro*, Myrthes de Campos nasceu em Macaé (RJ), no final do Segundo Império. Estudou no Colégio Pedro II; bacharelou-se pela Faculdade Livre de Ciências Jurídicas e Sociais (RJ/1899), tendo sido a primeira mulher a entrar nessa Faculdade e também a única na turma. Depois da luta para vencer resistências (inclusive a paterna) e realizar os estudos jurídicos, começa a lutar para conseguir o reconhecimento oficial de seu direito de exercer a profissão de advogada. Consegue registrar seu diploma no Tribunal de Relação do Estado do Rio de Janeiro; vence a resistência do Presidente da Corte de Apelação do Distrito Federal, mas esbarra na "porta fechada" do Instituto dos Advogados Brasileiros, que só lhe é aberta, em 1905, após lhe reconhecer, publicamente, a competência e brilhante atuação profissional.

Uma de suas vitórias jurídicas foi a apresentação, no 3º Congresso Científico Latino-americano (RJ/1905), da tese que propunha a supressão, do código civil, do item que legislava sobre a incapacidade civil da mulher casada. Tese que, aprovada em plenário, vai dar início a uma longa luta no âmbito legislativo. Advogada da Assistência Judiciária e membro da Comissão da revista do Instituto dos Advogados, Myrthes de Campos foi incansável na defesa dos direitos civis da mulher, seja por meio de artigos na imprensa, seja de disputas jurídicas.

Nos anos de 1910, requereu seu alistamento eleitoral, argumentando que a Constituição não negava esse direito à mulher, mas seu requerimento foi indeferido. Só em 1922, no Congresso Jurídico realizado no Rio de Janeiro, conseguiu do plenário a aprovação de uma emenda, pela qual "a mulher não é considerada inapta, moral e intelectualmente, para o exercício dos direitos políticos; e que, em face da Constituição Federal, não é proibido às mulheres o exercício dos direitos políticos, que lhe deve ser permitido". O caminho oficial finalmente estava aberto para as mulheres usarem plenamente seus direitos de cidadania.

Em 1924, Myrthes de Campos passou a trabalhar junto à Jurisprudência do Tribunal do Distrito Federal, cargo em que permaneceu até sua aposentadoria (1944). Na comemoração dos seus 60 anos de carreira (1951), em entrevista à imprensa ela declarou que experimentava grande conforto ao saber que o Fórum estava cada dia mais povoado de jovens profissionais e que se sentia rejuvenescida nas novas gerações de advogadas.

(Fonte de consulta: Folder – calendário/1986. Conselho Estadual da Condição Feminina – Governo Montoro São Paulo.)

MYRTIS CAMPELLO 1069

Romancista, Myrtis Campello nasceu em Ouro Preto (MG). Surge como escritora, com o romance **Tempo de fiar** (menção honrosa – III Concurso Nacional Walmap e Prêmio Cidade de Belo Horizonte/1965). Segue-se **Pele contra pele** (Prêmio Coelho Neto-ABL. 1971).

Publicações: **Tempo de fiar**, 1965, e **Pele contra pele**, 1971.

MYRTIS DE MELO 1070

Romancista, cronista e musicista, Myrtis de Melo (nome literário de Iris de Almeida Cristóvão Grilo) nasceu em Jardinópolis (SP), em 07.06.1908. Faleceu em data ignorada. Formou-se pianista pelo Conservatório Dramático e Musical de São Paulo. Estreou em livro, nos anos de 1930, com o romance **Cruel promessa**. Seguem-se outros, dentro da linha do realismo ingênuo, centrado em dramas do cotidiano.

Publicações: **Cruel promessa**, s/d; **A mulatinha enjeitada**, 1941; **A capa de arminho**, 1944, e **Diário de Maria Rosa**, 1945.

1071 NÁDIA AMORIM

Cronista, professora universitária, pesquisadora, Nádia Fernanda Maria Amorim nasceu em São Miguel dos Campos (AL). Radicou-se em Fortaleza (CE). Formou-se em História pela UFAL, e pós-graduou-se com mestrado e doutorado, pela Universidade de São Paulo. Dedicou-se ao ensino superior e à pesquisa, na UFAL, onde se aposentou recentemente. Entre suas atividades estão vários estudos que aguardam publicação em livro.

Desde sempre, dedicou-se a escrever. Como ela mesma diz: *Escrever para mim, é pensar o próprio ato de viver. E conviver. É tentar compreender a vida em suas múltiplas faces. É introjetar vivências e observações do quotidiano e oferecê-las ao leitor sem pretensões literárias. Apenas movida por um coração que ama e deseja compartilhar. Apenas?*

Na verdade, a natureza de seus escritos vai muito além desse impulso humanitário, revela uma rigorosa estrutura intelectual a dirigir a escrita. Em 2001, lançou o livro **Dor crescimento e vida**, reunião das crônicas publicadas pela autora no jornal A Gazeta de Alagoas, entre 1991 e 2000. Em depoimento sobre a autora, na abertura do livro, o escritor Ênio Lins diz: *Nádia Amorim é uma dessas pessoas extraordinárias. Intelectual de largo espectro, militante das suas convicções, ativista permanente e generosa em defesa das melhores causas. Professora. Mestra em tempo integral, dedicada a repassar idéias em ações concretas e instigações teóricas. Em seu labor, na UFAL, uma referência. Desapegada aos modismos transitórios, procura repassar a eficiência secular dos procedimentos da dialética, testando e atestando teses e antíteses do dia-a-dia. Fora das salas de aula, não interrompeu essa empreitada. Opera avulso, com compromisso. Busca a transformação, o novo.*

Na verdade, suas crônicas são um amálgama de vida, solidariedade humana e alto domínio intelectual dos grandes problemas da vida.

Publicação: **Dor crescimento e vida**, 2001.

1072 NÁDIA KENNY PORTO

Poeta, jornalista, arquiteta e empresária, Nádia Kenny Cecílio Daher Porto nasceu em Impameri (GO), em 04.03.1956. Espírito multiforme, entregou-se desde cedo aos mais variados estudos: datilografia, desenho, pintura, violão, etc. Forma-se, em 1980, em Arquitetura e Urbanismo, na Universidade Nacional de Brasília.

Profissionaliza-se na área de arquitetura, dedicando-se, principalmente, à elaboração de projetos (Projetos de Aeroporto para Aragarças-DAC; Projeto Garagem – Oficina para Frota de Caminhões; projetos paisagísticos, oficiais ou particulares, etc.). Como jornalista manteve a página Painel Cultural, do Correio do Planalto. Sua produção literária está dispersa em jornais e revistas nacionais. Estréia em livro com a poesia de **Verso e verbo**.

Publicação: **Verso e verbo**, 1983.

NAI FROSSARD 1073

Poeta, jornalista e figura atenta ao seu meio cultural, Nai Frossard Magalhães nasceu na Ilha do Governador (RJ), em 1966. Desde a infância alternou sua vida entre Rio de Janeiro, Friburgo e Brasília, e sentiu-se atraída pela escrita literária, concorrendo com crônicas e poesias em concursos colegiais, com resultados positivos. Essa atração pela escrita leva-a ao campo do jornalismo. Forma-se pela Faculdade Gama Filho (1988), e estagia em vários jornais do Rio de Janeiro. Nos anos de 1990 foi contratada pela sucursal do Jornal do Brasil em Brasília.

Estréia em livro em 1991, com os poemas de **Anáguas no chão**. Poesia engendrada por uma visão de mundo amadurecida que se expressa em linguagem metafórica, apesar de parecer aderida à mera realidade cotidiana e concreta. Aves, flores, insetos, ventos, sol, lua, céu, casa, família, alegrias, lágrimas..., fazem parte da persona poética que transita entre o espaço exterior, onde a vida acontece, e o espaço interior, onde ela verdadeiramente significa. Se procurarmos o ponto-eixo, a partir do qual a persona poética vai desenovelando os poemas, podemos senti-lo na decisão da mulher-hoje de se buscar em autenticidade e em se revelar para além das aparências.

Já o título e a epígrafe de abertura o revelam metaforicamente. Anáguas eram as saias que, usadas por baixo do vestido, vedavam a possível visão do corpo. E a poeta as despe, jogando-as ao chão. (Note-se que o fato de, em nossa época, já não existir a preocupação de esconder o corpo, as anáguas estão fora de moda.) Quanto à epígrafe, se diz: *Não sou tão sem graça quanto pareço / Sou diferente quando me mostro por dentro.* É nesse sentido de se desvelar e se questionar acerca de si mesma, que a voz poética se expressa. Como em "Karma?:

Com bolsas pesadas ando, / Como os presos que trazem nos tornozelos / Bolas de ferro. [...] Muitas coisas aprendi / Desaprendi outras / Considero a melhor lição / A lição da pele. / Decodificante, / todo tipo de sensações armazena. / Como vida própria tivesse, / Essa pele, peluda, pelada, / Crua ou curtida. / Pele é pele, / Fluido é fluido. / Pode ver se quiser, a pele. / Mas o fluido passou.

Publicação: **Anáguas no chão**, 1991.

NAIR ERICEIRA 1074

Poeta, Nair Ericeira nasceu em Belém (PA), em 1928. Desde a infância radicou-se em São Luís (MA). Muito cedo começou a escrever poesia, mas as circunstâncias a levaram a estrear já em idade madura.

Publicação: **Casa de vidro** (prefácio de Moacyr Felix), 1986.

NAIR LACERDA 1075

Tradutora, contista, teatróloga, biógrafa, cronista, Nair Veiga de Lacerda nasceu em Santos (SP), em 18.07.1903. Cursou Odontologia na USP. A partir dos anos de 1930, passou a colaborar na imprensa santista (Tribuna de Santos) e em revistas especializadas paulistas e cariocas. No jornal O Diário, manteve a sessão De Coração a Coração. Respondeu pela Página Feminina (Jornal de S.Paulo), e colaborou nos jornais Folha da Manhã, Correio Paulistano e Estado de S.Paulo.

Profissionalizou-se como tradutora, nos anos de 1940 e 1950, quando editoras de São Paulo, Rio de Janeiro e Rio Grande do Sul intensificaram a publicação de traduções de romances *best sellers* de várias nações. Entre as dezenas de títulos traduzidos por Nair Lacerda, estão: **É proibido suicidar-se na primavera**, de Alejandro Casona; **Teatro flutuante** e **Cimarron**, de Edna Ferber; **As testemunhas da paixão**, de Giovanni Papini; **Horas roubadas**, de Lawrence Edward. A maioria de sua produção de contos e crônicas permanece esparsa na imprensa. Alguns dos contos foram publicados na **Antologia do conto brasileiro** (org.

Graciliano Ramos) e na **Antologia do conto feminino** (org. Raimundo Magalhães Jr.). Como biógrafa, escreveu a vida de Leon Tolstói, publicada na antologia **Romancistas** (org. Cultrix). Pelo conjunto de sua obra, recebeu o Prêmio Jabuti, da Câmara Brasileira do Livro, 1962. Foi Secretária de Educação e Cultura do Município de Santo André (SP), onde organizou a Biblioteca Pública Municipal. É membro da Sociedade Paulista de Escritores e do Sindicato Brasileiro de Autores.

Publicações: **História da Polônia** (il. Iolanda Fagundes), s/d. Centenas de traduções de ficção e teatro.

1076 NAIR PERILO RICHTER

Jornalista, cronista, Nair Perilo Richter nasceu em Goiás (GO), em 25.09.1915. É membro da Academia Feminina de Letras e Artes de Goiás. Publicou dois livros de crônicas, anteriormente publicadas na imprensa goiana.

Publicações: **Canto de cigarra**, e **Tempo de sonhos**, s/d.

1077 NALINA ROHDE

Poeta, professora, Maria Nalina Rohde nasceu em 19.06.1870, em Itapetininga (SP). Faleceu em data ignorada. Colaborou na revista Educação (fundada em São Paulo, em 1902). Escreveu poesias e artigos sobre problemas da educação e do ensino.

Publicação: **Poesias infantis**, 1930.

1078 NARA DO NASCIMENTO

Poeta, trovadora, contista, pedagoga, Nara do Nascimento e Silva nasceu em Goiás (GO). É membro fundador da Academia Taquatinguense de Letras e da Academia de Trovadores do Brasília. Tem participado de concursos de poesia, obtendo destaques e menções honrosas. Participa de várias antologias (**Luz e autor**, em braille; **Diamante para amantes**; **IV antologia de poetas e escritores do Brasil**; **Brasília, vida em poesia**, e outras). Tem publicado em livros: **Sineiros de Goiás** e **Estrelas no pó**.

Publicações: **Sineiros de Goiás** e **Estrelas no pó** (s/d).

1079 NARCISA AMÁLIA

Poeta, jornalista, professora e mulher que, no século XIX, ousou se emancipar da tutela masculina, Narcisa Amália de Oliveira Campos nasceu em São João da Barra (RJ), em 03.04.1852, e faleceu no Rio de Janeiro (RJ), em 24.06.1924. Teve grande sucesso de crítica e de público e é das raras escritoras do passado a ser mencionada em histórias da literatura brasileira. Era filha do poeta Jácome e de Narcisa Inácio de Campos, professora. Ainda menina, muda-se com a família para Resende, onde se casa, aos quatorze anos, com João B. da Silveira, artista ambulante, de quem se separa alguns anos depois.

Revela-se poeta, ao publicar em 1872 a poesia de **Nebulosa**, que alcança ampla repercussão nos meios literários da época. Sílvio Romero e Machado de Assis estão entre os que louvaram seu fino talento. Inclusive, foi admirada pelo Imperador D. Pedro II que, por ocasião de sua visita a Resende, mostrou interesse em visitá-la.

Embora, em seu tempo, já se difundira o ideário parnasiano, sua poesia ainda está ligada à exaltação subjetivista romântica, que exigia dos poetas total sinceridade, sentimentalidade e fundo sentimento da natureza.

Quando a noite distende seu manto. / Quando a Deus faz subir rude canto, / Da lagoa o audaz pescador; / Quando rolam no éter mil mundos, / Quando eleva plangentes, profundos, / Seus poemas, feliz trovador. / [...] Sinto n'alma pungir-me o espinho! / Sinto o vácuo embargar-me o caminho / Que procuram meus trenos de amor! / Desse sol que dá luz e ventura, / Desses pampas de eterna verdura, / Ai! Não vejo a beleza, o esplendor! /...

Em 1880, casou-se com Francisco Cleto da Rocha, por alcunha Rocha Padeiro, dono de uma padaria, na qual a poeta trabalhou algum tempo. Em sua residência, recebia amigos para tertúlias literárias, como era costume na sociedade da época. Freqüentaram tais reuniões nomes famosos, como Raimundo Correia, Luís Murat, Alfredo Sodré, e outros. O novo casamento não durou muito, devido às enormes diferenças intelectuais que a separavam do marido.

Com a separação, muda-se para o Rio de Janeiro, onde se dedica ao magistério e à colaboração na imprensa (A República e Correio do Povo-RJ; Lux – Campos, RJ; Diário de Pernambuco-PE; O Fluminense – Niterói; O Garatuja – Resende; jornais femininos: A Família-SP; Almanaque das Senhoras-RJ e outros).

Bonita, inteligente e admirada nos meios literários, mas desafiadora dos costumes conservadores, despertou invejas e animosidades. Chegou a ser caluniada publicamente por Múcio Teixeira, Barão de Ergonte, que em artigo pela imprensa, em 1912, acusa-a de não ser a autora de **Nebulosas**. Calúnia que muito a prejudicou e só muito mais tarde, em 1949, foi inteiramente desfeita pelo minucioso estudo bibliográfico realizado por Antônio Simões dos Reis.

Narcisa Amália foi a primeira mulher a se profissionalizar como jornalista, manifestando-se a favor da Abolição da Escravatura e em defesa da mulher e dos oprimidos em geral. Embora admiradora do Imperador, a quem conheceu pessoalmente, adere aos ideais republicanos. Foi duramente combatida por essa sua postura rebelde. Em artigo publicado em **A família** (31.12.1889), ela se refere abertamente aos ataques sofridos:

Suponho ter sido eu, no Brasil, quem primeiro ergueu a voz clamante contra o estado de ignorância e de abatimento em que jazíamos, em artigos que denominei – "A mulher no século XIX" e "A emancipação da mulher". A essa voz, antes magoado queixume de vítima em hora de desfalecimento profundo, que alarmante brado de revolta, responderam-me menos delicadamente alguns cavalheiros da imprensa paulista: acusaram-me de aspirar ao Nirvana do Budismo; valeram-se de pseudos nomes feminis e, assim desfarçados, afirmaram que as minhas "opiniões eram auridas em livros cuja leitura importava em atentado ao pudor da mãe de família". Espíritos másculos recearam, porventura, que a um meu aceno suas esposas abandonassem o pot au feu *e, tomado o bordão de peregrinas, marchassem em demanda da terra da* emancipação*; desse terror fez-se eco* ***O apóstolo****, que consagrou duas de suas melhores colunas a combater-me também.*

Abatida pela doença, termina seus dias cega e paralítica, falecendo aos setenta e dois anos.

(Fonte de consulta: **Escritoras brasileiras do século XIX** org. Zahidé Lupinacci Muzart. Florianópolis, Editora Mulheres, 1999.)

Publicação: **Nebulosas**, 1872.

NATALINA FERNANDES 1080

Poeta, contista, cronista, professora, Natalina Fernandes é goiana. Reside em Anápolis (GO). Formou-se em Letras Modernas e pós-graduou-se em Língua Portuguesa. Ingressou no magistério, lecionando português e inglês. Atraída pelas letras, tem publicado poemas, contos e crônicas na imprensa goiana. Tem textos seus incluídos na coletânea "Letras anapolitanas" (org. Mário Ribeiro Martins). Como diretora e atriz, tem atuado em diversas peças teatrais.

Estreou em livro, em 1993, com os poemas **Vôo sereno**, poesia lírica, aderida à vivência cotidiana e gerada pelo amor e pela solidariedade humana.

Publicação: **Vôo sereno**, 1993.

1081 NATÉRCIA CAMPOS DE SABOYA

Contista, romancista cearense, de grande força expressiva, Natércia Campos de Saboya nasceu em Fortaleza (CE), em 30.09.1938. É filha do escritor Moreira Campos (um dos mestres do conto brasileiro contemporâneo e falecido em 1994). Casou-se aos quinze anos e torna-se mãe de seis filhos. Vocação inata para a literatura e leitora voraz, desde cedo inventou histórias, mas só nos anos de 1980 (quando já avó) decide assumir-se como escritora e começa a divulgar pequenos contos na imprensa (Suplemento Literário O Povo de Fortaleza, revistas, etc.).

Em 1987, conquista o 1° lugar no Concurso Literário Sudaméris – Academia Botucatuense de Letras, com o conto "A escada", onde já se revela a natureza mágico-real de sua arte ficcional. Sua matéria fronteriça, sempre oscilante entre o real e o imaginário, a vigília e o sonho, o visível e o invisível, etc. Os contos premiados foram publicados em **Quem conta um conto?** (pela Sudaméris), dentre os quais "A escada" foi dos que mais chamaram a atenção dos leitores.

No ano seguinte, a coletânea **Iluminuras**, ao obter o 2° lugar – categoria conto –, na 4ª Bienal Nestlé de Literatura Brasileira/1988, tem excelente repercussão crítica, tanto no eixo Rio de Janeiro–São Paulo como em outros estados. **Iluminuras** reúne quinze contos que se enovelam numa mesma atmosfera adensada por um estranho mistério, entranhado no cotidiano comum e, também, pela fluidez da linha que separaria real e surreal, luz e sombra, dúvidas e certezas, razão e imaginação, etc. Indefinição de fronteiras que singulariza certa linha de criação do nosso tempo de rupturas e descentramentos.

Dentre as inúmeras manifestações da crítica que acolheram a publicação, destacamos a do escritor José Alcides Pinto (cujo universo romanesco parece alimentar-se de húmus semelhante ao de Natércia, embora no dela predomine o sagrado e, no dele, o profano):

...Ela trabalha como um pintor (a paisagem é sempre surpreendente e misteriosa em suas estórias). O equilíbrio da frase e a montagem do texto têm muito a ver com a pintura e a arquitetura. [...] Um livro medido, estudado, trabalhado com consciência e lucidez, dentro de uma explosão silenciosa, sensível. [...] As pessoas e tudo que as cerca, estão aqui multiplicadas sem divisão: seres e objetos formam um todo. Caminham juntos, sutis, afloram e submergem sob o talento narrativo da autora. Aqui está a medida e o princípio que regulam a existência humana. Aqui está o caos silencioso, a Angústia existencial. A vida em todos os seus lances dramáticos e conflitantes. [...] há em suas estórias um clima de lenda e de fabulação. [...] Mas o que busca essa escritora singular nos meandros de sua ficção? Uma religião, uma voz, um som, uma cor, um encantamento sobrenatural? Ela busca, ao que nos parece, a verdade, *seja esta a das Escrituras ou a que se inscreve na dor do mundo. Há um sentido estranho de beleza e morte que nos fascina. Há uma obsessão pelo desconhecido e pelo misterioso que envolve a vida humana: a fatalidade, o abismo. (Tudo isso) lhe confere um lugar à parte entre os mais expressivos ficcionistas do seu tempo. (DN Cultura. Fort. 23.10.1988)*

Em 1999, Natércia surge como romancista, com **A casa** (prêmio Osmundo Pontes – Literatura); romance amalgamado de memória e visceral comunhão com a vida cósmica, na qual vivemos sem percebermos, este já se insere no rol dos grandes romances telúricos brasileiros.

Publicações: **Iluminuras**, 1987; **A noite da fogueiras**, 1988; e **A casa**, 1999.

1082 NATÉRCIA SILVA

Romancista, poeta, advogada, Natércia Silva Villefort Costa nasceu em Campo Belo (MG). Está radicada em Belo Horizonte (MG). Iniciou os estudos básicos em sua cidade, terminando-os em Belo Horizonte. Cursou a Escola de Comércio de Minas Gerais. Formou-se em Ciências Jurídicas pela Faculdade de Direito de Niterói. Exerce a advocacia e, a partir dos anos de 1980 ingressa como funcionária na Assembléia Legislativa do Estado de Minas Gerais.

Desde muito jovem, interessou-se pela literatura e pelo teatro. Integrou durante algum tempo um grupo teatral amador, no Clube Teatral Menotti D'Áurea, fundado em Campo Belo por seu pai, Otávio Silva. Tem colaborado na imprensa mineira e participado de antologias poéticas (**Momento poético**-SP; **Pérolas de Minas** – ed. trilíngüe-MG).

Estreou em livro, em 1954, com o romance **Sob o manto do passado**, ao qual se seguiram livros de poesia e romances, que tiveram boa aceitação crítica. É membro de várias entidades culturais (Academia Campo-Belense de Letras;

Academia Municipalista de Letras de Minas Gerais; Academia Anapolitana de Filosofia, Ciências e Letras; União Brasileira de Escritores–SP, etc.). É Presidente da Academia Feminina Mineira de Letras (1980).

Publicações: Romance – **Sob o manto do passado**, 1954; **Uma vida de estudante**, 1967; e **Castelo de areia**, 1979. Poesia – **Poemas ao luar**, 1957; **Poemas ao senhor**, 1974; e **Cartas à minha mãe**, 1974

NATHÉRCIA CUNHA VELOSO 1083

Poeta, musicista, professora, jornalista, Nathércia Cunha Veloso da Silveira nasceu em São Gabriel (RS), em 24.01.1892. Radicou-se em Porto Alegre (RS), onde faleceu em 1975. Foi elemento atuante no meio cultural gaúcho. Formou-se no Curso Normal em Porto Alegre, 1915, e lecionou em Cachoeira do Sul. Foi fiscal de pedagogia do Colégio Bom Conselho e dirigiu o Instituto de Educação Flores da Cunha, ambos em Porto Alegre. Colaborou regularmente na imprensa, com poesias e crônicas. Foi membro da Academia Literária Feminina do Rio Grande do Sul e da Estância da Poesia Crioula. Foi co-diretora das revistas O Incentivo (1908) e "Rosicler" (1909), ambas de Rio Pardo (RS).

Publicações: **Brasil** (poema cívico), 1946; **Glorificação do fogo simbólico** (plaquete), 1947; **Chuva de rosas e de tranças** (poesia e prosa plaquete), 1948; **Teia de sonhos**, 1950; **Messe outonal**, 1952; **As minhas jóias**, 1954; **Oferenda** (poesia patriótica), s/d; **Bárbara Heliodora ou Variações sobre o tema da Inconfidência Mineira**, 1961; e **Serenidade**, 1961.

NATI CORTEZ 1084

Teatróloga, poeta, trovadora, ufologista, elemento que dinamizou o movimento cultural em Natal, em meados do século XX, Maria Natividade Cortez Gomes nasceu em Natal (RN), em 08.09.1914. Faleceu em 1989. Em 1930, casou-se com Manoel Genézio Cortez Gomes, com o qual teve vinte e quatro filhos. Com uma prodigiosa capacidade de produção literária, escreveu dezenas de peças de teatro, levando-as à representação. Dedicou-se à escrita de trovas. Interessou-se também pelos estudos de ufologia. Escreveu textos sacros, etc.

Foi sócia da SBAT – Sociedade dos Autores Teatrais; da Associação Norte-Rio-grandense de Astronomia; da Academia de Trovas do Rio Grande do Norte, e outras. Grande parte de sua produção foi publicada pelo Serviço Nacional de Teatro. Participou de antologias coletivas (**Escritores do Brasil**; **Coletânea dos poetas do Brasil**, etc.).

Publicações: **Diálogo das estrelas**, 1971; **A abelhinha sonhadora** (t. inf.), 1973; **Teatro espacial** (t. inf.); **O Curumim amazônico** (Angola); **Natal no espaço sideral**; **A guerra dos planetas**, 1972 (encenada na Universidade do Colorado-EUA, por Terezinka Pereira); **O mistério dos discos voadores** (lit. cordel), 1976; e **O marimbondo amoroso** (RJ).

NAZARÉ BERLESE 1085

Poeta, jornalista, Nazaré de Matos Dourado Berlese nasceu em Porto Alegre (RS), em 1921. Desde jovem, dedicou-se às letras e à docência. Foi diretora da revista Século XX e redatora da revista esotérica Aor (1951/1956), onde publicou: **Horas eternas**.

Publicações: **Horas eternas**, 1944, e **Alvoradas**, 1945.

NAZARETH GOUVEIA 1086

Ficcionista, poeta, artista plástica, pequisadora e bióloga, Nazareth Gouveia nasceu em Angelim (PE), passou a infância em Arcoverde e está radicada no Recife. Formou-se em História Natural-UFPE, áreas de Botânica e Biologia, nas quais se especializou. Dedicada às artes plásticas, tem participado de exposições e de congressos nacionais de pintura em porcelana. É membro da UPAP – União Pernambucana de Arte em Porcelana.

Como poeta e ficcionista, tem participado de inúmeras antologias de poesia e conto: **Antologia do conto nordestino contemporâneo**, 1998; **Poemas de sal e sol**, 1999; **Antologia do conto nordestino**, 2000 (org. Benito Araújo). Estreou em livro, em 1999, com a novela **Mea culpa**. É filiada à União Brasileira de Escritores-PE.

Publicação: **Mea culpa**, 1999.

1087 NEIDE ARCHANJO

Poeta em tom maior, advogada e psicóloga, Neide Archanjo nasceu em São Paulo (SP), em 15.09.1940. Formou-se em Ciências Jurídicas na Faculdade de Direito-USP e, posteriormente, em Psicologia. Ingressou na carreira jurídica, nos anos de 1960. Em meados dos anos de 1980, assume o cargo de advogada da Petrobras e se transfere para o Rio de Janeiro, onde está radicada. Nos anos de 1990, passa a exercer o cargo de assessora da Fundação Biblioteca Nacional, no Rio de Janeiro. Presença altamente atuante em seu meio cultural, participou dos movimentos renovadores que eclodiram nos anos de 1960, tornando-se uma das vozes mais significativas da "geração de 60".

Estréia em livro, em 1964, com **Primeiros ofícios da memória**, uma elegia que, conforme depoimento da autora, anos depois, *foi escrita nas arcadas da velha Academia, em meio a discursos políticos incandescentes, aulas solenes e a perplexidade dos 20 anos. [...] época em que se delineou a postura existencial que eu assumiria para sempre: uma luta constante para alcançar o equilíbrio entre a lucidez e o alumbramento; o fazer da minha vida um poema vivo onde tudo se integraria como partes de um grande todo."* (in **Poesia**, 1987)

Nessa síntese, está o nervo vital do universo poético que Neide Archanjo vem construindo nestes quase 40 anos (1964/2001) de auto-entrega à criação, essencialmente empenhada em redescobrir (ou reinventar) o ser do homem (o ser-em-si, o Sein heideggeriano), a partir de sua existência concreta no mundo (do estar-aí, o Dasein). Ou ainda, por meio de sua memória (a que transforma o efêmero dia-a-dia em história ou o eterniza em mito).

É nessa linha de busca que se revela a poesia de seu segundo livro, **O poeta itinerante**. Poesia de húmus metafísico, esta foi engendrada num período de exceção, como a própria poeta o informa: *No mergulho tenebroso e coletivo que sucedeu o golpe de 64 e sob a influência de um ambiente amigo, onde se estudavam os gregos, a alquimia, a magia, a história antiga e as religiões orientais, ao lado do estruturalismo e da cibernética, elaborei o Poeta itinerante, poema metafísico no qual relato o caminhar do ser em busca de si mesmo pelas vias espirituais.* (in **Poesia**, 1987)

Neste livro, tem início a jornada poética de Neide Archanjo. Assumindo-se como novo demiurgo, escava as origens e vai redescobrindo o homem em sua obscura origem, em seu novo surgimento no mundo:

O homem e o cão se fizeram / no limite silencioso de uma terra [...] a hora era chegada para o homem / e para o cão [...] eram viventes de um novo tempo [...] ser inicial da zona escura / que o homem desconhece [...] No círculo o homem era um ponto / ubíquo e sem limite. / E onde estava ele estava o centro.

Aí se fazem presentes as duas faces irredutíveis do ser humano (a humana/espiritual e a animal/carnal), e também a nova visão de mundo que está descobrindo o homem (ou melhor, o eu de cada um) como novo centro deste mundo descentrado, desde que a ciência pôs em questão a existência de Deus e, conseqüentemente, destruiu o seu centro sagrado (o Deus criador). A poeta se sabe nesse centro e, nas quatro partes do livro, vai revelando as diferentes faces que vão sendo conquistadas no avançar do caminho: a Telúrica (ser aderido à terra); a Onírica (a que se busca no sonho da memória); a da Ascese (a que se quer caminhante em ascensão) e a Mística (a que vislumbra enfim a cósmica harmonia, onde *as palavras são outras / ainda informuladas. / Mútuas. [...] Tudo é claridade.*)

Mas a vida não pára, e a jovem poeta se vê, no final da década de 1960, entre os primeiros que provocaram o *boom* da poesia invadindo o espaço público paulistano, declamando seus versos nas praças, armando feiras, promovendo shows de poesia, canto, música, etc.

...lentamente, o sonho fazia a ação emergir, e eis que em 1970 toda minha maneira de ser, sentir, pensar e agir sofreu uma guinada de 180º, refletida em ***Poesia na praça****, livro que resultou da minha experiência com poemas em cartaz, expostos na Feira de Arte da Praça da República (SP). Aos domingos sob a égide de Castro Alves: "A praça é do povo, como o céu é do condor", e sob olhares milicianos, eu expunha minha poesia ao sol, ao vento, pendurada em varais, pregada nas árvores, dando início à um movimento pioneiro, talvez o primeiro no Brasil...* (in **Poesia**, 1987)

Poesia na praça é, pois, poesia engajada, consciente dos desequilíbrios e injustiças do mundo, mas longe de se querer panfletária social, oferece-se como caminho de conscientização do eu em relação ao mundo em que ele deve atuar.

É por esse caminho que a poeta prossegue e, em 1975, publica **Quixote tango e foxtrot**, no qual se faz ouvir a voz feminina, desencantada do mundo – no momento de pós-euforia libertária dos anos de 1960 –, quando tudo parece afundar na mesmice e na inação. Desalentada com o aqui-e-agora, que afunda no pântano das futilidades criadas pela sociedade de consumo, a poeta se volta para o ontem, redescobre D. Quixote, o grande anti-herói de todos os tempos, o símbolo da aventura humana, com suas grandezas e misérias, e trava, com ele, um longo e delirante diálogo, sobre o mundo perdido em suas mil veredas desnorteantes; sobre o amor, a morte, as paixões, as banalidades... e, acima de tudo, sobre a esperança de um mundo melhor que há de vir.

Neste descante de amor e humor / não estamos sós, Quixote. / Muitos são os que caminham ao nosso lado / na solidão, no isolamento. / Na obscuridade e na penúria, / preparando o avanço do mundo, / que o tempo passa / e outra gente virá depois de nós. [...] se no princípio era o verbo / agora e depois também / será o verbo / por todos os séculos dos séculos. / Amém.

O caminhar prossegue e vem à luz **Escavações** (Prêmio Poesia APCA/1980), no qual a poesia flui do aqui-e-agora, vivido em plenitude, por ser continuação do inaugural, da verdade essencial a ser redescoberta...

Agora o gesto infinito / resguardado na infância / volta / anterior e primevo / ocupando meu ser / como a semente ocupa a terra / antes da árvore. / Importa que foi / o que agora é? /Resta a hora este tempo este lugar / são bojo / inventário / memória / invenção deste fogo / casto esfregar de pedra. / O meu olhar percorre / o ponto luminoso / que circunda as coisas / e acorda-as pelo nome. / Quem senão o poeta / para acordar o coração das coisas?

E a poeta prossegue, do "escavar" passando para o "navegar". **As marinhas** (1984), poesia visceralmente ligada às nossas raízes lusitanas, traça um paralelo entre a odisséia interior do homem contemporâneo à procura de sua Ítaca, e a odisséia dos grandes navegadores que descobriram o Novo Mundo. A palavra poética de Neide Archanjo ganha luminosidade, densidade e beleza que arrastam o leitor e o comovem. Como diz Sônia Régis*, na apresentação: *O poema é dedicado ao pensamento da origem, lugar onde a narrativa vai rastrear um* eu *essencial, fazendo-se ao largo numa viagem de (re) conhecimento pelos ritos iniciatórios: passagens onde a vida e a morte, o mito e a história organizam os próprios termos da linguagem [...] A meta do poema é alcançar o Verbo criador. Refletir sobre ele. Espelhá-lo.*

Nessa senda, a poeta prossegue seu exercício amoroso/existencial com os caminhos da memória e com o corpo-a-corpo do cotidiano, onde a vida se cumpre. A poesia continua a fluir, revelando-se cada vez mais mergulhada no sagrado, numa dimensão diversa da religiosidade ligada a credos ou igrejas; mas antes, no sentido rilkeano de religação do homem com o Anjo, com as forças de origem, com o mistério da vida. Um sagrado que tem no poeta o seu celebrante, língua inquieta que o revela aos homens, *incandescente e úmida semente / que salgou o mundo* (**O poeta itinerante**). Os títulos se sucedem: **Tudo é sempre agora** (1994); **Pequeno oratório do poeta para o anjo** (1997) e **Epifanias** (1999). O dizer poético se quer um fazer demiúrgico, um construtor de vida.

"Poeta itinerante", convicta de que "tudo é sempre agora", Neide Archanjo pertence à linhagem daqueles cuja obra pode ser definida como desafiante/jubilosa luta para tocar o indizível, onde estaria oculto o significado último desta nossa grande/obscura aventura terrestre. Sua voz se junta à de Rilke, quando disse *Só o poeta é quem tudo reintegra / do que em cada um se desintegra. [...] Celebrar, eis tudo!"*. **Celebração**... essa é a intencionalidade profunda que energiza toda a poesia de Neide Archanjo. Celebração do real, da natureza, da vida, do amor, dor, alegria, desejo, Fracasso, Prazer... Celebração do visível e do invisível. Celebração, não no sentido comum de festa, comemoração, mas no sentido religioso de reatualização, renovação, de ritual que presentifica aquilo que está sendo celebrado... Poesia demiúrgica.

Publicações: **Primeiros ofícios da memória**, 1964; **O poeta itinerante**, 1968; **Poesia na praça**, 1970; **Quixote tango e foxtrot**, 1975; **Escavações**, 1980; **As marinhas**, 1984; **Poesia**, 1987; **Tudo é sempre agora**, 1994; **Pequeno oratório do poeta para o anjo**, 1997, e **Epifanias**, 1999.

NEIDE ARRUDA 1088

Contista, atriz, professora Neide Arruda nasceu em Santa Rita do Passa Quatro (SP), em 20.10.1936. Formou-se em Letras pela USP. Iniciou-se como escritora, colaborando na imprensa e revistas: Homem, mulher, cavalo, azul e verde (revista Lui. Nº 12-SP, 1978) e A quilômetros de distância (Em revista – nº 14-SP,1982). Participou de shows teatrais, como Luxo, som, lixo ou transanossa, em 1972. Particularmente empenhada no problema enfrentado pelas mulheres, nestes tempos de transformações profundas, escreve os contos de **No meio desta vida**, lançados em livro em 1984. Nele a autora depõe sobre os encontros e desencontros entre homens e mulheres, em uma sociedade machista, cujos preconceitos geram o desencanto e o vazio interior em suas criaturas.

Publicação: **No meio desta vida**, 1984.

1089 NEIDE FREIRE

Contista, cronista, poeta e professora, Raimunda Neide Moreira Freire nasceu em Larvas do Mangabeira (CE), em 23.05.1924. Cursou a Escola Normal (1941), e formou-se bacharel em Teologia. Ingressou no magistério, em 1942. Foi diretora de vários estabelecimentos públicos. Participou ativamente do movimento cultural cearense.

Foi co-fundadora da Academia de Letras Municipais do Brasil; sócia-honorária da Ala Feminina da Casa Juvenal Galeno, participando de suas publicações, e de antologias coletivas (**Poesias e poetas** II/1990; **Contos do Brasil Contemporâneo**/1995; **Ajebianas no vôo da palavra**/1993; **Mulheres do Brasil**/1993; **Presença literária**-RS, 1997-98).

Publicação: **Acendalhas** (crônica e poesia), 1987.

1090 NEIDE LÚCIA MORAES

Romancista, pesquisadora e espírito atento às mutações do mundo atual, Neide Lúcia Moraes nasceu em Vitória (ES), em 1935. Estréia em livro, em 1969, com o romance **Olhos de ver** (Prêmio Instituto Nacional do Livro – Brasília). Como pesquisadora, dedica-se às áreas de história, geografia e estudos sociais, tendo publicado vários estudos: **O Espírito Santo é assim** (Panorama histórico-geográfico do Estado do ES/1971; **Espírito Santo, esta é a sua terra no Brasil**/1973 e **Atlas escolar do Espírito Santo**/1986). Seu segundo romance é **Sete é número ímpar**, com prefácio de Austregésilo de Athayde, no qual destaca a natureza humanista de sua matéria:

Sete é número ímpar focaliza os mais graves e prementes problemas da sociedade moderna, produzidos pela desorientação da juventude, com a ausência dos valores espirituais, que se dispersam como se fossem açoitados por um tufão. [...] "– Você acredita mesmo na imortalidade da alma?" Por essa primeira frase do romance, indica-se a densidade das questões que através dele todo se discutem, das teses que se formulam, dos choques de espírito e de mentalidade que se armam. Numa hora destas, consideradas como decisivas para o destino comum dos homens, [...] o romance de Neide abre perspectivas, tem momentos iluminados...

Publicações: Romance – **Olhos de ver**, 1969, e **Sete é número ímpar**, 1971.

1091 NELI SILVA

Romancista e pedagoga, Neli Silva nasceu em Avencas (SP), em 10.07.1947. Participou da coletânea **Mulher Poesia Hoje** (ES). Estréia em livro, em 1975, com a poesia de **Livre como uma gaivota**.

Publicação: **Livre como uma gaivota**, 1975.

1092 NÉLIDA PIÑON

Romancista de grande força criadora, quarta mulher eleita para Academia Brasileira de Letras, Nélida Piñon nasceu no Rio de Janeiro (RJ), em 1935. É de ascendência ibérica, viveu anos da infância na Galícia, para onde tem voltado sempre, em viagens de maior ou menor duração. Confessadamente, assume que suas raízes ibéricas exercem grande influência em sua criação literária. Formou-se em Jornalismo na PUC-RJ. Criou a disciplina de Criação Literária na Faculdade de Letras-UFRJ. É membro do Conselho Nacional dos Direitos da Mulher. Pertence ao conselho editorial da revista Review-NY. Eleita para a ABL, em 1989, foi a primeira mulher a assumir a presidência (1996/1998). Surge como escritora no início dos anos de 1960, em pleno momento de eclosão do experimentalismo da forma e da busca de uma nova visão de mundo, quando se misturavam forças criadoras antagônicas (Poesia Concreta, Poesia Práxis, Existencialismo, Fenomenologia como nova teoria do conhecimento, o pioneirismo de Clarice Lispector e de Guimarães Rosa, etc.). **Guia-mapa de Gabriel Arcanjo**, publicado em 1961, é romance experimental, de leitura difícil, espinhosa, porque propunha uma nova ótica para sua decodificação, a qual ainda precisava ser descoberta. Em 1963, publica **Madeira feita cruz**, na mesma linguagem metafórica e hermética, devido à ausência da chave decodificadora, por parte dos leitores. Livro ousado, heterodoxo e polêmico, este reescreve a história de Jesus, por meio de nova ótica que altera os fatos bíblicos e tenta reinventar o Cristianismo, fundando-o sobre uma Igreja mais humana, erguida sobre a "madeira", e não sobre a "pedra". A polêmica não aconteceu, pois a mensagem foi feita num código indecifrável pela lógica comum e que exigia um leitor iniciado, ainda raro entre nós, naquele momento.

Em 1966, os contos de **Tempo das frutas** novamente desafiam o leitor com sua galeria de personagens anormais, imorais ou pervertidos, que servem de matéria para a tentativa da autora de chegar à verdade oculta nos cérebros, nas mentes, através da carne envilecida pelas feridas ou pela anormalidade. É com o romance **O fundador** (Prêmio Especial Walmap/1969), que a romancista começa a trilhar o seu grande caminho, o da redescoberta ou reinvenção das origens, mediante a da escritura, a *palavra nomeadora* que cria o real ou eterniza no tempo as realidades efêmeras. A escrita romanesca da Nélida Piñon se quer *fundadora*. Na apresentação do livro, Eliane Zagury sintetiza sua problemática.

*(Em **O fundador**) abandona de vez a base realista que comandava a criação literária analógica ao mundo e estão içadas as velas de circulação livre por todos os domínios mentais do homem. Não estamos falando de fantasia ou surrealismo. É alguma coisa ainda mais livre que a explosão do subconsciente: é a construção racional de um mundo eminentemente estético em seu equilíbrio interior. [...] Joe Smith, Camilo Torres são personagens desta nova épica que, longe de ser a voz do bardo cego cantando os feitos passados da nação, tem os olhos bem abertos para se lançar ao futuro com uma audácia que se explica apenas pelo ideal de afirmação deste homem novo que o século vem temperando e provando, e que ainda não sabemos definir. Seja como for, é a estirpe dos novos fundadores que, além de se criar a si mesma, é capaz de se glorificar.*

O fundador já foi traduzido para o espanhol (Argentina) e o polonês (Cracóvia). Fascinada pelo mergulho no fundo abissal do ser humano, em suas zonas de paixões proibidas, a romancista escreve **A casa da paixão** (1972), romance alegórico, no qual se revela um mundo entregue às forças primordiais, que abalam as bases do arcabouço da tradição cristã, construída pelo falocentrismo e pelo interdito ao sexo. Longa e corajosa meditação ética/estética sobre esses pilares da civilização cristã (hoje em fase de transformação), este romance escava as profundezas dos seres, revelando, por meio de Marta (mulher instintiva, primitiva, indomável), a força poderosa do corpo, ou melhor, de Eros, que a Razão civilizadora amordaçou. Mudar o estado do corpo era alterar todo o pensamento. Essa é a idéia-chave do romance, que se desenrola no espaço mítico, primordial, onde estariam as raízes da condição humana, a ser redescoberta nestes tempos de mutação. Os títulos se sucedem: **Sala de armas**, **Tebas do meu coração**, **A força do destino**, **O calor das coisas**..., criando novos mundos em torno da problemática-chave: quem é o homem que criou o ciberespaço em que o mundo foi aprisionado? qual o real poder de sua palavra ou verdadeiro alcance de sua ação ou decisões, em um mundo cada vez mais virtual? Quem sou eu? Interrogações que a grande literatura vem colocando, desde a arrebentação dos ismos no início do século XX. Em **A força do destino** ecoam, através da ótica parodística, os ventos desencantados que começam a soprar nos anos de 1970, na vigência do AI-5 (pós-desilusão da euforia criadora dos anos de 1960 e que o golpe de 1964 veio castrar). O desalento pelos projetos abortados é substituído pela blague, pela irreverência da contracultura. A saída da grande arte de Nélida Piñon foi também pelo humor. **A força...** (publicada em 1978, pouco antes da extinção do AI-5) é uma paródia burlesca da grande ópera do mesmo nome, escrita por Giuseppe Verdi. Mediante a desconstrução do drama original, desenvolve-se uma bem-humorada e irônica reflexão sobre o gênero ópera e sobre as fronteiras entre realidade e ficção, expondo-se ao leitor como uma inteligente e divertida metanarrativa.

Em 1984, Nélida Piñon publica **A república dos sonhos**, talvez o ponto mais alto de sua produção romanesca (como os anos terão que comprovar ou não...). Nele, a história e a ficção, o real e o imaginário estão em contínuo contraponto. Em certo momento, lê-se uma frase que revela o seu nervo vital:

...o que sobra de um povo sem o seu imaginário? Deve ser por isso que o primeiro ato das ditaduras é proibir a imaginação. Nada asfixia mais que nos vermos privados de inventar.

Essa frase contém toda uma filosofia de vida ou uma atualíssima visão de mundo, a que vê na criação/invenção literária ou artística em geral, a porta de entrada para o novo homem e o novo mundo que há de vir. Romance impregnado de brasilidade e de universalidade, nele se misturam as forças do imaginário e da ação, que se amalgamaram nas origens e construção da historicidade brasileira. Jogando para o primeiro plano da narrativa o espaço ocupado pela memória ancestral na construção da vida e da história, a romancista tece uma efabulação romanesca visceralmente orientada pelo tempo-emoção. Tempo que ali determina a estrutura labiríntica dos fatos, gestos, falas, situações ou paixões domadas nesse amálgama vivo que nos vai revelando a saga da família Madruga e, ao mesmo tempo, a historicidade de um Brasil-em-processo. Expressão de criatividade e paixão, **A república dos sonhos** dá-nos uma lição de paixão pela vida, pela terra onde nascemos ou nos fixamos, e pela criação literária, entendida como realização existencial.

Em **A doce canção de Caetana** (1987), a romancista volta a explorar o veio folhetinesco da paródia, filtrando por essa ótica irreverente a vida rasteira do dia-a-dia de uma cidade do interior, Trindade, cuja rotina é alterada pela volta de Caetana, a doce cantora, que sonhava em ser uma Maria Callas e após "comer o pó das estradas", volta para apresentar-se à sua cidade, pelo menos em um espetáculo no cinema pulgueiro local. Em linguagem deliberadamente simples, linear, repassada de ironia, humor, ternura, crítica, compaixão, a efabulação vai interrogando o papel exercido pela ilusão, na arte; o mistério das aspirações e devaneios que alimentam a vida de cada um; as máscaras e disfarces usados no teatro da vida. E, ao mesmo tempo, interroga o espaço ocupado pela criação, a que alimenta a ilusão, sem a qual a vida humana fenece.

Todos os seus títulos têm sido traduzidos na França, Polônia, Estados Unidos, Argentina, Espanha, Cracóvia... Coube-lhe a honra de conquistar o grande Prêmio Juan Rulfo de Literatura Latino-americana – México/1995, pela primeira vez concedido ao Brasil.

Universo que já conquistou um espaço *sui generis* na Literatura Brasileira Contemporânea, o de Nélida Piñon testemunha a busca em que os criadores, neste nosso mundo em mutação, vêm-se empenhando para abrir picadas em direção da nova era já em gestação, embora ainda invisível.

Publicações: Romance – **Guia-mapa de Gabriel Arcanjo**, 1961; **Madeira feita cruz**, 1963; **O fundador**, 1969; **A casa da paixão**, 1972; **Tebas do meu coração**, 1974; **A força do destino**, 1977; **A república dos sonhos**, 1984; e **A doce canção de Caetana**, 1987. Contos – **Tempo das frutas**, 1966; **Sala de armas**, 1973; **O calor das coisas**, 1980.

NELLY LAGES JARDIM, v. Maria Nelly Lages Jardim (nº 954)

1093 NELVA RIBEIRO

Ficcionista, técnica em contabilidade, Nelva Ribeiro nasceu em Centenário do Sul (PR), em 13.05.1963. Estréia em livro com o romance **Quando tudo se faz por amor**, em 1986. Narrativa na linha do realismo cotidiano, que se quer testemunho das lutas anônimas travadas por homens e mulheres, contra os obstáculos que lhes são impostos pela indiferença ou maldade humana. Obstáculos que só o amor pode vencer.

Publicação: **Quando tudo se faz por amor**, 1986.

1094 NELY LAMBARDI

Poeta, contista, Nely Lambardi Amorim de Barros nasceu em São Paulo (SP), em 04.06.1926. Formou-se professora na Escola Santa Escolástica – Sorocaba, e em Ciências Jurídicas na Faculdade de Direito – Universidade Mackenzie-SP. Fez vários cursos de extensão universitária. Ingressou no serviço público no INPS – Instituto Nacional de Previdência Social, onde se aposentou. Iniciou-se como escritora, publicando poemas e contos na imprensa e antologias. Estreou em livro, em 1984, com os contos de **Mosaico de sensações**. Segue-se o volume de poesia **Marejando amor**. Tem originais de poesias e crônicas, ainda inéditos.

Publicações: **Mosaico de sensações**, 1984, e **Marejando amor**, 1988.

NERINA CASTELO BRANCO 1095

Poeta, advogada, contista, jornalista, professora universitária, Maria Nerina Pessoa Castelo Branco nasceu em Teresina (PI), em 1934. Formou-se em Direito em 1958; e em Filosofia em 1964. Foi professora da UFPI (na qual se posentou), e funcionária do UNPS, onde ministrou cursos de aperfeiçoamento para funcionários. Entre suas atividades sociais, está a de ministra eucarística de sua paróquia.

Como poeta, iniciou-se publicando na imprensa. Estréia em livro em 1960, com **Poesias modernas I**, em 1960. Seguiram-se outros, inclusive de contos, **Cruviana**. Fundou o Coral Folclórico da UFPI. Integra a Academia Piauiense de Letras.

Publicações: **Poesias modernas I** e **II**, 1960 e 1961; **Outras poesias**, 1964; e **Além do silêncio**, 1994. Conto – **Cruviana**, 1979.

NEUSA CABRAL BARROCA 1096

Poeta, artista plástica e presença atuante em seu meio cultural, Neusa Cabral Barroca nasceu em São Paulo (SP), capital, em 20.07.1934. Desde 1953 reside em Santos (SP).

Atraída pelas artes e literatura, inicia-se na carreira artística como pintora, participando de dezenas de mostras coletivas e individuais, nas quais recebeu inúmeras medalhas de ouro e distinções (Medalha de Ouro – IV Salão AFC/1980; I Salão de Artes de Carnaval/1982; I Salão José Bonifácio de Andrada e Silva/1982, e outras). Fez vários cursos de especialização em artes plásticas: artesanato (Atelier de Benvinda B. Munhões/1974); óleo e desenho (SESC/1977); porcelana (Prof. Carlos Delgado/1977); artes visuais (SEDUC – Gilda Figueiredo/1981); arte e desenho (SEDUC – Cristina Sheizo/1982) e outros.

Como poeta, iniciou-se participando de antologias (**Valores literários do Brasil**/1986; **II antologia de poetas e escritores do Brasil**/1987). Estreou em livro individual, em 1991, com uma trilogia: **Caminhada I-II-III**, poesia lírica, fundamente humana e solidária com a dor ou os sonhos de seus semelhantes. Pertence a várias entidades culturais (Clube Literário de Brasília; União Brasileira de Escritores-SP; Associação de Poetas e Escritores da Baixada Santista-APEBS, da qual é conselheira).

Publicações: **Caminhada I-II-III**, 1991, e **Renascer**, 1994.

NEUSA CARDOSO 1097

Poeta e jornalista paulista, Neusa Cardoso estréia, em 1979, com o livro **O escorpião e a valsinha**, poesia que se insere na atmosfera de exaltada vitalidade poética, criada na capital paulista, na virada dos anos 1960/70, pelo movimento Poesia na praça ou o da Catequese poética", liderados pela chamada "geração de 60" (Lindolf Bell, Álvaro Alves de Faria, Eunice Arruda, Neide Archanjo, e outros).

No início da década de 1970, como estudante de Letras na Universidade de São Paulo, Neusa Cardoso participou de alguns desses movimentos poéticos, principalmente os liderados por Lindolf Bell, poeta catarinense, nesses anos radicado em São Paulo e que se tornou um dos dinâmicos líderes da nova poesia. Participando de eventos públicos, incitava os poetas a levarem a poesia para as ruas e se assumirem como os seus principais divulgadores. Em 1970, Neusa participou da Feira de Arte, na Praça da República.

Em 1973, colaborou na revista Textura, que divulgava a novíssima poesia de então. Em 1975, criou e dirigiu a revista Geratrix, que integrava poesia e dança. Sua poesia reunida em **O escorpião**... tem apresentação de Lindolf Bell que, com a lucidez que lhe era peculiar (Bell faleceu em 1998), sintetiza em poucas linhas a verdadeira natureza dessa matéria poética, a do consciente corpo-a-corpo da palavra com o desvairado mundo das megalópoles, onde vagam as multidões formadas por criaturas visceralmente solitárias:

Entre o amor e a angústia do desamor, a incomunicabilidade e os desassombrados espaços da megalópole, [...] a poesia de Neusa Cardoso é deliberada provocação. [...] Não que do acontecimento poético se exclua o mistério. Mas há neste espaço poético e nas coordenadas criadoras que o regem uma reinvenção do homem e a pressa em todos os sentidos que o conduz a nada e a ninguém; a desconfiança e a incerteza em amarga anunciação, a transposição das criaturas solitárias para um verso lavado até a alma do cotidiano empobrecedor, de onde é arrancado.

A epígrafe de Maiacóvski, que abre o volume, aponta abertamente para o nervo vital dessa poesia: a luta pela descoberta/invenção da palavra fundadora do real, a ser extraída do amálgama verbal em bruto: *Para extrair / uma palavra, / milhões de toneladas de palavras-primas.* É esse, afinal, o ofício do poeta: extrair a forma poética, daquilo que, informe, jaz à sua espera, como o disse Carlos Drummond.

Publicação: **O escorpião e a valsinha**, 1979.

1098 NEUSA PERES

Poeta, artista plástica, empresária, presença atuante no meio artístico e cultural goiano, Neusa Maria Peres de Almeida nasceu na cidade de Araguari (MG), em 1950. Está radicada em Goiânia (GO).

Formou-se na área de Artes, especializando-se em pintura. Fez cursos de especialização em desenho, artes plásticas e música (UFGO). Como artista plástica, participou de mais de uma centena de exposições no Brasil e no exterior, com várias premiações. Foi diretora da Galeria de Arte da Fundação Cultural do Estado de Goiás. Até 1999, dirigia a Assessoria de Cultura, Turismo e Lazer em Goiânia. Estréia em livro, como poeta, em 1996, com **Lado alado**, poesias ilustradas (exposto na XIV Bienal Internacional do Livro-SP e, posteriormente, no Castro's Park Hotel – Goiânia; na XV Feira do Livro, na Feira Internacional de Cultura – Brasília e na Square Gallery/Boston-EUA). Tem participado de antologias poéticas (**Del'Secchi**/1997; Goiás – **Meio século de poesia**/1997).

Publicação: **Lado alado**, 1996.

1099 NEY AZAMBUJA

Poeta, professora, Ney Rodrigues Banckwart Azambuja nasceu em São Francisco de Paulo (RS). Formou-se em Pedagogia e ingressou no magistério estadual. Fez vários cursos de especialização (poesia, literatura e crítica literária e relações humanas).

Como poeta iniciou-se participando de antologias (**Poesia mulher-I**; **Antologia poética**/Casa do poeta Rio-grandense; **Cadernos**/1985; **Anuário dos poetas do Brasil**/1986, etc.). Estréia em livro, em 1980, com a poesia de **Manifestações**; seguem-se outros. Faz parte de várias entidades culturais: Casa do poeta Rio-grandense; Associação Brasileira de Crítica Literária; Academia Anapolitana de Filosofia, Ciências e Letras de Goiás, entre outras. Seu trabalho tem sido distinguido com várias láureas (Troféu M. Cabeda Perez; Menção Honrosa – Mutirão de Poesia/1997, e outras).

Publicações: **Manifestações**, 1980; **Do eterno agora**, 1989; **Filhos do tempo**; **Memórias**; **O amargo âmago da ausência**, 1990, e **No vôo do tempo**, 1995.

1100 NICE MONTEIRO DAHER

Poeta, cronista, conferencista, memorialista e presença de destaque no meio cultural goiano, Nice Monteiro Daher nasceu na cidade de Goiás (GO), em 15.12.1915. Formou-se na Escola Normal do Estado, mas não seguiu a carreira docente. Fez cursos esparsos de língua e literatura. Foi secretária do Instituto de Educação de Goiás. De família de intelectuais e jornalistas, sua vocação para as letras manifestou-se cedo. Desde 1934, começou a colaborar na imprensa e em revistas especializadas de Goiás e de outros estados. Dedicou-se ao jornalismo, escrevendo crônicas, poemas, contos e artigos.

Estreou em livro, em 1984, com a coletânea, **Lembranças em quatro tempos**, prefaciada por Nelly Alves de Almeida. Seguiram-se os volumes **Caminhos** e **Revoada**, todos com excelente repercussão crítica no meio goiano. Participante ativa dos movimentos culturais do centro-oeste brasileiro, destas últimas décadas, foi co-fundadora da Academia Feminina de Letras e Artes de Goiás, onde ocupou, durante vários mandatos, o cargo de oradora, em sua diretoria. Pertence à Associação Goiana de Imprensa desde a sua fundação, e à União Brasileira de Escritores-GO.

Publicações: **Lembranças em quatro tempos**, 1984; **Caminhos**, 1990; e **Revoada**, 1994.

NICE RIBEIRO 1101

Ficcionista, jornalista, radialista, repórter e presença atuante nos meios de comunicação, Nice Ribeiro nasceu na capital paulista, em 1960. Formou-se em Comunicação pela FAAP. Especializou-se nas áreas de rádio e televisão. Atuou como repórter nas rádios Paulista e Antena Um, e em revistas esportivas.

Estreou como ficcionista, em 1990, com a novela **O circo e o sonho**, onde retrata os bastidores da Fórmula 1, e funde ficção com realidade. Segue-se **Perfume do invisível**, novela (?) resultante de uma acurada pesquisa feita pela autora junto a sensitivos, no Brasil e no exterior, com estudiosos da paranormalidade e junto a pessoas comuns que passaram por experiências psíquicas ou fizeram contatos com seres de outras dimensões. Como se diz na apresentação do livro, *com esse trabalho, Nice Ribeiro dá um giro de 180 graus, saltando da reportagem no mundo materialista da Fórmula 1, que serviu de matéria para seu primeiro livro, para o sutil mundo da espiritualidade. Livro envolvente, este contém informações preciosas sobre reencarnação, vida antes e depois da morte, artes adivinhatórias, incorporação, projeciologia, presença dos espíritos e dos extraterrestres entre nós. Ao mesmo tempo em que narra sua própria busca em direção ao invisível, a autora deu ao texto o formato de um guia, para aqueles que também buscam o autoconhecimento. Ao ler* ***Perfume do invisível****, o leitor saberá que não está só em sua decepção ao constatar que um verdadeiro supermercado esotérico foi montado em função do movimento* New Age. *[...] É um trabalho que chega no momento oportuno para direcionar aqueles que pretendem enveredar no caminho da espiritualidade.*

Publicações: **O circo e o sonho**, 1990, e **Perfume do invisível**, 1992.

NÍDIA MOURA 1102

Poeta, ensaísta, engenheira, Nídia Moura nasceu em Campos (RJ). Fez os primeiros estudos no Liceu de Humanidades de sua cidade e em ginásios de Campinas e Ribeirão Preto (SP), e no Colégio Pedro II, no Rio. Formou-se engenheira pela Escola Politécnica do Rio de Janeiro (GB). Quando estudante, viajou para o Uruguai, como representante da União Universitária Feminina do Brasil, participando do Congresso Internacional de Estudantes, em Montevidéu. Conforme a crônica, dedicava-se à poesia, que publicou esparsamente na imprensa e não chegou a ser reunida em livro. Destacou-se também como ensaísta. Trabalhou no Serviço de Meteorologia do Ministério da Agricultura. Nos anos de 1950, anunciou-se um livro de poemas seus, no prelo. (Mas nenhum informação foi possível colher a respeito.)

Publicações: **Invenções plásticas** (estudo sobre escultura de Celso Antônio), s/d, e **Charles Chaplin** (ensaio sobre a arte do artista), s/d. (A julgar pelas datas dos dicionários e livros de crítica que a mencionam, tais publicações são dos anos de 1940 e 1950.)

NIL MARTINS 1103

Poeta, economista e presença atuante em seu meio, a paraense Nilzete dos Reis Pereira (nome literário: Nil Martins) nasceu em Alenquer (PA), em 25.03.1961. Desde muito jovem escreve poesia. Reside em Belém, onde se formou em Ciência Econômica e profissionalizou-se na área de telecomunicações. É membro da União Brasileira de Trovadores e da Associação Paraense de Escritores, com ativa atuação cultural. Estreou em livro, em 1985, com **A outra face**, poesia de amor e consciência dos choques entre ideal e realidade concreta. Em 1988, publica o romance **Bartira** ou **Os enigmas de Bartira**, no qual, por intermédio de um psicólogo que narra seu encontro com uma jovem índia, Bartira, a romancista se propõe a revelar as profundezas de uma personalidade feminina instintiva, estranha e sedutora. A grande fluência verbal e imaginação fabular, que tecem a ficção, não chegam, entretanto, a convencer o leitor da verdade da personagem Bartira que, longe de ser uma criatura instintiva, reage e se expressa como uma jovem culta, produto desta nossa civilização em agonia.

Publicações: Poesia – **A outra face**, 1985. Romance – **Bartira**, 1988.

1104 NILDÉIA ANDRADE

Poeta, artista plástica, professora universitária, Nildéia Sousa Andrade nasceu em Lençóis (BA), em 19.01.1932. Formou-se em Desenho e Artes plásticas na Universidade Federal da Bahia, onde seguiu carreira, como professora e pesquisadora. É responsável por cursos de pós-graduação em Arte-Educação. Pertence a várias associações culturais. Estréia como poeta, em 1982, com **Lavamor**.

Publicações: **Lavamor**, 1982; **Poesia para crianças** (parceria com O. José Leal), 1983; e **A bíblia em trovas**, 1984.

1105 NILGE LIMEIRA

Poeta, cronista e professora, Nilge Gouveia Limeira nasceu no Espírito Santo (ES). É membro de várias entidades culturais, entre as quais a Academia Feminina de Letras do Espírito Santo. Por suas publicações, tem recebido várias distinções e láureas.

Publicações: **As crônicas de bolso de Nilge Limeira**, 1974, e **Nilge Limeira e o canto de vida**, 1981.

1106 NILMA GONÇALVES LACERDA

Poeta, ficcionista, cronista, roteirista de cinema e presença atuante em seu meio cultural, Nilma Gonçalves Lacerda nasceu no Rio de Janeiro (RJ), em 09.03.1948. Formou-se no Instituto Educacional do Estado da Guanabara e, posteriormente, na Universidade Federal do Rio de Janeiro, onde realizou mestrado em Literatura Brasileira, com a dissertação "Crônica: nos não-limites, o livre percurso" (1980). Conforme suas próprias palavras, toda sua formação tem visado *a corporificação de um projeto de vida onde a Palavra é pilar*. Na carreira docente, vem-se empenhando em pesquisas de novas linguagens e processos de criação, à frente de oficinas literárias, nas quais se visa à dinamização do texto, envolvido com as multilinguagens atuais, no sentido de estimular as potencialidades do educando.

Tomou consciência de sua própria potencialidade para a escrita poético-ficcional durante um curso de pós-graduação, Criação Literária, ministrado pelo escritor Cyro dos Anjos, na UFRJ. Como trabalho final, apresentou vários textos reunidos sob o título "Forja", que obtiveram nota máxima. A partir daí dedicou-se à criação de textos divulgando-os entre amigos e participando de concursos, com excelentes resultados. Seu primeiro original premiado foi **Manual de tapeçaria** (Prêmio Romance – Fundação Rio Arte, 1985). Seguiram-se: **Dois pássaros e o vôo do arcanjo** (Prêmio Alfredo Machado Quintella/FNLIJ-RJ, 1985); os contos **Pharol** e os poemas de **O sangue não é álibi** (finalistas da II Bienal Nestlé de Literatura-SP, 1984); o romance juvenil **Viver é feito à mão** (finalista da III Bienal Nestlé de literatura-SP, 1986) e o conto **Morro em policromia** (Prêmio Esso de Literatura-RJ, 1969).

De sua atividade com grupos de pesquisa e docência, têm resultado trabalhos coletivos, publicados para distribuição interna: **Colheita: entre sem bater** e **Tear: os fios são todos nossos** (poemas de alunos e professores do Centro Interescolar Municipal Anísio Teixeira-RJ, 1982 e 1984); **O Poesia/Aiseop** (poemas de alunos do Centro Educacional Com. Fernando-RJ, 1983).

Numa linha que podemos chamar pós moderna (na medida em que o texto expressa a ruptura dos naturais limites entre as coisas, seres e tempos), a escrita poético-ficcional de Nilma se quer amálgama do fragmentário. Impossível reter, nos limites de uma leitura crítica, a efervescência desses textos (romances? contos? poemas?) que tentam reter nas malhas das palavras a fluidez e o emaranhado das vivências, das emoções, da memórias, etc. Se há algo que permanece, energizando esse universo-mosaico que é a obra da autora, é a paixão pela vida, é a ânsia de um eu desmesurado em busca da comunhão com o outro. É a busca da palavra nomeadora do real, a palavra que possa expressar, de forma linear, a simultaneidade das vivências com que a vida se manifesta. Não seria por acaso que Nilma, ao escrever seu currículo, o define como currículo em sol maior:

Tantos desejos, que uma vida é pouco. / Tantas histórias, que uma história é pouco. / Tantos outros, que um eu *não basta. / Ainda assim, é esta vida que quero, / é esta história que busco / é este eu que construo. / No sonho, o anseio grande: /no dicionário, na letra* d, */ desamor e correlatos / são abolidos, / deixam um espaço garoto / na folha branca. / (Pra ser todo construído / com este poema, quem sabe?) / Escrevo. / Quero vôos contra vermelhos doídos, / quero riscos arcanjos em passos pessoais, / quero álibis. / Quero no mapa, por pátria, / o céu do* outro *habitar. / Escrevo.*

Publicações: **Manual de tapeçaria**, 1986; **Dois pássaros e o vôo do arcanjo**, 1987; **Viver é feito à mão/Viver é risco em vermelho**, 1987; **Menino e olhos: Flor**, 1987.

NILVA FERRARO 1107

Poeta, advogada, artista plástica, cantora e presença atuante no meio cultural gaúcho, Nilva Irene Schultz Ferraro nasceu em Erexim (RS), em 22.02.1939. Fez seus primeiros estudos em diferentes estados (SC, PR e RS). Formou-se em secretariado na Escola Técnica de Comércio – Faculdade de Ciências Econômicas-UFRS, 1960, e em Ciências Jurídicas e Sociais/Faculdade de Direito da UNISINOS – São Leopoldo, RS, 1976. Profissionalizou-se no setor público, assumindo diversos cargos, por sucessivos concursos, no âmbito do Instituto Gaúcho de Reforma Agrária-IGRA (período de 1962 a 1965). Em 1965, inicia carreira junto ao Tribunal Regional do Trabalho, onde passa por vários cargos, aposentando-se em 1985 no Serviço de Jurisprudências e Ementário.

A partir de 1985, juntamente com o espaço agrícola dedica-se à exploração da psicultura, à propriedade rural Sítio Casa de Pedra, em Viamão (RS), e ao comércio de pedras semipreciosas com a empresa Olho D'Água Ltda. (1988/1990). Nesse período, volta-se para as artes que, desde sempre, a atraíram, mas às quais nunca pudera se dedicar. Na adolescência, exercitara-se no desenho, pintura, poesia e piano. Nos anos de 1960, como soprano, participou do Coral Sinfônico da UFRS. Fez cursos de arte fotográfica, mas sem continuidade na prática cotidiana. Só nos anos de 1980, essa prática pôde concretizar-se: freqüentou inúmeros cursos de artes plásticas, no Centro Municipal de Cultura/Atelier Livre, da Prefeitura Municipal de Porto Alegre, e Museu de Arte RGB – MARRS, com mestres como Jaime Nowinski, Vasco Prado, Plínio Benhardt, e outros. Participou de várias exposições coletivas de pintura e cerâmica.

Como poeta, participou de antologias poéticas (**Gente da casa**/Casa do poeta Rio-grandense/1992; **Coleção de poetas latino-americanos**/1992...). Descobre o haicai e dessa descoberta resulta o pequeno volume **Luzes de outono**, com suas minúsculas ilhas de poesia, que registra relâmpagos de beleza, captados na natureza. Falando dessa descoberta, a autora diz: *Eis que surgiu em minha vida o* hai-kai *buscado, sem o saber, há tantos anos. Ele é o resultado da ação de uma varinha mágica, que conjuga a um só tempo clique, caneta e pincel. O hai-kai é um relâmpago que surpreende a nossa percepção. É o despertar para tudo o que nos cerca, inclusive para as pequeninas coisas que por vezes nem percebemos ou até menosprezamos. O* hai-kai *está ligado à sabedoria Zen. Não requer erudição. É didático e disciplinador. Serve-se da palavra com economia, deixando seu maior conteúdo nas entrelinhas. É um convite à reflexão.*

Publicação: **Luzes de outono**, 1992.

NILZA AMARAL 1108

Ficcionista, professora, teatróloga, tradutora, intérprete e presença atuante em seu meio cultural, Nilza Amaral Antunes de Souza nasceu em Piracicaba (SP), em 26.06.1934. Durante a infância, residiu em várias cidades do interior paulista (Jundiaí, Campinas, São Carlos), até fixar residência em São Paulo (SP), em 1957. Formou-se em língua inglesa, pela Sociedade de Cultura Inglesa (Certificate of Proficiency in English – Cambridge e Michigan-EUA). Profissionaliza-se como professora de língua e literatura inglesa. Trabalhou como orientadora social no Centro Social Carlos de Souza Nazareth/SESC-SP.

Iniciou-se como escritora, nos anos de 1980, participando de concursos literários, como o promovido pela Editora Vertente, que a estimulou a publicar seu livro, **A balada de estóica** (1980), em bela edição tipo-álbum, com dezenas de ilustrações do artista paulista Marcelo Lima. Oscilando entre a sátira e o realismo fantástico, esta "balada" já revela a fértil imaginação da autora e traz implícita em sua trama a problemática-eixo da obra que seria realizada: o questionamento da condição da mulher, ou melhor, de seu possível novo lugar no mundo, nestes tempos de transição entre os valores antigos, já deteriorados, mas ainda vigentes, e os novos, ainda em gestação. Questionamento que se coloca abertamente no livro seguinte, **O dia das lobas** (Prêmio Ficção – Escrita, 1984).

Em estilo influenciado pelas técnicas cinematográficas (cortes, superposições, montagens que anulam a linearidade do tempo...), a trama desliza do espaço cotidiano comum, aparentemente real, para o da ficção científica, e vai-se enovelando em torno do desejo erótico. Ou melhor, do interdito ao sexo, nervo vital do questionamento da condição humana (e não apenas feminina, pois abrange os homens). É esse um tema obsessivo na obra de Nilza Amaral, e se manifesta em tramas novelescas e na linguagem, perpassadas de um erotismo sufocado, castrado: **Amor em campo de açafrão, Modus diabolicus** e, principalmente, **O florista** revelam, de maneira contundente, o peso da herança religiosa: não só o interdito ao sexo (considerado tabu e caminho para o pecado mortal que levava ao inferno após a morte), mas o interdito ao desejo (o pecado por pensamento, ao qual todo cristão precisava fugir). Tal interdito atravessa de maneira dolorosa a ficção memorialista de **Meia lua e esmalte vermelho**, uma história ingênua de amor e ódio, formatizada em *e-book*, edição virtual, vendida via Internet (Ed. writers. 2001). Sua novela **Amor em campo de açafrão** foi encenada no México, por um grupo amador. Ainda para o teatro, tem um texto inédito, "Queridas primas". Com boa fortuna crítica, seus livros têm sido adotados em cursos universitários e mencionados em resenhas de jornais e revistas nacionais e do exterior. Entre suas inúmeras atividades culturais, a autora faz parte da diretoria do UBE – União Brasileira de Escritores-SP e do Conselho da REBRA – Rede Virtual de Escritoras Brasileiras, da qual foi membro-fundadora. Participa do Projeto Cultural Carmem Rocha-SP.

Publicações: **A balada de estóica**, 1980; **O dia das lobas**, 1984; **Modus diabolicus**, 1992; **O florista**, 1997; e **Meia lua e esmalte vermelho**, Internet, 2001.

1109 NILZA DINIZ SILVA

Romancista, teatróloga, musicista, poeta, professora, ensaísta, Nilza Diniz Silva nasceu em Morrinhos (GO), em 26.05.1925. Formou-se em Pedagogia e Matemática e fez mestrado em Letras e Lingüística na Universidade Federal de Goiás. Ingressou no magistério, onde se aposentou.

Presença atuante na área educacional, escreveu poesia, música e teatro para as crianças, estimulando as atividades de representação e canto. É membro de várias entidades culturais, entre as quais a Academia Feminina de Letras e Artes de Goiás, a União Brasileira de Escritores-GO e o Conselho Municipal de Cultura de Morrinhos. Estreou, como escritora, em 1977, com o romance **Passaporte para a grande viagem**, que recebeu o Prêmio Hugo de Carvalho Ramos. Tem colaborado na imprensa goiana e participado de antologias (**Colheita**; **Morrinhos, de capela a cidade dos pomares**).

Publicações: Romance – **Passaporte para a grande viagem**, 1977. Ensaio – **Escola, célula importante da educação**, s/d.

1110 NILZE COSTA E SILVA

Contista, romancista, ensaísta e presença atuante na defesa dos direitos da mulher, Nilze Costa e Silva nasceu em Natal (RN), em 19.02.1950. Desde a infância, está radicada em Fortaleza (CE).

Descobre sua vocação para escritora aos dezesseis anos, quando obteve o Prêmio de 1º lugar em concurso literário sobre a Guerra do Paraguai. Inicia-se, publicando artigos, crônicas e breves textos literários em jornais (O Povo, Diário do Nordeste...) e antologias (**10 contistas cearenses**/1981, **Multicontos**/1983, **Antologia do conto erótico**/1985). Tem participado de concursos literários, obtendo inúmeras distinções e prêmios (Prêmio Estado do Ceará/1981 e 1985; Prêmio Heloneida Studart/1981; Concurso de Contos/UMC – União das Mulheres Cearenses, e outros).

Estréia em livro, em 1981, com os contos e crônicas de **Viagem**, no qual já está patente a problemática-eixo de sua produção literária: a revolta contra a injustiça social e a conseqüente degradação humana. Nessa mesma linha escreve a novela **No fundo do poço** (Prêmio Estado do Ceará/1981), seguida pelas ficções: **O velho**, **O esconderijo dos anjos** e **O dilúvio**. Analisando sua obra, Moreira Campos escreve na apresentação de **O esconderijo**:

Sua temática é sempre marcada pelo social. Desta vez, cuida, em largo e denunciante romance-reportagem, do drama dos favelados e da terrível seca que nos assolou por cinco anos consecutivos, em razão da qual Fortaleza "inchou" na sua periferia e, em certos momentos, até nas suas ruas mais centrais, faminta, doente, pedinte, em molambos, revoltada por vezes. [...] Não peçam grande estilo a Nilze Costa e Silva. O seu discurso é corrente, denunciante, jornalístico mesmo, coloquial, ajustado ao próprio mundo desassistido e destroçado de que nos fala.

Nos anos de 1980, no curso de especialização em Literatura Brasileira, desenvolveu uma pesquisa sobre a evolução do papel social da mulher, como personagem, a partir da ótica masculina, no âmbito literário: Carolina (**A moreninha**), Inocência; Emília (**Diva**), Aurélia (**Senhora**), Lucíola, Helena, Capitu, Luzia Homem, e outras. Tal estudo foi publicado em livro, **Mulheres de papel** (1990). Profissionalizou-se como técnica de administração do INAMPS e como administradora de empresas. Faz parte do Conselho Cearense dos Direitos da Mulher.

Publicações: Contos – **Viagem**, 1981; **O velho**, 1983; e **O dilúvio**, 1987. Romance – **No fundo do poço**, 1982; e **O esconderijo dos anjos**, 1985.

NINA GUALDI, v. Herminia Guimarães Gualdi (nº 541)

NINA MARIA HARRES TUBINO 1111

Poeta, professora, historiadora, cronista, jornalista, Nina Maria Harres Tubino de Freitas nasceu em Taquari (RS), em 18.12.1933. Está radicada em Porto Alegre (RS). Formou-se em História e Geografia pela Universidade Federal do Rio Grande do Sul; especializou-se em História Política e Econômica do Brasil. Foi nomeada, nos anos de 1980, assessora técnica da Secretaria de Educação e Cultura do Rio Grande do Sul.

Sua vocação poética manifesta-se já na adolescência, com os poemas e crônicas escritos para o jornal estudantil Irradiar (Escola Normal Maria Auxiliadora/Canoas-RS). Já residindo em Porto Alegre, em 1964 passa a colaborar no Correio do Povo, na coluna Bric-a-Brac-da-Vida. Estréia em livro, em 1983, com a poesia de **Tu e alguém**, ao qual se segue **Amazônia**, resultado da pesquisa realizada na região amazônica, sobre o seu desmatamento criminoso, e faz graves denúncias sobre os crimes ecológicos ali cometidos. Participante ativa do movimento cultural, é membro da Academia Literária Feminina do Rio Grande do Sul; Academia de Letras do Rio de Janeiro; Academia de Letras do Distrito Federal; Academia de Trovadores do Distrito Federal; Academia Nacional de Jornalismo; Associação da Imprensa de Brasília; Casa do Poeta Brasileiro, e outras. É ainda membro atuante da Elos Internacional da Comunidade Lusíada. Entre as distinções recebidas, destaca-se a Medalha Mérito Cultural Juscelino Kubitschek (Brasília, 1995).

Publicações: **Tu e alguém**, 1983; **Novo canto**, s/d; **Poemas na imprensa**, s/d; e **Amazônia**, 1986.

NINA REIS 1112

Poeta e funcionária ligada à diplomacia brasileira, Nina Reis (nome literário de Rosângela Alves Domingos) nasceu em Teófilo Otoni (MG), em 1955. Cursou Administração de Empresas (União Educacional de Brasília). Ingressou no funcionalismo público, servindo no Ministério das Relações Exteriores, em Montevidéu (Uruguai). Coordenou o Projeto Sul-Brasil. Publicou o livro de poesia **Segredos** (Prêmio Arte em Letras – Buenos Aires, 1998).

Publicação: **Segredos**, 1998.

NINA DO VALLE 1113

Poeta carioca, participante do movimento alternativo de poesia ou da contracultura da década de 1980, Nina do Valle publica, em 1985, o livro-encarte **Doce nave**, ilustrado por Evandro Salles e editado por Edições Barbárie – Brasília, Brasil.

Prosa poética ligada ao cotidiano e à realidade concreta, mas empenhada em revelar o *nonsense* e o absurdo ocultos sob a aparente normalidade das coisas, a de Nina do Valle se constrói num labirinto de situações e vivências, que testemunham a banalidade do dia-a-dia e denunciam o processo de fragmentação interior a que o homem dos nossos dias está submetido: um ser que está sendo moldado ou formado pelos mil fragmentos desconectados, com que os multimídias de comunicação nos bombardeiam dia e noite. Dessa formação pela fragmentação, nos falam tão alto quanto os textos, as plaquetes ilustradas que, com estas, se intercalam. Inclusive a técnica, escolhida pelo ilustrador, representa abertamente esse processo mutilador da consciência humana. Referimos-nos às frases, espalhadas no espaço da folha e "escritas" com letras recortadas de impressos como jornais, revistas, etc. Ou, talvez, possamos interpretar essa técnica de montagem como o índice de que tudo que hoje falamos, fazemos ou somos é resultado inevitável de algo que ontem foi falado, feito ou sido? O tempo dirá... Pelo título, "Doce nave", o livro de Nina do Valle parece inserir-se no universo crítico do filme italiano *E la nave vá...*

Publicação: **Doce nave**, 1985.

1114 NINI

Poeta, professora, artista plástica de grande força, Nini (nome artístico de Hermelinda Izabel Marizi) nasceu em São José (SC), em 17.11.1928. Formou-se professora e ingressou na carreira docente. Dotada de excepcional habilidade manual e grande sensibilidade, desde a adolescência dedicou-se aos bordados e à costura. Atividades que correram paralelas aos estudos e depois ao magistério. Curiosamente, segundo seu próprio depoimento, descobriu-se pintora a partir de um sonho.

Em 1973, nos dias 11, 12 e 13 de abril, sonhei que estava pintando. Eram flores multicoloridas, brilhantes, pássaros. [...] No dia 14 do mesmo mês, eu que nada conhecia de pintura, adquiri tinta e pincel e fiz o meu primeiro quadro, que faz parte do meu acervo, como testemunha do meu desabrochar para as artes plásticas. Depois do terceiro quadro, entendi que devia pintar com os dedos, aproveitanto as unhas para os traços longos, para os contornos, para o desenho. [...] Pinto há oito anos e faço poesia há dois. A poesia, para mim, nasceu como complementação da pintura. Quando não consigo transmitir pela pintura – e isso acontece freqüentemente – utilizo a poesia. [...] Comecei a fazer poesia há dois anos (1979), por incapacidade temporária para pintar, em face de uma operação cirúrgica a que fui submetida. Aquele apelo chegou de repente, ainda no hospital. Pedi lápis e papel e escrevi minhas primeiras poesias, que guardo até hoje.

Como artista plástica, aparece em público, em 1973, em exposição individual (Salão Nobre da Prefeitura Municipal de São José), com a exploração de cores e formas da natureza (flores, aves, peixes, etc.), que passam a ser o *leit-motiv* de sua arte. Na mesma ocasião, realiza mais duas exposições (Clube Doze de Agosto – Florianópolis e na Coletiva de Artes Plásticas Barriga-Verde – Galeria Açu-Açu – Blumenau). De imediato, recebe consagração da crítica, que a extensa produção posterior só vem confirmando.

Como poeta, estréia em livro com **Sempre é bom sonhar**, poemas que expressam a visceral comunhão mantida pela poeta com os seres e coisas que fazem parte de seu mundo muito amado. Volume que, em belíssimas telas abrem caminho para os poemas, este mereceria uma edição de luxo, à altura da beleza visual de suas ilustrações e do humanismo espontâneo que alimenta sua poesia. Qualidades que se repetem no livro seguinte, **Janela d'alma**, e confirmam a grande fonte da criação plástica ou poética de Nini: o amor... em sua mais funda vivência.

Publicações: **Sempre é bom sonhar**, 1981, e **Janela d'alma**, 1982.

1115 NÍSIA FLORESTA

Primeira voz feminista, no Brasil, a se erguer contra os preconceitos da sociedade patriarcal, em relação à mulher, Nísia Floresta Brasileira Augusta (nome literário de Dionísia Freire Lisboa) nasceu no sítio Floresta, situado em Papary (RN), em 12.20.1810. Filha do advogado português Dionísio Gonçalves Pinto Lisboa e de Antônia Clara Freire, Nísia pertencia ao círculo de famílias abastadas do Rio Grande do Norte. Desde jovem viveu em constantes mudanças de cidades, estados e países, pelos mais diversos motivos (casamentos desfeitos, perseguições políticas, doença dos filhos, inquietude cultural...). Faleceu em Ruon (França), aos 75 anos de idade, em 24.04.1885.

Tradutora, jornalista, poeta, educadora, ensaísta e polemista, empenhada nas questões abolicionistas, indianistas, republicanas e feministas, Nísia Floresta (embora ignorada pela história oficial brasileira), foi notória no meio culto de seu tempo. Notoriedade devida não só por suas idéias avançadas como intelectual, mas também como mulher. Por imposição paterna casou-se, quase menina (13 anos), com Manuel Alexandre Seabra de Melo (filho ilegítimo do capitão-mor José Alexandre Gomes de Melo). No ano seguinte ao casamento, abandona o marido. Muda-se para o Recife, onde conhece o estudante de Direito, Manuel Augusto de Faria Rocha, por quem se apaixona e com quem se une, sem as formalidades legais. Têm três filhos (um morto ao nascer). Mudam-se para Porto Alegre (RS).

Nessa cidade, Nísia inicia sua carreira de escritora, traduzindo um livro que fizera grande sucesso e escândalo no século XVIII: **Direitos das mulheres e injustiça dos homens** (1792), escrito por Mary Woolstonecraft (a primeira mulher que ousou fazer carreira literária em Londres e que foi denunciada como pária social, o que não a impediu de se casar com o escritor William Godwin e ter duas filhas: Mary, esposa do poeta Shelley, e Clara, esposa de Byron). À primeira edição publicada em 1832, no Recife, seguiu-se uma segunda, em Porto Alegre, em 1833, e uma terceira, no Rio de Janeiro, em 1839. Reedições que, para a época, representam um desusado sucesso, apesar do escândalo que causaram na sociedade.

Já pelos títulos dos capítulos, pode-se avaliar o absurdo que representava, para a época, o questionamento que o livro punha em pauta: "Se as mulheres são ou não inferiores aos homens, em entendimentos". "Se os homens são mais próprios para preencherem cargos públicos." "Se as mulheres são ou não naturalmente capazes de ensinar as ciências." "Se as mulheres são ou não naturalmente próprias para os empregos", etc.

Ao traduzir e publicar tal livro, Nísia Floresta endossa publicamente tais idéias e inicia um corajoso apostolado em prol da transformação das idéias e desmacaramento dos velhos preconceitos de uma moral hipócrita. Nesse período, perde o marido, ainda muito jovem, perda da qual guardará mágoa até o fim de sua vida. Permanece em Porto Alegre com os filhos, durante mais quatro anos, dedicando-se ao magistério e a escrever artigos para a imprensa.

Em 1838, já residindo no Rio de Janeiro, Nísia Floresta funda um colégio para moças, o colégio Augusto que, apesar de oferecer ensino de alta qualidade, foi muito criticado por causa das novidades que a diretora tentava introduzir. As críticas nunca abateram o seu ânimo de lutadora idealista. Sempre escrevendo e publicando pela imprensa ou em livros, Nísia, a partir de 1849, passa a viver entre a Europa e Brasil, juntamente com os filhos. Na França conviveu com a alta intelectualidade, tendo sido discípula e correspondente de Augusto Comte. Deixou uma extensa obra escrita em francês, italiano e português. O empenho de sua luta por defender novos valores, mais justos e verdadeiros, ficou expressa nas inúmeras conferências que fez e artigos, que atualmente estão sendo objeto de pesquisas, apesar da grande dificuldade de serem encontrados nos arquivos, bibliotecas, etc.

Em 1899, Inez Sabino*, ao escrever **Mulheres ilustres do Brasil**, dedica-lhe um capítulo, no qual se refere não só às perseguições preconceituosas que ela sofreu no Brasil, mas também à importância que teve, na vida da escritora, sua mudança para a Europa. Diz ela:

Naturalmente aqui (Brasil), (Nísia Floresta) não tinha o centro mental que encontrou na Europa. [...] Depois de percorrê-la em parte, fixou residência em Paris, estando porém, antes disso, na Itália, onde os seus ***Pensamentos*** *(1854) foram traduzidos para o italiano e editados em Florença. [...] É verdade que tudo tem a sua época, o seu meio, a sua atividade e os seus adeptos.*

Ela por força havia de provar que era brasileira; os seus primeiros livros têm esse capitoso aroma que se infiltra no Brasil, sobretudo na poesia do Norte. A literatura feminina, quanto a mim, é muito subjetiva; tem em si um quê de original, sobretudo a nossa, que não se confunde com outra qualquer. Por mais enérgica que seja a pena, há de trair a origem. [...] Ao apresentar as cartas, o atestado do que era, fez com que a ilustre brasileira, circunspecta, afável e atraente, na alheia pátria, achasse o que faltava na sua. [...] Freqüentava-lhe a casa o erudito Victor Hugo, Augusto Comte, que dela fala num dos seus livros; Littré, Alexandre Dumas pai e outros tantos, em quanto ela, educando os seus filhos, via-se cercada do que de melhor existia nas artes, letras e ciências. Em 1867, ainda em Paris, deu a lume o seu romance Paris. [...] Teve o seu busto em bronze e em mármore, como verifiquei na entrevista que fiz a seu filho, o Dr. Augusto da Rocha, diretor de um colégio com seu nome e em memória dela. Teve o seu retrato no "Novo Mundo", jornal ilustrado, no Almanaque de Castilho e em várias revistas. Além disso era sócia de algumas corporações científicas e literárias. Algumas das cartas de sua correspondência com o grande vulto *científico, A. Comte, foram encerradas, no templo positivista, no ato de sua inauguração aqui no Brasil, como preito a nossa patrícia. (in **Mulheres ilustres do Brasil**. Ed. fac-similar p.175/177)*

Em 1899, seus restos mortais foram transladados de Ruon para Floresta, sua cidade natal. E ainda aí foi hostilizada: pelo fato de ela ter abandonado o marido, foram colocadas amarras em seu túmulo, "para evitar que nas noites de lua cheia ela saísse a molestar homens casados". Essas amarras só foram retiradas na década de 1970.

(Sobre sua obra: Constância Lima Duarte. **Nísia Floresta - Vida e obra**. Natal, UFRN. Ed. Universitária, 1995.)

Publicações: Tradução – **Direitos das mulheres...** de Mary Woolstonecraft, 1832. Ensaios – **Conselhos à minha filha**, 1842; **Consigli a mi figlia**, 1858, e **Conseils à ma fille**, 1859. Romance – **Fany ou o modelo das donzelas** (1847 – episódio da Revolução dos Farrapos no RS); **Dedicação a uma amiga** (1850, 2 vs.), **Paris**, 1867. Poesia – **A lágrima de um caeté**, 1849. Artigos – **Opúsculo humanitário** (1853 – sobre a reabilitação moral e intelectual da mulher); **Itineraire D'un Voyage en Allemagne** (1837 – impressões de viagem); **Scintille D'un Anima Brasiliana**, 1859; **Le Brésil**, 1871; **Trois Ans** en **Italie Suivis D'un Voyage en Gréce**, 1864, e **Fragmentos D'un Ouvrage Inédit** (1878 – capítulo de suas "Memórias", até 2000 inéditas e cujo manuscrito talvez permaneça com algum notário, em Ruon).

1116 NÍSIA NÓBREGA

Poeta, professora, tradutora, conferencista, técnica em assuntos culturais e presença atuante em áreas ligadas à educação e comunicação, Nísia Carneiro da Cunha Nóbrega nasceu em Maranguape (CE), em 01.05.1921. Mudou-se ainda criança para o Rio de Janeiro, cidade da qual é cidadã honorária, por título outorgado pela Câmara dos Deputados. Formou-se professora no Instituto de Educação do Rio de Janeiro (GB). Especializou-se em Psicologia e Orientação Educacional nas universidadesde New York (Columbia University) e de Georgia. Ingressou na carreira docente no Distrito Federal (GB), na área de Metodologia da Linguagem e Literatura. Foi Diretora do Centro brasileiro de Cultura/Embaixada do Brasil em Santiago do Chile (1967/1972). Nos anos de 1980, trabalhou na Fundação Centro Brasileiro/TV Educativa-RJ, como radialista, produtora executiva, locutora e apresentadora-animadora de programas educativos. É membro de várias entidades culturais (Academia de Letras Juvenal Galeno, Associação Artistas Brasileiros, Centro de Letras do Paraná e outras).

Estreou como escritora, em 1951, com o livro de poesias **Nos braços do vento**. Seguem-se outros, dentro de uma linha lírica, de comunhão humanitária com os seres e coisas do cotidiano. Traduziu poetas de ontem e de hoje. Escreveu crônicas e histórias infantis para os programas da Rádio MEC: A cobra danada e o gato Pachito, O macaco e o confeito, Varanda, etc., produção essa que aguarda publicação em livro.

Publicações: Poesia – **Nos braços do vento**, 1951; **Rosa distante**, 1953; **Ramo de ninguém**, s/d; **Completamente amor**, 1961; **Íntima solidão**, s/d; **Na flor da correnteza**, 1979; **Poema volta**, 1984, e **Maranguape**, 1986. Livro infantil – **Poesia de Lucinha**; **Tavo e Tícia**, 1986; **A história do menino que perdeu e achou sua alegria**, 1988.

1117 NIVALDETE XAVIER

Poeta, ficcionista e professora de Arte, Nivaldete Xavier é natural do Rio Grande do Norte (RN). Leciona Arte e Educação na UFRN. É autora de um livro de poesia: **Sertânia** (Natal, década de 1980).

NÍVIA NOHMI 1118

Poeta, médica, professora, pesquisadora, artista plástica, Nívia Nohmi nasceu em Capim Branco (MG), radicando-se em Belo Horizonte (MG). Formou-se médica pela Faculdade de Medicina da Universidade Federal de Minas Gerais (1951), dedicando-se à profissão e ao mesmo tempo à carreira acadêmica (Livre Docência/UNI-RJ/1975; Professora Titular-UFMG; Coordenadora de Pesquisa-CNPQ/1996/1998, etc.). Desenvolveu pesquisas na Amazônia como diretora do Centro de Pesquisa do Hospital Escola São Camilo e São Luís, na área de doenças infecciosas. Em 1981 e 1991, presta concursos para Professora Titular do Departamento de Clínica Médica da Faculdade de Medicina da UFMG. Durante trinta anos trabalhou como médica no Hospital Governador Israel Pinheiro-IPSEMG. É membro da Associação Mineira de Medicina; da Sociedade Brasileira de Medicina Tropical; da Associação Brasileira da História da Medicina, e de outras.

Paralelamente à ciência, dedica-se às artes. Fez cursos de fotografia e de desenho. Iniciou-se em pintura, com a artista plástica Mosueta Zenha (1992). Em seguida fez vários cursos na Escola de Arte Guignard-UFMG, com mestres como Pedro Augusto Monteiro Barbosa, Imaculada Kamgussú, Marco Túlio Resende, e outros. Suas pinturas têm participado de inúmeras exposições coletivas, com muito boa repercussão na crítica.

Como pesquisadora, escreveu vários estudos apresentados em congressos, mesas redondas, etc., e publicados em jornais, revistas especializadas e outros meios. Inicia-se como escritora, participando de antologias de contos (**Contos do Brasil contemporâneo**/DF, 1997; **XI e XII antologia poetas e escritores do Brasil**/DF, 97-98; **Pérolas reverberantes**/AFEMIL, 1999; e **Médicos cantam e contam**, Porto Alegre, 1999). Estréia em livro, em 1999, com os poemas de **Cascata**, poesia lírica, de solidariedade humana e entranhada de funda experiência de vida. Nesse ano, é eleita membro titular da Academia Feminina Mineira de Letras.

Publicação: **Cascata**, 1999.

NOEMI ASSUMPÇÃO OSÓRIO CARÍNGI 1119

Poeta, declamadora e presença de destaque na sociedade de seu tempo, Noemi Assumpção Osório Caríngi nasceu em Pelotas (RS), em 18.09.1914. Faleceu em 1993. Era filha do historiador Fernando Osório; bisneta do General Osório, patrono da cavalaria brasileira; sobrinha e prima de escritores. Foi casada com o escultor Antônio Caríngi. Presidiu a Academia Sul-Brasileira de Letras, cuja biblioteca leva seu nome. É nome de rua em Pelotas e na Praia de Cassino-Pelotas.

Deixou fama de poeta inspirada e grande declamadora. Colaborou no Diário Popular de Pelotas. Estreou em livro, em 1941, com a poesia de **Canção de outono**, ao qual se seguiram outros. Em 1971, foi premiada com o Troféu de Destaque em Literatura.

Publicações: **Canção de outono**, 1941; **Adágio**, 1941; **Marcha nupcial**, 1942; **Emoção**, 1943; **Alma**, 1963; **Mãe**, 1968 (2ª.ed. 1970); **Mar**, 1972; **Canto de amor**, 1972; **O mar na minha vida**, 1987; e **Alma em poesia** (póst. 1994).

NOEMIA LENTINO 1120

Bibliotecária, conferencista, ensaísta, professora, Noemia Lentino nasceu em Bragança Paulista (SP), em 02.10.1897. Faleceu em data ignorada. Formou-se pela Escola Normal Caetano de Campos (SP-1916), e como bibliotecária pela Escola de Biblioteconomia da Prefeitura Municipal de São Paulo. Desenvolveu grande atividade no âmbito das bibliotecas e escolas municipais. Participou ativamente de congressos ligados à biblioteconomia, sociologia e política, no Brasil e no exterior, quase sempre como representante de grupos de trabalho. Em 1947, participou da 1ª Assembléia dos Bibliotecários das Américas, em Washington, como delegada de São Paulo. Sua bibliografia curricular é bastante extensa, constando de conferências, estudos, palestras acerca de problemas de bibliotecas (infantil, ambulante, etc.); formação de bibliotecários, etc. Embora não tenha deixado obra literária, seu trabalho pioneiro na área do livro, da leitura e da formação do leitor, não poderia estar ausente deste dicionário dedicado à literatura escrita pelas mulheres.

1121 NOEMISE FRANÇA CARVALHO

Poeta, Noemise Machado França Carvalho nasceu em Taubaté (SP), em 29.12.1906. Radicou-se na capital paulista, onde faleceu em 1990. Estudou no Colégio Des Oiseaux. Fez cursos de piano e pintura. Especializou-se em língua e literatura francesa, na Aliança Francesa (Diploma de Nancy). Participante do movimento cultural paulistano, foi membro-fundadora da Academia Municipal de Letras; associada da Casa do Poeta-SP, da qual foi vice-presidente, e da União Brasileira de Trovadores-SP.

Escrevia poesia desde muito moça, mas estréia, como poeta, em plena maturidade, com os sonetos de **Oferenda** (Menção Honrosa – Câmara Brasileira do Livro e 1° lugar no I Concurso de Poesia – Centro Feminino de Cultura e Academia Feminina de Letras – Paraná, 1983). Segue-se com **Devaneios** (1° lugar – IX Concurso Literário para Idosos/MOD, 1986). Ambos expressam uma poesia lírica, atenta ao rigor formal exigido pelo soneto, e alimentada de amor pelo próximo e de valorização da vida.

Publicações: **Oferenda**, 1983, e **Devaneios**, 1987.

1122 NOEMY VALLE ROCHA

Contista, médica, ensaísta, folclorista, conferencista, Noemy Valle Rocha nasceu em Porto Alegre (RS), em 24.11.1894. Faleceu em 1978. Formou-se em Medicina, em 1914, tornando-se a primeira ginecologista no estado. Chefiou o Laboratório de Pesquisas da Maternidade da Santa Casa de Misericórdia. Foi membro da Sociedade de Medicina de Porto Alegre e da ALFRS, à qual doou a sede atual.

Dedicou-se integralmente aos estudos e pesquisas, inclusive escrevendo contos, que publicava na imprensa. Interessou-se também pelo folclore, chegando a divulgar suas pesquisas em livro. Deixou fama de conferencista brilhante. Vários de seus escritos foram publicados no Almanaque do Correio do Povo – Porto Alegre. Em 1917, defendeu a tese de doutoramento, **Autovacionoterapia em ginecologia**, posteriormente publicada.

Publicações: Conto – **Reflexos da alma**, 1948. Crítica – **Quatro perfis literários**, 1956. Ensaio – **Conceitos gerais sobre folclore**, 1953. Biografia – **Vida e obra da Profª Jenny Seabra de Souza**, 1920.

1123 NOLA LONGO

Poeta, professora, Nola Longo de Oliveira nasceu em Cachoeira do Sul (RS), em 17.02.1935. Formou-se em Psicologia na PUC-RS. Ingressou no serviço público como funcionária da SEC-RS. Divulgou poemas na imprensa gaúcha e publicou um livro de poesia, em 1954, **Lanterna**.

Publicação: **Lanterna**, 1954.

1124 NORA CARREL

Romancista, professora, Nora Carrel (nome literário de Maria Adosinda Pimentel), nasceu em Araraquara (SP), nos anos de 1920. Radicou-se no Rio de Janeiro (RJ), onde fez carreira no magistério. Estreou em livro em 1946, com o romance **E o pecado era meu**.

Publicações: **E o pecado era meu**, 1946, e **Só a terra perdura**, 1947.

1125 NORÁLIA DE MELLO CASTRO

Contista, jornalista, assistente social, Norália de Mello Castro, mineira de Belo Horizonte (MG), estréia em livro em 1988, com os contos **A rede do pescador** (8° Prêmio Nacional Clube do Livro-SP, 1985). Formou-se em Ciências

Sociais pela Universidade Católica de Minas Gerais. Desde jovem atraída pela Literatura e pela escrita, não se preocupava em divulgá-la. Em 1973, decide concorrer com um conto ("Tédio") ao concurso da Academia Municipalista de Letras de Belo Horizonte, e recebeu menção honrosa. Só em 1985, aventura-se a nova experiência: inscreve-se no concurso do Clube do Livro e sai vencedora, com **A rede do pescador**, reunião de contos escritos ao longo de anos, mas que têm em comum a visão de mundo espiritualista, assumida pela autora. Em entrevista ao jornal Ponto de Encontro, ela explica a razão do título:

"Rede de pescador" é o conto-título e narra a história das teias invisíveis que nos conduzem à reflexão e a uma Energia Superior, de um Deus universal. Pensando nessas teias, surgiu-me a idéia de rede: os emaranhados caminhos, as teias sendo entrelaçadas, montando a vida ou destino das pessoas. Diante de tantos contos esparsos, desde 1960, vi que a rede estava feita, montada. Já o nome "pescador" nasceu anos antes, numa experiência concreta: em determinado momento de angústia, criei um personagem importante na minha vida, que me contava histórias infantis. Quando aquela voz (uma voz superior que conduz a imginação ao encontro de uma solução e de respostas) vinha, a minha casa se enchia de alegria. Com o tempo percebi que o pescador não era apenas um personagem, mas a voz maior deste Deus a que já me referi. [...] O pescador é um destino, a causa e o efeito da rede. [...] Mas não se procure no livro um enredo religioso convencional, não o encontrarão nos padrões de religiosidade. Penso que a idéia que norteia meu livro é a busca, a procura da síntese, do Absoluto.

Publicações: **A rede do pescador**, 1988, e **Passos na eternidade**, 1989.

NORMA DE LOURDES A. GUIMARÃES 1126

Poeta, professora, advogada, pianista, soprano lírica e advogada, Norma de Lourdes Abreu Guimarães Ribeiro nasceu em Campinas (SP), em 25.05.1919. Formou-se pela Escola Normal Carlos Gomes/1949 e em Ciências Jurídicas e Sociais pela Faculdade de Direito de São João de Boa Vista (SP/1971). Fez vários cursos de especialização na área do Direito. Profissionalizou-se como advogada. Está inscrita na Ordem dos Advogados do Brasil. Paralelamente à música e à poesia, realiza cursos de piano e canto, aperfeiçoando-se como soprano. Compõe músicas para coral. Participa de recitais de piano e canto. Como poeta, está incluída em várias antologias coletivas (**Poetas brasileiros hoje** – Shogun Arte/1986; **International Poetry** – Colorado, EUA, 1988 – org. Teresinka Pereira e outras).

Estréia em livro em 1976, com a poesia de **Alma em versos**. Seguem-se outros, inclusive um para crianças, **Trelecão**. Com seus trabalhos e atividades tem conquistado várias láureas e distinções (Troféu Cidade de Princesa/1973; Troféu Personalidade/1981 – Jornal City News – Campinas; 2º lugar – Concurso Internacional de Poesia – Cittá di Ragusa, Itália/1984; Menção especial – Concurso Internacional de Poesia em Língua Portuguesa/Barreiros, Portugal, 1987, e outros).

Pertence a várias entidades culturais (Casa do poeta Lampião de Gás-SP; Academia Campineira de Letras; Academia Piracicabana de Letras, etc.). É membro-correspondente da Academia Poços Caldenses de Letras; Academia Anapolitana de Letras e Academia de Poesia Raul de Leoni – Petrópolis). É membro "ad honorem" do Centro Cultural e Literário de Filgueiras – Portugal.

Publicações: Poesia – **Alma em versos**, 1976; **Roseiral**, s/d; **Pastorinha**, s/d. Literatura Infantil – **Trelecão**.

NORMA PEREIRA REGO 1127

Romancista, jornalista, fotógrafa e comentarista de televisão carioca, Norma Pereira Rego é autora do romance **Ipanema dom divino** (1983). Na linha da ficção memorialista, este romance, como se diz na apresentação, *é um flagrante de uma geração (a que fez 30 anos no final dos anos 1960), e que aqui é examinada de um novo ângulo.* O tempo é o desencanto que sucedeu aos anos gloriosos do milagre brasileiro (via Kubitschek, Brasília, Jânio e Golpe militar de 1964). O espaço é o de Ipanema, privilegiado ponto de encontro de uma juventude que, já descrente de todos os valores e normas herdadas do passado, entrega-se apenas a "curtir" a vida e a considerar um dom divino estar vivo, ter conhecido a literatura e o mar.

Nessa "inútil paisagem" (título do 1º cap.), *mulher nua, seios ao ar, a praia de Ipanema repousa entre os travesseiros baixos das montanhas. [...] No colo dessa deusa, em sua fina areia branca, lá pelos fins de 1968, reunia-se a chamada "esquerda festiva", um grupo heterogêneo, que abrangia do estudante ao catedrático, do banqueiro ao bancário, todos (numa escala enorme, em que o mínimo era não saber direito o significado do termo e o máximo era estar tramando contra o regime autocrático vigente)* de esquerda. *[...] Cada fim de semana era aquilo: a festa, a conspiração, o amor perdido, tudo misturado, tudo caminhando junto na praia.*

Romance que se insere entre os que testemunham esses tempos de medos, desnorteamentos e ânsia de "curtir" a vida, sentir-se vivo... e ignorar o abismo do vazio.

Publicação: **Ipanema dom divino**, 1983.

1128 NÚBIA BRASILEIRO

Poeta, cronista, radialista e memorialista, Maria Núbia Brasileiro nasceu em Fortaleza (CE), em 27.09.1939. Tem colaborado regularmente na imprensa cearense, com textos que fundem ficção e memória. Em 1984, estréia em livro com a coletânea de textos **Por trás de um nome**.

Licenciada em Música e Educação Artística (UECE); Pedagogia (UECE) e Direito (UNIFOR). É membro da Academia Cearense de Retórica; Academia Leonística de Cultura; Rede Brasileira de Escritoras – REBRA e Associação de Jornalistas e Escritoras do Brasil.

Publicações: Entrevista – **Por trás de um nome**, 1984. Crônica – **Como eu ia dizendo**, 1985; **Falando com simplicidade**, s/d; **Aprendendo a viver**, s/d; **De mulher e outros assuntos**, s/d; **Mulher da rua, falada e de programa**, s/d. Poesia – **Poemas explícitos**, s/d; **Compreendendo, aceitando e crescendo**, s/d.

1129 NÚBIA N. MARQUES

Ficcionista e poeta de grande força, professora universitária, folclorista, pesquisadora, ensaísta, produtora cultural, Núbia do Nascimento Marques nasceu em Aracaju (SE), em 21.12.1927. Faleceu em 26.08.1999, ao fim de uma vida de guerreira e escritora em luta pelos direitos humanos. Formou-se em Contabilidade pela Escola Técnica de Comércio de Sergipe (1947); em Assistência Social pela Escola de Serviço (1957) e em Letras (português e literatura) pela Inspetoria Seccional do Ensino Médio (1969). Fez mestrado na área de Planejamento Social, na PUC-SP (1976), com a dissertação Contribuição ao Estudo Exploratório sobre possíveis correlações da Cultura Espontânea. Em 1970, ingressa no magistério, por concurso público. Desempenhou diversos cargos e funções no serviço público (Auxiliar de estatística, arquivista do IBGE, etc.).

Ingressou no ensino superior, na Universidade Federal de Sergipe, área de "Desenvolvimento de Comunidade". Nesse âmbito desenvolveu pesquisa na região de Taiçoca/Aracaju, com pescadoras de sururu e ostra no mangue, e escreveu um contundente ensaio: **Mulheres & Cultura de Subsistências**, sobre as condições subumanas em que vive essa comunidade de pescadoras, explorada pelos atravessadores do mercado, sem que nenhum órgão oficial se preocupe em intervir e oferecer condições de trabalho menos degradantes a essa população desvalida que, para viver, se torna habitante da lama, como um animal.

Figura atuante no meio cultural sergipano, foi presidente do Conselho da Cultura – 1971/1972; diretora do Departamento de Cultura e Patrimônio Histórico de Sergipe – 1971/1974; Vice-coordenadora da Comissão do Núcleo de Pós-Graduação-UFSE/1995; presidente da Fundação Estadual de Cultura – 1986/1987; assessora da Secretaria Estadual de Cultura/1987; Produtora-coordenadora do programa PROEX-TV Aperipê (Educativa), 1987.

Foi a primeira mulher eleita para a Academia Sergipana de Letras. Foi membro de inúmeras sociedades científicas e culturais (Sociedade Cultura Artística; Instituto Histórico e Geográfico-SE; ABAS – Associação Brasileira de Assistentes Sociais; Sindicato de Professores de Sergipe; Sindicato de Escritores-RJ; Associação Sergipana de Imprensa, e outras). Foi líder e presidente do Movimento Feminino pela Anistia/Núcleo de Sergipe – 1979/1982 e Presidente do Centro de Mulher Sergipana.

Entre prêmios e distinções recebidas, destacam-se: Prêmio João Ribeiro/1960; Medalha de Mérito Cultural – Jackson de Figueiredo/1970; Prêmio Jorge de Lima – II Festival de Verão Marechal Deodoro/1972; Placa de Prata – Mérito Cultural/Diretório Acadêmico Maria Kiehl/1979; Personalidade Cultural – União Brasileira de Escritores-RJ/1989; Personalidade VIP/1990; Placa de Prata – Federação das Mulheres de Sergipe – Dia Internacional da Mulher/1985.

Desde os anos de 1940, colaborou na imprensa sergipana com crônicas, contos, artigos e poemas. Estreou como poeta, em 1959, com o livro **Um ponto e duas divergentes**, poesia humanitária e elegíaca, de denúncia da opressão social sobre os desvalidos da sorte. Seguem-se **Dimensões poéticas**; **Baladas do inútil silêncio** (c/ parc. de Giselda Morais* e C. Fontes); **Máquinas e lírios**. Na mesma linha do livro inicial, a de conscientização crítica, sua palavra poética se adensa em rigor e contundência, voltando-se principalmente para a condição da mulher oprimida pela sociedade machista.

Minha lira é tão lírica / que está na boca rubra das placentas / no sangue escorregadio e morno das maternidades [...] minha lira é tão pouco lírica / que não está nas cordas de alaúdes plangentes / mas no amor dos suicidas [...] minha lira é muito pouco lírica / minha lira toca gongo bate ronco / pega na picareta toca cavaquinho / se anima no violão dos bêbados / nunca embalou arcanjos nem serafins / mas conta a história das mulheres sem história. / mulheres sem corpo / sem beleza / famintas / doentes / que são usadas e não amadas / minha lira é tão pouco lírica / que nem parece lira / mas um instrumento de luta.

Em 1967, revela-se romancista de pulso, com **Berço de angústia**, no qual penetra na mesmice da vida conjugal de uma mulher, "rainha do lar", a quem nada falta, mas que vai sendo destruída interiormente, porque vive condicionada por uma vida de exterioridades, e regida por preconceitos e falsos ideais, que vão lhe corroendo a alma, devido à ausência de dinamismo vital, existencial. Seu segundo romance, **O passo de Estefânia**, que se trama entre a ficção e a história, enfoca uma outra face de mulher: a da profissional idealista, assistente social que, engajada na luta em defesa dos desvalidos, contra a burocracia emperrada e desumana das instituições sociais, acaba por dar um "passo" de intenção humanitária, mas que, dado em um momento escuro de nossa história – o da repressão pós-1964 –, foi rotulado de subversivo. E, de repente, Estefânia vê seu árduo trabalho social transformado em documento incriminatório que a entrega, sem possibilidade de defesa, à violenta experiência da prisão. Enunciado em ritmo lento e em tom de quase surdina, rompido aqui e ali por um gesto de revolta ou dor, **O passo de Estefânia** resulta do difícil equilíbrio entre uma escrita documental (a que se apóia em dados e documentos) e a escrita ficcional (a que projeta a experiência real e individual da personagem em um plano coletivo/universal, onde ela adquire a dimensão de símbolo). Foi traduzido para o alemão, em 1985, por Margit Klinger Clavijo, com o título **Stefania**.

A esse romance, seguiram-se novos títulos de poesia, ficção e ensaios que formam uma obra coesa e de grande força testemunhal, já integrada na literatura brasileira contemporânea.

Publicações: Poesia – **Um ponto e duas divergentes**, 1959; **Dimensões poéticas**, 1961; **Baladas do inútil silêncio**, 1964; **Máquinas e lírios**, 1967; **Geometria do abandono**, 1975; **Verde outono**, 1983; **Todo caminho é um enigma**; **Poemas transatlânticos**. Romance – **Berço de angústia**, 1967; **O passo de Estefânia**, 1980; e **O sonho e a sina**, 1992. Contos – **Dente na pele**, 1986. Pesquisa – **Fatos folclóricos**, 1972; **Mulheres & cultura de subsistência**, 1983; **Hegemonia cultural na escola**, 1987.

O

1130 ODETE VASCONCELOS

Poeta pernambucana, Odete Vasconcelos nasceu em Barreiros (PE). Faz parte da "geração de 65" que, no Recife, marcou presença com a série de livros de poesia publicada por Edições Pirata, nos anos de 1970. Iniciou-se colaborando com poemas no Jornal do Comércio e no Diário de Pernambuco. Participou da Exposição de Artes do Chantecler, realizada no Recife (PE), em 1974. Estréia em livro, em 1979, com **Noite acossada** (capa e ilustr. Ricardo Pessoa).

Publicação: **Noite acossada**, 1979.

1131 OFENÍSIA SOARES FREIRE

Poeta, ensaísta, professora e personalidade de destaque no meio cultural sergipano, Ofenísia Soares Freire nasceu em Estância (SE), em 06.12.1916. Desde jovem colaborou na imprensa de Estância, sua cidade, e em jornal de Aracaju, bem como em revistas culturais. Foi durante muito tempo co-editora do Suplemento Literário Arte e Literatura da Gazeta de Sergipe. Manteve uma coluna no Jornal da Academia de Letras. Formou-se em Letras e dedicou-se aos estudos especializados de Lingüística e Filosofia. Foi Assessora do Reitor da UFS. Tem-se destacado pelos estudos desenvolvidos na área da crítica literária, especialmente a de literatura escrita por mulheres. A maior parte de sua produção está esparsa.

Publicação: **A presença feminina em "Os lusíadas"**, 1980.

1132 OLDA AVELINO

Poeta religiosa, compositora, professora, Olda Avelino nasceu em Macau (RN), em 1910. Faleceu em 1965. De família de intelectuais, foi cedo atraída pelo estudo. Dedicou-se ao magistério e à participação nos movimentos literários de sua cidade, principalmente aos ligados à Igreja. Conforme depoimento do escritor Gilberto Avelino, seu sobrinho, *(Olda Avelino foi) admirável oradora, a todos comovia, pela ternura e pelo saber. De palavra evidentemente encantatória, tinha o soberano domínio do verso, que elaborava, na plenitude e densidade da religiosidade e do seu lirismo. Lírica e mística, por excelência, musicava a sua bela poesia, levando-a aos altares da Igreja, a que, a todo momento, com extrema devoção, servia.* (in **O Galo**. Natal-RN, fev. 2001)

Postumamente suas poesias e partituras de seus hinos religiosos foram publicados em livro: **De Olda Avelino, Poesia e cânticos**, 2000.

OLGA ACAUAN GEYER 1133

Ensaísta, professora e elemento atuante no meio educativo e cultural gaúcho, Olga Acauan Geyer nasceu em Quaraí (RS), em 25.02.1898. Faleceu em data ignorada. Foi professora pública, exerceu vários cargos em órgãos oficiais ligados ao ensino e foi diretora do Instituto de Educação de Porto Alegre. Dedicou-se aos estudos de reforma das estruturas e métodos de ensino, publicando artigos na imprensa e alguns ensaios em livros.

Publicações: **Aspectos fundamentais do movimento educacional do Rio Grande do Sul**, 1941, e **Um dos aspectos característicos do atual plano educacional do Rio Grande do Sul**, 1942.

OLGA AMORIM 1134

Poeta, trovadora, cronista, Olga Amorim nasceu em Campo Grande (MG), em 1922. Desde 1957 está radicada em Catanduva (SP). Formou-se em Letras pela Faculdade de Ciências e Letras-MG. Colaborou esporadicamente na imprensa mineira. A partir de 1965, participa do movimento cultural paulista. Entre 1965 e 1988, manteve duas seções na revista Feiticeira (já extinta). Em 1985, torna-se membro do Grupo de Poesia Guilherme de Almeida, no qual tem ocupado vários cargos (secretária, presidente, vice-presidente, tesoureira).

Como poeta, tem participado de antologias do Brasil e do exterior: **Coletânea de trovas**-SP, 1986; **Trovas**-CE, 1987; **Natal/Brasília**, 1987; **Cascata de versos**-RJ, 1987; **Nova poesia brasileira**-RJ, 1987; **Poetas brasileiros hoje**-RJ, 1990; **International poetry/Bluffton**. EUA, 1991/1992; **World poetry**/Madras – Índia, 1993/1997; **Poems anthology**/Ranchi – Índia, 1997, e outras).

Estreou em livro em 1992, com a coletânea de crônicas **Dedos de prosa** (Prêmio UBE-RJ). Segue-se **Passa poesia**. Entre as distinções recebidas estão: Medalha Cultural/Brasília e Comenda do Mérito Literário/São Lourenço-MG.

Publicações: **Dedos de prosa**, 1992, e **Passa poesia**, 1994.

OLGA GUTIERREZ PINTO 1135

Poeta, cronista, professora, Olga Gutierrez Pinto nasceu em Belo Horizonte (MG). Formou-se em Letras e fez vários cursos de extensão universitária. É membro da Academia Municipalista de Letras. Foi durante muito tempo correspondente do Diário Carioca, na Europa. Iniciou-se como escritora, colaborando na imprensa mineira, com crônicas e poemas. Estréia em livro em 1946, com a poesia de **Dunas e penhascos**, assinando com o nome literário de Nora D'Arc. Seguem-se livros de crônicas e de poesia.

Publicações: Poesia – **Dunas e penhascos**, 1946; **Entre dois ventos**, 1948; **Hora anônima**; **Rosa madrugada, Arc-en-ciel; Litanias**; **Rosa de Sharon, Fonte menina** e **Transparência**. Ensaio – **Encontro com a Europa**, s/d.

OLGA DA LUZ CARDOSO 1136

Poeta gaúcha, Olga da Luz Cardoso nasceu no Rio Grande (RS), em 17.10.1920. Tem um livro de poesia, **Lágrimas de luz**.

Publicação: Poesia – **Lágrimas de luz**, 1947.

Poeta em tom maior, jornalista, tradutora, crítica, ensaísta e uma das mais atuantes presenças em nosso meio cultural, Olga Savary nasceu em Monte Alegre (Belém-PA), em 21.05.1933 (sob o signo de Gêmeos e, pelo horóscopo chinês, Galo). É de ascendência russa-francesa-alemã-sueca por parte de pai (Bruno Savary, jovem russo que, nos anos de 1920, chega à Amazônia, entre os encarregados de instalar rede elétrica na região), e brasileira-paraense-indígena, por parte de mãe (Célia Nobre de Almeida, de família radicada em Monte Alegre e de raízes pernambucanas e norte-rio-grandenses).

Devido à profissão do pai, desde menina é levada a residir em diferentes cidades (Monte Alegre, Belém, Fortaleza, Rio de Janeiro), com muitas idas e voltas. Estudou as primeiras letras em Fortaleza, prosseguindo-as no Rio de Janeiro. Aos dezoito anos, volta a Belém e ali faz o curso clássico; tendo sido aluna de Francisco Paulo Mendes e Benedito Nunes, que muito a incentivaram a projetar sua vida no caminho da poesia e da cultura. Em comentário a certos poemas que a aluna lhe dera para ler, Benedito Nunes escreveu: *Se você quer realmente dedicar-se à poesia, não seja poetisa; procure ser poeta. Explico-me. A poetisa é sempre aquela que escreve versos porque não tem nada para fazer. Poeta é qualquer pessoa, homem ou mulher, sem distinção de estado civil, que faz de sua vida uma adesão completa à poesia. Aderir à poesia significa entregar-se ao esforço de criar. E criar é doação espiritual ilimitada: um ato de amor através do Verbo.* (manuscrito/arquivo pessoal da autora e datado de Belém, 12.05.1953).

Palavra que a aluna incorporou para sempre, como o mostra a multiforme e extensa obra produzida por ela até hoje (2001). Mas sua atração pela poesia não data desse período. Segundo a crônica familiar, desde a infância ela manifestara interesse por cantigas que ela memorizava ou inventava para cantar. Aos dez anos, incentivada por vizinhos (que se tornariam os primeiros leitores e compradores de sua arte), cria um jornalzinho artesanal, com poemas, pensamentos, desenhos a lápis de cor, e cujo único exemplar era por eles adquirido e lido. (A produção cessou, quando esse casal mudou-se e levou com ele a primeira produção da poeta.)

De volta ao Rio de Janeiro, divide-se entre as atividades profissionais exigidas pela vida e a criação poética. Passa a publicar seus poemas em jornais e revistas do Rio e de outros estados, com o nome literário de Olenka. Entra em contato com o mundo literário carioca e nele conhece, entre outros, Carlos Drummond de Andrade, que a incentiva a continuar e se torna um de seus grandes amigos. Entra para a área do jornalismo e da editoração, colaborando na imprensa e se iniciando como tradutora. Casa-se com Sérgio de Magalhães Gomes Jaguaribe (o polêmico Jaguar de O Pasquim, dos anos de 1960); e de quem se divorciou em 1982. Com ele teve dois filhos, Pedro (falecido ainda adolescente) e Flávia Savary* (escritora que já abriu seu próprio caminho).

Colaborando em O Pasquim, iniciou a coluna As Dicas (notícias culturais, comentários e sugestões), mantendo-se ali, como cronista, tradutora e entrevistadora no período entre 1969 e 1982. Permanece ativa no jornalismo literário, até o momento (2001), tendo recebido o Prêmio Assis Chateaubriand-ABL/1989, concedido ao livro **As margens e o centro** (coletânea de artigos literários publicados na imprensa).

Como poeta, estréia em livro, em 1970, com **Espelho provisório** (pref. Ferreira Gullar/il. Carlos Scliar – Prêmio Jabuti/Câmara Brasileira do Livro, 1971), com excelente repercussão crítica. Seguem-se: **Sumidouro** (pref. Nelly Novaes Coelho/il. Aldemir Martins – Prêmio Poesia APCA – Associação Paulista de Críticos de Arte e Melhor Livro do Ano – Jornal do Brasil. 1977); **Altaonda** (pref. Jorge Amado/xilogravuras Calasans Neto – Prêmio Lupe Cotrim Garaude/UBE – União Brasileira de Escritores. 1979); **Natureza viva** (pref. Ferreira Gullar/capa Pedro Savary. 1982); **Magma** (pref. Antônio Houaiss/capa Tomie Ohtake – Prêmio Olavo Bilac-ABL. 1982); **Hai-kais** (pref. Gerardo Mello Mourão/capa Sun Chia Chin. 1986); **Linha d'água** (pref. Felipe Fortuna/capa-foto Ciça Alves Pinto/desenhos Kasuo Wakabayahi. 1987); **Retratos**. 1989; **Rudá** (pref. Gilberto Mendonça Teles) e **Eden Hades** (pref. Olga de Sá/capa Guita Charifker.

1994); **Morte de Moema** (edição de arte/pref. Marco Lucchesi/xilogravura Marcos Varella); todos de poesia. Em 1997, publica o volume de contos **O olhar dourado do abismo** (pref. Dias Gomes – xilogravuras Rubem Grilo). Em 1998, **Repertório selvagem** – Obra poética reunida (pref. Antônio Olinto; registro de crítica sobre os vários livros e completa Cronologia Biobibliográfica, edição da Fundação Biblioteca Nacional – Universidade de Mogi das Cruzes-MultiMais Ed.). Entre os inéditos que aguardam publicação: Anima animalis – Voz de bichos brasileiros (pref. Jorge Wanderley – gravuras Marcelo Frazão; livro de contos inéditos (Prêmio Eugênia Sereno/1988 – São Paulo).

Simultaneamente a essa produção poética, dedicou-se à organização de antologias que reúnem as melhores vozes da literatura brasileira contemporânea (**Carne viva**/I Antologia brasileira de poesia erótica. 1977; **Antologia da nova poesia brasileira** – Fundação Rio Arte, 1992; **Hai-kais brasileiros** e outras). Acaba de concluir um projeto, no qual vem trabalhando há anos: um antologia com 250 poetas paranaenses, **Poesia do Grão-Pará** (2001).

Como divulgadora de literatura estrangeira, realiza, desde os anos de 1970, dezenas de traduções de poesia, ficção e ensaio, de autores como: Pablo Neruda (**Ainda, confesso que vivi**; **A rosa separada**. **O coração amarelo**; **Livros de perguntas**, etc.); Octavio Paz (**O arco e a lira, 23 poemas de O. Paz**; **Os filhos do barro**; **Vislumbre da Índia**/ Prêmio de Tradução/UBE-RJ, 1998); Mario Vargas Llosa (**Conversa na catedral**. Romance – Prêmio Odorico Mendes-ABL, 1980); Ciro Alegria (**Grande e estranho é o mundo**. rom.); Carlos Fuentes (**Aura**); Jorge Semprum (**Autobiografia de Federico Sanchez**. rom.); Julio Cortázar (**O livro de Manuel**); Bashô (**Sendas de Oku**); Laura Esquivel (**Como água para chocolate**. rom.); **O mago das cores** (texto infantil de Veronique Rateu); F. García Lorca (**Assim que passem cinco anos**. Teatro). Traduziu ainda **O livro dos hai-kais** de Baschô, Busson e Issa (pref. Octavio Paz e desenhos de Manabu Mabe, 1980). Particularmente atraída pela condensação poética exigida pelo hai-kai, a poeta tem-se dedicado não só à tradução, mas também à criação dessa forma poética oriental, em cujo domínio tem-se revelado mestre. Como disse Gerardo Mello Mourão (pref. **Hai-kais**, 1986), *Nem sempre será ortodoxo, no escandir do metro, o hai-kai que agora nos oferece Olga Savary. [...] Porém ela guarda, com mestria maior, aquilo que os haicaistas definem como a virtualidade poética típica do hai-kai, o conhecimento lírico que nos situa como 'num fio de navalha, entre o diáfano e o espesso'. Bashô ou Kikabu, os grandes mestres japoneses do hai-kai, poderiam deleitar-se com o contraponto do hai-kai brasileiro de Savary.*

Como exemplo dessa concisão poética e fusão "diáfano e espesso", leia-se: ***Teipó*** *(do tupi: 'finalmente') Tudo o que sei / aprendi da água, ela diz. / E arde sem saber.* Ou ainda **Alquimia**. *A febre incandesce a água abrasa o fogo, o corpo aceso, // agora tornado ouro.* Em seus haicais, a poeta usa de várias liberdades: no esquema métrico 5-7-5, por vezes acrescenta um verso a mais, espécie de "coda", como se faz em música. Quanto à temática, vai além das habituais impressões da natureza ou da filosófica visão de mundo, ligada ao fluir do tempo; introduz o erotismo no húmus poético.

Desde os anos de 1970, a poesia de Olga Savary vem sendo incluída em dezenas de antologias nacionais e internacionais de alto nível. No Brasil: **Voces femininas de la poesia brasileña** (org. A. Fernandes Sampaio, Goiânia, 1979); **Palavra de mulher** (org. Maria de Lourdes Horta, 1979); **Te quero verde. Poesia & consciência ecológica** (org. P. Kranz & A. Henriques Neto, 1982); **Mulheres (in) versos** (org. Helena Rocha, 1990); **100 haicaistas brasileiros** (org. Roberto Saito/ H. Masuda Goga/F. Handa, 1990); **Antologia do haicai latino-americano** (org. H. Senegal/H. M. Goga/F. Saito/F. Handa, 1993); **Poemas fora da ordem** (Prêmio Caetano Veloso, 1993); Sincretismo: a poesia da "geração de 60" (org. Pedro Lyra, 1995); **Anjos poéticos** (org. A. Alves de Faria, 1995); **Os cem melhores poemas brasileiros do século XX** (org. Italo Moriconi, 2000) e outros. No exterior: **Las voces solidarias** (org. Santiago Kavadloff. B. Aires, 1978); **Antologia da novíssima poesia brasileira** (org. Gramiro Matos/Manuel de Seabra. Lisboa, 1981); **Il cavalo di Troia** (org. A. Aletti/A. Tabucchi. Milão, 1982); **Poetry International**, 1985 (org. August Willensen. Roterdam-Holanda); **Poeti brasiliani contemporanei** (org. Silvio Castro. Venezia-Padova, 1997); **Poésie du Brésil** (org. Lourdes Sarmento, 1997); **Anto** (org. Antônio José Queirós. Amarante – Portugal, 1998) e outras.

Como contista, também participa de inúmeras coletâneas: **Erotismo no conto brasileiro** (org. Edilberto Coutinho, 1980); **Muito prazer: contos eróticos femininos** (org. Márcia Denser, 1982); **Quer que te conte um conto?** (org. Vicente de Pércia, 1984); **O prazer é todo meu** (org. Márcia Denser, 1984); **Histórias de amor infeliz** (org. Esdras do Nascimento, 1985); **Memórias de Hollywood** (org. Julieta Godoy Ladeira, 1988); **Os cem melhores contos brasileiros do século XX** (org. Italo Moriconi, 2001) e outras.

Intelectual ativa, Olga Savary tem participado de juris em festivais musicais e de poesia; de mesas de debates em Bienais Internacionais do Livro em São Paulo e Rio de Janeiro; Seminários de Literatura Brasileira, etc. Ao lado de Lêdo Ivo e

Ferreira Gullar, representou o Brasil no Poetry International – Holanda, 1985; participou, também como representante brasileira, do Encontro Internacional de Poesia em Lisboa 2000/Casa Fernando Pessoa – Faculdade de Letras (com dezesseis poetas convidados da Itália, China, Irlanda, Tunísia, Galiza, França, etc.).

Entre as inúmeras instituições culturais e comunitárias de que é membro ativa, estão: Pen Clube (associação mundial de escritores, vinculada à UNESCO); Comissão de Defesa da Liberdade de Imprensa e Direitos Humanos da ABI (Associação Brasileira de Imprensa); do Instituto Brasileiro de Cultura Hispânica; Sindicato de Escritores do Rio de Janeiro (do qual foi presidente no biênio 1997/1998) e Casa de Cultura Lima Barreto. Entre as muitas láureas e homenagens recebidas, destacam-se: o título Mulher do Ano (jornal O Globo, 1975); Cidadã Benemérita do Estado do Rio de Janeiro (Assembléia Legislativa do Estado do Rio de Janeiro, por proposta da deputada Heloneida Studart*); Mulher do Ano (Secretaria Municipal de Cultura de São Paulo, 1996).

Sua poesia tem estado ligada à música e ao teatro: "Saturnal" (poema musicado por Paulo Miranda e apresentado em vários shows em São Paulo e no Projeto Pixinguinha – Funarte, Rio de Janeiro); "Eu sou uma mulher" (espetáculo de poesia com a atriz Neide Tavares – Centro Cultural Laura Alvim, RJ); discos e CDs com poemas seus, musicados por Vânia Dantas Leite, Flávio Pantoja, Guerra Peixe e outros compositores eruditos e populares, etc.

Poeta visceralmente ligada ao húmus amazônico, à região onde nasceu e na qual se sente enraizada, Olga Savary está entre as(os) poetas que se sabem ponto de transição ou de passagem entre um ontem e um amanhã. Ou melhor, se assumem como o espaço presente onde, pela palavra, está se dando a transformação do ontem inaugural, em um amanhã desejado, quando uma nova ordem será instaurada.

Alta onda / Altaonda, constrói teu retrato / de raro sal de ferro, violento [...] o rigor da ordem sobre o ardor da chama [...] Altaonda, diz teu silêncio, / um silêncio ao tumulto parecido.

Poeta consciente da função iluminadora a ser exercida pela poesia, Olga Savary busca na imagem da água, elemento primordial da vida, a matéria-prima com que energiza sua palavra. Matéria e energia se fundem na imagem das águas, como em fusão amorosa entre dois seres. Daí a onipresença do erotismo na poesia savaryana. Analisando a comunhão erótica da poeta com a água, Felipe Fortuna (in pref. a **Altaonda**), diz:

Águas tempestuosas, águas balsâmicas, água doce, água salgada: o que é isso afinal? Na poesia de Olga Savary, a água mole, assim como a pedra dura do diamante, é multifacetada. É também vital, e quase sempre vinculada aos jogos de amor. Fundamento, origem e gênese, a água é uma totalidade, uma evidência da unidade do mundo. [...] Em ***Magma****, ela escreve: "Mar é o nome do meu macho". Agitada pelos movimentos e tornando ainda mais complexas as imagens, a água é a substância e o substantivo, enquanto o mar age como se possuísse a força de um verbo, infinito e infinitivo. Mulher e homem: as águas invadem sob a forma de mar. [...] Existe uma intenção cosmopolita na sua poesia, e a água exprime esse desejo. Do fundo de sua serenidade, de sua meditação concentrada em poemas de poucos versos, emerge um projeto assombroso: dizer* tudo. *Com Tales de Mileto, essa mesma necessidade de sondar a natureza da matéria fez surgir o primeiro veio da filosofia. Segundo o pré-socrático, a água é o princípio da natureza úmida, presente no alimento e na terra que detona a semente. [...] Esse princípio de vida é o mesmo na poesia de Olga Savary, que o recupera como se procurasse escutar toda a memória do mar na arquitetura de um búzio. A sua intenção, pois, é resgatar na dimensão da água, o fundamento de uma unidade cósmica.*

Neste nosso tempo fragmentado, descentrado, a poesia savaryana está entre as vozes que, em nossa literatrua, apontam para o eu, como o novo grande centro (ligado aos milhentos de outros eus, pelo Amor cósmico), a partir do qual o mundo em caos será ordenado em novo cosmo. É essa a luta a ser enfrentada pela mulher, pela poeta, por todos. E dessa luta, a poeta está consciente: *Não sou um ser macio / como a água distraída / sem um som em que apóie / na lâmina dos ventos / ou do vago rumor entre duas ondas; / não sou um ser gentil, dizia, / sou uma guerreira.*

Alta onda, / Altaonda, constrói teu retrato [...] Altaonda, diz teu silêncio / um silêncio ao tumulto parecido, / um mistério que é teu signo e mapa / sumindo no fundo do mar.

Ou ainda, em Cerne:

Nada a ver com a fonte / mas com a sede / Nada a ver com o repasto / mas com a fome / Nada a ver com o plantio / mas com a semente.

Como se vê, o cerne da mutação está, não no fora, mas no dentro; não no mundo, mas no homem; não nas formas aparentes, mas nas coisas profundas. É esta a visão de mundo que energiza a poesia savaryana.

Eleita Mulher do ano 2000 – Área da Cultura – Sokka Gakai Internacional – UNESCO.

Publicações: Poesia – **Espelho provisório**, 1970; **Sumidouro**, 1977; **Altaonda**, 1979; **Magma**, 1982; **Hai-kais**, 1986; **Linha d'água**, 1987; **Retratos**, 1989; **Rudá**, 1994; **Éden Hades**, 1994; **Morte de Moema**, 1996; e **Berço esplêndido**, 2001. Conto – **O olhar dourado do abismo**, 1997/2001. Obra reunida – **Repertório selvagem**, 1998. Jornalismo – **As margens e o centro**, 1998.

OLGA SILVEIRA 1138

Poeta, professora e promotora cultural, Olga Teresinha Correa Silveira nasceu em Alegrete (RS), em 1938. Espírito dinâmico, tem exercido várias atividades: professora de Artes (nas escolas Nehyta Ramos e Instituto Metodista de Alegrete); distribuidora da Enciclopédia Britânica do Brasil, gerente na Delta Laurousse, etc. Desde muito jovem escreve poesias, publicando-as na imprensa ou em coletâneas. Estréia em livro em 1969, com **Folhas soltas**. Pertence a várias associações culturais (Casa do Poeta Rio-Grandense, da qual é vice-presidente de intercâmbio cultural; Sociedade de Cultura Latina do Estado do Rio Grande do Sul e Grêmio Literário Castro Alves).

Publicações: **Folhas soltas**, 1969, e **Janela azul**, 1988.

OLIVINA CARNEIRO DA CUNHA 1139

Poeta, biógrafa, Olivina Carneiro da Cunha nasceu na Paraíba (PB), em 1910. Era filha do Barão do Abiaí, de quem escreveu uma biografia romanceada. Como poeta, colaborou na imprensa local e estreou em livro em 1954, com os poemas **Migalhas de inspiração**.

Publicações: Poesia – **Migalhas de inspiração**, 1954. Biografia – **Barão do Abiaí**, 1940.

ONDINA FERREIRA 1140

Romancista, cronista, tradutora e funcionária pública de carreira do Tribunal de Justiça em São Paulo, Ondina Silveira Ferreira nasceu em Araraquara (SP), em 15.02.1909. Estudou em colégio religioso (Externato São José e Colégio de Nossa Senhora do Patrocínio em Itu-SP) e com professores particulares de línguas e de música. Ainda criança muda-se com a família para a capital paulista. Em 1937, casa-se com Mário Ferreira que militava no jornalismo carioca, como secretário da revista da Semana, na qual Ondina Ferreira passa a colaborar regularmente. Retorna à cidade natal, Araraquara, onde permaneceu até 1937, quando volta com o marido e filhos para São Paulo.

Bem cedo, sua inclinação pelas letras se revelou por meio do gosto pela leitura. Inicia suas atividades de escritora, como cronista, nos anos de 1930, colaborando na imprensa. Estréia mais tarde em livro, com o romance **Outros dias virão** (1943). Escreveu mais de duas dezenas de romances; tentou também o conto e o teatro.

Faz parte da geração literária que, na 1ª metade do século XX e com diferentes recursos expressivos, prossegue no caminho aberto pelo romance tradicional (o romântico-realista do século XIX), cuja intenção básica era revelar a complexa teia social e os desacertos entre ela e os indivíduos, que a "tramam" e que por ela são "tramados". Contemporânea de Dinah Silveira de Queiroz, Helena Silveira, Carolina Nabuco e Maria de Lourdes Teixeira, entre outras, Ondina Ferreira realizou um romance que funde a preocupação com o testemunho social (o retrato objetivo da sociedade moderna) e o esforço para apreensão da verdade subjetiva (ou oculta) do indivíduo, denunciando reiteradamente o desajuste entre ambos os fenômenos. O que resulta em denunciar a hipocrisia que impera como sistema de convívio social, no mundo moderno, todo aparências e superficialidades.

Privilegia o problema da mulher, enfrentando os preconceitos de uma sociedade endurecida em seus valores, e transgredindo limites que lhe eram impostos, seja no âmbito da profissão, escolhida fora da servidão do lar, seja no âmbito pessoal amoroso, transgredindo o tabu do sexo e o assumindo corajosamente fora do casamento, mas tendo como conseqüência a funda frustração existencial, vivida ocultamente em silêncio e solidão.

Ondina Ferreira recebeu inúmeros prêmios de significativo valor: Prêmio Alcântara Machado da Academia Paulista de Letras, Prêmio Coelho Neto da Academia Brasileira de Letras, Prêmio Romance – Pen Clube, Prêmio Júlia Lopes de Almeida-ABL, Prêmio José Ermírio de Moraes do Pen Clube de São Paulo, Prêmio Manuel Antônio de Almeida – Secretaria de Cultura da Guanabara, Prêmio Romance – Boa Leitura e outros.

Traduziu dezenas de contos e romances de sucesso, franceses e ingleses, de autores como Guy de Maupassant, Prosper Merimée, Turgueniev, Balzac, A. Daudet, Alexandre Dumas, Charles Kinsley, Tom Galt, Colette e outros.

Publicações: Romance – **Outros dias virão**, 1943; **Inquietação**, 1945; **E ele te dominará**, 1944; **Vento da esperança**, 1947; **Navio ancorado**, 1948; **Casa de pedra**, 1952; **Medo**, 1953; **Chão de espinhos**, 1955, **Enganoso é o coração**, 1959; **E é logo noite**, 1963; **Uma só carne**, 1969; **Nem rebeldes nem fiéis**, 1970; e **É no silêncio que as sementes germinam** (3° Prêmio Walmap/1973). Teatro – **Areias movediças**, 1951.

1141 ONEYDA ALVARENGA

Poeta, musicóloga e folclorista, Oneyda Paoliello de Alvarenga nasceu em Varginha (MG), em 06.12.1911. Radicou-se na capital paulista, onde faleceu em 1984. Sua grande vocação desde menina foi a música, cujo estudo iniciou muito cedo em sua terra natal e prosseguiu na capital paulista. Em 1931, ingressa no Conservatório Dramático e Musical de São Paulo, diplomando-se em 1934. Teve o privilégio de ser aluna de Mário de Andrade, a quem deveu toda sua formação artística e intelectual e também uma fiel amizade que se manteve através dos anos. Com ele fez os cursos de piano, história da música e estética musical.

Em 1937, fez o curso de etnografia e folclore, instituído pelo Departamento de Cultura da Prefeitura de São Paulo (realizado por iniciativa de Mário de Andrade e ministrado pela etnóloga francesa Dina Lévy-Strauss). Durante esse curso, Oneyda realizou uma pesquisa em Varginha, entre janeiro e agosto de 1935, levantando o material que lhe serviu para escrever a monografia Cateretês do Sul de Minas Gerais (material que, posteriormente, ela doou à discoteca Pública Municipal de São Paulo).

A convite de Mário de Andrade, em 04.12.1935, assume a direção da Discoteca Pública Municipal de São Paulo (que o mestre havia criado como parte do Departamento de Cultura). Permanece à frente desse serviço público até sua aposentadoria em 1968, depois de uma longa e dinâmica gestão que grangeou para esse setor público renome internacional.

Como poeta, foi revelada ao público pela primeira vez, em 1934, por Manuel Bandeira, a quem Mário de Andrade enviara alguns poemas, e que praticamente a consagra como autêntica voz poética. Em 1938, publica o livro **Menina boba**, que obteve imediato sucesso de crítica. Entre outros nomes, como Sérgio Milliet, o poeta e crítico Rosário Fusco escreve: *Oneyda Alvarenga pertence à linhagem de Emílio Moura, e deixa como este e como Cruz e Souza (mestre remoto de ambos) que tudo em derredor oscile para melhor permanecerem fiéis à sua arte e ao seu espírito. Por isso, depois que as modas literárias passarem, e os profetas da decadência da poesia verificarem que só carecemos de bons poetas, Oneyda ainda será lida com prazer infinito.*

Mas seus encargos na Discoteca Pública afastaram-na bastante da poesia. Escreveu ainda dois livros de poemas que permanecem inéditos. Sua principal carreira se realizou como folclorista. Foi membro-fundadora da Academia Nacional de Música (criada por Villa-Lobos); membro do Conselho Nacional do Folclore (MEC); membro-correspondente do International Folk Music Council (Londres) e membro do Comitê Executivo da Association Internacionale des Bibliothêques Musicales (Paris), como representante da América Latina e das discotecas em geral. (Em 1952, pediu demissão deste último cargo, devido às dificuldades encontradas por falta de apoio oficial brasileiro para bem servir àquela organização internacional.) Pertenceu a várias outras sociedades nacionais de música e folclores, de vida efêmera. Foi, inclusive, membro-fundadora da Sociedade de Etnografia e Folclore, criada por Mário de Andrade – primeiro marco do esforço para conjugar as atividades de folcloristas e etnógrafos brasileiros, mas que, por falta de apoio político-econômico, foi extinta.

Em 1945, ainda em original, seu livro **Música popular brasileira** conquistou o Prêmio Fábio Prado e, em seguida, foi traduzido para o espanhol (México, 1960). Em 1959, recebeu a Medalha Sylvio Romero (Secretaria Geral de Educação e Cultura do antigo Distrito Federal – Rio de Janeiro), pelos relevantes serviços prestados ao folclore nacional.

De toda essa atividade, resultaram dezenas de ensaios, artigos e estudos que foram divulgados em jornais e revistas especializados no Brasil e no exterior: Cateretês do Sul de Minas Gerais (separata da revista do Arquivo Municipal, volume XXX, SP, Departamento de Cultura, 1937); A Influência negra na Música Brasileira (in Boletin Latino americano de Música, tomo VI, Instituto Interamericano de Musicologia, Montevidéu-RJ, Imprensa Nacional, 1945); Melodias registradas por meios não-mecânicos (in Arquivos Folclóricos da Discoteca Pública Municipal, volume I, 1946); Xangô (Registros Sonoros de Folclore Musical Brasileiro, volume I, SP, DPM, 1948); Babasuê (idem, volume III, 1950); Chegança de Marujos (idem, volume V, 1955) e outros. Dedicou-se também a preparar inúmeros originais de Mário de Andrade, para publicação ou republicação em **Obras completas**.

Publicações: Poesia – **Menina boba**, 1938. Pesquisa – **Música popular brasileña** (trad. Castellana de José Lión Depetre. México, 1947); **Música popolare brasiliana** (trad. Italiana de Cornelio Bisello. Miliano, 1953) e **Música popular brasileira** (Porto Alegre, 1950).

OPHÉLIA LOFÊGO GADELHA 1142

Poeta, professora, musicista, Ophélia Lofêgo Gadelha nasceu em Rio Pardo (hoje Iúna-ES). Fez seus primeiros estudos na cidade de Cachoeiro de Itapemirim, onde foi aluna que se distinguiu pela inteligência e aplicação, principalmente nos estudos de português, história e literatura. Ingressou no magistério. Realizou vários cursos especializados de pintura, música e canto lírico. Como poeta, publicou esparsamente seus poemas e, em 1970, reuniu-os em livro, com o título de **In memoriam**.

ORIDES FONTELA 1143

Poeta, professora, Orides de Lourdes Teixeira Fontela nasceu em São João da Boa Vista (SP), em 24.04.1940. Faleceu em Campos do Jordão (SP), em 02.11.1998. Formada em Filosofia (USP/1972), foi professora na UFRN, em Natal (RN); bibliotecária em São Paulo e professora no ensino público. Teve uma vida difícil, extremamente carente de recursos econômicos e de afeto. Durante seus últimos anos, viveu em situação precária na Casa do Estudante Universitário (Av. São João-SP). Ficando tuberculosa, foi internada na Fundação Sanatório São Paulo, em Campos do Jordão, onde faleceu.

Segundo a crônica, seus desajustes profissionais e afetivos resultavam de seu temperamento difícil e amargo. Daí também o fato de ter sido uma outsider no mundo literário, embora sua voz poética tivesse sido, desde o início, reconhecida como de autêntico talento; e conquistado fiéis admiradores de sua arte (cf. Antônio Cândido, Augusto Massi, Nogueira Moutinho, Ivan Junqueira, Benedito Nunes e outros).

Fez parte da "geração de 60". Estreou em livro, em 1969, com a poesia de **Transpirações**, que teve, desde logo, boa acolhida crítica. Poesia na melhor tradição moderna (Mallarmé, Valéry, Ungaretti...), a de Orides se revela sempre "uma festa do intelecto" e, ao mesmo tempo, busca o absoluto da vida, por entre as frestas da relatividade das coisas. Vida é sentida como *um renascer contínuo / que nela se inaugura / vida nunca acabada / tentando o absoluto*, como diz em certo poema.

Fundida a essa preocupação nuclear com o enigma da vida, está um dos "nós górdios" do pensamento contemporâneo: a consciência de que a realidade só existe quando nomeada e, ao mesmo tempo, a certeza de que a palavra (nomeadora, criadora) é impotente ou insuficiente para expressar a totalidade do real intuído.

Toda palavra é crueldade / Tudo / será difícil de dizer: / a palavra real / nunca é suave [...] Não há piedade nos signos / e nem no amor: o ser / é excessivamente lúcido / e a palavra é densa e nos fere. ("Fala")

Seguem-se os livros **Helicanto**, **Alba**, **Rosácea**, **Trevo** e **Teia**. Todos eles com a mesma concisão poética de seu livro inicial e expressando uma progressiva maturidade, no escavar a problemática nuclear de sua poética: o corpo-a-corpo com a palavra criadora e a obsessão em decifrar o enigma da existência.

Vemos por espelho / e enigma. / Mas haverá outra forma / de ver?

A escolha do nome: eis tudo. / O nome circunscreve / o novo homem: o mesmo, / repetição do humano / no ser não nomea-do [...] A escolha do nome: eis / o segredo. (O nome)

Orides Fontela, uma das vozes que quase anonimamente – em dor, em ânsia de beleza, verdade e essencialidade – deixou em poesia seu testemunho de vida, nestes tempos de caos.

Publicações: **Transposição**, 1969; **Helicanto**, 1973; **Alba** (Prêmio Jabuti), 1983; **Rosácea**, 1983; **Trevo**, 1988; e **Teia**, 1996.

1144 ORMINDA ESCOBAR GOMES

Poeta, professora e figura de destaque em seu meio social, Orminda Escobar Gomes nasceu em Floresta (ES), em 26.01.1875. De prodigiosa longevidade, faleceu em 1972, aos 97 anos de idade, em plena lucidez.

Formou-se professora no Instituto Normal do Colégio Nossa Senhora da Penha, em 1892. Ingressou no magistério, onde atuou por longos anos, inteiramente dedicada a formar as novas gerações, para um mundo que se transformava. Pertenceu a várias entidades culturais, como o Instituto Histórico e Academia Feminina de Letras do Estado.

Como pesquisadora, escreveu vários estudos sobre vultos eminentes da história espírito-santense e sobre episódios que nela foram decisivos. Praticamente todos esses estudos foram escritos em poesia, que lhe surgia espontânea e em geral sob a forma de soneto. Durante sua longa vida, recebeu inúmeras láureas, prêmios e homenagens, como a que lhe prestou, em seu centenário, a Academia Feminina de Letras do Espírito Santo, em 1975.

Publicações: **Reminiscências**, 1951; **Vultos capixabas**, 1951; **Vida e obra de D. Octávio Chagas de Miranda, Bispo de Porto Alegre**, 1953; **Lendas e milagres no Espírito Santo**, 1958.

P

PAGU, v. Patrícia Galvão (nº 1148)

1145 PALMIRA CORREIA MOREIRA LIMA

Romancista, professora e pesquisadora, Palmira Correia Moreira Lima nasceu em Vitória da Conquista (BA), em 29.11.1922. Radicou-se em São Luís (MA). Formou-se em Geografia e História. Dedicou-se ao magistério, tornando-se professora titular da UFMA e da Escola Técnica do Comércio em São Luís. Dedicou-se a pesquisas sobre história do Maranhão. Como romancista, estreou em livro em 1986, com **O retirante**. Tem vários livros inéditos de crônicas e um romance, Sombras vivas.

Publicação: **O retirante**, 1986.

1146 PALMYRA WANDERLEY

Poeta, conferencista, contista, teatróloga, crítica de arte e uma das mais importantes vozes femininas do Rio Grande do Norte, Palmyra Guimarães Wanderley nasceu em Natal (RN), em 06.08.1894. De importante e abastada família de intelectuais, após uma intensa vida de realizações, teve um fim melancólico, pobre e sozinha, faleceu, aos oitenta e quatro anos, em 18.12.1978.

Desde muito jovem, colaborou nos jornais e revistas de Natal (A República, Cigarra, Diário de Natal e Tribuna do Norte) e de outros estados (A Imprensa, A República e A União-RJ; revista Feminina e revista Moderna-SP; Paladina do lar-BA; Estrela-CE, entre outras). Participou ativamente da vida social e cultural, tornando-se, inclusive, uma espécie de "poetisa oficial" da cidade, obrigatoriamente presente em todas as ocasiões festivas, oficiais ou não, e para as quais escrevia versos circunstanciais que poderiam ter comprometido o conjunto de sua produção literária, junto ao mundo intelectual, não fossem sua cultura, inteligência e indiscutível talento, conforme o registra a crônica do tempo.

Estreou em livro, em 1918, com a poesia de **Esmeraldas**, composto de trovas, sonetos e longos poemas, que dão voz a um eu sofrido e sentimental, revelando a falta de perspectiva feminina, no seu universo reduzido à casa paterna e às emoções domésticas. Seu segundo livro, **Roseira brava** recebeu Menção Honrosa da ABL e teve ampla repercussão nos meios literários do País. Poesia mais elaborada tecnicamente, *desenha um mapa lírico da cidade de Natal [...] a paisagem bucólica do início do século, metaforizando com habilidade e delicadeza o* locus amoenus *tropical, que se estende entre o rio e o mar.*

Sua produção literária esteve sempre ligada às atividade culturais de seu meio. Em seu acervo de inéditos, constam peças de teatro (que eram representadas em saraus ou festas escolares), contos infantis, discursos e conferências, crônicas, versos, etc.

Foi sócia-fundadora da Academia Norte-rio-grandense de Letras, ocupando a cadeira nº 20, cuja patrona é Auta de Souza*.

(Fonte de consulta: **Literatura do Rio Grande do Norte** – org. Constância Lima Duarte & Diva M. Cunha P. de Macedo, Natal, 2001.)

Publicações: **Esmeraldas**, 1918, e **Roseira brava**, 1929.

PATRICÍA BINS 1147

Nome dos mais significativos da literatura feminina brasileira atual – romancista, memorialista, contista, cronista, artista plástica, jornalista, tradutora, escritora para crianças, promotora cultural, Patrícia Doreen Bins nasceu no Rio de Janeiro (RJ), em 24.07.1930. Ainda criança transferiu-se com a família para Belo Horizonte (MG), onde aos cinco anos é iniciada nos estudos de língua e cultura inglesa, simultaneamente aos estudos do português. Adolescente, mudou-se para Porto Alegre (RS), onde se radicou. De mãe inglesa, Iris Holliday, e pai austro-húngaro, Andrew Stroh, recebeu, desde cedo, uma educação ambivalente: no ambiente familiar, uma formação européia/formalista, visando prepará-la para a planejada volta da família para a Europa (projeto frustrado pela eclosão da guerra); e no mundo exterior, em convívio com crianças brasileiras. Formação dúplice que a escritora aponta como possível influência em seu estilo singularizado pela convergência do *mundo interior em intercâmbio contínuo com o mundo exterior, uma fragmentação, um estilhaçamento e o olhar através de um caleidoscópio*. (in P. Bins – Autores gaúchos – 28 IEL, 1990)

Formou-se na Escola de Belas Artes-UFRS. Graduou-se em Língua e Cultura inglesa na Universidade de Michigan-EUA. Torna-se professora de inglês no Instituto Cultural Brasileiro e Norte-Americano e no Yázigi. Dedica-se à pintura, ao cultivo da música e convívio com os grandes mestres da literatura. Ainda adolescente, descobre Virginia Woolf e o "fluxo da consciência" como recurso narrativo, que abre novo caminho para a criação literária. Com o tempo, seguem-se novas paixões: Joyce, Rilke, Clarice Lispector...

Inicia-se como escritora nos anos de 1970, no jornalismo literário. Durante dezoito anos, foi cronista semanal do Correio do Povo-POA. Colabora como contista no Caderno de Sábado-CP e nos suplementos de cultura do OESP e de O Minas Gerais. Editou durante cinco anos o Suplemento Cultural Mulher da Folha da Tarde-POA. Foi Vice-Presidente da Associação das Jornalistas e Escritoras do Brasil e Secretária da Associação Gaúcha de Escritoras.

Estreou em livro, em 1982, com **O assassinato dos pombos**, coletânea de contos e crônicas, originalmente publicados na imprensa, e nos quais já se faz ouvir o eu interrogante que atravessará toda sua obra e, através dele, a voz do homem contemporâneo, perdido de si mesmo e prisioneiro da mesmice cotidiana, onde a vida passou a ser representação. Leia-se um fragmento de Destinação:

Algumas vezes falávamos, inutilmente, como se fazem coisas apenas para matar o tempo à espera da morte. Falávamos sem aguardar o silêncio entre a palavra e a respiração e não ouvíamos por exemplo as entrelinhas; nada sabíamos além daquilo que estava evidente. [...] No entanto, precisávamos prosseguir, fingir a nossa realidade, viver e reviver os diversos papéis que nos designavam ou que nós mesmos nos exigíamos. [...] imersos na alucinação do poder, a fantasia nos servia de consolo: ah, a glória barata, o divino vulgar, vaidade pequena, os dramas da luxúria, da soberba [...] E então as perdas cotidianas; ah, as metamorfoses fáceis para sobrevivermos dentro do ordinário. Nenhum vislumbre do território divino, ao alcance, se quiséssemos. Até que resolvemos atravessar a ponte.

Aí temos a síntese da vida cotidiana paralisante, num mundo sem Deus, sem nenhum vislumbre de grandeza, e da qual o eu só consegue escapar atravessando a ponte que leva de fora para dentro, do exterior para o espaço interior do eu, onde uma nova vida precisa ser engendrada. Se para a personagem do conto, a ponte foi o erotismo (uma das vias de realização existencial do ser), podemos dizer que para a autora foi a decisão de se assumir escritora. **Jogo de fiar**, lançado logo a seguir, foi o primeiro de uma longa série de romances que se entrelaçam, construindo o denso/intenso universo romanesco que, há muito, conquistou um lugar definitivo no panorama da literatura brasileira contemporânea.

Escritora de linhagem clariceana, ou mais amplamente, de linhagem existencialista, Patrícia Bins, desde seus primeiros escritos, emprestou sua voz àquele ser desvalido/desnorteado que surge no início do século XX. Um ser perdido num mundo sem Deus (que a Ciência lhe roubara); um eu reduzido a si mesmo, privado de certezas ou de valores absolutos em que se firmar. Os sucessivos romances, que a autora vai publicando e ordenando em trilogias (da Solidão, da Paixão, de Eros), desdobram-se através dessas perdas e de novas buscas. Já em **Jogo de fiar** (primeiro romance da Trilogia da Solidão), essa consciência de perda se manifesta claramente, desde as epígrafes de Rachel Jardim (*Transitei desde então pelo mundo à procura da perda.*) e de Rilke (*Ah, encontrássemos também nós / uma estreita faixa de terra fértil, puramente / humana, entre a torrente e a rocha!*). Inclusive, está patente nas primeiras palavras do romance:

> *Hoje, o gosto de outro tempo, o gosto do sangue, desde a garganta à luz primeira. Estranheza. Acordo sem saber se é dia ou noite. [...] Sem saber nem onde estou. Olho-me, não reconhecendo o próprio corpo. [...] Ainda não sei quem sou.*

Perdida no labirinto do não-saber, a persona poética volta-se para si mesma, em busca de uma possível resposta:

> *Penso para trás: quantas estações ultrapassei desde que perdi a memória? Ah, sei que deverei buscá-la para me fazer inteira outra vez.*

A memória é um dos nervos vitais do universo que a autora vem construindo, nos rastros do pensamento dominante nestes nossos tempos de mutação: pensamento pelo qual o homem se descobre, de repente, como novo centro decisório no mundo descentrado em que lhe cabe viver. Mas não solitário. Um eu que não pode se fechar em si, como uma mônada irredutível, mas sim abarcar a existência do outro. Experiência dificílima, que a filosofia existencialista define como um ser-com, isto é, um ser que depende das relações estabelecidas com outro. É no encalço dessa difícil experiência existencial que se desdobra o universo de Patrícia Bins. Desde o **Jogo de fiar** (cujo título já aponta para o tecer a vida, numa nova dimensão), a persona poética se defronta com esse imperativo, mas permanece no limiar da interrogação, que Virgílio Ferreira (grande romancista existencialista português) define com clareza:

> *...o homem do Existencialismo fixa e analisa obstinadamente o problema das relações de cada* eu *com o* eu de outrem, *como nunca acontecera antes. O ponto de partida (ou de chegada) é ainda e sempre o Quem sou eu? ou o Como sou eu? Este como visando, não o modo superficial de sermos, mas a estrutura radical e originária do ser que somos. (V. Ferreira in* ***Espaço do invisível****. II Lisboa, 1976)*

É lida através dessa ótica, que a linguagem por vezes sibilina da autora se ilumina. **A trilogia da solidão** se enovela em torno dessas indagações, através do espaço da memória. Como sabemos, a ótica memorialista é uma das dominantes no romance contemporâneo. Mas para além do que possa haver de "verdade biográfica" em suas labirínticas efabulações, o que importa é a fala de um "eu" que rompeu os limites da pessoa e desdobrou-se no ser-todos, engajados nesta aventura humana. Nessa ordem de idéias, compreende-se que o erotismo seja uma das grandes forças que dinamizam a literatura contemporânea (que busca a fusão eu-outro). Em **Antes que o amor acabe**, o amor erótico (a fusão carnal com o outro) é vivido em seus extremos, como ânsia de fusão quase cósmica. Algo quase inexprimível, que tenta se expressar em contraponto com o bíblico "Cântico dos Cânticos"; emoção avassaladora que se sente identificada com o próprio "orgasmo da terra", como o diz a persona poética ao seu companheiro Ezequiel:

Insetos, vermes, lagartixas, mosquitos, abelhas, cada espécie vivendo o universo sem intenção nenhuma além do próprio existir. Vivamos o pátio e seus tesouros. Antes que o amor acabe, Ezequiel! [...] língua dourada Ezequiel te descubro núpcias euteamo o bem se funde no mal o mal se funde no bem vida morte dançam livres da culpa agora um pacto vontade de viver...

E a fala continua, convulsiva, sem ordenação lógica. Como que comungando com o desvairado / vulgar / sublime / convulsivo/ erótico monólogo de Molly Bloom, no final de Ulisses. Mas a paixão erótica é breve... não basta para saciar a sede de vida, de comunhão, permanência e conhecimento. Precisa da memória para ser revivida, e da escritura para perpetuar no tempo a sua vulcânica efemeridade. Daí o eu entregar-se ao contínuo escavar o ontem e tentar represá-lo na palavra escrita; único meio existente para dar realidade definitiva às emoções, intuições, vivências, sensações, pensares...

Já em **Jogo de fiar**, o corpo-a-corpo com a escritura se faz presente: *Retomo a trama, essa espécie de urdidura cósmica que nos liga com o todo, o inteiro.* Ou ainda, *"a arte como salvação: essa, a forma possível de transcender as dimensões do banal cotidiano. Um impulso maior me conduzindo pelos labirintos de um outro tipo de paixão".* É esse "outro tipo de paixão" (a de criar) que se torna eixo de **Janela do sonho**, romance no qual a persona poética se assume claramente como médium, como um ser intermediário entre duas realidades que através dela entram em contato. Já na epígrafe de Mário de Sá Carneiro, que abre o volume, essa idéia se declara:

Eu não sou eu e nem sou o outro / Sou qualquer coisa de intermédio. / Pilar na ponte do tédio. / Que leva de mim para o outro.

Longa e labiríntica reflexão sobre o ato de criação do romance, de personagens ou do mistério da criação-em-si, **Janela do sonho** expressa um momento de suspensão do embate da persona com o mundo cotidiano, concreto. Depois da explosão erótico-existencial do livro anterior (**Antes que...**), sucede um momento de parada, de respiração suspensa... de fuga pelo sonho da criação.

Chegam-me sombras mal delineadas, a quem chamo personagens mas que não sei manipular coerentemente. Não as assumo, não assumo qualquer identidade, e ainda me projeto nos demais sem nenhuma possibilidade de sentir os outros, a não ser pelo prisma do meu egocentrismo. Eis por que todos se diluem em sombras, esboços incompletos, o que, admito, traduz a tragédia da condição humana. Penetrar na pele alheia, na alma alheia, exige um despojamento, um distanciamento e, ao mesmo tempo, uma aproximação total; isto seria o verdadeiro amor, o verdadeiro estado de graça. Pelo instante intenso e uno de entendimento, valeria viver.

É no encalço desse instante intenso que vivem as personagens de seus sucessivos romances. É o que diz a mulher-que-escreve para a amiga em **Pele nua no espelho** (primeiro título da Trilogia da Paixão):

Escrever a vida para compreendê-la. Escavar a memória. Esta não tem fim, por isso não acaba, mesmo que se morra, fica nos escaninhos dos átomos, das moléculas e de vez em quando surge e paira nua exposta, embora difícil de cativar.

"Escrever a vida para compreendê-la" é o anseio que energiza o fascinante universo criado por Patrícia Bins... tal como o exige este nosso tempo de metamorfoses que aguarda da Palavra Humana a renomeação do mundo em caos. **Theodora, Sarah e os anjos, Caçador de memórias, Instantes do mundo**... quantos mais surgirão?

Objeto de uma excelente fortuna crítica, a obra de Patrícia Bins circula nos meios universitários (PUC-RS, PUC-RJ, UFRJ, ULBRA, UNISINOS) como tema de cursos e teses. Textos seus têm sido traduzidos no exterior. **Pele nua no espelho** foi traduzido para o inglês por Tina Schumacker. Sua versão em espanhol foi lançada em Buenos Aires, na Feira Internacional do livro/1995 (co-edição da Embaixada do Brasil e Editora Olus-Ultra). Para as crianças, escreveu **O dia da árvore** (1996) e **Pedro e Pietrina** (1997). Participa, com contos e crônicas, em várias antologias nacionais e estrangeiras. Tradutora de ensaios críticos e textos literários, tem colaborado assiduamente com o professor Giovanni Pontiero/Universidade de Manchester, tradutor de autores brasileiros para a língua inglesa.

Dentre os diversos prêmios recebidos pela autora, destacam-se: Medalha da Inconfidência Mineira, Grau Ouro-Governo Tancredo Neves/1984 (**Jogo de fiar**); Prêmio Afonso Arinos-ABL/1987 (**Janela do sonho**); Destaque Literário-TV Bandeirantes-POA/1987; Prêmio Coelho Neto-ABL/1990 (**Pele nua no espelho**); Prêmio Alejandro José Cabassa/UBE-RJ/1991 (**Theodora**); Prêmio José Alencar-ABL/1994 (**Sarah e os anjos**); Prêmio Hors-Concours –

Literatura Feminina-UBE-RJ/1995 (**Caçador de mémorias**); Personalidade Cultural Internacional – UBE-RJ/1995; Ano Patrícia Bins – Associação de Jornalistas e Escritoras do Brasil/1995; Mulher Destaque Nacional – revista Imagem News-POA/1998 e outros.

Pertence a inúmeras entidades literárias: Academia Feminina de Letras-RS (cad.26-patrona Lila Ripoll*); Academia Letras do Brasil-Brasília (cad.30 – patrono Érico Veríssimo); Sócia-correspondente da Academia Mineira de Letras; Sócia da UBE-SP e RJ; Associação Nacional de Escritores – Brasília; Associação Gaúcha de Escritores e outras.

Publicações: Crônica – **O assassinato dos pombos**, 1982. Romance – "Trilogia da solidão": **Jogo de fiar**, 1983; **Antes que o amor acabe**, 1984; **Janela do sonho**, 1986. "Trilogia da Paixão": **Pele nua no espelho**, 1989; **Theodora**, 1991; **Sarah e os anjos**, 1993. "Trilogia de Eros": **Caçador de memórias**, 1995; **Instantes do mundo**, 1999; (3º volume ?)

1148 PATRÍCIA GALVÃO

Romancista, jornalista, ardorosa militante feminista e política, figura atuante nos movimentos de vanguarda dos anos de 1930 e 1940, Patrícia Rehder Galvão (conhecida como Pagu) nasceu em São Paulo (SP), em 09.06.1910. Residiu em várias cidades da Europa e do Brasil; faleceu em Santos (SP), vítima de câncer, em 13.12.1962. Formou-se no Curso Normal; fez curso de aperfeiçoamento com professores da Sorbonne (Marcel Prenant, Politzer e Gogniot). Profissionalizou-se no jornalismo, trabalhando na grande imprensa do Rio de Janeiro e São Paulo (Diário de Notícias, A Noite, A Manhã, Diário de São Paulo, A Platéia, Jornal de Notícias...).

No exterior, foi redatora do L'Avant-Guarde – Paris. Durante algum tempo prestou serviços na France Presse. Viajou pelos Estados Unidos, Japão, Manchúria, China, Sibéria e Rússia, como militante da esquerda. Em sua passagem pela Alemanha, ficou sob custódia da Gestapo. Na França, lutou pela Frente Popular, até ser presa e repatriada. Detida várias vezes, esteve na iminência de ser submetida ao Conselho de Guerra.

Em 1940, de volta ao Brasil, retorna às atividades jornalísticas. Fez parte do grupo de intelectuais que compunham a chamada Vanguarda Socialista. Foi candidata a deputada em 1950, mas não foi eleita. Sua ligação com a efervescência literária modernista se deu no início dos anos de 1930, quando conheceu Oswald de Andrade. Este (abalado financeiramente pela crise de 1929) acabara de se separar de Tarsila do Amaral e se filiara ao Partido Comunista. Juntos, fundam o jornal O Homem do Povo e iniciam uma febril atividade de ordem política (sempre frustradas pela polícia), inclusive por meio da arte teatral popular. Em uma das peças, A Escada, a personagem A Mongol incorpora a personalidade de Pagu. Com Oswald de Andrade, tem um filho, Rudá. Durou pouco essa união. A era getulista começara, com inevitáveis conflitos partidários. Pagu prossegue em sua apaixonada atividade de jornalista e militante de esquerda, no Brasil e no exterior. No início dos anos de 1940, quando volta ao Brasil e à militância na grande imprensa, conhece o jornalista Geraldo Ferraz, com quem teve um filho, Geraldo Ferraz Galvão, também jornalista. Em 1944, passa a colaborar com contos policiais na revista "Detetive", que havia sido comprada por Assis Chateaubrind e tinha como diretor Nelson Rodrigues. Nessa fase policialesca literária, usa o nome de "King Shelter". Como crítica literária e teatral, manteve em diversos jornais a coluna "Viu? Viu?", assinado com o nome literário de Gim. Freqüentou a Escola de Arte Dramática e teve grande ligação com Alfredo Mesquita e Paschoal Carlos Magno. Como diretora teatral, estreou, em 1959, com a peça de Arrabal, Fando e Lis; e no ano seguinte, a peça de Octavio Paz, A filha de Rapaccini.

Em 1931, estréia em livro, com o romance socialista **Parque industrial**, usando o nome literário de "Mara Lobo". Em 1945, em parceria com Geraldo Ferraz, publica o romance **A famosa revista**.

Baseado na biografia escrita por Lúcia Teixeira Furlani, **Pagu: livre na imaginação, no espaço e no tempo**, foi feito um curta-metragem, dirigido por Rudá de Andrade e Marcelo Tassara, e lançado no MIS – Museu da Imagem e do Som, SP, em junho.2001, no 91º aniversário de seu nascimento.

Publicações: **Parque industrial**, 1931; **A famosa revista**, 1945; e **Verdade e liberdade** (panfleto), 1950.

Ficcionista, dramaturga, roteirista de televisão e cinema, e uma das escritoras mais destacadas pela mídia, Patrícia Melo nasceu na cidade de Assis (SP), em 1968. Radicou-se no Rio de Janeiro (RJ). Sua formação na área de Comunicação e Artes encaminhou-a, inicialmente, para a criação no âmbito das artes audiovisuais. Nos anos de 1980, trabalhou como roteirista de TV, escrevendo, entre outros, vários programas educativos para a Rede Globo – sFundação Roberto Marinho; e minisséries para a TV Bandeirantes (Colônia Cecília) e para o SBT (Anita Garibaldi, que não chegou a ser exibida). Adquirindo um excelente *know-how* na difícil área de criação coletiva (manipulação dos meios audivisuais em torno de um texto-projeto), em 1992 foi contratada pela RPT – Rádio Televisão Portuguesa e permaneceu quase dois anos em Portugal, como um dos elementos responsáveis pela escola de roteirista mantida pela RTP. Também nos anos de 1980, inicia-se como dramaturga: adaptou a peça de Marquerite Duras, **A Dança da Morte** que, encenada, recebeu quatro indicações para o Prêmio Mambembe/1987.

Já de volta ao Brasil, em 1994, prossegue em suas atividades como *expert* em Comunicação. Em 1999, a Time Magazine incluiu-a entre os 50 Latin American Leaders for the New Millenium. Para o cinema, adaptou e roteirizou dois romances de Rubem Fonseca, **O Caso Morel** (dir. Suzana Vargas) e **Bufo & Spallanzani** (dir. Flávio Tambelini e protagonizado por José Mayer, Tony Ramos e Maitê Proença), exibido na 3ª Semana de Cinema: Brasil & Independentes, em 12.06.2001, e com estréia nos cinemas em 31.08.2001, obtendo grande sucesso de público e de crítica. Tem em andamento (2001) o roteiro de **Xangô de Baker Street** (romance de Jô Soares e direção de Miguel Farias) e de **Cachorro!** inspirado na obra de Nelson Rodrigues (dir. José Henrique Fonseca). Escreveu a peça **Duas Mulheres e um Cadáver**, encenada no Rio de Janeiro (2000) e em São Paulo (2001), com as atrizes Fernanda Torres e Deborah Bloch. Peça que está sendo roteirizada para filme, a ser dirigido por Andrucha Waddington (Conspiração Filmes Produção).

Já dona de seu *métier* como roteirista e dramaturga, Patrícia Melo estréia como ficcionista, em 1994, com **Acqua toffana**. Romance insólito no contexto literário brasileiro, este se propõe como um verdadeiro jogo de espelho entre a criação literária e os labirintos da *mass culture* que, em última análise, é a grande força dinamizadora da vida contemporânea. Neste romance de estréia, já estão presentes todos os componentes que interagem no universo que, neste curto período de seis anos (1994/2001), vem sendo construído pela autora. Como índice dessa maturidade criadora, apontamos a organicidade da problemática-chave desse universo aparentemente desconexo ou fragmentado, mas que, em essência, resulta em um mundo essencialmente orgânico, no qual todas as partes estão conectadas entre si. Inclusive, **Acqua toffana**, embora esteja externamente dividido em duas partes, aparentemente independentes, corresponde a uma só matéria romanesca: na primeira parte vivida/narrada por uma mulher (a esposa histérica de um pacato editor de programas de TV, mas ocultamente um sangüinário estuprador e assassino de mulheres); e na segunda parte, vivida/narrada por um homem (o pacato escrivão de cartório, assassino em potencial, obsessivamente atraído pela idéia de matar uma vizinha, e que acaba por fazê-lo). Lidas em conjunto, ambas as situações se completam, para formar um mundo de pesadelo que, em última análise, é uma prefiguração de nosso mundo, governado pelas "forças ocultas" da perversidade humana, "adubada" pela ausência de fronteiras entre o certo e o errado, entre o real e o virtual, etc.

Entre essas forças, a autora elege, como principais motores de sua escrita novelesca, o grande poder da imagem (filmes, novelas, publicidade, veiculadas pela cultura de massa) e a obsessão pela morte e pelo crime, onde acabam desaguando os "impulsos desejantes" engendrados por aquela "imagem" e continuamente fraudados pela realidade concreta do dia-a-dia. Fundindo com grande habilidade técnicas da linguagem cinematográfica ou televisiva (montagem, cortes, superposição de focos, *zoom*, etc.) com convenções estilísticas literárias, atravessadas pelo linguajar grosseiro e chulo do calão inculto, a autora cria um estilo vertiginoso, seco/seivoso, que não dá trégua ao leitor, arrastando-o de expectativa em expectaiva, quanto ao desenlace das situações.

Nesse contraponto de vozes que falam em **Acqua toffana**, já estão latentes duas idéias onipresentes no universo de Patrícia Melo: o prazer do crime ou a mórbida cumplicidade entre vítima e assassino; e o crime visto como "arte" (idéia esta que será o eixo do **Elogio da mentira**). Empenhada em radiografar o mundo-cão em que estamos atolados, a romancista nos familiariza com o lado turvo dos seres humanos. Mas o faz por meio de um olhar ora lúdico, ora indiferente. O impacto de sua escritura se dá exatamente pelo contraste entre a tragicidade dos fatos narrados e a aparente displicência do desdobrar da narrativa, com seu ritmo ágil, leve e lúdico. (Arte romanesca *suigeneris*, que tem raízes próximas em um Rubem Fonseca – mestre, entre nós, da nova narrativa urbana: a da violência gratuita; e raízes longínquas em Sade, Poe, Lautréamont e outros malditos.) É esse contraste que, desde as primeiras palavras do livro, causa perplexidade no leitor de **Acqua toffana** que, já pelo título, aponta para sua problemática nuclear (acqua toffana é nome de um veneno letal, famoso nas cortes da Renascença, onde traições e crimes campeavam).

Um vidro se espatifa no banheiro. Acordo. Há alguém dentro de casa. Não. O barulho estava dentro do sonho. Eu estava sonhando com o Rio de Janeiro [...] Há um homem dentro de casa, eu não sonhei barulho nenhum. [...] Não tem ninguém em casa, preciso parar com isso. Medo do quê? Quem pode entrar aqui? [...] Entro no quarto, tranco a porta. Viro-me e vejo um homem ao lado de minha cama. É negro, tem um revolver na mão. Ele dá um tiro, meu corpo cai, não acerta. O sangue, puta merda, ele me atingiu. [...] Eu vou morrer e tudo será igual sem mim. Comedor de cadáveres! Engole o meu sangue também. Canalha! [...] Islands in the stream. *110 minutos. Direção: Franklin Schaffer. Claire Bloom, etcétera. O pesadelo aconteceu em dez minutos, no intervalo, Charles Bronson com o pé na garganta de um infeliz: "Diga adeus, desgraçado". Três tiros. Não consigo dormir. Meu medo é biológico, começa sempre depois que Rubão sai de casa. [...] Medo de perder. Medo de Deus. Da vingança de Deus [...] Posso ser assassinada. Estuprada. Esfaqueada. Estrangulada...*

Nessa abertura, já estão presentes as idéias-chave que dinamizam a efabulação: o apagamento dos limites entre o Real e o Virtual (a personagem-narradora confunde realidade e ficção, o sonho e a vigília, o espaço real do quarto com o espaço virtual do filme, etc.); a fobia do medo (contínua sensação de perigo, de ameaça disseminada na atmosfera da vida urbana, permeada pelo crime); a obsessão com a morte violenta, com o crime; a atração/repulsa obsessiva pelo sexo; a natureza paradoxal da vida ou das relações humanas, feitas de contrários (a narradora só se sente segura com a presença do marido, Rubão, que entretanto é um estuprador e assassino de mulheres).

Na segunda parte, além desses componentes, é acrescentado mais um: a idéia do **crime como ato criador**. À certa altura, o narrador-assassino em potencial diz claramente:

O que vou contar agora vai dar a dimensão artística *do meu gesto. Uma vez alguém disse que o crime está para os marginais assim como a arte está para os artistas.* Crime é arte. *[...] Estou falando do ato da criação. Eu não entendia nada, mas existia o* desejo de matar *Célia. [...] Injustificável como a* inspiração de um artista.

Seguem-se várias análises pormenorizadas, de cunho científico, sobre os tipos de venenos, níveis de dor que eles provocam, etc. (Análises que retornam com maior obsessão em **Elogio da mentira**.) Sintetizando: nesse romance de estréia, o principal motor da efabulação é a crueldade humana, pasteurizada por uma deformante visão de mundo (a difundida pelos meios de comunicação, que homogeinizam os gritantes contrários da vida, numa só performance altamente sedutora).

Em **O matador**, a ênfase recai sobre a banalização da morte e do crime, inerente à nova onda de criminalidade urbana, marcada pela violência gratuita. Gratuidade que se torna mais contundente no romance, devido à linguagem ingênua, quase infantilizada, usada pelo eu-narrador (e que a escritora manipula com rara acuidade). Já na primeira frase, temos a banalidade da causa que vai provocar a tragédia-fulcro do romance: *Tudo começou quando eu perdi uma aposta.* Nesse simples acaso (perda de uma aposta de futebol) tem origem a transformação de Máique – um inofensivo jovem de periferia, em um criminoso brutal, um matador profissional.

Tudo começou quando eu perdi uma aposta. Sentei na cadeira, Arlete, a dona do salão, colocou uma capa de corte sobre a minha camisa. [...] Arlete não entendeu nada, quando falei que pintaria meu cabelo de castanho-aloirado. Ela riu, achou que era gozação.

Nesse início prosaico (que, sem dúvida, dialoga com o início do conto O cobrador de Rubem Fonseca), temos o estopim da transformação de um jovem pacífico e simplório em um criminoso obstinado, apesar de perplexo com o que lhe acontecia. Com o tingimento do cabelo, ele se descobre como um outro, logo que se vê no espelho:

Fiquei admirando a imagem daquele ser humano que não era eu, um loiro, um desconhecido, um estranho. Não era só o cabelo que tinha ficado mais claro. A pele, os olhos, tudo uma luz, uma moldura de luz. [...] Era aquela luz que a gente vê em imagens religiosas, luz de quem é iluminado por Deus. Foi assim que me senti, próximo de Deus. [...] Aquela tinta tingiu alguma coisa muito profunda dentro de mim. Tingiu a minha autoconfiança, o meu amor-próprio.

Nessa transformação interior, provocada por um elemento exterior, meramente ocasional, a autora denuncia um dos grandes equívocos da cultura televisiva ou da *mass culture*: oferecer como verdade a possível transformação radical de uma vida, de um destino, a partir de um mero acaso (ou golpe de sorte). Ou ainda, a idéia de que a vida se realiza como espetáculo ou performance. A partir do momento em que se redescobre no espelho, é essa nova imagem, é o espetáculo de si mesmo, como algo grande a ser respeitado, amado ou temido pelos outros, que vai dirigir a vida de Máique e, pouco a pouco, o transforma em um matador profissional, enredado nas malhas da corrupção e do crime organizado. A repercussão de **O matador** no exterior valeu-lhe a indicação para o Prix Femina para Romance estrangeiro (França e Itália, em 1996; Inglaterra, EUA, Holanda e Espanha, em 1997, e Noruega em 1999). Recebeu também o Prêmio Deux Océans e o Deutsch Krimi. Em 2001, foi adaptado para o cinema por Rubens Fonseca, com o título **O homem do ano** (dir. José Henrique Fonseca; produção da Conspiração e protagonizado por Murilo Benício e Cláudia Abreu).

Em **Elogio da mentira**, ainda nos rastros do crime e da crueldade (mostrada como normalidade humana), Patrícia volta-se para a sondagem do próprio ato da criação literária e, emaranhado nele, vai denunciando o atual abastardamento da produção literária, provocado pela avidez de lucro do mercado editorial; e, ao mesmo tempo, o abastardamento da moral, provocado pela ambição de poder, fama ou dinheiro. Como os anteriores, este é narrado em primeira pessoa e em clima absolutamente sereno e descontraído:

Sempre gostei de cobras, principalmente das espécies peçonhentas, mas foi por causa de Fúlvia Melissa que comecei a freqüentar o Instituto Soroterápico Municipal.

Como nos anteriores, a frase de abertura do romance contém os principais elementos que tecerão a trama. Sintetizando: o eu-narrador, escritor de romances policiais de "banca de jornal", está interessado em conhecer cobras e seus venenos, para decidir as circunstâncias do crime a ser cometido em seu novo romance. Entra em contato com Fúlvia Melissa, *expert* em ofídios, venenos e planos para matar o marido milionário. A partir desse contato, vê-se envolvido numa trama de assassinatos, traições, contrabando internacional, etc., e acaba se safando, ileso, milionário e fazendo turismo no exterior, com a consciência tranqüila, em companhia de sua nova amante, mandante do assassinato de Fúlvia Melissa, com quem ele havia se casado, depois do assassinato do marido.

Entremeadas a essa absurda trama de crimes reais, sucedem-se as sinopses de romances de crimes virtuais, que o escritor vai enviando por e-mail ao seu editor para aprovação ou não. Desse diálogo, escritor-editor, resulta um curiosa reflexão sobre o gênero policial, do qual os romances de Patrícia se aproximam, por terem o "crime" como denominador comum. Entretanto, a semelhança pára aí. Nos crimes que acontecem em seu universo, não interessa quem foi ou será assassinado, mas apenas o como isso irá se dar. (O crime é uma arte, diz um personagem) Note-se, ainda, que as sinopses, feitas pelo escritor, resultam em verdadeiro "palimpsesto", na medida em que deixam entrever facilmente seus textos-fontes: **O estrangeiro** de Camus; **Crime e castigo** de Dostoievski; rastros de Conan Doyle ou de Agatha Christie ou da lenda da mulher emparedada, etc. Endossando esse recurso da intertextualidade (o texto que resulta de um texto anterior), a autora adere ao pensamento pós-moderno, que vê na criação literária do presente, simples elos que dão continuidade ao texto inagural, que ficou esquecido na origem dos tempos, mas atravessa, transformado, toda a criação posterior a ele. **Elogio da mentira** teve seus direitos de tradução vendidos para a Inglaterra/1997, Alemanha/98, Itália, EUA e Holanda, 1999, e França, Espanha e Portugal, 2000.

Dotada de uma esplêndida imaginação e ampla cultura, Patrícia Melo vem-se revelando uma Sherazade às avessas; em lugar de revelar o lado maravilhoso da aventura humana, revela o seu lado terrível. Com **Inferno** (Prêmio Jabuti/2001), sua arte se confirma como uma das grandes testemunhas deste nosso tempo em mutação, no qual o belo e o horrível se confundem.

Sol, piolhos, trambiques, gente boa, trapos, moscas, televisão, agiotas, sol, plástico, tempestades, diversos tipos de trastes, funk, sol, lixo e escroques infestam o local. O garoto que sobe o morro é José Luís Reis, o Reizinho. Excluindo Reizinho, ninguém ali é José, Luís, Pedro, Antônio, Joaquim, Maria, Sebastiana. São Giseles, Alexis, Karinas, Washingtons, Christians, Vans, Daianas, Klebers e Eltons, nomes retirados de novelas, programas de televisão, do jet set *internacional, das revistas de cabeleireiras e de produtos importados que invadem a favela. Subindo. Ruas de terra batida. Onze anos, o garoto, Reizinho. Pipa nas mãos. Pés descalços. Short laranja. Uma menina acena para a câmara do cinegrafista. É comum deparar com uma equipe telejornalística na favela.*

Promiscuidade: eis a síntese do mundo atual, "radiografado" pela autora, que agora se assume como narradora onisciente, cujo olhar esmiuça todos os interstícios, não só desse mundo promíscuo (limítrofe entre legalidade e crime), mas também das almas que ali vivem e desvivem à mercê das circunstâncias. Conduzida por Reizinho (como Dante, por Virgílio, ao entrar no Inferno da Divina Comédia), a voz narradora vai percorrendo os emaranhados e invisíveis caminhos da frustração existencial que, ocultamente, levam crianças, homens e mulheres à aniquilação do próprio eu, ou a uma alienada relação com o mundo e o deslizar para o crime, em seus vários níveis ou graus de transgressão.

A trama romanesca se desenvolve em torno de Reizinho, desde sua infância pobre, moleque de favela, até sua chegada ao topo, como respeitado líder do tráfico de drogas, no Morro do Berimbau. Caminhada dura que começa já na fase das brincadeiras infantis: ao empinar sua pipa no alto do morro, Reizinho já estava a serviço do crime, como olheiro. Na raiz desse inevitável deslizar para o crime (que tem como causa aparente a pobreza da família, a falta do dinheiro para comprar uma vida digna), a narradora põe a nu a causa maior ou basilar: a ausência do pai, a ausência de amor e de confirmação do próprio eu, a ferida da rejeição, o vazio afetivo, que Reizinho incansavelmente procura superar ou preencher com suas fantasias de plena realização existencial, ao lado de um Pai idealizado. Em nível simbólico, a nosso ver, Reizinho prefigura o homem contemporâneo, privado pela Ciência do Grande Pai Criador e transformado de alma em lama...

Através de uma fascinante trama que mostra o lado perverso do atual jogo da vida globalizada, *Inferno* faz (entre outras) duas grandes denúncias interligadas: a da gradativa desumanização do indivíduo, devido à desmedida falta de amor e de solidariedade humana, provocada pela exasperação do sistema competitivo que governa o mundo; e a ambigüidade desse Sistema, imposto pela chamada terceira onda ou terceira cultura, a *mass culture*, que nos anos de 1960 Edgar Morin analisava como o novo fenômeno mundial: a "industrialização do espírito", gerada pelo progresso sem limites da técnica e atuando já não só no mundo exterior, mas penetrando no domínio interior do homem e aí derramando mercadorias culturais.

É essa profunda e perigosa simbiose entre real e virtual (indivíduos vivendo, como sendo reais, os produtos imaginários que os multimídia lhes oferecem em avalanche) que Patrícia Melo vem denunciando em seus romances, desde **Acqua toffana**. E por esse viés, detectando a colonização da miséria pelo crime; a troca espúria entre o mundo-do-consumo-e-lucro (que domina as mentes com suas embalagens desejantes) e o mundo da corrupção e do crime. Para mergulharmos mais fundo em sua matéria romanesca, vale a pena atravessá-la, tendo como alerta a lúcida análise feita por Edgar Morin em **O espírito do tempo** (1962):

...hoje em dia, músicas, palavras, filmes levados através de ondas [...] vendem a varejo os ectoplasmas de humanidade, os amores e os medos romanceados, os fatos variados do coração e da alma. Os problemas colocados por essa estranha noosfera, que flutua na corrente da civilização, se encontram entre os terceiros problemas que emergem no meio do século XX. Estes passam rapidamente da periferia para o centro das interrogações contemporâneas. [...] Trata-se da Terceira Cultura (a cultura de massa), oriunda da imprensa, do cinema, do rádio, da televisão que surge, desenvolve-se, projeta-se, ao lado das culturas clássicas – religiosas ou humanistas – e nacionais. [...] Embora não sendo a única cultura, é a corrente verdadeiramente maciça e nova deste século. Nascida nos Estados Unidos [...] seus elementos já se espalharam por todo o globo. É cosmopolita, por vocação e planetária por extensão.

É lida através desta ótica, que a obra de Patrícia Melo revela sua maior grandeza e sintonia com este tempo-em-mutação...

Publicações: **Acqua toffana**, 1994; **O matador**, 1995; **Elogio da mentira**, 1998; e **Inferno**, 2000.

1150 PAULA SENHORINHA ALVES BEZERRA

Poeta, irmã religiosa, professora, Paula Senhorinha Alves Bezerra nasceu em Lavras (CE), em 01.03.1909. Aos dezoito anos, entra para a vida religiosa. Formou-se em Letras e dedicou-se ao magistério, em escolas de diversas regiões do País. Vocacionada também para a literatura, colaborou regularmente na imprensa, com poemas e textos de reflexão. Suas atividades literária e religiosa valeram-lhe vários prêmios de reconhecimento. Foi membro-fundadora da Academia Friburguense de Letras. Estréia em livro em 1965 com as poesias de **É outro o meu destino**, com o nome literário de Paula Dorothéia. Seguem-se outros.

Publicações: **É outro o meu destino**, 1965; **Pensando em você**, 1970; e **Se** (textos de meditação), 1972.

1151 PAULA TAITELBAUM

Poeta, publicitária, atriz, Paula Taitelbaum nasceu em Porto Alegre (RS), em 1980. Faz parte da geração que estréia nos anos de 1990. Desde adolescente, mostra pendor para artes e literatura e é atraída para o teatro. Participou de oficinas de teatro de rua (coordenado por Júlia Conte). Soma às atividades teatrais, as de publicitária. Espírito criativo, aberto para as solicitações do mundo à sua volta, apreende em poesia suas experiências interiores.

Em 1999, estréia em livro com os poemas sintéticos **Eu versos eu**. Poesia densa, revelando uma maturidade existencial precoce, ou melhor, um mergulhar fundo na experiência feminina neste limiar de novo século: a da mulher que se assume, já liberta dos antigos preconceitos que a oprimiam e, com lucidez, encara seu novo/velho lugar no mundo. Assume aberta e ingenuamente sua sensualidade, num lúdico/doloroso corpo-a-corpo com a palavra, pois sabe e sente, que só através desta pode comunicar aos outros a sua totalidade de ser. O domínio da palavra, "espremida" para expressar só o "sumo" do vivido é o que se mostra, de imediato, na matéria poética deste seu livro de estréia. Leia-se a pequena/grande estrofe: *Em nome do pai / Do filho / E do Espírito Santo / Hímen.* Só com esta palavra final, "hímen", em lugar do "amém", a poeta sintetiza a grande problemática ligada à mulher, desde a origem dos tempos cristãos: o tabu de sua virgindade.

Publicação: **Eu versos eu**, 1999.

PAULINA MARTHA FRANK 1152

Poeta, romancista e professora, Paulina Martha Frank nasceu em Aguaí (SP), em 16.07.1920. Reside em Campinas (SP). Formou-se em Psicologia e especializou-se em parapsicologia. Manteve durante anos uma regular correspondência com intelectuais do exterior. Colaboradora assídua da imprensa, divulgou artigos sobre temas de psicologia; poemas e textos infantis. Estreou como romancista em 1958, com **Morrer e reviver**, de lastro memorialista. Seguem-se outros. Obteve destaques e prêmios, sendo um deles concedido pela Academia Uruguaiana de Letras.

Publicações: Romance – **Morrer e reviver**, 1958; **E os anos passaram**, 1972; **A última palavra**, s/d; e **Das estranhas horas nos sarçais**, s/d. Poesia – **Folhas de todos os matizes**, 1972.

PERPÉTUA FLORES 1153

Poeta e jornalista, Perpétua Flores dos Santos nasceu em Santo Ângelo (RS), em 1943. Radicou-se em Buenos Aires (Argentina), onde tem participado de várias atividades culturais na rádio, imprensa, movimento editorial, como coordenadora ou programadora. Gravou um Curso de Português (textos e cassetes para a BBC), em 1981. Participou ativamente do programa Cita con la cultura (Radio Splendid – Buenos Aires). Tem publicado regularmente nos jornais Pregón (Argentina), O Eco de Funchal (Ilha da Madeira); A Tribuna (Santo Angelo) e outros. Como poeta, publicou a maioria de seus livros em língua espanhola. Estreou em 1968 com a poesia em português **Buscas**. Seguem-se: **Veranal**; **Raiz y nube** e outros.

Publicações: **Buscas**, 1968; **Veranal: tiempo interior**, 1975; **Raiz y nube**, 1976; **Hombre de América**, 1977; **Transeuntes**, 1980; **Los andaimos**, 1981; **Adán y Eva**, 1982; **Entre parenteses** (antologia bilíngüe), 1985; **Destierro de Dioses**, 1986; e **Tic-tac**, 1992.

PLACERES MOTA 1154

Poeta, figura de destaque em seu meio cultural, Placeres Mota nasceu em Aracaju (SE), em 26.09.1893. Faleceu em data ignorada. Desde jovem dedicou-se à poesia, que declamava nos saraus familiares, e divulgava na imprensa, com o nome literário de Violeta. Não chegou a publicar livro.

POMPÍLIA LOPES DOS SANTOS 1155

Poeta, contista, novelista, conferencista, crítica de arte e professora, Pompília Lopes dos Santos nasceu em Curitiba (PR), em 1900, e faleceu em 1992. Formou-se professora em 1918, dedicando-se ao magistério primário. Mais tarde passa a lecionar francês e literatura francesa em várias cidades do interior paranaense. Mulher culta e personalidade dinâmica, foi presidente do Centro Paranaense Feminino de Cultura (1947/1948) e do Centro de Letras do Paraná

(1955). Foi membro-fundadora da Academia Feminina de Letras do Paraná. Por sua ação cultural, recebeu Medalha de Ouro do Centro de Letras do Paraná.

Desde jovem revelou pendor para as letras, escrevendo poemas, contos, crônicas publicadas em periódicos e revistas da região (Gazeta do Povo – Curitiba, Rumo Paranaense, revista Marinha de Paranaguá, revista Academia Feminina de Letras, etc.). Dedicou-se também à literatura para crianças, pesquisas biográficas, romances, etc. Por vezes usava o nome literário Polymnia. Sua produção literária teve sempre ampla aceitação da crítica oficial.

Publicações: Poesia – **Alegorias**, 1953. Romance – **Afinidade**, 1949; **A fila triste**, 1956; **Abismo**, 1985; e **Origens**, s/d. Biografia – **Vida e obra de Rachel Prado**, 1953; **Página de saudade**, 1955. Memória – **Caminhadas**, 1975. Conferências – **A paz, sim! A guerra, não!**, 1986, e **Trilha especial**, 1987.

1156 PRESCILIANA DUARTE DE ALMEIDA

Figura feminina de destaque no meio cultural paulista, no entresséculo, Presciliana Duarte de Almeida nasceu em Pouso Alegre (MG), em 1867. Radicou-se em São Paulo, onde faleceu em 1944, após uma vida de intensa atividade intelectual. Prima de Júlia Lopes de Almeida* e de Adelina Lopes Vieira, Presciliana empenhou-se no movimento pedagógia renovador que se iniciava no Brasil. Ao lado de Zalina Rolim*, Francisca Júlia* e Anália Franco*, colabora na revista Educação (fundada em 1902, na qual colaboraram os mais destacados intelectuais de época, ligados à educação e ensino). Juntamente com o marido, Sílvio de Almeida, funda a revista A Mensageira – revista literária dedicada à mulher brasileira, a qual foi publicada em São Paulo, entre 1897 e 1900. (Há uma ed. fac-similar, em dois volumes; Imprensa Oficial do Estado de São Paulo) Dentro da mesma linha de preocupação, incentiva a criação da revista estudantil A Aurora, no Ginásio Sílvio de Almeida, de propriedade de seu marido. Escreveu várias peças de teatro infantil, encenadas por grupos estudantis. Em 1908, publica **Páginas infantis**, histórias e poemas para crianças, com prefácio de João Kopke. Em 1909, colabora para a criação da revista A Alvorada, órgão do Grêmio Literário do Ginásio Sílvio de Almeida. Nesse mesmo ano, colabora, juntamente com o marido, para a fundação da Academia Paulista de Letras tendo sido eleita como membro-fundadora (cadeira para a qual ela escolheu, como patrona, Bárbara Heliodora*, sua trisavó).

Desde a adolescência escreveu poesias, que se tornavam conhecidas por meio de declamação nos saraus familiares e sociais, e de revistas ou jornais especializados. Estréia em livro, em 1890, com os poemas de **Rumorejos**, que incluía também poesia de Maria Clara da Cunha Santos*.

Publicações: **Rumorejos**, 1890; **Sombras**, 1906; **Vitiver**, 1939; e **Antologia poética**, 1976 (póst.).

1157 RACHEL JARDIM

Romancista e memorialista de grande força, advogada, Rachel Jardim nasceu em Juiz de Fora (MG), em 19.09.1926, descendente de tradicional família mineira. Viveu infância e adolescência em Juiz de Fora e Guaratinguetá; mudou-se para o Rio de Janeiro, onde realiza os estudos superiores e aí se radicou. Formou-se em Direito pela PUC-RJ. Ingressou no funcionalismo público, na área administrativa. Fez curso de especialização em Administração Municipal na Europa; e estágio de estudos em museus de Nova York. De volta ao Brasil, dirigiu o Patrimônio Cultural e Artístico do Rio de Janeiro. É sócia de várias entidades culturais. Tem colaborado com contos e crônicas na imprensa (Jornal do Brasil-RJ; SLMG; Correio do Povo-RS, etc.)

Personalidade vibratil, de grande sensibilidade, dona de uma ampla cultura filosófico-literária e de um agudo sentido crítico, desde adolescente sentiu-se atraída pela leitura e pela escrita literária. Escrevia, ao sabor das circunstâncias, contos e histórias fantásticas que não mostrava a ninguém. Circunstancialmente, em 1946, publicou dois contos (As estrelas e Conversa com Pedro), na revista O Cruzeiro, com o pseudônimo de Martha Gomes. Depois silenciou.

Só nos anos de 1970, em plena maturidade, decide assumir-se escritora. Publica **Os anos 40**, romance acolhido, de imediato, por uma crítica altamente elogiosa (Franklin de Oliveira, Antônio Carlos Villaça, Gilberto Freyre, Luiz Forjaz Trigueiros, Ivan Cavalcanti e outros). De húmus memorialista e funda vibração catártica, **Os anos 40** refaz o caminho da infância e adolescência, marcadas definitivamente pelo desencontro doloroso do eu com o mundo à sua volta, o mundo patriarcal mineiro (extensão do mundo ocidental cristão) construído no passado sobre sólidas certezas, normas e repressões que, através dos séculos, acabaram se transformando em formas estereotipadas de comportamento. Como diz a narradora, à certa altura: *O importante não é só ser direita, é parecer direita... Parecer direita. Era a frase-chave. Nossas vidas plasmadas por ela.* Escapar dessa forte rede, impregnada de uma religiosidade repressora, sem frestas e já sem grandeza, não era possível, a não ser pela rebeldia ou pelo mundo imaginário do sonho e das ilusões. Foi através de pequenos atos de rebeldia e de fugas para o mundo do imaginário (alimentado pela literatura e pelo cinema), que a narradora conseguiu escapar da rede aprisionante. Mas não sem dor.

Sem dúvida, uma das "feridas" abertas em sua escritura romanesca resulta do profundo choque que se deu entre a impulsiva necessidade do eu-que-narra, de se sentir livre das normas repressoras do núcleo familiar e das convenções sociais e, ao mesmo tempo, sua pungente necessidade de se sentir aceita, amada e saber-se parte indissociável de algo maior e absoluto. Toda a obra de Rachel Jardim é percorrida por uma constante oscilação entre atração/rejeição do mundo e por um visceral desejo de comunhão total com o outro (desejo que se faz cada vez mais presente na literatura atual). Desejo sempre frustrado que, ainda menina, a leva a se identificar com o misticismo espanhol, feito de fogo, de Teresa D'Ávila, a freira que entrava em comunicação direta com Deus e transformara a certeza da morte em força total de sua vida.

Nessa atração da menina, pela mística espanhola, ecoa o desamparo do homem-século XX diante da morte de Deus (Nietzsche), decretada pela Ciência. Anulação do sagrado que suscita a grande interrogação existencial do nosso tempo. Qual o sentido último da vida? Interrogação latente ou patente em toda a obra da autora mineira, entremeada aos demais problemas existenciais do ser humano em geral, e da mulher em particular. Um dos principais nós da rede repressora, contra os quais a narradora se debate, é o do destino, que a tradição traçara para a mulher: o de esposa e mãe, dentro do casamento, decidido pelas famílias, para dar continuidade às tradições do clã. Não por acaso, a primeira frase do livro é: *Laura casou em Ouro Preto.* No correr da leitura, descobrimos que esse casamento com o primo acabou acontecendo, apesar de a noiva ter lutado contra ele, durante anos. O sistema venceu a vontade individual. A narrativa prossegue, pondo em cena a planta-base da mineiridade: a cidade (que, em essência, é a forma ampliada/exteriorizada da família):

A estrada, serpenteando entre as montanhas, era por demais árida para o nosso Packard 37. Chegamos de carona, estremunhadas. A cidade tinha um ar de mistério, denso, assim no meio da noite. Algumas casas com luzes acesas – que estaria acontecendo? Morte, nascimento? Algo de crime, estranho, terrível, perpassava no ar. Comentei com Kalma – os inconfidentes estão soltos... Que cidade trágica! Hoje, teria dito: que ótima atmosfera para um filme de Visconti... Mas estávamos na década dos 40.

Nesse início já estão sintetizados os principais fios que se entrelaçam na rede da mineiridade e da problemática busca do Conhecimento, que dinamiza o universo memorialista/ficcional construído por Rachel Jardim: Packard 37 (índice do nível social da narradora); o mistério denso (a verdade da vida sempre oculta); a noite (escuro que impede a visão nítida das coisas); casas com luzes acesas no meio da noite (algo insólito, quebra de hábito que só poderia prenunciar algo de anormal, espúrio); algo de crime, estranho, terrível perpassava no ar (atmosfera ameaçadora, absolutamente contrastante com a alegria e claridade que normalmente são associadas e uma cerimônia de casamento); os inconfidentes estão soltos (o malogro de qualquer tentativa de mudança do sistema); cidade trágica (a ausência de solução para os problemas existenciais); a associação com um filme de Visconti (antecipação da onipresença do cinema, em toda sua obra, como o fascinante modelo de vida plena e desejável, mas jamais alcançada); e finalmente a década de 1940 (período que, entre nós, foi feliz, meio amorfo, mas que em essência foi o canto do cisne das ilusões da civilização tradicional, substituída definitivamente no pós-guerra de 1945, pela morte das ideologias e pela sociedade de consumo-e-lucro, engendrada pela magia cibernética/tecnológica e questionada pelos ventos do Existencialismo que, vindos dos anos de 1940, sopram com força a partir dos anos de 1960 e 1970).

Todas essas forças se misturam na obra de Rachel Jardim, girando em torno do mistério da Morte, de Deus e da grande interrogação existencial, Quem sou eu?, que atravessa a literatura contemporânea e, por extensão, o cinema, duplo espaço do imaginário, onde suas dúvidas e interrogações, desde menina, ganharam corpo e buscaram respostas.

Naquela época quando lia Dostoievski, sentia febre. Senti muita febre, nos anos 40. [...] "O Morro dos ventos uivantes"... A chegada em casa depois do filme [...] Não jantei, fui para o quarto. [...] Um medo fino percorria-me a espinha. Pela noite adentro vivi a atmosfera do filme. [...] A vida era mais imaginada que vivida. [...] Havia espera. O ritmo era lento.

Todas as experiências, dolorosas, ou prazerosas, recuperadas pela memória, estão repassadas pela lembrança de grandes romances, grandes filmes e seus artistas-ídolos (Charles Boyer, Greta Garbo, Robert Taylor, Vivien Leigh, Kay Francis, Merle Oberon, Laurence Olivier...). Aliás, essa influência do cinema e da literatura sobre o nosso imaginário é dos aspectos marcantes da cultura do século XX. Vale lembrar o depoimento do sociólogo Edgar Morin (companheiro de geração de Rachel Jardim) em sua autobiografia, **Meus demônios** (1997).

O cinema era gruta dos Mistérios iniciáticos para minha geração. Ao nos transportar a um estado semi-hipnótico, o cinema nos iniciava em uma vida superior, mágica, sublime. [...] Eu era um onívoro no universo que se chamaria hoje multimídia. Mas juntamente com o cinema, era o romance que nutria minha substância mais íntima.

[...] Um livro importante revela-nos uma verdade ignorada, escondida, profunda, sem forma, que trazemos em nós, e causa-nos um duplo encantamento: o da descoberta de nossa própria verdade, na descoberta de uma verdade exterior a nós. [...] pelo romance e pelo cinema cheguei ao mundo.

É dessa força que se alimenta a obra da escritora mineira, desde seu livro de estréia. Romance memorialista, de linhagem proustiana, **Os anos 40** distancia-se do estilo caudaloso-poético do mestre francês. Sintonizada com a fragmentação e agilidade da linguagem cinematográfica e da narrativa americana, Rachel Jardim adota o estilo curto/claro/conciso, cujo ritmo lúdico neutraliza a dramaticidade do que é narrado. Também ao contrário dos longos capítulos proustianos, constrói seu livro em 70 breves fragmentos, nomeados por uma pessoa, lugar ou situação (Laura, Os Tios, Tio Mário, O filme, Seu Bernardo, etc.), aparentemente individualizados ou autônomos, mas que, vistos em conjunto, revelam-se organicamente relacionados como partes essenciais de um todo. Ainda em relação a Proust, podemos dizer que a autêntica sintonia da autora mineira com a problemática-eixo do romance proustinao vai-se dar, consciente e gradativamente, a partir de **Vazio pleno** (1976). Referimo-nos à idéia maior, que energiza a obsessão proustiana de recriar o passado para fazê-lo durar no tempo. Idéia assentada na certeza de que a Vida só se torna realidade e adquire substância definitiva, quando a memória/imaginação daquele que a viveu, resgata-a daquele momento vivido e a transforma em Palavra, em Literatura. Só assim o efêmero e frágil presente que vivemos, permanecerá como "durée" (Bergson) no tempo.

Verdadeiro réquiem ao ocaso das tradições familiares mineiras, esse romance de estréia (e os que o sucederam) denuncia também, por extensão, a falência da civilização cristã ocidental, falência que serve de húmus à grande parte da produção romanesca e poética contemporânea. Esses "anos 40", revisitados por um olhar dos "anos 70" (já consciente da falência das ilusões e certezas do passado), são revelados no romance, como o espaço ambíguo, no qual co-habitam duas forças contraditórias: a dos valores repressores (mas protetores e seguros) impostos pela ordem social e assegurados pela família, escola e religião; e a dos valores libertários (mas perigosos) engendrados pelo mundo de emoções, sonhos e ilusões, criados pela literatura e pelo cinema.

Cheiros e ruídos (1975), contos de diferentes atmosferas, prossegue na mesma linha memorialista do anterior, mas aprofundando o questionamento existencialista sobre o tempo, o absurdo da morte ou da vida e resgatando proustianamente detalhes, coisas, casas, objetos... aparentemente sem importância, mas que, em certo momento, foram vividos em emoção e não podem desaparecer no tempo. A epígrafe escolhida, a fala do Cavaleiro Andante no filme de Bergman, **O sétimo selo**, sintetiza a idéia maior do livro:

Vou carregar esta lembrança em minhas mãos tão cuidadosamente como um pote cheio, até as bordas, de leite fresco. Cuidadosamente para não entornar. E este será um signo bom e suficiente para mim.

Em **Vazio pleno** – Relatório do cotidiano, como o título já indicia, temos a crescente consciência de que é no mundo interior (aparentemente vazio, porque invisível), que a verdadeira vida se realiza. Da intenção memorialista anterior, a autora passa para o registro do presente, no estilo "diário", mas se assumindo como "escritora", isto é, como criadora do real, através da escavação de seu próprio ser. *Passar a vida para o papel é uma forma de ser fiel ao meu destino de escritora.* Nos fragmentos narrativos, misturam-se os fatos vividos e os imaginados, com reflexões sobre filmes, romances, filosofias, a morte, o nada. Nele predomina a inexistência de fronteiras entre a vida real e a vida imaginária...

Em **Inventário das cinzas**, como já se anuncia no título, temos uma longa e emaranhada meditação sobre a morte, a vida, o amor, o erotismo, a velhice, ou o nada, no qual tudo acaba por mergulhar. Romance confessional, este é um cair de máscaras, narrado por Judite (alter-ego da autora), mulher que, em plena madurez, depois de ter passado pelas experiências fundamentais da vida (ser esposa, mãe, amante, profissional, suicida frustrada) e não ter conseguido a verdadeira comunhão eu-outro, faz a sua "escolha" existencial: a da "solidão povoada" pela proustiana memória dos tempos mortos.

Os mortos, sim, me arrastavam para a vida. [...] Eu sim, sou eu o reduto dos mortos, estão em mim, palpáveis, meu sangue, meu suor, fios de meus cabelos. Sou eu a casa dos mortos. [...] Buscarei pois a mim mesma, desde o meu ser escuro no ventre materno, até a mulher que retorna hoje da casa avoenga, sentindo-se livre de qualquer peso.

Com essa escolha, a autora revela sua adesão ao Heidegger da primeira fase, quando define o homem como um ser-para-a-morte (um ser sem transcendência que Sartre difundiu amplamente). E sendo assim, só lhe resta a consciência do irredutível absurdo da vida e o agarrar-se ao presente, através de uma "escolha" que dê grandeza ao viver, enquanto durar.

Tal como seu conterrâneo, Pedro Nava, em **Baú de ossos** (e em toda sua obra subseqüente), Rachel Jardim se escolhe herdeira e responsável pela duração, no tempo, daquele mundo antigo, que visivelmente morreu, mas que na verdade prossegue presente, não só na memória, mas no próprio ser dos vivos. Herdeira, ela se sabe fruto/semente da mineiridade, com seu profundo sentido do clã, das tradições familiares, envoltas em atmosfera densa, nebulosa, entre protetora e ameaçadora, sua funda ligação com a casa, objetos, bens... que, ao longo do tempo, se incorporaram ao seu próprio eu (mesmo à sua revelia) e, neles, ela acaba por se sentir existente, ao mesmo tempo em que lhes dá existência definitiva.

Com a escolha feita, **O inventário das cinzas** se finda, mas a aventura humana da autora prossegue: cinco anos depois reaparece com **O penhoar chinês**, em cujo título está metaforizada a idéia-fonte do universo ali construído: a vida é trajeto, durante o qual se dá, incessante, a gestação do ser. A grande metáfora do romance é o velho bordado sobre o risco num penhoar chinês, e que a narradora retoma, anos depois de o ter interrompido. Em seu "bordado" voltam os mesmos temas dos livros anteriores (morte, solidão, tempo, família, sonhos, frustrações, amor, etc.). Mas os acontecimentos que lhe serviram de causa, já não importam em si. O que importa é o ser que se foi engendrando através deles. A epígrafe de T. S. Eliot, posta na abertura do livro, já alerta o leitor para essa mudança de ótica:

E pessoas, a quem nada jamais aconteceu, não podem entender a desimportância dos acontecimentos.

Nessa complexa mudança de ótica, destacamos apenas três fenômenos, que são basilares para a compreensão da literatura atual (limiar do Terceiro Milênio): a visão do homem como um ser-feito-de-tempo (última fase do pensamento heideggeriano); a redescoberta da Palavra como nomeadora/criadora do Real, mas agora atribuída ao ser humano, de quem Deus depende para existir (Kazantsakis) e, conseqüentemente, a Literatura descoberta como fundadora de mundos: é através dela que se perpetua a aventura terrestre, que os homens vêm vivendo desde a origem dos tempos.

Sintonizado com esse contexto, este último romance substituiu o ser-para-a-morte de antes, pelo ser-feito-de-tempo, que se descobre como um valor, do qual a vida depende para se perpetuar. Neste nosso mundo de mortes e caos, só a ele – indivíduo consciente – cabe a grande tarefa de se redescobrir em harmonia com o mundo e dar continuidade à Vida... Entre os índices dessa nova visão-do-homem-no-mundo, entrelaçados na trama deste último romance, destacamos: a casa (Vila Elisa), agora vivenciada como o útero que ocultamente engendra a vida; a transformação da mesmice das tarefas da mulher (Elisa-mãe) no lar, em ato criador que transforma o espaço limitado da casa em algo ilimitado, enriquecedor, que se projeta no tempo; e, finalmente, a consciência de que tudo isso (memória ou vivência) precisa ser transformado em palavra (Elisa-filha), em literatura, para se tornar realidade definitiva e resistir à destruição do tempo e da morte. Como diz Lacan: *O que não é nomeado, não existe.*

Publicações: Romance – **Os anos 40**, 1973; **Vazio pleno**, 1976; **Inventário das cinzas**, 1980; e **O penhoar chinês**, 1985. Contos – **Cheiros e ruídos**, 1975; **A cristaleira invisível**, 1982. Antologias – **O conto da mulher brasileira**, 1978; **Mulheres e mulheres**, 1978; **Muito prazer**, 1981; **O prazer é todo meu**, 1984; e **Crônicas mineiras**, 1984.

RACHEL DE QUEIROZ 1158

Romancista de grande força, primeira mulher eleita para a Academia Brasileira de Letras, presença emblemática em nossa literatura, jornalista, cronista, ensaísta, tradutora, teatróloga, Rachel de Queiroz nasceu em Fortaleza (CE), em 17.11.1910 e comemorou recentemente (17.11.2001) seus 91 anos, plenos de energia e lucidez. Descende pelo lado materno dos Alencar, da linhagem de José de Alencar; e pelo lado paterno, dos Queiroz, família de fundas raízes no Quixadá e em Beberibe. Em 1917, muda-se com a família para o Rio de Janeiro (RJ), devido à situação de calamidade gerada pela seca de 1915 (que seria tema do seu primeiro romance). Depois de dois anos no Rio de Janeiro, mudam-se por algum tempo para Belém do Pará (PA). Em 1919, volta para Fortaleza. Ali a menina Rachel inicia seus estudos regulares. Sua formação, desde a infância, deu-se sob uma dupla influência: a da vida natural (pelo estreito convívio com a terra, a natureza livre e primitiva) e a da vida civilizada (alimentada pela cultura letrada que o ambiente familiar lhe oferecia). Sua obra mostra à sociedade essa formação de base: a da vivência física e emocional com a natureza do sertão (com sua gente simples, sofredora, resignada e dotada de uma obscura grandeza humana), a da convivência apaixonada com a literatura e as idéias que movimentam o mundo; e também a da vivência humanista (o respeito generoso pelo ser humano-em-si, independente do lugar que ocupe na hierarquia social ou econômica). Em 1925, com quinze anos de idade, forma-se professora no Colégio da Imaculada Conceição e ingressa na carreira do magistério.

Mas sua grande vocação era para as letras. Em 1927, atraída pelo jornalismo, começa a colaborar com crônicas e poesias no jornal O Ceará, com o nome literário de Rita de Queluz; torna-se, logo mais, redatora efetiva do jornal. Nele, publica um romance-folhetim, **História de um nome**. Participou do grupo da revista modernista Maracajá, com Paulo Marasate, e para a qual escreveu poemas. Nessa época lecionava na Escola Normal de Fortaleza e foi eleita Rainha dos Estudantes. No final da década de 1920, casou-se com José Auto da Cruz Oliveira (jornalista e poeta bissexto), com quem teve uma filha que morreu com um ano e meio de idade. Logo depois separaram-se. Nos anos de 1930, depois de se ter lançado como romancista, com **O quinze**, muda-se para a Guanabara, indo residir inicialmente na Ilha do Governador. Dedica-se, a partir daí, a uma intensa atividade na imprensa, colaborando em O Jornal, Diário de Notícias, Folha Carioca, Última Hora, Jornal do Comércio. Em 1945, já integrada profissionalmente no Rio de Janeiro, casa-se com o médico Oyama de Macedo. Durante nove anos dedica-se, quase exclusivamente, à escrita de crônicas.

Sua verve de cronista se consagra a partir de sua presença, durante os anos de 1940 e 1950, na última página da revista O Cruzeiro, tornando-se um dos nomes mais conhecidos e queridos da crônica jornalística brasileira. Ainda em O Cruzeiro, publica em 1950 o romance-folhetim, em 40 capítulos, **O galo de ouro**, trama romanesca urbana que envolve o submundo carioca, mães-de-santo, terreiros, policiais, bicheiros... a vida humana em suas grandezas e misérias. Romance que só em 1986 a autora publica em livro.

Espírito atento aos problemas político-sociais, discordava dos rumos da política, nos anos de 1930 (fim da República Velha, com a deposição de Washington Luís, e início do governo Vargas), e adere ao partido comunista. Em 1937, quando se instala O Estado Novo getuliano, foi presa por algum tempo. Já livre, acaba por romper com o partido, por não aceitar as "palavras de ordem" com que pretendiam interferir em sua conduta e escrita. Assume-se trotskista, como grande parte dos intelectuais da época que, sendo de esquerda, não aceitavam o despotismo do "partidão". É dessa época o seu romance **Caminho de pedras**, no qual denuncia a pressão do partido sobre os intelectuais. Mais tarde, em face da anarquia popular e política do governo Jango Goulard, que sucedeu à renúncia de Jânio Quadros (1961), a escritora apoiou os generais que deram o Golpe Militar de 1964. Em **História concisa da literatura brasileira**, Afredo Bosi, analisando a atitude política, aparentemente paradoxal, assumida por Rachel de Queiroz, resume:

*...**Caminho de Pedras** é conscientemente político: a sua redação, em 36, coincide com o exacerbar-se das correntes ideológicas no Brasil à beira do Estado Novo: comunismo (stalinista; trotskista: esta a cor da romancista na época) e integralismo. [...] Já a curva ideológica da escritora poderá parecer estranha, paradoxal mesmo: do socialismo libertário de **Caminho de Pedras** às crônicas recentes (anos 60) de espírito conservador. Mas explica-se muito bem, se inserida no roteiro do tenentismo que a condicionou: verbalmente revolucionário em 30, sentimentalmente liberal e esquerdizante em face da ditadura, acabou, enfim, passada a guerra, identificando-se com a defesa passional das raízes, do* status quo*, roteiro que a aproxima de Gilberto Freyre, cuja presença na cultura nordestina ultrapassou, de longe, a área do ensaísmo sociológico e incidiu diretamente na valoração das tradições, dos estilos de viver e de pensar herdados à sociedade patriarcal. (op. cit. 1ª.ed., 1970, p. 445)*

Paralelamente ao exercício de jornalista, dedica-se ao de tradutora de *best sellers* da literatura universal, de língua inglesa, francesa e espanhola (Emily Brontë, Jane Austen, Dostoievski, Tolstói, Balzac, Santa Teresa de Ávila e outros), ultrapassando meia centena de títulos. Em 1953, é atraída pelo teatro: escreve a peça **Lampião**, encenada no Teatro Municipal do Rio de Janeiro e no Teatro Leopoldo Fróes, em São Paulo. Considerada a melhor peça do ano, recebeu o Prêmio Saci. Segue-se em 1957 a peça **A beata Maria do Egito**, representada pelo Teatro Nacional de Comédia, no Teatro Serrador do Rio, que recebeu o Prêmio INL e Prêmios Paula Brito e Roberto Gomes/Pref. Distrito Federal.

Em 1966, nomeada pelo Presidente Castelo Branco, participou da Delegação do Brasil na 21ª sessão da Assembléia Geral da ONU (Organização das Nações Unidas) junto à Comissão dos Direitos do Homem. Em 1967, passou a integrar o Conselho Federal de Cultura, recém-criado. Em 04.08.1977, foi eleita para a Academia Brasileira de Letras, tomando posse em 4 de novembro do mesmo ano, saudada por Adonias Filho. Sua obra tem sido traduzida com sucesso no exterior (Nova York, Paris, Tóquio, Lisboa, Alemanha, etc.). Entre os vários prêmios recebidos, destacam-se: Prêmio Camões – Governo de Portugal e O Intelectual do Ano – Prêmio Juca Pato/União Brasileira de Escritores e Grande Prêmio Moinho Santista/SP.

Percorrer hoje (2001) o conjunto da obra romanesca, cronística, teatral ou memorialista escrita por Rachel de Queiroz, desde seu livro de estréia, **O quinze** (centrado do flagelo da seca de 1915), até os mais recentes, publicados no limiar deste século que se inicia, é revisitarmos um mundo construído por uma Palavra de densa beleza e emoção, um mundo de ficção e de realidade, cujo lastro mais significativo é o amálgama entre uma funda consciência do ser-mulher, num mundo em acelerada transformação e uma entranhada fidelidade ao húmus nordestino, ao mundo fronteiriço entre a civilização e o primitivismo, entre cidade e sertão. Amálgama alimentado pelo mais puro caldo de ternura humana. Coube, pois, a Rachel de Queiroz inaugurar, em 1930, um dos períodos mais significativos da Literatura; o do romance regionalista nordestino. Jorge Amado surgiria no ano seguinte, com **País do carnaval**; Lins do Rego, em 1932, com **Menino de engenho**; Graciliano Ramos, em 1933, com **Caetês** e, a partir daí, os caminhos se abriram para essa grande produção. Em 1928, José Américo de Almeida, com **A bagaceira**, já dera o alerta para a urgência em se denunciar o descompasso histórico-político-social, que pesava sobre o Nordeste, em relação ao acelerado progresso do sul do País. Mas sua visão e linguagem estavam ainda presas à retórica acadêmica e grandiloqüente do romance regionalista novecentista. A nova visão e nova linguagem surgem com **O quinze**. Seu despojamento verbal, sua palavra seivosa, sua contenção emotiva e ausência de sentimentalismo foram, de imediato, os elementos que tornaram mais contundentes as denúncias contidas em sua efabulação: a trágica exploração do homem pelo homem (agravada pela inclemência da natureza) e a dos preconceitos empedrados na sociedade patriarcal, principalmente os que subalternizavam a mulher em relação ao homem, aprisionando-a na dualidade de faces reciprocamente exclusivas (rainha do lar ou amante) e impedindo sua liberdade de escolha e de ação, dentro de seu meio ou da nação. Essa dupla problemática é vivida, nesse primeiro romance, por Conceição, jovem sensível e inteligente, professora, que se revela uma mulher "fronteiriça": simultaneamente identificada com a personalidade da avó (representante do sistema de valores éticos e religiosos, consagrados pela tradição) e com a do finado avô (maçom, positivista, ateu, culto, representante das novas idéias que começavam a revelar uma nova visão de mundo).

A repercussão de **O quinze** no meio literário foi imediata: Augusto Frederico Schmidt, Artur Mota, Mário de Andrade, Agripino Grieco, Gastão Cruls, Antônio Sales, Beni de Carvalho e outros de vários estados, saudaram o livro com o entusiasmo dos que descobrem uma obra de autêntico valor. E a desconhecida jovem cearense, de um momento para outro, é consagrada nacionalmente com o Prêmio Graça Aranha da Academia Brasileira de Letras, e saudada por Tristão de Athayde (nome literário usado então por Alceu Amoroso Lima) como a primeira grande voz feminina do Modernismo, no âmbito do romance. O tempo confirmaria sua argúcia crítica. Rachel consagrou-se entre as romancistas pioneiras que, no Brasil, focalizaram criticamente o cerceamento à liberdade de pensar, agir e amar, duramente imposto à mulher pela sociedade tradicional.

Sempre centrados na problemática da frustração humana, fruto do descompasso injusto entre o indíviduo (homens e mulheres) e o meio social, seus romances vão-se sucedendo em largos intervalos de tempo: em 1932, **João Miguel** (por força das circunstâncias, transformado em desajustado, criminoso e prisioneiro); em 1937, **Caminho de pedras** (jovens militantes clandestinos, empenhados em mudar a ordem vigente e vencidos por ela); em 1939, **As três Marias**, romance acolhido com um consagrador artigo de Mario de Andrade, que o definiu como *uma das obras mais belas e ao mesmo tempo mais intensamente vividas da nossa literatura contemporânea.* Na verdade, esse romance representa uma mudança de ótica no universo construído pela autora: a mulher passa a ser o centro. A voz narradora, de "externa" (a que vê e narra os fatos, de fora) passa a "interna" (a que vê e narra de dentro dos fatos, sugerindo a ótica memorialista). A problemática humano-social dos primeiros romances vai resvalando para o plano ético-existencial.

As três Marias (nome emblemático de Mulher, consagrado pela Virgem Maria) são jovens que desafiaram o sistema, tentando assumir a própria liberdade ou verdade interior, mas não chegam a se realizar. Todas elas, figuras dramáticas de enorme grandeza humana, mas fraudadas como amantes, mães ou filhas, por uma espécie de predestinação. Frustradas como mães, a maioria das personagens femininas de Rachel são também frustradas como filhas.

A personagem Dôra, do romance **Dôra Doralinda** (1975), vive esse drama: não era amada pela mãe, a Senhora, viúva que dominava todos na fazenda Soledade: *era o homem da casa, gostava de seu poder.* E inclusive torna-se amante do marido da própria filha, Dôra. Esta, ficando viúva, liberta-se. Deixa a casa, *tinha cortado o cordão do umbigo que me prendia a Soledade. Da Soledade e sua dona eu só queria distância e as poucas lembranças. Não tive filhos.* Buscando outros caminhos,

Dôra segue com uma companhia de comédias e burletas que chegara na cidade. Seguindo o vento alegre que esses artistas traziam, segue-os em viagem. Encontra o amor no Comandante, o homem de sua vida. Com esse romance, entra uma espécie de lufada de ludismo, alegria ou picaresco na atmosfera triste do universo criado pelos livros anteriores. O tom narrativo expressa, desde as primeiras palavras, a descontração e leveza de uma nova visão de mundo.

Bem, como dizia o Comandante, doer, dói sempre. Só não dói depois de morto, porque a vida toda é um doer. O ruim é quando fica dormente. E também não tem dor que não se acalme – e as mais das vezes se apaga. Aquilo que se mata hoje amanhã estará esquecido e eu não sei se isso está certo ou está errado, porque acho que o certo era lembrar. [...] O verdadeiro seria que desbotasse o mau e o bom ficasse nas suas cores vivas, chamando alegria.

Aí se expressa a milenar concepção de vida como dor (que está nas raízes da civilização cristã, tal como a herdamos), mas já fraturada. Pelas frestas dessa fratura (que o tom lúdico da narração denuncia) é vislumbrada a alegria de viver que pode ser alcançada apesar dos desconcertos do mundo. Nesse romance, abre-se espaço para uma nova e gratificante aventura do viver, pois a grandeza humana de suas personagens (mesmo a dos párias como o velho Delmiro) supera de muito as misérias que a ameaçam ou bloqueiam. Entretanto, a plenitude de vida não é duradoura. Viúva do Comandante, Dôra volta para Soledade. Senhora havia morrido, cabia-lhe assumir o seu lugar nos trabalhos e preencher o grande vazio deixado em sua vida, pela morte do Comandante.

O círculo se fechou, a cobra mordeu o rabo: eu acabei voltando para Soledade. [...] o gado estava se acabando – por venda, morte, roubo, o ano passado tinha sido ruim, as ovelhas se reduziam a nada, os bodes ainda menos. Dos cavalos só me restava um. [...] Confessar era o jeito, a fazenda Soledade estava indo de água abaixo. [...] Mas o lugar era meu. Neste mundo todo, do Pará ao Rio de Janeiro, era o único lugar meu. [...] Ali eu não tinha de lutar com ninguém, ali era meu – e, acima de tudo, eu era dali. Não havia uma folha de mato que me fosse estranha, um bicho, um inseto, um passarinho, um peixe que me fosse estranho – e que me estranhasse. [...] Na fazenda eu estava só de novo, mas era uma espécie de solidão povoada, uma solidão antiga que eu já trazia no sangue.

É essa solidão povoada, solidão antiga, a correr no sangue, solidão misturada a um desmesurado sentimento de comunhão e poder sobre o mundo e os homens, que vemos ressurgir, doze anos depois de Dôra, na personalidade de Maria Moura, uma das personagens mais fascinantes do romance brasileiro de ontem e de hoje.

Romance-cume, no universo criado por Rachel de Queiroz, **Memorial de Maria Moura** (1992) é tocado pelos ventos pós-modernos que, entre nós, começam a soprar na segunda metade do século XX e que apontam para a urgência da reinvenção das origens. Romance de maturidade, surgido há sessenta anos de distância do início da carreira de sua autora, este se revela como complexo amálgama de realidade/invenção, história/mito, profano/sagrado...

O gradativo amadurecimento da escrita criadora da romancista se manifesta (entre outros fatores) por uma gradual mudança de planos de consciência, de livro para livro (ou de fase para fase). Sintetizando: do plano ético-social (dos romances iniciais) para o plano ético-existencial (a partir de **As três Marias**), chegando ao plano existencial-mítico, no qual decorre o **Memorial...** Essa diferenciação de planos, a nosso ver, importa ser detectada, na medida em que revela a mudança de ótica pela qual a autora (em sintonia com estes nossos tempos de transformações) vê as possíveis causas ou explicações para os desencontros do mundo ou a sempre fracassada aventura humana. No primeiro plano, a ótica incide sobre a ética (denuncia a desumana exploração do homem pelo homem, como base do Sistema que se alimenta da injustiça social e engendra párias em lugar de homens). No segundo plano, a ótica incide no existencial (constata que o grande drama dos seres é de ordem interior, afetiva, invisível, e resulta da falta de amor ou da visceral impossibilidade de comunhão humana eu-outro). No terceiro plano, a ótica é atraída para algo que permanece oculto nas raízes do plano existencial, mas que apesar de invisível o determina e alimenta. Trata-se do plano mítico, para o qual o romance aponta, desde o título, **Memorial de Maria Moura**.

O termo memorial aponta para a história: em seu sentido literal, significa registro escrito do passado vivido (ou conhecido) por alguém, que o evoca e o eterniza no tempo por meio da escrita. Maria Moura aponta para o mito: une o nome emblemático de Mulher (vindo da bíblica Virgem Maria) ao lastro mítico da moura (ou moira): as deusas gregas que tecem o destino dos homens. Delas dependem os três momentos decisivos da vida humana: nascimento, casamento e morte, tal como, decisivos, eles vão se tornar no romance.

Com sua palavra madura, aliciante, seivosa, densa e ágil – dada a cada personagem para que cada qual contasse, de seu ponto de vista, os aconteceres labirínticos que se envelam no romance –, a autora vai-nos revelando, fragmentariamente, a terrível/fascinante aventura vivida por Maria Moura – jovem sertaneja transformada pelo destino, de Sinhazinha em bandoleira, Dona Moura, mulher de poder, chefe de bando, mandante de crimes, castelã orgulhosa de seus domínios e protetora de seus cabras. Como as demais personagens do universo criado por Rachel, ela não teve filhos, mas se assumiu como mãe de todos que tinha sob seu mando. Levada pelo destino e decidindo o destino de tantos outros, impiedosa e terna, insegura e despótica, a poderosa figura de Maria Moura domina o romance, ora como a Grande Mãe (que protege), ora como a Mãe Terrível (a que destrói). Nela se prefigura a ambigüidade e a força criadora/transformadora do Feminino. De mulher expulsa de seu lugar, banida e perseguida, Maria Moura se transforma em fundadora de um reino, destino que ela pressentira, depois de incendiar seu própria casa para não entregá-la aos primos usurpadores:

Vou procurar as terras da Serra dos Padres – e lá pode ser para mim outro começo de vida. Mas garantida com meus cabras. [...] Eu sentia (e sinto ainda) que não nasci pra coisa pequena. Quero falar com os grandes de igual pra igual. [...] Quero que ninguém diga alto o nome de Maria Moura sem guardar respeito.

Toda a épico-trágica aventura vivida por Maria Moura (desde seus dias de sinhazinha até o grande final em suspenso, com ela e seus cabras, cavalgando em pleno vento ao encontro de grandes ganhos ou da morte) é entretecida por mil e um fatos, detalhes, dramas, carências, vivências peculiares à vida em regiões do sertão brasileiro. Mas a ótica épico-mítica, através da qual a romancista as vê, eleva-as à categoria universal de Mito: o do eterno esforço do ser humano para ser reconhecido e aceito pelo outro e assim atingir sua plenitude de Ser. Note-se ainda que o lastro mítico-religioso (mescla de profano/sagrado) que permeia o mundo épico-trágico de Maria Moura se anuncia já na abertura do livro com a chegada do Padre (depois transformado no Beato Romão) nos fechados domínios de Dona Moura, tendo como salvo-conduto o segredo de uma certa confissão que ela fizera, muitos anos antes, no momento em que decidira se transformar de Sinhazinha em mandante de crime.

Escritora de linhagem humanista, Rachel de Queiroz revela em seu universo literário a crença de que o humano se caracteriza pela vida do espírito, aquela que decide, no íntimo sentir de cada um, o verdadeiro valor das coisas, pois, reduzidas a si mesmas, elas não valem nada. Consciente de que toda mudança estrutural, em qualquer sistema social, depende visceralmente de mudanças profundas na consciência ou mentalidade de cada indivíduo, Rachel cria um universo dramático, mas fundamente permeado por uma intensa paixão pela vida e sede de comunhão humana.

Publicações: Romance – **O quinze**, 1930; **João Miguel**, 1932; **Caminho de pedras**, 1937; **As três Marias**, 1939; **Dôra Doralinda**, 1975, **O galo de ouro**, 1985; e **Memorial de Maria Moura**, 1992. Crônica – **A donzela e a moura torta**, 1948; **100 Crônicas escolhidas**, 1958; **Mapinguari**, 1989; e **Não me deixes**, 2000. Teatro – **Lampião**, 1953; **A beata Maria do Egito**, 1958. Livro Infantil – **O menino mágico**, 1983, e **Cafute e Pena-de-prata**, 1986. Memória – **Tantos anos**, 1998.

RAFAELINA DE BARROS 1159

Contista e mulher de grande cultura, Rafaelina de Barros nasceu em São Paulo (SP), em 12.03.1878. Faleceu em 14.05.1943. Viveu a maior parte de sua vida no Rio de Janeiro (RJ). Foi companheira do poeta Emílio Menezes durante muitos anos. Colaborou em diversos jornais e revistas do país, com textos de reflexão espiritualista e contos. Estreou em livro, em 1902, com os contos de **Almenara**. Segue-se **Bíblicos**, com prefácio de Rocha Pombo e Edward Carmilo. Organizou a volumosa correspondência de Emílio Menezes, para publicação em livro, mas infelizmente esse material foi extraviado e perdeu-se.

Publicações: **Almenara**, 1902, e **Bíblicos**, 1923.

RAQUEL NAVEIRA 1160

Poeta, versátil ensaísta, pesquisadora, professora universitária, advogada e presença atuante em seu meio cultural, Raquel (Maria Carvalho) Naveira nasceu em Campo Grande (MS), em 23.09.1957. Formou-se em Direito e em Letras pelas Faculdades Unidas Católicas de Mato Grosso (hoje UCDB – Universidade Católica Dom Bosco). Realizou curso de civilização, língua e literatura francesa na Faculdade de Nancy – França. Ingressou no magistério como professora de português, na Escola Nossa Senhora Auxiliadora (1975/1986), e de francês na Aliança Francesa – Campo Grande.

Ingressa no ensino superior, como docente da FUCMT, disciplinas de teoria da literatura, cultura brasileira e literatura latina. Realizou mestrado na Universidade Mackenzie-SP.

Sua atração pela literatura, especialmente pela poesia, manifestou-se muito cedo. Quando estudante secundária, ganhou vários concursos literários do circuito escolar. Em 1981, venceu o Concurso de Poesia Arnaldo Estevão de Figueiredo – Secretaria do Desenvolvimento Social. Nos anos de 1970, ainda estudante universitária, começa a colaborar com poemas e artigos no Correio do Estado e em outros jornais e revistas. Participou do Programa Mulher, Canal 8-TV Campo Grande. Foi Diretora Cultural da Rádio Clube. Atualmente (2001) produz e apresenta o quadro Prosa e Verso, no programa da TV UCDB – Canal Universitário.

Sua estréia em livro se deu em 1982, com **Sonho a quatro remos**, reunião de quatro vozes poéticas que se iniciavam: Raquel, Evandro Higa, Cristiano Torchi e Emerson Prado. Sete anos depois, publica **Via-sacra**, recolha de 85 poemas que revelam uma arte poética já madura, na qual estão presentes os principais temas e interesses que marcariam toda sua obra posterior (hoje chegando a quase duas dezenas de títulos).

Desde o título, "via-sacra", anuncia-se a grande tônica de seu mundo poético: a religiosidade, a vida vista como caminho de ascensão para o Bem e o Belo, a despeito dos obstáculos. Verdadeira viandante por sua terra de origem, a região pantaneira do Mato Grosso do Sul, Raquel Naveira se quer fiel cronista desse mundo fronteiriço (rural/urbano, primitivo/civilizado) e desdobra sua palavra para fixar, para sempre, lugares, gentes, plantas, bichos, cheiros, sabores, costumes, árvores, aves, frutas, etc., que talvez um dia desapareçam, engolidos pelo progresso.

Poesia engendrada por uma grande avidez sensorial (visual, olfativa, tátil...), esta é atraída também pelo exótico ou férico de certas heranças do passado (principalmente as orientais), como em Sulamita:

Há nela alguma coisa de egípcio: / Olhos oblíquos / Jeito felino [...] Um mistério, / Um perfume de nardo. [...] Tudo que toca / vira ídolo, / Jóia rara, / Fina seda de comércio fenício. [...] Escreve em papiros...

ou ainda em Deusas:

Se eu vivesse na Grécia Antiga / Seria pitonisa de oráculo / Veria serpentes enroscadas, / Esfinges / Nas chamas altas dos espelhos.

Curiosamente, nestes nossos tempos turbulentos de conquistas feministas, nesta poesia feminina, a mulher se assume como doadora voluntária de seu ser, ao homem, ao mundo, e através dessa autodoação se sente livre e se realiza, como está explícito em Amo e Senhor:

Meu senhor e amo. / Que posso fazer para mostrar-te minha humildade de escrava? [...] Meu senhor e amo, / Que posso fazer para mostrar-te minha dedicação de serva? [...] Meu senhor e amo, / Que posso fazer para mostrar-te minha paciência de santa? [...] Meu senhor e amo / Que posso fazer para mostrar-te minha fidelidade de súdita? [...] Amo e Senhor / Tudo farei para mostrar-te meu amor. / Mas não tenhas raiva / Se no fundo estou livre e salva.

Não estaria aí o testemunho de que liberdade é um estado de espírito? Poesia de fundas raízes religiosas, a de Raquel Naveira se constrói sobre a fé no destino transcendente do homem. Destino que só através do Amor, da fraternidade ou comunhão com o outro, poderá ser realizado. Mas ao lado dessa comunhão/estado de espírito, inclui as relações carnais, ocasionais do sexo, como em Pomba Gira:

Enrolou "bobies" nos cabelos / Para formar cachos de sinhá / Ela que é moça de roça. / De esquina. / De quina de sofá. / Caprichou na manicure: / Unhas de fogo / Sempre arrancam gemidos; [...] Antes de sair, / Rezou pra pomba-gira, / Pomba-gira girou! / Sábado / Saia de babado, / Bolsa de lado, / Batom guardado, / Arma secreta / Para fulminar como seta / Um coração animal!

A poesia de Raquel Naveira, desdobrada em seus muitos livros, é habitada por uma vasta galeria de mulheres famosas ou anônimas, entregues ao trabalho que dá continuidade à vida (que carrega na cabeça, o peso do mundo) ou eternizada no espaço bíblico (Maria Madalena, Rute, Salomé, Judite, Sara...) e no espaço histórico (Maria Antonieta, Josefina, Nefertiti, Guinevére...). Nomes de mulheres santas ou de prostitutas, lavadeiras ou rainhas... em todas, a autora (como ela mesmo o diz) procura *descobrir uma alma, uma aura, um mistério em forma de flor, de ventre e de frutos* (**Fiandeira**, p. 9). Cenas, gestos que ficaram na história ou se transformaram em mito; reflexões sobre a vida, a morte, a sabedoria bíblica, Deus, ânsia de reter na palavra o que está sendo vivido, ouvido, lido... é o que dinamiza a produção poética e a ensaística da autora. Poesia visceralmente intertextual, cuja principal fonte é a vasta trança de leituras que fascinam a autora, esta aparece como uma pausa para meditação em meio ao turbulento panorama poético dos nossos tempos. Tempo de caos e mutações, torturado pelas angústias existenciais, pelas interrogações sem respostas (Quem sou eu? De onde vim? Para onde vou? O que faço aqui?), uma vez que todas elas só podem ser respondidas pela Fé, a grande ausente no homem contemporâneo e que é a pedra-base da concepção de mundo expressa pela poeta sul-mato-grossense. Ao longo de toda sua obra, essa Fé está explícita ou implícita. Inclusive reiteradamente declarada:

Creio na comunhão dos santos, numa espécie de Banco Celestial onde estão depositados todos os gestos de bondade, todas as virtudes de que os homens foram capazes, todas as palavras de consolo e perdão e que essa conta corrente de amor e fraternidade faz com que a raça humana tenha crédito aos olhos de Deus. [...] Um dos significados da palavra "Santo" é "poderoso". À medida que nos santificamos, que buscamos a santidade, que é o fim último do homem, tornamo-nos cada vez mais poderosos. Vamos ganhando esse poder espiritual que nos dá segurança, serenidade, esperança, equilíbrio, paz. Todos temos potencial para a santidade. Somos santos e pecadores ao mesmo tempo. É preciso que recuperemos o ideal da santidade, aqui e agora, só assim seremos poderosos e felizes. (**Fiandeira**, *p. 21)*

É essa a mensagem da poesia de Raquel Naveira. Daí entendermos por que alguém a definiu como sacerdotisa da simplicidade... Sua acuidade visual levou-a também ao exercício do dialogar com telas de vários pintores. Em 1989, escreveu poemas inspirados por telas de Sílvio Rocha, pintor surrealista, ligado ao pantanal e às heranças indígenas, e em parceria montam uma exposição de quadros e poemas no Centro de Arte Viva em Campo Grande. Multiplica esse diálogo poesia/pintura com telas de outros pintores da região (Volpe; Ilton Silva, Terezinha Nader, Jonir...), e telas famosas (Goya, Picasso...). Participa, com uma plêiade de poetas, das publicações em livro **Intimidades transvistas** (1997) e **Xilogravuras** (2001), poemas que dialogam com telas ou xilogravuras do artista paulista Valdir Rocha.

Poeta eclética e pesquisadora, escreveu sobre temas históricos: **Guerra entre irmãos** (sobre a Guerra do Paraguai, na qual Mato Grosso se tornou o espaço-divisa das disputas); **Sob os cedros do Senhor** (sobre as fusões culturais resultantes das etnias árabes e armênias, imigrantes em contato com a brasilidade nativa, em terras mato-grossenses) e **Caraguatá** (sobre a Guerra do Contestado, que teve como cenário os Estados de Santa Catarina e Paraná), romanceiro que serviu de roteiro para o curta-metragem Cobrindo o céu de sombra, com direção de Célio Grande e protagonizado por Christiane Tricerri (atriz integrante do grupo Teatral Ornitorrinco de Cacá Rosset). Ainda na linha da redescoberta das origens, escreveu minibiografias de mulheres bíblicas: **Maria Madalena, Mulher samaritana** e **Rute e a sogra Noemi**. Para os jovens, escreve **Pele de jambo**, onde registra suas memórias de infância e adolescência, vividas em Campo Grande e Bela Vista, cujas singularidades ficarão para sempre guardadas no tempo, por meio de seu testemunho.

Em sua produção de ensaísta, destaca-se **O arado e a estrela**, no qual há um debruçar constante sobre o ato criador, sobre o processo de sua própria escrita ou da escrita de outros.

Poeta surgida nos anos de 1970 e 1980, em sua palavra sente-se a vibração do "novo épico", gesto anteriormente assumido pela "geração de 60" e que abriu novos caminhos para revalorização do ser humano, na medida em que a fraqueza e efemeridade do eu são redescobertas e assumidas como a força indestrutível do nós, do Homem, do gênero humano, de quem a Vida depende para se realizar incessantemente e se eternizar no tempo.

Entre os prêmios recebidos, estão: Prêmio Jacaré de Prata/Secretaria Cultural de Campo Grande (para **Nunca-te-vi**/1991); 1º Lugar Concurso Nacional de Poesia e Prosa Zumbi – Salvador (para **Abadia**/1995); Finalista – Prêmio Jabuti-Câmara Brasileira de Letras/1996 (**Abadia**); Menção Honrosa – Prêmio Cecília Meireles/UBE-RJ/1997 (**Abadia**); Menção Honrosa Prêmio Apollo Taborda França – Curitiba (**Caraguatá**/1997); Finalista – Prêmio Jabuti-CBL/1998 (**Casa de Tecla**); Menção Honrosa – Prêmio Alejandro J. Cabassa – UBE-RJ/1998 (**Caraguatá**) e Prêmio Henriqueta Lisboa – Academia Mineira de Letras/2001.

É membro de inúmeras entidades culturais, como Academia de Letras Sul-Mato-grossense; Pen Clube do Brasil-RJ; União Brasileira do Livro-SP. Sua obra tem merecido a atenção de estudiosos e críticos que a destacam em meio à produção atual. Poemas seus têm sido incluídos em livros didáticos e antologias que reúnem textos históricos. Outros poemas estão sendo traduzidos para o árabe no Departamento de Letras Orientais da UFRJ, por Cristina Ayoub Riche.

Publicações: Poesia – **Sonhos a quatro remos**, 1982; **Via-sacra**, 1989; **Fonte luminosa**, 1990; **Nunca-te-vi**, 1991; **Abadia**, 1995; **Casa de Tecla**, 1998; **Senhora**, 1999; **Stella Maria e outros poemas**, 2001. Tema histórico – **Guerra entre irmãos**, 1993; **Sob os cedros do Senhor**, 1994; **Caraguatá**, 1996. Ensaios/Pesquisa/Biografia – **Fiandeira**, 1992; **Maria Madalena**, 1995; **Mulher samaritana**, 1995; **Rute e a sogra Noemi**, 1997; **Pele de jambo**, 1997; **O arado e a estrela**, 1996.

1161 REGINA ALENCAR

Nome literário adotado pelo jornalista e poeta baiano Eduardo Faria, ao publicar o livro de poemas **Sensações** (Salvador, julho/1922). Essa mistificação do autor, atribuindo a autoria desses poemas "ousados" a uma mulher bonita (cujo retrato estampado na capa, feita por Raul Pederneira, foi tirado de um cartão-postal), acaba se tornando um rumuroso escândalo literário que, ultrapassando as fronteiras da Bahia, vai agitar o Rio de Janeiro. Osório Duque Estrada, escandalizado, escreve, no Jornal do Brasil, uma crítica contra a poesia malsã de Regina de Alencar; provoca a defesa de Moacir de Almeida (A rua) e com isso transforma o livro em grande sucesso (em menos de um mês se esgota a edição de 4.000 exemplares, façanha que, mesmo em nossos dias, é quase impossível acontecer...).

Em 1945, em entrevista dada a Van Jafa e publicada na revista Vamos Ler (RJ, 12.10.45), Eduardo Faria explica o "nascimento" de Regina de Alencar:

Naqueles idos tempos [...] os literatos rompiam o movimento modernista, com reflexos tardios do futurismo de Marinetti. Reinava um verdadeiro pandemônio dos sentidos. Um vendaval, acompanhado de furacão de possíveis idéias novas varria todo o continente literário. Havia verdadeira inversão da sensibilidade. Os poetas tratavam de visões fugidias e as poetisas objetivaram o sexo, num possível movimento literário, digno de um capítulo para Freud.
Diante desta inversão à maneira de Havellock, na expressão dos sentimentos sentimentalmente confusos, surgiu Regina de Alencar, como uma crítica-sátira. Ao momento.

Publicação: **Sensações**, 1922.

1162 REGINA CÉLIA COLÔNIA

Ficcionista, poeta, psicóloga, jornalista, fotógrafa, redatora de publicidade, intérprete em conferências internacionais, Regina Célia Colônia nasceu no Rio de Janeiro e tem vivido em diferentes regiões do Brasil e do exterior. Pertence à geração literária que surge nos anos de 1970. Com poucos meses de idade, foi levada pelos pais numa longa viagem que passava pela Patagônia, e daí cruzando a Cordilheira dos Andes pelo Chile e, em seguida, de navio até o Peru. A escritora vê nessa viagem prematura o prenúncio de uma vida de mudanças de terra, como a que as circunstâncias da vida a têm levado.

Estudou em colégios de diferentes regiões do País, desde Cruz Alta (RS), até Recife (PE), passando por Campo Grande (MT). Aos 10 anos estava em Paris, no Colégio Notre Dame; aos 12, estuda como interna no Colégio Sion de Petrópolis e a partir dos 13 anos, no Sion do Rio de Janeiro. Em 1965, ingressa na PUC-RJ, onde se forma em Jornalismo e passa a trabalhar no Jornal do Brasil. Nessa ocasião, como repórter, refaz a viagem ao Equador – Peru que fizera vinte anos antes, quando era bebê; e se apaixona pela cultura indígena, principalmente a equatoriana. Como publicitária, integrou o grupo de criação da J. Walter Thompson (RJ e SP) e chefiou o Departamento de Copy (criação de texto) da S. J. de Melo (RJ).

Em 1968, presta concurso para o Itamaraty/Ministério de Relações Exteriores e inicia carreira no Departamento Consular. Em 1970, com a mudança do Ministério para Brasília, passa a trabalhar na Assessoria de Imprensa do Ministro de Estado (na época, Embaixador Souza Dantas). Continua ligada ao Jornal do Brasil e colabora em outros órgãos da grande imprensa (revista Veja, Correio Braziliense, órgãos da empresa Bloch, etc.). Em 1972, volta para o Rio de Janeiro, trabalha no setor cultural do escritório regional do Itamaraty. Paralelamente volta aos estudos na PUC e se forma em Psicologia. Faz pós-graduação em Psicologia Clínica no Instituto de Medicina Psicológica do Rio de Janeiro. Afasta-se temporariamente do Itamaraty e trabalha no Hospital Pinel, no Sanatório e em seu consultório particular.

Em 1977, é nomeada Adido Cultural do Brasil no Senegal (África), onde permanece até 1979. De volta ao Rio de Janeiro, reassume suas atividades no Setor Cultural do Ministério e o exercício clínico. Em 1981, é designada para a Embaixada do Brasil em Lisboa e, em 1984, para a Embaixada Brasileira nos Estados Unidos.

Regina Célia surge como escritora em 1974, com pleno domínio da arte poética, em **Sumaimana** (misterioso título que, na língua quechúa, significa o sentimento daquilo que é o mais lindo que o lindo). Poesia telúrica, esta foi engendrada pela fascinação da poeta pela cultura e vivência dos indígenas, primeiros povoadores da América do Sul. Sua fala mergulha raízes na Grande Terra dos índios, cuja origem se perde nos tempos míticos (caipós e macuxis do Brasil; quechús do Equador); e se alimenta da memória das antiquíssimas culturas equatorianas (5.000 a.C.) no extenso Reino de Quito. Misteriosas civilizações que, muito antes de serem conquistadas e dizimadas pelos europeus, dominavam a arte de ourivesaria, moldando em platina e ouro peças de extrema beleza. Poema épico-lírico, tramado em linguagem híbrida, fusão da língua portuguesa com os idiomas arcaicos indígenas sul-americanos, este **Sumaimana** (fruto de uma intensa vivência existencial e crítica) ocupa um lugar especial no âmbito dos estudos que vêm sendo desenvolvidos acerca do entrelaçamento do lastro lusitano (ou mais amplamente ibérico) e do complexo brasileiro (ou mais amplamente sul-americano). Os versos de Pablo Neruda, postos na abertura, sintetizam a intensa ligação da poeta com sua matéria poética.

Perdón si cuando quiero / contar mi vida / es tierra lo que cuento / Esta es la tierra. / Crece em tu sangre / y creces. / Si se apaga en tu sangre / tú te apagas.

Regina Célia revela, neste livro de estréia, o chão eterno (a terra) que alicerça a sua personalidade, complexamente trabalhada pelos valores culturais e civilizados do nosso tempo, altamente sofisticado. Em sua dedicatória ao pai, esse lastro é confessado:

À memória de meu pai que me ensinou muito cedo a tocar a terra dos homens, sentindo-a no amor uma só terra. E a procurar a língua de cada povo onde ela soa mais claro – no coração.

É desta visceral ligação com a terra e com as origens, que sentimos fluir a energia, que dinamiza a sua escritura poética ou ficcional, como a de **Canção para o totem** (1976). Livro singular no âmbito da Literatura Brasileira, este tem como eixo central duas problemáticas maiores, que se cruzam e se complementam: a necessidade de redescobrir/reinventar as origens da nossa aventura humana/brasileira e a certeza de que a palavra, a escrita poética e a arte em geral estão construindo o Sexto Continente, aquele que dará expressão e realidade plena à aventura humana nos cinco outros, já conhecidos. Em certo fragmento, isto é dito claramente:

Carlos, meu querido: No vão do momento cabem coisas amplíssimas. As folhas de uma árvore na floresta e depois todas as árvores. E, ao mesmo tempo, uma prancheta de desenho. Sobre a qual, nesta sala, você está desenhando as árvores. Mas o que importa não é o ruído das folhas (de papel) nos teus dedos. [...] O que importa agora é o Sexto Continente que nós sabemos que eu estou fazendo aqui. (p. 83)

É neste Sexto Continente que os contos (?) se entrelaçam, mostrando, pelos interstícios das histórias fragmentadas, a invisível relação existente entre o viver hipercivilizado dos nossos tempos e o das origens arcaicas (ou míticas).

Dominando uma técnica narrativa complexa (múltiplos focos narrativos, colagem de fragmentos, zoom, desfocagem...), contaminada pela linguagem cinematográfica e pela linguagem mítica, a autora vai construindo os textos que formam o volume, como *flashs* de situações que acontecem em espaços, que vão desde o cenário sofisticado da política internacional em Brasília, até o espaço real-mítico da aldeia dos caiapós no Equador, e se multiplicam por terras tão distantes entre si, como Ouro Preto, Copacabana, Amazonas, Equador, Patagônia... As situações (reais ou fictícias) vão-se enredando na rede do livro: uma reunião de alta cúpula em Brasília; Elizabeth Bishop no Brasil, os rituais milenares da Índia, a mergulhadora que buscava descobrir novos mundo no fundo do mar, leões que vivem em Luziânia (nos dentros de Goiás); as esculturas de Mary Vieira na Bienal de Veneza, levando o espectador a sentir-se imerso em um oceano aéreo, com a "água assimilada ao princípio do som", etc. Narradas de maneira fragmentada e aparentemente displicente, elas na verdade são filtradas através de uma ótica holística, aquela que vê na parte a inteira presença do todo.

Ao atribuir o 1º lugar à **Canção para o totem** (entre 800 candidatos) no I Concurso Nacional de Literatura do Estado de Goiás, a Comissão Julgadora (Ático Vilas Boas, Hélio Pólvora e Nelly Novaes Coelho) assim o justificou:

Canção para o totem – de Araguaia – enfoca a realidade brasileira em seus altos escalões e em sua interdependência com as demais nações da América e da Europa. O intrincado mundo da cultura e da arte, do dinheiro e do poder, com seu lado *oculto, por vezes patético. Narrativas que conseguem uma perfeita união entre o mítico, o primordial (o que pertence ao pensamento mágico dos albores do mundo), e o supercivilizado, a cultura planetária, veiculada pelas sofisticadas criações da cibernética, e impulsionada pelos novos deuses do mundo tecnológico: os múltiplos meios de propaganda publicitária. [...] **Canção para o totem** é texto literário realmente inovador quanto à arte de contar.*

Altamente reconhecido pela crítica, esse livro recebeu ainda: Prêmio Especial Fernando Chinaglia; Prêmio Jabuti – Câmara Brasileira do Livro-SP; Prêmio Concurso Nacional de Literatura – revista Status, entre outros.

Nessa mesma linha problemática e estilística, publica **Sob o pé de damasco, sob a chuva** (Lisboa, 1984); seguido, em 1985, pelo volume **Os leões de Luziânia**, no qual reúne toda sua obra anteriormente publicada. Participa de inúmeras antologias: **Opowiadania brazylijskie** (trad. e org. Janina Klawe/Polônia, Cracóvia, 1977); **L'Occhio dall'altra parte** (trad. e org. Juliano Macchi; posfácio de Luciana Stegagno Picchio, Milão, 1979); **Muito prazer** (org. Márcia Denser, RJ, 1982); **O prazer é todo meu** (org. Márcia Denser, RJ, 1984); e **Antologia da poesia brasileira contemporânea** (org. Carlos Nejar, Lisboa, 1984).

Publicações: **Sumaimana**, 1974; **Canção para o totem**, 1976; **Sob o pé de damasco, sob a chuva**, 1984; e **Os leões de Luziânia**, 1985.

1163 REGINA LACERDA

Poeta, artista plástica, folclorista, musicista, professora, Regina Lacerda nasceu em Goiás (GO). Forte vocação para as artes e letras, formou-se professora e em artes plásticas, dedicando-se à pintura. Como folclorista e musicista, recebeu várias distinções e destaque por sua variada obra. É membro da Academia de Letras de Goiás e da Academia Feminina de Letras e Artes de Goiás. Estreou em livro, em 1956, com a poesia de **Pitanga**. Seguem-se vários outros, resultantes de suas pesquisas.

Publicações: Poesia – **Pitanga**, 1956. Folclore – **Vila Boa**, 1957; **Cantigas e cantões**, 1978; **Histórias que o homem de bronze contou**, 1981; e **Histórias de Goiás para crianças**, 1985. História – **A independência em Goiás**, 1975.

1164 REGINA RHEDA

Contista, *expert* em multimídia e editoração, Regina Teresa Rheda nasceu no interior de São Paulo (SP), em 1957. Aos oito anos, muda-se para a capital paulista. Formou-se em 1975, pela Escola de Comunicação e Artes-USP. Entre 1980 e 1986, escreveu roteiros para curtas-metragens e vídeos, que ela própria dirige – produção patrocinada pela USP, pela Secretaria de Cultura do Estado de São Paulo e pela Embrafilmes. Apresentados em festivais, vários deles foram premiados e exibidos em inúmeros estados. Em 1984, doutora-se em Artes, área de Cinema, pela ECA-USP. Durante 1988, realiza estágio de estudos (áreas de cinema e TV) na Inglaterra, Itália e Alemanha.

Como contista, estréia em livro em 1994, com **Arca sem Noé – Histórias do edifício Copam** (Prêmio Jabuti – Ficção). Um dos contos, O mau vizinho, recebeu menção honrosa do prêmio Maison de l'Amerique Latine – France. Seguem-se em 1996, o romance **Pau-de-arara classe turística** e, em 1997, **Amor sem-vergonha**, contos eróticos, ambos bem recebidos pela crítica. Durante dois anos (1996/1998), trabalha como assistente editorial do livro didático (Ed. Ática-SP). Em 1998, participou do programa para escritores da Ledig House International Writer's Colony (Ghent, Nova York) e começou a escrever novo romance. Atualmente (2001), reside nos Estados Unidos.

Publicações: **Arca sem Noé – Histórias do edifício Copam**, 1994; **Pau-de-arara classe turística**, 1996, e **Amor sem-vergonha**, 1997.

1165 REGINA ROUSSEAU

Poeta paulista, Regina Rousseau publicou, em 1998, **O canto do rouxinol**, dedicado à memória do poeta, compositor e cantor Renato Russo, falecido em 11.10.1996. Diz na abertura do livro: *Aos 36 anos. Ele partiu para o infinito, levando suas poesias e suas canções, mas que eternizamos em nossas mentes e em nossos corações. Quem falar que ele morreu, errou. Pois ele está presente sob a forma de uma chama incandescente.*

A poesia reunida neste volume é atravessada por essa chama incandescente, que não se apaga nem diante da tragédia visível/invisível que varre o mundo-em-caos, oculto sob o brilho mágico do ciberespaço em que vivemos. Poesia consciente do poder da palavra e dos limites que o mundo opõe à verdadeira realização humana, esta, de Regina, dá o seu testemunho.

Publicação: **O canto do rouxinol**, 1998.

REGINE LIMAVERDE 1166

Poeta, contista, pesquisadora, ensaísta, Regine Helena Silva dos Fernandes Vieira Limaverde nasceu em Fortaleza (CE), em 14.03.1947. Fez seus primeiros estudos no Colégio Sete de Setembro e Imaculada Conceição. Forma-se em Ciências Biológicas pela UFCE, onde defende a tese de mestrado em Tecnologia de Alimentos (1985). Na Universidade de São Paulo, realiza doutorado em Microbiologia. Ingressa na carreira acadêmica, lecionando nas áreas de microbiologia aquática, tecnologia de alimentos e biologia. Como pesquisadora, desenvolve estudos no Laboratório de Ciências do Mar da UFC.

Desde a adolescência, sente-se atraída pela escrita literária, publicando poemas e contos em jornais e revistas literárias. Estréia em livro em 1980, com a poesia de **Rio em cheia**, ao qual se seguem outros, com muito boa aceitação da crítica. Fez parte do grupo Siriará, fundado por Rogaciano Leite Fº (1954-1992), que lança a nova geração de poetas cearenses, nos anos de 1980 (Márcio Catunda Batista de Lima, Luciano Maia, Floriano Martins e outros). Com **Mar de sargaços**, com prefácio de Fernando Mendes Viana, consolida-se sua posição como poeta da nova geração. Nos anos de 1990, publica uma série de contos que foram premiados em diferentes concursos literários. É membro de várias entidades culturais, como a Academia de Letras. Entre os vários prêmios recebidos, destacam-se: Prêmio Poesia – Estado do Ceará, 1983; Concurso Nacional de Contos – Paraíba, 1991 e 1992.

Publicações: Poesia – **Rio em cheia**, 1980; **Ressurgências**, 1982; **Mar de sargaços**, 1985; **Poemas quaternários**, 1990; **Caleidoscópio**, 1995; e **KAAAIAO EKOITION**, 1995.

REJANE MACHADO 1167

Contista, jornalista, crítica literária, a carioca Rejane Machado iniciou-se nas lides literárias, nos anos de 1950, como colaboradora de jornais e revistas de grande circulação. Em 1969, foi uma das vencedoras do Concurso Orlando Dantas, promovido pelo Diário de Notícias, com o conto Sombras (dolorosa visão de mundo de um internado em uma clínica psiquiátrica). Estréia em livro, em 1972, com **A dimensão das pedras**, fragmentos de vidas, flagradas no cotidiano comum. Domínio seguro da linguagem narrativa, na linha do realismo crítico, o que procura fixar objetivamente a realidade e, ao mesmo tempo, mostrar sua verdade oculta sob as aparências. Domínio do fator que singulariza o gênero conto, o final que surpreende e, em essência, o contar duas histórias simultaneamente, a que se mostra à superfície e a que se desenrola por baixo da primeira, invisível, mas sem dúvida a principal. Visão de mundo tocada pela solidão interior dos seres, pelas frustrações silenciosas, pela ausência de verdadeira comunicação humana, sobretudo entre crianças e adultos. Publicou recentemente o romance **Informações a um desconhecido**.

Publicações: **A dimensão das pedras**, 1972, e **Informações a um desconhecido**, 2000.

RENATA PACCOLA 1168

Poeta que surge nos anos 1980, Renata Paccola Frischkorn nasceu em São Paulo (SP), em 18.03.1963. Formou-se em Direito. Dedica-se aos problemas sociais. Muito cedo começa a escrever poesia. Em 1980, foi classificada no I Concurso Mirante de Poesia (SP) e, em 1982, no de Florianópolis (SC), "Aquela poesia que estava na gaveta".

Estréia em livro, em 1983, com **De vulto a volta**, recolha poética que expressa a preocupação experimental com a linguagem, tentando fundi-la com uma percepção crítica-social que procura ir além do imediato. Faz parte do Grupo Mirante de Poesia.

Publicação: **De vulto a volta**, 1983.

1169 RENATA PALLOTTINI

Poeta de grande força, dramaturga, ficcionista, professora universitária, advogada, pesquisadora, ensaísta, roteirista de televisão, produtora cultural, diretora e adaptadora teatral, Renata Pallottini nasceu em São Paulo (SP), em 20.01.1931. Fez seus primeiros estudos no Ginásio Independência (1937); continuando-os no Colégio Anglo-Latino (Curso Clássico concluído em 1948). Em 1949, ingressa nos cursos: Direito (Faculdade Direito-USP) e Filosofia Pura (PUC – São Bento). Ainda estudante, em 1951, começa a trabalhar como revisora na gráfica da família (Tip. Pallottini). No ano seguinte, trabalha como solicitadora acadêmica em escritório de advocacia. Em 1953, já formada, abre seu próprio escritório de advogada. Divide-se entre as atividades jurídicas e a atração pela poesia e pelo teatro, esferas em que já começara a atuar.

Em 1957, faz a primeira viagem à Europa, detendo-se principalmente na Espanha e em Portugal. Em Madri, conhece a poeta espanhola Glória Fuentes, que teria grande influência em sua vida e obra. De suas andanças em Portugal, resultaria a poesia de redescoberta amorosa e pungente de nossas raízes lusitanas, **Nós, Portugal** (publ. em Tavira, 1958). Entre setembro/1959 e julho/1960, com Bolsa de Estudos concedida pelo governo espanhol, freqüenta a Faculdade de Letras da Universidade de Madri; e faz cursos livres no Instituto de Cultura Hispânica. Nesse período, reencontra Glória Fuentes e trava conhecimento com poetas e dramaturgos espanhóis (Gabriel Celaya, Angel Crespo e Carlos Bousoño) e portugueses (Antônio Ramos Rosa, A. Vicente Campinas e Egito Gonçalves), com os quais manterá amizade.

De volta ao Brasil, em 1961 matricula-se no Curso de Dramaturgia da Escola de Arte Dramática de São Paulo, onde foi colega de Lauro Muniz e Luís Carlos Cardoso; e aluna de Alfredo Mesquita, Augusto Boal, Sábato Magaldi, Alberto D'Averso, Décio de Almeida Prado e Anatol Rosenfeld. Muda-se o rumo de sua vida: a poeta e a dramaturga se impõem definitivamente. Sucedem-se os poemas publicados e textos teatrais encenados. Em 1964, começa a lecionar na Escola de Arte Dramática, a convite de Alfredo Mesquita, para substituir Sábato Magaldi. Assume a vice-presidência da UBE-SP. Em 1966, nova viagem à Europa, em gozo do prêmio Moliére, concedido à sua primeira peça, **O crime da cabra**. Em 1968, inicia-se na docência superior, na ECA – Escola de Comunicações e Artes/USP – Departamento de Teatro. A partir daí, as diferentes esferas de trabalho, criação e produção (poesia, teatro, ficção, pesquisa e docência) a que se dedica, fundem-se dinamicamente.

A atração pela poesia foi a primeira a se manifestar. Em 1950, ainda caloura, publica seus primeiros poemas em revista da Faculdade de Direito/USP. Em 1952, estréia em livro com **Acalanto** (impresso na gráfica da família e de modo quase artesanal, por ela própria). Nesse ano, seu original "Cais da serenidade" ganha o Prêmio Poesia de A Gazeta-SP e é publicado no ano seguinte. Em 1956, saem os poemas de **O monólogo vivo**, em edição própria; e a adaptação teatral, feita com o conto "Sarapalha" de Guimarães Rosa, ganha o prêmio instituído pelo Teatro de Arena (montagem do espetáculo que nunca chegou a acontecer). Essa adaptação foi publicada em 1957 na revista Diálogo e encenada anos depois (1961) com direção de Alberto D'Anversa. Escreve a peça em um ato **A lâmpada**, publicada pela revista Prisma (1959) e montada em Campinas, por grupo teatral dirigido por Teresa Aguiar. Em 1961, escreve seus primeiros textos para televisão. No ano seguinte, escreve e dirige, na Escola de Arte Dramática, a peça em um ato **O exercício da justiça**.

O caminho estava aberto para a dramaturga, que estréia profissionalmente com a comédia **O crime da cabra** (dir. Carlos Murtinho – Cia. Nydia Lícia), agraciada com os prêmios: Moliére e Governo do Estado. Outras peças e prêmios se seguem: **O escorpião de Numância** (Prêmio Anchieta/1968); **Hair** (Prêmio Melhor Tradução – UCBEU.RJ/1968); **A história do juiz** (Medalha do Mérito – Câmara Municipal. SP/1971) e outras.

Em 1968, chefia a delegação da Escola de Arte Dramática ao Festival de Teatro Universitário de Manizales – Colômbia, onde encena **Pedro pedreiro**, sobre personagem de Chico Buarque de Holanda. Nessa época começa a se preocupar com a interação latino-americana. Assume a presidência da Comissão Estadual de Teatro da Secretaria de Estado da Cultura. Prossegue escrevendo poesia e teatro. Em 1970, sua peça **O escorpião de Numância** é encenada (dir. José Rubens Siqueira); publica **Pequeno teatro** e, em nova viagem à Europa, freqüenta cursos livres de teatro na Sorbonne Nouvelle em Paris.

Em 1972, inicia colaboração regular com a televisão. Volta a Madri para uma palestra no Instituto de Cultura Hispânica; e sua peça **João Guimarães, veredas** é encenada no Teatro Nydia Lícia (dir. Teresa Aguiar). Ainda nesse ano, escreve a peça-denúncia "Enquanto se vai morrer", sobre problemas de tortura e morte, mas que não chegou a ser encenada, pois foi proibida pela Censura Federal (estávamos em pleno Governo Militar). Em 1973, é nomeada Presidente do Centro Brasileiro de Teatro (instituição filiada à UNESCO). Prossegue em ativa produção.

Na carreira acadêmica, em 1982, realiza doutorado na USP com uma tese centrada na reflexão teórica, do ponto de vista da dramaturgia, sobre a construção de sua peça inédita, "O país do sol". Reflexão e análises que, posteriormente, seriam reunidas em livro, **Introdução à dramaturgia**, constituindo-se um dos raros estudos brasileiros, originais, sobre a criação/construção teatral. A peça "O país do sol" torna-se o primeiro título de uma trilogia (Colônia Cecília e Tarantella) sobre a imigração italiana no Brasil.

Sucedem-se regularmente peças e encenações: Serenata cantada aos companheiros (dir. Fausto Fuser/1976); Um homem vestido de mulher (dir. Zecarlos de Andrade/1977); Melodrama (dir. Annamaria Dias/1982); Colônia Cecília, segundo título da trilogia sobre anarquistas imigrantes italianos no século XIX (encenada em 1984, no Teatro Guaíra, Curitiba, dir. Ademar Guerra); Caminho que fazem o darro e o genil, sobre vida e obra de Garcia Lorca (dir. Teresa Aguiar), etc.

Participa do grupo fundador da Associação Paulista de Autores Teatrais. Torna-se sua primeira presidente. Faz novas viagens à Europa e à América Latina. Atraída pelas reformas culturais empreendidas em Cuba, pelo ditador Fidel Castro, participa ativamente do movimento renovador na área teatral e, entre 1988 e 1993, viaja regularmente para Cuba, para dar cursos de dramaturgia, na Escuela International de Cine y TV/San Antonio de los Baños). Dessas viagens e experiências, resulta o romance-bolero **Nosotros** (1994), cuja estrutura labiríntica metaforiza os mil e um problemas e conflitos que se cruzam na América Latina. Trama desordenada em torno do sofrimento do povo cubano, devido à crise econômica em que o país mergulhou desde a derrocada da União Soviética (que sustentava o Governo de Fidel). Ainda voltada para os problemas de nosso tempo – agora centrada nas agruras da vida do artista –, escreve o romance **Ofício & amargura** (1998), cuja ação se inicia e se encerra em Havana Velha, depois de passar por Cuzco, Rio de Janeiro, São Paulo e Assis, na Itália. Em 1989, ainda voltada para a América Latina, organiza um Seminário Latino-Americano de Dramaturgia (realizado no Memorial da América Latina-SP) para debates sobre o gênero telenovela, e que reuniu especialistas de Cuba, Peru e Brasil.

Desde 1972, Pallottini envolveu-se com produção para televisão: participou, nesse ano, da roteirização do musical infantil **Vila Sésamo** para a TV Globo (dir. Ademar Guerra); escreveu, em 1976, em colaboração com Carlos Queiroz Telles, a telenovela **O julgamento** (baseada na obra de Dostoievski) para a TV Tupi e recebe o prêmio de Melhor Roteiro de TV da APCA/1977; participou do grupo de redação do seriado **Malu Mulher**, TV Globo/1979; escreveu as séries: **Cabaré Literário** (dir. Ademar Guerra), Teleconto e Teleromance para a TV Cultura – s1980/1981; em colaboração com Wilson Aguiar Filho, escreveu 200 capítulos finais da telenovela **Os Imigrantes** para TV Bandeirantes/1982 e participou da produção independente **Joana**, seriado para TV. A partir daí, como escritora, afasta-se da televisão, para se dedicar exclusivamente à pesquisa, à poesia e ao teatro.

Avaliada hoje, à distância de meio século de seu início (1952/2002), essa polimorfa e abundante produção (que abarca diferentes áreas de criação/produção: poesia, teatro, ficção, ensaio, produção...), revela uma voz e uma personalidade que (ainda sem o amplo reconhecimento nacional a que faz jus, aliás como tantas e tantos em nosso tempo!) vem enriquecendo em alto nível o acervo cultural brasileiro, no qual as artes, a literatura e, principalmente a poesia, ocupam lugar privilegiado. Visceralmente sintonizada com o nosso tempo de caos e metamorfoses contínuas, é como poeta que, a nosso ver, Renata Pallottini vem-se afirmando – par inter pares – entre os mestres já consagrados pelo tempo.

Sua estréia em livro se dá no início dos anos de 1950, época confusa, atmosfera expectante da Guerra Fria, pós-Hiroshima e caminhos "fechados" à ação criadora. Momento em que se faziam ouvir as diferentes vozes vindas dos anos de 1940 (Geir Campos, Péricles Eugênio, Domingos Carvalho da Silva, Lêdo Ivo, Ciro Pimentel e outros), que se identificavam como "geração poética" por gravitarem em torno de uma idéia comum: a afirmação da Poesia como eternizadora do Real e o tomá-la como objeto do próprio poema. Compreende-se que, diante de um mundo de destruição e como que "fechado" para o futuro, os jovens "poetas de 45" se voltassem para a única realidade que, em meio ao caos, permanecia intocada: a Poesia (a Arte). De costas para o presente em caos, voltam-se para o passado inaugural: o da Antiguidade Clássica. Urgia resgatar essa poesia-fonte e com ela a grandeza do homem e a beleza do mundo. Daí a dicção nobre, buscada por certa linha da "geração de 45"; a volta às formas de cunho clássico, as metáforas aristocratizantes... A alteração dessa poética só viria no pós-Guerra Fria, quando os caminhos da criação poética explodem em mil experimentalismos e liberdade criadora.

Foi, pois, nesse interregno, entre "fechamento" e "abertura", que Renata Pallottini, estudante universitária, surge a público com seus primeiros exercícios poéticos, **Acalanto**/1952 e **Cais da serenidade**/1953 (posteriormente retirados de sua bibliografia). Neles já se faz presente, embora ainda imatura, a idéia de Poesia como um valor na vida humana. Idéia que, em **O monólogo vivo**, publicado em 1956 (ano mágico para o mundo), se manifesta claramente, mas já tocada por novos ventos e despojada da seriedade ou aura nobre que a poética anterior assumira. O título O monólogo vivo sintetiza a problemática central do livro: a consciência do poeta que se sabe sobrevivente e solitário, mas cuja voz está "viva". E, sozinha, falará por todos. É o que diz o poema de abertura, O anjo, o poema, o girassol:

Excuse me. / Eu sou um gênio / que um deus qualquer deixou de ratificar. / Minha poesia é a que faria um anjo; / entretanto não sou angelical. / Sou tão pouco flor como qualquer girassol [...] Return to me. / Um deus mascarado de mendigo me recebeu em suas mãos. / Estou vulnerável e exposta aos astros. A luz me cega. / Como queres que um pobre olhar a quem a extrema luz ofusca / diga da Luz? / Eu. / Sou a intenção frustrada, embora me sinta em vitória. / Também em contradição. O ilusório paradoxo. / Excuse me. / O gênio [...] à espera de confirmação.

Nesse tom que oscila entre a "blague", a ousadia e a seriedade, a poeta faz sua profissão de fé: lúcida e ludicamente, assume sua vocação de poeta e as contradições ou paradoxos inerentes à sua condição humana. Com a metáfora "anjo" (signo rilkiano do mistério-da-criação), revela-se poeta que, apesar de suas limitações, aspira ver além do olhar comum, e se quer pertencente à longa linhagem dos poetas que viram a Luz; poetas que têm "grandes olhos luminosos" e cuja "boca brilha como a portadora de uma grande nova". Entretanto, essa "grande nova" (o mundo redescoberto) só poderá existir, se transformada em mensagem, isto é, transformada no fenômeno "poesia", que nasce da luta do poeta com as palavras. É o que diz o poema Sangue das palavras, de húmus drummondiano:

As palavras vêm saltando à minha procura / e tenho que domá-las como aos cavalos selvagens, / e tenho que sujeitá-las ao freio da Impaciência, eu, que também sinto dentro de mim um impulso de árvore em crescimento.

É a essa "doma" que a poeta tem dedicado a vida. Mas não no sentido do experimentalismo formal ou da obsessiva reflexão sobre o fazer literário, que resulta no exercício da palavra voltada para si mesma e que é uma das singularidades da poesia contemporânea: a poesia da ruptura (poesia que se quer inventora e para isso escava a palavra a fim de que ela possa revelar algo ainda inalcançado). A de Renata é poesia do mundo existente, um mundo de contradições, de certezas/incertezas, verdades/mentiras, ilusões/desencantos, amor/morte, presenças/ausências... preexistente à palavra que o expressa e que lhe dá realidade definitiva. Poesia, enfim, que busca a unidade, para além de toda a fragmentação do mundo e da vida que nos cumpre viver. Daí que a memória seja a grande presença em seu universo poético.

Maduro o mundo, / madura a fruta a ser comida. // Os olhos testemunham / o que, no coração, pára e respira. // Dos calmos arcos frios da memória / uma onda volta, cada vez mais rica.

Como um oceano, incessantemente a refluir em vagas, assim as lembranças refluem em sua poesia, empapada de comunhão humana. Poeta atenta ao seu tempo e fiel à sua verdade de "árvore em crescimento" contínuo, Renata Pallottini vem desdobrando em poesia, seu corpo-a-corpo com vida, a morte, o amor, Deus, a revolta contra a degradação humana (provocada pelos "donos do poder") e a resignação em face do findar inevitável das coisas. Findar contra o qual só existe um obstáculo: a memória que se transforma em poesia, em palavra.

Poeta de linhagem proustiana (ou drummondiana?) há meio século, Renata vem represando em poesia a memória de seu tempo. Em intervalos regulares, seus títulos vão-se sucedendo: **A casa**, **Nós**, **Portugal**, **Livro de sonetos**, **A faca e a pedra**, **Os arcos da memória**, **Coração americano**, **Noite afora** e outros e outros, que atravessaram as décadas de 1960 a 1990 e testemunharam as sucessivas mudanças no mundo e nos rumos da criação poética. Embora susceptível a essas mudanças, a poeta permaneceu fiel à sua verdade e escolha dos primeiros tempos. Proustianamente, insere-se entre os que vêm amalgamando, em poesia, a memória do que, ao longo do tempo, foi sendo vivido e deixando marcas, ora leves ou fundas, ora apenas aflorando a epiderme das relações, sensações e emoções, ora atingindo o fundo abissal do ser. Essa alquímica transmutação da memória da vida em palavra/poesia (tal como Proust descobriu, na grande aventura da memória, **Em Busca do tempo perdido**), não só preserva do esquecimento, o misterioso mundo interior de cada um (o mundo imaginário das emoções, sensações, idéias, alegrias, dores...), mas também dá concretude ou visibilidade a esse mundo invisível do eu, que não tem outra forma de existir para os outros, senão pela memória do que foi vivido e revelado em linguagem (descoberta final de Proust em **O tempo reencontrado**, último tomo da série).

Entre os altos momentos em que essa concepção de mundo se manifesta, leiam-se os poemas: Plaza Mayor, Mercado da Paz, Para Vigo me voy.... Ou o livro **Esse vinho vadio**: verdadeira viagem iniciática realizada pela poeta ao visitar Roma e Grécia e se encontrar com as origens do mundo ocidental. Origens que, apesar dos milênios que por elas passaram, resistiram e ali permanecem, nas formas de arte (arquitetura, esculturas...) que deram materialidade e perenidade ao imenso mundo de idéias, valores, paixões, mitos, histórias... que ali se engendraram e dali saíram e se multiplicaram pelas sete partidas do mundo.

A funda emoção, o estado de verdadeira embriaguez interior, provocado por esse encontro da poeta com o mundo antigo, do qual somos filhos, foram habilmente "escamoteados" na poesia, pela embriaguez do "vinho vadio" (tomado no avião e em terra).

De Roma a Atenas porque é necessário; / a alma se completando na passagem / voar como exercício de pássaros falsos [...] Amor heleno e latino / um litro de vinho tinto / O mar violeta de Teseu e Ulisses / abrindo-se em perigos...

Superpõe-se a alteração do corpo, pelos efeitos do vinho, à profunda alteração da alma pelo necessário reencontro com as origens. Reencontro emocionado, que reforça a idéia nuclear de sua poesia: a de que a arte recobre (ou materializa) a vida que o poeta ou artista escava e traz à superfície da forma comunicável ao outro.

Como na rua sem memória / uma coluna é encontrada / e o velho muro que a protegia / se desgasta // o velho muro – a nossa vida – / também protege o grande nada / e deve ser pacientemente escavado / até que a grande fada Morte / surja (irremediável coluna) / bela ou terrível, mas intacta / e una [...] Assim como uma coluna. / surge a vida, humana e una [...] Escavação manual, esculpida, / que à parede leva camadas / aos poucos [...] Mas afinal, da morte escura / surge uma vida / clara coluna.

Vida e morte fundidas numa só realidade indestrutível: eis a natureza última da poesia, da arte...

Publicações: Poesia – **Acalanto**, 1952; **Cais da serenidade**, 1953; **O monólogo vivo**, 1956; **A casa**, 1958; **Nós, Portugal**, 1958; **Livro de sonetos**, 1961; **A faca e a pedra**, 1965; **Os arcos da memória**, 1971; **Coração americano**, 1976; **Noite afora**, 1978; **A vida é sonho**, 1975; **Cerejas, meu amor**, 1982; **Ao inventor das aves**, 1985; **Mercado da paz**, 1988; **Esse vinho vadio**, 1988; **Praça maior**, 1988; **Obra poética**, 1995. Conto – **Mate é a cor da viuvez**, 1975. Romance – **Nosotros**, 1994, e **Ofícios & amargura**, 1998. Teatro – **O crime da cabra**, 1965; **O escorpião de Numância**, 1968, **Pequeno teatro**, 1970; **Pedro pedreiro**, 1985; e **Colônia Cecília**, 1987. Televisão – **Série cabaret literário/TV Cultura**, 1980; **Série Vila Sésamo/TV Globo**, 1971; **O julgamento**/TV Tupi, 1976; **Malu mulher**/TV Globo, 1979; e **Os imigrantes**/TV Bandeirantes, 1982. Tradução – **Hair**, 1968; **Tom Paine**, 1970; **Lulu** de Frank Wedekind, 1974; **Mulheres a bordo** de G. Haimson, 1973; **A vida é sonho** de Calderon de la Barca, 1978; **Divinas palavras de R. Valle-Inclán**, 1980; **O camaleão** de Tchekov, 1985; **Simón** de Isaac Chocrón, 1985 e **Topografia de um desnudo** de Jorge Díaz, 1986. Ensaio – **Vinicius de Morais: aproximações**, 1958; **Introdução à dramaturgia**, 1982; **Dramaturgia: construção do personagem**, 1989; **Cacilda Becker**, 1996; **Dramaturgia de televisão**, 2000; e **Chão de palavras**, 2001. Literatura Infantil – **Tita, a poeta**, 1984; **O mistério do esqueleto**, 1985, **Café com leite**, 1988; **Do tamanho do mundo**, 1993; e **Anja**, 1997.

Prêmios – Prêmio A Gazeta/1953; Prêmio Pen Clube do Brasil/1961; Prêmio Moliére/1968; Prêmio Governador do Estado de São Paulo/1965; Prêmio APCA – Associação Paulista de Críticos de Arte – Tradução teatral/1974; Prêmio Melhor tradução – UCBEU-RJ/1968 e 1973; Medalha do Mérito – Câmara Municipal de São Paulo/1971; Prêmio APCA – Melhor Roteiro TV/1977; Medalha de Mérito Literário – Pen Clube do Brasil/1987; Placa de prata – Laurel Solidário Casa do Escritor – Jubileu de Ouro Literário/2002.

RENI DAL PIAZ FORNASIER 1170

Poeta, Reni Dal Piaz Fornasier nasceu em Bento Gonçalves (RS), em 27.06.1941. É incluída entre as vozes femininas da poesia gaúcha. Estreou em livro, em 1971.

Publicação: **Cantigas de viver**, 1971.

REVOCATA DE MELO 1171

Poeta, contista, dramaturga, tradutora, professora, conferencista, abolicionista, federalista e jornalista atuante no meio político cultural gaúcho, Revocata Heloisa de Melo nasceu em Porto Alegre (RS), em 21.12.1858. Faleceu em Rio Grande (RS), em 18.02.1945. Usou o nome literário Sybill e se assinava Revocata ou Revocata de Melo. Era neta do português

Manoel Figueiroa, jornalista do período farroupilha; sobrinha da poeta Amália dos Passos Figueirôa* e irmã da poeta Julieta de Melo Monteiro*. Mulher culta e dinâmica, notabilizou-se por sua atuação na esfera pública: colaborou em diversos jornais e revistas (A Mocidade, O Combatente – Santa Maria, 1888; Almanaque Literário e Estatístico-RS, 1902; La Fronde-Jornal feminista – Paris e revista do Partenon Literário-RS, 1874). Foi redatora do Diário de Pelotas-RS.

Com sua irmã Julieta, deu aulas particulares, fundou o jornal feminino de maior duração no Brasil do entresséculos, **Corimbo**, mantido durante seis décadas (1883/1943). Embora não fossem a favor da independência econômica feminina, por meio do trabalho profissional (aliás, como a maioria das intelectuais dessa época), ambas se mantiveram graças à profissão de jornalistas e editoras de jornal, atividade absolutamente insólita para ser desempenhada por mulheres. Foi sócia da ARI – Associação Rio-grandense de Imprensa; sócia-benemérita da Maçonaria e patrona da Academia de Letras Feminina do Rio Grande do Sul.

De sua vasta produção de ficção, destaca-se o conto O solitário do mirante (publ. revista do Partenon Literário, 1974). Em parceria com sua irmã Julieta, escreveu o drama **Coração de mãe** (1893), representado em 1911 no Grêmio Dramático Damasceno Vieira; e **Berílios** (1911).

Publicações: Poesia – **Folhas errantes**, 1882. Drama – **Rio Grande**; **Grinalda de noiva** e **Mário**. Tradução – **Sofrer e morrer** (poesia do espanhol Ramon Campoamor).

1172 RIASE RESSAN

Poeta, romancista, artista plástica, Riase Ressan nasceu em Teresina (PI). Está radicada em Brasília (DF), desde 1965. *Filha de cordelista, Riase tem a poesia no sangue. [...] Amante do sol, do vento, seus versos são um verdadeiro hino ao amor – poemas de grande sutileza erótica.* (in **Diamante para amantes**, 1988). Iniciou-se como escritora publicando poemas na imprensa e antologias. Estreou em livro, em 1986, com o romance **Estrela ainda não**. Sua poesia ainda não foi recolhida em livro.

Publicação: **Estrela ainda não**, 1986 e **Diamante para amantes**, 1988.

1173 RISETTE CABRAL

Poeta, professora e autora de livros didáticos, Risette Cabral Fernandes nasceu em Limoeiro do Norte (CE), em 1925, e faleceu em 1997. Filha do livreiro José Celestino de Amorim, cresceu em ambiente de boa cultura. Fez o Curso Normal e dedicou-se à carreira do magistério, voltada para a expansão do ensino para todos. Fundou e dirigiu a Escola Normal Rural de Piripiri; dirigiu o grupo Escolar de Fortaleza e estimulou a criação de muitos pequenos núcleos rurais de ensino. Foi presidente da Ala Feminina da Casa Juvenal Galeno; vice-presidente da Associação de Jornalistas e Escritoras do Brasil.

Desde jovem dedicou-se à escrita literária, colaborando na imprensa local, com poemas, crônicas e reflexões acerca da educação. Por essa produção, recebeu Medalha de Ouro da União Brasileira de Escritores, da qual era sócia. Participou de obras coletivas, como: **Mulheres do Brasil**/1976; **O livro das ajebianas**/1979; **Ajebianas do Paraná e do Brasil**/1981.

Publicações: Poesia – **Rosa do sol**, s/d. Didáticos – **A escola declama**, s/d, e **A escola em festa**, s/d.

1174 RITA BARÉM DE MELO

Poeta, Rita Barém de Melo nasceu em Porto Alegre (RS), em 30.04.1840. Faleceu em 27.02.1868. Foi poeta bastante conhecida em seu tempo. Deixou apenas um livro publicado, **Sorrisos e prantos**.

Publicação: **Sorrisos e prantos**, 1868.

RITA CANTER 1175

Cronista, ensaísta, professora, Rita Schermann Canter nasceu em Santa Maria (RS), em 18.12.1918. Faleceu em 1997. Colaborava na imprensa (Diário de Notícias, Correio do Povo, Gazeta Sulina, O Circulista e A Razão de S. Maria). Era filiada à Estância da Poesia Crioula e outras entidades culturais. Participou da obra coletiva **Relação modernismo-regionalismo** e **Modernismo no Rio Grande do Sul** (1972).

Publicações: **Impressões regionalistas e outras crônicas**, 1962; **Depoimentos literários**, 1971; e **São Pedro: o teatro que eu vi**, 1984.

RITA DE CÁSSIA 1176

Poeta, Rita de Cássia Fernandes Guedes de Araújo nasceu em Quixeramubi (CE), em 1941. Publicou em 1981 seu primeiro livro, **Cores**. Seguem-se: **Essência** e **Sementes**. Poesia sensível, comungante com a vida.

Publicações: **Cores**, 1984; **Essência**, 1987; e **Sementes**, 1990.

RITA ESPECHIT 1177

Poeta, jornalista, *expert* em comunicação, Rita de Cássia Espechit Braga nasceu em Belo Horizonte (MG), em 24.01.1961. Iniciou os cursos de Medicina e de Letras, na UFMG, deixando-os incompletos. Formou-se em Comunicação Social na UFMG e profissionalizou-se na área da imprensa. Durante muito tempo foi assessora de imprensa para entidades sindicais. Foi diretora da Associação Profissional dos Escritores do Estado de Minas Gerais. Iniciou-se como escritora, divulgando seus textos na imprensa. Tem participado de antologias (**Taquicardias**, 1985, e **Novos contistas mineiros**, 1986). Estréia em livro, em 1981, com **Gardênias & tarântulas**, fazendo ouvir a voz feminina "pós-anos dourados", que liberada e visceralmente ligada ao mundo à sua volta, sabe-se ponto de convergência do velho e do novo, mas ainda tentando a possível fusão. No prefácio, Antônio Sérgio Bueno destaca a ligação dessa poesia estreante ao caudal poético que a precedeu, *o de nossos poetas maiores ou mesmo dos mestres da prosa em língua portuguesa*. Mas não só... Rita se afirma entre aquelas e aqueles que surgem nos anos de 1980, sabendo-se elos e continuadores da vida, do mundo. E, ao mesmo tempo, vêem-se diante da falência das grandes idéias ou dos grandes feitos, tendo como única "bússola" suas próprias vivências; e a elas se agarrando com lucidez e ludismo, aparentemente sem se levar muito a sério. Em **Lua gorda**, essa consciência se afirma já no poema de abertura, Chave mestra, título que, não por acaso, é a chave que abre, para o leitor, a problemática nuclear de sua poesia: a consciência do hoje de um mundo em transição; da desordem para uma nova ordem pressentida, mas ainda oculta, e que tem tudo a ver com a vida de cada um, no cotidiano, onde a vida se cumpre. Diz o poema:

Saio da adolescência / com o cansaço das guerras mundiais. / Vencedor nenhum / ou vários. // Inda a dolorosa desordem / da prepotência. / Finda a arrogância da garota suicida / fim do choro e do ranger de dentes. // Primeiras lições: ver e ouvir mais. / Almoçar com os pais, pois / aprendi a língua dos mortais. / Como mortal / sobretudo / viver.

Viver simplesmente, mas com a profunda consciência de estar vivendo e participando da "divina comédia" que é a vida humana. Como diz Antônio Barreto na apresentação: *Rita Espechit parte para uma arte de agregação, de abrangência comunicativa, sem os facilitarismos ideológicos, estéticos ou panfletários. [...] Daí que a primeira e grande característica de sua poesia é essa vida que flui e passa por cima dos cerebralismos enjoados, dos jogos de armar e montar palavras sem costura e contextura, [...] para atingir o leitor pela emotividade e com um dicção feminina atualizada e inovadora. [...] Rita tem técnica que é o osso, o esqueleto, a armadura e tem também o sentimento que é a carne, a pele, o cheiro. A técnica como um sistema nervoso central de sua poesia e a emoção como o* deliriumtremens *do poema.*

Essa mesma consciência da palavra e essa mesma auto-entrega à vida, ao amor, ao mundo, aparentemente ingênua, mas na realidade extremamente profunda (de verdadeira religação do humano com o mistério terreno), é o que alimenta a matéria de seu recente **Mulher & terra**.

Publicações: **Gardênias & tarântulas**, 1981; **Lua gorda**, 1985; e **Mulher & terra**, 2001.

1178 RITA GONÇALVES

Poeta, assistente social, Rita Gonçalves nasceu em Belo Horizonte (MG), em 05.10.1954. Radicada na Bahia (BA). Formou-se em Ciência Sociais, profissionalizando-se como assistente social. Como poeta, iniciou-se por meio de publicações alternativas, na imprensa ou produção independente. Participou do movimento Alternativo em Salvador. Tem poemas incluídos na revista The poetry (Univ. Colorado-EUA, 1983). Estreou em livro, em 1978, com a coletânea **Tudo começou como brincadeira**.

Publicações: **Tudo começou como brincadeira**, 1978, e **Tempoesia**, 1980.

1179 RITA JOANNA DE SOUZA

A crônica da cidade de Olinda do século XVIII registra o nome de Rita Joanna de Souza como presença de destaque na sociedade pernambucana, por sua cultura e pelo dom da poesia e da pintura. Declamava nos saraus familiares poemas de poetas brasileiros, portugueses e de sua autoria. Rita Joanna nasceu em Olinda (PE), em 12.05.1696 e faleceu na mesma cidade em abril de 1719, com apenas vinte e dois anos de idade. É tida como primeira mulher intelectual do Brasil Colônia. Deixou dois originais inéditos: Memórias históricas e Tratado de filosofia natural.

(Fonte: Arthur Mota, **História da literatura brasileira**. 1930, t. I, p. 277.)

1180 RITA MOUTINHO

Poeta e jornalista, ensaísta, pesquisadora, Rita Moutinho (nome literário de Maria Rita Rodrigues Octavio Moutinho) nasceu no Rio de Janeiro (RJ), em 28.06.1951. Escreve poesia desde a adolescência. Colabora em jornais e revistas, com poemas, artigos, ensaios, etc. Formou-se em Comunicação Social pela PUC-RJ/1974. Em 1982, começa a orientar oficinas de poesia na OLAC – Oficina Literária Afrânio Coutinho.

Estreou em livro, em 1975, com **Hora quieta**, feixe de breves poemas (por vezes verdadeiros epigramas) que de imediato tiveram muito boa repercussão crítica (prefácio de José Paulo Moreira da Fonseca e referências de Jorge Fernandes da Silveira, Gilberto Mendonça Teles e outros). E não sem razão, pois essa poesia estreante já surge amadurecida, tocada pelos ventos que sopravam mais fortes nesses anos de 1970: os do Estruturalismo que tentava se sobrepor aos do Existencialismo. O primeiro privilegiando o travejamento formal, como responsável pela verdade ou sentido básico do texto; o segundo privilegiando a problemática, a consciência-do-eu como reveladora da verdade ou sentido oculto do texto. Na poesia de Rita Moutinho ambas propostas se fundem: a consciência da palavra como construtora do real e a busca da verdade maior oculta no enunciado. Como diz a epígrafe de Lacan, posta na abertura do livro: *Na cadeia dos significantes, o sentido* insiste *[...], mas nenhum dos significantes* consiste *na significação de que ele é capaz naquele momento.*

Aprofundando essa mesma linha, seguem-se outros livros: **Uma ou duas luas** (plaquette) e **Vocabulário: um homem**. Este último, embora tivesse sido editado em tiragem restrita (250 exemplares) foi descoberto e selecionado pelo poeta e professor Antônio Carlos Cecchin, para sua lista dos melhores 20 livros de poesia, editados nos anos de 1990. Publicada com largos intervalos de tempo, a poesia de Rita vai expressando a incorporação das mudanças. Seu livro mais recente, **Romanceiro dos amantes**, é um dos expressivos exemplos dessa sintonia da autora com o tempo que lhe cumpre viver. Tocada pelos ventos da pós-modernidade que sopram nos últimos anos do século XX, Rita Moutinho tende a se fazer ponto de convergência do antes, a ser redescoberto e reinventado no agora. **Romanceiro dos amantes** é um eloqüente exemplo dessa postura estético-existencial. O título, de imediato, soa-nos como antiquado e ultrapassado. Nesta nossa época de libertinagem estimulada, quem usaria a palavra amante em lugar de parceiro, etc.? Também Romanceiro lembra o arcaico, seja medieval, seja folclórico. Nessa ordem de idéias, o grande e primeiro lance da sua arte poética foi reinventar dois fenômenos já esquecidos neste nosso ciberespaço espetacular: o romance, como língua poética e o Amor, como valor absoluto. Evidentemente, referimo-nos ao "romance", como a língua moderna, derivada do latim, que surge na Idade Média (por volta do século XII) e que serviu de expressão lingüística para os trovadores ou cavaleiros cantarem as primeiras histórias de amor, que a civilização ocidental conheceu (hoje reunidas no Romanceiro Espanhol e em alguns outros mais).

Portanto, o romance foi a primeira língua que surge, para expressar em poesia o Amor, entendido como sentimento que avassala a totalidade do ser, o único pelo qual o ser humano transcende sua materialidade e conquista a plenitude existencial. Trata-se, como vemos, do Amor Absoluto (supremamente cantado por Dante, Petrarca, Camões...), que excluía a união dos corpos, pois se realizava na comunhão existencial.

É através dessa ótica que, a nosso ver, a leitura deste **Romanceiro dos amantes** pode ser iluminada em seu verdadeiro sentido e problemática: a nostalgia do amor pleno ou do amor absoluto, impossível de ser encontrado ou vivido. Uma longa e dorida (por vezes disfarçada em blague) interrogação sobre o amor atravessa os poemas aqui enfeixados.

Anos a fio busco os ancestrais / desta angústia que sinto – precisão/ de entender os contornos de entes duais / que se amam no ar e não no esteio-chão // Interno-me no breu. [...] Preciso saber se fui real amada / se aplicam os vernáculos amante */ e* amor *na nossa história. A alma apurada // exige este radar na madruagada.*

Por outro lado temos a questão da estrutura poética. Escolhendo o romance como metáfora do seu canto-de-amor, a autora, em lugar de adotar a estrutura do verso romance (de 8 ou 11 sílabas em estrofes irregulares), adota a do soneto; como sabemos, a forma fixa mais rigorosa da poesia: dois quartetos e dois tercetos, com esquemas também fixos de rimas. Importa aqui lembrar que essa rigidez formal foi criada na Itália no século XII (e chegou à perfeição com Dante e Petrarca), como a forma ideal e perfeita para conter dentro de limites humanos o sentimento abissal e sem limites do Amor. Foi essa, sem dúvida, a intenção da poeta ao adotar essa forma fixa que, aliás, ela trata com liberdade natural em nossos tempos.

Dominando com rigor e simplicidade a sua palavra poética, Rita Moutinho se revela profundamente sintonizada com uma das diretrizes mais importantes do nosso tempo: a da religação e reinvenção das origens. É mais uma das lúcidas vozes femininas a testemunhar o agora em metamorfose, em todos os níveis do viver humano.

Publicações: **A hora quieta**, 1975; **A traça**, 1982; **Uma ou duas luas**, 1987; **Vocabulário: um homem**, 1995; e **Romanceiro dos amantes**, 1999.

RITA RIBEIRO 1181

Romancista memorialista, pesquisadora, produtora cultural, empresária, Rita Ribeiro (nome literário de Rita de Cássia Ribeiro Guimarães Ferreira) nasceu em São Luís (MA), em 27.06.1952. Residiu no Rio de Janeiro (RJ), e atualmente (2001) reside em São Paulo (SP). Formou-se em Letras pela UERJ – Universidade do Estado do Rio de Janeiro; especializou-se em Lingüística Aplicada pela UNICAMP – Instituto de Estudos da Linguagem. Fez mestrado na área de Dramaturgia para Teatro, Cinema e TV, na ECA – Escola de Comunicação e Artes-USP. Fez curso de Roteiro para Cinema e TV – Havana/Cuba.

Profissionalizou-se como professora de língua inglesa e portuguesa, e em atividades de produção cultural e artística. Atualmente é empresária sócia-proprietária do In Touch Centro de Comunicação e Arte. Como roteirista, escreveu o curta-metragem "Rapsódia para cinema e orquestra", adaptação em forma de argumento cinematográfico do **Chega de Saudade** de Ruy Castro, e do original **Pavilhão 9**.

Como escritora, estréia em livro com o romance memorialista **Ana Jansen**, redescoberta e reinvenção da figura histórico-lendária de uma poderosa mulher que viveu no Maranhão, na segunda metade do século XIX, e atuou em sua política e economia. Esse material romanesco foi, originalmente, sua dissertação de mestrado, apresentado na ECA, com o título "Ana Jansen: desconstrução da lenda e reconstrução da personagem".

Nessa mesma linha histórica, publica, em 2001, **Barão Geraldo**, história e evolução da região de Barão Geraldo, situada em Campinas. Antiga sesmaria, onde se formaram fazendas de café, trabalhadas por imigrantes, após a Abolição da mão escrava. Essas terras, em 1953, foram elevadas a Distrito de Barão Geraldo; e ali, em 1958, foi fundada a Faculdade de Ciências Médicas de Campinas, transformada em 1962 na Universidade de Campinas, atualmente um dos mais importantes pólos de excelência acadêmica.

Publicações: **Ana Jansen**, 1998, e **Barão Geraldo: história e evolução**, 2001.

1182 RITA RUSCHEL

Jornalista e memoralista gaúcha, Rita Ruschel, nascida em Nova Petrópolis (RJ), é filha de Alberto Ruschel e foi afilhada de Érico Veríssimo. Em 1983, publicou **Meus tesouros da juventude**, cuja escrita oscila entre o memorialismo e a ficção. Trata-se de uma série de depoimentos da autora acerca de personalidades famosas, com as quais comviveu quando menina. Explicando-o, a autora diz: *Reuni onze pessoas que querem dizer alguma coisa para mim e me pus a contar sobre elas. Conto como as vejo, como elas estão dentro de mim.* Compõem esse painel de vivências: Fernando Morais, Elis Regina, Roberto Azevedo, Toquinho, Jô Soares, Hilda Hilst, Dora Ferreira da Silva, Tom Jobim, Lima Barreto, Wesley Duke Lee e Alberto Ruschel.

Escrita saborosa e inteligente, a deste livro revela importantes facetas das personalidades escolhidas e, ao mesmo tempo, vai compondo, como em mosaico, o retrato do singular e generoso espírito da autora.

Publicação: **Meus tesouros da juventude**, 1983.

1183 RITINHA DANTAS

Poeta e professora universitária, Ritinha Dantas nasceu em Itabuna (BA), em 14.05.1939. Licenciada em Letras pela Universidade Federal da Bahia, lecionou na Universidade de Brasília. Realizou mestrado na área da Filosofia da Educação no Instituto de Educação da London University, com a tese First Grade: A case study from Bahia.

Nos anos de 1960 publicou o livro **Bença, Vó!**, coletânea de poemas ou cantigas populares, ouvidas na infância e recriadas, resgatando assim a memória lírica da região cacaueira da Bahia (apud Cyro de Mattos. 1996).

Publicação: **Bença, vó!**, 1962.

1184 ROBÉLIA FERNANDES

Contista, poeta e professora, Robélia Fernandes de Souza nasceu em Rio Branco (AC), em 1938. Estréia em livro com os poemas de **Asas de vida**. Em 1996, publica os contos de **Conversa afiada**, fusão de ficção e memória que registra singularidades da vida acreana.

Publicações: **Asas de vida**, s/d, e **Conversa afiada**, 1996.

1185 ROSA AMANDA STRAUSZ

Contista, jornalista, *expert* em editoração, Rosa Amanda Strausz nasceu no Rio de Janeiro. Profissionalizou-se na área editorial. Inicia-se como escritora, publicando contos em jornais e revistas. Estréia em livro, em 1990, com **Mínimo múltiplo comum**, com apresentação de Victor Giudice. A sua escrita ficcional tende para a concisão. Cada miniconto aqui incluído corresponde a um inesperado rasgão na mesmice cotidiana, para mostrar para além de sua aparência pacífica ou inofensiva, o vazio existencial ou o absurdo da vida. Para crianças, escreveu **Mamãe trouxe um lobo para casa** (1999).

Publicação: **Mínimo múltiplo comum**, 1990.

1186 ROSA BATISTA DE LEMOS

Poeta, Rosa Batista de Lemos nasceu no Ceará (CE), em 06.12.1941. Iniciou-se poeta, divulgando sua poesia na imprensa ou em antologias coletivas. Estreou em livro com **Ponto de apoio**.

Publicação: **Ponto de apoio**, 1980.

ROSA IGNEZ 1187

Poeta, Rosa Ignez nasceu no Rio de Janeiro (RJ). Estréia em livro, em 1973, com **Paisagens in/ternas**, com prefácio de Ivan Cavalcanti Proença.

Publicação: **Paisagens in/ternas**, 1973.

ROSA DE LIMA 1188

Poeta, Rosa de Lima (nome literário de Rosa de Lima Siqueira Mendes) nasceu em Fortaleza (CE), em 06.12.1941. Iniciou-se, publicando na imprensa ou em antologias coletivas. Estreou em livro, em 1980, com **Ponto de apoio**.

Publicações: **Ponto de apoio**, 1980, e **Letras vivas** (coletânea de poemas e ensaios teatralizados), 1984.

ROSA DE LOURDES VIEIRA SILVA 1189

Contista, cronista, radialista, professora, Rosa de Lourdes Vieira Silva nasceu em Itajaí (SC), em 06.08.1933. Formou-se em Letras e ingressou no magistério. Fez mestrado em Literatura Portuguesa. Iniciou-se colaborando na imprensa com contos e crônicas. Manteve uma coluna semanal no Jornal do Povo, Crônica Semanal. Na Rádio Clube de Itajaí e FM do Litoral, manteve crônica diária sobre literatura e temas culturais em geral. Estreou em livro com os contos de **Alma de seda**, em 1980. Segue-se o romance **A última gaivota**.

Publicações: **Alma de seda**, 1980, e **A última gaivota**, 1983.

ROSA MARIA SAMPAIO 1190

Poeta e orientadora pedagógica, Rosa Maria Witaker Ferreira Sampaio nasceu em São Carlos (SP). Radicou-se na capital paulista. Formou-se em Belas Artes e especializou-se em Educação Infantil. Profissionalizou-se como assessora pedagógica, promovendo cursos, fazendo palestras, assessorando escolas e grupos de trabalho. Trabalhou como coordenadora de criatividade na Escola Nova Lourenço Castanho (1967 a 1973) – experiência literária infantil que Rosa Maria ilustrou e recolheu no livro **Paz na guerra** - 1º prêmio de Ilustração e Textos no Ano Internacional do Livro – UNESCO, 1972). Participou do Projeto Lazer no Parque (Secretaria de Estsado da Cultura-SP), coordenando Oficinas de Produção de Textos, com crianças, em parques estaduais aos domingos (1980). Na mesma época coordenou diversos outros projetos e atividades infantis. Trabalhou com jovens carentes em programas da Secretaria do Bem-Estar Social, na Colméia (1972), coordenando a oficina de textos e, também, como diretora da Oficina Pedagógica Freinet (1976 a 1980).

Desde a adolescência escreveu poesias, mas só na maturidade estréia em livro, com **Fonte**.

Publicações: Poesia – **Fonte**, 1985. Didático – **Meu filho é criativo**, s/d.

ROSA MOCHEL MARTINS 1191

Poeta, agrônoma, professora universitária e presença atuante no meio maranhense, Rosa Mochel Martins nasceu em Miritiba (MA); residiu em São Luís (MA), onde faleceu em 1984.

Formou-se na UFMA, dedicou-se aos estudos de agronomia e de educação. Foi grande defensora da ecologia maranhense. Como secretária da Educação e Ação Comunitária do Município de São Luís (1971/1975), desenvolveu excelente trabalho básico. Organizou uma série de cartilhas publicadas pela Secretaria da Educação do Estado do Maranhão. Criou e manteve a Casa de Alice.

Publicações: **Em busca da primavera**, 1977; **Maranhão é assim**, 1976; **A fada dos sonhos**, s/d.

1192 ROSA PAULINA FONSECA

Poeta do período pré-romântico, Rosa Paulina Fonseca nasceu em Alagoas (AL), em 1827, e faleceu em data e local ignorados. Era mãe do marechal Deodoro da Fonseca (proclamador da República do Brasil) e tia do marechal Hermes da Fonseca (um dos primeiros presidentes republicanos). Passou à crônica do tempo, como hábil cultora do verso. A ela é atribuído um soneto escrito para o filho, quando este saía para a Guerra do Paraguai e que terminava com uma eloqüente ordem: *Colhe no vasto campo a melhor palma/ Ou morte honrada ou gloriosa vida.* Sua produção poética ficou inédita.

1193 ROSALANE MURAD COL DEBELA

Poeta, contista, cronista e teatróloga, a maranhense Rosalane Murad Col Debela nasceu em Codó (MA), em 1942. Desde os anos de 1950, colabora na imprensa de São Luís (MA). Teve uma peça teatral premiada pela UFMA.

Publicações: **Poesia de um certo infinito** (miscelânea de poesia, contos e crônicas, 1972) e **Curto circuito**, 1975.

1194 ROSÁLIA SANDOVAL

Poeta, Rosália Sandoval (nome literário: Rita de Sousa) nasceu em Fortaleza (CE), em 1876, filha do Major Felício S. de Abreu e irmã do poeta Sebastião de Abreu. De família de cultura, mas sem posses, Rosália Sandoval deixou memória na crônica de seu tempo, como poeta de grande inspiração. Várias coletâneas de suas poesias foram publicadas em opúsculos ou em livros. Já com idade, muda-se para o Rio de Janeiro (RJ), onde faleceu quase aos 80 anos de idade, atropelada, na Estação Francisco Xavier, na Sexta-feira da Paixão de 1956.

Publicações: **Alvoradas**, s/d; **Através da infância**, 1918; **Violetas**, s/d; **Quando as roseiras floriram**, s/d; e **Versos alheios**, 1933.

1195 ROSÁLIA SIMONIAN

Romancista, contista, Rosália Simonian nasceu em São Paulo (SP), em 15.08.1925. Residiu alguns anos em Minas Gerais (MG), onde fez seus primeiros estudos. Vocação precoce, começou a escrever, aos onze anos de idade, histórias que circulavam entre as colegas do colégio. Adolescente, começa a divulgar seus textos em revistas e jornais. Estréia em livro, em 1949, com o romance **O outro homem**, com prefácio de Affonso Schmidt. Torna-se membro da Associação Paulista de Escritores.

Publicação: **O outro homem**, 1949.

1196 ROSALINA COELHO LISBOA

Poeta, romancista, jornalista, diplomata, Rosalina Coelho Lisboa Larragoitti nasceu no Rio de Janeiro (RJ), em 15.07.1900. Faleceu em 1975. Filha do Senador João Coelho Lisboa e de Luzia Pizarro de Coelho Lisboa, teve educação esmerada, com professores particulares. Aos quinze anos de idade, publicou seus primeiros versos nas revistas cariocas Fon-Fon e Careta. Casou-se e aos 18 anos estava viúva. Entrega-se às viagens e aos estudos culturais e literários. Estréia em livro, em 1921, com a poesia de **O rito pagão** (Prêmio da Academia Brasileira de Letras), cuja repercussão crítica envolveu uma viva polêmica entre intelectuais como Humberto de Campos, Medeiros e Albuquerque e Luis Murat. A partir dessa época, colaborou ativamente na grande imprensa (O Jornal, Jornal do Brasil, A Noite, revista da Semana, etc.). Publica livros de ensaios e, em 1952, estréia como romancista, com **Seara de Caim**, trama de fundo histórico que, na época, foi grande sucesso de crítica e de público. Entre os vários prêmios e distinções recebidos por sua obra, estão: Rosa de Ouro-Uruguai, 1932; Oficial Ordem do Mérito – Chile; Comendadora Ordem de Condor dos Andes – Bolívia; Comendadora Ordem do Sol – Peru; Comendadora Ordem do Mérito – Equador; Comendadora Ordem Isabel, a Católica e outros. Nos anos de 1930 e 1950, representou o Brasil em importantes congressos e eventos culturais internacionais.

Publicações: Poesia – **O rito pagão**, 1921, e **Passos no caminho**, 1932. Ensaio – **O encantamento encantado**, 1927. Romance – **Seara de Caim**, 1952.

ROSALPINA ORSINI DE SOUSA 1197

Romancista, contista, poeta e professora, Rosalpina Orsini de Sousa nasceu em Tietê (SP), em 27.11.1914. Formou-se pela Escola Normal Padre Anchieta, ingressando no magistério público, onde fez longa e fecunda carreira. Colaborou ativamente em jornais e revistas paulistas, principalmente nos anos de 1930 e 1940. Torna-se membro da Associação Paulista de Escritores. Dona de uma abundante produção ainda inédita, publicou apenas um romance, **A felicidade vai e volta**.

Publicação: **A felicidade vai e volta**, 1940.

ROSANA CHRISPIM 1198

Poeta, jornalista, Rosana Chrispim nasceu em Carandaí (MG), em 18.09.1958. Em 1967, passou a residir em São Paulo (SP). Faz parte do Grupo Livrespaço de poesia, em Santo André, do qual participa Dalila Telles Veras*. Tem participado das antologias publicadas por esse grupo, que vem dinamizando a produção de poesia e o encontro de escritores no Grande ABC. Estréia em livro, em 1986, com **Semelhanças**, onde se faz ouvir uma voz feminina dividida entre as exigências e aparências do cotidiano e a atração pelo oculto e verdadeiro.

Publicações: **Semelhanças**, 1986, e Coleção Micro nº 1 (plaquette), 1998.

ROSANA GUARNIERI 1199

Poeta, pedagoga, professora, Rosana Tereza Guarnieri Almeida nasceu em São Paulo (SP), em 15.05.1955. Formou-se em Pedagogia em 1976. Filha da poeta Maria Leonor Camargo Guarnieri*, Rosana desde menina é atraída pela poesia. Ainda adolescente começa a escrever, a publicar na imprensa e a participar de antologias. Torna-se elemento atuante em atividades literárias e culturais, como as do Movimento Poético de São Paulo e da Casa do poeta Lampião de Gás. Foi expositora e declamadora no espaço cultural Bosque da Leitura (Parque do Piqueri – Taubaté, 2000). Estréia em livro, em 2001, com **A dança das letras**, poesia essencialmente lírica, confessional.

Publicação: **A dança das letras**, 2001.

ROSANI ABOU ADAL 1200

Poeta, jornalista, publicitária e *expert* em editoração, Rosani Abou Adal nasceu em São Paulo (SP), em 17.01.1960. Formou-se em Jornalismo e Publicidade na Faculdade de Comunicação Casper Líbero. Profissionalizou-se na área de Comunicação. Divulgou shows, discos independentes e discos infantis pela Playjúnior-Polygram. Estagiou na Fundação Padre Anchieta – TV; na Biblioteca da Fundação Casper Líbero e no jornal São Paulo Zona Sul. Tem participado de comemorações ecológicas. Torna-se editora do jornal literário Linguagem Viva (Piracicaba), que tem grande circulação no meio intelectual paulista. É membro da Academia de Letras de Campos do Jordão e da União Brasileira de Escritores-SP.

Estréia em livro com a poesia de **Mensagem do momento**. Seguem-se: **De corpo e verde** e **Catedral do silêncio**. Poesia fundamente ligada às forças da natureza, da qual os seres humanos retiram a energia vital. Há em todos os seus livros a tensão dialética entre as forças positivas do erotismo (energia libidinal que impulsiona o eu para integração no outro, que o complementa) e as forças negativas da solidão (que frustra o ser e o aprisiona em si mesmo). Mas entre essas forças polares, atuam as da poesia, que transforma o negativo em positivo: a solidão ou vazio do ser é transformada em vibração existencial amorosa, de autodoação.

Estás presente no azul das pétalas, / sinto-te cavalgando sobre o meu corpo [...] Estou apaixonada pela floresta / és a clorifila o sangue das árvores / a energia que flui em minhas veias.

ou ainda

Há momentos em que me sinto / tão forte quanto as montanhas do Tibet [...] Existem dias em que me sinto / tão pequena como um átomo perdido / na galáxia [...] tuas mãos não me afagam, / perdida no universo /; sou o núcleo de um átomo...

Publicação: **Mensagens do momento**, 1986; **De corpo e verde**, 1992; e **Catedral do silêncio**, 1996.

ROSÁRIO SETTE, v. Maria do Rosário Sette (nº 969)

1201 ROSEANA KLIGERMANN MURRAY

Poeta de grande sensibilidade e espírito lúdico, Roseana Kligermann Murray nasceu no Rio de Janeiro (RJ), em 27.12.1950. Estreou em livro, em 1980, com a poesia infantil **Fardo de carinho**. A este segue-se uma dezena de novos títulos (**No mundo da lua**, **Classificados poéticos**, **O traço e a traça**, **Lições de astronomia**, etc.), já hoje consagrados como pontos altos do *boom* da Literatura Infantil, que eclodiu nos anos de 1970 e 1980 – nova criação poética, ou literária em geral, sintonizada com as novas forças de renovação que se impõem à formação dos novos. Livros que, ludicamente, dão lições de vida aos pequenos aprendizes. Entre essas lições de vida, destacam-se: o aprender a ver (e não apenas olhar); tomar consciência do eu em relação ao outro, como seres complementares; descobrir o poder criador da palavra; descobrir-se como novo responsável pela vida no mundo, etc.

Nessa mesma linha lúdica e humanista, Roseana escreve para adultos: **Viagens**, **Paredes vazadas**, **Genealogia**, **Retratos**...

Publicações: **Viagens**, 1984; **Paredes vazadas**, 1986; **Genealogia** (Plaquette), 1987; e **Retratos**, 1990.

ROSARITA FLEURY, v. Maria do Rosário Fleury (nº 968)

1202 ROSELIS BATISTA

Poeta, professora, pesquisadora, Roselis M. Batista nasceu em Santos (SP), em 01.10.1948. Está radicada em Goiânia (GO). Formou-se em Letras, especializando-se em língua e literatura russa. Fez doutorado em Lingüística. Faz carreira acadêmica, como professora e pesquisadora. Como poeta, iniciou-se publicando em jornais, revistas e em antologias coletivas (**Poetas brasileiros de hoje** – Shogun Arte, 1987; **Coletânea poética nacional realce** – Bauru, 1987, etc.). Estréia em livro individual, em 1983, com **Poeminhas**, edição bilíngüe português/espanhol.

Publicações: **Poeminhas**, 1983; e **Memórias de uma estudante em Moscou** (prosa), 1988.

1203 ROSIANE RODRIGUES

Poeta, médica psiquiatra, compositora, jornalista, Rosiane Rodrigues Cavalcanti de Alencar nasceu em Piranhas (AL), em 14.06.1948. Formou-se em Medicina, especializando-se em psiquiatria. Vocacionada para as artes, inicia-se cedo na escrita poética e na composição musical. Tem participado de festivais universitários de música popular, como compositora e letrista. Gravou o LP Convite. Foi sócia-fundadora da Sociedade Brasileira de Médicos Escritores – Regional de Alagoas. Foi editora de jornais em sua terra natal. Estréia em livro, como poeta, com a coletânea **O inocente**. Seguem-se outros.

Publicações: **O inocente**, 1967; **Alma e poesia**, 1977; **Uma vida simplesmente**, 1983; **Pêndulo da vida**, 1985; e **Chispada**, 1986.

ROSY LIMA 1204

Poeta, advogada, militante política, Rosy (de Macedo Pinheiro) Lima nasceu em Paris (França), em 1914. Descendente de família de destaque do Paraná. Durante a infância, estudou na França, Áustria e Inglaterra. Formou-se em Direito pela Universidade do Paraná (1933). Fez doutorado na Universidade do Brasil-RJ (1937), sendo a primeira mulher a realizar doutoramento em Direito, no Brasil. Com Iná Secundino fundou o Centro Paranaense Feminino de Cultura, em 1933, e o presidiu. Nos anos de 1940 estagiou na Universidade de Cambridge (Inglaterra/1943). Militante política, em 1947 é eleita deputada estadual, tornando-se a primeira mulher a ser eleita para esse cargo, no País. Como escritora publicou os ensaios: A mãe e o direito civil (tese de doutoramento) e The basis of primate international law (tese defendida em Cambridge, 1944). Como biógrafa, publica **Vida de Júlia Costa** (1953). Como poeta, publica, em 1953, **Poesia ao sul**.

Publicação: **Poesia ao sul**, 1953.

ROZINA GUARNIERI MARQUES 1205

Contista, professora, bibliotecária, Rozina Guarnieri Marques nasceu em São Paulo (SP), em 20.11.1913. Formou-se professora pelo Instituto de Educação Caetano de Campos; Bibliotecária, pela Escola Política e Social-USP e advogada, pela Faculdades Metropolitanas Unidas. É sócia da UBE-SP. Surge como contista nos anos 1930/40, com histórias do cotidiano comum, seus sonhos e decepções. Estréia em livro, em 1958, com **Árvore sem sombra**.

Publicações: **Árvore sem sombra**, 1958; **Pássaros da noite**, 1973; **A máscara de cada um**, 1981; **Amanhã começa agora**, 1984; **Fuga para a aventura**, 1983; **Vazio está o céu**, 1983; **Jornada sem fim**, 1984; e **Sem adeus e... sem nada**, 1987.

RUNI SILVA 1206

Poeta, artista plástica, Runi Silva nasceu em Peixes (GO), em 08.12.1941. Formada em Artes Plásticas, dedica-se à pintura. Como poeta, publicou um livro, **A flor e o mundo**. É membro da Academia Feminina de Letras e Artes de Goiás.

Publicação: **A flor e o mundo**, s/d.

RUTE GUIMARÃES 1207

Poeta, cronista, romancista, contista, teatróloga, jornalista, Rute Botelho Guimarães nasceu em Cachoeira (SP), em 13.06.1920. Fez os primeiros estudos em sua terra natal, em seguida em Lorena, Guaratinguetá e formou-se pela Escola Normal Padre Anchieta (SP). Muda-se para a capital paulista aos 18 anos, começando a trabalhar em jornais paulistas e cariocas, com colaboração intensa. Dedica-se aos estudos folclóricos. Forma-se em Filosofia na USP. Torna-se membro da Sociedade Paulista de Escritores e do Centro de Pesquisas Folclóricas Mário de Andrade.

Desde a adolescência escreve poemas, contos, etc., divulgando-os em jornais do interior paulista e posteriormente nos da capital. Estréia em livro em 1946, com o romance de matéria folclórica **Água funda**. Seguem-se: **O diabo no folclore**, **Os filhos do medo** (romance folclórico sobre a história dos duendes), etc. Sua obra é das que aprofundam o conhecimento do nosso folclore e história.

Publicações: Romance – **Água funda**, 1946; **Os filhos do medo**, 1950. Ensaio – **O diabo no folclore**, s/d. História – **Lendas e fábulas no Brasil**, 1963; **Mulheres célebres**, 1963; **As mães na lenda e na história**.

1208 RUTH BUENO

Ficcionista, ensaísta, advogada, professora de Direito e escritora engajada na causa feminista, Ruth Bueno (nome literário de Ruth Maria Barbosa Goulart) nasceu em Juiz de Fora (MG), em 19.01.1925. Radicou-se no Rio de Janeiro (RJ), onde faleceu em 1985. Formou-se em Direito pela Universidade Federal do Rio de Janeiro. Dedicou-se à carreira jurídica e também ao ensino superior. Militante feminista, empenhou-se em questionar, no âmbito da jurisprudência, as leis firmadas em preconceitos e interdições à mulher. Publicou dezenas de livros sobre essa problemática e participou de inúmeros congressos sobre direitos humanos, no Brasil e no exterior. No âmbito do Direito, publicou o estudo **Regime jurídico da mulher casada** (1970).

Começa a escrever ficção desde muito jovem. Sua tendência era para escrita reflexiva, introspectiva e fragmentada. Daí que o seu gênero preferido fossem: o diário, as cartas, contos. Estréia em livro, em 1966, com **Diário das máscaras**, um misto de contos, crônicas e poesia. Segue-se **Cartas para um monge**, cartas líricas, fundamente doridas, falando da ausência do amor e do dissolver-se da vida causado por essa ausência. Em 1970, publica o romance **A corredeira**, narrado em primeira pessoa: uma jovem internada em uma clínica psiquiátrica, tentando sair da depressão causada pela solidão interior, pelo vazio existencial. Por meio dos vários livros publicados, impõe-se a mesma problemática: a do ser humano, amputado de amor e que vive à beira do abismo de si mesmo, em busca de autoconhecimento e tentando desvendar o enigma da existência.

Publicações: Contos e poesia – **Diário das máscaras**, 1966; **Bip bip bip**, 1982; **Livro de Auta**, 1984; **O guichê**, 1980; **Cartas para um monge**, 1967. Romance – **A corredeira**, 1970; **Encontro antecipado**, 1972; **Asilo nas torres**, 1979. Diário – **Em psicanálise**, 1982.

1209 RUTH CALDAS

Cronista, jornalista, Ruth Alcaraz Caldas (nome literário, Germaine), nasceu em Porto Alegre (RS), em 13.08.1909. Irmã de Breno Caldas, com quem dirigiu a Empresa Jornalística Caldas Júnior, que mantinha o jornal centenário Correio do Povo. Nele, Ruth manteve uma coluna de reportagens, Feira Livre. Colaborou ativamente na imprensa com crônicas de viagens. Faleceu em 1983.

Publicações: **Meia volta ao mundo**, 1966; **O mundo que eu vi**, 1967; **Ao redor do Trópico de Capricórnio**, 1968; **Viagem ao teto do mundo**, 1969; **Um mundo de mundos diferentes**, 1971; **Onde o ocidente termina**, 1980; **A viagem do frio**, 1981; **África dos pés à cabeça**, 1982.

1210 RUTH DO CARMO

Poeta, professora, Ruth do Carmo nasceu em São Paulo (SP), em 08.04.1960. Formou-se como Técnica de Turismo-Colégio São Judas Tadeu/1977; em Letras, na Faculdade São Judas Tadeu/1984, onde realizou pós-graduação *lato sensu* (1989). Segue a carreira docente, nas áreas de língua e literatura. Inicia-se como poeta, participando de coletâneas ou antologias (**Ensaios V**; **Fruto Mulher**...). Estréia em livro, em 1981, com **Lição**. Segue-se **Coração poente**. Em ambos, a poesia tende para a concisão, revelando funda consciência da palavra como nomeadora do real e da poesia como meio essencial para atingirmos o conhecimento do mundo, da vida e do próprio eu.

Publicações: **Lição**, 1981, e **Coração poente**, 1985.

1211 RUTH LAUS

Romancista, decoradora, crítica de arte, Ruth Laus nasceu em Tijucas (SC), em 25.01.1920. Radicou-se no Rio de Janeiro (RJ), desde 1952. Fundou e dirigiu a primeira galeria carioca com programação contínua de exposições de vanguarda (1956/1965). Em 1972, idealizou a Semana de Crítica de Arte-RJ. É membro da Associação Brasileira de Críticos de Arte e da Association Internacionale des Critiques d'Art-Paris. Profissionalizou-se como *expert* em decoração. Desde os anos de 1950, tem colaborado regularmente na grande imprensa, com textos de crítica de arte e decoração. Como romancista, estreou em livro, em 1972, com **Viagem ao desencontro**. Seguem-se outros.

Publicações: Romance – **Viagem ao desencontro**, 1972; **Presença de Thalia**, 1989. Contos – **Relações**, 1994. Decoração – **Nem módulo nem mafuá**, 1965, e **Decoração brasileira**, 1977.

RUTH SOUZA 1212

Poeta, romancista e militante no Movimento Negro feminista, Ruth Souza nasceu em São Paulo (SP). Tem colaborado em revistas literárias da negritude, como Axé. Publicou o livro de poesia **Impressões** e o romance **Raça viva**. Tem participado ativamente em colóquios, eventos, seminários, etc., ligados à afirmação da negritude. Tem poemas em várias antologias, como **Axé: antologia contemporânea da poesia negra brasileira**.

Publicações: Poesia – **Impressões**, 1981. Romance – **Raça viva**, 1986.

RUTH SYLVIA DE MIRANDA SALLES 1213

Romancista, tradutora, professora, Ruth Sylvia de Miranda Salles nasceu em Araraquara (SP). Ainda criança, muda-se com os pais para o Rio de Janeiro (RJ), onde fez os estudos básicos e onde se casou em 1948, voltando a residir em São Paulo. Inicia-se como poeta com a publicação de **Pastoral**, pelo Clube de Poesia de São Paulo, e que teve boa repercussão crítica. Nesse mesmo ano, foi premiada nos Jogos Florals de Llengua Catalã, com a tradução de poemas catalães (certame realizado em São Paulo). Em 1961, publica **Parcéis** e ganha o Prêmio Governador do Estado – Comissão Estadual de Literatura de São Paulo. Anteriormente, o poema Parcéis, poema sobre Ubatuba e suas lendas, havia recebido o Prêmio Olavo Bilac – Estado da Guanabara (prêmio dividido com o poema de Walmir Ayala). Em São Paulo, passa a colaborar com a Escola Rudolf Steiner, onde é aplicada a pedagogia Waldorf (em cujas atividades são utilizados textos literários, peças de teatro, etc.). Para essas atividades, traduziu e adaptou peças de Shakespeare, Calderón de la Barca, libreto de Mozart, etc.

Publicações: **Pastoral**, 1954; **Parcéis**, 1961; e **Sem símbolos nenhuns**, 1982.

RUTH VILLELA 1214

Poeta, ensaísta, pesquisadora, professora universitária, Ruth Villela Cavalieri nasceu no Rio de Janeiro (RJ), em 1928. Formou-se em Letras pela PUC-RJ, onde também realizou mestrado. Ingressa na carreira docente na UERJ. Em sua carreira acadêmica, publicou inúmeros ensaios, resultantes de pesquisas literárias, e participou de estudos com outros pesquisadores, como em **Leitura de invenção de Orfeu** (1975). Organizou e apresentou, com estudo introdutório, **Canudos: memórias de um combatente** (relatos da guerra do seu tio-avô), publicado em 1988. Desde os anos de 1970, colabora regularmente em suplementos e revistas especializadas (Suplemento. Tribuna da Imprensa, do Jornal do Brasil, Suplemento Literário Minas Gerais, Verve, etc.). Como poeta, estréia em livro, em 1989, com **Beira vida**, com prefácio de Olga Savary e ilustrações – colagens de Masaaki Yamanda, Japão, 1987.

Publicações: Poesia – **Beira vida**, 1989. Ensaio – **Cecília Meireles: o ser e o tempo na imagem refletida**, 1984.

RUYMAR BRANCO RIBEIRO 1215

Memorialista, mineira de Cataguases, Ruymar Branco Ribeiro, nascida nos primeiros anos do século XX, registra suas memórias e com elas uma parte da história dessa cidade mineira. Deu-lhe o título de **Outras histórias da rua do pomba**. Anteriormente, publicara **Descargas**. Ambos com ótima repercussão na crítica e no público mineiro.

Publicações: **Descargas**, s/d, e **Outras histórias da rua do pomba**, 1998.

S

1216 SANDRA FALCONE

Poeta, advogada, elemento atuante no meio cultural paulista, Sandra Falcone Purchio nasceu em São Paulo (SP), em 12.01.1950. Formou-se em Direito e em Letras. Profissionalizou-se como advogada, especializada em mercado de capitais.

Desde muito jovem atraída pela literatura e pela escrita poética, só a partir de 1998 decide assumir-se como escritora, com vistas à publicação. Estréia com a coletânea de poemas **Retraços de mulher** (volume acompanhado de CD). Poesia aderida ao cotidiano, onde a vida se cumpre (ou se "descumpre"), a de Sandra Falcone testemunha este nosso tempo de contrastes e transformações, no qual, principalmente a mulher está passando por fundas mudanças em seu ser e estar no mundo. Ou talvez em busca de si mesma. Consciente desse fenômeno, a poeta se define, no poema de abertura, como a Sherazade de si mesma. Traduzido em espanhol **Retrazos de mujer** foi lançado em Cuba, com outros poetas brasileiros, durante o V Encuentro Festival del Proyecto Cultural Sur (6 a 13.02.2000). Vários poemas foram também traduzidos para o francês (França e Canadá).

A autora tem participado de várias antologias brasileiras, inclusive da **Poesía de Brasil** (org. Aricy Curvello – trad.Gabriel Solis), dentro do Proyecto Cultural Sur-Brasil, destinada à Feria Internacional del Libro de Cuba, año 2000. Dentro do movimento de divulgação da poesia, criou o projeto Poesia Itinerante, cujo objetivo é percorrer espaços culturais, escolas de segundo grau e universidades de São Paulo e do interior, fomentando o contato com a poesia de autores novos e consagrados, através de dramatizações de poemas. Em novembro de 2000, lançou **Notícias de mim**, volume acompanhado de CD, com poemas interpretados pelos atores Miguel Falabella e Elisa Lucinda. (Lançamento festivo, patrocinado pelo banco BFB – Itaú, e ao qual compareceram cerca de 300 pessoas.)

Publicações: **Retraços de mulher**, 1999, e **Notícias de mim**, 2000.

1217 SANDRA LACERDA

Romancista, Sandra Lacerda (nome literário de Maria Fernandes Martins) nasceu no Rio de Janeiro (GB), em 24.03.1926. Radicou-se em Fortaleza (CE) desde 1941. É casada com o escritor Fran Martins. Desde os anos 1940 colaborou regularmente na revista Clã e em outras revistas e jornais de Fortaleza. É membro da Associação Cearense de Imprensa.

Estreou em livro, em 1945, com o romance **Janelas entreabertas** (Prêmio Eça de Queirós). Seguem-se romances e contos, sempre com boa repercussão da crítica e de público.

Publicações: **Janelas entreabertas**, 1945; **Destinos cruzados**, s/d; **Por causa do sol**, s/d; **A lua não se esconde?** e **Nada novo sob o sol** (Pref. Raquel de Queiroz), 1967.

SANDRA MARA ALENCAR 1218

Poeta, cronista, advogada, Sandra Mara Alencar da Silveira nasceu em Santarém (PA). Radicada em Fortaleza (CE). Colaboradora regular da imprensa. Estreou em livro, em 1984, com a poesia de **A cristalização da idéia**, textos que fundem a poetização da realidade com reflexões filosóficas acerca dessa mesma realidade.

Publicação: **A cristalização da idéia**, 1984.

SANDRA QUINTELLA 1219

Poeta, contista, Sandra Quintella nasceu no Rio de Janeiro (RJ), em 02.04.1944. Formou-se em Biblioteconomia e Documentação pela Faculdade Santa Úrsula/1964. Fez curso de Formação de Ator na Escola de Teatro RJ/1974. Freqüentou o Laboratório de Criação Literária – MAM-RJ, 1979 e a Oficina Literária Afrânio Coutinho/1987. No Colégio Liessing, ministrou, em 1998, o Workshop Visão do Processo de Criação Literária para professores.

Como escritora, inicia-se colaborando em órgãos da imprensa (Correio da Manhã, Agora, A Tribuna/Niterói, Letras Fluminenses e outros). Estréia em livro, em 1983, com a poesia de **Artifícios dos fogos** (Prêmio UBE-SP, 81), com prefácio de Jorge de Sá e apresentação de Edilberto Coutinho e Socorro Trindad.

Publicação: **Artifícios dos fogos**, 1983.

SANTA CATARINA FERNANDES DA SILVA 1220

Poeta, professora, memorialista, Santa Catarina Fernandes da Silva nasceu em Bady Bassit, comarca de São José do Rio Preto (SP), em 25.11.1946. Fez os primeiros estudos no Colégio Estadual Prof. Francisco Purita. Formou-se em Letras pela Faculdade Rio-pretense de Filosofia, Ciências e Letras.

Desde a adolescência sentiu grande vocação para as letras; escrevia poemas e crônicas, publicando-os na imprensa local (A Notícia, Folha de Rio Preto, Diário da Região e outros). Desde os anos de 1970, participa de antologias poéticas. Ingressa no magistério, lecionando Língua Portuguesa e Literatura Brasileira no SENAC – Centro de Formação Profissional Paiva Meira. Nos anos de 1980, muda-se para a capital paulista, tornando-se funcionária da Caixa Econômica Federal. Em 1985, presta concurso e ingressa no ensino estadual paulista. Estréia em livro em 1980, com a poesia de **Universo utópico**, ao qual se seguem outros: poesia visceralmente lírica, sentimental, generosa, aberta para o sofrimento alheio, "mão estendida" para os seus semelhantes. Poeta que se assume como uma espécie de missionária do bem e do amor. Seu último livro publicado, **O grito do silêncio**, registra a dolorosa vivência da doença, agonia e morte de seu marido e seu grande amor, o jornalista Robson Costa, vitimado pelo câncer, aos 37 anos de idade.

Publicações: Poesia – **Universo utópico**, 1980; **Retalhos cósmicos**, 1981; **Muralhas soluçantes**, 1983. Memórias – **O grito do silêncio**, 1985.

SANTA INÊZ DOMINGUES DA ROCHA 1221

Poeta, professora, Santa Inêz Domingues da Rocha nasceu em Quari (RS). Formou-se em Letras, fez mestrado na área de Lingüística. É sócia-fundadora do Instituto Cultural Português. Estréia em livro, nos anos de 1970, com **Poemas de amor e paz**.

Publicação: **Poemas de amor e paz**, s/d.

1222 SANTA MELILLO DE MAGALHÃES

Poeta, Santa Melillo de Magalhães nasceu em Campinas (SP), em 19.12.1910. Fez seus estudos no Sagrado Coração de Jesus. Desde jovem colaborou em revistas e jornais de São Paulo e Rio de Janeiro. Estréia em livro, com a poesia de **Reticências**. Participa de várias antologias poéticas (**Coletânea de poetas paulistas**. Org. Enéas de Moura, RJ. 1951).

Publicação: **Reticências**, 1927.

1223 SARA ERLICH

Ficcionista, ensaísta, médica, pesquisadora, psicanalista e presença altamente atuante em seu meio social, Sara Riwka Erlich, descendente de judeus poloneses que chegaram ao Brasil antes da Segunda Guerra Mundial, nasceu no Recife (PE), em 23.08.1935. Formou-se em Medicina, em 1958, pela Universidade Federal de Pernambuco, tendo se destacado durante o curso, por seu brilhante desempenho de estudante, o que lhe valeu vários prêmios (Prêmio Diário de Pernambuco pelo 1º lugar obtido no Vestibular; Prêmio Química Bayer pelas melhores notas da turma nas experiências em laboratório; Prêmio Livraria Imperatriz por ter obtido o 1º lugar na turma de médicos formados).

Sua dinâmica carreira vem se constituindo como ponto de convergência de pelo menos três vocações, que interagem mutuamente: a de médica e psicanalista, a de intelectual e a de escritora. Segundo a ensaísta Neide Medeiros dos Santos, ao comentar o romance **O tempo das acácias**, esse entrelaçamento de vocações fica claro.

A iniciação literária da médica psiquiatra e escritora Sara Erlich começou antes da descoberta das "acácias". Na década de 50, estudante de medicina e estagiária no Pavilhão Gildo Netto, divisão de Assistência a psicopatas de Pernambuco, a futura médica se deparava com a insanidade de crianças e adolescentes, e desse contato com o mundo fantasmagórico de pacientes que lhe ensinaram a chorar de olhos enxutos, *descobriu que, além de se dedicar a esses seres muitas vezes tratados desumanamente, poderia escrever e externar, de forma poética, o que via e sentia nas visitas periódicas que fazia aos hospitais psiquiátricos.* ***Histórias que precisam ser contadas e recontadas****, pequenos contos cheios de ternuras, se reportam a esse período de estudante. É a primeira fase da futura escritora, é o tempo de antecipação das "acácias".*

Sua estréia em livro foi em 1963, com o mencionado **Histórias que precisam ser contadas...**, reunião de contos escritos na adolescência e juventude. Depois viria o volume **O tempo das acácias**, escrito na fase adulta e, recentemente, **Os sete poços de Abraão ou O tempo das acácias** e outros tempos, escritos da maturidade. Em **O tempo das acácias**, além da presença das acácias amarelas (que como flores de luz dourada iluminavam as casas grandes e tristes do Hospital da Tamarineira), é também o tempo do encontro com Sidrac, Dulcinéia e Juliette, adolescentes ali internadas à espera de um milagre. No volume mais recente, os outros tempos se prendem às memórias da infância e adolescência, às reminiscências dos pais, da rua dos Coelhos, do bairro da Boa Vista, das evocações do Recife com seus rios e suas pontes, lembranças do bairro judeu.

Durante e depois desses outros tempos, sua dinâmica carreira foi-se construindo, fundamente ligada à vida intelectual e à comum do dia-a-dia. Participação ativa em congressos e seminários nacionais e internacionais sobre psicanálise (I Encontro Latino-Americano de Psicanálise e Investigação Psicanalística-Buenos Aires; Clube Psicanalítico da América Latina/Cartagena – Colômbia...). As Comunicações apresentadas nesses eventos têm sido traduzidas para o inglês e espanhol e publicadas em anais ou revistas especializadas (Londres, Argentina, Israel, Holanda).

Participou do grupo de pesquisadores, coordenados pela Dra. Regina Igel, sobre a produção literária judaica no Brasil. Raízes e desenvolvimento (sob os auspícios da Universidade de Maryland-EUA), cujo resultado foi publicado no volume

Emigrantes judeus – escritores brasileiros/1998. É membro de diversas entidades científicas ou culturais, no Brasil e no exterior (Sociedade Americana de Medicina da Adolescência; Associação Internacional de Medicina de Reabilitação; Academia de Medicina de Pernambuco; Centro de Recuperação Motora do Nordeste; Sociedade Brasileira de Psicanálise/RJ, filiada à IPA – Associação Psicanalítica Internacional; FEPAL – Federação Psicanalítica da América Latina; Sociedade Brasileira de Escritores e outras). Em 1994, recebeu o título International Women of the Year – 1993/1994/International Biographycal Association-EUA. Simultaneamente, exerce as atividades clínicas, didáticas e literárias.

(Fonte de consulta: Neide Medeiros Santos, O Tempo das..., in **Correio das Artes**. João Pessoa, 04.03.2001.)

Publicações: **Histórias que precisam ser contadas e recontadas**, 1963; **O tempo das acácias**, 1978; e **Os sete poços de Abraão ou No tempo das acácias e outros tempos**, 2000. Ensaios – **Freud, a filosofia e a literatura**; **O Passageiro transazul e o trem da vida e da morte**; **O Retorno**; **Um violinista no telhado** e outros.

SARAH DE ASSUNÇÃO ITAQUY 1224

Poeta, compositora, musicista, Sarah de Assunção Itaquy Kraemer nasceu em Porto Alegre (RS), em 22.08.1915. Faleceu em 1980. Estreou em livro com a poesia de **Meu livro triste**, em 1925. Em 1962, publica **Moça bonita**.

Publicações: **Meu livro triste**, 1925, e **Moça bonita**, 1962.

SARAH PINHEIRO DE LAS CASAS 1225

Romancista, contista, professora, pedagoga, pesquisadora, ensaísta, Sarah Pinheiro de Las Casas nasceu no Rio de Janeiro (RJ), em 1936. Faleceu em 1986, em plena efervescência de vida, atividades e projetos, vitimada por um câncer não diagnosticado a tempo, pela medicina de Brasília. Formou-se professora no Instituto de Educação da Guanabara-RJ.1954, tendo sido aluna do Prof. Rocha Lima. Ingressou no magistério. Realizou vários cursos de atualização cultural (Análise e Crítica-RJ, 1956; Análise de Desenho e Pintura-RJ, 1955; e outros). Participou de pesquisas pedagógicas, lecionando em zona rural do Rio de Janeiro, dentro de programa da UNESCO. Em 1957, já casada com Dr. Roberto de las Casas, (Professor de Sociologia da Comunicação), muda-se para o Pará (PA), onde permanece por cerca de dez anos, desempenhando várias atividades: Assessora de Educação na SPEVEA (Superintendência do Planalto de Valorização Econômica da Amazônica); responsável pelo ensino primário e médio, criando a Cartilha da Amazônia, utilizando o método lingüístico psicofonêmico criado por Towsend, cartilha regional, obedecendo ao universo vocabular e cultural da criança paraense. Nesse período retoma os estudos superiores e se forma em pedagogia pela Universidade Federal do Pará.

Em 1977, muda-se com o marido para Paris, onde permanece três anos freqüentando a Sorbonne para realizar o seu doutoramenteo, na área de Literatura Latino-Americana, com uma tese sobre Monteiro Lobato, Environemnt polémique de l'oeuvre de Lobato, concluída em 1980. Nesse período realizou cursos com Roland Barthes, Gerard Genette e Greimas, especializando-se em análise estruturalista com enfoque psicanalítico e/ou antropológico. Segundo suas palavras, tais cursos lhe deram uma nova visão não apenas da construção do texto literário, mas de sua leitura multiplicada. Aprendizagem essa que se vai revelar no denso e poético enovelar de sua escrita.

Sua vocação de escritora revela-se desde a adolescência, quando começou a publicar seus primeiros contos em jornais e revistas especializadas. Seu primeiro livro, **Atrás do muro-escola**, publicado em 1968, reúne suas experiências e reflexões de jovem professora, perplexa diante das dificuldades encontradas no exercício do magistério. Portanto, ficção aderida à realidade. Sua garra de escritora vai-se revelar no romance **A crespa chuva da primavera**, narrativa que se desenvolve em um universo mágico-maravilhoso, em cujo húmus está a história do homem no mundo, desde os ancestrais bíblicos. Esse romance alegórico seria o primeiro volume de uma trilogia, cuja seqüência (Coriolano e Nome de Rei) ficou inédita.

Sintonizada com uma das linhas mais evidentes da pós-modernidade, a que funde história e ficção, Sarah reinventa os tempos inaugurais da Idade Média, onde começou a nossa aventura brasileira, com a formação do mundo criado pelos nossos ancestrais e com as mulheres infinitas. Romance que se desenvolve no maravilhoso, é tecido em força e beleza como as arcaicas tapeçarias, com fios de mil cores e de várias espessuras. Os títulos dos capítulos, chamados Painéis, já indicam a intenção da romancista-tecedeira. E tal como o bordado, do qual não se conhece o "risco", o mundo aqui criado só vai sendo revelado no avançar da narrativa e seus "painéis": A Crônica da Aldeia, O Recanto de D. Sancho, Há que pedir Alvíssaras?, etc. Nesse avançar, a narradora (ou narradores) vai arrancando do esquecimento do tempo o germinar da nossa aventura humana, desde suas origens lendárias, bíblicas, históricas... Germinar que se confunde com o surgimento da Mulher no mundo dos Senhores...

Publicações: **Atrás do muro-escola**, 1968, e **A crespa chuva da primavera**, 1979.

1226 SELENEH DE MEDEIROS

Poeta, declamadora, conferencista, concertista, Seleneh de Souza Medeiros nasceu em Salvador (BA), em 1914. Formou-se em Arte Dramática e Música, e dedicou-se à carreira artística, percorrendo todo o Brasil e diversos países da América e Europa, dando recitais de violão e poesia. Em 1962, como hóspede da União de Escritores Soviéticos, realizou encontros com escritores em Leningrado e em Praga. Em 1967, apresentou-se em Varsóvia e Cracóvia. Em 1973, recebeu o prêmio internacional Trullo d'Oro (Itália), pela série de espetáculos ali realizados. No mesmo ano foi delegada brasileira na I[a] Conferência Mundial de Terapia por Poesia, realizada em Nova York, onde permaneceu alguns anos, dando espetáculos.

Paralelamente a essa carreira, dedicou-se à poesia. Estreou em livro, em 1946, com os poemas de **Alvorada**, ao qual seguiram-se outros. Gravou também poemas declamados, como Poemas de amor.

Segundo a crítica, *Sua poesia é vária, abrangendo temas líricos e sensuais; testemunhos de uma era tecnológica ou conscientes da força da natureza brasileira, principalmente a Amazônia misteriosa, ou poesia de reflexões filosóficas e políticas, etc. Em seus recitais, os poemas líricos encontram, nos solos de violão que a própria Seleneh executa, a perfeita atmosfera romântica e intimista, com a qual contrastam os sons bárbaros das danças de feitiçaria afro-brasileira e as cadências exóticas do carnaval, reproduzidos em seus poemas rítmicos. (in* **Livro da ajebiana.** *1979 p. 378)*

Publicações: **Alvorada**, 1946; **Canto no silêncio**, 1948; **Gota d'água**, 1950; **Alma cigana**, 1952; **Canarana**, 1957; **Possuída**, 1964; **Poema aos cosmonautas**, 1969; **Amanhã**, 1965; **A hora seguinte**, 1967; **New York trio**, 1977.

1227 SELMA VASCONCELOS

Poeta, ensaísta, médica, professora universitária, Selma Vasconcelos nasceu em Campina Grande (PB). Está radicada no Recife (PE). Formou-se em Medicina (UFPE); dedica-se ao magistério superior e tem presença constante no movimeto cultural do Recife. Colabora regularmente na imprensa nacional (Diário de Pernambuco, Jornal do Comércio, etc.) e estrangeira (Pliego de Murmurios – Barcelona). Tem participado como expositora ou coordenadora dos Seminários Internacionais de Literatura, realizados em Campina Grande, desde os anos de 1970. Entre as várias antologias de que participa, destacam-se: **Poesia Brasileira Contemporânea** (org. Olga Savary*); **Poesia de Circunstância**(FUNDARPE); **Antologia de Poetas Nordestinos** – ano 2000 (org. Benito Araújo). Estreou em livro, em 1990, com **Cio das águas**.

Publicações: **Cio das águas**, 1990, e **Zumbi dos Palmares**, 1995.

1228 SHEILA GOMES

Poeta, escritora para crianças, empresária de artistas, da área da música clássica, Sheila Gomes da Silva nasceu em São Paulo (SP), em 22.08.1943. Estreou como poeta com **Êxtase: uma canção de amor**, e tem participado de várias antologias poéticas. Como escritora para crianças, estreou com o projeto Elos da esperança (1978), coletânea de histórias e poemas infantis, distribuídos pela Fundação do Livro Escolar (SP). Está filiada a inúmeras entidades culturais.

Publicação: **Êxtase: uma canção de amor**, 1984.

SIGRID RENAUX 1229

Poeta, professora universitária, pesquisadora e ensaísta, Sigrid Renaux nasceu no Rio de Janeiro (RJ). Ainda menina passa a residir em Ponta Grossa (PR). Formou-se em Letras Neolatinas, pela Faculdade de Filosofia e, posteriormente, em Letras Anglo-germânicas pela Universidade Católica do Paraná, em Curitiba. Nos anos de 1974/1978, fez doutoramento na Universidade de São Paulo. Especializou-se em línguas francesa e inglesa, em universidades de Montpellier – França e Oxford – Inglaterra. Em cursos de alta especialização, obteve os diplomas de Michigan e Nancy. Tem participado de congressos e seminários no Brasil e no exterior, apresentando comunicações.

Estréia em livro, em 1979, com **Do mar e de outras coisas**, reunião de poemas escritos entre 1979. Poesia de funda comunhão com a natureza, numa busca de beleza, pureza e verdade que a comunhão com os seres humanos já não permite.

Publicação: **Do mar e de outras coisas**, 1979.

SÍLVIA ALVES 1230

Poeta paulista, Sílvia Alves estreou em livro em 1980, com **Fases e faces**; segue-se **Sol de outono**, com prefácio de Carlos Queiroz Telles e apresentação de Torrieri Guimarães, que enfatiza o tom intimista e espontâneo do fluxo poético, no qual se faz ouvir uma voz de mulher que é toda doação e desejo de amor.

Publicações: **Fases e faces**, 1980; e **Sol de outono**, 1981.

SÍLVIA CAROLINA 1231

Poeta, economista, Sílvia Carolina Garcez Aragão nasceu em Aracaju (SE). Aos doze anos publicou seus primeiros versos pelo Movimento Cultural de Sergipe, criado e dirigido por seu pai, o intelectual José Augusto Garcez. Estréia em livro nos anos de 1960, com **Minha canção de sempre**.

Publicação: **Minha canção de sempre**, 1967.

SÍLVIA CELESTE DE CAMPOS 1232

Poeta, Sílvia Celeste de Campos nasceu em São Paulo (SP), em 28.11.1914. Teve vida breve – faleceu aos 18 anos, em 14.10.1933. Irmã da poeta Suzana de Campos*, teve sua produção recolhida por esta, depois de sua morte. Conforme crônica familiar, estudou com professores particulares e, desde menina, entregou-se inteiramente à poesia. Em 1941, a irmã publicou o volume póstumo **Versos**. Em 1947, novo volume: **Poesias completas** (pref. Suzana de Campos). Há também poemas incluídos na **Coletânea de poetas paulistas** (org. Enéas de Moura), 1951.

Publicações: **Versos**, 1941, e **Poesias completas**, 1947 (póst.).

SÍLVIA ESCOREL MORAIS 1233

Poeta, funcionária ligada ao Itamaraty, Sílvia Escorel Morais nasceu em São Paulo (SP), em 20.02.1944. Devido a circunstâncias familiares, fez seus primeiros estudos no exterior (Itália e Argentina). Formou-se em Entologia e Ciências Sociais pela USP. Ingressou, por concurso, no funcionalismo público, como oficial de chancelaria do Itamaraty. Ligou-se aos movimentos alternativos da contracultura da época e publicou seus primeiros textos em produção independente (em mimeógrafo): **Um telefone é muito pouco**, em 1974. Segue-se **Mamãe não deixa**, que Arthur Xexéo comenta: *...nem só de paz, vivem os amores hippies, e Sílvia Escorel, como escritora, tem a vantagem de descrever esse mundo com um delicioso senso de humor.*

Publicações: **Um telefone é muito pouco**, 1974, e **Mamãe não deixa**, 1987.

1234 **SÍLVIA JACINTHO**

Poeta, jornalista, pesquisadora, Sílvia Jacintho nasceu em Barretos (SP), em 14.03.1952. Adolescente, muda-se para a capital paulista, onde se forma em Jornalismo pela Casper Líbero. Residiu algum tempo no Rio de Janeiro, onde fez cursos de literatura brasileira. Casou-se com o americano Gordon Hartstein e mudou-se para a Califórnia-EUA, onde morou durante seis anos e realizou diversos cursos (italiano, espanhol e literatura latino-americana). Ao voltar para o Brasil, o casal e os dois filhos fixaram residência no sul de Goiás. Residem no Rio de Janeiro.

Poeta de grande sensibilidade e cultura, Sílvia Jacintho, desde seu livro de estréia, **Lavoura de infinito** (1991), faz sua palavra poética dialogar com o lastro cultural herdado e, nas páginas do livro, dialogar com a pintura. Nesse primeiro, a capa registra pintura de Joan Miró e as folhas, xilogravuras de Lívio Abramo. Sintonizada com as forças da pós-modernidade, sua poesia se faz ponto de convergência do arcaico e do moderno; e também paixão ou ânsia de se sentir em plenitude. No poema de abertura, Lavoura, essa ânsia já se revela:

Meu alimento vem das pastagens / lavouras abertas / ausência de cercas. / Minha fome é imensa. / E tudo que é vivo intenso / também a mim devora-me.

Essa sede de completude existencial se sacia em **Helênica** (Prêmio Jorge de Lima-UBE/1992), poesia que volta ao arcaico inaugural e reinventa as raízes helênicas, que alimentam a nossa civilização cristã. Dessas raízes, escolhe a vibração erótica, ou melhor, escolhe a mulher como oferenda aos deuses, mulher mítica, princípio e eternidade, sacerdotisa, amante e mãe. Na concretude do livro: capa com pintura de Velasquez, Vênus ao espelho; nas folhas, ilustrações a nanquim da Série Erótica de Picasso.

Em **Brasiliana** (Prêmio APCA/1994), o impulso de comunhão com o outro se expressa pela jornada através dos tempos e das terras nossas. Como diz Margarida Finkel na apresentação: *É um canto de louvação. Abrangente em sua totalidade brasileira de envolvimento com a terra, as cores, a flor, o fruto, com os seres das águas e dos ares, bichos do escondido das matas, com o índio, o branco, o negro. Contando histórias das pedras das igrejas e capelas do Brasil antigo, dos retângulos, quadrados, os altos e baixos da casa grande e do casario dos perdidos destas distâncias em tempo e chão de viagens.*

Em 1998, seu original "Erótica. 62 poemas de Amor" recebe a Medalha Auta de Sousa/UBE-RJ; publicado em 2000, com o título **Chama**. Neste se faz presente com mais força aquela mulher mítica, poderosa energia existencial, que cria mundos, e que a poeta busca em si mesma, mulher de hoje. Como diz Olga Savary*, no prefácio: *Chama é a Casa da Paixão. [...] A mulher ancestral é persona da Autora que, voluptuosa e sábia, com as ilhargas cheias, usufrui da fúria das coisas selvagens, desfraldando a bandeira do rubro desejo. [...] Mulher tutelar, ela é cósmica.*

É o que diz o último Poema: *(Amarei) até não mais ser uma, ser cósmica, /amante do universo anímico de coisas / até não mais ser uma, ser todas / amante em alerta, / puro estado de energia: iluminada, [...] a primeira força da criação – o bafo / morno, o sopro vital / o exercício do amor, belo / como uma braçada de fragâncias.*

Em 2001, publica **O livro da intuição**, no qual a problemática dos livros anteriores se adensa e se aprofunda.

Publicações: **Lavoura de infinito**, 1991; **Helênica**, 1992; **Brasiliana**, 1994; **Chama**, 2000; e **O livro da intuição**, 2001.

1235 **SÍLVIA MAIA**

Poeta, cronista, jornalista, colunista social, acadêmica, Sílvia Maia (nome literário de Sílvia Maria Adeodato Maia) nasceu no Ceará (CE). Estudou no Colégio Sant'Ana em Sobral e Colégio da Imaculada Conceição em Fortaleza. Fez diversos cursos de atualização cultural (Educação Artística, Decoração, Etiqueta social, Declamação...). Formou-se como Técnica de Contabilidade. Profissionalizou-se como jornalista, ocupando espaço na Assembléia Legislativa – Comitê da Imprensa. É colunista da Folha do Ceará. Mantém também uma coluna literária Arte e Cultura no Tribuna do Ceará. Pertence à Ala Feminina da Casa de Juvenal Galeno; União Brasileira dos Trovadores/UBT – Ceará; AJEB – Associação de Jornalistas e Escritores do Brasil – Ceará; UBE – Ceará; Associação Cearense de Imprensa e Academia de Letras Municipais do Brasil – Ceará.

Iniciou-se como poeta, publicando na imprensa. Estréia em livro, em 1986, com **Risos e lágrimas no meu caminho**, reunião de crônicas e poemas, frutos da vida cotidiana, suas alegrias e tristezas.

Publicação: **Risos e lágrimas no meu caminho**, 1986.

SÍLVIA MENDES CAJADO 1236

Tradutora, mulher autodidata, de larga cultura, Sílvia Mendes Cajado nasceu em Sorocaba (SP), em 1889. Falecida em data ignorada. Radicou-se na capital paulista. Figura atuante em seu meio cultural, entre os anos de 1920 e 1940 dedicou-se à tradução de romances europeus, consagrados pelo grande público. Escreveu também ensaios de divulgação da literatura e cultura. Fundou, com seu filho Otávio Mendes Cajado, em 1938, a revista literária Hoje.

Publicações: Traduções – **Var vietis** (de Annie Vicenti), 1921; **A chave de vidro** (Dashiel Hammett); **Torrente bravia** (Luis Bromfield); **Asas do destino** (Meire Blizard); **Ilusões perdidas** (Balzac); **Caravana do destino** (John Steinbeck); **O véu pintado** (Somerset Maugham); **Estranhas superstições** (W. Fielding), etc.

SÍLVIA NASCIMENTO 1237

Poeta, advogada, Sílvia Nascimento nasceu em Goiás (GO). É membro da Academia Feminina de Letras e Artes de Goiás. Publicou o livro de poesias **Madrugada**.

Publicação: **Madrugada** s/d.

SIMONE GADELHA 1238

Jovem escritora cearense, que surge em 1980, dentro do movimento alternativo ou da contracultura, com o opúsculo mimeografado **Contagem depressiva**. Escrita-desabafo, ainda imatura, que dá voz a uma juventude liberada dos preconceitos e opressões, mas completamente à deriva, sem encontrar à sua volta valores ou idéias que pudessem servir de bússola para a viagem a ser feita na vida.

Publicação: **Contagem depressiva**, 1980.

SIMONE GUERREIRO 1239

Contista, poeta, professora, pesquisadora, Simone da Silva Guerreiro nasceu em Salvador (BA), em 27.07.1976. Formou-se em Letras. Começou a escrever literatura, muito cedo, publicando seus textos na imprensa. Tem participado de várias antologias (**Palavra escrita**, 1995; **Autonomia**, 1996). Estréia em livro, em 2000, com os contos de **Medro**, escritura em que está patente a consciência dos caminhos da construção literária contemporânea e os conflitos existenciais de nosso tempo.

Publicação: **Medro**, 2000.

SIMONE MAGNO 1240

Poeta, contista, jornalista, Simone Magno (nome literário de Simone Menezes Magno da Silva) nasceu no Rio de Janeiro (RJ), em 07.10.1966. Formou-se em Jornalismo pela PUC-RJ. Desde adolescente começa a escrever e a publicar na imprensa poemas e contos. Tem participado de antologias (**Shogun Arte**) e de concursos literários.

Estréia em livro com **Avelã pirata**, poesia que se identifica com a linha da contracultura, que dá voz a uma juventude rebelde, que se sente liberada, mas está ainda sem caminhos para trilhar... como está claro no poema que dá título ao livro:

Alucinação súbita do saber / coragem abrir os olhos / ver imagem-irmã / todo caráter ambíguo dizer não / pra que permanecer? / melhor se drogar no êxtase / esquecer / cenas dramas só valem na teletevê / posso saber de tudo / dormir no meio da gélida luz / no entanto enlouquecer / pensar poder solucionar / gostar de sofrer / não se importar em confiar / fiar e enfiar o caco de vidro.

No *press release* do livro há a informação de que os seis pequenos desenhos, repetidos na capa, formam a tatuagem na mão esquerda de Simone.

Publicação: **Avelã pirata**, 1988.

1241 SINHAZINHA WANDERLEY

Poeta, professora e teatróloga, Sinhazinha Wanderley (apelido carinhoso dado a Maria Carolina Caldas Wanderley) nasceu em Açu (RN), em 30.01.1876. Faleceu em 20.09.1954, na cidade onde sempre viveu e onde formou várias gerações de crianças. Sua vocação de educadora manifestou-se muito cedo, levando-a a instalar em sua casa uma escola para crianças. Mais tarde foi nomeada professora do Grupo Escolar Tenente Coronel José Correia, onde trabalhou até aposentar-se. Embora não tenha tido filhos, adotou inúmeros sobrinhos e agregados, e por isso acabou, mais tarde, por enfrentar sérias dificuldades financeiras.

A poesia também atraiu-a desde menina. Durante anos divulgou seus poemas em jornais e revistas do Estado (Oásis; A Cidade; Jornal do Sertão; Atualidades; Almanaque Literário do Município de Assu; Jornal Rio Grande do Norte; Gazeta do Natal e Vila-Láctea). Participou ativamente da vida intelectual e cultural de Açu, com poemas e peças de teatro com finalidade didática e recreativa. Embora autora de uma extensa produção literária, não chegou a ver publicado nenhum dos volumes que ela mesma organizou: Musa sertaneja, Trovas infantis, Lyra das selvas, Palestras infantis e Dramas escolares. Parte desse acervo poético inédito foi organizado por Celso da Silveira e João Batista Machado, e publicado em livro, **Paisagens da minha terra**, em 1990 (por ocasião das comemorações dos 145 anos de emancipação política do Açu). Sua veia poética oscilava entre o lirismo e a sátira, tendo por objeto não só os costumes da terra, como sua própria pessoa, da qual traça um auto-retrato quase cruel:

Eu sou um ser pequeno, amorenado, / De óculos ao nariz e pisar manco, / O cabelo cortado e todo branco, / Sou mesmo um tipo amarmotado. // Trajo vestido azul já desbotado, / Nunca rio, meu riso não é franco, / Evito tropeçar n'algum barranco / Por ter um pé já quase deslocado. / etc. etc.

Mas a memória que deixou não corresponde a essa ótica negativa. Em artigo publicado em O Poti (27.08.1995), Franklin Jorge a exalta como uma educadora avançada para e época, pois

levava seus alunos a conhecer os sítios históricos da cidade, avivando por este método muito particular, a crônica da terra. [...] Soube aproveitar maravilhosamente a inclinação musical do assuense, escrevendo hinos e canções compostos por seus alunos e pelo povo, que, mais do que a chamada elite, abria-se a seus chamamentos cheios de afetuosidade.

(Fonte de consulta: **Literatura do Rio Grande do Norte** – org. Constância Lima Duarte & Diva M. Cunha P. Macedo, Natal, 2001.)

Publicação: **Paisagens da minha terra** (póst.), 1990.

1242 SOCORRO TRINDAD

Ficcionista de garra, poeta, jornalista, tradutora, feminista, militante política e de família de grandes políticos, Socorro Trindad (nome literário de Maria do Socorro Trindade de Oliveira) nasceu em Nísia Floresta (RN), em 18.10.1950. Formou-se em Jornalismo pela UFRJ. Pertencente à geração literária pós-1968 (assinatura do AI-5), toda sua produção literária está marcada pela militância, ou melhor, pela força de resistência à opressão que se instalara entre nós. Participou ativamente do Movimento Alternativo de Cultura dos anos de 1970. Colaborou em diversos jornais e revistas do País (Pasquim, Ficção, Escrita, Correio das Artes/Paraíba, Suplemento Minas Gerais, O Popular/Goiás, Balaio/Fortaleza, Tribuna do Ceará, Tribuna do Nordeste, Vida das Artes...).

Foi editora do suplemento literário de A Tribuna da Imprensa, durante os anos mais duros da repressão (1974/1975), quando a Censura prévia era imposta à imprensa. Colaborou ainda em publicações do exterior (Colômbia, EUA e Angola). Atuou também como publicitária, no Rio de Janeiro. A partir de 1975, trabalha como Relações Públicas no Museu de Arte Moderna e, em 1977, apresenta à Diretoria o projeto de criação do Departamento de Literatura que, aprovado, passa a funcionar com a sua coordenação. É criado, como experiência pioneira, o Laboratório de Criatividade Literária, cujo principal objetivo era estimular o processo criativo, provocar a consciência crítica e a autocrítica, o debate. Em 1980 (após o incêndio do prédio do MAM, em 1978), foi encampado pela Universidade Federal do Rio Grande do Norte – Natal, onde Socorro Trindad passa a lecionar na área de Comunicação Social; e sempre voltada para projetos culturais e editoriais, ligados à Pró-Reitoria para Assuntos de Extensão Universitária. Retorna ao Rio em 1982, nomeada para o Conselho Federal de Cultura.

Passa a se interessar por autores latino-americanos. Em 1987 (época em que alguns setores intelectuais e artísticos discutiam o possível reatamento das Relações Brasil-Cuba de Fidel), publicou **Revolução e progresso cultural**, polêmica entrevista do Ministro da Cultura de Cuba com o jornalista cubano Luiz Baéz. Como editora, fundou, em 1990, Edições Ponto Oito, visando à publicação e divulgação do autor brasileiro e dos problemas ligados ao seu tempo de caos.

Como ficcionista, participou de diversas antologias na linha da contracultura ou de desafio ao sistema: **Mulheres da vida** (org. Leila Míccolis), 1978; **Chame o ladrão**, 1978; **Isso é que é**, 1981; **Respeitável público**, 1981; e outras. Estreou em livro individual, em 1972, com os contos de **Os olhos do lixo**: fragmentos de vidas sujas e tristes, retiradas do mundo-cão onde existem, pela palavra cortante, dolorida e aparentemente indiferente, que vai ser a marca da escritura de Socorro Trindad. Segue-se a coletânea **Cada cabeça uma sentença**: instantâneos insólitos de vidas, de repente envolvidas numa situação que, apesar de ser mostrada com rigorosa objetividade narrativa, soa ao leitor como fantástica, inverossímil mas, ao mesmo tempo, real. Sempre a violência (sob suas mil formas e graus) é o eixo da narrativa. E o que a torna mais contundente é o tom displicente ou indiferente ou bem-humorado, em que ela é narrada ou descrita. Na apresentação do livro, Aguinaldo Silva toca nesse eixo:

A fábula da violência, em todas as suas requintadas manifestações, é aqui recontada de várias formas. Passamos da ironia quase pícara de "Massacre no mangue" ou da crueldade de "1º de abril", ao tom à la carochinha de "Cada cabeça uma sentença" [...] compreendemos, em "Bodas de ouro" ou "A tocha", o valor eminentemente criativo da desordem. [...] beiramos em "A casa do papangoos", a sensação de paranóia [...] ela nos lembra, pelo tom absolutamente terrorífico e também pela sua arquitetura, uma história gótica. Mas não se iludam os leitores, a escritora está se referindo à sua época, há, em cada homem, uma dose latente de violência, cuja manifestação se tornou propícia nos dias atuais.

É nessa linha alegórica – que podemos também definir como a da violência fria (v. Rubem Fonseca, Patrícia Melo*...) – que a escritora vem produzindo. Inclusive em **Feminino feminino** (documentário ficcional que reúne esclarecedores dados biográficos da feminista pioneira Nísia Floresta* ou sobre a cidade que recebeu o seu nome, e também um substancial calendário que começa com a lendária Clara Camarão/século XVII) há violência constante, permeando os fatos. Na verdade, Socorro Trindad é uma das vozes da geração literária que surge nos anos de 1970 e que se quer testemunha de seu tempo, denunciando as arbitrariedades e violências do poder, dentro de uma realidade brasileira. Quanto ao estilo, é notória a influência da técnica cinematográfica (cortes, descontinuidade, superposição de imagens, *zoom*, etc.). Esse estilo é flagrante em **Uma arma para Maria**, cujas personagens são mulheres de ontem ou de hoje, que, de diferentes formas, romperam com os padrões do seu tempo.

Fusão de prosa e poesia, esta matéria narrativa funde também realidade e ficção. Onde começa a ficção e acaba a realidade? Ou vice-versa? (Essa interrogação está cada vez mais difícil de se responder nestes nossos tempos de realidade virtual, de *reality show*, de *no limite*...)

Não por acaso, o livro publicado a seguir, **Eu não tenho palavras...** é um volume de páginas em branco, sem nada impresso. Na contracapa, Álvaro de Sá diz:

Este livro fala do protesto dos anos 60, do silêncio dos anos 70 e da esperança dos anos 80. [...] O leitor recebe um livro que não tem Palavras. Como o Brasil, ele está em branco para ser desenvolvido. Para que o "homo brasiliensis" grave nele o seu texto mais autêntico. É o chão semeado recebendo a chuva que traz de volta o grão. [...] Ao leitor cabe enchê-lo, sem medo de o ver confiscado.

Mas como sabemos as reestruturações de base, que envolvam o humano, são lentas, muito lentas. E certa afirmativa, feita pela autora à Folha de S.Paulo em 1978, continua válida:

O momento atual é muito mais para se repensar, reavaliar, discutir, do que simplesmente criar; e isso não só em relação à literatura, mas também à arte de modo geral, à história, à poética, à vida brasileira.

É o que ela faz em **O dia público e outros dias**, depois de um silêncio editorial de quase dez anos: redescobre ou reinventa a palavra, de tal modo embaraçada com a vida, que se torna quase impossível separá-las. Esse embaralhamento é engendrado pela memória literária que a narradora vai escavando, a partir da realidade cotidiana e comum, onde a vida se cumpre. O conto de abertura, "Ontem choverá no Rio de Janeiro-Amanhã choveu em New York City", é exemplar dessa fusão vida/literatura. Por diferentes que sejam as óticas através das quais a autora vê os dramas (ou as comédias humanas) que se vão sucedendo em seu universo ficcional/real, há algo sempre a ligá-los: a consciência da palavra como nomeadora/eternizadora, no tempo, daquilo que na vida foi efêmero, mas não pode ser esquecido. Com sua garra de ficcionista e lúcida/lúdica consciência de guerreira, Socorro Trindad vem dando seu testemunho...

Publicações: **Os olhos do lixo**, 1972; **Cada cabeça uma sentença**, 1978; **Feminino feminino**, 1981; **Uma arma para Maria**, 1982; **Eu não tenho palavras**, 1985; e **O dia público e outros dias**, 1990.

1243 SOFIA SÁ DE SOUSA

Mulher culta, versada em língua alemã, a maranhense Sofia Sá de Sousa viveu em São Luís na 2ª metade do século XIX. Escrevia poesia e publicou uma tradução do poeta Schiller, **Os bandidos**.

Publicação: **Os bandidos**, 1900.

1244 SOFIA MATHIAS

Poeta paulista, Sofia Mathias estréia em livro em 1983, com **De corpos e almas**, com prefácio de Jorge Amado. Recebeu o Prêmio Revelação – APCA. Segue-se **De choros e luas** em 1984, com palavras de abertura de Paulo Bonfim. Poesia que se quer doação, encontro completo, esta abre caminho em busca de seu eixo definidor.

Publicações: **De corpos e almas**, 1983, e **De choros e luas**, 1984.

1245 SOLANGE LAGES

Poeta, ficcionista, professora e figura atuante no meio cultural alagoano, Solange Berard Lages nasceu em Maceió (AL). Formou-se em Letras Clássicas pela PUC-RJ; e em Direito pela Universidade Federal de Alagoas, mas não exerce a advocacia. Em 1967/1968, realizou Curso de Língua e Civilização Francesa na Sorbonne – Paris. De volta a Maceió, ingressa no magistério. Entre 1971 e 1975, dirige o Departamento de Assuntos Culturais da Secretaria de Educação e Cultura. Com a colaboração de vários artistas da terra, realiza o I Festival de Verão de Marechal Deodoro/1970 e em 1975, o I Festival de Verão de Penedo. No final dos anos de 1970, passa a trabalhar no Instituto Histórico e Geográfico de Maceió.

Inicia-se como poeta, publicando na imprensa ou em revistas especializadas. Estréia em livro, em 1967, com **Canto anônimo**, poesia lírico-humanista, centrada no eu que, em face do mundo e do drama da condição humana, busca a sua tarefa na vida. Seguem-se: em 1975, os poemas de **Desencanto** e, em 1979, os contos fantásticos ou absurdos de **Passagem**, no qual a tragédia é vista através do grotesco, do animalesco, da promiscuidade desumanizante, em um mundo absolutamente sem sentido.

Publicações: Poesia – **Canto anônimo**, 1967, e **Desencanto**, 1975. Conto – **Passagem**, 1979.

SOLANGE PADILHA 1246

Poeta, atriz, *expert* em arte teatral e técnica de vídeo, editora e militante feminista, Solange Padilha nasceu em Belém (PA), em 1945. Formou-se em Ciências Sociais – Universidade de Paris VIII (1973), mestrado em Antropologia da Arte. Cursou a Escola de Teatro do Rio de Janeiro e atuou como atriz durante cinco anos. Especializou-se na área de vídeo, como bolsista do CNPQ – Fundação Ford e do Governo italiano (1998). Militante feminista, foi uma das editoras do jornal do feminismo brasileiro, **Nós mulheres** (SP, 1976; 1978).

Editora da revista Plural (ligada à Universidade de São Carlos-SP). Coordenou a área de literatura e artes plásticas do I Festival das Mulheres nas Artes (São Paulo, 1982) promovido pela revista Nova e pela empresária Ruth Escobar. Colaborou na revista **Des femmes em mouvement** (1982) e **Mulherio** (1983). Editou, com outros poetas, o jornal Antena (1990). Participou da antologia **Trabalhadores do Brasil** (SP, 1979) e da **Antologia da nova poesia brasileira** (org. Olga Savary*), 1992. Produziu uma dezena de vídeos. Seu doutorado na PUC-SP, versa sobre a arte dos índios do Alto Xingu.

Como poeta, estreou em livro em 1986, com **Saphografia**; seguido de **Dadá anda ainda.**

(Fonte de consulta: **Poesia do Grão-Pará** org. Olga Savary* RJ, Graphia Editorial, 2001.)

Publicações: **Saphografia**, 1986, e **Dadá anda ainda**, 1992.

SÔNIA CINTRA 1247

Poeta, professora universitária, pesquisadora, Sônia Cintra nasceu em Amparo (SP), em 03.06.1949. Reside em Jundiaí (SP). Formou-se em Letras e, na carreira docente, especializou-se em Literatura Portuguesa e Dialetologia. Tem participado ativamente do movimento cultural universitário e de congressos ou seminários, no Brasil e no exterior (IV Congresso Internacional de Estudos Pessoanos, realizado na USP/1988; I Congresso de Escritores de Língua Portuguesa, realizado em Lisboa/1989, entre outros).

Como poeta, estréia em livro, em 1993, com **49 graus**, poesia concisa, que procura fixar instantâneos do cotidiano comum, cenas breves que se mostram limitadas, fechadas em si, sem vinculação com o todo: visão de um mundo fragmentado que perdeu o sentido de globalidade.

Publicação: **49 graus**, 1993.

SÔNIA COUTINHO 1248

Ficcionista de grande força, ensaísta, jornalista, tradutora, Sônia Coutinho (nome literário de Sônia Walkiria de Souza Coutinho) nasceu em Itabuna (BA), em 1939. Ainda criança, muda-se para Salvador (BA). Cresceu convivendo com livros, na biblioteca de seu pai, que era poeta parnasiano. Formou-se em Letras pela UFBA. Iniciou-se nas lides literárias aos dezoito anos, como jornalista amadora, publicando crônicas no Jornal da Bahia, cujo suplemento literário editou durante algum tempo. Em meados dos anos de 1960, participa de um grupo agitado e irreverente de jovens universitários que desafiavam a sociedade "bem comportada" da época: era a geração da revista Mapa. Nesse período, publica seu primeiro conto num suplemento literário dirigido por Glauber Rocha. Logo mais participa da coletânea Reunião, editada pela UFBA e que causou protestos no grande público. Em 1964, viajou para Madri – Espanha, realizando curso de história da arte, no Instituto de Cultura Hispânica. Em 1966, de volta a Salvador, publica os contos de **Do herói inútil** (em limitada tiragem). Em 1968, muda-se para o Rio de Janeiro (RJ), onde se radicou. Dedica-se ao jornalismo trabalhando para a grande imprensa (Agência Reuters, O Jornal, Jornal do Comércio, Correio da Manhã, Última Hora, O Globo...). Em 1983 participou, como representante do Brasil, do Programa Internacional de Escritores da Universidade de Iowa-EUA. Colaboradora das revistas Nova e Status, recebeu um dos prêmios Status de Literatura Erótica. Como tradutora, dedicou-se a autores de língua inglesa: Doris Lessing, Graham Greene, C. Isherwood, E. M. Forster e as autobiografias da atriz Liv Ullman.

Em 1971, publica os contos de **Nascimento de uma mulher**, que considera sua verdadeira estréia literária e, no qual, já se expressa a problemática que será nuclear em sua obra: a interrogação Quem sou eu? Interrogação-chave do homem pós-moderno, neste nosso mundo descentrado, desde que perdeu seus valores de base (sistema cristão-patriarcal, já deteriorado) e ainda não conseguiu substituí-lo por nada que dure mais do que os "15 minutos de fama". É dentro desse contexto que a mulher liberada pós-1960 se interroga sobre si mesma, sobre seu lugar neste nosso mundo caleidoscópico, em transformação acelerada, e sobre o sentido último da vida. A "face interrogante" é a que mais se destaca na literatura feminina contemporânea. E é, sem dúvida, a que singulariza a Mulher que habita o universo romanesco que Sônia Coutinho vem construindo desde os anos de 1970.

Ainda nesse sentido, lembramos a fala de uma sua contemporânea, Socorro Trindad*, em 1978, referindo-se à natureza da nova literatura: *O momento atual é muito mais para se repensar, reavaliar, discutir, do que simplesmente criar.* (Mais de vinte anos se passaram, mas nada ainda mudou...) Não é outra a consciência-de-mundo que move a mulher-que-fala no conto "Uma certa felicidade" (conto-título do livro publicado em 1976). Rememorando sua vida, ela tenta compreender onde e por quê? tudo havia falhado. Já no primeiro parágrafo, a problemática-chave se anuncia:

Examinemos os dados todos, atuais e passados. Talvez possam me ajudar. Vejo as coisas de modo tão fragmentado. Tantos detalhes esqueci. Não sei por onde começar. A escuridão deste quarto favorece as lembranças. Horas e horas estirada na cama: entre o dormir e o acordar, o quebra-cabeça girando na memória.
Foi ele quem me ensinou a fazer o amor. E isto era bom. E isto era verdadeiro...

Aí temos os dados principais da equação da aventura humana que a literatura atual tenta resolver: a memória (esfera existencial onde o vivido permanece, para além de seu momento efêmero); a visão de mundo fragmentada (pela ausência de um centro ordenador); o amor (impulso de comunhão eu-outro que, realizada, leva à plenitude existencial duradoura) e o lugar (onde o encontro eu outro possa lançar raízes e durar no tempo). Com relação a este último elemento, note-se que a mulher-que-recorda está "fechada" na escuridão de um quarto e sentindo-se irrealizada. Mais adiante, descobrimos que, em certa época plena de sua vida, houve um "lugar", espécie de "paraíso perdido" que ela tenta resgatar pela memória.

Quero lembrar. Como se a cidade e seus habitantes tivessem desaparecido e seu único traço de sobrevivência fosse o que deles resta em minha memória. Buscar recriá-los e resistir, como sua única testemunha, à tentação de modificar seus traços ao sabor da fantasia. Procurando um máximo de fidelidade impossível, já que irei percebendo, a cada passo, os desvios impostos à lembrança pela subjetividade. Os crepúsculos de verão na Cidade têm um sabor de idéia platônica ou verdade eterna.

Como sabemos, a Cidade é uma das grandes presenças no universo criado por Sônia Coutinho, ora se referindo à Copacabana (onde vivem os prazeres e as agruras da vida ultramoderna), ora a Salvador (onde viveu e onde estão suas raízes). Como toda criação autêntica, a da autora baiana/carioca parte do particular (sua própria experiência) e atinge o universal (as forças imperativas do nosso tempo). Nesse sentido, por mais que os dados acima destacados possam ser ligados à sua vida real, eles só adquirem significação maior em sua ficção, porque transfigurados em literatura, visceralmente sintonizada com a contemporaneidade ou pós-modernidade. Senão, vejamos. Na crise de transformações em que vivemos, acredita-se que é pela memória do passado, resgatado/reinventado pelo presente, que os homens, no aqui-e-agora, conseguirão abrir caminho para o amanhã já em gestação. Isso porque seríamos elos da corrente da vida, cujo início e fim escapam ao nosso saber. Em um mundo descentrado como o nosso, a visão de mundo consciente só pode ser fragmentada, porque cada eu tornou-se um centro tão válido como qualquer dos demais eus. Devido a esse descentramento e ausência de uma Verdade única e ordenadora, o amor (como completude existencial) reduziu-se à busca do outro. Inclusive, uma das causas dessa frustração do amor, estaria na perda do lugar, do espaço estável, em que a comunhão eu-outro pudesse lançar raízes e durar no tempo. Vivemos hoje no ciberespaço, camaleônico, mutante, virtual, brilhante e falso, onde o que importa é a performance, o espetáculo, a Aparência cultivada pela Sociedade do Ter (ou do consumo desenfreado), e não o Mundo do Ser... como aquele que a literatura busca.

É essa a matéria amalgamada pela palavra de Sônia Coutinho, em suas sedutoras tramas, sempre centradas na mulher-em-crise-de-transição: **Os venenos de Lucrécia**, **O jogo do Ifá** , **O último verão de Copacabana**, **Atire em Sofia**, **O caso de Alice**, **Mil olhos e uma rosa...** Ainda com relação à onipresença da Cidade nessas tramas, alegoria do lugar perdido a ser resgatado pela memória afetiva (o único meio de fazer durar no tempo o que já desapareceu no espaço), não podemos deixar de assinalar sua afinidade eletiva com um dos grandes temas do romance latino-americano: o resgate/reinvenção da terra violada pelos conquistadores, através da memória dos que nela viveram, e da escrita novelesca que eternizará no Mundo da Arte aquilo que já não existe no Mundo da Realidade. Guardadas as devidas distâncias, o resgate/reinvenção da Cidade, tentado pela ficção da autora baiana, é da mesma natureza daquele realizado por García Marquez, em **Cem anos de solidão**, para preservar a memória de Macondo. Leia-se, por exemplo, **O jogo do Ifá**, onde a ficção entra em jogo com a memória, no resgate-reinvenção da Cidade.

Publicações: Contos – **Do herói inútil**, 1966; **Nascimento de uma mulher**, 1971; **Uma certa felicidade**, 1976; **Os venenos de Lucrécia** (Prêmio Jabuti/1978); **Último verão de Copacabana**, 1985; e **Mil olhos e uma rosa**, 2001. Romance – **O jogo do Ifá**, 1980; **Atire em Sofia** (mem.) 1989; **O caso de Alice**, 1990; **Os seios de Pandora**, 1992. Ensaio – **Rainhas do crime**, 1994.

SÔNIA ELIZABETH 1249

Poeta, contista, cronista, advogada, escritora para crianças, Sônia Elizabeth Nascimento Costa nasceu em Rio Verde (GO), em 15.07.1959. Reside em Goiânia (GO). É formada em Direito; participante do movimento cultural goiano; é membro da UBE-GO; membro-fundadora do NOMES – Novo Movimento de Escritores – Goiás. Tem participado de concursos literários e recebido distinções (2º lugar Concurso de contos SESC/1980; 2º lugar Concurso Nacional Raimundo Correa de Poesia-RJ; etc.). Estréia em livro com a poesia de **Renascer**, em 1981. Seguem-se outros, na mesma linha humanista e consciente dos "desconcertos" do mundo.

Publicações: **Renascer**, 1981; **Não chorarás em vão**, 1985; **Os sinos badalam todos os dias**, 1986; **Vós sabeis a canção da unidade**, 1988; e **Cantiga para ninar Ana Eugênia**, 1990.

SÔNIA FÁTIMA DA CONCEIÇÃO 1250

Poeta, ensaísta e assistente social, Sônia Fátima da Conceição nasceu em Araraquara (SP), em 15.03.1951. Formada em Ciências Sociais, trabalha com crianças abandonadas em São Paulo. É membro do grupo Quilombhoje e publica poemas nos **Cadernos negros**, desde seus primeiros números, a partir do final dos anos de 1970. Como ensaísta, publicou **Reflexões sobre a literatura afro-brasileira**, no qual defende a necessidade de os escritores afro-brasileiros definirem sua própria estética, no sentido de superarem os estereótipos de inferioridade. Seus contos têm como matéria as condições de vida das mulheres negras no Brasil. Está incluída na antologia bilíngüe **Finally... us/Finalmente... nós** (org. Carolyh Durham e Miriam Alves), EUA, 1995.

SÔNIA GUIMARÃES 1251

Poeta, teatróloga, participante do movimento alternativo dos anos 1980, Sônia Guimarães nasceu no Rio de Janeiro (RJ), em 11.01.1950. Funcionária da FUNABEM, em 1984 foi transferida para Florianópolis (SC), onde se radicou. Desde adolescente escreve poesia e peças de teatro, encenadas por grupos amadores. Em Florianópolis integrou-se em grupos de alternativos (edições mimeografadas, produção independente, "varal literário", exposição de cartazes com poemas em bares, praia ou praças, etc.). Escreveu também teatro para crianças, como **Teatro, sim. Por que não?**, encenado por grupo amador no Armazém Vieira. Publicou dois opúsculos de poesia, com ilustrações de Anderson Luís.

Publicações: **Intimidade**, 1984, e **Texticulus ilustradus**, 1986.

SÔNIA LÚCIA TRUJILLO DA SILVA 1252

Poeta, crítica teatral, musicista, professora de inglês, *expert* em administração, Sônia Lúcia Trujillo da Silva nasceu em Sorocaba (SP). Formou-se em música pela Yamaha Music Foundation. Foi professora de inglês, durante anos, e diretora do Instituto de Idiomas Yázigi – Sorocaba. Cursou Direito, mas não o concluiu.

Publicou, em 1987, o livro **Tisana**, que teve boa repercussão crítica em seu meio. Referindo-se à sua arte, confessou: *Poetar para mim é instintivo. Quase orgânico. Há quem prefira drogar-se, tomar porre, fazer análise, quebrar coisas. Nesses momentos escrevo poemas. Faz o mesmo efeito. A poesia é um bálsamo para a alma. Tisana, meu remédio para a amargura.*

Publicação: **Tisana**, 1987.

1253 SÔNIA MARIA SANTOS

Poeta, Sônia Maria Santos nasceu em Anápolis (GO), em 12.06.1945. Estréia em livro, em 1985, com os poemas de **A teia dos dias**, cuja linha dominante é a consciência do espaço (social ou natural), como elemento de complementação essencial do ser. Na apresentação, a escritora Maria Helena Chein diz: *Poeta de força e sentimento, integra o prosaico dia-a-dia em elemento-chave de sua criação sem seguir como o de outras mulheres, mas com o caminhar diferente. Em cada virada do cotidiano inventa e redescobre [...] É cedo ainda e a poeta tem força, garra e está perplexa com o desenrolar do novelo.*

Publicação: **A teia dos dias**, 1985, e **Casa do tempo**, 1995.

1254 SÔNIA NOLASCO

Romancista, jornalista, pesquisadora, Sônia Nolasco Ferreira nasceu em Minas Gerais (MG). Formou-se em Jornalismo no Rio de Janeiro (RJ); fez vários cursos de especialização em Paris (França), onde residiu durante cinco anos e realizou o mestrado, em Ciências Políticas. Trabalhou durante algum tempo no Correio da Manhã e nas revistas Pais & Filhos, Mais e Nova. Em 1976, muda-se para Nova York, onde se torna correspondente do jornal O Globo. Em 1984, ainda em Nova York, estréia como romancista com **Moreno como vocês**, no qual se faz ouvir a mulher desencantada e irônica dos anos de 1980, liberada, profissional e dona de casa, às voltas com filhos-problema, psicanálise e uma grande solidão, que tenta driblar com humor, aparente displicência e uma ironia por vezes ácida. Participou da antologia **Histórias de amor infeliz** (org. Esdras Nascimento), publicada em 1985. Seu conto "O Dia em que Pat Boone voltou" é um texto exemplar desse estado de espírito e da adesão ao estilo-registro difundido pela narrativa norte-americana: espelho do *way-of-life* do mundo mediatizado contemporâneo. Em 1986, publica **Você jurou que eu ia ser feliz**. Em resenha feita sobre ele, Caio Fernando Abreu toca no ponto exato da arte da autora:

*Sônia Nolasco é uma deliciosa contadora de histórias. [...] Nos cinco contos longos (ou seriam novelas curtas?) de **Você jurou...** ela traça com mão segura os perfis de mulheres bem contemporâneas, seriam esposas ciumentas, pré-executivas, semi-socialites, compenetradas ou enrustidas. É bom de ler, coisa rara. Tem humor, coisa raríssima. E, mais rara ainda, muito vigor. O problema é que – por trás dos bons temas, dessas personagens perfeitamente verossímeis e da carga de sinceridade que a autora joga no texto – não existe uma elaboração formal digna das histórias que conta. Ela escreve apressado, despreocupada de ritmo, de sonoridade [...] Por isso mesmo suas histórias parecem mais sinopses de roteiros ou de romances. O que não as invalida, mas reduz. (Caderno OESP 07.09.1986)*

Publicação: **Moreno como vocês**, 1984, e **Você jurou que eu ia ser feliz**, 1986.

1255 SÔNIA PEREIRA

Poeta gaúcha, Sônia Pereira estreou em livro, em 1986, com **Barco de papel**. Segue-se **Lábios de vênus**, onze anos depois. Linha poética intimista.

Publicações: **Barco de papel**, 1986, e **Lábios de vênus**, 1997.

SÔNIA QUEIROZ 1256

Poeta mineira, Sônia Queiroz estreou em livro, em 1980, com **O sacro ofício**, poesia de interrogação sobre a condição da mulher nestes tempos de transição entre a ordem patriarcal (mulher rainha do lar) e a desordem século XX (mulher liberada, conquistando novo espaço no mundo e em busca de si mesma).

Publicação: **O sacro ofício**, 1980.

SÔNIA RÉGIS 1257

Ficcionista memorialista, ensaísta, professora universitária, pesquisadora, crítica literária, tradutora, formada em Letras e Teoria Literária, Sônia Régis nasceu em Santa Catarina (SC), de descendência alemã. Reside na capital paulista. É presença atuante na grande imprensa e no meio universitário. Estréia como ficcionista, em 1994, com **O brontossauro azul ou aritmética progressiva** – título estranho que, só ao longo da leitura, se nos revela em toda sua dolorosa significação: a da agressão humilhante a um eu ansioso por ser reconhecido e aceito como alguém, mas que é continuamente frustrado em seus anseios de comunhão e de amor.

Romance na linha pós-moderna, a da oscilação entre ficção e realidade, esse foi escrito entre o período de estudos feitos pela autora em Berlim nos anos de 1990, pós-queda do Muro, e sua volta a São Paulo. Mas como fica evidente ao longo da narração, foi projetado muito tempo antes. Daí a madurez de sua escrita e a decantação profunda das vivências ali represadas. Volume breve, de cem páginas, este concentra, de maneira contida e densa, todo um amadurecido amálgama de experiências, fundamente castradoras do eu que ali fala. Seu título poderia ser A Lei do Pai, na medida em que sua escritura rasga a intimidade oculta de uma tradição familiar perversa, em que o Pai e Deus eram as Leis duras e inflexíveis, que moldavam (ou deformavam) a personalidade dos novos. Tal tradição se mostra pelos interstícios desta escritura, como uma ferida aberta, constantemente sangrando. Essa ferida no espírito da narradora manifesta-se, alegoricamente, na alergia de pele que a judia desde criança. E da barreira que se ergueu entre o eu e a afetividade do outro, fala alto a natureza das duas únicas lembranças prazerosas que guarda do passado: a dos doces ou comidas saborosas provadas na infância (o alimento nunca lhe faltou) e o prazer da escrita (única paixão que, nascida na infância, não lhe foi tirada). Não por acaso, ambas são alimentos: um garante a vida física, o outro garante a vida espiritual e alimenta a necessidade existencial de comunhão eu-outro. Há uma passagem no romance que revela essa dimensão oculta da escrita. A menina escrevera poemas que foram elogiados no colégio e pela mãe – apenas estranharam a tristeza neles existente. Estimulada, durante as férias, escreveu *100 páginas datilografadas, que guardou no baú com os poemas. Da experiência ficou-lhe uma extrema liberdade confundida com uma solidão profunda. Sentia-se bem nessa solidão, como num lar silencioso e bem iluminado. Escrever era, sim, como viajar; podia ir aonde quisesse na brancura ilimitada do papel. As palavras eram seu lar neste mundo." (p. 30)*

Para além desse húmus catártico que está nas raízes deste ambíguo **O brontossauro...**, sua maior força lhe vem, sem dúvida, do estilo caleidoscópico, criado pela autora, sob o influxo de uma das sentenças do Pai (agnóstico e ambigüamente místico), a qual, ouvida na infância, permaneceu como tatuagem em seu espírito: *tudo é maia, ilusão.* Não por acaso, a primeira lembrança do passado, que entra no presente em que o romance está sendo escrito, é: *A voz do pai alterou-se, tudo é maia, filha, ilusão.* Como sabemos, a frase se refere a um conceito do budismo esotérico, que vê na realidade concreta do mundo apenas ilusão (maia, em sânscrito). Ou, no dizer de Platão, sombras da verdadeira realidade da vida, oculta por trás das formas visíveis. Vemos as coisas, mas seu sentido profundo nos escapa, tal como para a narradora, sempre lhe escapava o verdadeiro sentido ou o porquê das coisas que lhe aconteciam ou que via ao seu redor. É nos rastros dessa visão de mundo que se constrói a escritura deste romance, e que pelo significado difuso e fragmentado das frases faz lembrar uma fotografia velada pela luz. Romance que, para além da emoção dorida que o percorre (e que atinge o leitor), impõe-se como texto altamente elaborado por um raro domínio da técnica narrativa.

Publicação: **O brontossauro azul ou aritmética progressiva**, 1994.

1258 SÔNIA SALES

Poeta, psicóloga e pesquisadora da arte e da filosofia oriental, Sônia Sales nasceu no Rio de Janeiro (RJ). Em 1981, mudou-se para a capital paulista. Formou-se em Psicologia. Morou na Europa, onde fez cursos sobre arte e filosofia, em Bruxelas e Munique. Dedica-se ao estudo das antigas cerâmicas e porcelanas chinesas, como frutos do espírito da civilização chinesa, a mais duradoura da história. Desde adolescente, sentiu-se atraída pela poesia. Segundo diz, a amizade, que a ligou aos poetas Walmir Ayala e Theon Spanudis, foi decisiva para a descoberta de seus caminhos poéticos. E também o diálogo epistolar que manteve durante tempos com Carlos Drummond de Andrade.

Estréia em livro, em 1996, com **A chama breve**, poesia de reflexão sobre a condição humana, presa à materialidade do ser (no qual a vida se cumpre) e à espiritualidade (que lhe revelaria a Verdade, o sentido último da Vida).

Sou nada mais que um retalho / parte das sementes germinadas / de abutres insensíveis. / Cada passo, cada linha / busca a verdade da cascável. (Retalho)

Por outro lado, sente-se parte de uma grandeza indizível:

Sou filha de Zeus / por Ele falo / com a força da voz / do extremo da morte / com a energia da vida / os meus ideais. / Sou filha de Zeus de rei / a chama dos fortes / a gota de fel.

Ligada lucidamente ao mundo à sua volta, sua poesia testemunha a autodestruição existencial (e física) a que se entrega parte da juventude atual, desnorteada, porque liberada de todo qualquer freio, não sabe o que fazer com a liberdade, e violenta a vida.

Gargalhadas de motos cortavam a noite / apagada de gritos e gemidos / na gelatina de sangue [...] pilotos sem espelho / suados, melados de morte / escondidos, nas máscaras de lacrados capacetes [...] Ídolos de lama / à margem da vida [...] sem chegar a parte alguma / sem a coragem de ser. (Morrendo de brincadeira)

Em **Da essência ao divino**, a poesia se faz interrogante e a condição da mulher, estigmatizada pelo mal, desde sua origem bíblica, vem à tona:

...por que a angústia de ser mulher / e ter o compromisso do pecado de Eva? Por quê?/ O contato que poderia ser doce fere como / a adaga em mãos alertas, apenas a alma / é liberta em seu traje de núpcias [...] A indecisão do silêncio não trará mudanças / mas a SEMPRE certeza do masculino fere / mais que a adaga.

Sua poesia não mostra solução à vista para as relações homem/mulher, estigmatizadas pelo bíblico interdito ao sexo. Restam interrogações... Os caminhos percorridos pela poeta, nos livros que se seguem, continuam perscrutando o Mistério da vida. A trama poética de **Ouvindo o silêncio** (em edição trilíngüe, português/espanhol/inglês) se tece de luz e sombras, com predomínio da luz. A poesia concisa/densa de **Mar começo do céu** é fruto da intimidade da poesia com a leveza e síntese da arte chinesa. Como diz na apresentação: *Espiritual e sensível, a arte chinesa é ao mesmo tempo antiga e moderna, tão requintada como sua própria filosofia. O despojamento e a síntese determinam, dispensando o supérfluo, o farfalhante. O mínimo é o máximo.* Nesta citação, a poeta define a poesia recolhida nesta edição bilíngüe: traduzida em ideogramas chineses, desenhados pelo prof. dr. Alexander Chung Yuang Yang.

Sônia Sales é membro-correspondente da Academia Carioca de Letras, da Academia Brasileira de Literatura e da Academia Niteroiense de Letras.

Publicações: **A chama breve**, 1996; **Da essência ao divino**, 1996; **Ouvindo o silêncio**, 1998; e **Mar começo do céu**, 1998.

1259 SÔNIA SAMAIA

Poeta, atriz, Sônia Samaia nasceu em São Paulo (SP). É em relação à cidade caleidoscópica que ela se apresenta: *Nasci em São Paulo onde me vejo refletida / Raças misturadas como no meu sangue / Mundos tantos quantos me povoam / Paisagens várias como em meus sentidos [...] Vivo as multi-facetas como atriz. / Teatro. Televisão. / Escrever, a grande aventura: o eu/fisgado no turbilhão dos tantos eus da atriz. / E sempre a sensação de uma / Revelação.*

Estréia em livro, em 1984, com **Poemas de Sônia Samaia**, prefácio de Claudio Willer. Poesia de linhagem surrealista, esta se quer consciência da palavra, como criadora do Real nela capturado. Daí a fusão de dados contraditórios que ela transforma em beleza e força poética.

Publicação: **Poemas de Sônia Samaia**, 1984.

STELA MARIS REZENDE 1260

Ficcionista de grande força, pintora, poeta, professora, comunicadora, produtora de TV e rádio e pesquisadora do folclore brasileiro, Stela Maris Rezende Paiva nasceu em Dores do Indaiá (MG), em 07.03.1950. Em 1962, mudou-se para Taguatinga (DF), onde reside. Formou-se em Letras pela Universidade de Brasília (1973), onde fez mestrado, em 1988, com a dissertação "Graciliano Ramos e a literatura infantil". Em 1969, ingressa no ensino superior, na Fundação Educacional de Brasília. Em 1985, coordena o Projeto Leitor & Criador – O Escritor na Escola, desenvolvido na Biblioteca da Fundação.

Como pintora, em 1978, teve um de seus quadros a óleo, Um dia qualquer em Minas Gerais, adquirido pela Fundação Cultural do Distrito Federal. Como compositora, atriz, cantora e diretora de teatro, participou da encenação de vários de seus textos teatrais (Corpo tenso voz passiva, Aos trancos e barrancos, Real fantasia, etc.). Co-produtora de programas infantis para televisão, apresentou Carrossel e Recreio, para os quais compôs também as trilhas sonoras. Como ficcionista, estreou em livro, em 1979, com os contos de **Dentro das lamparinas**, escritura densa e ágil que se revela já madura neste primeiro livro, conseguindo conter o infinito drama humano em poucas palavras. Sua visão de mundo já está toda ali, tal como as publicações posteriores foram revelando. Sua matéria-prima é retirada da vida comprimida entre sonho e realidade; vida dos desvalidos, dos solitários, dos que têm fome de pão e de amor e, principalmente, grande engajamento no viver do dia-a-dia e seus mistérios, ambigüidades. Apesar da inegável dureza de seus temas, a agilidade de sua linguagem (curta/clara/concisa/ambígüa) torna leve o caminhar do leitor pela história, até o desenlace final, abrupto, inesperado e doloroso, que o apanha de surpresa.

Curiosamente sua ficção, que surgiu para leitores adultos, acaba se transformando em sedutora leitura para jovens. A partir de 1980, quando seu livro de poesia **Temporã** ganhou Menção Especial do Prêmio Fernando Chinaglia/UBE-RJ, os caminhos da escritora mudam de direção. E em pouco tempo, ela se torna um das escritoras mais lidas e festejadas pelo público leitor jovem. Os títulos se sucedem: **O demônio do rio**, **O último dia de brincar** (Prêmio Nacional João de Barro;86), **João chama chuva**, **O sonho selvagem**, **Atrás de todas as portas**, **Alegria pura** e dezenas de outros.

Seus temas são "adultos": solidão, medo da vida, morte, violência, inveja, ciúme... se é que, em matéria de vivências e sentimentos, podemos delimitar o que é vivido em cada nível de idade. Ou mesmo, entre o que pode ser emoção "adulta" ou "jovem". O fato é que a produção de Stela Maris vem agradando a ambos os públicos. É escritora que tem estilo próprio. Em certa entrevista à imprensa, falando de seus livros, ela define estilo como algo ligado à personalidade do escritor. Diz ela que, depois do primeiro livro (e sua excelente repercussão crítica), continuou *escrevendo obstinadamente, procurando um estilo que eu sabia ser destinação: não podemos separar estilo, escritura, literariedade, os três aspectos se superpõem, mas é importante a convicção de que é possível o aprimoramento da literariedade e da escritura, não do estilo, porque este não muda. A tarefa do escritor é chegar ao estilo, através do trabalho com o texto, no dia-a-dia da criação literária, filosoficamente seria dizer que a busca e o conhecimento do estilo são a busca e o conhecimento do próprio ser.* (Jornal de Letras-RJ, abril, 1987).

Esta definição vale por uma teoria de literatura. E revela o pulso de escritora que singulariza a mineira Stela Maris, que, aliás, ao criar seus textos, se entrega conscientemente à sua mineiridade: a aparência dos seres, coisas e situações sugerindo, sempre e ambiguamente, um fundo oculto, onde se esconde a verdade. Por exemplo, **O sonho selvagem**, na superfície da narrativa, parece ser uma história de ódio; no fundo oculto, é uma história de amor.

Publicações: **Dentro das lamparinas**, 1979; **Temporã**, 1980; **O demônio do rio**, 1986; **O último dia de brincar**, 1987; **João chama chuva**, 1987; **O sonho selvagem**, 1988; **Atrás de todas as portas**, 1988; **Alegria pura**, 1988; **Sem medo de amar**, 1990; **Esses livros dentro da gente**, 2002; e outros.

1261 STELLA ALEXANDRA RODÔPOULOS

Poeta, acadêmica, Stella Alexandra Rodôpoulos nasceu em Itacuruçá (RJ), em 05.10.1930. Reside em Brasília (DF), desde 1960. Autodidata, tem excelente formação cultural e escreve poesia desde jovem, divulgando-a na imprensa. Estreou em livro nos anos de 1970, com a poesia de **O sentido do amor**. Passa a escrever também para crianças. Tem quatro livros premiados pela Academia Internacional de Lutéce – Paris, e muitas menções honrosas por poemas incluídos em antologias. É membro da Academia de Letras de Brasília; da Casa do Poeta – Brasília e membro-correspondente do Triângulo Mineiro. É associada do Sindicato dos Escritores de Brasília.

(Fonte de consulta: **Poesia do Brasil**-2 – org. Aricy Curvello.)

Publicações: Poesia – **O sentido do amor**, s/d, e **Pétala de amor**, s/d. Livro infantil – **O cavalinho sonhador**; **No reino encantado das minhocas** e **Tudo certinho** (todos sem data).

1262 STELA BRUM

Poeta, pintora, professora, jornalista, declamadora, Stela Evanoska Scheunemann Brum nasceu em Rio Grande (RS), em 03.07.1915. Residiu em Porto Alegre (RS), onde faleceu em 1986. Formou-se professora na Escola Normal e de Educação Física de Porto Alegre, onde ingressou no magistério. Nos anos de 1930 começa a colaborar na imprensa e em revistas especializadas (rev. Jussara-Uruguaiana, Atenéia – órgão da Academia de Literatura Feminina, etc). Figura atuante em seu meio cultural, notabilizou-se por sua arte de declamação. Presidiu a União das Classes Femininas do Brasil-filial Porto Alegre, 1975. Pertence à Academia Literária Roque Callage. Por sua importante atuação, recebeu várias distinções e prêmios, como: Prêmio ARI de Jornalismo/1975 e Prêmio Literário Érico Veríssimo – Câmara Municipal POA. Seu nome foi dado a uma rua em Porto Alegre. Estreou em livro, em 1943, com **Papoulas**. Seguem-se outros. Deixou inédita a coletânea Claridades.

Publicações: **Papoulas**, 1943; **Sinfonia de beijos**, 1949, e **Enquanto vive a esperança**, s/d.

1263 STELLA C. FERRAZ

Ficcionista, formada em Letras e *expert* em comunicação e marketing, Stella C. Ferraz estréia em livro, em 1999, com o romance **Preciso te ver**, incluído na coleção Alethéia (Brasiliense), destinada a divulgar autoras lésbicas. Na apresentação da coleção o termo alethéia é definido: "palavra gregra composta pelo prefixo negativo -a- e pelo substantivo léthe (esquecimento). É o não-esquecido e não-oculto; é o desvelamento e o visível aos olhos do corpo e ao olho do espírito". Esta coleção insere-se, pois, dentro do movimento em prol da integração do homossexualismo na sociedade.

Em estilo narrativo direto, objetivo, conciso, tal como foi consagrado pela narrativa norte-americana dos anos de 1960 (por ex. **O carnê dourado** de Doris Lessing), Stella C. Ferraz constrói um romance de amor, conflito e sedução que se passa na megalópolis paulista e no ambiente agitado de uma grande empresa de publicidade, mundo dourado, atraente, cosmético e feérico, como o vê uma das personagens centrais. Nele, seguimos o gradual envolvimento amoroso de Adélia e Eva, entremeado de outros enamoramentos e conflitos entre mulheres. Na tradução francesa, **Il faut que je te voie** (Ed. Double Interligne, 2001), a autora se refere aos preconceitos sofridos no Brasil: *Je voulais écrire librement em traitant les difficultés que nous, les lesbiennes, rencontrons tous les jours dans nos familles ou avec les femmes que nos choisissions. Les préjugés n'ont pas disparus, ils sont moins forts, les gens acceptent l'idée du lesbianisme s'il s'agit d'une voisine, mais pas s'il s'agit de leur propre fille ou d'une collègue de travail. [...] Ches nous, au Brésil, l'homossexualité a pu profiter d'un mouvement d'ouverture que touche le monde entier, Mais de là à dire que nous pouvons assumer librement notre condition, non, il va falloir encore du temps, une cinquentaine d'années peut-être!.*

Também na Coleção Alethéia, Stella publica **A vila das meninas** e **Pássaro rebelde**, diferentes situações e diferentes personagens, girando em torno da mesma problemática: o amor proibido/desejado entre mulheres.

Publicações: **Preciso te ver**, 1999; **A vila das meninas**, 2000; **Pássaro rebelde**, 2001; e **Il faut que je te voie**, 2001.

Poeta e ficcionista de grande força, que surge nos anos de 1960 em plena época de fermentação do experimentalismo da forma e da exploração do eu, como caminho para a decifração do enigma do mundo, da vida... Stella Maria Whitaker Ribeiro Carr nasceu no Rio de Janeiro (RJ), em 04.02.1932. De família de intelectuais e artistas, tem entre seus ancestrais o poeta Roberto Carr Ribeiro que, em 1752, foi eleito para a Academia dos Seletos. Ainda menina, muda-se com a família para São Paulo (SP), onde se radicou. Fez seus primeiros estudos no Colégio de Sion. Formou-se em Artes Gráficas e Desenho na Academia Paulista de Belas Artes. Desde menina descobriu a magia do inventar histórias. Como ela conta: *Sempre vivi no mundo da criação. Aos quatro anos de idade, mudando do Rio de Janeiro para São Paulo, contava histórias para a 'menina do espelho'. Aos seis anos escrevi minha primeira história. Já com letra firme, passei a registrar tudo em diário, até que descobri a máquina de escrever. Nos anos 60 poetei adoidado, fiz letras de música, participei de festivais. Plantei livros premiados, mas sem público. Daquele tempo ficou a experiência – fundamental! Muita leitura, muita folha rasgada – essa é a escola do escritor.*

Nessa fala descontraída, dirigida aos jovens leitores de seu livro **Acordar ou morrer** (1991), temos a síntese do que tem sido sua jornada de criadora de poesia e de sedutoras histórias, nestes mais de quarenta anos de criação, cerca de cinqüenta títulos publicados, inúmeros prêmios e uma multidão de leitores. Presença dinâmica em nosso meio cultural, Stella Carr desde a adolescência colaborou na imprensa, com poemas ou contos seus; ou divulgando a produção poética de seus companheiros de geração. Durante muito tempo manteve a coluna Caderno Paulista do Jornal de Letras-RJ (dirigido pelo saudoso jornalista Elysio Condé), e na qual divulgava os novos que estavam surgindo em movimentos literários em todo o Brasil. Fez parte da diretoria da UBE-SP (1978/1980), e é membro de inúmeras entidades culturais.

Estreou em livro, em 1965, com poesia de **Três viagens em meu rosto** (capa e ilustrações de sua autoria). Nele se faz ouvir o eu do novo épico e não mais o lírico e narcísico eu do romantismo. Dividido em três partes: Rota do eu, Rota do mundo e Rota de vanguarda, o conjunto poético revela-se como fusão da tripla diretriz proposta pelas forças criadoras dos anos de 1960: a redescoberta do eu, com elo, como parte essencial e responsável do todo que é a Vida (o gesto do novo épico: descoberta da força e perenidade da condição humana, para além de sua aparente fragilidade e efemeridade); a redescoberta do mundo como fruto da Palavra Nomeadora (a de Deus ou do Poeta) e a redescoberta da Poesia como "forma" que, ao nomear, cria o Real, o Ser (daí o experimentalismo da forma: para revelar o novo real faz-se necessário um novo modo de nomear, que cabe ao Poeta descobrir).

Meus passos vão traçando no vazio / o gráfico das minhas descobertas [...] Velhos destroços acho e recomponho [...] Trago comigo o mapa dessa história / Venho toda lavada em sal, memória. (Soneto da Última Descoberta)

Sintonizada com os ventos da pós-modernidade que começam a soprar na segunda metade do século XX, e a atrair os homens para a redescoberta das origens, das raízes... Stella Carr em seu segundo livro, **Matéria de abismo** (1966), mergulha na região abissal das águas, onde a vida teria surgido, e fantasia a recriação do mundo após uma suposta destruição total. Fundindo conhecimentos de oceanografia, herança religiosa e a magia da palavra poética, sua poesia dramatiza o que poderia ser o recomeçar do mundo após o novo caos.

Foi na manhã / em que se batizou / Toda matéria-prima / para as misturas / do após-guerra / Guerra total / acidental / transcendental...

O que resta ao homem? Voltar à palavra primeira: a da Poesia.

Solução? / Voltar / à origem da vida / no fundo do mar / onde se desenrola / obscuramente / o meu poema.

Na apresentação, Oswaldo Mariano sintetiza a idéia central do poema: *...a volta ao lugar-origem da vida, após uma suposta guerra atômica [...] Nesse ambiente que se aproximaria de um limbo, os monstros não têm desespero e angústias dantescas. São passivos. Seu mundo é de grande beleza, mas nenhum deles pode ver. Os habitantes do fundo abissal são em sua maioria cegos.*

(Não seria a cegueira interior, o estado atual dos homens neste belo/horrível ciberespaço em que vivemos?)

Aprofundando o caminho de busca da nova verdade da vida a ser descoberta (ou de resgatar as antigas verdades), em **Caderno de capazul** (1968), sua poesia se empenha em redescobrir a pureza original das coisas, já desgastadas pelo uso ou pelas convenções estereotipadas, e que de tão vistas já não são percebidas. Nesse novo caminho, a poeta se coloca na ótica da criança e propõe uma nova maneira lúdica/livre de ver/ler o mundo. Em inteligente jogo de linguagem, a poesia vai descobrindo aspectos insólitos nas realidades mais comuns do nosso dia-a-dia (Árvore, Planetas, Mar, Mundo, Gato, Ovo, Cor, etc.). Com essa reinvenção poética, Stella passa aos leitores uma valiosa lição: a de que o nomear um ser, um objeto, uma realidade qualquer, é dar-lhes forma e existência real. Esse olhar o mundo, a partir da infância (olhar inaugural), vai ser retomado pela autora, alguns anos depois, abrindo um novo e fecundo caminho à sua esplêndida criatividade, o da literatura para crianças e jovens. Mas antes, ela sofreria um duro golpe: a morte do filho (o menino do **Caderno de capazul**) vitimado pela leucemia. Sobrevieram anos de silêncio literário, durante os quais, porém, estava "em gestação" um dos romances mais originais da Literatura Brasileira, **O homem do sambaqui:** – uma história da pré-história, publicado em 1975. Seu subtítulo já anuncia a sua matéria: uma história que se trama com o homem de nossas origens pré-indígenas, com o homem-do-concheiro, das conchas, do sambaqui... da natureza ainda não domada pelas palavras. Foi esse o grande alvo da escritora, depois de atenta pesquisa histórica (orientada pelo antropólogo Paulo Duarte), a qual lhe foi revelando o local, flora, fauna, costumes, reconstituição do pensamento mágico e totêmico, etc., peculiares ao pré-histórico, a poeta se viu desafiada a nomear tais realidades, com o faria o homem primitivo que as descobriu, antes que elas tivessem nome. Stella, durante anos de elaboração, tentou (e conseguiu) criar neste romance a linguagem inaugural. Como ela própria explica, ao se dar conta de que para escrever o romance com tal matéria precisava transformá-la em linguagem, descobriu que esta não existia. Precisava ser criada.

E uma verdade desabou sobre mim: nós estamos tão aprisionados nas palavras, que esquecemos a realidade, ou talvez, prescindimos dela. E então veio um aprendizado estranho e fascinante, aprender a "ver" de novo a partir da própria realidade. Veio a tentativa de descobrir as coisas como pela primeira vez no mundo: apalpando, cheirando, redescobrindo cada forma, cada ser, cada cor... desde o reino mineral (onde as pedras usadas para o polimento primitivo, como gnaiss, diabásio, basalto... perderam esses nomes pomposos e ganharam cor, brilho e textura), até o reino vegetal e animal, que ganharam novos cheiros e sabores.

E o resultado é este estranho/fascinante romance que, por meio de uma história que conta o encontro do Homem e da Mulher, atraídos pelo Amor, vai revelando, o homem, diante de si mesmo, do outro e da história; o mistério da origem da vida; e o poder da palavra para criar mundos. Fundindo Ciência e Poesia, Stella segue a lição de um de seus mestres, Lévy-Strauss, colocada na abertura do livro: *É preciso compreender o ser em relação a ele próprio e não em relação a mim.* Ou *Para atingir o real é preciso primeiro afastar o vivido.*

Embora sem grande repercussão crítica na mídia brasileira (o que é natural com a maioria dos atuais escritores) **O homem do sambaqui** transpôs as difíceis fronteiras do exterior e, em tradução inglesa (Claudia Van der Heuvel), **Sambaqui: a novel of pre-history**, foi publicado em Nova York, em 1987, pela Band Book/Avon Books – Latin American Fiction, onde foram também publicados autores como García Marquez, Cortázar, Jorge Amado, Lygia Fagundes Telles, Raquel de Queiroz, Murilo Rubião, Loyola Brandão, Márcio Souza e outros. No momento dessa publicação, Stella Carr já se havia transformado em *best seller* de literatura para jovens.

Em 1977, logo após a publicação de **O homem do sambaqui**, e em pleno *boom* da Nova Literatura Infantil (que, inclusive, começara a alterar pela base os processos de Ensino e objetivos da Educação), Stella Carr escreve um pequeno romance policial. **O caso da estranha fotografia** (1977), trama policialesca narrada por Marcos, um adolescente, e que envolve a ele e seus dois irmãos mais velhos, quando passavam férias em certa praia do litoral norte. Manipulando com engenho e arte todos os ingredientes do gênero policial, a autora estava dando início, sem o saber, a uma série policial que se tornou um dos *best sellers* juvenis dos anos de 1980 e 1990: **O enigma do autódromo de Interlagos** (1978); **O incrível roubo da loteca** (1978); **O fantástico homem do metrô** (1979) são alguns dos vários títulos da série. Em lugar do detetive superarguto (Sherlock Holmes, Inspetor Maigret, Columbus, etc.), Stella cria a trinca dos Irmãos Encrenca que, sem o querer, a cada momento, se vêem envolvidos por um mistério (causa desencadeante da intriga), suspeitos ou pessoas perigosas, pistas falsas, enigmas a serem decifrados, etc.; crimes e perigos que eles acabam desvendando, em meio a erros e acertos, devido ao agudo senso de observação, raciocínio ágil, poderes de intuição, etc. A partir desse achado, Stella Carr se torna uma das mais ativas e amadas escritoras de literatura para crianças e jovens. Entre os sucessos infantis (divertidas e autênticas lições de vida que ensinam a ver e a pensar), destacam-se: **Afuganchos**, 1980; **Assombrassustos**, 1982; **O pavoroso gargalhão**, 1983; **Pedrinho esqueleto**, 1980; **Olhorão olhorudo**, 1982... – aventuras insólitas, inteligentes e bem-humoradas, nas quais a grande personagem é a palavra, que desconstrói a realidade comum e desafia a inteligência dos pequenos leitores a reconstruí-la, numa grande brincadeira.

Publicações: Poesia – **Três viagens em meu rosto**, 1965; **Matéria de abismo**, 1966, e **Caderno de capazul**, 1968. Romance – **O homem do sambaqui**, 1975; e **Sambaqui: a novel of pre-history**, 1987.

STELLA FERREIRA LEÃO 1265

Poeta, contista, declamadora, Stella Ferreira Pinto Leão nasceu em São Paulo (SP), em 1915. Descendente de portugueses, viveu vários anos em Portugal, onde integrou o Grupo de Estudos Brasileiros do Porto. Estreou em livro, em 1952, com a poesia de **Escada do silêncio**. Segue-se uma extensa produção de poesia e contos.

Publicações: Poesia – **Escada do silêncio**, 1952; **Sombra partida**, 1953; **Ironias de lua**, 1953; **Sol vermelho**, 1954; **Rosas**, 1955; **Este livro**, 1955; **Poesia branca**, 1956; **Caminho sem estradas**, 1956; **O lado que tinha céu**, 1963; e **Perdi-me no teu olhar da madrugada**, 1965.

STELLA LEONARDOS 1266

Poeta em tom maior, teatróloga, pesquisadora, ensaísta, ficcionista, tradutora, professora universitária e elemento altamente atuante em seu meio cultural, Stella Leonardos da Silva Cabassa nasceu no Rio de Janeiro (RJ), em 01.08.1923. Grega por ascendência, carioca por nascimento e universal pelo espírito criador, que a leva pelos mil caminhos ancestrais, redescobrindo raízes, Stella Leonardos já há muito se consagrou como uma presença emblemática na Poesia Brasileira. Entre seus ancestrais, está o historiador de espírito nacionalista Joaquim Norberto de Sousa e Silva (1820/1891).

Desde a infância atraída pela música, danças, histórias e cantigas, estuda balê e começa a escrever poesia. Estréia em livro, aos dezessete anos, com **Passos na areia**. Atraída pelo movimento teatral que, nesses anos de 1940, tentava novos caminhos, escreve a peça em versos **Marabá** (1942). No ano seguinte, escreve **Palmares**, encenada, sob direção de Paschoal Carlos Magno, e que inaugura o Teatro Experimental do Negro-RJ (com cerca de 100 figurantes). Nessa época, escreve também textos poéticos para revistas musicais ou quadros teatrais musicados, encenados por Michel Linn. Em três deles, Stella participou como atriz: **Guisos e clarins** (1943); **Muiraquitã** (1944 – musicado por Eleazar de Carvalho e levado ao Teatro Municipal do Rio de Janeiro e São Paulo) e **Festa de vitória** (1945, logo após o término da Segunda Guerra), encenada também no Teatro Municipal do Rio de Janeiro. Nos anos de 1950, inicia sua extensa produção teatral para crianças, com peças cujo ludismo e graça se fundem com a preocupação fulcral de sua obra: a conscientização de nossas raízes, dentro do movimento que então se desenvolvia como projeto-Brasil: a busca de nossa possível e complexa identidade cultural.

É esse o nervo vital de toda a extensa e diversificada obra que Stella Leonardos vem desenvolvendo nestes sessenta anos (1941/2001) de pesquisa e criação literária, atenta à nossa multiforme e rica formação cultural. Nessa obra, destaca-se também a importante contribuição dada, nos anos de 1960 e 1970, ao *boom* da Literatura Infantil Brasileira, que inovou radicalmente a criação literária destinada às crianças e à formação de uma nova percepção de mundo, essencialmente brasílica. Sua presença nessa área vital para a formação de um povo, está marcada por mais de 50 títulos de teatro, poesia e narrativas de fundo húmus brasílico.

Um olhar abrangente ao universo literário que vem sendo construído por Stella Leonardos, revela-o de imediato como fruto de um espírito criativo que une a invenção poética à disciplina metodológica exigida pela tarefa de pesquisadora. Desde sempre sentindo-se pertencente a algo maior, que justificaria sua presença no mundo, já nos idos de 1960, indaga:

E a que vim, por que vim, quem sabe? Ignoro. / Me trouxe o acaso que ao passar me achou. / Nem tempo tive de indagar-lhe os olhos. [...] Eis que vim e que o meio já me envolve. / Quem correu as cortinas? Vos defronto. / De onde vêm essas vozes? Vão aonde / as ondas de ecos surdidos que sobem / e me arrastam de surdos bastidores? [...] Frente ao silêncio que me encara imóvel / sou hora expectativa e espectadora. (Cantabile, 1967)

Expectante testemunha que se quer desvendadora do ontem que explicaria o hoje, a poeta é essencialmente atraída pela matéria arcaica, da qual somos o resultado. Daí o seu privilegiar nossas origens lusitanas, tal como o diz claramente em **Amanhecência** (1974):

Minha face, claro códice [...] de que avós de Portugal?

Com o sentir profundo de se saber herdeira e continuadora de avós de Portugal, a poesia de Stella privilegia o processo de intertextualidade. **Amanhecência** (bem como **Romançário**) é, em lato senso, um cancioneiro luso-brasileiro, cujos poemas mostram o longo peregrinar poético/existencial que, em língua portuguesa, se realizou desde o século XII até o XX e que, partindo de Portugal, arraigou no húmus brasílico, frutificando em novo corpo poético.

Concretizando esse peregrinar, **Amanhecência** estrutura-se em duas partes. A primeira, de sabor arcaico, Códice ancestral, registra as raízes líricas da língua e do falar brasileiro: a poesia inaugural que surgiu na nação-origem, pelas vozes do dialeto galaico-português. A segunda, Reamanhecer, abarca desde o amanhecer da poesia em terras brasileiras, fecundadas pelas sementes ancestrais, até a "manhã alta nos poetas que abriram portas às perspectivas do hoje verso".

O arcaico vai sendo recriado em nova e vibrátil linguagem que privilegia a voz da mulher, tal como se faz ouvir nas cantigas de amigo ou nas jarchas moçárabes e registros de cronistas árabes ou portugueses. Essas vozes longínquas, perdidas no tempo, vão sendo redescobertas como sementes de um novo código poético, tal como se expressa no poema-pórtico, Ancestre canção:

Sei tão-só que existe o códex / de uma facies portuguesa, / sei tão-só que existo – coda /de ancestres canções, as vozes. / [...] / Lego, ao vento / o lírico manuscrito / que me inscreve e me transcende / - dom de códice ancestral. /

Partindo de textos alheios (postos em epígrafe ou amalgamados no corpo do novo poema), Stella cria um discurso literário que se estrutura a partir de outros discursos. Sondagem das camadas mais profundas da linguagem e da matéria poética, tentando apreender não só as formas inaugurais como as mais atuais da língua portuguesa, **Amanhecência** revela o seguro conhecimento lingüístico de sua criadora e o rigor documental com que foram escolhidos os textos-fulcros do novo fluxo poético. Testemunham esse rigor o glossário que acompanha cada poema e o apêndice final onde se reúnem notas explicativas de algumas particularidades históricas ou filológicas importantes, para melhor compreensão dos poemas. Seguem-se os verbetes biográficos dos trovadores medievais, poetas e cronistas na primeira parte, Códice ancestral.

No estudo crítico que apresenta a poesia, Gilberto Mendonça Telles enfatiza o recurso intertextual utilizado pela poeta, aproximando-o da interpretação dada por Julia Kristeva, pela qual *todo texto se constrói como mosaico de situações, todo texto é absorção e transformação de outro texto.* E é esse o fenômeno que define a arte poética de Stella Leonardos, desdobrada na escavação do húmus que alimenta os diferentes perfis brasileiros de Norte a Sul: **Romançário**/1974; **Romanceiro de Anita Garibaldi**/1977; **Cancioneiro de S. Luís**/1981; **Romanceiro do Aleijadinho**/1984; **Romanceiro da Abolição**/1986; **Mural pernambucano**/1986; **Rapsódia sergipana**/1995; **Memorial do Tietê**/1995, entre outros.

Em um de seus últimos títulos, **Mítica** (2000), sua sondagem poética avança para além das fronteiras lusas, ibéricas, moçárabes ou brasileiras – fontes inaugurais – e penetra no reino mágico da mitologia grega, de onde emergiu a civilização cristã. O que dinamiza a matéria poética de **Mítica** é ainda o fundo sentido de temporalidade e história que um dia, talvez, se transforme em mito; tal qual aconteceu com os deuses, semideuses e titãs que estão nas origens helênicas de nossa civilização. Prometeu, Deucalião, Eros e Psiquê, Dédalo, Perseu, Orfeu e Eurídice... são aqui reinventados através de uma dupla ótica: a erudita e a afetiva.

Como diz Vera Maria Tietzmann, na introdução, em **Mítica** *esculpe-se o contorno de uma dupla genealogia, a dos mitos gregos e a da família Leonardos, ambas com as raízes fincadas no solo pedregoso da Grécia [...] abarcando a linhagem da poetisa, que se inicia com o patriarca Athanásio Leonardos, grego da Tessália, seu trisavô, e se estende até os numerosos sobrinhos-netos, fronde ampla da árvore genealógica de Stella.* Já no poema de abertura, Escavação, essa consciência de linhagem, de continuidade no tempo é metaforicamente expressa:

Desencavo / nesta mítica / o relevo / em pedra viva / que me esculpe / a própria vida / e perdura / a cada mito.

Os poemas se sucedem, desvendando o encadeamento ininterrupto da vida. Já nos títulos das partes, torna-se evidente a fusão do ciclo vital do eu lírico com o húmus mítico que o alimenta: Das origens (Prometeu); Da infância (Deucalião); Do amor (Eros e Psiquê); Da obra (Dédalo); Do auto-conhecimento (Perseu) e Da alma (Orfeu e Eurídice). Os títulos falam por si. Livro premiado no III Concurso Nacional de Poesia da Secretaria de Educação e Cultura/Caixa Econômica – Goiás, **Mítica** revela o grau de maturidade existencial e poética, alcançado pela autora. Entrar em seu universo poético, é reviver a aventura da vida, em magia, mistério, força, beleza e verdade. É poesia que se nutre do passado e ao se fazer presente se abre para o futuro, toda ela um constante reamanhecer, ou seja, um novo código instaurado sobre o códice, sobre o tronco, sobre a escritura primordial. Afinal, é pela palavra poética que a Vida se eterniza...

Dentre as muitas atividades ligadas à cultura, destacam-se seus trabalhos de divulgação da literatura em língua catalã entre nós e sua fecunda atividade à frente da União Brasileira de Escritores-RJ, onde criou o prêmio Alejandro José

Cabassa (em homenagem ao marido já falecido). Tem atuado também junto á SBAT, à ABRATES, ao Pen Clube do Brasil, ao Instituto Brasileiro de Cultura Hispânica e à Associação Brasileira de Crítica Literária.

Dentre os prêmios e distinções conquistados por sua obra, destacam-se: Prêmios da Academia Brasileira de Letras: Coelho Neto (Teatro em verso: **Trilogia biográfica**, 1945); Olavo Bilac (**Poesia em três tempos**, 1957); Júlia Lopes de Almeida (romance, **Estátua de sal**, 1960); Odorico Mendes (trad. **O século das luzes** de A. Carpentier, 1978); Monteiro Lobato (Literatura infantil – **Macaquezas do macaco Malaquias**, 1979); João Ribeiro (Filologia e Folclore – **De líricas românticas e outras líricas**, 1980); Roquette Pinto (Etnografia – **Memorial de Rondom**, 1986) e Artur Azevedo (Teatro – **Auto dos reis e seus camelos reais**, 1987). Prêmio Paula Brito (Biblioteca Estadual do Rio: **Rio Cancioneiro**); Prêmio Nacional de Poesia/Instituto Nacional do Mate/Porta de Livraria (**Geolírica**, 1964); Prêmio Fernando Chinaglia/UBE-RJ (**Cantares na antemanhã**, 1970); Prêmio Nacional de Poesia/Secretaria da Educação e Cultura do Estado da Guanabara (**Suíte fantástica**, 1974); Prêmio Nacional de Poesia/Casimiro de Abreu – Secretaria de Educação e Cultura do Estado do Rio de Janeiro (**Romançário**, 1975); Prêmio Luísa Claudio de Sousa/Pen Clube do Brasil (**Romançário**, 1976); Prêmio Poesia-III Concurso Nacional de Literatura/Secretaria de Educação e Cultura de Goiás/Caixa Econômica de Goiás (**Mítica**, 1977); Prêmio Nacional de Tradução/INL-MEC (**Três tristes tigres** de Guillermo Cabrera Infante, 1981); Prêmio Nacional de Poesia/III Bienal Nestlé de Literatura Brasileira (**Romanceiro da abolição**, 1986); Prêmio Rio/Poesia Rio Arte (**Estado de poesia**, 1986); entre outros.

Publicações: Poesia – **Passos na areia**, 1941; **E assim se formou nossa raça**, 1941; **A grande visão**, 1942; **A terra canta**, 1946; **Pedaço de madrugada**, 1956; **Fantoches**, 1956; **Pedra no lago**, 1956; **Poema da busca e do encontro**, 1958; **As dádivas**, 1959; **Ar lírico**, 1958; **Rio cancioneiro**, 1960; **Romanceiro de Estácio**, 1961; **Tempos alados**, 1964; **Cancioneiro do natal**, 1964; **Geolírica**, 1966; **Cantabile**, 1967; **Rapsódica**, 1968; **Cantares na antemanhã**, 1970; **Cancioneiro catalão**, 1971; **Amanhecência**, 1974; **Romançário**, 1974; **Romanceiro de Anita Garibaldi**, 1977; **Romanceiro do Bequimão**, 1979; **Romance da Lua Cris**, 1980; **Cancioneiro de São Luís**, 1981; **Romanceiro do Aleijadinho**, 1984; **Romanceiro da abolição**, 1986; **Mural pernambucano**, 1986; **Cancioneiro de Alcântara**, 1989; **Romanceiro de Delfina, a ceguinha**, 1994; **Rapsódia sergipana**, 1995; **Memorial do Tietê**, 1995; **Voz Ceará**, 1997; e **Mítica**, 2000. Romance – **Quando os cafezais florescem**, 1948; **Estátua de sal**, 1961; e **Dias pássaros**, 1990. Teatro – **Marabá**, 1942; **Palmares**, 1943; **Rufa ao longe um tambor**, 1943; **Flama sagrada**, 1956; **Teatro para crianças**, 1962 e 1967. Tradução – **Marsias & Adila**, 1965; **Félix Cucurrull - Poemas escolhidos**, 1968; e **Antologias de poesia catalã contemporânea**, 1969.

SUE DE ARAÚJO 1267

Poeta, contista, professora, escritora para crianças, Sue de Araújo nasceu em Uberlândia (MG), em 26.12.1951. Formou-se em Letras e especializou-se em pedagogia ligada à Literatura Infantil-Juvenil. Está radicada em Goiás (GO). Colabora na imprensa com contos e poemas. Estreou em livro, em 1984, com a poesia de **Esperança em redor**. Publicou também livros infantis.

Publicação: **Esperança em redor**, 1984.

SUELY DE FREITAS MARTÍ 1268

Poeta e ilustradora, Suely de Freitas Martí nasceu na capital paulista, em 03.04.1961 (e como ela informa: *com o Sol em Áries, a Lua em Escorpião e ascendente em Câncer, sob a regência do príncipe dos Querubins, Raziel*). Reside em Curitiba (PR). Aos quatorze anos começa a publicar poemas em jornais do Rio Grande do Sul, e logo depois já produzia ilustrações para livros de poesia e contos. Em 1990, participa da Coleção Prata Nova e, em 1991, das antologias poéticas **Medida provisória 161** e **Poeta, mostra tua cara**. Estréia em livro, em 1992, com a poesia de **Lições de abismo**; em 1999, lançou **Senhor das paixões**. Tem um romance inédito, Emergência. Em 1996, participou da 1ª Mostra Euro-americana de Poesia Visual. Em 1998, participa da edição especial da revista Continente SUR e da antologia **Poesia brasileira para o novo milênio**.

(Fonte de consulta: **Poesia de Brasil**-2 – org. A.Curvello.)

Publicações: **Lições de abismo**, 1992, e **Senhor das paixões**, 1999.

1269 SUZANA ALBORNOZ

Ficcionista, ensaísta, educadora, professora universitária, pesquisadora, intelectual engajada nos problemas ligados à Educação e à condição feminina neste mundo que se transforma, Suzana Albornoz nasceu em Santana do Livramento (RS), fronteira do Uruguai, em 1939. Reside em Porto Alegre (RS). Fez seus primeiros estudos em sua terra natal, onde se formou pela Escola Normal, em 1956. Espírito inquieto e ávido de saber, prossegue estudando na Universidade Católica do Rio Grande do Sul – Porto Alegre, na área de Ciências Sociais, dedicando-se particularmente à História, Filosofia e Teologia (disciplina obrigatória nas universidades católicas). Nesse período (início dos anos de 1960), se integra na JUC – Juventude Universitária Católica, que defendia um cristianismo "esclarecido" e se aproxima do pensamento marxista, antecipando o movimento que surgiria após 1964, com a Teologia da Libertação. Desse engajamento, resultaram textos apresentados em encontros universitários ou publicados em impressos de circulação restrita.

O golpe militar de 1964 viria ter conseqüências em sua vida, pois já casada e com três filhos, segue o marido em exílio para a Alemanha. Volta em 1966 e abre, em Porto Alegre, uma escola experimental para crianças, Recanto Infantil São Francisco de Assis, na linha da pedagogia psicoanalítica e não-autoritária de A. S. Neill, em Summerhill. Dessa experiência utópica (que durou pouco tempo) resultaram inúmeros ensaios publicados na imprensa e posteriormente reunidos em livro, **Educação: reflexões e prática** (1969). Textos nos quais analisa as possíveis bases e diretrizes de uma educação para o novo homem em gestação no mundo. Entre esses textos, está "O Mito da emancipação feminina", publicado na imprensa em janeiro de 1969 (logo após a assinatura do AI-5 da ditadura militar), e que, devido às circustâncias, soou como um manifesto feminista radical, quando na verdade se tratava de instigantes reflexões sobre a condição da mulher nestes tempos de metamorfoses.

As vicissitudes políticas levam-na novamente para a Alemanha, onde vai entrar em contato com movimentos de renovação da Educação, de caráter antiautoritário e com propostas que mesclavam pensamentos radicais e utópicos, como os de Ivan Illitch, Paul Goodman, C. Jencks, etc. No Brasil, o projeto de Paulo Freire. Dessa nova experiência e ampliação de conhecimentos na área, resultou o livro, **Por uma educação libertadora** (publ. no Brasil em 1976, já com sucessivas reedições), e no qual traça um abrangente panorama da polêmica sobre a escola e a desescolarização da sociedade.

Em 1978, já de volta a Porto Alegre, desenvolve grande atividade, como analista sociopedagógica, em conferências que abordavam questões ligadas à reestruturação do ensino, à relação do sistema de educação com a sociedade, o problema da cultura e da educação na América Latina, o novo lugar da mulher nesse processo, etc. Em 1979, passa a dar cursos sobre essa problemática na Universidade de Caxias do Sul. Em 1982, publica **O jogo duplo do ensino**, onde analisa as ambigüidades inerentes à Educação, devido aos desequilíbrios sociais que nos são próprios.

Desde a adolescência, atraída para as artes, literatura e, principalmente, poesia, só em idade madura Suzana decide assumir-se como poeta: em 1973 (assinando seu nome de casada, Suzana Stein), publica **Poemas**, poesia reflexiva que resvala para a filosofia existencialista. Em 1977, surge com a ficção de **Salto sobre a sombra**, na verdade, um salto impossível, que metaforiza a busca existencial da mulher por ela própria, o seu medo de perder-se na mediocridade das verdades feitas e a luta para encontrar o sentido da vida. Quatro anos depois (já assinando Suzana Albornoz) publica a trama policialesca **O caso Leggiani**, que nos é relatada pela repórter empenhada em descobrir a identidade e o paradeiro de um jornalista desaparecido, Aldo Leggiani. Romance tecido de ambigüidades, este pode ser lido em dois níveis: no do argumento policial explícito (o da busca e descobertas da repórter, que revelam o desaparecimento como resultado de uma mesquinha e grosseira arbitrariedade do poder político) e no nível de seu significado metafórico (o da busca do ser humano, no sentido de se conhecer para além das verdades que lhe são atribuídas pelas convenções instituídas e que o definem de fora para dentro, desde o berço até a sepultura). Conjugam-se nesse duplo enfoque dois fenômenos constantemente entrelaçados: o secreto (que nos é ocultado pela ação aparente dos governos) e o misterioso (inerente aos nosso ser ou à nossa condição humana).

Nessa mesma linha de indagações, seguem-se os contos de **Bruxas e fantasmas** e o romance **Maria Wilker** (Prêmio Nacional de Romance – Cruz e Souza/1982. Governo do Estado de Santa Catarina). No período entre 1983 e 2001, a poeta-ficcionista silenciou e a pesquisadora-ensaísta prossegue em suas pesquisas e escritos. Torna-se docente – àreas de Sociologia e Filosofia nas Faculdades Integradas de Santa Cruz do Sul. Conquista o mestrado na Faculdade Luterana de São Leopoldo, com um estudo sobre a obra de Ernest Bloch, **Ética e Utopia**. Fruto de sua participação em grupos de debates e reflexões, dentro do movimento feminista gaúcho (início dos anos de 1980), Suzana Albornoz escreveu o ensaio **Na condição de mulher**. Nele, ela reafirma a visão de futuro que já manifestara no livro

Por uma educação libertadora; não a "feminilização" do mundo, mas a "forma feminina" de ser, que inclui paciência e capacidade de ver/avaliar de forma não-agressiva o mundo em sua fragmentação. Em suas próprias palavras:

Não desejo a feminilização do mundo. Mas creio que certos fatos de nossa sociedade atual – tal com a corrida armamentista, a agressividade urbana, a destruição ecológica, a manipulação das massas – tem necessidade de uma contribuição "feminina" para serem superadas. Ou melhor: há necessidade de homens e mulheres que não cedam ao estilo "masculino" de ação; homens e mulheres que se apercebam dos valores ditos "femininos", como o cuidado da vida, a cultura do amor, a busca da beleza, a alegria da paz.

Enquanto grupo "em rebelião", se considerarmos o número, nenhum outro grupo poderá ter a eficácia transformadora das mulheres: tomando consciência de estarem em vias de abandonar os velhos condicionamentos negativos; saírem de um estado de coisas que discriminam também outros grupos, as mulheres podem se solidarizar com os jovens, os negros, os estrangeiros, os desempregados, as chamadas minorias políticas, os povos do Terceiro Mundo... Dessa condição marginal das mulheres, poderá surgir uma nova força transformadora de conseqüências mais radicais que qualquer revolução. Estou flutuando em plena utopia

Paralelamente à docência, prossegue com conferências e debates sobre inúmeros temas, inclusive sobre a questão do trabalho no Brasil, devido à nova legislação que incluía no currículo escolar a questão da preparação profissional dos estudantes. Escreve o pequeno volume **O que é trabalho?** (Col. Primeiros Passos – Brasiliense), situando o problema nas fronteiras da sociologia, da história e da filosofia do trabalho. (Livro que continua sendo reeditado.) Em 1987, realiza doutorado na França, na École des Hautes Études em Sciences Sociales, área de História e Civilização, sob direção de Michel Lefort e prosseguindo os estudos do pensamento de Ernest Bloch, sobre as relações existentes entre utopia e violência. Já no Brasil, prossegue em seu trabalho docente e de pesquisadora. Publicou em 1999 três livros de ensaios que ampliam e aprofundam as idéias que vem defendendo ao longo de sua carreira.

Publicações: Poesia – **Poemas**, 1973. Romance – **Salto sobre a sombra**, 1977; **O caso Leggiani**, 1981; e **Maria Wilker**, 1983. Contos – **Bruxas e fantasmas**, 1981. Ensaio – **Educação: reflexões e prática**, 1969; **Por uma educação libertadora**, 1977; **O jogo duplo do ensino**, 1982; **Na condição de mulher**, 1985; **Ética e utopia** 1985; **O que é trabalho?**, 1986; **O enigma da esperança**, 1999; **O exemplo de Antígona**, 1999; e **Violência ou não-violência**, 1999.

SUZANA DE CAMPOS 1270

Poeta e mulher de reconhecida cultura, Suzana de Campos Cintra Leite nasceu em São Paulo (SP), em 1907. Pertencente a família de intelectuais, como toda menina de sociedade, estudou em casa com professoras particulares. Ainda adolescente revelou pendores para a poesia, escrevendo poemas que circulavam em seu meio social. Estreou em livro, em 1925, com a coletânea **Devaneios**. Colaborou na revista Metrópole em 1929. Seguem-se novos livros de versos, na linha lírico-amoroso romântica, com influências simbolistas, que persiste como modelo poético, até bem entrado o século XX, com apoio da crítica oficial e do grande público. João Ribeiro, saudando a publicação de **Mundo interior**, escreve em 1932: *temos em nosso poder agora mesmo uma dúzia de poetas. Mas a todos excele uma poetisa. Suzana de Campos envia-nos o 'Mundo Interior'. São belos os seus versos. A maneira antiga e nova, sentimentais e românticos. [...] O 'Mundo Interior' é o melhor dos livros que temos neste momento literário, o melhor pela delicadeza, pela sinceridade de inspiração e pela beleza da forma.* Em 1947, reuniu as poesias que haviam sido escritos por sua irmã mais nova, Sílvia Celeste de Campos*, e publicou-as no volume **Poesias completas**.

Publicações: **Devaneios**, 1925; **A eterna ilusão**, 1925; **A voz de meu coração**, 1930; **Mundo interior**, 1931; **São Paulo é o Brasil**, 1932; **Deslumbramentos**, 1941; **Missal de amor e carinho**, 1948; **Acorda, coração!**, 1950; **Exílio harmonioso** (Prêmio Olavo Bilac-ABL) 1951; **Petites Chanson d'Amour**, 1953; **Música**, 1953; **Música de outono**, 1955; **Além do sol poente**, 1959; e **Trago-te rosas**, 1964.

1271 SUZANA FLAG

Nome que, nos anos de 1940, se popularizou, no meio carioca, como autora de romances folhetinescos, Suzana Flag era o nome literário usado por Nelson Rodrigues (Recife, 1912-RJ, 1980), ao escrever folhetins para vários jornais. Em entrevista, falando sobre essa produção, explicou: *Gosto muito de escrever folhetim e queria ter mais liberdade. Acho folhetim um gênero de concessão.* Essa decisão do escritor, de assinar com nome feminino um gênero popular, do qual ele gostava, mas que era considerado menor, revela a visão negativa que ele tinha em relação à mulher. Negativismo, aliás, que está patente em todas as suas peças, crônicas ou romances. (Esse misoginismo de Nelson Rodrigues está, sem dúvida, à espera de um estudo que seria bem revelador de uma das faces da civilização cristã a que pertencemos.)

Depois do malogro de sua primeira experiência teatral, **A mulher sem pecado** (escr. 1939/repr. 1941), decide escrever novelas folhetinescas, como Suzana Flag. Estréia em 1944 com "Meu destino é pecar" publicado em O Jornal (da cadeia dos Diários Associados de A. Chateaubriand, e cuja tiragem de 3.000 exemplares, com os folhetins de Suzana Flag, passou para 30.000). Seguem-se: "Escrevendo do amor"; "Minha vida" e outras. Todas com absoluto sucesso de público, o qual acreditava ser realmente uma mulher a autora. Inclusive, "Minha vida" é apresentada como autobiografia e Suzana Flag se descreve como filha de canadense e de francesa, com vinte e poucos anos de idade e com uma beleza que, na rua, levava os homens a se virarem, fatalmente, para olhá-la. Exibe sua picaresca e dramática vida, com tantos lances atribulados como os que acometiam suas personagens (pai que assassina a mãe, filha que casa com o amante da mãe, etc.). Em 1949, escreve **A mulher que amou demais**, assinando com novo nome feminino, Mirna.

A partir de 1951, já nome famoso na dramaturgia brasileira, Nelson Rodrigues passa a publicar seus romances (todos de fundo folhetinesco) em livro, e assinados com o próprio nome. O seu talento legitimava o gênero que, com a sua arte, deixava de ser menor.

Publicações: **Meu destino é pecar**, 1944; **Escravas do amor**, 1945; **Minha vida**, 1946; **Núpcias de fogo**, 1947 (datas da publicação em jornal; nos anos de 1960 foram todos publicados em livro).

1272 SUZANA NUNES DE MORAIS

Poeta mineira, de Belo Horizonte (MG), Suzana Nunes de Morais estreou em livro, aos quinze anos, com **Compasso de espera** (prefácio de Bueno de Rivera), que merece um poema de Carlos Drummond de Andrade: *Que rara flor de poesia / brotou no jardim minúsculo / de Suzana? / e abre em cores de crepúsculo / na claridade do dia? / e na Suzana menina /; por artes de nina-nana / põe mistério, sutileza / e a doce melancolia / de uma alma na madureza?*

Em 1972, publica **Poemas em tempo de branco** (prefácio de Roberto Drummond). Segue-se **Com meu olhar de crayon**, poesia desencantada dos anos de 1970, dando voz a uma juventude que perdera as ilusões que alimentavam as gerações do passado, e está em busca do sentido das coisas. Enquanto não encontra, agarra-se à poesia, à

Palavra / que paira no ar, indecisa [...] a palavra / que a poesia não permite. [...] Toda a minha vida vivida / dentro do espaço do meu cérebro / e ninguém mais sabe de nada. // A literatura me enche de tédio. / A arte me enche de tédio. / Há um sentimento único em mim / que abrange todas as coisas da terra / e não morrerá nunca. Este sentimento / está em toda a literatura. / Eu não sou da arte. / Sou antes / do momento anterior a todas as artes: / do momento anterior ao poema.

Publicações: **Compasso de espera**, s/d; **Poemas em tempo de branco**, 1972; e **Com meu olhar de crayon**, 1979.

1273 SUZANA VARGAS

Poeta, tradutora e professora universitária a gaúcha Suzana Kfuri de Vargas nasceu em Alegrete (RS), em 28.02.1955. Realizou os estudos básicos em Quaraí (RS). Mudou-se para o Rio de Janeiro (RJ), em 1974. Formou-se em Letras (UFRJ). É professora de literatura brasileira. Coordenou oficinas de poesia na Oficina Literária Afrânio Coutinho – OLAC. Em 1979, estréia como poeta, com **Por um pouco mais**, palavra ainda indecisa, mas sintonizada com o momento de espera e problematização do viver, que marca o nosso tempo. Sintonia que se adensa em **Sem recreio**

(1983), título metáfora da situação da mulher no mundo de hoje. Mundo do dia-a-dia concreto e onipotente e se faz onipresente em **Sempre noiva** (1984), *debate divinatório com as coisas (fetiches) que compõem o universo do eterno feminino. Em **Cartomante enrustida**, sua poesia é uma decifração simples e rigorosa do enredo onde se move, ainda oprimida, a mulher atual, da grinalda do altar à solidão do sexo.* (Jair Ferreira dos Santos).

Em 1990, publica **Sombras chinesas** (onde avulta a preocupação com o jogo de linguagem) e os alegres poemas para crianças, **Cochicho**, uma inteligente fusão de poesia, imagem e música, que teve a colaboração da ilustradora carioca Mariana Massarani e do compositor paulista Camilo Attié.

Em **Caderno de outono** (Finalista do Prêmio Jabuti/1998) reúne a poesia anterior e poemas inéditos.

Publicações: **Por um pouco mais**, 1979; **Sem recreio**, 1983; **Sempre noiva**, 1984; **Sombras chinesas**, 1990, **Cochicho**, 1990; e **Caderno de outono**, 1998.

SYLVIA AMÉLIA CARNEIRO DA CUNHA 1274

Poeta, cronista, jornalista, professora universitária, Sylvia Amélia Carneiro da Cunha nasceu no Rio de Janeiro (RJ), em 03.11.1914. Radicou-se em Florianópolis (SC). Formou-se em Letras no Colégio Coração de Jesus, em Jornalismo no Instituto Técnico do Rio de Janeiro e em Ciências Jurídicas na Faculdade de Direito de Santa Catarina/1955. Fez vários cursos de extensão universitária (Educação Social, Biblioteconomia; Dialetologia Brasileira, etc.). Exerceu advocacia no Fórum de Florianópolis e ingressou no magistério público por concurso, exercendo inúmeros cargos no setor. Foi membro do Conselho Estadual de Cultura; Presidente do Conselho Diretor da Academia de Comércio-SC; Membro Curador da Fundação Catarinense de Cultura; etc. É membro da Academia Catarinense de Letras, do Instituto Histórico e Geográfico-SC; da Associação de Jornalistas e Escritores do Brasil-AJEB.

A partir dos anos de 1930 passa a colaborar regularmente na imprensa catarinense (A República, Diário da Tarde, O Estado, etc.). Como jornalista militante, foi redatora e manteve colunas culturais em vários jornais, com os nomes literários de Aivlys e Silviamelia. Como poeta, iniciou-se publicando na imprensa e em antologias. Estreou em livro, em 1985, com **Poemas no tempo**.

Publicação: **Poemas no tempo**, 1985.

SYLVIA CINTRÃO 1275

Poeta, professora universitária, pesquisadora e ensaísta, Sylvia Helena Cintrão nasceu no Rio de Janeiro (RJ), em 1957. Nos anos de 1980, muda-se para Brasília (DF), onde se radicou. Formou-se em Letras pela UFRJ. Ingressou na docência superior na UnB, Departamento de Teoria Literária e Literatura Brasileira. Realizou mestrado, em Literatura Brasileira, na UnB, com a dissertação "A ideologia das Canções do Exílio: de Gonçalves Dias e Chico Buarque de Holanda". Dedica-se à pesquisa na área da música popular, procurando estabelecer as interseções entre MPB e o percurso lírico da literatura brasileira. Realizou doutorado, na UnB, com o tema Poetas e cancionistas: universos simbólicos em permanente contágio. Em 1999, publicou o livro de ensaios **Da Paulicéia à centopéia desvairada** (as vanguardas e a MPB), de parceria com o poeta e artista plástico Xico Chaves; e prefácio do poeta Affonso Romano Sant'Anna.

Como poeta, estreou em livro, em 2000, com **Sopros e mordidas**, poesia energizada de erotismo, esta fala do amor fraudado, mas incessantemente buscado, como a única via de o ser alcançar a plenitude existencial. Poesia de contrários, de antíteses em busca da síntese inalcançada. Poesia-convergência do corpo-a-corpo do eu com um mundo sem lógica, sem certezas, nem limites, em que tudo que se espera durável se revela descartável. Poesia que se sabe construída pela palavra, que tem o poder de mostrar o oculto e eternizar o efêmero... mas sempre insuficiente, pois a Vida é maior do que ela.

Vulnerável no que te expus / falta-me sopro, ar e sal [...] Exausta em razão, me abandono a escrever sem sul ou norte / sobre o que não tenho, mas preciso, / como um oráculo e aviso. Alto e forte: / que é nesse momento que se confundem vida e morte. (Quanto de depois)

Ou ainda em Performance final:

Tudo o que a antiga musa canta, cesse! / Quero você. / que clandestino, meu destino tece. / Quero você, / que não morde nem sopra, / por isso permanece.

Publicações: Poesia – **Sopros e mordidas**, 2000. Ensaio – **Da paulicéia à centopéia desvairada**, 1999.

1276 SILVIA HELENA TOCANTINS

Poeta, romancista, cronista, contista, trovadora, Silvia Helena Tocantis de Mello Eder nasceu em Belém (PA), em 1933. Figura atuante em seu meio cultural, tem colaborado regularmente em jornais e revistas, com poemas, contos, crônicas, etc. e participado de antologias poéticas. Foi presidente regional no Pará e ex-presidente nacional da Associação de Jornalistas e Escritoras do Brasil-AJEB (anos de 1989/1993). Pertence a inúmeras entidades culturais (Academia Paraense de Letras; Academia Petropolitana de Poesia Raul Leoni-RJ; Academia Barbacenense-MG; Academia Internacional de Ciências, Letras e Artes; UBE – União Brasileira de Escritores São Paulo). Em 2001 é nomeada Diretora da Biblioteca Acylino de Leão da APL.

Estreou como poeta, em 1982, com o livro **Respingos da maresia**; segue-se o romance **As ruínas de Suruanã** (premiado em concursos literários em Goiás e Rio de Janeiro). O nervo principal de sua produção é a comunhão com a terra, com as raízes, tal como aparece em seu romance marajoara, **As ruínas de Suruaña**, e na poesia em geral.

(Fonte de consulta: **Poesia do Grão-Pará.** org. Olga Savary*. RJ, Graphia Editorial, 2001.)

Publicações: Poesia – **Respingos da maresia**, 1982. Romance – **As ruínas de Suruaña**, 1987. Crônica – **No tronco da Sapopema**, 1998; e **Um mergulho no passado**, s/d.

t

1277 TAÍS FLORINDA

Poeta, trovadora, pianista e declamadora, Taís Florinda Pinto Lacerda Tatagiba nasceu no Rio de Janeiro (GB). Pessoa de destaque no meio social carioca do início do século XX, como musicista, poeta e dona de grande cultura. Foi professora de música instrumental e destacou-se como pianista. Ganhou vários diplomas, prêmios e medalhas. Era membro de diversas entidades culturais. Começou a publicar poemas e trovas nos anos de 1920, em revistas culturais. Nos anos de 1930 estréia em livro com **Sonho de amor**, ao qual se seguem outros.

Publicações: **Sonho de amor**; **Flores ao vento**; **Ramagem sombria**; **Amor, sempre amor**; **Alvorada de estrelas** (trovas). Em antologias: **A música brasileira e os seus intérpretes**; **A música brasileira e os sinos**.

1278 TÂNIA DINIZ

Poeta, contista, haicaista, professora, produtora cultural, Tânia Maria Miranda Diniz nasceu em Dores do Indaia (MG), em 20.05.1949. Reside em Belo Horizonte (MG). Faz parte da nova geração literária mineira que surge nos anos de 1980, nos rastros da contracultura que se expande pelo mundo, com humor, exaltação do prazer dos sentidos e da palavra como jogo. Formou-se professora pelo Instituto de Educação de Minas Gerais; licenciou-se em Letras Neolatinas pela UFMG e ingressou na carreira docente, lecionando português, francês e italiano em diversos colégios estaduais e particulares (Instituto Brasileiro de Línguas, entre outros). Fez vários cursos de extensão na área de línguas, comunicação e música. Profissionalizou-se na área de Comunicação, como Relações Públicas de firma interestadual.

Desde muito jovem começa a escrever contos e poesias, divulgando-os em publicações alternativas (folhetos, opúsculos, cartazes...) ou na grande imprensa. Vem colaborando em periódicos de Minas e de outros Estados (SLMG; Estado de Minas – Belo Horizonte; Tribuna da Tarde – Juiz de Fora; Jornal de Letras-RJ; Suplemento Literário Amazonas; Correio da Cidade de Maringá-PR; Jornal de Maceió-AL, Garatuja de Bento Gonçalves-RS; Ovelhas Negras, Phuraphroyd, etc.). Presença atuante no movimento feminista, que se manifesta principalmente na área da literatura, Tânia Diniz fundou em 1989 o mural poético Mulheres Emergentes – O sensual em cartaz, de circulação trimestral e que (por um desses milagres de resistência que, às vezes, acontecem entre nós) continua até hoje (2001), sendo editado e bem distribuído por vários estados, onde o mural mantém representantes. Em 1992/1993, Mulheres Emergentes promoveu o I Concurso Internacional de Poesia e Ilustração, que teve mais de uma centena de concorrentes homens e mulheres, e cujo resultado foi publicado em livro, em 1994. Na apresentação, o Secretário Municipal Adjunto da Cultura, Bernardo Mata Machado, enfatiza a importância do evento, mas principalmente o trabalho que vem sendo feito por sua organizadora:

Tânia é uma dessas pessoas raras no nosso meio, pois além de exercer sua arte dedica-se à uma verdadeira militância e agitação cultural. [...] Seu trabalho (à frente de "Mulheres Emergentes") lembra um pouco a experiência, na década de 70, da chamada "poesia marginal", quando autores novos (na idade e no texto) editavam seus livros de forma alternativa e os distribuíam eles mesmos, onde quer que fosse. O que diferencia e atualiza o trabalho de Tânia é a edição mais profissional e a abordagem temática. MULHERES EMERGENTES projeta a dicção feminina, explorando aquilo que ela tem de mais característico: a sensualidade. Nesse aspecto o esforço de Tânia insere-se no movimento contemporâneo da literatura brasileira onde a poesia de mulheres ocupa um lugar cada vez mais destacado.

Como escritora, Tânia Diniz estréia em livro em 1988, com os minicontos de **O mágico de nós** (lúdica alusão ao famoso O mágico de OZ). Em torno do eixo desejo, vão-se desenrolando brevíssimos relatos de insólitas/alegres ou enigmáticas situações eróticas, que prendem o leitor de imediato, não só pelo inesperado (ou mágico) dos aconteceres, mas principalmente pelo rigor da síntese e o ritmo lúdico que singularizam o estilo da autora e envolvem de magia a efabulação. Em 1992, lança o pacote poético **Mulheres EmBalada** (cartões poéticos embalados em originais saquinhos). Seguem-se **Bashô em nós** (haicais em parceria); **Relato de viagem à marmeiada** e **Rituais** (Col. Almanach de Minas/Mulheres Emergentes, 1997). Como o título sugere, trata-se de rituais do amor, nos quais é mais enfatizado o ritual do que o amor. Ou melhor, a volúpia com que a escrita expõe o sensorial ou as sensações do corpo em contato com as coisas (o sabor do vinho, das comidas; o banho em leite; o cheiro de especiarias, o odor do corpo, as almofadas de cetim, etc.), acaba por neutralizar a carga erótica da situação em foco.

Nessa "neutralização" temos uma das posturas assumidas por certa linha da literatura feminina dos anos de 1980/1990: a da "mulher liberada" pós 1960, que descobre de repente que a liberdade conquistada não alterou em nada o fundamental na vida da mulher, porque o Sistema não se alterou em seus fundamentos, nele não se abriu espaço para os possíveis projetos da Nova Mulher. O que lhes resta, pois, é denunciar, por meio do riso. Alguém já disse: *Não há nenhuma autoridade ou leis que resistam a sete gargalhadas.* Tânia tem participado de várias antologias (**Flor de vidro** – Belo Horizonte, 1991; **Nova poesia Brasil**-RJ, 1992; **Festival de poesia, crônica e conto**/1992; **Antologia prêmio Moutonné de Poesia**-Salto, 1995; **Antologia poética Vargas Netto** – São Borja, 1997; e outras). Foi premiada em vários concursos literários. É sócia do Sindicato dos Escritores-MG.

Publicações: **O mágico de nós**, 1988; **Mulheres EmBalada**, 1992; **Relato de viagem à marmelada**, 1997; e **Rituais**, 1997.

TÂNIA JAMARDO FAILLACE 1279

Romancista, contista, pintora, professora, feminista, jornalista, produtora cultural, Tânia Jamardo Faillace (nome literário de Bárbara Jamardo Faillace) nasceu em Porto Alegre (RS), em 20.01.1939. Elemento atuante no meio social e cultural gaúcho, nos anos de 1960 dedicou-se à pintura, ao teatro e a escrever seus primeiros contos, publicados em antologias (**Neve do sul**-PA, 1962; **Ant. conto gaúcho**/1960; **Porto Alegre ontem e hoje**/1971; 24 **Textos de ficção**/1976; **Assim escrevem os gaúchos**/1976; **Malditos editores**/1977; **O moderno conto brasileiro**/1978, **O prazer é todo meu**, 1984, etc.). Como jornalista, assina uma coluna literária em Zero Hora/1966-1969 e colabora regularmente em diversos jornais (Correio do Povo; SLMG; OESP; revista Nova; revista Globo; Expressão; Signo, etc.). Como radialista, fez a locução do programa "Um homem e uma mulher" – Rádio Guaíba.

Estréia como romancista, em 1964, com **Fuga**. Segue-se **Adão e Eva**, em que o episódio bíblico é recontado pela ótica de Eva. Em 1971, publica os contos de **O 35° ano de Inês**, relatos de vidas de mulheres frustradas, desde a infância, vidas foscas, incolores que tentam de repente dar um "salto" de liberdade, mas este também falha. Em **Vinde a mim os pequeninos**, a autora reúne contos de diversas épocas, e que têm crianças e adolescentes como personagens. Na apresentação do livro, ela se refere à unidade temática do livro, apesar de os textos terem sido elaborados *durante mais de uma dúzia de anos.* Uma unidade que lhes vêm do *tema central: a destruição e a corrupção da inocência, do novo, do frágil, do autêntico. Destruição e corrupção, não por fatalidade, mas pelo sistema e valores vigentes. Não creio que haja neles soluções, mas talvez se encontrem sugestões de pontos de ruptura.*

A obra realizada por Tânia Faillace, até o início dos anos de 1980, pertence à corrente de pensamento dominante na primeira metade do século XX: a que vê o ser humano fadado à frustração, à irrealização existencial, ao desencontro com o outro, devido aos desequilíbrios sociais e à deterioração dos ideais (ou ideologia) que fundamentavam a sociedade tradicional, já em naufrágio. Quanto à mulher presente em seu mundo de ficção, se identifica com aquela formada pelo sistema cristão-patriarcal e que sente os influxos da "arrebentação" pós-1960, mas não sabe como agir ou para onde se dirigir. Consta, em notícias publicadas nos anos de 1970, que a romancista estaria escrevendo uma espécie de romance-rio, Beco da velha, painel da vida gaúcha, onde vivem mais de 100 personagens, na sua maioria representantes de classes sociais desfavorecidas. *Nele, Tânia Faillace busca nortear seus personagens dentro de um universo analisado sob a ótica marxista e freudiana. Sua principal personagem é Maria Geneci, mulher nascida em Estrela em Triunfo, e cujo aspecto de ação engloba desde a militância política até a prostituição e luxo.* (Correio do Povo. POA, 03.02.1987. p. 21).

Publicações: Romance – **Fuga**, 1964; **Adão e Eva** (Prêmio SEC), 1965; e **Mário/Vera-Brasil**, 1983. Contos – **O 35° ano de Inês**, 1971; **Vinde a mim os pequeninos**, 1977; e **Tradição, família e outras estórias**, 1978. Teatro – **Ivone e sua família**, 1978.

1280 TEKA'S

Poeta e pintora, Teka's (nome literário de Maria Tereza da Luz) nasceu em Petribu (PE), em 03.07.1931. Adolescente, muda-se para Campina Grande (PB), onde estudou e exerceu várias atividades. Depois de desquitada muda-se para o Recife (PE), e aí se dedica ao comércio. Em 1984, fixa-se na capital paulista. Desde jovem sentiu-se atraída para as atividades artísticas, mas só em São Paulo as circunstâncias as favorecem. Dedica-se às artes plásticas, à poesia e à ficção. Estréia em livro, em 1987, com os poemas de **O dono dos olhos verdes**, registro lírico de vivências.

Publicação: **O dono dos olhos verdes**, 1987.

1281 TELMA DE FIGUEIREDO BRILHANTE

Ficcionista, professora, artista plástica, Telma de Figueiredo Brilhante nasceu em Crato (CE). Em 1966, passa a residir no Recife (PE). Formou-se em Letras pela UFPE; fez especialização em língua portuguesa e literatura brasileira. ingressou no magistério oficial, onde se aposentou. Desde jovem dedica-se à escrita literária, colaborando na imprensa e em revistas especializadas. Simultaneamente dedica-se à pintura, participando regularmente de exposições coletivas. É membro da União Brasileira de Escritores-PE.

Publicação: **Contos chão**, 1997.

1282 TEOMIRTES DE BARROS MALTA

Romancista, contista, professora universitária, pesquisadora, Teomirtes de Barros Malta (nome literário de Maria Teomirtes de Barros Malta) nasceu em São José da Lage (AL). Reside em Maceió. Fez seus primeiros estudos em Maceió e Guaranhuns. Licenciou-se em Letras pela Universidade Federal de Alagoas. Ingressou na carreira docente no Colégio Guido de Fontagalland, áreas de português e inglês. Fez curso de especialização de língua e literatura alemã em Munique – Alemanha, e durante alguns anos lecionou alemão. Fez vários cursos de aperfeiçoamento em letras modernas, teoria literária, lingüística, literatura portuguesa e brasileira. É membro do Grupo Literário Alagoano, onde teve trabalhos literários premiados. Com o conto O medalhão, ganha o Prêmio Rosa – Academia Alagoana de Letras. Transforma esse conto em romance, e com ele estréia em livro, em 1985, conquistando o Prêmio de Avelar. Trata-se de uma trama policialesca, em torno do desaparecimento de um medalhão valioso, e aos poucos vão-se desvendando ódios e amores em conflitos e a conseqüente desagregação de uma família de alta posição na sociedade.

Publicação: **O medalhão**, 1985.

TÉRCIA MONTENEGRO 1283

Contista, estudante universitária, Tércia Montenegro nasceu em Fortaleza (CE), em 24.09.1976. Desde a adolescência sentiu-se atraída pela literatura e pela escrita. Inicia-se publicando seus textos na imprensa. Organiza, em 1997, o Almanaque de Contos Cearenses, no qual também colabora. Vários contos seus foram premiados (Prêmio Literário Cidade de Fortaleza, 1995/1996, e Prêmio Festival Universitário de Cultura da UFC/1996). Estreou em livro com a coletânea **O vendedor de Judas** (selecionado pela FUNARTE, em 1997, no Projeto Oficina do Autor), com prefácio de Caio Porfírico Carneiro, no qual é destacado o amplo leque temático da autora, e a leveza narrativa de seus textos; sua aguda observação da vida, que desvenda para além da aparência lúdica e leve das situações, a frustração humana, *uma linha de solidão e de amargura [...] própria dos desencontros humanos.*

Publicação: **O vendedor de Judas**, 1998.

TERÉ SARMENTO 1284

Poeta e professora, Teré Sarmento nasceu em São Paulo (SP), em 1952. Reside em Campinas (SP). Formou-se em Letras e ingressou na carreira docente. Estreou em livro, em 1998, com **Mudas respostas**, reunião de cartas (dirigidas ao músico Djavan, a amigos, ao filho Tiago, etc.), poemas e textos de confissão lírica; escrita que revela, em seu todo, a força da palavra, como o grande meio de expansão do ser, e um desmesurado e generoso impulso de comunhão eu-mundo.

Publicação: **Mudas respostas**, 1998.

TERESA CRISTINA MEIRELES DE OLIVEIRA 1285

Poeta, professora, pesquisadora, ensaísta, Teresa Cristina Meireles de Oliveira formou-se em Letras e seguiu a carreira acadêmica. Realizou o doutoramento em Ciência da Literatura, na Universidade Federal do Rio de Janeiro, com uma tese sobre as liras de Tomás Antônio Gonzaga, "O real transfigurado: as liras de T. A. G. e a poética do imaginário". Como poeta, estreou em livro, em 1998, com **Cantares de Marília**, poesia impregnada do passado histórico e que dá a palavra a Marília, que consta nos Autos da Devassa da Conjuração Mineira, como noiva do poeta inconfidente, mas cuja voz a história não registrou. Em sua apresentação, a autora justifica a sua escolha: *Na era do simulacro, da falácia pós-moderna, do ecletismo estético e da absorção do clássico revisitado, dispus-me ao dialogismo, à polifonia, à intertextualidade. Moveu-me o impulso lírico, o desejo irreprimível de responder a um alguém que só fala, fala, e não obtém resposta. Ao ler o poeta, eu não quis ser apenas receptáculo do dizer do outro. Quis ser o sujeito da fala. E me dispus a cantar. O ritmo de Tomás Antônio Gonzaga gerou, dois séculos mais tarde, mais poesia – heresia? Apenas ecos, ressonâncias: palimpsesto.*

É essa tecitura que está contida nesses Cantares..., nos quais se faz ouvir, em contraponto com a fala do Poeta, a fala da Nova Mulher, outrora calada. No posfácio de Helena Parente Cunha*, é ressaltado esse contraponto entre o ontem dos Setecentos e o hoje, final do século XX, através do qual a persona poética se constrói. Em lugar da silenciosa e passiva Marília cantada pelo arcádico pastor Dirceu, ouve-se ecoar a voz altissonante da mulher consciente e questionadora dos nossos dias, com sua fala entre revoltada e revolucionária, mas em contínuo contraponto com o poeta inconfidente.

Publicação: **Cantares de Marília**, 1998.

TERESA DRUMMOND 1286

Poeta, Teresa Drummond nasceu no Rio de Janeiro (RJ), em 11.03.1963. Desde menina revela vocação para a criação literária. Iniciou-se como poeta colaborando em periódicos ou revistas especializadas (Caderno Oficina Ivan Proença; Antologia em Prosa e Verso e Testemunho-SESC, 1988). Estréia em livro, com **Trampolim de poeta**, poesia enraizada nas memórias da infância e no hoje pleno de desejo de amor, comunhão e diálogo com a própria poesia.

Publicação: **Trampolim de poeta**, 1991.

1287 TERESA MARGARIDA DA SILVA E ORTA

Primeira romancista em língua portuguesa, Teresa Margarida da Silva e Orta nasceu em São Paulo (SP), em 1711; em residência nobre na Rua Direita (região que a partir do século XIX torna-se o grande centro da capital paulista). Faleceu em Lisboa, em 27.10.1793, depois de uma vida cheia de percalços e de intensa atividade intelectual. Era filha da brasileira Catarina D'Orta e de José Ramos da Silva, um português de origem humilde que, vindo para o Brasil, acabou por enriquecer com a organização das Bandeiras, fornecendo "bandeirantes" e tendo participação no ouro e riquezas descobertas. Foi nomeado Provedor das casas de fundição, o que significava o controle do ouro que saía do Brasil. Torna-se um dos homens mais ricos de Portugal da época. Volta a Lisboa com a família, quando Teresa Margarida tinha cinco anos de idade, e seu irmão, Matias Aires (SP, 1705 – Lisboa, 1763), onze anos. Este se tornaria um dos grandes intelectuais do Portugal governado pelo Marquês de Pombal. Não chegou a casar-se, mas teve dois filhos naturais, que ele legitimou.

Em Lisboa, Teresa Margarida é educada no Convento das Trinas do Mocambo, onde aprendeu música, poesia, astronomia, latim, filosofia, oratória, etc. Aos dezesseis anos, enamorada de Pedro Jansen Moller, filho de um preceptor alemão e plebeu, ela enfrenta a proibição paterna ao seu amor; foge de casa, escondendo-se no Convento. Ali se casa em 20.01.1728. É deserdada pelo pai. O casal enfrenta grandes dificuldades financeiras. Chegam a vir para o Brasil, fixando-se no Maranhão, onde o marido instala uma serraria que fracassa. Viúva aos quarenta anos e com filhos para educar, volta a Portugal. Reconcilia-se com seu irmão, com quem passa a morar, dedicando-se à educação de seus sobrinhos e dos filhos.

Mulher inteligente e culta, foi colaboradora do Marquês de Pombal, Ministro do Reino, que a partir de 1750 abriu Portugal às idéias reformadoras do Iluminismo francês, mas contraditoriamente apoiando o sistema monárquico despótico. Segundo pesquisas, teria sido escrita por ela a Relação abreviada de 1759, que trata da expulsão dos Jesuítas do Brasil e de Portugal. Carta que, traduzida em várias línguas, foi lida em toda a Europa. Por motivos não bem esclarecidos (talvez por ordem de Pina Manique, Intendente de Polícia, feroz perseguidor das idéias liberais), em 1771 Teresa Margarida foi presa e encarcerada no Mosteiro de Ferreira Aves, onde permaneceu por quase sete anos. Durante sua reclusão, compôs um poema épico-trágico, e centenas de máximas, cujos manuscritos foram editados, em 1993, em **Obra reunida**. Em 1777, D. Maria I (ao tornar-se rainha por morte de seu pai, D. José) concede-lhe o indulto real. Liberta, Teresa Margarida vai viver em casa de seu cunhado, o velho inquisidor Joaquim Jansen Moller, e ali permaneceu até sua morte em 1793.

Foi a D. Maria, quando princesa-infante, que em 1752, ela dedicou seu romance **Máximas de virtude e formosura com que Diófanes, Climenéia e Hermirena, Príncipes de Tebas, venceram os mais apertados lances de desgraça**. Assina como Dorothéia Engrassia Tavareda Dalmira (anagrama de seu próprio nome). A segunda edição de 1765 tem o título de **História de Diófanes, Climenéia e Hermirena**. Em 1777, nova edição com o título alterado para **Aventura de Diófanes imitando o sapientíssimo Fénelon na sua viagem de Telêmaco**.

Em 1790, nova edição com o mesmo título, mas após o nome de Dorothéia foi acrescentado: "Seu verdadeiro autor é Alexandre de Gusmão". Depois de o romance ter ficado esquecido por um século, essas edições e suas peculiaridades vêm sendo objeto de sucessivas pesquisas e polêmicas, ainda não encerradas. Concluiu-se apenas que a autora do romance é realmente Teresa Margarida. No Brasil, a polêmica sobre a autora surge nos anos de 1930/1940, quando intelectuais da ABL defendem a tese de que, pelo fato de ter nascido no Brasil, Teresa Margarida seria a primeira escritora brasileira e sua obra o primeiro romance brasileiro. Em 1945, o INL-MEC publica a edição brasileira de **Aventura de Diófanes**, com endosso da ABL e estudo introdutório de Rui Bloem, no qual registra o percurso histórico e polêmico da obra e defende seu significado singular em nossa literatura, como precursor do romance nacional (pois) surgiu quase cem anos antes dos romances de Teixeira e Sousa e de J. M. de Macedo, com os quais se costumava até agora marcar o aparecimento do gênero na literatura brasileira. (op. cit. p. XV).

Polêmicas à parte, sem dúvida o que realmente importa atualmente é realçar a exemplaridade desse romance, como forma romanesca vigente no Século das Luzes e como fruto-testemunho das idéias que predominavam no mundo pensante da primeira metade do século XVIII. É de se notar que, ao se confessar discípula de Fénelon, a romancista nos mostra a lentidão com que as idéias ou o novo avançam no mundo. **Aventuras de Telêmaco** (ainda *best seller* no tempo de Teresa Margarida) fora escrito, na França, em 1669, portanto oitenta e três anos antes da publicação de **Aventuras de Diófanes**. Entretanto, a "fórmula" não havia mudado. Fénelon dedicou seu romance ao Infante Duque de Borgnone, seu discípulo, neto do Rei Sol e herdeiro presuntivo do trono. Seguindo o modelo do mestre francês, Teresa Margarida também se propõe oferecer à Infanta portuguesa (e às meninas de corte) um padrão ideal de comportamento, que harmonizasse os velhos costumes com as novas idéias.

Teresa Margarida viveu na atmosfera conflituosa da primeira metade do século XVIII, num Portugal atravessado por fundas contradições: por um lado, a paz política; a vigilância fanática do Santo Ofício; o fortalecimento da monarquia absoluta e uma grande abundância econômica (provinda das minas de ouro e do comércio do Brasil); e por outro, os ventos antimonárquicos, liberais e progressistas, que começavam a soprar na Europa e que, logo mais, destruiriam pela base o equilíbrio do mundo clássico-aristocrático, abrindo caminho para o mundo romântico-burguês. Momento muito semelhante ao deste nosso limiar do século XXI: fim de uma era (a Romântica) e início de uma outra, cuja verdadeira natureza ainda ignoramos.

Ambos os romances, o de Fénelon e o de Teresa Margarida, seguem o modelo homérico: trama narrativa situada no espaço mitológico e personagens tiradas dos mitos gregos (os oceanos habitados por deuses e deusas; a ilha de Calipso; a ilha de Vênus; o carro da deusa Anfitrites com seus cavalos marinhos, conduzidos por Tritões, etc.). Mas confrontados entre si, mostram que, em Teresa Margarida, já não há a fidelidade ortodoxa à tradição, como em Fénelon. Sua trama narrativa situa-se fora de um espaço rigorosamente mitológico. Tudo se passa em cidades gregas (Corinto, Atenas, Tebas, Argos...) com mulheres e homens gregos, mas sem nenhuma interferência de deuses ou de figuras míticas. O que importa em **Aventuras de Diófanes** são as ações humanas, as relações entre homens e mulheres, análogas às que existem no mundo real. Isto é, entre seres humanos, e não entre humanos e deuses, como no mundo ideal clássico. No domínio dos valores e idéias, as diferenças entre o romance de Fénelon e o de Teresa Margarida são muitas. Lembramos aqui apenas a referente ao Amor. Em **Aventuras de Telêmaco** há apenas o Amor-paixão, carnal, sob as formas tentadoras das deusas e ninfas que cobiçam e tentam seduzir o jovem herói. Em **Aventuras de Diófanes**, ao contrário, a ênfase é dada ao Amor ideal, cuja possível existência depende exclusivamente das virtudes da mulher. Hermirena é o arquétipo da mulher cristã – filha, cuja única diretriz na vida é amar e obedecer aos pais, casar-se com o homem que eles escolherem e dedicar-se devotamente ao marido e aos filhos que ambos tiverem. Separada dos pais (quando foram assaltados por piratas, na viagem que faziam a Delos, onde assistiriam aos Jogos Olímpicos) e vendida como escrava, Hermirena, longe de ser uma figura fraca, frágil, passiva ou insegura, afirma-se numa imagem feminina extremamente forte e de ânimo inquebrantável: sua submissão às autoridades, que ela reconhece como legítimas (a dos pais e dos senhores que a compraram como escrava), é sempre um ato voluntário e consciente da vontade. Em Hermirena já está prefigurada a imagem ideal feminina que o Romantismo vai consagrar, logo depois.

Concluindo, podemos dizer que **Aventuras de Diófanes** (primeiro romance em língua portuguesa, escrito por mulher), lido em seus vários níveis (ético-ideológico, literário e lingüístico), se revela como uma obra de transição, dentro do lento movimento que, entre os séculos XVII e XVIII, amalgamou os valores do mundo antigo (já esgotado em sua seiva original) com os valores do mundo moderno (os do Romantismo que germinavam com força e tentavam ocupar todos os espaços da Sociedade; valores já hoje deteriorados e em transformação acelerada).

(Fontes de consulta: Ernesto Ennes, Uma Escritora Portuguesa do século XVIII, in revista do Instituto de História e Geografia de São Paulo. dez/1938; Rui Bloem, O Primeiro Romance brasileiro, in **Aventuras de Diófanes**. RJ, INL, 1954; N. N. Coelho, A Imagem da mulher no século XVIII, in revista da Biblioteca Mário de Andrade nº 531995, pp. 25-36 e Teresa Margarida da Silva e Orta, **Obra reunida**. org. Ceila Montez, RJ, Graphia Ed., 1993)

Publicação: **Aventuras de Diófanes**, 1752/1765/1777/1790/1818/1945; e **Obra reunida**, 1993

TERESINHA ALVES PEREIRA 1288

Poeta, contista, ensaísta, dramaturga, crítica literária, professora universitária, produtora cultural, Teresinha Alves Pereira (nome literário Teresinka Pereira) nasceu em Belo Horizonte (MG), em 1934. Desde os anos de 1970, está radicada nos Estados Unidos e desenvolvendo uma ininterrupta e multiforme atividade, seja como criadora de textos, como professora, pesquisadora ou ativista cultural.

Atraída pelas artes, iniciou-se nelas muito cedo. Teatro foi sua primeira paixão. Antes de entrar para a Faculdade de Letras, cursou o Teatro Universitário de Minas Gerais e sonhava dedicar-se à arte teatral. Mas as circunstâncias levaram-na para as Letras. Forma-se nos anos de 1960. Durante o curso universitário, integra-se no grupo Geração Complemento (poetas que se manifestam por meio da revista do mesmo nome). Colabora na revista universitária Mural e em vários suplementos literários. Em 1960, participou da antologia **4 Poetas** (com Affonso Romano Sant'Anna, Silviano Santiago e Domingos Muchon). Escreve a peça teatral O Escravo Governador, encenada por grupo universitário e que recebeu o Prêmio Serviço Nacional do Teatro/1972.

No início dos anos de 1970, vai para os Estados Unidos e realiza o doutorado na Universidade New Mexico, na área hispano-americana. Ingressa na carreira docente; leciona Literatura Brasileira e Portuguesa em diversas universidades americanas (Tulane, Stanford, Georgetown, Bloomington...). É professora da Universidade do Colorado/Boulder.

O teatro continua sendo seu gênero predileto. Em 1970, escreve **Alguma coisa** (em português, espanhol, inglês e francês), encenada por Miguel Angelo Lopez Vela com um grupo da Universidade Autônoma do México. Foi apresentada também no II Festival de Teatro Latino-americano, representando o teatro contemporâneo brasileiro. Visitando, nos EUA, os campos de concentração de imigrantes mexicanos (os chicanos), escolheu essa dramática situação humana como tema, e escreveu a peça **Hey, Mex!**; seguida logo depois por **Ándale, Rosana**. Para encená-las, formou grupos teatrais e dirigiu-os, em espetáculos que divulgaram não só suas peças, mas também o teatro hispano-americano e brasileiro.

Aderindo ao movimento editorial alternativo (produção independente, fora do mercado comercial), funda uma pequena editora (Blackstone Books), especializada em divulgar os novos. Lança a série de opúsculos **Poemas convidados**, escritos em português, inglês e espanhol, onde reúne poetas de todas as Américas. Como poeta, estréia em livro, em 1972, com **Tienda de rondas** (publ. México). Seguem-se, em 1973, poemas escritos nos anos de 1960, mas que permaneciam inéditos: **As lágrimas dos mortos** (RJ) e **A torre de mitos** (Belo Horizonte). No mesmo ano, publica os contos de **Peligro: los ángeles se caen** (México). Poesia de acusação e alimentada pela dor dos que morreram com a devastação das guerras recentes, e pelo vazio deixado pelos valores e mitos destruídos. Contos que misturam realidade e ficção, memória e fantasia, num estilo direto, objetivo e lúdico, que se volta constantemente sobre si mesmo a revelar sua escrita em processo. O experimentalismo da forma continuava a se impor em meados da década de 1970, e Teresinka publica, em folhas soltas de cartolina, "lines of a broken alphabet" (linhas de um alfabeto quebrado), aderindo ao jogo verbi-voco-visual do Concretismo, e em cuja visualidade está a chave da leitura. Como pesquisadora e crítica literária, publica, em revistas, Trajetória de Júlio Cortázar na ficção moderna, em 1975; e Realismo Mágico y otras herencias de Julio Cortázar, em 1976.

Em 2001, é eleita Presidente da Associação Internacional de Escritores e Artistas. Entre os prêmios, títulos e distinções atribuídos à sua obra, destacam-se: Ordem Soberana de Cavalaria de Malta São João de Jerusalém; grau nobiliário Dama de Graça Magistral por ordem do Príncipe Dom Waldemar Baroni Santos (Brasil); Doutora Honoris Causa – Universidade Simon Bolivar – Colômbia; Doutora Honoris Causa/Academia St. Lukas-Antuérpia; Titulo Poet of the year – Canadian Society of Poets; Lauréis de Ouro – United Poets Laureated International.

Testemunhando o "apocalipse" de 11 de setembro de 2001, em Nova York, escreveu:

Estávamos preparados para a bomba de hidrogênio, / para a bomba atômica, para mísseis de alcance à grande distância; / para o poder militar, para o domínio econômico e para o domínio ecológico. / Estávamos preparados até mesmo para uma invasão interplanetária / e para a globalização nuclear. // Mas, como nos preparar para o superpoder do fanatismo religioso e / ideológico, anti-humanístico e autodidata em ódio?

Publicações: Poesia – **Tienda de rondas**, 1972; **Mientras duerme la primavera**, s/d; **As lágrimas dos mortos**, 1973; **Torre de mitos**, 1973; **El amor de los narcisos**, 1974; **A rosa no tempo das cerejeiras em flor**, 1974, **La mina landsflytiga**, 1975; **Lines of a broken alphabet**, 1975; **Poesia no Inverno**, 1982; **Poemas**, 1983; **Trago de água doce**, 1987; e **La alegría está em huelga**, s/d. Conto – **Peligro, los ángeles se caen**, 1973; **Lourenço meu caro, o mundo é grande**, 1975; **Contos fantásticos**, 1981. Teatro – **O escravo governador**, 1972; **Alguna cosa**, 1975. Ensaio – **Estudos sobre Clarice Lispector**, 1975; **La actual dramaturgia latinoaméricana**, 1980.

1289 TERESINHA PERON BUENO

Cronista, jornalista, professora, Teresinha Peron Bueno nasceu em Santa Rita do Passa Quatro (SP). Formou-se em Letras e Pedagogia, fez cursos de pós-graduação em literatura brasileira e portuguesa, semiótica, lingüística, redação e criação de texto. Ingressou no magistério, lecionando português e literatura na E.E.S.G. Otoniel Mota – Ribeirão Preto. Desde os anos de 1980, escreve crônicas na imprensa. Durante cinco anos editou o jornal cultural O Tablóide, onde manteve uma coluna de crônicas. Sensibilidade e olhar atento que, ao registrar o dia-a-dia concreto à sua volta, percebe e sugere o que está ali oculto e lhe dá o sentido maior. Na verdade, a crônica, em sua aparente ligeireza e superficialidade, dá perenidade ao cotidiano efêmero, onde a vida se cumpre. Em 1991, a autora publica, em livro, sua primeira recolha de crônicas esparsas na imprensa: **Rés-do-chão**. Seguem-se outras em **Pão & circo** e **Além dos muros domésticos**. A autora é membro da Academia Amparense de Letras.

Publicações: **Rés-do-chão**, 1991; **Pão & circo**, 1993; e **Além dos muros domésticos**, 1999.

TERESINHA TURCATO 1290

Cronista, romancista, ensaísta, pesquisadora, professora, jornalista e presença atuante no meio cultural rio-grandense, Teresinha Turcato (Therezinha Maria Dieckmann Turcato) nasceu no Rio Grande (RS), em 02.11.1930. Faleceu em Porto Alegre (RS), em 1998. Desde adolescente, atraída pelos estudos e pela escrita literária, dedicou-se a múltiplas atividades profissionais e culturais, ligadas à formação de crianças e jovens.

Formou-se professora pelo Instituto de Educação-POA/1950 e em Jornalismo pela UFRS/1969. Fez pós-graduação em História da Arte na Faculdade Palestina (1982). Especializou-se como técnica em Recursos audiovisuais (MEC. 1964) e na TV Educativa (PUC-RS/1970). Nos anos de 1970, coordenou programas radiofônicos (Rádio da UFRS); escreveu *skets* para a rádio e peças infantis para a TV Piratini. Produção cuja repercussão de público lhe valeu prêmios e destaques na imprensa. Nos anos de 1980, fez parte da equipe da Rádio Educadora da Fundação Educacional e Cultural Padre Landell de Moura, nas funções de produtora e apresentadora (programas: Comentários e Música, Cinema na Educadora e Debates). Nessa área de produção, foi premiada pela Associação Rio-grandense de Imprensa, pela reportagem radiofônica: "Tu serás uma benção" (em homenagem ao aniversário da Colonização e Imigração italiana no Rio Grande do Sul). Recebeu também o Prêmio Governo do Estado do RS-1975/1976. Como jornalista, fundou jornais ou boletins literários em escolas, estimulando o convívio dos jovens com a leitura e escrita.

Na área do teatro, escreveu e encenou **Homem, Mulher e Estátua** (Teatro S. Pedro, Grupo Saci/1964) e **O Quarto Mandamento** (Teatro do Instituto de Artes, Grupo da Tristeza/1964). Voltada para as pesquisas sobre regionalismo, em 1965 escreveu o álbum seriado **Regiões e tipos característicos do Brasil**, que foi apresentado na Alemanha e Áustria, na Fundação Hermana Gneimer (ligada às Aldeias Infantis SOS – Brasil).

Colaborou regularmente na imprensa, em revistas e antologias de poesia (**Girabanda 1 e 2**; **Vozes Femininas**, 1983; **Presença Feminina**, 1986; **Ciranda do Sete Estrelo**, 1981, etc.). Foi co-fundadora do jornal comunitário Conquista – POA, e editora da revista Rio Grande Cultura. Estreou em livro, com as crônicas de **A menina do laço de avião**. Seguiram-se outros. Era membro da Academia Literária Feminina do Rio Grande do Sul.

Publicações: Crônica – **A menina do laço de avião**, 1972; **Amo-te, Hélade**, 1980; **Nem ouro nem prata**, 1981. Romance – **Navegadores do universo**, 1976, e **O jardim das mandrágoras**, 1991. Ensaio – **Os valores da existência e da liberdade na ficção norte-americana**, 1982.

TERESINKA PEREIRA, v. Teresinha Alves Pereira (nº 1288)

TEREZA ALBUES 1291

Escritora em tom maior, romancista, contista, jornalista, produtora cultural, *expert* em Comunicação, a mato-grossense Tereza Albues (Tereza Albues Eisenstat) nasceu em Cuiabá (MT), em 24.08.1936. Desde 1980, está radicada nos Estados Unidos. É casada com o arquiteto americano Rob Eisenstat (um dos que, por milagre, sobreviveram à catástrofe do World Trade Center, em 11.09.2001, escapando do 73º andar pela escada de incêndio). Embora integrada na vida americana, a escritora continua ligada ao Brasil, às suas raízes culturais, inclusive escrevendo seus livros em português e publicando-os em editoras brasileiras. Formou-se em Letras, em Direito e em Jornalismo pela Universidade Federal do Rio de Janeiro. Nos Estados Unidos, fez cursos de inglês na Berkeley University Extension-Califórnia, e na Community College Center. Graduou-se em Early Childhood Education pela San Francisco State University.

No Rio de Janeiro, entre 1972 e 1979, trabalhou na Organização Hélio Alonso de Educação e Cultura, como professora de latim e português; e como coordenadora de atividades extracurriculares da Faculdade de Comunicação e Turismo Hélio Alonso (feiras de livros, teatro, exposições, debates, cine clubes, shows, seminários...). Em 1980, muda-se para São Francisco – Califórnia, onde trabalhou na City Arts Magazine e na TV KQED. Em 1982, ainda em São Francisco, escreve o roteiro de vídeo "Curral das Águas", exibido na TV Centro América/Mato Grosso e TV Bandeirantes – São Paulo. Vídeo que despertou grande interesse pela denúncia da situação dramática vivida por homens do campo que, ludibriados por falsas promessas, são levados para o Pantanal, e ali obrigados a trabalhar em regime de escravidão.

Em 1983, muda-se para Nova York. Estréia como romancista com **Pedra canga** (escr. em 1985; publ. no Rio de Janeiro, pela Philobiblion em 1987). Foi traduzido para o inglês por Clifford Landers e publicado nos EUA em 2001 pela Green Integer Press, alcançando significativo sucesso junto à crítica americana, por meio de publicações de prestígio (Kirkus Reviews) e inclusive sendo objeto da entrevista dada pela autora no programa Globosat Manhattan Conection (NY, 07.01.2001). O crítico do jornal The News & Observer – Carolina do Norte aproxima o espaço-mundo de **Pedra canga** àqueles criados por García Márquez (Macondo) e por Faulker (Yoknapatawpha). Aproximação válida, na medida em que a terra-de-origem, a "casa" como morada do ser, a ausência de fronteiras entre vida e morte, o atemporal, a atmosfera de magia... são as grandes presenças no universo romanesco que vem sendo construído pela autora: **Chapada da palma roxa** (1991); **A travessia dos sempre vivos** (1993); **O berro do cordeiro em Nova York** (1995) – todos eles lançados nas Bienais Internacionais do Livro, no Rio de Janeiro, com a presença da autora – e **A dança do jaguar** (2000), publicado na França e lançado no Salão do Livro – Paris, março de 2001, com excelente repercussão nos vários meios de comunicação, com entrevistas da autora a jornais, revistas, canais de televisão no Brasil e na Rádio France Internationale – Paris.

Romancista de linhagem rosiana, Tereza Albues comunga com aquelas ou aqueles que se entregam à criação de seus universos, como "viandantes" em busca do Conhecimento. Viandantes agarrados à Palavra, como a uma varinha mágica, capaz de desvendar o oculto por trás das aparências e dar "corpo" permanente à efemeridade das vivências. Em tempos de metamorfoses profundas, como o nosso, em que todos os antigos valores-de-base se desagregaram, e também se perdeu a ligação com as fontes originais da Vida (via Sagrado), certo caminho da Literatura (poesia ou prosa) vem se revelando como uma verdadeira viagem iniciática do eu em busca de si mesmo, em meio ao caos do belo/horrível ciberespaço, em que nos é dado viver.

É esse o nervo da obra que Tereza Albues vem construindo há cerca de vinte anos, é essa busca do eu essencial, a ser descoberto como parte integrante do outro ou do cosmo. Desde seu livro de estréia, ela se anuncia como andarilha que, de olhar atento e inquisidor, se embrenha pelos meandros de um tempo/espaço vivido, onde estariam as chaves de um desejado Conhecimento. Busca que se revela visceralmente arraigada em seu lugar de origem e do qual resulta a singularidade de seu universo romanesco, cujas raízes mergulham no microcosmo mato-grossense, pantaneiro; e retém, na rede da linguagem, o primitivismo de um Brasil semifeudal, em processo de desagregação e de passagem tardia para o sistema liberal. Entranha-se, na formação híbrida e fronteiriça desse universo romanesco (de evidente natureza catártica), uma visão de mundo também fronteiriça, que oscila constantemente, entre natural/sobrenatural, real/irreal, verdade/mentira, morte/vida, realidade/ficção, história/lenda... Oscilação que permanece quando a autora transplanta o húmus de sua ficção para o espaço ultracivilizado norte-americano, para onde a levaram suas andanças em busca da vida autêntica. Húmus que se revela já no título de seu primeiro romance: **Pedra Canga**, povoado à beira do Pantanal, por onde ela começa a escavação de sua memória, no sentido aparentemente paradoxal de permanência e fuga. Ela volta a Pedra Canga (espaço permanente), mas começa pelo desejo de fuga, expresso já na epígrafe de abertura, com a fala do personagem Zé Garbas:

Se você não tem coragem de pular a cerca do quintal, como vai ser com a cancela do mundo?

Nesta abertura se anuncia a narradora andarilha que daí para frente se entregaria à viagem iniciática em busca do conhecimento iluminador. Aponta para esse sentido a fala de Marcola (personagem "iluminada" de sabedoria), na segunda epígrafe de abertura:

Leva muito tempo pros olhos ter a clareza e se libertar do preconcebido.

O tempo da busca é quase infindável, porque o preconcebido é o mundo fervilhante de gestos, anseios, preconceitos, paixões, ódios... domados, contidos ou limitados por formas inalteráveis de relações que "organizam" o convívio humano e permitem a existência da Sociedade, sistema ordenador sem o qual o mundo mergulha na barbárie. Ordem necessária, mas castradora da liberdade humana.

É a trama dos viveres, que, no ritmo de contadora-de-histórias, a narradora (jovem escritora que toma notas para escrever a história do povoado) vai (des) tecendo, qual Penélope à espera da revelação, a saga de Pedra Canga. Saga-alegoria da própria condição humana em seu corpo-a-corpo com a vida que lhe cabe viver. Na trama novelesca de **Pedra Canga** já estão presentes os motivos-chave que viriam a alimentar o universo que a autora construiria daí para frente. Sintetizando-os: a busca do eu-mundo, através da redescoberta do Pai/Origem; a casa (vista e vivida como algo dotado de uma obscura força, prolongamento/refúgio do ser que a habita); a memória (ponte invisível que dá acesso ao já vivido, para ser revivido e resgatado do esquecimento); a palavra falada/escrita (forma exterior/visível que torna comunicáveis/permanentes as formas interiores/invisíveis do pensamento ou vivências efêmeras); o ato de criação (a suprema aventura do ser humano: a de ser capaz de dar forma ao fluxo caótico da vida); o sobrenatural (metamorfoses e fenômenos que desafiam uma possível explicação lógica); o conflito entre aparência e essência (toda versão dos fatos é sempre desmentida por outra); a exploração do homem pelo homem (denúncia da desumanidade das relações de trabalho entre poderosos e desvalidos); a viagem iniciática (um eu-narrador sempre em caminho, na busca do Conhecimento a ser capturado na escrita romanesca).

Impossível determinar qual deles seria o motivo dominante ou o determinante dos demais, pois todos se fundem no multiforme emaranhado das tramas. Entretanto, na plano narrativo, cada romance tem início com um motivo diferente, que abre caminho aos demais. Em **Pedra Canga**, avulta em primeiro plano a desumana exploração do homem pelo homem, simbolizada pela família Vergare, cuja crônica de traições, despotismo, soberba e mortes é, por sua vez, simbolizada pela casa, a misteriosa Chácara do Mangueiral, *cercada com muros altos, crivados de cacos de garrafa nas beiradas*. Casa fantasma que, no final, é inteiramente destruída por um misterioso grupo de justiceiros. O romance se abre com a morte do último chefe da família e conseqüente deterioração do poder maligno que ela representava.

Na noite de agonia do Dr. V. uma tempestade nunca vista por aquelas bandas, derrubou árvores, casas, galinheiros...[como que] comandada por alguma força maligna.

Com essa tempestade quase sobrenatural (que faz lembrar a que destruiu Macondo em **Cem anos de solidão**) anuncia-se o fim do Mal, representado pelos Vergare e começa a ser escrita a saga de Pedra Canga, pela viandante, que voltava ao seu lugar de origem, para o reencontro com sua própria verdade. Para esse reencontro, ela aguça os ouvidos e com o que ouve de cada um dos habitantes, vai tecendo a sua escrita, tentando inclusive encontrar uma explicação lógica para acontecimentos que, dentro do cotidiano banal, surgiam como magia. O poder da mente ou do sobrenatural que atravessa o mundo criado por Teresa aparece nesse primeiro romance na figura de Marcola, guerreira de nascença, dotada de poderes mediúnicos e que serve de guia à jovem narradora, pelos meandros ocultos da realidade.

Em **Chapada da palma roxa**, prossegue o resgate da memória, sempre atraída pelo que se esconde além das aparências e principalmente pela sondagem dos "avessos" do homem, onde se ocultam seus instintos primários, grosseiros e inconfessáveis. As epígrafes de abertura já apontam para o alvos visados:

Busque dentro de você o que está procurando em mim, não sou fonte de sabedoria, sou peregrina em busca do conhecimento. (Ana Cigana)

Há um universo despercebido fervilhando paralelamente às aparências que você conhece. (Miranda)

Imersa numa atmosfera de mistério, violência e erotismo, a narrativa oscila entre o maravilhoso e o enigma policial; desenvolvendo-se em torno de um crime que abalou a pacata cidadezinha de Porto Garça: um recém-nascido, fechado num saco, é afogado no rio. Entre os avanços e recuos dos fios narrativos, que vão desvendando a violência oculta ou manifesta das relações humanas, num Brasil rude, descobre-se a causa do crime: o incesto cometido contra a filha, por um pai aparentemente respeitável.

Em **Travessia dos sempre vivos**, a busca da Verdade leva Taisha, a viandante-narradora, a penetrar na esfera do lendário ou do sobrenatural, na qual desaparecem os limites entre vida e morte ou entre passado, presente e futuro. O alvo de seu peregrinar era descobrir quem foi realmente o seu bisavô, João Padre, e escrever sua verdadeira vida. Figura controvertida, de rebelde e iluminado, ele deixara rastros na memória do povo, como alguém, ora ameaçador, porque insubmisso a normas ou leis; ora acolhedor e guia iluminado de todos que dele se aproximavam. Essa duplicidade de personalidade já se anuncia na epígrafe de abertura:

Querem me dar um papel, me recuso a aceitá-lo, sou construtor de mim mesmo, me salvo pelo exercício da criação. (João Padre)

Note-se que essa fala inicial, além de antecipar a natureza do personagem-eixo da trama, anuncia uma das idéias-chave deste nosso tempo de transformações: a necessidade de recusarmos os valores, já deteriorados, do Sistema herdado; e nos abrirmos para o novo a ser construído um dia. Um "novo" que, sem dúvida, será descoberto para além dos limites do já conhecido pela razão, pela lógica.

É no encalço desse novo (personificado em João Padre) que a viandante vai entrando em convívio com aqueles que o conheceram e agora, mortos (Marta Corá, Clemente, Eremita...), mas que continuam vivos em uma dimensão, à qual ela tem natural acesso. De início, o verdadeiro motivo dessa sua busca não se lhe apresenta muito claro, e durante seu peregrinar, ela se interroga:

Enfrento dificuldades, temores, perigos; estou em busca do quê? do bisavô ou de mim? De fama por realizar a proeza de me jogar na estrada e reconstituir orgulhosa os caminhos percorridos pelo homem-mito, que seduziu e confrontou legiões de homens e situações as mais diversas?

A resposta, implícita em seu longo peregrinar, é que a viagem iniciática foi realizada, levando-a a descobrir uma realidade outra, para além da preconcebida, ou da visão tacanha do mundo, regulamentada unicamente pelo olho físico... a realidade vivida por seu ancestral.

João Padre via/vivia numa dimensão alcançada pelo espírito andarilho buscador da luminosidade existente além do arame farpado dos domínios ancestrais da ignorância. Ele desafiou os valores da ordem montada, tutelada pelos poderosos rotulando heresias, imoralidades, caçando o inovador perigoso corrosivo das instituições.

É essa *dimensão [...] da luminosidade existente além do arame farpado*, que vamos encontrar na explosão da voz que se faz ouvir em **O berro do cordeiro em Nova York**, título que joga com a multiplicidade de sentidos do termo *cordeiro*: o simples animal, o "cordeiro bíblico" sacrificado a Deus e o nome do lugar de origem da narradora. Neste novo romance, a viandante-narradora dos livros anteriores assume abertamente a própria memória; ouve a si mesma e refaz todos os caminhos antes percorridos; revive a infância/adolescência ansiosa, solitária, sufocada de vida interior, cheia de culpas imaginárias; os encontros com os "iluminados", os perversos, os seres amados e os desamados; as casas habitadas; as viagens pelas sete partidas do mundo... tudo, resgatado do passado, em terras pantaneiras, fundido com o presente, na fervilhante Nova York, e transformado no jorro verbal da escrita catártica. À certa altura, diz:

Pára de berrar que ninguém aguenta mais. Não paro, não sei de onde saiu esta dor infernal que me atormenta, eu também não aguento mais; berro. Que Nova York inteira ouça meu berro.

Claro que não era Nova York que precisava ouvir esse berro catártico, mas ela mesma. O novo romance, **A dança do jaguar**, publicado cinco anos depois, mostra que ela realmente "ouviu" e acabou por descobrir que a busca da resposta para as grandes perguntas (Quem sou eu? De onde vim? Para onde vou? Que estou fazendo aqui?) é tarefa dos humanos, e não singularidade sua. Neste novo romance, o berro é substituído pela voz tranqüila e envolvente de uma jovem pintora, que aluga uma casa vitoriana em São Franscico, para fazer dela moradia e estúdio. A partir dessa mudança de espaço, ela se vê enredada em uma misteriosa e sedutora/ameaçadora trama de amor e morte, em que se fundem enigmas de romance policial e fenômenos mediúnicos, oníricos ou sobrenaturais, de filmes de suspense ou de cerimônias de seitas secretas.

A "casa" (Solar Maltesa) é aqui o núcleo gerador da efabulação que, oscilando entre o real e o irreal, vai arrastando o leitor, da primeira à última página. A "dança do jaguar" é a grande metáfora, não só do jogo de sedução do criminoso para atrair sua vítima, mas também do jogo da escrita sedutora da romancista que, aqui, se revela absolutamente dona de sua arte e de sua insólita visão de mundo (transplantada dos mistérios da região pantaneira para a espetacularidade fervilhante da vida norte-americana). Visão em que persiste a obsessiva busca do Conhecimento que energiza sua escrita, desde o primeiro livro. Mas como disse o guru Ariel Kinzuo:

A vida em si é um mistério insondável e a ação humana não pode ser definida por critérios arbitrários. Há os meandros, os labirintos... os subterrâneos...

É neles que a escrita romanesca de Tereza Albues vai tentando abrir caminho.

Publicações: **Pedra Canga**, 1987; **Chapada da palma roxa**, 1990; **A travessia dos sempre vivos**, 1993; **O berro do cordeiro em Nova York**, 1995; e **A dança do jaguar**, 2000.

TEREZA CATHARINA MORAES 1292

Poeta e professora, a paraense Tereza Catharina Moraes nasceu em Belém (PA). Nos anos de 1960, muda-se para Brasília (DF). Ainda adolescente colaborou no jornal A Província do Pará. Formou-se professora pelo Colégio da Companhia de Maria (RJ). Fez Curso de Desenho no SENAC, em 1982. Estreou em livro com os poemas de **Barcas de um porto distante**.

Publicação: **Barcas de um porto distante**, 1986.

TEREZA HALLIDAY 1293

Poeta, ficcionista, jornalista, tradutora, professora universitária, ensaísta, Tereza Halliday nasceu no Recife (PE), onde reside. Docente/pesquisadora universitária e analista de discurso, especializou-se na Universidade de Maryland-EUA, obtendo PhD em Comunicação Pública. Simultaneamente tem escrito e publicado poesia em antologias ou na imprensa. Tem atuado como jornalista, assessora de empresas e intérprete em eventos culturais. Estreou em livro, em 1980, com a poesia de **O ciclo do colibri**. Seguiram-se outros.

Publicações: Poesia – **O ciclo do colibri**, 1980. Ficção – **A caixa azul-madrugada**, 1997. Ensaio – **Comunicação e organização**, 1973; **A retórica das multinacionais**, 1987; **Atos retóricos**, 1988; e **O que é retórica**, 1990.

TEREZA NÊUMANN 1294

Contista, biógrafa, ensaísta, a alagoana Tereza Torres Nêumann nasceu em Palmeira dos Índios (AL), em 03.04.1941. Formou-se na área de Teologia pelo Instituto de Teologia Pastoral de Maceió. Dedicou-se à escrita de textos técnicos, textos religiosos e biografias. Estreou em livro com **O manual da telefonista**, em 1975. Seguem-se as biografias de várias personalidades alagoanas: **Moedas correntes**/1979 (de Lima Júnior); **O titã alagoano**/1982 (Demócrito Brandão Gracindo) e **Claudinha, o anjo da paz**/1981. Entre seus textos religiosos, estão: Não quero ser santa pela metade/1983 e Sant'Ana e a mulher moderna/1985. Como ficcionista, estreou com os contos **Um incrível sonho de amor**. Por sua produção recebeu os prêmios: Prêmio Arnon de Mello – Academia Alagoana de Letras e Prêmio Profeta do Grupo Literário Alagoano.

Publicação: **Um incrível sonho de amor**, 1987.

TEREZA TENÓRIO 1295

Poeta, advogada, artista plástica e integrante da "geração de 65" pernambucana, (Francisca) Tereza Tenório (de Albuquerque) nasceu no Recife (PE), em 20.12.1949. Freqüentou, em 1969, o curso de pintura da Escola Superior de Belas Artes-UFPE. Formou-se em Direito pela Universidade Católica de Pernambuco (1972). Trabalha no Departamento Jurídico da CELP (Cia. de Eletricidade de Pernambuco).

Revelou-se poeta em momento de grande efervescência criadora no meio cultural e artístico pernambucano. Publica seus primeiros poemas no Suplemento Literário do Diário de Pernambuco, com o aval crítico de César Leal, espécie de guru da poesia pernambucana dos anos de 1950/1960 e que revelou os novos valores que então surgiam (Marcus Accioly, Ângelo Monteiro e outros). Novíssima geração que, trilhando diferentes caminhos estilísticos, tinha como denominador comum a sondagem, reinvenção ou resgate das raízes, não só nordestinas, mas também as clássicas ou míticas que se perdiam nas origens da nossa civilização em crise. Tereza Tenório estréia em livro, em 1970, com **Parábola**, cujo título já aponta para a natureza bíblica ou mítica de seu objeto poético. Com grande consciência de que poesia é, antes de tudo, "palavra", a autora procura a concisão quase geométrica dos versos curtos, para expressar a Sabedoria dos tempos inaugurais.

Em 1976, **O círculo e a pirâmide** aprofunda a visão de mundo inicial, a da busca do conhecimento autêntico, o das origens. O título, retirado de um verso de Jorge de Lima, já aponta para o nervo vital de sua problemática: Quem é o Homem? Diz o poeta:

Ave e serpente, círculo e pirâmide / Que divina constante simetria/ nessa luta soturna, nessa liça / em que Deus reconstrói o eterno cisne.

Nessa síntese do poeta de **Invenção de Orfeu**, já está a duplicidade inerente ao ser humano: "ave" (plenitude do vôo) e "serpente" (ser rastejante); círculo (símbolo de perfeição) e "pirâmide" (símbolo do esforço de ascensão espiritual). É à mulher (Amor), que a poeta entrega a tarefa de percorrer os caminhos da busca e o possível encontro (ou construção) das respostas. É o que se ouve na fala de Penélope no poema Ulisses:

O meu amor inundará o tempo / e sobreviverá a Tróia, aos deuses, / ao meu nome e ao teu nome. [...] O meu amor nos unirá num círculo intemporal / além do ritmo das armas e do engodo de um cavalo [...] além do infinito de uma teia e do teu desejo de voltar. / O meu amor arderá com a perenidade de Apolo / tão certo como eu me chamo Penélope.

A busca estará ligada ao Amor, ou não se realizará, é a mensagem subterrânea que percorre esta poesia. Só a alquimia do Amor poderá realizar a fusão dos contrários. Com seguro domínio do *corpus* verbal que lhe serve de matéria (estabelecendo entre as palavras, ritmos e correspondências sonoras um essencial equilíbrio de forças), a poeta constrói esta sua poesia-conhecimento sob o signo de uma polaridade, que se dissolve na certeza de que há uma unidade fundamental e oculta no universo. Nessa unidade original, estaria oculto o enigma do homem, do poeta, da condição humana. É da certeza (ou intuição?) dessa unidade, a ser vislumbrada pela poesia, que se tece a trama poética do livro seguinte, **Mandala**. Novamente o título é a seta orientadora: a "mandala", como figura, se apresenta como o desenho geométrico de um círculo, fechado dentro de um quadrado (várias outras linhas podem se cruzar na representação da mandala, mas o diagrama básico é esse). De simbolismo muito complexo, vulgarmente é tida como símbolo ou instrumento de contemplação e concentração, que levam a estados mentais que ajudam o espírito a avançar em sua evolução. Não é outra a idéia que energiza esta poesia e pretende fazer dela um verdadeiro ritual de iniciação ao conhecimento do inaugural. É o que diz metaforicamente o poema de abertura, Mandala:

Há um timbre de voz que me perturba / e me devolve ao tempo em que te encontro / tão cercado de brumas, [...] Há um eco de dor nesta catarse / do círculo anterior ao recomeço de mim. [...] Há um rito de passagem a ser cumprido / no horizonte de pedra e violência / no limiar tão frágil da palavra / do homem – este ser sempre exilado / demônio prisioneiro ou anjo armado / que a si próprio devora...

Poesia metafórica por excelência, a aparente obscuridade de sua palavra, longe de ser um obstáculo ao leitor, é o elemento-chave que cria o jogo poético e abre espaço à sua volta para evitar o sentido unívoco e indiscutível, que "fecha" a poesia no jogo da leitura. Poesia madura, lançada na redescoberta do mundo dos homens e do enigma essencial da aventura humana, a de Tereza Tenório tem-se multiplicado em títulos: **Noturno selvagem**, **Poemaceso**, **Corpo da terra**, **Fábula do abismo**...

Já traduzida e presente em várias antologias estrangeiras (França, Itália, Portugal, Estados Unidos), tem recebido vários prêmios e distinções (Prêmios APCA – Poesia/1985; O melhor livro do ano (**Fábula do abismo**) Sociedade Cultural Latina, Prêmio-Projeto Poesia 96/Secretaria de Cultura do Estado de São Paulo, etc.). É membro da União Brasileira de Escritores-RJ e SP; do Sindicato de Escritores-RJ e da IWA/International Writers and Artists Association de Bluffton EUA.

Publicações: **Parábola**, 1970; **O círculo e a pirâmide**, 1976; **Mandala**, 1980; **Noturno selvagem**, 1981; **Poemaceso**, 1985; **Corpo da terra**, 1994; e **Fábula do abismo**, 1999.

1296 TEREZINHA ALVARENGA

Ficcionista, jornalista, editora, professora, Terezinha Alvarenga (Tereza Leal de Alvarenga Simões) nasceu em Peçanha (MG), em 1939. Estudou em Governador Valadares. Está radicada em Belo Horizonte, onde se formou em Letras pela PUC-MG. Muito cedo começa a escrever contos e participar de concursos. Em 1966, classificou-se em 1º lugar no Concurso de Contos Cidade de Belo Horizonte. Em 1968, seu volume **Reza braba** recebeu menção honrosa da Academia Mineira de Letras e foi publicado no ano seguinte. Na linha literária que funde memória e ficção, escreve o contundente romance **Empreiteiros da morte**. Numa linguagem entre a retórica popular do Nordeste mineiro e o ludismo do contador-de-histórias, a romancista desenovela uma trama policialesca, através da qual se denuncia uma sociedade injusta e perversa, na qual prevalece o poder despótico dos velhos coronéis, dos políticos inescrupulosos, sempre a salvo pelas imunidades parlamentares, e delegando o "trabalho sujo" aos pistoleiros contratados. O tempo é o de meados do século XX; o cenário é o da região do nordeste mineiro e o crime é o assassinato de um famoso deputado federal, Nagib Reis; que se "conduzia pelo respeito"; "amado e temido pelo povo", e que "na caminhada política já subia alto", contrariando interesses de poderosos. (Como se vê, uma situação que continua banal no Brasil neste limiar do século XXI). Na apresentação do livro, João Etienne Filho sintetiza:

Conhecedora profunda da região em que faz desenrolar sua história e das gentes que nela se envolvem, tudo nos dá um quadro a um tempo realista e simbólico: a luta surda pela posse de terras e pelo domínio do poder; a vida aparentemente calma de uma cidade em processo de transformação; um contraponto de amores proscritos, de conchavos e conluios, tudo isso nos dá a sensação de realidade (sabe-se que a autora tomou como ponto da partida um caso real), ao mesmo tempo em que, por vezes, se cria um tom de quase alucinação.

Em 1979, a autora dedica-se à literatura para jovens e alcança grande êxito de crítica e de público. Suas tramas estão sempre arraigadas no humano, ou melhor, na vida cotidiana, onde a aventura humana se cumpre em dor/alegria, amor/ódio, vida/morte, força/fraqueza, etc. A esse universo pertencem: **Rita está acesa**/1979; **Tô pedindo trabalho**/1980; **Forró da tia Olinda**/1981; **Bilhete no pára-brisa**/1984, etc. Em 1984, publicou o romance **Dona Bárbara**, que foi roteirizado para filme e ganhou o Prêmio Cinema. É membro da Academia Municipalista de Minas Gerais, da AFEMIL e da União Brasileira de Escritores-SP. Recebeu Prêmio Jabuti de Melhor Produção Editorial/1988.

Publicações: **Reza braba**, 1968; **Empreiteiros da morte**, 1977; e **Dona Bárbara**, 1984.

TEREZINHA BERTAZZI 1297

Poeta, dramaturga, musicista, professora, elemento atuante no meio cultural campineiro, Terezinha Bertazzi (Costa Rosa) nasceu em Lorena (SP), em 27.02.1952. Já residiu em vários estados (São Paulo, Minas Gerais, Goiás e Brasília). Radicou-se em Campinas (SP). Formou-se em Letras pela PUC – Campinas. Estudou Música e Teatro. Atraída pelas artes e pela poesia, tem publicado poemas na imprensa e em antologias (I Coletânea Komedi/97 e Rumos & Rimas/98). Em 1987, escreveu a peça **Sendas de Tupã**, inscrevendo-se no concurso promovido pela Secretaria Municipal de Cultura de Campinas, em homenagem ao I Centenário de Nascimento de Heitor Villa-Lobos. Ganhou o Prêmio de Estímulo à Dramaturgia. **Sendas de Tupã** é uma composição híbrida, que funde música, poesia e teatro, e se desenvolve em movimentos dramáticos em contraponto com temas das Bachianas Brasileiras. Reinventando nossas raízes indígenas, a autora dá-lhes dimensão universal, ao desvendá-las como um complexo de forças contraditórias: Mal e Bem, Vida e Morte, Amor e Ódio, Sabedoria e Ignorância; e passando a mensagem de que a plenitude humana será realizada no ser-em-si-para-si-no-outro-natureza.

Em 1990, funda o Grupo Lusco-Fusco de Arte, Ciência e Filosofia; e o Musike (com um conjunto de músicos: violino, violão, bandolim, teatro e canto). Em 1995, sua peça O monastério (baseada no amor de Abelardo e Heloisa) é encenada durante o FIT – Feira Internacional de Teatro. Em 2000, inicia o projeto Entreclaras, no qual trata de vozes femininas no amor, dentro da realidade histórica.

Publicações: Poesia – **Lições de amor**, 1997. Teatro – **Sendas de Tupã**, 1992.

TEREZINHA ÉBOLI 1298

Poeta, contista, pedagoga, professora, tradutora, escritora para crianças, Terezinha Éboli (Maria Terezinha de Mello Éboli) nasceu em Nova Friburgo (RJ), em 03.05.1923. Formou-se professora no Instituto de Educação-RJ (1944); em Letras e Jornalismo, pela Faculdade de Filosofia da Universidade Brasil (1955). Fez vários cursos de Especialização na Universidade de Santiago do Chile (1963). Foi bolsista do Governo Chileno, em 1952, para apresentar a seção Cine, Radio y Teatro Educativo do Ministério da Educação em Cuzco. Tem participado de congressos, seminários e bienais do livro, no Brasil e no exterior.

Profissionalmente, dedica-se aos estudos e docência na área da Educação e Literatura Infantil, junto a órgãos oficiais (Instituto de Educação-RJ; INEP – Instituto de Estudos Pedagógicos; Secretaria da Educação-MG; COLTED e outros).

Como jornalista e poeta desde os anos de 1940, colaborou regularmente na imprensa (Tribuna da Imprensa-RJ, Távola Redonda – Lisboa, A Noite Ilustrada-RJ, revista da Educação-MEC, revista Orfeu e outras). Como tradutora, atuou principalmente na área da Educação, traduzindo livros de reflexão pedagógica e infantis. Foi coordenadora editorial de publicações didáticas da Ed. Primor. Como poeta, estréia em livro, em 1950, com a poesia de **Andante tranqüilo**, publicado em Portugal. Em 1959, participou da coletânea **O conto feminino** (org. Raymundo Magalhães).

Publicação: **Andante tranqüilo**, 1950.

1299 TEREZINHA FIALHO

Poeta, professora, Terezinha (Monteiro Lins) Fialho nasceu no Rio de Janeiro (RJ), em 11.07.1944. Está radicada em João Pessoa (PB). Formou-se em Letras pela UFPB e ingressou no magistério. Estreou como poeta, com o livro **Contradições**, em 1977. Muito bem recebido pela crítica, recebeu a distinção de Honra ao Mérito – Academia Paraibana de Poesia. Teve poemas traduzidos no exterior e publicados em antologias.

Publicações: **Contradições**, 1977, e **Carro de Osíris**, 1984.

1300 TEREZINHA FIGUEIREDO

Cronista, socióloga, professora, Terezinha Figueiredo nasceu em Campina Grande (PB), em 06.02.1936. Formou-se em Sociologia pela UFPB. Colaborou regularmente na imprensa, desde os anos de 1950/1960, com crônicas. Em 1981, publica em livro esse material esparso, **Crônicas**.

Publicação: **Crônicas**, 1981.

1301 TEREZINHA HUEB DE MENEZES

Poeta, cronista, professora e elemento participante da renovação didática na área da língua e da literatura, Terezinha Hueb de Menezes nasceu em Uberaba (MG), em 27.02.1939.

Formou-se em Letras (Faculdades Integradas São Tomás de Aquino) em 1975, especializou-se em língua portuguesa e literatura brasileira, áreas em que lecionou, nos níveis de 2º e 3º graus. Tem atuado como coordenadora de Ensino; diretora (Centro Ciências Humanas e Letras – Uberaba); debatedora em encontros sobre educação e ensino, docente em cursos de reciclagem para professores, etc.

Desde adolescente escreve poesias e crônicas que têm sido publicadas na imprensa (Jornal da Manhã - Uberaba, Convergência, Cosmovisão, Suplemento Literário do Minas Gerais, etc.) Publicou um livro de poesias.

Publicação: **Tempestera**, 1979.

1302 TEREZINHA LINS

Poeta, advogada, Terezinha Lins nasceu em Natal (RN). Radicou-se no Recife (PE). Formou-se em Direito pela Universidade Católica de Pernambuco. Desde a adolescência escreve poesia, mas só na maturidade decidiu-se publicá-la em livro. Essa decisão teve como causa o conselho de Gilberto Freyre que, ao ler os primeiros poemas que ela lhe levara, reconheceu sua vocação e talento, mas aconselhou-a aprimorar sua arte, com o tempo. Sua estréia em livro se deu em 1986, com **Veredas**, que teve boa acolhida da crítica. Tem participado de antologias (**Mormaço e Sargaço-I – Poetas nordestinos e contemporâneos**/1998).

Publicação: **Veredas**, 1986.

TEREZINHA MALAQUIAS 1303

Poeta, modelo profissional e secretária executiva, Terezinha Fátima Malaquias nasceu em Frutal (MG), em 27.11.1959. Está radicada na capital paulista. Desde adolescente escreve poesia, a qual publica na imprensa (Gazeta de Sto. Amaro, Gazeta de Vila Mariana, Jornal O Bibi, Tribuna Frutalense e outros). Tem participado de antologias poéticas e estreou em livro em 1984. É figura ativa nos movimentos culturais de conscientização da negritude. Vem desenvolvendo uma pesquisa sobre A Mulher Negra na Literatura Brasileira. Participou do 3º Congresso de Poetas e Escritores Negros do Brasil em 1987. Está incluída na antologia bilíngüe **Finally us/Finalmente nós** (org. Carolyn R. Durham e Miriam Alves), publicada nos Estados Unidos.

Publicações: **Busca constante**, 1987; e **Asas do meu corpo: prazer**, 1987; e **Melanina**, 1989.

TEREZINHA MIGUÉIS PASSOS 1304

Poeta, pesquisadora, folclorista, artista plástica, Terezinha Miguéis (nome literário de Raimunda Miguéis Passos) nasceu em Rio Branco (AC), em 03.07.1941. Faleceu em 25.12.2000.

Formou-se em Letras pela UFAC; especializou-se em estudos lingüísticos, área em que realiza o mestrado (UFAC). Ingressa no magistério e desenvolve pesquisas no âmbito das variantes dialetais na linguagem popular. Sobre esse tema, deu um curso na Yale University, com o título O Eufemismo na Dialectologia Acreana (1999).

Autêntica vocação de educadora, lecionou em todos os graus do ensino. Foi diretora de colégios; participou de inúmeras comissões de concurso de ingresso no magistério; foi uma das fundadoras do Instituto Imaculada Conceição. Como pintora autodidata, realizou várias exposições de quadros (Óleo sobre tela, madeira, azulejos, etc.). Publicou textos resultantes de suas pesquisas, em periódicos e revistas especializadas. Estreou como poeta nos anos de 1980, numa linha lírica/memorialista.

Publicações: Poesia – **Cadê o vô?**, s/d. Folclore – **Severino do boi**, s/d; **Poesia num mundo natural, sentimental e popular**, 1987; **Crendices também acreanas**, 1988; e **Vivendo, falando, amando através de poemas**, 2000. Memórias – **O caminho no magistério**, 1989.

TERUKO ODA 1305

Poeta haicaísta, de grande sensibilidade, professora e atuante assistente social, Teruko (Fujino) Oda nasceu em Pereira Barreto (SP), em 13.03.1945. Filha de emigrantes japoneses, aprendeu a vivenciar a poesia por meio de seu pai, que pertenceu ao grupo de haicaistas liderados pelo professor Nenpuku Sato, considerado o maior cultor e divulgador do haiku no Brasil. Formada em Estudos Sociais pela Faculdade de Filosofia, Ciências e Letras de Araçatuba (SP), trabalha como voluntária numa instituição beneficente, destinada a crianças carentes, na capital paulista, onde fixou residência. Licenciou-se em Estudos Sociais. Ingressa na carreira docente. Sua ligação com a poesia começou muito cedo e sua preocupação maior era transmitir aos colegas ou companheiros de convivência o encanto pela poesia. Suas primeiras publicações de haicais se dão em antologias e revistas especializadas. (**100 haicaistas brasileiros**/1990; **As quatro estações**, 1991; **Haikais ao sol**, 1995; **Aiku sans frontières** – Une anthologie mondiale – Canadá/1998; **Lua na janela** – Grêmio Haicai Ipê/1999 e outras). Entre as revistas, estão: Sitientibus. Revista Universidade Estado Feira de Santana-BA/1996; revista do Escritor Brasileiro – Brasília/1998; Dimensão – revista Internacional de Poesia – Uberaba/1998; Literatura Século XXI – Blocos Ed./1999, etc. Pertence ao Grêmio Haicai Ipê; ao Grupo de Haicai Caleidoscópio e à União Brasileira de Trovadores-SP. Participou do Concurso de Haicai do Festival da Estrela (Tanata Matsuri), em 1991 e 1992, obtendo a 2ª e a 1ª colocações, respectivamente. Participou do 8º Encontro Brasileiro de HaiKai, como palestrante.

Seu primeiro livro individual, **Nos caminhos do haicai**, publicado em 1993, veio enriquecer o movimento de expansão do haicai entre nós. Expansão que se faz particularmente sensível no início dos anos de 1990 e continua viva neste início do novo século. É curioso notar que, em um tempo como o nosso (marcado pela profusão de informações que os multimídias despejam sobre nós), a forma concisa e enigmática do haicai (forma poética totalmente estranha à tradição ocidental), venha sendo acolhida tão amplamente pelos poetas e pelos leitores. Uma das razões talvez seja a instintiva necessidade de síntese, latente em todos nós, habitantes deste fragmentado ciberespaço, do qual não se pode escapar.

Em suma: a essência mais pura do haicai é a síntese. Todo haicai é uma espécie de foto verbal que "congela" um momento privilegiado de certa situação e, com isso, eterniza no tempo e no espaço aquilo que era efêmero. Essa síntese é inerente não só em relação a sua forma (poema breve em 17 sílabas em 3 versos: 5-7-5 sílabas), mas também quanto ao motivo ali vivenciado. Em Depoimento incluído em seu livro de estréia, a autora fala de seu encontro com a natureza e com a poesia, ambas visceralmente complementares.

Filha de imigrantes japoneses, ainda na infância, as observações e informações a respeito de flores, pássaros, de algumas frutas, de alguns acontecimentos em épocas determinadas, de condições climáticas, já faziam parte do meu cotidiano, pois essas referências eram comuns no diálogo entre meus pais. Involuntariamente, eles plantavam em mim as sementes do haicai, pois a curiosidade infantil levou-me a comprovar essas informações casuais e aos poucos me habituei a observar atentamente o amanhecer, o entardecer, aos noites, as flores, os pássaros, os rios, os pequenos insetos, as grandes tempestades.

Minha visão foi se alargando e, já adolescente, percebi que toda manifestação dos fenômenos naturais, assim como da vida animal e vegetal, tem estreita ligação com as condições climáticas decorrentes das mudanças de estação. Foi mais ou menos nessa época que descobri a poesia como meio de expressão e comunicação.

Como se vê, a criação do haicai resulta de uma comunhão eu-natureza, que o olhar ou viver urbano já não permite, uma vez que a paisagem natural foi totalmente transformada pela máquina, pela técnica. Claro está que nenhum retorno ao "primitivo" é sequer imaginável... mas os caminhos para nossa religação com a natureza ou com a essencialidade perdida, precisam ser procurados. A poesia em geral e o haicai em particular oferecem alguns desses caminhos para a redescoberta do mundo inaugural. No poema de abertura de **Nos caminhos...** há um alerta ao leitor, quanto à natureza da poesia ali contida:

Ver, sentir e plasmar o / fluir das estações do ano. / Em meio às turbulências / do cotidiano, a tentativa de / "segurar" esses breves momentos...

É isso que os haicais nos oferecem com abundância: "segura" momentos fugazes de encontros do eu com a natureza e nos obriga a realmente "vê-los" e não apenas "olhá-los"... Nestes últimos anos, Teruko Oda vem publicando novos volumes: **Relógio de sol**, **Estrela cadente** e **Cata-vento**. (Este último, na Coleção Milênio da editora alternativa, dirigida por Tânia Diniz*). Em todos eles está presente o mesmo olhar atento/sensível ao real em volta e que, de repente, "ilumina" certo gesto, certa paisagem, certo ser...; iluminação que, transformada em palavras, transforma o que era "relâmpago" em luz permanente.

Publicações: **Nos caminhos do haicai**, 1993; **Relógio de sol**, 1994; **Estrela cadente**, 1996; e **Cata-vento**, 2001.

1306 TETRÁ TEFFÉ

Romancista de sucesso de público, na primeira metade do século XX, Tetrá Teffé (nome literário de Tetrasini de Almeida Nobre Teffé) nasceu na capital paulista, mas radicou-se no Rio de Janeiro (RJ). Colaborou regularmente na imprensa e na revista D. Casmurro. Dedicou-se aos estudos de filosofia. Era irmã de Ibraim Nobre, destacado político paulista que foi exilado pela ditadura getulista. Tetrá estréia em livro com o romance **Bati à porta da vida**, premiado pela Academia Brasileira de Letras/1944. Seguem-se outros, com a mesma boa repercussão da crítica e do público.

Publicações: **Bati à porta da vida**, 1944; **Destinos de um destino**, 1945; e **Palco giratório**, 1948.

1307 THAIZ FERNANDES

Poeta paraibana, nascida em Campina Grande (PB), mas desde a adolescência radicada no Recife (PE), Thaiz Fernandes sentiu-se, muito cedo, atraída para a poesia. Mas só na maturidade se assume poeta e publica seu primeiro livro, **Nem os frutos maduros**. Seguem-se: **Forças da terra** e **As cores do tempo**, poesia espontânea e transbordante de vida e memória. Nessa mesma época, anos de 1980, juntamente com as escritoras Ana e Selma Vasconcelos, funda o jornal Tempo/Mulher, no qual colabora um eclético grupo de poetas e cronistas.

Publicações: **Nem os frutos maduros**, 1980; **Forças da terra**, 1983; e **As cores do tempo**, 1986.

THAIS GUIMARÃES 1308

Poeta, professora, pesquisadora, Thais Guimarães nasceu em Fortaleza (CE), em 03.11.1961. Desde a infância está radicada em Belo Horizonte (MG). Professora universitária. Como pesquisadora, realizou o estudo Poesia Feminina no Brasil – 1500/1930, em colaboração com as escritoras Sônia Queiroz* e Lúcia Castelo Branco, e auxílio do CNPq. Tem coordenado Oficinas de Poesia para adolescentes e professores de 1º grau. Em 1983, apresentou dois programas de rádio dedicados à mulher: AM Mulher (Rádio Laguna/Campo Grande-MS) E FM Mulher (Rádio Galáxia/Coronel Fabrício-MG). Escreveu a peça teatral A Honra ou a Vida (em torno do julgamento de crimes passionais) que foi representada em praça pública, nas escadarias da igreja São José, em Belo Horizonte. Participou das antologias: **Dez poetas em torno da mesa** (1983) e **Taquicardias** (1985). Como poeta, inicia-se nos anos de 1980, publicando em jornais ou na imprensa alternativa (SLMG, Estado de Minas, Poesia Livre, Paca Tatu, Bodoque e outros). Estréia em publicação individual com o pôster-poema Nuanças/1982. Seguem-se **Jogo de cintura** e **Dez pretextos para uma noite de solidão**. Em 1987, publica um livro infanto-juvenil, **Bom dia, Ana Maria**. Sua poesia, fragmentada tal qual vídeoclipe, faz ouvir a voz feminina dos anos de 1980/1990: a da mulher liberada, erotizada, desencantada, sem projetos de vida e que faz blague de tudo e da própria vida. Aparentemente displicente, indiferente, mas deixando escapar pelos interstícios da palavra uma dorida mágoa.

Publicações: **Nuanças**, 1982; **Jogo de cintura**, 1983; e **Dez pretextos para uma noite de solidão**, 1983.

THARGÉLIA BARRETO DE MENEZES 1309

Poeta e compositora, Thargélia Barreto de Menezes nasceu no Recife (PE), em 1879, e faleceu em virtude de complicações durante parto, em 1909. Era filha do filósofo positivista Tobias Barreto de Menezes. Desde muito jovem colaborou em vários jornais e publicou o livro **Poesias**. Juntamente com seus irmãos, fundou o Grêmio Literário Tobias Barreto.

Publicação: **Poesias**, 1909.

THELMA GUEDES 1310

Contista, novelista, roteirista de TV, escritora de programas infantis, Thelma Guedes nasceu no Rio de Janeiro (RJ), em 07.06.1959. Reside na capital paulista. Formou-se em Letras na Universidade de São Paulo, onde realizou o mestrado com a dissertação "Pagu: Literatura e Revolução".

Estréia como escritora com o livro de contos **Cidadela ardente**, em 1997. Nesse mesmo ano foi contratada pela Rede Globo de Televisão como autora-roteirista, depois de passar pela Oficina de Roteiristas da emissora. Na Globo, tem escrito textos para programas infantis e colaborado em telenovelas, como Vila Madalena de Walter Negrão, exibida entre 1999 e 2000. Escreveu roteiros para o programa A Turma do Didi. Sua arte narrativa é marcada pela síntese. **Cidadela ardente** reúne dezenove contos – narrativas breves que registram flagrantes do dia-a-dia, recortes de momentos decisivos, situações-limite de um grupo de personagens, aparentemente comuns, formado sobretudo por mulheres. Segundo Maria Sílvia Betti, que assina o prefácio, são as mulheres que *entre Eros e Tânatos, dão voz, rigor e paixão a todo o roteiro de imagens perturbadoras dessa cidadela que, assim, somos convidados a atravessar.*

Publicação: **Cidadela ardente**, 1997.

THÉO VIOTTI 1311

Poeta, advogada e terapeuta espiritualista, Théo Viotti (Bastos) nasceu em São Paulo (SP), em 11.01.1934. Formou-se em Direito pela Faculdade do Largo de São Francisco (1958). Seus primeiros poemas foram publicados no Jornal XI de Agosto e em outros órgãos da imprensa paulista. Sua estréia em livro se dá na maturidade, com **Transmutação** (1991). Poesia pulsante de vibração esotérica e que, como o título já indica, se quer iluminadora ou interrogadora dos recantos obscuros do inconsciente, onde estariam as respostas para a interrogação-chave deste nosso tempo-de-metamorfose: Quem sou eu? Qual o sentido último da condição humana?. Livro dividido em três partes (Jardim do Éden, A partida do

Éden e Sonhos e fantasias), segue o bíblico roteiro da criação do mundo, mas sua essência é outra: não mais o Deus criador, independente do "criado" (tal como o consagrou a teologia antropomórfica), mas a força da Criação, fonte de Energia ou foco cósmico que se manifesta através de todas as formas de vida do universo. Em linguagem metafórica, a poeta reinventa a criação do homem no Jardim do Éden: *Outrora houve um Paraíso / onde tudo era o Prana / Meu corpo flutuava na ondulância / das vagas luminosas / Meus olhos contemplavam o Prana / na abóbada celeste / Meus dedos tocam de leve / a estrela incandescente / Meu olfato só o Prana conhecia [...] Outrora houve um Paraíso / onde tudo era o Prana / Sem palavras / Só o Prana...*

Como se sabe, "prana" é palavra sânscrita que, na linguagem do ocultismo ou esoterismo oriental, significa a Vitalidade, o Sopro Vital, a Energia ativa... que, em dado momento inaugural, manifestou-se em matéria e o universo surgiu. É o que diz metaforicamente o poema Fecundação:

Ah! O esperma que me gerou não era convencional. / Era um corcel de crinas douradas [...] Que fúria o impulsionava a ganhar a corrida? / A VIDA! / O que me trouxe foi desvendar / o mistério de me desvendar / deixando os véus um a um / e nua retornar ao mistério / da essência pura!

Os poemas se sucedem no jogo entre o "parecer" e a busca do "ser", entre ilusão e realidade; poesia consciente da farsa social que nos cabe representar, para que a vida se cumpra; e, ao mesmo tempo, poesia sintonizada com o pensamento pós-moderno que propõe a volta às idéias arcaicas/esotéricas de que o caos ou a heterogeneidade dos seres e formas é apenas aparente, pois em essência cada qual é parte integrante da Unidade Cósmica ou Supra-Real, cujo conhecimento objetivo nos é vedado. Ou é apenas vislumbrado em certos momentos de "iluminação"... o "satori" de que falam os budistas zen. Desse desconhecimento, nos fala o poema Guia:

Aquele que me conduz / é o parceiro do Nada / que me faz cruzar os mares / tendo por bússola o vazio // Aquele que me conduz / nada me diz nem me prova / traz o silêncio por norma / e por lei o inexplicável // Aquele que me conduz / me deixa pensar que / sou eu o condutor // E assim vai me conduzindo / pela trilha estreita e escura / que se afunila no Eterno. [...] O eu dentro de mim / se fez inquieto [...] Palpitante e aflito / pela fresta espreita /as sombras através / da película.

Publicação: **Transmutação**, 1991.

1312 THEREZA BRAÚNA MOREIRA LIMA

Poeta, cronista e jornalista, a maranhense Thereza Braúna Moreira Lima nasceu em São Luís (MA), em 23.03.1950.

Publicações: Poesia – **Mapa dos sentimentos**, 1986. Crônica – **Busca existencial**, 1978.

1313 THEREZA CHRISTINA ROCQUE DA MOTTA

Poeta, advogada, professora, editora, tradutora jurídica e literária, Thereza Christina Rocque da Motta nasceu na capital paulista, em 10.07.1957. Filha de pai diplomata e mãe arquiteta, viveu em Boston, Assunção, Montevidéu e Rio de Janeiro até 1975. Desenvolveu sua vida literária a partir de 1979, quando vivia em São Paulo e trabalhava como editora do Jornal Análise da Universidade Mackenzie. Em 1980, fundou o Grupo Poeco-Só Poesia, que reuniu e divulgou novos poetas por meio de antologias, concursos, exposições e leituras de poesia. Nessa época lança seu primeiro livro individual, **Relógio de sol**, no qual, entre ludismo e criticismo, já se mostra a consciência dos paradoxos e contradições ou ocultações, inerentes ao viver humano. Seguem-se: **Papel arroz** (1981), **João & trigo** (1982) e o pôster-poema Décima lua (1982). Em 1984, participa da antologia **Carne viva** (org. Olga Savary*).

Participante ativa do movimento cultural, traduziu livros para a Editora Rosa dos tempos; integra a **Antologia da nova poesia brasileira** (1992), que reúne 334 poetas (Ed. Fundação Rio/Pref. RJ/Ed. Hipocampo e org. Olga Savary*); foi chefe de pesquisa brasileira do Guinness Book, o Livro dos Recordes (1992); Coordenadora de Pesquisa e tradutora da redação de projetos especiais (Editora Três); editora da Gazeta de Minas/História Econômica de Minas Gerais (1994); da revista Isto É Turismo (1993/1994) e na revista Isto É, foi responsável pela publicação dos fascículos Mil que fizeram o século 20 (transcritos do jornal inglês The Sunday Times).

Durante esse período de intensa atividade profissional na mídia, silenciou em livro individual. Só em 1995, volta a publicar poesia: **Areal** – breve volume que segue uma das linhas mais recentes das edições de poesia: a que é diagramada a partir de um diálogo entre o visual e o verbal. A poesia de Thereza Christina se desdobra em contraponto com as aquarelas, levemente coloridas e eróticas, de Maninha Cavalcante (artista plástica amazonense, que surge nos anos de 1960 e prossegue em intensa produção, expondo no Brasil e no exterior). Esse contraponto se desdobra em beleza de cores e movimentos no disquete Areal... Sands que acompanha o volume. Tal como o pensamento complexo (E. Morin) o vem exigindo, em **Areal** há uma harmônica fusão das diferentes artes (verbal, visual, cinética...). O título Areal já aponta para a problemática nuclear da poesia da autora (e do nosso tempo em caos): a consciência de que há um abismo entre o "parecer" e o "ser". Simbolismo religioso, ligado a "areal" (identificado a "deserto"), aponta-o como "lugar propício à revelação divina". Significado que tem raízes bíblicas, pois os profetas do Antigo Testamento, combatendo as religiões agrárias da fecundidade vital (associadas por eles à orgia), defendiam a pureza maior da religião de Israel, no tempo em que "vivia no deserto". Importante notar que areal/deserto, embora se apresente como uma paisagem negativa, estéril, é tida, em sua essência oculta, como altamente positiva, na medida em que está fora do campo vital e existencial, e portanto aberta à transcendência (v. Cirlot. **Dicionário de símbolos**). Em essência, é essa a idéia que se sente fluir dos interstícios da palavra poética. Aliás, no texto de abertura, a poeta diz claramente:

A aparência nada mais revela do que um lado: o outro é mistério que é preciso desvendar; o que se guarda no descampado, onde o possível não se vê e não se espera e, por detrás da desolação, vemos a realidade por miragem. O real é a revelação do que parece ser, do que se diz e muitas vezes não está lá, mas se tem a certeza de que existe, em alguma parte do visível, o invisível.

É esse um dos "nós górdios" do pensamento e da arte atuais. No final dos anos de 1990, Thereza Christina muda-se para o Rio de Janeiro e se integra ativamente em diversos grupos atuantes no movimento cultural carioca: Segundas com arte (leituras coordenadas por Tanussi Cardoso, no Espírito das Artes no Humaitá); ConVerso no Café (com o grupo Poesia Simplesmente, no Teatro Gláucio Gil – Copacabana); Santa Poesia (org. Cleide Barcellos, no Casarão Hermé em Santa Teresa); Panorama da Palavra (criado por Helena Ortiz, no Teatro Cândido Mendes – Ipanema); Novos Sentidos (org. Elaine Pauvolid, na Livraria Berinjela – Centro do Rio) e outros. Coordena com Ricardo Ruiz e Gilson Maurity o evento quinzenal Ponte de Versos (na Livraria Ponte de Tábus – Jardim Botânico). Funda e dirige a Editora Ibis Libris, na qual edita, em 2001, seu livro **Alba**, coletânea de "poemails", como ela os define, por terem sido fruto de textos mandados por e-mail, respondendo a mensagens e poemas recebidos eletronicamente. Embora sejam poemas "de circunstância", neles transparece a unidade que define a "persona poética" da autora. Unidade feita de contrastes, onde se misturam o Amor que vai além do mero contato; a Morte como o limiar do Mistério, a Palavra que celebra os rituais, etc. No prefácio, José Neumanne Pinto diz: *Poesia de bacante e papisa, santa e prostituta, fêmea e anjo. Água de cântaro rolando pelas sarjetas. Suja de vida, mas repleta de etéreo.*

Publicações: **Relógio de sol**, 1980; **Papel arroz**, 1981; **Joio & trigo**, 1982; **Areal**; 1995; **Sabbath**, 1998; **Alba**, 2001.

THEREZINHA ODETE 1314

Poeta, Therezinha Odete Pinho nasceu em Palmira das Missões (RS), em 18.05.1929. Pertence à Academia Literária Feminina do Rio Grande do Sul e ao Grêmio Literário Castro Alves, ambos em Porto Alegre. Estreou em livro, em 1959, com **Piquete de sonhos**. Seguem-se outros.

Publicações: **Piquete de sonhos**, 1959; **Pássaros de fogo**, 1964; e **Do agora eterno**, 1968.

THEREZINHA RADETIC 1315

Poeta, professora, musicista, Therezinha Radetic nasceu no Rio de Janeiro (RJ), em 14.01.1928. Formou-se em Pedagogia e Música. Profissionalizou-se como fonoaudióloga e professora de música. É membro da Academia de Letras Uruguaiana e da Academia Internacional Três Fronteiras. Desde os anos de 1940/1950 tem publicado seus poemas na imprensa ou revistas; e participa de antologias poéticas. Como ensaísta, escreveu Exercícios de psicorritmia. Como poeta, estreou em livro com **O bem-me-quer do meu sonho**, onde reuniu poemas escritos ao longo do tempo.

Publicação: **O bem-me-quer do meu sonho**, 1987.

1316 THEREZINHA SARAIVA

Poeta, professora, ensaísta, radialista, produtora e revisora de textos, Therezinha (Cordeiro) Saraiva (Barreto) nasceu em Salvador (BA). Estudou no Colégio Nossa Senhora das Mercês, dirigido pelas freiras Ursulinas. Fez cursos de aperfeiçoamento em literatura e profissionalizou-se como revisora e copidesque de textos para editoras. No início dos anos de 1960, fez parte do quadro de Produção da Rádio Sociedade da Bahia (emissora dos Diários Associados). Nos anos de 1980, passa a orientar o Departamento de Redação do Curso pré-vestibular do Colégio Sartre.

Desde muito jovem dedica-se à escrita literária. Em 1968, fundou a revista de poesia moderna Conclave, onde divulga a poesia experimental da época. Tem colaborado em inúmeros órgãos da imprensa. Enquanto integrante da Rádio Sociedade Bahia, escreveu 47 peças radiofonizadas, assinando com o nome de Antônia Paim. Para o teatro, escreveu **Nas asas do grito**, em co-autoria com Augusto Fagundes, peça premiada com quatro troféus, e encenada no Teatro Vila Velha e Teatro de Arena – Feira de Santana, em 1981.

Como ensaísta, publicou **Em torno de alguns poemas de Humberto Lyrio**. Como poeta, estreou em livro, em 1967, com os poemas de **Fuga**, ao qual se seguem outros, a espaços regulares: **Exaltação** e **Lauréis**.

Membro-fundadora da União Brasileira de Trovadores-Salvador; membro da Academia Anapolina de Filosofia, Ciências e Letras-GO; Academia Internacional Três Fronteiras (Brasil/Argentina/Uruguai); Federação das Entidades Culturais Fronteiristas-RS e outras. Entre os prêmios recebidos por sua produção, destacam-se: 3º lugar – Concurso Nacional Cidade de Rubiataba de Poesia e Conto-GO; 4º lugar – IV Prêmio Scortecci de Poesia-SP; Diploma de participação no I Concurso de Poesia Gregório de Matos, etc.

Publicações: **Fuga**, 1967; **Exaltação**, 1972; e **Lauréis**, 1985.

1317 TITA DE LIMA

Poeta, tradutora, Tita de Lima (nome literário de Maria da Conceição de Lima e Silva) nasceu em Pará de Minas (MG), em 07.12.1936. Está radicada em Brasília (DF). Formou-se em Letras. Ingressou no funcionalismo público. Tem trabalhado como tradutora para várias editoras. Como poeta, tem publicado em produções alternativas e participou da antologia alternativa Os Porretas. Estreou em livro com a poesia de **Água de mina**. Anuncia um romance inédito, Nua lua Barroca.

Publicação: **Água de mina**, 1986.

1318 TRUDI LANDAU

Cronista, defensora dos direitos humanos e incansável correspondente de centenas de pessoas, Trudi Landau (nome literário de Gertrud Joseph Landau) nasceu em Colônia (Koein/Alemanha), em 02.05.1920. É de família judia alemã, descendente de judeus sefaradistas (judeus que, nos tempos da Inquisição – século XVI – foram expulsos da Espanha e emigraram para várias regiões da Europa, principalmente para a Alemanha e França). Em 1933, quando Hitler ascendeu ao poder, foi-lhes negada a cidadania alemã, e passaram a ser perseguidos. A partir daí, a menina Trudi descobre, na escola, que *já não podia ter amigas, porque era judia, de raça inferior e culpada de todos os problemas do mundo* (in Entrevista. Folha Ilustrada. SP, 01.03.1977). A família perde todos os bens, e a menina é impedida de estudar. Em 1939, fogem para a Bélgica. Ali seu pai foi preso, devolvido à Alemanha pelos maquis – resistentes franceses à ofensiva alemã. É presa, mas consegue escapar. Conheceu Jean Landau, com quem se casa, em 1944. Emigram para o Brasil, em 1946, radicando-se em São Paulo.

Trudi profissionalizou-se como secretária multilíngüe (alemão, francês, inglês, português). Nos anos de 1970, já em plena ditadura militar pós-1964, inicia-se, como escritora, escrevendo cartas contestatórias, em defesa dos direitos humanos, e enviando-as para os jornais paulistas. Sua voz torna-se popular na imprensa paulistana. Em 1975, passa a assinar uma coluna no jornal Notícias Populares, e se inica como cronista. Seu estilo é leve, espontâneo, apontando arbitrariedades ou defendendo os discriminados. Em 1981, reúne em volume as crônicas escritas entre 1975 e 1980, **Crônicas do meu tempo**.

Em 1986, publica o volume **O que faltava contar/Vlado Herzog**, onde reúne cartas, fotos, fragmentos biográficos e entrevistas feitas com familiares e amigos do jornalista Wladimir Herzog, assassinado brutalmente em 25.10.1975, nas dependências do quartel-general do Departamento de Operações Internas do II Exército em São Paulo. Assassinato que foi dado pelas autoridades como "suicídio" – falsidade que a Justiça levou anos para desmentir. Este livro de Trudi Landau é um eco às palavras do próprio Herzog, inscritas em seu túmulo: *Quando perdemos a capacidade de nos indignarmos ante atrocidades sofridas por outros, perdemos também o direito de nos considerarmos humanos civilizados.*

Publicações: **Crônicas do meu tempo**, 1981; e **O que faltava contar**, 1986.

1319 UNIVERSINA DE ARAÚJO NUNES

Romancista, professora, Universina de Araújo Nunes nasceu em Porto Alegre (RS), em 17.03.1899. Faleceu em 28.01.1954. Surgiu como romancista nos anos de 1930, com o romance-folhetim **A enjeitada**. Dedicada ao ensino por meio de novos métodos, escreveu uma Gramática Portuguesa, baseada nas modernas teorias do início do século XX.

Publicações: **A enjeitada**, s/d, e **Nobreza antiga**, 1952. Estudo – **A gramática portuguesa**, 1919.

1320 URDA ALICE KLUEGER

Romancista, contista, editora, Urda Alice Klueger nasceu em Blumenau (SC), em 16.02.1952. Cursou Economia (incompleto) e formou-se em História pela FURB. Iniciou-se escritora, colaborando na imprensa catarinense com crônicas e participando de antologias. Ingressa na carreira bancária, na qual se aposentou. Trabalhou no ramo editorial, esporadicamente. Como romancista, estreou em livro em 1979 com **Verde vale**. A partir daí, dedica-se ao romance histórico: **As brumas dançam sobre o espelho do rio**; **No tempo das tangerinas** e outros. Para as crianças, escreveu **A vitória das vitórias** (1998). É membro da Academia Catarinense de Letras, do Instituto Histórico e Geográfico-SC e da AJEB – Associação de Jornalistas e Escritores Brasileiros.

Publicações: **Verde vale**, 1979; **As brumas dançam sobre o espelho do rio**, 1981; **No tempo das tangerinas**, 1985; **Te levanta e voa**, 1989; **Cruzeiro do sul**, 1991. Relatos – **Vem, vamos remar**, 1986; **Recordações de amar em Cuba**, 1985, e **Blumenau, a loira cidade do sul**, 1989.

1321 ÚRSULA GARCIA

Poeta, romancista, jornalista, Úrsula (da Costa Barros Amorim) Garcia nasceu em Aracati (CE), em 1864. Residiu anos em Natal (RN) e no Recife (PE), onde faleceu em 1905. Filha do juiz de direito Francisco A. Costa Barros; era prima do historiador Rodolfo Garcia e casou-se com seu primo, Dr. José Alexandre Amorim Garcia, de quem ficou viúva, em 1890. Era mulher de notável cultura e foi membro ativo da Liga Feminista do Ceará, do jornal Le Monde Marche e da Oficina Literária Martins Júnior. Com Amélia de Freitas Bevilácqua e outras, fundou a revista O Lírio, onde publicou inúmeros poemas e crônicas. Colaborou regularmente em vários órgãos da imprensa nordestina (Gazeta do Café, A Província, O Phanal/Jaboatão, etc.). Publicou um livro de poemas, e um romance.

Publicações: Poesia – **Livro de Bella**, 1901. Romance – **O romance de Áurea**, 1904.

V

1322 VALDECI CAMELO

Poeta, professora, Valdeci (Rabelo Álvares) Camelo nasceu no Recife (PE), em 10.10.1920. Formou-se em Pedagogia pela FACHO – Faculdade de Ciências de Olinda. Ingressou no magistério, onde além da docência, tem exercido cargos de diretora de colégios oficiais e particulares. Iniciou-se como poeta, publicando na imprensa ou em revistas. Estreou em livro, em 1983, com a coletânea **Corcel de sonhos**. Tem participado de antologias de trovadores e poetas (**Coletânea de trovas do Clube dos Trovadores**/1986; **Saudade em trovas e Primaveras em trovas**/1981-83; **Antologia das aves e Beija-flor na trova** – 1986/1987). Pertence a várias entidades culturais. É membro da Academia de Letras de Pernambuco.

Publicações: **Corcel de sonhos**, 1983; e **Nuances do existir**, 1987.

1323 VALDÉLIA BARROS

Romancista e contista, Valdélia Barros nasceu em Campina Grande (PB). Estreou em livro em 1983, com o romance-kitsch **Janelas de frente**. Seguem-se os contos de **Um anjo atravessa o asfalto**, 1985.

Publicações: **Janelas de frente**, 1983, e **Um anjo atravessa o asfalto**, 1985.

1324 VALDELICE ALVES LEITE

Contista, cronista, professora, Valdelice Alves Leite nasceu em Milagres (CE), em 06.08.1919. Formou-se professora no Colégio das Irmãs Dorotéias de Fortaleza, onde estudou desde a infância. Ingressou no magistério oficial, lecionando no Instituto de Educação Justiniano de Serpa, onde foi vice diretora; e também no Colégio Estadual João Nogueira Jucá, onde se aposentou. Participou ativamente do movimento cultural, com palestras, publicações, etc. É membro da Ala Feminina da Casa de Juvenal Galeno e da Academia de Letras Municipais do Brasil. É sócia da UBE-CE. Estreou em livro com o ensaio pedagógico **Conceitos de educação e saúde**, em 1970. Seguem-se as crônicas de **Ao correr da pena**; **Contrastes e detalhes** e outros.

Publicações: Crônicas e contos – **Ao correr da pena**, 1974; **Contrastes e detalhes**, 1978; **Mensagens e acontecências**, 1983; e **Chamas redivivas**, 1987. Ensaio – **Conceitos de educação e saúde**, 1970.

1325 VALDELICE SOARES PINHEIRO

Poeta e professora universitária, Valdelice Soares Pinheiro nasceu em Itabuna (BA), em 24.01.1929, e faleceu em Santa Cruz (BA), em 29.08.1993. Filha de desbravadores da região cacaueira baiana, desde criança teve educação esmerada, em colégios religiosos em Ilhéus. Licenciada em Filosofia pela Universidade Católica do Rio Grande do Sul, segue a carreira universitária como professora de estética e ontologia na Universidade Estadual de Santa Cruz (Sul da Bahia).

Desde muito jovem começou a escrever poesia, divulgando-a em revistas, jornais ou antologias coletivas. Publicou dois livros que tiveram boa acolhida crítica: **De dentro de mim** e **Pacto**. Analisando sua arte, Cyro de Mattos conclui:

No texto poético de Valdelice, temos a poesia celebrada com especulação e síntese. Poesia reflexiva de grande conteúdo humano, de equilíbrio entre concepção e execução, harmonia entre poema e ato, verso e matéria... (1998).

Publicações: **De dentro de mim**, 1954, e **Pacto**, 1958.

VALDINETE MOURA 1326

Poeta, contista, professora, (Maria) Valdinete Moura (Lima) nasceu em Vitória de Santo Antão (PE), em 24.05.1940, onde reside. Formou-se em Letras. Ingressou no magistério oficial, e além da docência exerceu o cargo de vice-diretora da Faculdade de Vitória de Santo Antão (1987). Iniciou-se como escritora, publicando poemas e contos em jornais e revistas. Teve um conto premiado em 1979. Publicou um livro de poesia. **Voz interior**. É sócia da UBE-SP.

Publicação: **Voz interior**, 1986.

VALÉRIA VILLARIN ALENCAR 1327

Poeta, Valéria Villarin P. N. Alencar nasceu em Campina Grande (PB), em 23.01.1959. Seu livro de estréia foi **Meu mundo**.

Publicação: **Meu mundo**, 1978.

VALESCA DE ASSIS 1328

Ficcionista de pulso, crítica literária, professora universitária, jornalista, radialista, (Maria) Valesca de Assis (Brasil) nasceu em Santa Cruz do Sul (RS), em 1945. Reside em Porto Alegre. É casada com o escritor Luíz Antônio de Assis Brasil. Formou-se em Filosofia pela UFRS (1968). Ingressou no magistério oficial. Torna-se professora de História, especializando-se em Ciências da Educação. Participou das Oficinas de Criação Literária no Curso de Pós-graduação em Letras/PUC-RS. Elemento atuante, tem participado de diferentes atividades culturais. Como jornalista, dedica-se à crítica literária, particularmente da literatura sul-rio-grandense, que se empenha em divulgar, publicando resenhas em jornais e revistas (Diário do Sul, Terceira Margem, O Continente, Jornal do Comércio, revista Porto & Vírgula, Blau, Organum, etc.). Durante dois anos, manteve um programa semanal, Crônica Literária, na Rádio Bandeirantes AM. Tem participado de antologias de crônicas e contos: **A cidade de perfil** (org. Sérgio Faraco, 1994); **Nós, os teutos-gaúchos** (org. Luis A. Fischer e Reni Gertz, 1996); **Crônica e cidade** (org. Ivette Brandelise, 1997; **Brasil: receitas de criar e cozinhar** (org. Patrícia Bins/Dileta Silveira Martins, 1998) e **O livro das mulheres** (org. Charles Kiefer, 1999). Como ensaísta, vem publicando em revistas especializadas.

Estreou em livro, em 1990, já dona de uma arte madura, com o denso e enigmático romance de **A valsa da Medusa** (Voto de Congratulações – Câmara de Vereadores de Porto Alegre), no qual já se faz presente sua fascinação pelo tempo mítico/inaugural/autêntico que permaneceria oculto sob o nosso tempo histórico, hoje em fase de deterioração e metamorfose. Neste primeiro romance, o contraponto mito/história se dá entre o lendário

Amor de Tristão e Isolda e o amor vivido no Brasil, por jovens que participaram da odisséia da integração dos imigrantes alemães no Sul do País. Segue-se: **A colheita dos dias** (1992); **Receitas compartilhadas** (1997) e **Harmonia das esferas** (Prêmio APCA/2000).

Escritora que se assume como elo da grande corrente (ou teia) da palavra que, desde as origens míticas, vem construindo o mundo e lhe dando sentido, Valesca de Assis se movimenta à vontade no mundo da literatura... e vai tecendo a sua palavra entrelaçada com a palava dos Mestres, como se revela nas epígrafes que abrem cada capítulo e que podem servir como "chaves" para decifração da mensagem subjacente aos fragmentos narrativos que se interpenetram. **Harmonia das esferas** é uma novela complexa e intrigante que, de início, se vai entregando ao leitor como um curioso entretenimento, e aos poucos (principalmente nas releituras) vai-se revelando como um verdadeiro mosaico de narrativas entrelaçadas (de linhagem borgiana pelo sutil jogo sonho/realidade) que, não só constroem com grande arte o romance-sobre-o-romance (na mais exigente linha pós-moderna), mas principalmente abre espaço para uma nova indagação metafísica, que altera pela base a já tão questionada concepção de mundo, herdada pela Tradição.

Os breves capítulos se sucedem em idas e voltas, aparentemente dissociados entre si: o do Léo (poeta-esteta, perplexo/resignado, dentro de um casamento massacrante e de sua invisibilidade como poeta, para os outros); o de Magdala (mulher envelhecida, gorda e vaidosa, fechada numa vida medíocre que é compensada por sua exultante fantasia e sonhos de luxo e paixão); o da Senhorinha em seus ambíguos diálogos com o seu "biógrafo e Mestre" (diálogos entremeados pelas estranhas narrativas do Mestre e pelos mergulhos da "discípula" em sua memória inconsciente, onde jazem esquecidos sonhos/pesadelos de menina solitária à procura do pai que nunca aparece); o de um encontro aparentemente banal de Magdala com Léo numa "noite de autógrafos" (lançamento da biografia escandalosa de uma mulher, Aurélia, também ali presente com o autor, e que viveu uma história de paixão e escândalo com um Desembargador); o do secreto desejo de Léo de ser um *ghost-writer*, escrever um empolgante romance com a vida de alguém (desejo que Magdala vem realizar ao se propor a lhe contar sua vida oculta e fantástica, para que a transformasse em romance). Os capítulos subseqüentes, alternam-se: os mirabolantes lances da vida de Magdala com o General Candinho (numa ilha do Guaíba, que ele transformou numa réplica do Coliseu romano, de há dois mil anos atrás, onde eles vivem uma paixão e revivem o fausto da antiga vida romana, inclusive com as lutas de gladiadores, etc.); a vida rotineira e frustrante de Léo com sua alienada esposa, frustração compensada com sua outra vida, vivida na esfera da espiritualidade, como "biógrafo e Mestre" atento às narrativas de sua discípula (Senhorinha M/ Magdala Miranda) em seus momentos de regressão à memória da infância, onde ficaram sepultados seus traumas de criança rejeitada e privada de amor, e cuja plena realização só se dava no mundo da fantasia.

Com rara habilidade no domínio das técnicas narrativas, a escritora vai construindo, com esses fragmentos de vida, de sonhos, mediocridades e grandezas, um complexo mosaico novelesco. Aos poucos, o leitor vai descobrindo as ligações que existem entre as situações aparentemente desconexas e que, ocultamente, lhes dão o sentido último. É nesse momento que a metáfora do título se ilumina: tal qual a "lei de Kepler" afirma que a gravitação dos planetas obedece a uma força invisível (a "harmonia das esferas"), a uma "música" que os liga entre si harmonicamente e em moto-contínuo, também na vida humana, nossas aventuras individuais estariam ligadas por uma "harmonia" invisível, que nos mantém ligados a um Todo do qual fazemos parte, sem sabermos. É para essa direção que o romance de Valesca de Assis aponta. Aliás no fragmento 10, essa idéia ou indagação metafísica está mais ou menos explícita. Em meio a uma conversa aparentemente banal com sua grosseira esposa, Léo conclui:

Sabe, Suzana, acho que o tempo me tornou menos racionalista, menos cartesiano. Depois de minhas últimas leituras, chego a cogitar, às vezes, que as coisas acontecem porque pensamos que elas irão acontecer. O que chamamos de pressentimento, pode muito bem ser um comando para desencadear uma ação. E, o mais intrigante: as palavras e pensamentos jogados no universo, impulsionados por ondas energéticas, seriam capazes de produzir efeitos tanto dentro quanto fora de nós. [...] Agora, é só conseguir acreditar que palavra é energia, que pensamento é energia, e que essa energia tenha tanta força de ação como uma folha jogada na água. O que pensas disso?

O olhar que Suzana levantou do prato foi escuro e vazio.

Como "escuro e vazio" é o olhar de quem olha, mas não "vê"... Chegamos finalmente ao inesperado desenlace: o "biógrafo e Mestre" Léo oferecendo o livro **Harmonia das esferas** (que ele acabara de escrever) Para Magdala Miranda, que viveu as histórias a ele narradas.

Nesse final, temos mais do que um simples recurso narrativo: o romance-sobre-o-romance. Nele se afirma uma das principais diretrizes do pensamento pós-moderno: a descoberta da Palavra como "nomeadora do Real", como elemento "fundador" de mundos. Idéia que vem sendo umas das geratrizes da criação literária contemporânea, (na verdade, reinventando a origem bíblica do mundo: *Deus disse: Faça-se a Luz e a Luz se fez.*) Nesse sentido, note-se que o romance termina, mas o espírito criador de Léo e a vida (real ou inventada) de Magdala não terminam com ele. Passaram a existir para sempre, como "realidades", porque suas vivências efêmeras ou simplesmente imaginadas foram transmutadas em palavra. Na alquimia poética, o efêmero ou o apenas sonhado se transforma em eterna realidade humana.

Valesca de Assis está entre as vozes que, com sua escrita, vem inscrevendo no tempo a nossa efêmera aventura humana...

Publicações: **A valsa da Medusa**, 1990; **A colheita dos dias**, 1992; **O livro das generosidades**, 1997; e **Harmonia das esferas**, 2001.

VANÊDE NOBRE 1329

Contista, jornalista e atriz, Vanêde (Maria Mesquita) Nobre (de Almeida) nasceu no Recife (PE), em 29.07.1942. Trabalha no Departamento editorial do Centro Nacional de Estudos de Artes Cênicas. Participou da **Antologia de contistas novos**/MEC-INL. Estréia em livro, em 1977, com **(Z) Eros**.

Publicações: **(Z) Eros**, 1977, e **Conjugação do silêncio**, 1980.

VENÚSIA NEIVA 1330

Poeta e professora universitária, a maranhense Venúsia Neiva nasceu em Balsas (MA) e radicou-se no Rio de Janeiro (RJ), em 1964. Formou-se em Ciências Sociais e fez mestrado, na UFRJ, onde segue carreira como professora. Publicou poemas na imprensa e em livro.

Publicações: **Canção sobre o espelho**, 1962.

VERA BRANDT 1331

Contista, memorialista, Vera Brandt nasceu em Diamantina (MG), em 15.05.1932. Dedica-se a empreendimentos imobiliários. Presença atuante no meio cultural mineiro (anos de 1960/1970). Estreou em livro com a ficção memorialista **A ciclotímica** (dedicada aos amigos Abgar Renault, Carlos Drummond de Andrade e Fernando Sabino). Seguem-se **A solidão dos outros** (prefácio de Oswaldino Marques) e **Ensolarando sombras** (prefácio de Abgar Renault). Pertence à Associação das Mulheres Profissionais. Tem boa fortuna crítica.

Publicações: **A ciclotímica**, 1975; **A solidão dos outros**, 1980; e **Ensolarando sombras**, 1986.

VERA CARVALHO ASSUMPÇÃO 1332

Contista, romancista, ensaísta, Vera Carvalho Assumpção nasceu em São Paulo (SP). Iniciou-se como escritora participando de concursos literários com textos que foram conquistando distinções e menções honrosas (Oficina Literária SESC/1979; Concurso Contos São Caetano do Sul; 1981; Concurso Universidade Federal de Ouro Preto; 1º lugar no VI Concurso Literário – Biblioteca Guilherme de Almeida. Campinas...). Tem publicado contos em jornais e revistas.

Estréia em livro, em 1982, com o romance **Maria Eugênia**, trama que expressa os problemas vividos pela mulher educada nos moldes tradicionais e já influenciada pelos novos ventos da liberação ou da autodescoberta.

Publicações: Romance – **Maria Eugênia**, 1982, Ensaio – **A história exemplar de uma cafeicultura de origem portuguesa**, 1985.

1333 VERA CASA NOVA

Professora universitária, poeta consciente de ser mais um elo da infinita trama da poesia, que vem do início dos tempos, Vera (Lúcia de Carvalho) Casa Nova nasceu no Rio de Janeiro (RJ), em 27.09.1944. Estudou no Colégio Pedro II, formou-se em Letras na UFRJ; fez pós-graduação na mesma universidade, ingressou na carreira docente. Em 1978, muda-se para Belo Horizonte (MG), onde se casa e se fixa. Ingressa na carreira acadêmica, lecionando nas áreas de literatura e semiótica. De suas pesquisas, resultou o livro **Lições de almanaque**. Um estudo semiótico (1996).

Sua estréia como poeta se dá em plena maturidade intelectual e existencial, como se evidencia na recolha **Canto zero**, publicado em 1997, na Coleção Almanach de Minas – Mulheres Emergentes – MUCMXCVII (coord. Edit. de Tânia Diniz*). É, pois, na esfera da produção independente do grande mercado editorial, que vem publicando seus breves ou brevíssimos livros: **Horizontes de passagem**, **Iqlk**, **Corpos seriais**... Criação poética que se quer sintonizada na "onda vibratória" que se preocupa mais com o "como" fazer do que com a "coisa" feita... ou ainda, com o trânsito entre linguagens (uma contaminando a outra), com a poesia-arte contaminada de vida, com o incomum dentro do comum; Visão de mundo aderida ao cotidiano em transformação, mas visto através de uma ótica filosófica. Não por acaso, seus poetas da paixão são: Leminski, Murilo Mendes, Pessoa, Drummond... e seus livros de cabeceira, Barthes e Nietzsche. A epígrafe posta na abertura do livro sintetiza a natureza de sua poética:

Fragmentei, resumi e amalgamei idéias vindas da minha cultura, isto é, do discurso dos outros; comentei, não para tornar inteligível, mas para saber o que é o inteligível; e para tudo isso apoiei-me continuamente naquilo que se enunciava à minha volta. (S/Z.R. Barthes)

A lúcida apresentação feita por Lúcia Castelo Branco se intitula – Um canto ao acaso do signo – (exatamente a pedra-de-toque dessa poesia atenta ao lugar que ocupa no espaço poético) e aponta a ligação essencial entre o pensamento barthesiano e a poesia de Vera, que se faz *canto, mas um canto que se contrói aos pedaços, por fragmentos, desmemórias, traços de um passado do sujeito, mas também de um passado da cultura: os países, as cidades, os poetas, a poesia, o horóscopo chinês, o tarô, o zen. Em meio aos estilhaços que a memória do vivido reconstrói (ou decompõe), resta o nada do objeto destituído de ser referente e, por isso mesmo, elevado à dignidade da Coisa:*

Nonada / Mônica / Elixir da longa vida / De dia e de noite / a flor viceja no vaso japonês / o vaso só existe se com flor: / inexistência do objeto.

Assim, neste ***Canto zero****, de Vera Casa Nova, reduplicam-se, infinitamente, as imagens do vazio: da falta, ao nada; do nada, à inexistência, ao zero, é preciso escutar, no limite da surdez ou do absurdo, "todos os / poetas do mundo / até os que dizem / O"*
Trata-se, sabemos, do grau zero da escritura, este extremo da linguagem em que o que resta é a voz, reduzida a seu ponto de letra, de ideograma, e traço – do O (que é letra, que é número, que é traço ideogramático) ao risco, atravessando o branco da página, "para cortar a julgar da solidão.____________"

Ao contrário do que possa parecer, o vazio, o nada não significam um fim, um acabar definitivo, mas sim o início, o recomeço. A falta é apenas o início. É, pois, no aparente vazio e em meio ao labirinto que uma nova vida, um novo mundo estão sendo engendrados. E a poeta sabe disso, oscilando entre o visível e o invisível.

No tarô / minha alma especula / entre a lua / e a casa de Deus. [...] Mas é preciso / retornar o curso da vida cotidiana, / mas / como dói!

Mas, dolorido ou não, o cotidiano, a vida concreta é a principal matéria-prima de sua criação poética que, "semioticamente", joga com a palavra lançada ao acaso no espaço da folha, perseguindo em ritmo-formas-cores, a lógica das coisas, embora sabendo que, no "caos do tempo",

Não há construção / possível / Só resta o / impossível / e sua lógica / imprevisível / imponderável / do acaso.

Dentro dessa ótica, foi criada a série de 20 cartões poéticos, **Corpos seriais**, fragmentos de poemas (datilografados toscamente na antiga máquina Hermes Baby mod. 1965), em contraponto com imagens (manchas coloridas, riscos, rabiscos...) de Marcelo Kraiser e concepção gráfica de Lívia Arnaut (produção gráfica da Autêntica Ed. /FALE – sFaculdade de Letras). Nessa série, a poesia de Vera se constrói como "objeto", como um "corpo" no espaço, através da interação das diferentes linguagens (verbal/visual/plástica...). Trata-se, pois, de um processo criativo complexo que se quer, talvez, análogo ao caos primordial, ao "grau zero", estágio da criação, no qual os elementos ainda não encontraram seus próprios limites e se encontram indiferenciados.

Foi esse mesmo processo utilizado pela poeta e pelo projetista Marcelo Kraiser na produção da insólita obra póstuma de Lúcia Rosas*, **Textos impuros**. Obra inédita, guardada em caixas de papelão no porão de uma casa, e que anos depois da morte da autora chegou por acaso ao conhecimento dos autores (ou de quem?). Segundo se informa na contracapa, Lúcia Rosas foi uma professora primária, que nasceu em 1923, no Rio de Janeiro (RJ), e faleceu nos anos de 1980. Era filha de um gráfico, em cuja oficina ela gostava de passar o tempo, distraindo-se com carimbos, clichês, provas, etc., e que depois levava para casa e montava na forma de livros e revistas, como faziam na gráfica, mas que nunca pensou em publicar. Depois de sua morte, todo esse material ficou esquecido no porão.

Por acaso (?) esse acervo caótico (poemas, ilustrações borradas, folhas de rosto; desenhos, frases soltas, etc.) acabou nas mãos de uma poeta e de um artista, que nele descobriram a presença de um olhar e uma vivência de poeta, que não chegou a se realizar porque não se empenhou em um projeto. **Textos impuros** surgiu, pois, do projeto de Vera e Marcelo que, recriando o "espólio" disperso e usando a "desordem" como princípio ordenador de sua matéria, construíram o livro (publicado em 2000), o qual, por sua vez, dá nascimento a uma "autora póstuma", no espaço da Literatura Brasileira: Lúcia Rosas, incluída neste Dicionário. (Claro que esta inclusão se baseou no que está explicitamente dado como "verdade" pelos autores. Se por acaso se trata de uma figura inventada à la Jorge Luís Borges, eximimo-nos de culpa... De qualquer forma, a partir de agora, Lúcia Rosas existe, como autora, pois a palavra deu-lhe realidade definitiva na História.)

Publicações: **Canto zero**, 1997; **Horizontes de passagem**, 1997; **Corpos seriais**, 1999; e **lqlk**, 1999. Produção/criação gráfica – **Textos impuros de Lúcia Rosas**, 2000. Ensaio – **Lições de Almanaque. Um estudo semiótico**, 1996.

VERA DA COSTA VIANA 1334

Poeta, cronista, professora, Vera da Costa Viana nasceu em Itajaí (SC), em 29.11.1916. Radicou-se em Porto Alegre (RS). Colaborou na imprensa catarinense e gaúcha. Em 1970, publica em livro a coletânea poética **Na presença da vida**, com o apêndice Coroa de Sonetos.

Publicação: **Na presença da vida**, 1970.

VERA LÚCIA CÓSER 1335

Poeta, cronista e técnica em contabilidade, Vera Lúcia Cóser nasceu em Colatina (ES), em 22.03.1960. Reside em Viana (ES). Membro da Academia de Letras Municipais do Espírito Santo. Fundou e preside o Clube dos Poetas e Trovadores de Viana. Recebeu prêmios e medalhas em concursos de poesia. Em livro, publicou a coletânea de poemas e crônicas **Ainda há tempo para amar**.

Publicação: **Ainda há tempo para amar**, 1983.

VERA LÚCIA DE OLIVEIRA 1336

Poeta, professora e pesquisadora, Vera Lúcia de Oliveira nasceu em Cândido Mota (SP), em 1958. Formou-se em Letras pela UNESP/Faculdade de Ciências e Letras; e em Línguas e Literaturas estrangeiras pela Universidade de Perugia (Itália).

Obteve o doutorado por essa mesma universidade. Estreou em livro com a poesia de **A porta range ao fim do corredor**, 1983. Escreve em português e italiano. Tem poemas publicados em antologias, como na coletânea **Quanta terra!!!** (Poesia e prosa brasileira contemporânea), publicada em Portugal (Câmara Municipal de Almada, 2001).

Publicações: **A porta range ao fim do corredor**, 1983; **Geografie d'ombra**, 1989; **Pedaços/Pezzi**, 1992; e **Tempo de doer/Tempo di soffrire**, 1998.

1337 VERA LÚCIA ROMARIZ CORREIA DE ARAÚJO

Poeta, cronista, professora universitária, Vera Lúcia Romariz Correia de Araújo nasceu em Maceió (AL), em 17.09.1950. Formou-se em Letras na UFAL. Segue a carreira acadêmica, lecionando literatura brasileira. Tem publicado textos na imprensa e participado de concursos, obtendo distinções e prêmios. Estreou em livro em 1977, com a coletânea de crônicas **Cacos**. Seguem-se outras.

Publicações: **Cacos**, 1977; **Quase pássaro**, 1986; e **Femina**, 1988.

1338 VERA MACÁRIO

Poeta, ligada a movimentos alternativos e professora, Vera Macário (nome literário de Vera Lúcia dos Santos) nasceu no Rio de Janeiro (RJ), em 1946. Está radicada em Santo André (SP). Formou-se em Pedagogia e Estudos Sociais, ingressando na carreira do magistério. É membro de várias entidades culturais. Iniciou-se poeta, integrando o movimento alternativo do ABC paulista, com produções independentes, vendidas em locais públicos. Estréia com o opúsculo **Viagem do patinho feio**, minipoemas lírico-didáticos ou satíricos.

Publicações: **Viagem do patinho feio**, 1986.

1339 VERA MACEDO

Poeta, pedagoga, professora universitária, psicóloga, Vera Macedo nasceu em Lagoa da Prata (MG), em 22.08.1942. Foi criada e educada em Itaúna (MG). Formou-se em Psicologia e Pedagogia. Fez mestrado em Educação pela UFRJ. Ingressou no magistério, lecionando no Instituto de Educação – Universidade de Itaúna. Trabalha na linha psicogenética de Piaget. Foi diretora do Centro Piaget em Belo Horizonte.

Como poeta, iniciou-se publicando em revistas especializadas e participando de antologias (**Poetas estrangeiros** – Univ. Colorado e **Poetas Itaunenses**-MG). Estreou em livro, em 1976, com **Moinho de sonho**. Publicou ensaios de psicologia.

Publicação: **Moinho de sonho**, 1976; **Mulher cidade**, 1985; e **Pássaro humano**, 1990.

1340 VERA MARIA DA PENHA

Poeta, professora, advogada, jornalista, Vera Maria da Penha nasceu em Viana (ES), em 24.07.1943. Formou-se em Letras e em Direito. Iniciou-se escritora, colaborando na imprensa e participando de concursos de poesia. Estreou em livro, em 1984, com a coletânea **Presença**.

Publicação: **Presença**, 1984.

1341 VERA MARTA RIBEIRO

Poeta, Vera Marta Ribeiro nasceu no Rio de Janeiro (GB). Era filha do escritor João Ribeiro. Estudou com o pai. Viajou pela Europa. Formou-se em Farmácia. Desde jovem escrevia poemas e contos. Foi colaboradora constante do pai. Suicidou-se em 1934, ano em que é publicado seu único livro, **Nihil ritmos**.

Publicação: **Nihil ritmos**, 1934.

VERA MAQUEA 1342

Poeta mato-grossense, Vera Maquea nasceu em Araruna (PR), em 19.02.1967. Está radicada em Cáceres (MT). Licenciou-se em Letras pela UNEMAT, em 1992. Especializou-se em Literatura Brasileira pela PUC-MG, em 1996. mestrado em Letras, em 1999.

Publicações: Poesia – **A consciência do eu**, 1989, e **Cinzas de sonhos**, 1992.

VERA MOLL 1343

Ficcionista e memorialista de grande força, Vera (Lúcia Gonçalvez) Moll nasceu em Campos (RJ), em 08.08.1945, mas se considera capixaba, pois sua infância e raízes familiares estão ligadas a Mimoso do Sul (ES). Desde a adolescência radicou-se no Rio de Janeiro, onde se formou em Filosofia pela Faculdade Santa Úrsula, em 1968. Ingressa no magistério, onde atua durante anos, até o casamento e a maternidade, com seus cinco filhos. Mas deixando de atuar como profissional, não se desligou da literatura, da leitura, da sede de saber, do olhar crítico sobre o mundo e da necessidade de transformar em escrita as experiências vividas no dia-a-dia, conforme toda sua obra o mostra amplamente. O espírito que dinamiza essa escrita é o que marcou a geração que se formou, intelectualmente, sob o impacto do Golpe Militar de 1964 e suas conseqüências.

Vera Moll surge com escritora em 1981, já dona de um estilo maduro, visceralmente sintonizado com as forças contemporâneas; e que se quer testemunha da mulher-em-metamorfose, neste nosso mundo belo-horrível. Seu primeiro livro é **Teias de aranha**, no qual, o Eu confessional que se faz ouvir, transcende os limites puramente pessoais, para dar voz a um Eu testemunhal: o Eu-situado-no-tempo-e-na-história.

O grito que se faz dentro de mim é o mesmo que acordou a mulher em várias partes do mundo. Mas como não faço parte de passeatas, nem de congressos, meu grito é mais violento e ameaça me dilacerar.

Grito, sim. Mas não inarticulado ou desconexo, como o que explode com o impacto da dor ou do medo. O grito que se faz ouvir, em meio ao labirinto de palavras, emana de um centro: o da consciência interrogante da mulher que, embora liberada dos antigos preconceitos, ainda não encontrou espaço no Sistema para se realizar em plenitude, e se encontra duplamente escravizada: pelos novos encargos de mulher atuante no espaço público; e pelos encargos de esposa e mãe, insubstituíveis. A escrita novelesca se constrói através de um verdadeiro jorro confessional, desordenado, no qual se misturam: mergulhos na própria verdade (assumindo inclusive os "defeitos" de narcisismo, elitismo, conservadorismo burguês, etc.); o desencanto com as ideologias que desmoronaram em nosso tempo; a manipulação da Informação no mundo; o jogo hipócrita da política – EUA, Rússia, África, Alemanha... (no qual domina a luta pelo poder, e não pelo bem da humanidade); e atravessando tudo, a situação da mulher.

Sem ser uma contestadora militante, em desafio ao Sistema instituído (mas, pelo contrário, assumindo verticalmente a tarefa atribuída à mulher), a autora detecta, inclusive, os antigos preconceitos que hoje, sob novas formas, fazem o jogo do poder, tornando a mulher mais escrava do que nunca, porque transformada em produto-para-o-consumo. Escolhendo-se como ponto fulcral da análise, a autora acaba se transformando em representação metafórica da mulher-em-mutação, aquela que, por meio do conhecimento, do estudo, da reflexão sistemática e da vivência profunda do seu dia-a-dia em relação com o mundo e consigo própria, consegue ir além das aparências e detectar as raízes ocultas dos fenômenos dados como naturais. Apenas como exemplo da lucidez crítica da autora, lembramos aqui a espécie de "profecia" que ela faz, em **Teias de aranha** (20 anos antes do 11.09.2001), ao analisar a força colonizadora dos Estados Unidos sobre nós e sobre o mundo.

Sobre Nova Iorque estenderei minhas profecias. Usarei a linguagem dos obscuros porque esta é a vida dos profetas.
Seu coração pulsa fraco. / Seus habitantes estão mortos / ou vão morrer daqui a pouco. /A notícia da morte / ainda não foi dada. / Corre, em murmurinho, / o boato. / Um anjo descerá do céu / e novamente destruirá Sodoma. / Aquele que lançar o olhar descrente / será petrificado. / Os seus pecados / não serão perdoados / nem esquecidos / e será com eles / que

o anjo ateará fogo à cidade. Suas obras de arte / queimarão o verniz / e nenhum mortal / poderá ser testemunho / do interior oco / e sem alma. [...] Cosmopolitas / seus habitantes, / sem raízes / e agora mortos / precipitaram a queda. / Depois do apogeu / é o que está por vir.

Vidência ou dedução?

Só quinze anos depois do livro de estréia, Vera Moll volta a publicar: **Um homem delicado**. A epígrafe posta na abertura – retirada de uma carta que o pintor italiano Modigliani (1884/1920) escreveu ao amigo Oscar Chiglia – revela a natureza da escrita novelesca:

Escrevo para desabafar contigo e me afirmar diante de mim mesmo. Estou dominado pelo brotar e desaparecer de energias fortíssimas. Queria que minha vida fosse como um grande e caudaloso rio derramando alegria sobre a terra.

É essa energia poderosa e contraditória que dinamiza a trama traçada, a partir da mulher interrogante, que fala ininterruptamente, vai embaralhando os fios de sua vida com as paixões dos outros; e acaba por se revelar um espelho impiedoso da vida conjugal, não só da mulher classe média, anterior à libertação pós-1960, mas, no geral, da mulher de formação cristã e sexófoba, a que se impôs tradicionalmente até o "*boom* liberador", que destruiu os valores de base (já deteriorados), mas ainda não conseguiu substituí-los. É nesse caos que se debate a personagem Ana Lúcia, personalidade rica, generosa, idealista, mas que, sedenta de verdade e de autenticidade, inclusive com relação a si mesma, vivia em choque, não só com o marido, a quem amava e repelia, mas com o mundo à sua volta. Romance que é um rasgão nas aparências serenas do relacionamento humano, este se empenha em mostrar o fundo lodoso da condição humana, em choque com sua aspiração de grandeza e beleza interior. Na verdade, o nervo vital da criação ficcional da autora é, desde seu primeiro livro, a auto-entrega à escrita, à visceral necessidade de descobrir a verdade das vivências efêmeras, prendendo-as na palavra.

É esse o húmus que alimenta também seu terceiro romance, **Mulher de bandido**, no qual se desdobram os mesmos conflitos surdos (ou estridentes) em torno das relações homem-mulher, agora deterioradas pela "vida bandida" (drogas, tráfico, adultério, pobreza, crime...). O foco narrativo se multiplica. A cada momento é um olhar diferente: sempre mulheres apaixonadas e frustradas a contarem suas histórias, que a romancista vai enovelando em sua escrita para, no final, nos entregar o romance pronto. *Romance triste*, como o definiu Antônio Houaiss. Triste, mas forte, verdadeiro...

Da arguta/dramática análise do aqui-e-agora, Vera Moll volta-se para o ontem histórico. Entrega-se a uma extensa pesquisa e descobre nos escaninhos históricos uma sedutora personalidade feminina, que a história não valorizou: dona Leopoldina, filha de Francisco I, imperador da Áustria, que em 1917 atravessa o Oceano Atlântico para casar-se no Brasil com o príncipe Dom Pedro I, depois imperador do Brasil. Sua aventura de mulher e princesa foi recolhida no sedutor/comovente romance **Meu adorado Pedro**. Mais do que um olhar de pesquisadora, o da romancista se transformou em um olhar cúmplice, de mulher que comunga com a outra, em todas as suas aventuras e desventuras do dia-a-dia. E com ela dialoga a cada instante, tornando-se íntima de sua vida. Com grande habilidade estilística, consegue fundir na trama romanesca os mais exatos fatos históricos com a mais exaltante imaginação. E eis redescoberta a princesa dona Leopoldina, como grande figura humana, uma jovem arquiduquesa que chegou ao Rio de Janeiro, aos 19 anos, amou, quase enlouqueceu de amor e dor, pois não foi amada, e morreu 10 anos depois, deixando cinco filhos pequenos, entre eles o futuro imperador do Brasil, Dom Pedro II.

Vera Moll está entre as mais significativas vozes femininas que vêm testemunhando estes nossos tempos de mutação.

Publicações: **Teias de aranha**, 1981; **Um homem delicado**, 1996; **Mulher de bandido**, 1998; e **Meu adorado Pedro**, 2001.

1344 VERA REGINA HICKEL

Poeta, teatróloga, musicista e pintora, Vera Regina Hickel nasceu em Esteio (RS), em 1950. Profissionalizou-se no funcionalismo público. Publicou o livro de poesia **Apoteose dos místicos**.

Publicação: **Apoteose dos místicos**, 1969.

VERA SANT'ANNA 1345

Ficcionista, memorialista, artista plástica e presença engajada em movimento vanguardista, Vera Sant'Anna nasceu no Rio de Janeiro (RJ), em 1928. Trabalhou durante 20 anos como taquígrafa para a Assembléia Legislativa da antiga Guanabara. Participou de duas bienais e várias exposições de arte moderna, no Brasil e no exterior. Apresenta-se como ficcionista, em 1983, com as memórias desenvoltas e desafiantes de **Quase baixo**, com capa (mulher nua, dourada, tipo cibernético, intitulado L'âge d'or) pintada pela própria autora, em Amsterdã, em 1973. Sua linguagem narrativa (dominada com fluência, segurança e bom lastro cultural) agarra o leitor, de imediato, e vai mostrando uma voz empenhada em pôr a nu tudo o que, via de regra, fica escondido por baixo dos "bons costumes". É, pois, um livro que se situa na linha da contracultura, que se expande entre nós, a partir dos anos de 1970. Logo na abertura, ele é definido pela autora como *uma declaração de tesão*. O *press release* com que a editora Codecri o apresenta registra opiniões da própria autora a respeito:

O quase baixo, geograficamente falando, é um lugar mágico entre o Jardim de Alá e a praça Antero de Quental, no Leblon. Trata-se de uma homenagem aos meus queridos vizinhos. E se o Baixo Leblon vingou, por que não, o quase-baixo?

E prossegue esclarecendo a natureza vivencial do livro, que reúne as mais variadas e insólitas experiências pessoais de uma das personagens, que pontificaram o espírito renovador e vanguardista do Rio de Janeiro das décadas de 1960 e 1970. Ressaltando que seu livro não pretende ser maniqueísta, Vera rejeita categoricamente a posse de uma verdade absoluta ao desfiar – em estilo cáustico e aparentemente debochado – suas particularíssimas opiniões a respeito da existência e de todo o universo físico, cultural, político e humano que a rodeia. Fausto Wolff, na apresentação do livro, sintetiza:

Vera Sant'Anna fala de toda uma geração carioca, dos muitos filhos da puta aos dois ou três gênios, de heróis e covardes, de padres e de generais, de putas e poetas, de mortos, vivos e mortos-vivos. Enfim, de todos aqueles que lutaram ou colaboraram para o estado de total falta de vergonha que este país conseguiu alcançar graças à hipocrisia de cima para baixo, em cujas lamas a classe dominante adora chafurdar. [...] Não caiam os leitores no equívoco de confundir o estilo cáustico e aparentemente debochado de Vera, com indiferença. Acreditem, o livro que vocês têm nas mãos é uma obra de arte profundamente moral que deve ser lido por todos que pretendem não ter medo da vida. E além disso a autora escreve muito bem.

Publicação: **Quase baixo**, 1983.

VERANEIDE WANDERLEY 1346

Poeta, pesquisadora, professora universitária, Veraneide (Medeiros) Wanderley nasceu em Patos (PB). Radicou-se no Recife (PE), a partir dos anos de 1960. Formou-se em História Natural – Biologia; fez doutorado em Geografia pela UNESP/Rio Claro-SP. É pesquisadora da Fundação Joaquim Nabuco de Pernambuco.

Vocação clara para a criação literária e pesquisa, tem já uma vasta produção de poesia, ficção, ensaio e literatura. Participou de várias antologias nacionais e estrangeiras. Seus trabalhos têm sido distinguidos com prêmios e menções honrosas. É membro da UBE-PE, desde 1985, tendo feito parte da diretoria por três gestões consecutivas. Estreou em livro com a poesia de **Tatuagem**, em 1981.

Publicações: Poesia – **Tatuagem**, 1981; **Liturgia ou poemas com rimas vermelhas** (Prêmio Othon Bezerra de Melo-APL, 1985, e Prêmio Guararapes/UBE-RJ, 1986); **Rota dos inocentes**, 1992. Ensaio – **Viagem ao Sertão Brasileiro** – Uma Visão geo-socioantropológica de Ariano Suassuna – E. da Cunha e Guimarães Rosa (Menção Honrosa – Prêmio Casa Grande e Senzala/1998-PE).

VICENTINA DE CARVALHO 1347

Poeta e tradutora, Vicentina (Mesquita Vicente) de Carvalho nasceu em Santos (SP), em 24.06.1890. Faleceu em data ignorada. Era filha do poeta Vicente de Carvalho. Estudou no Colégio Florence de Jundiaí e formou-se professora pela Escola Normal de São Paulo. Desde jovem publicou poemas em revistas, álbuns e jornais paulistas. Dedicou-se à tradução para editoras paulistas. Em 1950, publicou um livro de poesia, **Sonhos mortos**.

Publicações: Poesia – **Sonhos mortos**, 1950. Traduções – **As filhas de Barba Azul** (de Myriam Catalni), 1944; **O rei das montanhas** (de Edmund Ahout), 1945; e **O doutor misterioso** (de Alexandre Dumas), 1945.

1348 VILDA GUERRA FERNANDES

Poeta, contista, jornalista e figura atuante no meio cultural goiano, Vilda Guerra Fernandes nasceu em Anápolis (GO), em 1942. Radicou-se em Goiânia (GO), onde faleceu em 1998. Formou-se em Jornalismo pela Universidade Católica de Goiás. Pertenceu à UBE-GO. Atraída pelos estudos filosóficos e espiritualistas, fez vários cursos de extensão universitária nessa área (Filosofia, Teologia, Parapsicologia, Desenvolvimento da Sensibilidade Humana, Mind Control Mental, etc.). Trabalhou na Assessoria da Presidência (área de marketing e jornalismo) na Caixego.

Colaborou na imprensa goiana e em antologias, recebendo vários prêmios e distinções (Medalha de Ouro – IV Concurso Nacional de Poesia Brasileira; Revelação Literária do Brasil Central/1984; Cruz de Mérito Cultural – Brasília e outros). Estreou em livro, em 1978, com **Fragmentos do infinito**. Seguem-se outros, na mesma linha reflexiva-espiritualista que caracteriza sua arte poética. Teve boa recepção crítica.

Publicações: **Fragmentos do infinito**, 1978; **Vidas e vivências**, 1979; **Esse tempo**, 1981; **Fundo do poço**, 1986; **Resposta muda**, 1988; e **Crepúsculo do ciclo**, 1993.

1349 VILMA ARAGÃO

Poeta, teatróloga, Vilma (de Moura) Aragão nasceu em Itapeva (SP), em 07.06.1951. Como escritora, fez parte da Junta de Educação Religiosa da Igreja Presbiteriana do Brasil, escrevendo para adolescentes, em revistas periódicas, publicadas pela entidade. Tem escrito peças de teatro (em co-autoria com Humberto Lins de Aragão F°), encenadas por grupos amadores. Sua estréia em livro se deu em 1980, com a poesia e textos de reflexão de **Antes que anoiteça**. Seguem-se outros, na mesma linha de inspiração espiritualista e valorização da vida.

Publicações: **Antes que anoiteça**, 1980; **Espaços**, 1984. Teatro – **A mulher de Magdala**, 1973; **Amanheceu, é o natal**, 1974; **Hosana**, 1980; **Irei ao senhor**, 1981.

1350 VILMA ARÊAS

Ficcionista, professora universitária, pesquisadora, ensaísta, Vilma Arêas nasceu em Campos (RJ), em 1936. Formou-se em Letras Anglo-germânicas na antiga Faculdade Nacional de Filosofia da Universidade do Brasil (atual UFRJ). Fez estudos de especialização na Universidade de Londres (1964) e na Faculdade de Letras de Lisboa (1968). Figura atuante no meio universitário, tem publicado ensaios, textos de ficção e de crítica literária em diversas revistas especializadas do Brasil e de Portugal.

Em 1954, teve um conto premiado em Concurso Nacional promovido pelo Ministério de Educação e Cultura, mas sua produção de ficção não prosseguiu, cedendo lugar à produção acadêmica. Em 1976, volta à ficção, publicando **Partidas**, livro que, segundo a autora, foi sendo escrito e reescrito durante anos. Escrita fragmentada, dividida em breves capítulos ou partes, intitulados com as letras do alfabeto de A a Z e um Epílogo. É aberto com um prefácio, no qual é copiada a fatura que um mestre-de-obras apresentou, no ano de 1853, para pagamento de reparações que foram feitas na Capela do Bom Jesus de Braga, e que está arquivado na Torre do Tombo. Tal "fatura" soa ao leitor, de imediato, como algo insólito e mesmo burlesco:

1. Por corrigir os dez mandamentos, embelezar o Sumo Sacerdote e mudar-lhes as fitas.................................... 170 rs.
2. Um galo novo para São Pedro e pintar-lhe a crista 80 rs.
3. Dourar e pôr penas novas na asa esquerda do Anjo da Guarda.. 120 rs.
4. Lavar o criado do Sumo Sacerdote e pôr-lhe suíças 160 rs.
5. Tirar as nódoas ao filho do Tobias................................ 95 rs.
Etc. etc., até o item 15

Claro está que cada leitor chegará às suas próprias conclusões, depois de atravessar o emaranhado de fragmentos de fábulas, situações, diálogos, etc. que o estilo "colagem" da autora vai enovelando, para formar um painel ambíguo da aventura humana, em que pedaços vividos em diferentes tempos e por diferentes personagens vão sendo colados uns aos outros. Difícil (ou impossível?) descobrir-se um fio lógico a juntar os fragmentos, nos quais desaguam memórias de leituras, de fatos históricos, fantasias, etc. Se há algo que predomina, é o findar das coisas, as "partidas", o acabar... enquanto a letra permanece... Nesse "findar", inscreve-se a "fatura" do mestre-de-obras que nos mostra a banalização do Sagrado bíblico (sobre o qual se fundou a nossa Civilização cristã ocidental), transformado em prosaico cotidiano, a ser "consertado" e avaliado em moeda... **Partidas** é livro que testemunha este nosso tempo de ocasos, de deterioração de valores, no qual só restam as palavras para evitarem o naufrágio total...

Publicações: Ficção – **Partidas**, 1976. Ensaio – **A cicatriz e o verbo** (sobre a obra de Augusto Abelaira), 1976, e **Obras do diabinho da mão furada** (edição crítica), 1974.

VILMA GUIMARÃES ROSA 1351

Ficcionista, ensaísta, conferencista, professora de língua, Vilma Guimarães Rosa nasceu em Itaguará (MG), em 05.06.1931. Radicou-se no Rio de Janeiro (RJ). Filha do escritor e diplomata João Guimarães Rosa e de Lygia Guimarães Rosa. Fez seus primeiros estudos no Colégio Notre Dame de Sion e no Colégio Sacré-Coeur de Marie no Rio de Janeiro. Adolescente, estudou na Sorbonne – Paris. Desde muito jovem colaborou com artigos e contos em jornais e revistas nacionais e estrangeiras, tendo alguns traduzidos para antologias no exterior. Lecionou francês e inglês no Colégio Andrews/RJ. Estreou em livro, em 1967, com **Acontecências**, coletânea de histórias do cotidiano. Ao contrário do pai, fascinado pelo sertão, Vilma está fascinada pelo mar. Ela própria, na abertura do livro, se refere a essa fascinação:

Acontecências *emergiu do mar, fazendo minha Minas Gerais sentir saudades. Mineiro, quando descobre a imensidão de água, que engole céu e matas, usando suas cores, primeiro se assusta, não acredita. Depois escreve, pinta, faz canção. E termina se apaixonando pela beleza desconhecida, onde pedras e praias escondem segredos que pescadores revelam. [...] Cada vez que ouço a onda desenrolada no casco do barco, eu sei. Ela está me contando mais uma acontecência...*

As histórias comoventes ou bem-humoradas que se sucedem estão sempre ligadas ao movimento incessante, à luz, à vida do mar, como símbolo da vida perene. Em todas, o desencontro entre a aparência e a verdade oculta por detrás... e que, revelada a cada final da trama, responde à exigência básica do gênero conto: a surpresa repentina do desenlace. Nessa mesma linha de testemunha dos dramas e alegrias da vida (em seu dia-a-dia aparentemente opaco e rotineiro a ocultar o privilégio do existir), seguem-se outros títulos: **Setestórias**; **Por que não? Serendipity**; **Carisma**; **Clique!** Apesar desse eco da linguagem rosiana em seus títulos ou em certos vocábulos, o estilo de Vilma não se volta para a recriação da linguagem, mas sim para a recriação do momento vivido, das experiências do dia-a-dia, onde ela descobre sempre uma magia oculta. Analisando a sua arte, Almeida Ficher conclui:

Num levantamento dos ingredientes utilizados na maioria das histórias, vamos encontrar, principalmente, uma fusão de passado – lembranças, reminiscências de fatos bastante longínquos, acontecidos ou imaginados – e o presente, o real e objetivo no processo de criação literária da Autora. Também o mistério, o encantamento, um jogo de coincidências e de influências do folclore oriental, das lendas e dos mitos se misturando a cenas do quotidiano e a uma grande nostalgia da infância e da adolescência passadas em vários países fecundam os contos de Vilma Guimarães Rosa, de paisagens e acontecimentos...

É membro-correspondente da Academia Terezopolitana de Letras; Sócia do Pen Clube-RJ; foi eleita Personalidade Feminina do Ano/1974-RJ; eleita Mulher do Ano na Literatura – Conselho Nacional de Mulheres do Brasil/1975; condecorada com a Insígnia da Inconfidência – Governador Tancredo Neves, 1984; com a Medalha Chévalier de l'Ordre des Arts Lettres – Governo da França; "Prêmio Ensaio Biográfico"/Pen Clube do Brasil/1983; e Prêmio Joaquim Nabuco-ABL/1984.

Publicações: **Acontecências**, 1967; **Setestórias**, 1970; **Por que não?**, 1972; **Serendipity**, 1974; **Carisma**, 1978; **Clique!**, 1981. Memória – **Relembramentos: João Guimarães Rosa, meu pai**, 1983.

1352 VIOLANTE BIVAR

Dramaturga, jornalista, Violante (Atalipa Ximenes de) Bivar nasceu na Bahia (BA), em 1817. Faleceu em 1875. De origem inglesa, foi presença de destaque no meio cultural baiano da primeira metade do século XIX. Fundou o Jornal das Senhoras, o primeiro periódico brasileiro escrito por mulheres. Escreveu peças de teatro, que eram encenadas nos saraus familiares, por grupos amadores, como era costume na época. Traduziu obras de Alexandre Dumas e de Goldoni.

(Fonte de consulta: **Dicionário de mulheres notáveis** [org. A. L. Oliveira e M. G. Viana], Lisboa, Lello & Irmão, s/d.)

1353 VIOLETA FORMIGA

Poeta, Violeta Formiga nasceu em Pombal (PB), em 28.05.1951. Radicou-se em João Pessoa (PB), onde faleceu em 1983. Estréia em livro, em 1982, com a coletânea de poesias **Contra-cena**. Seu segundo livro, **Sensações**, foi publicado logo após sua morte.

Publicações: **Contra-cena**, 1982, e **Sensações**, 1983 (ed. póst.)

1354 VIRGÍNIA TAMANINI

Dramaturga, poeta, tradutora, romancista, pintora, professora, jornalista, Virgínia (Gasparini) Tamanini nasceu em Santa Teresa (ES), em 04.02.1897. Faleceu, em plena atividade e lucidez, aos noventa e três anos, em 1990. Deixou memória como uma das mais destacadas presenças intelectuais do Espírito Santo. Começa a escrever, ainda adolescente. Em 1923, publica no jornal O Comércio de Santa Leopoldina, com o pseudônimo de Walkyria, o romance-folhetim **Amor sem mácula**. Muda-se com a família para Itá, no Vale do Rio Doce, em 1926. A partir de 1929, escreve uma série de dramas, cuja encenação ela mesma dirige. Publica, em 1942, seu primeiro livro de poesia, **A voz do coração**. Nessa ocasião, muda-se para Vitória. Torna-se membro da Arcádia Espírito-santense. Em 1945, funda, com outras escritoras, a Academia Feminina Espírito-santense de Imprensa. Em 1947, monta e dirige, no Teatro Carlos Gomes, a peça Cristina da Suécia, adaptado do original francês. Em 1948, monta e dirige, no mesmo teatro, a peça Átala, a única Druidesa das Gálias, também adaptada do original francês. Traduz vários romances italianos. Em 1964, publica o romance **Karina**. Torna-se membro da Academia Espírito-santense de Letras; recebe inúmeros prêmios e honrarias. Fez diversas exposições de suas pinturas, em seu Estado e no Rio de Janeiro.

Publicações: Romance – **Amor sem mácula**, 1923; **Karina**, 1964; e **Estradas do homem**, 1977. Poesia – **A voz do coração**, 1942; **O mesmo amor**, 1949; **Cântico à minha terra**, 1951; e **Marcas do tempo**, 1982. Teatro – **Amor de mãe** e **O primeiro amor**, 1929; **Filhos do Brasil** e **Em pleno século XX**, 1939.

1355 VIRGINIA LOMBARDI

Poeta, romancista, professora, Virginia (Maria Pinheiro de Carvalho) Lombardi nasceu em Fortaleza (CE), em 08.08.1949. Formou-se professora pela Escola Normal do Instituto Guanabara-RJ. Fez vários cursos de extensão universitária (áreas de literatura brasileira, comunicação audiovisual, comunicação-vídeo, oratória, etc.). Morou nos Estados Unidos, dois anos, onde fez cursos de inglês (Bellingraf School). Iniciou-se como escritora, colaborando na imprensa com artigos, poemas e crônicas. A partir de 1979, passa a publicar, em produção independente, livros de poesia: **Amor com a natureza**; **Raízes e perdizes** e outros. Participa de diversas antologias. Trabalhou na Rádio Educadora. Escreve textos para vídeos e para rádio. É membro da Academia Paraibana de Letras.

Publicações: **Amor com a natureza**, 1979; **Raízes e perdizes**, 1980; e **Meu primeiro pedaço**, 1981. Romance - **Lisarbra ano 2000**, 1981; **Elos em duelos**, 1983. Contos - **Lises e deslizes**, 1984. Crônicas - **Complexo de bruxa**, 1985.

VIRGINIA MICHIELIN 1356

Poeta, cronista, Virginia Michielin nasceu em Vacaria (RS), em 14.08.1912. Colaborou em diversos jornais e revistas do Rio Grande do Sul e da América do Sul. Filiada à Academia Literária Feminina do Rio Grande do Sul e à Estância da Poesia Crioula. Publicou dois livros de crônicas. Faleceu em 1988.

Publicações: **Hojas sueltas**, 1958, e **O roteiro do tempo**, 1959.

VIRGÍNIA RAYOL 1357

Poeta, romancista, contista e cronista, a maranhense Virgínia Rayol nasceu em São Luís (MA) em 1950. Formou-se em Comunicação e Relações Públicas pela UFMA e fez mestrado em Comunicação. Dedicou-se à docência e à pesquisa na UFMA. Nos anos de 1970, passa a colaborar em jornais e revistas especializadas. Em livro publicou um romance e uma coletânea de poesia. Nesta última está incluído o poema Linguagem do segredo, que foi premiado no concurso nacional de poemas eróticos (revista Status) e dá nome ao volume.

Publicações: Romance – **Espelho de três faces**, 1974. Poesia – **Linguagem do segredo**, 1981.

VITÓRIA LIMA 1358

Poeta, professora universitária, presença cultural atuante, Vitória Lima (Maria da Vitória de Lima Rocha) nasceu no Recife (PE), em 03.08.1940. Mudou-se com quatro anos para Campina Grande (PB). A partir de 1968, radicou-se em João Pessoa (PB), onde concluiu o curso de Letras na UFPB. Fez mestrado em Língua Inglesa/Univ. Denver, Colorado, EUA; e mestrado em Estudos Shakespeareanos/Shakespeare Institute Univ. Birmingham, Inglaterra.

Em 1970, inicia a carreira acadêmica como professora de Literatura Inglesa, na UFPB. Como pesquisadora, dedicou-se ao estudo da literatura feminina inglesa e norte-americana, bem como ao teatro shakespeareano. Durante os anos de 1960/1970, passa a colaborar regularmente em jornais literários e na imprensa local. Tem participado de antologias. Foi uma das organizadoras do I Seminário Mulher e Literatura, realizado na UFPB, em 1987. De sua atuação em eventos culturais públicos, destaca-se a fundação do bloco de arrasto Muriçocas do Miramar, um fenômeno de massa que atrai milhares de foliões, numa única noite pré-carnavalesca – bloco responsável pela revitalização do carnaval em João Pessoa, que estava quase extinto.

Estréia em livro, em 1997, com a poesia de **Anos bissextos**, reunião de poesia escrita através dos anos, onde se faz ouvir a voz lúdico-crítica da mulher dos anos liberadores pós-1960; mulher liberada de preconceitos, mas enfrentando uma sociedade ainda preconceituosa; mulher dividida entre as exigências imensas de sua auto-realização intelectual/profissional (e sua tarefa de "formadora" de mentes, como professora), somada às exigências fundamentais de mulher, esposa e mãe... Mas nada de dramaticidade. Em versos breves, concisos, em tom leve, ora cáustico, ora lúdico, a poesia de Vitória vai prendendo nas palavras as vivências comuns do dia-a-dia, atravessadas de interrogações que, por enquanto, não têm resposta. Esperemos que este século XXI que se inicia traga algumas... **Anos bissextos** testemunha o aqui-e-agora de uma geração que é obrigada a abrir novos caminhos.

Publicação: **Anos bissextos**, 1997.

1359 WALQUÍRIA NEVES DE SALLIS GOULART

Poeta, cronista, professora, Walquíria Neves de Sallis Goulart (ou Walkiria Neves de Jorge Sallis) nasceu no Rio Grande (RS), em 07.06.1897. Radicou-se em Pelotas (RS), onde faleceu em 1980. Foi professora, elemento intelectual atuante; pertenceu à Academia Rio-Grandense de Letras, e à Confraternité Universelle Balzacienne. Viúva do poeta Jorge Sallis Goulart, prefaciou seu livro póstumo **O sentido da evolução** (1937). Iniciou-se como poeta, publicando em periódicos e revistas literárias. Estreou em livro, em 1925, com **Ânsia de perfeição**. Segue-se a coletânea-diário **O livro da noiva** e outros.

Publicações: **Ânsia de perfeição**, 1925; **O livro da noiva**, 1928; **A estrela das estátuas**; **Le parfum de la coupe d'argile** e **Homens e nações**, 1945; **Uma vida de poesia**, 1978.

1360 WANDA CRISTINA

Poeta e ensaísta maranhense, filha do poeta Carlos Cunha, da Academia Maranhense de Letras, Wanda Cristina estréia em livro, em 1981, com **Uma cédula de amor no meu salário**. Seguem-se: **Engraxam-se sorrisos** e **Rede de arame**. Poesia sintonizada com as "dores do mundo", mas criticamente voltada para a palavra com que o poeta deve transformar sua "história" pessoal vivida, a fim de que a história do amanhã tenha matéria-prima para se construir. Em seu olhar crítico, que se quer testemunha, avulta a consciência da crise de metamorfose em que as mulheres estão mergulhadas.

Publicações: **Uma cédula de amor no meu salário**, 1981; **Engraxam-se sorrisos**, 1982; e **Rede de arame**, 1986. Ensaio – **Coelho Neto: vida e obra** (Prêmio da Academia Maranhense de Letras).

1361 WANDA FABIAN

Romancista, dramaturga, memorialista, Wanda Fabian nasceu no Rio de Janeiro (RJ), em 28.10.1920, de descendência eslava. Inicia-se como escritora nos anos de 1940, colaborando na imprensa com contos e crônicas, escrevendo novelas para rádio e roteiros para cinema. Publicou vários contos nas revistas Cigarra e Senhor (anos de 1950/1960). Estréia como romancista, em 1945, com **A carne eterna**. Seguem-se: **A casa dos ciprestes**; a ficção memorialista **Numa volta do rio**; **Avesso e direito** (Finalista do Prêmio Walmap – Paraná/1967); **Evangelho da incerteza** (Prêmio Especial Walmap/1967) e **Zé Canarinho** (Menção Especial – Prêmio Estado da Guanabara/1973 e Menção Honrosa Prêmio Literário Nacional de Ficção/INL-MEC/1973).

Dona de um grande poder de imaginação (alimentada por uma funda memória do vivido) e de uma linguagem seivosa, controlada por um olhar crítico, severo, Wanda Fabian é uma das fortes vozes femininas que vêm construindo um universo romanesco, visceralmente vivido por mulheres. É por meio delas que ela faz ecoar os grandes dramas humanos. Principalmente aqueles que se passam no invisível das almas, como os dramas resultantes da opressão familiar (com a dura

Lei do Pai ou da Mãe), que acaba por castrar a vontade dos novos, para forçá-los a um comportamento mimético e deformante da própria personalidade. Consciência aguda dos desencontros entre a realidade aparente e a oculta nas almas, a romancista se apega ao realismo da vida concreta do cotidiano e, ao mesmo tempo, vai deixando escapar pelos interstícios das palavras o fantástico, o trágico, o mágico ou o maravilhoso que nele por vezes se ocultam. Romances alimentados pelo "princípio da incerteza" (como fica evidente em **O evangelho da incerteza**), todos expressam o ideal utópico acalentado pela autora, a certeza de que nunca é tarde demais. Como diz sua personagem, Maria de Redenção: *Haveremos de realizar o Grande Plano que sinto formar-se, lenta e custosamente, através da História da Humanidade. Sangue, lágrimas, suor, gritos de dor e de prazer, duelos, derrotas, vitórias efêmeras ou duradouras – um dia, sei bem, chegaremos à Certeza Absoluta. Amém.*

É dessa utopia que se alimenta também o seu teatro de fundo lastro trágico: Perda irreparável (Menção Honrosa do SNT – Serviço Nacional de Teatro/1965), encenada no Teatro Copacabana Palace, sob direção de Ziembinsky e grande elenco, tendo à frente Henriette Morineau; Recomeçar (Menção honrosa do SNT/1968); O enterro de Carolina e A Condessa e a Laranja (encenadas pela companhia Tonia-Celi-Autran); e O resgate (encenada no Teatro Opinião). Tem boa fortuna crítica, embora aquém dos reais méritos de sua obra.

Publicações: **A carne eterna**, 1945; **A casa dos cyprestes**, 1948; **Sacrifício de mulher**, 1952; **Numa volta do rio**, 1954; **Avesso e direito**, 1969; **Evangelho da incerteza**, 1974; **Zé Canarinho**, 1973.

WANDA DOS SANTOS SILLY 1362

Romancista, poeta, cronista, Wanda dos Santos Silly nasceu em Muniz Freire (ES), em 1938. Radicou-se em Alegre (ES). Desde adolescente começa a escrever ficção e poesia, participando de concursos literários e obtendo inúmeros prêmios. Estréia como escritora com o romance **O longo amanhecer azul**, em 1979 (Prêmio São Paulo), mas só publicado em 1982. Escreveu também **Uma, duas, três histórias infantis**, publicado em 1989. Entre vários outros, conquistou o primeiro prêmio no concurso de contos Aracruz-UFES, com **Linhas paralelas**. Como cronista, manteve uma coluna em A Gazeta (ES) por vários anos.

Publicações: Romance – **O longo amanhecer azul**, 1979/1982. Contos – **Linhas paralelas**, 1994. Crônica – **Cacos**, 1979. Poesia – **Cantigas de minha terra** (Prêmio Jogos Florais – 4º centenário de Vitória), 1979.

WANDA DOS SANTOS SILVA 1363

Poeta baiana, Wanda dos Santos Silva nasceu em Senhor do Bonfim (BA), em agosto, sob o signo do Leão. Começou a escrever aos nove anos, publicando suas primeiras produções na imprensa local e, posteriormente, na revista Única-Salvador; em jornais de Ilhéus; Diário da Tarde; revista de Campinas-SP e outros. Fez parte da diretoria do Centro Cultural Teodoro Sampaio. Estreou em livro com a coletânea poética **Fogueira de sonhos**, em 1975. Tem vários inéditos. Foi funcionária do Ministério da Agricultura.

Publicações: **Fogueira de sonhos**, 1975, e **Corcéis da aurora**, 1982.

WILMA WANDA EMERI 1364

Cronista, Wilma Wanda de Souza Emeri nasceu em Campina Grande (PB), em 27.09.1947. Colaborou regularmente na imprensa local. Em 1976, estréia em livro, com a coletânea de crônicas **O pássaro de outono**.

Publicação: **O pássaro de outono**, 1976.

1365 YARA CECIM

Poeta, contista, artista plástica e pesquisadora da realidade amazônica, Yara de Araújo e Souza Cecim nasceu em Santarém (PA), em 1915. Tem uma vasta produção na área da cultura amazônica e das artes. Seus poemas e contos estão publicados em dezenas de revistas, antologias, jornais, etc., e foram distinguidos com inúmeros prêmios e distinções (Prêmio Wallace McDowell e Terêncio Porto – Academia Paraense de Letras; medalhas, diplomas, títulos de mérito). É membro, entre outras, da AJEB – Associação de Jornalistas e Escritoras do Brasil; CLB – Clube Literário de Brasília; ACAL – Academia Castro Alves de Letras; OICC – Ordem Internacional das Ciências, Letras, Artes e Cultura; IWA – International Writers and Artists Association – Fraternity.

(Fonte de consulta: **Poesia do Grão-Pará** [org. Olga Savary*] TJ, Graphia Editorial, 2001.)

Publicações: Poesia – **Folha de outono**, 1983, e **Arabescos**, 1991. Contos – **Taú-taú e outros contos fantásticos da Amazônia**, 1989, e **Histórias daqui e dali**, 1993.

1366 YAYNHA PEREIRA GOMES

Poeta, pintora, contista, Yaynha Pereira Gomes nasceu em São Luís de Gonzaga (RS), em 27.03.1885. Viveu a maior parte de sua vida na capital paulista, onde faleceu, aos 90 anos, em outubro de 1975. Sua vocação para a poesia e para as artes manifestou-se cedo. Seus primeiros poemas foram publicados em jornais e revistas literárias paulistas. Figura de destaque na sociedade e no meio literário paulistano, sua criação literária reflete a atmosfera dominante na época: desencontro entre a tradição herdada e as novas forças que eclodem com a Semana de Arte Moderna em 1922. Como pintora, teve seus quadros expostos em salões da sociedade e em algumas exposições coletivas. Em 1938, um de seus quadros, A cozinha do lenhador, recebeu o Prêmio do Salão de Belas Artes. Estreou em livro, em 1920, com a poesia **Páginas de sonho**, com apresentação e ilustrações coloridas de sua irmã, a poeta Aplecina do Carmo*. Seguindo a corrente ainda dominante nesse início do século XX (fusão de parnasianismo e simbolismo), a poeta elege a forma do soneto clássico (a mais privilegiada no momento) e a visão de mundo espiritualista (que valoriza mais o espírito das coisas do que sua materialidade). Sua produção poética e artística foi sempre muito bem recebida pela crítica. Monteiro Lobato foi um dos exigentes críticos que sempre a acolheram com entusiasmo.

Publicações: Poesia – **Páginas de sonho**, 1920; **Folhas que caem**, 1922; **Alma ondulante**, 1932; **Exilada do tempo**, 1963; **Pano de fundo**, 1967; **Ronda inquieta**, 1960. Crônica – **Colcha de retalhos**, 1926. Conto – **Quinze noites**, s/d. Romance – **Volúpia maternal**, 1927.

YÊDA ANDRADE BARBOSA 1367

Poeta, contista, advogada, ensaísta, Yêda Andrade Barbosa nasceu em Quixidá (CE), em 1921. Formou-se em Ciências Jurídicas pela Faculdade de Direito-RJ (1952). Fez doutorado em Direito Civil. Pertence à Academia Feminina Cearense Juvenal Galeno, é membro do Movimento Poético Nacional-SP. Colaborou regularmente na imprensa de vários Estados (Diário do RJ, Jornal da Serra, Jornal Serrano – Lages, A Tarde – Salvador, Gazeta – Teresópolis, Correio Paulistano, Correio Ceará e outros). Publicou um livro de poesias, **No roteiro dos astros**.

Publicação: **No roteiro dos astros**, 1958.

YÊDA PRATES BERNIS 1368

Poeta de grande força, ensaísta, pianista, cantora, elemento atuante no meio cultural mineiro, Yêda Prates (Octaviani) Bernis nasceu em Belo Horizonte (MG), em 1926. Formou-se em Letras Neolatinas pela FFCL – Santa Maria. Fez vários cursos de música e artes. Vem desempenhando cargos ligados à produção cultural e artística: foi coordenadora do projeto PRODIARTE (Projeto de Desenvolvimento Integrado da Arte/MEC-MG); Assessora para Assuntos Culturais da Secretaria da Educação-MG; integrou o Conselho Estadual de Cultura-MG e dirigiu a Sociedade Amigos da Cultura. Membro-fundadora e participante do Coral Madrigal Renascentista de Belo Horizonte. Iniciou-se como poeta publicando na imprensa (SLMG, Estado de Minas; Diário de Pernambuco; Poésis-RJ; Dimensão – Uberaba; Correio do Sul – Varginha; Correio das Artes – João Pessoa; O Pão-Ceará; Sópoesia-SP e outros).

Estreou em livro, em 1967, com **Entre o rosa e o azul**. Seguem-se dois títulos, em 1979, **Enquanto é noite** e **Palavra ferida**. Neles, sua arte poética já se revela firmemente centrada na problemática geratriz de sua criação: a funda consciência de que a poesia é a grande ponte entre a realidade conhecida à nossa volta e o que permanece oculto para além das aparências, e que é, talvez, aquilo que daria o sentido da vida ou de nossa condição humana. Em **Palavra ferida**, já a partir do título, a poeta revela o nervo vital de sua arte e o esclarece ao se auto-retratar (fragmentariamente, desde a página de abertura), como: *Vocacional estrabismo divergente: / um olho na terra, outro no céu.*

Esse é um dos desafios da poesia pós-1960: redescobrir pela palavra nomeadora a verdadeira natureza do humano, a face ainda oculta, através da sondagem do eu no aqui-e-agora. Em **Pêndula**, como o título o denuncia, a busca continua oscilando entre o conhecido e o desconhecido. A palavra ferida (isto é, impotente para expressar o que a intuição pressente), de livro para livro, vai buscando novas formas para represar o visto ou intuído. Forma que se faz cada vez mais concisa, buscando o cerne das coisas, o essencial, e resvala para o haicai, a grande forma de síntese poética. Presa à "terra" e ao "céu", no aqui-e-agora, os haicais de **Grão de arroz** expressam a funda comunhão entre visível e invisível. Nessa linha são escritos **À beira do outono** e **Encostada na paisagem** (Prêmio Conjunto de Obra/UBE-RJ). No ensaio **Anotações sobre Zen e Hai-cais**, a poeta analisa as origens orientais dessa visão de mundo.

Dentre os inúmeros prêmios e títulos recebidos por sua atuação e obra, destacam-se: Comenda Ordem do Cedro-Grau de Cavalheiro do Governo do Líbano; Placa de Prata do Instituto Cultural Newton de Paiva Ferreira/1997; Menção Especial – Prêmio Jorge de Lima/UBE-RJ. 1995; Prêmio Olavo Bilac-ABL. 1992; Prêmio Alejandro José Cabassa/UBE-RJ, 1992; e Prêmio Hors – Concours Jorge de Lima/UBE-RJ, 1995. Teve poemas musicados por Camargo Guarnieri e gravados em discos do MEC.

Publicações: **Entre o rosa e o azul**, 1967; **Enquanto é noite**, 1979; **Palavra ferida**, 1979; **Pêndula**, 1983; **Grão de arroz**, 1986; **O rosto do silêncio**, 1992; **À beira do outono**, 1994; e **Encostada na paisagem**, 1998 (todos com várias reedições). Ensaio – **Anotações sobre Zen e Hai-cais**, 1996.

Poeta e ficcionista de grande presença, professora universitária, ensaísta, pesquisadora e *expert* em artes plásticas, Yêda (Oscarlina) Schmaltz (e Silva) nasceu em Tigipió (PE), em 08.11.1941. Residiu no Recife (PE), Rio de Janeiro (RJ), e em Ipameri (GO), fixando-se definitivamente em Goiânia (GO). Formou-se pela Faculdade de Direito e pela Faculdade de Letras de Goiás; dedicou-se à docência superior nas áreas de Estética, História da Arte e Sociologia da Arte, no Instituto de Artes-UFGO. Presença atuante no movimento cultural goiano, Yêda fez parte da fundação do GEN (Grupo de Escritores Novos) que, em Goiás dos anos de 1960, abriu novos caminhos para a criação literária e artística em geral.

Grupo formado por jovens idealistas já, hoje (2001), donos de uma obra que tem lugar definitivo no panorama da Literatura Brasileira. Yêda, como poeta, surge nos idos de 1960, ao lado de Miguel Jorge, Heleno Godoy, Maria Helena Chein, Marietta Telles Machado, Luiz Araújo e outros que o tempo não reteve. Estreou em livro, em 1964, com **Caminhos de mim**, sessenta poemas divididos em De Vento, De Cor e De Pedra, todos fluindo em torno dos grandes temas do Existencialismo em expansão, entre nós, nos anos de 1950/1960: a busca do ser ou do sentido último da vida e a luta pela construção do poema. *Criar um poema / que não existe / neste abismo de chuvas / caiadas.* Essa busca prossegue em **Tempo de semear** (il. Heleno Godoy), no qual, metaforicamente, a realização humana é contraposta ao desabrochar da flor. E na angústia de querer ser, infiltra-se a esperança:

...o imprescindível / está em haver boa vontade / da flor, em nascer; / dos nossos olhos para a receber; / das nossas mãos, para não a magoar, [...] é preciso acreditar / que vai brotar um dia em nossa frente / a flor da paz, silente e boa. / Embora a seca seja longa e implume...

Nessa certeza de que, apesar da seca, a flor brotará, mesmo que seja *engastada na pedra / como pedra de anel*, a poeta vai construindo o seu universo poético: a **Secreta ária** (il. Fróes) canta o cotidiano prosaico, onde a vida se cumpre e se esgota. Em **O peixenauta** (il. Siron Franco), a poeta se abre para o vôo, além dos limites da terra: comunga com a épica aventura espacial dos astronautas (que inauguram uma nova era ainda em gestação) e, ao mesmo tempo, se volta para o arcaico; esse novo homem é chamado "peixenauta". Segundo a simbologia, "peixe" significa vida primordial/essencial, e com esse lastro simbólico a poeta aponta para o recomeço à vista e não para o fim alcançado pela grande façanha. A epígrafe de H.G. Wells, colocada como abertura aos poemas, fala dessa intenção básica:

...quando ele (homem) tiver conquistado o mais profundo do espaço e todos os mistérios do tempo, ele ainda está no começo.

E Wells podia ter completado: faltar-lhe-ia ainda descobrir o seu próprio Eu. Nessa ordem de idéias, a escritura de **A alquimia dos nós** (colagens: Sérgio Lima) se inscreve na direção da "reinvenção do antigo", que a nossa época vem pedindo, para que um "novo" autêntico possa ser criado. Levada pelo impulso de redescoberta das origens, a poeta elege a alquimia como processo de transmutação, análogo ao que se dá na experiência amorosa e na experiência poética. Assim, a trama poética, da mesma forma pela qual o processo alquímico (através da transmutação de "metais vis" em "ouro"), pretendia alcançar o verdadeiro conhecimento da vida; o processo poético (por meio da transmutação da palavra comum em palavra essencial, e a dos amantes através do Amor) expressa a verdadeira gnose (o verdadeiro conhecimento do ser).

Ao findar do decênio 1975/1985, consagrado à Mulher pela ONU, Yêda publicou **Baco e Anas brasileiras**, no qual se expressa não só o alto grau de maturidade criadora alcançada, mas também o nível de conscientização da mulher, em nossos dias, ao assumir, como legítimas, suas duas faces aparentemente antagônicas: a dionisíaca e a apolínea. Atenta às vibrações de sua interioridade e se entregando com prazer à banalidade do cotidiano familiar (reduto que a sociedade destinou à mulher), a persona poética palmilha um chão aparentemente limitado e raso mas que, em essência, se alimenta do mesmo húmus que fecunda a poesia de **A alquimia dos nós**. Em ambos se expressa a necessidade de descobrir (ou afirmar) o espaço ocupado pelo amor e pela mulher, no processo da vida; a dialética entre o viver cotidiano/efêmero, a ânsia de eterno e o poder da palavra poética como tecedora e eternizadora do real. Discurso intencionalmente narcísico, o que se instaura em **Baco e Anas brasileiras** revela um Eu feminino visceralmente entregue à fruição do cotidiano, deliciosamente integrado na rotina diária, ligada principalmente ao alimento, à cozinha. A plenitude gososa com que é saboreada pela persona poética essa integração da feminilidade no espaço familiar, não só evoca a milenar tarefa que sempre coube à mulher (de assegurar a permanência da humanidade por meio dos alimentos ou da procriação), como também relembra o esquecido valor dessa tarefa. O júbilo da mulher ao se entregar à vivência cotidiana transforma os atos mais banais do dia-a-dia em verdadeiros gestos rituais. O espaço leigo e limitado da casa transforma-se assim em espaço sagrado que se abre para o ilimitado.

Corto o pão em fatias / bem fininho: / multiplico o meu pão. / Paguei o dízimo da hortelã, / do endro e do cominho / – a divisão que eu tinha. / Fiz a oferta dos manjares: / azeite, incenso, / e flor de farinha / Agora a minha língua / mana leite. Mel, / é o fruto dela / e açúcar a se fartar: / o necessário de doçura / feminina pra se amar. (Tributo).

Uma vez decodificado em suas várias camadas e em seu jogo intertextual, **Baco e Anas brasileiras** revela-se como espaço em que se fundem duas forças antagônicas: a da efêmera vida cotidiana (necessária, urgente, relativa) e da ânsia de duração e absoluto (que só a arte e a poesia podem criar). O título Baco e Anas brasileiras remete de imediato para Bach e Villa-Lobos, isto é, alude claramente às Baquianas brasileiras, expressão musical modernista, resultante da convergência criadora: tradição/invenção.

Essa busca de fusão do arcaico com o moderno se faz presente na nova experimentação em que a autora se engaja nos anos de 1990: a Arte Postal, criada com técnicas da Colagem, e integrada no movimento internacional. Além de sua própria produção de arte postal, Yêda Schmaltz organizou em Goiânia, em setembro de 1993, uma Mostra Internacional de Arte Postal, com o tema: Mitologia grega: figuras arquetípicas, que teve a participação de 14 países, 85 artistas e 119 trabalhos inscritos (patrocínio do Museu de Arte de Goiânia–UFGO-Secretaria Municipal de Cultura).

Por sua produção literária e plástica, recebeu inúmeros prêmios e distinções (Prêmio Hugo de Carvalho Ramos/1973, 1975 e 1985; Prêmio IV Concurso Nacional de Literatura da Fundação Cultural de Goiás/1979; Prêmio Remington-RJ. 1980; Prêmio APCA/1985; Prêmio Nacional Itanhangá – Poesia/1985; Finalista Prêmio Nestlé – Poesia/1984; Menção Especial – Concurso Carlos Drummond de Andrade – Itabira, 1995;, etc.). É membro de várias entidades culturais, como a UBE-GO; Conselheira do Conselho Estadual de Cultura-GO e outras.

Publicações: Poesia – **Caminhos de mim**, 1964; **Tempo de semear**, 1969; **Secreta ária**, 1973; **O peixenauta**, 1975; **A alquimia dos nós**, 1979; **Anima mea**, 1984; **Baco e Anas brasileiras**, 1985; **A ti Athis**, 1988; **A forma do coração**, 1990; **Ecos**, 1996; **Prometeu americano**, 1996; **Rayon**, 1997; **Vrum**, 1999; e **Chuva de ouro**, 2000. Contos – **Miserere**, 1980, e **Atalanta**, 1987. Ensaio – **Os procedimentos da arte**, 1983.

YMAH THÈRES 1370

Poeta, ficcionista, jornalista, Ymah Thères (nome literário de Maria Therezinha Miranda Ribeiro) nasceu em Lima Duarte (MG), em 28.07.1939. Formou-se em Jornalismo pela UFJF (1961). Fez vários cursos de extensão universitária (folclore, língua francesa); e cursos técnicos (taquigrafia, datilografia). Profissionalizou-se no funcionalismo público. Iniciou-se publicando seus textos na imprensa e participando de antologias. Estreou em livro, em 1973, com a poesia de **Elegias**, poesia percorrida pelo desencanto, que sucedeu à euforia de realização e liberação dos anos de 1960, quando os novos ideais que surgiram pretendiam mudar o mundo, mas acabaram falindo (a marca histórica desse desencanto é o Golpe Militar de 1964 e suas conseqüências). A poesia vai expressar esse findar de ilusões, que atinge tudo e todos.

Tudo me fiz e em vão: / – estou deserta – / onde meu som que escolheste / e a febre dos hinos imortais? // Quero, sim, a inútil palavra / tão simples no desespero, / tão pura nesse abismo.

Essa poesia elegíaca canta um findar das coisas, muito embora estremeça aqui e ali numa abertura para a esperança:

O amanhã, miragem forte / de um soluço deste agora: / que faremos noutras plagas, / que invenções de liberdade? /Quebraremos nossos braços / no convés de um sol mais meigo? / Venceremos tanta fome / no banquete saciados? / O amanhã, forma fecunda / deste caos que nos impede: / será branco, será negro, / será firme no seu rumo?

Nessa linha temática vão-se desenvolver os novos títulos: **Musgos & gerânios** (cujo título já opõe, metaforicamente, a vida parasita do "musgo" à vida própria do "gerânio"); **Canções de convés ou do amor pressago**; os **Haicais** (no qual a problemática busca a concisão da forma oriental) e **Na concha do ouvido**, no qual a persona poética continua sentindo-se impotente perante a vida.

...o que somos / – seres ilhados / na contrafação do abismo [...] Germinamos musgo e há mofo no amor...

Nos contos de **Acervo de cristais**, temos uma ficção que oscila entre a parábola e alegoria, e se tece com um findar de coisas (cristais partidos; o tempo, aracnídeo voraz; nevoeiro, limite agônico, etc.). Visão pessimista que se prolonga em **Treze cartas dos ventos de agosto** e na poesia de circunstância **Menina com flor**. Entretanto, a poesia de Ymah Thères não chega a ser agônica, porque a atravessa o sopro de amor, continuamente desejado.

Por sua produção literária, tem recebido vários prêmios e distinções (Prêmio Alejandro José Cabassa/UBE-RJ, 1992; III Prêmio Escriba de Poesia – Prefeitura de Piracicaba, 1994, etc.). Participa de diversas antologias (**Encontro 55**/Associação Cultural Luso-Brasileira. 1980; **Antologia poética de Angola**. org. Maria da Conceição Nobre; **A nova poesia brasileira** – Shogun, 1984; **International poetry**-Univ. Colorado. EUA, 1984, org. Terezinka Pereira; e outras). É membro-fundadora da Academia Municipalista de Letras – Belo Horizonte.

Publicações: **Elegias**, 1973; **Escrínio/Asa de borboleta** (parceria com seu pai, o poeta João Ribeiro de Oliveira), 1986; **Musgos & gerânios**, 1986; **Canções de convés**, 1988; **Haicais**, 1989; e **Na concha do ouvido**, 1991. Contos – **Acervo de cristais**, 1992.

1371 YOLANDA OLIVEIRA AZEVEDO

Romancista carioca (nome literário de Yolanda Gabriela de Oliveira Azevedo), publicou, em 1984, o romance **A reconquista**, com apresentação de Carlos Drummond de Andrade, a quem o livro é dedicado.

Publicação: **A reconquista**, 1984.

1372 YOLANDA GADELHA THEOPHILO

Romancista e memorialista, assistente social, Yolanda Gadelha Theophilo (Gaspar de Oliveira) nasceu em Fortaleza (CE), em 31.03.1919. Fez os primeiros estudos em Fortaleza com Margarida Sabóia de Carvalho, terminou-os no Colégio Sacré-Coeur no Rio de Janeiro (RJ). Cursou a The American National Red Cross Gray Lady-EUA, onde se formou como assistente social. Fez cursos de extensão universitária (Literatura e música) na Universidade Federal de Brasília e na University of Kansas-EUA.

Estreou em livro com o registro memorialístico de sua permanência nos Estados Unidos, publicado em 1963, **Eu e o Tio Sam**. Em 1967, publica o romance **Longa tarde sem manhã**, ao qual se seguem outros. É sócia-fundadora da Casa do Candango em Brasília. Recebeu o Prêmio Academia Cearense de Letras pelo seu primeiro romance.

Publicações: Memória – **Eu e o Tio Sam**, 1963. Romance – **Longa tarde sem manhã**, 1967; **Instante dentro do tempo**, 1972; e **As acácias estão florindo**, 1977. (Livros que tiveram boa fortuna crítica: Braga Montenegro, Mauro Mota, Umberto Peregrino, Artur Eduardo Benevides e outros.)

1373 YOLANDA JORDÃO

Poeta contemporânea das grandes vozes femininas do início de século XX (Henrique Lisboa, Cecília Meireles, Adalzira Nery, Gilka Machado...), Yolanda Jordão (Gilson Barboza) nasceu no Rio de Janeiro (RJ), em 05.04.1913. Formou-se no Colégio Imaculada Conceição no Rio de Janeiro e fez inúmeros estudos, em cursos particulares, nas áreas de literatura, filosofia, artes... Nos anos de 1960, passou a residir em Brasília (DF). Desde jovem, colaborou na imprensa com poemas, crônicas, artigos. Em 1935, estréia em livro, com a poesia de **Fuga**, já apresentando uma vincada modernidade, seja pela matéria urbana que lhe serve de espaço, seja pela linguagem direta, entre irônica e dramática. Sua problemática, entretanto, é humanística, centra-se na frustração existencial a que os homens estão condenados. Em longo prefácio, Orris Soares já destaca nesse livro de estréia a "unidade interior" e a "angústia metafísica" que o atravessa. Seguem-se: **Campos cercados** (capa de Santa Rosa); **Poesias** (Prefácio de Murilo Mendes); **Ponte de pedra**; **Retrato oblíquo**; **Biografia do edifício** (com desenhos de Henrique Tudó); **Biografia do edifício e anexos** (Prefácio de Abgar Renault) e outros. Para o teatro, escreveu Homens no palco, encenada em 1968. Sua produção poética sempre teve boa recepção crítica, mas ainda está no rol das obras que aguardam estudos reveladores de seu lugar no panorama da Literatura Brasileira do século XX. Recebeu vários prêmios e distinções, como: Prêmio Literário de A Gazeta-SP, 1957; Prêmio Olavo Bilac-ABL, 1976; Título de Mulher do ano – Biblioteca de Brasília, 1987, e outros. É membro da Academia Brasiliense de Letras, onde foi saudada pelo poeta Fernando Mendes Viana, qua analisa sua obra e conclui: *Não há dúvida de que Yolanda Jordão deveria, há muito, ser citação obrigatória entre as 'monstras sagradas' e os 'monstros sagrados' da nossa modernidade.* (in Rev. da Academia Brasiliense de Letras. Nº VI, 1987).

Publicações: Poesia – **Fuga**, 1935; **Campos cercados**, 1940; **Poesias**, 1956; **Ponte de pedra**, 1970; **Retrato oblíquo**, 1973; **Biografia do edifício**, 1975; **Biografia do edifício e anexos**, 1976; **Manual de escritores**, 1978; **Autologia I**, 1983; e **Autologia II**, 1987. Teatro – **Homens no palco**, 1968. Ficção – **Garoa do tempo**, 1984.

YONE GIANNETTI FONSECA 1374

Poeta, cronista, psicóloga clínica, Yone Giannetti Fonseca nasceu em Belo Horizonte (MG). Nos anos de 1960 fixa residência na capital paulista. Formou-se em Letras Neolatinas-FFCL/UFMG e em Psicologia pela Sedes Sapientiae/PUC-SP. Diplomou-se enfermeira samaritana pela Cruz Vermelha Brasileira-SP. Profissionaliza-se como Psicóloga Clínica.

Inicia-se como escritora publicando crônicas e ensaios literários no SLMG – Estado de Minas e Diário de Minas. Mudando-se para São Paulo, integra-se no movimento da Poesia Práxis, liderado pelo poeta Mário Chamie, e publica, em 1963, **a Fala e a forma**, com prefácio de Cassiano Ricardo. É poesia que se quer consciência da palavra como construtora do novo real e se fez convergência dos contrários (isto é, funde os elementos antagônicos que a tradição considerava inconciliáveis), e busca mantê-los em contraponto, dentro de rigorosa concisão verbal.

Ame o difuso o restrito. / Ame o produto a matriz. / Ame a bomba o violino. / Ame o lírio a meretriz...

Ligação paradoxal que metaforiza o rompimento de fronteiras, entre as realidades, que marca o "novo" em nossos tempos de metamorfose. Nessa linha de confrontos, que se complementam em uma nova realidade, está também a presença de mulher em contraponto com o homem. Mas em sentido contrário ao da libertação reivindicada pelo feminismo do início do século XX, a poeta aponta a fusão ou complementação desejada:

Eu sou solo, / Tu és sol. / Eu sou poros, / Tu és sonda. / Eu sou órfã, / Tu és ronda [...] Eu sou ímã, Tu és léguas. / EU celebro, Tu celebras...

Na mesma linha de concisão verbal e rigor rítmico, publica, em 1975, **Rosa dialética**, poesia que desconstrói a "rosa", símbolo de perfeição e realização absoluta e mostra sua face outra: a da busca pela perfeição inalcansável.

Nestas folhas brancas / Meu silêncio escrito / Meu veneno humano [...] E a urgência da vida, / E a minha imperícia / Neste exílio lírico...

Em 1981, seu livro **Mulher** conquista um dos prêmios do Concurso literário – Fundação Catarinense de Cultura. Nele, como o título indica, a problemática está centrada na mulher em metamorfose, em nossos tempos: a que se volta sobre a própria condição feminina e a interroga, tendo no horizonte a Tradição herdada e também o aqui-e-agora de um mundo em caos.

Publicações: **A fala e a forma**, 1963; **Rosa dialética**, 1975; e **Mulher**, 1981.

1375 YONE RODRIGUES

Poeta, musicista, radialista, cronista, professora, Yone Rodrigues (Ferreira) nasceu em Governador Valadares (MG), em 29.01.1926. Formou-se no Curso Normal e ingressou no magistério, ao mesmo tempo em que se dedica à música. Forma-se no Conservatório de Música da Guanabara e no Conservatório de Canto Orfeônico. Fez cursos de línguas (francês e inglês), tendo se aperfeiçoado na Europa (Royal Society of Arts/London e Université de Nancy – França).

Durante algum tempo trabalhou na Rádio Copacabana, produzindo programas infantis; e na Rádio Roquette Pinto, como roteirista musical. Fundou a revista Prisma e colaborou na revista Leitura. Em 1984, formou o grupo Jogral da Guanabara, com o qual percorreu o Nordeste e Centro-Sul, difundindo a moderna poesia brasileira (Drummond, Cecília Meireles, Vinicius de Moraes...).

Desde muito jovem escrevia poesia que, de maneira irregular, publicava na imprensa ou participava de antologias poéticas. Em 1953, estréia em livro, com os poemas de **Cantiga da enamorada**, ao qual se seguem outros: **Pastora da noite**; **Última elegia**... Nos anos de 1980, participa do movimento de eclosão da nova literatura infantil, e passa a escrever para crianças. Estréia em três pequenos volumes de prosa poética: **Pedras, pedrinhas**; **Flores, florzinhas** e **Bichos, bichinhos**, nos quais revela ludicamente as belezas e valores dos reinos mineral, vegetal e animal.

Vários de seus trabalhos foram distinguidos com prêmios e menções (Prêmio Bienal Nestlé de Literatura/1984; Prêmio Mário Quintana/1990; Prêmio UBE – Crônica/1995).

Publicações: Poesia – **Cantiga da enamorada**, 1953; **Pastora da noite**, 1957; **Última elegia**, 1958; **A razão do pássaro**, 1984; **Sentimentos**, 1986; **Rosa navegante**, 1988; **Os iluminados**, 1990; **Flores do tempo**, 1995; **Águas essenciais**, 1996; e **Os dias claros**, 2001. Memória – **Uma lágrima entre dois risos**, 1993. Crônica – **As estações**, 1995.

1376 YVONE DINIZ MIGUEL

Romancista, contista, poeta, dramaturga, Yvone Diniz Miguel nasceu na cidade de São José do Calçado (ES). Formou-se professora no Curso Normal de Vitória (ES) e em Farmácia e Odontologia. Ingressou no magistério; posteriormente entra para o funcionalismo público no Ministério das Comunicações, onde exerceu várias funções (telegrafista, teletipista, agente postal e chefe de seção no antigo Departamento de Correios e Telégrafos).

Inicia-se como escritora, nos anos de 1930, escrevendo peças de teatro, encenadas por grupos amadores. Estréia em livro com o romance **O destino de uma mulher** (1934), ao qual se seguem outros. Tem participado de antologias poéticas.

Publicações: Romance – **O destino de uma mulher**, 1934, e **Entre dois extremos**, 1969. Teatro – **Amor que redime**, 1935; **Mártires**, 1936. Conto – **Sinfonia da miséria**, s/d. Poesia – **Poeira dos sonhos**, 1969.

1377 YVONNE REGO DE MIRANDA

Ficcionista, jornalista, memorialista, Yvonne Rego de Miranda nasceu em Mossoró (RN), em 09.04.1926. Presença altamente atuante em seu meio social e cultural, foi jornalista militante na área política, escrevendo para a imprensa de rádio e televisão em São Paulo, Rio de Janeiro e Brasília. Nos anos de 1950, durante o governo de Getúlio Vargas, ingressa no Palácio Tiradentes, transferindo-se a seguir para o Senado (Palácio Monroe). Nomeada redatora daquela Casa do Congresso, continuou a exercer ali o jornalismo, sendo, durante anos, representante de vários jornais, agências e emissoras. Acompanhou o Senado para Brasília, nos anos de 1960; e manteve duas colunas diárias: uma sobre o movimento político do Senado (A Gazeta-SP) e outra – de crônica social – para o D. C. Brasília. Embora se dedicasse à escrita ficcional desde muito jovem, sua estréia em livro se deu nos anos de 1940, com os contos de **Onda rubra**, com boa repercussão na imprensa, mas que ficou sem continuidade, devido ao engajamento jornalístico da autora. Sua verdadeira estréia se dá em 1981, quando publica **Eu não serei o fim**... Seguem-se: **Amargo triunfo**, **A mulata Ana Lúcia** e **Uma noite na chuva**. Todos eles tendo como matéria a sociedade conturbada do nosso tempo.

Acentuando-se, no primeiro, a análise de uma fase difícil da vida brasileira (quando a repressão militar se fez sentir com maior violência), e mostrando os equívocos de uma adesão política reacionária, por pessoas sem estrutura adequada para esse tipo de ação. Nos anos de 1980, publica também suas memórias de militante jornalista, no âmbito da política brasileira.

Fundindo memória e ficção, nos contos de **Solidão Brasília-64** faz desfilar os dramas e dificuldades que surgem, não só para a nova geração, mas também para os que deixaram suas terras e se mudaram para Brasília, recém-inaugurada, em busca do Novo Eldorado. Nesses contos, desfilam os dramas dos marginais, a "deslumbrada" *society*; os problemas dos homossexuais; as incertezas dos ídolos da música popular; as angústias da juventude desajustada que não conseguia encontrar o seu caminho... A obra de Yvonne Rego de Miranda nos dá um lúcido e corajoso retrato da vida brasileira, desde a era getuliana até o fim do Governo Militar.

Publicações: Romance – **Eu não serei o fim**, 1981; **Amargo triunfo**, 1983; **A mulata Ana Lúcia**, 1984; **Uma noite de chuva**, 1985. Memória – **Homens e fatos da constituinte de 1946**, 1982; e **Através da Europa-farofeiros internacionais**, 1986. Contos – **Onda rubra**, 1940, e **Solidão Brasília-64**, 1984.

Z

1378 ZAHYRA ALBUQUERQUE PETRY

Romancista, contista, bibliotecária, professora, Zahyra Albuquerque Petry nasceu em Rio Grande (RS), em 1922. Radicou-se em Porto Alegre (RS). Formou-se em Biblioteconomia e Letras. Ingressou no magistério oficial, posteriormente na Faculdade de Biblioteconomia. Trabalhou na Secretaria de Educação e Cultura-RS; presidiu o Conselho Regional de Biblioteconomia da 10ª Região. Inicia-se como escritora, publicando livros para crianças e jovens (**A cidade azul**/1977; **Testemunha em perigo**/1983; **O mistério da estrada de Viamão**/1983; **O menino do lado de lá**/1983; **SOS**/1984; **Bate coração**/1988; **Enfermeira detetive**/1988; e **A lei do mais forte**/1997). Em 1975, publica para adultos os contos de **O homem perfeito**. Seguem-se livros de crônicas, contos e romance. Participa do Projeto de Leitura do IEL-RS com vários títulos (**Vizinhança perigosa**/1985; **Terror na praia**/1984; **Seqüestro na avenida**/1986 e outros).

Publicações: Contos – **O homem perfeito**, 1975; **O globo da morte**, 1997. Crônica – **Um morto no elevador**, 1983. Romance – **A vida conta uma história** (publ. em folhetim no jornal Última Hora de POA), 1984.

1379 ZAIDA CAVALCANTI

Contista, folclorista, professora, pesquisadora, Zaida (Maria Costa) Cavalcanti nasceu em Olinda (PE), em 04.12.1935. Formou-se em Filosofia e dedicou-se às pesquisas na área da Educação ligada à redescoberta do nosso folclore. Fez mestrado em Psicologia Experimental. É professora de Métodos e técnicas de pesquisa. Tem participado ativamente de congressos, simpósios e seminários sobre pesquisa folclórica e política educacional. Tem dezenas de estudos publicados nessas áreas. Como ficcionista, publica a coletânea de contos **A pastora Manga Rosa**.

Publicação: **A pastora Manga Rosa**, 1980.

1380 ZALINA ROLIM

Poeta, cronista, educadora, presença atuante no movimento de renovação do ensino e de reivindicações feministas, no Brasil do entresséculos (XIX/XX), a paulista (Maria) Zalina Rolim (Xavier de Toledo) nasceu em Botucatu (SP), em 20.07.1869. De família culta, desde a infância recebeu educação esmerada e demonstrou vocação para a escrita literária e para o ensino. Aos quinze anos já se dedica à alfabetização das crianças na fazenda, em São Roque, para onde a família se mudara. Nessa época já escrevia versos, contos e crônicas – vocação sempre incentivada pelo pai, que a põe em contato com poetas da época (Ezequiel Freire e Narcisa Amália*). A partir de 1893, a família muda-se para a capital paulista, onde seu pai, Juiz Dr. José Rolim de Oliveira Ayres, assume a presidência do Tribunal de Justiça do Estado.

No meio intelectual paulistano, Zalina Rolim passa a ser presença de destaque, inclusive apontada como uma das jovens mais belas de seu meio. O momento era de grande efervescência econômica, devido ao incremento da imigração (em substituição ao braço escravo), subsidiada pelo Governo, para a lavoura cafeeira, então em plena expansão. Simultaneamente, na área da Educação, surgiam transformações de base. Por meio de medidas governamentais, o Curso Normal de formação de professores entrava em nova e definitiva forma, sob a direção de Antônio Caetano de Campos, assistido por duas mulheres de grande cultura: Maria Guilhermina Loureiro de Andrade (que estagiou quatro anos nos EUA) e Miss Márcia Browne (ex-diretora de uma *high-school* em Moden/Boston-EUA). Junto à Escola Normal foi criada uma escola especial para as crianças: O Jardim da Infância, que, em 1896, passa a receber alunos. Desde sua criação por lei (1893), Zalina Rolim colaborou ativamente para sua organização e instalação, mantendo-se depois como uma de suas principais dirigentes. Em 1893, publicara a coletânea de poesias **O coração**, altamente festejada por "notáveis" da época (Artur Azevedo, Narcisa Amália, Olavo Bilac, Vicente de Carvalho e outros). A adequação dessas poesias ao interesse infantil levou o pedagogo João Kopke a pedir à autora um novo livro, já agora obedecendo ao projeto pedagógico que estava sendo implementado, e que incluía poesia, cantigas e histórias como matéria de currículo, visando à formação integral da criança. Zalina escreve **O livro das crianças**, composto de poemas e ilustrações que se complementam e se propõem às crianças como exercícios de ver, pensar e exercitar a linguagem. Nele está o ingênuo poemeto que até hoje (início do século XXI) as crianças repetem com alegria: *Eu tenho um gatinho / Chamado Setim, / Alegre e mansinho / Que gosta de mim. / Bem cedo, na cama, / Vem ele: 'miau!' / E tanto me chama / Que até fica mau...*

Esse livro abriu caminho para dezenas de outros que lhe seguiram o espírito e o método. Paralelamente à escrita poética e às atividades profissionais no Jardim da Infância, colaborou assiduamente na imprensa de Itapetininga (SP) e da capital paulista (Correio Paulistano e A Província de S.Paulo, atual O Estado de S.Paulo). Foi no Correio Paulistano (06.05.1893) que publicou o soneto Pomba ferida, considerado por Vicente Carvalho e poetas da época uma obra-prima do verso parnasiano

Ela veio cair trêmula, exangue, / junto a um craveiro aberto em rubras flores; / Tinha entre as penas úmidas de sangue, / Das pétalas do cravo, as rubras cores. // O moribundo olhar enevoado, / Toda a tremer de inquietação, volvia / Para os beirais fronteiros do telhado, / Donde queixoso pipilar partia... // Batendo as asas, arquejante, ansiado, / Rápido chega, exausto, alucinado, / O Companheiro que lamento ouvira; / E a pobre que a esperá-lo à dor resiste, / Soergue, ao vê-lo, a cabecinha triste / E as brancas asas agitando, expira...

Como escritora e mulher, Zalina aderiu também ao incipiente movimento intelectual paulista feminino, colaborando na revista A Mensageira fundada em São Paulo, em 1897, por Presciliana Duarte de Almeida*. Em 1900, casa-se com o Desembargador José Xavier de Toledo. Em 1918, ao ficar viúva, retira-se por completo das lides literárias e sociais. Faleceu em 1961, sem deixar filhos. Está sepultada no Cemitério da Consolação/Sepultura 14/túmulo da Família Xavier de Toledo.

(Fonte de consulta: Arruda Dantas, **Zalina Rolim**. SP, Ed. Pannartz, 1983.)

Publicações: **O coração** (pref. Ezequiel Freire) 1893; **O livro das crianças**, 1897; e **Livro da saudade** (datado de 1903 continua inédito).

ZÉLIA DE ALMEIDA CARDOSO 1381

Poeta, professora universitária, pesquisadora, ensaísta, Zélia de Almeida Cardoso nasceu em São Paulo (SP), em 1934. Formou-se em Letras Clássicas, na Universidade de São Paulo, onde seguiu carreira acadêmica, na área de Português e Latim. Fez doutorado, livre-docência e concurso para Professora Titular. Realizou estudos de língua inglesa na Univ. de Cambridge (Inglaterra) e língua francesa (Nancy – França). Como docente, tem atuado na USP e em outras universidades, nas áreas de Português, Latim, Teoria Literária e Sociolingüística.

Como pesquisadora e ensaísta, publicou dezenas de estudos críticos, resenhas, ensaios, etc., em revistas especializadas. Surge como poeta em plena maturidade, em 1987, com **Tríptico**. Poesia metafórica, esta flui, dividida em três quadros (como o título o indica): A espera, O encontro e A construção. Sua linguagem seivosa celebra a força suprema do Amor, alimentando-se do húmus mítico-bíblico que está em nossas origens e da vivência humana, no corpo-a-corpo com a vida, em busca da plenitude existencial. Plenitude que só o Amor pode dar. Antes dele, a "espera" é só interrogações, frustrações, dor e vazio; no "encontro", duas buscas que se encontram e se completam em unidade total; e, na "construção", o percorrer o caminho a dois, numa complementação plena e fecunda, que se expande para além do restrito eu-você.

E construímos, sem querer, um mundo. / Um mundo sem lugar para nós, / Para os planos sem fim. / Mas os planos talvez fossem planos / E nós / Nós construímos espirais sem fim. [...] Tu e eu, longe do tempo e dos espaços / Na satisfação completa / do encontro. / "... Disse então Jeová: / Eis que o homem se tornou / como um de nós..." Partilhamos do mistério de amar / E de criar pelo amor. / Desafiamos. / Assumimos. / Realizamos a nossa construção.

Poesia que, para além do caos em que vivemos, consegue ver o além das aparências e aponta o caminho essencial, a ser descoberto.

Publicações: **Tríptico**, 1987. Ensaio – **A construção de as troianas de Sêneca**, 1976; **As elegias de Propércio**, 1984; **A literatura latina**, 1989.

1382 ZÉLIA DE ANDRADE LEMOS

Memorialista, jornalista, pesquisadora, Zélia de Andrade Lemos nasceu em Curitibanos (SC), em 01.11.1925. Desde os anos de 1950, colabora na imprensa de sua região, com contos, poemas e artigos da atualidade brasileira. Vocação de historiadora, desde jovem interessou-se por relatos de fatos históricos de sua terra, divulgando-os por escrito ou através de programas radiofônicos (Rádio Coroado de Curitibanos). De suas pesquisas e memórias, resultaram dois livros publicados: o romance histórico **Curitibanos na história do Contestado** (editado pela Secretaria de Educação de Santa Catarina), e o depoimento memorialista **História dos fanáticos em Santa Catarina**, escrito em colaboração com seu tio (que viveu os acontecimentos). Por sua produção, tem recebido distinções e votos de louvor de órgãos oficiais. É membro da Associação Profissional de Escritores de Santa Catarina.

Publicações: **Curitibanos na história do Contestado**, 1977, e **História dos fanáticos em Santa Catarina** (colab. de Alfredo de Oliveira Lemos), 1966.

1383 ZÉLIA GATTAI

Memorialista, narradora desenvolta e a quinta mulher a ser eleita para a Academia Brasileira de Letras, Zélia Gattai, de descendência italiana, nasceu em São Paulo (SP), em 1916. Casada com Jorge Amado, torna-se a companheira atenta que o acompanhou fielmente até o fim. Estréia como escritora, em 1980, com o romance memorialista **Anarquistas, graças a Deus!**, no qual rememora suas raízes familiares e os percalços da imigração italiana no Brasil. A esse, seguem-se outros títulos, nos quais as memórias da autora estão indissoluvelmente fundidas à vida aventurosa e fecunda de Jorge Amado e suas andanças pelas "sete partidas do mundo". Obra que testemunha importantes acontecimentos históricos de nosso tempo, a de Zélia se oferece também como prazeroso entretenimento. Com o falecimento de Jorge Amado (06.08.2001), candidata-se à sua vaga de imortal na ABL, e é eleita por quase unanimidade.

Publicações: **Anarquistas, graças a Deus!**, 1980; **Uma chapéu para viagem**, 1982; **Senhora dona do baile**, 1984; **Jardim de inverno**, 1988; **Chão de meninas**, 1992; **Crônica de uma namorada**, 1993; **Segredo da rua**, 1998; **A casa do rio vermelho**, 1999; e **Códigos de família**, 2001.

ZÉLIA VILELA DE MANERA 1384

Romancista, contista, teatróloga e ensaísta, Zélia Vilela de Manera nasceu em Uruguaiana (RS), em 03.09.1885. Radicou-se no Rio de Janeiro (RJ), onde faleceu em 28.06.1956. Com enorme capacidade de produção e de atuação, colaborou assiduamente na imprensa, atuou na área teatral e publicou romances.

Publicações: Romance – **Na voragem da vida**, 1947; **O diário de viver**, 1948; **Jarau, cerro lendário**, 1950; **Voltando a página**, 1951; e **Olhos que se abrem**, 1954. Contos – **Momentos trágicos**, **O misterioso personagem** e outros. Teatro – **A desconhecida**, **A culpa**, **Resgate**, **Os invisíveis** e outros (todos s/d.).

ZELITA CORREIA 1385

Contista, jornalista, promotora, Zelita (Rodrigues) Correia (dos Santos) nasceu em Aracaju (SE), em 24.09.1940. Formou-se em Direito pela UFBA e ingressa na carreira jurídica como promotora, por concurso. Colaborou regularmente na imprensa baiana, com artigos sobre problemas brasileiros e contos. Participou ativamente do movimento feminista dos anos de 1960 em Aracaju. Foi eleita Conselheira da Condição Feminina da Prefeitura Municipal de Aracaju. Estréia em livro, como contista, com **A porta estandarte**, em 1981.

Publicação: **A porta estandarte**, 1981.

ZÉNIA DE LÉON 1386

Contista, professora universitária, pesquisadora e escritora para crianças, Zénia de Léon (Soares) nasceu em Pelotas (RS), em 06.10.1934. Formou-se em Literatura e Filosofia – Universidade. Católica de Pelotas; fez cursos de extensão de Literatura e Estudos de Patrimônio Histórico-UFPEL. Ingressou no magistério, especializando-se na educação infantil e escrevendo livros destinados a essa faixa de leitores. Posteriormente ingressa na docência superior. Estreou como contista com a coletânea **Além da neblina**, em 1985. A esse, seguiram-se dezenas de títulos de contos infantis e para adultos; biografias; romance histórico, etc. Por sua produção, tem recebido dezenas de prêmios e distinções. Presidiu a Academia Sul-Brasileira de Letras e dirigiu seu jornal Academus.

Publicações: Contos – **Além da neblina**, 1985; **Fronteiras da imaginação**, 1986; **Do outro lado do tempo**, 1986. Romance histórico – **Memórias da escravidão**, 1990. Pesquisa – **Pelotas: sua história e sua gente**, 1997.

ZENÍLIA PAIXÃO 1387

Poeta, *expert* em Legislação Trabalhista, Zenília Paixão nasceu em Contagem (MG) e se radicou em Belo Horizonte (MG), onde faleceu em 1996. Foi oficial judiciário no Tribunal Regional do Trabalho (3ª Região). Espírito aberto à cultura e à literatura, desde muito jovem começou a escrever poesia, divulgando-a, esporadicamente, na imprensa especializada. Participou de vários concursos literários, sendo agraciada com distinções e prêmios, principalmente por sua arte de trovar. Participou de várias antologias poéticas e teve poemas traduzidos em inglês e húngaro. Estreou em livro, em 1993, com os poemas de **O eleito**, na linha lírica e de severo rigor técnico que caracteriza a sua arte. Foi membro-fundadora da Academia Feminina Mineira de Letras; pertenceu à Academia Municipalista de Letras de Minas Gerais, como representante de sua terra, Contagem. Entre as demais entidades de que era membro, estão: União Brasileira de Trovadores – Belo Horizonte e Academia Anapolina de Letras de Goiás.

Publicação: **O eleito**, 1993.

ZENY SANTOS 1388

Poeta e romancista, Zeny Santos nasceu em Domingos Martins (ES) e faleceu em 1986, em São Paulo (SP), onde se radicara. Foi membro-fundadora da Academia Feminina de Letras-ES e da Casa do Capixaba, em São Paulo. Como cronista, publicou assiduamente na imprensa local, reunindo suas crônicas em volume em 1956: **Cacos**. Como romancista, publicou **Saveiros da ilha dos cisnes**.

Publicações: Crônica – **Cacos**, 1956. Romance – **Saveiros da ilha dos cisnes**, 1974.

1389 ZILA MAMEDE

Poeta, bibliotecária e presença atuante no movimento cultural brasileiro, Zila da Costa Mamede nasceu em Nova Palmeira (PB), em 15.09.1928; a partir de 1935, radicou-se em Natal (RN), onde faleceu, em 13.12.1985, afogada no rio Potengi aos cinqüenta e sete anos. Deixou imensa saudade em todos que a conheceram.

Fez seus primeiros estudos no Grupo Escolar Capitão-mor Galvão (Currais Novos). Já em Natal, estuda no Colégio da Imaculada Conceição, onde, influenciada pelas leituras religiosas, sonhou ser freira. Prossegue estudos no Atheneu Norte-rio-grandense, completados com um breve curso de Biblioteconomia, e que acaba sinalizando seu futuro caminho profissional. Com o auxílio de Manuel Bandeira (seu correspondente e amigo), consegue uma bolsa de estudos na Biblioteca Nacional do Rio de Janeiro; bacharelando-se em Biblioteconomia, em 1956. Mais tarde fez cursos de Administração em Bibliotecas nos Estados Unidos (Syracuse University Library) e na Universidade de Brasília (1964).

Organizou as principais bibliotecas do Estado do Rio Grande do Norte, como a Biblioteca Pública Câmara Cascudo e a Biblioteca Central da UFRN, que passou a ter seu nome. Personalidade idealista e dinâmica, ocupou cargos públicos de importância, enquanto participava ativamente da movimentação intelectual do Rio Grande do Norte. Sua produção compreende trabalhos ligados à biblioteconomia e à literatura, principalmente à poesia.

Como poeta, inicia-se nos anos de 1940, publicando poemas na imprensa. Estréia em livros em 1953, com **Rosa de pedra**, no qual se manifesta a influência do esteticismo da "geração de 45" e cuja matéria poética é alimentada pelas "marés da infância", isto é, pelo desejo de resgate das raízes, das origens – tempo imóvel, mítico e absoluto onde o eu encontraria sua definitiva razão de existir. Como diz no Soneto transcendental: *Arranco de mim mesma esta matéria*; claro índice de uma consciência-de-ser que se sabe fruto da fusão misteriosa entre a eternidade (ou tempo absoluto) e a condição humana. No livro seguinte, **Salinas** (Prêmio Vânia Souto Carvalho/1958), a busca das origens se aprofunda no aqui-e-agora primitivo, agreste: é a comunhão abissal com a terra, ou melhor, com todos os elementos naturais. Em **O arado**, a busca do elemento primordial através do esforço para domar a palavra, despojá-la de excessos, para nomear a essencialidade das emoções.

Essencialidade que se revela na polissemia metafórica do título, "arado": instrumento concreto de trabalho revelado na poesia como metáfora da realização existencial profunda do homem. Identificando as vastas searas com a vastidão dos mares, a poeta identifica entre si as duas tarefas: a do semear e a do navegar. Este último, na acepção que lhe davam os primitivos navegadores: "navegar é preciso, viver não é preciso". Isto é, a ação é a realização buscada, não propriamente o alcançar um porto definitivo. Em 1975, depois de dezesseis anos de silêncio, publica **Exercício da palavra**, recolha desigual que mostra dispersão, e não a concentração temática dos livros anteriores. Entre 1975 e 1978, escreve os poemas de Corpo a corpo, nos quais expressa, em maturidade existencial e formal, a problemática básica de sua poesia: a busca do conhecimento (ou reconhecimento) do verdadeiro lugar do homem no mundo que a vida lhe destinou; e a certeza de que à Palavra cabe nomear/revelar esse conhecimento ainda oculto ou apenas pressentido.

Em sua última obra publicada em vida (e marcando 25 anos de poesia), a poeta reuniu todos os seus livros publicados e o inédito Corpo a corpo, sob o título de **Navegos**, "...navegação, andanças, nave e ego de Zilda Mamede". O apresentador do volume, Nei Leandro de Castro, alude à opinião crítica de João Cabral de Melo Neto, que coloca a dimensão poética de Zila Mamede entre a dos maiores nomes da poesia brasileira. Sua produção poética recebeu vários prêmios e distinções. Como pesquisadora, deixou uma importante produção sobre a obra de Câmara Cascudo, João Cabral de Melo Neto e outros.

Publicações: Poesia – **Rosa de pedra**, 1953; **Salinas**, 1958; **O arado**, 1959; **Exercício da palavra**, 1975; e **Navegos**, 1978; e **A herança**, 1984. Estudos bibliográficos – **Bibliografia sobre Chico Santeiro**, 1966; **Luís Câmara Cascudo: um pesquisador**, 1968; **Luís Câmara Cascudo: cinqüenta anos de vida intelectual** (1918-1968), 1970; **Os vários caminhos de Maria Alice Barroso**, 1974; e **Civil geometria: bibliografia crítica e anotada de João Cabral de Melo Neto**, 1987.

ZILAH CORREIA DE ARAÚJO, v. Bárbara de Araújo (nº 186)

ZILDA MAURÍCIO 1390

Poeta, romancista, professora, Zilda Maurício Crisóstomo nasceu em Vitória de Santo Antão (PE), em 14.07.1921. Colaboradora assídua da imprensa. Participou de antologias poéticas. É membro de várias entidades culturais. Estreou em livro, em 1966, com o romance **Terreiro prateado**. Em 1984, publica o livro de poesias **Sombra de nós dois**. Por sua produção literária, tem recebido prêmios e distinções.

Publicações: Romance – **Terreiro prateado**, 1966, e **Encontros**, 1982. Poesia – **Sombra de nós dois**, 1984.

ZILDA NOVAES 1391

Poeta, Zilda Novaes nasceu em Uberaba (MG); em 1956, mudou-se para Belo Horizonte (MG), onde se radicou. Formou-se professora pelo Instituto Santa Terezinha – Uberaba. Colaboradora da imprensa mineira e de revistas literárias; participou de várias antologias poéticas. Por sua produção poética, recebeu distinções e menções honrosas (de Jogos Florais de Sete Lagoas; J. Florais de Vespasiano e Concurso de Trovas da UNT/Belo Horizonte). Estreou em livro, em 1981, com a poesia de **De verde vesti minha estrada**. Publicou, em 1982, o opúsculo Diamantina em homenagem ao sesquicentenário da cidade. Pertence a várias entidades culturais: Academia Municipalista de Letras de Minas Gerais; Academia Feminina Mineira de Letras; Academia União Brasileira de Trovas; Academia Anapolina de Letras-GO.

Publicação: **De verde vesti minha estrada**, 1981.

ZORA SELJAN 1392

Folclorista, *expert* em cultura afro, teatróloga, jornalista, romancista, Zora Seljan, de descendência croata, nasceu em Belo Horizonte (MG), em 07.12.1918. É casada com o escritor Antônio Olinto. Formou-se em Ciências Econômicas pela USP e em Ensaística pela Universidade da Columbia-EUA.1965. Foi leitora de Literatura Portuguesa e Brasileira na Universidade de Lagos – Nigéria, onde residiu com o marido durante dois anos. Fundou o Conjunto Folclórico Oxumaré.

Com Antônio Olinto fundou The Brazilian Gazette. Desde muito jovem voltou-se para o jornalismo, colaborando na imprensa sobre diferentes assuntos, desde os literários ou folclóricos, até os econômicos e políticos. Seus primeiros escritos de poesia foram publicados no SLMG – O Minas Gerais. Foi a primeira jornalista sul-americana a visitar os países da Cortina de Ferro (Rússia e países da União Soviética). Sobre o que viu, escreveu o livro **E vi as democracias populares**, publicado em 1951, depois de finda a Segunda Guerra Mundial. Valendo-se dos arquivos de seu pai, o etnógrafo croata Stevo Seljan, escreveu uma série de artigos sobre o que foi a invasão da Itália na Abissínia, nos anos de 1930.

Foi depois de terminada a guerra, quando acompanha o marido em missão cultural na Nigéria, no início dos anos de 1950, que Zora se volta para as pesquisas sobre os costumes, cultura e artes africanas. Escolheu o gênero teatro para dar forma transmissível às suas descobertas. Torna-se uma arguta pesquisadora do folclore afro, e com o acervo de seus costumes, crenças, lendas, danças, ela realiza estudos que lançam luz sobre essas nossas raízes arcaicas. Transformando suas pesquisas em teatro, sua obra se torna uma das grandes fontes não só para a divulgação desse importante lastro de nossa brasilidade, mas também para incentivar novas pesquisas.

Reunindo tais experiências em livro, para sua maior expansão entre o público, publica em 1958 a peça **Três mulheres de Xangô**. Em 1978, reedita essa peça, juntamente com outras inéditas, em livro com o mesmo título. As peças são precedidas de um longo capítulo introdutório, com um minucioso detalhamento acerca não só de como deverá ser feita a montagem teatral das peças, mas também com esclarecimentos sobre a natureza de cada personagem, das danças, músicas, cenários, etc. Para essa montagem, a autora fala sobre a necessidade de os responsáveis se munirem de "força criadora, cultura folclórica, sensibilidade musical, coreografia e plástica", para lograrem um espetáculo belo e autêntico. E conclui:

Meus personagens são deuses que se manifestam dançando. Não somente a palavra, também a música e os bailados são indispensáveis à ação dramática do "Oxum Abalô" (deusa "que brinca com o leque"). [...] Não se deve esquecer a mensagem de beleza das tradições populares. É preciso haver respeito e entusiasmo pela herança cultural africana, separando, dos cultos fetichistas, os enxertos grosseiros, escolhendo o lado positivo, lendário e grandioso. Que se veja, no "machado de Xangô", por exemplo, não apenas uma lasca de pedra, mas a origem do fogo, o símbolo dos trovões. Que se dê aos orixás a mesma vitalidade dos deuses olímpicos; aos toques e cantos, a importância da perdida música grega; e às lendas, uma austeridade comparável à da Mitologia.

Como se vê, os caminhos propostos por Zora Seljan ainda estão à espera de uma divulgação e projetos à altura de sua importância para nós, brasileiros.

Escreveu também para as crianças histórias divertidas, que resgatam o nosso folclore: **Livro de Fuzilico**, 1952; **João Minhoca** (teatro de bonecos), 1954; **Saci-pererê em Londres**, 1981; e **O navio do sul e outras estórias**, 1981. Muito ligada à Bahia, através de suas pesquisas, Zora Seljan ocupa lugar importante na Casa de Xangô no Axé de Opô Afonjá em Salvador.

Publicações: Teatro – **Três mulheres de Xangô**, 1958; **As moças do corpo cheiroso**, 1959; **A donzela Teodora**, 1959; **Os negrinhos**, 1960; e **Três mulheres de Xangô e outras peças afro-brasileiras** (Oxum Abalô, Iansan, mulheres de Xangô, A orelha de Obá; Os negrinhos, A festa do Bonfim), 1978 (RJ, Ibrasa/MEC). Ensaio – **A educação na Nigéria**, 1966; **A demanda de Dom Domingos**, s/d. Folclore – **História de Oxalá**, 1965; **Iemanjá e sua lendas**, 1967; **Iemanjá, mãe dos Orixás**, 1972. Contos de encantamento – **Contos do amanhã**, 1979. Crônica – **No Brasil, ainda tem gente de minha cor?**, 1978. Biografia – **São Vicente Ferrer, santo prodigioso**, 1980. (Vários destes títulos foram traduzidos em inglês.)

1393 ZORAIDA BRASILEIRO

Poeta, jornalista, advogada, Zoraida (Bandeira) Brasileiro nasceu em Maceió (AL), em 04.07.1918. Formou-se em Ciências Jurídicas na UFAL e ingressou na profissão de advogada. Colaborou assiduamente em vários jornais locais (Gazeta Feminina, Página Feminina-Jornal de Alagoas). Iniciou-se poeta ainda adolescente, mas só na maturidade estréia em livro, com a coletânea **Crisálidas** (Meu álbum de poesias e Novas poesias), em 1960. Pertence a várias associações culturais.

Publicação: **Crisálidas**, 1960.

1394 ZORAIDA HOSTERMAN GUIMARÃES

Poeta, cronista, contista, professora, Zoraida Hosterman Guimarães nasceu em Florianópolis (SC), em 11.12.1925. Formou-se pelo Curso Normal e ingressou no magistério oficial. Iniciou-se como escritora, colaborando com poesias e crônicas ou contos na imprensa local e em jornais do Rio de Janeiro. Tem participado de diversas antologias poéticas ou de crônicas, publicadas no Rio de Janeiro e Porto Alegre. Por sua produção recebeu prêmios e medalhas. É membro de diversas associações culturais (Associação Catarinense de Escritores Profissionais-SC; Academia Cristã de Letras-SP; Movimento Poético Nacional, no qual representa Santa Catarina; Academia Petropolitana de Letras e outras).

Estreou em livro, em 1975, com a coletânea de poesias e crônicas **Folhagerando**. Seu segundo livro, **Há sol atrás da montanha**, conquistou o 1º lugar no VII Festival do Livro Brasileiro – João Pessoa, 1981. Seguem-se outros títulos.

Publicações: **Folhagerando**, 1975; **Há sol atrás da montanha**, 1980; **Semeadura**, 1979; e **A dança da vida**, 1984.

1395 ZULA MURINELLY

Poeta espontânea, Zula (Arlinda) Murinelly (Cirino) nasceu em Fortaleza (CE), em 24.02.1901. Embora tenha se dedicado unicamente às lides domésticas, desde jovem escrevia versos. Só aos 86 anos resolve publicar em livro a sua produção, na coletânea **Momentos de inspiração**, na linha clássica do soneto parnasiano. No ano seguinte lança nova coletânea, **Versos & visões**.

Publicações: **Momentos de inspiração**, 1987, e **Versos & visões**, 1988.

ZULEICA LINTZ 1396

Poeta e tradutora, Zuleica Lintz nasceu em São Paulo (SP), em 28.05.1911. Dedicou-se à poesia, divulgando-a inicialmente pela imprensa, e fazendo traduções de poetas ingleses e irlandeses. Participou da **Coletânea de poetas paulistas** (org. Eneas de Moura), 1951. Estreou em livro individual nos anos 1930, com **Estrela cadente**.

Publicações: **Estrela cadente**; **Horas líricas e prelúdio**, 1932.

ZULEIKA DOS REIS 1397

Poeta paulista, Zuleika dos Reis estréia em livro em 1984, com **Poemas de azul e pedra**, muito bem recebido pela crítica, e no qual, como o título já indica, são postos em confronto os altos ideais ou sonhos (azul) perseguidos pelos homens, e a impossibilidade de realização sonhada (pedra).

Seu segundo livro, **Espelho em fuga**, é apresentado por Caio Porfírio Carneiro e Carlos Felipe Moisés, com prefácio de Álvaro Alves de Faria, poetas e críticos que ressaltam a força dessa poesia despojada e densa, que se alimenta do cotidiano incolor e repetitivo, mas continuamente escavado, em busca da plenitude que só a poesia dá. Poesia metafórica, engendrada em lucidez e desencanto, esta se concentra em um momento de reflexão sobre a vida. O título, Espelho em fuga, já aponta para o cerne da problemática: a vida espelhada em repetição... e "fuga", entre seus vários significados: "ação de fugir", "estado de perturbação psicológica" e "composição musical em contraponto sobre um tema básico"; é neste último sentido que se concentra, como vemos já no poema de abertura, A Casa; as viagens. Nele, num primeiro tempo, temos uma afirmação que, no segundo tempo, se repete como negação. Note-se que nesse poema, a poeta joga com os significados simbólicos de "casa", como "ser interior" (as "moradas" de que falava a poeta mística Tereza de la Cruz), e "viagem", como a realização existencial plena.

No primeiro Tempo, lê-se:

A casa adere *à pele / como um navio ao mar. / O sonho interior da água / persegue uma rota própria. / (a fecunda dor da água / protege linhas submersas). / Quando uma ilha irrompe / É de parto, a dor da água...*

No segundo Tempo, lê-se:

Quando a raiz de asa se aprofunda / não há céu que a detenha. // A casa não adere *à pele / como um navio ao mar. / A casa não adere à pele / como uma asa ao ar. / O sonho interior da água / o sonho interior da asa / perseguem sua rota própria. // A dor fecunda do homem / fecunda o homem/ emerge as ilhas e os pássaros / das águas fundas do homem / e organiza-lhe as viagens.*

Como se vê, a poesia espelha dois níveis de vivência: no primeiro, o simples viver humano, a vida puramente humana (somos "ilhas" que "irrompem", emergindo das "águas" primordiais); no segundo, a que se dá na esfera da criação poética, quando o ser ultrapassa sua dimensão puramente física de "ilha" para se tornar "asa". Poesia consciente do poder da palavra, como revelação do ser a si mesmo e aos outros, a de Zuleika dos Reis testemunha o processo de transformação que vem sendo vivido pela mulher pós-moderna: liberada dos preconceitos antigos, mas ainda sendo Penélope à espera de Ulisses.

Dia após dia ergues / um edifício precário / ao rés do cotidiano. / Essa inglória odisséia / de rejuvenescer lençóis / na arquitetura das camas. [...] Ainda que mal compreendam / as mãos não perguntam nada. / Apenas refazem / no ciclo interminável / o gesto de Penélope. [...] Não me preveniram / que ir ao oceano / seria acumular cargos.

Quanto a Ulisses, também anda à deriva:

De volta a Ítaca / oceano de faróis / e congestionamento. / Nem é preciso / tapar os ouvidos / e amarrar-se ao mastro. / Todas as sereias morreram.

Publicações: **Poemas de azul e pedra**, 1984, e **Espelho em fuga**, 1989.

1398 ZULEMA BERGMILLER

Romancista carioca, Zulema Bergmiller publicou, em 1996, o romance **Com dólar não se brinca**.

Publicação: **Com dólar não se brinca**, 1996.

1399 ZULEMA RIDA

Ficcionista memorialista, Zulema Rida nasceu na Argentina, filha de mãe egípcia e pai francês. Nos anos de 1950, muda-se para o Brasil. Em 1963, publica **Cachimbo cachorro & clube**, escrita novelesca que funde memória e ficção; e que, apesar de seu tom leve e picaresco, resulta em uma dolorida denúncia da frustração humana a que o Sistema, a Educação e a hipocrisia social condenam os seres desde a infância. Sintonizada com os ventos liberadores que sopravam nos anos de 1960, sua fala descontraída se transforma em um contundente depoimento sobre a espontânea submissão da mulher às "ordens" da Sociedade e do Homem, mesmo à custa de sua total frustração como ser humano. Frustração aceita sem questionamentos e como fatalidade. Na apresentação, o escritor Paulo Dantas sintetiza:

Escrevendo gostoso e rápido, não se filiando a nenhum gênero determinado, tanto participando da ficção como do depoimento transfigurado, da crônica satírica e mundana, como também do memorialismo intimista, Zulema Rida, vinda da Argentina com muita carga de mistério, logo impressiona pelo seu forte tom e independente, que é toda a sua exata maneira de escrever. Cortante, navalhante misturando crítica com afetos, análises com ironia, aparentemente zombando mas intimamente se comovendo com a humilde e fraterna condição humana, Zulema Rida toma partido, [...] sempre incisiva e brusca, flagrateando realidades humanas, convergindo para uma ironia total e mordaz...

Publicação: **Cachimbo cachorro & clube**, 1963.

1400 ZULMIRA GUIMARÃES CANDURO

Novelista, romancista e contista, Zulmira Guimarães Canduro nasceu em Porto Alegre (RS), em 06.02.1917. Colaborou na imprensa gaúcha com contos e artigos. Estreou em livro, em 1975, com a coletânea de contos **Chuva miúda**. Seguem-se outros.

Publicações: Conto – **Chuva miúda**, 1957. Romance – **Carta marcada**, 1962. Novela – **Além do silêncio**, 1968; e **Tempos depois**, 1972.

1401 ZULMIRA RIBEIRO TAVARES

Ficcionista, poeta, professora universitária, pesquisadora, tradutora, *expert* em meios de comunicação visual, Zulmira Ribeiro Tavares nasceu na capital paulista em 1930. Presença atuante no meio cultural paulistano, desde os anos de 1960 colabora na imprensa, com artigos e ensaios sobre cinema, política cultural e as várias diretrizes do experimentalismo nas artes em geral. Formou-se em 1951 pelo Seminário de Cinema do Museu de Arte de São Paulo. Trabalhou na Cinemateca Brasileira, como montadora de filmes e pesquisadora sobre cinema e documentação. Tem ministrado cursos de pós-graduação na ECA – Escola de Comunicação e Artes-USP. Foi Colaboradora do Suplemento Literário do OESP, nos anos de 1960/1970, sob a direção de Décio de Almeida Prado.

Estréia em livro, como poeta, em 1956, com **Os campos de dezembro** (publ. pelo Clube de Poesia-SP). Em 1957, recebeu o 1º Prêmio – Concurso de Adaptação de Contos Brasileiros para o Teatro (promoção do Teatro de Arena-SP), com a peça Pedro Malazartes, na versão de Lindolfo Gomes. Peça encenada pelo Teatro Paulista do Estudante, com direção de Beatriz Segall. No mesmo concurso, recebeu Menção Honrosa pela adaptação teatral do conto O crime do Tapuio, de José Veríssimo. Organizou a antologia poética **Quatro mil anos de poesia**, publicada em 1969. Entre suas traduções, destaca-se o livro de Jean Baudrillard, **O sistema dos objetos**, acompanhado de um trabalho crítico sobre a obra. Tradução publicada em 1973, pela Ed. Perspectiva-SP na Coleção Debates, de cujo Conselho Editorial fazia parte. Em 1974, com o livro **Termos de comparação** (miscelânea de contos, poesia e ensaios), assume-se como escritora consciente das mil e uma forças contraditórias que, em nosso mundo em transformação, agem sobre o indivíduo e que hoje são definidas como pós-modernas. Na apresentação de Roberto Schwarz, são dadas algumas "chaves" para uma melhor compreensão da leitura:

Depois que entrou para o nosso cotidiano, a modernização vem causando uma salada que será certamente secular. Psicanálise, lingüística, sociologia, publicidade, capital, maravilhas da técnica, etc., em forma degradada, tornaram-se parte de nosso ambiente natural. No que vão dar ninguém sabe. [...] A utilização dessa matéria mesclada é um modo hoje comum de captar a marca da modernidade.

*Entretanto, seu uso é polêmico, seja para denegrir os tempos, seja para exaltar o progresso. Os escritores sabem que ela lhes serve apenas de instrumento. Em **Termos de comparação**, pelo contrário, ela (a matéria mesclada) é hábitat, ambiente, "um tantinho estranho", em que é preciso se orientar. [...] Seu efeito singular e moderno está na vivacidade da reflexão, literalmente desnorteada, buscando prumo no descampado heterogêneo das noções comuns. Será uma inteligência nova? Uma tolice antiga? Uma paisagem lunar? Um depósito de lixo?*

Tais interrogações ficam sem resposta. Zulmira Tavares está entre os escritores indefiníveis, porque sintonizados com estes tempos de ruptura de limites e de criação literária, que manipula a palavra como matéria-prima, e a ironia como "filtro" do mundo ali expresso. Os livros que se seguiram aprofundam/expandem essa peculiar arte de escrita: **O japonês de olhos redondos**; **O nome do bispo** (Prêmio Mercedes-Benz, 1986, como o melhor romance nacional escrito desde 1983); **O mandril** e outros.

Obra objeto de uma excelente fortuna crítica (Roberto Schawrz, Vilma Arêas, Berta Waldman...), a de Zulmira foi definida sinteticamente por Gilda de Mello e Souza:

A idéia de que os opostos não são irreconciliáveis, mas ligados por uma secreta analogia – e por isso podem ser convertidos – atravessa toda a relação sarcástica que Zulmira mantém com a linguagem, explicando em parte o uso que costuma fazer do belo e feio, do raro e do desprezível.

Publicações: Poesia – **Os campos de dezembro**, 1956. Miscelânea – **Termos de comparação**, 1974. Ficção – **O japonês do olhos redondos**, 1982; **O nome do bispo**, 1985; **O mandril**, 1988; **Jóias de família**, 1993; **Café pequeno**, 1995; e **Cortejo em abril**, 1998.

bibliografia fonte

ABRANCHES, Garcia (org.). **O censor maranhense** (1825-1830) ed. fac-similar. São Luís, Ed. Sioge, 1980.

ALMEIDA, Nelly Alves de. **Análises e conclusões**. 2 vs. Goiânia, 1985.

ALMEIDA, Márcio (org.). **Encontro 55**. Juiz de Fora, Associação Cultura Luso-brasileira, 1980.

ALVES, Marieta (org.). **Escritores baianos**. Salvador, Fundação Museu da cidade de Salvador, 1977.

A Mensageira (Revista literária dedicada à mulher brasileira). 2 vs. Ed. fac-similar (1887-1900.) SP, Imprensa Oficial do Estado, 1987.

Anuário (1973-1974) da Academia Feminina de Letras e Artes de Goiás. Goiânia, 1975.

ARAÚJO, Benito (org.). **Antologia de poetas nordestinos**/ano 2000. Recife, UBE-PE, 2000.

_______. **Poemas de sal e sol** (antologia de poetas nordestinos e contemporâneos). Recife, Ed. Micro, 1999.

BARBOSA, Leila M. F. & RODRIGUES, Marisa T. (orgs.). **Retrato no espelho**. Juiz de Fora, Associação Cultura Luso-Brasileira, 1982.

BITTENCOURT, Adalzira (org.). **Dicionário biobibliográfico de mulheres e intelectuais do Brasil**. RJ, 1969.

BLAKE, A. Sacramento. **Dicionário bibliográfico brasileiro** (1883 – 1902). 2ª ed. 7 vs. RJ, Conselho Federal de Cultura, 1970.

BOAVENTURA, Edivaldo M. **Papéis e personalidades de baianos**. RJ, Tempo Brasileiro, 1985.

BOSI, Alfredo. **História concisa da literatura brasileira**. SP, Cultrix, 1970.

BRASIL, Assis. **A poesia baiana no século XX**. RJ, Imago, 1999.

_______. **A poesia cearense no século XX**. RJ, Imago, 1996.

_______. **A poesia goiana no século XX**. RJ, Imago, 1997.

_______. **A poesia maranhense no século XX**. RJ, Imago, 1994.

_______. **A poesia mineira no século XX**. RJ, Imago, 1998.

BRITO, Célia C. Seixo. **A mulher, a história e Goiás**. Goiânia, 1982.

Calendário da mulher – 1986. SP, Conselho Estadual da Condição Feminina/Governo Franco Montoro, 1986.

CALMON, Pedro. **História da literatura bahiana**, RJ, José Olympio, 1949.

CARLSON-LEAVITT, Joyce. "Adélia Prado – redimensionando o feminino: o erotismo e o cotidiano" (trad. Marcus Dodt). Belo Horizonte, IX Seminário Mulher & Literatura, 2001.

CARPEAUX, Otto Maria. **Pequena bibliografia crítica da literatura brasileira**. RJ, Ministério da Educação, 1955.

CARRÉ, Toni (org.). **Vozes femininas**. (40º aniversário da Academia Literária Feminina do Rio Grande do Sul). Porto Alegre, 1984.

CARVALHO Fº, Aloysio de. **Coletânea de poetas bahianos**. RJ, Ed. Minerva, 1951. Catálogo da Amostra permanente de obras de escritores mato-grossenses (org. Silva Freire/B. Sant'Ana). Cuiabá, Imprensa Universitária, 1986.

CAVALCCANTE, Joyce (org.). **Contos cearenses**. SP, Maltese, 1996.

CAVALHEIRO, Maria Thereza. **Colombina, sua poesia romântica e erótica**. SP, F. Scortecci, 1987.

CHAMIE, Mário (org.). **Escritor brasileiro**. SP, Secretaria Municipal de Cultura/Prefeitura Municipal, 1981.

COSTA, Fernando Marques da. **A maçonaria feminina**. Lisboa, Ed. Vega, 1979.

COUTINHO, Afrânio (org.). **A literatura no Brasil** (6 vs.). RJ, José Olympio, 1968-1986.

Criação crioula (Anais do I Encontro de poetas e ficcionistas negros brasileiros). SP, 1987.

CURVELLO, Aricy (org.). **Poesía de Brasil**. (trad. espanhol Gabriel Solis). Bento Gonçalves (RS), Proyecto Cultural Sul/Brasil. 2000. v.I

DUARTE, C. L. & MACEDO, D. F. (orgs.). **Literatura do Rio Grande do Norte**. Natal, Governo do Estado-RN, 2001.

DUARTE, José Afrânio Moreira. **De conversa em conversa**. SP, Ed. Escritor, 1976.

_______. **Opinião literária**. Belo Horizonte, Imprensa Oficial, 1988.

_______. **Palavra puxa palavra**. SP, Ed. Escritor, 1982.

DURHAM, Carolyn Richardson & ALVES, Miriam (orgs.). **Finally us/Finalmente nós**. (ed. bilíngüe). Colorado, Three Continent Press, 1995.

ELTON, Elmo. **O noivado de Bilac**. RJ, Org. Simões, 1954.

Escritores brasileiros contemporâneos. 2ª série. RJ, Civilização Brasileira, 1964.

EXPILLY, Charles. **Mulheres e costumes do Brasil** (trad. Gastão Penalva). SP, Cia. Ed. Nacional, 1935.

FARACO & HICKMANN (orgs.). **Quem é quem nas letras rio-grandenses**. 2ª ed. Porto Alegre, Prefeitura Municipal/ Secretaria Municipal de Cultura, 1983.

FERNANDES, A. (org.). **Nossa mensagem**. RJ, Folha Carioca, 1977.

FERREIRA, Luzilá G. et alli (org.). **Suaves amazonas**: mulheres e abolição da escravatura no Nordeste. Recife, Ed. Universitária/UFPE, 1999.

FILHO, Adonias (org.). **Histórias da Bahia**. RJ, Edições GRD, 1963.

FLEURY, Rosarita. **Eurydice Natal e Silva**. Goiânia, Ed. Líder, 1979.

FLORES, Hilda A. Hubner (org.). **Dicionário de mulheres**. Porto Alegre, Nova Dimensão, 1999.

FREY, Gino (org.). **Cantigas do natal e outros cantos**. Porto Alegre, Ed. Caravela, 1986.
_______. **Mulher:** poesia hoje-II. SP, Ed. Caravela, 1987.

GALENO, Cândida (org.). **O livro da Ajebiana**. Fortaleza, Ed. H. Galeno, 1979.

GALENO, Henriqueta. **Mulheres admiráveis**. Fortaleza, Casa de Juvenal Galeno, s/d.

GARIGÉ, Eduardo. "Biografia de M. Augusta da Silva Guimarães". **Lyra dos vinte anos da autora**. Bahia, 1896.

GIRÃO, Raimundo & SOUSA, M. da Conceição. **Dicionário da literatura cearense**. Fortaleza, Imprensa Oficial, Ceará, 1987.

GUARANÁ, Armindo. **Dicionário bibliográfico sergipano**. Aracaju, 1925.

GOMES, Otávio G. (org.). **Poesia do Mato Grosso do Sul**. Corumbá, 1988.

HOLANDA, Sérgio Buarque. **Capítulos de literatura colonial**. SP, Brasiliense, 1991.

IANEZ, Eduardo. **As Literaturas no século XVIII**. Lisboa, Planeta, 1994.

IGREJA, Francisco (org.). **Dicionário de poetas contemporâneos**/1988. RJ, Oficinas Letras & Artes, 1988.

JARDIM, Rachel (org.). **Mulheres e mulheres**. RJ, Nova Fronteira, 1978.

Lavrenses ilustres. Fortaleza, Secretaria de Cultura, 1986.

LAYTANO, Dante. **Luciana de Abreu** (1º centenário de nascimento 1847-1947). Porto Alegre, Ed. Museu Júlio de Castilhos, 1949.

Leitura e conjuntura. Fortaleza, Secretaria de Cultura, 1984.

LESCAULT, Gilbert. **Petit vocabulaire de la feminité representée**. Paris, Union Générale d'Éditions, 1977.

LINHARES, Mário. **História literária do Ceará**. RJ, Tip. Jornal do Comércio, 1948.

LUCAS, Fábio. **Poesia e prosa no Brasil**. Belo Horizonte, Interlivros, 1976.

LYRA, Pedro. **Sincretismo**: a poesia da geração de 60. RJ, Topbooks/Fund. Cultural de Fortaleza – Fundação Rioarte, 1995.

MACEDO, Dimas. "Literatura feminina cearense: uma introdução", in **DN – Cultura do diário de notícias**. Fortaleza, 1984.

MACHADO, Janete Gaspar. **A literatura em Santa Catarina**. Porto Alegre, Mercado Aberto, 1986.

MAGALHÃES JR., Raimundo (org.). **O conto feminino**. RJ, Civilização Brasileira, 1959.

MARINHEIRO, E. (org.). **Dicionário biobibliográfico do autor da microrregião do agreste de Borborema**. Campina Grande, CNPq/UFPb/urn, 1982.

MARTINS, Mário Ribeiro. **Jornalistas, poetas e escritores de Anápolis**. Anápolis, Academia Anapolitana de Letras, 1986.

MATTOS, Cyro (org.). **Ilhéus de poetas e prosadores**. Salvador, Fundação Cultural do Estado da Bahia, 1998.
_______. **Itabuna, chão de minhas raízes**. Salvador, 1996.
_______. **O conto em 25 baianos**. Ilhéus, Universidade Estadual Santa Cruz, 2000.

MEIRELES, Mário. **Panorama da literatura maranhense**. São Luís, Imprensa Oficial, 1955.

MELO, Luís Correia de. **Dicionário de autores paulistas**. SP, Comissão IV Centenário da Cidade de São Paulo, 1954.

MENDONÇA, Rubens de. **Dicionário biográfico mato-grossense**. Cuiabá, 1953.

MENEZES, Raimundo (org.). **Dicionário literário brasileiro**. RJ, Livros Técnicos e Científicos, 1969.

MIGUEL-PEREIRA, Lúcia. **História da literatura brasileira: prosa de ficção** (1870/1920). RJ, José Olympio-INL, 1973.

MIRANDA, M. A. Tibiriça. **Alice Tibiriça**: lutas e ideais. RJ, 1980.

MOREIRA, Álvaro (org.). **Antologia dos poetas da nova geração**. RJ, Irmãos Potengi Ed., 1950.

MOTA, Artur. **História da literatura brasileira**. 2 vs. 1943.

Mulheres do Brasil. 4º volume da série. Fortaleza, Ala Feminina – Casa Juvenal Galeno, 1986/1993.

MUZART, Zahidé (org.). **Escritoras brasileiras do século XIX**. SC, Edunisc, 1999.

NASCENTE, Gabriel. **A nova poesia em Goiás**. Goiânia, Oriente, 1978.

NOVAES, M. Stella. **A mulher na história do Espírito Santo**.(original mimeografado do exemplar da Biblioteca da Fundação Jones dos Santos Neves). Vitória, s/d.

Novos poetas brasileiros. RJ, Shogun Arte, 1985.

OLIVEIRA, Américo Lopes de & VIANA, Mário Gonçalves (orgs.). **Dicionário mundial de mulheres notáveis**. Lisboa, Lello & Irmãos, s/d.

PEREIRA, C.C.; PERES, D. e RODRIGUES, M. (orgs.). **Dramaturgia & teatro**. Niterói, Associação Nacional de Pesquisa/UFF, 2000.

PEREZ, Renard. **Escritores brasileiros contemporâneos**. 1ª série. RJ, Civilização Brasileira, 1960.

POZENATO, José Clemente. **O regional e o universal na literatura gaúcha**. Porto Alegre, Ed. Movimento, 1974.

QUINLAN, Susan C. & SHARPE, Peggy (orgs.). **Visões do passado/Previsões do futuro/Duas modernistas esquecidas**. Goiânia/RJ, Ed. UFG/Tempo Brasileiro, 1996.

RAMALHO, Christina (org.). **Literatura e feminismo**. RJ, Elo Ed., 1999.

RAMALHO, Christina. **Um espelho para Narcisa**. RJ, Elo Ed., 1999.

RIBEIRO, Francisco Aurélio. **A literatura no Espírito Santo**: uma marginalidade periférica. Vitória, Ed. Nemar, 1996.

ROCQUE, Carlos (org.). **Antologia da cultura amazônica**. Belém, 1970.

Rodízio de contos. Porto Alegre, Mercado Aberto, 1985.

RODRIGUES, Marise. "Maria Jacintha: dramaturgia de autora feminina". Comunicação. IX Seminário Mulher e Literatura/UFMG. BH, agosto, 2000.

SABINO, Ignez. **Mulheres illustres do Brazil**. Ed. fac-similar. Florianópolis, Editora das Mulheres, 1996.

SADLIER, Darlene. **One hundred years after tomorrow** (Brazilian women's fiction in the 20th century). Bloomington, Indiana University Press, 1992.

SAVARY, Olga (org.). **Antologia da nova poesia brasileira**. RJ, Fundação Rioart/Ed. Hipocampo, 1992.

_______. **Poesia do Grão-Pará**. RJ, Graphia Ed., 2001.

SIMÕES, M. Lourdes Netto (org.). **Poetas novos da região cacaueira** (1982/1986). Brasília, Horizonte Ed., 1987.

SOUZA, A. Loureiro (org.). **Baianos ilustres** (1564/1925). Salvador, Prêmio Carlos Laet/ABL/1950, 1973.

TACQUES, Alzira de Freitas (org.). **Perfis de musas-poetas e prosadores brasileiros**. 5 vs. Porto Alegre, Thurmann Ed., 1956/58.

TELES, Maria Amélia de Almeida. **Breve história do feminismo no Brasil**. SP, Brasiliense, 1993.

VIANA, Mário Gonçalves. **Dicionário mundial de mulheres notáveis**. Porto, Lello & Irmãos, 1967.

VIEIRA, José Couto. **História da literatura sul-mato-grossense**. SP, Ed. do Escritor, 1981.

VILLAS-BOAS, Pedro. **Notas de bibliografia sul-rio-grandense**. Porto Alegre, Instituto Estadual do Livro, 1974.

VITOR, E. D'Almeida. "A hoje esquecida Eufrosina Miranda", in **A Tarde**. Salvador, 04.11.1980.

bibliografia crítica

AEBISHER, V. & FOREL, C. (orgs.). **Falas Masculinas, Falas Femininas?**. SP, Brasiliense, 1991.

ALBORNOZ, Celina & KUHNER, Maria Helena (orgs.). **Homem-Mulher: uma relação em mudança**. RJ, Centro Cultural Banco do Brasil, 1994.

ALVES, Branca Moreira. **Ideologia e Feminismo**. Petrópolis, Vozes, 1980.

"América Latina: Mujer, Escritura", Praxis – **Revista Nuevo Texto Critico.** Stanford University, 1989.

"A mulher na Literatura Brasileira" (I Encontro com a Literatura Brasileira). SP, SCCT/Secretaria Municipal de Cultura/Câmara Brasileira do Livro, 1977.

A mulher na literatura. V. III (org. Nádia Batella Gotlib). BH, ANPOLL-VITAE-UFMG, 1990.

Anais – V Seminário Mulher & Literatura. Natal, UFRN, Ed. Universitária, 1995.

AUBERT, Jean-Marie. **La femme**. Antifeminisme et Christianisme. Paris Cerf./Desclée, 1975. (Estudo das exegeses bíblicas da cultura ocidental.)

BACHOFEN, J. Johann. **Mitologia arcaica Y derecho materno.** Barcelona, Anthropós, 1988.

BELOTTI, Elena Gianini. **Dalla parte delle bambine**. 2ª ed. Milano, Feltrinelli, 1974.

BERNARDES, M. Thereza Caiuby Crescenti. **Mulheres de ontem** (século XIX). SP, T. A. Queiroz, 1988.

Boletim Bibliográfico – Biblioteca Municipal Mário de Andrade. V. 43, nº 3/4, (nº especial sobre literatura feminina) SP, jul./dez.1982.

BRANCO, Lúcia Castello. **O que é escrita feminina**. SP, Brasiliense, 1991.

BRANDÃO, R. Silviano. **A mulher escrita**. RJ, Ed. Casa Maria, 1989.

CHAVES, Anésia Pacheco. **E agora, Mulher?** RJ, Ed. Guanabara, 1988.

COELHO, Mariana. **A evolução do feminismo**. 1ª ed. Curitiba, 1933. 2ª ed. (org. Zahidé Muzart) Curitiba, Imprensa Oficial do Paraná, 2002.

COELHO, Nelly Novaes. **A literatura feminina no Brasil contemporâneo**. SP, Siciliano, 1993. "Pour une Poétique de la voix feminine dans la littérature bresilienne", in Trois, nº 2, Quebéc, Hiver, 1987/1988. vol. 3 .

_______. " 500 anos de presença da mulher na literatura em Portugal e no Brasil: in **Literatura: arte, conhecimento e vida**. SP, Peirópolis, 2000 pp. 89-123.

_______. "A imagem da mulher no século XVIII, in **Revista da biblioteca Mário de Andrade**. nº 1, SP, Departamento de Bibliotecas Públicas, jan./dez., 1955. volume 53.

_______. "A presença da nova mulher na ficção brasileira atual", in Boletim Bibliográfico – Biblioteca Mário de Andrade. nº 3/4. SP, Departamento de Bibliotecas Públicas, jul./dez. 1982. vol. 43.

COLASANTI, Marina. **A nova mulher**. RJ, Nórdica, 1980.

_______. **Mulher daqui pra frente**. RJ, Nórdica, 1981.

COLLANGE, Christiane. **Como vão os homens?** SP, DIFEL, 1982.

CUNHA, Fausto. **A leitura aberta**. RJ, Ed. Cátedra, 1978.

D'INCÃO, Maria Ângela. **Amor e família no Brasil**. SP, Contexto Ed., 1989.

DAL FARRA, Maria Lúcia. "A condição feminina na obra de Florbela Espanca", in **EPA – Estudos portugueses e africanos** nº 5/1985: 111-112. Campinas. Negepo – Instituto de Estudos da Linguagem, UNICAMP.

FLORESTA, Nísia. **Direito das mulheres e justiça dos homens**. 4ª ed. SP, Cortez ed., 1989.

FREYRE, Gilberto. **Modos de homem & modas de mulher**. RJ, Record, 1987.

GUIDICINI, Lúcia Marilena. "Feminismo e Linguagem: uma relação signo-mulher", in **Boletim nº 47**. Departamento de Letras Modernas nº 18, FFLCH-USP, 1987.

KOLLONTAI, Alexandra. **A nova mulher e a moral sexual**. SP, Global, 1989.

KUHNER, M. Helena et alii. **A transgressão do feminino**. RJ, PUC/Projeto Mulher–IDAC, 1989.

LE GOFF, Jacques. **O maravilhoso e o cotidiano no ocidente medieval**. Lisboa, Edições 70, 1985.

LEONARD, Linda Schierse. **A mulher ferida** (trad. M. Sílvia Mourão Neto). SP, Saraiva, 1989.

MARKALE, Jean. **La femme celte**. Paris, Payot, 1987. **Les celtes et la civilization celtique**. Paris, Payot, 1987.

MICHELET, Jules. **Sobre as feiticeiras**, 1984.

MONTENEGRO, Abelardo F. **O romance cearense. Fortaleza**, Tip. Royal, 1953.

MORGAN, Elaine. **A queda da mulher** (trad. Luiz Coração). RJ, Artenova, 1973.

MOTTA, Manuel Barros da et alii (colab.). **Sexualidade da mulher brasileira:** corpo e classe social no Brasil. Petrópolis, 1983.

Mulher e literatura (Anais do 3º Seminário Nacional – UFSC). Florianópolis, 1989.

Mulher brasileira: a caminho da libertação (ed. especial da revista Escrita). SP, Vertente Ed., 1979.

MURARO, Rose Marie. **A mulher na construção do mundo futuro**. Petrópolis, Vozes, 1966. (9. ed.)

OLIVAL, Moema de Castro e Silva. **O espaço da crítica**. Goiânia, Ed. UFG, 1998.

ORBACH, Susie & EICHENBAUM, Lusie. **Ternura e ódio** (entre mulheres) (trad. Ione de Souza Ferreira). SP, Record, 1987.

PRAÇA, Délia Cambeiro. **Mito sagrado, feminino**: do emparedamento à iluminação. Dissertação de Mestrado. RJ, UFRJ, 1991.

RANDALL, Margaret. **Estamos todas despertas** (As Mulheres da Nicarágua) (trad. B. A. Canabrava/M. A. Trajber). SP, Global, 1982.

RIBEIRO, Luis Filipe. **Mulheres de papel**. Niterói, EUFF, 1996.

ROSENBERG, Fúlvia. **Literatura infantil e ideologia**. SP, Global, 1979.

SADLIER, Darlene (org.). **One Hundred Years Tomorrow** (Brazilian Women's Fiction in the 20th Century.) Indiana University Press, Bloomington, 1989.

SAFFIOTI, Heleieth. **O poder do macho**. SP, Moderna, 1987.

SANTOS, Andrea Paula dos. "A arte e a pobreza: a obra de Carolina de Jesus", in **Mephisto** nº 1. SP, Revista de Letras, 1994.

SCHNEIDER, Monique. **De l'Exorcisne à la pasychanalyse. Le Féminin Expurgé** (O "feminino" enquanto "corpo estranho" que precisa ser expulso, exorcisado). Paris, Ed. Retz, 1979.

SILVA, Domingues Carvalho da. **Vozes femininas da poesia brasileira**. SP, Conselho Estadual de Cultura, 1959.

SOUTO-MAIOR. Valéria Andrade. **O florete e a máscara**. Florianópolis, Editora Mulheres, 2001.

STEEN, Edla Van. (org.). **O conto da mulher brasileira**. SP, Vertente Ed., 1978.

SULLEROT, Evelyne. **La Mujer, tema candente**. Madrid, Ed. Guadarrama, 1971.

_______. **A mulher no futuro**. (trad. Maura R. Sardinha). RJ, Ed. Forense, 1967.

VAINFAS, Ronaldo. **Casamento, amor e desejo no ocidente cristão**. SP, Ática, 1986.

VENÂNCIO, Renato Pinto. **Ilegitimidade e concubinato no Brasil colonial**. SP, Cedhal, 1986.

WHITAKER, Dulce. **Mulher & Homem: o mito da desigualdade**. SP, Moderna, 1988.

índice
alfabético das autoras

índice
das autoras por estado

ACRE

ALAGOAS

AMAZONAS

BAHIA

CEARÁ

ESPÍRITO SANTO

GOIÁS

MARANHÃO

MATO GROSSO (MT e MS)

MINAS GERAIS

PARÁ

PARAÍBA

PARANÁ

PERNAMBUCO

PIAUÍ

RIO GRANDE DO NORTE

RIO GRANDE DO SUL

RIO DE JANEIRO

SANTA CATARINA

SÃO PAULO

SERGIPE

EXTERIOR

A autora

Nelly Novaes Coelho, paulistana, nascida sob o signo de Touro, em 17.05.1922. Doutora em Letras, Livre Docente e Professora Titular da FFLCH/Universidade de São Paulo. Crítica literária, concentrada na produção contemporânea brasileira e portuguesa, iniciou-se profissionalmente, em 1961, no Suplemento Literário de O Estado de S.Paulo, dirigido por Décio de Almeida Prado. Fez vários estágios no exterior, para estudos ou ministrar cursos de cultura brasileira, como bolsista da Fundação Calouste Gulbenkian (Portugal) e Fundação Fulbright (EUA). Entre as dezenas de livros publicados, estão: **O ensino da literatura**, 1966; **Literatura & Linguagem**, 1975; **Escritores portugueses**, 1973; **Guimarães Rosa**, 1975; **A literatura infantil**, 1981; **Dicionário crítico de literatura infantil/juvenil**, 1983 e **A literatura feminina no Brasil contemporâneo**, 1993 (todos com reedições).

Entre os prêmios recebidos, destacam-se: Prêmio Internacional Bocage (Ministério da Educação. Lisboa/1965); Prêmio Jabuti – Ensaio/1975; Prêmio Especial Ensaio. APCA – Associação Paulista de Críticos de Arte/1983; Medalha Clara Ramos. UBE-RJ/1993 e Troféu Jaburu. Personalidade do Ano/1998 – Conselho Estadual de Cultura de Goiás.

Impresso em novembro de 2002, nas oficinas da Salesianas,
em papel Chamois Fine Dunas 67g/m^2,
fabricado pela Ripasa (tel.: 0800-113257).
Composto em BakerSignet, corpo 10.5pt

Não encontrando este título nas livrarias,
solicite-o diretamente à editora.

Escrituras Editora e Distribuidora de Livros Ltda.
Rua Maestro Callia, 123 - Vila Mariana – 04012-100 – São Paulo, SP
Telefax: (11) 5082-4190 - http://www.escrituras.com.br
e-mail: escrituras@escrituras.com.br (Administrativo)
e-mail: vendas@escrituras.com.br (Vendas)
e-mail: arte@escrituras.com.br (Arte)